中國國家圖書館編

國家圖書館藏敦煌遺書

第四十五册　北敦〇三一七三號——北敦〇三三四六號

北京圖書館出版社

圖書在版編目(CIP)數據

國家圖書館藏敦煌遺書·第四十五册/中國國家圖書館編;任繼愈主編.—北京:北京圖書館出版社,2007.1

ISBN 978-7-5013-2987-8

Ⅰ.國… Ⅱ.①中…②任… Ⅲ.敦煌學—文獻 Ⅳ.K870.6

中國版本圖書館CIP數據核字(2006)第149702號

書　名　國家圖書館藏敦煌遺書·第四十五册
著　者　中國國家圖書館編　任繼愈主編
責任編輯　徐　蜀　孫　彦
封面設計　李　璀

出　版　北京圖書館出版社　(100034　北京西城區文津街7號)
發　行　010-66139745　66151313　66175620　66126153
66174391(傳真)　66126156(門市部)
E-mail　cbs@nlc.gov.cn(投稿)　btsfxb@nlc.gov.cn(郵購)
Website　www.nlcpress.com
經　銷　新華書店
印　刷　北京文津閣印務有限責任公司

開　本　八開
印　張　59.25
版　次　2007年1月第1版第1次印刷
印　數　1-250册(套)

書　號　ISBN 978-7-5013-2987-8/K·1270
定　價　990.00圓

編輯委員會

主　　編　任繼愈
常務副主編　方廣錩
副 主 編　李際寧　張志清
編委（按姓氏筆畫排列）　王克芬　王姿怡　吳玉梅　胡新英　陳　穎　黄　霞（常務）　劉玉芬

出版委員會

主　任　詹福瑞
副主任　陳　力
委　員（按姓氏筆畫排列）　李　健　姜　紅　郭又陵　徐　蜀　孫　彦

攝製人員（按姓氏筆畫排列）

于向洋　王富生　王遂新　谷韶軍　張　軍　張紅兵　張　陽　曹　宏　郭春紅　楊　勇　嚴　平

目錄

初
天子名
昔於波羅奈
今復轉㝡妙　无上大法輪　是法甚深奧　少有能信者
我等從昔來　數聞世尊說　未曾聞如是　深妙之上法
世尊說是法　我等皆隨喜　大智舍利弗　今得受尊記
我等亦如是　必當得作佛　於一切世間　㝡尊无有上
佛道叵思議　方便隨宜說　我所有福業　今世若過世
及見佛功德　盡迴向佛道
爾時舍利弗白佛言世尊我今无復疑悔親
於佛前得受阿耨多羅三藐三菩提記是諸
千二百心自在者昔住學地佛常教化言我
法能離生老病死究竟涅槃是學无學人亦
各自以離我見及有无見等謂得涅槃而今
於世尊前聞所未聞皆墮疑惑善哉世尊願
為四衆說其因緣令離疑悔爾時佛告舍利
弗我先不言諸佛世尊以種種因緣譬喻言
辭方便說法皆為阿耨多羅三藐三菩提耶
是諸所說皆為化菩薩故然舍利弗今當復

BD03273號　妙法蓮華經卷二　（25–1）

弗我先不言諸佛世尊以種種因緣譬喻言
辭方便說法皆為阿耨多羅三藐三菩提耶
是諸所說皆為化菩薩故然舍利弗今當復
以譬喻更明此義諸有智者以譬喻得解舍
利弗若國邑聚落有大長者其年衰邁財富
无量多有田宅及諸僮僕其家廣大唯有一
門多諸人衆一百二百乃至五百人止住其
中堂閣朽故墻壁頹落柱根腐敗梁棟傾危
周帀俱時欻然火起焚燒舍宅長者諸子若
十二十或至三十在此宅中長者見是大火
從四面起即大驚怖而作是念我雖能於此
所燒之門安隱得出而諸子等於火宅內樂
著嬉戲不覺不知不驚不怖火來逼身苦痛
切己心不猒患无求出意舍利弗是長者作
是思惟我身手有力當以衣裓若以几案從
舍出之復更思惟是舍唯有一門而復狹小
諸子幼稚未有所識戀著戲處或當墮落為
火所燒我當為說怖畏之事此舍已燒宜時
疾出无令為火之所燒害作是念已如所思
惟具告諸子汝等速出父雖憐愍善言誘喻
而諸子等樂著嬉戲不肯信受不驚不畏了
无出心亦復不知何者是火何者為舍云何
為失但東西走戲視父而已爾時長者即作
是念此舍已為大火所燒我及諸子若不時

BD03273號　妙法蓮華經卷二　（25–2）

而諸子等樂著嬉戲不肯信受不驚不畏了
无出心亦復不知何者是火何者為舍云何
為失但東西走戲視父而已尒時長者即作
是念此舍已為大火所燒我及諸子若不時
出必為所焚我今當設方便令諸子等得免
斯害父知諸子先心各有所好種種珎玩奇
異之物情必樂著而告之言汝等所可玩好
希有難得汝若不取後必憂悔如此種種羊
車鹿車牛車今在門外可以遊戲汝等於此
火宅宜速出來隨汝所欲皆當與汝尒時諸
子聞父所說珎玩之物適其願故心各勇銳
互相推排競共馳走爭出火宅是時長者見
諸子等安隱得出皆於四衢道中露地而坐
无復障礙其心泰然歡喜踊躍時諸子等各
白父言父先所許玩好之具羊車鹿車牛車
願時賜與舍利弗尒時長者各賜諸子等一
大車其車高廣衆寶莊校周帀欄楯四面懸
鈴又於其上張設幰蓋亦以珎奇雜寶而嚴
飾之寶繩交絡垂諸華瓔重敷綩綖安置丹
枕駕以白牛膚色充潔形體姝好有大筋力
行步平正其疾如風又多僕從而侍衛之所
以者何是大長者財富无量種種諸藏悉皆
充溢而作是念我財物无極不應以下劣小
車與諸子等今此幼童皆是吾子愛无偏黨
我有如是七寶大車其數无量應當等心各

BD03273 號　妙法蓮華經卷二

（25–3）

充溢而作是念我財物无極不應以下劣小
車與諸子等今此幼童皆是吾子愛无偏黨
我有如是七寶大車其數无量應當等心各
各與之不宜差別所以者何以我此物周給
一國猶尚不匱何況諸子是時諸子各乘大
車得未曾有非本所望舍利弗於汝意云何
是長者等與諸子珎寶大車寧有虛妄不舍
利弗言不也世尊是長者但令諸子得免火
難全其軀命非為虛妄何以故若全身命便
為已得玩好之具況復方便於彼火宅而拔
濟之世尊若是長者乃至不與最小一車猶
不虛妄何以故是長者先作是意我以方便
令子得出以是因緣无虛妄也何況長者自
知財富无量欲饒益諸子等與大車佛告舍
利弗善哉善哉如汝所言舍利弗如來亦復
如是則為一切世間之父於諸怖畏衰惱憂
患无明闇蔽永盡无餘而悉成就无量知見
力无所畏有大神力及智慧力具足方便智
慧波羅蜜大慈大悲常无懈惓恒求善事利
益一切而生三界朽故火宅為度衆生生老
病死憂悲苦惱愚癡闇蔽三毒之火教化令
得阿耨多羅三藐三菩提見諸衆生為生老
病死憂悲苦惱之所燒煮亦以五欲財利故
受種種苦又以貪著追求故現受衆苦後受

BD03273 號　妙法蓮華經卷二

（25–4）

病死憂悲苦惱愚癡闇蔽三毒之火教化令
得阿耨多羅三藐三菩提見諸衆生爲生老
病死憂悲苦惱之所燒煑亦以五欲財利故
受種種苦又以貪著追求故現受衆苦後受
地獄畜生餓鬼之苦若生天上及在人間貧
窮困苦愛別離苦怨憎會苦如是等種種諸
苦衆生沒在其中歡喜遊戲不覺不知不驚
不怖亦不生猒不求解脫於此三界火宅東
西馳走雖遭大苦不以爲患舍利弗佛見此
已便作是念我爲衆生之父應拔其苦難與
无量无邊佛智慧樂令其遊戲舍利弗如來
復作是念若我但以神力及智慧力捨於方
便爲諸衆生讚如來知見力无所畏者衆生
不能以是得度所以者何是諸衆生未免生
老病死憂悲苦惱而爲三界火宅所燒何由
能解佛之智慧舍利弗如彼長者雖復身手
有力而不用之但以慇懃方便勉濟諸子火
宅之難然後各與珍寶大車如來亦復如是
雖有力无所畏而不用之但以智慧方便於
三界火宅拔濟衆生爲說三乘聲聞辟支佛
佛乘而作是言汝等莫得樂住三界火宅勿
貪麤弊色聲香味觸也若貪著生愛則爲所
燒汝等速出三界當得三乘聲聞辟支佛佛乘
我今爲汝保任此事終不虛也汝等但當勤
脩精進如來以是方便誘進衆生復作是言

BD03273號　妙法蓮華經卷二　（25–5）

貪麤弊色聲香味觸也若貪著生愛則爲所
燒汝等速出三界當得三乘聲聞辟支佛佛乘
我今爲汝保任此事終不虛也汝等但當勤
脩精進如來以是方便誘進衆生復作是言
汝等當知此三乘法皆是聖所稱歎自在无
繫无所依求乘是三乘以无漏根力覺道禪
定解脫三昧等而自娛樂便得无量安隱快
樂舍利弗若有衆生內有智性從佛世尊聞
法信受慇懃精進欲速出三界自求涅槃是
名聲聞乘如彼諸子爲求羊車出於火宅若
有衆生從佛世尊聞法信受慇懃精進求自
然慧樂獨善寂深知諸法因緣是名辟支佛
乘如彼諸子爲求鹿車出於火宅若有衆生
從佛世尊聞法信受勤脩精進求一切智佛
智自然智无師智如來知見力无所畏愍念
安樂无量衆生利益天人度脫一切是名大
乘菩薩求此乘故名爲摩訶薩如彼諸子爲
求牛車出於火宅舍利弗如彼長者見諸子
等安隱得出火宅到无畏處自惟財富无量
等以大車而賜諸子如來亦復如是爲一切
衆生之父若見无量億千衆生以佛教門出
三界苦怖畏險道得涅槃樂如來尒時便作
是念我有无量无邊智慧力无畏等諸佛法
藏是諸衆生皆是我子等與大乘不令有人
獨得滅度皆以如來滅度而滅度之是諸

BD03273號　妙法蓮華經卷二　（25–6）

三界苦怖畏險道得涅槃樂如來尒時便作
是念我有无量无邊智慧力无畏等諸佛法
藏是諸衆生皆是我子等與大乘不令有人
獨得滅度皆以如來滅度而滅度之是諸衆
生脫三界者悉與諸佛禪定解脫等娛樂之
具皆是一相一種聖所稱歎能生淨妙第一
之樂舍利弗如彼長者初以三車誘引諸子
然後但與大車寶物莊嚴安隱第一然彼長
者无虛妄之咎如來亦復如是无有虛妄初
說三乘引導衆生然後但以大乘而度脫之
何以故如來有无量智慧力无所畏諸法之
藏能與一切衆生大乘之法但不盡能受舍
利弗以是因緣當知諸佛方便力故於一佛
乘分別說三佛欲重宣此義而說偈言
譬如長者 有一大宅 其宅久故 而復頓弊
堂舍高危 柱根摧朽 梁棟傾斜 基陛頹毀
牆壁圮坼 泥塗褫落 覆苫亂墜 椽梠差脫
周障屈曲 雜穢充遍 有五百人 止住其中
鵄梟鵰鷲 烏鵲鳩鴿 蚖蛇蝮蠍 蜈蚣蚰蜒
守宮百足 狖狸鼷鼠 諸惡虫輩 交橫馳走
屎尿臭處 不淨流溢 蜣蜋諸虫 而集其上
狐狼野干 咀嚼踐蹋 嚌齧死屍 骨肉狼藉
由是群狗 競來搏撮 飢羸慞惶 處處求食
鬪諍摣掣 啀喍嘷吠 其舍恐怖 變狀如是
處處皆有 魑魅魍魎 夜叉惡鬼 食噉人肉

BD03273號　妙法蓮華經卷二

(25–7)

由是群狗 競來搏撮 飢羸慞惶 處處求食
鬪諍摣掣 啀喍嘷吠 其舍恐怖 變狀如是
處處皆有 魑魅魍魎 夜叉惡鬼 食噉人肉
毒虫之屬 諸惡禽獸 孚乳產生 各自藏護
夜叉競來 爭取食之 食之既飽 惡心轉熾
鬪諍之聲 甚可怖畏 鳩槃荼鬼 蹲踞土埵
或時離地 一尺二尺 往返遊行 縱逸嬉戲
捉狗兩足 撲令失聲 以腳加頸 怖狗自樂
復有諸鬼 其身長大 裸形黑瘦 常住其中
發大惡聲 叫呼求食 復有諸鬼 其咽如針
復有諸鬼 首如牛頭 或食人肉 或復噉狗
頭髮蓬亂 殘害凶險 飢渴所逼 叫喚馳走
夜叉餓鬼 諸惡鳥獸 飢急四向 窺看窓牖
如是諸難 恐畏无量 是朽故宅 屬于一人
其人近出 未久之間 於後舍宅 欻然火起
四面一時 其焰俱熾 棟梁椽柱 爆聲震裂
摧折墮落 牆壁崩倒 諸鬼神等 揚聲大叫
鵰鷲諸鳥 鳩槃荼等 周慞惶怖 不能自出
惡獸毒虫 藏竄孔穴 毗舍闍鬼 亦住其中
薄福德故 為火所逼 共相殘害 飲血噉肉
野干之屬 並已前死 諸大惡獸 競來食噉
臭烟熢㶿 四面充塞 蜈蚣蚰蜒 毒蛇之類
為火所燒 爭走出穴 鳩槃荼鬼 隨取而食
又諸餓鬼 頭上火然 飢渴熱惱 周慞悶走
其宅如是 甚可怖畏 毒害火災 衆難非一

BD03273號　妙法蓮華經卷二

(25–8)

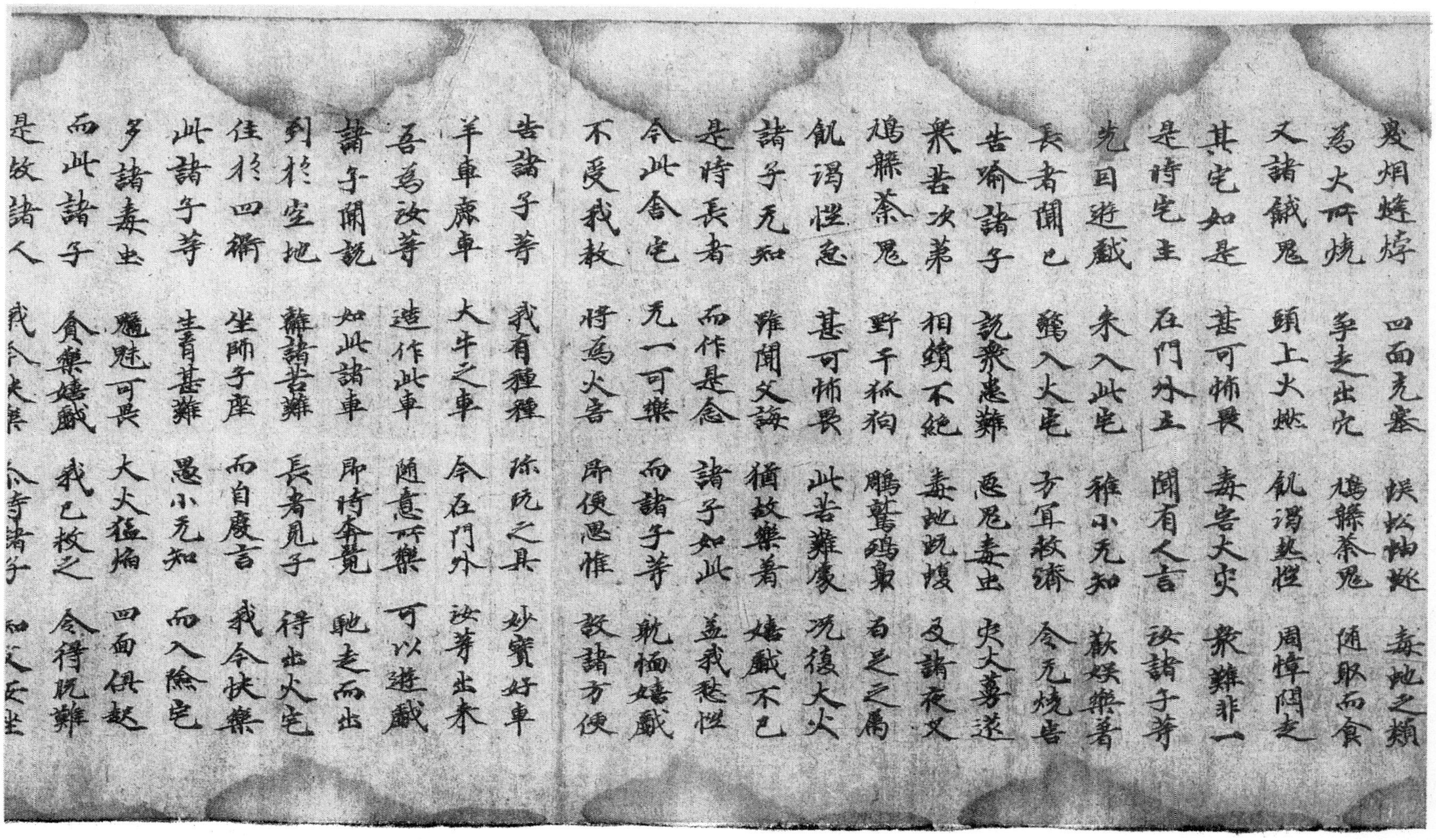

叜烟熢㶿　四面充塞　蜈蚣蚰蜒　毒虵之類
為火所燒　爭走出穴　鳩槃荼鬼　隨取而食
又諸餓鬼　頭上火然　飢渴熱惱　周慞悶走
其宅如是　甚可怖畏　毒害火災　衆難非一
是時宅主　在門外立　聞有人言　汝諸子等
先因遊戲　來入此宅　稚小无知　歡娛樂著
長者聞已　驚入火宅　方宜救濟　令无燒害
告喻諸子　說衆患難　惡鬼毒虫　災火蔓莚
衆苦次第　相續不絕　毒虵蚖蝮　及諸夜叉
鳩槃荼鬼　野干狐狗　鵰鷲鵄梟　百足之屬
飢渴惱急　甚可怖畏　此苦難處　況復大火
諸子无知　雖聞父誨　猶故樂著　嬉戲不已
是時長者　而作是念　諸子如此　益我愁惱
今此舍宅　无一可樂　而諸子等　耽湎嬉戲
不受我教　將為火害　即便思惟　設諸方便
告諸子等　我有種種　珍玩之具　妙寶好車
羊車鹿車　大牛之車　今在門外　汝等出來
吾為汝等　造作此車　隨意所樂　可以遊戲
諸子聞說　如此諸車　即時奔競　馳走而出
到於空地　離諸苦難　長者見子　得出火宅
住於四衢　坐師子座　而自慶言　我今快樂
此諸子等　生育甚難　愚小无知　而入險宅
多諸毒虫　魑魅可畏　大火猛焰　四面俱起
而此諸子　貪樂嬉戲　我已救之　令得脫難
是故諸人　我今快樂　爾時諸子　知父安坐

BD03273號　妙法蓮華經卷二　（25–9）

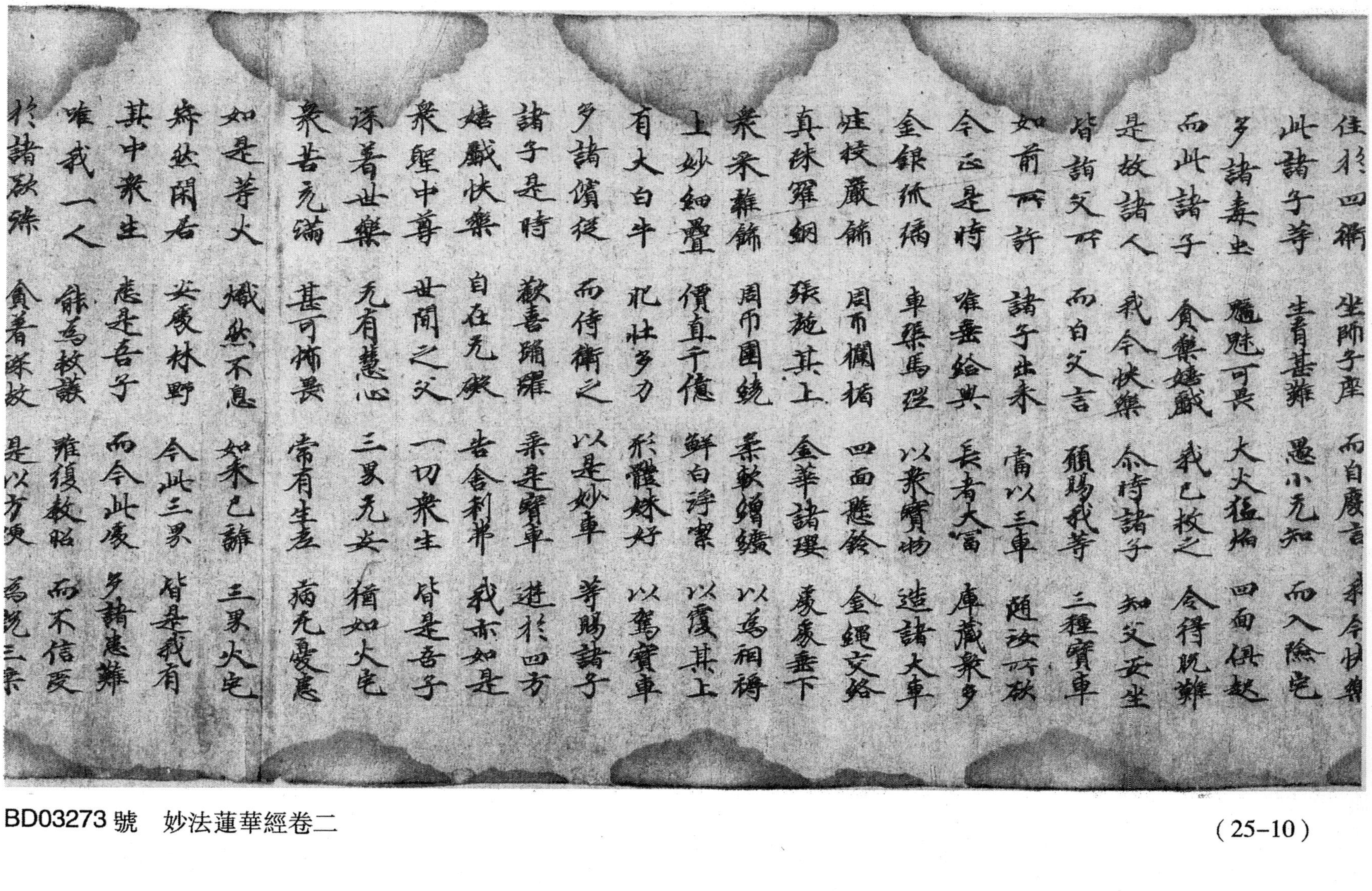

住於四衢　坐師子座　而自慶言　我今快樂
此諸子等　生育甚難　愚小无知　而入險宅
多諸毒虫　魑魅可畏　大火猛焰　四面俱起
而此諸子　貪樂嬉戲　我已救之　令得脫難
是故諸人　我今快樂　爾時諸子　知父安坐
皆詣父所　而白父言　願賜我等　三種寶車
如前所許　諸子出來　當以三車　隨汝所欲
今正是時　唯垂給與　長者大富　庫藏衆多
金銀琉璃　車𤦲馬瑙　以衆寶物　造諸大車
莊校嚴飾　周帀欄楯　四面懸鈴　金繩交絡
真珠羅網　張施其上　金華諸瓔　處處垂下
衆綵雜飾　周帀圍繞　柔軟繒纊　以為茵褥
上妙細㲲　價直千億　鮮白淨潔　以覆其上
有大白牛　肥壯多力　形體姝好　以駕寶車
多諸儐從　而侍衛之　以是妙車　等賜諸子
諸子是時　歡喜踊躍　乘是寶車　遊於四方
嬉戲快樂　自在无礙　告舍利弗　我亦如是
衆聖中尊　世間之父　一切衆生　皆是吾子
深著世樂　无有慧心　三界无安　猶如火宅
衆苦充滿　甚可怖畏　常有生老　病死憂患
如是等火　熾然不息　如來已離　三界火宅
寂然閑居　安處林野　今此三界　皆是我有
其中衆生　悉是吾子　而今此處　多諸患難
唯我一人　能為救護　雖復教詔　而不信受
於諸欲染　貪著深故　是以方便　為說三乘

BD03273號　妙法蓮華經卷二　（25–10）

寂然閑居　安處林野　今此三界　皆是我有
其中衆生　悉是吾子　而今此處　多諸患難
唯我一人　能為救護　雖復教詔　而不信受
於諸欲染　貪著深故　是以方便　為說三乘
令諸衆生　知三界苦　開示演說　出世間道
是諸子等　若心決定　具之三明　及六神通
有得緣覺　不退菩薩　汝舍利弗　我為衆生
以此譬喻　說一佛乘　汝等若能　信受是語
一切皆當　得成佛道　是乘微妙　清淨第一
於諸世間　為无有上　佛所悅可　一切衆生
所應稱讚　供養禮拜　无量億千　諸力解脫
禪定智慧　及佛餘法　得如是乘　令諸子等
日夜劫數　常得遊戲　與諸菩薩　及聲聞衆
乘此寶乘　直至道場　以是因緣　十方諦求
更无餘乘　除佛方便　告舍利弗　汝諸人等
皆是吾子　我則是父　汝等累劫　衆苦所燒
我皆濟拔　令出三界　我雖先說　汝等滅度
但盡生死　而實不滅　今所應作　唯佛智慧
若有菩薩　於是衆中　能一心聽　諸佛實法
諸佛世尊　雖以方便　所化衆生　皆是菩薩
若人小智　深著愛欲　為此等故　說於苦諦
衆生心喜　得未曾有　佛說苦諦　真實无異
若有衆生　不知苦本　深著苦因　不能暫捨
為是等故　方便說道　諸苦所因　貪欲為本
若滅貪欲　无所依止　滅盡諸苦　名第三諦

BD03273 號　妙法蓮華經卷二　（25–11）

若有衆生　不知苦本　深著苦因　不能暫捨
為是等故　方便說道　諸苦所因　貪欲為本
若滅貪欲　无所依止　滅盡諸苦　名第三諦
為滅諦故　修行於道　離諸苦縛　名得解脫
是人於何　而得解脫　但離虛妄　名為解脫
其實未得　一切解脫　佛說是人　未實滅度
斯人未得　无上道故　我意不欲　令至滅度
我為法王　於法自在　安隱衆生　故現於世
汝舍利弗　我此法印　為欲利益　世間故說
在所遊方　勿妄宣傳　若有聞者　隨喜頂受
當知是人　阿鞞跋致　若有信受　此經法者
是人已曾　見過去佛　恭敬供養　亦聞是法
若人有能　信汝所說　則為見我　亦見於汝
及比丘僧　并諸菩薩　斯法華經　為深智說
淺識聞之　迷惑不解　一切聲聞　及辟支佛
於此經中　力所不及　汝舍利弗　尚於此經
以信得入　況餘聲聞　其餘聲聞　信佛語故
隨順此經　非己智分　又舍利弗　憍慢懈怠
計我見者　莫說此經　凡夫淺識　深著五欲
聞不能解　亦勿為說　若人不信　毀謗此經
則斷一切　世間佛種　或復顰蹙　而懷疑惑
汝當聽說　此人罪報　若佛在世　若滅度後
其有誹謗　如斯經典　見有讀誦　書持經者
輕賤憎嫉　而懷結恨　此人罪報　汝今復聽
其人命終　入阿鼻獄　具之一劫　劫盡更生

BD03273 號　妙法蓮華經卷二　（25–12）

則斷一切　世間佛種　或復頻蹙　而懷疑惑
汝當聽說　此人罪報　若佛在世　若滅度後
其有誹謗　如斯經典　見有讀誦　書持經者
輕賤憎嫉　而懷結恨　此人罪報　汝今復聽
其人命終　入阿鼻獄　具足一劫　劫盡更生
如是展轉　至无數劫　從地獄出　當墮畜生
若狗野干　其形頊瘦　黧黮疥癩　人所觸嬈
又復為人　之所惡賤　常困飢渴　骨肉枯竭
生受楚毒　死被瓦石　斷佛種故　受斯罪報
若作駱駝　或生驢中　身常負重　加諸杖捶
但念水草　餘无所知　謗斯經故　獲罪如是
有作野干　來入聚落　身體疥癩　又无一目
為諸童子　之所打擲　受諸苦痛　或時致死
於此死已　更受蟒身　其形長大　五百由旬
聾騃无足　宛轉腹行　為諸小虫　之所唼食
晝夜受苦　无有休息　謗斯經故　獲罪如是
若得為人　諸根闇鈍　矬陋攣躄　盲聾背傴
有所言說　人不信受　口氣常臭　鬼魅所著
貧窮下賤　為人所使　多病痟瘦　无所依怙
雖親附人　人不在意　若有所得　尋復忘失
若修醫道　順方治病　更增他疾　或復致死
若自有病　无人救療　設服良藥　而復增劇
若他反逆　抄劫竊盜　如是等罪　橫羅其殃
如斯罪人　永不見佛　眾聖之王　說法教化

BD03273號　妙法蓮華經卷二　（25–13）

若自有病　无人救療　設服良藥　而復增劇
若他反逆　抄劫竊盜　如是等罪　橫羅其殃
如斯罪人　永不見佛　眾聖之王　說法教化
如斯罪人　常生難處　狂聾心亂　永不聞法
於无數劫　如恒河沙　生輒聾瘂　諸根不具
常處地獄　如遊園觀　在餘惡道　如己舍宅
駝驢猪狗　是其行處　謗斯經故　獲罪如是
若得為人　聾盲瘖瘂　貧窮諸衰　以自莊嚴
水腫乾痟　疥癩癰疽　如是等病　以為衣服
身常臭處　垢穢不淨　深著我見　增益瞋恚
婬欲熾盛　不擇禽獸　謗斯經故　獲罪如是
告舍利弗　謗斯經者　若說其罪　窮劫不盡
以是因緣　我故語汝　无智人中　莫說此經
若有利根　智慧明了　多聞強識　求佛道者
如是之人　乃可為說　若人曾見　億百千佛
殖諸善本　深心堅固　如是之人　乃可為說
若人精進　常修慈心　不惜身命　乃可為說
若人恭敬　无有異心　離諸凡愚　獨處山澤
如是之人　乃可為說　又舍利弗　若見有人
捨惡知識　親近善友　如是之人　乃可為說
若見佛子　持戒清潔　如淨明珠　求大乘經
如是之人　乃可為說　若人无瞋　質直柔軟
常愍一切　恭敬諸佛　如是之人　乃可為說
復有佛子　於大眾中　以清淨心　種種因緣

BD03273號　妙法蓮華經卷二　（25–14）

如是之人　乃可為說　若人无瞋　質直柔軟
常愍一切　恭敬諸佛　如是之人　乃可為說
復有佛子　於大衆中　以清淨心　種種因緣
譬喻言辭　說法无礙　如是之人　乃可為說
若有比丘　為一切智　四方求法　合掌頂受
但樂受持　大乘經典　乃至不受　餘經一偈
如是之人　乃可為說　如人至心　求佛舍利
如是求經　得已頂受　其人不復　志求餘經
亦未曾念　外道典籍　如是之人　乃可為說
告舍利弗　我說是相　求佛道者　窮劫不盡
如是等人　則能信解　汝當為說　妙法華經

妙法蓮華經信解品第四

尒時慧命須菩提摩訶迦旃延摩訶迦葉摩
訶目揵連從佛所聞未曾有法世尊授舍利
弗阿耨多羅三藐三菩提記發希有心歡喜
踊躍即從座起整衣服偏袒右肩右膝著地
一心合掌曲躬恭敬瞻仰尊顏而白佛言我
等居僧之首年並朽邁自謂已得涅槃无所
堪任不復進求阿耨多羅三藐三菩提世尊
往昔說法既久我時在座身體疲懈但念空
无相无作於菩薩法遊戲神通淨佛國土成
就衆生心不憙樂所以者何世尊令我等出
於三界得涅槃證又今我等年已朽邁於佛
教化菩薩阿耨多羅三藐三菩提不生一念

BD03273號　妙法蓮華經卷二　　（25–15）

就衆生心不憙樂所以者何世尊令我等出
於三界得涅槃證又今我等年已朽邁於佛
教化菩薩阿耨多羅三藐三菩提不生一念
好樂之心我等今於佛前聞授聲聞阿耨多
羅三藐三菩提記心甚歡喜得未曾有不謂
於今忽然得聞希有之法深自慶幸獲大善
利无量珎寶不求自得世尊我等今者樂說
譬喻以明斯義譬若有人年既幼稚捨父逃
逝久住他國或十二十至五十歲年既長大
加復窮困馳騁四方以求衣食漸漸遊行遇
向本國其父先來求子不得中止一城其家
大富財寶无量金銀琉璃珊瑚虎珀頗梨珠
等其諸倉庫悉皆盈溢多有僮僕臣佐吏民
象馬車乘牛羊无數出入息利乃遍他國商
估賈客亦甚衆多時貧窮子遊諸聚落經歷
國邑遂到其父所止之城父每念子與子離
別五十餘年而未曾向人說如此事但自思
惟心懷悔恨自念老朽多有財物金銀珎寶
倉庫盈溢无有子息一旦終沒財物散失无
所委付是以慇懃每憶其子復作是念我若
得子委付財物坦然快樂无復憂慮世尊尒
時窮子傭賃展轉遇到父舍住立門側遥見
其父踞師子床寶几承足諸婆羅門剎利居
士皆恭敬圍繞以真珠瓔珞價直千万莊嚴

BD03273號　妙法蓮華經卷二　　（25–16）

行[illegible]
時窮子傭賃展轉遇到父舍住立門側遥見
其父踞師子床寶几承足諸婆羅門剎利居
士皆恭敬圍繞以真珠瓔珞價直千万莊嚴
其身吏民僮僕手執白拂侍立左右覆以寶
帳垂諸華幡香水灑地散衆名華羅列寶物
出内取與有如是等種種嚴飾威德特尊窮
子見父有大力勢即懷恐怖悔來至此竊作
是念此或是王或是王等非我傭力得物之
處不如往至貧里肆力有地衣食易得若久
住此或見逼迫強使我作作是念已疾走而
去時富長者於師子座見子便識心大歡喜
即作是念我財物庫藏今有所付我常思念
此子无由見之而忽自來甚適我願我雖年
朽猶故貪惜即遣傍人急追將還尒時使者
疾走往捉窮子驚愕稱怨大喚我不相犯何
為見捉使者執之逾急強牽將還于時窮子
自念无罪而被囚執此必定死轉更惶怖悶
絶躄地父遥見之而語使言不須此人勿強
將來以冷水灑面令得醒悟莫復與語所以
者何父知其子志意下劣自知豪貴為子所
難審知是子而以方便不語他人云是我子
使者語之我今放汝隨意所趣窮子歡喜得
未曾有從地而起往至貧里以求衣食尒時
長者將欲誘引其子而設方便密遣二人形

難審知是子而以方便不語他人云是我子
使者語之我今放汝隨意所趣窮子歡喜得
未曾有從地而起往至貧里以求衣食尒時
長者將欲誘引其子而設方便密遣二人形
色憔悴无威德者汝可詣彼徐語窮子此有
作處倍與汝直窮子若許將來使作若言欲
何所作便可語之雇汝除糞我等二人亦共
汝作時二使人即求窮子既已得之具陳上
事尒時窮子先取其價尋與除糞其父見子
愍而怪之又以他日於窓牖中遥見子身羸
瘦憔悴糞土塵坌污穢不淨即脱瓔珞細軟
上服嚴飾之具更著麤弊垢膩之衣塵土坌
身右手執持除糞之器狀有所畏語諸作人
汝等勤作勿得懈息以方便故得近其子後
復告言咄男子汝常此作勿復餘去當加汝
價諸有所須瓫器米麵鹽酢之屬莫自疑難
亦有老弊使人須者相給好自安意我如汝
父勿復憂慮所以者何我年老大而汝少壯
汝常作時无有欺怠瞋恨怨言都不見汝有
此諸惡如餘作人自今已後如所生子即時
長者更與作字名之為兒尒時窮子雖欣此
遇猶故自謂客作賤人由是之故於二十年
中常令除糞過是已後心相體信入出无難
然其所止猶在本處世尊尒時長者有疾自
知將死不久語窮子言我[illegible]

長者更與作字名之為兒尒時窮子雖欣此
遇猶故自謂客作賤人由是之故於二十年
中常令除糞過是已後心相體信入出无難
然其所止猶在本處世尊尒時長者有疾自
知將死不久語窮子言我今多有金銀珍寶
倉庫盈溢其中多少所應取與汝悉知之我
心如是當體此意所以者何今我與汝便為
不異宜加用心无令漏失尒時窮子即受教
勑領知眾物金銀珍寶及諸庫藏而无悕取
一飡之意然其所止故在本處下劣之心亦
未能捨復經少時父知子意漸已通泰成就
大志自鄙先心臨欲終時而命其子并會親
族國王大臣剎利居士皆悉已集即自宣言
諸君當知此是我子我之所生於某城中捨
吾逃走跉跰辛苦五十餘年其本字某我名
某甲昔在本城懷憂推覓忽於此間遇會得
之此實我子我實其父今我所有一切財物
皆是子有先所出內是子所知世尊是時窮
子聞父此言即大歡喜得未曾有而作是念
我本无心有所悕求今此寶藏自然而至世
尊大富長者則是如來我等皆似佛子如來
常說我等為子世尊我等以三苦故於生死
中受諸熱惱迷惑无知樂著小法今日世尊
令我等思惟蠲除諸法戲論之糞我等於中
勤加精進得至涅槃一日之價既得此已心

BD03273號　妙法蓮華經卷二　（25–19）

中受諸熱惱迷惑无知樂著小法今日世尊
令我等思惟蠲除諸法戲論之糞我等於中
勤加精進得至涅槃一日之價既得此已心
大歡喜自以為足便自謂於佛法中勤精進
故所得弘多然世尊先知我等心著弊欲樂
於小法便見縱捨不為分別汝等當有如來
知見寶藏之分世尊以方便力說如來智慧
我等從佛得涅槃一日之價以為大得於此
大乘无有志求我等又因如來智慧為諸菩
薩開示演說而自於此无有志願所以者何
佛知我等心樂小法以方便力隨我等說而
我等不知真是佛子今我等方知世尊於佛
智慧无所悋惜所以者何我等昔來真是佛
子而但樂小法若我等有樂大之心佛則為
我說大乘法於此經中唯說一乘而昔於菩
薩前毀呰聲聞樂小法者然佛實以大乘教
化是故我等說本无心有所悕求今法王大
寶自然而至如佛子所應得者皆已得之尒
時摩訶迦葉欲重宣此義而說偈言
我等今日　聞佛音教　歡喜踊躍　得未曾有
佛說聲聞　當得作佛　无上寶聚　不求自得
譬如童子　幼稚无識　捨父逃逝　遠到他土
周流諸國　五十餘年　其父憂念　四方推求
求之既疲　頓止一城　造立舍宅　五欲自娛
其家巨富　多諸金銀　車渠馬瑙　真珠琉璃

BD03273號　妙法蓮華經卷二　（25–20）

譬如童子　幼稚无識　捨父逃逝　遠到他土
周流諸國　五十餘年　其父憂念　四方推求
求之既疲　頓止一城　造立舍宅　五欲自娛
其家巨富　多諸金銀　車𤦲馬瑙　真珠琉璃
象馬牛羊　輦輿車乘　田業僮僕　人民眾多
出入息利　乃遍他國　商估賈人　无處不有
千萬億眾　圍繞恭敬　常為王者　之所愛念
群臣豪族　皆共宗重　以諸緣故　往來者眾
豪富如是　有大力勢　而年朽邁　益憂念子
夙夜惟念　死時將至　癡子捨我　五十餘年
庫藏諸物　當如之何　尒時窮子　求索衣食
從邑至邑　從國至國　或有所得　或无所得
飢餓羸瘦　體生瘡癬　漸次經歷　到父住城
傭賃展轉　遂至父舍　尒時長者　於其門內
施大寶帳　處師子座　眷屬圍繞　諸人侍衛
或有計算　金銀寶物　出內財產　注記券疏
窮子見父　豪貴尊嚴　謂是國王　若是王等
驚怖自怪　何故至此　覆自念言　我若久住
或見逼迫　強驅使作　思惟是已　馳走而去
借問貧里　欲往傭作　長者是時　在師子座
遙見其子　默而識之　即勅使者　追捉將來
窮子驚喚　迷悶躄地　是人執我　必當見殺
何用衣食　使我至此　長者知子　愚癡狹劣
不信我言　不信是父　即以方便　更遣餘人
眇目矬陋　无威德者　汝可語之　云當相雇

BD03273號　妙法蓮華經卷二　　（25–21）

何用衣食　使我至此　長者知子　愚癡狹劣
不信我言　不信是父　即以方便　更遣餘人
眇目矬陋　无威德者　汝可語之　云當相雇
除諸糞穢　倍與汝價　窮子聞之　歡喜隨來
為除糞穢　淨諸房舍　長者於牖　常見其子
念子愚劣　樂為鄙事　於是長者　著弊垢衣
執除糞器　往到子所　方便附近　語令勤作
既益汝價　并塗足油　飲食充足　薦席厚暖
如是苦言　汝當勤作　又以軟語　若如我子
長者有智　漸令入出　經二十年　執作家事
示其金銀　真珠頗梨　諸物出入　皆使令知
猶處門外　止宿草庵　自念貧事　我无此物
父知子心　漸已曠大　欲與財物　即聚親族
國王大臣　剎利居士　於此大眾　說是我子
捨我他行　經五十歲　自見子來　已二十年
昔於某城　而失是子　周行求索　遂來至此
凡我所有　舍宅人民　悉以付之　恣其所用
子念昔貧　志意下劣　今於父所　大獲珍寶
并及舍宅　一切財物　甚大歡喜　得未曾有
佛亦如是　知我樂小　未曾說言　汝等作佛
而說我等　得諸无漏　成就小乘　聲聞弟子
佛勅我等　說最上道　修習此者　當得成佛
我承佛教　為大菩薩　以諸因緣　種種譬喻
若干言辭　說无上道　諸佛子等　從我聞法
日夜思惟　精勤修習

BD03273號　妙法蓮華經卷二　　（25–22）

佛勅我等　說最上道　脩習此者　當得成佛
我承佛教　為大菩薩　以諸因緣　種種譬喻
若干言辭　說无上道　諸佛子等　從我聞法
日夜思惟　精勤脩習　是時諸佛　即授其記
汝於來世　當得作佛　一切諸佛　秘藏之法
但為菩薩　演其實事　而不為我　說斯真要
如彼窮子　得近其父　雖知諸物　心不悕取
我等雖說　佛法寶藏　自无志願　亦復如是
我等內滅　自謂為足　唯了此事　更无餘事
我等若聞　淨佛國土　教化眾生　都无欣樂
所以者何　一切諸法　皆悉空寂　无生无滅
无大无小　无漏无為　如是思惟　不生憙樂
我等長夜　於佛智慧　无貪无著　无復志願
而自於法　謂是究竟　我等長夜　脩習空法
得脫三界　苦惱之患　住最後身　有餘涅槃
佛所教化　得道不虛　則為已得　報佛之恩
我等雖為　諸佛子等　說菩薩法　以求佛道
而於是法　永无願樂　導師見捨　觀我心故
初不勸進　說有實利　如富長者　知子志劣
以方便力　柔伏其心　然後乃付　一切財物
佛亦如是　現希有事　知樂小者　以方便力
調伏其心　乃教大智　我等今日　得未曾有
非先所望　而今自得　如彼窮子　得无量寶
世尊我今　得道得果　於无漏法　得清淨眼
我等長夜　持佛淨戒　始於今日　得其果報

BD03273號　妙法蓮華經卷二　（25–23）

非先所望　而今自得　如彼窮子　得无量寶
世尊我今　得道得果　於无漏法　得清淨眼
我等長夜　持佛淨戒　始於今日　得其果報
法王法中　久脩梵行　今得无漏　无上大果
我等今者　真是聲聞　以佛道聲　令一切聞
我等今者　真阿羅漢　於諸世間　天人魔梵
普於其中　應受供養　世尊大恩　以希有事
憐愍教化　利益我等　无量億劫　誰能報者
手足供給　頭頂禮敬　一切供養　皆不能報
若以頂戴　兩肩荷負　於恒沙劫　盡心恭敬
又以美饍　无量寶衣　及諸臥具　種種湯藥
牛頭栴檀　及諸珍寶　以起塔廟　寶衣布地
如斯等事　以用供養　於恒沙劫　亦不能報
諸佛希有　无量无邊　不可思議　大神通力
无漏无為　諸法之王　能為下劣　忍于斯事
取相凡夫　隨宜為說　諸佛於法　得最自在
知諸眾生　種種欲樂　及其志力　隨所堪任
以无量喻　而為說法　隨諸眾生　宿世善根
又知成熟　未成熟者　種種籌量　分別知已
於一乘道　隨宜說三

妙法蓮華經卷第二

BD03273號　妙法蓮華經卷二　（25–24）

手足供給　頭頂礼敬　一切供養　皆不能報
若以頂戴　兩肩荷負　於恒沙劫　盡心恭敬
又以美饍　无量寶衣　及諸卧具　種種湯藥
牛頭栴檀　及諸珎寶　以起塔廟　寶衣布地
如斯等事　以用供養　於恒沙劫　亦不能報
諸佛希有　无量无邊　不可思議　大神通力
无漏无為　諸法之王　能為下劣　忍于斯事
取相凡夫　隨宜為說　諸佛於法　得最自在
知諸衆生　種種欲樂　及其志力　隨所堪任
以无量喻　而為說法　隨諸衆生　宿世善根
又知成熟　未成熟者　種種籌量　分別知已
於一乘道　隨宜說三

妙法蓮華經卷第二

BD03273號　妙法蓮華經卷二　　　　（25–25）

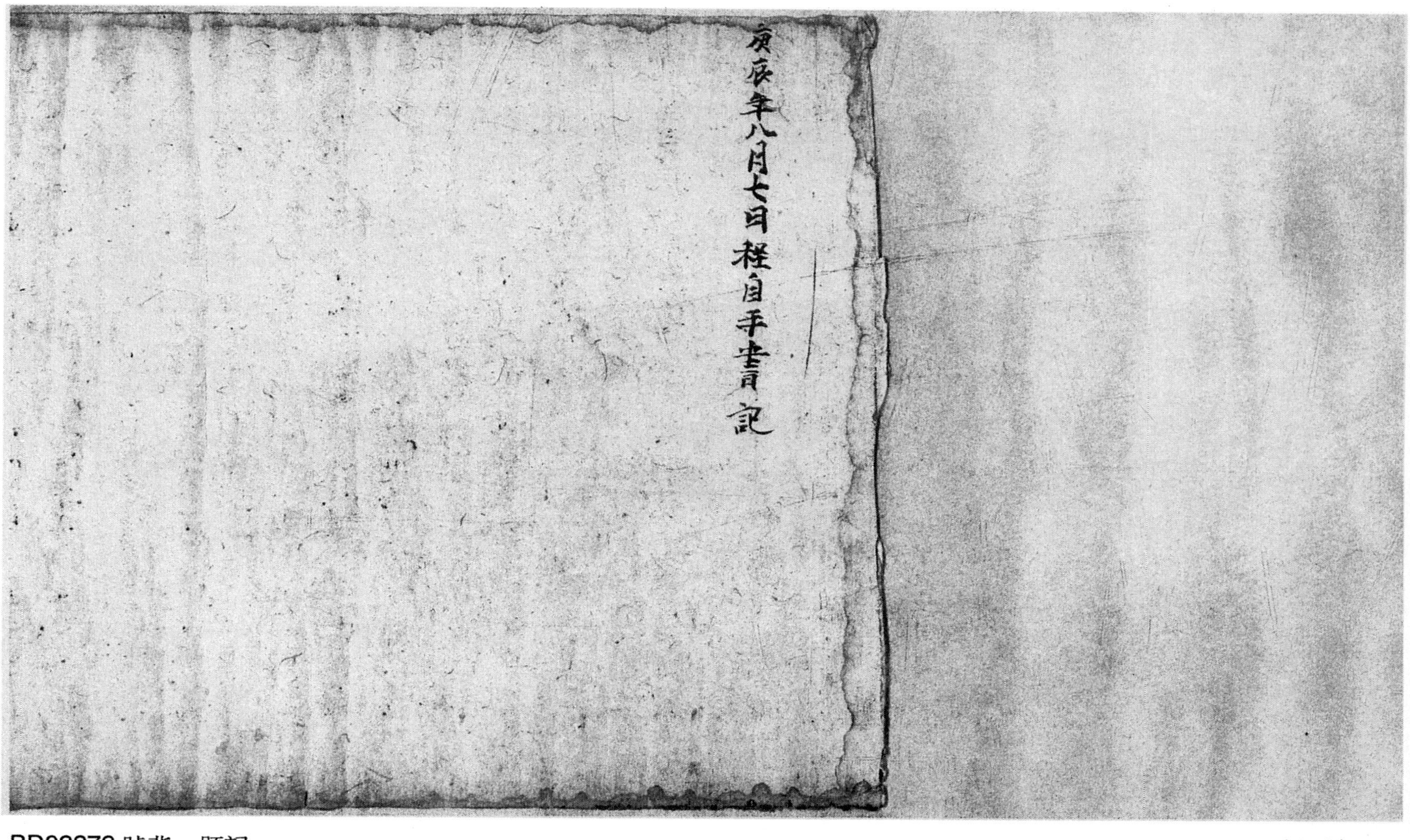
庚辰年八月七日程自手書記

BD03273號背　題記　　　　（1–1）

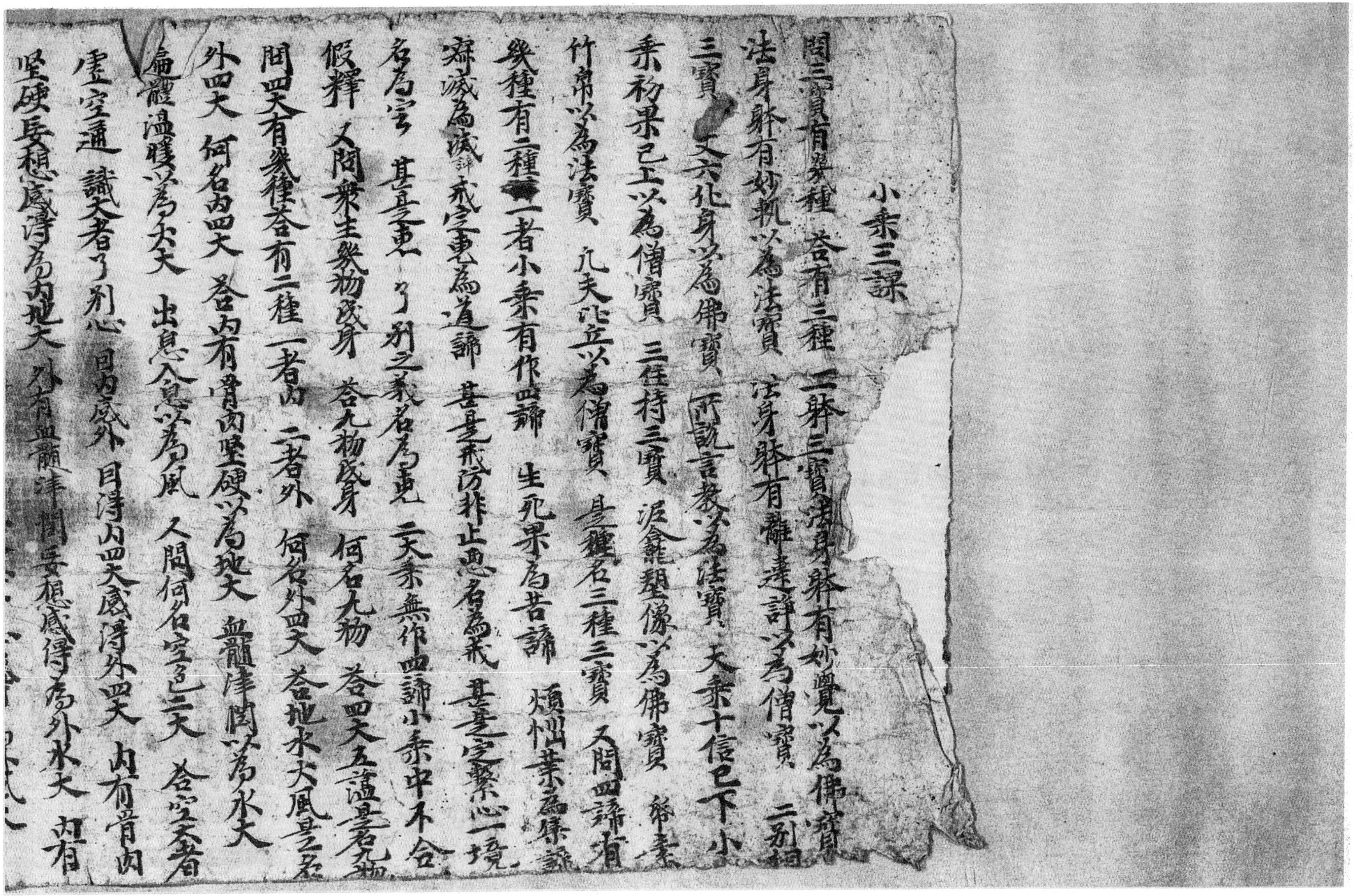

小乘三課

問三寶有幾種 答有三種 一躰三寶 法身躰有妙覺以為佛寶

法身躰有妙軌以為法寶 法身躰有離違諍以為僧寶 二別相

三寶 丈六化身以為佛寶 所說言教以為法寶 大乘十信已下小

乘初果已上以為僧寶 三住持三寶 泥龕塑像以為佛寶 紙素

竹帛以為法寶 凡夫比丘以為僧寶 是雜名三種三寶 又問四諦有

幾種 有二種 一者小乘有作四諦 生死果為苦諦 煩惱業為集諦

寂滅為滅諦 戒定惠為道諦 其是戒防非止惡名為戒 其是定繫心一境

名為定 其是惠 了別之義名為惠 二大乘無作四諦 小乘中不合

假釋 又問眾生幾物成身 答九物成身 何名九物 答四大五蘊是名九物

問四大有幾種 答有二種 一者內 二者外 何名外四大 答地水火風是名

外四大 何名內四大 答內有骨肉堅硬以為地大 血髓津潤以為水大

遍體溫暖以為火大 出息入息以為風 又問何名空色二大 答空大者

虛空通 識大者了別心 因內感外 目得內四大感得外四大 內有骨肉

堅硬妄想感得為內地大 外有血髓津潤妄想感得為外水大 內有

BD03274號　小乘三科

（3–1）

外四大 何名内四大 答曰[illegible]
徧體溫暖以為火大 出息入息以為風 入問何名空色二大 答空大者
虛空通 識大者了別心 同内處外 同得内四大感得外四大 内有骨肉
堅硬長想感得為內地大 外有血髓津潤長想感得為外水大 内有
體熱溫暖長想感得為內火大 外有出息入息長想感得為外風大
何名五蘊 答色受想行識是名五蘊 何名色蘊 答形骨為色蘊
何名受蘊 答領納為受蘊 何名想蘊 答取像為想蘊 何名行蘊
答造作為行蘊 何名識蘊 答分別為識蘊 蘊者何義 積聚為義
蔭者何義 覆蓋為義 何名六根 答眼根 耳根 鼻根 舌根 身根
意根 何名六塵 答色塵 聲塵 香塵 味塵 觸塵 法塵
何名六識 答眼識 耳識 鼻識 舌識 身識 意識 根者何義 積
聚為義 塵者何義 坌污為義 識者何義 了別為義 何名十二入
眼入色〻入眼 耳入聲〻入耳 鼻入香〻入鼻 舌入味〻入舌 身入
觸〻入身 意入法〻入意 何名十八界 眼界 色界 眼識界 耳界
聲界 耳識界 鼻界 香界 鼻識界 舌界 味界 舌識界 身界
觸界 身識界 意界 法界 意識 色塵三昧起 眼根入正受 聲塵
三昧起 耳根入正受 香塵三昧起 鼻根入正受 味塵三昧起 舌根
入正受 觸塵三昧起 身根入正受 法塵三昧起 意根入正受
從行人義識示科 何者是三科 蔭入界 何者是蔭 五蔭 何者是
入十二入 何者是界 十八界 蔭者何義 利根人義 入者何義 中根人義
界者何義 鈍根人義 五蔭者何利根人義 言下悟得四大五蘊名利
根人義 何名中根人義 能生万法名中根人義 何名鈍根人義

入已受 觸塵三昧起 身根入正受 法塵三昧起 意根入受正
非行人義識 二科 何者是三科 蔭入界 何者是蔭 五蔭 何者是
入 十二入 何者是界 十八界 蔭者何義 利根人義 入者何義 中根人義
界者何義 鈍根人義 五蔭者何利根人義 言下悟得四大五蘊名利
根人義 何名中根人義 能生万法名中根人義 何名鈍根人義
六塵合污名鈍根人義 又問五蘊之中幾不續身 幾不續心 一
不續身四不續心 十二入之中幾不續身 幾不續心 十不續身 一
不續心 十八界之中幾不續身 幾不續心 十七不續身 七不續
心 六根門中怎號六不者 合目甚號 七不 謂 第六意識 重疊
兩遍 名之七真重

小乘三科竟

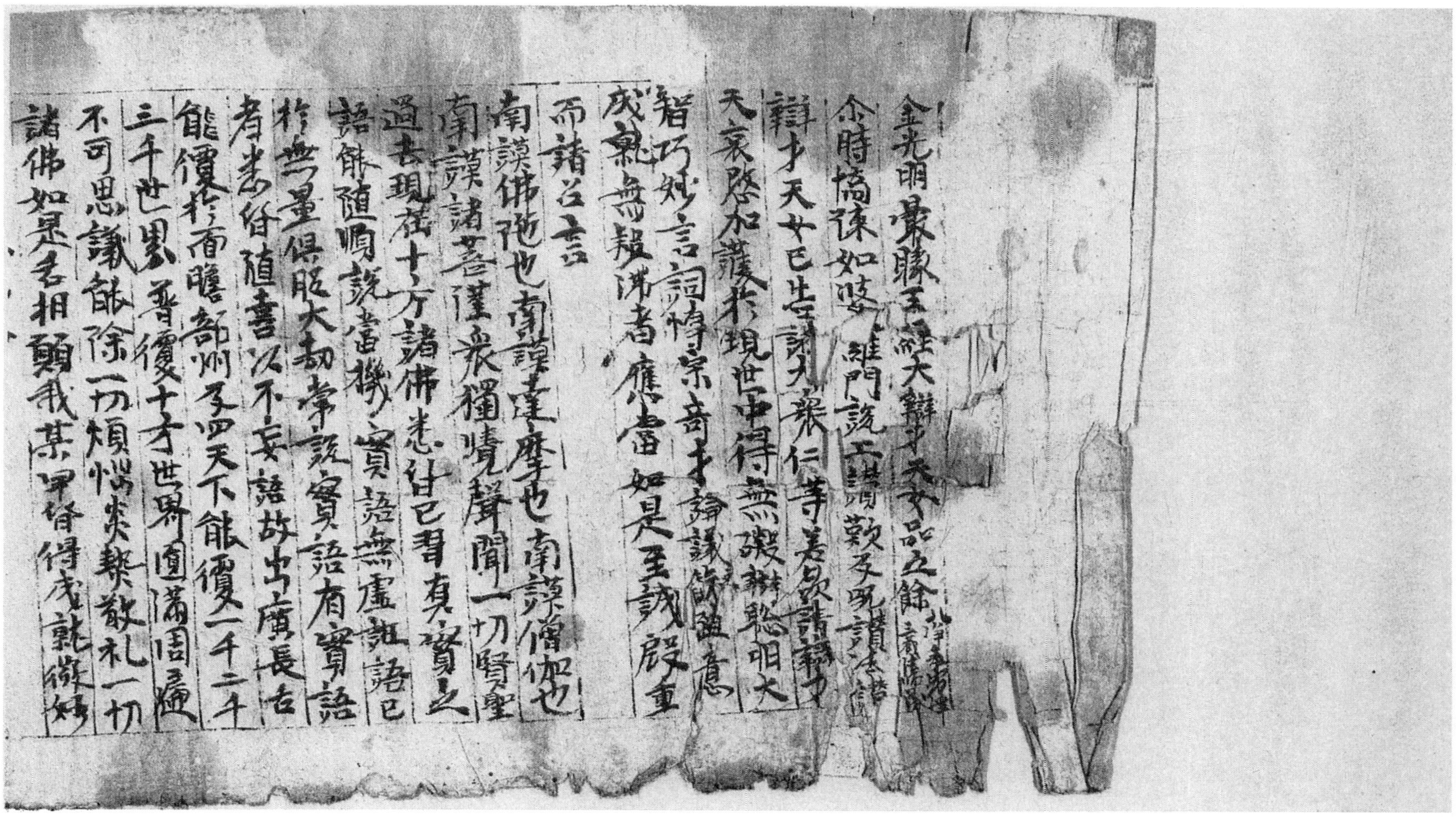
金光明最勝王經大辯才天女品之餘
尒時憍陳如婆羅門說讚歎及呪讚法讚
辯才天女已告諸大衆仁等若欲請辯才
天衆慈加護於現世中得無礙辯聰明大
智巧妙言詞博綜奇才論議餙意
成就無疑沸者應當如是至誠殷重
而請召言
南謨佛陁也南謨達摩也南謨僧伽也
南謨諸菩薩衆獨覺聲聞一切賢聖
過去現在十方諸佛悉皆已習真實之
語能隨順說當機實語無虛誑語已
於無量俱胝大劫常說實語有實語
者悉皆隨喜以不妄語故出廣長舌
能覆於面隱部洲及四天下能覆一千二千
三千世界普覆十方世界圓滿周遍
不可思議能除一切煩惱炎爇敬礼一切
諸佛如是舌相願我某甲皆得成就微妙

BD03275 號　金光明最勝王經卷八　（3–1）

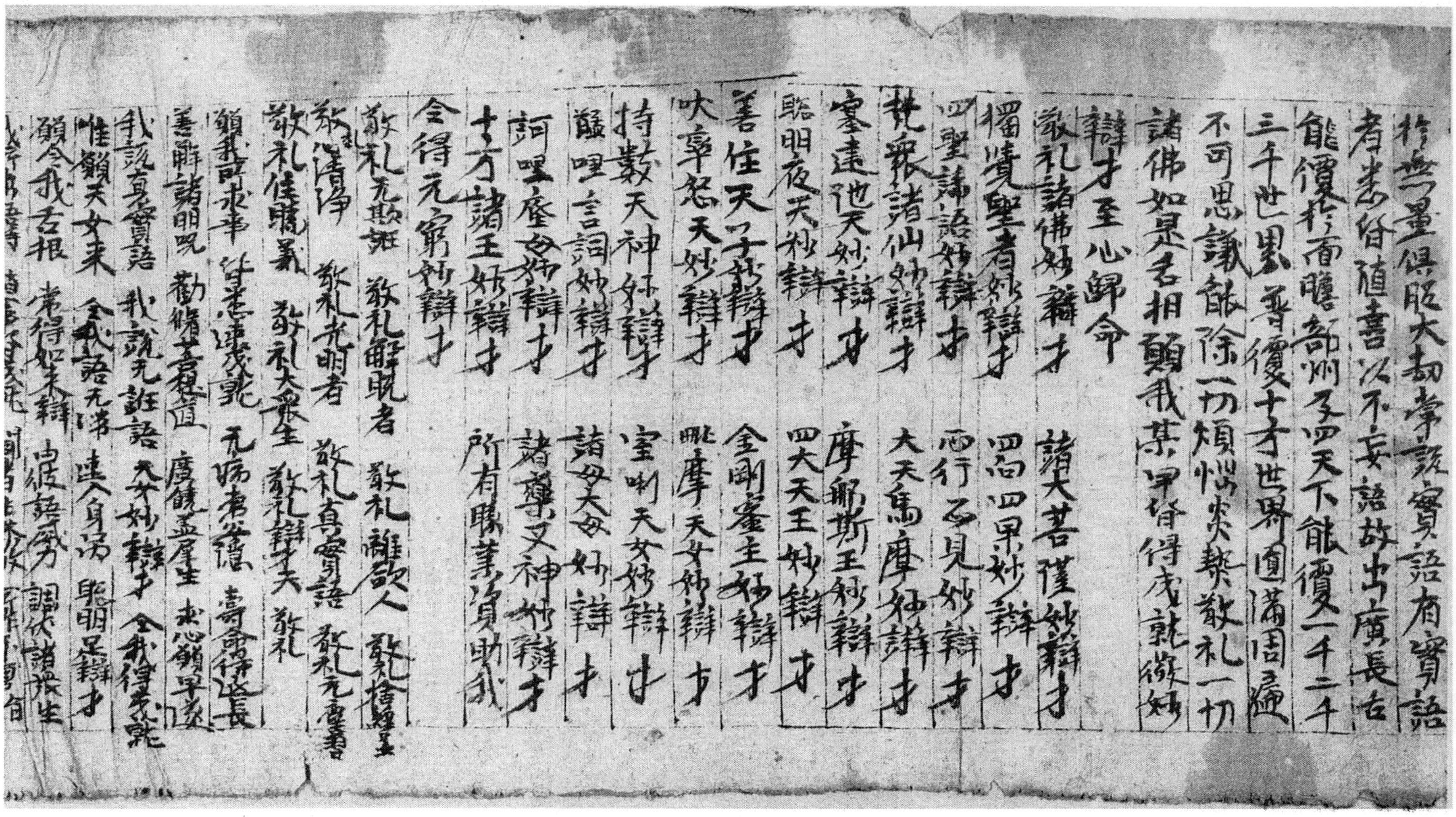
於無量俱胝大劫常說實語有實語
者悉皆隨喜以不妄語故出廣長舌
能覆於面隱部洲及四天下能覆一千二千
三千世界普覆十方世界圓滿周遍
不可思議能除一切煩惱炎爇敬礼一切
諸佛如是舌相願我某甲皆得成就微妙
辯才至心歸命
敬礼諸佛妙辯才　諸大菩薩妙辯才
獨覺聖者妙辯才　四向四果妙辯才
四聖諦語妙辯才　正行正見妙辯才
梵衆諸仙妙辯才　大天烏摩妙辯才
塞建陁天妙辯才　摩醯斯王妙辯才
聰明夜天妙辯才　四大天王妙辯才
善住天子妙辯才　金剛密主妙辯才
吠率怒天妙辯才　毗摩天女妙辯才
持數天神妙辯才　室唎天女妙辯才
蘇哩言詞妙辯才　諸母大母妙辯才
訶哩底母妙辯才　諸藥叉神妙辯才
十方諸王妙辯才　所有勝業資助我
令得无窮妙辯才
敬礼无欺誑　敬礼解脫者　敬礼離欲人　敬礼捨諸惡
敬礼清淨　敬礼光明者　敬礼真實語　敬礼无塵垢
敬礼住勝義　敬礼大衆生　敬礼辯才天　敬礼
願我所求事　皆悉速成就　无障者　壽命得延長
善解諸明呪　勤修菩提道　廣饒益衆生　求心願早遂
我說真實語　我說无誑語　天女妙辯才　令我得成就
唯願天女來　令我語无滯　速入身口　聰明足辯才
願令我舌根　當得如来辯　由彼語威力　調伏諸衆生
[illegible]

BD03275 號　金光明最勝王經卷八　（3–2）

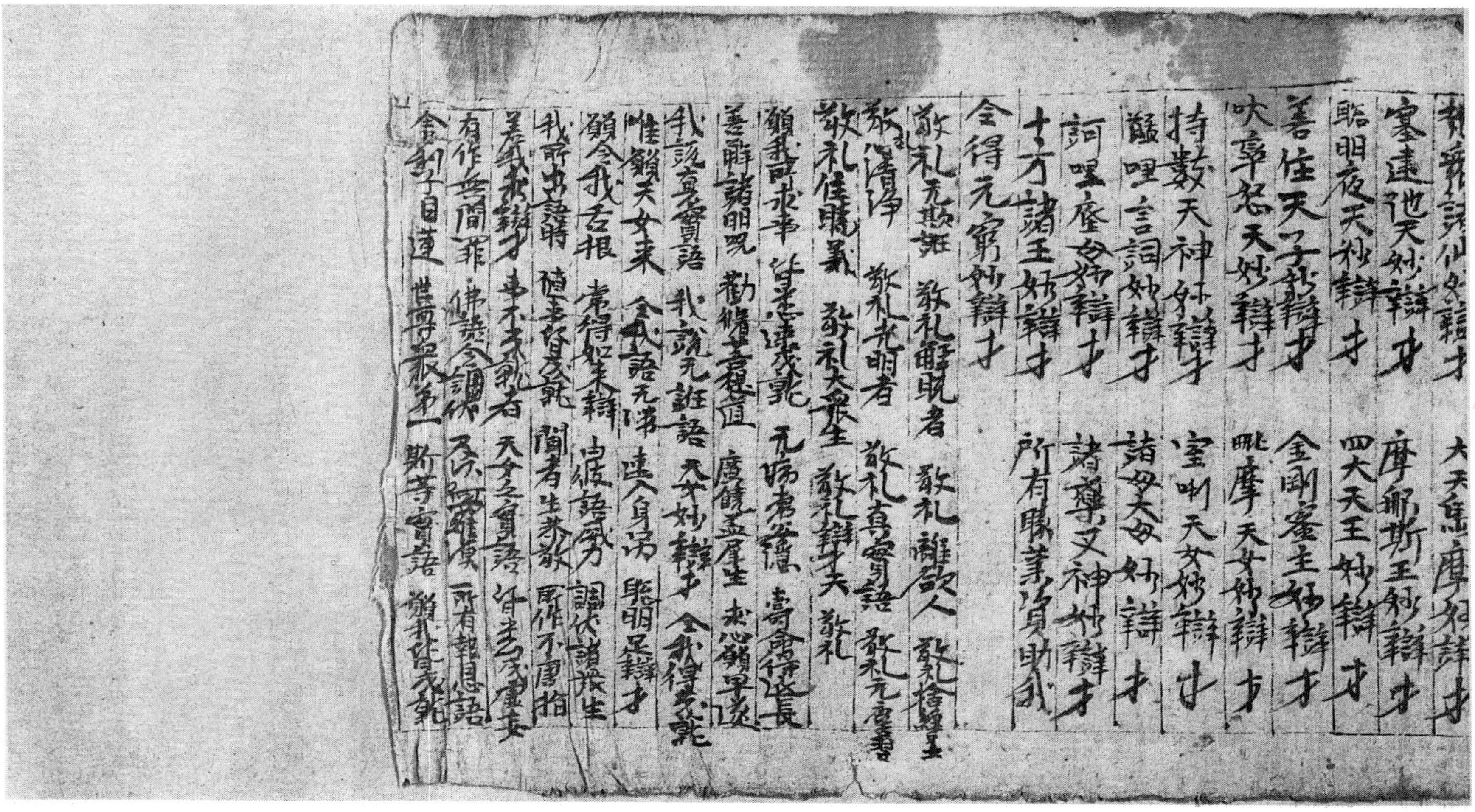

梵衆諸仙妙辯才　大自在天摩尼辯才
塞建陀天妙辯才　摩那斯王妙辯才
聡明夜天妙辯才　四大天王妙辯才
善住天子妙辯才　金剛密主妙辯才
吠率怒天妙辯才　毗摩天女妙辯才
持數天神妙辯才　室唎天女妙辯才
嚴哩言詞妙辯才　諸母大母妙辯才
訶哩底母妙辯才　諸藥叉神妙辯才
十方諸王妙辯才　所有勝業資助我
令得無窮妙辯才
敬礼無欺誑　敬礼解脫者　敬礼離欲人　敬礼捨縛者
敬礼清淨　敬礼光明者　敬礼真實語　敬礼無塵者
敬礼住勝義　敬礼大衆生　敬礼辯才天　敬礼
願我所求事　皆悉速成就　無障礙無德　壽命得延長
善能諸明呪　勸修菩提道　廣饒益衆生　求心願早遂
我說真實語　我說無誑語　天女妙辯才　令我得成就
惟願天女來　令我語無滯　速入身口　聰明足辯才
願令我舌根　當得如來辯　由彼語威力　調伏諸衆生
我所出語時　隨事皆成就　聞者生恭敬　所作不唐捐
若我求辯才　事不成就者　天女之實語　皆悉成虛妄
有作無間罪　佛讚令調伏　及以阿羅漢　所有真實語
舍利子目連　世尊最第一　斯等實語　願我皆成就

BD03275 號　金光明最勝王經卷八　（3–3）

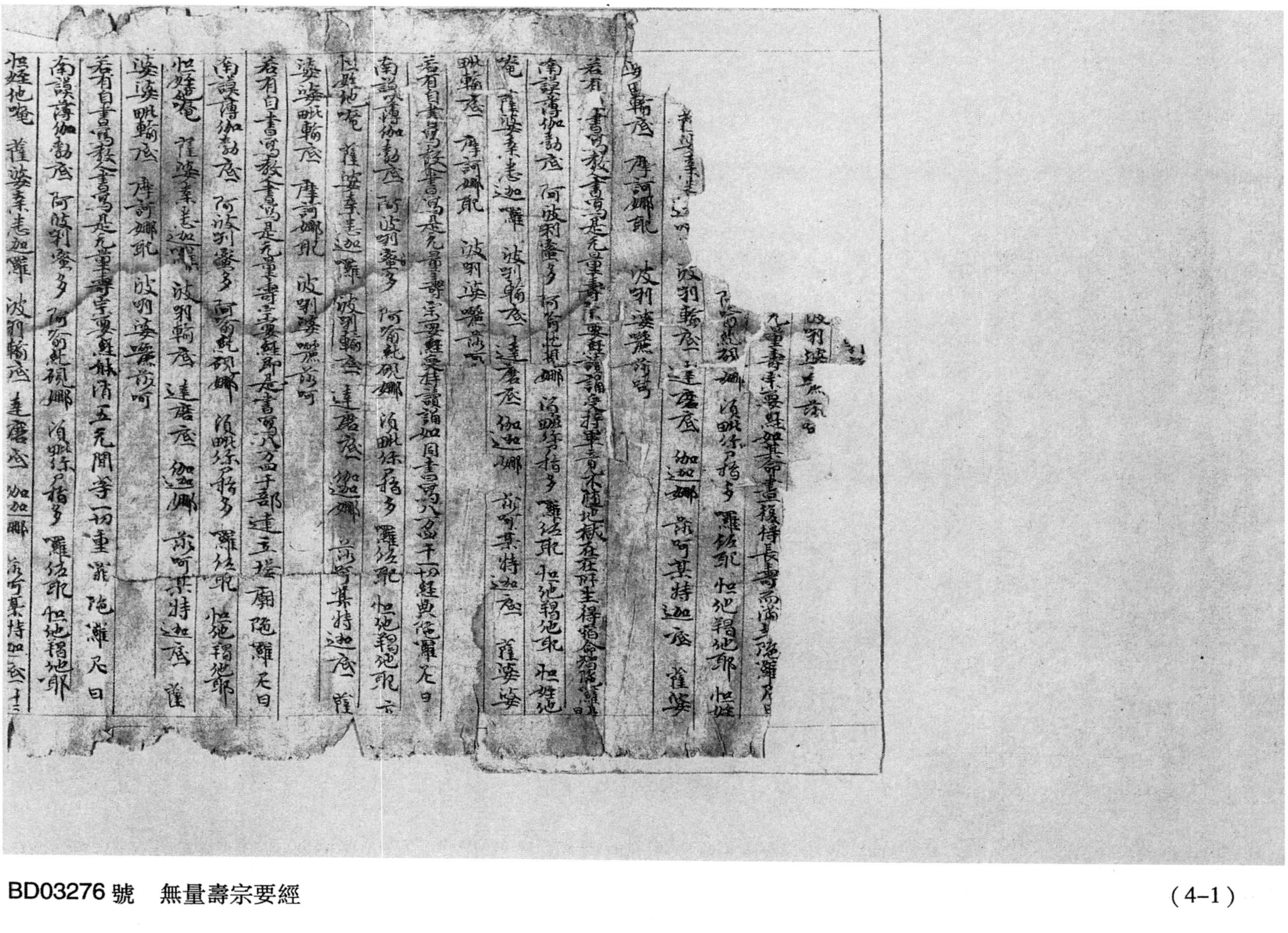

BD03276 號　無量壽宗要經　（4–1）

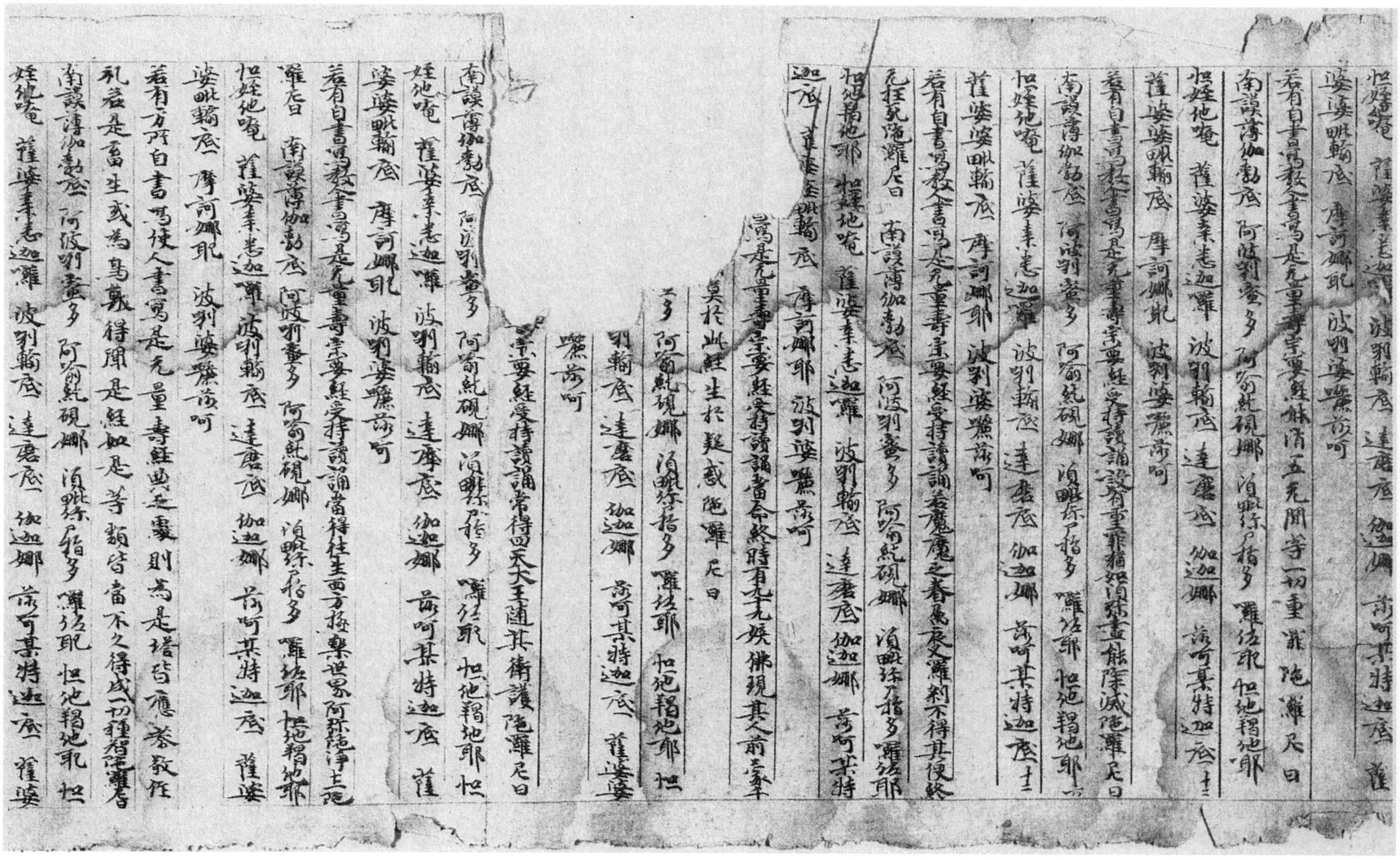

BD03276 號　無量壽宗要經　（4–2）

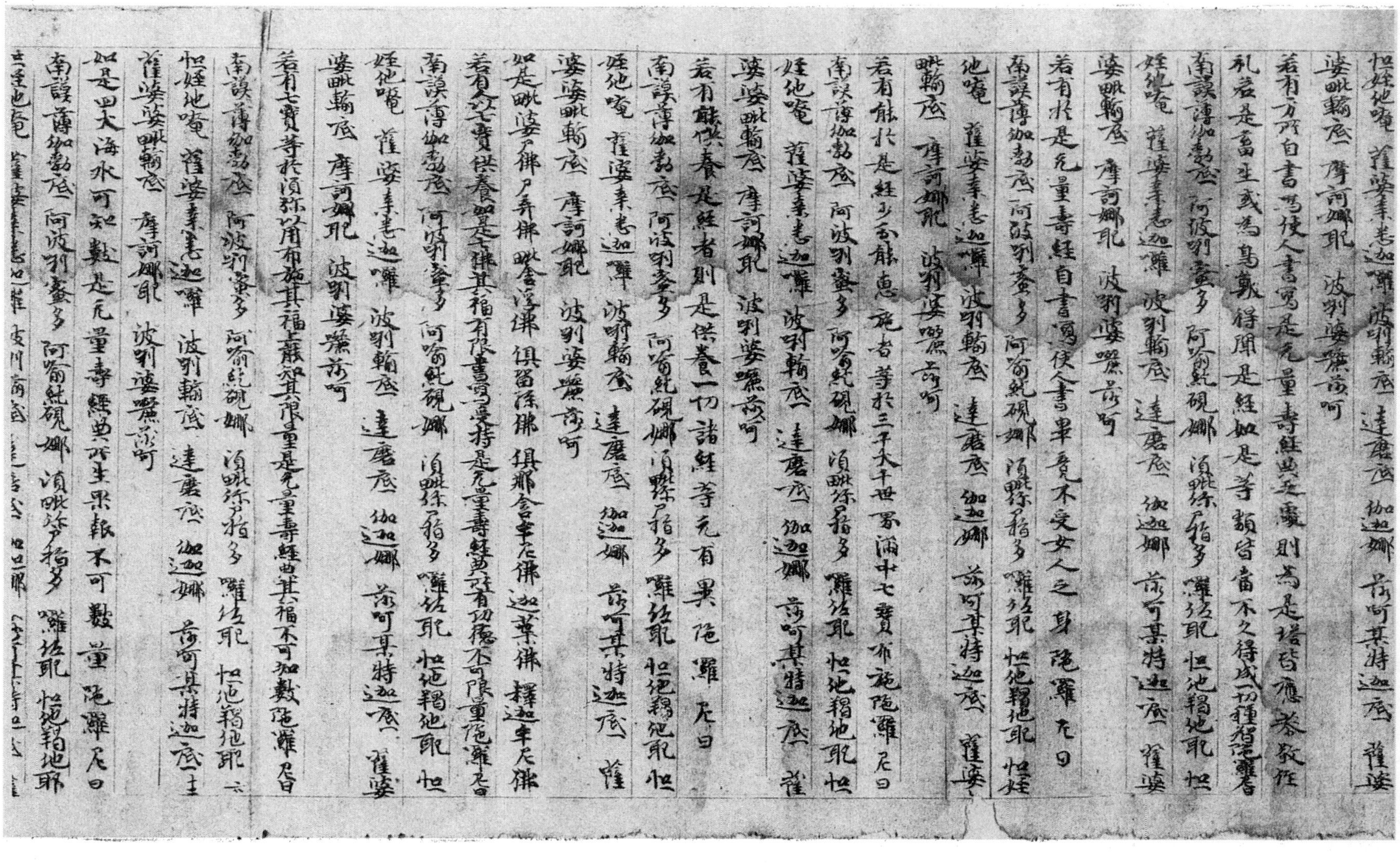

BD03276 號　無量壽宗要經　（4–3）

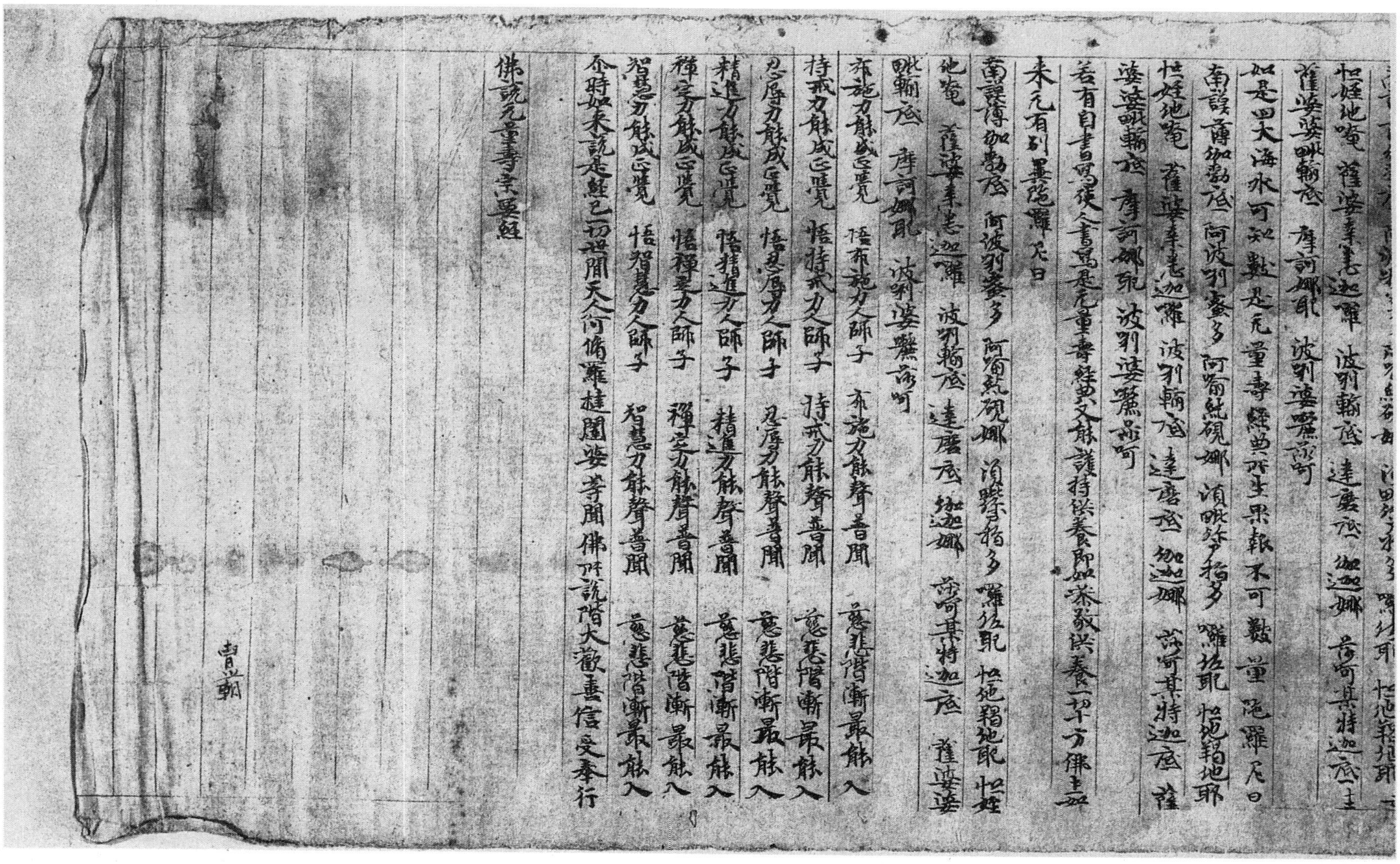
怛姪他唵 薩婆桑塞迦羅 波利輸底 達磨底 伽迦娜 莎呵其特迦底
薩婆娑毗輸底 摩訶娜耶 波利婆黎莎呵
如是四大海水可知數 是无量壽經典所生果報不可數量 陀羅尼曰
南謨薄伽勃底 阿波利蜜多 阿喻紇硯娜 須毗你指多 囉佐耶 怛他羯他耶
怛姪他唵 薩婆桑塞迦羅 波利輸底 達磨底 伽迦娜 莎呵其特迦底 薩
婆娑毗輸底 摩訶娜耶 波利婆黎莎呵
若有自書寫使人書寫是无量壽經典文能護持供養即如禮敬供養一切十方佛土无
來无有別異陀羅尼曰
南謨薄伽勃底 阿波利蜜多 阿喻紇硯娜 須毗你指多 囉佐耶 怛他羯他耶 怛姪
他唵 薩婆桑塞迦羅 波利輸底 達磨底 伽迦娜 莎呵其特迦底 薩婆婆
毗輸底 摩訶娜耶 波利婆黎莎呵
布施力能成正覺 悟布施力人師子 布施力能聲普聞 慈悲皆漸最能入
持戒力能成正覺 悟持戒力人師子 持戒力能聲普聞 慈悲皆漸最能入
忍辱力能成正覺 悟忍辱力人師子 忍辱力能聲普聞 慈悲皆漸最能入
精進力能成正覺 悟精進力人師子 精進力能聲普聞 慈悲皆漸最能入
禪定力能成正覺 悟禪定力人師子 禪定力能聲普聞 慈悲皆漸最能入
智慧力能成正覺 悟智慧力人師子 智慧力能聲普聞 慈悲皆漸最能入
尒時如來說是經已一切世間天人阿脩羅揵闥婆等聞佛所說皆大歡喜信受奉行
佛說无量壽宗要經
曹興朝

BD03276 號　無量壽宗要經　（4–4）

非彼若在心者心无形色念念生滅須臾不
是衆不苦不樂我今不應生此虛妄憶想分
別我今應觀平等實相我當修習賢聖所作
不應隨逐凡夫所作何等為是賢聖所作謂
於諸法遠離解脫我為遠離故學不為和合
故學如是虛妄憶想分別是皆和合為誰和
合為是貪欲和合為是瞋恚愚癡和合云何
名為貪欲瞋恚愚癡和合以身癡故身見癡
故貪[illegible]苦時瞋恚他人是名瞋恚
和合有[illegible]癡故貪身見故不隨意故瞋
恚他人是名愚癡和合若人如是三毒所縛
或起如是罪業因緣諸佛不救何况餘人我
應善觀諸因緣法觀於空法菩薩如是隨順
正觀諸因緣法不見有法誰與誰受以何物
與尒時菩薩當作是念一切諸法從衆緣生
自性本空空不可得我當云何於无所得虛
妄法中得法作業而生瞋恚起行因緣我今
應生无瞋恨心修行无作无起无生之法當
觀空法不[illegible]我心我今應觀不作不起无生

BD03277 號 1　大寶積經（兌廢稿）卷七八　（3–1）

應生无瞋恨心修行无作无起无生之法當
觀空法不隨我心我今應觀不作不起无生
之法不應依心起作之法我應如實思惟諸
法我今不應於此虛妄无所有中而生作法
虛妄生作謂是瞋恨所以者何依心法體則
有瞋恨諸法實相畢竟空中无法本體可依
心者菩薩如是思惟諸法其心離瞋恨不起
又是菩薩若行若立若坐若卧若覺若睡時
……品第五
尒時尊者摩訶迦葉白佛言世尊我等願請
文殊師利令我覩見彼諸菩薩摩訶薩等所
以者何世尊斯諸大士難可值遇尒時世尊
即告文殊師利言汝應當知今此大衆咸皆
渴仰思願覩見十方所有諸來菩薩摩訶薩
身今正是時汝應顯現於是文殊師利承聖
教已即便告彼法輪菩薩月光菩薩降魔菩
薩妙音菩薩離垢菩薩寂滅菩薩選擇菩
薩法王吼菩薩如是等无量菩薩摩訶薩言
諸大士汝等今宜各於宮殿自顯其身分明現
汝本國形狀也文殊師利發斯語已於是諸
菩薩衆從三昧起各現本身合諸大衆一切咸
見或有菩薩其身
薩身大

BD03277 號 1　大寶積經（兌廢稿）卷七八　（3–2）

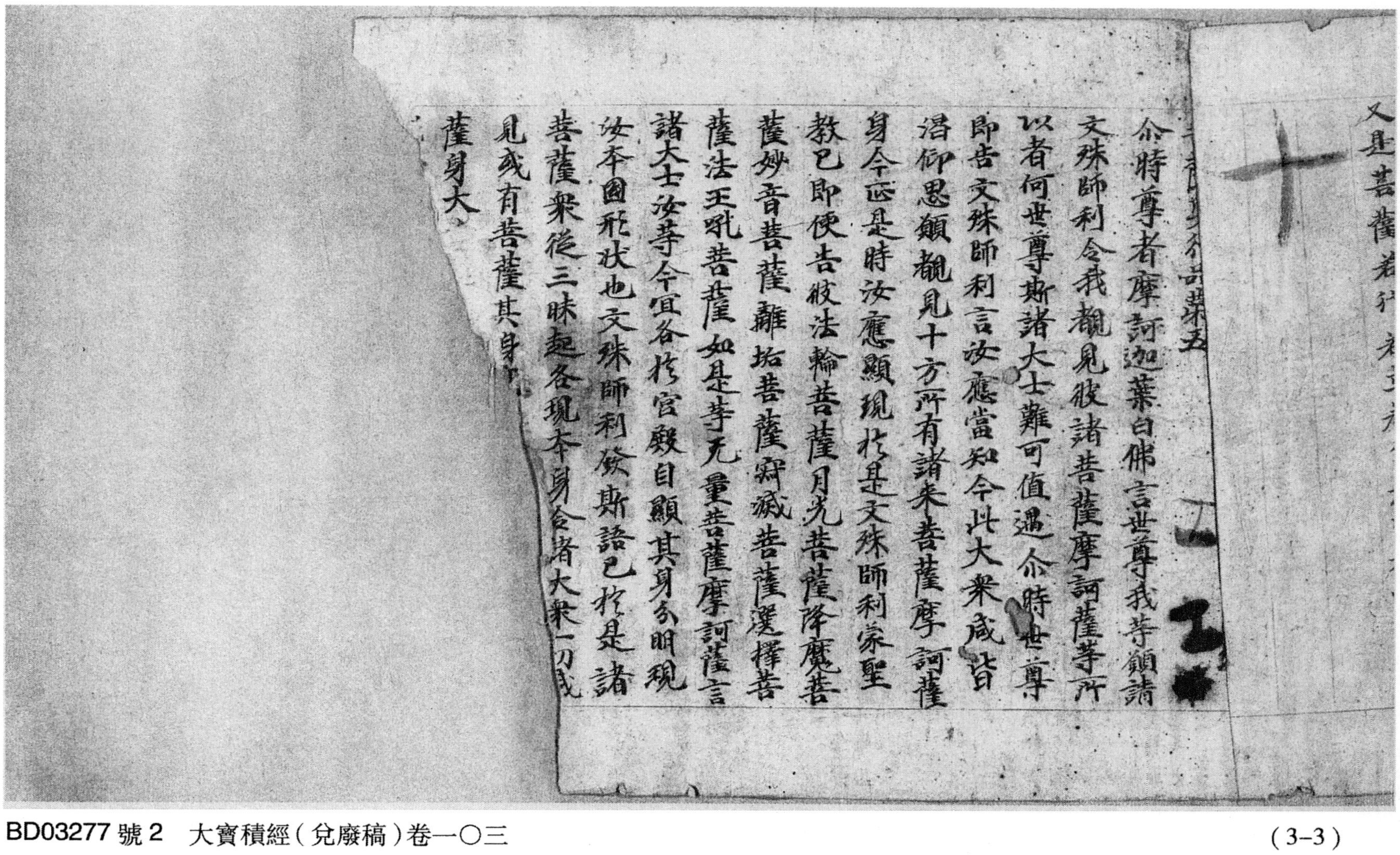
又是菩薩若行若
……品第五
尒時尊者摩訶迦葉白佛言世尊我等願請
文殊師利令我覩見彼諸菩薩摩訶薩等所
以者何世尊斯諸大士難可值遇尒時世尊
即告文殊師利言汝應當知今此大衆咸皆
渴仰思願覩見十方所有諸來菩薩摩訶薩
身今正是時汝應顯現於是文殊師利承聖
教已即便告彼法輪菩薩月光菩薩降魔菩
薩妙音菩薩離垢菩薩寂滅菩薩選擇菩
薩法王吼菩薩如是等无量菩薩摩訶薩言
諸大士汝等今宜各於宮殿自顯其身分明現
汝本國形狀也文殊師利發斯語已於是諸
菩薩衆從三昧起各現本身合諸大衆一切咸
見或有菩薩其身
薩身大

BD03277 號 2　大寶積經（兌廢稿）卷一〇三　（3–3）

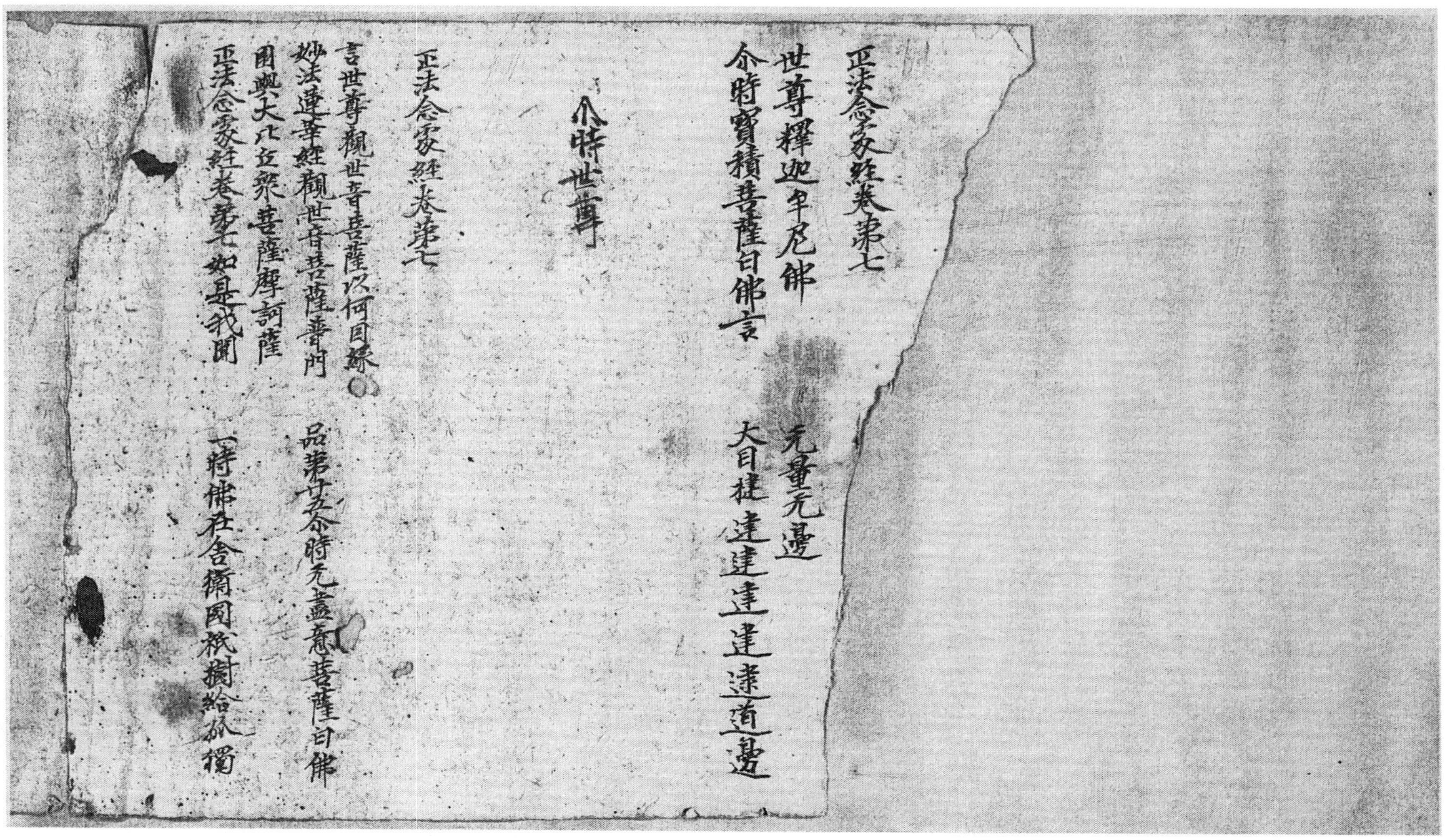
正法念處經卷第七
世尊釋迦牟尼佛
爾時寶積菩薩白佛言
无量无邊
大目揵達建達建達建達遠道邊
爾時世尊
正法念處經卷第七
言世尊觀世音菩薩以何因緣
妙法蓮華經觀世音菩薩普門 品第廿五爾時无盡意菩薩白佛
國與大比丘衆菩薩摩訶薩
正法念處經卷第七如是我聞 一時佛在舍衛國祇樹給孤獨

BD03277 號背　雜寫　（1-1）

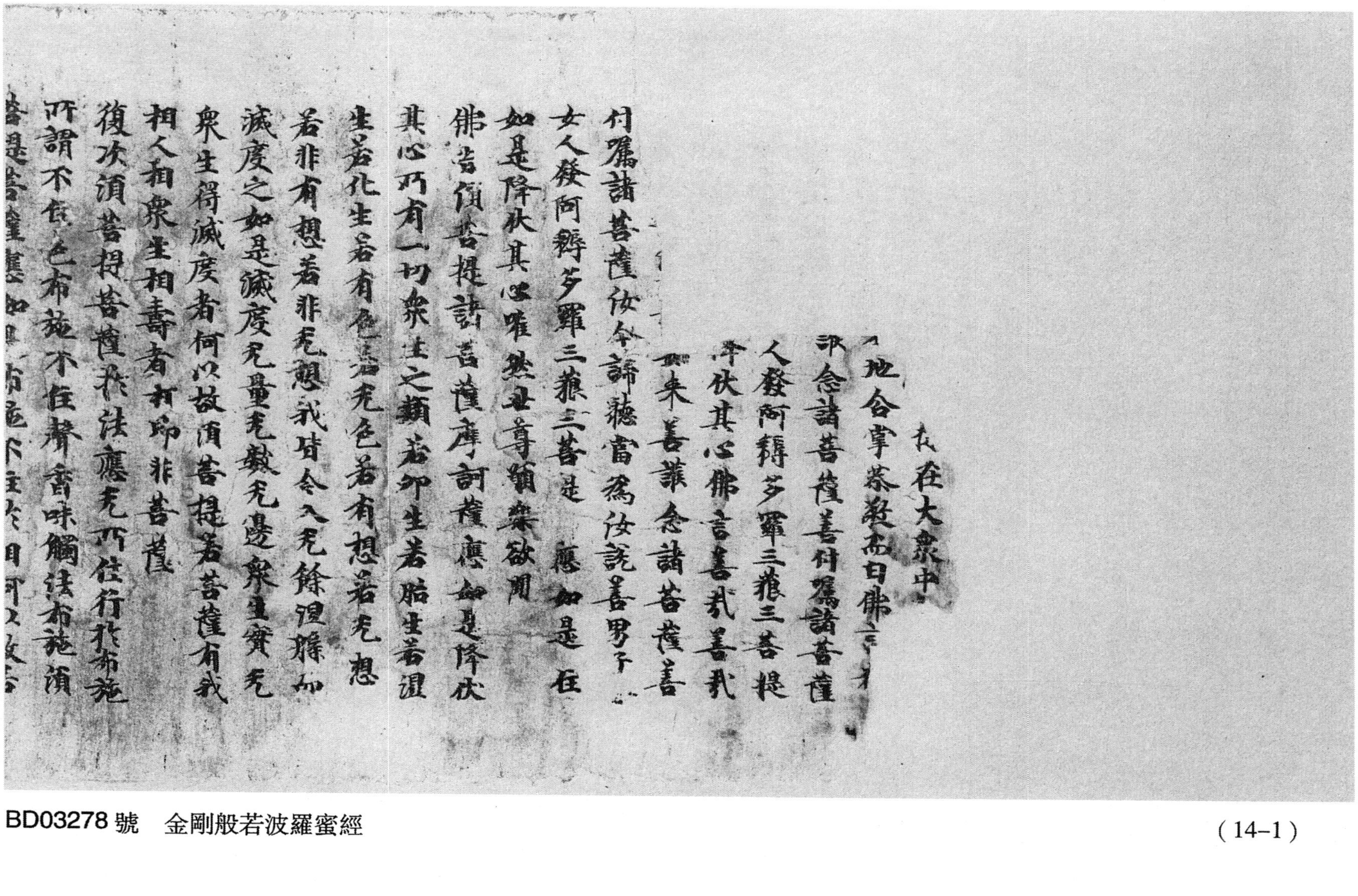
衣在大衆中
地合掌恭敬而白佛言希
護念諸菩薩善付囑諸菩薩
人發阿耨多羅三藐三菩提
降伏其心佛言善哉善哉
如來善護念諸菩薩善
付囑諸菩薩汝今諦聽當為汝說善男子
女人發阿耨多羅三藐三菩提 應如是住
如是降伏其心唯然世尊願樂欲聞
佛告須菩提諸菩薩摩訶薩應如是降伏
其心所有一切衆生之類若卵生若胎生若濕
生若化生若有色若无色若有想若无想
若非有想若非无想我皆令入无餘涅槃而
滅度之如是滅度无量无數无邊衆生實无
衆生得滅度者何以故須菩提若菩薩有我
相人相衆生相壽者相即非菩薩
復次須菩提菩薩於法應无所住行於布施
所謂不住色布施不住聲香味觸法布施須
菩提菩薩應如是布施不住於相何以故若

BD03278 號　金剛般若波羅蜜經　（14-1）

滅度之如是滅度无量无數无邊衆生實无
衆生得滅度者何以故須菩提若菩薩有我
相人相衆生相壽者相即非菩薩
復次須菩提菩薩於法應无所住行於布施
所謂不住色布施不住聲香味觸法布施須
菩提菩薩應如是布施不住於相何以故若
菩薩不住相布施其福德不可思量須菩提
於意云何東方虛空可思量不不也世尊須
菩提南西北方四維上下虛空可思量不不
也世尊須菩提菩薩无住相布施福德亦復
如是不可思量須菩提菩薩但應如所教住
須菩提於意云何可以身相見如來不不也
世尊不可以身相得見如來何以故如來所
說身相即非身相佛告須菩提凡所有相皆
是虛妄若見諸相非相則見如來
須菩提白佛言世尊頗有衆生得聞如是言
說章句生實信不佛告須菩提莫作是說如
來滅後後五百歲有持戒脩福者於此章句
能生信心以此為實當知是人不於一佛二
佛三四五佛而種善根已於无量千万佛所
種諸善根聞是章句乃至一念生淨信者須
菩提如來悉知悉見是諸衆生得如是无量
福德何以故是諸衆生无復我相人相衆生
相壽者相无法相亦无非法相何以故是諸衆
生若心取相則為著我人衆生壽者若取
法相即著我人衆生壽者何以故若取非法

BD03278號　金剛般若波羅蜜經　（14–2）

福德何以故是諸衆生无復我相人相衆生
相壽者相无法相亦无非法相何以故是諸衆
生若心取相則為著我人衆生壽者若取
法相即著我人衆生壽者何以故若取非法
相即著我人衆生壽者是故不應取法不應
取非法以是義故如來常說汝等比丘知我
說法如筏喻者法尚應捨何况非法
須菩提於意云何如來得阿耨多羅三藐三
菩提耶如來有所說法耶須菩提言如我解
佛所說義无有定法名阿耨多羅三藐三菩
提亦无有定法如來可說何以故如來所說
法皆不可取不可說非法非非法所以者何
一切賢聖皆以无為法而有差別
須菩提於意云何若人滿三千大千世界七
寶以用布施是人所得福德寧為多不須菩
提言甚多世尊何以故是福德即非福德性
是故如來說福德多若復有人於此經中受
持乃至四句偈等為他人說其福勝彼何以
故須菩提一切諸佛及諸佛阿耨多羅三藐
三菩提法皆從此經出須菩提所謂佛法者
即非佛法
須菩提於意云何須陁洹能作是念我得須
陁洹果不須菩提言不也世尊何以故須陁
洹名為入流而无所入不入色聲香味觸法是
名須陁洹須菩提於意云何斯陁含能作是
念我得斯陁含果不須菩提言不也世尊

BD03278號　金剛般若波羅蜜經　（14–3）

陁洹果不須菩提言不也世尊何以故須陁
洹名為入流而无所入不入色聲香味觸法是
名須陁洹須菩提於意云何斯陁含能作是
念我得斯陁含果不須菩提言不也世尊
何以故斯陁含名一往来而實无往来是名
斯陁含須菩提於意云何阿那含能作是
念我得阿那含果不須菩提言不也世尊何
以故阿那含名為不来而實无来是故名阿那
含須菩提於意云何阿羅漢能作是念我得
阿羅漢道不須菩提言不也世尊何以故實
无有法名阿羅漢世尊若阿羅漢作是念我
得阿羅漢道即為著我人衆生壽者世尊
佛説我得无諍三昧人中最為第一是第一離
欲阿羅漢我不作是念我是離欲阿羅漢世
尊我若作是念我得阿羅漢道世尊則不説
須菩提是樂阿蘭那行者以須菩提實无所
行而名須菩提樂阿蘭那行
佛告須菩提於意云何如来昔在然燈佛所
於法有所得不世尊如来在然燈佛所於法
實无所得須菩提於意云何菩薩莊嚴佛土
不不也世尊何以故莊嚴佛土者則非莊嚴
是名莊嚴是故須菩提諸菩薩摩訶薩應
如是生清净心不應住色生心不應住聲香味
觸法生心應无所住而生其心須菩提譬如
有人身如須弥山王於意云何是身為大不
須菩提言甚大世尊何以故佛説非身是名

是名莊嚴是故須菩提諸菩薩摩訶薩應
如是生清净心不應住色生心不應住聲香味
觸法生心應无所住而生其心須菩提譬如
有人身如須弥山王於意云何是身為大不
須菩提言甚大世尊何以故佛説非身是名
大身須菩提如恒河中所有沙數如是沙等
恒河於意云何是諸恒河沙寧為多不須菩
提言甚多世尊但諸恒河尚多无數何况其沙
須菩提我今實言告汝若有善男子善女人
以七寶滿尒所恒河沙數三千大千世界以用布
施得福多不須菩提言甚多世尊佛告須
菩提若善男子善女人於此經中乃至受持
四句偈等為他人説而此福德勝前福德復次
須菩提隨説是經乃至四句偈等當知此處一
切世間天人阿脩羅皆應供養如佛塔廟何
况有人盡能受持讀誦須菩提當知是人成
就最上第一希有之法若是經典所在之處
則為有佛若尊重弟子
尒時須菩提白佛言世尊當何名此經我等
云何奉持佛告須菩提是經名為金剛般若
波羅蜜以是名字汝當奉持所以者何須菩
提佛説般若波羅蜜則非般若波羅蜜須菩
提於意云何如来有所説法不須菩提白佛
言世尊如来无所説須菩提於意云何三千
大千世界所有微塵是為多不須菩提言甚
多世尊須菩提諸微塵如来説非微塵是名

言世尊如來无所說須菩提於意云何三千
大千世界所有微塵是為多不須菩提言甚
多世尊須菩提諸微塵如來說非微塵是名
微塵如來說世界非世界是名世界須菩提
於意云何可以三十二相見如來不不也世
尊不可以三十二相得見如來何以故如來說三十二相即是
非相是名三十二相須菩提若有善男子善
女人以恒河沙等身命布施若復有人於此
經中乃至受持四句偈等為他人說其福
甚多
尒時須菩提聞說是經深解義趣涕淚悲
泣而白佛言希有世尊佛說如是甚深經典
我從昔來所得慧眼未曾得聞如是之經世
尊若復有人得聞是經信心清淨則生實相
當知是人成就第一希有功德世尊是實相者
則是非相是故如來說名實相世尊我今得
聞如是經典信解受持不足為難若當來
世後五百歲其有眾生得聞是經信解受持
是人則為第一希有何以故此人无我相人相
眾生相壽者相所以者何我相即是非相人
相眾生相壽者相即是非相何以故離一切
諸相則名諸佛
佛告須菩提如是如是若復有人得聞是經
不驚不怖不畏當知是人甚為希有何以故
須菩提如來說第一波羅蜜非第一波羅

BD03278號　金剛般若波羅蜜經　（14–6）

諸相則名諸佛
佛告須菩提如是如是若復有人得聞是經
不驚不怖不畏當知是人甚為希有何以故
須菩提如來說第一波羅蜜非第一波羅
蜜是名第一波羅蜜
須菩提忍辱波羅蜜如來說非忍辱波羅
蜜何以故須菩提如我昔為歌利王割截身
體我於尒時无我相无人相无眾生相无壽
者相何以故我於往昔節節支解時若有
我相眾生相壽者相應生瞋恨須菩提又念
過去於五百世作忍辱仙人於尒所世无我相
无人相无眾生相无壽者相是故須菩提菩
薩應離一切相發阿耨多羅三藐三菩提
心不應住色生心不應住聲香味觸法生心
應生无所住心若心有住則為非住是故佛
說菩薩心不應住色布施須菩提菩薩為利
益一切眾生應如是布施如來說一切諸相
即是非相又說一切眾生則非眾生須菩提
如來是真語者實語者如語者不誑語者
不異語者須菩提如來所得法无實无虛
須菩提若菩薩心住於法而行布施如人入
闇則无所見若菩薩心不住法而行布施如
人有目日光明照見種種色須菩提當來
之世若有善男子善女人能於此經受持
讀誦則為如來以佛智慧悉知是人悉見是人
皆得成就无量无邊功德

BD03278號　金剛般若波羅蜜經　（14–7）

之世若有善男子善女人能於此經受持
讀誦則為如來以佛智慧悉知是人悉見是人
皆得成就无量无邊功德
須菩提若有善男子善女人初日分以恒河
沙等身布施中日分復以恒河沙等身布施
後日分亦以恒河沙等身布施如是无量百
千万億劫以身布施若復有人聞此經典信
心不逆其福勝彼何況書寫受持讀誦為人
解說須菩提以要言之是經有不可思議不
可稱量无邊功德如來為發大乘者說為發
最上乘者說若有人能受持讀誦廣為人
說如來悉知是人悉見是人皆得成就不可量
不可稱无有邊不可思議功德如是人等則
為荷擔如來阿耨多羅三藐三菩提何以
故須菩提若樂小法者著我見人見衆生見
壽者見則於此經不能聽受讀誦為人解說
須菩提在在處處若有此經一切世間天人
阿脩羅所應供養當知此處則為是塔皆
應恭敬作礼圍繞以諸華香而散其處
復次須菩提善男子善女人受持讀誦此經
若為人輕賤是人先世罪業應墮惡道以今
世人輕賤故先世罪業則為消滅當得阿耨
多羅三藐三菩提須菩提我念過去无量
阿僧祇劫於然燈佛前得值八百四千万億
那由他諸佛悉皆供養承事无空過者若復

BD03278號　金剛般若波羅蜜經　（14–8）

阿僧祇劫於然燈佛前得值八百四千万億
那由他諸佛悉皆供養承事无空過者若復
有人於後末世能受持讀誦此經所得功德於
我所供養諸佛功德百分不及一千万億分
乃至筭數譬喻所不能及須菩提若善男
子善女人於後末世有受持讀誦此經所得功
德我若具說者或有人聞心則狂亂狐疑不
信須菩提當知是經義不可思議果報亦不
可思議
尒時須菩提白佛言世尊善男子善女人發
阿耨多羅三藐三菩提心云何應住云何降伏
其心佛告須菩提善男子善女人發阿耨多
羅三藐三菩提者當生如是心我應滅度一
切衆生滅度一切衆生已而无有一衆生實滅
度者何以故若菩薩有我相人相衆生相
壽者相則非菩薩所以者何須菩提實无
有法發阿耨多羅三藐三菩提者須菩提於
意云何如來於然燈佛所有法得阿耨多
羅三藐三菩提不不也世尊如我解佛所說義
佛於然燈佛所无有法得阿耨多羅三藐三
菩提佛言如是如是須菩提實无有法如來
得阿耨多羅三藐三菩提須菩提若有法如
來得阿耨多羅三藐三菩提者然燈佛則不與
我受記汝於來世當得作佛号釋迦牟尼
以實无有法得阿耨多羅三藐三菩提是故

BD03278號　金剛般若波羅蜜經　（14–9）

我受記汝於來世當得作佛号釋迦牟尼
以實无有法得阿耨多羅三藐三菩提是故
然燈佛與我受記作是言汝於來世當得作
佛号釋迦牟尼何以故如來者即諸法如義
若有人言如來得阿耨多羅三藐三菩提須
菩提實无有法佛得阿耨多羅三藐三菩提
須菩提如來所得阿耨多羅三藐三菩提於
是中无實无虛是故如來說一切法皆是佛法
須菩提所言一切法者即非一切法是故名
一切法須菩提譬如人身長大須菩提言世
尊如來說人身長大則為非大身是名大
身須菩提菩薩亦如是若作是言我當滅度
无量衆生則不名菩薩何以故須菩提實无
有法名為菩薩是故佛說一切法无我无人
无衆生无壽者須菩提若菩薩作是言我當
莊嚴佛土是不名菩薩何以故如來說莊嚴
佛土者即非莊嚴是名莊嚴須菩提若菩薩
通達无我法者如來說名真是菩薩
須菩提於意云何如來有肉眼不如是世尊
如來有肉眼須菩提於意云何如來有天眼
不如是世尊如來有天眼須菩提於意云何
如來有慧眼不如是世尊如來有慧眼須菩
提於意云何如來有法眼不如是世尊如來
有法眼須菩提於意云何如來有佛眼不如
是世尊如來有佛眼須菩提於意云何恒河

BD03278 號　金剛般若波羅蜜經　（14–10）

提於意云何如來有法眼不如是世尊如來
有法眼須菩提於意云何如來有佛眼不如
是世尊如來有佛眼須菩提於意云何恒河
中所有沙佛說是沙不如是世尊如來說是
沙須菩提於意云何如一恒河中所有沙有
如是等恒河是諸恒河所有沙數佛世界如
是寧為多不甚多世尊佛告須菩提爾所國
土中所有衆生若干種心如來悉知何以故
如來說諸心皆為非心是名為心所以者何
須菩提過去心不可得現在心不可得未來
心不可得須菩提於意云何若有人滿三千
大千世界七寶以用布施是人以是因緣得
福多不如是世尊此人以是因緣得福甚多
須菩提若福德有實如來不說得福德多以
福德无故如來說得福德多
須菩提於意云何佛可以具足色身見不不
也世尊如來不應以色身見何以故如來說
具足色身即非具足色身是名具足色身須
菩提於意云何如來可以具足諸相見不不
不也世尊如來不應以具足諸相見何以故如
來說諸相具足即非具足是名諸相具足須
菩提汝勿謂如來作是念我當有所說法莫
作是念何以故若人言如來有所說法即為
謗佛不能解我所說故須菩提說法者无法
可說是名說法須菩提白佛言世尊佛得阿

BD03278 號　金剛般若波羅蜜經　（14–11）

作是念何以故若人言如來有所說法即爲
謗佛不能解我所說故須菩提說法者無法
可說是名說法須菩提白佛言世尊佛得阿
耨多羅三藐三菩提爲無所得耶如是如是
須菩提我於阿耨多羅三藐三菩提乃至無
有少法可得是名阿耨多羅三藐三菩提復
次須菩提是法平等無有高下是名阿耨多
羅三藐三菩提以無我無人無衆生無壽者
脩一切善法則得阿耨多羅三藐三菩提須
菩提所言善法者如來說非善法是名善法
須菩提若三千大千世界中所有諸須弥山
王如是等七寶聚有人持用布施若人以此般
若波羅蜜經乃至四句偈等受持爲他人說
於前福德百分不及一百千万億分乃至筭
數譬喻所不能及
須菩提於意云何汝等勿謂如來作是念
我當度衆生須菩提莫作是念何以故實無
有衆生如來度者若有衆生如來度者如來
則有我人衆生壽者須菩提如來說有我者
則非有我而凡夫之人以爲有我須菩提凡
夫者如來說則非凡夫須菩提於意云何可以
三十二相觀如來不須菩提言如是如是以
三十二相觀如來佛言須菩提若以三十二
相觀如來者轉輪聖王則是如來須菩提白佛
言世尊如我解佛所說義不應以三十二相
觀如來尒時世尊而說偈言

BD03278號　金剛般若波羅蜜經　（14–12）

相觀如來者轉輪聖王則是如來須菩提白佛
言世尊如我解佛所說義不應以三十二相
觀如來尒時世尊而說偈言
若以色見我　以音聲求我　是人行邪道　不能見如來
須菩提汝若作是念如來不以具足相故得阿
耨多羅三藐三菩提須菩提莫作是念如
來不以具足相故得阿耨多羅三藐三菩提須菩提
汝若作是念發阿耨多羅三藐三菩提
者說諸法斷滅莫作是念何以故發阿耨多
羅三藐三菩提者於法不說斷滅相須菩提
若菩薩以滿恒河沙等世界七寶布施若復
有人知一切法無我得成於忍此菩薩勝前
菩薩所得功德須菩提以諸菩薩不受福
德故須菩提白佛言世尊云何菩薩不受
福德須菩提菩薩所作福德不應貪著是
故說不受福德須菩提若有人言如來若來
若去若坐若卧是人不解我所說義何以故如
來者無所從來亦無所去故名如來
須菩提若善男子善女人以三千大千世界
碎爲微塵於意云何是微塵衆寧爲多不甚
多世尊何以故若是微塵衆實有者佛則不說
是微塵衆所以者何佛說微塵衆則非微塵
衆是名微塵衆世尊如來所說三千大千世
界則非世界是名世界何以故若世界實有
者則是一合相如來說一合相則非一合相是
名一合相須菩提一合相者則是不可說但
凡夫之人貪著其事須菩提若人言佛說

BD03278號　金剛般若波羅蜜經　（14–13）

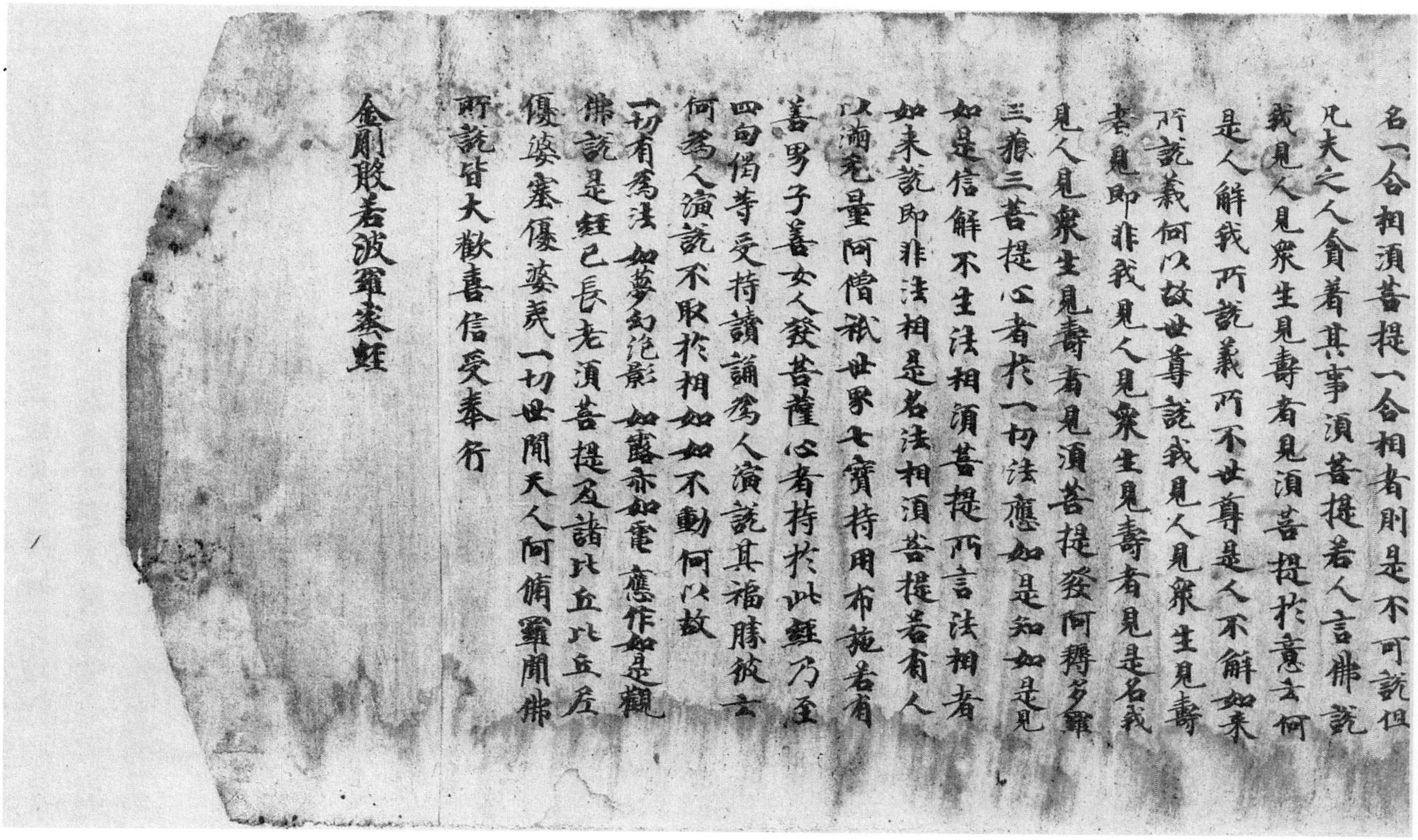

名一合相須菩提一合相者則是不可說但
凡夫之人貪著其事須菩提若人言佛說
我見人見衆生見壽者見須菩提於意云何
是人解我所說義不世尊是人不解如來
所說義何以故世尊說我見人見衆生見壽
者見即非我見人見衆生見壽者見是名我
見人見衆生見壽者見須菩提發阿耨多羅
三藐三菩提心者於一切法應如是知如是見
如是信解不生法相須菩提所言法相者
如來說即非法相是名法相須菩提若有人
以滿無量阿僧祇世界七寶持用布施若有
善男子善女人發菩薩心者持於此經乃至
四句偈等受持讀誦爲人演說其福勝彼云
何爲人演說不取於相如如不動何以故
一切有爲法 如夢幻泡影 如露亦如電 應作如是觀
佛說是經已長老須菩提及諸比丘比丘尼
優婆塞優婆夷一切世間天人阿脩羅聞佛
所說皆大歡喜信受奉行
金剛般若波羅蜜經

BD03278號　金剛般若波羅蜜經　（14–14）

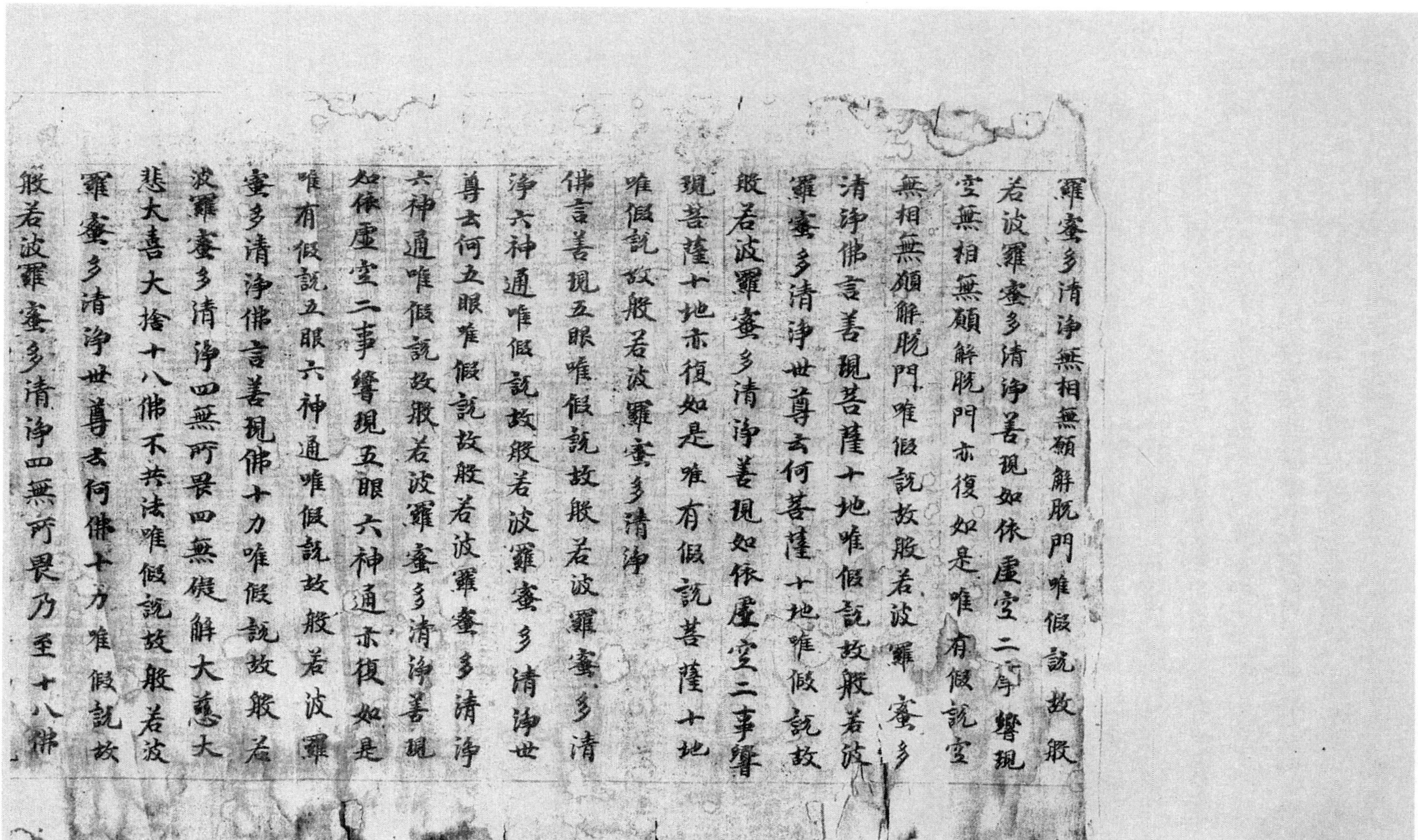

羅蜜多清淨無相無願解脫門唯假說故般
若波羅蜜多清淨善現如依虛空二事響現
空無相無願解脫門亦復如是唯有假說空
無相無願解脫門唯假說故般若波羅蜜多
清淨佛言善現菩薩十地唯假說故般若波
羅蜜多清淨世尊云何菩薩十地唯假說故
般若波羅蜜多清淨善現如依虛空二事響
現菩薩十地亦復如是唯有假說菩薩十地
唯假說故般若波羅蜜多清淨
佛言善現五眼唯假說故般若波羅蜜多清
淨六神通唯假說故般若波羅蜜多清淨世
尊云何五眼唯假說故般若波羅蜜多清淨
六神通唯假說故般若波羅蜜多清淨善現
如依虛空二事響現五眼六神通亦復如是
唯有假說五眼六神通唯假說故般若波羅
蜜多清淨佛言善現佛十力唯假說故般若
波羅蜜多清淨四無所畏四無礙解大慈大
悲大喜大捨十八佛不共法唯假說故般若波
羅蜜多清淨世尊云何佛十力唯假說故
般若波羅蜜多清淨四無所畏乃至十八佛

BD03279號　大般若波羅蜜多經卷二九四　（2–1）

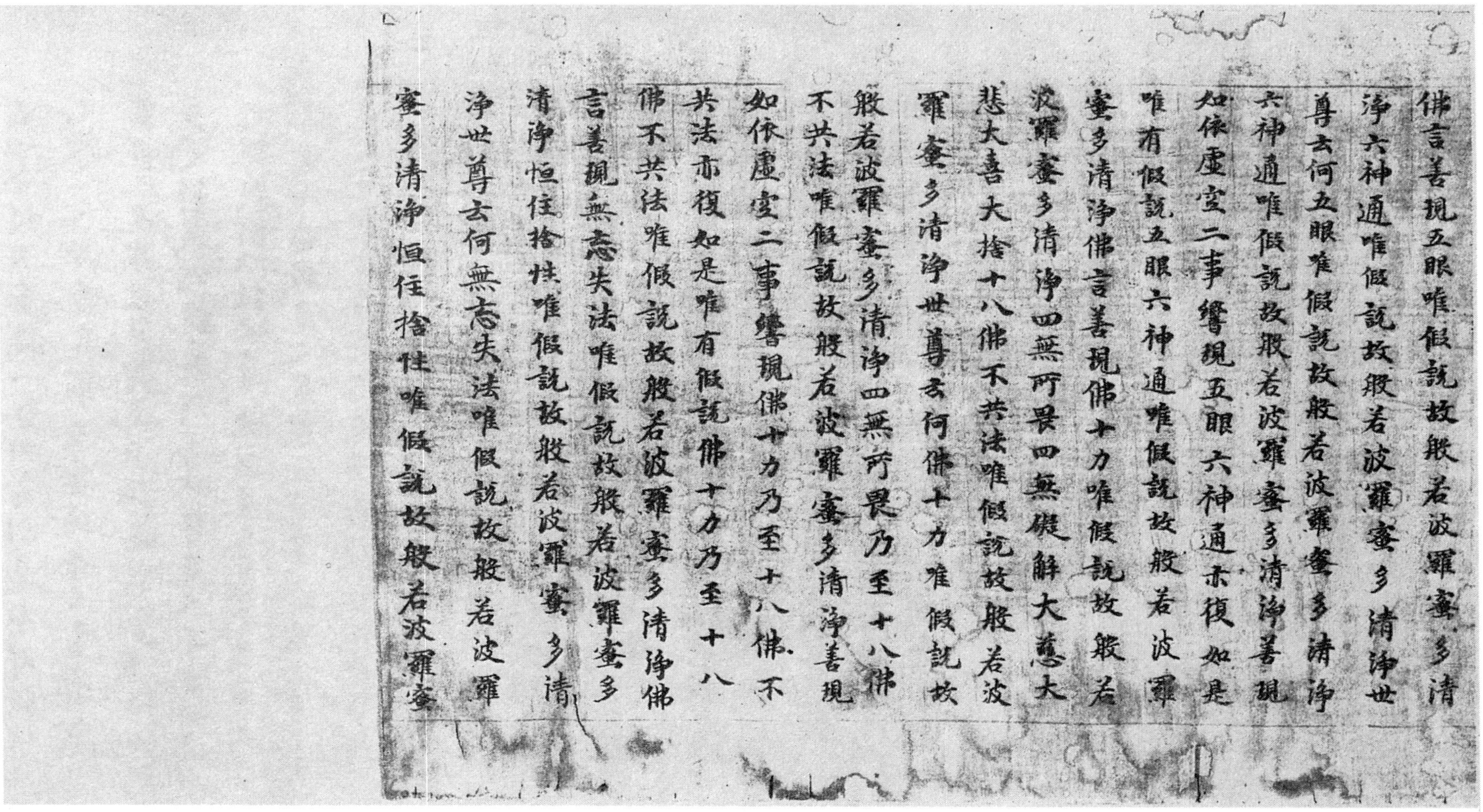

佛言善現五眼唯假說故般若波羅蜜多清
淨六神通唯假說故般若波羅蜜多清淨世
尊云何五眼唯假說故般若波羅蜜多清淨
六神通唯假說故般若波羅蜜多清淨善現
如依虛空二事響現五眼六神通亦復如是
唯有假說五眼六神通唯假說故般若波羅
蜜多清淨佛言善現佛十力唯假說故般若
波羅蜜多清淨四無所畏四無礙解大慈大
悲大喜大捨十八佛不共法唯假說故般若波
羅蜜多清淨世尊云何佛十力唯假說故
般若波羅蜜多清淨四無所畏乃至十八佛
不共法唯假說故般若波羅蜜多清淨善現
如依虛空二事響現佛十力乃至十八佛不
共法亦復如是唯有假說佛十力乃至十八
佛不共法唯假說故般若波羅蜜多清淨佛
言善現無忘失法唯假說故般若波羅蜜多
清淨恒住捨性唯假說故般若波羅蜜多清
淨世尊云何無忘失法唯假說故般若波羅
蜜多清淨恒住捨性唯假說故般若波羅蜜

BD03279 號　大般若波羅蜜多經卷二九四　（2–2）

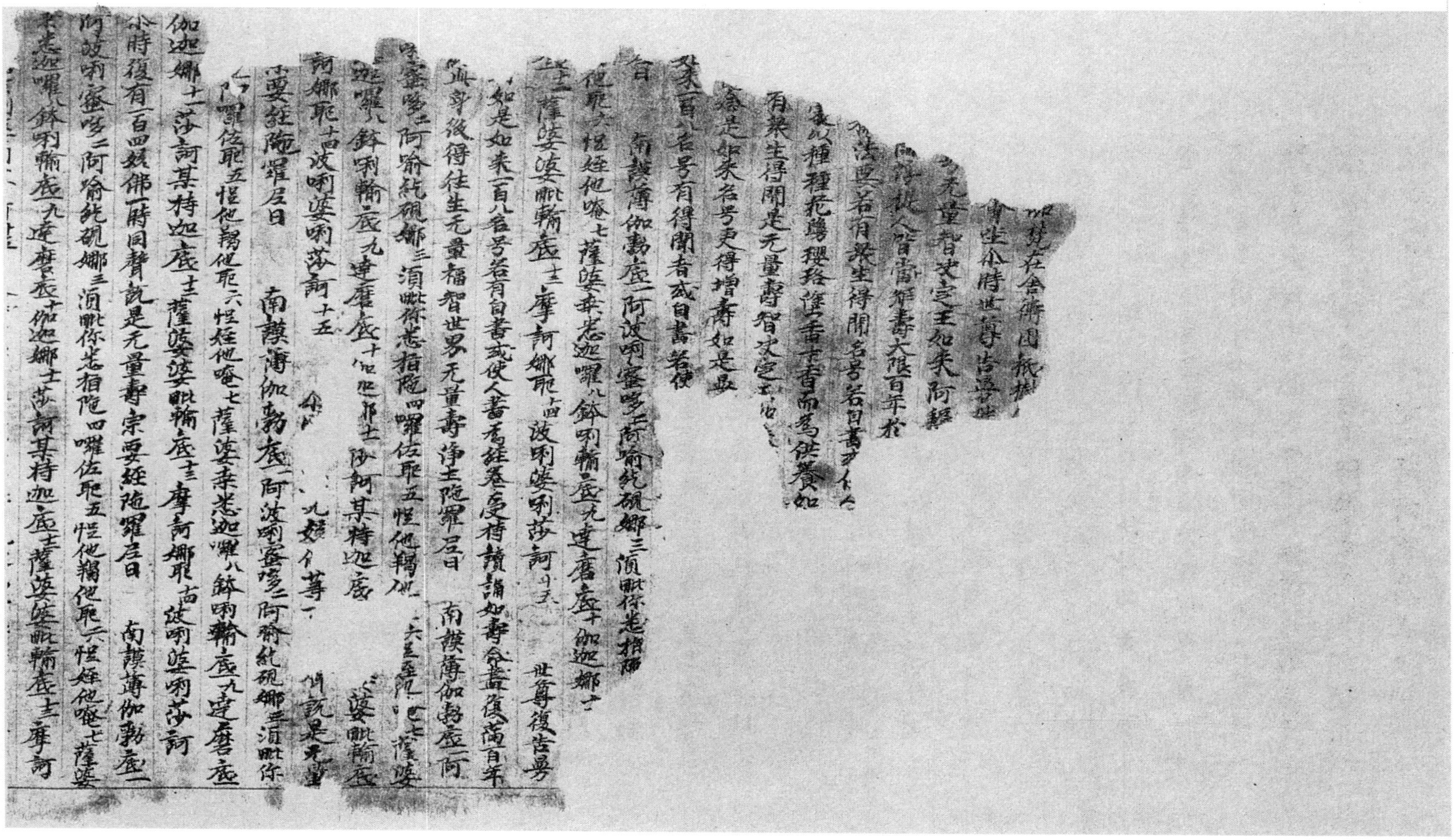

時佛在舍衛國祇樹
爾時世尊告[illegible]
无量智決定王如來阿[illegible]
[illegible]人皆當短壽大限百年於
法中若有衆生得聞名号若自書若使人
衆以種種花鬘瓔珞塗香末香而為供養如
有衆生得聞是无量壽智決定王如
修是如來名号更得增壽如是
來一百八名号有得聞者或自書若使
南謨薄伽勃底一阿波唎蜜哆二阿喻紇硯娜三須毗你逝指陀
他耶六怛姪他唵七薩婆桑悉迦囉八鉢唎輸底九達磨底十伽迦娜十一
十二薩婆婆毗輸底十三摩訶娜耶十四波唎婆唎莎訶十五　世尊復告曼
如是如來一百八名号若有自書或使人書為經卷受持讀誦如壽命盡復滿百年
命盡後得往生无量福智世界无量壽淨土陀羅尼曰　南謨薄伽勃底一阿
蜜哆二阿喻紇硯娜三須毗你逝指陀四囉佐耶五怛他羯他
迦囉八鉢唎輸底九達磨底十伽迦娜十一莎訶某持迦底
阿娜耶十四波唎婆唎莎訶十五
要經陀羅尼曰　南謨薄伽勃底一阿波唎蜜哆二阿喻紇硯娜三須毗你
囉佐耶五怛他羯他耶六怛姪他唵七薩婆桑悉迦囉八鉢唎輸底九達磨底
伽迦娜十一莎訶某持迦底十二薩婆婆毗輸底十三摩訶娜耶十四波唎婆唎莎訶
爾時復有一百四俱胝佛一時同聲說是无量壽宗要經陀羅尼曰　南謨薄伽勃底一
阿波唎蜜哆二阿喻紇硯娜三須毗你逝指陀四囉佐耶五怛他羯他耶六怛姪他唵七薩婆
桑悉迦囉八鉢唎輸底九達磨底十伽迦娜十一莎訶某持迦底十二薩婆婆毗輸底十三摩訶

BD03280 號 1　無量壽宗要經　（8–1）

要經陀羅尼曰　南謨薄伽勃底一阿波唎蜜哆二阿喻紇硯娜三須毗你
陀四囉佐耶五怛他羯他耶六怛姪他唵七薩婆桒悉迦囉八鉢唎輸底九達磨底
伽迦娜十一莎訶某特迦底十二薩婆婆毗輸底十三摩訶娜耶十四波唎婆唎莎訶
尒時復有百四姟佛一時同聲說是无量壽宗要經陀羅尼曰　南謨薄伽勃底一
阿波唎蜜哆二阿喻紇硯娜三須毗你悉指陀四囉佐耶五怛他羯他耶六怛姪他唵七薩婆
桒悉迦囉八鉢唎輸底九達磨底十伽迦娜十一莎訶某特迦底十二薩婆婆毗輸底十三摩訶
波唎婆唎莎訶十五　尒時復有七姟佛一時同聲說是无量壽宗要經陀羅尼曰
謨薄伽勃底一阿波唎蜜哆二阿喻紇硯娜三須毗你悉指陀四囉佐耶五怛他羯他耶六怛
姪他唵七薩婆桒悉迦囉八鉢唎輸底九達磨底十伽迦娜十一莎訶某特迦底十二薩婆
婆毗輸底十三摩訶娜耶十四波唎婆唎莎訶十五　尒時復有六十姟佛一時同聲說
是无量壽宗要經陀羅尼曰　南謨薄伽勃底一阿波唎蜜哆二阿喻紇硯娜三須
毗你悉指陀四囉佐耶五怛他羯他耶六怛姪他唵七薩婆桒悉迦囉八波唎輸底九達
摩底十伽迦娜十一莎訶某特迦底十二薩婆婆毗輸底十三摩訶娜耶十四波唎婆唎莎訶
尒時復有五十五姟佛一時同聲說是无量壽宗要經陀羅尼曰　南謨薄伽勃底
阿波唎蜜哆二阿喻紇硯娜三須毗你悉指陀四囉佐耶五怛他羯他耶六怛姪他唵七薩婆桒
悉迦囉八鉢唎輸底九達磨底十伽迦娜十一莎訶某特迦底十二薩婆婆毗輸底十三摩
訶娜耶十四波唎婆唎莎訶十五　尒時復有四十五姟佛一時同說是无量壽宗要經陀
羅尼曰　南謨薄伽勃底一阿波唎蜜哆二阿喻紇硯娜三須毗你悉指陀四囉佐耶
怛他羯他耶六怛姪他唵七薩婆桒悉迦囉八波唎輸底九達磨底十伽迦娜十一莎訶
某特迦底十二薩婆婆毗輸底十三摩訶娜耶十四波唎婆唎莎訶十五　尒時復有
卅六姟佛一時同聲說是无量壽宗要經陀羅尼曰　南謨薄伽勃底一阿波唎蜜
哆二阿喻紇硯娜三須毗你悉指陀四囉佐耶五怛他羯他耶六怛姪他唵七薩婆桒悉迦
囉八鉢唎輸底九達磨底十伽迦娜十一莎訶某特迦底十二薩婆婆毗輸底十三摩訶
娜耶十四波唎婆唎莎訶十五　尒時復有二十五佛一時同聲說是无量壽宗要經
陀羅尼曰　南謨薄伽勃底一阿波唎蜜哆二阿喻紇硯娜三須毗你悉指陀四囉
佐耶五怛他羯他耶六怛姪他唵七薩婆桒悉迦囉八鉢唎輸底九達磨底十伽迦娜
十一莎訶某特迦底十二薩婆婆毗輸底十三摩訶娜耶十四波唎婆唎莎訶
尒時復有恒河沙姟佛一時同聲說无量壽宗要經陀羅尼曰　南謨薄伽勃底
阿波唎蜜哆二阿喻紇硯娜三須毗你悉指陀四囉佐耶五怛他羯他耶六怛姪他唵七怛姪
他唵七薩婆桒悉迦囉八鉢唎輸底九達磨底十伽迦娜十一莎訶某特迦底十二薩婆婆
毗輸底十三摩訶娜耶十四波唎婆唎莎訶十五　若有自書寫教人書寫是

BD03280 號 1　無量壽宗要經　　（8–2）

莎訶某特迦底十二薩婆婆毗輸底十三摩訶娜耶十四波唎婆唎莎訶　南謨薄伽勃底
尒時復有恒河沙姟佛一時同聲說无量壽宗要經陀羅尼曰
阿波唎蜜哆二阿喻紇硯娜三須毗你悉指陀四囉佐耶五怛他羯他耶六怛姪他唵七怛姪
他唵七薩婆桒悉迦囉八鉢唎輸底九達磨底十伽迦娜十一莎訶某特迦底十二薩婆婆
毗輸底十三摩訶娜耶十四波唎婆唎莎訶十五　善男子若有自書寫教人書寫是
无量壽宗要經如其命盡復得長壽而滿年陀羅尼曰　南謨薄伽勃底一阿
波唎蜜哆二阿喻紇硯娜三須毗你悉指陀四囉佐耶五怛他羯他耶六怛姪他唵七薩婆
桒悉迦囉八鉢唎輸底九達磨底十伽迦娜十一莎訶某特迦底十二薩婆婆毗輸底十三
摩訶娜耶十四波唎婆唎莎訶十五　若有自書寫教人書寫是无量壽宗要經讀誦受
持畢竟不墮地獄在在所生得宿命智陀羅尼曰　南謨薄伽勃底一阿波唎蜜哆二
阿喻紇硯娜三須毗你悉指陀四囉佐耶五怛他羯他耶六怛姪他唵七薩婆桒悉迦囉
波唎輸底九達磨底十伽迦娜十一莎訶某特迦底十二薩婆婆毗輸底十三摩訶娜耶
波唎婆唎莎訶十五　若有自書寫教人書寫是无量壽宗要經受持讀誦如同
書寫八万四千一切經典陀羅尼曰　南謨薄伽勃底一阿波唎蜜哆二阿喻紇硯娜三須
毗你悉指陀四囉佐耶五怛他羯他耶六怛姪他唵七薩婆桒悉迦囉八鉢唎輸底九達
磨底十伽迦娜十一莎訶某特迦底十二薩婆婆毗輸底十三摩訶娜耶十四波唎婆
唎莎訶十五　若有自書寫教人書寫是无量壽宗要經即是書寫八万四千部建立
塔廟陀羅尼曰　南謨薄伽勃底一阿波唎蜜哆二阿喻紇硯娜三須毗你悉指陀四
囉佐耶五怛他羯他耶六怛姪他唵七薩婆桒悉迦囉八波唎輸底九達磨底十伽迦
娜十一莎訶某特迦底十二薩婆婆毗輸底十三摩訶娜耶十四波唎婆唎莎訶十五
若有自書寫教人書寫是无量壽宗要經能消五无間等一切重罪陀羅尼曰　南謨薄伽勃
底一阿波唎蜜哆二阿喻紇硯娜三須毗你悉指陀四囉佐耶五怛他羯他耶六怛姪他唵七薩婆
桒悉迦囉八鉢唎輸底九達磨底十伽迦娜十一莎訶某特迦底十二薩婆婆毗輸底十三
摩訶娜耶十四波唎婆唎莎訶十五　若有自書寫教人書寫是无量壽宗要經受持讀
誦設有重罪猶如須彌盡能除滅陀羅尼曰　南謨薄伽勃底一阿波唎蜜哆二阿喻紇
硯娜三須毗你悉指陀四囉佐耶五怛他羯他耶六怛姪他唵七薩婆桒悉迦囉八鉢唎輸底
達磨底十伽迦娜十一莎訶某特迦底十二薩婆婆毗輸底十三摩訶娜耶十四波唎婆唎莎訶
若有自書教人書寫是无量壽宗要經受持讀誦若魔魔之眷屬夜叉羅剎不得其便終
无枉死陀羅尼曰　南謨薄伽勃底一阿波唎蜜哆二阿喻紇硯娜三須毗你悉指陀四囉佐
耶五怛他羯他耶六怛姪他唵七薩婆桒悉迦囉八鉢唎輸底九達磨底十伽迦娜十一莎
訶某特迦底十二薩婆婆毗輸底十三摩訶娜耶十四波唎婆唎莎訶十五　若有自書

BD03280 號 1　無量壽宗要經　　（8–3）

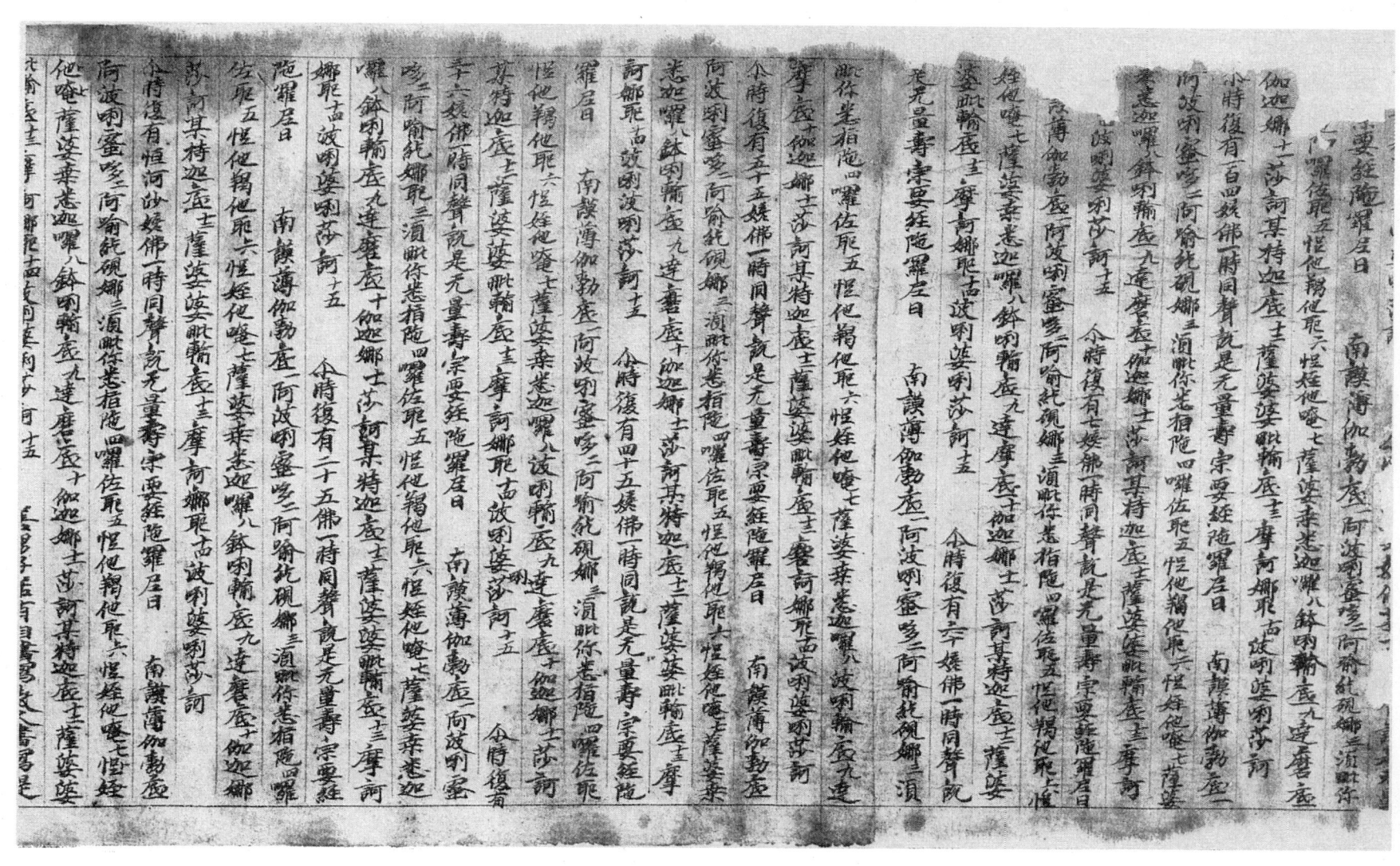

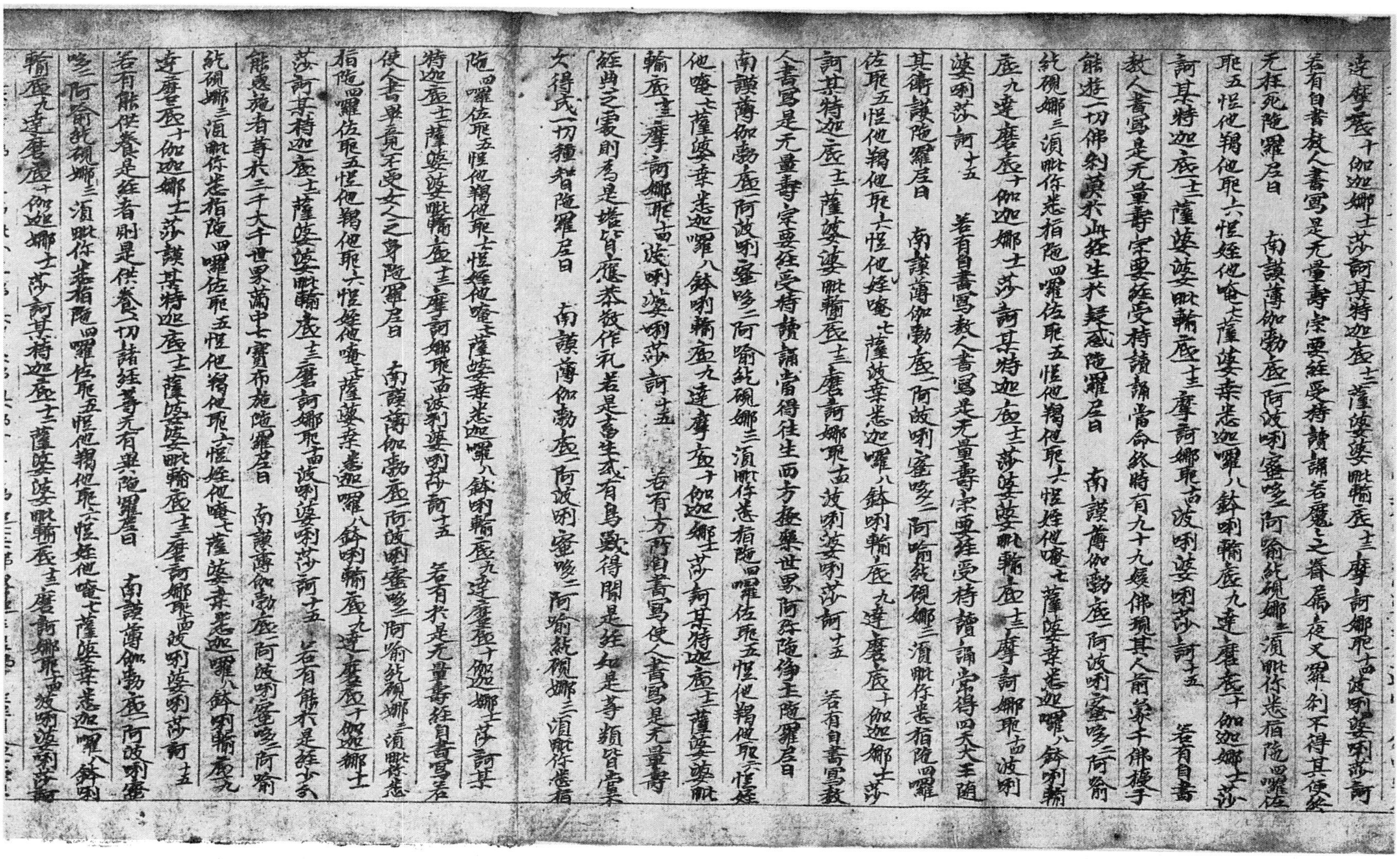

BD03280號 1　無量壽宗要經　（8–4）

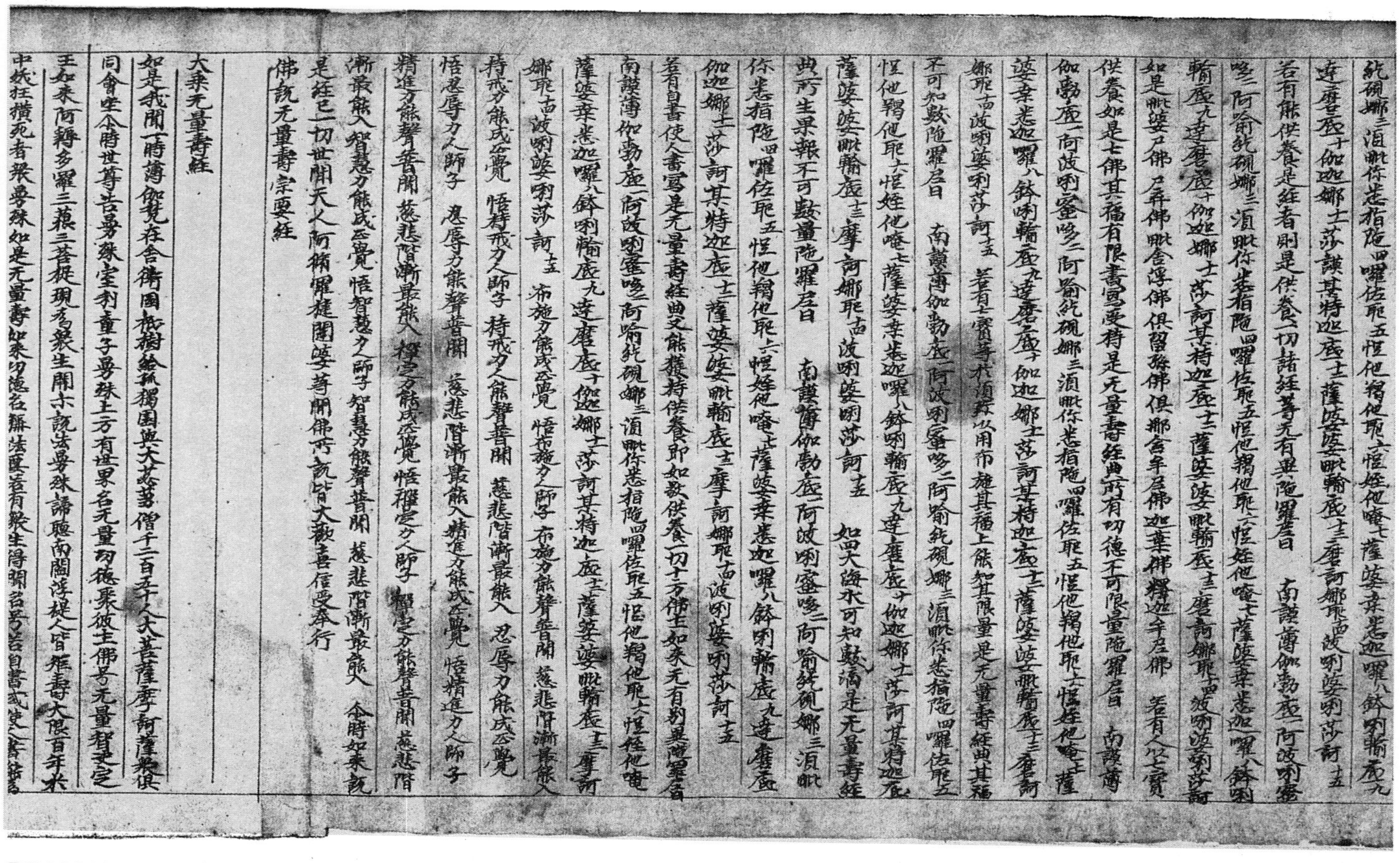

BD03280號 1　無量壽宗要經　（8–5）

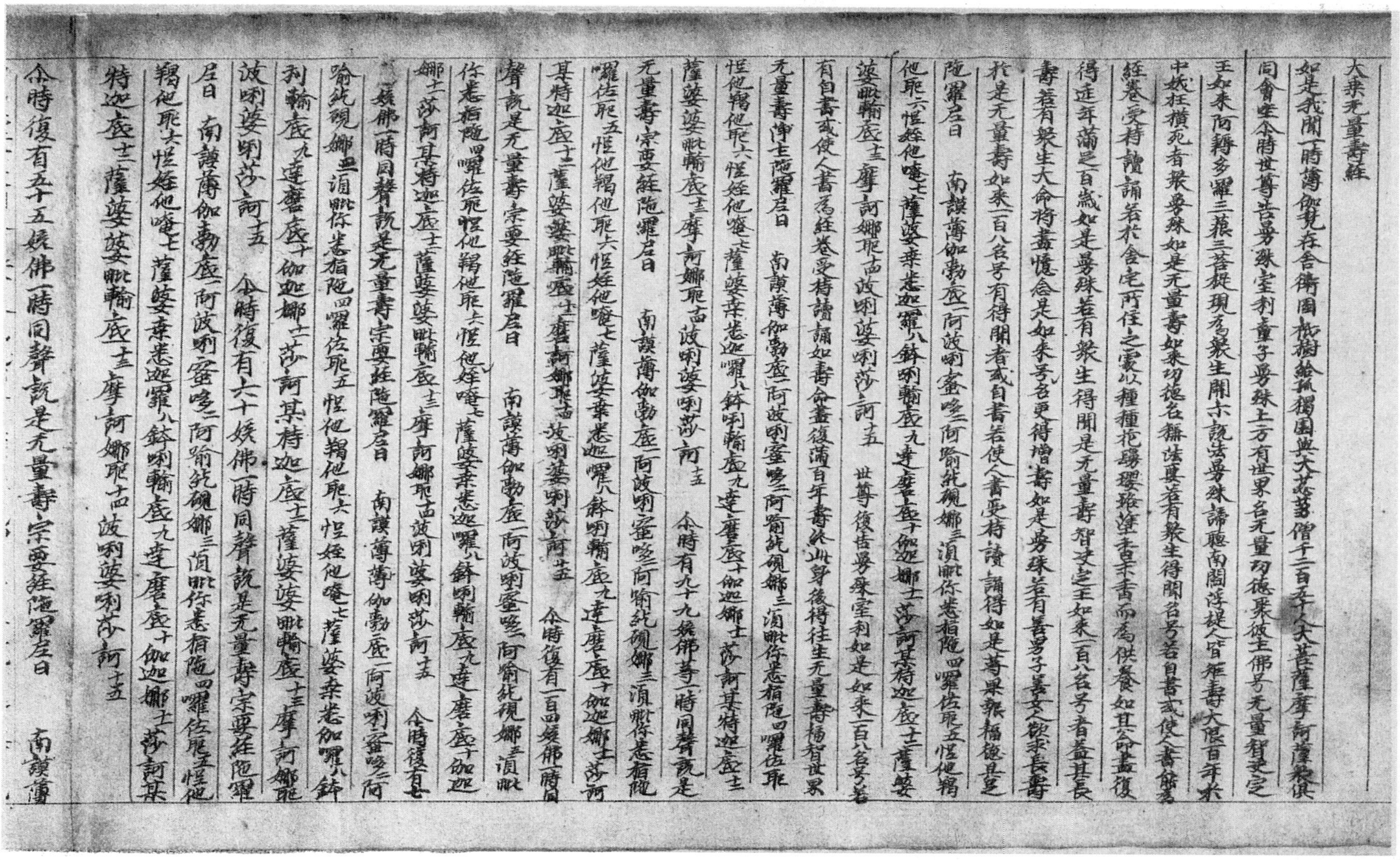
大乘无量壽經
如是我聞一時薄伽梵在舍衛國祇樹給孤獨園與大苾芻僧千二百五十人大菩薩摩訶薩衆俱
同會坐尒時世尊告曼殊室利童子曼殊上方有世界名无量功德衆彼土佛號无量智決定
王如來阿羅訶三藐三菩提現爲衆生開示說法曼殊諦聽南閻浮提人皆短壽大限百年於
中妖枉橫死者衆曼殊如是无量壽如來功德名稱法要若有衆生得聞名號若自書或使人書能爲
經卷受持讀誦若於舍宅所住之處以種種花鬘瓔珞塗香末香而爲供養如其命盡復
得延年滿足百歲如是曼殊若有衆生得聞是无量壽智決定王如來一百八名號者益其長
壽若有衆生大命將盡憶念是如來名号更得增壽如是曼殊若有善男子善女人欲求長壽
於是无量壽如來一百八名号有得聞者或自書若使人書受持讀誦得如是等果報福德具足
陁羅尼曰　南謨薄伽勃底一阿波唎蜜哆二阿喻紇硯娜三須毗你悉指陁四囉佐耶五怛他羯
他耶六怛姪他唵七薩婆桑悉迦羅八鉢唎輸底九達摩底十伽迦娜十一莎訶其特迦底十二薩婆
婆毗輸底十三摩訶娜耶十四波唎婆唎莎訶十五　世尊復告曼殊室利如是如來一百八名号若
有自書或使人書爲經卷受持讀誦如壽命盡復滿百年壽終此身後得往生无量壽福智世界
无量壽淨土陁羅尼曰　南謨薄伽勃底一阿波唎蜜哆二阿喻紇硯娜三須毗你悉指陁四囉佐耶
怛他羯他耶六怛姪他唵七薩婆桑悉迦囉八鉢唎輸底九達摩底十伽迦娜十一莎訶其特迦底十二
薩婆婆毗輸底十三摩訶娜耶十四波唎婆唎莎訶十五　尒時有九十九姟佛一時同聲說是
无量壽宗要經陁羅尼曰　南謨薄伽勃底一阿波唎蜜哆二阿喻紇硯娜三須毗你悉指陁
囉佐耶五怛他羯他耶六怛姪他唵七薩婆桑悉迦囉八鉢唎輸底九達摩底十伽迦娜十一莎訶
其特迦底十二薩婆婆毗輸底十三摩訶娜耶十四波唎婆唎莎訶十五　尒時復有一百四姟佛一時同
聲說是无量壽宗要經陁羅尼曰　南謨薄伽勃底一阿波唎蜜哆二阿喻紇硯娜三須毗
你悉指陁四囉佐耶五怛他羯他耶六怛姪他唵七薩婆桑悉迦囉八鉢唎輸底九達摩底十伽迦
娜十一莎訶其特迦底十二薩婆婆毗輸底十三摩訶娜耶十四波唎婆唎莎訶十五　尒時復有七
姟佛一時同聲說是无量壽宗要經陁羅尼曰　南謨薄伽勃底一阿波唎蜜哆二阿
喻紇硯娜三須毗你悉指陁四囉佐耶五怛他羯他耶六怛姪他唵七薩婆桑悉伽囉八鉢
唎輸底九達摩底十伽迦娜十一莎訶其特迦底十二薩婆婆毗輸底十三摩訶娜耶
波唎婆唎莎訶十五　尒時復有六十姟佛一時同聲說是无量壽宗要經陁羅
尼曰　南謨薄伽勃底一阿波唎蜜哆二阿喻紇硯娜三須毗你悉指陁四囉佐耶五怛他
羯他耶六怛姪他唵七薩婆桑悉迦囉八鉢唎輸底九達摩底十伽迦娜十一莎訶其
特迦底十二薩婆婆毗輸底十三摩訶娜耶十四波唎婆唎莎訶十五
尒時復有五十五姟佛一時同聲說是无量壽宗要經陁羅尼曰　南謨薄

BD03280 號 2　無量壽宗要經　（8–6）

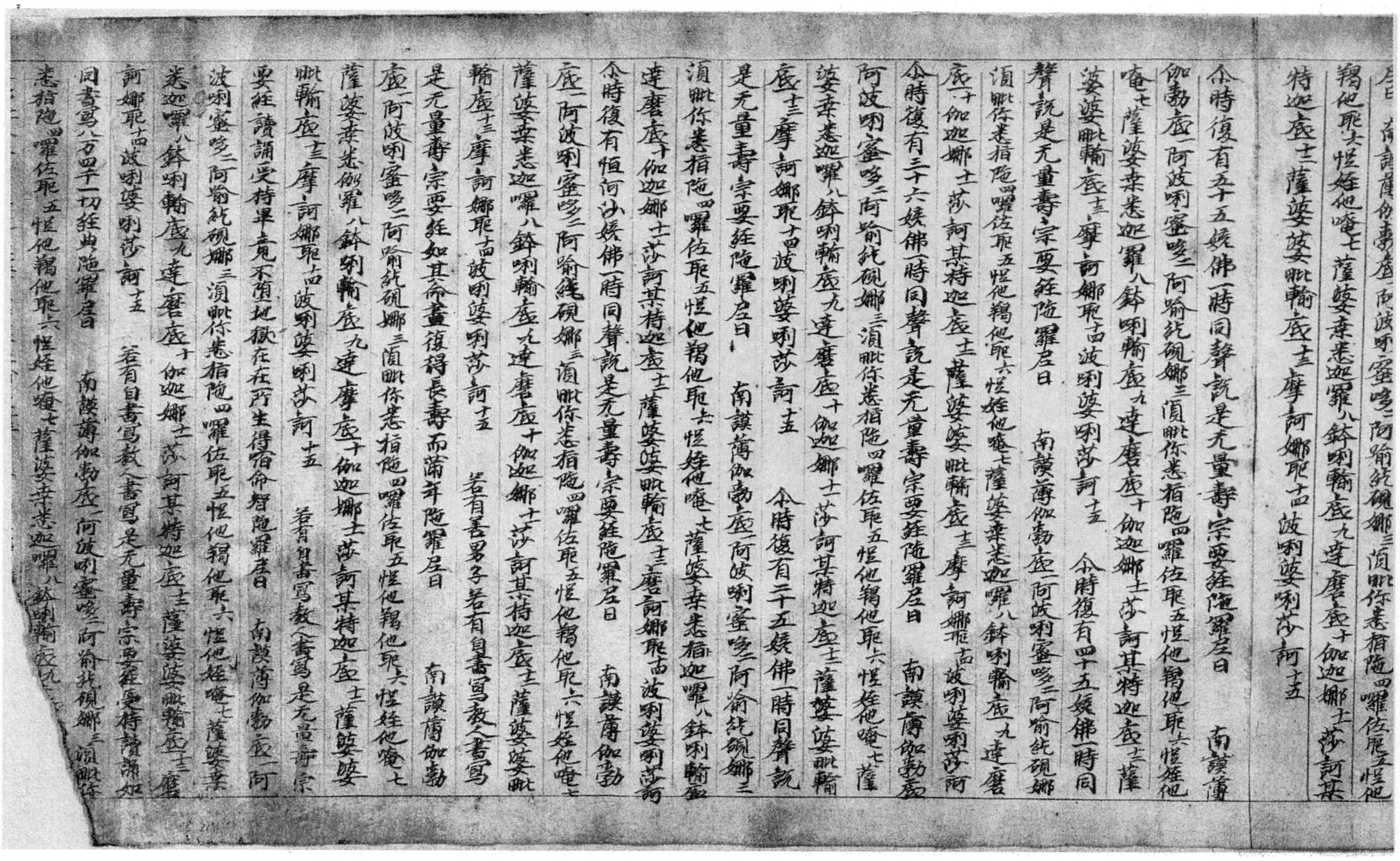
尼曰　南謨薄伽勃底一阿波唎蜜哆二阿喻紇硯娜三須毗你悉指陁四囉佐耶五怛他
羯他耶六怛姪他唵七薩婆桑悉迦羅八鉢唎輸底九達摩底十伽迦娜十一莎訶其
特迦底十二薩婆婆毗輸底十三摩訶娜耶十四波唎婆唎莎訶十五　南謨薄
尒時復有五十五姟佛一時同聲說是无量壽宗要經陁羅尼曰　南謨薄
伽勃底一阿波唎蜜哆二阿喻紇硯娜三須毗你悉指陁四囉佐耶五怛他羯他耶六怛姪他
唵七薩婆桑悉迦羅八鉢唎輸底九達摩底十伽迦娜十一莎訶其特迦底十二薩
婆婆毗輸底十三摩訶娜耶十四波唎婆唎莎訶十五　尒時復有四十五姟佛一時同
聲說是无量壽宗要經陁羅尼曰　南謨薄伽勃底一阿波唎蜜哆二阿喻紇硯娜三
須毗你悉指陁四囉佐耶五怛他羯他耶六怛姪他唵七薩婆桑悉迦囉八鉢唎輸底九達摩
底十伽迦娜十一莎訶其特迦底十二薩婆婆毗輸底十三摩訶娜耶十四波唎婆唎莎訶十五
尒時復有三十六姟佛一時同聲說是无量壽宗要經陁羅尼曰　南謨薄伽勃
底一阿波唎蜜哆二阿喻紇硯娜三須毗你悉指陁四囉佐耶五怛他羯他耶六怛姪他唵七薩
婆桑悉迦囉八鉢唎輸底九達摩底十伽迦娜十一莎訶其特迦底十二薩婆婆毗輸
底十三摩訶娜耶十四波唎婆唎莎訶十五　尒時復有二十五姟佛一時同聲說
是无量壽宗要經陁羅尼曰　南謨薄伽勃底一阿波唎蜜哆二阿喻紇硯娜三
須毗你悉指陁四囉佐耶五怛他羯他耶六怛姪他唵七薩婆桑悉指迦囉八鉢唎輸底
達摩底十伽迦娜十一莎訶其特迦底十二薩婆婆毗輸底十三摩訶娜耶十四波唎婆唎莎訶
尒時復有恒河沙姟佛一時同聲說是无量壽宗要經陁羅尼曰　南謨薄伽勃
底一阿波唎蜜哆二阿喻紇硯娜三須毗你悉指陁四囉佐耶五怛他羯他耶六怛姪他唵七
薩婆桑悉迦囉八鉢唎輸底九達摩底十伽迦娜十一莎訶其特迦底十二薩婆婆毗
輸底十三摩訶娜耶十四波唎婆唎莎訶十五　若有善男子若有自書寫教人書寫
是无量壽宗要經如其命盡復得長壽而滿年陁羅尼曰　南謨薄伽勃
底一阿波唎蜜哆二阿喻紇硯娜三須毗你悉指陁四囉佐耶五怛他羯他耶六怛姪他唵七
薩婆桑悉伽羅八鉢唎輸底九達摩底十伽迦娜十一莎訶其特迦底十二薩婆婆
毗輸底十三摩訶娜耶十四波唎婆唎莎訶十五　若有自書寫教人書寫是无量壽宗
要經讀誦受持畢竟不墮地獄在在所生得宿命智陁羅尼曰　南謨薄伽勃底一阿
波唎蜜哆二阿喻紇硯娜三須毗你悉指陁四囉佐耶五怛他羯他耶六怛姪他唵七薩婆桑
悉迦囉八鉢唎輸底九達摩底十伽迦娜十一莎訶其特迦底十二薩婆婆毗輸底十三摩
訶娜耶十四波唎婆唎莎訶十五　若有自書寫教人書寫是无量壽宗要經受持讀誦如
同書寫八万四千一切經典陁羅尼曰　南謨薄伽勃底一阿波唎蜜哆二阿喻紇硯娜三須毗你
悉指陁四囉佐耶五怛他羯他耶六怛姪他唵七薩婆桑悉迦囉八鉢唎輸底九

BD03280 號 2　無量壽宗要經　（8–7）

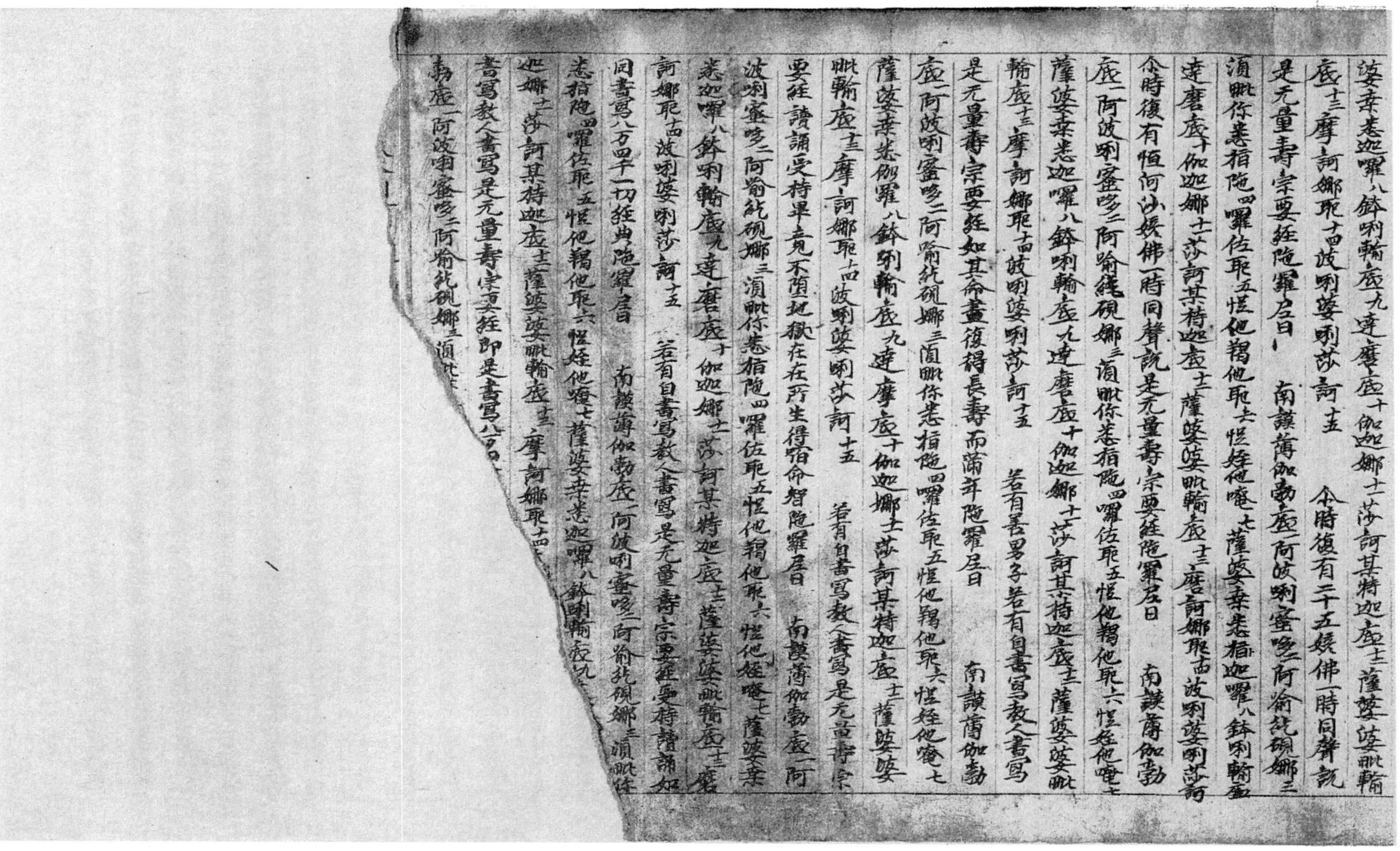
婆妻悉迦囉八鉢唎輸底九達磨底十伽迦娜十一莎訶某特迦底十二薩婆婆毗輸
底十三摩訶娜耶十四波唎婆唎莎訶十五　尒時復有二十五殑伽沙佛一時同聲說
是无量壽宗要經陁羅尼曰　南謨薄伽勃底阿波唎蜜哆阿喻紇硯娜三
須毗你悉指陁四囉佐耶五怛他羯他耶六怛姪他唵七薩婆桑悉指迦囉八鉢唎輸底
達磨底十伽迦娜十一莎訶某特迦底十二薩婆婆毗輸底十三摩訶娜耶十四波唎婆唎莎訶
尒時復有恒河沙殑伽沙佛一時同聲說是无量壽宗要經陁羅尼曰　南謨薄伽勃
底阿波唎蜜哆阿喻紇硯娜三須毗你悉指陁四囉佐耶五怛他羯他耶六怛姪他唵七
薩婆桑悉迦囉八鉢唎輸底九達磨底十伽迦娜十一莎訶某特迦底十二薩婆婆毗
輸底十三摩訶娜耶十四波唎婆唎莎訶十五　若有善男子善女人自書寫教人書寫
是无量壽宗要經如其命盡復得長壽而滿年陁羅尼曰　南謨薄伽勃
底阿波唎蜜哆阿喻紇硯娜三須毗你悉指陁四囉佐耶五怛他羯他耶六怛姪他唵七
薩婆桑悉伽羅八鉢唎輸底九達摩底十伽迦娜十一莎訶某特迦底十二薩婆婆
毗輸底十三摩訶娜耶十四波唎婆唎莎訶十五　若有自書寫教人書寫是无量壽宗
要經讀誦受持畢竟不墮地獄在在所生得宿命智陁羅尼曰　南謨薄伽勃底阿
波唎蜜哆阿喻紇硯娜三須毗你悉指陁四囉佐耶五怛他羯他耶六怛姪他唵七薩婆桑
悉迦囉八鉢唎輸底九達磨底十伽迦娜十一莎訶某特迦底十二薩婆婆毗輸底十三摩
訶娜耶十四波唎婆唎莎訶十五　若有自書寫教人書寫是无量壽宗要經受持讀誦如
同書寫八万四千一切經典陁羅尼曰　南謨薄伽勃底阿波唎蜜哆阿喻紇硯娜三須毗你
悉指陁四囉佐耶五怛他羯他耶六怛姪他唵七薩婆桑悉迦囉八鉢唎輸底九
迦娜十一莎訶某特迦底十二薩婆婆毗輸底十三摩訶娜耶十四
書寫教人書寫是无量壽宗要經即是書寫八万
勃底阿波唎蜜哆阿喻紇硯娜三須毗

BD03280 號 2　無量壽宗要經　（8–8）

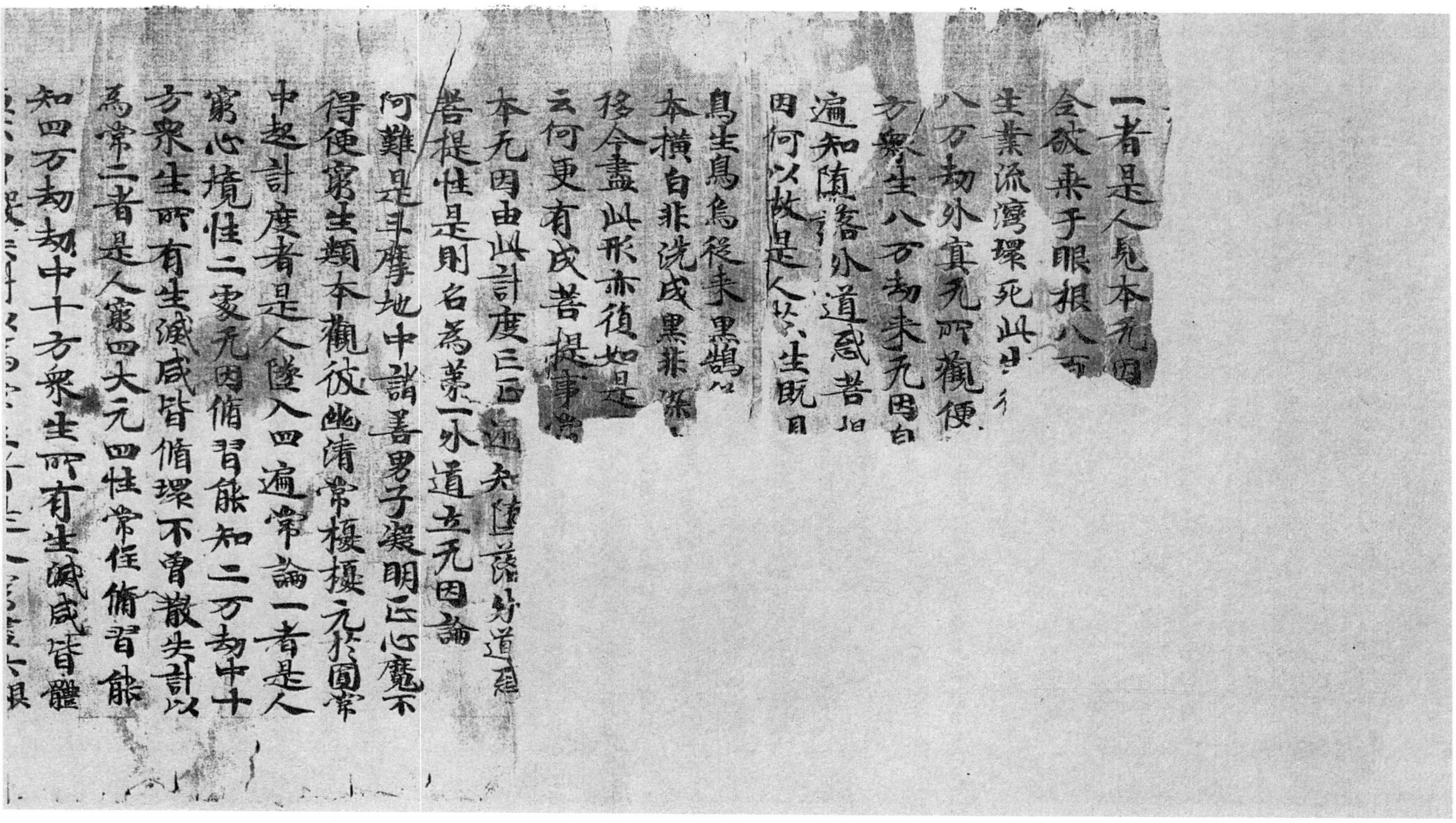
一者是人見本无因
今我乘于眼根八百
生業流灣環死此生彼
八万劫外冥无所觀便
方衆生八万劫來无因自
遍知隨落外道惑菩提
因何以故是人於生既見
鳥生鳥烏從來黑鵠從
本橫白非洗成黑非染
移今盡此形亦復如是
云何更有成菩提事當
本无因由此計度亡正遍知
菩提性是則名為第一外道立无因論
阿難是三摩地中諸善男子凝明正心魔不
得便窮生類本觀彼幽清常擾動元於圓常
中起計度者是人墜入四遍常論一者是人
窮心境性二處无因脩習能知二万劫中十
方衆生所有生滅咸皆循環不曾散失計以
為常二者是人窮四大元四性常住脩習能
知四万劫中十方衆生所有生滅咸皆體

BD03281 號　大佛頂如來密因修證了義諸菩薩萬行首楞嚴經卷一〇　（16–1）

中起計度者是人墜入四遍常論一者是人
窮心境性二處无因脩習能知二万劫中十
方衆生所有生滅咸皆循環不曾散失計以
為常二者是人窮四大元四性常住脩習能
知四万劫中十方衆生所有生滅咸皆體
恒不曾散失計以為常三者是人窮盡六根
末那執受心意識中本元由處性常恒故脩
習能知八万劫中一切衆生循環不失本來
常住窮不失性計以為常四者是人既盡想
元生理更无流止運轉生滅想心今已永滅
理中自然成不生滅因心所度計以為常由
此計常亡正遍知墮落外道惑菩提性是
則名為第二外道立圓常論
又三摩地中諸善男子堅凝正心魔不得便
窮生類本觀彼幽清常擾動元於自他中起
計度者是人墜入四顛倒見一分无常一分
常論一者是人觀妙明心遍十方界湛然以
為究竟神我從是則計我遍十方凝明不動
一切衆生於我心中自生自死則我心性名
之為常彼生滅者真无常性二者是人不觀
其心遍觀十方恒沙國土見劫壞處名為究
竟无常種性劫不壞處名究竟常三者是人
別觀我心精細微密猶如微塵流轉十方性
无移改能令此身即生即滅其不壞性名我性
常一切死生從我流出名无常性四者是人
知想陰盡見行陰流行陰常流計為常性色

BD03281 號　大佛頂如來密因修證了義諸菩薩萬行首楞嚴經卷一〇　（16–2）

其心遍觀十方恒沙國土見劫壞處名為究
竟无常種性劫不壞處名究竟常三者是人
別觀我心精細微密猶如微塵流轉十方性
无移改能令此身即生即滅其不壞性名我性
常一切死生從我流出名无常性四者是人
知想陰盡見行陰流行陰常流計為常性色
受想等今已滅盡名為无常由此計度一分
无常一分常故墮落外道惑菩提性是則名
為第三外道一分常論
又三摩地中諸善男子堅凝正心魔不得便
窮生類本觀彼幽清常擾動元於分位中生
計度者是人墜入四有邊論一者是人心計
生元流用不息計過未者名為有邊計相續
心名為无邊二者是人觀八万劫則見衆生
八万劫前寂无聞見无聞見處名為无邊有
衆生處名為有邊三者是人計我遍知得无
邊性彼一切人現我知中我曾不知彼之知
性名彼不得无邊之心但有邊性四者是人
窮行陰空以其所見心路籌度一切衆生一
身之中計其咸皆半生半滅明其世界一切
所有一半有邊一半无邊由此計度有邊
无邊墮落外道惑菩提性是則名為第四外
道立有邊論
又三摩地中諸善男子堅凝正心魔不得便
窮生類本觀彼幽清常擾動元於知見中生
計度者是人墜入四種顛倒不死矯乱遍計

BD03281 號　大佛頂如來密因修證了義諸菩薩萬行首楞嚴經卷一〇　（16–3）

道立有邊論
又三摩地中諸善男子堅凝正心魔不得便
窮生類本觀彼幽清常擾動元於知見中生
計度者是人墜入四種顛倒不死矯乱遍計
虛論一者是人觀變化元見遷流處名之為
變見相續處名之為恒見所見處名之為生
不見見處名之為滅相續之因性不斷處名
之為增正相續中中所離處名之為減各各生
處名之為有互互亡處名之為无以理都觀用
用心別見有求法人來問其義荅言我今亦
生亦滅亦有亦无亦增亦減於一切時皆亂
其語令彼前人遺失章句二者是人諦觀其
心互互无處因无得證有人來問唯荅一字
但言其无除无之餘无所言說三者是人諦
觀其心各各有處因有得證有人來問唯荅
一字但言其是除是之餘无所言說四者是
人有无俱見其境枝故其心亦乱有人來問
荅言亦有即是亦无亦无之中不是亦有一
切矯亂无容窮詰由此計度矯乱虛无墮落
外道惑菩提性是則名為第五外道四顛倒
性不死矯乱遍計虛論
又三摩地中諸善男子堅凝正心魔不得便
窮生類本觀彼幽清常擾之元於无盡流生計
度者是人墜入死後有相發心顛倒或自固
身云色是我或見我圓含遍國土云我有色
或彼前緣隨我迴復云色屬我或復我依行

BD03281 號　大佛頂如來密因修證了義諸菩薩萬行首楞嚴經卷一〇　（16–4）

窮生類本觀彼幽清常擾之元於无盡流生計
度者是人墜入死後有相發心顛倒或自固
身云色是我或見我圓含遍國土云我有色
或彼前緣隨我迴復云色屬我或復我依行
中相續云我在色皆計度言死後有相如是
循環有十六相從此或計畢竟煩惱畢竟菩
提兩性並驅各不相觸由此計度死後有故
墮落外道惑菩提性是則名為第六外道立
五陰中死後有相心顛倒論
又三摩地中諸善男子堅凝正心魔不得便
窮生類本觀彼幽清常擾動元於先除滅色
受想中生計度者是人墜入死後无相發心
顛倒見其色滅形无所因觀其想滅心无所
繫知其受滅无後連綴陰性銷散縱有生理
而无受想與草木同此質現前猶不可得死
後云何更有諸相因之勘校死後相无如是
循環有八无相從此或計涅槃因果一切皆
空徒有名字究竟斷滅由此計度死後无故
墮落外道惑菩提性是則名為第七外道立
五陰中死後无相心顛倒論
又三摩地中諸善男子堅凝正心魔不得便
窮生類本觀彼幽清常擾動元於行存中兼
受想滅雙計有无自體相破是人墜入死後
俱非起顛倒論色受想中見有非有行遷流
內觀无不无如是循環窮盡陰界八俱非相

BD03281 號　大佛頂如來密因修證了義諸菩薩萬行首楞嚴經卷一〇　（16–5）

又三摩地中諸善男子堅凝正心魔不得便
窮生類本觀彼幽清常擾動元於行存中兼
受想滅雙計有无自體相破是人墜入死後
俱非起顛倒論色受想中見有非有行遷流
內觀无不无如是循環窮盡蔭界八俱非相
隨得一緣皆言死後有相无相又計諸行性
遷訛故心發通悟有无俱非虛實失措由此
計度死後俱非後除昏瞢无可道故墮落外
道惑菩提性是則名為第八外道立五蔭中
死後俱非心顛倒論
又三摩地中諸善男子堅凝正心魔不得便
窮生類本觀彼幽清常擾動元於後後无生
計度者是人墜入七斷滅論或計身滅或欲
盡滅或苦盡滅或極樂滅或極捨滅如是循
環窮盡七際現前銷滅滅已无復由此計度
死後斷滅墮落外道惑菩提性是則名為第
九外道立五蔭中死後斷滅心顛倒論
又三摩地中諸善男子堅凝正心魔不得便
窮生類本觀彼幽清常擾動元於後後有生
計度者是人墜入五涅槃論或以欲界為正
轉依觀見圓明生愛慕故或以初禪性无憂
故或以二禪心无苦故或以三禪極悅隨故
或以四禪苦樂二亡不受輪迴生滅性故迷
有漏天作无為解五處安隱為勝淨依如是
循環五處究竟由此計度五現涅槃墮落外
道惑菩提性是則名為第十外道立五蔭中

BD03281 號　大佛頂如來密因修證了義諸菩薩萬行首楞嚴經卷一〇　（16–6）

或以四禪苦樂二亡不受輪迴生滅性故迷
有漏天作无為解五處安隱為勝淨依如是
循環五處究竟由此計度五現涅槃墮落外
道惑菩提性是則名為第十外道立五蔭中
五現涅槃心顛倒論
阿難如是十種禪那狂解皆是行蔭用心交
互故現斯悟眾生頑迷不自忖量逢此現前
以迷為解自言登聖大妄語成墮无間獄汝
等必須將如來心於我滅後傳示末法遍令
眾生覺了斯義无令心魔自起深孽保持覆
護消息邪見教其身心開覺真義於无上道
不遭枝岐勿令心祈得少為足作大覺王清
淨標指
阿難彼善男子修三摩提行蔭盡者諸世間
性幽清擾動同分生機倏然隳裂沉細綱紐
補特伽羅酬業深脉感應懸絕於涅槃天將
大明悟如雞後鳴瞻顧東方已有精色六根
虛靜无復馳逸內內湛明入无所入深達十
方十二種類受命元由觀由執元諸類不召
於十方界已獲其同精色不沉發現幽秘此
則名為識蔭區宇若於群召已獲同中銷磨
六門合開成就見聞通鄰互用清淨十方世
界及與身心如吠瑠璃內外明徹名識蔭盡
是人則能超越命濁觀其所由罔象虛无顛
倒妄想以為其本
阿難當知是善男子窮諸行空於識還元已

BD03281 號　大佛頂如來密因修證了義諸菩薩萬行首楞嚴經卷一〇　（16–7）

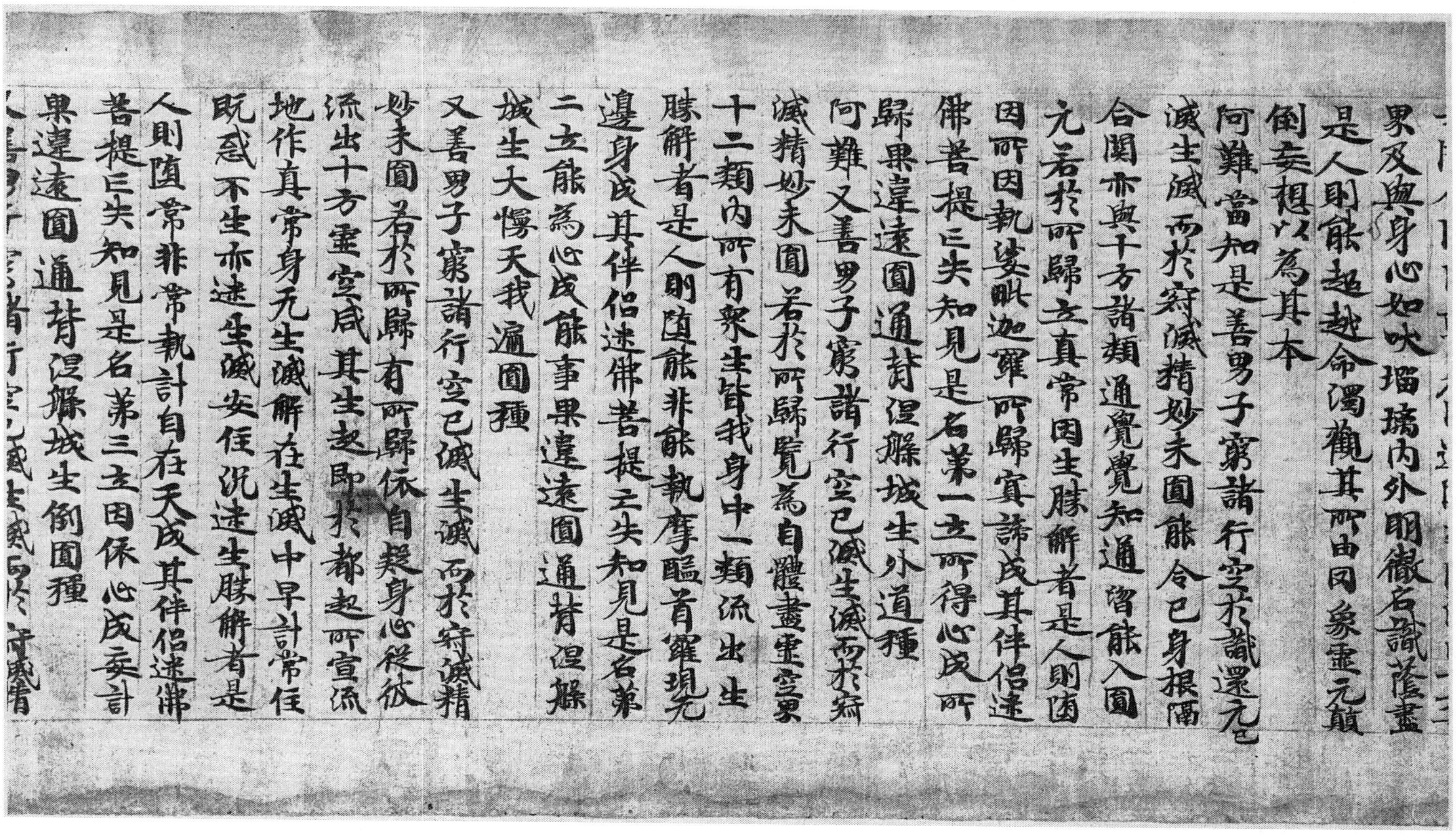
界及與身心如吠瑠璃內外明徹名識陰盡
是人則能超越命濁觀其所由罔象虛无顛
倒妄想以為其本
阿難當知是善男子窮諸行空於識還元已
滅生滅而於寂滅精妙未圓能令己身根隔
合開亦與十方諸類通覺覺知通𣹢能入圓
元若於所歸立真常因生勝解者是人則墮
因所因執娑毗迦羅所歸冥諦成其伴侶迷
佛菩提亡失知見是名第一立所得心成所
歸果違遠圓通背涅槃城生外道種
阿難又善男子窮諸行空已滅生滅而於寂
滅精妙未圓若於所歸覽為自體盡虛空界
十二類內所有眾生皆我身中一類流出生
勝解者是人則墮能非能執摩醯首羅現无
邊身成其伴侶迷佛菩提亡失知見是名第
二立能為心成能事果違遠圓通背涅槃
城生大慢天我遍圓種
又善男子窮諸行空已滅生滅而於寂滅精
妙未圓若於所歸有所歸依自疑身心從彼
流出十方虛空咸其生起即於都起所宣流
地作真常身无生滅解在生滅中早計常住
既惑不生亦迷生滅安住沉迷生勝解者是
人則墮常非常執計自在天成其伴侶迷佛
菩提亡失知見是名第三立因依心成妄計
果違遠圓通背涅槃城生倒圓種

BD03281 號　大佛頂如來密因修證了義諸菩薩萬行首楞嚴經卷一〇　（16–8）

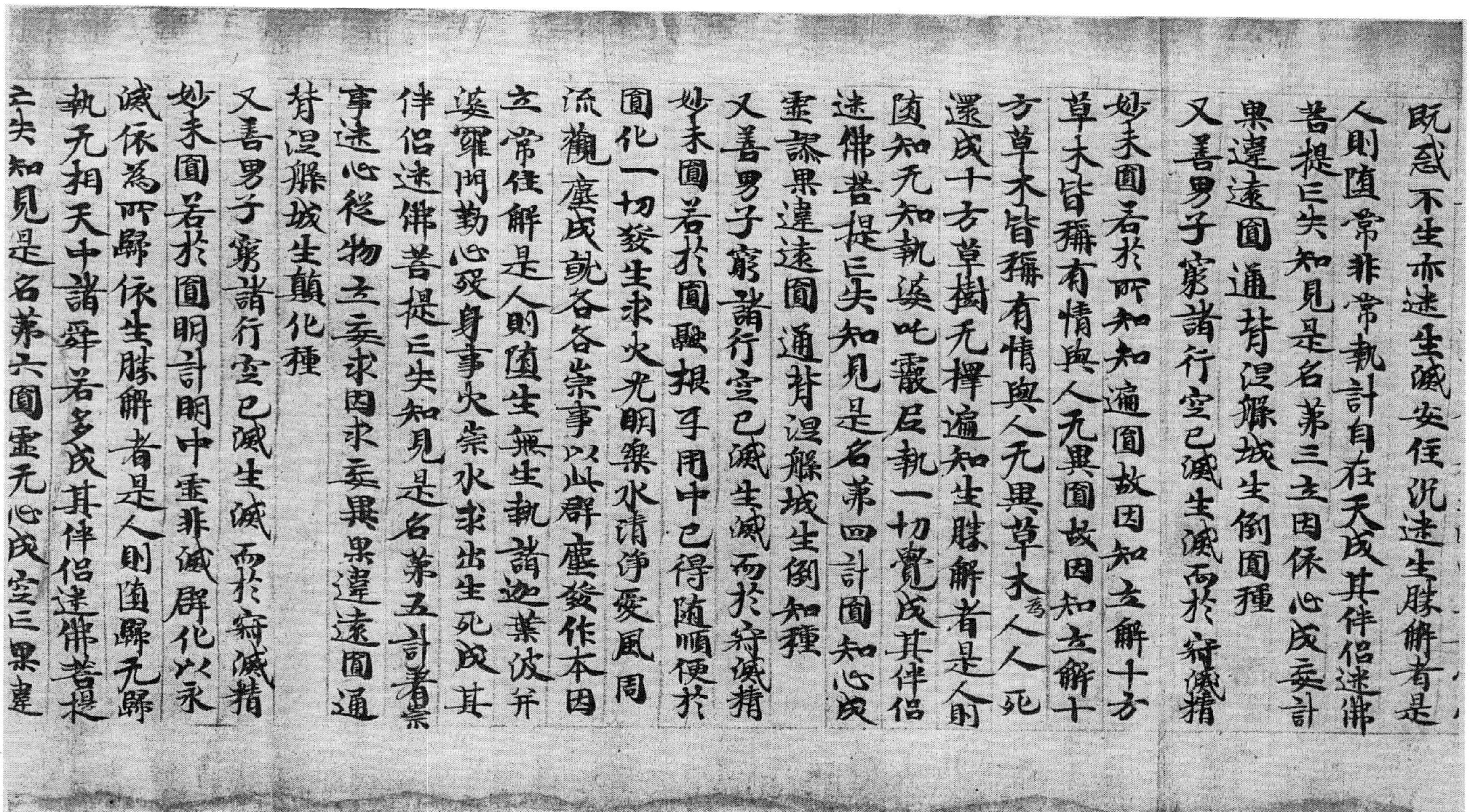
既惑不生亦迷生滅安住沉迷生勝解者是
人則墮常非常執計自在天成其伴侶迷佛
菩提亡失知見是名第三立因依心成妄計
果違遠圓通背涅槃城生倒圓種
又善男子窮諸行空已滅生滅而於寂滅精
妙未圓若於所知知遍圓故因知立解十方
草木皆稱有情與人无異圓故因知立解十
方草木皆稱有情與人无異草木為人人死
還成十方草樹无擇遍知生勝解者是人則
墮知无知執婆吒霰尼執一切覺成其伴侶
迷佛菩提亡失知見是名第四計圓知心成
虛謬果違遠圓通背涅槃城生倒知種
又善男子窮諸行空已滅生滅而於寂滅精
妙未圓若於圓融根互用中已得隨順便於
圓化一切發生求火光明樂水清淨愛風周
流觀塵成就各各崇事以此群塵發作本因
立常住解是人則墮生無生執諸迦葉波并
婆羅門勤心役身事火崇水求出生死成其
伴侶迷佛菩提亡失知見是名第五計著崇
事迷心從物立妄求因求妄冀果違遠圓通
背涅槃城生顛化種
又善男子窮諸行空已滅生滅而於寂滅精
妙未圓若於圓明計明中虛非滅群化以永
滅依為所歸依生勝解者是人則墮歸无歸
執无想天中諸舜若多成其伴侶迷佛菩提
亡失知見是名第六圓虛无心成空亡果違

BD03281 號　大佛頂如來密因修證了義諸菩薩萬行首楞嚴經卷一〇　（16–9）

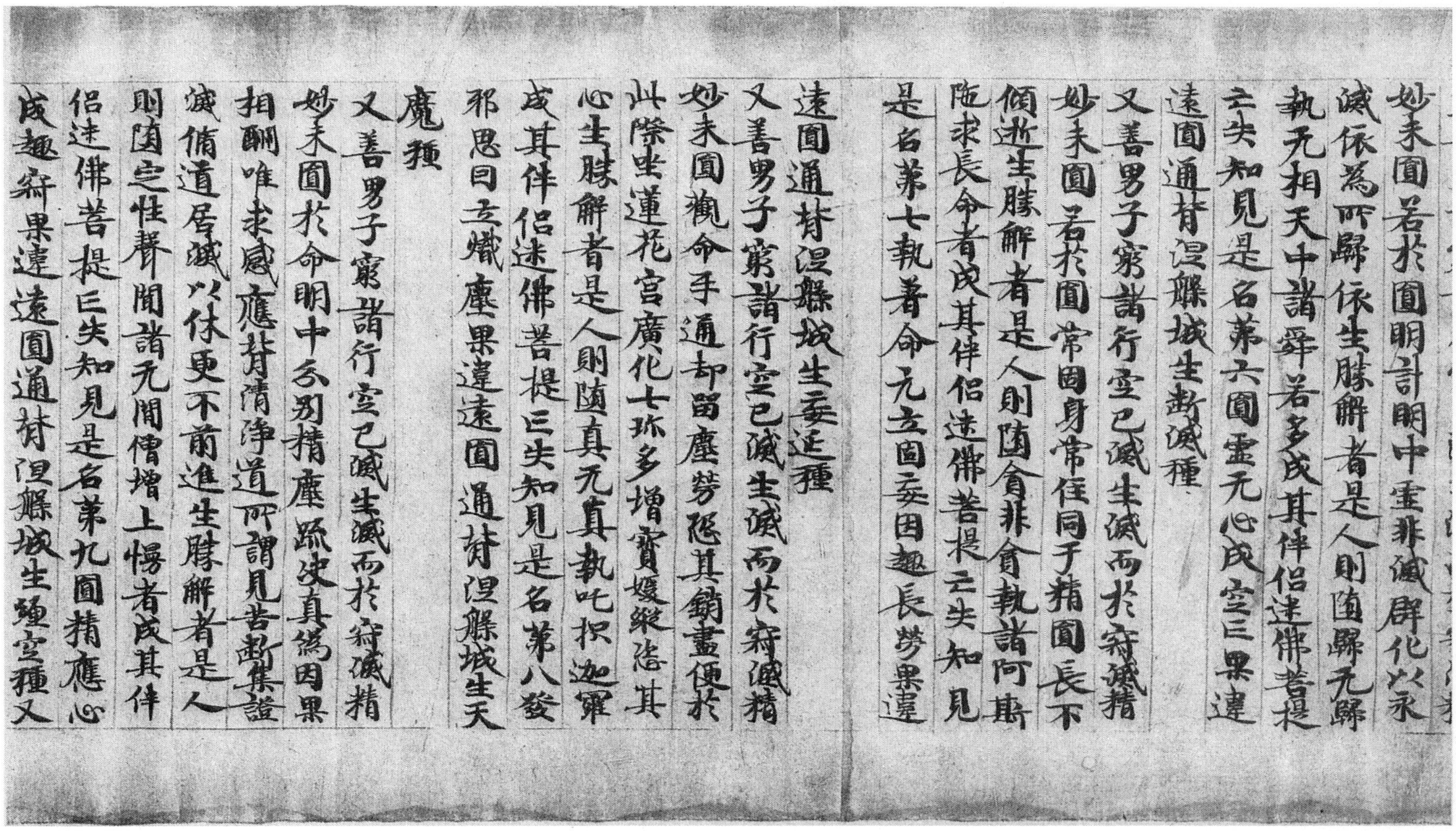
妙未圓若於圓明計明中虛非滅羣化以永
滅依為所歸依生勝解者是人則墮歸无歸
執无想天中諸舜若多成其伴侶迷佛菩提
亡失知見是名第六圓虛无心成空亡果違
遠圓通背涅槃城生斷滅種
又善男子窮諸行空已滅生滅而於寂滅精
妙未圓若於圓常固身常住同于精圓長不
傾逝生勝解者是人則墮貪非貪執諸阿斯
陁求長命者成其伴侶迷佛菩提亡失知見
是名第七執著命元立固妄因趣長勞果違
遠圓通背涅槃城生妄延種
又善男子窮諸行空已滅生滅而於寂滅精
妙未圓觀命互通却留塵勞恐其銷盡便於
此際坐蓮花宮廣化七珎多增寶媛縱恣其
心生勝解者是人則墮真无真執吒枳迦羅
成其伴侶迷佛菩提亡失知見是名第八發
邪思因立熾塵果違遠圓通背涅槃城生天
魔種
又善男子窮諸行空已滅生滅而於寂滅精
妙未圓於命明中分別精麤疏決真偽因果
相酬唯求感應背清淨道所謂見苦斷集證
滅修道居滅已休更不前進生勝解者是人
則墮定性聲聞諸无聞僧增上慢者成其伴
侶迷佛菩提亡失知見是名第九圓精應心
成趣寂果違遠圓通背涅槃城生纏空種又

BD03281 號　大佛頂如來密因修證了義諸菩薩萬行首楞嚴經卷一〇　（16–10）

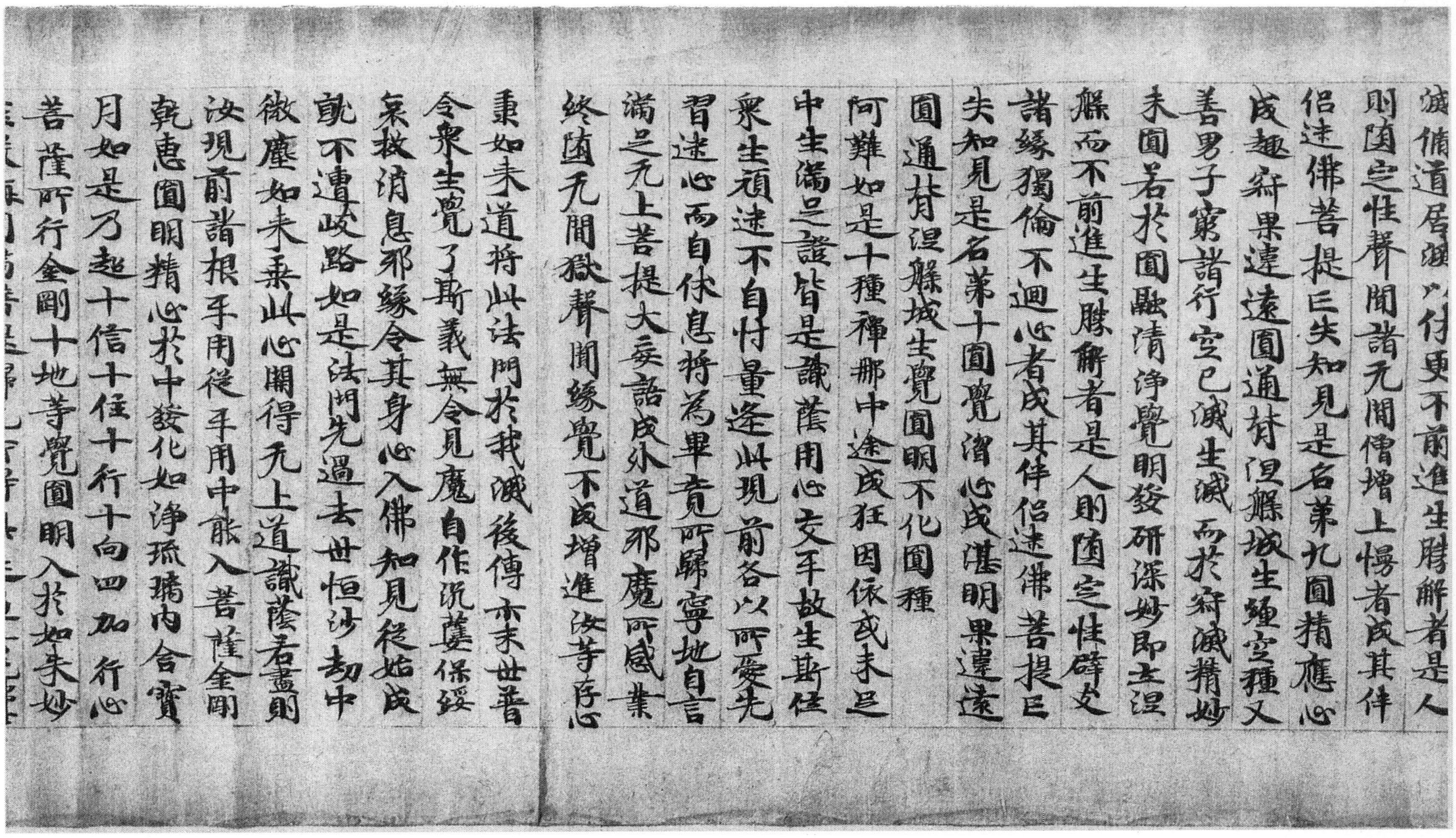
滅修道居滅已休更不前進生勝解者是人
則墮定性聲聞諸无聞僧增上慢者成其伴
侶迷佛菩提亡失知見是名第九圓精應心
成趣寂果違遠圓通背涅槃城生纏空種又
善男子窮諸行空已滅生滅而於寂滅精妙
未圓若於圓融清淨覺明發研深妙即立涅
槃而不前進生勝解者是人則墮定性辟支
諸緣獨倫不迴心者成其伴侶迷佛菩提亡
失知見是名第十圓覺淴心成湛明果違遠
圓通背涅槃城生覺圓明不化圓種
阿難如是十種禪那中途成狂因依惑未足
中生滿足證皆是識陰用心交互故生斯位
衆生頑迷不自忖量逢此現前各以所愛先
習迷心而自休息將為畢竟所歸寧地自言
滿足无上菩提大妄語成外道邪魔所感業
終墮无間獄聲聞緣覺不成增進汝等存心
秉如來道將此法門於我滅後傳示末世普
令衆生覺了斯義無令見魔自作沉孽保綏
哀救消息邪緣令其身心入佛知見從始成
就不遭歧路如是法門先過去世恒沙劫中
微塵如來乘此心開得无上道識陰若盡則
汝現前諸根互用從互用中能入菩薩金剛
乾慧圓明精心於中發化如淨琉璃內含寶
月如是乃超十信十住十行十向四加行心
菩薩所行金剛十地等覺圓明入於如來妙

BD03281 號　大佛頂如來密因修證了義諸菩薩萬行首楞嚴經卷一〇　（16–11）

[illegible]
汝現前諸根手用從手用中能入菩薩金剛
乾慧圓明精心於中發化如淨琉璃內含寶
月如是乃超十信十住十行十向四加行心
菩薩所行金剛十地等覺圓明入於如來妙
莊嚴海圓滿菩提歸无所得此是過去先佛世
尊奢摩他中毗婆舍那覺明分析微細魔
事魔境現前汝能諳識心垢洗除不落邪
見蔭魔銷滅天魔摧碎大力鬼神褫魄逃逝
魑魅魍魎無復出生直至菩提无諸少乏下
劣增進於大涅槃心不迷悶若諸末世愚鈍
衆生未識禪那不知說法樂脩三昧汝恐同
邪一心勸令持我佛頂陁羅尼呪若未能誦
寫於禪堂或帶身上一切諸魔所不能動汝
當恭欽十方如來究竟脩進最後垂範
阿難即從坐起聞佛示誨頂礼欽奉憶持無
失於大衆中重復白佛如佛所言五蔭相中
五種虛妄為本想心我等平常未蒙如來微
細開示又此五蔭為併銷除為次第盡如是
五重詣何為界唯願如來發宣大慈為此大
衆清明心目以為末世一切衆生作將來眼
佛告阿難精真妙明本覺圓淨非留死生乃
諸塵垢乃至虛空皆因妄想之所生起斯元
本覺妙明真精妄以發生諸器世間如演若
多迷頭認影妄元无因於妄想中立因緣性
迷因緣者稱為自然彼虛空性猶實幻生因

BD03281號　大佛頂如來密因修證了義諸菩薩萬行首楞嚴經卷一〇　（16–12）

諸塵垢乃至虛空皆因妄想之所生起斯元
本覺妙明真精妄以發生諸器世間如演若
多迷頭認影妄元无因於妄想中立因緣性
迷因緣者稱為自然彼虛空性猶實幻生因
緣自然皆是衆生妄心計度阿難知妄所起
說妄因緣若妄元无說妄因緣元无所有何
況不知推自然者是故如來與汝發明五蔭
本因同是妄想汝體先因父母想生汝心非
想則不能來想中傳命如我先言心想醋味
口中涎生心想登高足心酸起懸崖不有醋
物未來汝體必非虛妄通倫口水如何因談
醋出是故當知汝現色身名為堅固第一妄
想即此所說臨高想心能令汝形真受酸澀
由因受生能動色體汝今現前順益違損二
現驅馳名為虛明第二妄想由汝念慮使汝
色身身非念倫汝身何因隨念所使種種取像
心生形取與念相應寤即想心寐為諸夢則
汝想念搖動妄情名為融通第三妄想化理
不住運運密移甲長髮生氣銷容皺日夜
相代曾無覺悟阿難此若非汝云何體遷如
必是真汝何无覺則汝諸行念念不停名為
幽隱第四妄想又汝精明湛不搖處名恒常
者於身不出見聞覺知若實精真不容習妄
何因汝等曾於昔年覩一奇物經歷年歲憶
忘俱无於後忽然覆覩前異記憶宛然曾不
遺失則此精了湛不搖中念念受薰有何籌

BD03281號　大佛頂如來密因修證了義諸菩薩萬行首楞嚴經卷一〇　（16–13）

者於身不出見聞覺知若實精真不容習妄
何因汝等曾於昔年覩一奇物經歷年歲憶
忘俱无於後忽然覆覩前異記憶宛然曾不
遺失則此精了湛不搖中念念受薰有何籌
筭阿難當知此湛非真如急流水望如恬靜
流急不見非是无流若非想元寧受想習非
汝六根互用合開此之妄想无時得滅故汝
現在見聞覺知中串習幾則湛了內罔象虛
无第五顛倒細微精想
阿難是五受陰五妄想成汝今欲知因界淺
深唯色與空是色邊際唯觸及離是受邊際
唯記與妄是想邊際唯滅與生是行邊際湛
入合湛歸識邊際此五陰元重疊生起生因
識有滅從色除理則頓悟乘悟併銷事非頓
除因次第盡我已示汝劫波巾結何所不明
再此詢問汝應將此妄想根元心得開通傳
示將來末法之中諸脩行者令識虛妄深厭
自生知有涅槃不戀三界
阿難若復有人遍滿十方所有虛空盈滿七
寶持以奉上微塵諸佛承事供養心无虛度
於意云何是人以此施佛因緣得福多不阿
難荅言虛空无盡珍寶无邊昔有衆生施佛
七錢捨身猶獲轉輪王位況復現前虛空既
窮佛土充遍皆施珍寶窮劫思議尚不能及
是福云何更有邊際

BD03281 號　大佛頂如來密因修證了義諸菩薩萬行首楞嚴經卷一〇　（16–14）

難荅言虛空无盡珍寶无邊昔有衆生施佛
七錢捨身猶獲轉輪王位況復現前虛空既
窮佛土充遍皆施珍寶窮劫思議尚不能及
是福云何更有邊際
佛告阿難諸佛如來語无虛妄若復有人身
具四重十波羅夷瞬息即經此方他方阿鼻
地獄乃至窮盡十方无間靡不經歷能以一
念將此法門於末劫中開示未學是人罪障
應念銷滅變其所受地獄苦因成安樂國得
福超越前之施人百倍千倍千万億倍如是
乃至筭數譬喻所不能及阿難若有衆生能
誦此經能持此呪如我廣說窮劫不盡依我
教言如教行道直成菩提无復魔業
佛說此經已比丘比丘尼優婆塞優婆夷一
切世間天人阿修羅及諸他方菩薩二乘聖
仙童子并初發心大力鬼神皆大歡喜作禮
而去

大佛頂萬行首楞嚴經卷第十

BD03281 號　大佛頂如來密因修證了義諸菩薩萬行首楞嚴經卷一〇　（16–15）

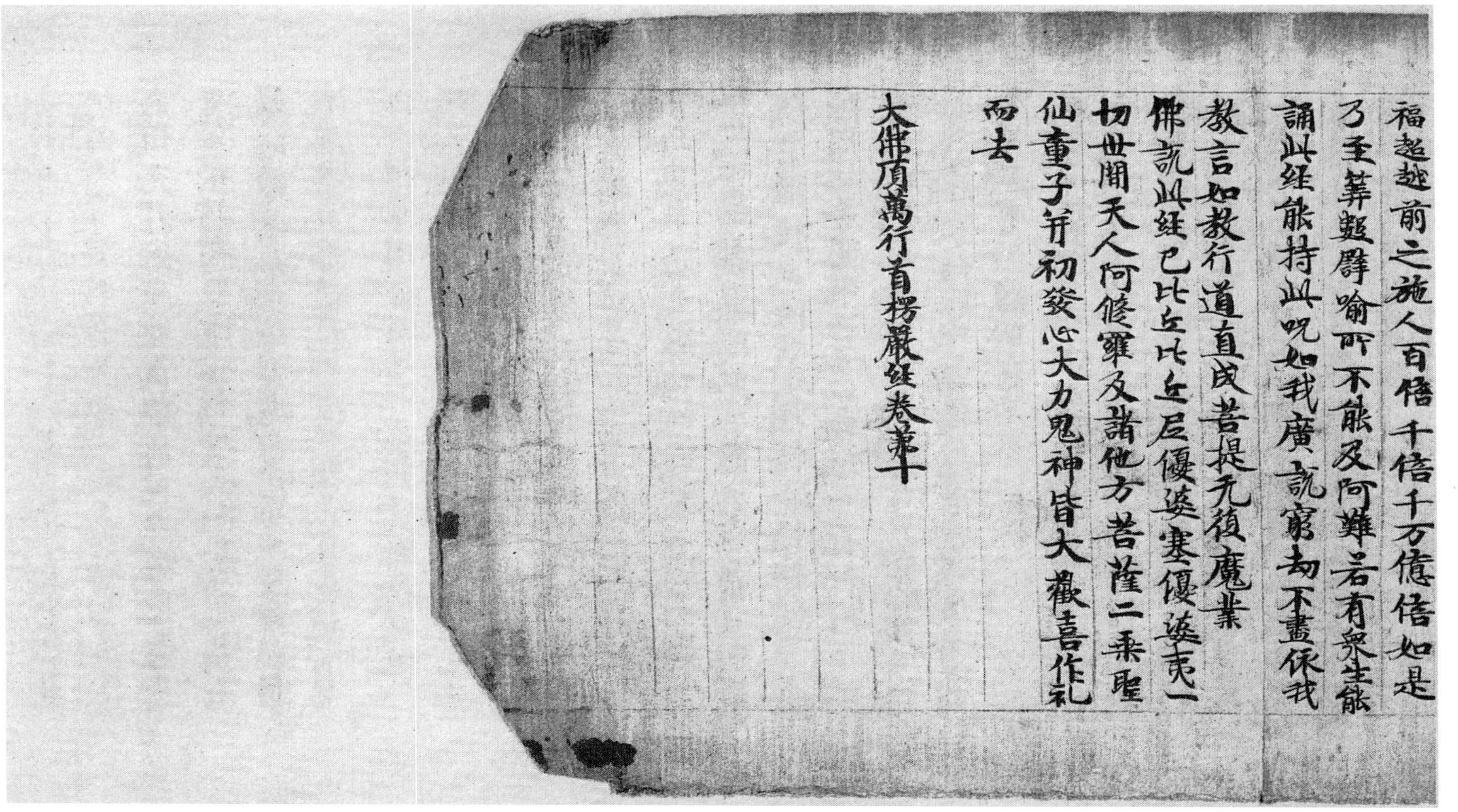

福超越前之施人百倍千倍千万億倍如是
乃至筭數譬喻所不能及阿難若有衆生能
誦此經能持此呪如我廣說窮劫不盡依我
教言如教行道直成菩提无復魔業
佛說此經已比丘比丘尼優婆塞優婆夷一
切世間天人阿修羅及諸他方菩薩二乘聖
仙童子并初發心大力鬼神皆大歡喜作礼
而去
大佛頂萬行首楞嚴經卷第十

BD03281號　大佛頂如來密因修證了義諸菩薩萬行首楞嚴經卷一〇　（16–16）

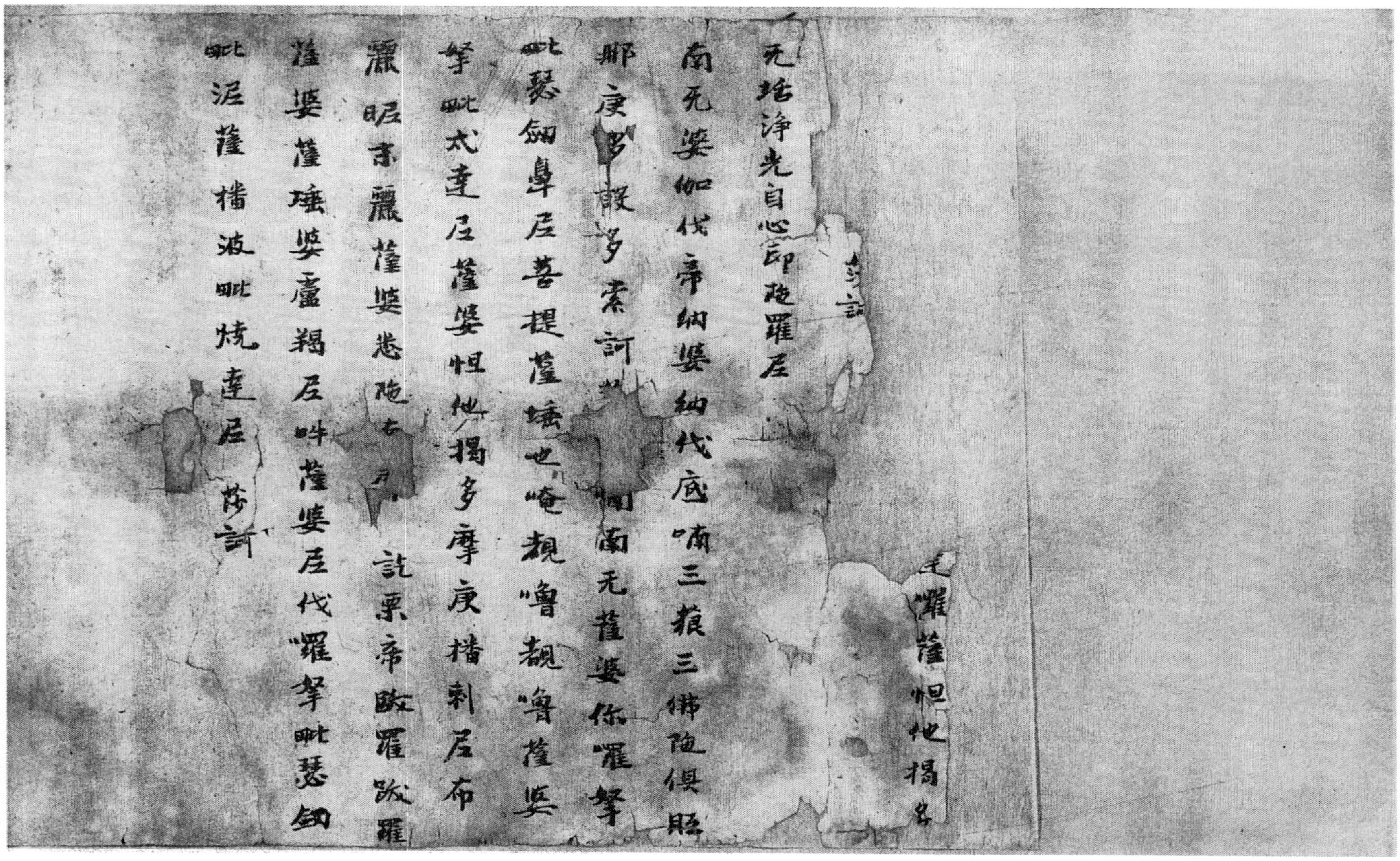

无垢淨光自心印陁羅尼　……囉薩怛他揭多
南无婆伽伐帝納婆納伐底喃三藐三佛陁俱胝
那庚多設多索訶……喃南无薩婆你囉拏
毗瑟𨧁鼻尼菩提薩埵也唵覩嚕覩嚕薩婆
拏毗戍達尼薩婆怛他揭多摩庚播剌尼布
囉眤末囉薩婆悉陁吉月　訖栗帝跋羅跋羅
薩婆薩埵婆盧羯尼吽薩婆尼伐囉拏毗瑟𨧁
毗泥薩播波毗燒達尼莎訶

BD03282號　無垢淨光大陀羅尼經鈔　（3–1）

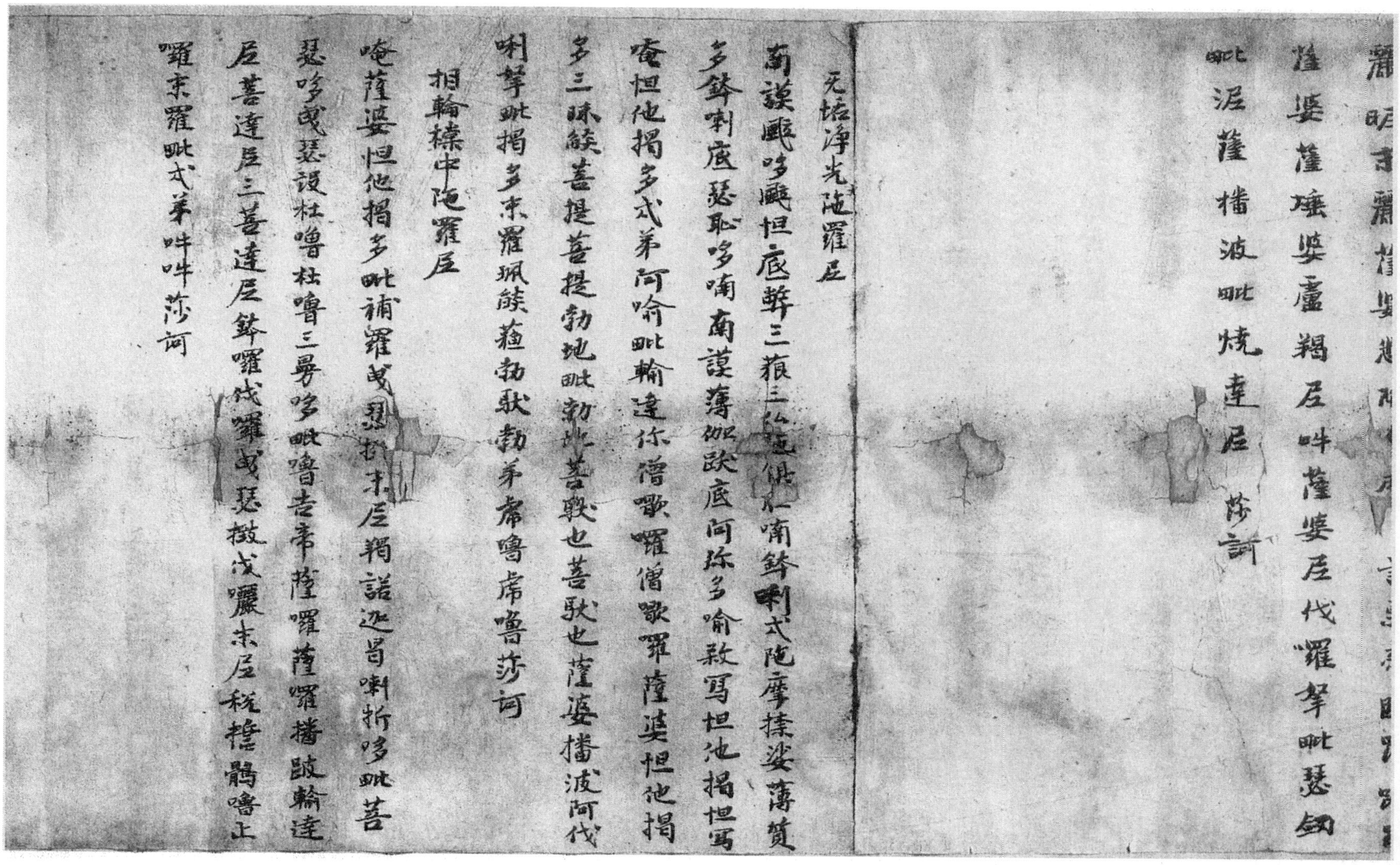

薩婆薩埵婆盧羯尼吽薩婆尼伐囉拏毗瑟鈎
毗泥薩播波毗燒達尼莎訶
无垢淨光陀羅尼
南謨颯哆颯怛底毗三藐三佛陀俱胝喃鉢唎弍陀摩捺婆薄質
多鉢唎底瑟耻哆喃南謨薄伽跋底阿弥多喻殺寫怛他揭怛寫
唵怛他揭多式弟阿喻毗輸達你僧喝囉僧喝囉薩婆怛他揭
多三昧餘菩提菩提勃地毗勃地菩馱也菩馱也薩婆播波阿伐
唎拏毗揭多末羅珮餘藴勃馱勃弟虎嚕虎嚕莎訶
相輪橖中陀羅尼
唵薩婆怛他揭多毗補羅戍瑟折末尼羯諾迦咠唎折哆毗菩
瑟哆戍瑟設杜嚕杜嚕三曼哆毗嚕吉帝薩囉薩囉播跛輪達
尼菩達尼三菩達尼鉢囉伐囉戍瑟撖伐囉末尼稅揢鶻嚕上
囉末羅毗式弟吽吽莎訶

BD03282 號　無垢淨光大陀羅尼經鈔　（3–2）

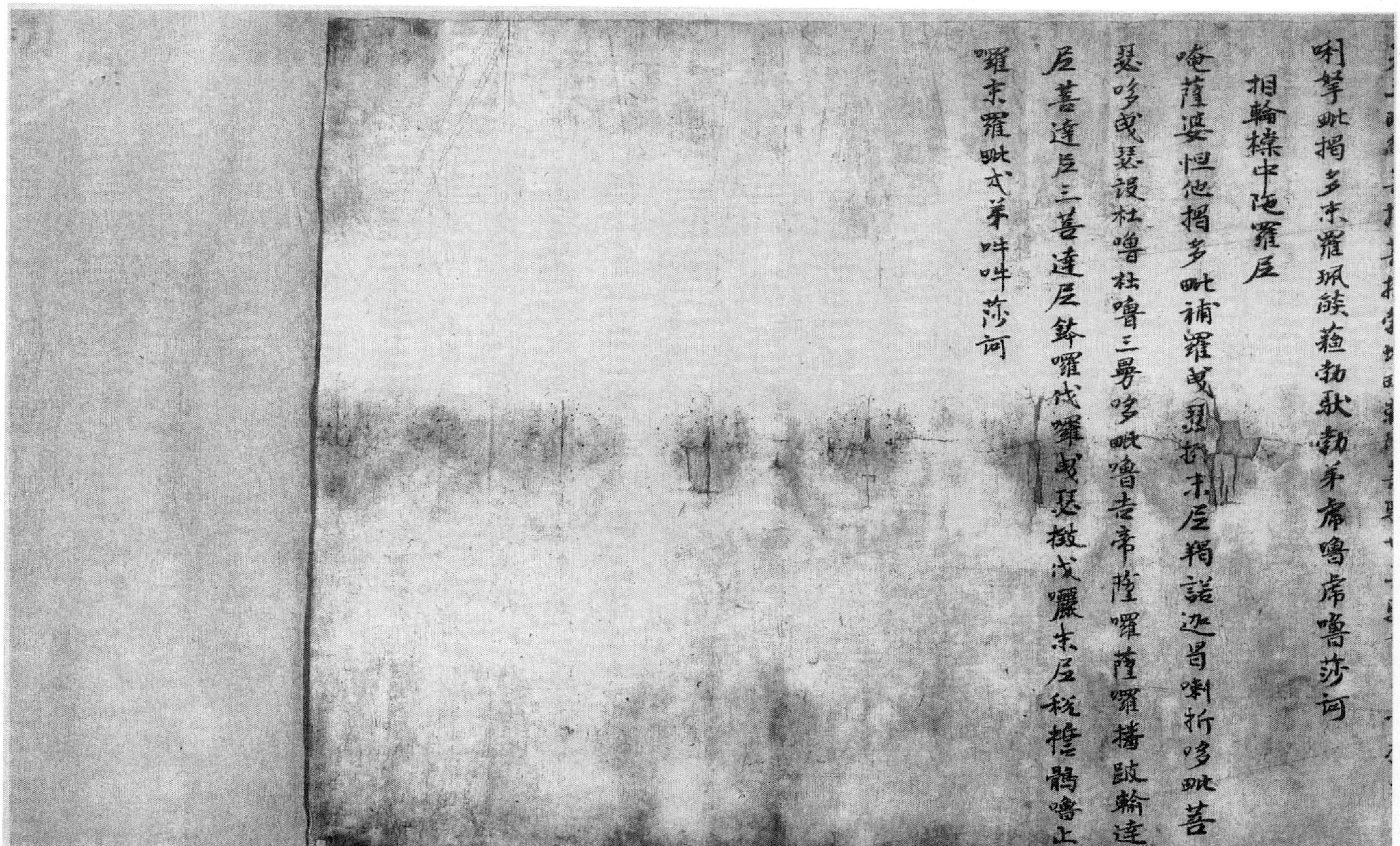

唎拏毗揭多末羅珮餘藴勃馱勃弟虎嚕虎嚕莎訶
相輪橖中陀羅尼
唵薩婆怛他揭多毗補羅戍瑟折末尼羯諾迦咠唎折哆毗菩
瑟哆戍瑟設杜嚕杜嚕三曼哆毗嚕吉帝薩囉薩囉播跛輪達
尼菩達尼三菩達尼鉢囉伐囉戍瑟撖伐囉末尼稅揢鶻嚕上
囉末羅毗式弟吽吽莎訶

BD03282 號　無垢淨光大陀羅尼經鈔　（3–3）

女人發阿耨多羅三…
住如是降伏其心唯然世尊願樂欲聞
佛告須菩提諸菩薩摩訶薩應如是降伏
其心所有一切衆生之類若卵生若胎生若
濕生若化生若有色若无色若有想若无想
若非有想非无想我皆令入无餘涅槃而滅
度之如是滅度无量无…生實无衆
生得滅度者何以故須菩提若菩薩有我相
人相衆生相壽者相即非菩薩
復次須菩提菩薩於法應无所住行於布
施所謂不住色布施不住聲香味觸法布施
須菩提菩薩應如是布施不住於相何以故
若菩薩不住相布施其福德不可思量須菩
提於意云何東方虛空可思量不不也世尊
須菩提南西北方四維上下虛空可思量不
不也世尊須菩提菩薩无住相布施福德亦
復如是不可思量須菩提菩薩但應如所教
住須菩提於意云何可以身相見如來不不
也世尊不可以身相得見如來何以故如來
所說身相即非身相佛告須菩提凡所有
相皆是虛妄若見諸相非相則見如來須

BD03283號　金剛般若波羅蜜經　（15–1）

復如是不可思量須菩提菩薩但應如所教
住須菩提於意云何可以身相見如來不不
也世尊不可以身相得見如來何以故如來
所說身相即非身相佛告須菩提凡所有
相皆是虛妄若見諸相非相則見如來須
菩提白佛言世尊頗有衆生得聞如是言
說章句生實信不佛告須菩提莫作是說如
來滅後後五百歲有持戒脩福者於此章句
能生信心以此爲實當知是人不於一佛二
佛三四五佛而種善根已於无量千万佛所
種諸善根聞是章句乃至一念生淨信者須
菩提如來悉知悉見是諸衆生得如是无量
福德何以故是諸衆生无復我相人相衆生
相壽者相无法相亦无非法相何以故是諸
衆生若心取相則爲著我人衆生壽者若取
法相即著我人衆生壽者何以故若取非法
相即著我人衆生壽者是故不應取法不應
取非法以是義故如來常說汝等比丘知我說
法如筏喻者法尚應捨何况非法
須菩提於意云何如來得阿耨多羅三藐三
菩提耶如來有所說法耶須菩提言如我解
佛所說義无有定法名阿耨多羅三藐三菩
提亦无有定法如來可說何以故如來所說
法皆不可取不可說非法非非法所以者何

BD03283號　金剛般若波羅蜜經　（15–2）

須菩提於意云何如来得阿耨多羅三藐三
菩提耶如来有所說法耶須菩提言如我解
佛所說義无有定法名阿耨多羅三藐三菩
提亦无有定法如来可說何以故如来所說
法皆不可取不可說非法非非法所以者何
一切賢聖皆以无為法而有差別須菩提於
意云何若人滿三千大千世界七寶以用布
施是人所得福德寧為多不須菩提言甚多
世尊何以故是福德即非福德性是故如来
說福德多若復有人於此經中受持乃至四
句偈等為他人說其福勝彼何以故須菩提
一切諸佛及諸佛阿耨多羅三藐三菩提法
皆從此經出須菩提所謂佛法者即非佛法
須菩提於意云何須陁洹能作是念我得須
陁洹果不須菩提言不也世尊何以故須陁
洹名為入流而无所入不入色聲香味觸法
是名須陁洹須菩提於意云何斯陁含能作
是念我得斯陁含果不須菩提言不也世尊
何以故斯陁含名一往来而實无往来
斯陁含須菩提於意云何阿那含能作
我得阿那含果不須菩提言不也世尊何以
故阿那含名為不来而實无来是故名阿那
含須菩提於意云何阿羅漢能作是念我得
阿羅漢道不須菩提言不也世尊何以故實
无有法名阿羅漢世尊若阿羅漢作是念我

BD03283號　金剛般若波羅蜜經　（15–3）

我得阿那含果不須菩提言不也世尊何以
故阿那含名為不来而實无来是故名阿那
含須菩提於意云何阿羅漢能作是念我得
阿羅漢道不須菩提言不也世尊何以故實
无有法名阿羅漢世尊若阿羅漢作是念我
得阿羅漢道即為著我人衆生壽者世尊佛
說我得无諍三昧人中最為第一是第一離
欲阿羅漢我不作是念我是離欲阿羅漢世
尊我若作是念我得阿羅漢道世尊則不說
須菩提是樂阿蘭那行者以須菩提實无所
行而名須菩提是樂阿蘭那行
佛告須菩提於意云何如来昔在然燈佛
所於法有所得不世尊如来在然燈佛所於
法實无所得須菩提於意云何菩薩莊嚴佛
土不不也世尊何以故莊嚴佛土者則非莊嚴
是名莊嚴是故須菩提諸菩薩摩訶薩應如
是生清淨心不應住色生心不應住聲香味
觸法生心應无所住而生其心須菩提譬如
有人身如須弥山王於意云何是身為大不
須菩提言甚大世尊何以故佛說非身是名
大身
須菩提如恒河中所有沙數如是沙等恒河
於意云何是諸恒河沙寧為多不須菩提言
甚多世尊但諸恒河尚多无數何況其沙須
菩提我今實言告汝若有善男子善女人以

BD03283號　金剛般若波羅蜜經　（15–4）

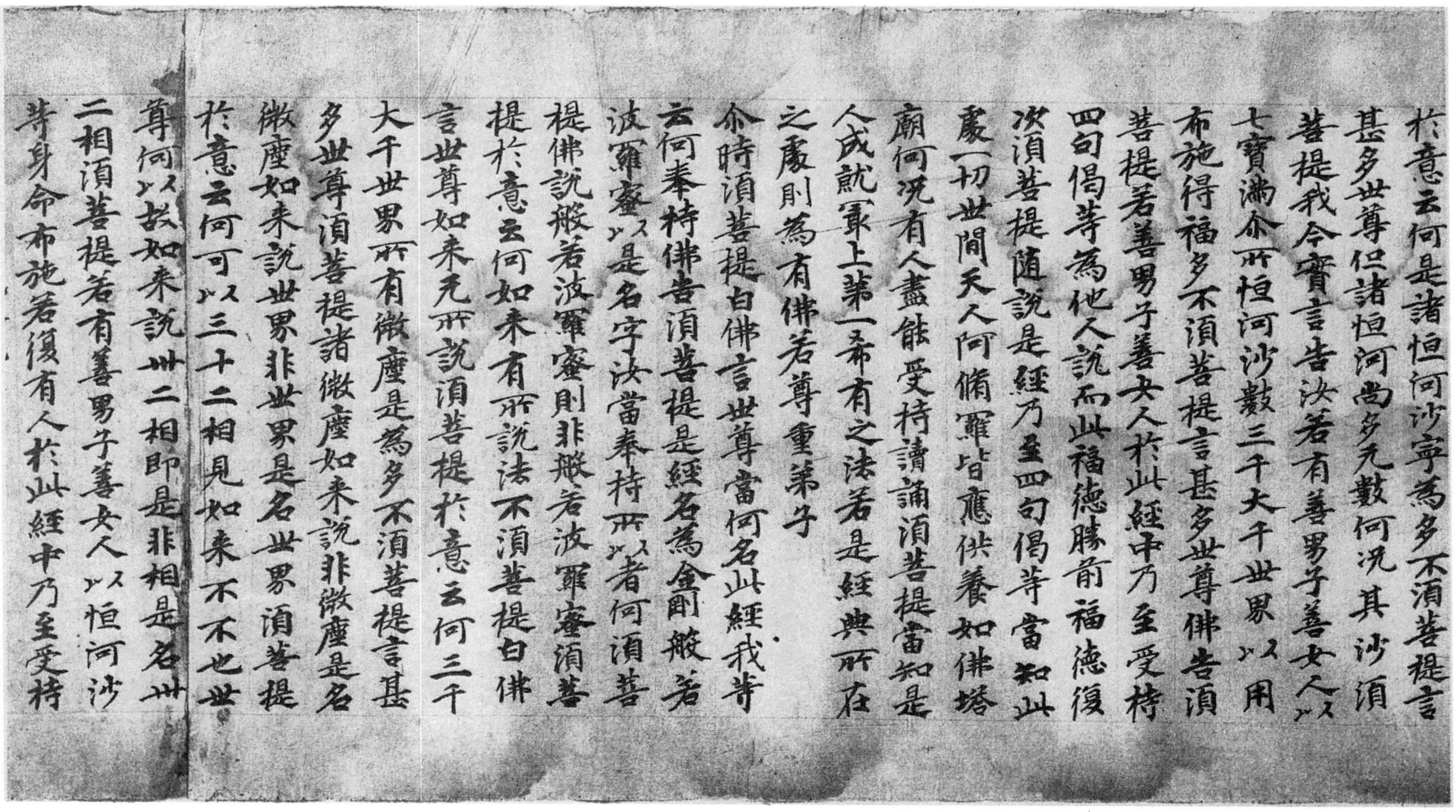
於意云何是諸恒河沙寧為多不須菩提言
甚多世尊但諸恒河尚多无數何況其沙須
菩提我今實言告汝若有善男子善女人以
七寶滿尒所恒河沙數三千大千世界以用
布施得福多不須菩提言甚多世尊佛告須
菩提若善男子善女人於此經中乃至受持
四句偈等為他人說而此福德勝前福德復
次須菩提隨說是經乃至四句偈等當知此
處一切世間天人阿脩羅皆應供養如佛塔
廟何況有人盡能受持讀誦須菩提當知是
人成就最上第一希有之法若是經典所在
之處則為有佛若尊重弟子
尒時須菩提白佛言世尊當何名此經我等
云何奉持佛告須菩提是經名為金剛般若
波羅蜜以是名字汝當奉持所以者何須菩
提佛說般若波羅蜜則非般若波羅蜜須菩
提於意云何如來有所說法不須菩提白佛
言世尊如來无所說須菩提於意云何三千
大千世界所有微塵是為多不須菩提言甚
多世尊須菩提諸微塵如來說非微塵是名
微塵如來說世界非世界是名世界須菩提
於意云何可以三十二相見如來不不也世
尊何以故如來說卅二相即是非相是名卅
二相須菩提若有善男子善女人以恒河沙
等身命布施若復有人於此經中乃至受持

BD03283號　金剛般若波羅蜜經　（15–5）

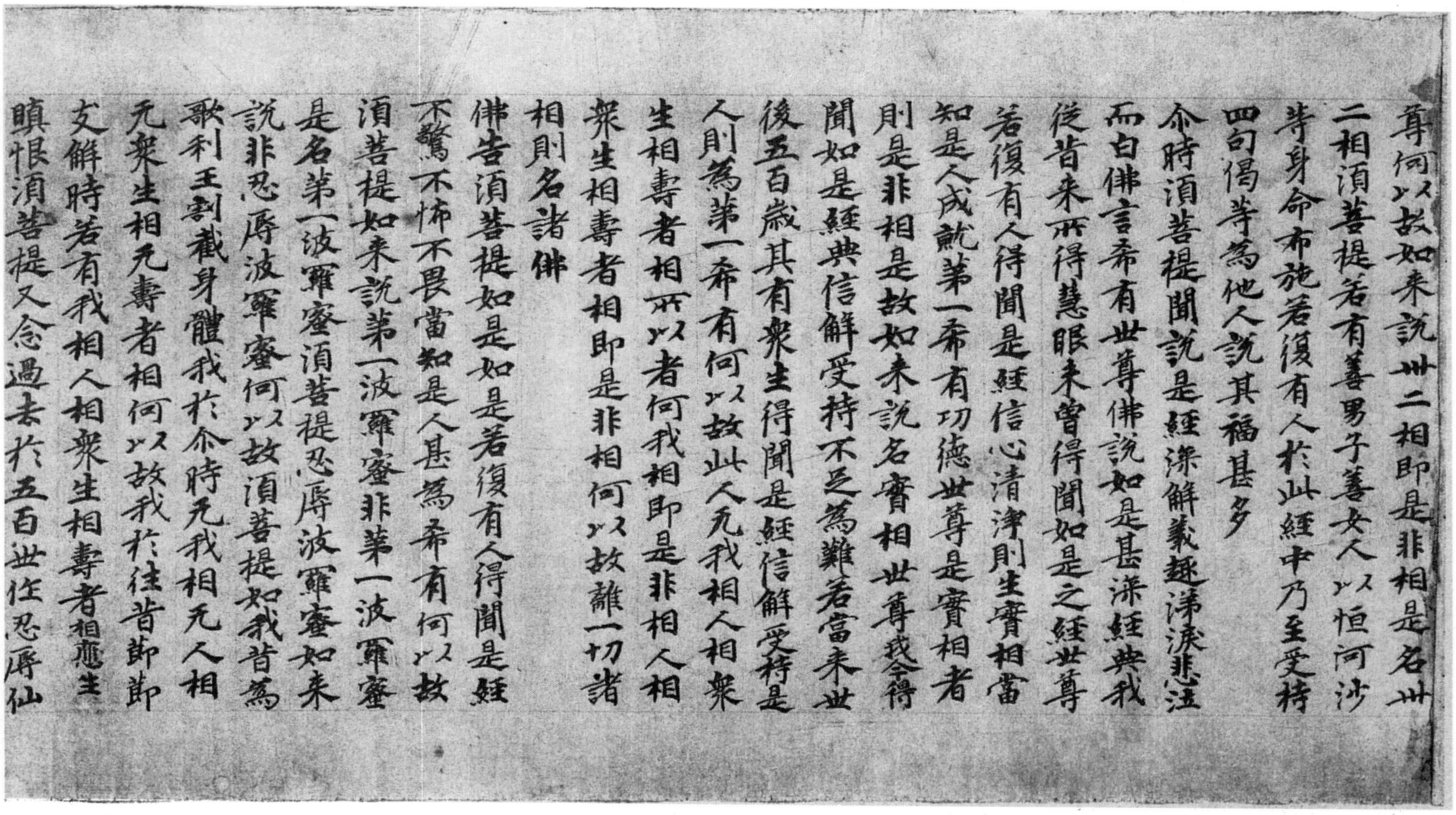
尊何以故如來說卅二相即是非相是名卅
二相須菩提若有善男子善女人以恒河沙
等身命布施若復有人於此經中乃至受持
四句偈等為他人說其福甚多
尒時須菩提聞說是經深解義趣涕淚悲泣
而白佛言希有世尊佛說如是甚深經典我
從昔來所得慧眼未曾得聞如是之經世尊
若復有人得聞是經信心清淨則生實相當
知是人成就第一希有功德世尊是實相者
則是非相是故如來說名實相世尊我今得
聞如是經典信解受持不足為難若當來世
後五百歲其有眾生得聞是經信解受持是
人則為第一希有何以故此人无我相人相眾
生相壽者相所以者何我相即是非相人相
眾生相壽者相即是非相何以故離一切諸
相則名諸佛
佛告須菩提如是如是若復有人得聞是經
不驚不怖不畏當知是人甚為希有何以故
須菩提如來說第一波羅蜜非第一波羅蜜
是名第一波羅蜜須菩提忍辱波羅蜜如來
說非忍辱波羅蜜何以故須菩提如我昔為
歌利王割截身體我於尒時无我相无人相
无眾生相无壽者相何以故我於往昔節節
支解時若有我相人相眾生相壽者相應生
瞋恨須菩提又念過去於五百世作忍辱仙

BD03283號　金剛般若波羅蜜經　（15–6）

无衆生相无壽者相何以故我於往昔節節
支解時若有我相人相衆生相壽者相應生
瞋恨須菩提又念過去於五百世作忍辱仙
人於尒所世无我相无人相无衆生相无壽
者相是故須菩提菩薩應離一切相發阿耨
多羅三藐三菩提心不應住色生心不應住
聲香味觸法生心應生无所住心若心有住
則為非住是故佛說菩薩心不住色布施須
菩提菩薩為利益一切衆生應如是布施如
来說一切諸相即是非相又說一切衆生則
非衆生須菩提如来是真語者實語者如語
者不誑語者不異語者須菩提如来所得法
此法无實无虛須菩提若菩薩心住於法而
行布施如人入闇則无所見若菩薩心不住法
而行布施如人有目日光明照見種種色
須菩提當来之世若有善男子善女人能於
此經受持讀誦則為如来以佛智慧悉知是
人悉見是人皆成就无量无邊功德
須菩提若有善男子善女人初日分以恒河
沙等身布施中日分復以恒河沙等身布施
後日分亦以恒河沙等身布施如是无量百
千万億劫以身布施若復有人聞此經典信
心不逆其福勝彼何況書寫受持讀誦為人
解說須菩提以要言之是經有不可思議不

BD03283 號　金剛般若波羅蜜經　（15–7）

心不逆其福勝彼何況書寫受持讀誦為人
解說須菩提以要言之是經有不可思議不
可稱量无邊功德如来為發大乘者說為發
最上乘者說若有人能受持讀誦廣為人說
如来悉知是人悉見是人皆成就不可量不
可稱无有邊不可思議功德如是人等則為
荷擔如来阿耨多羅三藐三菩提何以故須
菩提若樂小法者著我見人見衆生見壽者
見則於此經不能聽受讀誦為人解說須菩
提在在處處若有此經一切世間天人阿脩
羅所應供養當知此處則為是塔皆應供敬
作礼圍繞以諸華香而散其處
復次須菩提善男子善女人受持讀誦此經
若為人輕賤是人先世罪業應墮惡道以今
世人輕賤故先世罪業則為消滅當得阿耨
多羅三藐三菩提須菩提我念過去无量阿
僧祇劫於燃燈佛前得值八百四千万億那
由他諸佛悉皆供養承事无空過者若復有
人於後末世能受持讀誦此經所得功德於
我所供養諸佛功德百分不及一千万億分
乃至筭數譬喻所不能及須菩提若善男子
善女人於後末世有受持讀誦此經所得功德
我若具說者或有人聞心則狂亂狐疑不信
須菩提當知是經義不可思議果報亦不可
思議

BD03283 號　金剛般若波羅蜜經　（15–8）

我若具說者或有人聞心則狂亂狐疑不信
須菩提當知是經義不可思議果報亦不可
思議
尒時須菩提白佛言世尊善男子善女人發
阿耨多羅三藐三菩提心云何應住云何降
伏其心佛告須菩提善男子善女人發阿耨
多羅三藐三菩提者當生如是心我應滅度
一切衆生滅度一切衆生已而无有一切衆生
實滅度者何以故若菩薩有我相人相衆生
相壽者相則非菩薩所以者何須菩提實无
有法發阿耨多羅三藐三菩提者須菩提於
意云何如來於燃燈佛所有法得阿耨多羅
三藐三菩提不世尊如我解佛所說義佛
於燃燈佛所无有法得阿耨多羅三藐三菩
提佛言如是如是須菩提實无有法如來得
阿耨多羅三藐三菩提須菩提若有法如來
得阿耨多羅三藐三菩提燃燈佛則不與
我授記汝於來世當得作佛号釋迦牟尼以
實无有法得阿耨多羅三藐三菩提是故燃
燈佛與我受記作是言汝於來世當得作佛
号釋迦牟尼何以故如來者即諸法如義若
有人言如來得阿耨多羅三藐三菩提須菩提
實无有法佛得阿耨多羅三藐三菩提須菩
提如來所得阿耨多羅三藐三菩提於是中
无實无虛是故如來說一切法皆是佛法須

BD03283號　金剛般若波羅蜜經　（15–9）

實无有法佛得阿耨多羅三藐三菩提須菩
提如來所得阿耨多羅三藐三菩提於是中
无實无虛是故如來說一切法皆是佛法須
菩提所言一切法者即非一切法是名一切
法須菩提譬如人身長大須菩提言世尊
如來說人身長大則為非大身是名大身
須菩提菩薩亦如是若作是言我當滅度无
量衆生則不名菩薩何以故須菩提无有法
名為菩薩是故佛說一切法无我无人无衆
生无壽者須菩提若菩薩作是言我當莊嚴
佛土是不名菩薩何以故如來說莊嚴佛土
者即非莊嚴是名莊嚴須菩提若菩薩通達
无我法者如來說名真是菩薩
須菩提於意云何如來有肉眼不如是世尊
如來有肉眼須菩提於意云何如來有天眼
不如是世尊如來有天眼須菩提於意云何
如來有慧眼不如是世尊如來有慧眼須菩
提於意云何如來有法眼不如是世尊如來有
法眼須菩提於意云何如來有佛眼不如是
世尊如來有佛眼須菩提於意云何恒河中
所有沙佛說是沙不如是世尊如來說是沙
須菩提於意云何如一恒河中所有沙有如
是等恒河是諸恒河所有沙數佛世界如
是寧為多不甚多世尊佛告須菩提尒所國

BD03283號　金剛般若波羅蜜經　（15–10）

是等恒河是諸恒河所有沙數佛世界如
是寧為多不甚多世尊佛告須菩提尒所國
土中所有衆生若干種心如來悉知何以故如
來說諸心皆為非心是名為心所以者何須
菩提過去心不可得現在心不可得未來心
不可得須菩提於意云何若有人滿三千大
千世界七寶以用布施是人以是因緣得福多
不如是世尊此人以是因緣得福甚多
須菩提若福德有實如來不說得福德多以
福德无故如來說得福德多
須菩提於意云何佛可以具足色身見不不
也世尊如來不應以色身見何以故如來說具
足色身即非具足色身是名具足色身須菩
提於意云何如來可以具足諸相見不不也
世尊如來不應以具足諸相見何以故如來
說諸相具足即非具足是名諸相具足
須菩提汝勿謂如來作是念我當有所說法莫
作是念何以故若人言如來有所說法即為
謗佛不能解我所說故須菩提說法者无法
可說是名說法
須菩提白佛言世尊佛得阿耨多羅三藐三
菩提為无所得邪如是如是須菩提我於阿耨
多羅三藐三菩提乃至无有少法可得名阿
耨多羅三藐三菩提復次須菩提是法平等

菩提為无所得邪如是如是須菩提我於阿耨
多羅三藐三菩提乃至无有少法可得名阿
耨多羅三藐三菩提復次須菩提是法平等
无有高下是名阿耨多羅三藐三菩提以无
我无人无衆生无壽者脩一切善法則得阿
耨多羅三藐三菩提須菩提所言善法者如
來說即非善法是名善法須菩提若三千大
千世界中所有諸須弥山王如是等七寶聚
有人持用布施若人以此般若波羅蜜經乃
至四句偈等受持為他人說於前福德百分不
及一百千万億分乃至筭數譬喻所不能及
須菩提於意云何汝等勿謂如來作是念我
當度衆生須菩提莫作是念何以故實无有
衆生如來度者若有衆生如來度者如來則
有我人衆生壽者須菩提如來說有我者則
非有我而凡夫之人以為有我須菩提凡夫
者如來說則非凡夫須菩提於意云何可以
卅二相觀如來不須菩提言如是如是以卅二
相觀如來佛言須菩提若以卅二相觀如來
者轉輪聖王則是如來須菩提白佛言世尊
如我解佛所說義不應以卅二相觀如來尒
時世尊而說偈言
若以色見我　以音聲求我　是人行耶道　不能見如來
須菩提汝若作是念如來不以具足相故得

者轉輪聖王則是如來須菩提白佛言世尊
如我解佛所說義不應以卅二相觀如來尒
時世尊而說偈言
若以色見我　以音聲求我　是人行邪道　不能見如來
須菩提汝若作是念如來不以具足相故得
阿耨多羅三藐三菩提須菩提汝莫作是念
如來不以具足相故得阿耨多羅三藐三菩提
須菩提汝若作是念發阿耨多羅三藐三菩
提者說諸法斷滅相莫作是念何以故發阿耨
多羅三藐三菩提者於法不說斷滅故須菩
提若菩薩以滿恒河沙等世界七寶布施若
復有人知一切法无我得成於忍此菩薩勝
前菩薩所得功德須菩提以諸菩薩不受福
德故須菩提白佛言世尊云何菩薩不受福
德須菩提菩薩所作福德不應貪著是故
說不受福德須菩提若有人言如來若來若
去若坐若卧是人不解我所說義何以故如
來者无所從來亦无所去故名如來
須菩提若善男子善女人以三千大千世界
碎為微塵於意云何是微塵衆寧為多不甚
多世尊何以故若是微塵衆實有者佛則不
說是微塵衆所以者何佛說微塵衆則非微
塵衆是名微塵衆世尊如來所說三千大千
世界則非世界是名世界何以故若世界實
有者則是一合相如來說一合相則非一合相是

BD03283號　金剛般若波羅蜜經　（15–13）

塵衆是名微塵衆世尊如來所說三千大千
世界則非世界是名世界何以故若世界實
有者則是一合相如來說一合相則非一合相是
名一合相須菩提一合相者則是不可說但
凡夫之人貪著其事須菩提若人言佛說我
見人見衆生見壽者見須菩提於意云何
是人解我所說義不世尊是人不解如來所說義
何以故世尊說我見人見衆生見壽者見即
非我見人見衆生見壽者見是名我見人
見衆生見壽者見須菩提發阿耨多羅三
藐三菩提心者於一切法應如是知如是見
如是信解不生法相須菩提所言法相者如來
說即非法相是名法相須菩提若有人以滿
无量阿僧祇世界七寶持用布施若有善男
子善女人發菩薩心者持於此經乃至四句
偈等受持讀誦為人演說其福勝彼云何為
人演說不取於相如如不動何以故
一切有為法　如夢幻泡影　如露亦如電　應作如是觀
佛說是經已長老須菩提及諸比丘比丘尼
優婆塞優婆夷一切世間天人阿脩羅聞佛
所說皆大歡喜信受奉行

金剛波若經一卷

BD03283號　金剛般若波羅蜜經　（15–14）

子善女人發菩薩心者持於此經乃至四句
偈等受持讀誦為人演說其福勝彼云何為
人演說不取於相如如不動何以故
一切有為法　如夢幻泡影　如露亦如電　應作如是觀
佛說是經已長老須菩提及諸比丘比丘尼
優婆塞優婆夷一切世間天人阿脩羅聞佛
所說皆大歡喜信受奉行
金剛波若經一卷

BD03283號　金剛般若波羅蜜經　（15–15）

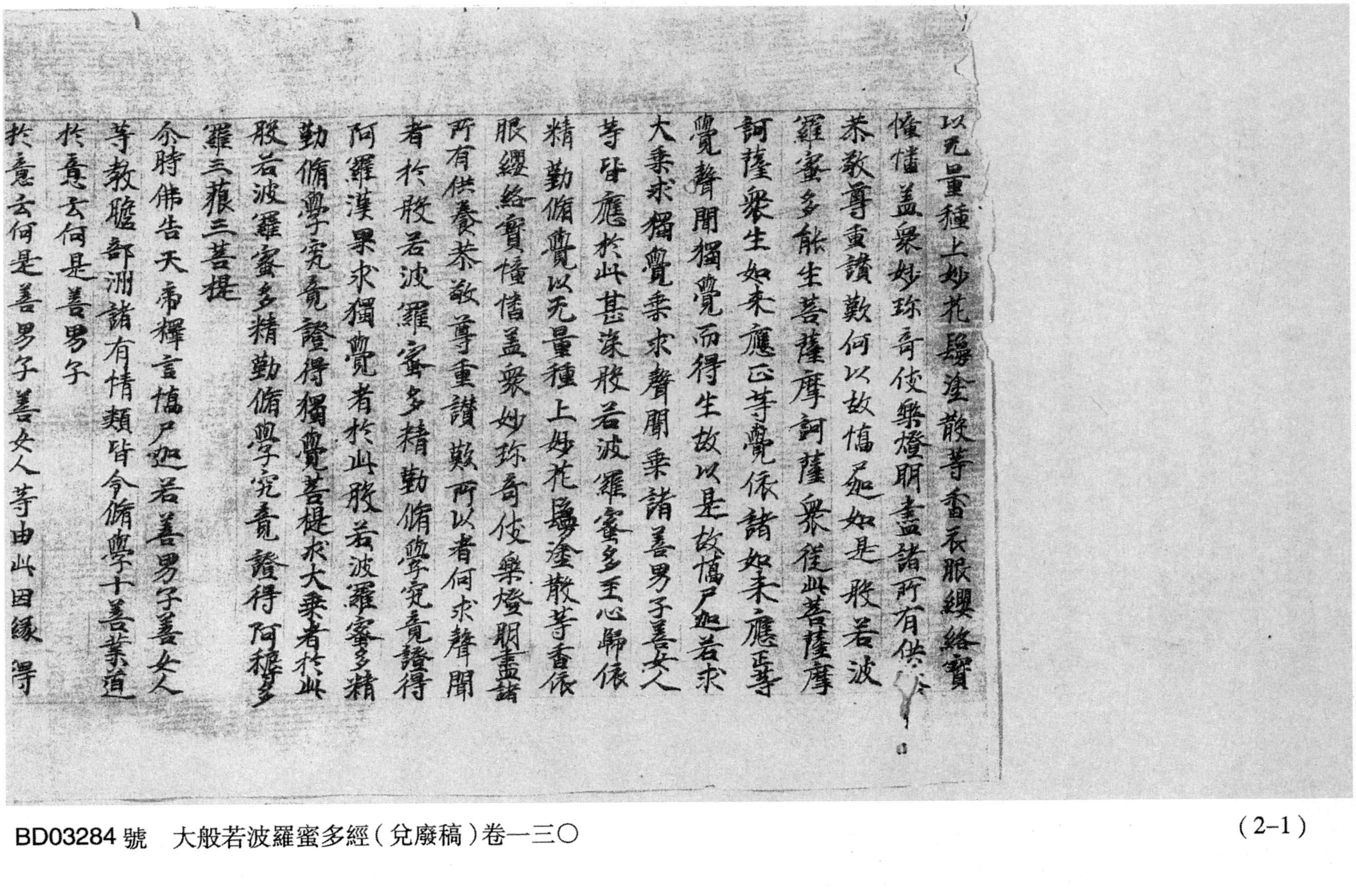
以无量種上妙花鬘塗散等香衣服瓔珞寶
幢幡蓋衆妙珍奇伎樂燈明盡諸所有供養
恭敬尊重讚歎何以故憍尸迦如是般若波
羅蜜多能生菩薩摩訶薩衆從此菩薩摩
訶薩衆生如來應正等覺依諸如來應正等
覺聲聞獨覺而得生故以是故憍尸迦若求
大乘求獨覺乘求聲聞乘諸善男子善女人
等皆應於此甚深般若波羅蜜多至心歸依
精勤脩覺以无量種上妙花鬘塗散等香衣
服瓔珞寶幢幡蓋衆妙珍奇伎樂燈明盡諸
所有供養恭敬尊重讚歎所以者何求聲聞
者於此般若波羅蜜多精勤脩學究竟證得
阿羅漢果求獨覺者於此般若波羅蜜多精
勤脩學究竟證得獨覺菩提求大乘者於此
般若波羅蜜多精勤脩學究竟證得阿耨多
羅三藐三菩提
爾時佛告天帝釋言憍尸迦若善男子善女人
等教贍部洲諸有情類皆令脩學十善業道
於意云何是善男子
於意云何是善男子善女人等由此因緣得

BD03284號　大般若波羅蜜多經（兌廢稿）卷一三〇　（2–1）

等習應於此甚深般若波羅蜜多至心歸依
精勤脩覺以无量種上妙花鬘塗散等香依
服瓔珞寶幢幡蓋衆妙珍奇伎樂燈明盡諸
所有供養恭敬尊重讚歎所以者何求聲聞
者於般若波羅蜜多精勤脩學究竟證得
阿羅漢果求獨覺者於此般若波羅蜜多精
勤脩學究竟證得獨覺菩提求大乘者於此
般若波羅蜜多精勤脩學究竟證得阿耨多
羅三藐三菩提
尒時佛告天帝釋言憍尸迦若善男子善女人
等教贍部洲諸有情類皆令脩學十善業道
於意云何是善男子
於意云何是善男子善女人等由此因緣得
福多不天帝釋言甚多世尊甚多善逝佛
言憍尸迦若善男子善女人等書寫如是甚
深般若波羅蜜多施他讀誦若轉書寫廣令
流布是善男子善女人等所獲福聚甚多於
前何以故憍尸迦如是[illegible]
中廣說一切无漏之法[illegible]聞種姓補特伽羅

BD03284 號　大般若波羅蜜多經（兌廢稿）卷一三〇　（2–2）

堪受一切世間天人阿素洛等供養恭敬尊
重讚歎
復次世尊佛設利羅是極圓滿甚深般若波
羅蜜多所熏脩故是極清淨甚深般若波羅
蜜多所依器故堪受一切世間天人阿素洛
等供養恭敬尊重讚歎世尊佛設利羅是
極圓滿靜慮精進安忍淨戒布施波羅蜜多
所熏脩故是極清淨靜慮精進安忍淨戒布
施熏脩故是極清淨靜慮精進安忍淨戒布
施波羅蜜多所依器故堪受一切世間天人阿
素洛等供養恭敬尊重讚歎世尊佛設利羅
是極圓滿安住內空所熏脩故是極清淨安
住內空所依器故堪受一切世間天人阿素洛
等供養恭敬尊重讚歎世尊佛設利羅是
極圓滿安住外空內外空空空大空勝義空
有為空無為空畢竟空無際空散空無變
異空本性空自相空共相空一切法空不可
得空無性空自性空無性自性空所熏脩故
是極清淨安住外空乃至無性自性空所依
器故堪受一切世間天人阿素洛等供養恭
敬尊重讚歎世尊佛設利羅是極圓滿安
住真如所熏脩故是極清淨安住真如所依器

BD03285 號　大般若波羅蜜多經卷一二八　（2–1）

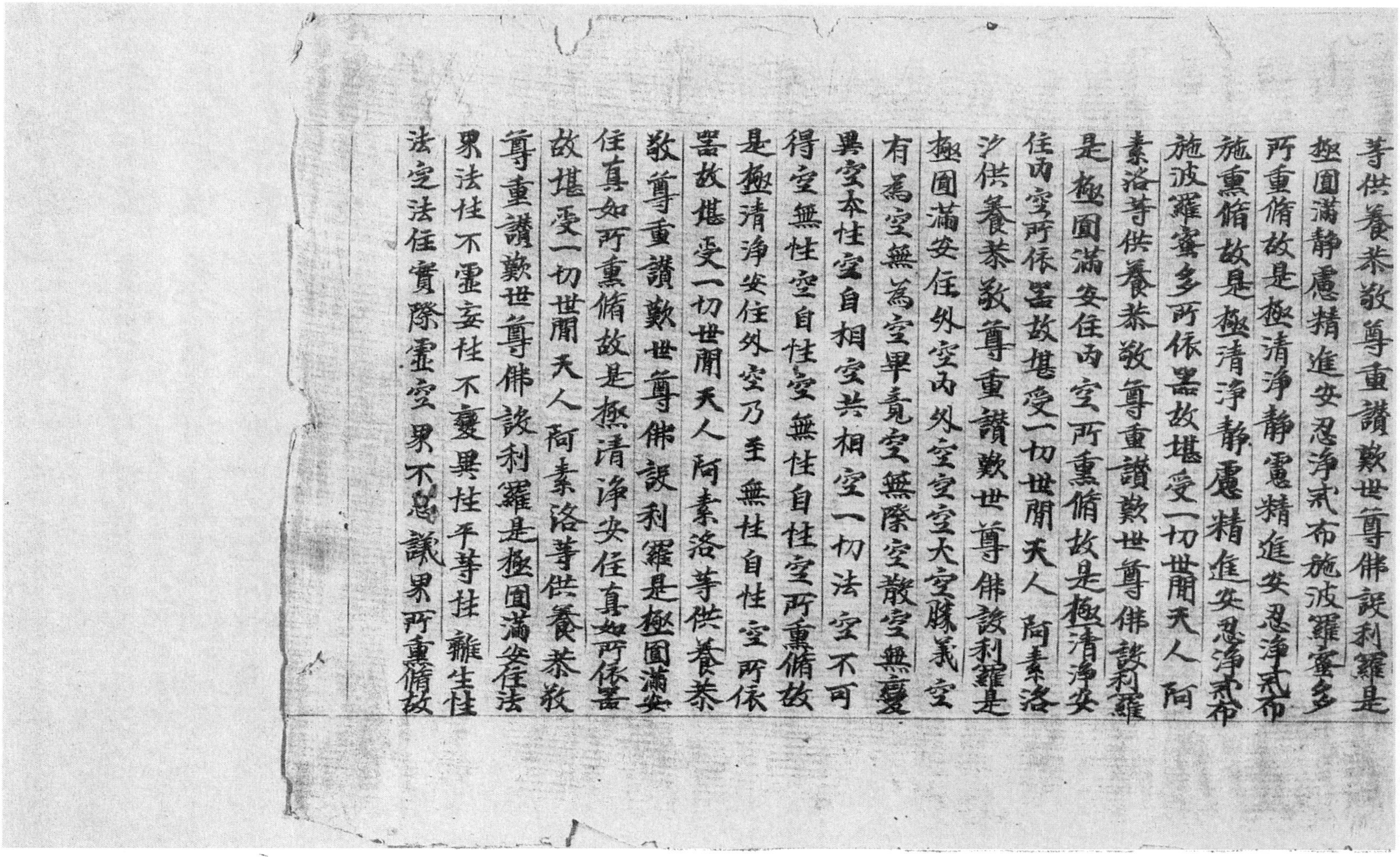
等供養恭敬尊重讚歎世尊佛設利羅是
極圓滿靜慮精進安忍淨戒布施波羅蜜多
所熏脩故是極清淨靜慮精進安忍淨戒布
施熏脩故是極清淨靜慮精進安忍淨戒布
施波羅蜜多所依器故堪受一切世間天人阿
素洛等供養恭敬尊重讚歎世尊佛設利羅
是極圓滿安住內空所熏脩故是極清淨安
住內空所依器故堪受一切世間天人阿素洛
等供養恭敬尊重讚歎世尊佛設利羅是
極圓滿安住外空內外空空空大空勝義空
有為空無為空畢竟空無際空散空無變
異空本性空自相空共相空一切法空不可
得空無性空自性空無性自性空所熏脩故
是極清淨安住外空乃至無性自性空所依
器故堪受一切世間天人阿素洛等供養恭
敬尊重讚歎世尊佛設利羅是極圓滿安
住真如所熏脩故是極清淨安住真如所依器
故堪受一切世間天人阿素洛等供養恭敬
尊重讚歎世尊佛設利羅是極圓滿安住法
界法性不虛妄性不變異性平等性離生性
法定法住實際虛空界不思議界所熏脩故

BD03285號　大般若波羅蜜多經卷一二八　（2–2）

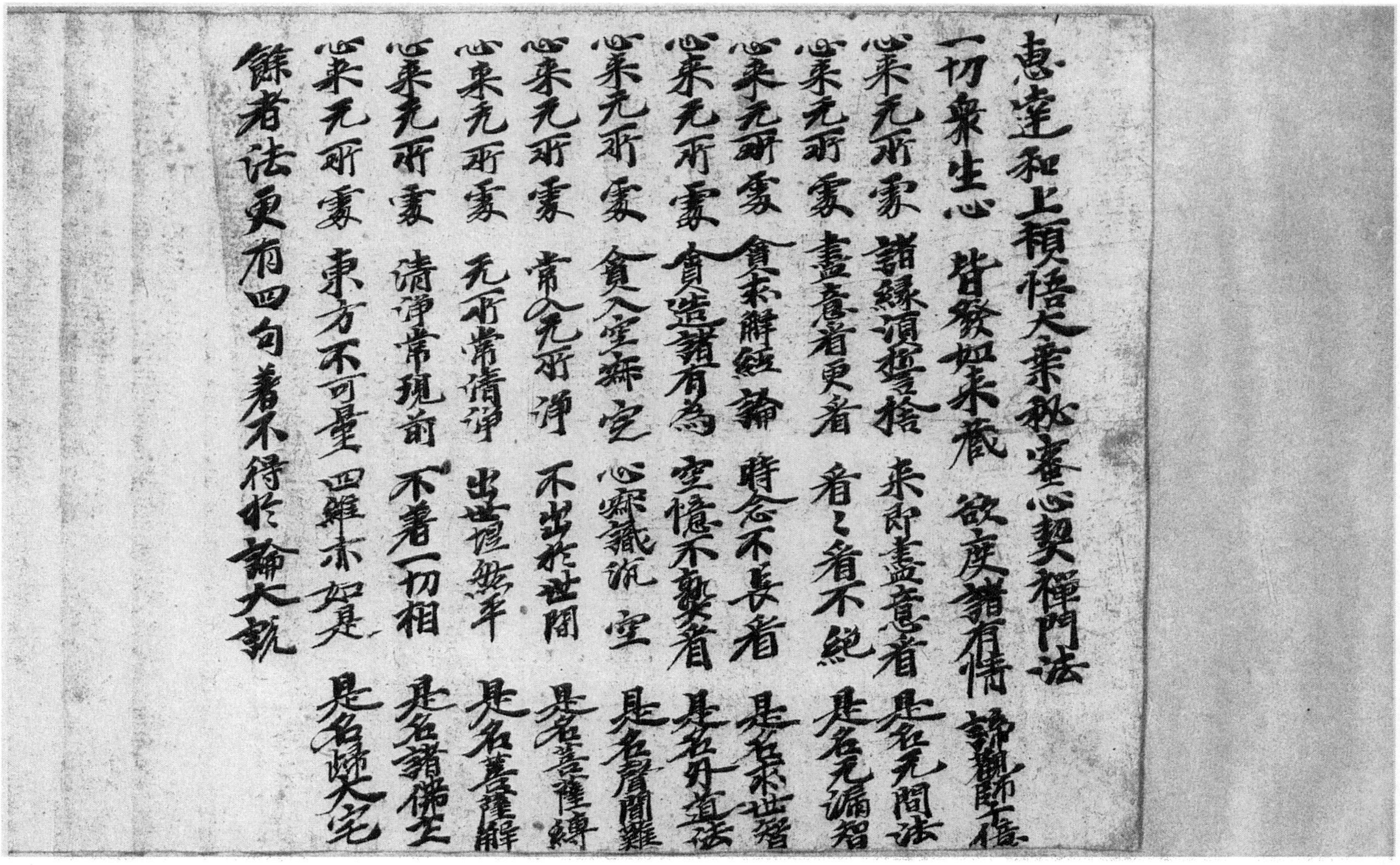
惠達和上頓悟大乘秘密心契禪門法
一切衆生心　皆發如來藏　欲度諸有情　歸觀師上信
心乘无所處　諸緣須遍捨　來所盡意看　是名无間法
心乘无所處　盡意看更看　看看看不絕　是名无漏智
心乘无所處　貪求解經論　時念不長看　是名未世智
心乘无所處　貪造諸有為　空憶不契看　是名外道法
心乘无所處　貪入空寂空　心寂識流空　是名聲聞難
心乘无所處　常入无所淨　不出於世間　是名菩薩縛
心乘无所處　无所常清淨　出世[illegible]般若　是名菩薩解
心乘无所處　清淨常現前　不著一切相　是名諸佛土
心乘无所處　東方不可量　四維亦如是　是名歸大宅
餘者法更有四句　看不得於論大執

BD03286號　惠達和上頓悟大乘秘密心契禪門法　（2–1）

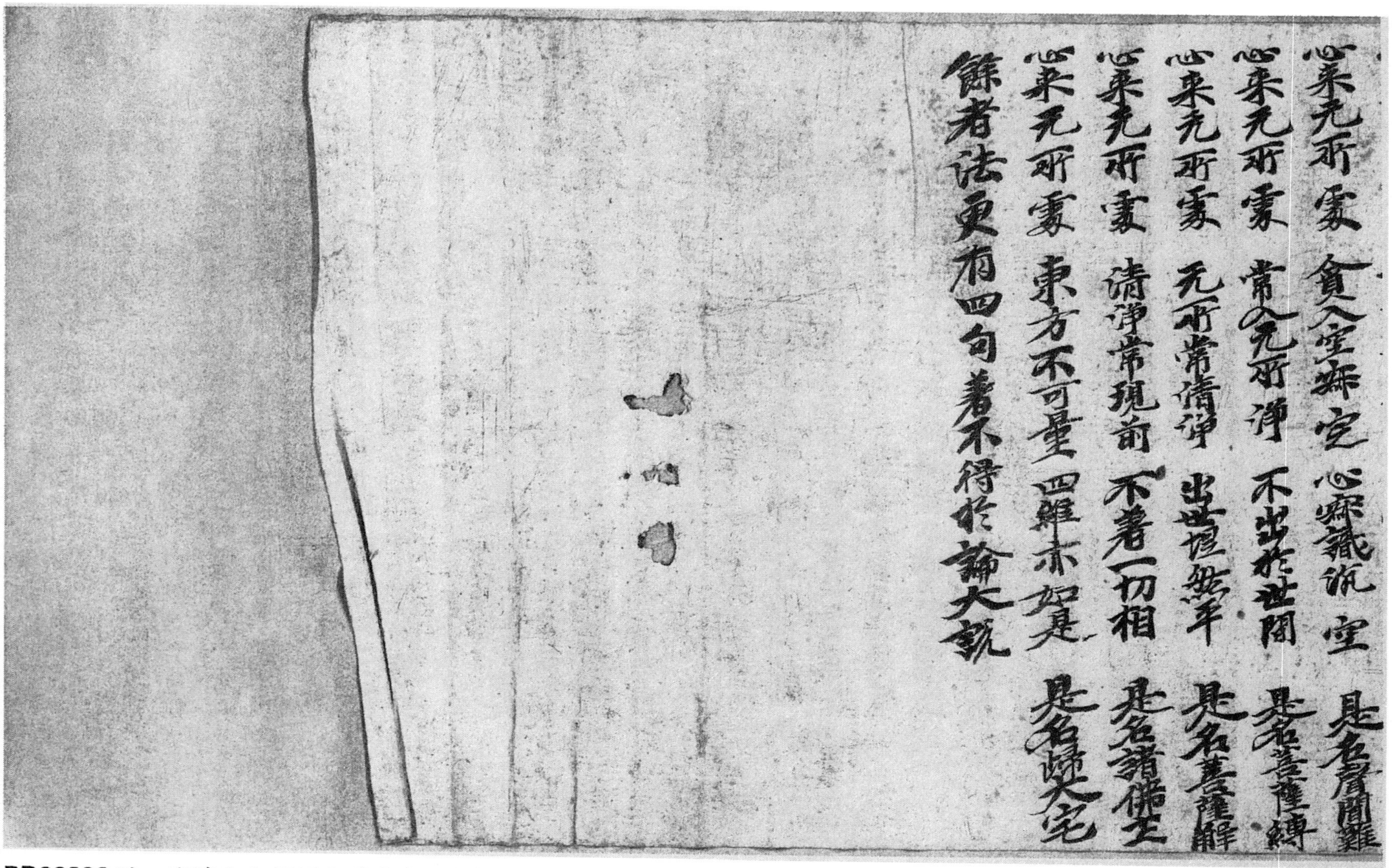

心来无所處　貪入空無定　心寂識流空　是名聲聞難
心来无所處　常入无所淨　不出於世間　是名菩薩縛
心来无所處　无所常清淨　出世恒無平　是名菩薩解
心来无所處　清淨常現前　不著一切相　是名諸佛土
心来无所處　東方不可量　四維亦如是　是名歸大宅
餘者法更有四句著不得於論大說

BD03286 號　惠達和上頓悟大乘秘密心契禪門法　　（2–2）

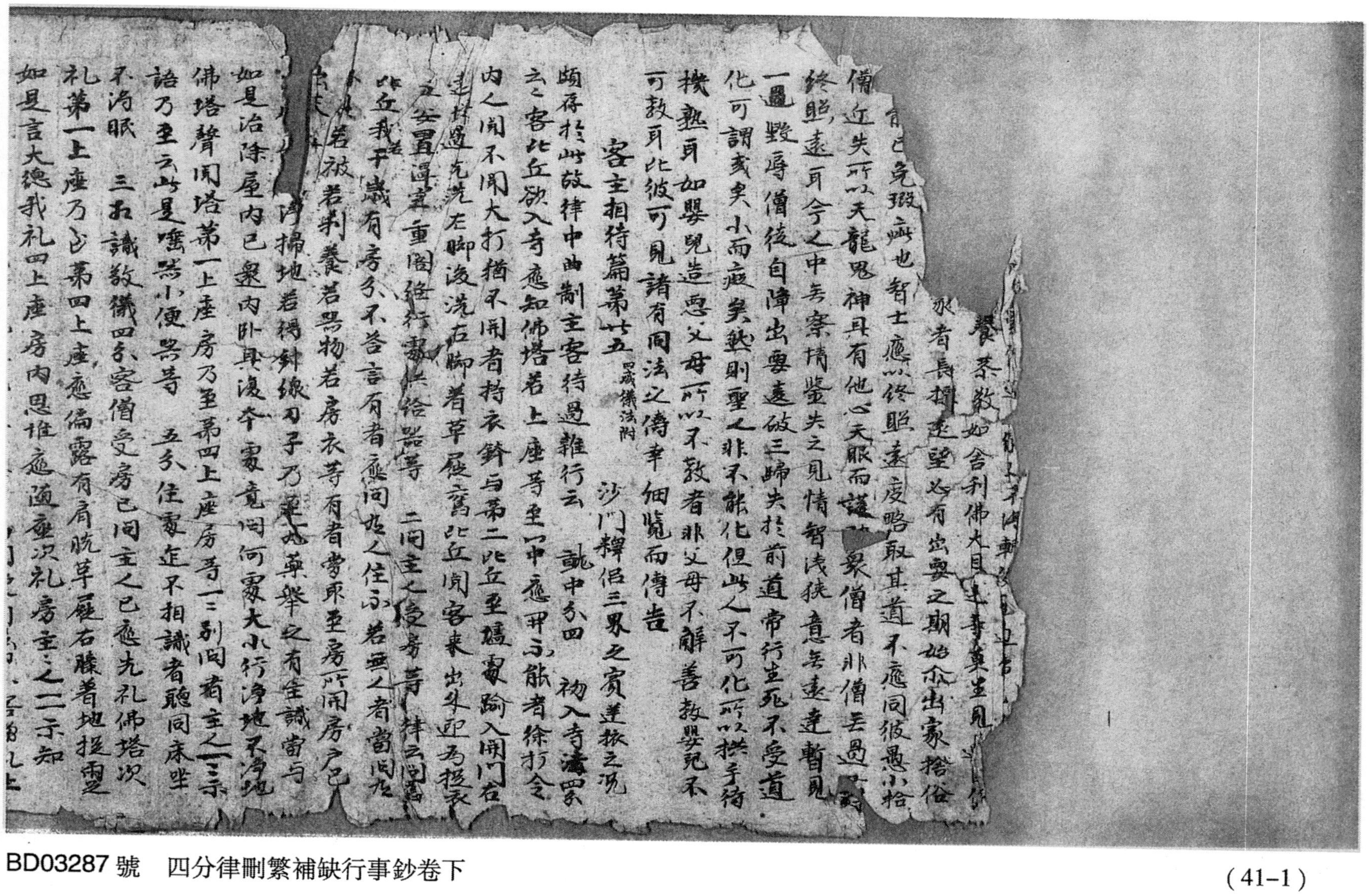

養恭敬如舍利佛大目連尊者見
永者長揖遠望必有出要之期始亦出家捨俗
首已免瘢也智士應以終睢遠度略取其道不應同彼愚小捨
備近失所以天龍鬼神具有他心天眼而鑑　衆僧者非僧丟過
終睢遠耳今之中無察情鑒失之見情智淺狹意無遠達暫見
一過毀辱僧徒自障出要遠破三歸失於前道常行生死不受道
化可謂哀矣小而應矣孰則聖之非不能化但此人不可化所以拱手待
機熟耳如嬰兒造惡父母所以不敎者非父母不解善敎嬰兒不
可敎耳比彼可見諸有同法之傳幸細覽而傳告
客主相待篇第廿五 四歲儀法附　沙門禪侶三界之賓達旅之流
頓存於此故律中曲制主客待遇雜行云　就中分四　初入寺法四眾
云云客比丘欲入寺應知佛塔若上座等至一中應再示能者徐打令
內人聞不聞大打猶不聞者持衣鉢與第二比丘至隱處踏入開門右
足於遞先洗左腳後洗右腳著草屣齋比丘聞客來出外迎為捉衣
五 安置溫室重閣經行處供給器等　二問主之住房等 律云問舊
比丘我于歲有房分不答言有者應問此人住不 若無人者當問九
若被若判養若器物若房衣等有者當取至房所開房户已
洒掃地若得針線刀子乃至一丸藥舉之有主識當與
如是治除屋內已還內卧具復本處竟問何處大小行淨地不淨地
佛塔聲聞塔第一上座房乃至第四上座房等一一别問都主之一一示
語乃至云此是噉粥小便器等　五分住處定不相識者聽同床坐
不得眠　三不識敬儀四分客僧受房已問主人已應先礼佛塔次
礼第一上座乃至第四上座應偏露右肩脫草屣右膝著地捉兩足
如是言大德我礼四上座房內思惟應適無次礼房主之二示知

BD03287 號　四分律刪繁補缺行事鈔卷下　　（41–1）

如是治除屋內已衆內卧具復分處竟問何處大小行淨地不淨地
佛塔聲聞塔第一上座房乃至第四上座房等一一别問者主之一一示
語乃至云此是嚏器小便器等　五分住處迮不相識者聽同床坐
不得眠　三明識敬儀四分客僧受房已問主人已應先礼佛塔次
礼第一上座乃至第四上座應偏露有肩脫革屣右膝著地捉足
如是言大德我礼四上座房內思惟應隨座次礼房主主之一一示知
十誦若上座時見應礼雖見逐者亦　四同受利法四分客僧礼上
座已應問何處是衆僧大食小食夜集說戒處等又問何者是
僧差食檀越送食月八日十五日月初日食檀越請食次到何處
復問明日誰何檀越請衆僧小食大食何處猶惡何處是好之何處
是惡人家比丘當如法而去　僧祇客比丘應〔諸舊〕比丘一切僧家制限若客
伴已去者得語令知云不及伴應語可小停息應爲伴可爲急
事必去者應路糧食編累行伴三千云新至比丘以十事与衣
一當避五衆房二當給所須三朝暮問訊四語以習俗五當教避
諱六語請到處七語僧教令八當語某事可食九示聚官禁忌十
語以避賊處所　二明四儀法夫成善及由淨教招而心發實因顯果
藉儀形而立宗是以阿說身子具列前後傳法軌摸為題方冊故
直叙一致別引諸說云　五分若四威儀不如法者非為於世而作大明
僧祇若行平視迴時合身迴　中含云佛告比丘依於持王法若平旦
著衣持鉢入村乞食善護持身守攝諸根乞食已收舉衣鉢澡
洗手足以尼師壇著於肩上至無事處或經行坐禪復於初夜經行坐
禪淨心中障已於中夜時入室欲卧四牒憂多羅敷床上襞僧伽梨
作枕右脇而卧當頭面向佛像處足相累意係想明相彼後時速
起如初夜法　僧祇頭向衣架及和上長老比丘初夜思自業至夜右
脇著下累兩腳合口舌拄上斷抆右手鄧左手順身上亦捨念慧思惟
起想餘如上　十誦燈明中不得卧　毗尼母比丘欲得行時先掃除房內
衣服床褥如法安置在隨行中去時自和上阿闍梨者有利若過十臘者
法事必此利益者雖師亦聽自往無過去時出寺求望去處方應
思量行伴何似正見亦行病相料理亦如我心所作亦其人威儀常
攝不非懈怠亦為利為衆若必好者共去復同伴汝等衣鉢乃
至一切自隨之物無所忘亦復無戒勅今當共行汝等時言少語守攝

BD03287號　四分律刪繁補缺行事鈔卷下　（41–2）

衣服床褥如法安置在隨行中去時自和上
法事必此利益者雖師亦聽自往無過去時出寺求望去處方應
思量行伴何似正見亦行病相料理亦如我心所作亦其人威儀常
攝不非懈怠亦為利為衆若必好者共去復同伴汝等衣鉢乃
至一切自隨之物無所忘亦復無戒勅今當共行汝等時言少語守攝
諸根露中處處見者皆令歡喜發其善心見諸下座合掌手跪
對曰如教歡喜奉行若有住止發時上座應遍看無遺落物亦
下座常在前上座在後語諸下座各自攝心莫令散亂下座得遍上
座應為說法令心相續雖爾急難不得捨去盡其筋力令其得脫
乃至自力不此應至郡縣檀越所重比丘大臣國王門前營理使得解
脫莫使受苦　僧祇云行〔先〕下腳跟後下腳指在道行欲宿遣二年少
比丘前看宿處衆前食後食當白非入聚落得已衆報應展轉
相白入　智論出入來去安詳一心舉足下足觀地行為避亂心為護
衆生故是亦退善薩相僧祇不得作駱駝坐應加趺坐若疲極
者當牙(?)跡一腳仰卧脩羅伏者餓鬼左脇如貪欲人具如法出卅五
卷中　增一云令聽比丘先手障座後坐此我之教　十誦若病不得
盡卧若喜眠應起經行　善見眠欲眠時先於六念中一一念也
坐法有二一結加趺二跍坐跪有二一長跪即兩膝及足指至地二互跪
右膝至地〔各有所主〕　三千云不得於上座前跍坐五法一亦交足二亦雙竪兩
足三亦却踞兩手掉捎兩足四亦得交拄一足申一足五亦上足五事亦坐
法一不倚壁二不手前授三不時擦林四不兩手捧頭五亦手拄頰
毗尼母云何名坐衆僧集會斂容斂眼加趺而坐儀用可觀又如
坐禪之坐經劫身不動搖觀者喜歡人多者挾膝見上座亦不
宜寬縱縱三千云亦与三師並坐　十誦聽法時上座來亦應起者吉
羅若和上阿闍梨教故自起亦得令他起吉羅乃至聽法不得与
沙彌同床坐沙彌亦得与白衣同床坐大比丘三夏亦同床得
三千云欲上床有七一當徐却踞二不得匍匐上三不使床有聲四亦
拂床五不聲五不大吹大吒欬息廿多六亦狗辟卧七起以時節心走亦定
常自責本起　又若聞揵椎聲即當著袈裟出户如法二於堂
外住正衣服帽三有仏像頭面作礼却礼僧四當隨次向上坐
當遺上座處五隨上座坐若跍　善見睡時當須早起洗竟
睡者念驗燥便起如是看星月光觀為分齊　三千〔卧〕當頭向

BD03287號　四分律刪繁補缺行事鈔卷下　（41–3）

當自責本起　又若聞揵搥聲即當着袈裟出戶如法二於堂
外住不眺惘三有仏像頭面作礼却礼僧四當隨次向上座
當遣上座處五隨上座坐若賜　善見睡時當須早起洗竟
睡者念疾燥便起如是看星月光歎為不齊　三千外當頭向
仏二不外視仏三不雙申兩足四不向壁外不伏外五不豎膝要
手撿兩足累兩膝眠比丘母云比丘貪着睡眠癈捨三業不滲道
行金剛力士可責仏言食人信施不應懈怠夜二時中應坐禪誦
經之行一時中以自消息是外法　僧祇云外如師子王法如前所説不得眠
至日出應於後夜當起正坐思惟已業

瞻病送終篇第二十六

就中即二如門不別初瞻病中略為四
一制意二簡人是非并供養法三安置處所四說法發念制意者
夫為待之形多諸嬰累四大有反六府成病若不假扎相接將命
則無所托然則世情流變始終難一健壯則親昵病弱則損捨鄙俗恒
情未必亡此故如來深鑒人物知善未弘忽必扎尊於親看病故
律中佛言汝曹不相看視誰當應為乃至世尊為病人洗除大小便
已掃治外處數令清淨敷衣臥之便立制已自今已去應看病比丘
應作瞻病人若有欲供養我者應供養病人　佛為極尊之人猶勸
諸比丘親自下接況同法義重如何相棄乃至送終意同斯述
問供養病者等仏何耶荅讚悲心看病拔苦与樂慈行同佛
故也又云隨順我語供養佛　僧祇二人為伴往者仏一伴遇病
便捨來詣佛所具述因緣佛種種呵責已還令看病等又云有病
人得隨病藥食之看守則差不者則死是故應好看務令如法安隱
即為施命得大功德諸佛讚嘆　二簡人中四分若作病者聽聽和
上同和上阿闍梨若同阿闍梨若弟子從親至疎若都無者衆僧應
与瞻病人若不肯者應次第差又肯者如法治若比丘沙彌優婆
塞者比丘尼式叉摩那沙彌尼優婆夷隨所可作應作不應觸近
僧祇十誦當令同學同房比房從親至疎看之當隨病人多少差往
若不看者一切僧得罪　僧祇又云道逢病比丘應求車乘載歸
若病篤無所分別不問持牛草馬若無者當留人看無人看作菴
舍取薪留藥食語言汝好安意我去向聚落求車乘迎汝便捨
至去聚落時不得遠墻聞許和等告云曠野有病比丘共迎去來諸
比丘云此多有狼處迟食盡然聞不得不往應到彼若死供養

BD03287號　四分律刪繁補缺行事鈔卷下

（41-4）

若病篤無所分別不問持牛草馬若無者當留人看無人看作菴
舍取薪留藥食語言汝好安意我去向聚落求車乘迎汝便捨
至去聚落時不得遠墻聞許和等告云曠野有病比丘共迎去來諸
比丘云此多有狼處迟食盡然聞不得不往應到彼若死供養
屍骸若活將還達聚落中比丘供養供給若比丘吉極然令看乃
共迎病人亦如上　若路見病比丘尼不得捨去乃至迎送如比丘中唯
除手觸應請女人為按摩身體死同被衣蓋雇人闍維若者捨去
俗人憐者應擔棄送餘三衆准此並是佛自号令理順作之貴有委真
如律所述　次明供給法　五分若淨人處聽比丘自洗燒器著水令
淨人雖未着中比丘然火便熟更從淨人受持与病人　五百問云比丘山
澤無人處日不得往還者比丘得為作食七日先淨米受取作之
寶梁經蘭若習禪經廣明獨住患比丘法　僧祇病人九法成就
必横死一知非饒益食貪食二不知籌量三內未消而食四未消而擿
吐五已消應出而強持六食不隨病食而不籌量八懈怠九無慧
十不能靜坐思惟又云看差病人衣鉢朱及醫藥直者取之供給病
無者衆僧應与若僧無彼者貴價衣鉢當貨賤者供給病
者若病人惜衣鉢者應白僧言大病人不知無常慳惜衣鉢不
肯貿易白僧已軟語說法使得開解然後為貿若復無者應
私乞与之若僧中取好食与看病人不得受惜自兼而瞻視
四分看病人五德乃至為病人說法令得歡喜己身於善法不減如
衣法中　善見若病無得藥得以花果飯飼食人求易藥亦犯
餘如僧祇卅卷中廣明看病法及死法　十誦當隨病人所須
病因緣覓師求藥因到僧廁問有病人食不若無取僧所供給
庫中物无者當為外求應從善好名聞福德比丘索　五分每
僧行粥時應問別有病人粥不若無應先与病人然行与僧也
十誦病人得藥差者但是仏僧中亦得殘宿惡捉不受內宿並得服
之　善生經瞻病人亦應生厭若自無物出求之不得者減三寶物
差已依法十倍償之　五百問云看病人將病人物為病人供給所須
亦問病者或同起懺並得用若已取者應償不還犯重比丘病困
亦得嘱三衣鉢而作福若不即有犯離衣鉢受持者犯墮摩得
伽云不淨齊內雜塩責病者罪　四分若病人亦此至大小行處當近

BD03287號　四分律刪繁補缺行事鈔卷下

（41-5）

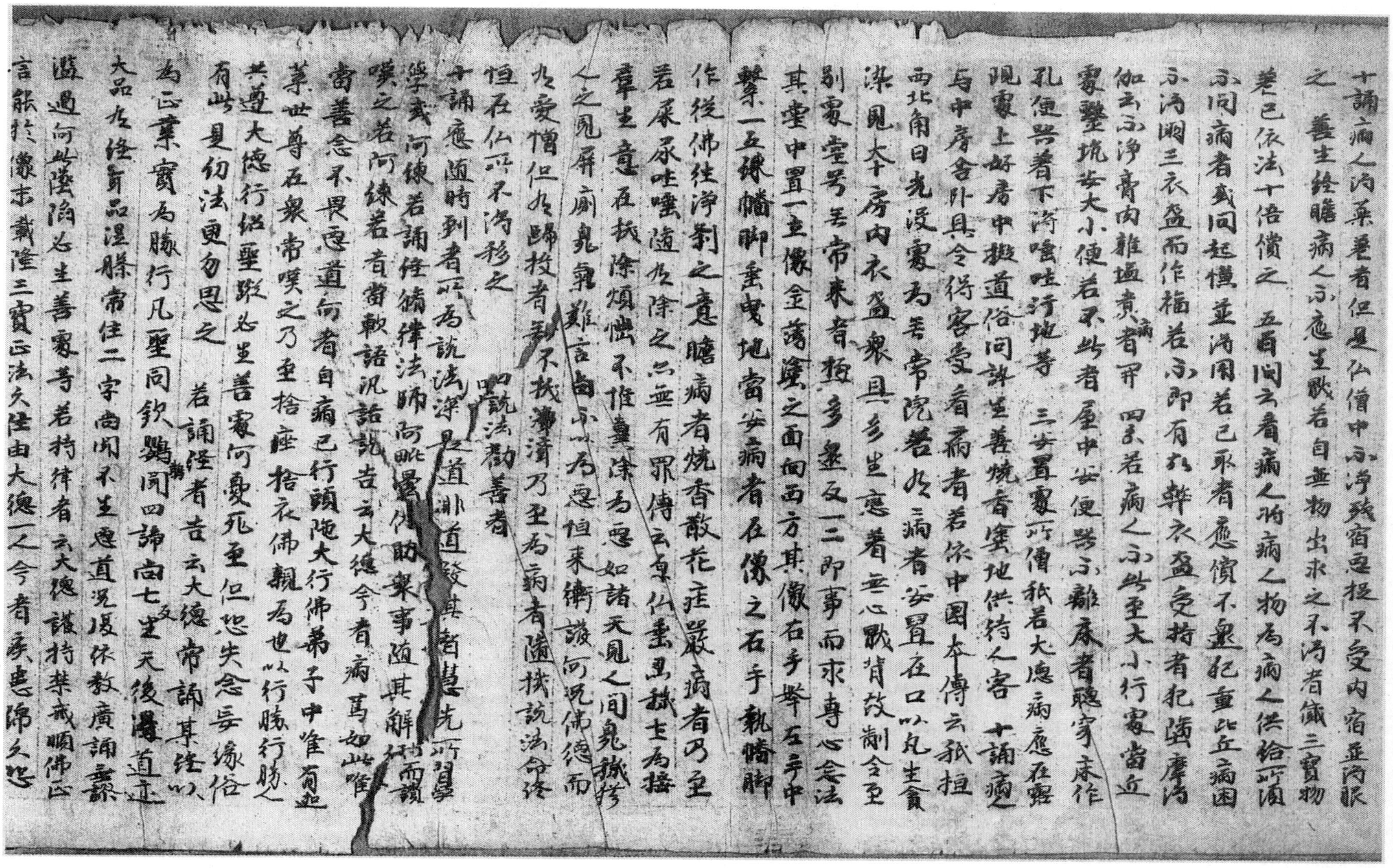

十誦病人所藥若者但是佛僧中亦得殘宿惡捉不受內宿並得服
之　養生經瞻病人亦應生厭若自無物出求之不得者減三寶物
若已依法十倍償之　五百問云看病人將病人物為病人供給所須
亦同病者或同起慎並得用若已取者應償不爾犯重比丘病困
亦得用三衣盂而作福若亦即有利幹衣盂受持者犯隨摩得
伽云亦淨齋內雜過責者罪　四若病人亦此至大小行處當近
處鑿坑安大小便若不此者屋中安便器亦離床者聽穿床作
孔便器着下得唾吐行地等　三安置處所僧祇若大德病應在露
現處上好房中擬道俗問訊生善燒香塗地供待人客　十誦病之
與中房舍外具令得客受看病者若依中國本傳云祇桓
西北角日光沒處為無常院若有病者安置在中以凡生貪
染見本房內衣盂眾具多生戀着無心厭背故制令至
別處堂號無常來者極多還反一二即事而求專心念法
其堂中置一立像金薄塗之面向西方其像右手舉左手中
繫一五綵幡腳垂曳地當安病者在像之後左手執幡腳
作從佛往淨剎之意瞻病者燒香散花莊嚴病者乃至
若屎尿吐唾隨有除之亦無有罪傳云卓仙重見獄士為撥
尋生意在抵除煩惱不惟糞除為惡如諸天見之間臭穢捨
人之見屏廁臭氣難言由不以為惡恒來衛護何況佛德而
不愛憎但不歸投者剋不拔濟乃至為病者隨扶說法命終
恒在佛所不得移之　四說法勸善者
十誦應隨時到者所為說法深是道非道發其智慧先所習學
學或問練若誦經持律法師問比丘[illegible]作助眾事隨其解而讚
歎之若問練若者當軟語汎語說吉云大德今者病篤如此唯
當善念不畏惡道向者自病已行頭陀大行佛弟子中唯有迦
葉世尊在眾常歎之乃至捨座捨衣佛親為也以行勝行勝之
共遵大德行從聖跡必生善處何憂死至但恐失念妄緣俗
有此是幻法更勿思之　若誦經者吉云大德常誦某經以
為正業寶為勝行凡聖同欽鶼聞四諦尚七返天後還道證
大品九經盲品涅槃常住二字尚聞不生惡道況復依教廣誦義
遊過向此墮陷必生善處等若持律者云大德護持禁戒順佛正
言能於像末載隆三寶正法久住由大德一人今者疾患佛久悲

BD03287 號　四分律刪繁補缺行事鈔卷下

（41-6）

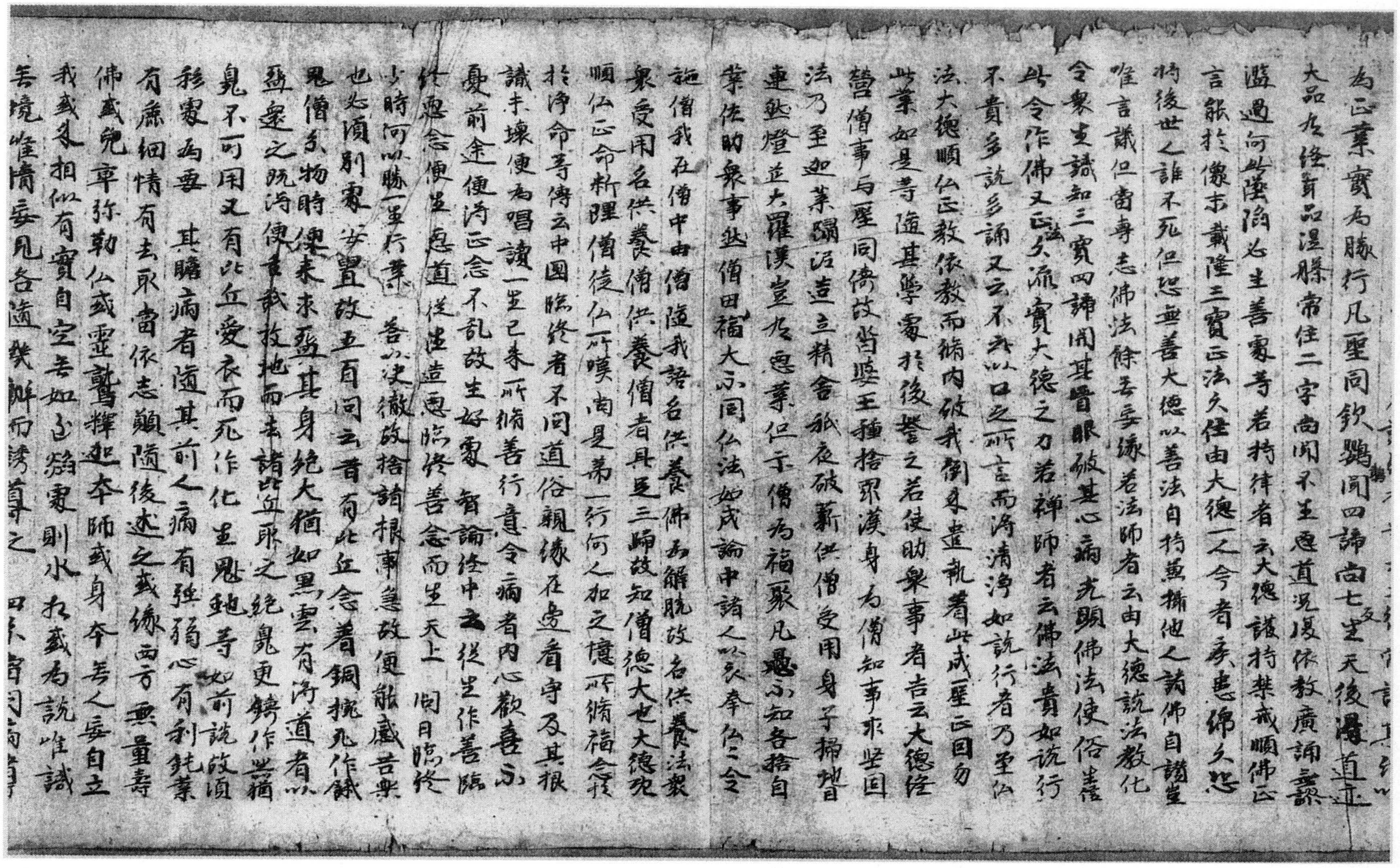

為正業寶為勝行凡聖同欽鶼聞四諦尚七返天後還道證
大品九經盲品涅槃常住二字尚聞不生惡道況復依教廣誦義
遊過向此墮陷必生善處等若持律者云大德護持禁戒順佛正
言能於像末載隆三寶正法久住由大德一人今者疾患佛久悲
將後世之誰不死但恐無善大德以善法自持兼攝他之諸佛自讚
唯言識但當專志佛法餘妄緣若法師者云由大德說法教化
令眾生識知三寶四諦聞其智眼破其心病光顯佛法使俗崇
此令作佛又正法久流實大德之力若禪師者云佛法貴如說行
不貴多說多誦又云不以口之所言而得清淨如說行者乃至佛
法大德順佛正教依教而補內破我倒身處執着此或聖正因勿
此業如是等隨其學處於後讚之若使助眾事者吉云大德經
營僧事與聖同儔故皆婆王種捨羅漢身為僧知事求堅固
法乃至迦葉蹋泥造立精舍祇夜破薪供僧受用身子掃地
連然燈並大羅漢豈凡惡業但示僧為福聚凡愚亦知各捨自
業佐助眾事然僧田福大亦同佛法如成論中諸人以衣奉佛佛令
施僧我在僧中由僧隨我諸名供養佛為解脫故名供養法衆
衆受用名供養僧供養僧者具足三歸故知僧德大也大德既
順佛正命析理僧徒佛所嘆尚是第一行何人加之懷所脩福今得
於淨命等傳云中國臨終者不問道俗親緣在邊看守及其根
識未壞便為唱讀一生已來所脩善行意令病者內心歡喜亦
憂前途便得正念不亂故生好處智論經中說從生作善臨
終惡念便生惡道從生造惡臨終善念而生天上　問曰臨終
少時何以勝一生行業　答以決徹故捨諸根事急故便能感苦樂
也必須別處安置故五百問云看有比丘念着銅瓶死作餓
鬼僧分物時便來來處其身絕大猶如黑雲有得道者以
舉宣之既得便去我敕地而去諸比丘取之絕鬼更轉作蛇猶
鬼不可用又有比丘愛衣而死作化生鬼鈍等如前說故須
移處為要　其瞻病者隨其前人病有強弱心有利鈍業
有麤細情有去取當依志願隨後述之或緣西方無量壽
佛或兜率彌勒佛或靈鷲釋迦牟尼師或身本善人妄自立
我或見相似有實自空善如正翁處則水不或為說唯識
善境唯情妄見各隨其解而誘導之　四[illegible]

BD03287 號　四分律刪繁補缺行事鈔卷下

（41-7）

有廉细情有去取當依志願隨後述之或緣西方無量壽
佛或兜率弥勒仏或靈鷲釋迦本師或身本無人妄自立
我或見相似有實自空無如也為處則水水或為說唯識
無境唯情妄見各隨樂辯而誘導之　　四分當問病者得
何等衣彼病人受不好衣盆及送与他恐瞻病者得
應准吉云此三盆且佛所制畜有披著者出世因緣乃至未
來受生常著三衣而出如面王比丘知持何等衣盆坐且見
吉示為取善之現在未來為佛所讚若見貪物心無大志者
吉云此衣物等並是幻有大德儲積來久為之疲勞及也病
吉眼前不救及至眺死無元一隨大德生從胎出亦不將一財來
眺之[illegible]世亦不將去經云往昔國王為寶所誑及至臨終無一
隨已可不實哉不須憂念幻假錢財但須存勝業可亦不
須付屬餘人者則妄行頼面終非送大德死法但用佛語普告
十方凡聖大衆稱鹿苑之如法受用令大德棄世功德力生善
處者是仏勅可不好也如是種種執語諫喻亦得遠送又非順意
[illegible]終無業覺尋多無立志此是一期大要昇天陽　應以
終卷手執示其名号又將仏像對眼觀囑与恒善語勿
勿傳世事華嚴偈云又放光名端嚴彼光覺悟命終
者見彼臨終時勸念仏善因是得諸仏前又示尊像
瞻敬又復勸令歸依仏因是得成於淨光又請大德行人智
人數示導　善見云看病人讚病者言長老持戒具足莫
惡著住處及衣物知識朋友但存念三寶及念身不淨
於三界中慎莫懈怠隨命長短而作之　比丘尼母云病人不用看
病人語看病人意遠病者意並吉羅須依前斟酌不得縱
任若終三者行無常磬　　二明送終法然僧法儀式遠存出
離送終葬事出流俗者單皆隨時則過成不忍必重貴
達傍便同世儀令當去奉去約務存生善就中分二初將屍
出法二明葬法中當從像前舉屍至廊舍下外安障場
園之内絹拍覆屍當以竹木為骨仍以廉衣覆屍上和上闍
梨鋪牀在場外坐擬人客來弔尉同學子弟等小者布草
立大者坐草上近屍邊　　五百問云師三不得舉聲大啼應
小小泣淚可四分尼把胸啼哭泣淚一一墮比丘吉羅若從
林之終未離欲者宛轉在地抱胸大叫此並悲切涙重不省

梨鋪牀在場外坐擬人客來弔尉同學子弟等小者布草
立大者坐草上近屍邊　　五百問云師三不得舉聲大啼應
小小泣淚可四分尼把胸啼哭泣淚一一墮比丘吉羅若從
林之終未離欲者宛轉在地抱胸大叫此並悲切涙重不省
自身故可必同此何攝若高節拔羣由來清卓者故不為
此世情必任情喜悲隨俗浮沉者至父母二師終亡而讓夏
不來雖來不展哀苦者為道俗同恥彼外來弔人小於亡
者也屍所設禮執弟子手慰問已然後至師所依法弔慰　若本
哀來者直來屍所禮拜展哀情已次第依位若大德上座來
弔者依本威儀隨時坐立　五分屍以衣覆根　五百問云應先白
僧共三人泥洹僧祇支覆屍而送亦得埋過五錢犯重　應師
僧弟子同學當出財殯送若無當衆僧別人各斂少財供養
舍利又無者貸亡人衣物權將殯之罪來倍償入羯磨已白
僧乞之其將屍之輦褥而作上施白蓋周匝展圍四人擧之燒
香導從　　比丘尼母云合寺衆僧並送葬所　二明葬法中國四葬
投之江流火葬焚之以火土葬埋之岸傍林葬棄之中野為鵰
鳥所食律中多明火林二葬亦有埋者五分云屍應埋之若火燒在
石上不得草上安　僧祇陳如石窟著地涅槃文云若死者窟
人閣維之　十誦菊比丘死林中鳥啄腹破出錢等　四分云
比丘以香花散目連屍上僧祇得供亦命　四分中　增一諸
衆得起塔從小沙弥尼已上並得礼上座冢也　五百
問云得為亡師立形像高僧傳中多有寺中葬者經
律中亦有之　僧祇持律法師營事比丘德望比丘應起
塔相輪懸旛蓋在屏處安置不得在經行處多人行
處作之若遠結罪若衆僧亦許者教令和合已作之
增一云如來自擧母林一角阿難羅云等各擧一脚亦令餘
人代擔為報恩故准此和上闍梨長養法身善父母兄姊長
養生身躬自抱屍而送恩德豈能盡也　淨亦得送白
衣哀除為飄無常故若手執母屍殯斂無罪　聖教如此
必准行之須量機堪可哀時

諸雜要行篇第廿七

森然萬境何事非持忽略亦行奄遭幽責故須一一之事起
種種而誡誡而必行理須好識若由途掬具上諸門別類

必須行之須量機堪可秉時
諸雜要行篇第廿七
森然萬境何事非持忽略不行奄遭幽責故須一一之事起
種種而識識而必行理須假識若由途於攝具上諸門別類
統收罪下三部以外繁類斷續雜務紛綸研蹟文合成此別其
中衆諸雜事為軌尊物門必具修聖行理宜遍覽則指掌
諸方而告悕悕焉　十種示之一仏法僧二衆中雜事三別
人自行四示行同法五出家要葉遍賦法七大小便法八慈濟畜
生法九避惡衆生法十雜治病法　智論井晝三常行三事
一者清旦偏袒右肩合掌礼十方諸仏言我某三世三業
罪所令除滅更不復作二者十方世諸仏功德無量　薩婆多
不得以花香瓔珞莊嚴具仏身上不得散地供養僧亦不得
以香花著漿飲食上供養僧五百問先上仏幡得取作餘仏事
若施主不聽不得　薩婆多若食是仏臘等難先受捉後買
得食以捉時無已想故十誦知僧事人應巡僧坊先修治塔次
四方僧事常作是念願諸比丘未來者來已來者供給四事不
令有乏教沙彌使人亦尓　善見仏常使一比丘食時守寺智論差
僧使從下起薩遮尼乾經或燒塔寺及諸形像好物除滅送置
餘處如是惡人攝在惡逆衆生示中上品治之俱舍亦尓　智論
五人以仏塔惡故壞之更好作得福一之以仏塔善故壞滅之得罪
僧祇仏塔惡壞更好作得　智論供養說法人是供法寶
十誦比丘應維那知時打揵搥掃治堂宇敷床淨果飲食衆
乱時當彈指沙彌多者立一沙彌尊知示霧沙彌淨人多者取
勤能處分者立為主師　僧祇若僧地樹菓樹有功者若一樹
一團德與一熟不然併取年取一技二遍則止若種依菜與一摘
五分若月直監食欲知生熟醎酢得嘗中舌試嘗之若衣入
寺應借僧卧具受用僧存五種物不可賣不可分一地二房
舍三須用物四果樹五花果　僧祇衆僧田地正使一切集僧
亦不得賣亦不得借之若私受用越毗尼（前損賣件物犯重）若園地好惡人侵者
語令施主任其轉易僧衆卧具亦尓　四分僧物不應賣多入
已倚蘭遮　僧祇若仏日生轉法日若大會多出幡蓋供養
支提若卒風雨一切共收不得云我是行之大德等應隨近房
安置不得護房應析棟條舉何以故汝等依是得活若持
床褥打揵搥時不得餘行當共治補不得云我是德行　毗尼母
若治塔寺僧治僧房之計其功勞當償作價並得量

語令施主任其轉易僧衆卧具亦尓　四分僧物不應賣多入
已倚蘭遮　僧祇若仏日生轉法日若大會多出幡蓋供養
支提若卒風雨一切共收不得云我是行之大德等應隨近房
安置不得護房應析棟條舉何以故汝等依是得活若持
床褥打揵搥時不得餘行當共治補不得云我是德行　毗尼母
若治塔寺僧治僧房之計其功勞當償作價並得量
違法得罪損他施利若彼病者慈心施食隨病所宜若非
隨病食施得罪也　婆沙犯擬因擾任等慈心施之勿望後報
二衆中事之衆堂法先須戶外預安靜心　律云應以五法一
以慈心（由僧通凡聖行涉處心細通須慈敬名重法尊之）二應自卑下如拭塵巾（推直於他引由向已也）
三應知坐起若見上座不應安坐若見下座不座起（是之應於衆府部僧時見）
僧中有不可事心不安忍應作嘿然（由元善伴華必非時故懷忍嘿擬同僧用）　善見僧波
離上高座取鳥牙座扇結法藏說被扇下座礼僧已後座
智論欲說法先礼僧已坐師子座　僧祇若為律師法師敷
師子座散花著上不拂却不坐打靜法維那先出具儀
鍐掌傳門面入已至打處立合掌右手取搥舉起擬拈說
然後打一聲不得鳴重響方乃外延手促兩覆放功之訖
後合掌以所啓白　若有旋與呪河唱吉等得等維那口辭
陳其緣不得打搥以為事用除唯衆亂等　三別之自行
十誦五人不應為說毗尼謂試問無疑問不為悔所犯故
問不受語問語法故口者並不須答　四分上座不學
戒亦不讚嘆戒不餘比丘樂學戒者不以時勸免讚嘆
我見如是上座過失故不讚嘆他餘之習學長夜受苦
五分為知差次會等學書不得為好廢業不聽卜相及問
吉凶　四分不學誦學世及世論為伏外道故新法中雜學
比丘聞學芸法　十誦好作文頌莊嚴章句是可怖畏不得作
毗尼母善教作一句一偈乃至後應行者即行者亦莫行之後
世比丘所說亦尓　五分佛制半月一剃鬚除之鄰緣論家罪
次第一上座二鬚長三洗頭四有緣欲行並前為剃
毗尼母剃鬚者但除頭上毛及鬚餘毛一切不合卻所以剃者為
憍慢自持心故　四分比丘不得為白剃鬚除欲出家者若
頭極長者兩月若廣兩指一剃爪極長如一麥剪之不得用剪
刀剪鬚聽畜鑷鬚器　十誦鬚當埋坑中　涅槃頭鬚爪鬚悉
皆長剎破戒之相　增一仏告比丘沙門出家有數事法一顯露

憍慢自持心故　四分比丘亦得爲白衣剃髮除欲出家者若
頭插長若兩月若廣兩指一剃爪極長如一麥剪之不得用剪
刀剪鬚聽畜巫鬚毿　十誦鬚當埋坑中　涅槃頭鬚爪髮悉
皆長利破戒之相　增一仏告比丘沙門出家有毀辱法一頭髮
長二爪長三衣裳長垢穢四不知時宜多有所論曰即又
生五過一信言不受其教人不喜見四妄言五鬪亂彼此當
如是學　四分喜往白衣家五過一不囑比丘入村二在欲男
女中坐三獨坐四在屏處五與女人說法過限又有五過一數
見女人二既相見便附近三轉親厚四便生欲意五爲欲意故
或至死若次死苦五種亦應作親厚若喜鬪爭若多作業若
與勝共爭若喜遊行不止不爲說法言示人善惡或論出家
人捨五慳財物慳法慳家慳住處慳稱嘆慳廣如彼四分世
間五寶雖得一值佛出世二聞仏說法三聞而解之四如法而行五
得信樂心　十輪十事不成就禪法樂著作便言說睡眠種種
所求及以六塵但爲利養多諸過罪乃至入向阜樹中我聽清
淨比丘受第一供養若坐禪比丘闕少衆具但念誦惡若如
衆緣具心得專一四分不得賣卜誦咒處治病等由乎容不
責請戲好人故罪廣射乎亦中況凡夫乎
律凡有言捨應言我作是身南無佛若汝作是身無南無
仏亦得雜餘地獄等　增一云若有恐怖者當念如來法及
聖衆皆悉律滅五分無緣入尼寺多之墮
五百問有緣在尼界得宿亦得入房　四分亦嚼楊枝五過口氣
見亦善別味熱癊不消不引食眼亦好　五分嚼楊枝已應
棄以垂食死故　四分三處屏處大小便嚼楊枝　經行五益堪
遠行能思惟少病消食飲得定久住　十誦若經行應直行不
遲疾盡地作相無妨經行堂閣三千云一於閑處二於户前三
講堂前四於塔下五於閣下五處經行也　僧祇然燈法者
不得輒持入房應唱言諸大德燈欲入乃至滅燈應亦先以手遮
語者不聽用口吹手扇衣扇當稱析頭炷去油多得竟令
如世五卷中　五百問續仏光明盡亦得滅仏前閣中以手
若言念齊限故滅有罪賢愚經中目連次知日直滅燈故也
五分若與乞兒乞鳥乞鳥應量己食多少取分然後減乞
亦得以分與施之　四分云若食時若人非人應與一摶
比尼母云諸寺乞人無糧食者要兒獄囚懷妊等類施之無
過比丘應學

BD03287 號　四分律刪繁補缺行事鈔卷下　（41–12）

五分若與乞兒乞鳥乞鳥應量己食多少取分然後減乞
亦得以分與施之　四分云若食時若人非人應與一摶
比尼母云諸寺乞人無糧食者要兒獄囚懷妊等類施之無
過比丘應學　僧祇然火七事無利一壞眼二壞色三身羸
四衣垢壞五壞卧具六生犯戒緣七增世俗話　撰集百緣經
掃地五德一自除心垢二亦除他垢三去憍慢四調伏心五增長功
德生善處　四分六行同法所謂誦持未必須多道貴行要而神
用莫窮可有强弱有人師誦文極多於義不了此則入道遲
鈍故涅槃云寧以少聞多解義味　十住云法貴如說不貴多
讀多誦既知如此請依古德所示之誦勝鬘一卷攝一切佛法
根本盡（同趣得便誦　如來藏卷無）戒本一卷攝一切上持行盡（出家之初受具獨處上作新那誦之）
一卷攝一切作持法盡（五衆已上不誦　終身不離依止）由道有根本行別上作也誦此三卷
統攝佛法經要諸餘大部經藏必須博讀有見之長亦言輔心
行助於道業無罪散俗中有要覽一卷十篇並論爲人志行
之法亦可披讀不依文生見而以俗方道因免於僭犯也已來長
時則坐禪同義講解求異等若多聞多義則非此所論則
生而知之者上矣　三千云沙門業者誦經坐禪勸化衆事
若不行者生徒死或有受苦之困　十誦將來恐怖者說
法無慈愍心受持不通利樂世法故莊嚴章句等　善見
云若師猶在應聽律藏及廣義疏年別應受非一過也
誦通利是名律師恭敬於律佛藏五夏以前依人受學
律藏五夏以後具知應學無我之法　善見云向學律謂誦
讀解義也　多云凡顯德有二一爲名利二爲佛法衆（坐而）
時自在無所障导　十誦律云除疑故得現通聖　五出家
要業俗二衆福智別循理識其分齊別知其通局非謂福智
兩異道俗別行但由俗網繁多靜業難繼道門閑稼得
專勝行故分二塗必雙兩通不無双遂令且兩言出家之
以身戒心慧爲令得造經像寺舍等業錯亂次第故唯得
指授法則勸化俗人是以僧有法能造俗有事能作終日相
由而執據恒別若乖法雜亂失於聖制者名滅仏法各住
自分牙相資成是住持之主俗人以金石土木牙角布帛
而作佛像道人循五分法身擧三佛行名爲造像（謂德行作道由法造）
俗以紙素竹帛筆墨抄寫以爲經卷道以聞思脩慧造法也
俗以草木牆宇而用造寺道

BD03287 號　四分律刪繁補缺行事鈔卷下　（41–13）

[illegible]

由而執據恒別若乖法新乱失於聖制背名滅仏法各住

自分牙相資成是住持之土俗人以金石土木牙角布帛

而作佛像道人備五分法身學三佛行名為造像（道由法造）

俗以紙素竹帛筆墨抄寫以為經卷道以聞思修慧造法也

俗以草木塼亭而用造寺道

以善攝(?)刪智慧宮殿方所住行大乘之宅為[illegible]雜

於事相交而道意懸隔不可乱業而相于雜觸濫

三者別知要矣第而之盡並各盡善乃之不遠各從本業

上来右通所遂令列證　知論云出家多備智慧是解

脫因緣俗人多備福德是樂因緣（出家布施...）僧祇云供養舍

利造塔寺等非我等事彼國王居士樂福之人自當供

養比丘事者所謂結集三藏乃令佛法速滅即初受戒約

告言當觀於依福治塔供養衆僧（俗人...）應學問誦經勤求聖

果（世見道人）始終兩備二途遂矣　六遇賊法　四分被賊剝不得露

身行得罪當以軟草若樹葉覆形應取長衣著之無者

若知及僧邊中覓衣若無者應問有卧具不有者當

與者自開車取褥被摘解製裁作衣覆身出外乞

衣得已應還院洗染治安置本處不者結非

善見行路見賊即持衣与年少令走若賊逐失衣者衆

中隨得人析草樹葉付与餘人使隨逐身向寺因失衣故

或得白衣服五大色不割截乃至外道衣著不犯

比尼母令虛發弓聲使賊去　十誦賊来當擊鍾振鈴鄉

若云若下怖之令去若遂失衣著僧衣還本處若無人空

隨於近處有僧者付本處還之應取還之　僧祇若賊言

僧物何處比丘不得示謎處又不得妄語應示房舍林座等

仏物指播邊供具等若道中行有露金少年在前有賊斅

難恐老者捨在中央旋令賊起慈心者老僧在前行

七大小便利法　四分不應久忍大小便若去時捉廁草彼廁多

人集聽在前者至廁外彈指若謦咳令人非人知安衣置橛

上若石草上若風雨漬者當著衣手堅捉堅安脚漸舉衣

漸蹲勿令前却近而邊使大小便滿溢入廁孔餘如常法

已應別處洗鐵留殘水勿令有聲以竿物拭若手臭用

BD03287 號　四分律刪繁補缺行事鈔卷下

（41–14）

[illegible]

上若石草上若風雨漬者當著衣手堅捉堅安脚漸舉衣

漸蹲勿令前却近而邊使大小便滿溢入廁孔餘如常法

已應別處洗鐵留殘水勿令有聲以竿物拭若手臭用

土灰泥牛屎石揩壁揩澡豆一一洗之不得在廁邊受[illegible]

衣竟餘比丘見有糞掃應除之　五分小便器入房中當塞口

出經音正文　僧祇欲新出家者先請[illegible]

一住一眠少食餘多學問言能不答可者方得受之

四分不得畜二沙弥若者須乞畜衆具德如度人法中

祇中不得畜衆多沙弥聽一極至人若大德比丘多人与

兒令度若勸与人猶故不從遣与餘人　得自教誡有三

品從七歲至十三名驅烏沙弥從十四至十九名應法沙弥

從廿至七十名字沙弥　五百問云若出家已後盜本家物

物犯棄何以故剃出家時一切捨非己物本伏藏本債自當同(?)

二作法者　欲出家者至僧伽藍中立眼見耳不聞處作

單白和僧使大衆知聞為成問答失如律中度行師

見說羯磨云大德僧聽是某甲從某甲求剃髮若僧時

僧忍聽某甲從某甲剃髮白如是　律云若僧和合者善

不者房房語令知作已應与剃髮　先請和尚應具儀

教云大德一心念我某甲請大德為和上願大德為我作和上

我依大德故得剃髮出家慈愍故三請　其阿闍梨[illegible]

唯改（謂剃髮及受十戒二師）應以諸都會明立出家儀式在於露地香水洒

之周匝七尺四角懸幡中安一座嚴出家者須設二勝座嚴二師

坐欲出家者著本俗服拜辭父母尊者說口說偈言流轉三

界中恩愛不能脫棄恩入無為真實報恩者乃脫俗服

（出諸清信士度人經）善見云以香湯洗浴除白衣氣　仍著出家衣正(?)

得著從恒僧祇支未得著袈裟便入道場（出度人經）来至和尚前

前跪和上應生見想不得生訶賤心弟子於師生父想應為

說髮毛爪齒皮何以故有人曾觀此五今為落髮即獲先業

便得悟道如羅睺羅落髮未竟便得羅漢如熟癰待刺

BD03287 號　四分律刪繁補缺行事鈔卷下

（41–15）

互跪和上邊生貝想見佛……
說髮毛爪齒皮何以故有人曾覩此五今為落髮即獲先業
便得悟道如羅侯羅落髮未竟便得羅漢如熟癰待刺
蓮花待日為說法已向阿闍梨前坐（出善見）以香湯灌頂讚云
義哉大丈夫能了世無常捨俗從泥洹希有難思儀教礼
十方佛竟行者諸偈言歸依大世尊能度三有苦亦願諸
衆生普入無為樂阿闍梨乃為剃髮傍人為誦出家唄云
毀形守志節割愛無所親棄家弘聖道願度一切人（出度人經）与
剃髮時當頂留五三周羅髮来至和上前牙跪和上讚言五
德超世務是名良福田供養獲永安其福最第一尊和上問云
今為汝去頂髮可不答言尒便為除之除已和上授与袈裟便
頂戴受之已還和上如是三返和上為著之（出善見）說偈言大哉
解脫服無上福田衣被奉如戒行廣度諸衆生礼佛說行遶
三匝說自慶偈 遇哉值佛者何人誰不喜福願与時會我
今獲法利 礼大衆及二師已在坐下受六親拜賀出家離俗心
懷遠大父母等皆為作礼悅其道意中前剃髮（出度人經）毗尼母云
剃髮著袈裟已然後授三歸五戒等 三授戒法者約三初緣
二體三想初中集僧已安受者見處立作法同白言
大德僧聽彼某甲從某甲出家若僧時到僧忍聽某甲從某
甲出家白如是 五百問云二人得度沙弥一人不合 五分十誦
先与五戒後受十戒善見者礼僧足往闍梨所礼已牙跪
合掌教言汝之當隨我語教汝受三歸 答云尒 出要律
儀云捉師衣角者出在人情世末流变也 律文似對僧所理
須生建勝緣應問遮難而僧法以若有五戒不發何況其
十文如僧中二明戒體文云我某甲歸依佛歸依法歸依僧我今隨
佛出家某甲為和上如来至真等正覺是我世尊（三說）我某甲
歸依佛竟歸依法竟歸依僧竟我今隨佛出家已某甲為和
上如是来至真等正覺是我世師尊（三說）次明相盡形壽不煞
生是沙弥戒能持不答能不偷盜不婬 不妄語 不飲酒 不著
花鬘好香塗身不歌舞倡伎亦不往觀聽 不得高廣大牀
上坐不得非時食 不得捉錢生像金銀寶物並准初法一

BD03287號　四分律刪繁補缺行事鈔卷下　（41–16）

生是沙弥戒能持不答能不偷盜不婬 不妄語 不飲酒 不著
花鬘好香塗身不歌舞倡伎亦不往觀聽 不得高廣大牀
上坐不得非時食 不得捉錢生像金銀寶物並准初法一
、牒問答言能者又云是沙弥十戒盡形壽不得犯（戒）持相已為
旁外應滿箴水不得𥕐身上蒯 三千威儀不洗大小便處
不得生具上座三寶若礼無福應脫袈裟僧迦支大小便
八慈濟畜生法 四分慈心解他被繫物子出他被溺豚子
解蘭若處繫牛並不犯僧祇有神力奪賊物人放諸禽
畜皆去慈心作者不犯十誦僧師逐畜入寺從比丘索比丘言
那得還汝彼去生疑佛言不犯又被射禽入寺稽師言此應
中箭當更射煞汝等避箭諸比丘不与避亦不与應便呵已去
、後應死仙言應還稽師若悲心懷羅網及獄但犯吉羅
豬被箭入寺比丘言何處又是豬誰無有豬主去後白佛々言有
如是因緣當作餘語不犯 九避惡畜生法五百問行路蛇鬼
神屋宿不得有爐擾意生者犯墮 四分若蛇入室若以筒盛
若還繩繫應解已棄之若患鼠入舍應驚出作擸出之
若患蝎吳公蚰蜒入屋者以弊泥團以掃帚盛裹棄之應解
放勿令死有呪蛇法文多不出若窓牖患鵄鶴鷄雀入織
作龍蛇若安橦子 不得在人住處捨丸聽以器若綖若綿
弊物捨著中若走出筒藏蓋塞繫袱腳裹 然律不明養良
法准上蛇鼠並令出之不令內死准須將養亦尒煞生若遮
衆鳥鳴亂者應作聲驚若彈弓若打木令去 十明雜治病
法 善見作鑒師得吉羅為出家五衆合藥者得吉和上父
母在寺疾病弟子得為合藥又父母貧賤在寺內供養淨
人兄弟姉妹 對百母姨舅並問為合藥無者自有得借
用不還者勿責如是乃至七世 五百問若道人慈心作醫治
問取物自入前人雖与為犯應取若病不得服氣腫同外道
故四分問學呪腹中蟲病若治宿食不消若學呪毒等為自
護不為治命患吐用頭髮末以水和漉服 患熱以指摳塗洗水
為住 患毒服腐爛藥已落地者以水和漉受服未墮地者以器
承之水和漉服不須受 田中泥亦須水和受服 五分青木
香著衣中辟惡並誦呪時不敢塩不眠床佛聽神呪法尒
[illegible]

BD03287號　四分律刪繁補缺行事鈔卷下　（41–17）

名往　患麦服脩餅藥已淨地者以水和沃…
米之水和漉服不須受　田中泥水須水和受服　五分青木
香著衣中辟惡垂誦呪時不敢塩亦服床佛聽神呪法亦
傳於生癰瘡用小麦研塗之十誦不淨脂塩得服　四分不淨
蘇用灌鼻　沙弥別行篇第廿八 沙彌翻為息慈謂息世染之情以慈濟群生也又云初入佛法多存俗情故須息惡行慈
沙弥違俗出俗之始創染玄猶標心處遠自可行教正用承脩
邁遍相濟世涉多有然信為道原功德之母智是出世解脫之因
夫出家者必先法二如來晓此往自剃着內心無道外儀無法縱放
愚情還同穢俗所以入法至手皓首觸事面墻者良由自無
奉聖智無回而生任務養身寧知出要勝業故先明出俗本
意緣得依意隨解初中七門一明出家无緣二勸出有益三障出
有損四行凡罪行五行凡福行六明行聖道行七大小乘相決同
異　初中華嚴云若有不識出家法樂著生死不求解脫是
故菩捨國財為之出家求寂靜五欲縛不離家欲令衆生
解脫故示現不樂處五欲是故出家求解脫以法文證故知
出家功由菩薩　郁伽長者經涅槃經等並有出家之法
二明勸出有益華手經菩薩有四法事身中自能十事
比丘蓮華化生現增命一自樂出亦勸助他人令其出家二
求於佛法無有懈惓不勸他人三自行和忍亦勸他人四習
行方便深發大願　出索功德經云若施男女奴婢人民出家
功德無量譬如四天下滿中羅漢百歲供養不如有人為涅
槃故一日一夜出家受戒功德無邊又如起七寶塔至卅三天不
出家功德智論云出家人雖墮罪罪畢得解脫如蓮花色尼
本生經說如佛度醉婆羅門以無量世來無出家心回醉發心後
當得道因說出偈　本緣經云以一日一夜出家故廿劫不墮三惡
道祇律一日夜出家脩梵行離六百八十千六十萬歲三塗苦
三障出有損出功德云若出家者作留导抑制此人斷佛種
故諸惡集身猶如大海現得癩病死入黑闇地獄無有出
期　四明既出家已行凡罪行大寶積經云出家有二種縛
一見縛二利養縛有二癰瘡一者求見他過二者自覆己罪經中
又言有二種毒箭雙射其心一邪命為利二樂好衣鉢
涅槃云我涅槃後濁惡世時多有為飢餓故發心出家
名為秃人見有持戒威儀具足清淨比丘護持正法驅遣令

BD03287號　四分律刪繁補缺行事鈔卷下　（41–18）

一見縛二利養縛有二癰瘡一者求見他過二者自…
又言有二種毒箭雙射其心一邪命為利二樂好衣鉢
涅槃云我涅槃後濁惡世時多有為飢餓故發心出家
名為秃人見有持戒威儀具足清淨比丘護持正法驅遣令
出若殺若害若論罪行且列五種所謂貪欲瞋恚愛癡
求利慳嫉等五並如別鈔隨事引文　五明出家行凡福行
謂有比丘出家已後但知持戒亦志尚道以戒為上餘悉不
為用為非道內多瞋怒自行淨心情無勝進此戒取見之耶煩
惱欲界下業非上界行若脩世禪是上界業終退生死未
有出期乃至多聞布施講經誦習並是欲有未成無漏
智論云世間法者孝順父母供養沙門布施持戒四禪四無色
定念佛法僧九想等是　成論云於持戒多聞禪定等
少利事中自以為足以貪着此少利事故忘大利智者不
應貪着小利忘失大利大明出家行聖道行但出聖道
無始來習皆由著世慣習難捨今飛拔俗必行聖業經中乃
多要分三位一者小乘人行觀事生滅知無我人善惡等性二
小菩薩行觀事出滅知無人善惡等於三大菩薩行觀
事是心慧言分別故攝論云從頭樂任至究竟名觀中緣
慧言分別為境離此無別餘法上二別行如餘所明若入道方
便除疑捨障要校諸行帶志者如別行一七卷中具廣分別
七大小乘相決同異三乘道行如上已明今通決正不出三學
一切聖人無不行此若據二乘戒緣身口非則問心執則障道
是世善法違則障道不逸三塗定約色緣備生滅為理二乘
同觀空無諦緣之別觀佛性論云二乘之人約虛妄觀無常等
相以為真如慧取觀照與空義別解同　若據大乘戒分三品
律儀一戒不異聲聞非無三有異淮心之戒更過式智論問
云菩薩住於實相不得一法得破戒不答曰以性於實相故尚
不作福何況作罪雖種之因緣不破戒又問地持云寧起身見眾惡
取空佛藏寧起斷滅見不起我慈二言何相違答地持為存
世法則有善業惡取空者交壞世人善心無益自他佛藏勸斷
滅見雖現非善利後因保着心少便得解脫各有所明菩薩
寧起貪心不一念起瞋由瞋遠生故若介得起貪不答智論

BD03287號　四分律刪繁補缺行事鈔卷下　（41–19）

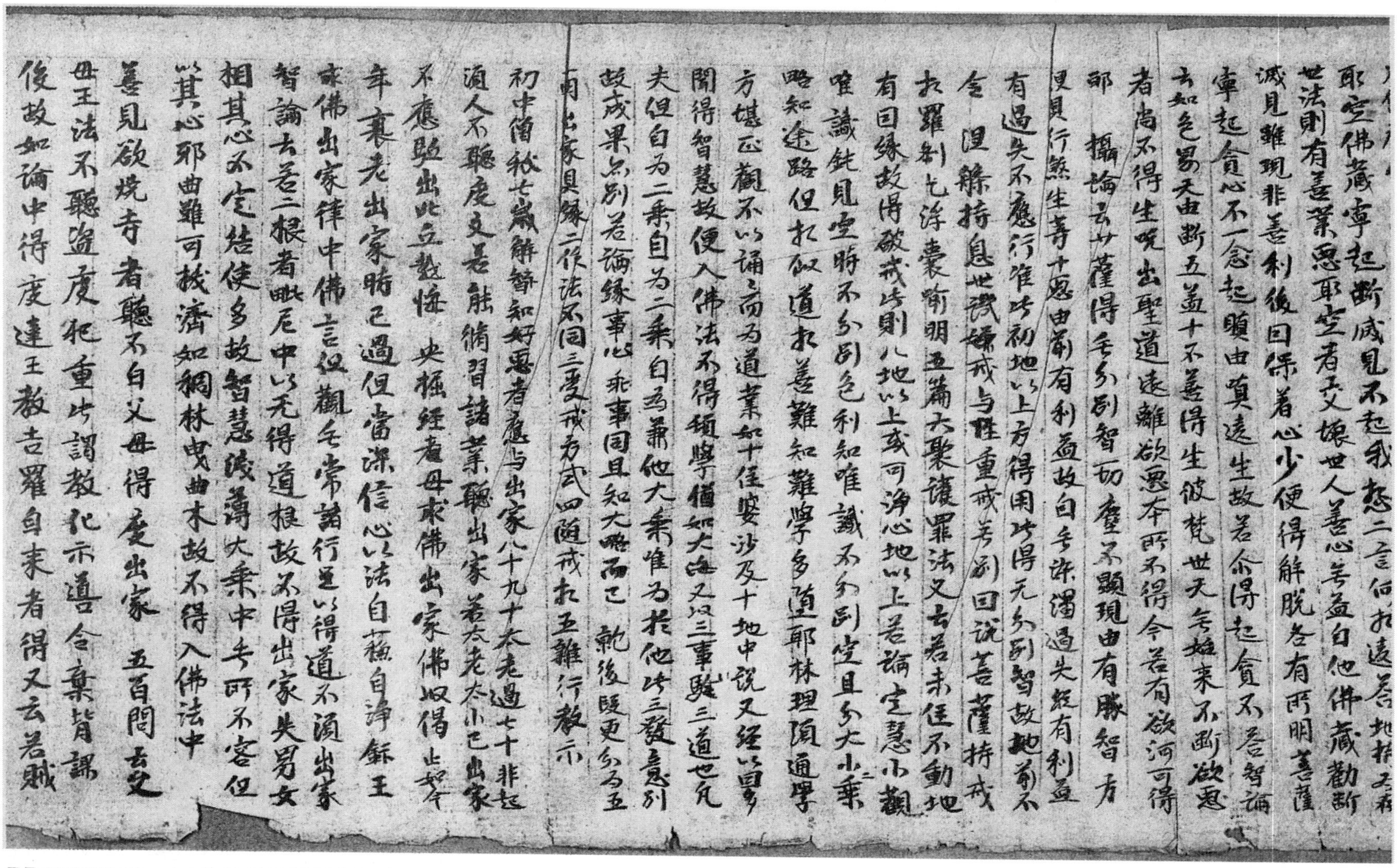

耶空佛藏寧起斷滅見不起我慈二言何於遠忍地持五種
世法則有善業惡耶空者交壞世人善心等益自他佛藏勸斷
滅見雖現非善利後因係着心少便得解脫各有所明善薩
寧起貪心不一念起瞋由貪遠生故若尒得起貪不若智論
云知色易天由斷五蓋十不善得生彼梵世天无始來不斷欲惡
者尚不得生况出聖道遠離欲惡本所不得今若有欲何可得
耶　攝論云井薩得无分別智一切塵不顯現由有勝智方
便見行煞生等十惡由前有利益故自無染濁過失若有利益
有過失不應行准此初地以上方得用此得无分別智故地前不
合　涅槃持息世譏嫌戒与性重戒等別回說善薩持戒
於羅剎乞浮囊喻明五篇大聚護罪法又云若未住不動地
有因緣故得破戒此則八地以上或可淨心地以上若論定慧小觀
唯識鈍見空時不分別色利知唯識不分別空且分大小二乘
略知途路但於似道於善難知難學多墮耶林理須通學
方堪正觀不以誦之而為道業如十住婆沙及十地中說又經以自多
聞得智慧故便入佛法不得頓學猶如大海又以三事驗三道世凡
夫但自為二乘自為二乘自為兼他大乘唯為於他此三發意別
故戒果亦別若論緣事心亦事同且知大略而已　就後顯更分為五
初出家具緣二作法不同三受戒方式四隨戒相五雜行教示
初中僧祇七歲解知好惡者應与出家八十九十太老過七十非起
須人不聽度又若能脩習諸業聽出家若太老太小已出家
不應驅出比丘數悔　央掘經有母求佛出家佛取得止如今
年衰老出家時已過但當深信心以法自蔭自淨餘王
求佛出家律中佛言僅觀无常諸行是以得道不須出家
智論云若二根者毗尼中以无得道根故不得出家失男女
相其心不定結使多故智慧淺薄大乘中无所不容但
以其心邪曲雖可拔濟如稠林曳曲木故不得入佛法中
善見欲燒寺者聽不白父母得度出家　五百問云父
母王法不聽盜度犯重此謂教化示遵合集皆謂
後故如論中得度違王教吉羅自來者得又云若賊

BD03287 號　四分律刪繁補缺行事鈔卷下

（41–20）

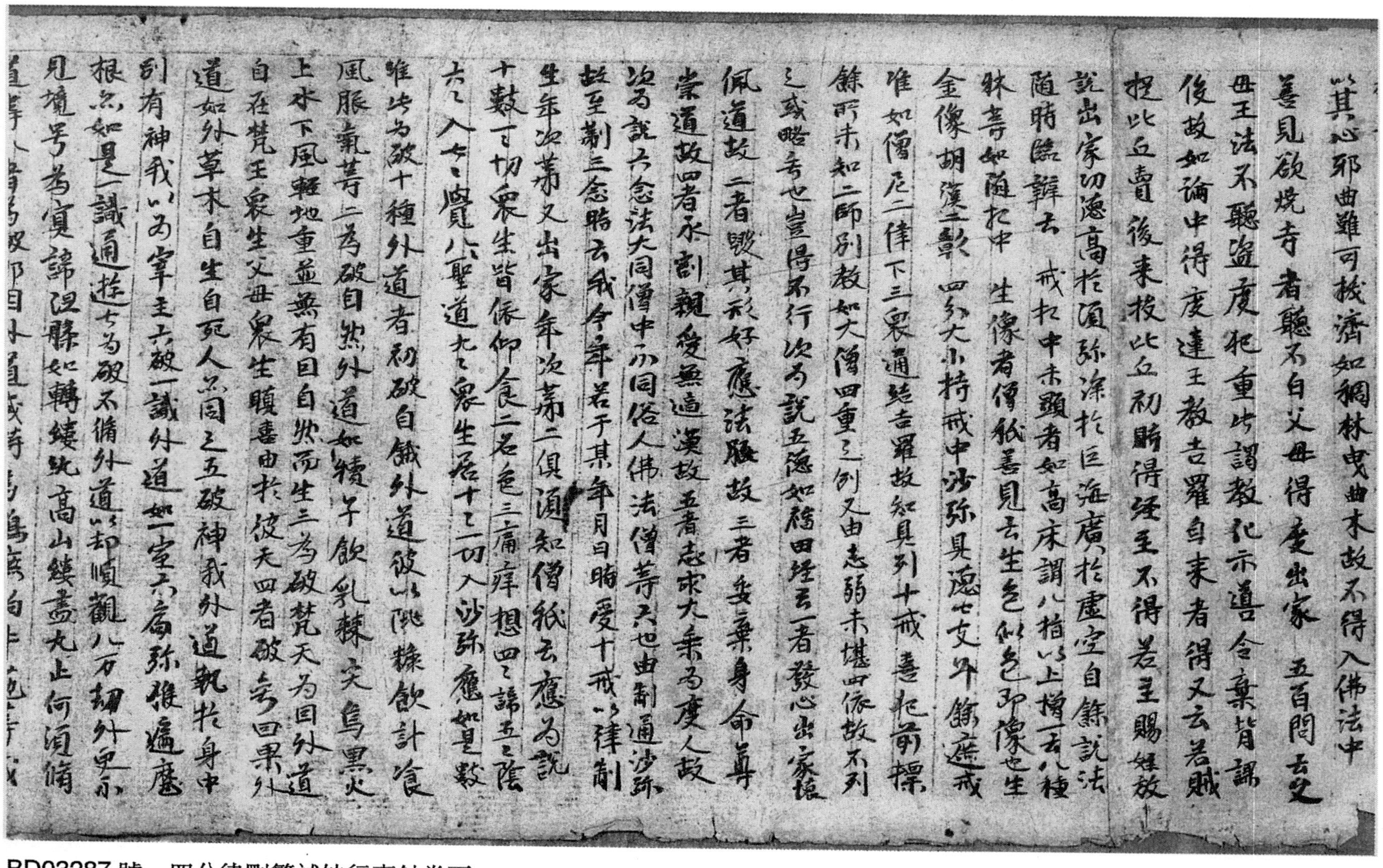

以其心邪曲雖可拔濟如稠林曳曲木故不得入佛法中
善見欲燒寺者聽不白父母得度出家　五百問云父
母王法不聽盜度犯重此謂教化示遵合集皆謂
後故如論中得度違王教吉羅自來者得又云若賊
捉比丘責後來投比丘初時得經主不得若主賜姓放
說出家功德高於須弥深於巨海廣於虛空自餘說法
隨時臨辯云　戒於中未顯者如高床謂八指以上增一云八種
林等如隨於中　生像者僧祇善見云生色似色即像也生
金像胡漢二歎　四分大小持戒中沙弥具德七支外餘遮戒
唯如僧尼二律下三衆通結吉羅故知具列十戒盡於前標
餘所未知二師別教如大僧四重三例又由志弱未堪四依故不列
之或略寺也豈得不行次為說五德如福田經云一者發心出家懷
佩道故二者毀其形好應法服故三者委棄身命尊
崇道故四者永割親愛無適漢故五者志求大乘為度人故
次為說六念法大同僧中亦同俗人佛法僧等六也由制通沙弥
故至制三念時云我今年若干某年月日時受十戒以律制
生年次第又出家年次第二俱須知僧祇云應為說
十數一切衆生皆依仰食二名色三痛痒想四諦五陰
六入七覺八聖道九衆生居十一切入沙弥應如是教
雖此為破十種外道者初破自餓外道彼以隨緣飲計食
風脹氣等二為破自然外道如積子飲乳棘尖鳥黑火
上水下風輕地重並無有因自然而生三為破梵天為因外道
自在梵王衆生父母衆生瞋喜由於彼天四者破吉凶果外
道如外草木自生自死人亦同之五破神我外道執於身中
別有神我以為宰主六破一識外道如一室六扇弥猴遍歷
根亦如是一識通遊七為破不備外道以却順觀八万劫外更不
見境等為真諦涅槃如轉縷纏高山縷盡丸止何須脩

BD03287 號　四分律刪繁補缺行事鈔卷下

（41–21）

引有神我以為宰主六破一諦外道如一字六處引非道序
根亦如是一識通遊七為破不備外道以却順觀八方趣外更求
見境界為實歸涅槃如轉鏤號高山鐵盡九止何須備
道等八者為破邪因外道或持鳥雞鹿狗牛苑等戒
或脩八禪或脩耶慧耶進以為真道皆於八正九破色無
天計涅槃外道以二界有無想處空非想定心沉沒處謂
是究理此乃衆生所居十者破色空外道以外道用色破微破有
以空破色有謂空至極今立十處但是自心運用多少實
惟一識本無前境長立是非我令見不除還受生死故
智論云外道能生禪定能度欲色界徧無色如大海流底
不能度由不破我心故　此上具出破相擬斬賊往來者問
之　善見云若疑識知是比丘衆當問何法持三依等
四明隨戒相沙彌行事法用同僧羯磨一法夜數例自餘
衆生行並制同脩如說戒自恣既是常行不得別衆約界
盡集自然遠近亦同僧法　五百問中云沙彌大比丘亦同
作法亦隨所存明了論中乃至優婆塞亦有別衆界別
施所對之人者用比丘令解多此不然若別有法而不足數不
可通用還以沙彌為對無者僧心念也　五百問中　云沙彌
大比丘亦同作法亦隨所存　次明秉法通遞衆別　先明
對手持二衣法　薩婆多沙彌受戒已應持上下二衣一當
轉多羅僧二當安多會肘體是非作之方法失衣亦齊
一僧同中唯受持少別應對一受戒者把沙彌手執上衣云
長老一心念我某甲沙彌此漫轉多羅僧受持三說下衣準此律文受唯十誦文如此
受持盜法受坐持具一同僧法唯改沙彌名為異乃至尼中二衆
亦同持衣　盲一供具例同為異　若畜長衣請二衣施主亦同
僧法說淨之將本亦同　藥盜唯此　若得錢寶薩婆多亦
請白衣為之以沙彌戒中正同僧故不得自畜　若犯長衣盜
等皆犯捨墮懺罪一同僧法界內集人作之不受戒者亦
無別衆文　自大僧唯以吉羅一罪為別至時改之

BD03287號　四分律刪繁補缺行事鈔卷下　（41–22）

亦同持衣　盲一供具例同為異　若畜長衣請二衣施主亦同
僧法說淨之將本亦同　藥盜唯此　若得錢寶薩婆多亦
請白衣為之以沙彌戒中正同僧故不得自畜　若犯長衣盜
等皆犯捨墮懺罪一同僧法界內集人作之不受戒者亦
無別衆文　自大僧唯以吉羅一罪為別至時改之
若犯提舍已下上及僧殘並須懺悔有覆須治唯以吉羅
滅殯　餘有安居受日等例同大僧十誦制五衆安居五衆
受日　四明三時遊行戒三衆亦結罪故須之　二明衆法有通別
二途　若通行者大僧說戒日沙彌多具香湯水供僧衆具
共布薩處張施羅列高槌將了並須集盡有緣囑授
受籌大僧作法一如常式至說戒序說戒師云未受戒
者出諸沙彌等各從座起執坐具在僧前禮已胡跪上座
告云此衆僧布薩說受戒沙未受具足不預聞之各隨本業
誦習謹慎莫放逸至鳴槌時同起當來　告已隨次出
若於行者沙彌有都集處鳴槌說二衆各集十誦含差一沙彌捨拉　行法
一同僧中行籌說將至僧中付僧維那摠合唱數彼送籌
者還來本處差一人為說戒師誦沙彌戒經謂愛道尼經
及五德十數等若誦說僧中未徹者隨時誦經說法至鳴
槌時摠來赴堂隨次入僧中於常坐處胡跪合掌彼說戒
師為說明人能讚戒已後之此與大僧相涉行用香僧說戒
中　若自恣者准說戒中別當作法送籌合唱若通作者
僧自恣已五德來向沙彌處胡跪說僧自恣之文以犯舉雨
通故　若界中人少對首作法一同衆法對首無人者同衆法
法心念五雜料簡其沙彌威儀進止凡所脩造律並制同僧
唯罪結一品餘如沙彌威經三千威儀及隨戒中具明不復重
出略指同也　毗尼母沙彌法應知慚愧善住奉師法中亦應懺
急旋恣當自慎身口畢已敬人常樂持戒莫樂調戲不瘦

BD03287號　四分律刪繁補缺行事鈔卷下　（41–23）

唯罪結吉餘如沙弥威經三千威儀及隨戒中具明不復重
出略指同也　此尼母沙弥法應知慚愧善從奉師法中不應懈
怠放逸當自慎身口卑己敬人常樂持戒莫樂調戲不應
自持才力復莫輕躁應知羞恥不說無定乱言唯庠序合
理自知淨不淨法常逐二師讀誦經法一切僧中有所作皆
不得違如是廣知　薩婆多沙弥不為三寶緣有利益
者而掘地伐草五分下三衆無故造罪亦吉羅　四分律結吉
羅謂無緣而損傷乃至不受食殘宿白煮等無
人則聽有淨人故律則結吉羅例之　五分若罰沙弥先
語其師師亦不應非法動沙弥若治罰應作種種苦使掃
地除糞華石治階道若不為和上闍梨及餘人作使應
語如法供給和上衆僧作使放至應遮不与僧中利養
此是施主物四分從大比丘下次第与沙弥房舍臥具若
不應能受誤不應与若利養隨次与之
有人言下三衆律並制罪者謂是剩非情是實罪此
是人語聖教正翻寡貫錄弥須翻之行　尼衆別行法
第廿九 善見云尼者女者也阿摩者母也重尼故稱之 比丘尼衆細行衆多同大僧者如
上所列有無輕重隨事三分今简取唯別者共為此科使
臨事即披不事浮濁也所以在沙弥後者智論云尼得受
量律儀故次應比丘得仏儀法不便故在沙弥後就中
分三初尼三衆前明教大尼七別一受戒二儀罪三說戒四安
居受日五自恣六隨戒七師徒雜行　初中前明為衆
四分尼滿十二歲欲受人者應白二羯磨請尼僧聽許不乞
者受具犯墮依上式叉沙弥尼吉羅比丘通倩吉羅其乞法
与丘白二法如常所顯若得羯磨已一年中度一大尼一六
法一沙弥尼一依止隔年又得義須重与法也
次明受大戒法文如常引但出非法有濫犯者受前八法
初請和上二闍梨一唯僧中　所以古我依阿姨者此時佛
名受道之号相傳不絶　威儀問難中必須委曲顯示難
相并及諸遮亦如僧中所以正要急故　乃至本法已來具
依常法事或差不成受也餘並前受戒中

BD03287號　四分律刪繁補缺行事鈔卷下

（41–24）

次明受大戒法文如常引但出非法有濫犯者受前八法
初請和上二闍梨一唯僧中　所以古我依阿姨者此時佛
名受道之号相傳不絶　威儀問難中必須委曲顯示難
相并及諸遮亦如僧中所以正要急故　乃至本法已來具
依常法事或差不成受也餘並前受戒中
二正授戒體初緣分五初明來往是非者　四分云若作本
法已即日往大僧中不者犯罪　有人就尼寺与受戒者
不成　薩婆多師傳云非法不成如端正難緣尚自遣
信此無難緣縱有不合有人就尼寺外結界而受
者律無定使然情為尼故來非法有罪若制得戒
亦可通之問尼得僧寺作本法不答如明了論僧界
中為尼立界令尼作法依式結界而受理得無過
問本法人名作何等有戒以答但是戒緣未發具足而
律中名為比丘尼也　二明僧尼數量者有人作本法已
將二三尼將本法尼往僧中而受者若依律本比丘尼
僧應將受戒者至大中僧乃至文云二部僧具足滿數
知僧尼廿人也僧祇尼律受戒法名廿衆飛有定數前行
非法五分明文設云設和上闍梨淺集十尼僧往比丘僧
中羯磨師前小遠兩膝著地乞戒　三明尼須結界有
人不立此法然此一法二衆同秉各有於衆非界無以攝
人非界無以羯磨若不信須結但僧獨作應成事別
不合故知須結審委難應自然界尼僧盡集唱相結
之本法尼者是置自然界外不二衆同住無妨
又如尼懺僧殘二衆各結受隨俱同也此結界法佛法
東流行事者用之有不立少然中國僧來傳法通
有賢聖不共非棄四安置儀式應在二衆各結界内
長鋪兩席使中央空二三尺許令申手相及諸本法
尼多者兩受安置一衆多聚二單身在僧前一若來
入衆教乞淨戒已令在大尼下座持竟總為說相
之一戒本中先須清戒師律等之文准　前須諭以艰要

BD03287號　四分律刪繁補缺行事鈔卷下

（41–25）

有賢聖不共非衆四安置儀式應在二衆各結界內
長鋪兩席使中央空二三尺許令中手相及諸本法
尼多者兩處安置一衆多聚二單身在僧前一二者來
入衆教乞淨戒已令在大尼下座持竟總為說相
互入戒法中先須請戒師律等文准　前須諸以外要
法難戒體隨相二准僧中行之　二明儀罪法初一篇
有犯無覆有悔之無闕儀悔同僧懺法二篇一法覆
藏全無六夜說僧制限半月以尼女弱情堪既多要
假大僧受隨呰亦名欲懺者二部中行各滿四人半
月悔過及至出罪各具廿但道風漸替知犯不知首
悔縱有懺心集衆難得故闕而不載偷蘭已下乃
至吉羅各有儀如中卷列准當部自結罪名大
姊為異餘詞並同　三說戒請法儀　善見云初為女
人鈍根故盡聽尼往僧寺受教得為人識故闕五人
來猶致譏聽僧往尼寺四分文无意同二羯人請法於
說戒日白二羯磨之文如常說　四分白二羯磨一人已羯磨二三人
為伴往僧寺中至所囑人所曲身低頭合掌云某寺尼
衆和合禮比丘僧足求請教誡尼人三說當囑主人云病
有智者明日應問可不　准此僧中於布薩日預差一人
擬受囑授於已房外設一床座尼至時來餘人亦之彼
尼至房所囑授者詣座坐令一比丘為伴立之受尼語已
告云待日說說戒時為語衆僧未知有不然尼為欲別請
為依僧次隨語着鐘又告云明日可來此問取進不尼便
辭退　僧祇云尼凡入僧寺當在門屋下先白比丘當籌
座若尼賢善曰又告事着衣服具者聽入反此不聽
比丘入尼寺亦尒　彼至說戒時如上僧事布薩法門若
已至明日尼來如前威儀告云昨夜夜僧集具傳所請
無有教誡人又無能說法者雖然上座有勑語尼衆當
勤行道謹慎莫放逸使尼合掌云頂戴受持便禮足

比丘入尼寺亦尒　彼至說戒時如上僧
已至明日尼來如前威儀告云昨夜夜僧集具傳所請
無有教誡人又無能說法者雖然上座有勑語尼衆當
勤行道謹慎莫放逸使尼合掌云頂戴受持便禮足
詞退至寺即鳴捶集衆不來者說欲諸尼雲集並至
堂中依位合掌使尼至上座前打靜已白云白衆僧
差我某甲往僧中請教授而僧云無有教授人及無
說法者此傳上座勑已諸尼合掌頂戴受持然後禮
唱而退出在十誦五分祇等三律　問此教戒非羯磨法
何須取欲答此集僧之教授不來者犯罪准僧祇若
老病等緣不能聽教授雖無羯磨教授義通佛
令說乃至自恣遣使唯說可知　四分若比丘僧盡病
應遣信往禮拜問訊若到衆若不和合若衆僧不滿亦遣
信禮拜問訊若尼僧盡病若尼衆不和合若不衆滿
亦禮問訊　僧祇若尼來与欲應受不得迷已道德犯
罪　十誦受囑人尼來時户外數一獨坐床擬得坐上比丘
世中多行前略法衣由廣、濫難具亦有行廣、法者具如
本疏其請法中僧尼各立人已上僧中有廿歲者方行略
廣二法若不足廿夏但禮拜問訊四明安居法大同
僧中尼無獨往必依大僧律云不依犯墮　僧祇若執
里請尼安居者先教請比丘不肯者不得受請餘如彼
說　善見云尼去比丘經處半由旬得安居過者不得一切
僧尼二時集會夏初請法夏竟說證若禮遜為請
比丘來而尼結安居竟乃至後夏忽比丘有緣事不來
當更請比丘來若不得應路有難事得安居若初安居

說　善見云尼去比丘住處半由旬得安居返者
僧尼二時集會夏初請法夏竟說謹若種過為請
比丘來而尼結安居竟乃至後夏忽比丘有緣事不來
當更請比丘來若不得應路有難事得安居若初安居
竟比丘有緣去尼後方知已結安居者不得移住手罪若
夏竟不得手比丘自恣應覓僧祇難在比丘處半月應
請問布薩半手者三由旬內有僧處通結取
五自恣法　四分尼夏安居竟聽差一比丘尼為僧故往大
僧中說自恣當白二羯磨差之如常也　又差二三人為伴往
大僧中禮足已曲身低頭合掌作是語比丘尼僧夏安
居竟比丘尼僧說三事自恣見聞疑大德慈愍故語我
之若罪見當如法懺悔三說僧中上坐告初如上自恣中彼尼受教已當於明
日尼自恣時鳴搥尼僧集已如前教誡中白尼僧傳白恣
時大僧所告之語乃至諸尼頂戴說依上大僧自恣法然
後歎去律云僧十四日自恣比丘尼僧十五日自恣若大僧病
別眾不和眾不滿等尼應遣問訊尼眾病乃至不
滿亦滿遣問訊大僧十誦云差二眾了知法尼往僧中問
何故制尼依大僧善處道經云女人但欲惑色香畫富
弟子亦不欲學問但知貪中之事故依大僧　六明隨戒
相尼八重中前四戒大同僧中故不出　摩觸戒六緣成犯
一是男子二作人男子想三彼此有染心律云謂意相染著
也四摩觸以下膝以上腕已後身分執去輕境染心既微必無
陵逼之過故犯輕罪若尼以輕觸男子重境男觸以輕境觸
尼重境此二皆重不要取二重境相觸也五身相觸除有

陵逼之過故犯輕罪若尼以輕觸男子重境觸以輕境觸
尼重境此二皆重不要取二重境相觸也五身相觸除有
衣一手衣二俱有衣不犯重六隨觸多少一一結重尼摩觸
戒与大僧四種不同一大僧執壞行中制莫問死活但觸著
便犯據有婬心尼就陵逼中制死者不犯律云染汙心男子
也二僧則不簡女人大小尼觸男子取能行婬事
十誦人男者謂能作婬事三僧隨觸境便犯尼簡境有上下
四僧不問境染淨尼觸必俱染心　僧祇若尼輕處有癰瘡
得使男子治之先白二女急捉令不學男子手若重處女人
邊治善見若比丘觸尼尼身不動受樂隨處得罪
四分同僧中　十誦不犯者父兄弟兒想若水火刀杖要
緣等一切無著心故非無吉羅罪八事成重五緣一人男二男
想三有染心四犯前七事未懺五八事作犯八事一捉手者乃
至捉八後是重二捉衣者身上衣三入屏處者謂離伴見聞事四屏
處立語行等三事亦爾七身相倚者二身相及八共期者共行
行婬處若尼男俱染犯上七事七備蘭若不懺犯八事波
羅夷唯此犯八事捉手不成重若一男犯八一時犯八八年犯
八八男成八但成八重亦手次第僧祇如此不犯者若有所施
与若礼拜若悔過若受請入屏處不作惡事不犯田俱無
染心故下闇室犯隨者由無所為事涉譏醜故犯
覆藏他重罪戒　六緣成一是大尼二犯八重已三知他犯重四作
覆藏心五不發覆六明相犯若獨住無人等不成覆如
懺中罪十誦若尼被舉狂亂心覆者不犯若狂止仍覆者
犯　僧祇若尼見尼重犯應向人說若犯罪人兇惡有勢

覆藏心五不發覆六明相犯若獨住無人等不成覆如
檝中罪十誦若尼被擧狂乱心覆者不犯若狂止仍覆者
犯　僧祇若尼見尼重犯應向人說若犯罪人兇惡有勢
力恐有命梵難者作念云彼行業罪報自當知前如失
火燒舍但有自救身焉知他事得捨心相應唯此無記
心亦不犯雖非捨心無記不作覆心故覆藏者不善心中
藏處前罪恐人外聞故成也若欲發露故不成者謂非
清淨者若對先知不肯發者二有過若須發露故不
成如向有犯者懺不成故又識人多罪名種相者須發
露及上示令若前人受竟更不須說恐有無窮之
過若彼犯者已發竟餘人雖覆不成根本無過故
十誦尼不得比丘前發露還向尼前若不識犯至比丘
所決問來解還至尼邊悔　四分若尼知尼犯八重前後
時知得食時說偷蘭乃至初中後夜時亦不說並偷
蘭明相出犯重　不犯中若不知無人可向說意欲說
而未說明相出若說時恐有命梵等難不犯
十七僧殘中媒嫁二謗如僧大中言人戒四緣成一詣俗官
所二言白衣三問詞列其事四下手疏犯　四分詣官共
争曲直若斷事人下手疏者犯口說者偷蘭
善見尼共居士往官所語居士言汝說理若說尼吉羅居
士說已尼後說偷蘭居士復說尼得理不得皆殘若居
士言尼官喚來官自制与奪尼不犯若尼至官所言人
令官罰物隨多少犯罪應償　若彼奪物輸官乞護

BD03287號　四分律刪繁補缺行事鈔卷下

（41-30）

善見尼共居士往官所語居士言汝說理若說尼吉羅居
士說已尼後說偷蘭居士復說尼得理不得皆殘若居
士言尼官喚來官自制与奪尼不犯若尼至官所言人
令官罰物隨多少犯罪應償　若彼奪物輸官乞護
不道名字官自詰得治罰無犯　若人入寺斫伐樹木不
不得奪刀斧應還直五分若尼為人輕陵語父母親里
有力者擁護　十誦在斷事人前瞋恨呵罵本所打人
僧殘若向餘人說偷蘭　四獨戒　獨度河四緣一是河水四
去獨不能度不去深廣令唯道行之戒但使褰衣度水
異陸行威儀皆犯大界內河亦犯有橋者如常開之
二者獨度前尼度之入水偷蘭雙脚上岸僧殘後尼獨
入水犯蘭上岸得前尼為伴不犯若乘車船度皆不犯律
去彼尼當求一尼共度應入水隨深淺褰衣至彼岸漸下
衣已然後一時岸上若不待後伴偷蘭三無緣除梵等難伴
命終也　四獨度河犯謂後伴隔河便犯無相援故
獨入村四緣一是俗人村不問界內外伽藍中俗人住處獨入亦
犯　四分尼獨行詣村隨所至村僧殘若空野無道處一
鼓聲間亦僧殘村中獨行一界吉羅（約此於內案由獨行吉犯）僧祇若尼共
伴行至城邑界當去犯在申手內共過界若在申外過界
偷蘭　二者獨行三無緣四越界犯若云若欲入村隨有損
道但使越過便犯諸部無文唯律云若無界獨行一鼓
聲聞離伴見聞處犯若至村河不待得伴雙足入限僧

BD03287號　四分律刪繁補缺行事鈔卷下

（41-31）

偷蘭　二者獨行三無緣四越界犯吉云若欲入村隨有攝
道但使越過便犯諸部無文唯律云若無界獨行一聚
聲聞離伴見聞處犯若至村門不待得伴覆足入限僧
殘若村中先有尼不犯以前尼為伴故若出村即約門限為
分齊犯之得罪獨宿三緣一離申手外宿不問俗僧兩處
置床在申手內手相撿挍方能離過若本在申手內
後因睡相離者不犯本作離意隨轉側犯故文云若舒手
不相及隨展轉一一僧殘　僧祇當在申手內一夜中三度以
手相尋不得一時頓三當初中後夜各一度相尋
五分若在不相及處初中後夜偷蘭明相出僧殘二無緣除
命梵樂靜等三隨卧一一結　獨在後行戒裁根本獨去
或中間作意離伴見聞處行又伴無諸難難不得作伴
並開　五分水淺界象子處不犯　開入村緣如前具緣中開
獨宿者律云共二尼宿舒手相及處若一尼出大小便或出
受經誦經若樂靜獨處誦經或為病尼煮羹粥作飯為
乃至餘難緣並開　僧祇若病賊亂圍城獨宿不犯
開獨行中應在不離見聞處若一尼大小便諸難皆開僧
祇不得出聚落界除道行便利避迮失伴未及中間不
犯病亦如是　五分若恐怖走時老病不及伴者不犯單
隨中紡績一戒律文隨擗引縈纖等一一隨成衣不合儀

BD03287號　四分律刪繁補缺行事鈔卷下　（41–32）

祇不得出聚落界除道行……
犯病亦如是　五分若恐怖走時老病不及伴者不犯單
隨中紡績一戒律文隨擗引縈纖等一一隨成衣不合儀
著餘上下戒卧無種相行希貴用且略而已　七相攝論
行尼以伴多度非法之人但希利已不唯道教故律中廿
餘戒備結和上之罪故律云度弟子已應以衣食及法
攝取　五分師僧應六年自攝若教他攝弟子遠犯
隨　僧祇和上尼欲授弟子具戒應先求善比丘不得
臨時選衆若不可得者當求半許若過半而作法
不犯重者／康法自餘要而言之數　四分云受戒已不得輙離和上五分當六年
依承和上餘有師徒教授報恩供養呵責治罰並如上若
師資相攝中　次明諸行勿過八敬善見佛初不女人
出家為減正法五百年後為說八敬聽出家依教行故
還千年令時不行隨處法滅故須一一勵意今列其名
一者百歲比丘尼見初受戒比丘當起迎逆禮拜問訊請
令坐　二比丘尼不得罵謗比丘三不得舉比丘罪說其過失
比丘得尼過　四式叉摩那已學於戒應從僧求受戒
五尼犯僧殘應半月在二部僧中行摩那埵
六尼半月內當於僧中求教授人　七不應在無比丘
處夏居安八夏訖當詣僧中求自恣人如此八法應

BD03287號　四分律刪繁補缺行事鈔卷下　（41–33）

五尼犯僧殘應半月在二部僧中行摩那埵
六尼半月內當於僧中求教授人 七不應在無比丘
處夏居安 八夏訖當詣僧中求自恣人如此八法應
尊重恭敬讚嘆盡形不應違 五分應遣三尼來僧中
自恣 中含八尊師法中若比丘聽問經律毗曇然後得
問不聽者犯 第五尊師法僧祇尼入寺僧應頭面一一禮
比丘足若尼病不堪隨力多少不遍者總禮曰我尼某
甲頭面禮一切僧足若比丘入尼寺尼禮亦尔不得云是新戒
是聾師是摩訶羅無所知及虛實罪比丘得說尼實
尼若憍慢不敬起迎禮足者越敬法 十誦見大僧不起
者墮 五分亦尔 僧祇若親里尼得輕語不得呵責若年少
者故令不學等者那汝後當教弟子亦學汝是故應隨
明了經誦經 四分尼輕入僧寺墮五分若豆不見比丘不得
不白而入白時比丘籌量可聽以如上明之 二明式叉摩那
法 十七學法女未同得戒也先以至志不法總為受緣 四分十八童女應二歲學戒又云小年
曾嫁年歲者與六法薩婆多十二得受具者為夫家
所使任忍眾苦加歉本事僧祇亦同 十誦中六法者
練心也試看大戒受緣二年者練身也可知有胎善見廣文如
彼故文中盡形為法故二歲堪受多聰故應正離問處
四種法後名來與說六法名字乃至善言能持如
常說 此式叉尼其具學三戒一學根本謂四重是
二學之法即羯磨所謂為染心相觸盜人四錢斷畜
生命小妄語非時食飲酒也文中列婬盜煞妄者隨

BD03287號　四分律刪繁補缺行事鈔卷下

(41-34)

四種法後名來與說六法名字乃至善言能持如
常說 此式叉尼其具學三戒一學根本謂四重是
二學之法即羯磨所謂為染心相觸盜人四錢斷畜
生命小妄語非時食飲酒也文中列婬盜煞妄者隨
十戒而言 沙彌已學 三學行法謂一切大尼戒行並須
學之若學法中犯者更與二年羯磨若犯根本者滅
擯犯餘行法但名缺行宜令改悔若滿二年已犯者更
與二年 律云式叉尼一切大尼戒應學除自手取食授
食與他若自取食食 律亦制犯無沙彌尼者開之有者
得授與尼自須受取 僧祇云應學十八法一在大尼下沙
彌尼上坐 二式叉尼不淨食大尼淨大尼不淨食彼亦不淨
三大尼得與三宿白與沙彌尼三宿 四得與大尼授食除
火淨生種取金銀錢自從沙彌尼受食 五尼不得為說七
聚名 六得語云不婬盜煞妄如是等憶持 七八至布薩
自恣日入僧中胡跪合掌云阿梨耶聞僧我某甲
清淨憶持三說而退 九十十一十二後四波羅夷犯者更
從始學 十三十九僧殘已下若犯一一作吉羅悔餘如後說
四分不和戒犯故違作非法制與學法盡行學之
十誦為度任身女人後起遇佛令二歲學可知
三沙彌尼法大略與沙彌法同 若授離法式叉不與大尼
為伴以戒不滿故自不得以沙彌尼為伴以同非學故若
……得為伴餘人不合

BD03287號　四分律刪繁補缺行事鈔卷下

(41-35)

三沙彌尼法大略与沙彌法同　若授能法式叉不与大尼
為伴以戒不滿故自不得以沙彌尼為伴以同非學故若
二尼並一式叉若二式叉弟一沙彌尼得為伴餘人不合
諸部列行法第卅　古今博學為濟道此言誠驗若
四分數於事法他部自有明文理必唯行不乖二是然則
棄急從緩捨有求無指輕重之是非任愚懷之取捨
此乃自服刀負愧豈他樹當隨本受為宗鈔序具顯若
今未預法則隨人一部為依持順文謹用行之可以為准
的然事乃万途尋條難及具疏要者用示規模
就中分七一明僧數多少二聖法通塞三重犯不同羅
事實使互恐墳羞別五捨懺有異七隨相階別
初中僧祇和上受戒十人之外捨墮法入五人僧攝以懺
主單白和僧問僧許可自不足數至還助之是僧作法
還得足數類同五人自恣中　四分無文諸師四人捨墮第
五所為不入僧數以律列四僧中不言故知得用若准通敎
上解者非五人受懺始終無妨餘如中卷懺聚法中
十誦無和上人受戒得戒依法僧犯罪　薩婆多無先請
和上受十戒將和上不現前不得十戒若闇死者不得受
具不現前不淨戒若僧數滿誤無和上不得戒　善見無
和上受者得戒得罪黃門為和上亦尒　伽論云白衣為和上
白衣受得戒得罪非出家人亦尒　薩婆多不除鬚髮無衣

BD03287號　四分律刪繁補缺行事鈔卷下　（41–36）

具不現前不淨戒若僧數滿誤無和上不得戒　善見無
和上受者得戒得罪黃門為和上亦尒　伽論云白衣為和上
白衣受得戒得罪非出家人亦尒　薩婆多不除鬚髮無衣
鉢受者得戒得罪　若准四分並不開之律云不名受具足
戒也　十誦男子作女人威儀如男子受得戒得罪女相反
上五分若自截男根若留一卵得受令無者滅擯五百問
云種師僧或著俗服或犯禁戒若受戒人知是非法不得不
知者得弟子著俗服當時不問者得　伽論云不知和上是賊
住依彼受戒得戒諸比丘犯吉羅本犯戒人本不和合
人非出家人為和上亦尒　十誦一界內四人一時受具者得
四處展轉与欲若比丘一處坐足四處僧數一處一人作
羯磨被四衆者如以林木床櫁連接四界坐上足四
處數得被四人一切羯磨皆如法也　摩得伽云頗有比
丘与四處人說戒受戒作羯磨為得不答得乃至五
處亦尒六八十二人十五人十八人亦尒　善見沙彌犯重
得出家除尼淨行不得唯此間學悔也不得受具
二聖法通局四分羯磨略則三種廣則八品加減不成聖
即一定單白不加白々二々不得作單白等　僧祇十誦加
得成就應作單白々二々四者殊羯磨誡則不成
僧祇加一中間羯磨亦名求聽羯磨明了論中間亦同
解云謂在單白々二々之間又加白羯磨唱所三事不問
聽許不遮餘食三羯磨同四分又云中間直白此一羯磨
三人等通作餘三必四人已上　四分羯磨唯加三人不得僧
舉僧若諫法通多少　十誦中羯磨得四人以上受具

BD03287號　四分律刪繁補缺行事鈔卷下　（41–37）

聽許不遮餘食三羯磨同四分又云中間直白此二羯磨
三人等通作餘三必四人已上　四分羯磨唯加三人不得僧
舉僧若諫法通多少　十誦中羯磨得四人以上更具
僧不聽與欲人多坐僧少者不成　五分聽多人集少將欲
來　僧祇羯欲即失三明犯重四分戒有重受不有重受
者重犯文云如前故不如是尼摩得云隨得一一波羅夷
十誦不重犯由戒不重受故犯婬戒已更犯婬者吉羅
犯盜煞人妄還得三重文云學悔尼犯僧殘請比丘來
與我摩那埵出罪等下篇隨輕重也
初篇後犯但吉羅僧祇亦尒　四明攝事者　且論受
日諸部不同四分三品如上已明　僧祇有二種明七日同於四分
後明事訖便用中間法但前緣事未了法在不還者
得。必非破戒三寶正緣故文云大德僧聽某甲比丘於此處
雨居安居僧時到僧忍某甲比丘於此處雨安居為塔事
僧事出界行還此中住　諸大德某甲比丘為僧事塔事
出界行界還此處安居僧忍嘿然故是事如是持
十誦受日有二七夜之法同四分而兼夜又用卅九夜法用
白二羯磨文不同四分故律云大德僧聽某甲比丘受九夜
僧故出界是羯界安居自恣若僧時到僧忍聽某
甲比丘受卅九夜僧事故出家界是處安居自恣如是
白　大德僧聽某甲比丘受卅九夜僧事故出界是處
安居自恣誰諸長老忍某甲比丘受卅九夜僧事
故出界是處安居自恣者嘿然誰不便說僧已聽
某甲比丘受卅九夜僧事出界外是處安居自恣竟
僧忍嘿然故是事如是持　十誦回制設供在露地佛

BD03287號　四分律刪繁補缺行事鈔卷下

（41–38）

安居自恣誰諸長老忍某甲比丘受卅九夜僧事
故出界是處安居自恣者嘿然誰不便說僧已聽
某甲比丘受卅九夜僧事出界外是處安居自恣竟
僧忍嘿然故是事如是持　十誦回制設供在露地佛
令白二作法淨內中後外道譏言竟居士舍作食及
食草與白衣何異佛令僧坊外作食後為烟火起人
來索食少從今日後不聽作地淨羯磨若作犯吉羅
先作應捨出廿四卷中人便妄用云不須更結
五心境不同　四分心境想疑知持犯方軌申　五分舍疑心
以疑通是非故有犯結正彼律云是女疑垂疑單
木疑皆隨犯殘捏相是決徹若心不相當者不犯
如四分破僧婬戒受戒不關知疑餘則通關餘如隨相
僧祇性惡罪並无疑想故彼云女作黃門想蘭僧殘以
遮從境制若遮惡罪上得有想疑故文云生非生
想非生吉羅罪　十誦若前有方便心者具除想
疑並結正罪彼云有重姦福舍主想及疑皆重亦
不問前境遮性若前無方便心者具有想疑結罪
且引大途非舍五三不同者　六捨懺不同　十誦二寶
少者永棄捨多者捨付同心淨人令捨作四方僧
臥且罪僧中悔餘同四分五分五種一入僧永捨二寶
捨與僧僧若人永棄若僧不棄淨人為僧貨衣食
與僧食用准本心故二永入僧五數
具入常住用唯本主不得唯臥三入俗僧捨藥與僧
僧捨與俗人沙弥塗足然燈本主亦不得用一切比丘不
得食餘同　曾祇五別一捨入僧舍盡財中謂畜貨二

BD03287號　四分律刪繁補缺行事鈔卷下

（41–39）

与僧食用准本主不得用恐違本心故二永入僧五數
具入常住用准本主不得嘿卧三入俗僧捨藥与僧
〻捨与俗人沙弥塗足然燈本主亦不得用一切比丘不
得食餘同　僧祇五列一捨入僧無盡財中謂畜貿二
寶若生息利作僧房舍中庭衣僧不得分用及食
為折伏本主貪心故　二捨入僧用謂五卧具迴僧物隨僧
作何等用甚中紩黑憍奢耶僧不得着用得作地敷
及作幰簾幔帳幞等六年不揲不得為地敷僧着
用不得擲身自毛卧具好者如前不好者如後餘同善
見中金銀若無淨人可教擲去僧羯磨差一比丘知五
法者使閉目擲去莫記處所　明了論中若轉車衣待
一月衣鉢雨衣急施捨与僧問須者應還得用若自
無用永捨入　僧受非親尼衣捨還本尼若本尼若捨
与僧尼使尼浣衣迴僧物永永捨与僧從非親居士
乞衣一二居士應捨還彼〻若不在或不取捨与僧
過足三及一切數具使織師衣盡捨与僧瞋心棄衣
還捨与所瞋比丘七日藥二用文如彼具　薩婆多云販
賣物若無同心淨人應作四方僧卧具為上誹謗若作
入佛外道當言瞿曇沙門多貪利故今易字捨物
持用自入又除佛福田無過四方僧不同受法不受法持
戒毀戒法語非法語一切無遮　七隨戒雜相　十誦犯僧
殘僧隨覆罪不別住六夜真与出罪得名出罪衆僧
得罪乃至不行拉住真行六〻夜真与出罪得出得罪
更有六夜人令不依法真介清淨一者上座犯僧殘謫

BD03287號　四分律刪繁補缺行事鈔卷下

（41–40）

賣物若無同心淨人應作四方僧卧具為上誹謗若作
入佛外道當言瞿曇沙門多貪利故今易字捨物
持用自入又除佛福田無過四方僧不同受法不受法持
戒毀戒法語非法語一切無遮　七隨戒雜相　十誦犯僧
殘僧隨覆罪不別住六夜真与出罪得名出罪衆僧
得罪乃至不行拉住真行六〻夜真与出罪得出得罪
更有六夜人令不依法真介清淨一者上座犯僧殘謫
人生慢佛言若一心念從今日更不作即當清淨
二大德多知識〻多慙愧若遠行者寧反戒四病重
不能至蹤無力能懺　五住處不滿廿道路遇賊
死　六衆不清淨往至他方道路遇賊死佛
言一心生念如法懺悔是人清淨得生天上
律子住去此六懺法不可妄用及有僥倖虜為
自欺罪不得除要須廣問明律者能断之
百

四分律刪繁補闕行事鈔卷下之下

BD03287號　四分律刪繁補缺行事鈔卷下

（41–41）

…緣甚…
…曾有…
…欲重宣此義而說偈言
安隱授記聲　歡喜未曾有　礼无量智
…自悔諸過咎　於无量佛寶　得少涅槃
…愚人　便自以為足　譬如貧窮人　往至親…
其家甚大富　具設諸餚饍　以无價寶珠　繫著內衣裏
嘿與而捨去　時臥不覺知　是人既已起　遊行詣他國
求衣食自濟　資生甚艱難　得少便為足　更不願好者
不覺內衣裏　有无價寶珠　與珠之親友　後見此貧人
苦切責之已　示以所繫珠　貧人見此珠　其心大歡喜
富有諸財物　五欲而自恣　我等亦如是　世尊於長夜
常愍見教化　令種无上願　我等无智故　不覺亦不知
得少涅槃分　自足不求餘　今佛覺悟我　言非實滅度
得佛无上慧　尒乃為真滅　我今從佛聞　受記莊嚴
及轉次受決　身心遍歡喜
妙法蓮華經授學无學人記品第九
尒時阿難羅睺羅而作是念　我等每自思惟
設得受記不亦快乎　即從座起到於佛前頭
面礼足俱白佛言　世尊我等於此亦應有分
唯有如来　我等所歸　又我等為一切世間天

BD03288號　妙法蓮華經（八卷本）卷四　（17-1）

尒時阿難羅睺羅而作是念我等每自思惟
設得受記不亦快乎即從座起到於佛前頭
面礼足俱白佛言世尊我等於此亦應有分
唯有如来我等所歸又我等為一切世間天
人阿脩羅所見知識阿難常為侍者護持法
藏羅睺羅是佛之子若佛見授阿耨多羅三
藐三菩提記者我願既滿眾望亦足
无學聲聞弟子二千人皆從座
到於佛前一心合掌瞻仰世尊如阿難
羅所願住立一面尒時佛告阿難汝於
當得作佛号山海慧自在通王如来應供正
遍知明行足善逝世間解无上士調御丈夫
天人師佛世尊當供養六十二億諸佛護持
法藏然後得阿耨多羅三藐三菩提教化二
十千万億恒河沙諸菩薩等令成阿耨多羅
三藐三菩提國名常立勝幡其土清淨琉璃
為地劫名妙音遍滿其佛壽命无量千万億
阿僧祇劫若人於千万億无量阿僧祇劫中
算數校計不能得知正法住世倍於壽命像
法住世復倍正法阿難是山海慧自在通王
佛為十方无量千万億恒河沙等諸佛如来
所共讚歎稱其功德尒時世尊欲重宣此義
而說偈言
我今僧中說　阿難持法者　當供養諸佛　然後成正覺
号曰山海慧　自在通王佛　其國土清淨　名常立勝幡
教化諸菩薩　其數如恒沙　佛有大威德　名聞滿十方

BD03288號　妙法蓮華經（八卷本）卷四　（17-2）

而說偈言
我今僧中說 阿難持法者 當供養諸佛 然後成正覺
号曰山海慧 自在通王佛 其國土清淨 名常立勝幡
教化諸菩薩 其數如恒沙 佛有大威德 名聞滿十方
壽命无有量 以愍衆生故 正法倍壽命 像法復倍是
如恒河沙等 无數諸衆生 於此佛法中 種佛道因緣
尒時會中新發意菩薩八千人咸作是念我
等尚不聞諸大菩薩得如是記有何因緣而
諸聲聞得如是決尒時世尊知諸菩薩心之
所念而告之曰諸善男子我與阿難等於空
王佛所同時發阿耨多羅三藐三菩提心阿
難常樂多聞我常懃精進是故我已得成阿
耨多羅三藐三菩提而阿難護持我法亦護
將來諸佛法藏教化成就諸菩薩衆其本願
如是故獲斯記阿難面於佛前自聞受記及
國土莊嚴所願具足心大歡喜得未曾有即
時憶念過去无量千万億諸佛法藏通達无
閡如今所聞亦識本願尒時阿難而說偈言
世尊甚希有 令我念過去 无量諸佛法 如今日所聞
我今无復疑 安住於佛道 方便為侍者 護持諸佛法
尒時佛告羅睺羅汝於來世當得作佛号蹈
七寶華如來應供正遍知明行足善逝世間
解无上士調御大夫天人師佛世尊當供養
十世界微塵等數諸佛如來常為諸佛而作
長子猶如今也是蹈七寶華佛國土莊嚴壽
命劫數所化弟子正法像法亦如山海慧自
在通王如来无異之為此佛而作長子過是

BD03288 號　妙法蓮華經（八卷本）卷四　　（17–3）

十世界微塵等數諸佛如来常為諸佛而作
長子猶如今也是蹈七寶華佛國土莊嚴壽
命劫數所化弟子正法像法亦如山海慧自
在通王如来无異亦為此佛而作長子過是
已後當得阿耨多羅三藐三菩提尒時世尊
欲重宣此義而說偈言
我為太子時 羅睺為長子 我今成佛道 受法為法子
於未來世中 見无量億佛 皆為其長子 一心求佛道
羅睺羅密行 唯我能知之 現為我長子 以示諸衆生
无量億千万 功德不可數 安住於佛法 以求无上道
尒時世尊見學无學二千人其意柔軟寂然
清淨一心觀佛佛告阿難汝見是學无學二
千人不唯然已見阿難是諸人等當供養五
十世界微塵數諸佛如来恭敬尊重護持法
藏末後同時於十方國各得成佛皆同一号
名曰寶相如来應供正遍知明行足善逝世間
解无上士調御丈夫天人師佛世尊壽命一
劫國土莊嚴聲聞菩薩正法像法皆悉同
等尒時世尊欲重宣此義而說偈言
是二千聲聞 今於我前住 悉皆與授記 未来當成佛
所供養諸佛 如上說塵數 護持其法藏 後當成正覺
各於十方國 悉同一名号 俱時坐道場 以證无上慧
皆名為寶相 國土及弟子 正法與像法 悉等无有異
咸以諸神通 度十方衆生 名聞普周遍 漸入於涅槃
尒時學无學二千人聞佛記歡喜踊躍而
說偈言

BD03288 號　妙法蓮華經（八卷本）卷四　　（17–4）

發於十方國　悉同一号　俱時坐道場　以證无上慧
皆名為寶相　國土及弟子　正法與像法　悉等无有異
咸以諸神通　度十方衆生　名聞普周遍　漸入於涅槃
尒時學无學二千人聞佛授記歡喜踊躍而
說偈言
世尊慧燈明　我聞授記音　心歡喜充滿　如甘露見灌
妙法蓮華經法師品第十
尒時世尊因藥王菩薩告八万大士藥王汝
見是大衆中无量諸天龍王夜叉乾闥婆阿
脩羅迦樓羅緊那羅摩睺羅伽人與非人及
比丘比丘尼優婆塞優婆夷求聲聞者求辟
支佛者求佛道者如是等類咸於佛前聞妙
法華經一偈一句乃至一念隨喜者我皆與
授記當得阿耨多羅三藐三菩提佛告藥王
又如来滅度之後若有人聞妙法華經乃至
一偈一句一念隨喜者我亦與授阿耨多羅
三藐三菩提記若復有人受持讀誦解說書
寫妙法華經乃至一偈於此經卷敬視如佛
種種供養華香瓔珞末香塗香燒香繒蓋幢
幡衣服伎樂乃至合掌恭敬藥王當知是諸
人等已曾供養十万億佛於諸佛所成就大
願愍衆生故生此人間藥王若有人問何等
衆生於未来世當得作佛應示是諸人等於
未来世必得作佛何以故若善男子善女人
於法華經乃至一句受持讀誦解說書寫種
種供養經卷華香瓔珞末香塗香燒香繒蓋
幢幡衣服伎樂合掌恭敬是人一切世間所

BD03288 號　妙法蓮華經（八卷本）卷四　（17–5）

未来世必得作佛何以故若善男子善女人
於法華經乃至一句受持讀誦解說書寫種
種供養經卷華香瓔珞末香塗香燒香繒蓋
幢幡衣服伎樂合掌恭敬是人一切世間所
應瞻奉應以如来供養而供養之當知此人
是大菩薩成就阿耨多羅三藐三菩提哀愍
衆生願生此間廣演分別妙法華經何況盡
能受持種種供養者藥王當知是人自捨清
淨業報於我滅度後愍衆生故生於惡世廣
演此經若是善男子善女人我滅度後能竊
為一人說法華經乃至一句當知是人則如
来使如来所遣行如来事何況於大衆中廣
為人說藥王若有惡人以不善心於一劫中現於
佛前常毀罵佛其罪尚輕若人以一惡言毀呰在
家出家讀誦法華經者其罪甚重藥王其
有讀誦法華經者當知是人以佛莊嚴而自
莊嚴則為如来肩所荷擔其所至方應隨向
礼一心合掌恭敬供養尊重讚歎華香瓔珞
末香塗香燒香繒蓋幢幡衣服餚饌作諸伎
樂人中上供而供養之應持天寶而以散之天
上寶聚應以奉獻所以者何是人歡喜說法須
臾聞之即得究竟阿耨多羅三藐三菩提故
尒時世尊欲重宣此義而說偈言
若欲住佛道　成就自然智　常當勤供養　受持法華者
其有欲疾得　一切種智慧　當受持是經　并供養持者
若有能受持　妙法華經者　當知佛所使　愍念諸衆生
諸有能受持　妙法華經者　捨於清淨土　愍衆故生此

BD03288 號　妙法蓮華經（八卷本）卷四　（17–6）

若欲住佛道　成就自然智　常當勤供養　受持法華者
其有欲疾得　一切種智慧　當受持是經　并供養持者
若有能受持　妙法華經者　當知佛所使　愍念諸衆生
諸有能受持　妙法華經者　捨於清淨土　愍衆故生此
當知如是人　自在所欲生　能於此惡世　廣說無上法
應以天華香　及天寶衣服　天上妙寶聚　供養說法者
吾滅後惡世　能持是經者　當合掌禮敬　如供養世尊
上饌衆甘美　及種種衣服　供養是佛子　兾得須臾聞
若能於後世　受持是經者　我遣在人中　行於如來事
若於一劫中　常懷不善心　作色而罵佛　獲無量重罪
其有讀誦持　是法華經者　須臾加惡言　其罪復過彼
有人求佛道　而於一劫中　合掌在我前　以無數偈讚
由是讚佛故　得無量功德　歎美持經者　其福復過彼
於八十億劫　以最妙色聲　及與香味觸　供養持經者
如是供養已　若得須臾聞　則應自欣慶　我今獲大利
藥王今告汝　我所說諸經　而於此經中　法華最第一
尒時佛復告藥王菩薩摩訶薩　我所說經典
無量千万億　已說今說當說　而於其中此法
華經最為難信難解　藥王此經是諸佛秘要
之藏　不可分布妄授與人　諸佛世尊之所守
護　從昔已來未曾顯說　而此經者如來現在
猶多怨嫉　況滅度後　藥王當知如來滅後　其
能書持讀誦供養為他人說者　如來則為以
衣覆之　又為他方現在諸佛之所護念　是人
有大信力及志願力諸善根力　當知是人與
如來共宿　則為如來手摩其頭　藥王在在處

BD03288號　妙法蓮華經（八卷本）卷四　（17-7）

有大信力及志願力諸善根力　當知是人與
如來共宿　則為如來手摩其頭　藥王在在處
處若說若讀若誦若書若經卷所住處　皆應
起七寶塔　極令高廣嚴飾　不須復安舍利　所
以者何　此中已有如來全身　此塔應以一切華
香瓔珞繒蓋幢幡伎樂歌頌　供養恭敬尊
重讚歎　若有人得見此塔　禮拜供養　當知是
等皆近阿耨多羅三藐三菩提　藥王　多有人
在家出家行菩薩道　若不能得見聞讀誦書
持供養是法華經者　當知是人未善行菩薩
道　若有得聞是經典者　乃能善行菩薩之道
其有衆生求佛道者　若見若聞是法華經　聞
已信解受持者　當知是人得近阿耨多羅三
藐三菩提　藥王　譬如有人渴乏須水　於彼高
原穿鑿求之　猶見乾土　知水尚遠　施功不已
轉見濕土　遂漸至泥　其心決定　知水必近　菩
薩亦復如是　若未聞未解未能修習是法華
經　當知是人去阿耨多羅三藐三菩提尚遠　若
得聞解思惟修習　必知得近阿耨多羅三藐
三菩提　所以者何　一切菩薩阿耨多羅三藐
三菩提　皆屬此經　此經開方便門　示真實
相　是法華經藏　深固幽遠　無人能到　今佛教
化成就菩薩　而為開示　藥王　若有菩薩聞是
法華經　驚疑怖畏　當知是為新發意菩薩
若聲聞人聞是經　驚疑怖畏　當知是為增上慢
者　藥王　若有善男子善女人　如來滅後　欲為

BD03288號　妙法蓮華經（八卷本）卷四　（17-8）

化成就菩薩而爲開示藥王若有菩薩聞是
法華經驚疑怖畏當知是爲新發意菩薩
若聲聞人聞是經驚疑怖畏當知是爲增上慢
者藥王若有善男子善女人如來滅後欲爲
四衆說是法華經者云何應說是善男子善
女人入如來室著如來衣坐如來座尒乃應
爲四衆廣說斯經如來室者一切衆生中大
慈悲心是如來衣者柔和忍辱心是如來座
者一切法空是安住是中然後以不懈怠心爲
諸菩薩及四衆廣說是法華經藥王我於
餘國遣化人爲其集聽法衆亦遣化比丘比
丘尼優婆塞優婆夷聽其說法是諸化人聞
法信受隨順不逆若說法者在空閑處我時
廣遣天龍鬼神乾闥婆阿脩羅等聽其說法
我雖在異國時時令說法者得見我身若於
此經忘失句逗我還爲說令得具足尒時世
尊欲重宣此義而說偈言
欲捨諸懈怠　應當聽此經　是經難得聞　信受者亦難
如人渴須水　穿鑿於高原　猶見乾燥土　知去水尚遠
漸見濕土泥　決定知近水　藥王汝當知　如是諸人等
不聞法華經　去佛智甚遠　若聞是深經　決了聲聞法
是諸經之王　聞已諦思惟　當知此人等　近於佛智慧
若人說此經　應入如來室　著於如來衣　而坐如來座
處衆无所畏　廣爲分別說　大慈悲爲室　柔和忍辱衣
諸法空爲座　處此爲說法　若說此經時　有人惡口罵
加刀杖瓦石　念佛故應忍　我千万億土　現淨堅固身
於无量億劫　爲衆生說法　若我滅度後　能說此經者

BD03288號　妙法蓮華經（八卷本）卷四　（17-9）

處衆无所畏　廣爲分別說　大慈悲爲室　柔和忍辱衣
諸法空爲座　處此爲說法　若說此經時　有人惡口罵
加刀杖瓦石　念佛故應忍　我千万億土　現淨堅固身
於无量億劫　爲衆生說法　若我滅度後　能說此經者
我遣化四衆　比丘比丘尼　及清信士女　供養於法師
引導諸衆生　集之令聽法　若人欲加惡　刀杖及瓦石
則遣變化人　爲之作衛護　若說法之人　獨在空閑處
寂寞无人聲　讀誦此經典　我尒時爲現　清淨光明身
若忘失章句　爲說令通利　若人具是德　或爲四衆說
空處讀誦經　皆得見我身　若人在空閑　我遣天龍王
夜叉鬼神等　爲作聽法衆　是人樂說法　分別无罣閡
諸佛護念故　能令大衆喜　若親近法師　速得菩薩道
隨順是師學　得見恒沙佛
妙法蓮華經見寶塔品第十一
尒時佛前有七寶塔高五百由旬縱廣二百
五十由旬從地涌出住在空中種種寶物而
莊校之五千欄楯龕室千万无數幢幡以爲
嚴飾垂寶瓔珞寶鈴万億而懸其上四面皆
出多摩羅跋栴檀之香充遍世界其諸幡蓋
以金銀琉璃車𤦲馬瑙真珠玫瑰七寶合成高
至四天王宮三十三天雨天曼陀羅華供
養寶塔餘諸天龍夜叉乾闥婆阿脩羅迦樓
羅緊那羅摩睺羅伽人非人等千万億衆以一
切華香瓔珞幡蓋伎樂供養寶塔恭敬尊
重讚歎尒時寶塔中出大音聲歎言善哉善
哉釋迦牟尼世尊能以平等大慧教菩薩法
佛所護念妙法華經爲大衆說如是如是釋

BD03288號　妙法蓮華經（八卷本）卷四　（17-10）

切華香瓔珞幡蓋伎樂供養寶塔恭敬尊
重讃嘆尒時寶塔中出大音聲嘆言善哉善
哉釋迦牟尼世尊能以平等大慧教菩薩法
佛所護念妙法華經為大衆說如是如是釋
迦牟尼世尊如所說者皆是真實尒時四衆
見大寶塔住在空中又聞塔中所出音聲皆
得法喜怪未曾有從座而起恭敬合掌却住
一面尒時有菩薩摩訶薩名大樂說知一切
世間天人阿脩羅等心之所疑而白佛言世
尊以何因緣有此寶塔從地涌出又於其中
發是音聲尒時佛告大樂說菩薩此寶塔中
有如來全身乃往過去東方无量千万億阿
僧祇世界國名寶淨彼中有佛号曰寶其
佛行菩薩道時作大誓願若我成佛滅度之
後於十方國土有說法華經處我之塔廟為
聽是經故涌現其前為作證明讃言善哉彼
佛成道已臨滅度時於天人大衆中告諸比丘
我滅度後欲供養我全身者應起一大塔
其佛以神通願力十方世界在在處處若有
說法華經者彼之寶塔皆涌出其前全身在
於塔中讃言善哉善哉大樂說今多寶如來
塔聞說法華經故從地涌出讃言善哉善哉
是時大樂說菩薩以如來神力故白佛言世
尊我等願欲見此佛身佛告大樂說菩薩摩
訶薩是多寶佛有深重願若我寶塔為聽法
華經故出於諸佛前時其有欲以我身示四
衆者彼佛分身諸佛在於十方世界說法盡

BD03288號　妙法蓮華經（八卷本）卷四

（17-11）

尊我等願欲見此佛身佛告大樂說菩薩摩
訶薩是多寶佛有深重願若我寶塔為聽法
華經故出於諸佛前時其有欲以我身示四
衆者彼佛分身諸佛在於十方世界說法盡
還集一處然後我身乃出現耳大樂說我分身
諸佛在於十方世界說法者今應當集大
樂說白佛言世尊我等亦願欲見世尊分身
諸佛禮拜供養尒時佛放白毫一光即見東
方五百万億那由他恒河沙等國土諸佛彼
諸國土皆以頗梨為地寶樹寶衣以為莊嚴
无數千万億菩薩充滿其中遍張寶幔寶網
羅上彼國諸佛以大妙音而說諸法及見无
量千万億菩薩遍滿諸國為衆說法南西北
方四維上下白毫相光所照之處亦復如是尒
時十方諸佛各告衆菩薩言善男子我今
應往娑婆世界釋迦牟尼佛所供養多寶
如來寶塔時娑婆世界即變清淨琉璃為地
寶樹莊嚴黃金為繩以界八道无諸聚落村
營城邑大海江河山川林藪燒大寶香曼陁
羅華遍布其地以寶網幔羅覆其上懸諸寶
鈴唯留此會衆移諸天人置於他土是時諸
佛各將一大菩薩以為侍者至娑婆世界各
到寶樹下一一寶樹高五百由旬枝葉華菓
次第莊嚴諸寶樹下皆有師子之座高五由
旬亦以大寶而校飾之尒時諸佛各於此座
結跏趺坐如是展轉遍滿三千大千界而於
釋迦牟尼佛一方所分之身猶故未盡時

BD03288號　妙法蓮華經（八卷本）卷四

（17-12）

旬亦以大寶而校飾之尒時諸佛各於此座
結跏趺坐如是展轉遍滿三千大千界而於
釋迦牟尼佛一方所分之身猶故未盡時
釋迦牟尼佛欲容受所分身諸佛故八方各
更變二百万億那由他國皆令清淨无有地
獄餓鬼畜生及阿脩羅又移諸天人置於他
土所化之國亦以瑠璃為地寶樹莊嚴樹高
五百由旬枝葉華菓次第嚴飾樹下皆有寶
師子座高五由旬種種諸寶以為莊校亦无
大海江河及目真隣陀山摩訶目真隣陀山
鐵圍山大鐵圍山須弥山等諸山王通為一
佛國土寶地平正寶交露幔遍覆其上懸諸
幡蓋燒大寶香諸天寶華遍布其地釋迦牟
尼佛為諸佛當來坐故復於八方各變二百
万億那由他國皆令清淨无有地獄餓鬼畜
生及阿脩羅又移諸天人置於他土所化之國
亦以瑠璃為地寶樹莊嚴樹高五百由旬枝
葉華菓次第莊嚴樹下皆有寶師子座高
五由旬亦以大寶而校飾之亦无大海江河及
目真隣陀山摩訶目真隣陀山鐵圍山大鐵
圍山須弥山等諸山王通為一佛國土寶地平
正寶交露幔遍覆其上懸諸幡蓋燒大寶
香諸天寶華遍布其地尒時東方釋迦牟尼佛所
分之身百千万億那由他恒河沙等國土中
諸佛各各說法來集於此如是次第十方諸
佛皆悉來集坐於八方尒時一一方四百万

BD03288號　妙法蓮華經（八卷本）卷四　（17–13）

香諸天寶華遍布其地尒時東方釋迦牟尼佛所
分之身百千万億那由他恒河沙等國土中
諸佛各各說法來集於此如是次第十方諸
佛皆悉來集坐於八方尒時一一方四百万
億那由他國土諸佛如來遍滿其中是時諸
佛各在寶樹下坐師子座皆遣侍者問訊釋
迦牟尼佛各賚寶華滿掬而告之言善男子
汝往詣耆闍崛山釋迦牟尼佛所如我辭曰
少病少惱氣力安樂及菩薩聲聞衆悉安隱
不以此寶華散佛供養而作是言彼某甲佛
與欲開此寶塔諸佛遣使亦復如是尒時釋
迦牟尼佛見所分身佛悉已來集各各坐於
師子之座皆聞諸佛與欲同開寶塔即從座
起住虛空中一切四衆起立合掌一心觀佛
於是釋迦牟尼佛以右指開七寶塔戶出大
音聲如却關鑰開大城門即時一切衆會皆
見多寶如來於寶塔中坐師子座全身不散
如入禪定又聞其言善哉善哉釋迦牟尼佛
快說是法華經我為聽是經故而來至此尒
時四衆等見過去无量千万億劫滅度佛說
如是言歎未曾有以天寶華聚散多寶佛及
釋迦牟尼佛上尒時多寶佛於寶塔中分半
座與釋迦牟尼佛而作是言釋迦牟尼佛可
就此座即時釋迦牟尼佛入其塔中坐其半
座結跏趺坐尒時大衆見二如來在七寶塔
中師子座上結跏趺坐各作是念佛坐高遠
唯願如來以神通力令我等輩俱處虛空即

BD03288號　妙法蓮華經（八卷本）卷四　（17–14）

就此座即時釋迦牟尼佛入其塔中坐其半
座結跏趺坐尒時大衆見二如来在七寶塔
中師子座上結跏趺坐各作是念佛坐高遠
唯願如来以神通力令我等輩俱處虚空即
時釋迦牟尼佛以神通力接諸大衆皆在虚
空以大音聲普告四衆誰能於此娑婆國土
廣說妙法華經今正是時如来不久當入涅
槃佛欲以此妙法華經付囑有在尒時世尊
欲重宣此義而說偈言
聖主世尊　雖久滅度　在寶塔中　尚為法来
諸人云何　不勤為法　此佛滅度　无央數劫
處處聽法　以難遇故　彼佛本願　我滅度後
在在所往　常為聽法　又我分身　无量諸佛
如恒沙等　来欲聽法　及見滅度　多寶如来
各捨妙土　及弟子衆　天人龍神　諸供養事
令法久住　故来至此　為坐諸佛　以神通力
移无量衆　令國清淨　諸佛各各　詣寶樹下
如清淨池　蓮華莊嚴　其寶樹下　諸師子座
佛坐其上　光明嚴飾　如夜闇中　然大炬火
身出妙香　遍十方國　衆生蒙薰　喜不自勝
譬如大風　吹小樹枝　以是方便　令法久住
告諸大衆　我滅度後　誰能護持　讀說斯經
今於佛前　自說誓言　其多寶佛　雖久滅度
以大誓願　而師子吼　多寶如来　及與我身
所集化佛　當知此意　諸佛子等　誰能護法
當發大願　令得久住　其有能護　此經法者

BD03288 號　妙法蓮華經（八卷本）卷四　（17–15）

今於佛前　自說誓言　其多寶佛　雖久滅度
以大誓願　而師子吼　多寶如来　及與我身
所集化佛　當知此意　諸佛子等　誰能護法
當發大願　令得久住　其有能護　此經法者
則為供養　我及多寶　此多寶佛　處於寶塔
常遊十方　為是經故　亦復供養　諸来化佛
莊嚴光飾　諸世界者　若說此經　則為見我
多寶如来　及諸化佛　諸善男子　各諦思惟
此為難事　宜發大願　諸餘經典　數如恒沙
雖說此等　未足為難　若接須弥　擲置他方
无數佛土　亦未為難　若以足指　動大千界
遠擲他國　亦未為難　若立有頂　為衆演說
无量餘經　亦未為難　若佛滅後　於惡世中
能說此經　是則為難　假使有人　手把虚空
而以遊行　亦未為難　於我滅後　若自書持
若使人書　是則為難　若以大地　置足甲上
昇於梵天　亦未為難　佛滅度後　於惡世中
暫讀此經　是則為難　假使劫燒　擔負乾草
入中不燒　亦未為難　我滅度後　若持此經
為一人說　是則為難　若持八万　四千法藏
十二部經　為人演說　令諸聽者　得六神通
雖能如是　亦未為難　於我滅後　聽受此經
問其義趣　是則為難　若人說法　令千万億
无量无數　恒沙衆生　得阿羅漢　具六神通
雖有是益　亦未為難　於我滅後　若能奉持
如斯經典　是則為難　我為佛道　於无量土

BD03288 號　妙法蓮華經（八卷本）卷四　（17–16）

入中不燒 亦未為難 我滅度後 若持此經
為一人說 是則為難 若持八万 四千法藏
十二部經 為人演說 令諸聽者 得六神通
雖能如是 亦未為難 於我滅後 聽受此經
問其義趣 是則為難 若人說法 令千万億
无量无數 恒沙衆生 得阿羅漢 具六神通
雖有是益 亦未為難 於我滅後 若能奉持
如斯經典 是則為難 我為佛道 於无量土
從始至今 廣說諸經 而於其中 此經第一
若有能持 則持佛身 諸善男子 於我滅後
誰能受持 讀誦此經 今於佛前 自說誓言
此經難持 若暫持者 我則歡喜 諸佛亦然
如是之人 諸佛所歎 是則勇猛 是則精進
是名持戒 行頭陁者 則為疾得 无上佛道
能於來世 讀持此經 是真佛子 住淳善地
佛滅度後 能解其義 是諸天人 世間之眼
於恐畏世 能須臾說 一切天人 皆應供養

妙法蓮華經卷第四

BD03288號　妙法蓮華經（八卷本）卷四　（17–17）

南无□
南无光明輪
南无一切德
南无能作光明佛　南无得一切德佛
南无波頭摩上勝佛　南无寶作佛
南无无邊願佛　南无无邊一切德王住佛
南无寶聚佛　南无娑羅自在王佛
南无寶光明佛　南无寶積佛
南无宗上佛　南无脩行无邊切德佛
南无觀賢佛　南无須□□佛
南无无邊境佛　南无妙去佛
南无寶華成就勝佛　南无无盡近佛
南无發一切衆生信佛　南无寶盡定佛
南无勝切德佛　南无不可華佛
南无寶境界光明佛　南无寶勝切德佛
南无發心即轉法輪佛　南无十方稱名佛
南无迦陵迦王佛　南无日輪燈佛
南无寶上佛　南无智成就勝佛
南无切德王上佛　南无无鄣導眼佛
南无无畏佛　南无智積佛 八千九百
南□□□□□

BD03289號　佛名經（二十卷本）卷一七　（24–1）

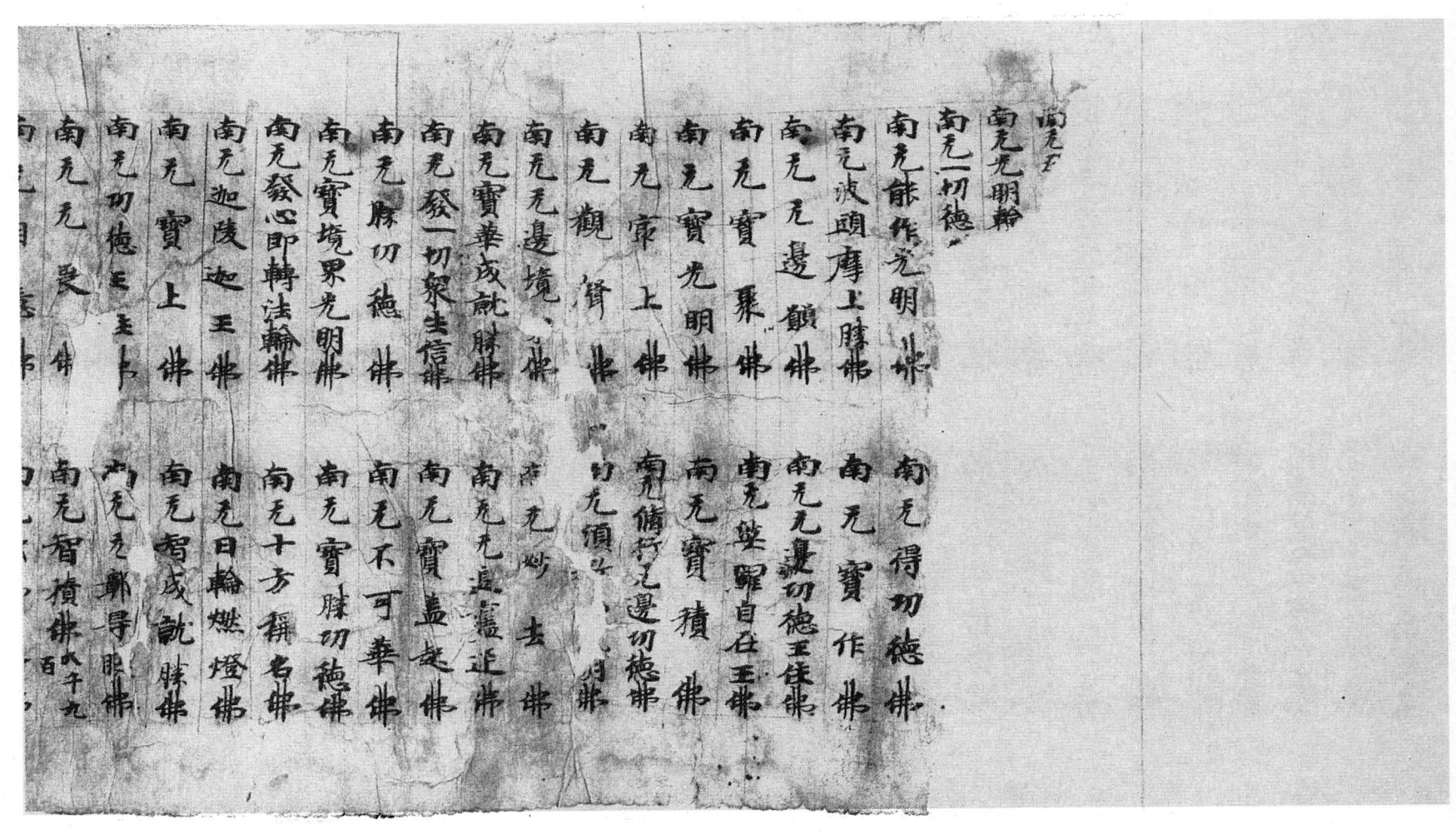

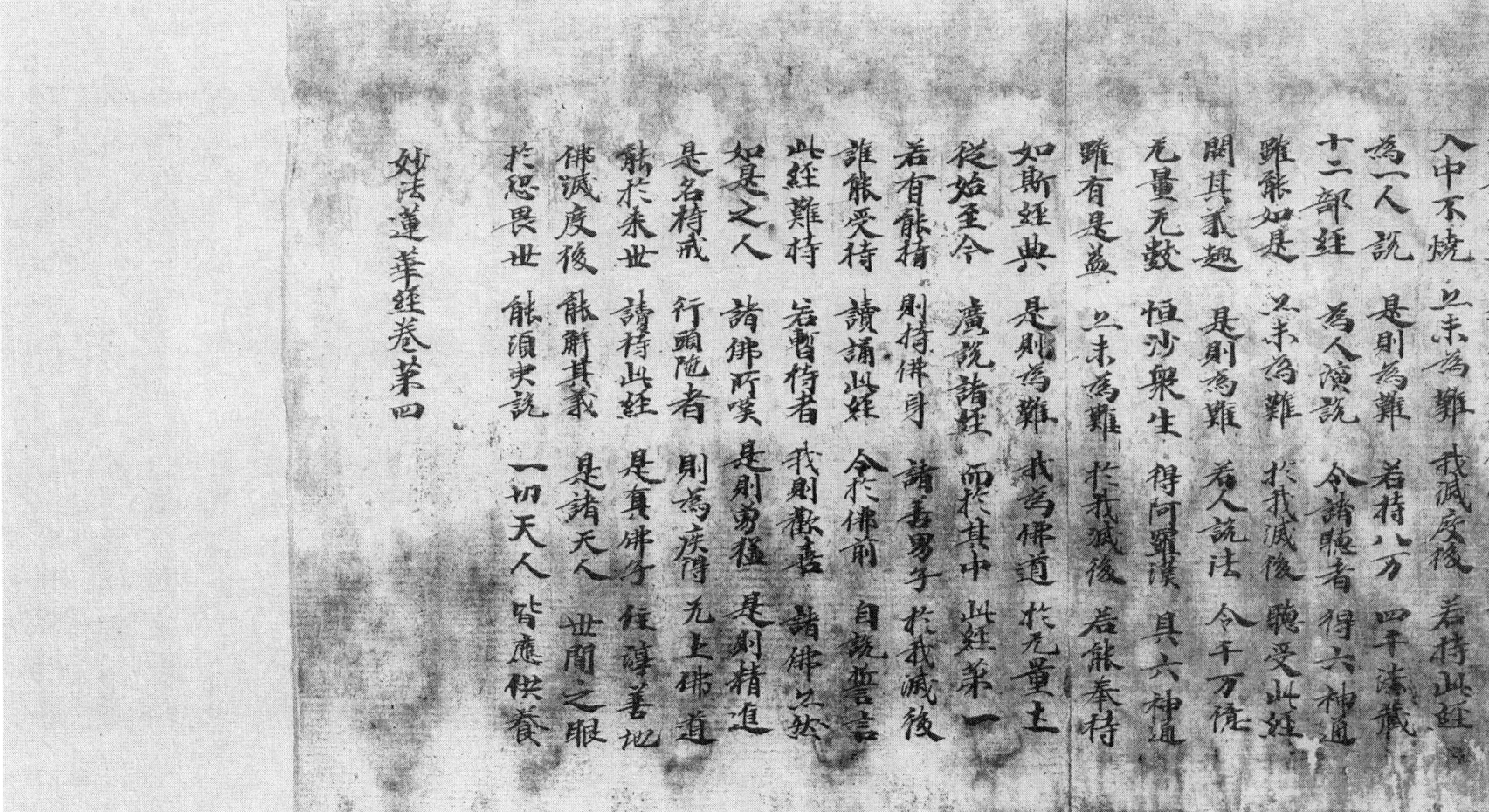

南无迦陵迦王佛　南无日輪燃燈佛
南无寶上佛　南无智成就勝佛
南无功德王王佛　南无无鄣导眼佛
南无无畏佛　南无智積佛（八千九百）
南无因意佛　南无那羅延佛
南无發起辟谷相佛　南无積光明輪威德佛
南无无垢離覺佛　南无月積佛
南无清淨意佛　南无安隱佛
南无發起善思惟佛　南无能破諸惡佛
南无夏波羅功德佛　南无稱力王佛
南无无邊光明雲香彌留佛　南无離纏色華佛
南无无邊光佛　南无能轉能住佛
南无勝香佛　南无寂勝佛
南无香山佛　南无信一切衆生心智勝佛
南无智功德積佛　南无智功德積佛
南无无鄣聲佛　南无一蓋藏佛
南无不動勢佛　南无迦葉佛
南无觀見一切境界佛　南无上首佛
南无成義佛　南无成勝佛
南无稱佛　南无離一切疑佛
南无智德佛　南无功德乘佛
南无星宿王佛　南无不可量難見佛
南无旃檀佛　南无羅網光佛
南无梵聲佛　南无不可量寶體勝佛
南无一切法无觀佛　南无發一切衆生不斷絶精進佛
南无无邊奮迅佛　南无見一切法佛

BD03289號　佛名經（二十卷本）卷一七　（24–2）

南无梵聲佛　南无不可量寶體勝佛
南无一切法无觀佛　南无發一切衆生不斷絶精進佛
南无无邊奮迅佛　南无見一切法佛
南无見一切法平等佛　南无成就无邊功德佛
南无智高光明佛　南无波頭摩上佛
南无十方上佛　南无華成就功德佛
南无堅固衆生佛　南无智光明佛
南无智衆佛　南无離藏佛
南无明王佛　南无不系別脩行佛
南无无邊智稱佛　南无栴檀屋勝佛
南无无比智華成佛　南无善住婆羅王佛
南无勝月光明佛　南无須彌聚佛
南无稱名佛　南无過十方稱佛
南无稱名觀佛　南无稱堅固佛
南无離夏燃佛　南无波頭摩勝王功德佛
南无散華離覺佛　南无普香光明佛
南无波耶陁眼佛　南无放炎佛
南无十方稱名佛　南无光明彌留佛
南无寶光明佛　南无燃尸棄佛
南无三界境界勢佛　南无光明輪佛
南无虛空家境界佛　南无盡境界佛
南无妙寶聲佛　南无普境界佛
南无智稱佛　南无光明輪境界勝王佛
南无善住佛　南无成就佛寶功德佛
南无起智功德佛　南无一切德佛
南无佛境界清淨佛　南无起智光明威德積聚佛

BD03289號　佛名經（二十卷本）卷一七　（24–3）

南无善住佛 南无成就佛寶功德佛
南无起智功德佛 南无一切德佛
南无佛境界清淨佛 南无起智光明威德積聚佛
南无成就波頭摩王佛 南无第一境界住佛
南无半光明佛 南无香像佛
南无成就波頭摩功德佛 南无旃檀功德佛
南无寶山佛 南无黠慧行佛
南无能作无畏佛 南无无邊功德勝佛 一万
南无无明難勝佛 南无无作无邊功德佛 四百
南无成就一切勝功德佛 南无住持炬佛
南无勝敵對佛 南无勝王佛
南无星宿王佛 南无无邊山佛
南无虛空輪清淨王佛 南无无邊聲佛
南无无邊光明佛 南无寶彌留佛
南无種種寶佛 南无拘脩摩放佛
南无上首佛 南无无垢離垢發脩行光明佛
南无金色華佛 南无寶塵佛
南无種種華成就佛 南无放光明佛
南无成就華佛 南无華蓋佛
南无不空發脩行佛 南无勝力王佛
南无淨聲王佛 南无无邊上首佛
南无无鄣眼佛 南无破諸趣佛
南无離疑佛 南无无相聲佛
南无畢竟成就无邊功德佛 南无寶成就勝佛
南无波頭摩得勝功德佛 南无寶妙佛
南无三世无导發脩行佛 南无无邊照佛

BD03289 號　佛名經（二十卷本）卷一七　（24–4）

南无離疑佛 南无无相聲佛
南无畢竟成就无邊功德佛 南无寶成就勝佛
南无波頭摩得勝功德佛 南无寶妙佛
南无三世无导發脩行佛 南无无邊照佛
南无寶彌留佛 南无熱燈勝王佛
南无成就智德佛 南无炬熾燈佛
南无无上光明佛 南无功德王光明佛
南无弗沙佛 南无梵聲佛
南无功德輪佛 南无十方燈佛
南无佛華成就德佛 南无娑羅自在王佛
南无華勝佛 南无寶積佛
南无見種種佛 南无藥王佛
南无寂上佛 南无賢勝佛
南无香妙佛 南无香勝難兜佛
南无栴檀屋佛 南无香難見佛
南无无邊精進佛 南无過十光佛
南无佛波頭摩妙佛 南无无邊境界佛
南无驚怖波頭摩成就勝佛 南无寶羅網佛
南无善住王佛 南无寂勝香王佛
南无能與一切樂佛 南无能現一切念佛
南无不空名稱佛 南无寶光明佛
南无安隱與一切衆生樂佛 南无无邊虛空莊嚴勝佛
南无善莊嚴佛 南无虛空難兜佛
南无普華成就勝佛 南无可樂勝佛
南无无邊境界東佛 南无淨眼佛
南无高山佛 南无不可降伏幢佛

BD03289 號　佛名經（二十卷本）卷一七　（24–5）

南无善莊嚴佛　南无虛空難兜佛
南无普華成就勝佛　南无可樂勝佛
南无无邊境界來佛　南无淨眼佛
南无高山佛　南无不可降伏幢佛
南无可詣佛　南无无邊无際諸山佛
南无月輪莊嚴王佛　南无宣勝弥留佛
南无樂成就德佛　南无清淨諸弥留佛
南无安樂德佛　南无梵德佛
南无无导目佛　南无作无邊功德佛
南无威德王佛　南无梵勝佛
南无善思惟成就諸願佛　南无清淨輪王佛　一万五百
南无智高佛　南无勇猛仙佛
南无智積佛　南无作方佛
南无能忍佛　南无離諸有佛
南无智護佛　南无妙功德佛
南无隨衆生心現境界佛　南无鏡佛
南无无邊寶佛　南无離一切衆境界无畏佛
南无无导寶光明佛　南无无导照佛
南无念一切佛鏡界佛　南无能現一切佛像佛
南无无相體佛　南无化聲佛
南无化聲善聲佛　南无寶成就勝功德佛
南无海弥留佛　南无无垢慧佛
南无智華成就佛　南无高威德山佛
南无家佛　南无離根佛
南无斷一切諸道佛　南无成就不可量功德佛
南无永无畏香佛　南无无导香光明佛
南无雲妙鼓聲佛　南无成就勝功德佛

BD03289號　佛名經（二十卷本）卷一七

（24-6）

南无斷一切諸道佛　南无成就不可量功德佛
南无永无畏香佛　南无无导香光明佛
南无雲妙鼓聲佛　南无成就勝功德佛
南无无邊熱力步佛　南无須弥山堅佛
南无勝香須弥佛　南无无邊光佛
南无普見佛　南无得无畏佛
南无月燈佛　南无大燈佛
南无勢燈佛　南无高幢佛
南无金剛生佛　南无智自在王幢佛
南无智力稱佛　南无无畏上佛
南无功德王佛　南无波波婆佛
南无善眼佛　南无妙莊嚴佛
南无寶蓋佛　南无香烏佛
南无无邊境界不空稱佛　南无不可思議功德王光明佛
南无種種華佛　南无无畏王佛
南无常廠香佛　南无妙藥樹王佛
南无常求安樂佛　南无无邊意行佛
南无无邊境界佛　南无无邊光佛
南无无邊目佛　南无无邊虛空境界佛
南无聲色境界佛　南无星宿王佛
南无香上首佛　南无虛空勝佛
南无勝功德佛　南无現諸方佛
南无妙弥留佛　南无无虧眼佛
南无娑伽羅佛　南无庭燎佛
南无燃難見佛　南无无垢月威德光佛
南无智山佛　南无稱力王佛

BD03289號　佛名經（二十卷本）卷一七

（24-7）

南无妙弥留佛 南无无鄣明佛
南无娑伽羅佛 南无庭燎佛
南无燃難覓佛 南无无垢月威德光佛
南无智山佛 南无彌力王佛
南无切德王光明佛 南无智見佛
南无波頭勝成就佛 南无寶大佛
南无寶蓮華勝佛 南无斷諸疑佛
南无領勝衆佛 南无難覓王佛
南无華勝佛 南无放光明佛
南无照波頭摩光明佛 南无方王法難覓佛
南无无邊步佛 南无娑伽羅山佛
南无阿讓荷見佛 南无无鄣导吼聲佛 一万二百
南无无邊切德彌光明佛 南无世間湼勝无老别脩行佛
南无无邊照佛 南无善眼佛
南无一蓋藏佛 南无放光明佛
南无過去未來現在義脩行佛 南无无邊華佛
南无无邊淨佛 南无无邊光佛
南无无邊照佛 南无无邊明佛
南无妙明佛 南无无邊境界佛
南无寶蓋佛 南无星宿王佛
南无蓋星宿佛 南无光明輪佛
南无光明王佛 南无勝光明切德佛
南无不可量光佛 南无勝佛
南无不可量境界步佛 南无无导聲吼佛
南无大雲光佛 南无閻梨屋山佛
南无佛華光明佛 南无波頭摩勝華山王佛
南无量宿上首佛 南无放光明佛

BD03289號　佛名經（二十卷本）卷一七　（24–8）

南无不可量境界步佛 南无无导聲吼佛
南无大雲光佛 南无閻梨屋山佛
南无佛華光明佛 南无波頭摩勝華山王佛
南无量宿上首佛 南无放光明佛
南无三同單那堅佛 南无不空見佛
南无頂勝切德佛 南无波頭頂勝切德佛
南无无癡佛 南无能度佛
南无无迷步佛 南无離愚境界佛
南无无閻光明佛 南无无邊精進佛
南无娑羅自在王佛 南无寶婆羅佛
南无一蓋佛 南无蓋莊嚴佛
南无寶聚佛 南无栴檀聚香佛
南无栴檀屋佛 南无无邊光明佛
南无光輪佛 南无山莊嚴佛
南无无鄣导眼佛 南无善眼佛
南无寶成佛 南无一切德勝佛
南无成就佛華切德佛 南无善住意佛
南无无邊方便佛 南无不空切德佛
南无寶勢佛 南无无邊脩行佛
南无莊嚴无邊切德佛 南无虛空輪光佛
南无无相聲佛 南无藥王佛
南无不怯弱佛 南无離諸畏毛竪佛
南无切德王光明佛 南无觀智起華佛
南无虛空家佛 南无虛空聲佛
南无虛空莊嚴佛 南无大眼佛
南无勝切德佛 南无成佛

BD03289號　佛名經（二十卷本）卷一七　（24–9）

南无虚空家佛　南无虚空聲佛
南无虚空莊嚴佛　南无大眼佛
南无勝功德佛　南无大成佛
南无佛波頭摩德佛　南无成功德佛
南无師子勝佛　南无成就義佛
南无師子護佛　南无善住王佛
南无梵山佛　南无淨目佛
南无不虛斷步佛　南无香烏佛
南无香德佛　南无香弥留佛
南无无邊眼佛　南无財屋佛
南无香山佛　南无寶師子佛
南无堅固衆生佛　南无妙勝住王佛
南无无邊境界勝王佛　南无勝精進王佛
南无无疑佛　南无善星宿王佛
南无燃燈佛　南无能住光明佛
一千三百
南无光明山佛　南无光明輪佛
南无妙蓋佛　南无香蓋佛
南无寶蓋佛　南无香雲蓋佛
南无稱種勝佛　南无須弥山積聚佛
南无種種寶光明佛　南无堅固自在王佛
南无淨勝佛　南无淨眼佛
南无不稱佛　南无寶勝佛
南无施羅王佛　南无發脩行轉女根佛

BD03289號　佛名經（二十卷本）卷一七　（24–10）

南无發无邊脩行佛　南无寂妙光佛
南无閻浮提光明山佛　南无田王佛
南无梵勝佛　南无稱身佛
南无華山佛　南无轉胎佛
南无轉華佛　南无斷諸念佛
南无發起諸念佛　南无常脩行佛
南无蓋住佛　南无一藏佛
南无一山佛　南无无邊身佛
南无无邊精進佛　南无光明輪佛
南无无邊功德王光佛　南无不可量華佛
南无過一切魔境界佛　南无降伏一切諸怨佛
南无不可量香佛　南无不可量聲佛
南无光明須佛　南无光明勝佛
南无不離二佛　南无輪佛
南无不可量佛華光明佛　南无不可量聲佛
南无光明山佛　南无娑羅自在王佛
南无日面佛　南无善目佛
南无虛空佛　南无寶華佛
南无寶成佛　南无月華佛
南无發諸行佛　南无斷諸世間佛
南无无邊樂說佛　南无離諸覺畏佛
南[illegible]一切境界佛　南[illegible]光明佛

BD03289號　佛名經（二十卷本）卷一七　（24–11）

南[illegible]空[illegible]佛　南[illegible]寶[illegible]佛
南无寶成佛　南无月華佛
南无發諸行佛　南无斷諸世間佛
南无无邊樂說佛　南无離諸覺畏佛
南无樂說一切境界佛　南无普光明佛
南无香光佛　南无香弥留佛
南无香勝佛　南无香像佛
南无香林佛　南无香王佛
南无波頭摩勝王佛　南无佛境界佛
南无寂妙佛　南无妙勝佛
南无散華佛　南无華蓋踴佛
南无華屋佛　南无金色華佛
南无香華佛　南无弥留王佛
南无導師佛　南无勝諸衆生佛
南无斷阿叉那佛　南无義善行佛
南无善華佛　南无无邊香佛
南无普散香光明佛　南无普散香佛
南无普散光佛　南无普散波頭摩勝佛
南无寶閻梨足手佛　南无起王佛
南无普佛國土一蓋佛　南无善住王佛
南无妙香佛　南无无邊智境界佛　一万四百
南无不空義佛　南无不空見佛
南无无鄣目佛　南无不動佛
南无發生菩提心佛　南无无量眼佛
南无有燈佛　南无普照佛
南无光明佛　南无一切佛國土佛
南无不斷惹一切衆生說樂佛　南无无垢步佛

BD03289 號　佛名經（二十卷本）卷一七　（24–12）

南无无鄣目佛　南无不動佛
南无發生菩提心佛　南无无量眼佛
南无有燈佛　南无普照佛
南无光明佛　南无一切佛國土佛
南无不斷惹一切衆生說樂佛　南无无垢步佛
南无能離一切衆生有佛　南无離一切憂佛
南无无畏王佛　南无勝山佛
南无香面佛　南无俱隣佛
南无大力勝佛　南无寶夏波羅勝佛
南无拘牟頭成佛　南无高聲眼佛
南无上首佛　南无華成佛
南无无邊光明佛　南无月出光佛
南无十方稱佛　南无多羅歌王增上佛
南无无邊光明佛　南无寂勝香山佛
南无无畏佛　南无成就无畏德佛
南无成就見邊願功德佛　南无一切德莊嚴佛
南无華王佛　南无不可降伏幢佛
南无增上護光佛　南无鷲怖波頭摩勝王佛
南无不異心成就勝佛　南无一切上德
南无虛空輪清淨王佛　南无相聲吼佛
南无寶起功德佛　南无梵聲佛
南无无鄣尋香手佛　南无弥留山光明佛
南无波頭摩光佛　南无能作稱名佛
南无稱觀佛　南无堅固自在王佛
南无過去如是等无量无邊佛　南无現在積聚无量佛

BD03289 號　佛名經（二十卷本）卷一七　（24–13）

南无无鄣导香手佛　南无弥留山光明佛
南无波頭摩光佛　南无能作稱名佛
南无稱觀佛　南无堅固自在王佛
南无過去如是等无量无邊佛　南无現在積聚无畏佛
南无寶切德光明佛　南无普讚佛
南无寶光照佛　南无月莊嚴寶光明覆藏德勝王佛
南无拘鞞摩樹提不誇王通佛　南无倩淨月輪佛
南无寂靜月聲佛　南无何僧祇住功德精進勝佛
南无善稱名勝佛　南无因陁羅幢見幢星宿王佛
南无普光明莊嚴勝佛　南无降伏敵對步佛
南无普切德光明莊嚴勝佛　南无无导藥王樹勝佛
南无波頭摩步佛　南无寶波頭摩善住娑羅佛
南无師子佛　南无白光佛
南无大光佛　南无无邊光佛
南无波頭摩王佛　南无何偶多羅佛
南无何偶多羅佛　南无善華佛
南无寶心佛　南无无导光佛
南无山幢佛　南无寶幢佛
南无寶炎佛　南无大炎聚佛
南无旃檀香佛　南无善剎光佛
南无波頭摩數身佛　南无依止无邊切德佛
南无寶決定聲王佛　南无何僧精進聚集勝佛
南无智通佛　南无弥留山積佛
南无燃燈佛　南无大威德力佛
南无日月佛　南无旃檀佛
南无須弥劫佛　南无月色佛　一百五□
南无不深佛　南无降伏龍佛

南无智通佛　南无弥留山積佛
南无燃燈佛　南无大威德力佛
南无日月佛　南无旃檀佛
南无須弥劫佛　南无月色佛　一百五□
南无不深佛　南无降伏龍佛
南无龍天佛　南无金色鏡像佛
南无山聲自在王佛　南无山積佛
南无須弥藏佛　南无供養光佛
南无勝覺佛　南无地山佛
南无琉璃華佛　南无妙流璃金形像佛
南无降伏月佛　南无日聲佛
南无散華莊嚴佛　南无海山智奮迅通佛
南无水光佛　南无大香鏡像佛
南无不動山佛　南无寶集佛
南无勝山佛　南无勇猛山佛
南无多切德法住持得通佛（六千六百）　南无日月琉璃光佛
南无勝琉璃光佛　南无心聞智多拘藥佛
南无月光佛　南无日光佛
南无散華王拘鞞摩通佛　南无旃檀月光佛
南无破无明闇佛　南无善蓋波婆羅佛
南无星宿佛　南无弗沙佛
南无師子鵰王山吼佛　南无梵聲龍佛
南无梵聲龍奮迅佛　南无世間因陁羅佛
南无世間自在王佛　南无可得報佛
南无甘露聲佛　南无樹提光佛
南无那延首龍佛　南无力天佛

南无梵聲龍奮迅佛　南无世間日陁羅佛
南无世間自在王佛　南无可得報佛
南无甘露聲佛　南无樹提光佛
南无那延首龍佛　南无力天佛
南无師子佛　南无毗羅闍光佛
南无世間最上佛　南无山嶽佛
南无人自在王佛　南无華勝佛
南无得四无畏佛　南无寶勝威德王智佛
南无不可嫌身佛　南无稱讚佛
南无稱威德佛　南无稱名聲佛
南无稱聲供養佛　南无勇猛稱佛
南无智勝善黠慧佛　南无智勝善黠慧佛
南无智勝成就佛　南无智炎佛
南无妙智佛　南无智奚聚佛
南无智勇猛佛　南无梵聲佛
南无梵勝佛　南无淨天佛
南无善聲佛　南无善淨天佛
南无梵聲佛　南无淨自在佛
南无淨善眼佛　南无淨聲自在王佛
南无善淨德佛　南无威德力增上佛
南无善勢自在佛　南无威德大勢力佛
南无勝威德佛　南无毗摩勝佛
南无毗摩意佛　南无善毗摩勝佛
南无毗摩面佛　南无毗摩成就佛
南无毗摩妙佛　南无見寶佛
南无須足多佛　南无善眼請淨佛

BD03289 號　佛名經（二十卷本）卷一七　（24–16）

南无毗摩意佛　南无善毗摩勝佛
南无毗摩面佛　南无毗摩成就佛
南无毗摩妙佛　南无見寶佛
南无須足多佛　南无善眼請淨佛
南无无邊眼佛　南无普眼佛
南无无等眼佛　南无不可降伏眼佛
南无不動眼佛　南无家勝佛
南无家勝佛　南无善家佛
南无善家諸根佛　南无家勝佛
南无家切德佛　南无家彼妬佛
南无善住佛　南无家心佛
南无家意佛　南无家靜燈佛
南无自在王佛　南无衆勝佛
南无淨王佛　南无大衆自在勇猛佛
南无衆勝解脫佛　南无法幢佛
南无法雜覺佛　南无法起佛
南无法體勝佛　南无法力自在勝佛
南无法勇猛佛　南无樂說山佛
南无寶火佛　南无樂說莊嚴雲吼佛
南无勝聲佛　南无妙眼佛
南无清淨面月勝藏威德佛　南无成就意佛
南无滿足心佛 九千七百　南无淨迦羅迦決定威佛
南无无邊精進佛　南无甘露光佛
南无十二部經般若海藏
南无金剛秘密善門陁羅尼經　南无阿闍世王受決經
南无採蓮華王上佛授決經　南无師子奮迅菩薩所問經
南无華積陁羅尼經　南无華聚陁羅尼經

BD03289 號　佛名經（二十卷本）卷一七　（24–17）

南无十二部經般若海藏
南无金剛秘密善門陁羅尼經　南无阿闍世王受決經
南无勝蓮華王上佛授決經　南无師子奮迅菩薩所問經
南无華積陁羅尼經　南无華聚陁羅尼經
南无相續解脫經　南无解節經
南无放鉢經　南无拔陂菩薩經
南无孔雀王呪經　南无兜沙經
南无清淨毗尼方廣經　南无寂調音所問經
南无善權善義經　南无坐禪三昧經
南无阿蘭若習禪法經　南无摩登伽經
南无舍頭諫經　南无過去現在因緣經
南无諸大菩薩摩訶薩衆
南无颰陁和菩薩　南无羅隣那竭菩薩
南无摩訶薩和菩薩　南无那羅達菩薩
南无憍日兜菩薩　南无和輪調菩薩
南无因坻菩薩　南无賢守菩薩
南无妙意菩薩　南无持意菩薩
南无增意菩薩　南无不虛見菩薩
南无立願菩薩　南无周旋菩薩
南无常精進應菩薩　南无不置遠菩薩
南无日盛菩薩　南无无吾我菩薩
南无光世音菩薩　南无溥首菩薩
南无聲聞緣覺一切辟支佛
南无憂婆沙羅辟支佛　南无波頭辟支佛
南无善賢辟支佛　南无賢德辟支佛
南无須摩辟支佛　南无聲聞緣一切賢聖

南无聲聞緣覺一切辟支佛
南无憂婆沙羅辟支佛　南无波頭辟支佛
南无善賢辟支佛　南无賢德辟支佛
南无須摩辟支佛　南无聲聞緣一切賢聖
南无過現未來三世諸佛歸命懺悔
弟子等懺悔身業竟今當懺悔口四過罪
是故經言口業之罪能令衆生墮於地獄畜
生餓鬼若生人中得二種果報一者所有言語
人不信受二者眷屬不和常好鬪諍口業之過
皆從懺滅願口善根念念不壞向薩婆若或
以種種音聲種種言辭稱揚讃歎佛法聖僧
或復受持大乘方等脩多羅藏毗尼呪論偈
句等法宣說解釋持讀諷誦及餘種種愛語
濡語慈悲等語謙卑慰喻化道引接乃至睡
嘆口所至處歌唄讃頌懺謝悔過勸請隨喜
迴向教願暫時所作若多若少悉皆迴向无上
菩提願一切劫中一切衆生得无著口四辯无导
聲遍十方圓音普震言語和雅聞者無
厭消除煩惱永處安樂是故弟子歸依
十方諸佛
南无東方山幢佛　南无東南方雲雷音王佛
南无南方名稱佛　南无西南方寶上日光佛
南无西方无量光佛　南无西北方大明佛
南无北方大蓋佛　南无東北方三乘佛
南无上方香光佛　南无下方光明佛
如是等盡虛空界一切三寶
弟子等從无始世界以來至于今日盡犯口業

南无西方无量光佛　南无西北方火明佛
南无北方大蓋佛　南无東北方三乘佛
南无上方香光佛　南无下方光明佛
如是等盡虛空界一切三寶
弟子等從无始世界以來至于今日盡犯口業
重罪長淪三有永固八河邪念敷誑教言多虛
中間具造妄言綺語兩舌之罪輕眺之口禍患
之本妄傳毀譽之談假道非真之語聞正忽
啗詭邪不妄道曲如美說直而拳自讚毀讒
憎之府違理順情不當法相乖仁背道調或
衆生危善揚惡身口為讎邪論逼真或誑佛
誑法菩薩聲聞誑國王父母人非人等乃至見
非言是惑亂兩邊破他和合誹謗一切衆及有
形一聞謗聲如三百刀刺身況口自謗不生信心
是知口舌者禍患之官滅身之府言出患入言
失身亡出言易於反掌收言難於拔山自犯
教人讚歎隨喜盡犯口業重罪若不懺悔身
壞命終定墮鐵犁尖石地獄无量尖石破背
入心耕犁万道縱橫徹吞石飲鐵備受苦痛一日
一夜六十億死六十億生罪畢乃出生畜生中或
作野干鵄梟之類一出聲音人皆同嫌若生人
中唔啞无舌設能語言為人不信口氣臭穢人所
不喜是故今日歸依三寶諸佛慈悲方等父母
菩薩知識聽許我等發露懺悔願一切衆生
无量劫以來口業重罪從此懺滅究竟不犯
乃至菩提常脩信語去離三塗長辭八難神
[illegible]金水洗或食甘露法上

不喜是故今日歸依三寶諸佛慈悲方等父母
菩薩知識聽許我等發露懺悔願一切衆生
无量劫以來口業重罪從此懺滅究竟不犯
乃至菩提常脩信語去離三塗長辭八難神
趣安養託體蓮華金水洗或食甘露法上
至成佛口業清淨普同至心懺悔
弟子等從无始世界以來至于今日盡犯意
業重輪迴六趣涉歷三塗往返因緣來去有
結使覆心念念亂想中間具造慳貪瞋癡酒亂
之罪慳業不善惜心纏結上至三寶下及有形
乃至不施一錢一針一草一縷求法之者不為說
一句一偈一文一字護惜財物猶如眼目一切慳罪願
從懺滅常脩恩施不生恡惜貪業不善耶心
深著但知求索无有慚愧難滿如海積聚如
山唯為貪耶不知猒足見他得利如箭射心貪
利沽酒失人本性是故佛說一過酒器与償五
百身中无辟況以自飲及持與人酒能代身損
壽喪家酒為狂水衆過之源開无患之門閉
菩提之戶酒之為患有卅六失如此貪罪願從
懺滅改往脩來誓不更犯常行推讓不生貪求瞋
癡不善恒生恚怒癡毒究轉瞋恨纏縛乃至罵
辱杖打仍瞋不息一切瞋罪願從懺滅恒脩歡
喜永斷瞋癡自犯教人讚歎隨喜盡犯慳貪
瞋罪如此意業重罪弟子漸還具罪若不懺
悔身壞命終定墮黑闇鑊壺地獄墨暗无明
身體糜爛鑊壺鄣塞骨肉俱碎烊銅灌口
百毛孔溢一日一夜卅億死卅億生罪畢乃出生畜

瞋罪如此意業重罪弟子脩還具罪若不懺
悔身壞命終定墮黑闇鐵窟地獄墨暗无明
身體糜爛鐵窟穿塞骨肉俱碎洋銅灌口
百毛孔溢一日一夜卅億死卅億生罪畢乃出生畜
生中野狐虎豹豺狼虺虵之類若生人間聾
癡愚騃六根不具是故今日歸依諸佛菩薩
知識聽許我等發露懺悔願一切衆生无量
劫以來意業之罪從此懺滅廣度羣生閉
慳貪户脩慧念施生无量壽國坐佛坐處度
脫諸有普同至心懺悔
弟子等承是懺悔意業一切煩惱永盡无餘
願生生世世所有善根念念不悚向薩婆若或
正念思惟佛法聖僧戒施定慧菩提種智或
復觀察三解脫門大空平等甚深性悔四禪八
定慈悲喜捨八万四千諸三昧海及餘種種次弟
諸行乃至須臾意所至處安那般那四念處觀
暫時所緣暫時所住若多若少悉與一切衆生
皆悉迴向无上菩提願盡未來際在所生處得廣
大意无滿法界念慧現前通達三世入真如藏
究竟无窮滅
願弟子等所脩三業迴向善根念念充滿十方
世界除滅阿鼻无間劫大鬭羅獄卒大怖畏
處及餘地獄種種苦惱刀輪劍城氷山火壟鑪
銅橛燃晝夜不息焚劚劈裂髓腦湯潰煮燒
名身心糜爛摧碎分張万死万生如是地獄百
千種苦无量无邊不可具說以此迴向功德力故

處及餘地獄種種苦惱刀輪劍城氷山火壟鑪
銅橛燃晝夜不息焚劚劈裂髓腦湯潰煮燒
名身心糜爛摧碎分張万死万生如是地獄百
千種苦无量无邊不可具說以此迴向功德力故
悉皆除滅令无有餘乘大願力出諸有際斬
伐苦原斷衆結使度陰界海入賢聖地超昇无
爲常受妙樂
大乘蓮華寶達菩薩業報應沙門經
寶達菩薩復前更入頗宾地獄云何名曰頗宾
地獄其地獄縱廣四十由旬鐵圍迊鐵網覆上烟
火俱然如上无異地有鐵鏘火然同燃中有鐵
床方圓五百餘步床上火燃來燒罪人
尒時南門之中有六百罪人似是人形如非人也
身長一丈亦无口眼手脚六根手之亦无尒時馬
頭羅刹手捉鐵鏘望身鉾罪人身動似有
人聲唱言我罪受苦如是獄卒撓曳來入獄中
獄中鐵鏘達剗其身身中出火即入中復有
餓鬼來食其肉復有餓鬼來飲其血復有
鐵鳥來啄其髓復有惡風來吹還一日一夜
受罪万端千死千生万死万生若得爲人貧
窮癡闇不識佛法
寶達菩薩問曰此諸沙門作何罪業受苦
如是馬頭羅刹答曰此諸沙門受佛禁戒不
求无上菩提但求現在名利貪飲酒故破
戒卅六失以是因緣墮此地獄寶達菩薩聞
之悲泣而去

頭羅剎手捉鐵鉤[illegible]身、鐵[illegible]罪人身動似有
人聲唱言我罪受苦如是獄卒[illegible]來入獄中
獄中鐵鍱遶封其身身中出火即入中復有
餓鬼來食其肉復有餓鬼來飲其血復有
鐵鳥來啄其髓復有猛風來吹罪人一日一夜
受罪万端千死千生万死万生若得為人貧
窮癡闇不識佛法
寶達菩薩問曰此諸沙門作何罪業受苦
如是馬頭羅剎答曰此諸沙門受佛禁戒不
求无上菩提但求現在名利貪飲酒故破
戒卌六夫以是因緣墮此地獄寶達菩薩聞
之悲泣而去

佛說佛名經卷第十七

沙門法瓊礼

BD03289號　佛名經（二十卷本）卷一七　（24–24）

菩提南西北方四維、
世世尊須菩提菩薩
如是不可思量須菩提
須菩提於意云何可以身
世尊不可以身相得見如來
說身相即非身相佛告須菩提凡所
是虛妄若見諸相非相則見如來
須菩提白佛言世尊頗有衆生得聞如是言
說章句生實信不佛告須菩提莫作是說如
來滅後後五百歲有持戒脩福者於此章句
能生信心以此為實當知是人不於一佛二
佛三四五佛而種善根已於无量千万佛所
種諸善根聞是章句乃至一念生淨信者須
菩提如來悉知悉見是諸衆生得如是无量
福德何以故是諸衆生无復我相人相衆生
相壽者相无法相亦无非法相何以故是諸
衆生若心取相則為著我人衆生壽者若取
法相即著我人衆生壽者何以故若取非法

薩不
意云

BD03290號　金剛般若波羅蜜經　（14–1）

菩提如来悉知悉見是諸衆生得如是无量
福德何以故是諸衆生无復我相人相衆生
相壽者相无法相亦无非法相何以故是諸
衆生若心取相則為著我人衆生壽者若取
法相即著我人衆生壽者何以故若取非法
相即著我人衆生壽者是故不應取法不應
取非法以是義故如来常説汝等比丘知我
説法如筏喻者法尚應捨何況非法
須菩提於意云何如来得阿耨多羅三藐三
菩提耶如来有所説法耶須菩提言如我解
佛所説義无有定法名阿耨多羅三藐三菩
提亦无有定法如来可説何以故如来所説
法皆不可取不可説非法非非法所以者何
一切賢聖皆以无為法而有差別
須菩提於意云何若人滿三千大千世界七寶
以用布施是人所得福德寧為多不須菩提
言甚多世尊何以故是福德即非福德性是
故如来説福德多若復有人於此經中受持
乃至四句偈等為他人説其福勝彼何以故
須菩提一切諸佛及諸佛阿耨多羅三藐三
菩提法皆從此經出須菩提所謂佛法者即
非佛法
須菩提於意云何須陁洹能作是念我得須
陁洹果不須菩提言不也世尊何以故須陁
洹名為入流而无所入不入色聲香味觸法
是名須陁洹須菩提於意云何斯陁含能作

BD03290 號　金剛般若波羅蜜經　（14–2）

菩提法皆從此經出須菩提所謂佛法者即
非佛法
須菩提於意云何須陁洹能作是念我得須
陁洹果不須菩提言不也世尊何以故須陁
洹名為入流而无所入不入色聲香味觸法
是名須陁洹須菩提於意云何斯陁含能作
是念我得斯陁含果不須菩提言不也世尊
何以故斯陁含名一往来而實无往来是名
斯陁含須菩提於意云何阿那含能作是念
我得阿那含果不須菩提言不也世尊何以
故阿那含名為不来而實无来是故名阿那
含須菩提於意云何阿羅漢能作是念我得
阿羅漢道不須菩提言不也世尊何以故實
无有法名阿羅漢世尊若阿羅漢作是念我
得阿羅漢道即為著我人衆生壽者世尊
佛説我得无諍三昧人中最為第一是第一離
欲阿羅漢我不作是念我是離欲阿羅漢世
尊我若作是念我得阿羅漢道世尊則不説
須菩提是樂阿蘭那行者以須菩提實无
所行而名須菩提是樂阿蘭那行
佛告須菩提於意云何如来昔在然燈佛所
於法有所得不世尊如来在然燈佛所於法
實无所得須菩提於意云何菩薩莊嚴佛土
不不也世尊何以故莊嚴佛土者則非莊嚴
是名莊嚴是故須菩提諸菩薩摩訶薩應如
是生清淨心不應住色生心不應住聲香味
觸法生心應无所住而生其心須菩提譬如

BD03290 號　金剛般若波羅蜜經　（14–3）

於法有所得不世尊如来在然燈佛所於法
實无所得須菩提於意云何菩薩莊嚴佛土
不不世世尊何以故莊嚴佛土者則非莊嚴
是名莊嚴是故須菩提諸菩薩摩訶薩應如
是生清淨心不應住色生心不應住聲香味
觸法生心應无所住而生其心須菩提譬如
有人身如須弥山王於意云何是身為大不
須菩提言甚大世尊何以故佛説非身是
名大身
須菩提如恒河中所有沙數如是沙等恒河
於意云何是諸恒河沙寧為多不須菩提言
甚多世尊但諸恒河尚多无數何况其沙須
菩提我今實言告汝若有善男子善女人以
七寶滿尒所恒河沙數三千大千世界以用
布施得福多不須菩提言甚多世尊佛告須
菩提若善男子善女人於此經中乃至受持
四句偈等為他人説而此福德勝前福德復
次須菩提隨説是經乃至四句偈等當知此
處一切世間天人阿脩羅皆應供養如佛塔
廟何况有人盡能受持讀誦須菩提當知是
人成就最上第一希有之法若是經典所在
之處則為有佛若尊重弟子
尒時須菩提白佛言世尊當何名此經我等
云何奉持佛告須菩提是經名為金剛般若
波羅蜜以是名字汝當奉持所以者何須菩
提佛説般若波羅蜜則非般若波審蜜須菩
提於意云何如来有所説法不須菩提白佛

BD03290號　金剛般若波羅蜜經　（14–4）

尒時須菩提白佛言世尊當何名此經我等
云何奉持佛告須菩提是經名為金剛般若
波羅蜜以是名字汝當奉持所以者何須菩
提佛説般若波羅蜜則非般若波審蜜須菩
提於意云何如来有所説法不須菩提白佛
言世尊如来无所説須菩提於意云何三千
大千世界所有微塵是為多不須菩提言甚
多世尊須菩提諸微塵如来説非微塵是名
微塵如来説世界非世界是名世界須菩提
於意云何可以卅二相見如来不不世世尊
何以故如来説卅二相即是非相是名卅二相
須菩提若有善男子善女人以恒河沙等
身命布施若復有人於此經中乃至受持四
句偈等為他人説其福甚多
尒時須菩提聞是經深解義趣涕淚悲泣
而白佛言希有世尊佛説如是甚深經典我
從昔来所得慧眼未曽得聞如是之經世尊
若復有人得聞是經信心清淨則生實相當
知是人成就第一希有功德世尊是實相者
則是非相是故如来説名實相世尊我今得
聞如是經典信解受持不足為難若當来世
後五百歳其有衆生得是經信解受持是
人則為第一希有何以故此人无我相人相
衆生相壽者相所以者何我相即是非相人
相衆生相壽者相即是非相何以故離一切相
則名諸佛佛告須菩提如是如是若復有

BD03290號　金剛般若波羅蜜經　（14–5）

後五百歲其有衆生得是經信解受持是
人則爲第一希有何以故此人无我相人相
衆生相壽者相所以者何我相即是非相人相
衆生相壽者相即是非相何以故離一切相
則名諸佛佛告須菩提如是如是若復有
人得聞是經不驚不怖不畏當知是人甚爲
希有何以故須菩提如來說第一波羅蜜非
第一波羅蜜是名第一波羅蜜須菩提忍辱
波羅蜜如來說非忍辱波羅蜜何以故須菩
提如我昔爲歌利王割截身體我於尒時无
我相无人相无衆生相无壽者相何以故我
於往昔節節支解時若有我相人相衆生相
壽者相應生瞋恨須菩提又念過去於五百
世作忍辱仙人於尒所世无我相无人相无衆
生相无壽者相是故須菩提菩薩應離一切
相發阿耨多羅三藐三菩提心不應住色
生心不應住聲香味觸法生心應生无所住
心若心有住則爲非住是故佛說菩薩心不
應住色布施須菩提菩薩爲利益一切衆生
應如是布施如來說一切諸相即是非相又
說一切衆生則非衆生須菩提如來是真語
者實語者如語者不誑語者不異語者須
菩提如來所得法此法无實无虛須菩提若
菩薩心住於法而行布施如人入闇則无所
見若菩薩心不住法而行布施如人有目日
光明照見種種色須菩提當來之世若有善
男子善女人能於此經受持讀誦則爲如來

BD03290號　金剛般若波羅蜜經　（14–6）

菩提如來所得法此法无實无虛須菩提若
菩薩心住於法而行布施如人入闇則无所
見若菩薩心不住法而行布施如人有目日
光明照見種種色須菩提當來之世若有善
男子善女人能於此經受持讀誦則爲如來
以佛智慧悉知是人悉見是人皆得成就无
量无邊功德
須菩提若有善男子善女人初日分以恒河
沙等身布施中日分復以恒河沙等身布施
後日分亦以恒河沙等身布施如是无量百
千万億劫以身布施若復有人聞此經典信
心不逆其福勝彼何況書寫受持讀誦爲人
解說須菩提以要言之是經有不可思議不
可稱量无邊功德如來爲發大乘者說爲發
最上乘者說若有人能受持讀誦廣爲人說
如來悉知是人悉見是人皆成就不可量不
可稱无有邊不可思議功德如是人等則爲
荷擔如來阿耨多羅三藐三菩提何以故須
菩提若樂小法者著我見人見衆生見壽者
見則於此經不能聽受讀誦爲人解說須菩
提在在處處若有此經一切世間天人阿脩
羅所應供養當知此處則爲是塔皆應恭敬
作礼圍繞以諸華香而散其處
復次須菩提善男子善女人受持讀誦此經
若爲人輕賤是人先世罪業應墮惡道以今
世人輕賤故先世罪業則爲消滅當得阿耨

BD03290號　金剛般若波羅蜜經　（14–7）

羅所應供養當知此處則為是塔皆應恭敬
作礼圍繞以諸華香而散其處
復次須菩提善男子善女人受持讀誦此經
若為人輕賤是人先世罪業應墮悪道以今
世人輕賤故先世罪業則為消滅當得阿耨
多羅三藐三菩提須菩提我念過去无量阿
僧祇劫於然燈佛前得值八百四千万億那
由他諸佛悉皆供養承事无空過者若復有
人於後末世能受持讀誦此經所得功德於
我所供養諸佛功德百分不及一千万億分乃
至筭數譬喻所不能及須菩提若善男子善
女人於後末世有受持讀誦此經所得功德
我若具說者或有人聞心則狂亂狐疑不信
須菩提當知是經義不可思議果報亦不可
思議
尒時須菩提白佛言世尊善男子善女人發
阿耨多羅三藐三菩提心云何應住云何降
伏其心佛告須菩提善男子善女人發阿耨
多羅三藐三菩提者當生如是心我應滅度
一切衆生滅度一切衆生已而无有一衆生
實滅度者何以故若菩薩有我相人相衆生
相壽者相則非菩薩所以者何須菩提實无
有法發阿耨多羅三藐三菩提者須菩提於
意云何如来於然燈佛所有法得阿耨多羅
三藐三菩提不不也世尊如我解佛所說義
佛於然燈佛所无有法得阿耨多羅三藐三
菩提佛言如是如是須菩提實无有法如来

BD03290號　金剛般若波羅蜜經　（14–8）

有法發阿耨多羅三藐三菩提者須菩提於
意云何如来於然燈佛所有法得阿耨多羅
三藐三菩提不不也世尊如我解佛所說義
佛於然燈佛所无有法得阿耨多羅三藐三
菩提佛言如是如是須菩提實无有法如来
得阿耨多羅三藐三菩提須菩提若有法如
来得阿耨多羅三藐三菩提者然燈佛則不
與我受記汝於来世當得作佛号釋迦牟尼
以實无有法得阿耨多羅三藐三菩提是
然燈佛與我受記作是言汝於来世當得作
佛号釋迦牟尼何以故如来者即諸法如義若
有人言如来得阿耨多羅三藐三菩提須菩
提實无有法得阿耨多羅三藐三菩提須
菩提如来所得阿耨多羅三藐三菩提於是
中无實无虛是故如来說一切法皆是佛法
須菩提所言一切法者即非一切法是故名
一切法須菩提譬如人身長大須菩提言
世尊如来說人身長大則為非大身是名大
身須菩提菩薩亦如是若作是言我當滅度
无量衆生則不名菩薩何以故須菩提實无
有法名為菩薩是故佛說一切法无我无人
无衆生无壽者須菩提若菩薩作是言我當
莊嚴佛土是不名菩薩何以故如来說莊嚴
佛土者即非莊嚴是名莊嚴須菩提若菩
薩通達无我法者如来說名真是菩薩
須菩提於意云何如来有肉眼不如是世尊
如来有肉眼須菩提於意云何如来有天眼

BD03290號　金剛般若波羅蜜經　（14–9）

无衆生无壽者須菩提若菩薩作是言我當
莊嚴佛土是不名菩薩何以故如来說莊嚴
佛土者即非莊嚴是名莊嚴須菩提若菩
薩通達无我法者如来說名真是菩薩
須菩提於意云何如来有肉眼不如是世尊
如来有肉眼須菩提於意云何如来有天眼
不如是世尊如来有天眼須菩提於意云何
如来有慧眼不如是世尊如来有慧眼須菩
提於意云何如来有法眼不如是世尊如来
有法眼須菩提於意云何如来有佛眼不如
是世尊如来有佛眼須菩提於意云佛恒河
中所有沙佛說是沙不如是世尊如来說是
沙須菩提於意云何如一恒河中所有沙有
如是等恒河是諸恒河所有沙數佛世界如
是寧為多不甚多世尊佛告須菩提尒所國
土中所有衆生若干種心如来悉知何以故如
来說諸心皆為非心是名為心所以者何須
菩提過去心不可得現在心不可得未来心
不可得須菩提於意云何若有人滿三千大
千世界七寶以用布施是人以是因緣得福
多不如是世尊此人以是因緣得福甚多須
菩提若福德有實如来不說得福德多以
福德无故如来說得福德多
須菩提於意云何佛可以具足色身見不不
世世尊如来不應以具足色身見何以故如
来說具足色身即非具足色身是名具足色
身須菩提於意云何如来可以具足諸相見

BD03290號　金剛般若波羅蜜經

（14–10）

福德无故如来說得福德多
須菩提於意云何佛可以具足色身見不不
世世尊如来不應以具足色身見何以故如
来說具足色身即非具足色身是名具足色
身須菩提於意云何如来可以具足諸相見
不不世世尊如来不應以具足諸相見何以
故如来說諸相具足即非具足是名諸相具
足須菩提汝勿謂如来作是念我當有所說
法莫作是念何以故若人言如来有所說法
即為謗佛不能解我所說故須菩提說法者
无法可說是名說法須菩提白佛言世尊佛
得阿耨多羅三藐三菩提為无所得耶如是
如是須菩提我於阿耨多羅三藐三菩提乃
至无有少法可得是名阿耨多羅三藐三菩
提復次須菩提是法平等无有高下是名阿
耨多羅三藐三菩提以无我无人无衆生无
壽者脩一切善法則得阿耨多羅三藐三菩
提須菩提所言善法者如来說非善法是名
善法須菩提若三千大千世界中所有諸須
弥山王如是等七寶聚有人持用布施若人
以此般若波羅蜜經乃至四句偈等受持為
他人說於前福德百分不及一百千万億分
乃至算數譬喻所不能及
須菩提於意云何汝等勿謂如来作是念我
當度衆生須菩提莫作是念何以故實无有
衆生如来度者若有衆生如来度者如来則

BD03290號　金剛般若波羅蜜經

（14–11）

他人說於前福德百分不及一百千万億分
乃至筭數譬喻所不能及
須菩提於意云何汝等勿謂如來作是念我
當度衆生須菩提莫作是念何以故實无有
衆生如來度者若有衆生如來度者如來則
有我人衆生壽者須菩提如來說有我者則
非有我而凡夫之人以為有我須菩提凡夫
者如來說則非凡夫須菩提於意云何可以
卅二相觀如來不須菩提言如是如是以卅
二相觀如來佛言須菩提若以卅二相觀如
來者轉輪聖王則是如來須菩提白佛言世
尊如我解佛所說義不應以卅二相觀如來
尒時世尊而說偈言
若以色見我　以音聲求我　是人行邪道　不能見如來
須菩提汝若作是念如來不以具足相故得
阿耨多羅三藐三菩提須菩提莫作是念如
來不以具足相故得阿耨多羅三藐三菩提
須菩提汝若作是念發阿耨多羅三藐三菩
提者說諸法斷滅相莫作是念何以故發阿
耨多羅三藐三菩提者於法不說斷滅相須
菩提若菩薩以滿恒河沙等世界七寶布施
若復有人知一切法无我得成於忍此菩薩
勝前菩薩所得功德須菩提以諸菩薩不受
福德故須菩提白佛言世尊云何菩薩不受
福德須菩提菩薩所作福德不應貪著是故
說不受福德須菩提若有人言如來若來若
去若坐若卧是人不解我所說義何以故如

BD03290 號　金剛般若波羅蜜經　（14–12）

勝前菩薩所得功德須菩提以諸菩薩不受
福德故須菩提白佛言世尊云何菩薩不受
福德須菩提菩薩所作福德不應貪著是故
說不受福德須菩提若有人言如來若來若
去若坐若卧是人不解我所說義何以故如
來者无所從來亦无所去故名如來
須菩提若善男子善女人以三千大千世界
碎為微塵於意云何是微塵衆寧為多不甚
多世尊何以故若是微塵衆實有者佛則不
說是微塵衆所以者何佛說微塵衆則非微
塵衆是名微塵衆世尊如來所說三千大千
世界則非世界是名世界何以故若世界實
有者則是一合相如來說一合相則非一合
相是名一合相須菩提一合相者則是不可
說但凡夫之人貪著其事須菩提若人言佛
說我見人見衆生見壽者見須菩提於意云
何是人解我所說義不世尊是人不解如來
所說義何以故世尊說我見人見衆生見壽
者見即非我見人見衆生見壽者見是名我
見人見衆生見壽者見須菩提發阿耨多羅
三藐三菩提心者於一切法應如是知如是見
如是信解不生法相須菩提所言法相者如
來說即非法相是名法相須菩提若有人以
滿无量阿僧祇世界七寶持用布施若有善
男子善女人發菩薩心者持於此經乃至四
句偈等受持讀誦為人演說其福勝彼云

BD03290 號　金剛般若波羅蜜經　（14–13）

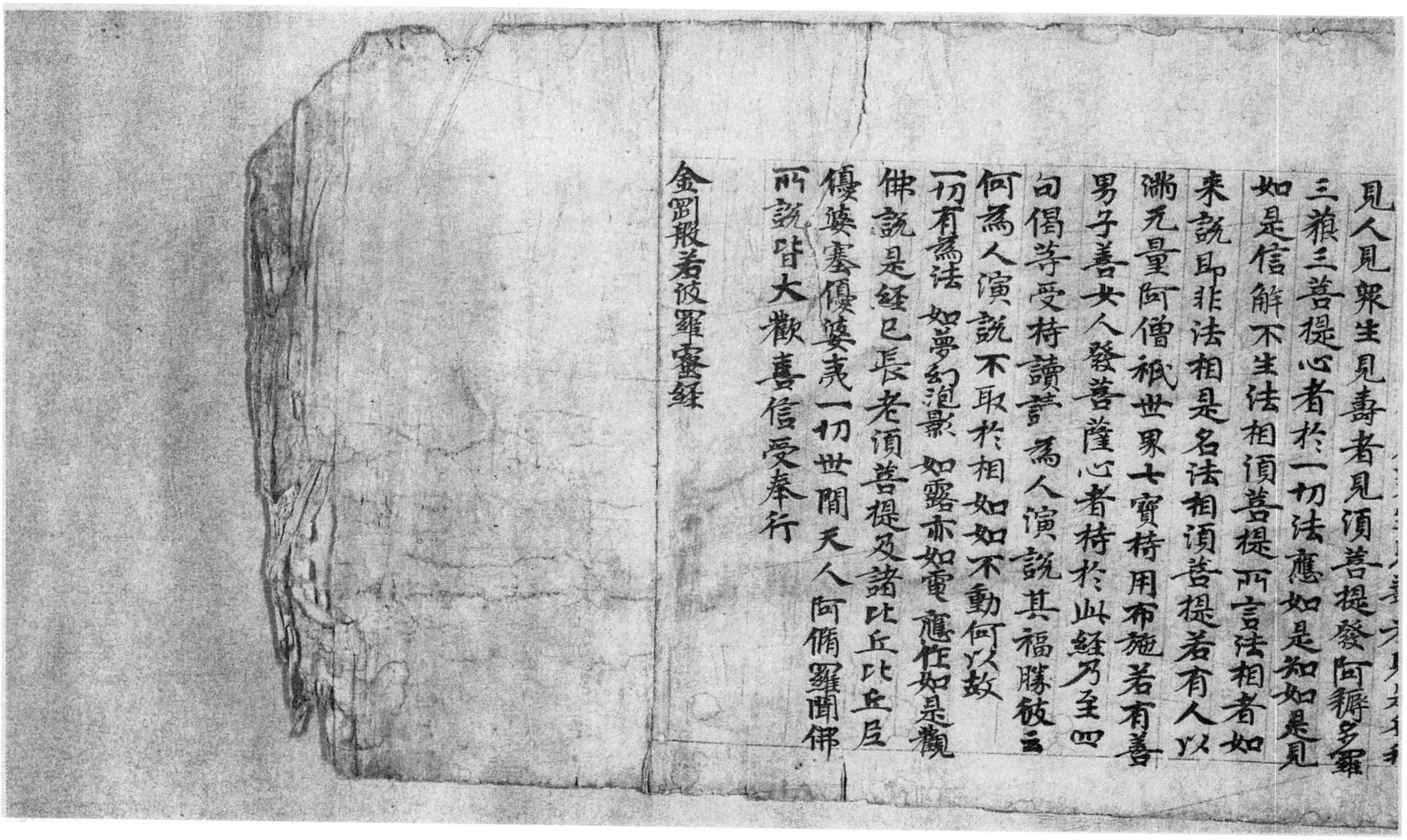

見人見衆生見壽者見須菩提發阿耨多羅
三藐三菩提心者於一切法應如是知如是見
如是信解不生法相須菩提所言法相者如
来說即非法相是名法相須菩提若有人以
滿无量阿僧祇世界七寶持用布施若有善
男子善女人發菩薩心者持於此経乃至四
句偈等受持讀誦為人演說其福勝彼云
何為人演說不取於相如如不動何以故
一切有為法　如夢幻泡影　如露亦如電　應作如是觀
佛說是経已長老須菩提及諸比丘比丘尼
優婆塞優婆夷一切世間天人阿脩羅聞佛
所說皆大歡喜信受奉行
金剛般若波羅蜜経

BD03290 號　金剛般若波羅蜜經　（14–14）

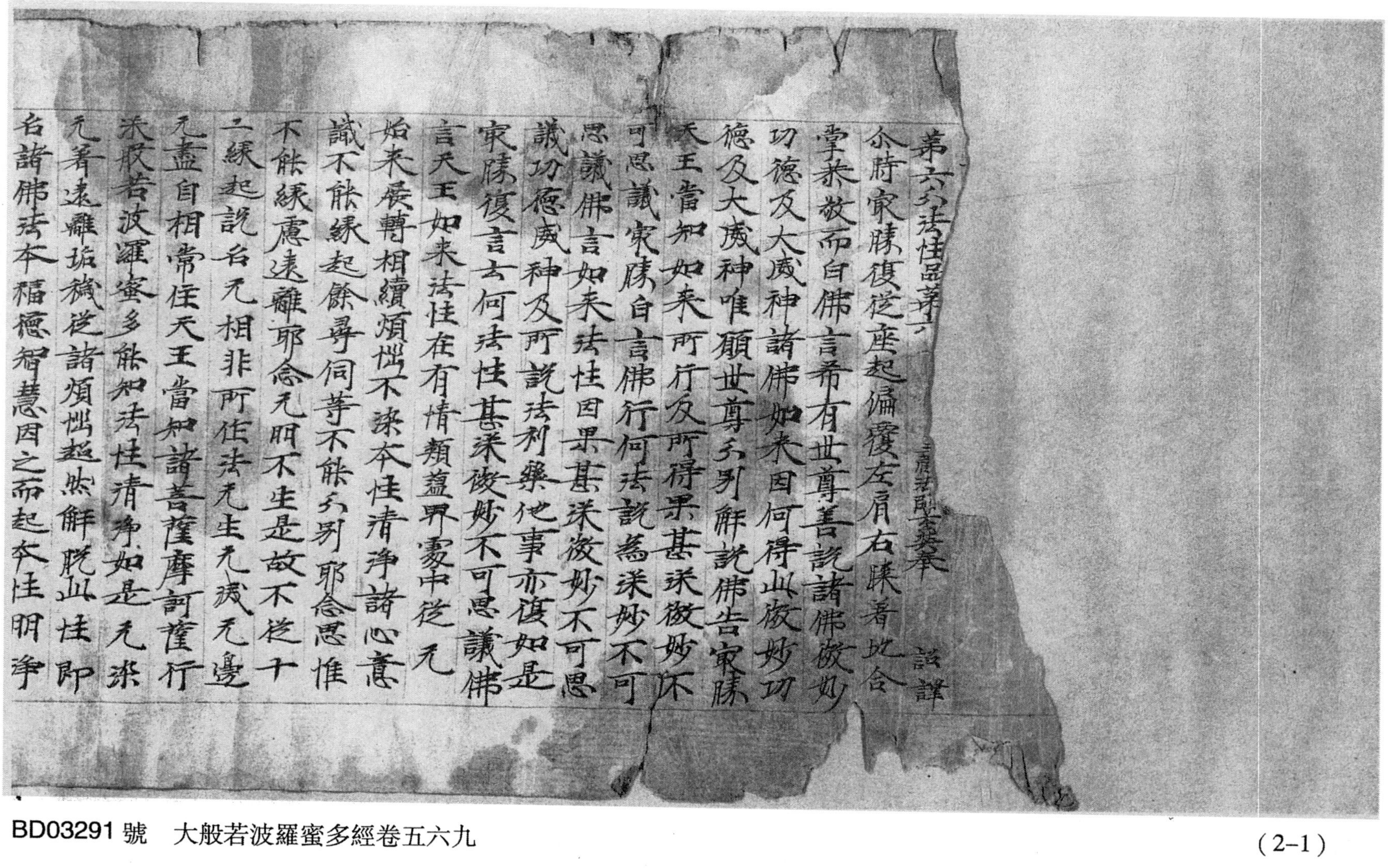

第六分法性品第六　　三藏法師玄奘奉　詔譯
尒時最勝復從座起偏覆左肩右膝著地合
掌恭敬而白佛言希有世尊善說諸佛微妙
功德及大威神諸佛如来因何得此微妙功
德及大威神唯願世尊分別解說佛告最勝
天王當知如来所行及所得果甚深微妙不
可思議最勝白言佛行何法說為深妙不可
思議佛言如来法性因果甚深微妙不可思
議功德威神及所說法利樂他事亦復如是
最勝復言云何法性甚深微妙不可思議佛
言天王如来法性在有情類蘊界處中從无
始来展轉相續煩惱不染本性清淨諸心意
識不能緣起餘尋伺等不能分別邪念思惟
不能緣慮遠離邪念无明不生是故不從十
二緣起說名无相非所作法无生无滅无邊
无盡自相常住天王當知諸菩薩摩訶薩行
深般若波羅蜜多能知法性清淨如是无染
无著遠離垢穢從諸煩惱超然解脫此性即
名諸佛法本福德智慧因之而起本性明淨

BD03291 號　大般若波羅蜜多經卷五六九　（2–1）

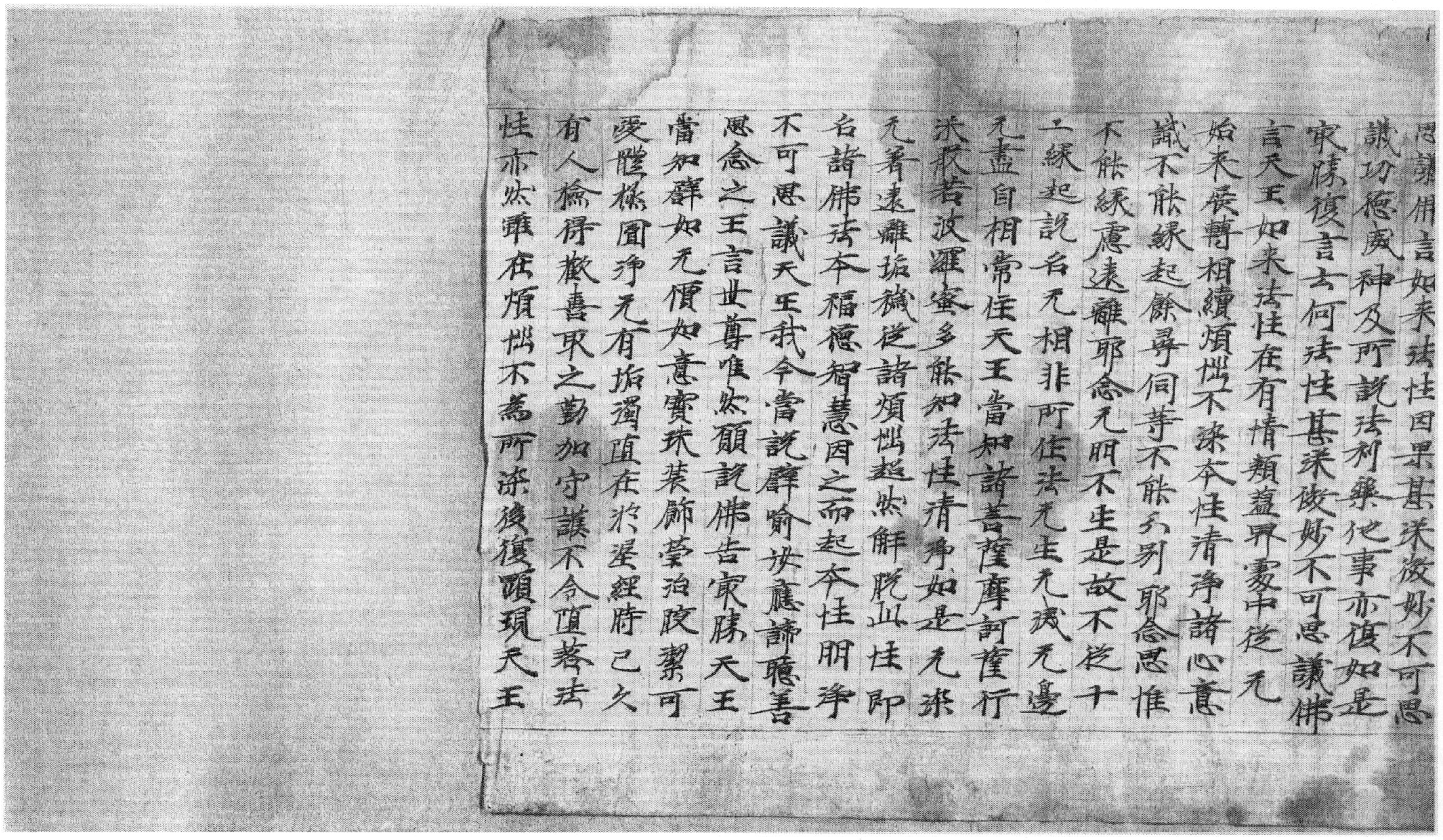
思議佛言如來法性因果甚深微妙不可思
議功德威神及所說法利樂他事亦復如是
最勝復言云何法性甚深微妙不可思議佛
言天王如來法性在有情類蘊界處中從无
始來展轉相續煩惱不染本性清淨諸心意
識不能緣起餘尋伺等不能分別邪念思惟
不能緣慮遠離邪念无明不生是故不從十
二緣起說名无相非所住法无生无滅无邊
无盡自相常住天王當知諸菩薩摩訶薩行
深般若波羅蜜多能知法性清淨如是无染
无著遠離垢穢從諸煩惱超然解脫此性即
名諸佛法本福德智慧因之而起本性明淨
不可思議天王我今當說譬喻汝應諦聽善
思念之王言世尊唯然願說佛告最勝天王
當知譬如无價如意寶珠裝飾瑩治皎潔可
愛體極圓淨无有垢穢置在於埿經時已久
有人撿得歡喜取之勤加守護不令墮落法
性亦然雖在煩惱不爲所染後復顯現天王

BD03291 號　大般若波羅蜜多經卷五六九　　（2–2）

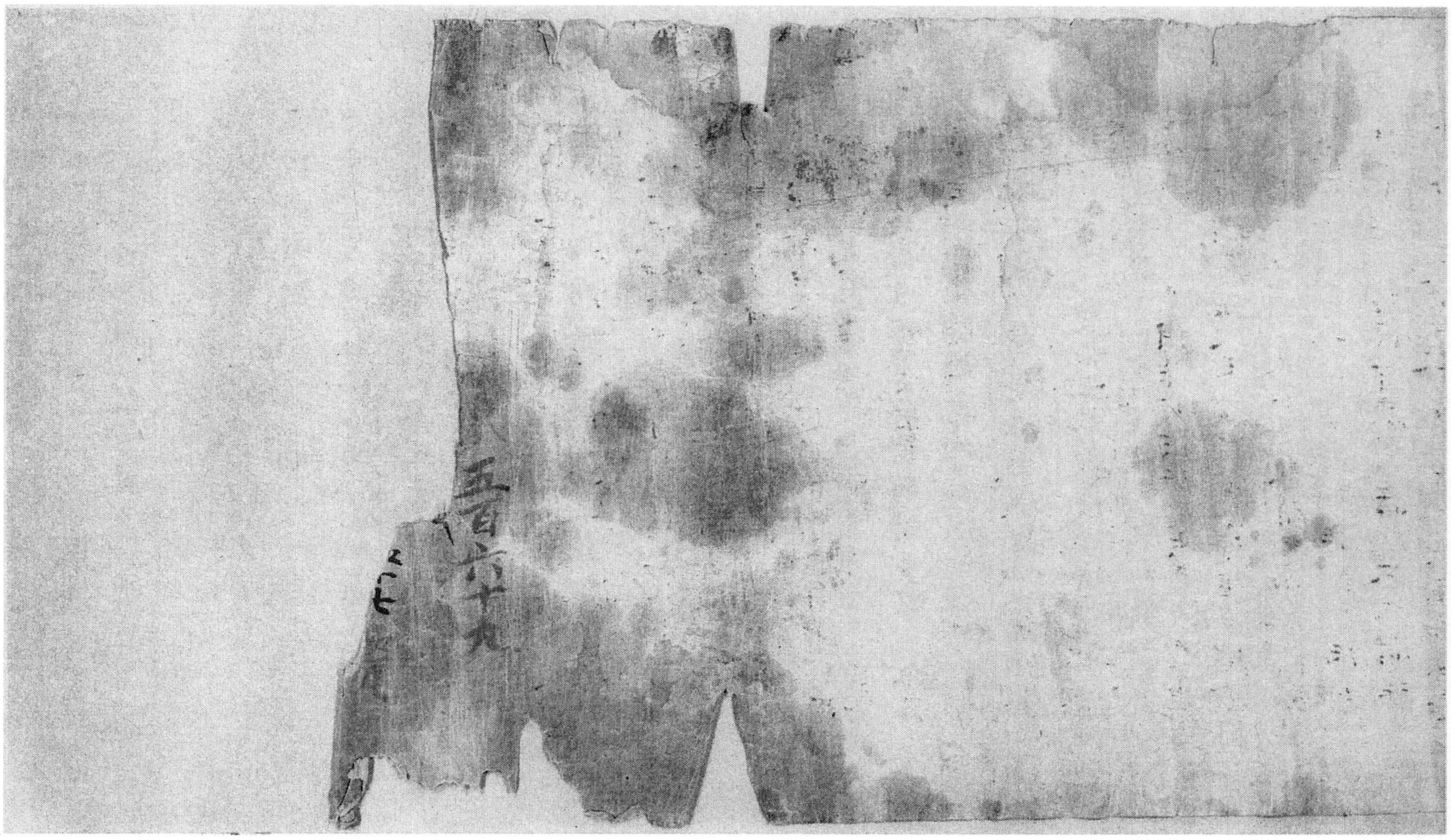
五百六十九

BD03291 號背　勘記　　（1–1）

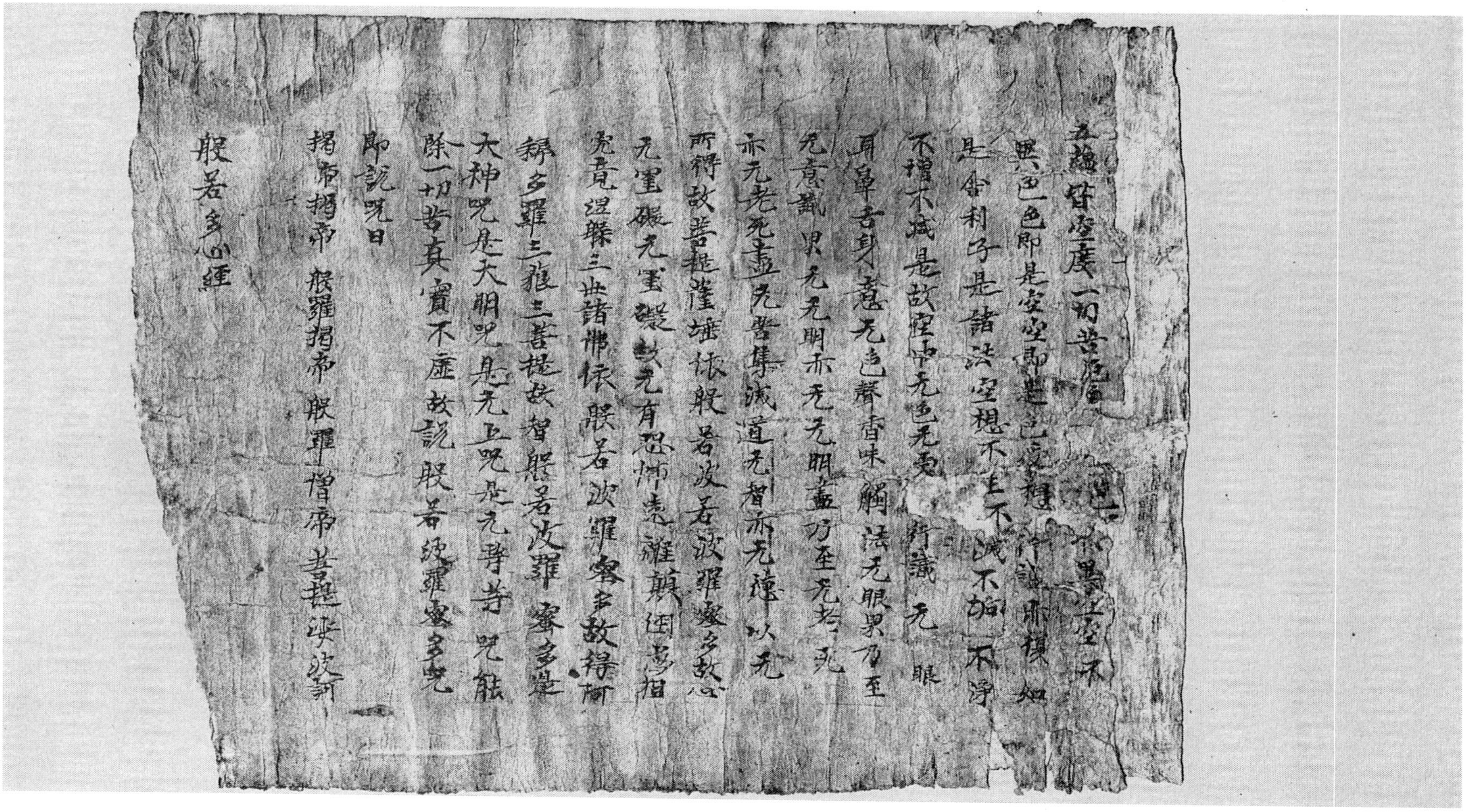
五蘊皆空度一切苦厄……空不
異色色即是空空即是色受想行識亦復如
是舍利子是諸法空相不生不滅不垢不淨
不增不減是故空中无色无受想行識无眼
耳鼻舌身意无色聲香味觸法无眼界乃至
无意識界无无明亦无无明盡乃至无老死
亦无老死盡无苦集滅道无智亦无得以无
所得故菩提薩埵依般若波羅蜜多故心
无罣礙无罣礙故无有恐怖遠離顛倒夢想
究竟涅槃三世諸佛依般若波羅蜜多故得阿
耨多羅三藐三菩提故知般若波羅蜜多是
大神呪是大明呪是无上呪是无等等呪能
除一切苦真實不虛故說般若波羅蜜多呪
即說呪曰
揭帝揭帝 般羅揭帝 般羅僧揭帝 菩提娑婆訶
般若多心經

BD03292 號　般若波羅蜜多心經　（1–1）

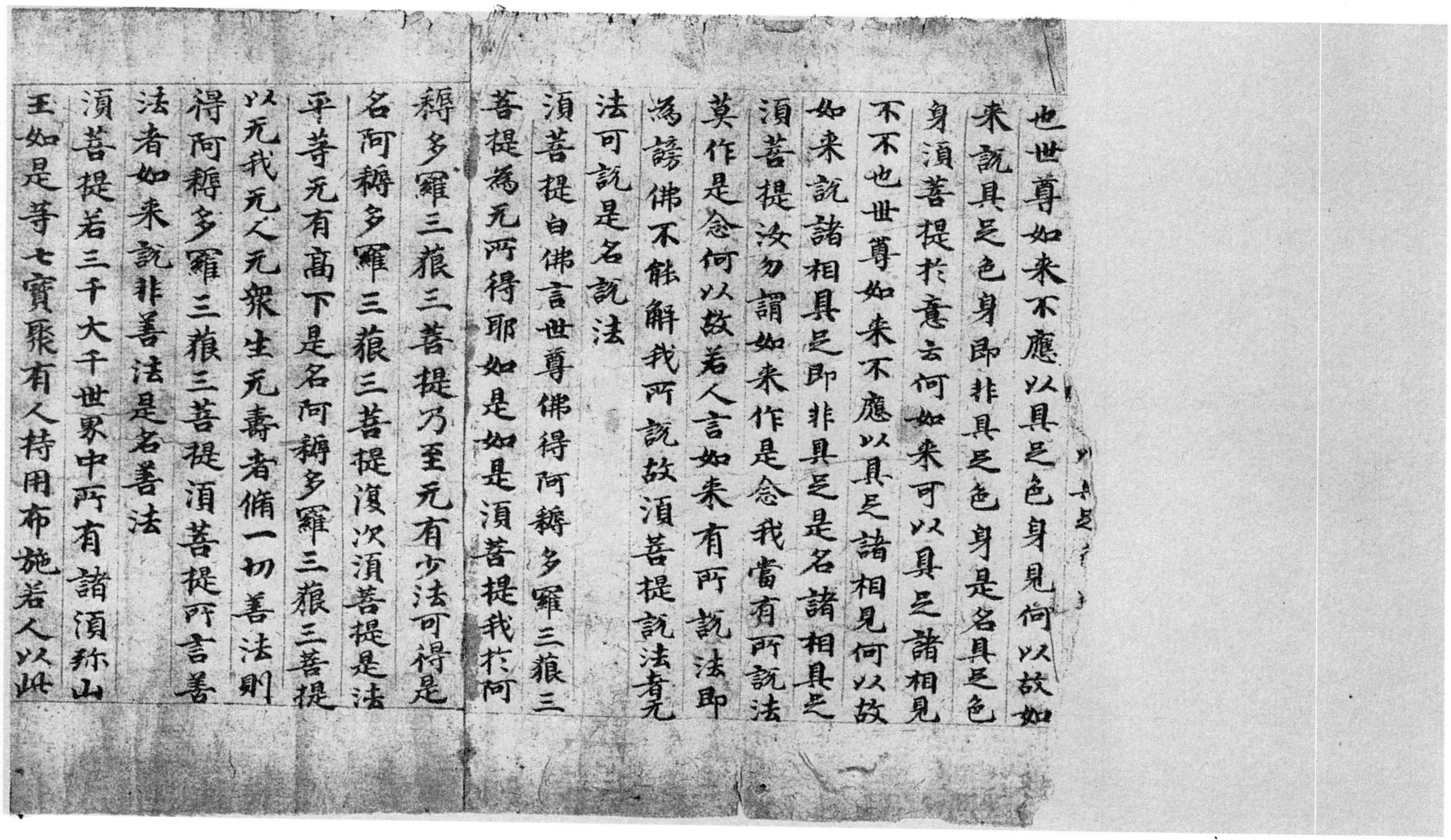
也世尊如来不應以具足色身見何以故如
来說具足色身即非具足色身是名具足色
身須菩提於意云何如来可以具足諸相見
不不也世尊如来不應以具足諸相見何以故
如来說諸相具足即非具足是名諸相具足
須菩提汝勿謂如来作是念我當有所說法
莫作是念何以故若人言如来有所說法即
為謗佛不能解我所說故須菩提說法者无
法可說是名說法
須菩提白佛言世尊佛得阿耨多羅三藐三
菩提為无所得耶如是如是須菩提我於阿
耨多羅三藐三菩提乃至无有少法可得是
名阿耨多羅三藐三菩提復次須菩提是法
平等无有高下是名阿耨多羅三藐三菩提
以无我无人无衆生无壽者脩一切善法則
得阿耨多羅三藐三菩提須菩提所言善
法者如来說非善法是名善法
須菩提若三千大千世界中所有諸須弥山
王如是等七寶聚有人持用布施若人以此

BD03293 號　金剛般若波羅蜜經　（4–1）

以无我无人无衆生无壽者脩一切善法則
得阿耨多羅三藐三菩提須菩提所言善
法者如来說非善法是名善法
須菩提若三千大千世界中所有諸須弥山
王如是等七寶聚有人持用布施若人以此
般若波羅蜜經乃至四句偈等受持讀誦為
他人說於前福德百分不及一百千万億分
乃至筭數譬喻所不能及
須菩提於意云何汝等勿謂如来作是念我
當度衆生須菩提莫作是念何以故實无有
衆生如来度者若有衆生如来度者如来則
有我人衆生壽者須菩提如来說有我者
則非有我而凡夫之人以為有我須菩提凡
夫者如来說則非凡夫
須菩提於意云何可以卅二相觀如来不須
菩提言如是如是以卅二相觀如来佛言須
菩提若以卅二相觀如来者轉輪聖王則是
如来須菩提白佛言世尊如我解佛所說義
不應以卅二相觀如来尒時世尊而說偈言
若以色見我 以音聲求我 是人行耶道 不能見如来
須菩提汝若作是念如来不以具足相故得
阿耨多羅三藐三菩提須菩提莫作是念如
来不以具足相故得阿耨多羅三藐三菩提
須菩提汝若作是念發阿耨多羅三藐三菩
提者說諸法斷滅相莫作是念何以故發阿
耨多羅三藐三菩提者於法不說斷滅相須

BD03293號　金剛般若波羅蜜經　（4–2）

来不以具足相故得阿耨多羅三藐三菩提
須菩提汝若作是念發阿耨多羅三藐三菩
提者說諸法斷滅相莫作是念何以故發阿
耨多羅三藐三菩提者於法不說斷滅相須
菩提若菩薩以滿恒河沙等世界七寶布施若
復有人知一切法无我得成於忍此菩薩勝
前菩薩所得功德須菩提以諸菩薩不受福
德故須菩提白佛言世尊云何菩薩不受福
德須菩提菩薩所作福德不應貪著是故說
不受福德
須菩提若有人言如来若来若去若坐若卧
是人不解我所說義何以故如来者无所從
来亦无所去故名如来
須菩提若善男子善女人以三千大千世界
碎為微塵於意云何是微塵衆寧為多不甚
多世尊何以故若是微塵衆實有者佛則不
說是微塵衆所以者何佛說微塵衆則非微
塵衆是名微塵衆世尊如来所說三千大千
世界則非世界是名世界何以故若世界實
有者則是一合相如来說一合相則非一合相
是名一合相須菩提一合相者則是不可說
但凡夫之人貪著其事須菩提若人言佛說
我見人見衆生見壽者見須菩提於意云
何是人解我所說義不世尊是人不解如来所
說義何以故世尊說我見人見衆生見壽者
見即非我見人見衆生見壽者見是名我見

BD03293號　金剛般若波羅蜜經　（4–3）

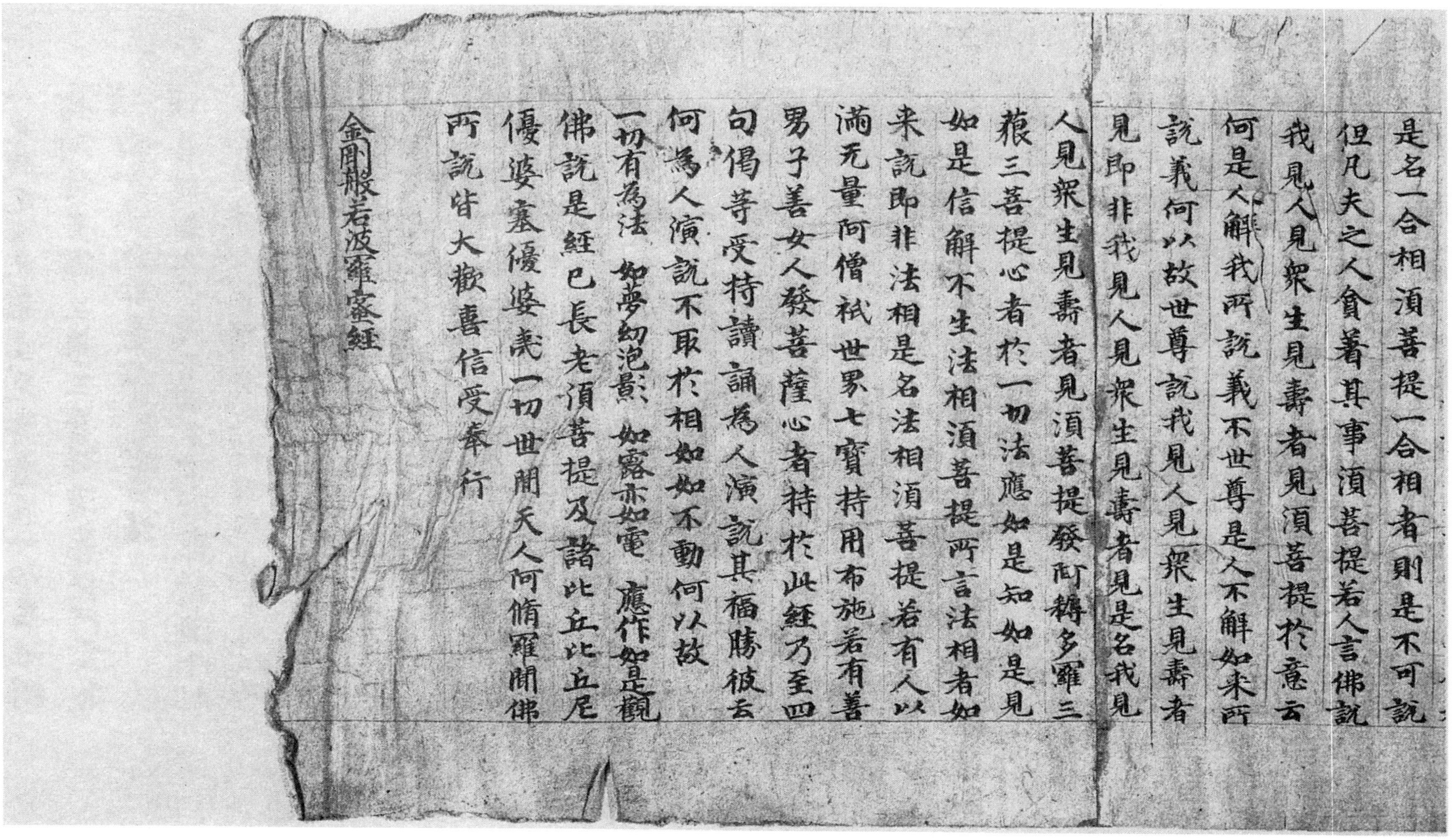

是名一合相須菩提一合相者則是不可說
但凡夫之人貪著其事須菩提若人言佛說
我見人見衆生見壽者見須菩提於意云
何是人解我所說義不世尊是人不解如來所
說義何以故世尊說我見人見衆生見壽者
見即非我見人見衆生見壽者見是名我見
人見衆生見壽者見須菩提發阿耨多羅三
藐三菩提心者於一切法應如是知如是見
如是信解不生法相須菩提所言法相者如
來說即非法相是名法相須菩提若有人以
滿无量阿僧祇世界七寶持用布施若有善
男子善女人發菩薩心者持於此經乃至四
句偈等受持讀誦為人演說其福勝彼云
何為人演說不取於相如如不動何以故
一切有為法 如夢幻泡影 如露亦如電 應作如是觀
佛說是經已長老須菩提及諸比丘比丘尼
優婆塞優婆夷一切世間天人阿脩羅聞佛
所說皆大歡喜信受奉行
金剛般若波羅蜜經

BD03293號　金剛般若波羅蜜經　（4–4）

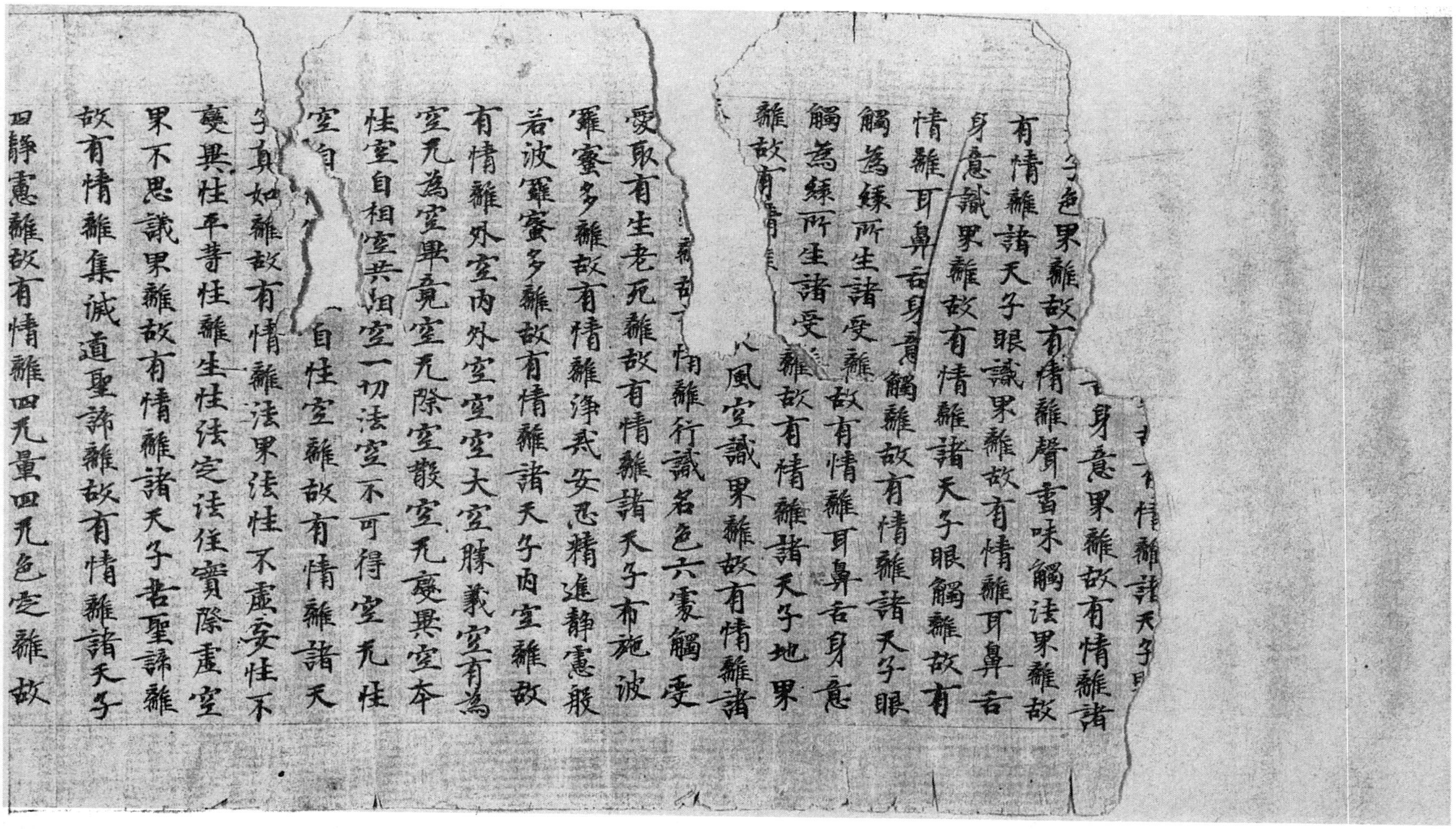

情離諸天子
身意界離故有情離諸
色界離故有情離聲香味觸法界離故
有情離諸天子眼識界離故有情離耳鼻舌
身意識界離故有情離諸天子眼觸離故有
情離耳鼻舌身意觸離故有情離諸天子眼
觸為緣所生諸受離故有情離耳鼻舌身意
觸為緣所生諸受離故有情離諸天子地界
離故有情 風空識界離故有情離諸
情離行識名色六處觸受
愛取有生老死離故有情離諸天子布施波
羅蜜多離故有情離淨戒安忍精進靜慮般
若波羅蜜多離故有情離諸天子內空離故
有情離外空內外空空空大空勝義空有為
空无為空畢竟空无際空散空无變異空本
性空自相空共相空一切法空不可得空无性
空自 自性空離故有情離諸天
子真如離故有情離法界法性不虛妄性不
變異性平等性離生性法定法住實際虛空
界不思議界離故有情離諸天子苦聖諦離
故有情離集滅道聖諦離故有情離諸天子
四靜慮離故有情離四无量四无色定離故

BD03294號　大般若波羅蜜多經卷三四三　（20–1）

子真如離故有情離法界法性不虛妄性不
變異性平等性離生性法定法住實際虛空
界不思議界離故有情離諸天子苦聖諦離
故有情離集滅道聖諦離故有情離諸天子
四靜慮離故有情離四无量四无色定離故
有情離諸天子八解脫離故有情離八勝處
九次第定十遍處離故有情離諸天子四念
住離故有情離四正斷四神足五根五力七等
覺支八聖道支離故有情離諸天子空解
脫門離故有情離无相无願解脫門離故有
情離諸天子極喜地離故有情離離垢地發光
地焰慧地極難勝地現前地遠行地不動地
善慧地法雲地離故有情離諸天子五眼離
故有情離六神通離故有情離諸天子佛十
力離故有情離四无所畏四无礙解大慈大
悲大喜大捨十八佛不共法離故有情離諸
天子无忘失法離故有情離恒住捨性離故
有情離諸天子一切智離故有情離道相智
一切相智離故有情離諸天子一切陀羅尼
門離故有情離一切三摩地門離故有情離
諸天子預流果離故有情離一來不還阿羅
漢果離故有情離諸天子獨覺菩提離故有
情離諸天子一切菩薩摩訶薩行離故有情
離諸天子諸佛无上正等菩提離故有情離
諸天子一切智智離故有情離
復次諸天子色離故布施淨戒安忍精進靜
慮般若波羅蜜多離受想行識離故布施淨

BD03294 號　大般若波羅蜜多經卷三四三　（20–2）

諸天子一切智智離故有情離
復次諸天子色離故布施淨戒安忍精進靜
慮般若波羅蜜多離受想行識離故布施淨
戒安忍精進靜慮般若波羅蜜多離諸天子
色離故內空外空內外空空空大空勝義空
有為空无為空畢竟空无際空散空无變異
空本性空自相空共相空一切法空不可得
空无性空自性空无性自性空離受想行識
離故內空乃至无性自性空離諸天子色離
故真如法界法性不虛妄性不變異性平等
性離生性法定法住實際虛空界不思議界
離受想行識離故真如乃至不思議界離諸
天子色離故苦集滅道聖諦離受想行識離
故苦集滅道聖諦離諸天子色離故四靜慮
四无量四无色定離受想行識離故四靜慮
四无量四无色定離諸天子色離故八解脫八
勝處九次第定十遍處離受想行識離故
八解脫八勝處九次第定十遍處離諸天子
色離故四念住四正斷四神足五根五力七
等覺支八聖道支離受想行識離故四念住
乃至八聖道支離諸天子色離故空无相无
願解脫門離受想行識離故空无相无願解
脫門離諸天子色離故極喜地離垢地發光
地焰慧地極難勝地現前地遠行地不動地
善慧地法雲地離受想行識離故極喜地乃
至法雲地離諸天子色離故五眼六神通離
受想行識離故五眼六神通離諸天子色離

BD03294 號　大般若波羅蜜多經卷三四三　（20–3）

焰慧地極難勝地現前地遠行地不動地
善慧地法雲地離受想行識離故極喜地乃
至法雲地離諸天子色離故五眼六神通離
受想行識離故五眼六神通離諸天子色離
故佛十力四无所畏四无礙解大慈大悲大
喜大捨十八佛不共法離受想行識離故佛
十力乃至十八佛不共法離諸天子色離故
无忘失法恒住捨性離受想行識離故无忘
失法恒住捨性離諸天子色離故一切智道
相智一切相智離受想行識離故一切智道
相智一切相智離諸天子色離故一切陁羅尼
門三摩地門離受想行識離故一切陁羅
尼門三摩地門離諸天子色離故預流一來
不還阿羅漢果離受想行識離故預流一來
不還阿羅漢果離諸天子色離故獨覺菩提
離受想行識離故獨覺菩提離諸天子色離
故一切菩薩摩訶薩行離受想行識離故一
切菩薩摩訶薩行離諸天子色離故諸佛无
上正等菩提離受想行識離故諸佛无上正
等菩提離諸天子色離故一切智智離受想
行識離故一切智智離
復次諸天子眼處離故布施淨戒安忍精進
靜慮般若波羅蜜多離耳鼻舌身意處離故
布施淨戒安忍精進靜慮般若波羅蜜多離
諸天子眼處離故內空外空內外空空空大空
勝義空有為空无為空畢竟空无際空散
空无變異空本性空自相空共相空一切法
空不可得空无性空自性空无性自性空離

BD03294 號　大般若波羅蜜多經卷三四三　（20–4）

布施淨戒安忍精進靜慮般若波羅蜜多離
諸天子眼處離故內空外空內外空空空大空
勝義空有為空无為空畢竟空无際空散
空无變異空本性空自相空共相空一切法
空不可得空无性空自性空无性自性空離
耳鼻舌身意處離故內空乃至无性自性空
離諸天子眼處離故真如法界法性不虛妄
性不變異性平等性離生性法定法住實際
虛空界不思議界離耳鼻舌身意處離故真
如乃至不思議界離諸天子眼處離故苦集
滅道聖諦離耳鼻舌身意處離故苦集滅道
聖諦離諸天子眼處離故四靜慮四无量四
无色定離耳鼻舌身意處離故四靜慮四无
量四无色定離諸天子眼處離故八解脫八
勝處九次第定十遍處離耳鼻舌身意處離
故八解脫八勝處九次第定十遍處離諸天
子眼處離故四念住四正斷四神足五根五力
七等覺支八聖道支離耳鼻舌身意處離
故四念住乃至八聖道支離諸天子眼處離
故空无相无願解脫門離耳鼻舌身意處離
故空无相无願解脫門離諸天子眼處離故
極喜地離垢地發光地焰慧地極難勝地現
前地遠行地不動地善慧地法雲地離耳鼻
舌身意處離故極喜地乃至法雲地離諸天
子眼處離故五眼六神通離耳鼻舌身意處
離故五眼六神通離諸天子眼處離故佛十
力四无所畏四无礙解大慈大悲大喜大捨

BD03294 號　大般若波羅蜜多經卷三四三　（20–5）

子眼處離故五眼六神通離耳鼻舌身意處
離故五眼六神通離諸天子眼處離故佛十
力四无所畏四无礙解大慈大悲大喜大捨
十八佛不共法離耳鼻舌身意處離故佛十
力乃至十八佛不共法離諸天子眼處離故
无忘失法恒住捨性離耳鼻舌身意處離故
无忘失法恒住捨性離諸天子眼處離故一
切智道相智一切相智離耳鼻舌身意處離
故一切智道相智一切相智離諸天子眼處離
故一切陁羅尼門三摩地門離耳鼻舌身意
處離故一切陁羅尼門三摩地門離諸天子
眼處離故預流一來不還阿羅漢果離耳鼻
舌身意處離故預流一來不還阿羅漢果
離諸天子眼處離故獨覺菩提離耳鼻舌身
意處離故獨覺菩提離諸天子眼處離故一
切菩薩摩訶薩行離耳鼻舌身意處離故一
切菩薩摩訶薩行離諸天子眼處離故諸佛
无上正等菩提離耳鼻舌身意處離故諸佛
无上正等菩提離諸天子眼處離故一切智
智離耳鼻舌身意處離故一切智智離
復次諸天子色處離故布施淨戒安忍精進
靜慮般若波羅蜜多離聲香味觸法處離故
布施淨戒安忍精進靜慮般若波羅蜜多離
諸天子色處離故內空外空內外空空空大
空勝義空有為空无為空畢竟空无際空散
空无變異空本性空自相空共相空一切法
空不可得空无性空自性空无性自性空離

BD03294 號　大般若波羅蜜多經卷三四三　（20–6）

諸天子色處離故內空外空內外空空空大
空勝義空有為空无為空畢竟空无際空散
空无變異空本性空自相空共相空一切法
空不可得空无性空自性空无性自性空離
聲香味觸法處離故內空乃至无性自性空
離諸天子色處離故真如法界法性不虛妄
性不變異性平等性離生性法定法住實
際虛空界不思議界離聲香味觸法處離故真
如乃至不思議界離諸天子色處離故苦集
滅道聖諦離聲香味觸法處離故苦集滅道
聖諦離諸天子色處離故四靜慮四无量四
无色定離聲香味觸法處離故四靜慮四无
量四无色定離諸天子色處離故八解脫八
勝處九次第定十遍處離聲香味觸法處離
故八解脫八勝處九次第定十遍處離諸天
子色處離故四念住四正斷四神足五根五
力七等覺支八聖道支離聲香味觸法處離
故四念住乃至八聖道支離諸天子色處離
故空无相无願解脫門離聲香味觸法處離
故空无相无願解脫門離諸天子色處離故
極喜地離垢地發光地焰慧地極難勝地現
前地遠行地不動地善慧地法雲地離聲香
味觸法處離故極喜地乃至法雲地離諸天
子眼處離故五眼六神通離聲香味觸法處
離故五眼六神通離諸天子色處離佛十
力四无所畏四无礙解大慈大悲大喜大捨
十八佛不共法離聲香味觸法處離故佛十

BD03294 號　大般若波羅蜜多經卷三四三　（20–7）

離故五眼六神通離諸天子色處離佛十
力四无所畏四无礙解大慈大悲大喜大捨
十八佛不共法離聲香味觸法處離故佛十
力乃至十八佛不共法離諸天子色處離故
无忘失法恒住捨性離聲香味觸法處離故
无忘失法恒住捨性離諸天子色處離故一
切智道相智一切相智離聲香味觸法處離
故一切智道相智一切相智離諸天子色處
離故一切陀羅尼門三摩地門離聲香味觸
法處離故一切陀羅尼門三摩地門離諸天
子色處離故預流一來不還阿羅漢果離聲
香味觸法處離故預流一來不還阿羅漢果
離諸天子色處離故獨覺菩提離聲香味觸
法處離故獨覺菩提離諸天子色處離故一
切菩薩摩訶薩行離聲香味觸法處離故一
切菩薩摩訶薩行離諸天子色處離故諸佛
无上正等菩提離聲香味觸法處離故諸佛
无上正等菩提離諸天子色處離故一切智
智離聲香味觸法處離故一切智智離
復次諸天子眼界離故布施淨戒安忍精進
靜慮般若波羅蜜多離耳鼻舌身意界離故
布施淨戒安忍精進靜慮般若波羅蜜多離
諸天子眼界離故內空外空內外空空空大
空勝義空有為空无為空畢竟空无際空散
空无變異空本性空自相空共相空一切法
空不可得空无性空自性空无性自性空離
耳鼻舌身意界離故內空乃至无性自性空
離諸天子眼界離故真如法界法性不虛妄

BD03294號　大般若波羅蜜多經卷三四三　（20–8）

空勝義空有為空无為空畢竟空无際空散
空无變異空本性空自相空共相空一切法
空不可得空无性空自性空无性自性空離
耳鼻舌身意界離故內空乃至无性自性空
離諸天子眼界離故真如法界法性不虛妄
性不變異性平等性離生性法定法住實際
虛空界不思議界離耳鼻舌身意界離故真
如乃至不思議界離諸天子眼界離故苦集
滅道聖諦離耳鼻舌身意界離故苦集滅道
聖諦離諸天子眼界離故四靜慮四无量四
无色定離耳鼻舌身意界離故四靜慮四无
量四无色定離諸天子眼界離故八解脫八
勝處九次第定十遍處離耳鼻舌身意界離
故八解脫八勝處九次第定十遍處離諸天
子眼界離故四念住四正斷四神足五根五力
七等覺支八聖道支離耳鼻舌身意界離
故四念住乃至八聖道支離諸天子眼界離
故空无相无願解脫門離耳鼻舌身意界離
故空无相无願解脫門離諸天子眼界離故
極喜地離垢地發光地焰慧地極難勝地現前
地遠行地不動地善慧地法雲地離耳鼻
舌身意界離故極喜地乃至法雲地離諸天
子眼界離故五眼六神通離耳鼻舌身意界
離故五眼六神通離諸天子眼界離故佛十
力四无所畏四无礙解大慈大悲大喜大捨
十八佛不共法離耳鼻舌身意界離故佛十
力乃至十八佛不共法離諸天子眼界離故

BD03294號　大般若波羅蜜多經卷三四三　（20–9）

子眼界離故五眼六神通離耳鼻舌身意界
離故五眼六神通離諸天子眼界離故佛十
力四无所畏四无礙解大慈大悲大喜大捨
十八佛不共法離耳鼻舌身意界離故佛十
力乃至十八佛不共法離諸天子眼界離故
无忘失法恒住捨性離耳鼻舌身意界離故
无忘失法恒住捨性離諸天子眼界離故一
切智道相智一切相智離耳鼻舌身意界離
故一切智道相智一切相智離諸天子眼界離
故一切陁羅尼門三摩地門離耳鼻舌身
意界離故一切陁羅尼門三摩地門離諸天
子眼界離故預流一來不還阿羅漢果離耳
鼻舌身意界離故預流一來不還阿羅漢果
離故天子眼界離故獨覺菩提離耳鼻舌身
意界離故獨覺菩提離諸天子眼界離故一
切菩薩摩訶薩行離耳鼻舌身意界離故一
切菩薩摩訶薩行離諸天子眼界離故諸佛
无上正等菩提離耳鼻舌身意界離故諸佛
无上正等菩提離諸天子眼界離故一切智
智離耳鼻舌身意界離故一切智智離
復次諸天子色界離故布施淨戒安忍精進
靜慮般若波羅蜜多離聲香味觸法界離故
布施淨戒安忍精進靜慮般若波羅蜜多離
諸天子色界離故內空外空內外空空空大
空勝義空有為空无為空畢竟空无際空散
空无變異空本性空自相空共相空一切法
空不可得空无性空自性空无性自性空離

BD03294 號　大般若波羅蜜多經卷三四三　（20–10）

諸天子色界離故內空外空內外空空空大
空勝義空有為空无為空畢竟空无際空散
空无變異空本性空自相空共相空一切法
空不可得空无性空自性空无性自性空離
聲香味觸法界離故內空乃至无性自性空
離諸天子色界離故真如法界法性不虛妄
性不變異性平等性離生性法定法住實際
虛空界不思議界離聲香味觸法界離故真
如乃至不思議界離諸天子色界離故苦集
滅道聖諦離聲香味觸法界離故苦集滅道
聖諦離諸天子色界離故四靜慮四无量四
无色定離聲香味觸法界離故四靜慮四无
量四无色定離諸天子色界離故八解脫八
勝處九次第定十遍處離聲香味觸法界離
故八解脫八勝處九次第定十遍處離諸天
子色界離故四念住四正斷四神足五根五
力七等覺支八聖道支離聲香味觸法界離
故四念住乃至八聖道支離諸天子色界離
故空无相无願解脫門離聲香味觸法界離
故空无相无願解脫門離諸天子色界離故
極喜地離垢地發光地焰慧地極難勝地現
前地遠行地不動地善慧地法雲地離聲香
味觸法界離故極喜地乃至法雲地離諸天
子色界離故五眼六神通離聲香味觸法界
離故五眼六神通離諸天子色界離故佛十
力四无所畏四无礙解大慈大悲大喜大捨
十八佛不共法離聲香味觸法界離故佛十

BD03294 號　大般若波羅蜜多經卷三四三　（20–11）

離故五眼六神通離諸天子色界離故佛十
力四无所畏四无礙解大慈大悲大喜大捨
十八佛不共法離聲香味觸法界離故佛十
力乃至十八佛不共法離諸天子色界離故
无忘失法恒住捨性離聲香味觸法界離故
无忘失法恒住捨性離諸天子色界離故一
切智道相智一切相智離聲香味觸法界離
故一切智道相智一切相智離諸天子色界離
故一切陀羅尼門三摩地門離聲香味觸
法界離故一切陀羅尼門三摩地門離諸天
子色界離故預流一來不還阿羅漢果離聲
香味觸法界離故預流一來不還阿羅漢果
離諸天子色界離故獨覺菩提離聲香味觸
法界離故獨覺菩提離諸天子色界離故一
切菩薩摩訶薩行離聲香味觸法界離故一
切菩薩摩訶薩行離諸天子色界離故諸佛
无上正等菩提離聲香味觸法界離故諸佛
无上正等菩提離諸天子色界離故一切智
智離聲香味觸法界離故一切智智離
復次諸天子眼識界離故布施淨戒安忍精
進靜慮般若波羅蜜多離耳鼻舌身意識界
離故布施淨戒安忍精進靜慮般若波羅蜜
多離諸天子眼識界離故內空外空內外空
空空大空勝義空有為空无為空畢竟空无
際空散空无變異空本性空自相空共相空
一切法空不可得空无性空自性空无性自
性空離耳鼻舌身意識界離故內空乃至无

BD03294 號　大般若波羅蜜多經卷三四三　（20–12）

空空大空勝義空有為空无為空畢竟空无
際空散空无變異空本性空自相空共相空
一切法空不可得空无性空自性空无性自
性空離耳鼻舌身意識界離故內空乃至无
性自性空離諸天子眼識界離故真如法界
法性不虛妄性不變異性平等性離生性法
定法住實際虛空界不思議界離耳鼻舌身
意識界離故真如乃至不思議界離諸天子
眼識界離故苦集滅道聖諦離耳鼻舌身意
識界離故苦集滅道聖諦離諸天子眼識界
離故四靜慮四无量四无色定離耳鼻舌身
意識界離故四靜慮四无量四无色定離諸
天子眼識界離故八解脫八勝處九次第定
十遍處離耳鼻舌身意識界離故八解脫八
勝處九次第定十遍處離諸天子眼識界離
故四念住四正斷四神足五根五力七等覺支
八聖道支離耳鼻舌身意識界離故四念
住乃至八聖道支離諸天子眼識界離故空
无相无願解脫門離耳鼻舌身意識界離故
空无相无願解脫門離諸天子眼識界離故
極喜地離垢地發光地焰慧地極難勝地現前
地遠行地不動地善慧地法雲地離耳鼻
舌身意識界離故極喜地乃至法雲地離諸
天子眼識界離故五眼六神通離耳鼻舌身
意識界離故五眼六神通離諸天子眼識界
離故佛十力四无所畏四无礙解大慈大悲
大喜大捨十八佛不共法離耳鼻舌身意識

BD03294 號　大般若波羅蜜多經卷三四三　（20–13）

意識界離故五眼六神通離諸天子眼識界
離故佛十力四无所畏四无礙解大慈大悲
大喜大捨十八佛不共法離耳鼻舌身意識
界離故佛十力乃至十八佛不共法離諸天
子眼識界離故无忘失法恒住捨性離耳鼻
舌身意識界離故无忘失法恒住捨性離諸
天子眼識界離故一切智道相智一切相智離
耳鼻舌身意識界離故一切智道相智一
切相智離諸天子眼識界離故一切陁羅尼
門三摩地門離耳鼻舌身意識界離故一切
陁羅尼門三摩地門離諸天子眼識界離故
預流一來不還阿羅漢果離耳鼻舌身意識
界離故預流一來不還阿羅漢果離諸天子
眼識界離故獨覺菩提離耳鼻舌身意識界
離故獨覺菩提離諸天子眼識界離故一切
菩薩摩訶薩行離耳鼻舌身意識界離故一
切菩薩摩訶薩行離諸天子眼識界離故諸
佛无上正等菩提離耳鼻舌身意識界離故
諸佛无上正等菩提離諸天子眼識界離故
一切智智離耳鼻舌身意識界離故一切智
智離
復次諸天子眼觸離故布施淨戒安忍精進
靜慮般若波羅蜜多離耳鼻舌身意觸離
故布施淨戒安忍精進靜慮般若波羅蜜多離
諸天子眼觸離故內空外空內外空空空大
空勝義空有為空无為空畢竟空无際空散
空无變異空本性空自相空共相空一切法

靜慮般若波羅蜜多離耳鼻舌身意觸離
故布施淨戒安忍精進靜慮般若波羅蜜多離
諸天子眼觸離故內空外空內外空空空大
空勝義空有為空无為空畢竟空无際空散
空无變異空本性空自相空共相空一切法
空不可得空无性空自性空无性自性空離
耳鼻舌身意觸離故內空乃至无性自性空
離諸天子眼觸離故真如法界法性不虛妄
性不變異性平等性離生性法定法住實際
虛空界不思議界離耳鼻舌身意觸離故真
如乃至不思議界離諸天子眼觸離故苦集
滅道聖諦離耳鼻舌身意觸離故苦集滅道
聖諦離諸天子眼觸離故四靜慮四无量四
无色定離耳鼻舌身意觸離故四靜慮四无
量四无色定離諸天子眼觸離故八解脫八
勝處九次第定十遍處離耳鼻舌身意觸離
故八解脫八勝處九次第定十遍處離諸天
子眼觸離故四念住四正斷四神足五根五力
七等覺支八聖道支離耳鼻舌身意觸離
故四念住乃至八聖道支離諸天子眼觸離
故空无相无願解脫門離耳鼻舌身意觸離
故空无相无願解脫門離諸天子眼觸離故
極喜地離垢地發光地焰慧地極難勝地現
前地遠行地不動地善慧地法雲地離耳鼻
舌身意觸離故極喜地乃至法雲地離諸天
子眼觸離故五眼六神通離耳鼻舌身意觸
離故五眼六神通離諸天子眼觸離故佛十力
四无所畏四无礙解大慈大悲大喜大捨

舌身意觸離故極喜地乃至法雲地離諸天
子眼觸離故五眼六神通離耳鼻舌身意觸
離故五眼六神通離諸天子眼觸離故佛十力
四无所畏四无礙解大慈大悲大喜大捨
十八佛不共法離耳鼻舌身意觸離故佛十
力乃至十八佛不共法離諸天子眼觸離故
无忘失法恒住捨性離耳鼻舌身意觸離故
无忘失法恒住捨性離諸天子眼觸離故一
切智道相智一切相智離耳鼻舌身意觸離
故一切智道相智一切相智離諸天子眼觸離
故一切陁羅尼門三摩地門離耳鼻舌身
意觸離故一切陁羅尼門三摩地門離諸天
子眼觸離故預流一來不還阿羅漢果離耳
鼻舌身意觸離故預流一來不還阿羅漢果
離諸天子眼觸離故獨覺菩提離耳鼻舌身
意觸離故獨覺菩提離諸天子眼觸離故一
切菩薩摩訶薩行離耳鼻舌身意觸離故一
切菩薩摩訶薩行離諸天子眼觸離故諸佛
无上正等菩提離耳鼻舌身意觸離故諸佛
无上正等菩提離諸天子眼觸離故一切智
智離耳鼻舌身意觸離故一切智智離
復次諸天子眼觸為緣所生諸受離故布施
淨戒安忍精進靜慮般若波羅蜜多離耳鼻
舌身意觸為緣所生諸受離故布施淨戒安
忍精進靜慮般若波羅蜜多離諸天子眼觸
為緣所生諸受離故內空外空內外空空空
大空勝義空有為空无為空畢竟空无際空

BD03294 號　大般若波羅蜜多經卷三四三　（20–16）

舌身意觸為緣所生諸受離故布施淨戒安
忍精進靜慮般若波羅蜜多離諸天子眼觸
為緣所生諸受離故內空外空內外空空空
大空勝義空有為空无為空畢竟空无際空
散空无變異空本性空自相空共相空一切法
空不可得空无性空自性空无性自性空
離耳鼻舌身意觸為緣所生諸受離故內空
乃至无性自性空離諸天子眼觸為緣所生諸
受離故真如法界法性不虛妄性不變異
性平等性離生性法定法住實際虛空界不
思議界離耳鼻舌身意觸為緣所生諸受離
故真如乃至不思議界離諸天子眼觸為緣所
生諸受離故苦集滅道聖諦離耳鼻舌身
意觸為緣所生諸受離故苦集滅道聖諦離
諸天子眼觸為緣所生諸受離故四靜慮四
无量四无色定離耳鼻舌身意觸為緣所生
諸受離故四靜慮四无量四无色定離諸天
子眼觸為緣所生諸受離故八解脫八勝處
九次第定十遍處離耳鼻舌身意觸為緣所
生諸受離故八解脫八勝處九次第定十遍
處離諸天子眼觸為緣所生諸受離故四念
住四正斷四神足五根五力七等覺支八聖道
支離耳鼻舌身意觸為緣所生諸受離故
四念住乃至八聖道支離諸天子眼觸為緣
所生諸受離故空无相无願解脫門離耳鼻
舌身意觸為緣所生諸受離故空无相无願

BD03294 號　大般若波羅蜜多經卷三四三　（20–17）

支離耳鼻舌身意觸為縁所生諸受離故
四念住乃至八聖道支離諸天子眼觸為縁
所生諸受離故空无相无願解脫門離耳鼻
舌身意觸為縁所生諸受離故空无相无願
解脫門離諸天子眼觸為縁所生諸受離故
極喜地離垢地發光地焰慧地極難勝地現
前地遠行地不動地善慧地法雲地離耳鼻舌
身意觸為縁所生諸受離故極喜地乃至
法雲地離諸天子眼觸為縁所生諸受離故
五眼六神通離耳鼻舌身意觸為縁所生諸
受離故五眼六神通離諸天子眼觸為縁所
生諸受離故佛十力四无所畏四无礙解大
慈大悲大喜大捨十八佛不共法離耳鼻舌
身意觸為縁所生諸受離故佛十力乃至十八
佛不共法離諸天子眼觸為縁所生諸受離
故无忘失法恒住捨性離耳鼻舌身意觸為
縁所生諸受離故无忘失法恒住捨性離諸
天子眼觸為縁所生諸受離故一切智道相智
一切相智離耳鼻舌身意觸為縁所生諸受
離故一切智道相智一切相智離諸天子眼
觸為縁所生諸受離故一切陁羅尼門三
摩地門離耳鼻舌身意觸為縁所生諸受離
故一切陁羅尼門三摩地門離諸天子眼觸
為縁所生諸受離故預流一来不還阿羅漢
果離耳鼻舌身意觸為縁所生諸受離故預
流一来不還阿羅漢果離諸天子眼觸為縁
所生諸受離故獨覺菩提離耳鼻舌身意觸

BD03294號　大般若波羅蜜多經卷三四三　（20–18）

為縁所生諸受離故預流一来不還阿羅漢
果離耳鼻舌身意觸為縁所生諸受離故預
流一来不還阿羅漢果離諸天子眼觸為縁
所生諸受離故獨覺菩提離耳鼻舌身意觸
為縁所生諸受離故獨覺菩提離諸天子眼
觸為縁所生諸受離故一切菩薩摩訶薩行
離耳鼻舌身意觸為縁所生諸受離故一切
菩薩摩訶薩行離諸天子眼觸為縁所生諸
受離故諸佛无上正等菩提離耳鼻舌身意
觸為縁所生諸受離故諸佛无上正等菩提
離諸天子眼觸為縁所生諸受離故一切智
智離耳鼻舌身意觸為縁所生諸受離故一
切智智離
復次諸天子地界離故布施淨戒安忍精進
靜慮般若波羅蜜多離水火風空識界離故
布施淨戒安忍精進靜慮般若波羅蜜多離
諸天子地界離故內空外空內外空空空大
空勝義空有為空无為空畢竟空无際空散
空无變異空本性空自相空共相空一切法
空不可得空无性空自性空无性自性空離
水火風空識界離故內空乃至无性自性空
離諸天子地界離故真如法界法性不虛妄
性不變異性平等性離生性法定法住實際
虛空界不思議界離水火風空識界離故真
如乃至不思議界離諸天子地界離故苦集
滅道聖諦離水火風空識界離故苦集滅道

BD03294號　大般若波羅蜜多經卷三四三　（20–19）

離諸天子地界離故真如法界法性不虛妄
性不變異性平等性離生性法定法住實際
虛空界不思議界離水火風空識界離故真
如乃至不思議界離諸天子地界離故苦集
滅道聖諦離水火風空識界離故苦集滅道
聖諦離諸天子地界離故四靜慮四无量四
无色定離水火風空識界離故靜慮四无
量四无色定離諸天子地界離故八解脫八
勝處九次第定十遍處離水火風空識界
離故八解脫八勝處九次第定十遍處離諸
天子地界離故四念住四正斷四神足五根五
力七等覺支八聖道支離水火風空識界離
故四念住乃至八聖道支離
大般若波羅蜜多經卷第三百卌三

BD03294號　大般若波羅蜜多經卷三四三　（20–20）

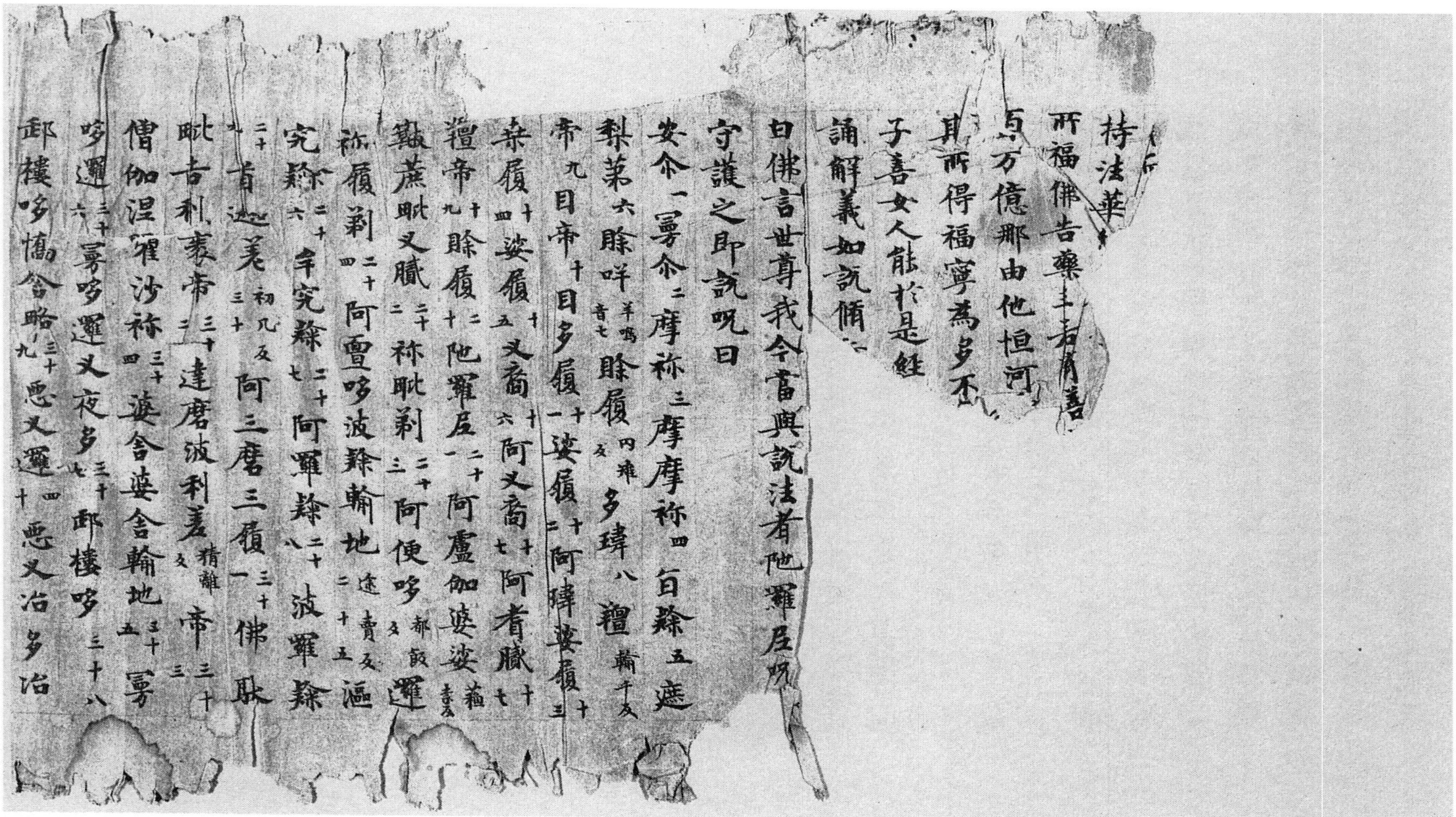
持法華
所福佛言藥王若有善
百万億那由他恒河
其所得福寧為多不
子善女人能於是經
誦解義如說修
白佛言世尊我今當與說法者陀羅尼呪
守護之即說呪曰
安尒一曼尒二摩祢三摩摩祢四旨隸五遮
梨第六賒咩羊鳴音七賒履冈雉反多瑋八羶帝輸千反
帝九目帝十目多履十一娑履十二阿瑋娑履十三
桑履十四娑履十五叉裔十六阿叉裔十七阿耆膩十八
羶帝十九賒履二十陀羅尼二十一阿盧伽婆娑蘇奈反
簸蔗毗叉膩二十二祢毗剃二十三阿便哆邏都餓反
祢履剃二十四阿亶哆波隸輸地途賣反漚
究隸二十六牟究隸二十七阿羅隸二十八波羅隸
首迦差初几反二十九阿三磨三履三十佛馱
毗吉利袠帝三十一達磨波利差猜離反帝三十二
僧伽涅瞿沙祢三十三婆舍婆舍輸地三十四曼
哆邏三十五曼哆邏叉夜多三十六郵樓哆三十七
郵樓哆憍舍略三十八惡叉邏三十九惡叉冶多冶

BD03295號　妙法蓮華經卷七　（13–1）

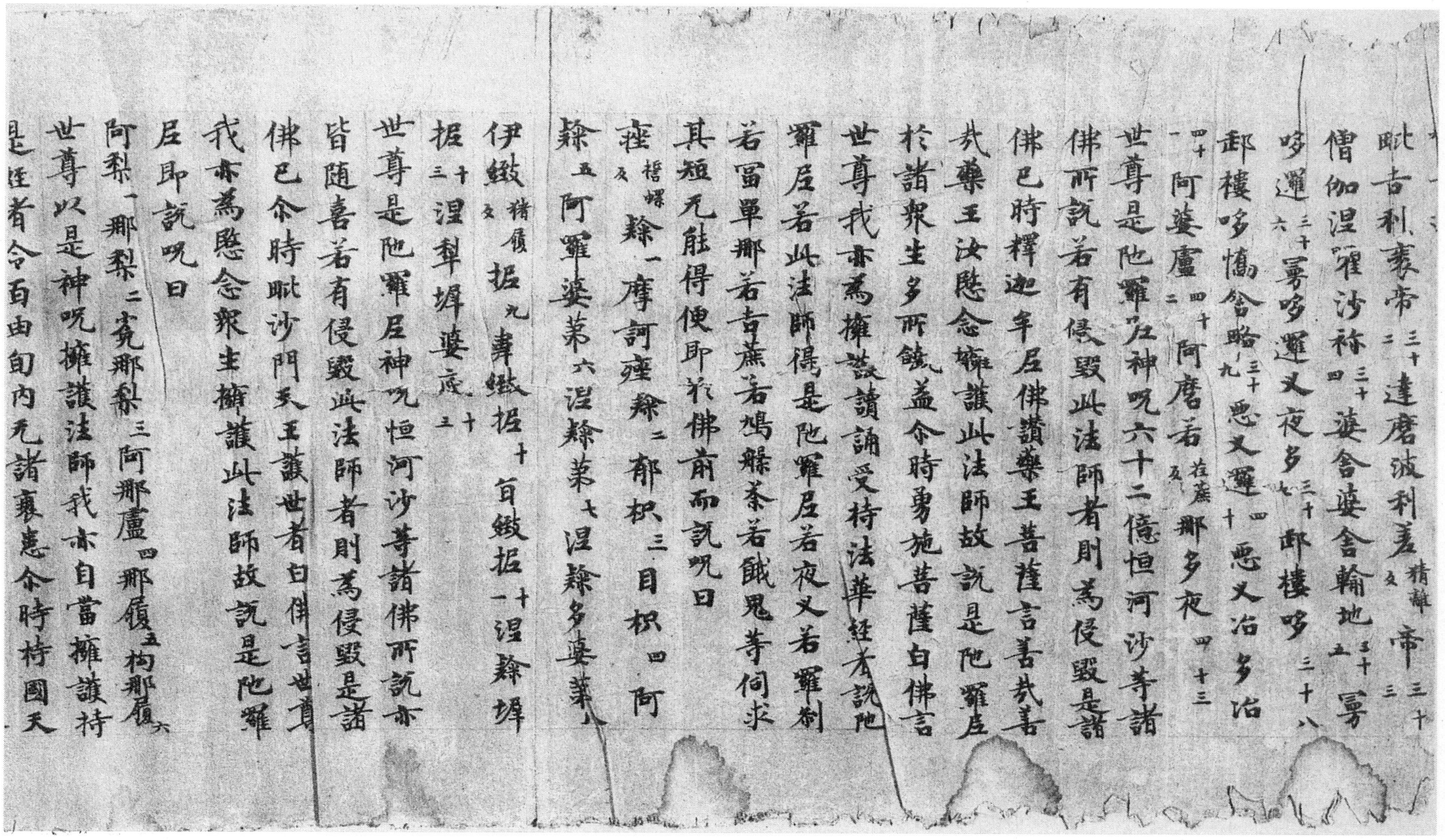
毗吉利帝三十二達磨波利差精離反帝三十三
僧伽涅瞿沙祢三十四婆舍婆舍輸地三十五曼
哆邏三十六曼哆邏叉夜多三十七郵樓哆三十八
郵樓哆憍舍略三十九惡叉邏四十惡叉冶多治
四十一阿婆盧四十二阿摩若荏蔗反那多夜四十三
世尊是陀羅尼神呪六十二億恒河沙等諸
佛所說若有侵毀此法師者則為侵毀是諸
佛已時釋迦牟尼佛讚藥王菩薩言善哉善
哉藥王汝愍念擁護此法師故說是陀羅尼
於諸衆生多所饒益尒時勇施菩薩白佛言
世尊我亦為擁護讀誦受持法華經者說陀
羅尼若此法師得是陀羅尼若夜叉若羅剎
若富單那若吉蔗若鳩槃茶若餓鬼等伺求
其短无能得便即於佛前而說呪曰
痤楮螺反隸一摩訶痤隸二郁枳三目枳四阿
隸五阿羅婆第六涅隸第七涅隸多婆第八
伊緻猪履反抳九韋緻抳十旨緻抳十一涅隸墀
抳十二涅犁墀婆底十三
世尊是陀羅尼神呪恒河沙等諸佛所說亦
皆隨喜若有侵毀此法師者則為侵毀是諸
佛已尒時毗沙門天王護世者白佛言世尊
我亦為愍念衆生擁護此法師故說是陀羅
尼即說呪曰
阿梨一那梨二㝹那梨三阿那盧四那履五拘那履六
世尊以是神呪擁護法師我亦自當擁護持
是經者令百由旬內无諸衰患尒時持國天

BD03295號　妙法蓮華經卷七　（13–2）

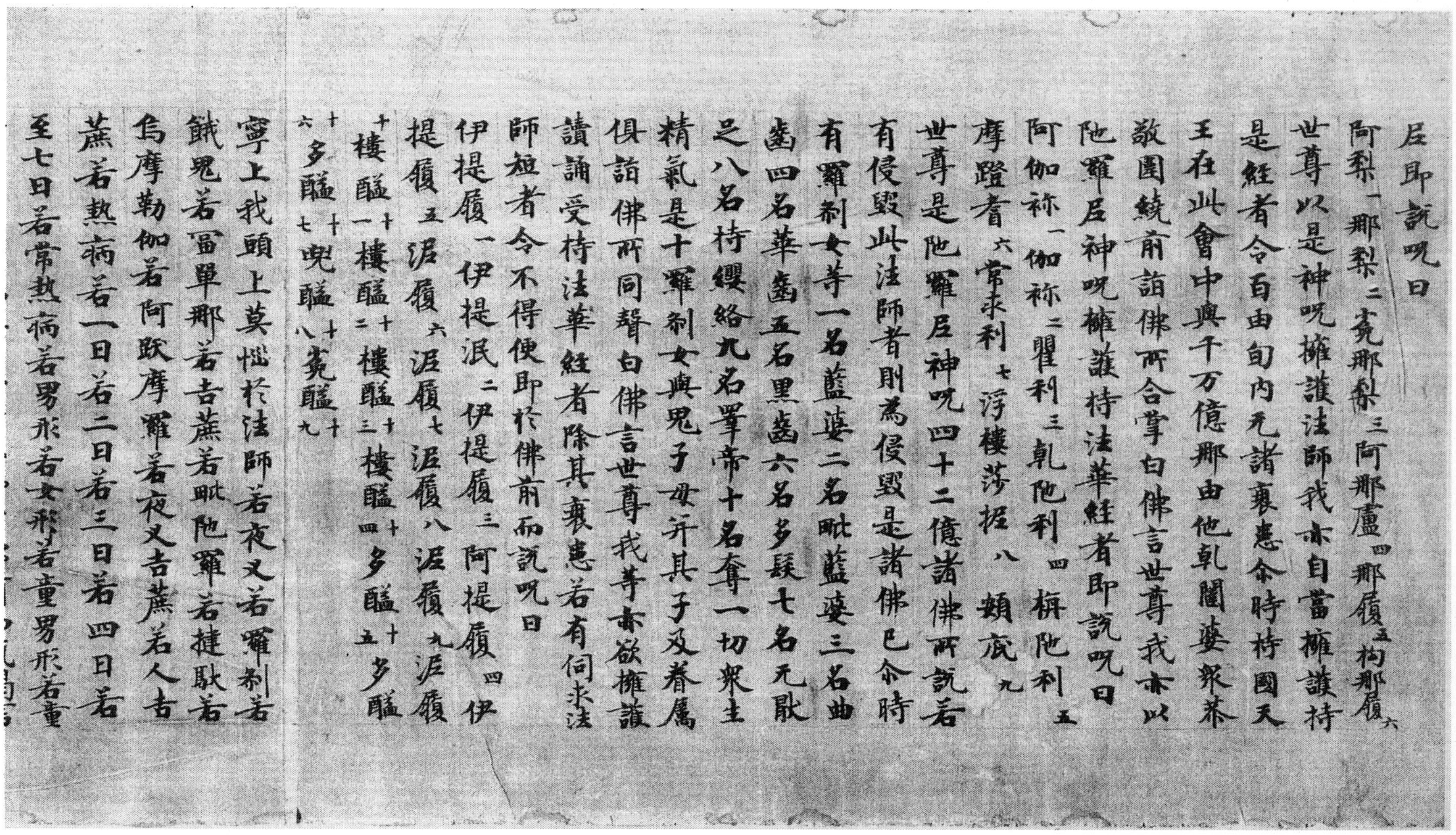
尼即說呪曰
阿梨一那梨二㝹那梨三阿那盧四那履五拘那履六
世尊以是神呪擁護法師我亦自當擁護持
是經者令百由旬內无諸衰患尒時持國天
王在此會中與千万億那由他乾闥婆衆恭
敬圍繞前詣佛所合掌白佛言世尊我亦以
陀羅尼神呪擁護持法華經者即說呪曰
阿伽祢一伽祢二瞿利三乾陀利四栴陀利五
摩蹬耆六常求利七浮樓莎抳八頞底九
世尊是陀羅尼神呪四十二億諸佛所說若
有侵毀此法師者則為侵毀是諸佛已尒時
有羅剎女等一名藍婆二名毗藍婆三名曲
齒四名華齒五名黑齒六名多髮七名无猒
足八名持瓔珞九名睪帝十名奪一切衆生
精氣是十羅剎女與鬼子母并其子及眷屬
俱詣佛所同聲白佛言世尊我等亦欲擁護
讀誦受持法華經者除其衰患若有伺求法
師短者令不得便即於佛前而說呪曰
伊提履一伊提泯二伊提履三阿提履四伊
提履五泥履六泥履七泥履八泥履九泥履
十樓醯十一樓醯十二樓醯十三樓醯十四多醯十五多醯
十六多醯十七兜醯十八㝹醯十九
寧上我頭上莫惱於法師若夜叉若羅剎若
餓鬼若富單那若吉蔗若毗陀羅若揵䭾若
烏摩勒伽若阿跋摩羅若夜叉吉蔗若人吉
蔗若熱病若一日若二日若三日若四日若
至七日若常熱病若男形若女形若童男形若童

BD03295號　妙法蓮華經卷七　（13–3）

餓鬼若富單那若吉蔗若毗陁羅若揵䭾若
烏摩勒伽若阿䟦摩羅若夜叉吉蔗若人吉
蔗若熱病若一日若二日若三日若四日若
至七日若常熱病若男形若女形若童男形若童
女形乃至夢中亦復莫惱即於佛前而說偈言
若不順我呪　惱亂說法者　頭破作七分　如阿梨樹枝
如煞父母罪　亦如壓油殃　斗秤欺誑人　調達破僧罪
犯此法師者　當獲如是殃
諸羅剎女說此偈已白佛言世尊我等亦當
身自擁護受持讀誦脩行是經者令得安隱
離諸衰患消衆毒藥佛告諸羅剎女善哉善
哉汝等但能擁護受持法華名者福不可量
何況擁護具足受持供養經卷華香瓔珞末
香塗香燒香幡蓋伎樂然種種燈蘇燈油燈
諸香油燈蘇摩那華油燈瞻蔔華油燈婆師
迦華油燈優鉢羅華油燈如是等百千種供
養者睪帝汝等及眷屬應當擁護如是法師
說是陁羅尼品時六万八千人得无生法忍
妙法蓮華經妙莊嚴王本事品第二十七
尒時佛告諸大衆乃往古世過无量无邊不
可思議阿僧祇劫有佛名雲雷音宿王華智
多陁阿伽度阿羅呵三藐三佛陁國名光明
莊嚴劫名憙見彼佛法中有王名妙莊嚴其
王夫人名曰淨德有二子一名淨藏二名淨
眼是二子有大神力福德智慧久脩菩薩所
行之道所謂檀波羅蜜尸羅波羅蜜羼提波
羅蜜毗梨耶波羅蜜禪波羅蜜般若波羅蜜

BD03295號　妙法蓮華經卷七

（13-4）

王夫人名曰淨德……
眼是二子有大神力福德智慧久脩菩薩所
行之道所謂檀波羅蜜尸羅波羅蜜羼提波
羅蜜毗梨耶波羅蜜禪波羅蜜般若波羅蜜
方便波羅蜜慈悲喜捨乃至三十七助道法
皆悉明了通達又得菩薩淨三昧日星宿三
昧淨光三昧淨色三昧淨照明三昧長莊嚴
三昧大威德藏三昧於此三昧亦悉通達尒
時彼佛欲引導妙莊嚴王及愍念衆生故說
是法華經時淨藏淨眼二子到其母所合十
指爪掌白言願母往詣雲雷音宿王華智佛
所我等亦當侍從親近供養礼拜所以者何
此佛於一切天人衆中說法華經宜應聽受
母告子言汝父信受外道深著婆羅門法汝
等應往白父與共俱去淨藏淨眼合十爪指
掌白母我等是法王子而生此邪見家母告
子言汝等當憂念汝父爲現神變若得見者
心必清淨或聽我等往至佛所於是二子念
其父故踊在虛空高七多羅樹現種種神變
於虛空中行住坐卧身上出水身下出火身
下出水身上出火或現大身滿虛空中而復
現小小復現大於空中滅忽然在地入地如
水履水如地現如是等種種神變令其父王
心淨信解時父見子神力如是心大歡喜得
未曾有合掌向子言汝等師爲是誰誰之弟
子二子白言大王彼雲雷音宿王華智佛今
在七寶菩提樹下法座上坐於一切世間天
人衆中廣說法華經是我等師我是弟子父

BD03295號　妙法蓮華經卷七

（13-5）

未曾有合掌向子言汝等師為是誰誰之弟
子二子白言大王彼雲雷音宿王華智佛今
在七寶菩提樹下法座上坐於一切世間天
人衆中廣說法華經是我等師我是弟子父
語子言我今亦欲見汝等師可共俱往於是
二子從空中下到其母所合掌白母父王今
已信解堪任發阿耨多羅三藐三菩提心我
等為父已作佛事願母見聽於彼佛所出家
脩道尒時二子欲重宣其意以偈白母
願母放我等　出家作沙門　諸佛甚難值　我等隨佛學
如優曇波羅　值佛復難是　脫諸難亦難　願聽我出家
母即告言聽汝出家所以者何佛難值故於
是二子白父母言善哉父母願時往詣雲雷
音宿王華智佛所親近供養所以者何佛難
得值如優曇波羅華又如一眼之龜值浮木
孔而我等宿福深厚生值佛法是故父母當
聽我等令得出家所以者何諸佛難值時亦
難遇彼時妙莊嚴王後宮八万四千人皆悉
堪任受持是法華經淨眼菩薩於法華三昧
久已通達淨藏菩薩已於无量百千万億劫
通達離諸惡趣三昧欲令一切衆生離諸惡
趣故其王夫人得諸佛習三昧能知諸佛秘
密之藏二子如是以方便力善化其父令心
信解好樂佛法於是妙莊嚴王與羣臣眷屬
俱淨德夫人與後宮采女眷屬俱其王二子
與四万二千人俱一時共詣佛所到已頭面
礼足繞佛三帀却住一面尒時彼佛為王說

BD03295 號　妙法蓮華經卷七　（13–6）

信解好樂佛法於是妙莊嚴王與羣臣眷屬
俱淨德夫人與後宮采女眷屬俱其王二子
與四万二千人俱一時共詣佛所到已頭面
礼足繞佛三帀却住一面尒時彼佛為王說
法示教利喜王大歡悅尒時妙莊嚴王及其
夫人解頸真珠瓔珞價直百千以散佛上於
虛空中化成四柱寶臺臺中有大寶床敷百
千万天衣其上有佛結跏趺坐放大光明尒
時妙莊嚴王作是念佛身希有端嚴殊特成
就第一微妙之色時雲雷音宿王華智佛告
四衆言汝等見是妙莊嚴王於我前合掌立
不此王於我法中作比丘精勤脩習助佛道
法當得作佛号娑羅樹王國名大光劫名大
高王其娑羅樹王佛有无量菩薩衆及无量
聲聞其國平正功德如是其王即時以國付
弟與夫人二子并諸眷屬於佛法中出家脩
道王出家已於八万四千歲常勤精進脩行
妙法華經過是已後得一切淨功德莊嚴三
昧即昇虛空高七多羅樹而白佛言世尊此
我二子已作佛事以神通變化轉我邪心令
得安住於佛法中得見世尊此二子者是我
善知識為欲發起宿世善根饒益我故來生
我家尒時雲雷音宿王華智佛告妙莊嚴王
言如是如是如汝所言若善男子善女人種善
根故世世得善知識其善知識能作佛事
示教利喜令入阿耨多羅三藐三菩提大王
當知善知識者是大因緣所謂化導令得見

BD03295 號　妙法蓮華經卷七　（13–7）

言如是如是如汝所言若善男子善女人種善
根故世世得善知識其善知識能作佛事
示教利喜令入阿耨多羅三藐三菩提大王
當知善知識者是大因緣所謂化導令得見
佛發阿耨多羅三藐三菩提心大王汝見此二
子不此二子已曾供養六十五百千万億那
由他恒河沙諸佛親近恭敬於諸佛所受
持法華經愍念邪見衆生令住正見妙莊嚴
王即從虛空中下而白佛言世尊如來甚希
有以功德智慧故頂上肉髻光明顯照其眼
長廣而紺青色眉間毫相白如珂月齒白齊
密常有光明脣色赤好如頻婆果尒時妙莊
嚴王讚歎佛如是等无量百千万億功德已
於如來前一心合掌復白佛言世尊未曾有
也如來之法具足成就不可思議微妙功德
教戒所行安隱快善我從今日不復自隨心
行不生邪見憍慢瞋恚諸惡之心說是語已
礼佛而出佛告大衆於意云何妙莊嚴王豈
異人乎今華德菩薩是其淨德夫人今佛前
光照莊嚴相菩薩是哀愍妙莊嚴王及諸眷
屬故於彼中生其二子者今藥王菩薩藥上
菩薩是是藥王藥上菩薩成就如此諸大功
德已於无量百千万億諸佛所殖衆德本成
就不可思議諸善功德若有人識是二菩薩
名字者一切世間諸天人民亦應礼拜佛說
是妙莊嚴王本事品時八万四千人遠塵離
垢於諸法中得法眼淨

就不可思議諸善功德若有人識是二菩薩
名字者一切世間諸天人民亦應礼拜佛說
是妙莊嚴王本事品時八万四千人遠塵離
垢於諸法中得法眼淨

妙法蓮華經普賢菩薩勸發品第二十八

尒時普賢菩薩以自在神通威德名聞與大
菩薩无量无邊不可稱數從東方來所經諸
國普皆震動雨寶蓮華作无量百千万億種
種伎樂又與无數諸天龍夜叉乾闥婆阿脩
羅迦樓羅緊那羅摩睺羅伽人非人等大衆
圍繞各現威德神通之力到娑婆世界耆闍
崛山中頭面礼釋迦牟尼佛右繞七帀白佛
言世尊我於寶威德上王佛國遙聞此娑婆
世界說法華經與无量无邊百千万億諸菩
薩衆共來聽受唯願世尊當為說之若善男
子善女人於如來滅後云何能得是法華經
佛告普賢菩薩若善男子善女人成就四法
於如來滅後當得是法華經一者為諸佛護
念二者殖衆德本三者入正定聚四者發救
一切衆生之心善男子善女人如是成就四
法於如來滅後必得是經尒時普賢菩薩白
佛言世尊於後五百歲濁惡世中其有受持
是經典者我當守護除其衰患令得安隱使
无伺求得其便者若魔若魔子若魔女若魔
民若為魔所著者若夜叉若羅刹若鳩槃荼
若毗舍闍若吉蔗若富單那若韋陀羅等諸
惱人者皆不得便是人若行若立讀誦此經

无伺求得其便者若魔若魔子若魔女若魔
民若為魔所著者若夜叉若羅刹若鳩槃荼
若毗舍闍若吉蔗若富單那若韋陁羅等諸
惱人者皆不得便是人若行若立讀誦此經
我尒時乘六牙白象王與大菩薩衆俱詣其
所而自現身供養守護安慰其心亦為供養
法華經故是人若坐思惟此經尒時我復乘
白象王現其人前其人若於法華經有所忘
失一句一偈我當教之與共讀誦還令通利
尒時受持讀誦法華經者得見我身甚大歡
喜轉復精進以見我故即得三昧及陁羅尼
名為旋陁羅尼百千万億旋陁羅尼法音方
便陁羅尼得如是等陁羅尼世尊若後世後
五百歲濁惡世中比丘比丘尼優婆塞優婆
夷求索者受持者讀誦者書冩者欲脩習是
法華經於三七日中應一心精進滿三七日
已我當乘六牙白象與无量菩薩而自圍繞
以一切衆生所憙見身現其人前而為說法
示教利喜亦復與其陁羅尼咒得是陁羅尼
故无有非人能破壞者亦不為女人之所惑
亂我身亦自常護是人唯願世尊聽我說此
陁羅尼即於佛前而說咒曰
阿檀地途賣反一檀陁婆地二檀陁婆帝三檀陁
鳩舍隸四檀陁脩陁隸五脩陁隸六脩陁羅
婆底七佛䭾波羶祢八薩婆陁羅尼阿婆多
尼九薩婆婆沙阿婆多尼十脩阿婆多尼十一
僧伽婆履叉尼十二僧伽涅伽陁尼十三阿僧祇

BD03295號　妙法蓮華經卷七　（13–10）

婆底七佛䭾波羶祢八薩婆陁羅尼阿婆多
尼九薩婆婆沙阿婆多尼十脩阿婆多尼十一
僧伽婆履叉尼十二僧伽涅伽陁尼十三阿僧祇
十四僧伽波伽地十五帝隸阿惰僧伽兜略盧遮反
波羅帝十六薩婆僧伽三摩地伽蘭地十七薩婆
達磨脩波利刹帝十八薩婆薩埵樓䭾憍舍
略阿㝹伽地十九辛阿毗吉利地帝二十
世尊若有菩薩得聞是陁羅尼者當知普賢
神通之力若法華經行閻浮提有受持者應
作此念皆是普賢威神之力若有受持讀誦
正憶念解其義趣如說脩行當知是人行普
賢行於无量无邊諸佛所深種善根為諸如
來手摩其頭若但書冩是人命終當生忉利
天上是時八万四千天女作衆伎樂而來迎
之其人即著七寶冠於婇女中娛樂快樂何
況受持讀誦正憶念解其義趣如說脩行若
有人受持讀誦解其義趣是人命終為千佛
授手令不恐怖不墮惡趣即往兜率天上彌
勒菩薩所彌勒菩薩有三十二相大菩薩衆
所共圍繞有百千万億天女眷屬而於中生
有如是等功德利益是故智者應當一心自
書若使人書受持讀誦正憶念如說脩行世
尊我今以神通力守護是經於如來滅後閻
浮提內廣令流布使不斷絶尒時釋迦牟尼
佛讚言善哉善哉普賢汝能護助是經令多
所衆生安樂利益汝已成就不可思議功德

BD03295號　妙法蓮華經卷七　（13–11）

尊我今以神通力守護是經於如來滅後閻
浮提內廣令流布使不斷絕尒時釋迦牟尼
佛讚言善哉善哉普賢汝能護助是經令多
所衆生安樂利益汝已成就不可思議功德
深大慈悲從久遠來發阿耨多羅三藐三菩
提意而能作是神通之願守護是經我當以
神通力守護能受持普賢菩薩名者普賢若
有受持讀誦正憶念脩習書寫是法華經者
當知是人則見釋迦牟尼佛如從佛口聞此
經典當知是人供養釋迦牟尼佛當知是人
佛讚善哉當知是人為釋迦牟尼佛手摩其
頭當知是人為釋迦牟尼佛衣之所覆如是
之人不復貪著世樂不好外道經書手筆亦
復不喜親近其人及諸惡者若屠兒若畜猪
羊雞狗若獵師若衒賣女色是人心意質直
有正憶念有福德力是人不為三毒所惱亦
不為嫉妬我慢邪慢增上慢所惱是人少欲
知足能脩普賢之行普賢若如來滅後後五
百歲若有人見受持讀誦法華經者應作是
念此人不久當詣道場破諸魔衆得阿耨多
羅三藐三菩提轉法輪擊法鼓吹法螺雨法
雨當坐天人大衆中師子法座上普賢若於
後世受持讀誦是經典者是人不復貪著衣
服卧具飲食資生之物所願不虛亦於現世
得其福報若有人輕毀之言汝狂人耳空作
是行終无所獲如是罪報當世世无眼若有
供養讚歎之者當於今世得現果報若復見

BD03295號　妙法蓮華經卷七

（13–12）

後世受持讀誦是經典者是人不復貪著衣
服卧具飲食資生之物所願不虛亦於現世
得其福報若有人輕毀之言汝狂人耳空作
是行終无所獲如是罪報當世世无眼若有
供養讚歎之者當於今世得現果報若復見
受持是經者出其過惡若實若不實此人現
世得白癩病若輕笑之者當世世牙齒踈缺
醜脣平鼻手脚繚戾眼目角睞身體臭穢惡
瘡膿血水腹短氣諸惡重病是故普賢若見
受持是經典者當起遠迎當如敬佛說是普
賢勸發品時恒河沙等无量无邊菩薩得百
千億旋陀羅尼三千大千世界微塵等諸菩
薩具普賢道佛說是經時普賢等諸菩薩舍
利弗等諸聲聞及諸天龍人非人等一切大
會皆大歡喜受持佛語作礼而去

妙法蓮華經卷第七

BD03295號　妙法蓮華經卷七

（13–13）

能離煩惱故云被…能　…云
廣流名爲木叉　四名毗尼此云替…言
此法能除息諍論故名爲滅　若就行…
爲恢泊故名爲戒又戒除…死盡諸…
藏世尊在世親自宣傳臨洹槃時
優波離戒度付摩訶迦葉戒度付…
爲鄭和脩和脩欲滅付優波毱多…　…法一味毱多　付
有五弟子生異見遂分爲五　一名薩婆多即十誦律主
二名曇无德即四分律主　三名彌沙塞即五分律主　四名
婆麤富那即僧祇律主　五名迦葉遺亦名迦葉毗律本未至
今四分律主曇无德是梵音漢言法正部亦云法藏部
得戒有十種　一自然得戒唯佛　二自誓得戒謂大迦葉　三
見諦得戒謂俱隣等五比丘　四善來得戒謂耶舍等五三
語得戒謂佛未制戒但使三歸即得具足　六問答得戒謂
須陁耶沙彌年始七歲佛問其義一一答佛稱可聖心便獲
具足　七八敬得戒謂大愛道於阿難聞八法已欲盡頂受
便獲具足（八敬者百歲尼禮新受 [illegible]）　八遣使得戒謂半迦尸尼有其
難緣差使乞戒即得具足　九羯磨得戒謂十僧作法
十邊方五人授大戒　已前九種局佛世羯磨一法教通凡
聖被及僧尼誤羅現未須知作法　問羯磨授戒具足
幾緣得名如法　答僧祇律云具六因緣　一年滿廿三衣鉢具
二身無遮難　三結界成就　四界內盡集　五羯磨成就　六十僧

BD03296號　小抄　　　　（7-1）

難緣差使乞戒即得具足　九羯磨得戒謂十僧作法
十邊方五人授大戒　已前九種局佛世羯磨一法教通凡
聖被及僧尼誤羅現未須知作法　問羯磨授戒具足
幾緣得名如法　答僧祇律云具六因緣　一年滿廿三衣鉢具
二身無遮難　三結界成就　四界內盡集　五羯磨成就　六十僧
滿足（隨此六緣得名如法闕一不成）　問界有幾種　答有二種　一者作法界
二者自然界　作法有三　一攝僧界　二攝衣界　三攝食界
僧界中有三種　一者大界　二者界場　三者小界　就大界內又
有三種　謂人法二同界　法食二同界　法同食別界　若自然
界中別分四別　一者聚落界　二者蘭若界　三者道行界　四
者水界　問羯磨有幾種　答有一百卅四種　單白羯磨有
卅九　白二有五十七　白四有卅八　此三羯磨攝一切羯磨皆盡
五篇者　一波羅夷　羞是西音此云無餘　若犯此戒永棄清
衆故曰無餘　不得与僧同行布薩及以羯磨故云無餘
二僧伽婆尸沙　此云僧殘　若犯此戒行則殘缺不應在布薩
羯磨衆數之中片類其分故名僧殘　三波逸提　此方云
墮　若人犯此戒墮落地獄燒煑覆障故云墮也　四波羅提
提舍尼　此方云向彼悔　若犯此戒事合可對手懺悔故云向
彼悔　五式叉迦羅尼　此云應當學　威儀練行勤習方成
故曰應當學　七聚法　一波羅夷聚　二僧伽婆尸沙聚
三偷蘭遮聚　此是梵音漢言麤惡亦云遮障　若犯此罪
大遮障聖道故云遮障能偷蘭　不同有其四種　一五逆偷蘭
應滅擯不可除　二初篇下重偷蘭應八僧中悔　三初篇下
輕偷二篇下重偷蘭應四僧中悔　四獨頭偷蘭及餘偷蘭應
三僧中悔　四波逸提聚　五波羅提舍尼聚　六突吉羅聚
七惡說聚　突吉羅者義翻云惡作　突者名惡　吉羅名作
作惡不心故名突吉羅亦云蹉跌身作名惡作口作名惡說故云惡作
惡說突吉羅此二聚罪若故犯當應對手懺若誤犯當應責心

BD03296號　小抄　　　　（7-2）

輕偷二篇下重偷蘭應四僧中悔四種頭偷蘭及餘偷蘭應
三僧中悔 四波逸提聚 五波羅提舍尼聚 六突吉羅聚
七惡說聚 突吉羅者義翻云惡作突者名惡吉羅名作
作惡不必故名突吉羅亦云誣跌身作名惡作口作名惡說故云惡作
惡說突吉羅此二聚罪若故犯者應對手懺若悞犯者應責心懺
閒殺戒具衆緣成犯盜具四緣成犯 一前境是女人 二興染心
三起方便 四与境合便犯 盜戒具六緣 一有主物 二有主
想 三有盜心 四重物 五興方便 六離本處便犯 煞戒具五曰緣
一是人 二人想 三興煞心 四起方便 五斷命根 大妄語具八
曰緣成犯 一前境是人 二人想 三事虛 四知是虛事 五有
誑他心 六自言已得 七言訖了了 八前人知解 問僧有幾種答
四種 一者四人僧 除長戒自恣出罪餘一切羯磨應作 二者五人僧 除中國授戒出罪餘法得作 三者十人僧
僧 除出罪餘法得作 四者廿人僧 一切羯磨得作況復更多 問 菩戒中煞先婬後何故
聲聞戒中婬先煞後 答 菩薩為大慈本是以煞戒為初
聲聞以梵行為機是以欲戒為首 受三衣者 一安多會
有三種 一割截 二褊葉 三襟葉 更有一縵作者 二鬱多羅僧
有二種 一割截 二襟葉 三僧伽梨有十八種 謂割截襟葉各
有九品 上三品四長一短 中三品三長一短 下三品兩長一短
受衣文 大德一心念 我比丘某甲此鬱多羅僧七條衣受持 兩
長一短割截衣持 三說 若餘衣及襟葉隨事准改 捨衣文 大德一心念 我
比丘某甲此僧伽梨是我三衣數先受持今捨 三說 下二衣及尼五衣等須捨亦介
藥有四種 一時藥 蒲闍尼食有五種 謂飯麨乾飯魚及肉
佉闍尼食 五種者枝葉花果細末食 淨食有五種 一火淨 二
爪淨 三刀淨 四鳥啄淨 五不中種淨 此中火淨及子壞淨得并
子食 餘三去子食 是時藥 謂從旦至中前食 若欲授者先知
食體 後知授法 餘藥准此 二非時藥 謂八種漿 梨 棗 甄
蔗 蒲桃 蜜 安石留 菴羅 東 蒡 汁作漿 若有病緣 聽清水淨
淨加授法 得飲 无病不得飲 三七日藥 佛言 蘇油生蘇蜜石
蜜 有病因緣 應加授法 聽七日服 授法如廣本中 四盡形藥 佛言一切鹹

BD03296號　小抄

（7–3）

子食餘三去子食是時藥謂從旦至中前食若欲授者先知
食體 後知授法 餘藥准此 二非時藥 謂八種漿 梨 棗 甄
蔗 蒲桃 蜜 安石留 菴羅 東 蒡 汁作漿 若有病緣 聽清水淨
淨加授法 得飲 无病不得飲 三七日藥 佛言 蘇油生蘇蜜石
蜜 有病因緣 應加授法 聽七日服 授法如廣本中 四盡形藥 佛言一切鹹
苦辛不堪為食者 乃至屎土大小便等 若有病緣 聽盡形服
亦須手授 加其口法得服 安居法總有四 謂人有五 五衆是
法有四 對首 心念 忘成 及界 時有三 前安居 中安居 後安居 處
有二 一作法界 二自然界 比丘有八種 一名字比丘 二相似
比丘 三自稱比丘 四乞求比丘 五著割截衣比丘 六破結使比丘
七善來比丘 八白四羯磨如法成就得處所比丘 四依法者
一糞掃衣 二常乞食 三樹下坐 四腐爛藥 糞掃衣十種
一牛嚼衣 二鼠嚙衣 三火燒衣 四月水衣 五產婦衣 六神廟衣 送
鳥銜風吹離處者 七顛衣 八塚間衣 九產衣 十往還衣 僧物凡有六種
一者十方僧物 如僧家重物及供衆僧受用食噉等物體通十
方上至羅漢下至沙彌盡皆有分 无有和合不得賣買貸借与
人及私己受用 二者常住僧物 謂衆僧廚庫寺舍園田僕使
畜等 體通十方不可分用 言常住者常在此處不可移動 四方
僧來此處受用 從物為名 故稱常住 三者十方現前 如亡僧
五衆衣物未羯磨前屬十方現前僧 若盜此物從十方僧結
罪 四者現前 謂亡僧五衆物作羯磨了 及有施大衆物法事羅
斷 差人守護衆僧未分 故云現前 五招提僧物 謂檀越施田
園与現前僧 造私房 四方僧來元安置處 俗人見已 就此房是
更施田園 建三僧房与四方僧供給所須 由此房能招引四方僧
故言招提僧物 或先造房僧 迴已房及田園施方僧 亦云招提
僧物 六者僧鵰物 謂僧園中有花 或賣花 或已花作鵰出
賣得物 從鵰得物 故名僧鵰物 四種妄語 一波羅夷妄語
二僧殘妄語 三波逸提妄語 四阿那波羅妄語 五種慳

BD03296號　小抄

（7–4）

故言招提僧物或先造房僧迴己房及田園施方僧亦云招提
僧物　六者僧錫物謂僧園中有花或賣花或己花作錫出
賣得物從錫得物故名僧錫物　四種妄語　一波羅夷妄語
二僧殘妄語　三波逸提妄語　四阿毗波羅妄語　五種慳
一財慳　二法慳　三處慳　四家慳　五稱讚慳　何名四分律答
世尊四度昇座說此律終故名四分又梵夫四夷故名四分自依
律本從初至僧戒已前名為第一分　至尼戒終名第二分　從
安居犍度至房舍犍度已前名第三分　從房舍犍度至律本
終名第四分　　持戒得十利　一者攝取於僧　二者令僧歡喜
三者令僧安樂　四者未信令信　五者已信令增長　六難調者令
調　七慚愧者安樂　八斷現在有漏　九斷未來有漏　十令
正法久住　　十二頭陀法（此是梵語翻為抖擻又頭名少欲陀名知足 抖擻煩惱離於住著故日頭陀）
一持糞掃衣　二持三衣　三持隨衣　四常乞食　五一摶食　六一坐食
七不作餘食法　八樹下坐　九塚間坐　十露地坐　十一隨處坐
十二常坐不臥（此十二中持衣有三食法有四 坐處有五行人持衣食處不著）　檀越施衣凡有八種
一施比丘僧物唯屬比丘現前人分　二施比丘尼物唯屬現前尼分
三施二部僧物不問人數多少分物作二分一分僧一分付尼令於
當部自數分之　四施四方僧得施物來者皆得應作羯磨分之
不得与尼同作羯磨若施招提僧不須作法　五界內僧得施物
唯屬住處僧入界皆得但取施主為定　六施同羯磨僧得施物
唯一處同作法者分之　七施稱名字僧得施若言施禪師法師
律師呪願師老病僧等不問親疎　八衆中一僧得施物從上坐行
隨取者与　隨檀越所有捨施依此八法分之若无定分上座應問
於何等施若不依此八法則不得施僧之物若不依此八法而受則
輕損信施違犯家法應差五德分之付西相糸令不見者擲蔚
餘人不得託語利養難滿貪富不在此莫坐䘏根改人恚行也出
家之人不得迴施入己若欲迴者其罪甚重應如法施和法受如
法求如法与如法用如法住　問律以何為宗以為何體　答

於何等施若不依此八法則不得施僧之物若不依此八法而受則
輕損信施違犯家法應差五德分之付西相糸令不見者擲蔚
餘人不得託語利養難滿貪富不在此莫坐䘏根改人恚行也出
家之人不得迴施入己若欲迴者其罪甚重應如法施和法受如
法求如法与如法用如法住　問律以何為宗以為何體　答
以戒為宗（名有諸說不同）體者合是語業為體或以法處為體經云不
相應為體有部以色為體但是法處攝也　問律儀有幾種
若有四種　一靜慮律儀是色界尸羅　二無漏律儀謂無漏身中
所起尸羅　三斷律儀謂斷煩惱名斷律儀　四別解脫律儀謂
欲界尸羅為別別防非名別解脫律儀也　昔大師在世親
為教主容受當至自唱善來又須西方寺衆多為制法凡
見新來無問客舊及弟子門人舊人即須迎前唱莎揭多譯
曰善來客乃尋聲即云常揭多亦捿善來如不說者一違
寺制二准律有犯遠無問大小卷背如此即為杖取瓶鉢樹壁
壁牙隨處安庭令其憩息即向房處舊乃庭前早明敬
執搦其腨設乃遍身舒乃撫下而頻按其背下至䏶
不至足舒年之類事無間然既解故勞深手灌足次就舒
至足舒年足（卞歡息）　所申其禮敬但為一禮跪而按足舒乃展其
右手撫其肩背若別非經久手撫不為所乃問其安不弟子
隨事見答然後退坐一面茶欲而坐實無三法然西方軌則多
坐小枯復露足華夏既無斯事熱足禮不行經說而人来
至仏頂礼雙足坐一面即儀然矣後精其特供茶給陽藥
如藥濟澤此宣不開至易之流體是徊獨准依道理
全非飲限律云凡猿淨德色如黄荻此為西國所弟門
徒客舊相遇逢迎至礼起豈有冒寒創至觸熱新来或
遍體汗流或手足皆瘃放捨衣鉢急事和南若猶状
蒸作除羸執或所乃立至閑問餘事或或太息特

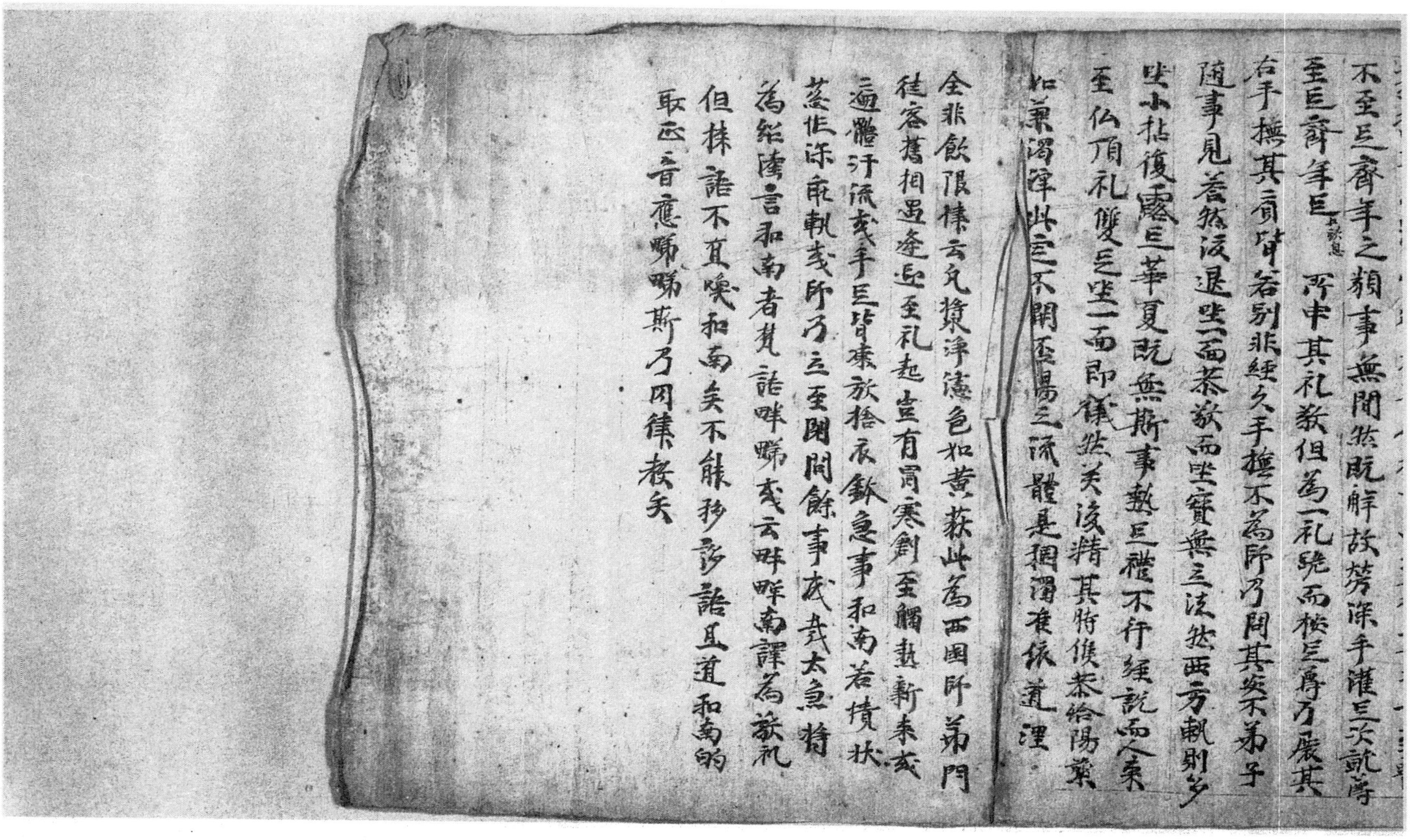
不至〻齊手之類事無閒然既解故勞涤手灌〻次訖膺
至〻齊手〻 所申其礼敬但爲一礼繞而權〻爲乃展其
右手撫其肩背若別非經久手撫不爲所乃問其安不弟子
隨事見答然後退坐一面恭敬而坐實無三法然西方軌則多
坐小牀復露〻華夏既無斯事欽〻禮不行經說而人來
至仏頂礼雙〻坐一面即儀然矣後精其特俟恭給陽藥
如葉灑澤此〻不開至陽之流體是總渭夜依道理
全非飲限律云乞貸淨德色如黃荻此爲西国所弟門
徒客舊相遇逢迎至礼起豈有冒寒劍至觸熱新來或
遍體汗流或手足皆凍放捨衣鉢急事和南若積狀
茲作涂庫軌或所乃云至閑問餘事或若太息特
爲䋈濤言和南者梵語畔睇或云畔睇南譯爲敬礼
但抹語不真喚和南矣不能移彰語且道和南的
取正音應畔睇斯乃同律教矣

BD03296 號　小抄　（7–7）

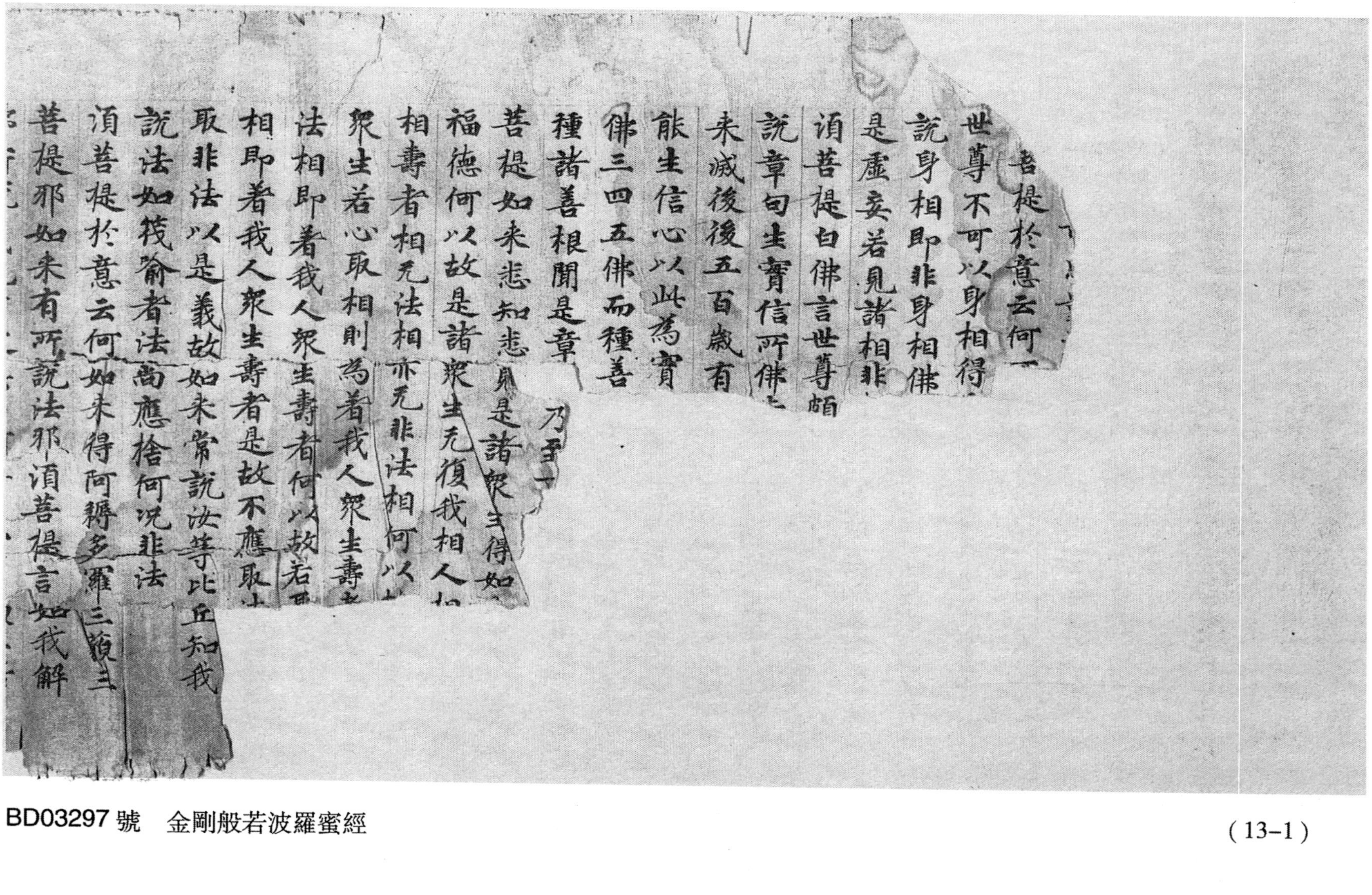
菩提於意云何
世尊不可以身相得
說身相即非身相佛
是虛妄若見諸相非
須菩提白佛言世尊頗
說章句生實信所佛
未滅後後五百歲有
能生信心以此爲實
佛三四五佛而種善
種諸善根聞是章　乃至一
菩提如來悉知悉見是諸衆生得如
福德何以故是諸衆生无復我相人相
相壽者相无法相亦无非法相何以
衆生若心取相則爲着我人衆生壽
法相即着我人衆生壽者何以故若取
相即着我人衆生壽者是故不應取
取非法以是義故如來常說汝等比丘知我
說法如筏喻者法尚應捨何况非法
須菩提於意云何如來得阿耨多羅三藐三
菩提耶如來有所說法耶須菩提言如我解

BD03297 號　金剛般若波羅蜜經　（13–1）

相即着我人衆生壽者是故不應取法
取非法以是義故如来常說汝等比丘知我
說法如筏喻者法尚應捨何况非法
須菩提於意云何如来得阿耨多羅三藐三
菩提耶如来有所說法耶須菩提言如我解
佛所說義无有定法名阿耨多羅三藐三菩
提亦无有定法如来可說何以故如来所說
法皆不可取不可說非法非非法所以者何
一切賢聖皆以无為法而有差別
須菩提於意云何若人滿三千大千世界七
寶以用布施是人所得福德寧為多不須菩
提言甚多世尊何以故是福德即非福德性
是故如来說得福德多須菩提於意云何若
復有人於此經中受持乃至四句偈等為他
人說其福勝彼何以故須菩提一切諸佛及
諸佛阿耨多羅三藐三菩提法皆從此經出
須菩提所謂佛法者即非佛法
須菩提於意云何須陁洹能作是念我得須
陁洹果不須菩提言不也世尊何以故須陁
洹名為入流而无所入不入色聲香味觸法
是名須陁洹須菩提於意云何斯陁含能作
是念我得斯陁含果不須菩提言不也世尊
何以故斯陁含名一往来而實无往来是名
斯陁含須菩提於意云何阿那含能作是念
我得阿那含果不須菩提言不也世尊何以
故阿那含名為不来而實无来是故名阿那
含須菩提於意云何阿羅漢能作是念我得

BD03297號　金剛般若波羅蜜經　（13–2）

何以故斯陁含名一往来而實无往来是名
斯陁含須菩提於意云何阿那含能作是念
我得阿那含果不須菩提言不也世尊何以
故阿那含名為不来而實无来是故名阿那
含須菩提於意云何阿羅漢能作是念我得
阿羅漢道不須菩提言不也世尊何以故實
无有法名阿羅漢世尊若阿羅漢作是念我
得阿羅漢道即為着我人衆生壽者世尊佛
說我得无諍三昧人中最為第一是第一離
欲阿羅漢我不作是念我是離欲阿羅漢世
尊我若作是念我得阿羅漢道世尊則不說
須菩提是樂阿蘭那行者以須菩提實无所
行而名須菩提是樂阿蘭那行
佛告須菩提於意云何如来昔在然燈佛所
於法有所得不世尊如来在然燈佛所於法
實无所得須菩提於意云何菩薩莊嚴佛土
不不也世尊何以故莊嚴佛土者則非莊嚴
是名莊嚴是故須菩提諸菩薩摩訶薩應如
是生清淨心不應住色生心不應住聲香味
觸法生心應无所住而生其心須菩提譬如
有人身如須弥山王於意云何是身為大不
須菩提言甚大世尊何以故佛說非身是名
大身須菩提如恒河中所有沙數如是沙等
恒河於意云何是諸恒河沙寧為多不須菩
提言甚多世尊但諸恒河尚多无數何况其
沙須菩提我今實言告汝若有善男子善女
人以七寶滿爾所恒河沙數三千大千

BD03297號　金剛般若波羅蜜經　（13–3）

恒何於意云何是諸恒河沙寧為多不須菩
提言甚多世尊但諸恒河尚多无數何況其
沙須菩提我今實言告汝若有善男子善女
人以七寶滿尒所恒河沙數三千大千世界
以用布施得福多不須菩提言甚多世尊佛
告須菩提若善男子善女人於此經中乃至
受持四句偈等為他人說而此福德勝前福
德復次須菩提隨說是經乃至四句偈等當
知此處一切世間天人阿脩羅皆應供養如
佛塔廟何況有人盡能受持讀誦須菩提當
知是人成就最上第一希有之法若是經典
所在之處則為有佛若尊重弟子
尒時須菩提白佛言世尊當何名此經我等
云何奉持佛告須菩提是經名為金剛般若
波羅蜜以是名字汝當奉持所以者何須菩
提佛說般若波羅蜜則非般若波羅蜜須菩
提於意云何如來有所說法不須菩提白佛
言世尊如來无所說須菩提於意云何三千
大千世界所有微塵是為多不須菩提言甚
多世尊須菩提諸微塵如來說非微塵是名
微塵如來說世界非世界是名世界須菩提
於意云何可以三十二相見如來不不也世
尊何以故如來說三十二相即是非相是名
三十二相須菩提若有善男子善女人以恒
河沙等身命布施若復有人於此經中乃至
受持四句偈等為他人說其福甚多

BD03297 號　金剛般若波羅蜜經

（13–4）

尊何以故如來說三十二相即是非相是名
三十二相須菩提若有善男子善女人以恒
河沙等身命布施若復有人於此經中乃至
受持四句偈等為他人說其福甚多
尒時須菩提聞說是經深解義趣涕淚悲泣
而白佛言希有世尊佛說如是甚深經典我
從昔來所得慧眼未曾得聞如是之經世尊
若復有人得聞是經信心清淨則生實相當
知是人成就第一希有功德世尊是實相者
則是非相是故如來說名實相世尊我今得
聞如是經典信解受持不足為難若當來世
後五百歲其有眾生得聞是經信解受持是
人則為第一希有何以故此人无我相人相
眾生相壽者相所以者何我相即是非相人
相眾生相壽者相即是非相何以故離一切
諸相則名諸佛佛告須菩提如是如是若復
有人得聞此經不驚不怖不畏當知是人甚
為希有何以故須菩提如來說第一波羅蜜
非第一波羅蜜是名第一波羅蜜
須菩提忍辱波羅蜜如來說非忍辱波羅蜜
何以故須菩提如我昔為歌利王割截身體
我於尒時无我相无人相无眾生相无壽者
相何以故我於往昔節節支解時若有我相
人相眾生相壽者相應生瞋恨須菩提又念
過去於五百世作忍辱仙人於尒所世无我
相无人相无眾生相无壽者相是故須菩提
菩薩應離一切相發阿耨多羅三藐三菩提

BD03297 號　金剛般若波羅蜜經

（13–5）

相何以故我於往昔節節支解時若有我相
人相衆生相壽者相應生瞋恨須菩提又念
過去於五百世作忍辱仙人於尒所世无我
相无人相无衆生相无壽者相是故須菩提
菩薩應離一切相發阿耨多羅三藐三菩提
心不應住色生心不應住聲香味觸法生心
應生无所住心若心有住則為非住是故佛
説菩薩心不應住色布施須菩提菩薩為利
益一切衆生應如是布施如來説一切諸相
即是非相又説一切衆生則非衆生須菩提
如來是真語者實語者如語者不誑語者不
異語者須菩提如來所得法此法无實无虚
須菩提若菩薩心住於法而行布施如人入
闇則无所見若菩薩心不住法而行布施如
人有目日光明照見種種色須菩提當來之
世若有善男子善女人能於此經受持讀誦
則為如來以佛智慧悉知是人悉見是人皆
得成就无量无邊功德
須菩提若有善男子善女人初日分以恒河
沙等身布施中日分復以恒河沙等身布施
後日分亦以恒河沙等身布施如是无量百
千萬億劫以身布施若復有人聞此經典信
心不逆其福勝彼何况書寫受持讀誦為人
解説須菩提以要言之是經有不可思議不
可稱量无邊功德如來為發大乘者説為發
冣上乘者説若有人能受持讀誦廣為人説
如來悉知是人悉見是人皆得成就不可量

BD03297號　金剛般若波羅蜜經　（13–6）

解説須菩提以要言之是經有不可思議不
可稱量无邊功德如來為發大乘者説為發
冣上乘者説若有人能受持讀誦廣為人説
如來悉知是人悉見是人皆得成就不可量
不可稱无有邊不可思議功德如是人等則
為荷擔如來阿耨多羅三藐三菩提何以故
須菩提若樂小法者著我見人見衆生見壽
者見則於此經不能聽受讀誦為人解説須
菩提在在處處若有此經一切世間天人阿
脩羅所應供養當知此處則為是塔皆應恭
敬作礼圍繞以諸華香而散其處
復次須菩提若善男子善女人受持讀誦此
經若為人輕賤是人先世罪業應墮惡道以
今世人輕賤故先世罪業則為消滅當得阿
耨多羅三藐三菩提須菩提我念過去无量
阿僧祇劫於然燈佛前得值八百四千萬億
那由他諸佛悉皆供養承事无空過者若復
有人於後末世能受持讀誦此經所得功德
於我所供養諸佛功德百分不及一千萬億
分乃至筭數譬喻所不能及須菩提若善男
子善女人於後末世有受持讀誦此經所得
功德我若具説者或有人聞心則狂亂狐疑
不信須菩提當知是經義不可思議果報亦
不可思議
尒時須菩提白佛言世尊善男子善女人發
阿耨多羅三藐三菩提心云何應住云何降

BD03297號　金剛般若波羅蜜經　（13–7）

不信須菩提當知是經義不可思議果報亦
不可思議
尒時須菩提白佛言世尊善男子善女人發
阿耨多羅三藐三菩提心云何應住云何降
伏其心佛告須菩提善男子善女人發阿耨
多羅三藐三菩提者當生如是心我應滅度
一切衆生滅度一切衆生已而无有一衆生
實滅度者何以故若菩薩有我相人相衆生
相壽者相則非菩薩所以者何須菩提實无
有法發阿耨多羅三藐三菩提者須菩提於
意云何如来於然燈佛所有法得阿耨多羅
三藐三菩提不不也世尊如我解佛所說義
佛於然燈佛所无有法得阿耨多羅三藐三
菩提佛言如是如是須菩提實无有法如来
得阿耨多羅三藐三菩提
須菩提若有法如来得阿耨多羅三藐三菩
提者然燈佛則不應與我受記汝於来世當
得作佛号釋迦牟尼以實无有法得阿耨多
羅三藐三菩提是故然燈佛與我受記作是
言汝於来世當得作佛号釋迦牟尼何以故
如来者即諸法如義若有人言如来得阿耨
多羅三藐三菩提須菩提實无有法佛得阿
耨多羅三藐三菩提須菩提如来所得阿耨
多羅三藐三菩提於是中无實无虛是故如
来說一切法皆是佛法須菩提所言一切法
者即非一切法是故名一切法須菩提譬如
人身長大須菩提言世尊如来說人身長大

耨多羅三藐三菩提須菩提如来所得阿耨
多羅三藐三菩提於是中无實无虛是故如
来說一切法皆是佛法須菩提所言一切法
者即非一切法是故名一切法須菩提譬如
人身長大須菩提言世尊如来說人身長大
則為非大身是名大身須菩提菩薩亦如是
若作是言我當滅度无量衆生則不名菩薩
何以故須菩提實无有法名為菩薩是故佛
說一切法无我无人无衆生无壽者須菩提
若菩薩作是言我當莊嚴佛土是不名菩薩
何以故如来說莊嚴佛土者即非莊嚴是名
莊嚴須菩提若菩薩通達无我法者如来說
名真是菩薩
須菩提於意云何如来有肉眼不如是世尊
如来有肉眼須菩提於意云何如来有天眼
不如是世尊如来有天眼須菩提於意云何
如来有慧眼不如是世尊如来有慧眼須菩
提於意云何如来有法眼不如是世尊如来
有法眼須菩提於意云何如来有佛眼不如
是世尊如来有佛眼須菩提於意云何恒河
中所有沙佛說是沙不如是世尊如来說是
沙須菩提於意云何如一恒河中所有沙有
如是等恒河是諸恒河所有沙數佛世界如
是寧為多不甚多世尊佛告須菩提尒所國
土中所有衆生若干種心如来悉知何以故
如来說諸心皆為非心是名為心所以者何

如是等恒河是諸恒河所有沙數佛世界如
是寧為多不甚多世尊佛告須菩提尒所國
土中所有衆生若干種心如来悉知何以故
如来說諸心皆為非心是名為心所以者何
須菩提過去心不可得現在心不可得未来
心不可得須菩提於意云何若有人滿三千
大千世界七寶以用布施是人以是因緣得
福多不如是世尊此人以是因緣得福甚多
須菩提若福德有實如来不說得福德多以
福德无故如来說得福德多
須菩提於意云何佛可以具足色身見不不
也世尊如来不應以色身見何以故如来說
具足色身即非具足色身是名具足色身須
菩提於意云何如来可以具足諸相見不不
也世尊如来不應以具足諸相見何以故如
来說諸相具足即非具足是名諸相具足須
菩提汝等勿謂如来作是念我當有所說法
莫作是念何以故若人言如来有所說法即
為謗佛不能解我所說故須菩提說法者无
法可說是名說法須菩提白佛言世尊佛得
阿耨多羅三藐三菩提為无所得耶如是如
是須菩提我於阿耨多羅三藐三菩提乃至
无有少法可得是名阿耨多羅三藐三菩提
復次須菩提是法平等无有高下是名阿耨
多羅三藐三菩提以无我无人无衆生无壽
者脩一切善法則得阿耨多羅三藐三菩提

BD03297號　金剛般若波羅蜜經　（13–10）

是須菩提我於阿耨多羅三藐三菩提乃至
无有少法可得是名阿耨多羅三藐三菩提
復次須菩提是法平等无有高下是名阿耨
多羅三藐三菩提以无我无人无衆生无壽
者脩一切善法則得阿耨多羅三藐三菩提
須菩提所言善法者如来說非善法是名善
法須菩提若三千大千世界中所有諸須弥
山王如是等七寶聚有人持用布施若人以
此般若波羅蜜經乃至四句偈等受持讀誦
為他人說於前福德百分不及一百千萬億
分乃至筭數譬喻所不能及
須菩提於意云何汝等勿謂如来作是念我
當度衆生須菩提莫作是念何以故實无有
衆生如来度者若有衆生如来度者如来則
有我人衆生壽者須菩提如来說有我者則
非有我而凡夫之人以為有我須菩提凡夫
者如来說則非凡夫須菩提於意云何可以
三十二相觀如来不須菩提言如是如是以
三十二相觀如来佛言須菩提若以三十二
相觀如来者轉輪聖王則是如来須菩提白
佛言世尊如我解佛所說義不應以三十二
相觀如来尒時世尊而說偈言
若以色見我　以音聲求我　是人行邪道　不能見如来
須菩提汝若作是念如来不以具足相故得
阿耨多羅三藐三菩提須菩提莫作是念如
来不以具足相故得阿耨多羅三藐三菩提
須菩提汝若作是念發阿耨多羅三藐三菩

BD03297號　金剛般若波羅蜜經　（13–11）

若以色見我 以音聲求我 是人行邪道 不能見如来
須菩提汝若作是念如来不以具足相故得
阿耨多羅三藐三菩提須菩提莫作是念如
来不以具足相故得阿耨多羅三藐三菩提
須菩提汝若作是念發阿耨多羅三藐三菩
提者說諸法斷滅相莫作是念何以故發阿
耨多羅三藐三菩提者於法不說斷滅相
須菩提若菩薩以滿恒河沙等世界七寶布
施若復有人知一切法无我得成於忍此
菩薩勝前菩薩所得功德須菩提以諸菩薩
不受福德故須菩提白佛言世尊云何菩薩
不受福德須菩提菩薩所作福德不應貪著
是故說不受福德須菩提若有人言如来若
来若去若坐若卧是人不解我所說義何以
故如来者无所從来亦无所去故名如来
須菩提若善男子善女人以三千大千世界
碎為微塵於意云何是微塵衆寧為多不甚
多世尊何以故若是微塵衆實有者佛則不
說是微塵衆所以者何佛說微塵衆則非微
塵衆是名微塵衆世尊如来所說三千大千
世界則非世界是名世界何以故若世界實
有者則是一合相如来說一合相則非一合
相是名一合相須菩提一合相者則是不可
說但凡夫之人貪著其事
須菩提若人言佛說我見人見衆生見壽者
見須菩提於意云何是人解我所說義不不
也世尊是人不解如来所說義何以故世尊

BD03297號　金剛般若波羅蜜經

(13–12)

須菩提若人言佛說我見人見衆生見壽者
見須菩提於意云何是人解我所說義不不
也世尊是人不解如来所說義何以故世尊
說我見人見衆生見壽者見即非我見人見
衆生見壽者見是名我見人見衆生見壽者
見須菩提發阿耨多羅三藐三菩提心者於
一切法應如是知如是見如是信解不生法
相須菩提所言法相者如来說即非法相是
名法相須菩提若有人以滿无量阿僧祇世
界七寶持用布施若有善男子善女人發菩
薩心者持於此經乃至四句偈等受持讀誦
為人演說其福勝彼云何為人演說不取於
相如如不動何以故
一切有為法 如夢幻泡影 如露亦如電 應作如是觀
佛說是經已長老須菩提及諸比丘比丘尼
優婆塞優婆夷一切世間天人阿脩羅聞佛
所說皆大歡喜信受奉行

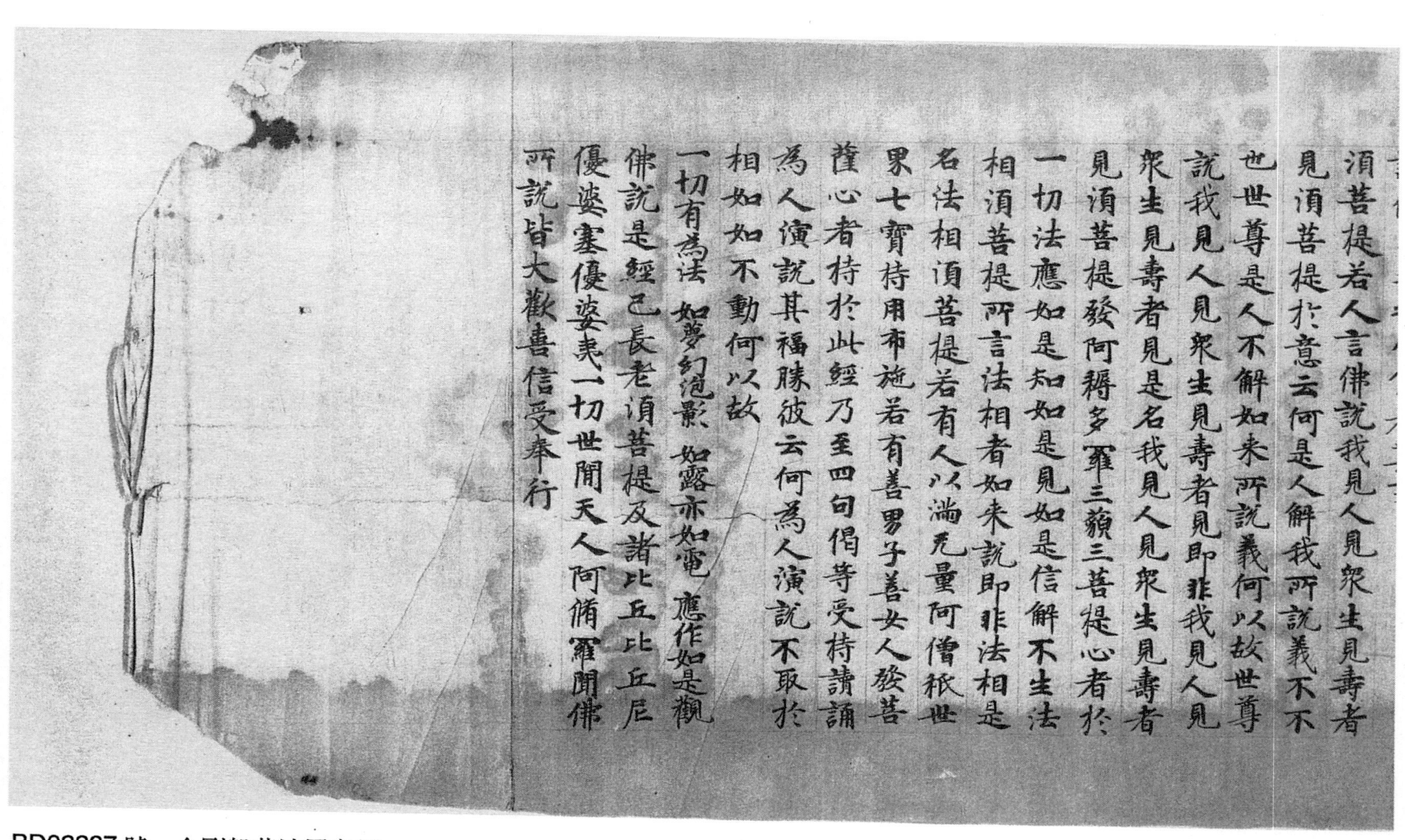

BD03297號　金剛般若波羅蜜經

(13–13)

地中出花吞火噉鐵或現住佛菩薩衆生
見已皆悉歸仰不得正解脫名爲一耶
善男子夜叉者專行婬欲煞生血食詐
稱言我是天中天得大自在信任六師不識佛
性不得般若波羅蜜專說世間无義語有目
之徒悉皆歸依不得正解脫名爲二耶
善男子乾闥婆者專行琴樂鼓舞絃歌箜
篌箏笛貌行笙瑟種種皆能言我自悟衆生
見之皆悉敬仰謂爲是真不得正解脫名
爲三耶
阿脩羅者善能飲酒不能使醉自言飲酒无
罪此是解脫我能消煞衆生見之謂是聖人
不得般若波羅蜜名爲四耶
緊那羅者善能舞戲擲空到析圓圈細解
虎脚清醨白紵㭒縧唱和音聲衆生見之心生
樂著不得解脫名爲五耶
迦樓羅者善能騾馬㭒槊飛刀鄭矢滂鞍

BD03298號　佛性海藏智慧解脫破心相經卷下　（11–1）

緊那羅者善能舞戲擲空到析圓圈細解
虎脚清醨白紵㭒縧唱和音聲衆生見之心生
樂著不得解脫名爲五耶
迦樓羅者善能騾馬㭒槊飛刀擲矢騎鞍
旋馬援弓拋擲角走相撲衆生見之心遂樂
著不得正解脫名爲六耶
摩睺羅伽者善解世法俛倖絞假多詐少實
肆詠文章能和私散非諂曲兩頭多諸語言
不會宗義衆生見之心生所仰不得正解脫
名爲七耶
人非人者市道郭閃妄言詩語覆无信諂
媚多端專求誑惑方便万差无有一實衆生
著之不得解脫名爲八耶
諸佛菩薩能同此八種行能利益如是八種
人皆使出世故言不捨八耶證八解脫此之
謂是
尒時除疑大士復問佛言世尊如是之人乃
行此行菩薩大士亦行是行一切衆生肓无
慧目云何世間而能別之唯願世尊爲我說
之令一切衆生皆得正解脫知見佛告除疑
大士汝是大慈念諸衆生著耶受苦我今將
欲滅度汝若不問无目之人皆悉信耶墮於
地獄受苦无量永處闇鄣耳初不聞一乘之
名况能見佛汝當諦聽吾當爲汝分別解說
善男子八耶之心自是非他口不說大乘方

BD03298號　佛性海藏智慧解脫破心相經卷下　（11–2）

欲滅度汝若不問无目之人皆悉信耶墮於
地獄受苦无量永處闇鄣耳初不聞一乘之
名況能見佛汝當諦聽吾當為汝分別解說
善男子八耶之心自是非他口不說大乘方
等不見佛性不能和通衆經善能所住〻〻
明解於諸身色不能捨離雖說經法不合空
義專求伺人之過自任憍各覆藏不悔自封
所化是我眷屬或見他人如與同衆心生忿
怨生大誹謗自讚毀他如是之人是八耶徒黨
菩薩大士雖與同行慈悲為首推直與人抱
曲向已雖與天龍同行教以斷見而不取著
雖與夜叉同行示欲之過食宍熟生而无害
心教除五陰不聽執著雖與乾闥婆同行教
除耳聽猶如空嚮不聽愛樂示以法音八正
伎樂使人捨之如入禪定入阿脩羅中示現
飲酒不起昏心捨諸相或增益智慧入迦樓
羅中教以調伏諸根不令放逸自任教人如
不取勝令諸衆生心性調慎在緊陀羅中
示現法喜歌舞忌和調暢八音方等梵讚
朗徹見者歡欣處在摩睺羅伽中教諸衆
生捨於諍論无彼无我无取无捨見善不讚
見惡不毀離世語言常以軟善調伏其心習
於空慧入於人非人中教以忍辱捨於俗
事專求智慧入於一實之法尒時除疑大
士問佛言世尊云何名万惡之所集唯願說

BD03298號　佛性海藏智慧解脫破心相經卷下

（11-3）

於空慧入於人非人中教以忍辱捨於俗
事專求智慧入於一實之法尒時除疑大
士問佛言世尊云何名万惡之所集唯願說
之我若聞已佛去世後教令无量无邊衆生
皆悉聞知佛告除疑善男子万惡者皆是著
相諸行不能捨於諸見封執五陰未得悟空
佛性未顯貪求名譽我慢貢高癡慾益甚
毀謗大乘專求小法捨於深法愛樂淺語賤
薄空宗深著諸相忻仰繫縛癡惡解脫求現
相諸業而不求見清淨佛性如是之人名万
惡之所集如斯之徒名地獄人也
尒時會中有一菩薩名曰迦難羅從坐而起白
佛言世尊向聞如來說八耶万惡始知世
間之人愚癡无目但見現前不識後世已聞幻
或未能別識相牽談說云是真人背正歸耶
謂為解脫心覩世榮與道相遠現遭殃禍死
墮惡趣捨施財物及以妻子奴婢牛羊驢馬
車轝薗林屋宅牀敷卧具衣食種種之物皆
能布施心希現報不求出世受施之人非真
解脫雖當讀經不解深義讚嘆小法毀訾方
等但見虛鴐五陰未覩佛性雖復剔鬚衣
服法衣不名出家如是之徒是外道眷屬衆
生信之遂墮黑闇歸者受苦終无慧目師墮
地獄二皆无益如此人輩甚可哀矣我於往
昔无量劫學行布施頭目髓惱一切所有之

BD03298號　佛性海藏智慧解脫破心相經卷下

（11-4）

服法衣不名出家如是之徒是外道眷屬衆
生信之遂墮黑闇歸者受善終无慧目師墮
地獄二皆无益如此人輩甚可哀矣我於往
昔无量劫學行布施頭目髓腦一切所有之
物盡施與人不識真正但得外道耶魔亦不
教我觀於五陰中而有佛性過於此劫復生
於閻浮提劫名諸見國名梵音王名自高復
於此劫供養六師所須之物皆悉給與亦不
教我觀五陰是空取於真實佛性復過此劫
劫名安樂國名安住王名不動我於此劫供
養无量恒沙諸佛亦不教我捨於五陰而取
真實佛性復過此劫劫名離垢國名空寂王
名惠解我於此劫供養无量恒沙諸佛教我捨
棄五陰離諸結縛始見此經我即受持書寫
讀誦晝夜精懃脩心相續不使緣外於其夜
中夢見普賢菩薩教我觀身猶如虛空方始
得見佛性忽然悟覺於虛空中覩見釋迦牟
尼佛即與我受記号明法王如来我即供養
百億釋迦今復重見如来說於此經典歡欣
无量我從過去无量阿僧祇佛所受持此經
并復受持陁羅尼呪令我心恒堅固今得受
記我欲施此神呪在此經上為利益无量无
邊衆生不審世尊聽許以不若我来世成等
正覺時持此呪者皆来生我國同共受樂以
此之故所願如是佛言善哉汝是衆生无上

并復受持陁羅尼呪令我心恒堅固今得受
記我欲施此神呪在此經上為利益无量无
邊衆生不審世尊聽許以不若我来世成等
正覺時持此呪者皆来生我國同共受樂以
此之故所願如是佛言善哉汝是衆生无上
慈父施呪救護將大利益不可稱數我今說
之在於此經若有无量百千万億衆生受諸
苦惱聞此呪者三稱汝名讀持此呪即得解
脫命終生天世世受樂汝成正覺皆生汝國
尒時迦難羅菩薩即於佛前而說呪偈
呼呼膩　摩呼呼　嗚呼膩吒利　那羅帝
那羅利　阿毗帝　蒭多綵那綵　尼多訶帝
膩吒利　伊尼吒盧帝　豯荼羅　豯荼盧
尼提　若枸利　摩句尼　塗沙呵
諸有无常住　三世會歸空　觀心是无相　衆生性皆同
慧解无分別　相想不得通　盡想心亦滅　寸寸見真容
為著五陰故　亦聽恒暴觸　除去相或盡　忽悟解心宗
前偈胡音胡字中偈胡音漢字後偈漢音
漢字飜胡任漢
說此呪時八万菩薩住不動地九千聲聞發
大乘心十千比丘得羅漢道五千比丘尼得
阿那含道十億優婆塞得斯陁含道廿億優
婆夷得須陁洹道无量天人得法眼淨百千
衆生皆發无等等向耨多羅三藐三菩提心
尒時阿難問迦難羅菩薩言云何奉持云何

向卌舍道十億優婆塞得斯陁舍道廿億優
婆夷得須陁洹道无量天人得法眼淨百千
衆生皆發无等等阿耨多羅三藐三菩提心
尒時阿難問迦難羅菩薩言云何奉持云何
脩行唯願仁者爲我解說尒時迦難羅語阿
難言行此經呪之時當在空靜之處淨治一
室以香湯洗浴著淨衣服安置法坐不限
人之多少端身正心勿得轉動請法主一人在
於座上分別解說是諸行人和合爲上捨離
語論閉目思惟使心不乱攝伏六根不令放
逸日夜六時燒香供養善心相續入善境界
以是至到得見佛性衆罪消滅結縛解脫回
是日始得見无量阿僧祇諸佛皆爲作依止
无量阿僧祇菩薩共爲等侶阿難聞言受持
此經得幾數福持此經者消供養以不佛言
百千万分不如其一以一閻浮提中所有珎
寶并諸雜物悉以供養一切諸佛菩薩不如有
人須臾之頃聽是經典復置是事以一佛世
界所有珎寶以用布施不如有人造此經一
字復置是事以十佛世界所有珎寶造作浮
啚塔寺遍滿一閻浮提不如有人讀此經一
偈復置是事以百佛世界所有珎寶以用造
作經書形像遍滿三千大千世界不如有人
解此經一句之義以是之故吾今付汝我滅
度後在在處處廣宣流布常使不絕受持

作經書形像遍滿三千大千世界不如有人
解此經一句之義以是之故吾今付汝我滅
度後在在處處廣宣流布常使不絕受持
此經典者諸佛菩薩之所讚念所以者何若持
此經即同佛涅槃永无煩惱生死所不能汙
當知此人不久成佛受持經人日消五兩金
食何況世間輕微供養若有人能精心竭力
晝夜苦身供養受持此經之人功德不可思
議現世受樂常聞正法命終生天面奉諸佛
尒時會中有天神王地神王海神王河神王
山神王樹神王風神王火神王諸鬼神王等從
坐而起白佛言世尊我等諸神王在所佐讚
受持此經之人并及供養受持經人弟子常爲
此人不使見惡所求如意其人行來我等常送
不令恐怖亦復不使惡人惡鬼橫害其人所
須之物我等寘會使之自然而得生生之處
常與明師相遇永離愚鈍佛言善哉汝等
大慈能讚三寶令諸衆生安住佛法心无驚動
離苦出世汝於來劫亦得作佛
尒時諸神王等聞佛所說汝於來世亦得作
佛即起恭敬以偈讚佛
世尊大慈悲　哀愍度一切　數演秘密藏　有形靡不濟
降伏魔怨衆　制諸外道賊　開現正真路　燒去煩惱惑
盲聾得視聽　枷鏁自然脫　師子威力備　頻申皆出壞
三塗變爲淨　迷者悉得悟　流轉之徒衆　安靜如法住

世尊大慈悲　哀愍度一切　數演祕密藏　有无應不濟
降伏魔怨衆　制諸外道賊　開現正真路　燒盡煩惱惑
盲聾得視聽　枷鏁自然脫　師子威力備　頻申皆出壞
三塗變爲淨　迷者悉得悟　流轉之徒衆　安靜如法住
施我衆生目　覩見妙樂土　令除我慢心　貢高所不怙
煩惱薪草等　五陰風吹聚　身中起慧火　焚燒令无主
運化同虛空　昇降无處所　清淨无雲翳　始聞空中語
了了心惺悟　慈光覆諸苦　心盡相亦滅　忽然見慈父
唯願佛世尊　普愍度群生　震雷碍聾者　令得又聾盲
尒時佛告諸神王等此經威力不可思議受
持此經功德亦不可思議我說是經難可得
聞何況有人而得聞何況有人而得受持讀
誦書寫流通功德巍巍難可度量一切海水
可知滴數无有能知受持此經之人功德多
少一切大地可知塵數无有能知受持此經
之人功德限量虛空可知分界无有能知受
持此經之人功德頭畔一切諸佛可知名數
无有能知受持此經之人功德分界以是因
緣付囑於汝在後流通世間莫使斷絕我
今涅槃時至不得久住汝當努力承經聖
志爲住導師尒時大衆聞說是語皆各發
聲悲號哽咽叫呼大哭流淚泣血不能自
止共相謂言无上慈父將棄我等入於涅槃
我等徒衆无所宗仰喻如嬰兒失母涸魚无
水孤鳥失侶獼猴失樹孤窮孤路伶俜辛苦
亦无恃託依何所住設復有疑當復問誰世

BD03298 號　佛性海藏智慧解脫破心相經卷下　（11–9）

止共相謂言无上慈父將棄我等入於涅槃
我等徒衆无所宗仰喻如嬰兒失母涸魚无
水孤鳥失侶獼猴失樹孤窮孤路伶俜辛苦
亦无恃託依何所住設復有疑當復問誰世
尊今去何時復值假使還来去何可識此語
已舉手拍頭推胷大叫悲酸懊惱痛裂哉
雨淚氣絕五體投地如大山崩一一毛孔血
流灑地如波羅奢花而白佛言世尊爲我
徒衆且住於世莫般涅槃我今在後无所依止
尒時佛告諸大衆汝止莫啼我今語汝吾来
去之狀我若還来必得相識
尒時佛告諸大衆諦聽諦聽吾當爲汝說涅
槃因緣善男子譬如春月陰氣漸退陽氣
微濕氷凍消融大地枯釋溫和調暢雲雨時
注一切草木皆悉萌牙如得生長我今出世
亦復如是煩惱氷凍愛欲陰氣漸漸衰微
濡善春陽悉厚溫氣微微而出慈悲時雨數
數降注菩提善牙因此而生三月四月諸陽漸
種樹木卉草皆悉滋榮開花結實我今住
首楞嚴三昧亦復如是智慧諸陽漸得轉種
令諸聲聞凡夫方便滋榮開菩提空花同結
一實七月九月陽氣衰微陰氣微進令諸花
木枝葉彫落菓實成熟菩薩及彼亦復如是
五陰陽氣以得衰微佛性智陰轉轉種上諸見
枝葉悉皆彫落解脫如見菓實如得成熟正

BD03298 號　佛性海藏智慧解脫破心相經卷下　（11–10）

一實七月九月陽氣襄微陰氣微進令諸花
木枝葉彫落菓實成熟菩薩及彼亦復如是
五陰陽氣以得襄微佛性智陰轉轉强上諸見
枝葉悉皆彫落解脫知見菓實如得成熟正
冬之月冷上氷結一切菓實皆悉成熟收穫
斂治內於窖倉毒虵惡虫入穴隱匿塞扃墐
户就室然火我今涅槃亦復如是无知冷結
解圓妙菓成熟无二斂治分別置空窖倉
我惕毒虵諸有惡虫入寂滅穴隱塞智慧扃
閉覺知户就涅槃室然種智火以是因緣故入
涅槃善男子我若出之時或作人君或作人臣
或作人父或作人子或作人夫或作人婦或作
象馬禽獸龜鼈黿鼉虵蠢飛蠕動无所不作无所
不為如是不可思議唯行平等可得識吾一
切大衆即起恭敬遶佛三匝實如聖教實如
聖教
佛説此經已寶塔寶池忽然不現樹木花林
皆悉萎枯如来世尊北首而卧入於涅槃一
切大衆叫喚大哭氣絶躃地猶如死屍悲泣
盈目淚如上雨淚滴於地地為之烈大地震
動泉源枯竭飛鳥走伏皆各
還悉如本獄囚還繫地獄定嗇餓鬼飢虛无
有解脫真容普於金棺盛於銀槨白疊千端
練絹万匹纏裹灌之以火焚燒悉皆磨滅二
端不燒留於後代一切大衆作礼而去

BD03298 號　佛性海藏智慧解脱破心相經卷下　（11–11）

如来頂是諸大衆得未曾有於是阿難及諸
大衆俱聞十方微塵如来異口同音告阿難
言善哉阿難汝欲識知俱生無明使汝輪轉
生死結根唯汝六根更無他物汝復欲知無
上菩提令汝速登安樂解脫寂靜妙常亦
六根更非他物阿難雖聞如是法音心猶未
明稽首白佛云何令我生死輪迴安樂妙常
同是六根更非他物佛告阿難根塵同源縛
脫無二識性虛妄猶如空花阿難由塵發知
因根有相相見無性同於交蘆是故汝今知
見立知即無明本知見無見斯即涅槃無漏
真淨云何是中更容他物尒時世尊欲重宣
此義而說偈言
真性有為空　緣生故如幻　無為無起滅　不實如空花
言妄顯諸真　妄真同二妄　猶非真非真　云何見所見
中間無實性　是故若交蘆　結解同所因　聖凡無二路
汝觀交中性　空有二俱非　迷晦即無明　發明便解脫
解結因次第　六解一亦亡　根選擇圓通　入流成正覺
陁那微細識　習氣成暴流　真非真恐迷　我常不開演

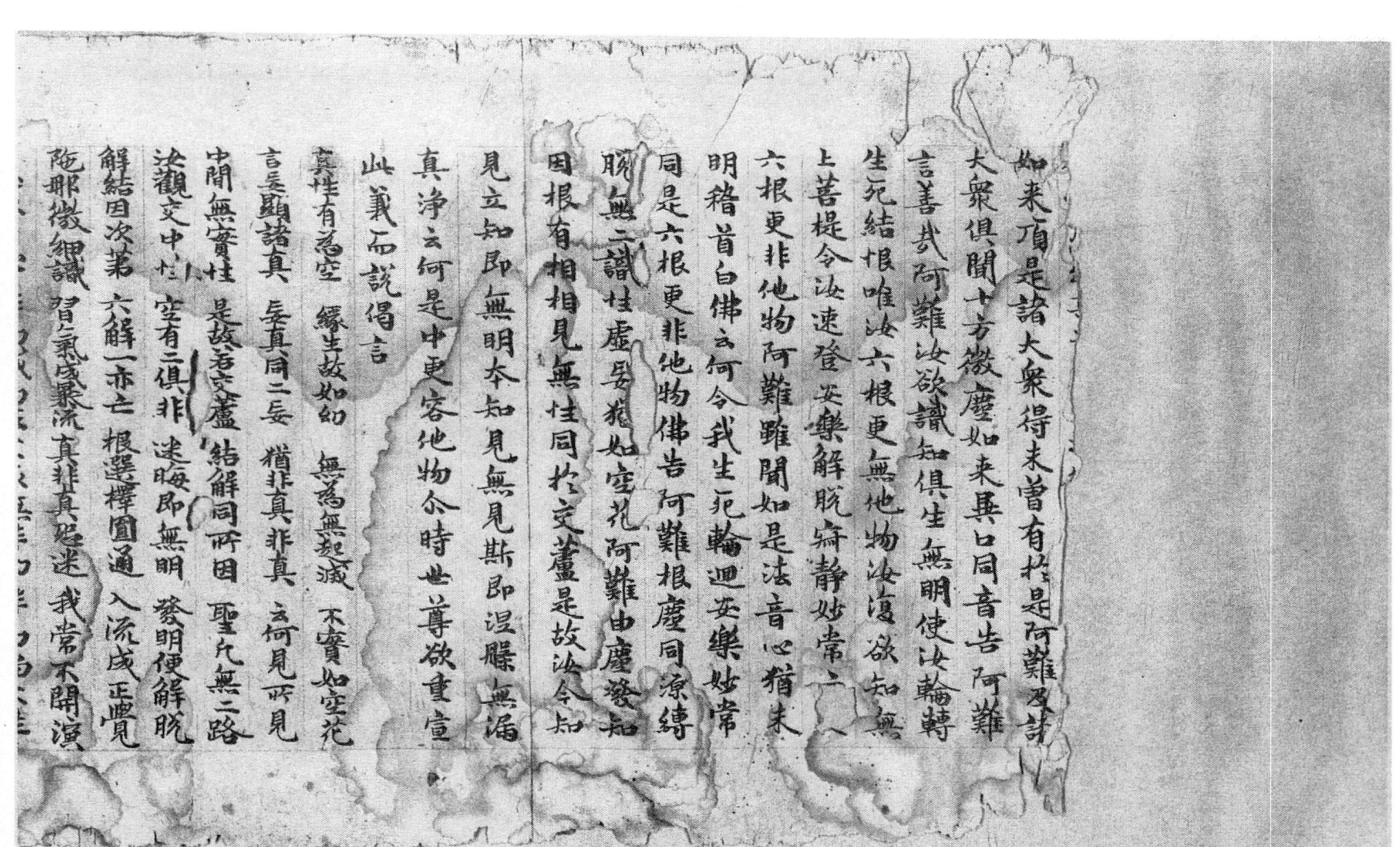

BD03299 號　大佛頂如來密因修證了義諸菩薩萬行首楞嚴經卷五　（15–1）

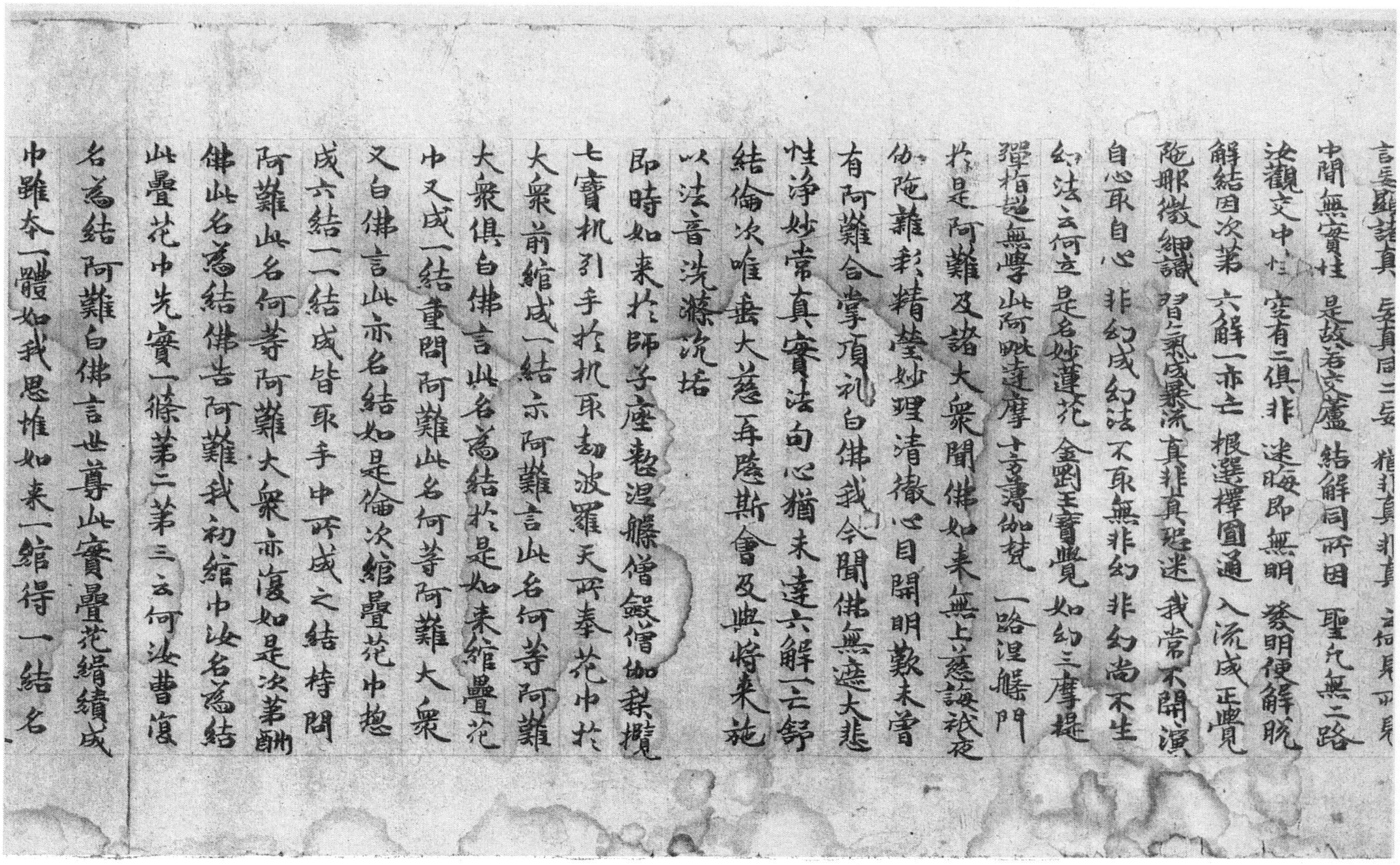
言妄顯諸真 妄真同二妄 猶非真非真 云何見所見
中間無實性 是故若交蘆 結解同所因 聖凡無二路
汝觀交中性 空有二俱非 迷晦即無明 發明便解脫
解結因次第 六解一亦亡 根選擇圓通 入流成正覺
陀那微細識 習氣成暴流 真非真恐迷 我常不開演
自心取自心 非幻成幻法 不取無非幻 非幻尚不生
幻法云何立 是名妙蓮花 金剛王寶覺 如幻三摩提
彈指超無學 此阿毗達磨 十方薄伽梵 一路涅槃門
於是阿難及諸大眾聞佛如來無上慈誨祇夜
伽陀雜糅精瑩妙理清徹心目開明歎未曾
有阿難合掌頂禮白佛我今聞佛無遮大悲
性淨妙常真實法句心猶未達六解一亡舒
結倫次唯垂大慈再愍斯會及與將來施
以法音洗滌沉垢
即時如來於師子座整涅槃僧歛僧伽梨攬
七寶机引手於机取劫波羅天所奉花巾於
大眾前綰成一結示阿難言此名何等阿難
大眾俱白佛言此名為結於是如來綰疊花
巾又成一結重問阿難此名何等阿難大眾
又白佛言此亦名結如是倫次綰疊花巾摠
成六結一一結成皆取手中所成之結持問
阿難此名何等阿難大眾亦復如是次第酬
佛此名為結佛告阿難我初綰巾汝名為結
此疊花巾先實一條第二第三云何汝曹復
名為結阿難白佛言世尊此寶疊花緝績成
巾雖本一體如我思惟如來一綰得一結名

BD03299號　大佛頂如來密因修證了義諸菩薩萬行首楞嚴經卷五　（15–2）

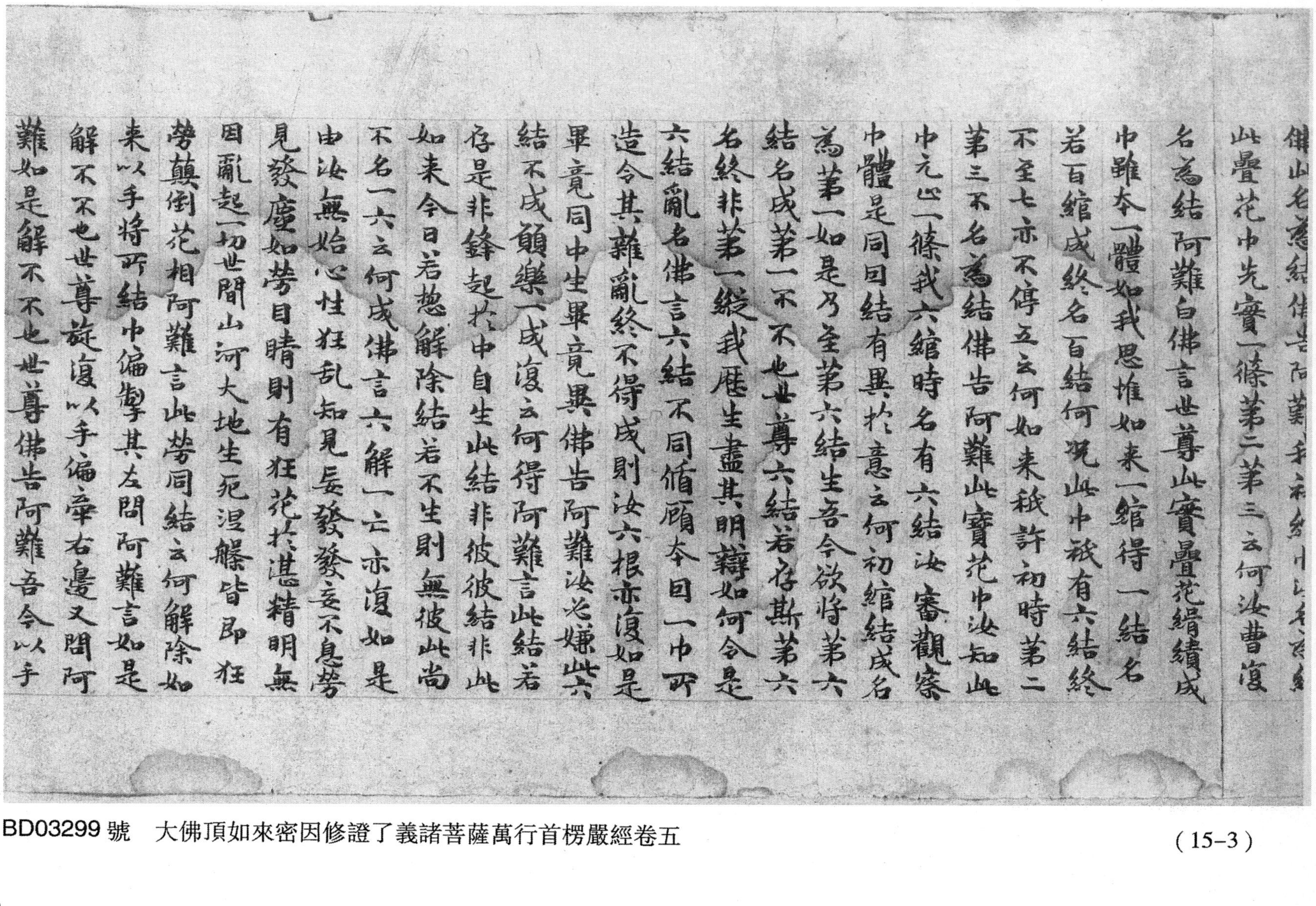
佛此名為結佛告阿難我初綰巾汝名為結
此疊花巾先實一條第二第三云何汝曹復
名為結阿難白佛言世尊此寶疊花緝績成
巾雖本一體如我思惟如來一綰得一結名
若百綰成終名百結何況此巾祇有六結終
不至七亦不停五云何如來祇許初時第二
第三不名為結佛告阿難此寶花巾汝知此
巾元止一條我六綰時名有六結汝審觀察
巾體是同因結有異於意云何初綰結成名
為第一如是乃至第六結生吾今欲將第六
結名成第一不不也世尊六結若存斯第六
名終非第一縱我歷生盡其明辯如何令是
六結亂名佛言六結不同循顧本因一巾所
造令其雜亂終不得成則汝六根亦復如是
畢竟同中生畢竟異佛告阿難汝必嫌此六
結不成願樂一成復云何得阿難言此結若
存是非鋒起於中自生此結非彼彼結非此
如來今日若摠解除結若不生則無彼此尚
不名一六云何成佛言六解一亡亦復如是
由汝無始心性狂亂知見妄發發妄不息勞
見發塵如勞目睛則有狂花於湛精明無
因亂起一切世間山河大地生死涅槃皆即狂
勞顛倒花相阿難言此勞同結云何解除如
來以手將所結巾偏掣其左問阿難言如是
解不不也世尊旋復以手偏牽右邊又問阿
難如是解不不也世尊佛告阿難吾今以手

BD03299號　大佛頂如來密因修證了義諸菩薩萬行首楞嚴經卷五　（15–3）

因亂起一切世間山河大地生死涅槃皆即狂
勞顛倒花相阿難言此勞同結云何解除如
來以手將所結巾偏掣其左問阿難言如是
解不不也世尊旋復以手偏牽右邊又問阿
難如是解不不也世尊佛告阿難吾今以手
左右各牽竟不能解汝設方便云何成解阿
難白佛言世尊當於結心解即分散佛告阿
難如是如是若欲除結當於結心阿難我說
佛法從因緣生非取世間和合麁相如來發
明世出世法知其本因隨所緣出如是乃至
恒沙界外一滴之雨亦知頭數現前種種松
直棘曲鵠白烏玄皆了元由是故阿難隨汝
心中選六根根結若除塵相自滅諸妄銷
亡不真何待阿難吾今問汝此劫波羅巾六
結現前同時解縈得同除不不也世尊是
結本以次第綰生今日當須次第而解六結
同體不同時則結解時云何同除佛言六根
解除亦復如是此根初解先得人空空性
圓明成法解脫解脫法已俱空不生是名
菩薩從三摩地得無生忍
阿難及諸大眾蒙佛開示慧覺圓通得無
疑惑一時合掌頂禮雙足而白佛言我等今
日身心皎然快得無礙雖復悟知一六亡義然
猶未達圓通本根世尊我輩飄零積劫孤
露何心何慮預佛天倫如失乳兒忽遇慈母若
復因此際會道成所得密言還同本悟則與

BD03299 號　大佛頂如來密因修證了義諸菩薩萬行首楞嚴經卷五　（15–4）

猶未達圓通本根世尊我輩飄零積劫孤
露何心何慮預佛天倫如失乳兒忽遇慈母若
復因此際會道成所得密言還同本悟則與
未聞無有差別唯垂大悲惠我秘嚴成就如
來最後開示作是語已五體投地退藏密
機冀佛冥授
爾時世尊普告眾中諸大菩薩及諸漏盡
大阿羅漢汝等菩薩及阿羅漢生我法中得
成無學吾今問汝最初發心悟十八界誰為圓
通從何方便入三摩地
憍陳那五比丘即從座起頂禮佛足而白佛
言我在鹿苑及於雞園觀見如來最初成道
於佛音聲悟明四諦佛問比丘我初稱解如
來印我名阿若多妙音密圓我於音聲得阿
羅漢佛問圓通如我所證音聲為上
優婆尼沙陀即從座起頂禮佛足而白佛言
我亦觀佛最初成道觀不淨相生大厭離悟
諸色性以從不淨白骨微塵歸於虛空空色
二無成無學道如來印我名尼沙陀塵色既
盡妙色密圓我從色相得阿羅漢佛問圓
通如我所證色因為上
香嚴童子即從座起頂禮佛足而白佛言我
聞如來教我諦觀諸有為相我時辭佛宴
晦清齋見諸比丘燒沉水香香氣寂然來入鼻
中我觀此氣非木非空非煙非火去無所著

BD03299 號　大佛頂如來密因修證了義諸菩薩萬行首楞嚴經卷五　（15–5）

聞如来教我諦觀諸有為相我時辭佛宴
晦清齋見諸比丘燒沉水香香氣寂然来入鼻
中我觀此氣非木非空非煙非火去無所著
来無所從由是意銷發明無漏如来印我得
香嚴号塵氣倏滅妙香密圓我從香嚴得
阿羅漢佛問圓通如我所證香嚴為上
藥王藥上二法王子并在會中五百梵天即
從座起頂礼佛足而白佛言我無始劫為世
良醫口中嘗此娑婆世界草木金石名數凡
有十万八千如是悉知苦酢鹹淡甘辛等味
并諸和合俱生變異是冷是熱有毒無毒悉
能遍知承事如来了知味性非空非有非即
身心非離身心分別味因從是開悟蒙佛如
来印我昆季藥王藥上二菩薩名今於會中
為法王子因味覺明位登菩薩佛問圓通如
我所證味因為上
跋陁婆羅并其同伴十六開士即從座起頂
礼佛足而白佛言我等先於威音王佛聞法
出家於浴僧時隨例入室忽悟水因既不洗
塵亦不洗體中間安然得無所有宿習無忘
乃至今時從佛出家今得無學彼佛名我跋
陁婆羅妙觸宣明成佛子住佛問圓通如我
所說觸因為上
摩訶迦葉及紫金光比丘尼等即從座起頂
礼佛足而白佛言我於往劫於此界中有佛
出世名日月燈我得親近聞法脩學佛滅度

BD03299號　大佛頂如來密因修證了義諸菩薩萬行首楞嚴經卷五　（15–6）

陁婆羅妙觸宣明成佛子住佛問圓通如我
所說觸因為上
摩訶迦葉及紫金光比丘尼等即從座起頂
礼佛足而白佛言我於往劫於此界中有佛
出世名日月燈我得親近聞法脩學佛滅度
後供養舍利然燈續明以紫光金塗佛形像
自尒已来世世生生身常圓滿紫金光聚此
紫金光比丘尼等即我眷屬同時發心我觀
世間六塵變壞唯以空寂脩於滅盡身心乃
能度百千劫猶如彈指我以空法成阿羅漢
世尊說我頭陁為最妙法開明銷滅諸漏
佛問圓通如我所證法因為上
阿那律陁即從座起頂礼佛足而白佛言我
初出家常樂睡眠如来訶我為畜生類我
聞佛訶啼泣自責七日不眠失其雙目世尊示
我樂見照明金剛三昧我不因眼觀見十方
精真洞然如觀掌菓如来印我成阿羅漢
佛問圓通如我所證旋見循元斯為第一
周利槃特迦即從座起頂礼佛足而白佛言
我闕誦持無多聞性最初值佛聞法出家
憶持如来一句伽陁於一百日得前遺後得
後遺前佛愍我愚教我安居調出入息我
時觀息微細窮盡生住異滅諸行剎那其
心豁然得大無礙乃至漏盡成阿羅漢住佛
座下印成無學佛問圓通如我所證返息循
空斯為第一

BD03299號　大佛頂如來密因修證了義諸菩薩萬行首楞嚴經卷五　（15–7）

時觀息微細窮盡生住異滅諸行刹那其
心豁然得大無礙乃至漏盡成阿羅漢住佛
座下印成無學佛問圓通如我所證返息循
空斯為第一
驕梵鉢提即從座起頂禮佛足而白佛言
我有口業於過去劫輕弄沙門世世生生有
牛呞病如來示我一味清淨心地法門我得滅
心入三摩地觀味之知非體非物應念得超
世間諸漏內脫身心外遺世界遠離三有如
鳥出籠離垢銷塵法眼清淨成阿羅漢如
來親印登無學道佛問圓通如我所證還
味旋知斯為第一
畢陵伽婆蹉即從座起頂禮佛足而白佛言
我初發心從佛入道數聞如來說諸世間不
可樂事乞食城中心思法門不覺路中毒刺
傷足舉身疼痛我念有知知此深痛雖覺
覺痛覺清淨心無痛痛覺我又思惟如是一
身寧有雙覺攝念未久身心忽空三七日中諸
漏虛盡成阿羅漢得親印記發明無學佛問
圓通如我所證純覺遺身斯為第一
須菩提即從座起頂禮佛足而白佛言我曠
劫來心得無礙自憶受生如恒河沙初在母
胎即知空寂如是乃至十方成空亦令衆生
證得空性蒙如來發性覺真空空性圓明得
阿羅漢頓入如來寶明空海同佛知見印成
無學解脫性空我為上無佛問圓通如我所

BD03299號　大佛頂如來密因修證了義諸菩薩萬行首楞嚴經卷五　（15-8）

胎即知空寂如是乃至十方成空亦令衆生
證得空性蒙如來發性覺真空空性圓明得
阿羅漢頓入如來寶明空海同佛知見印成
無學解脫性空我為上無佛問圓通如我所
證諸相入非非所非盡旋法歸无斯為第一
舍利弗即從座起頂禮佛足而白佛言我曠
劫來心見清淨如是受生如恒河沙世出世
間種種變化一見則通獲無障礙我於路中
逢迦葉波兄弟相逐宣說因緣悟心無際從
佛出家見覺明圓得大無畏成阿羅漢為佛
長子從佛口生從法化生佛問圓通如我所
證心見發光光極知見斯為第一
普賢菩薩即從座起頂禮佛足而白佛言我
已曾與恒沙如來為法王子十方如來教其
弟子菩薩根者脩普賢行從我立名世尊我
用心聞分別衆生所有知見若於他方恒沙
界外有一衆生心中發明普賢行者我於尒
時乘六牙象分身百千皆至其處縱彼障
深未合見我與其人暗中摩頂擁護安慰
令其成就佛問圓通我說本因心聞發明分
別自在斯為第一
孫陀羅難陀即從座起頂禮佛足而白佛言
我初出家從佛入道雖具戒律於三摩提心
常散動未獲無漏世尊教我及俱絺羅觀
鼻端白我初諦觀經三七日見鼻中氣出入如
煙身心內明圓洞世界遍成虛淨猶如瑠璃

BD03299號　大佛頂如來密因修證了義諸菩薩萬行首楞嚴經卷五　（15-9）

常散動未獲無漏世尊教我及俱絺羅觀
鼻端白我初諦觀經三七日見鼻中氣出入如
煙身心內明圓洞世界遍成虛淨猶如瑠璃
煙相漸銷鼻息成白心開漏盡諸出入息化
為光明照十方界得阿羅漢世尊記我當得
菩提佛問圓通我以銷息息久發明明圓
滅漏斯為第一
富樓那彌多羅尼子即從座起頂礼佛足而
白佛言我曠劫来辯才無礙宣說苦空深達
實相如是乃至恒沙如来祕密法門我於眾
中微妙開示得無所畏世尊知我有大辯才
以音聲輪教我發揚我於佛前助佛轉輪因
師子吼成阿羅漢世尊印我說法無上佛問
圓通我以法音降伏魔怨銷滅諸漏斯
為第一
優波離即從座起頂礼佛足而白佛言我親
隨佛踰城出家親觀如来六年勤苦親見如
来降伏諸魔制諸外道解脫世間貪欲諸漏
承佛教誡如是乃至三千威儀八万微細性
業遮業悉皆清淨身心寂滅成阿羅漢我
是如来眾中經紀親印我心持戒脩身眾推無
上佛問圓通我以執身身得自在次第執心
心得通達然後身心一切通利斯為第一
大目揵連即從座起頂礼佛足而白佛言我
初於路乞食逢遇優樓頻螺伽耶那提三迦

BD03299號　大佛頂如來密因修證了義諸菩薩萬行首楞嚴經卷五　（15–10）

心得通達然後身心一切通利斯為第一
大目揵連即從座起頂礼佛足而白佛言我
初於路乞食逢遇優樓頻螺伽耶那提三迦
葉波宣說如来因緣深義我頓發心得大
通達如来惠我袈裟著身鬚髮自落我遊十
方得無罣礙神通發明推為無上阿羅漢寧
唯世尊十方如来歎我神力圓明清淨自在無
畏佛問圓通我以旋湛心光發宣如澄濁
流久成清瑩斯為第一
烏芻瑟摩於如来前合掌頂礼佛之雙足而
白佛言我常先憶久遠劫前性多貪欲有佛
出世名曰空王說多婬人成猛火聚教我遍
觀百骸四肢諸冷煖氣神光內凝化多婬心
成智慧火從是諸佛皆呼召我名為火頭我
以火光三昧力故成阿羅漢心發大願諸佛
成道我為力士親伏魔怨佛問圓通我以諦
觀身心煖觸無礙流通諸漏既銷生大寶燄
登無上覺斯為第一
持地菩薩即從座起頂礼佛足而白佛言我
念往昔普光如来出現於世我為比丘常於
一切要路津口田地險隘有不如法妨損車
馬我皆平填或作橋梁或負沙土如是勤苦
經無量佛出現於世或有眾生於闤闠處要
人擎物我先為擎至其所詣放物即從不取
其直毗舍浮佛現在世時世多飢荒我為負
人無問遠近唯取一錢或有車牛被於漏溺

BD03299號　大佛頂如來密因修證了義諸菩薩萬行首楞嚴經卷五　（15–11）

經無量佛出現於世或有衆生於闤闠處要
人擎物我先爲擎至其所詣放物即從不取
其直毗舍浮佛現在世時世多飢荒我爲負
人無問遠近唯取一錢或有車牛被於漏溺
我有神力爲其推輪拔其苦惱時國大王延
佛設齋我於尒時平地待佛毗舍如來摩頂
謂我當平心地則世界地一切皆平我即心
開見身微塵造世界所有微塵等無差別
微塵自性不相觸摩乃至刀兵亦無所觸我
於法性悟無生忍成阿羅漢迴心今入菩薩位
中聞諸如來宣妙蓮花佛知見地我先證明
而爲上首佛問圓通我以諦觀身界二塵等
無差別本如來藏虛妄發塵塵銷智圓成
無上道斯爲第一
月光童子即從座起頂礼佛足而白佛言我
憶往昔恒河沙劫有佛出世名爲水天教諸
菩薩脩習水精入三摩地觀於身中水性無
奪初從涕唾如是窮盡津液精血大小便痢
身中旋復水性一同見水身中與世界外浮
幢王刹諸香水海等無差別我於是時初成
此觀但見其水未得無身當爲比丘室中安
禪我有弟子窺窗觀室唯見清水遍在屋
中了無所見童稚無知取一瓦礫投於水內激
水作聲顧盼而去我出定後頓覺心痛如舍
利弗遭違害鬼我自思惟今我已得阿羅漢
道久離病緣云何今日忽生心痛將無退失

水作聲顧盼而去我出定後頓覺心痛如舍
利弗遭違害鬼我自思惟今我已得阿羅漢
道久離病緣云何今日忽生心痛將無退失
尒時童子捷來我前說如上事我則告言汝
更見水可即開門入此水中除去瓦礫童子
奉教後入定時還復見水瓦礫宛然開門除
出我後出定身質如初逢無量佛如是至於
山海自在通王如來方得亡身與十方界諸
香水海性合真空無二無別今於如來得童
真名預菩薩會佛問圓通我以水性一味流
通得無生忍圓滿菩提斯爲第一
瑠璃光法王子即從座起頂礼佛足而白佛
言我憶往昔經恒沙劫有佛出世名無量聲
開示菩薩本覺妙明觀此世界及衆生身皆
是妄緣風力所轉我於尒時觀界安立觀世
動時觀身動止觀心動念諸動無二等無差
別我時了覺此群動性來無所從去無所至
十方微塵顛倒衆生同一虛妄如是乃至三
千大千一世界內所有衆生如一器中貯百
蚊蚋啾啾亂鳴於分寸中鼓發狂鬧逢佛未
幾得無上忍尒時心開乃見東方不動佛國
爲法王子事十方佛身心發光洞徹無礙佛
問圓通我以觀察風力無依悟菩提心入
三摩地合十方佛傳一妙心斯爲第一
虛空藏菩薩即從座起頂礼佛足而白佛言

三摩地今十方佛傳一妙心斯為第一
虛空藏菩薩即從座起頂礼佛足而白佛言
我與如來定光佛所得無邊身尒時手執四
大寶珠照明十方微塵佛剎化成虛空又於
自心現大圓鏡內放十種微妙寶光流灌十
方盡虛空際諸幢王剎來入鏡內涉入我
身身同虛空不相妨礙身能善入微塵國土
廣行佛事得大隨順此大神力由我諦觀
四大無依妄想生滅虛空無二佛國本同於同
發明得無生忍佛問圓通我以觀察虛空
無邊入三摩地妙力圓明斯為第一
弥勒菩薩即從座起頂礼佛足而白佛言我
憶往昔經微塵劫有佛出世名日月燈明我
從彼佛而得出家心重世名好遊族姓尒時
世尊教我脩習唯心識定入三摩地歷劫已
來以此三昧事恒沙佛求世名心歇滅無有
至然燈佛出現於世我乃得成無上妙圓識
心三昧乃至盡空如來國土淨穢有無皆是
我心變化所現世尊我了如是唯心識故識性
流出無量如來今得授記次補佛處佛問
圓通我以諦觀十方唯識識心圓明入圓成
實遠離依他及遍計執得無生忍斯為第一
大勢至法王子與其同倫五十二菩薩即從
座起頂礼佛足而白佛言我憶往昔恒河沙
劫有佛出世名無量光十二如來相繼一劫
其最後佛名超日月光彼佛教我念佛三昧

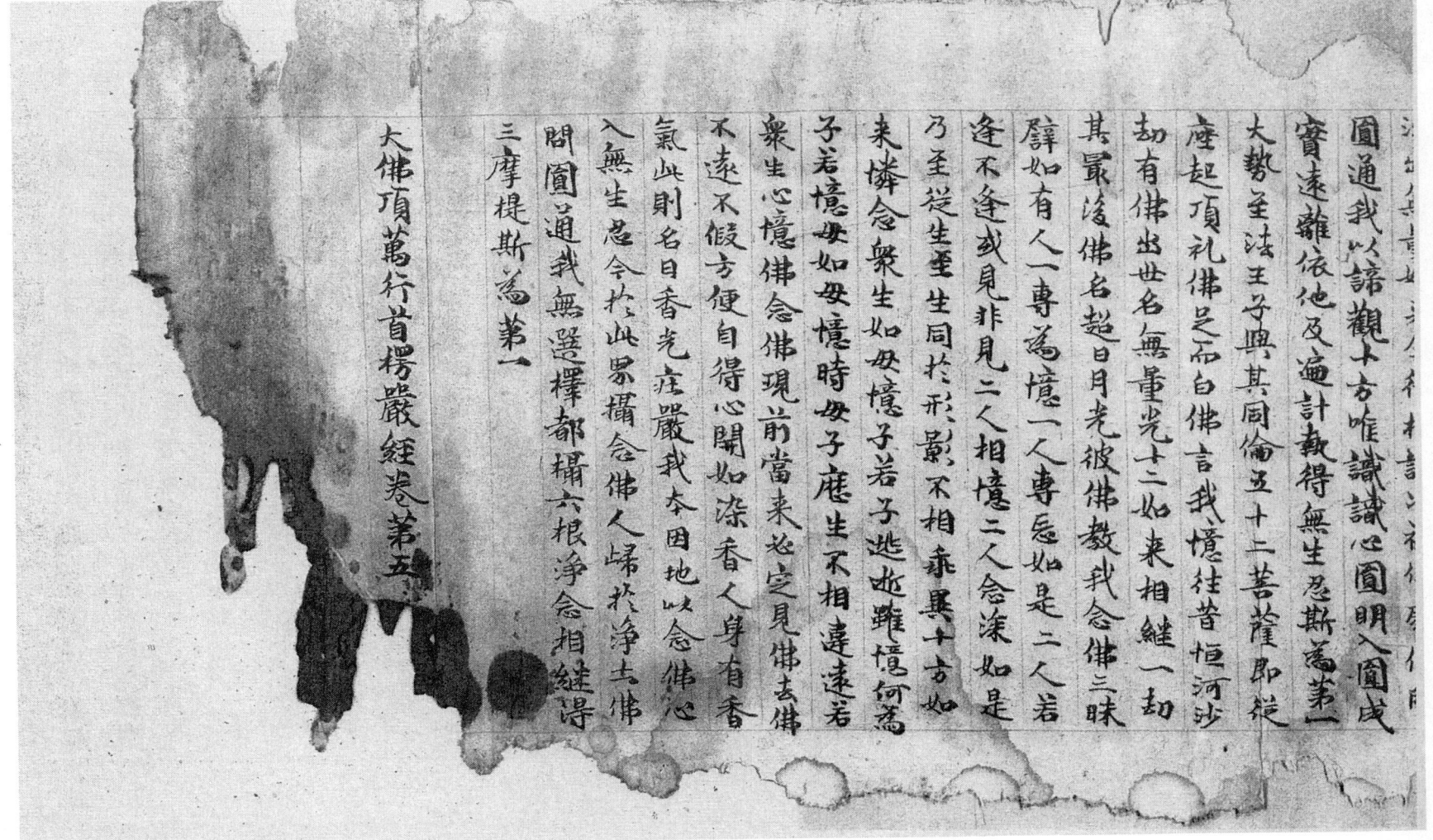

BD03299 號　大佛頂如來密因修證了義諸菩薩萬行首楞嚴經卷五　（15–14）

圓通我以諦觀十方唯識識心圓明入圓成
實遠離依他及遍計執得無生忍斯為第一
大勢至法王子與其同倫五十二菩薩即從
座起頂礼佛足而白佛言我憶往昔恒河沙
劫有佛出世名無量光十二如來相繼一劫
其最後佛名超日月光彼佛教我念佛三昧
譬如有人一專為憶一人專忘如是二人若
逢不逢或見非見二人相憶二人念深如是
乃至從生至生同於形影不相乖異十方如
來憐念眾生如母憶子若子逃逝雖憶何為
子若憶母如母憶時母子歷生不相違遠若
眾生心憶佛念佛現前當來必定見佛去佛
不遠不假方便自得心開如染香人身有香
氣此則名曰香光莊嚴我本因地以念佛心
入無生忍今於此界攝念佛人歸於淨土佛
問圓通我無選擇都攝六根淨念相繼得
三摩提斯為第一

大佛頂萬行首楞嚴經卷第五

BD03299 號　大佛頂如來密因修證了義諸菩薩萬行首楞嚴經卷五　（15–15）

彼尒所微塵過彼尒所微塵數
世界為過一步彼若千百千万億那由他阿僧祇劫行乃
下一塵如是盡諸微塵復有第四人彼若千微塵世界若著
微塵及不著者下至水際上至有頂滿中微塵舍利弗於意
云何彼微塵可知數不舍利弗言不也世尊佛告
舍利弗彼若千微塵可知其數然彼同名釋迦牟尼
佛母同名摩訶摩耶父同名輸頭檀城同名迦毗羅
第一弟子同名舍利弗目揵連侍者弟子同名阿難
陁彼佛不可知數舍利弗如是第五第六第七第八第
九第十人
舍利弗復有第十一人是人彼若千微塵中取一微塵破
為千方若千世界微塵數分如是餘微塵亦悉破為若千
世界微塵數分舍利弗於意云何彼微塵分可知數不舍
利弗言不也世尊佛告舍利弗復有人彼若千微塵分
佛國土為過一步如是疾神通行東方世界无量无邊
劫下一微塵東方盡如是微塵舍利弗如是若千世界若
著微塵及不著者中微塵復更著十方世界舍利弗復
過是世界若著微塵及不著者彼諸世界下至水際上
至有頂滿中微塵
舍利弗復有第三人取彼尒所微塵過彼尒所微塵

BD03300 號　佛名經（十六卷本）卷一一　（10–1）

[illegible]世界无量无邊
劫下一微塵東方盡如是微塵舍利弗如是若千世界若
著微塵及不著者中微塵復更著十方世界舍利弗復
過是世界若著微塵及不著者彼諸世界下至水際上
至有頂滿中微塵
舍利弗復有第三人取彼尒所微塵過彼尒所微塵
數世界為過一步彼若千百千万億那由他阿僧祇劫行
乃下一塵如是盡諸微塵復有第四人彼若千微塵數世
界若著微塵及不著者下至水際上至有頂滿中微塵舍
利弗於意云何彼微塵可知數不舍利弗言不也世尊
佛告舍利弗彼若千微塵可知其數然彼同名釋迦牟
尼佛母同名摩訶摩耶父同名輸頭檀城同名迦毗羅
第一弟子同名舍利弗目揵連侍者弟子同名阿難陁
佛不可知數舍利弗如是第五人第六第七第八第九
第十人舍利弗復有第十一人是人彼若千微塵中
取一微塵破為十方若千世界微塵數分如是餘微塵
亦悉破為若千世界微塵數分舍利弗於意云何彼
微塵分可知數不舍利弗言不也世尊佛告舍利弗
復有人彼若千微塵分佛國土為過一步如是速疾
神通行東方世界无量无邊劫下一微塵東方盡如
是微塵若著微塵及不著者下至水際上至有頂
滿中微塵如是南方乃至十方下至水際上至有
頂滿中微塵舍利弗於意云何彼微塵可知數不
舍利弗言不也世尊佛告舍利弗彼若千微塵分
可知其數然現今在世同名釋迦牟尼佛母同名摩
訶摩耶父同名輸頭檀王城同名迦毗羅第一弟子

BD03300 號　佛名經（十六卷本）卷一一　（10–2）

滿中微塵如是南方乃至十方下至水際上至有
頂滿中微塵舍利弗於意云何彼微塵可知數不
舍利弗言不也世尊佛告舍利弗彼若干微塵尒
可知其數然現今在世同名釋迦牟尼佛母同名摩
訶摩耶父同名輸頭檀王城同名迦毗羅弟一弟子
同名舍利弗目揵連侍者弟子同名阿難陁不可
數知何況種種異名佛異名母異名父異名城異名弟子
異名侍者舍利弗我若干微塵數劫住世說一同名
釋迦牟尼佛不可窮盡如是同名然燈佛同名提波
延佛同名燈光明佛同名一切勝佛同名稱佛同名波頭
摩勝佛同名毗婆尸佛同名尸棄佛同名毗舍浮佛同
名拘留孫佛同名拘那含佛同名迦葉佛如是等異名乃
至異名侍者現在世者我今悉知汝等應當一心敬礼
尒時佛告舍利弗若善男子善女人求阿耨多羅三
藐三菩提者當先懺悔一切諸罪若比丘犯四重罪比
丘尼犯八重罪式叉摩那沙弥沙弥尼犯出家根本罪
若優婆塞犯優婆塞重戒優婆夷犯優婆夷重戒欲
懺悔者當先洗浴著新淨衣不食葷辛當在靜處脩
治室內以諸幡華莊嚴道場香泥塗地懸四十九枚
幡莊嚴佛坐安置佛像燒種種香搯檀沉水薰陸多
伽羅蘇揵陁種種末香塗香燒如是等種種妙香散種
種華興大慈悲愍救苦衆生未度者令度未解者令解
未安者令安未涅槃者令得涅槃晝夜思惟如來本行
苦行於无量劫受諸苦惱不生疲猒為求无上菩提故
於一切衆生自生下心如僕僮心若比丘懺悔四重如是晝
夜卌九日當對八清淨比丘發露所犯罪七日一對發露至心

BD03300號　佛名經（十六卷本）卷一一　（10–3）

種華興大慈悲愍救苦衆生未度者令度未解者令解
未安者令安未涅槃者令得涅槃晝夜思惟如來本行
苦行於无量劫受諸苦惱不生疲猒為求无上菩提故
於一切衆生自生下心如僕僮心若比丘懺悔四重如是晝
夜卌九日當對八清淨比丘發露所犯罪七日一對發露至心
殺重悔昔所作一心歸命十方諸佛稱名礼拜隨力隨分
如是至心滿卌九日罪必除滅是人得清淨時當有相現若
於覺中若於夢中見十方諸佛與其記莂或見菩薩
與其記莂將詣道場共為伴或與摩頂示滅罪相
或自見身入大會中處在衆次或自見身處衆說法
或見諸師淨行沙門將詣道場示其諸佛舍利弗若比丘
懺悔罪時若見如是相者當知是人罪垢得滅除不至心
若比丘尼懺悔八重罪者當如比丘法法足卌九日當得清淨
除不至心若式叉摩那沙弥沙弥尼懺悔根本重罪當對
四清淨比丘比丘尼如上法滿廿一日當知清淨除不至心若
優婆塞優婆夷懺悔重戒罪應當至心恭敬三寶若見
沙門恭礼敬拜生難遭想當請詣道場設種種供養當
請一比丘心敬重者說其發露所犯諸罪至心懺悔一心歸命
十方諸佛稱名礼拜如是滿足七日必得清淨除不至心尒
時世尊而說偈言
得成菩提降伏魔　自在經行道樹下
證无邊礙眼及身　法界平等如虛空
十億國土微塵數　菩薩弟子衆圍遶
得於一切寂靜心　善住賢善諸行中
佛身相好妙莊嚴　放於種種无量光

BD03300號　佛名經（十六卷本）卷一一　（10–4）

諸光彰顯明了身　法界平等如虛空
十億國土微塵數　菩薩弟子衆圍遶
得於一切寂靜心　善住賢普諸行中
佛身相好妙莊嚴　放於種種无量光
普照十方諸國土　諸佛不可思議力
見諸國土悉无垢　无量妙色清淨滿
諸佛所有勝妙事　承佛神力見大衆
十方世界名寶幢　遠離諸垢妙莊嚴
彼處自在寶燈佛　於今現在彼世界
南方頗黎燈國土　清淨妙色普嚴淨
摩尼清淨雲如來　現今在世說妙色
西方无垢清淨土　名為安樂妙世界
彼自在佛无量壽　菩薩弟子現圍遶
北方世界名香燈　國土清淨甚嚴飾
无染光幢佛所化　現今自在道場樹
琉璃光明真妙色　國土清淨勝莊嚴
无礙光雲佛如來　於今現在東北方
光明照幢世界中　現見滿足諸菩薩
自在吼聲佛彼處　現今在於東南方
種種集集佛世界　摩尼莊嚴妙无垢
勝妙智月如須彌　現見在於西南方
現見西北方如來　彌留光明平等界
彼處大聖自在佛　弟子菩薩衆圍遶
下方世界自在光　國土清淨寶炎藏
光明妙輪不空見　佛今住彼妙國土
上方世界光炎藏　彼世界名淨无垢

BD03300號　佛名經（十六卷本）卷一一　（10–5）

下方世界自在光　國土清淨寶炎藏
光明妙輪不空見　佛今住彼妙國土
上方世界光炎藏　彼世界名淨无垢
普眼功德光明雲　現見菩提樹下坐
即時舍利弗等大衆承佛神力見十方過去未來現
在諸佛光量无邊尒時舍利弗在大衆中悲泣流淚白佛言希
有世尊若善男子善女人不發阿耨多羅三藐三菩提心者
不得成佛我等昔來猶如腐草雖逢春陽无悕秋實
尒時慧命舍利弗即從座起偏袒右肩右膝著地合掌白佛
世尊世尊願更廣說十方所有諸佛名号我等樂聞尒時佛
告舍利弗汝當至心諦聽我為汝說舍利弗從此世界東方
過百千億世界有佛世界名然燈彼世界有佛名寶集阿
羅訶三藐三佛陁現在說法舍利弗若有善男子善女人
聞彼佛名至心受持憶念是善男子善女人畢竟得七覺
分三昧不得退轉阿耨多羅三藐三菩提心超越世間六十
劫尒時世尊以偈頌曰
東方然燈界　有佛名寶集　若人聞名者　超世六十劫
舍利弗東方有世界名寶集　彼世界有佛名寶勝
阿羅訶三藐三佛陁現在說法若善男子善女人聞彼佛名
至心受持憶念讀誦合掌礼拜若復有善男子善女人滿
足三千大千世界珍寶布施如是日月布施滿一百歲如此
布施福德比前至心礼拜功德百分不及一千分不及一百千
分不及一數分不及一筭不及一譬喻不及一尒時世尊以偈頌曰
寶集世界　有佛寶勝　若人聞名　施不及一　舍利弗
從此東方過八百世界有佛世界名香積彼世界有佛名
成就盧舍那　阿羅訶三藐三佛陁現在說法若

BD03300號　佛名經（十六卷本）卷一一　（10–6）

分不及一數分不及一算不及一譬喻不及一尒時世尊以偈頌曰
寶集世界 有佛寶勝 若人聞名 施不及一 舍利弗
從此東方過八百世界有佛世界名香積彼世界有佛名
成就盧舍那 阿羅訶三藐三佛陁現在說法若
人聞彼佛名受持讀誦憶念礼拜超越世間五百劫
舍利弗從此世界東方過千世界名樹提跋提
彼世有佛名 盧舍那鏡像 阿羅訶三藐三佛
陁現在說法若善男子善女人聞彼佛名受持讀誦至心
憶念恭敬礼拜得脫三惡道 舍利弗從此東方過
二千世界有佛國土名無量光明功德世界有佛名
盧舍那光明 阿羅訶三藐三佛陁若善男子善
女人聞彼佛名五體投地深心敬重受持讀誦恭敬礼拜
是人超越世間廿劫 舍利弗東方過千世界有佛國土
名可集彼佛名 不動應供正遍知若善男子善女人
聞彼佛名受持讀誦恭敬礼拜是人畢竟不退阿耨多羅
三藐三菩提一切諸魔所不能動
舍利弗東方過千世界有佛世界名不可量彼處佛名
大光明 阿羅訶三藐三佛陁現在說法若善男子善
女人聞彼光明佛名受持讀誦恭敬礼拜是人常不離一切
諸佛菩薩畢竟得不退轉阿耨多羅三藐三菩提心
舍利弗從此佛國土東方過六十千世界有佛世界名然炬
佛名 不可量聲 阿羅訶三藐三佛陁現在說法
若善男子善女人聞彼阿弥陁佛名三遍稱南無無量聲
如來南無無量聲如來南無無量聲如來是人畢竟不
墮三惡道定心阿耨多羅三藐三菩提心舍利弗復過彼
[illegible]

BD03300號　佛名經（十六卷本）卷一一　（10–7）

佛名 不可量聲 阿羅訶三藐三佛陁現在說法
若善男子善女人聞彼阿弥陁佛名三遍稱南無無量聲
如來南無無量聲如來南無無量聲如來是人畢竟不
墮三惡道定心阿耨多羅三藐三菩提心舍利弗復過彼
世界度千佛國土有佛世界名無塵彼有佛同名
阿弥陁勧沙 阿羅訶三藐三佛陁現在說法若善
男子善女人聞彼佛名深心敬重受持讀誦恭敬礼拜是
人超越世間十二劫 舍利弗復過廿千佛國土有
佛世界名難勝彼處 有佛名大稱
阿羅訶三藐三佛陁若善男子善女人聞彼佛名合掌作如
是言南無大稱如來若復有以須弥山等七寶日日布施
滿一百歲比聞此佛名礼拜功德百分不及一乃至算數
分不及一 次礼十二部尊經大藏法輪
南無句義經 南無鷹王經
南無須達經 南無弘道三昧經
南無義決律經 南無須耶越國貢人經
南無齊經 南無等入法嚴經
南無陰持入經 南無佛說護淨經
南無方便心論經 南無諫心經
南無摩訶剎頭經 南無中陰經
南無所欲致患經 南無流離王經
南無緣陁耶致經 南無逝經
南無僧大經 南無夫婦經
南無佛般涅洹後灌臘經 南無天皇梵摩經
南無遺日定行經 南無十二死經
南無和難經 南無施陁梨呪經

BD03300號　佛名經（十六卷本）卷一一　（10–8）

南无僧大經　南无大婦經
南无佛般涅洹後灌臘經　南无天皇梵摩經
南无遺曰定行經　南无十二死經
南无和難經　南无施陁梨呪經
南无犯戒罪報輕重經　南无菩薩大業經
次礼十方諸大菩薩
南无等觀菩薩　南无不等觀菩薩
南无等不等觀菩薩　南无定自在王菩薩
南无法自在王菩薩　南无法相菩薩
南无光相菩薩　南无光嚴菩薩
南无大嚴菩薩　南无寶積菩薩
南无辯積菩薩　南无寶手菩薩
南无寶印手菩薩　南无常舉手菩薩
南无常下手菩薩　南无常慘菩薩
南无喜根菩薩　南无喜王菩薩
南无辯音菩薩　南无虛空藏菩薩
南无執寶炬菩薩　南无寶勇菩薩
南无寶見菩薩　南无帝網菩薩
南无明網菩薩　南无无緣觀菩薩
次礼聲聞緣覺一切賢聖
南无見人飛騰辟支佛　南无可波羅辟支佛
南无秦摩利辟支佛　南无月淨辟支佛
南无善智辟支佛　南无脩陁辟支佛
南无善法辟支佛　南无應求辟支佛
南无騎求辟支佛　南无大勢辟支佛

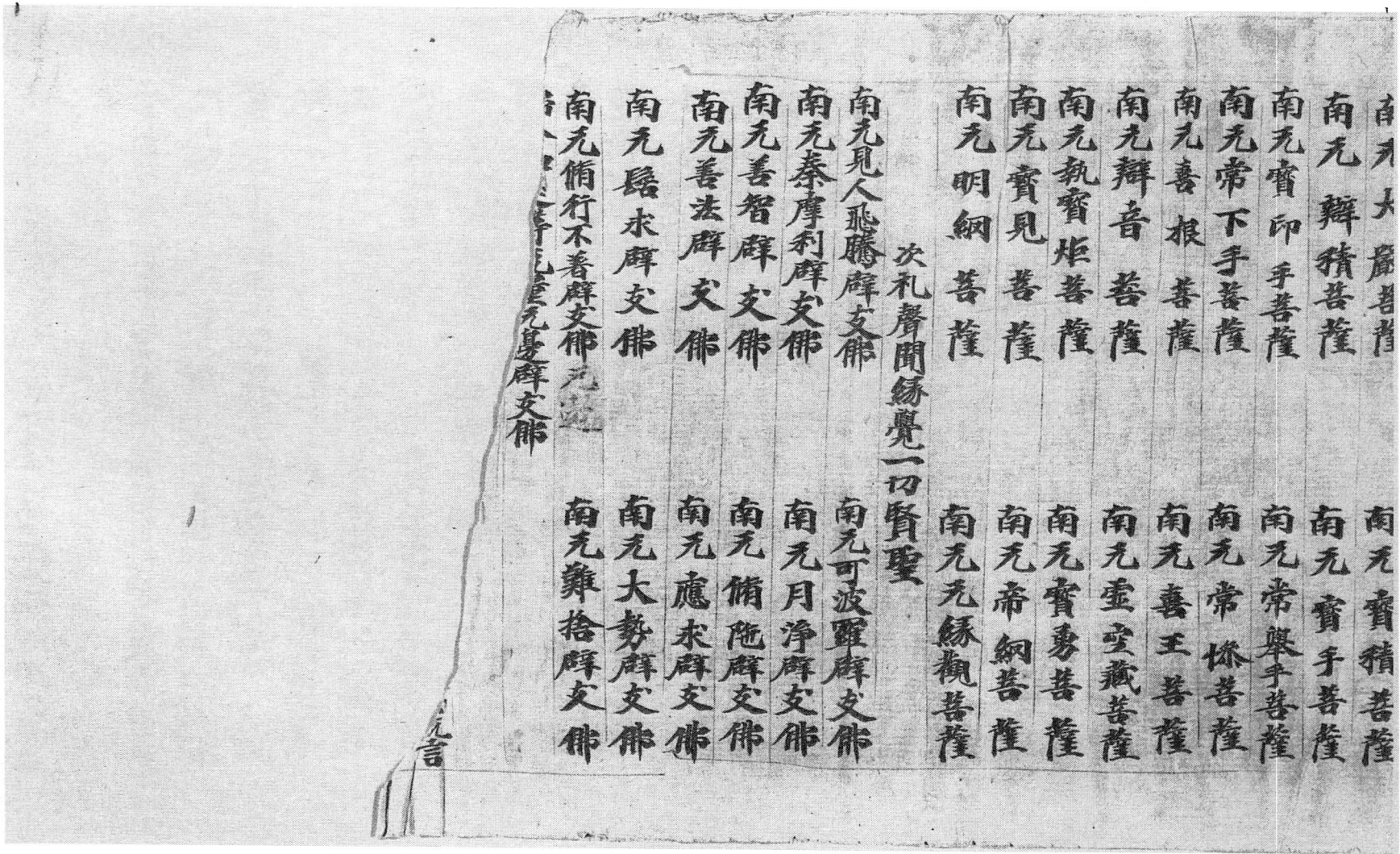

BD03300號　佛名經（十六卷本）卷一一　（10-9）

南无大嚴菩薩　南无寶積菩薩
南无辯積菩薩　南无寶手菩薩
南无寶印手菩薩　南无常舉手菩薩
南无常下手菩薩　南无常慘菩薩
南无喜根菩薩　南无喜王菩薩
南无辯音菩薩　南无虛空藏菩薩
南无執寶炬菩薩　南无寶勇菩薩
南无寶見菩薩　南无帝網菩薩
南无明網菩薩　南无无緣觀菩薩
次礼聲聞緣覺一切賢聖
南无見人飛騰辟支佛　南无可波羅辟支佛
南无秦摩利辟支佛　南无月淨辟支佛
南无善智辟支佛　南无脩陁辟支佛
南无善法辟支佛　南无應求辟支佛
南无騎求辟支佛　南无大勢辟支佛
南无脩行不善辟支佛　南无難捨辟支佛
[illegible]无憂辟支佛　[illegible]无言

BD03300號　佛名經（十六卷本）卷一一　（10-10）

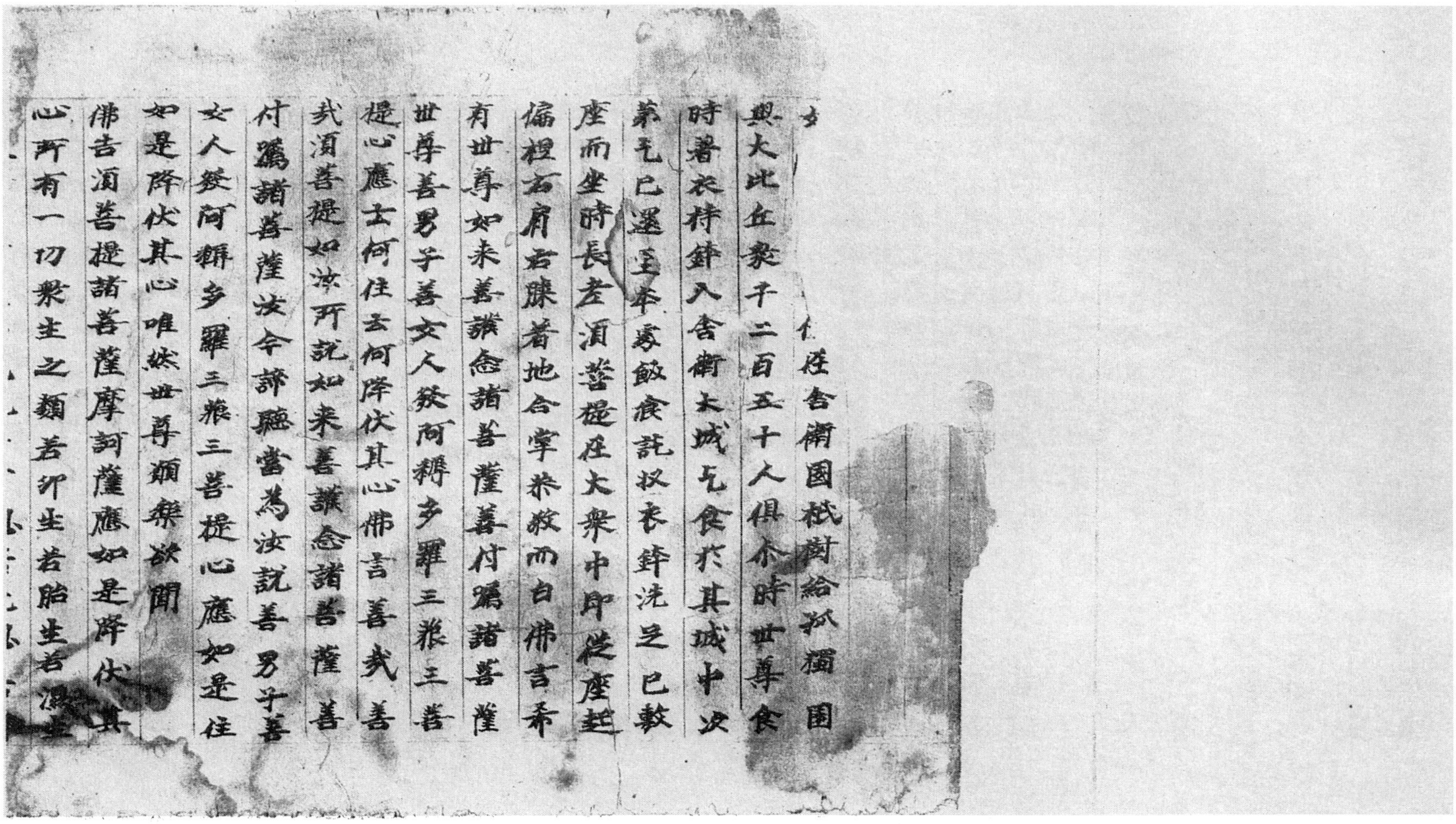

在舍衛國祇樹給孤獨園
與大比丘衆千二百五十人俱尒時世尊食
時著衣持鉢入舍衛大城乞食於其城中次
苐乞已還至本處飯食訖收衣鉢洗足已敷
座而坐時長老須菩提在大衆中即從座起
偏袒右肩右膝著地合掌恭敬而白佛言希
有世尊如來善護念諸菩薩善付囑諸菩薩
世尊善男子善女人發阿耨多羅三藐三菩
提心應云何住云何降伏其心佛言善哉善
哉須菩提如汝所說如來善護念諸菩薩善
付囑諸菩薩汝今諦聽當為汝說善男子善
女人發阿耨多羅三藐三菩提心應如是住
如是降伏其心唯然世尊願樂欲聞
佛告須菩提諸菩薩摩訶薩應如是降伏其
心所有一切衆生之類若卵生若胎生若濕生

BD03301 號　金剛般若波羅蜜經　（14–1）

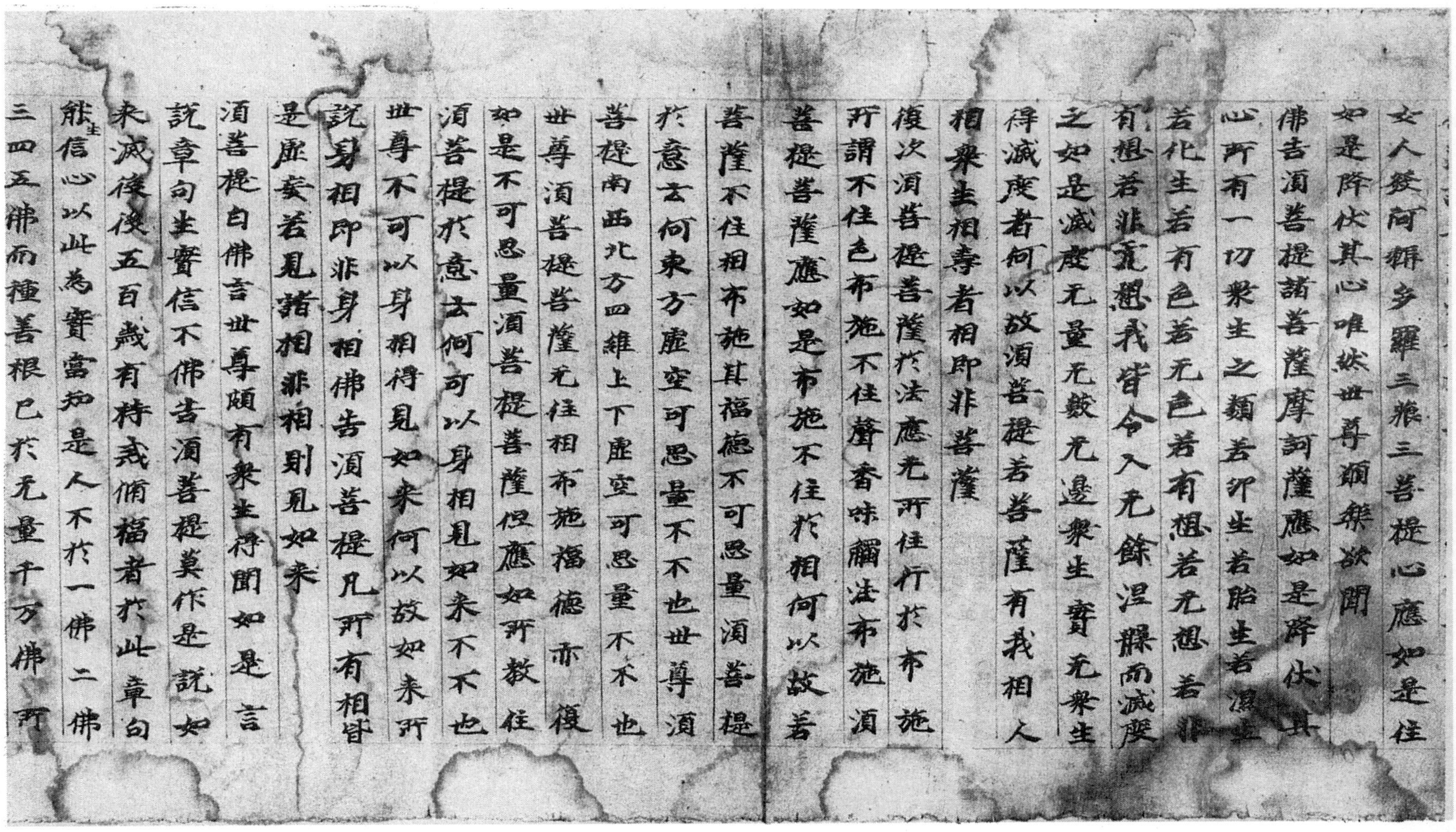

女人發阿耨多羅三藐三菩提心應如是住
如是降伏其心唯然世尊願樂欲聞
佛告須菩提諸菩薩摩訶薩應如是降伏其
心所有一切衆生之類若卵生若胎生若濕生
若化生若有色若无色若有想若无想若非
有想若非无想我皆令入无餘涅槃而滅度
之如是滅度无量无數无邊衆生實无衆生
得滅度者何以故須菩提若菩薩有我相人
相衆生相壽者相即非菩薩
復次須菩提菩薩於法應无所住行於布施
所謂不住色布施不住聲香味觸法布施須
菩提菩薩應如是布施不住於相何以故若
菩薩不住相布施其福德不可思量須菩提
於意云何東方虛空可思量不不也世尊須
菩提南西北方四維上下虛空可思量不不也
世尊須菩提菩薩无住相布施福德亦復
如是不可思量須菩提菩薩但應如所教住
須菩提於意云何可以身相見如來不不也
世尊不可以身相得見如來何以故如來所
說身相即非身相佛告須菩提凡所有相皆
是虛妄若見諸相非相則見如來
須菩提白佛言世尊頗有衆生得聞如是言
說章句生實信不佛告須菩提莫作是說如
來滅後後五百歲有持戒脩福者於此章句
能生信心以此為實當知是人不於一佛二佛
三四五佛而種善根已於无量千万佛所

BD03301 號　金剛般若波羅蜜經　（14–2）

須菩提白佛言世尊頗有衆生得聞如是言
說章句生實信不佛告須菩提莫作是說如
來滅後後五百歲有持戒脩福者於此章句
能生信心以此為實當知是人不於一佛二佛
三四五佛而種善根已於无量千万佛所
種諸善根聞是章句乃至一念生淨信者須
菩提如來悉知悉見是諸衆生得如是无量
福德何以故是諸衆生无復我相人相衆生
相壽者相无法相亦无非法相何以故是諸
衆生若心取相則為著我人衆生壽者若取
法相即著我人衆生壽者何以故若取非法
相即著我人衆生壽者是故不應取法不應
取非法以是義故如來常說汝等比丘知我
說法如栰喻者法尚應捨何况非法
須菩提於意云何如來得阿耨多羅三藐三
菩提耶如來有所說法耶須菩提言如我解
佛所說義无有定法名阿耨多羅三藐三菩
提亦无有定法如來可說何以故如來所說
法皆不可取不可說非法非非法所以者何
一切賢聖皆以无為法而有差別
須菩提於意云何若人滿三千大千世界七
寶以用布施是人所得福德寧為多不須
菩提言甚多世尊何以故是福德即非福德
性是故如來說福德多須菩提於意云何若
復有人於此經中受持乃至四句偈等為他
人說其福勝彼何以故須菩提一切諸佛及

BD03301號　金剛般若波羅蜜經

（14-3）

菩提言甚多世尊何以故是福德即非福德
性是故如來說福德多須菩提於意云何若
復有人於此經中受持乃至四句偈等為他
人說其福勝彼何以故須菩提一切諸佛及
諸佛阿耨多羅三藐三菩提法皆從此經出
須菩提所謂佛法者即非佛法
須菩提於意云何須陁洹能作是念我得須
陁洹果不須菩提言不也世尊何以故須陁
洹名為入流而无所入不入色聲香味觸法
是名須陁洹須菩提於意云何斯陁含能作
是念我得斯陁含果不須菩提言不也世尊
何以故斯陁含名一往來而實无往來是名
斯陁含須菩提於意云何阿那含能作是念
我得阿那含果不須菩提言不也世尊何以
故阿那含名為不來而實无來是故名阿那
含須菩提於意云何阿羅漢能作是念我
得阿羅漢道不須菩提言不也世尊何以
故實无有法名阿羅漢世尊若阿羅漢作是念
我得阿羅漢道即為著我人衆生壽者世尊
佛說我得无諍三昧人中最為第一是第一
離欲阿羅漢我不作是念我是離欲阿羅漢世尊
我若作是念我得阿羅漢道世尊則不說須
菩提是樂阿蘭那行者以須菩提實无所
行而名須菩提是樂阿蘭那行
佛告須菩提於意云何如來昔在然燈佛所
於法有所得不世尊如來在然燈佛所於法
實无所得須菩提於意云何菩薩莊嚴佛

BD03301號　金剛般若波羅蜜經

（14-4）

佛告須菩提於意云何如来昔在然燈佛所
於法有所得不世尊如来在然燈佛所於法
實无所得須菩提於意云何菩薩莊嚴佛
土不不也世尊何以故莊嚴佛土者則非莊嚴
是名莊嚴是故須菩提諸菩薩摩訶薩應如
是生清淨心不應住色生心不應住聲香味
觸法生心應无所住而生其心須菩提譬如
有人身如須弥山王於意云何是身為大不
須菩提言甚大世尊何以故佛說非身是名
大身須菩提如恒河中所有沙數如是沙等
恒河於意云何是諸恒河沙寧為多不須菩
提言甚多世尊但諸恒河尚多无數何況其
沙須菩提我今實言告汝若有善男子善女
人以七寶滿尒所恒河沙數三千大千世界
以用布施得福多不須菩提言甚多世尊佛
告須菩提若善男子善女人於此經中乃至
受持四句偈等為他人說而此福德勝前福
德復次須菩提隨說是經乃至四句偈等當
知此處一切世間天人阿脩羅皆應供養如
佛塔廟何況有人盡能受持讀誦須菩提
當知是人成就最上第一希有之法若是經典
所在之處則為有佛若尊重弟子
尒時須菩提白佛言世尊當何名此經我等
云何奉持佛告須菩提是經名為金剛般若
波羅蜜以是名字汝當奉持所以者何須菩
是佛說般若波羅蜜則非般若波羅蜜須菩

尒時須菩提白佛言世尊當何名此經我等
云何奉持佛告須菩提是經名為金剛般若
波羅蜜以是名字汝當奉持所以者何須菩
提佛說般若波羅蜜則非般若波羅蜜須菩
提於意云何如来有所說法不須菩提白佛言
世尊如来无所說須菩提於意云何三千大
千世界所有微塵是為多不須菩提言甚多
世尊須菩提諸微塵如来說非微塵是名微
塵如来說世界非世界是名世界須菩提於意
云何可以三十二相見如来不不也世尊不
可以三十二相得見如来何以故如来說三
十二相即是非相是名三十二相須菩提
若有善男子善女人以恒河沙等身命布施
若復有人於此經中乃至受持四句偈等為他
人說其福甚多
尒時須菩提聞說是經深解義趣涕淚悲泣而
白佛言希有世尊佛說如是甚深經典我從
昔来所得慧眼未曾得聞如是之經世尊若
復有人得聞是經信心清淨則生實相當知是
人成就第一希有功德世尊是實相者則是
非相是故如来說名實相世尊我今得聞如是
經典信解受持不足為難若當来世後五百
歲其有衆生得聞是經信解受持是人則
為弟一希有何以故此人无我相人相衆生
相壽者相所以者何我相即是非相人相
衆生相壽者相即是非相何以故離一切
諸相則名諸佛佛告須菩提如是如是若復

為弟一希有何以故此人无我相人相衆生
相壽者相所以者何我相即是非相人相
衆生相壽者相即是非相何以故離一切
諸相則名諸佛佛告須菩提如是如是若復
有人得聞是經不驚不怖不畏當知是人甚
為希有何以故須菩提如来說弟一波羅蜜
非弟一波羅蜜是名弟一波羅蜜
須菩提忍辱波羅蜜如来說非忍辱波羅蜜
何以故須菩提如我昔為歌利王割截身體
我於尒時无我相无人相无衆生相无壽者
相何以故我於往昔節節支解時若有我相
人相衆生相壽者相應生瞋恨須菩提又念過
去於五百世作忍辱仙人於尒所世无我相
无人相无衆生相无壽者相是故須菩提
菩薩應離一切相發阿耨多羅三藐三菩提
心不應住色生心不應住聲香味觸法生心
應生无所住心若心有住則為非住是故佛
說菩薩心不應住色布施須菩提菩薩為利
益一切衆生應如是布施如来說一切諸相
即是非相又說一切衆生則非衆生須菩提
如来是真語者實語者如語者不誑語者不
異語者須菩提如来所得法此法无實无虛
須菩提若菩薩心住於法而行布施如人入
闇則无所見若菩薩心不住法而行布施如
人有目日光明照見種種色須菩提當来之
世若有善男子善女人能於此經受持讀誦
則為如来以佛智慧悉知是人悉見是人皆
得成就无量无邊功德

人有目日光明照見種種色須菩提當来之
世若有善男子善女人能於此經受持讀誦
則為如来以佛智慧悉知是人悉見是人皆
得成就无量无邊功德
須菩提若有善男子善女人初日分以恒河
沙等身布施中日分復以恒河沙等身布施後
日分亦以恒河沙等身布施如是无量百千
万億劫以身布施若復有人聞此經典信心
不逆其福勝彼何況書寫受持讀誦為人
解說須菩提以要言之是經有不可思議不
可稱量无邊功德如来為發大乘者說為發
最上乘者說若有人能受持讀誦廣為人說
如来悉知是人悉見是人皆得成就不可量
不可稱无有邊不可思議功德如是人等則
為荷擔如来阿耨多羅三藐三菩提何以故
須菩提若樂小法者著我見人見衆生見
壽者見則於此經不能聽受讀誦為人解說
須菩提在在處處若有此經一切世間天人阿
脩羅所應供養當知此處則為是塔皆應恭
敬作禮圍繞以諸華香而散其處
復次須菩提若善男子善女人受持讀誦此
經若為人輕賤是人先世罪業應墮惡道以今
世人輕賤故先世罪業則為消滅當得阿
耨多羅三藐三菩提須菩提我念過去无量
阿僧祇劫於然燈佛前得值八百四千万億
那由他諸佛悉皆供養承事无空過者若復
有人於後末世能受持讀誦此經所得功德
於我所供養諸佛功德百分不及一千万億
分乃至筭數譬喻所不能及須菩提若善男

有人於後末世能受持讀誦此經所得功德
於我所供養諸佛功德百分不及一千万億
分乃至算數譬喻所不能及須菩提若善男
子善女人於後末世有受持讀誦此經所得
功德我若具說者或有人聞心則狂亂狐疑
不信須菩提當知是經義不可思議果報亦
不可思議
尒時須菩提白佛言世尊善男子善女人發
阿耨多羅三藐三菩提心云何應住云何降
伏其心佛告須菩提善男子善女人發阿耨
多羅三藐三菩提者當生如是心我應滅度
一切衆生滅度一切衆生已而无有一衆生
實滅度者何以故若菩薩有我相人相衆生
相壽者相則非菩薩所以者何須菩提實无
有法發阿耨多羅三藐三菩提者須菩提於
意云何如来於然燈佛所有法得阿耨多羅
三藐三菩提不不也世尊如我解佛所說義
佛於然燈佛所无有法得阿耨多羅三藐三
菩提佛言如是如是須菩提實无有法如来得
阿耨多羅三藐三菩提
須菩提若有法如来得阿耨多羅三藐三菩
提者然燈佛則不與我受記汝於来世當
得作佛号釋迦牟尼以實无有法得阿
耨多羅三藐三菩提是故然燈佛與我受記
作是言汝於来世當得作佛号釋迦牟尼何以
故如来者即諸法如義若有人言如来得阿耨多
羅三藐三菩提須菩提實无有法佛得阿耨多
羅三藐三菩提於是中无實无虛是故如来

BD03301 號　金剛般若波羅蜜經　（14–9）

羅三藐三菩提須菩提實无有法佛得阿耨多
羅三藐三菩提於是中无實无虛是故如来
說一切法皆是佛法須菩提所言一切法者
即非一切法是故名一切法須菩提譬如
人身長大須菩提言世尊如来說人身長大
則非大身是名大身須菩提菩薩亦如是若
作是言我當滅度无量衆生則不名菩薩何
以故須菩提實无有法名為菩薩是故佛說一
切法无我无人无衆生无壽者須菩提若菩
薩作是言我當莊嚴佛土是不名菩薩何以
故如来說莊嚴佛土者即非莊嚴是名
莊嚴須菩提若菩薩通達无我法者如来
說名真是菩薩
須菩提於意云何如来有肉眼不如是世尊
如来有肉眼須菩提於意云何如来有天眼
不如是世尊如来有天眼須菩提於意云何
如来有慧眼不如是世尊如来有慧眼須菩
提於意云何如来有法眼不如是世尊如来
有法眼須菩提於意云何如来有佛眼不如
是世尊如来有佛眼須菩提於意云何恒河
中所有沙佛說是沙不如是世尊如来說是
沙須菩提於意云何如一恒河中所有沙有
如是等恒河是諸恒河所有沙數佛世界如
是寧為多不甚多世尊佛告須菩提尒所國
土中所有衆生若干種心如来悉知何以故
如来說諸心皆為非心是名為心所以者何
須菩提過去心不可得現在心不可得未来
心不可得須菩提於意云何若有人滿三千
大千世界七寶以用布施是人以是因緣得

BD03301 號　金剛般若波羅蜜經　（14–10）

須菩提過去心不可得現在心不可得未来
心不可得須菩提於意云何若有人滿三千
大千世界七寶以用布施是人以是因緣得
福多不如是世尊此人以是因緣得福甚多
須菩提若福德有實如来不說得福德多以
福德无故如来說得福德多
須菩提於意云何佛可以具足色身見不不
也世尊如来不應以具足色身見何以故如来
說具足色身即非具足色身是名具足色身
須菩提於意云何如来可以具足諸相見不不也
世尊如来不應以具足諸相見何以故如来
說諸相具足即非具足是名諸相具足須
菩提汝等勿謂如来作是念我當有所說法
莫作是念何以故若人言如来有所說法即
為謗佛不能解我所說故須菩提說法者无
法可說是名說法須菩提白佛言世尊佛得
阿耨多羅三藐三菩提為无所得耶如是如
是須菩提我於阿耨多羅三藐三菩提乃至
无有少法可得是名阿耨多羅三藐三菩提
復次須菩提是法平等无有高下是名阿耨
多羅三藐三菩提以无我无人无衆生无壽
者脩一切善法則得阿耨多羅三藐三菩提
須菩提所言善法者如来說非善法是名善
法須菩提若三千大千世界中所有諸須弥
山王如是等七寶聚有人持用布施若人以
此般若波羅蜜經乃至四句偈等受持讀誦
為他人說於前福德百分不及一百千万億
分乃至算數譬喻所不能及

BD03301號　金剛般若波羅蜜經

(14–11)

山王如是等七寶聚有人持用布施若人以
此般若波羅蜜經乃至四句偈等受持讀誦
為他人說於前福德百分不及一百千万億
分乃至算數譬喻所不能及
須菩提於意云何汝等勿謂如来作是念我
當度衆生須菩提莫作是念何以故實无有
衆生如来度者若有衆生如来度者如来則
有我人衆生壽者須菩提如来說有我者則
非有我而凡夫之人以為有我須菩提凡夫
者如来說則非凡夫須菩提於意云何可以
三十二相觀如来不須菩提言如是如是以
三十二相觀如来佛言須菩提若以三十二相
觀如来者轉輪聖王則是如来須菩提白佛
言世尊如我解佛所說義不應以三十二相
觀如来尒時世尊而說偈言
若以色見我　以音聲求我　是人行邪道　不能見如来
須菩提汝若作是念如来不以具足相故得阿
耨多羅三藐三菩提須菩提莫作是念如来不
以具足相故得阿耨多羅三藐三菩提須
菩提汝若作是念發阿耨多羅三藐三菩提
者說諸法斷滅相莫作是念何以故發阿耨
多羅三藐三菩提者於法不說斷滅相須菩
提若菩薩以滿恒河沙等世界七寶布施若
復有人知一切法无我得成於忍此菩薩
勝前菩薩所得功德須菩提以諸菩薩不
受福德故須菩提白佛言世尊云何菩薩不
受福德須菩提菩薩所作福德不應貪著
是故說不受福德須菩提若有人言如来若
来若去若坐若卧是人不解我所說義何以
故如来者无所從来亦无所去故名如来

BD03301號　金剛般若波羅蜜經

(14–12)

是故說不受福德須菩提若有人言如来若
来若去若坐若卧是人不解我所說義何以
故如来者无所從来亦无所去故名如来
須菩提若善男子善女人以三千大千世界
碎為微塵於意云何是微塵衆寧為多不甚多
世尊何以故若是微塵衆實有者佛則不說
是微塵衆所以者何佛說微塵衆則非微塵
衆是名微塵衆世尊如来所說三千大千世界
則非世界是名世界何以故若世界實有者
則是一合相如来說一合相則非一合相是
名一合相須菩提一合相者則是不可說但
凡夫之人貪著其事
須菩提若人言佛說我見人見衆生見壽者見
須菩提於意云何是人解我所說義不不也世
尊是人不解如来所說義何以故世尊說我見
人見衆生見壽者見即非我見人見衆生見
壽者見是名我見人見衆生見壽者見須菩提
發阿耨多羅三藐三菩提心者於一切法應如
是知如是見如是信解不生法相須菩提所言
法相者如来說即非法相是名法相須菩提若有
人以滿无量阿僧祇世界七寶持用布施若有善
子男善女人發菩薩心者持於此經乃至四句偈等
受持讀誦為人演說其福勝彼云何為人演說不
取於相如如不動何以故
一切有為法　如夢幻泡影　如露亦如電　應作如是觀
佛說是經已長老須菩提及諸比丘比丘尼優婆
塞優婆夷一切世間天人阿脩羅聞佛所說皆
大歡喜信受奉行

BD03301號　金剛般若波羅蜜經　（14–13）

法相者如来說即非法相是名法相須菩提若有
人以滿无量阿僧祇世界七寶持用布施若有善
子男善女人發菩薩心者持於此經乃至四句偈等
受持讀誦為人演說其福勝彼云何為人演說不
取於相如如不動何以故
一切有為法　如夢幻泡影　如露亦如電　應作如是觀
佛說是經已長老須菩提及諸比丘比丘尼優婆
塞優婆夷一切世間天人阿脩羅聞佛所說皆
大歡喜信受奉行
金剛般若波羅蜜經

BD03301號　金剛般若波羅蜜經　（14–14）

BD03301 號背　雜寫　　（1–1）

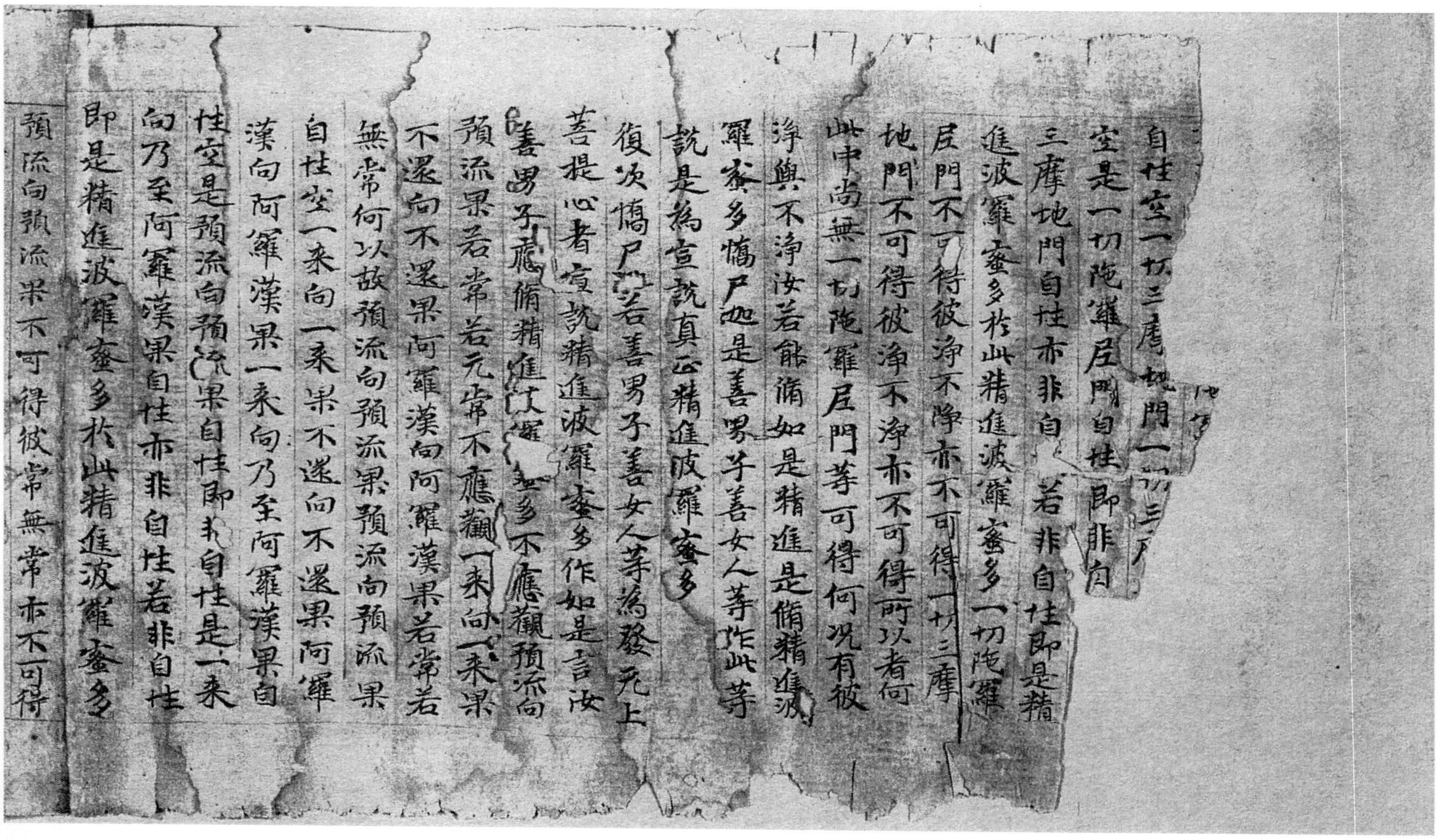

自性空一切三摩地門一切三摩
空是一切陀羅尼門自性即非自
三摩地門自性亦非自若非自性即是精
進波羅蜜多於此精進波羅蜜多一切陀羅
尼門不可得彼淨不淨亦不可得一切三摩
地門不可得彼淨不淨亦不可得所以者何
此中尚無一切陀羅尼門等可得何況有彼
淨與不淨汝若能脩如是精進是脩精進波
羅蜜多憍尸迦是善男子善女人等作此等
說是為宣說真正精進波羅蜜多
復次憍尸迦若善男子善女人等為發无上
菩提心者宣說精進波羅蜜多作如是言汝
善男子應脩精進波羅蜜多不應觀預流向
預流果若常若无常不應觀一來向一來果
不還向不還果阿羅漢向阿羅漢果若常若
無常何以故預流向預流果預流向預流果
自性空一來向一來果不還向不還果阿羅
漢向阿羅漢果一來向乃至阿羅漢果自
性空是預流向預流果自性即非自性是一來
向乃至阿羅漢果自性亦非自性若非自性
即是精進波羅蜜多於此精進波羅蜜多
預流向預流果不可得彼常無常亦不可得

BD03302 號　大般若波羅蜜多經卷一五五　　（15–1）

性空是預流向預流果自性亦非自性是一來
向乃至阿羅漢果自性亦非自性若非自性
即是精進波羅蜜多於此精進波羅蜜多
預流向預流果不可得彼常無常亦不可得
一來向乃至阿羅漢果皆不可得彼常無常亦
不可得所以者何此中尚無預流向等可得
何況有彼常與無常汝若能脩如是精進是
脩精進波羅蜜多復作是言汝善男子應脩
精進波羅蜜多不應觀預流向預流果若樂
若苦不應觀一來向一來果不還向不還果
阿羅漢向阿羅漢果若樂若苦何以故預流
向預流果預流向預流果自性空一來向一
來果不還向不還果阿羅漢向阿羅漢果一
來向乃至阿羅漢果自性空是預流向預流
果自性即非自性是一來向乃至阿羅漢果
自性亦非自性若非自性即是精進波羅蜜
多於此精進波羅蜜多預流向預流果不可
得彼樂與苦亦不可得一來向乃至阿羅漢
果皆不可得彼樂與苦亦不可得所以者何
此中尚無預流向等可得何況有彼樂之與
苦汝若能脩如是精進是脩精進波羅蜜多
復作是言汝善男子應脩精進波羅蜜多不
應觀預流向預流果若我若無我不應觀一
來向一來果不還向不還果阿羅漢向阿羅
漢果若我若無我何以故預流向預流果預
流向預流果自性空一來向一來果不還向不
還果阿羅漢向阿羅漢果一來向乃至阿羅

BD03302號　大般若波羅蜜多經卷一五五　（15–2）

來向一來果不還向不還果阿羅漢向阿羅
漢果若我若無我何以故預流向預流果預
流向預流果自性空一來向一來果不還向不
還果阿羅漢向阿羅漢果一來向乃至阿羅
漢果自性空是預流向預流果自性即非自
性是一來向乃至阿羅漢果自性亦非自性
若非自性即是精進波羅蜜多於此精進波
羅蜜多預流向預流果不可得彼我無我亦
不可得一來向乃至阿羅漢果皆不可得彼
我無我亦不可得所以者何此中尚無預流
向等可得何況有彼我與無我汝若能脩如
是精進是脩精進波羅蜜多復作是言汝善
男子應脩精進波羅蜜多不應觀預流向預
流果若淨若不淨不應觀一來向一來果不
還向不還果阿羅漢向阿羅漢果若淨若不
淨何以故預流向預流果預流向預流果自
性空一來向一來果不還向不還果阿羅漢
向阿羅漢果一來向乃至阿羅漢果自性空
是預流向預流果自性即非自性是一來向
乃至阿羅漢果自性亦非自性若非自性即
是精進波羅蜜多於此精進波羅蜜多預
流向預流果不可得彼淨不淨亦不可得一來
向乃至阿羅漢果皆不可得彼淨不淨亦不
可得所以者何此中尚無預流向等可得何
況有彼淨與不淨汝若能脩如是精進是脩
精進波羅蜜多憍尸迦是善男子善女人等
作此等說是為宣說真正精進波羅蜜多

BD03302號　大般若波羅蜜多經卷一五五　（15–3）

況有彼淨與不淨汝若能修如是精進是修
精進波羅蜜多憍尸迦是善男子善女人等
作此等說是為宣說真正精進波羅蜜多
復次憍尸迦若善男子善女人等為發無上
菩提心者宣說精進波羅蜜多作如是言汝
善男子應修精進波羅蜜多不應觀一切獨
覺菩提若常若無常何以故一切獨覺菩提
一切獨覺菩提自性空是一切獨覺菩提自
性即非自性若非自性即是精進波羅蜜多
於此精進波羅蜜多一切獨覺菩提不可得
彼常無常亦不可得所以者何此中尚無一
切獨覺菩提可得何況有彼常與無常汝若
能修如是精進是修精進波羅蜜多復作是
言汝善男子應修精進波羅蜜多不應觀一
切獨覺菩提若樂若苦何以故一切獨覺菩
提一切獨覺菩提自性空是一切獨覺菩提
自性即非自性若非自性即是精進波羅蜜
多於此精進波羅蜜多一切獨覺菩提不可
得彼樂與苦亦不可得所以者何此中尚無
一切獨覺菩提可得何況有彼樂之與苦汝
若能修如是精進是修精進波羅蜜多復作
是言汝善男子應修精進波羅蜜多不應觀
一切獨覺菩提若我若無我何以故一切獨覺
菩提一切獨覺菩提自性空是一切獨覺
菩提自性即非自性若非自性即是精進波
羅蜜多於此精進波羅蜜多一切獨覺菩提
不可得彼我無我亦不可得所以者何此中

BD03302號　大般若波羅蜜多經卷一五五　（15-4）

一切獨覺菩提若我若無我何以故一切獨覺
菩提一切獨覺菩提自性空是一切獨覺
菩提自性即非自性若非自性即是精進波
羅蜜多於此精進波羅蜜多一切獨覺菩提
不可得彼我無我亦不可得所以者何此中
尚無一切獨覺菩提可得何況有彼我與無
我汝若能修如是精進是修精進波羅蜜多
復作是言汝善男子應修精進波羅蜜多不
應觀一切獨覺菩提若淨若不淨何以故一
切獨覺菩提一切獨覺菩提自性空是一切
獨覺菩提自性即非自性若非自性即是精
進波羅蜜多於此精進波羅蜜多一切獨覺
菩提不可得彼淨不淨亦不可得所以者何
此中尚無一切獨覺菩提可得何況有彼淨
與不淨汝若能修如是精進是修精進波羅
蜜多憍尸迦是善男子善女人等作此等說
是為宣說真正精進波羅蜜多
復次憍尸迦若善男子善女人等為發無上
菩提心者宣說精進波羅蜜多作如是言
汝善男子應修精進波羅蜜多不應觀一切菩
薩摩訶薩行若常若無常何以故一切菩薩
摩訶薩行一切菩薩摩訶薩行自性空是一
切菩薩摩訶薩行自性即非自性若非自性
即是精進波羅蜜多於此精進波羅蜜多一
切菩薩摩訶薩行不可得彼常無常亦不
可得所以者何此中尚無一切菩薩摩訶薩行
可得何況有彼常與無常汝若能修如是精

BD03302號　大般若波羅蜜多經卷一五五　（15-5）

切菩薩摩訶薩行自性即非自性若非自性
即是精進波羅蜜多於此精進波羅蜜多一
切菩薩摩訶薩行不可得彼常無常亦不
可得所以者何此中尚無一切菩薩摩訶薩行
可得何況有彼常與無常汝若能脩如是精
進是脩精進波羅蜜多復作是言汝善男子
應脩精進波羅蜜多不應觀一切菩薩摩訶
薩行若樂若苦何以故一切菩薩摩訶薩行
一切菩薩摩訶薩行自性空是一切菩薩摩
訶薩行自性即非自性若非自性即是精進
波羅蜜多於此精進波羅蜜多一切菩薩摩
訶薩行不可得彼樂與苦亦不可得所以者
何此中尚無一切菩薩摩訶薩行可得何況
有彼樂之與苦汝若能脩如是精進是脩精
進波羅蜜多復作是言汝善男子應脩精
進波羅蜜多不應觀一切菩薩摩訶薩行若我
若無我何以故一切菩薩摩訶薩行一切菩
薩摩訶薩行自性空是一切菩薩摩訶薩行
自性即非自性若非自性即是精進波羅蜜
多於此精進波羅蜜多一切菩薩摩訶薩行
不可得彼我無我亦不可得所以者何此中
尚無一切菩薩摩訶薩行可得何況有彼我
與無我汝若能脩如是精進是脩精進波羅
蜜多復作是言汝善男子應脩精進波羅蜜
多不應觀一切菩薩摩訶薩行若淨若不
淨何以故一切菩薩摩訶薩行一切菩薩摩

BD03302號　大般若波羅蜜多經卷一五五　（15–6）

多不應觀一切菩薩摩訶薩行若淨若不
淨何以故一切菩薩摩訶薩行一切菩薩摩
訶薩行自性空是一切菩薩摩訶薩行自性即
非自性若非自性即是精進波羅蜜多於此
精進波羅蜜多一切菩薩摩訶薩行不可得
彼淨不淨亦不可得所以者何此中尚無一
切菩薩摩訶薩行可得何況有彼淨與不淨
汝若能脩如是精進是脩精進波羅蜜多憍
尸迦是善男子善女人等作此等說是為宣
說真正精進波羅蜜多
復次憍尸迦若善男子善女人等為發無上
菩提心者宣說精進波羅蜜多作如是言汝
善男子應脩精進波羅蜜多不應觀諸佛
无上正等菩提若常若無常何以故諸佛無上
正等菩提諸佛無上正等菩提自性空是諸
佛無上正等菩提自性即非自性若非自性
即是精進波羅蜜多於此精進波羅蜜多
諸佛無上正等菩提不可得彼常無常亦不可
得所以者何此中尚無諸佛無上正等菩提
可得何況有彼常與無常汝若能脩如是精
進是脩精進波羅蜜多復作是言汝善男子
應脩精進波羅蜜多不應觀諸佛無上正等
菩提若樂若苦何以故諸佛無上正等菩提
諸佛無上正等菩提自性空是諸佛無上正
等菩提自性即非自性若非自性即是精進
波羅蜜多於此精進波羅蜜多諸佛無上正
等菩提不可得彼樂與苦亦不可得所以者

BD03302號　大般若波羅蜜多經卷一五五　（15–7）

等菩提自性即非自性若非自性即是精進
波羅蜜多於此精進波羅蜜多諸佛無上正
等菩提不可得彼樂與苦亦不可得所以者
何此中尚無諸佛無上正等菩提可得何况
有彼樂之與苦汝若能脩如是精進是脩精
進波羅蜜多復作是言汝善男子應脩精
進波羅蜜多不應觀諸佛無上正等菩提若我
若無我何以故諸佛無上正等菩提諸佛無
上正等菩提自性空是諸佛無上正等菩提
自性即非自性若非自性即是精進波羅蜜
多於此精進波羅蜜多諸佛無上正等菩提
不可得彼我無我亦不可得所以者何此中
尚無諸佛無上正等菩提可得何况有彼我
與無我汝若能脩如是精進是脩精進波羅
蜜多復作是言汝善男子應脩精進波羅蜜
多不應觀諸佛無上正等菩提若淨若不淨
何以故諸佛無上正等菩提諸佛無上正等
菩提自性空是諸佛無上正等菩提自性即
非自性若非自性即是精進波羅蜜多於此
精進波羅蜜多諸佛無上正等菩提不可得
彼淨不淨亦不可得所以者何此中尚无諸
佛無上正等菩提可得何况有彼淨與不淨
汝若能脩如是精進是脩精進波羅蜜多
憍尸迦是善男子善女人等作此等說是為宣
說真正精進波羅蜜多
時天帝釋復白佛言世尊云何諸善男子善
女人等說無所得安忍波羅蜜多名說真正

說真正精進波羅蜜多
時天帝釋復白佛言世尊云何諸善男子善
女人等說無所得安忍波羅蜜多名說真正
安忍波羅蜜多佛言憍尸迦若善男子善女
人等為發無上菩提心者宣說安忍波羅蜜
多作如是言汝善男子應脩安忍波羅蜜多
不應觀色若常若無常不應觀受想行識若
常若無常何以故色色自性空受相行識受
想行識自性空是色自性即非自性是受想
行識自性亦非自性若非自性即是安忍波
羅蜜多於此安忍波羅蜜多色不可得彼
常無常亦不可得受想行識皆不可得彼常无
常亦不可得所以者何此中尚無色等可得
何况有彼常與無常汝若能脩如是安忍是
脩安忍波羅蜜多復作是言汝善男子應脩
安忍波羅蜜多不應觀色若樂若苦不應
觀受想行識若樂若苦何以故色色自性空受
想行識受想行識自性空是色自性即非自
性是受想行識自性亦非自性若非自性即
是安忍波羅蜜多於此安忍波羅蜜多色不
可得彼樂與苦亦不可得受想行識皆不可
得彼樂與苦亦不可得所以者何此中尚無
色等可得何况有彼樂之與苦汝若能脩如
是安忍是脩安忍波羅蜜多復作是言汝善
男子應脩安忍波羅蜜多不應觀色若我若
無我不應觀受想行識若我若無我何以故
色色自性空受想行識受想行識自性空是

是安忍是脩安忍波羅蜜多復作是言汝善
男子應脩安忍波羅蜜多不應觀色若我若
無我不應觀受想行識若我若無我何以故
色色自性空受想行識受想行識自性空是
色自性即非自性是受想行識自性亦非自
性若非自性即是安忍波羅蜜多於此安忍
波羅蜜多色不可得彼我無我亦不可得受
想行識皆不可得彼我無我亦不可得所以
者何此中尚無色等可得何况有彼我與无
我汝若能脩如是安忍是脩安忍波羅蜜多
復作是言汝善男子應脩安忍波羅蜜多不
應觀色若淨若不淨不應觀受想行識若
淨若不淨何以故色色自性空受想行識受想
行識自性空是色自性即非自性是受想行
識自性亦非自性若非自性即是安忍波羅
蜜多於此安忍波羅蜜多色不可得彼淨不
淨亦不可得受想行識皆不可得彼淨不淨
亦不可得所以者何此中尚無色等可得何
况有彼淨與不淨汝若能脩如是安忍是脩
安忍波羅蜜多憍尸迦是善男子善女人等
作此等說是為宣說真正安忍波羅蜜多
復次憍尸迦若善男子善女人等為發無上
菩提心者宣說安忍波羅蜜多作如是言汝
善男子應脩安忍波羅蜜多不應觀眼處
若常若無常不應觀耳鼻舌身意處若常若无
常何以故眼處眼處自性空耳鼻舌身意處
耳鼻舌身意處自性空是眼處自性即非自

菩提心者宣說安忍波羅蜜多作如是言汝
善男子應脩安忍波羅蜜多不應觀眼處
若常若無常不應觀耳鼻舌身意處若常若无
常何以故眼處眼處自性空耳鼻舌身意處
耳鼻舌身意處自性空是眼處自性即非自
性是耳鼻舌身意處自性亦非自性若非自
性即是安忍波羅蜜多於此安忍波羅蜜多
眼處不可得彼常無常亦不可得耳鼻舌身
意處皆不可得彼常無常亦不可得所以者
何此中尚無眼處等可得何况有彼常與無
常汝若能脩如是安忍是脩安忍波羅蜜多
復作是言汝善男子應脩安忍波羅蜜多不
應觀眼處若樂若苦不應觀耳鼻舌身意處
若樂若苦何以故眼處眼處自性空耳鼻舌
身意處耳鼻舌身意處自性空是眼處自性
即非自性是耳鼻舌身意處自性亦非自性
若非自性即是安忍波羅蜜多於此安忍波
羅蜜多眼處不可得彼樂與苦亦不可得耳
鼻舌身意處皆不可得彼樂與苦亦不可得
所以者何此中尚無眼處等可得何况有彼
樂之與苦汝若能脩如是安忍是脩安忍波
羅蜜多復作是言汝善男子應脩安忍波羅
蜜多不應觀眼處若我若無我不應觀耳鼻
舌身意處若我若無我何以故眼處眼處自
性空耳鼻舌身意處耳鼻舌身意處自性
空是眼處自性即非自性是耳鼻舌身意處自
性亦非自性若非自性即是安忍波羅蜜多

舌身意處若我若無我何以故眼處眼處自
性空耳鼻舌身意處耳鼻舌身意處自性
空是眼處自性即非自性是耳鼻舌身意處自
性亦非自性若非自性即是安忍波羅蜜多
於此安忍波羅蜜多眼處不可得彼我無我
亦不可得耳鼻舌身意處皆不可得彼我無
我亦不可得所以者何此中尚無眼處等可
得何况有彼我與無我汝若能修如是安忍
是修安忍波羅蜜多復作是言汝善男子應
修安忍波羅蜜多不應觀眼處若淨若不淨
不應觀耳鼻舌身意處若淨若不淨何以故
眼處眼處自性空耳鼻舌身意處耳鼻舌身
意處自性空是眼處自性即非自性是耳鼻
舌身意處自性亦非自性若非自性即是安
忍波羅蜜多於此安忍波羅蜜多眼處不可
得彼淨不淨亦不可得耳鼻舌身意處皆不
可得彼淨不淨亦不可得所以者何此中尚
無眼處等可得何况有彼淨與不淨汝若能
修如是安忍是修安忍波羅蜜多憍尸迦是
善男子善女人等作此等說是為宣說真正
安忍波羅蜜多
復次憍尸迦若善男子善女人等為發無上
菩提心者宣說安忍波羅蜜多作如是言汝
善男子應修安忍波羅蜜多不應觀色處若
常若無常不應觀聲香味觸法處若常若
無常何以故色處自性空聲香味觸法處
聲香味觸法處自性空是色處自性即非自

善男子應修安忍波羅蜜多不應色處若
常若無常不應觀聲香味觸法處若常若
無常何以故色處自性空聲香味觸法處
聲香味觸法處自性空是色處自性即非自
性是聲香味觸法處自性亦非自性若非自
性即是安忍波羅蜜多於此安忍波羅蜜多
色處不可得彼常無常亦不可得聲香味觸
法處皆不可得彼常無常亦不可得所以者
何此中尚無色處等可得何况有彼常與無
常汝若能修如是安忍是修安忍波羅蜜多
復作是言汝善男子應修安忍波羅蜜多不
應觀色處若樂若苦不應觀聲香味觸法處
若樂若苦何以故色處色處自性空聲香味
觸法處聲香味觸法處自性空是色處自性
即非自性是聲香味觸法處自性亦非自性
若非自性即是安忍波羅蜜多於此安忍波
羅蜜多色處不可得彼樂與苦亦不可得聲
香味觸法處皆不可得彼樂與苦亦不可得
所以者何此中尚無色處等可得何况有彼
樂之與苦汝若能修如是安忍是修安忍波
羅蜜多復作是言汝善男子應修安忍波羅
蜜多不應觀色處若我若無我不應觀聲香
味觸法處若我若無我何以故色處色處自
性空聲香味觸法處聲香味觸法處自性空
是色處自性即非自性是聲香味觸法處自
性亦非自性若非自性即是安忍波羅蜜多
於此安忍波羅蜜多色處不可得彼我無我

蜜多復作是言汝善男子應脩安忍波羅
蜜多不應觀色處若我若無我不應觀聲香
味觸法處若我若無我何以故色處色處自
性空聲香味觸法處聲香味觸法處自性空
是色處自性即非自性是聲香味觸法處自
性亦非自性若非自性即是安忍波羅蜜多
於此安忍波羅蜜多色處不可得彼我無我
亦不可得聲香味觸法處皆不可得彼我無
我亦不可得所以者何此中尚無色處等可
得何況有彼我與無我汝若能脩如是安忍
是脩安忍波羅蜜多復作是言汝善男子應
脩安忍波羅蜜多不應觀色處若淨若不淨
不應觀聲香味觸法處若淨若不淨何以故
色處色處自性空聲香味觸法處聲香味
觸法處自性空是色處自性即非自性是聲香
味觸法處自性亦非自性若非自性即是安
忍波羅蜜多於此安忍波羅蜜多色處不可
得彼淨不淨亦不可得聲香味觸法處皆不
可得彼淨不淨亦不可得所以者何此中尚
無色處等可得何況有彼淨與不淨汝若能
脩如是安忍是脩安忍波羅蜜多憍尸迦是
善男子善女人等作此等說是為宣說真正
安忍波羅蜜多

大般若波羅蜜多經卷第一百五十五

BD03302號　大般若波羅蜜多經卷一五五　（15-14）

觸法處自性空是色處自性即非自性是聲香
味觸法處自性亦非自性若非自性即是安
忍波羅蜜多於此安忍波羅蜜多色處不可
得彼淨不淨亦不可得聲香味觸法處皆不
可得彼淨不淨亦不可得所以者何此中尚
無色處等可得何況有彼淨與不淨汝若能
脩如是安忍是脩安忍波羅蜜多憍尸迦是
善男子善女人等作此等說是為宣說真正
安忍波羅蜜多

大般若波羅蜜多經卷第一百五十五

BD03302號　大般若波羅蜜多經卷一五五　（15-15）

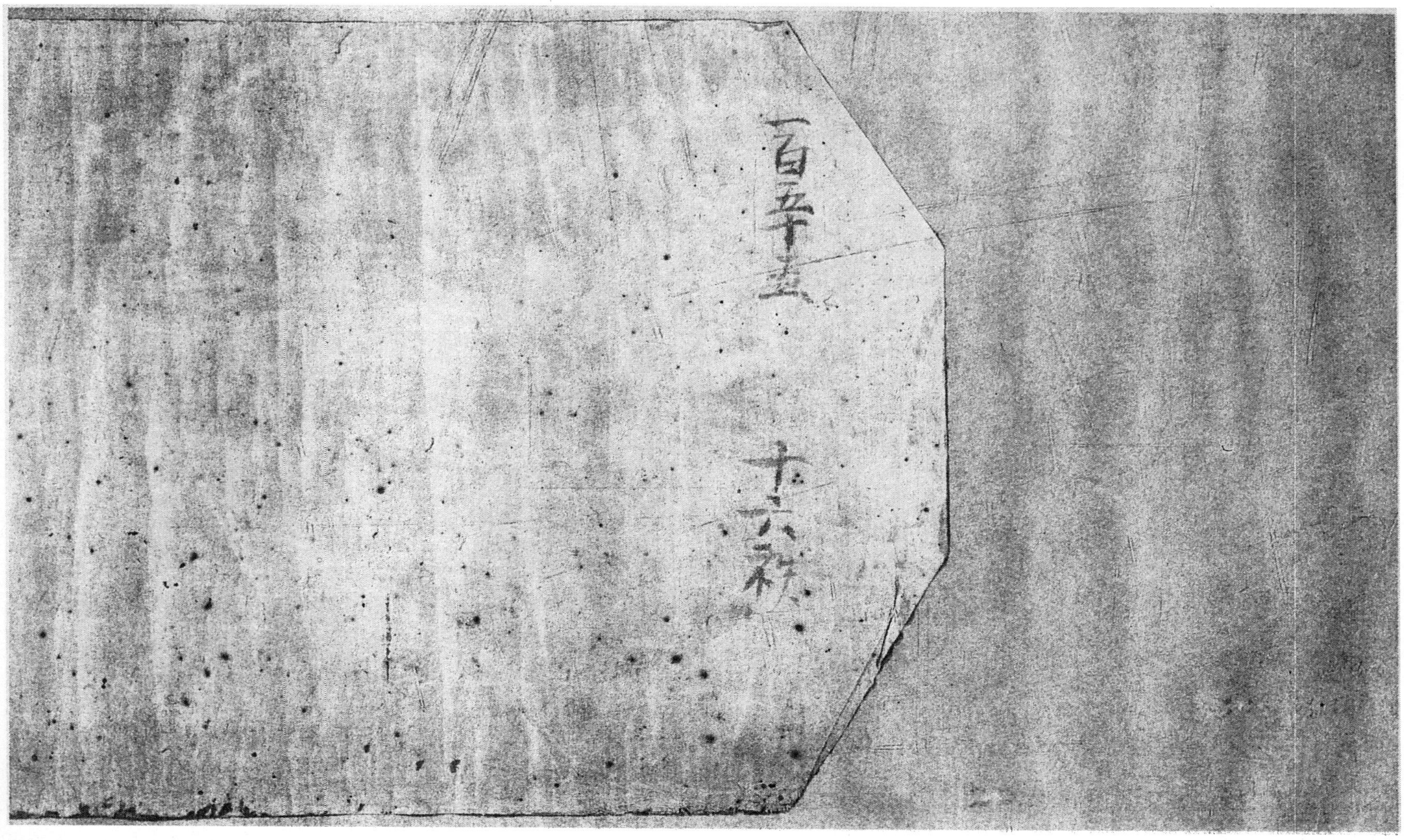

BD03302 號背　勘記　　　　（1–1）

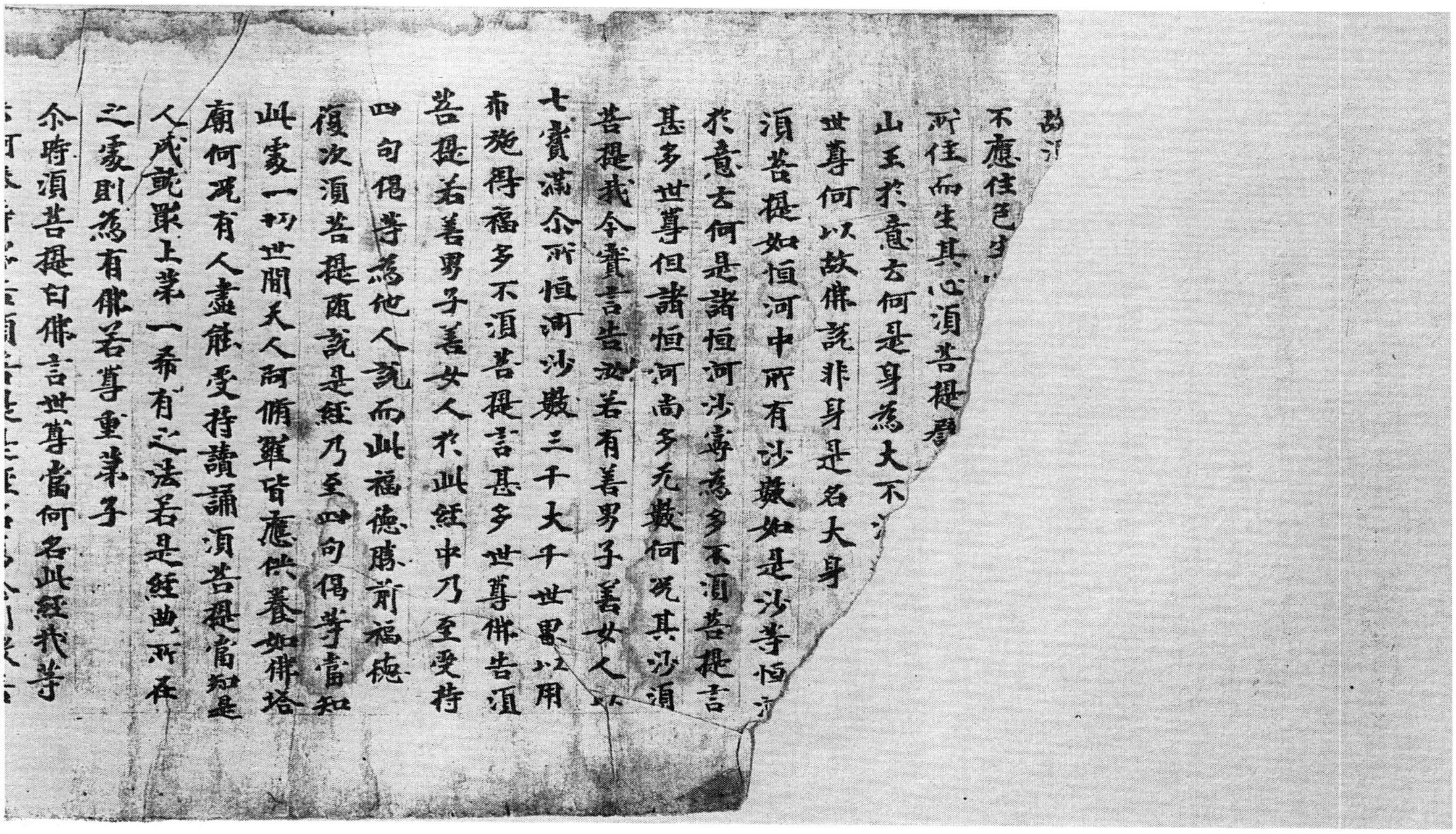
故須
不應住色生
所住而生其心須菩提譬
山王於意云何是身為大不
世尊何以故佛說非身是名大身
須菩提如恒河中所有沙數如是沙等恒河
於意云何是諸恒河沙寧為多不須菩提言
甚多世尊但諸恒河尚多无數何況其沙須
菩提我今實言告汝若有善男子善女人以
七寶滿尒所恒河沙數三千大千世界以用
布施得福多不須菩提言甚多世尊佛告須
菩提若善男子善女人於此經中乃至受持
四句偈等為他人說而此福德勝前福德
復次須菩提隨說是經乃至四句偈等當知
此處一切世間天人阿脩羅皆應供養如佛塔
廟何況有人盡能受持讀誦須菩提當知是
人成就最上第一希有之法若是經典所在
之處則為有佛若尊重弟子
尒時須菩提白佛言世尊當何名此經我等

BD03303 號　金剛般若波羅蜜經　　　　（12–1）

此處一切世間天人阿脩羅皆應供養如佛塔
廟何况有人盡能受持讀誦須菩提當知是
人成就最上第一希有之法若是經典所在
之處則為有佛若尊重弟子
尒時須菩提白佛言世尊當何名此經我等
云何奉持佛告須菩提是經名為金剛般若
波羅蜜以是名字汝當奉持所以者何須菩
提佛說般若波羅蜜則非般若波羅蜜須
菩提於意云何如來有所說法不須菩提白
佛言世尊如來无所說須菩提於意云何三
千大千世界所有微塵是為多不須菩提言
甚多世尊須菩提諸微塵如來說非微塵是
名微塵如來說世界非世界是名世界須菩
提於意云何可以三十二相見如來不不也
世尊不可以三十二相得見如來何以故如來
說三十二相即是非相是名三十二相
須菩提若有善男子善女人以恒河沙等身
命布施若復有人於此經中乃至受持四句
偈等為他人說其福甚多
尒時須菩提聞說是經深解義趣涕淚悲泣
而白佛言希有世尊佛說如是甚深經典我
從昔來所得慧眼未曾得聞如是之經世尊
若復有人得聞是經信心清淨則生實相當
知是人成就第一希有功德世尊是實相者則
是非相是故如來說名實相世尊我今得聞
如是經典信解受持不足為難若當來世後

BD03303 號　金剛般若波羅蜜經　（12–2）

若復有人得聞是經信心清淨則生實相當
知是人成就第一希有功德世尊是實相者則
是非相是故如來說名實相世尊我今得聞
如是經典信解受持不足為難若當來世後
五百歲其有眾生得聞是經信解受持是人
則為第一希有何以故此人无我相人相眾
生相壽者相所以者何我相即是非相人相
眾生相壽者相即是非相何以故離一切諸
相則名諸佛
佛告須菩提如是如是若復有人得聞是經
不驚不怖不畏當知是人甚為希有何以故
須菩提如來說第一波羅蜜非第一波羅蜜
是名第一波羅蜜
須菩提忍辱波羅蜜如來說非忍辱波羅蜜
何以故須菩提如我昔為歌利王割截身體我
於尒時无我相无人相无眾生相无壽者相
何以故我於往昔節節支解時若有我相人
相眾生相壽者相應生瞋恨須菩提又念
過去於五百世作忍辱仙人於尒所世无我相
无人相无眾生相无壽者相是故須菩提菩
薩應離一切相發阿耨多羅三藐三菩提心
不應住色生心不應住聲香味觸法生心應
生无所住心若心有住則為非住是故佛說
菩薩心不應住色布施須菩提菩薩為利
益一切眾生應如是布施如來說一切諸相
即是非相又說一切眾生則非眾生

BD03303 號　金剛般若波羅蜜經　（12–3）

生无所住心若心有住則為非住是故佛說
菩薩心不應住色布施須菩提菩薩為利
益一切衆生應如是布施如來說一切諸相
即是非相又說一切衆生則非衆生
須菩提如來是真語者實語者如語者不
誑語者不異語者須菩提如來所得法此法无
實无虛須菩提若菩薩心住於法而行布施
如人入闇則无所見若菩薩心不住法而行布
施如人有目日光明照見種種色
須菩提當來之世若有善男子善女人能於此
經受持讀誦則為如來以佛智慧悉知是人
悉見是人皆得成就无量无邊功德
須菩提若有善男子善女人初日分以恒河
沙等身布施中日分復以恒河沙等身布施
後日分亦以恒河沙等身布施如是无量百
千万億劫以身布施若復有人聞此經典信
心不逆其福勝彼何況書寫受持讀誦為人
解說
須菩提以要言之是經有不可思議不可稱
量无邊功德如來為發大乘者說為發最上
乘者說若有人能受持讀誦廣為人說如來
悉知是人悉見是人皆得成就不可量不可
稱无有邊不可思議功德如是人等則為荷
擔如來阿耨多羅三藐三菩提何以故須菩
提若樂小法者著我見人見衆生見壽者

BD03303號　金剛般若波羅蜜經

（12–4）

稱无有邊不可思議功德如是人等則為荷
擔如來阿耨多羅三藐三菩提何以故須菩
提若樂小法者著我見人見衆生見壽者
見則於此經不能聽受讀誦為人解說須菩提
在在處處若有此經一切世間天人阿脩羅
所應供養當知此處則為是塔皆應恭敬作
礼圍遶以諸華香而散其處
復次須菩提善男子善女人受持讀誦此經
若為人輕賤是人先世罪業應墮惡道以今
世人輕賤故先世罪業則為消滅當得阿耨
多羅三藐三菩提須菩提我念過去无量阿
僧祇劫於然燈佛前得值八百四千万億那
由他諸佛悉皆供養承事无空過者若復有
人於後末世能受持讀誦此經所得功德於
我所供養諸佛功德百分不及一千万億分
乃至筭數譬喻所不能及須菩提若善男子
善女人於後末世有受持讀誦此經所得功
德我若具說者或有人聞心則狂亂狐疑不
信須菩提當知是經義不可思議果報亦不
可思議
尒時須菩提白佛言世尊善男子善女人發
阿耨多羅三藐三菩提心云何應住云何降
伏其心佛告須菩提善男子善女人發阿耨
多羅三藐三菩提者當生如是心我應滅度
一切衆生滅度一切衆生已而无有一衆生
實滅度者何以故若菩薩有我相人相衆生

BD03303號　金剛般若波羅蜜經

（12–5）

阿耨多羅三藐三菩提心云何應住云何降
伏其心佛告須菩提善男子善女人發阿耨
多羅三藐三菩提者當生如是心我應滅度
一切衆生滅度一切衆生已而无有一衆生
實滅度者何以故若菩薩有我相人相衆生
相壽者相則非菩薩所以者何須菩提實无
有法發阿耨多羅三藐三菩提者
須菩提於意云何如来於然燈佛所有法得
阿耨多羅三藐三菩提不不也世尊如我解
佛所說義佛於然燈佛所无有法得阿耨多
羅三藐三菩提佛言如是如是須菩提實无
有法如来得阿耨多羅三藐三菩提須菩提
若有法如来得阿耨多羅三藐三菩提然燈
佛則不與我受記汝於来世當得作佛号釋
迦牟尼以實无有法得阿耨多羅三藐三菩
提是故然燈佛與我受記作是言汝於来世
當得作佛号釋迦牟尼何以故如来者即諸
法如義若有人言如来得阿耨多羅三藐三
菩提須菩提實无有法佛得阿耨多羅三藐
三菩提須菩提如来所得阿耨多羅三藐三
菩提於是中无實无虛是故如来說一切法
皆是佛法須菩提所言一切法者即非一切法
是故名一切法
須菩提譬如人身長大須菩提言世尊如来
說人身長大則為非大身是名大身
須菩提菩薩亦如是若作是言我當滅度无

BD03303號　金剛般若波羅蜜經　（12–6）

須菩提譬如人身長大須菩提言世尊如来
說人身長大則為非大身是名大身
須菩提菩薩亦如是若作是言我當滅度无
量衆生則不名菩薩何以故須菩提實无有
法名為菩薩是故佛說一切法无我无人无
衆生无壽者須菩提若菩薩作是言我當莊
嚴佛土是不名菩薩何以故如来說莊嚴佛
土者即非莊嚴是名莊嚴須菩提若菩薩通
達无我法者如来說名真是菩薩
須菩提於意云何如来有肉眼不如是世尊如
来有肉眼須菩提於意云何如来有天眼
不如是世尊如来有天眼須菩提於意云何
如来有慧眼不如是世尊如来有慧眼須菩
提於意云何如来有法眼不如是世尊如来
有法眼須菩提於意云何如来有佛眼不如
是世尊如来有佛眼須菩提於意云何恒河
中所有沙佛說是沙不如是世尊如来說是
沙須菩提於意云何如一恒河中所有沙有
如是等恒河是諸恒河所有沙數佛世界如
是寧為多不甚多世尊佛告須菩提尒所國
土中所有衆生若干種心如来悉知何以故
如来說諸心皆為非心是名為心所以者何
須菩提過去心不可得現在心不可得未来
心不可得須菩提於意云何若有人滿三千
大千世界七寶以用布施是人以是因緣得

BD03303號　金剛般若波羅蜜經　（12–7）

如来說諸心皆為非心是名為心所以者何
須菩提過去心不可得現在心不可得未来
心不可得須菩提於意云何若有人滿三千
大千世界七寶以用布施是人以是因緣得
福多不如是世尊此人以是因緣得福甚多
須菩提若福德有實如来不說得福德多以
福德无故如来說得福德多
須菩提於意云何佛可以具足色身見不不
也世尊如来不應以具足色身見何以故如
来說具足色身即非具足色身是名具足
色身須菩提於意云何如来可以具足諸相見
不不也世尊如来不應以具足諸相見何以
故如来說諸相具足即非具足是名諸相具
足須菩提汝勿謂如来作是念我當有所說
法莫作是念何以故若人言如来有所說法
即為謗佛不能解我所說故須菩提說法者
无法可說是名說法
須菩提白佛言世尊佛得阿耨多羅三藐三
菩提為无所得耶如是如是須菩提我於阿
耨多羅三藐三菩提乃至无有少法可得是
名阿耨多羅三藐三菩提復次須菩提是法
平等无有高下是名阿耨多羅三藐三菩提
以无我无人无衆生无壽者備一切善法則
得阿耨多羅三藐三菩提須菩提所言善法
者如来說非善法是名善法
須菩提若三千大千世界中所有諸須弥山

BD03303號　金剛般若波羅蜜經

（12–8）

平等无有高下是名阿耨多羅三藐三菩提
以无我无人无衆生无壽者備一切善法則
得阿耨多羅三藐三菩提須菩提所言善法
者如来說非善法是名善法
須菩提若三千大千世界中所有諸須弥山
王如是等七寶聚有人持用布施若人以此
般若波羅蜜經乃至四句偈等受持讀誦為
他人說於前福德百分不及一百千万億分
乃至筭數譬喻所不能及
須菩提於意云何汝等勿謂如来作是念我
當度衆生須菩提莫作是念何以故實无有
衆生如来度者若有衆生如来度者如来則
有我人衆生壽者須菩提如来說有我者則
非有我而凡夫之人以為有我須菩提凡夫
者如来說則非凡夫
須菩提於意云何可以卅二相觀如来不須
菩提言如是如是以卅二相觀如来佛言須
菩提若以卅二相觀如来者轉輪聖王則是
如来須菩提白佛言世尊如我解佛所說義
不應以卅二相觀如来尒時世尊而說偈言
若以色見我 以音聲求我 是人行邪道 不能見如来
須菩提汝若作是念如来不以具足相故得阿
耨多羅三藐三菩提須菩提莫作是念如
来不以具足相故得阿耨多羅三藐三菩提
須菩提汝若作是念發阿耨多羅三藐三菩
提者說諸法斷滅莫作是念何以故發阿耨多

BD03303號　金剛般若波羅蜜經

（12–9）

耨多羅三藐三菩提須菩提莫作是念如
來不以具足相故得阿耨多羅三藐三菩提
須菩提汝若作是念發阿耨多羅三藐三菩
提者說諸法斷滅莫作是念何以故發阿耨多
羅三藐三菩提者於法不說斷滅相須菩提
若菩薩以滿恒河沙等世界七寶布施若復
有人知一切法无我得成於忍此菩薩勝前
菩薩所得功德須菩提以諸菩薩不受福德故
須菩提菩薩所作福德不應貪著是故說不
有人知一切法无我得成於忍此菩薩勝前菩薩
所得功德須菩提以諸菩薩不受福德故須菩
提白佛言世尊云何菩薩不受福德須菩提菩
薩所作福德不應貪著是故說不受福德
須菩提若有人言如來若來若去若坐若卧
是人不解我所說義何以故如來者无所從
來亦无所去故名如來
須菩提若善男子善女人以三千大千世界
碎為微塵於意云何是微塵衆寧為多不甚
多世尊何以故若是微塵衆實有者佛則不
說是微塵衆所以者何佛說微塵衆則非微
塵衆是名微塵衆世尊如來所說三千大千
世界則非世界是名世界何以故若世界實有
者則是一合相如來說一合相則非一合
相是名一合相須菩提一合相者則是不可
說但凡夫之人貪著其事須菩提若人言佛說
我見人見衆生見壽者見須菩提於意云何

世界則非世界是名世界何以故若世界實有
者則是一合相如來說一合相則非一合
相是名一合相須菩提一合相者則是不可
說但凡夫之人貪著其事須菩提若人言佛說
我見人見衆生見壽者見須菩提於意云何
是人解我所說義不世尊是人不解如來所
說義何以故世尊說我見人見衆生見壽者
見即非我見人見衆生見壽者見是名我見
人見衆生見壽者見須菩提發阿耨多羅三
藐三菩提心者於一切法應如是知如是見
如是信解不生法相須菩提所言法相者如
來說即非法相是名法相須菩提若有人以
滿无量阿僧祇世界七寶持用布施若有善
男子善女人發菩薩心者持於此經乃至四
句偈等受持讀誦為人演說其福勝彼云
何為人演說不取於相如如不動何以故
一切有為法　如夢幻泡影　如露亦如電　應作如是觀
佛說是經已長老須菩提及諸比丘比丘尼
優婆塞優婆夷一切世間天人阿脩羅聞
佛所說皆大歡喜信受奉行

金剛般若波羅蜜經

滿无量阿僧祇世界七寶持用布施若有善
男子善女人發菩薩心者持於此經乃至四
句偈等受持讀誦為人演說其福勝彼云
何為人演說不取於相如如不動何以故
一切有為法 如夢幻泡影 如露亦如電 應作如是觀
佛說是經已長老須菩提及諸比丘比丘尼
優婆塞優婆夷一切世間天人阿脩羅聞
佛所說皆大歡喜信受奉行

金剛般若波羅蜜經

BD03303 號　金剛般若波羅蜜經

（12–12）

[illegible]
若有人言如來得阿耨多羅三藐三菩提須
菩提實无有法佛得阿耨多羅三藐三菩提
須菩提如來所得阿耨多羅三藐三菩提於
是中无實无虛是故如來說一切法皆是佛
法須菩提所言一切法者即非一切法是故
名一切法須菩提譬如人身長大須菩提言
世尊如來說人身長大則為非大身是名大
身須菩提菩薩亦如是若作是言我當滅度
无量衆生則不名菩薩何以故須菩提无有
法名為菩薩是故佛說一切法无我无人无
衆生无壽者須菩提若菩薩作是言我當莊
嚴佛土是不名菩薩何以故如來說莊嚴佛
土者即非莊嚴是名莊嚴須菩提若菩薩通
達无我法者如來說名真是菩薩
須菩提於意云何如來有肉眼不如是世尊
如來有肉眼須菩提於意云何如來有天眼
不如是世尊如來有天眼須菩提於意云何
如來有慧眼不如是世尊如來有慧眼須菩
提於意云何如來有法眼不如是世尊如來
有法眼須菩提於意云何如來有佛眼不如
是世尊如來有佛眼須菩提於意云何恒河
中所有沙佛說是沙不如是世尊如來說是

BD03304 號　金剛般若波羅蜜經

（5–1）

如来有肉眼須菩提於意云何如来有天眼
不如是世尊如来有天眼須菩提於意云何
如来有慧眼不如是世尊如来有慧眼須菩
提於意云何如来有法眼不如是世尊如来
有法眼須菩提於意云何如来有佛眼不如
是世尊如来有佛眼須菩提於意云何恒河
中所有沙佛説是沙不如是世尊如来説是
沙須菩提於意云何如一恒河中所有沙有
如是等恒河是諸恒河所有沙數佛世界如
是寧為多不甚多世尊佛告須菩提尒所國
土中所有眾生若干種心如来悉知何以故
如来説諸心皆為非心是名為心所以者何
須菩提過去心不可得現在心不可得未来
心不可得須菩提於意云何若有人滿三千
大千世界七寶以用布施是人以是因緣得
福多不如是世尊此人以是因緣得福甚多
須菩提若福德有實如来不説得福德多以
福德无故如来説得福德多
須菩提於意云何佛可以具足色身見不不
也世尊如来不應以色身見何以故如来説
具足色身即非具足色身是名具足色身須
菩提於意云何如来可以具足諸相見不不
也世尊如来不應以具足諸相見何以故如
来説諸相具足即非具足是名諸相具足須
菩提汝勿謂如来作是念我當有所説法莫
作是念何以故若人言如来有所説法即為
謗佛不能解我所説故須菩提説法者无法
可説是名説法須菩提白佛言世尊佛得阿

BD03304 號　金剛般若波羅蜜經　（5–2）

菩提汝勿謂如来作是念我當有所説法莫
作是念何以故若人言如来有所説法即為
謗佛不能解我所説故須菩提説法者无法
可説是名説法須菩提白佛言世尊佛得阿
耨多羅三藐三菩提為无所得耶如是如是
須菩提我於阿耨多羅三藐三菩提乃至无
有少法可得是名阿耨多羅三藐三菩提復
次須菩提是法平等无有高下是名阿耨多
羅三藐三菩提以无我无人无眾生无壽者
脩一切善法則得阿耨多羅三藐三菩提須
菩提所言善法者如来説非善法是名善法
須菩提若三千大千世界中所有諸須弥山
王如是等七寶聚有人持用布施若人以此
般若波羅蜜經乃至四句偈等受持為他人
説於前福德百分不及一百千万億分乃至
筭數譬喻所不能及
須菩提於意云何汝等勿謂如来作是念我
當度眾生須菩提莫作是念何以故實无有
眾生如来度者若有眾生如来度者如来則
有我人眾生壽者須菩提如来説有我者則
非有我而凡夫之人以為有我須菩提凡夫者
如来説則非凡夫須菩提於意云何可以卅
二相觀如来不須菩提言如是如是以卅
二相觀如来佛言須菩提若以卅二相觀如
来者轉輪聖王則是如来須菩提白佛言世
尊如我解佛所説義不應以卅二相觀如来
尒時世尊而説偈言
若以色見我　以音聲求我　是人行邪道　不能見如来

BD03304 號　金剛般若波羅蜜經　（5–3）

尒時世尊而說偈言
若以色見我　以音聲求我　是人行邪道　不能見如來
須菩提汝若作是念如來不以具足相故得
阿耨多羅三藐三菩提須菩提莫作是念如
來不以具足相故得阿耨多羅三藐三菩提
須菩提汝若作是念發阿耨多羅三藐三菩
提者說諸法斷滅莫作是念何以故發阿耨
多羅三藐三菩提者於法不說斷滅相須菩
提若菩薩以滿恒河沙等世界七寶布施若
復有人知一切法无我得成於忍此菩薩勝
前菩薩所得功德須菩提以諸菩薩不受福
德故須菩提白佛言世尊云何菩薩不受福
德須菩提菩薩所作福德不應貪著是故說
不受福德須菩提若有人言如來若來若去
若坐若卧是人不解我所說義何以故如來
者无所從來亦无所去故名如來須菩提若善
男子善女人以三千大千世界碎為微塵於
意云何是微塵衆寧為多不甚多世尊何
以故若是微塵衆實有者佛則不說是微塵
衆所以者何佛說微塵衆則非微塵衆是名
微塵衆世尊如來所說三千大千世界則非
世界是名世界何以故若世界實有者則是
一合相如來說一合相則非一合相是名一
合相須菩提一合相者則是不可說但凡夫
之人貪著其事須菩提若人言佛說我見人
見衆生見壽者見須菩提於意云何是人解
我所說義不世尊是人不解如來所說義何
[illegible]

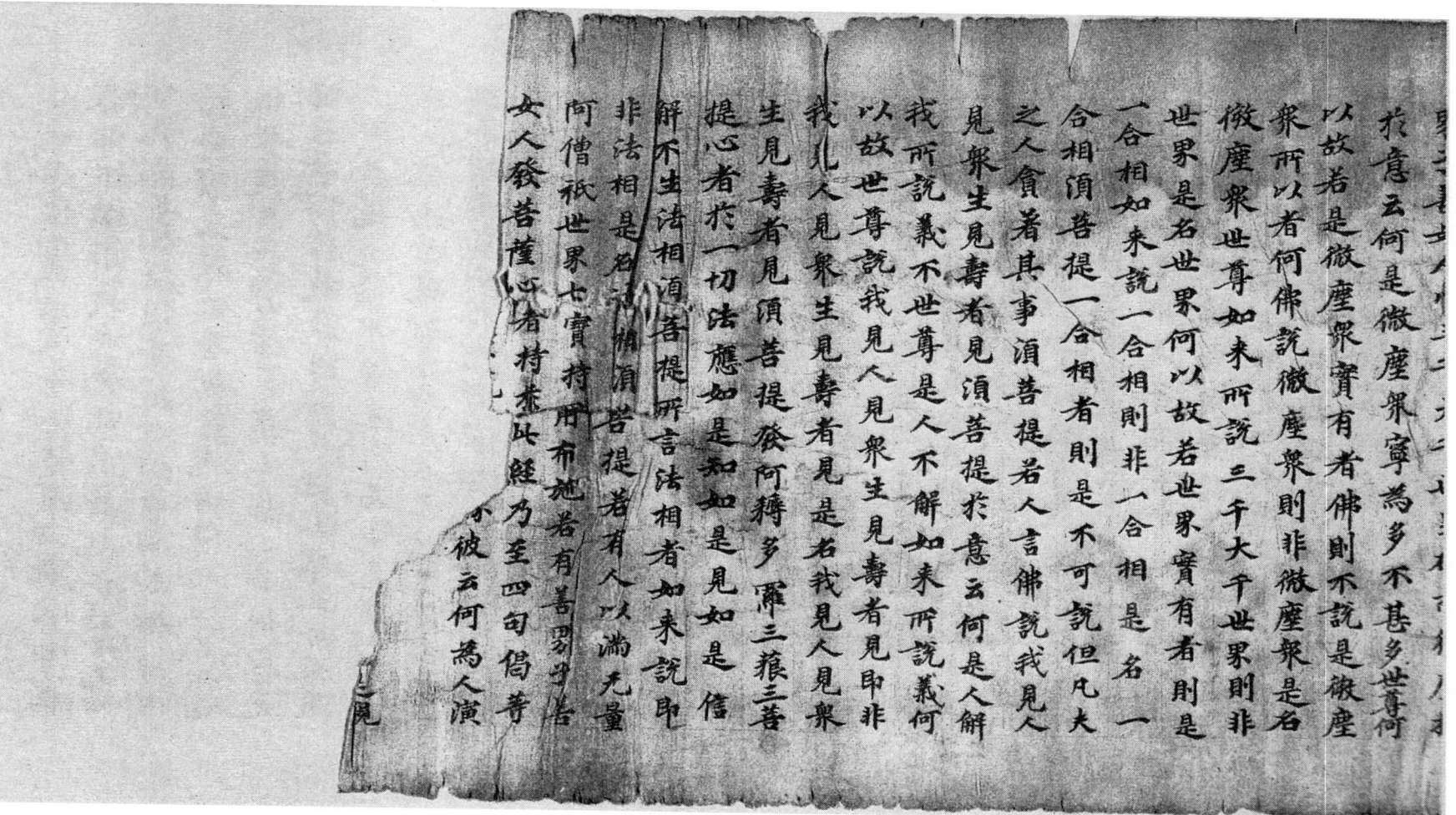

BD03304號　金剛般若波羅蜜經

（5–4）

[illegible]
於意云何是微塵衆寧為多不甚多世尊何
以故若是微塵衆實有者佛則不說是微塵
衆所以者何佛說微塵衆則非微塵衆是名
微塵衆世尊如來所說三千大千世界則非
世界是名世界何以故若世界實有者則是
一合相如來說一合相則非一合相是名一
合相須菩提一合相者則是不可說但凡夫
之人貪著其事須菩提若人言佛說我見人
見衆生見壽者見須菩提於意云何是人解
我所說義不世尊是人不解如來所說義何
以故世尊說我見人見衆生見壽者見即非
我見人見衆生見壽者見是名我見人見衆
生見壽者見須菩提發阿耨多羅三藐三菩
提心者於一切法應如是知如是見如是信
解不生法相須菩提所言法相者如來說即
非法相是名法相須菩提若有人以滿无量
阿僧祇世界七寶持用布施若有善男子善
女人發菩薩心者持於此經乃至四句偈等
……彼云何為人演

BD03304號　金剛般若波羅蜜經

（5–5）

妙法蓮華經[illegible]
尒時釋迦[illegible]
眉間白毫[illegible]
恒河沙等諸佛世界過是數[illegible]世界名[illegible]
光莊嚴其國有佛號[illegible]如來應供
正遍知明行足善逝[illegible]無上士調御丈
夫天人師佛世尊為[illegible]無邊菩薩大衆恭
敬圍[illegible]而為說法釋迦[illegible]佛白毫光明遍
照其國尒時[illegible]一切淨[illegible]國中有一菩薩
名曰妙音久已植衆[illegible]親近無量百
千万億諸佛而悉成[illegible]得妙幢相
三昧法華三昧淨德[illegible]宿[illegible]
三昧智印三昧解一[illegible]生語言三昧集
一切功德三昧清淨三昧神通遊戲三昧慧炬
三昧莊嚴王三昧淨光明三昧淨藏三昧不
共三昧日旋三昧得如是百千万億恒河沙
等諸大三昧釋迦牟尼佛[illegible]身即白淨
華宿王智佛言世尊我當往詣娑婆世界禮
拜親近供養釋迦牟尼佛[illegible]文殊師利法
王子菩薩藥王菩[illegible]宿王華菩薩
上行意菩薩莊嚴王菩薩藥上菩薩尒時淨
華宿王智佛告妙音菩薩汝莫輕彼國生下

BD03305號　妙法蓮華經卷七　（26–1）

華宿王智佛言世尊我當往詣娑婆世界禮
拜親近供養釋迦牟尼佛及見文殊師利法
王子菩薩藥王菩薩勇施菩薩宿王華菩薩
上行意菩薩莊嚴王菩薩藥上菩薩尒時淨
華宿王智佛告妙音菩薩汝莫輕彼國生下
劣想善男子彼娑婆世界高下不平土石諸
山穢惡充滿佛身卑小諸菩薩衆其形亦小
而汝身四万二千由旬我身六百八十万由旬
汝身第一端正百千万福光明殊妙是故
汝往莫輕彼國若佛菩薩及國土生下劣想
妙音菩薩白其佛言世尊我今詣娑婆世界
皆是如來之力如來神通遊戲如來功德智
慧莊嚴於是妙音菩薩不起于座身不動搖
而入三昧以三昧力於耆闍崛山去法座不
遠化作八万四千衆寶蓮華閻浮檀金為
莖白銀為葉金剛為鬚甄叔迦寶以為其
臺尒時文殊師利法王子見是蓮華而白佛言
世尊是何因緣先現此瑞有若干千万蓮華
閻浮檀金為莖白銀為葉金剛為鬚甄叔迦
寶以為其臺尒時釋迦牟尼佛告文殊師利
是妙音菩薩摩訶薩欲從淨華宿王智佛國
與八万四千菩薩圍繞而來至此娑婆世界供
養親近禮拜於我亦欲供養聽法華經文殊
師利白佛言世尊是菩薩種何善本修何功
德而能有是大神通力行何三昧願為我等
[illegible]

BD03305號　妙法蓮華經卷七　（26–2）

與八万四千菩薩圍繞而來至此娑婆世界供
養親近礼拜於我亦欲供養聽法華經文殊
師利白佛言世尊是菩薩種何善本脩何功
德而能有是大神通力行何三昧願為我等
說是三昧名字我等亦欲勤脩行之行此三
昧乃能見是菩薩色相大小威儀進止唯願
世尊以神通力彼菩薩來令我得見尒時釋
迦牟尼佛告文殊師利此久滅度多寶如來
當為汝等而現其相時多寶佛告彼菩薩善
男子來文殊師利法王子欲見汝身于時妙
音菩薩於彼國沒與八万四千菩薩俱共發
來所經諸國六種震動皆悉雨於七寶蓮華
百千天樂不鼓自鳴是菩薩目如廣大青蓮
華葉正使和合百千万月其面貌端正復過
於此身真金色无量百千功德莊嚴威德熾
盛光明照曜諸相具足如那羅延堅固之身
入七寶臺上昇虛空去地七多羅樹諸菩薩
眾恭敬圍繞而來詣此娑婆世界耆闍崛山
到已下七寶臺以價直百千瓔珞持至釋迦
牟尼佛所頭面礼足奉上瓔珞而白佛言世
尊淨華宿王智佛問訊世尊少病少惱起居
輕利安樂行不四大調和不世事可忍不眾
生易度不无多貪欲瞋恚愚癡嫉妬慳慢不
无不孝父母不敬沙門邪見不善心不攝五
情不世尊眾生能降伏諸魔怨不久滅度多
寶如來在七寶塔中來聽法不又問訊多寶

BD03305號　妙法蓮華經卷七　（26–3）

輕利安樂行不四大調和不世事可忍不眾
生易度不无多貪欲瞋恚愚癡嫉妬慳慢不
无不孝父母不敬沙門邪見不善心不攝五
情不世尊眾生能降伏諸魔怨不久滅度多
寶如來在七寶塔中來聽法不又問訊多寶
如來安隱少惱堪忍久住不世尊我今欲見
多寶佛身唯願世尊示我令見尒時釋迦牟
尼佛語多寶佛是妙音菩薩欲得相見時多
寶佛告妙音言善哉善哉汝能為供養釋迦
牟尼佛及聽法華經并見文殊師利等故來
至此尒時華德菩薩白佛言世尊是妙音菩
薩種何善根脩何功德有是神力佛告華德
菩薩過去有佛名雲雷音王多陁阿伽度阿
羅呵三藐三佛陁國名現一切世間劫名憙
見妙音菩薩於万二千歲以十万種伎樂供
養雲雷音王佛并奉上八万四千七寶鉢以
是因緣果報今生淨華宿王智佛國有是神
力華德於汝意云何尒時雲雷音王佛所妙
音菩薩伎樂供養奉上寶器者豈異人乎今
此妙音菩薩摩訶薩是華德是妙音菩薩已
曾供養親近无量諸佛久殖德本又值恒河
沙等百千万億那由他佛華德汝但見妙音
菩薩其身在此而是菩薩現種種身處處為
諸眾生說是經典或現梵王身或現帝釋身
或現自在天身或現大自在天身或現天大將
軍身或現毗沙門天王身或現轉輪聖王身或

BD03305號　妙法蓮華經卷七　（26–4）

菩薩身在此而是菩薩現種種身處處為
諸衆生説是經典或現梵王身或現帝釋身
或現自在天身或現大自在天身或現天大將
軍身或現毗沙門天王身或現轉輪聖王身或
現諸小王身或現長者身或現居士身或現
宰官身或現婆羅門身或現比丘比丘尼優
婆塞優婆夷身或現長者居士婦女身或現
宰官婦女身或現婆羅門婦女身或現童男
童女身或現天龍夜叉乾闥婆阿脩羅迦樓
羅緊那羅摩睺羅伽人非人等身而説是經
諸有地獄餓鬼畜生及衆難處皆能救濟乃
至於王後宮變為女身而説是經華德是妙
音菩薩能救護娑婆世界諸衆生者是妙音
菩薩如是種種變化現身在此娑婆國土為
諸衆生説是經典於神通變化智慧无所損
减是菩薩以若干智慧明照娑婆世界令一
切衆生各得所知於十方恒河沙世界中亦
復如是若應以聲聞形得度者現聲聞形而
為説法應以辟支佛形得度者現辟支佛形
而為説法應以菩薩形得度者現菩薩形而
為説法應以佛形得度者即現佛形而為説
法如是種種隨所應度而為現形乃至應以
滅度而得度者示現滅度華德妙音菩薩摩
訶薩成就大神通智慧之力其事如是尒時
華德菩薩白佛言世尊是妙音菩薩深種善
根世尊是菩薩住何三昧而能如是在所變

BD03305號　妙法蓮華經卷七　（26–5）

法如是種種隨所應度而為現形乃至應以
滅度而得度者示現滅度華德妙音菩薩摩
訶薩成就大神通智慧之力其事如是尒時
華德菩薩白佛言世尊是妙音菩薩深種善
根世尊是菩薩住何三昧而能如是在所變
現度脱衆生佛告華德菩薩善男子其三昧
名現一切色身妙音菩薩住是三昧中能如
是饒益无量衆生説是妙音菩薩品時與妙
音菩薩俱來者八万四千人皆得現一切色
身三昧此娑婆世界无量菩薩亦得是三昧
及陁羅尼尒時妙音菩薩摩訶薩供養釋迦
牟尼佛及多寶佛塔已還歸本土所經諸國
六種震動雨寶蓮華作百千万億種種伎樂
既到本國與八万四千菩薩圍繞淨華宿王
智佛所白佛言世尊我到娑婆世界饒益衆
生見釋迦牟尼佛及見多寶佛塔礼拜供養
又見文殊師利法王子菩薩及見藥王菩薩
得勤精進力菩薩勇施菩薩等亦令八万四
千菩薩得現一切色身三昧説是妙音菩薩
來往品時四万二千天子得无生法忍華德
菩薩得法華三昧

妙法蓮華經觀世音菩薩普門品第二十五

尒時无盡意菩薩即從座起偏袒右肩合掌
向佛而作是言世尊觀世音菩薩以何因緣
名觀世音佛告无盡意菩薩善男子若有无
量百千万億衆生受諸苦惱聞是觀世音菩
[illegible]

BD03305號　妙法蓮華經卷七　（26–6）

向佛而作是言世尊觀世音菩薩以何因緣
名觀世音佛告无盡意菩薩善男子若有无
量百千万億衆生受諸苦惱聞是觀世音菩
薩一心稱名觀世音菩薩即時觀其音聲皆
得解脫若有持是觀世音菩薩名者設入大
火火不能燒由是菩薩威神力故若為大水
所漂稱其名号即得淺處若有百千万億衆
生為求金銀瑠璃車璖馬瑙珊瑚虎珀真珠
等寶入於大海假使黑風吹其舩舫漂墮羅
剎鬼國其中若有乃至一人稱觀世音菩薩
名者是諸人等皆得解脫羅剎之難以是因
緣名觀世音若復有人臨當被害稱觀世音
菩薩名者彼所執刀仗尋段段壞而得解脫
若三千大千國土滿中夜叉羅剎欲來惱人
聞其稱觀世音菩薩名者是諸惡鬼尚不能
以惡眼視之況復加害設復有人若有罪若
无罪杻械枷鎖檢繫其身稱觀世音菩薩名
者皆悉斷壞即得解脫若三千大千國土滿
中怨賊有一商主將諸商人賫持重寶經過
險路其中一人作是唱言諸善男子勿得恐
怖汝等應當一心稱觀世音菩薩名号是菩
薩能以无畏施於衆生汝等若稱名者於此
怨賊當得解脫衆商人聞俱發聲言南无觀
世音菩薩稱其名故即得解脫无盡意觀世
音菩薩摩訶薩威神之力巍巍如是若有衆

怖汝等應當一心稱觀世音菩薩名号是菩
薩能以无畏施於衆生汝等若稱名者於此
怨賊當得解脫衆商人聞俱發聲言南无觀
世音菩薩稱其名故即得解脫无盡意觀世
音菩薩摩訶薩威神之力巍巍如是若有衆
生多於婬欲常念恭敬觀世音菩薩便得離
欲若多瞋恚常念恭敬觀世音菩薩便得離
瞋若多愚癡常念恭敬觀世音菩薩便得離
癡无盡意觀世音菩薩有如是等大威神力
多所饒益是故衆生常應心念若有女人設
欲求男礼拜供養觀世音菩薩便生福德智
慧之男設欲求女便生端正有相之女宿植
德本衆人愛敬无盡意觀世音菩薩有如是
力若有衆生恭敬礼拜觀世音菩薩福不唐
捐是故衆生皆應受持觀世音菩薩名号无
盡意若有人受持六十二億恒河沙菩薩名
字復盡形供養飲食衣服臥具醫藥於汝意
云何是善男子善女人功德多不无盡意言
甚多世尊佛言若復有人受持觀世音菩薩
名号乃至一時礼拜供養是二人福正等无
異於百千万億劫不可窮盡无盡意受持觀
世音菩薩名号得如是无量无邊福德之利
无盡意菩薩白佛言世尊觀世音菩薩云何
遊此娑婆世界云何而為衆生說法方便之
力其事云何佛告无盡意菩薩善男子若有

異於百千万億劫不可窮盡无盡意受持觀
世音菩薩名号得如是无量无邊福德之利
无盡意菩薩白佛言世尊觀世音菩薩云何
遊此娑婆世界云何而為衆生說法方便之
力其事云何佛告无盡意菩薩善男子若有
國土衆生應以佛身得度者觀世音菩薩即
現佛身而為說法應以辟支佛身得度者即
現辟支佛身而為說法應以聲聞身得度者
即現聲聞身而為說法應以梵王身得度者
即現梵王身而為說法應以帝釋身得度者
即現帝釋身而為說法應以自在天身得度
者即現自在天身而為說法應以大自在天
身得度者即現大自在天身而為說法應以
天大將軍身得度者即現天大將軍身而為
說法應以毗沙門身得度者即現毗沙門身
而為說法應以小王身得度者即現小王身
而為說法應以長者身得度者即現長者身
而為說法應以居士身得度者即現居士身
而為說法應以宰官身得度者即現宰官身
而為說法應以婆羅門身得度者即現婆羅
門身而為說法應以比丘比丘尼優婆塞優
婆夷身得度者即現比丘比丘尼優婆塞優
婆夷身而為說法應以長者居士宰官婆羅
門婦女身得度者即現婦女身而為說法應
以童男童女身得度者即現童男童女身而
為說法應以天龍夜叉乾闥婆阿脩羅迦樓

婆夷身而為說法應以長者居士宰官婆羅
門婦女身得度者即現婦女身而為說法應
以童男童女身得度者即現童男童女身而
為說法應以天龍夜叉乾闥婆阿脩羅迦樓
羅緊那羅摩睺羅伽人非人等身得度者即
皆現之而為說法應以執金剛神得度者即
現執金剛神而為說法无盡意是觀世音菩
薩成就如是功德以種種形遊諸國土度脫衆
生是故汝等應當一心供養觀世音菩薩是
觀世音菩薩摩訶薩於怖畏急難之中能施
无畏是故此娑婆世界皆号之為施无畏者无
盡意菩薩白佛言世尊我今當供養觀世
音菩薩即解頸衆寶珠瓔珞價直百千兩金
而以與之作是言仁者受此法施珍寶瓔珞
時觀世音菩薩不肯受之无盡意復白觀世
音菩薩言仁者愍我等故受此瓔珞尔時佛
告觀世音菩薩當愍此无盡意菩薩及四衆
天龍夜叉乾闥婆阿脩羅迦樓羅緊那羅摩
睺羅伽人非人等故受是瓔珞即時觀世音
菩薩愍諸四衆及於天龍人非人等受其瓔
珞分作二分一分奉釋迦牟尼佛一分奉多
寶佛塔无盡意觀世音菩薩有如是自在神
力遊於娑婆世界尔時无盡意菩薩以偈問曰
世尊妙相具　我今重問彼　佛子何因緣　名為觀世音
具足妙相尊　偈答无盡意　汝聽觀音行　善應諸方所

寶佛塔无盡意觀世音菩薩有如是自在神
力遊於娑婆世界尒時无盡意菩薩以偈問曰
世尊妙相具　我今重問彼　佛子何因緣　名為觀世音
具足妙相尊　偈荅无盡意　汝聽觀音行　善應諸方所
弘誓深如海　歷劫不思議　侍多千億佛　發大清淨願
我為汝略說　聞名及見身　心念不空過　能滅諸有苦
假使興害意　推落大火坑　念彼觀音力　火坑變成池
或漂流巨海　龍魚諸鬼難　念彼觀音力　波浪不能沒
或在須弥峯　為人所推墮　念彼觀音力　如日虛空住
或被惡人逐　墮落金剛山　念彼觀音力　不能損一毛
或值怨賊繞　各執刀加害　念彼觀音力　咸即起慈心
或遭王難苦　臨刑欲壽終　念彼觀音力　刀尋段段壞
或囚禁枷鎖　手足被杻械　念彼觀音力　釋然得解脫
呪咀諸毒藥　所欲害身者　念彼觀音力　還著於本人
或遇惡羅剎　毒龍諸鬼等　念彼觀音力　時悉不敢害
若惡獸圍繞　利牙爪可怖　念彼觀音力　疾走无邊方
蚖蛇及蝮蝎　氣毒烟火然　念彼觀音力　尋聲自迴去
雲雷鼓掣電　降雹澍大雨　念彼觀音力　應時得消散
衆生被困厄　无量苦逼身　觀音妙智力　能救世間苦
具足神通力　廣脩智方便　十方諸國土　无剎不現身
種種諸惡趣　地獄鬼畜生　生老病死苦　以漸悉令滅
真觀清淨觀　廣大智慧觀　悲觀及慈觀　常願常瞻仰
无垢清淨光　慧日破諸闇　能伏災風火　普明照世間
悲體戒雷震　慈意妙大雲　澍甘露法雨　滅除煩惱焰
諍訟經官處　怖畏軍陣中　念彼觀音力　衆怨悉退散

BD03305號　妙法蓮華經卷七

（26–11）

真觀清淨觀　廣大智慧觀　悲觀及慈觀　常願常瞻仰
无垢清淨光　慧日破諸闇　能伏災風火　普明照世間
悲體戒雷震　慈意妙大雲　澍甘露法雨　滅除煩惱焰
諍訟經官處　怖畏軍陣中　念彼觀音力　衆怨悉退散
妙音觀世音　梵音海潮音　勝彼世間音　是故須常念
念念勿生疑　觀世音淨聖　於苦惱死厄　能為作依怙
具一切功德　慈眼視衆生　福聚海无量　是故應頂礼
尒時持地菩薩即從坐起前白佛言世尊若
有衆生聞是觀世音菩薩品自在之業普門
示現神通力者當知是人功德不少佛說是
普門品時衆中八万四千衆生皆發无等等
阿耨多羅三藐三菩提心
妙法蓮華經陀羅尼品第二十六
尒時藥王菩薩即從座起偏袒右肩合掌向
佛而白佛言世尊若善男子善女人有能受
持法華經者若讀誦通利若書寫經卷得幾
所福佛告藥王若有善男子善女人供養八
百万億那由他恒河沙等諸佛於汝意云何
其所得福寧為多不甚多世尊佛言若善男
子善女人能於是經乃至受持一四句偈讀誦
解義如說脩行功德甚多尒時藥王菩薩
白佛言世尊我今當與說法者陀羅尼呪以
守護之即說呪曰
安尒一　曼尒二　摩祢三　摩摩祢四　旨隸五　遮梨
第六　賒咩羊鳴音七　賒履罔雉反多瑋八　羶帝
帝九　目帝十　目[illegible]履十[illegible]

BD03305號　妙法蓮華經卷七

（26–12）

守護之即說呪曰
安尒一曼尒二摩祢三摩摩祢四旨隷五遮梨
第六賒咩羊鳴音七賒履罔雉反多瑋八羶輸千反
帝九目帝十目多履十一娑履十二阿瑋娑履十三
桑履十四娑履十五叉裔十六阿叉裔十七阿耆膩十八
羶帝十九賒履二十陀羅尼二十一阿盧伽婆娑蘇奈反
簸蔗毗叉膩二十二祢毗剃二十三阿便哆都餓反邏祢
履剃二十四阿亶哆波隷輸地途賣反二十五漚究隷二十
六牟究隷二十七阿羅隷二十八波羅隷二十九首迦
差初几反三十阿三磨三履三十一佛馱毗吉利袠
帝三十二達磨波利差猜離反帝三十三僧伽涅瞿
沙祢三十四婆舍婆舍輸地三十五曼哆邏三十六
曼哆邏叉夜多三十七郵樓哆三十八郵樓哆憍
舍略三十九惡叉邏四十惡叉冶多冶四十一阿婆
盧四十二阿摩若荏蔗反那多夜四十三
世尊是陀羅尼神呪六十二億恒河沙等諸
佛所說若有侵毀此法師者則為侵毀是諸
佛已時釋迦牟尼佛讚藥王菩薩言善哉善
哉藥王汝愍念擁護此法師故說是陀羅尼
於諸衆生多所饒益尒時勇施菩薩白佛言
世尊我亦為擁護讀誦受持法華經者說陀
羅尼若此法師得是陀羅尼若夜叉若羅剎
若富單那若吉蔗若鳩槃茶若餓鬼等伺求
其短无能得便即於佛前而說呪曰
痤誓螺反隷一摩訶痤隷二郁枳三目枳四阿隷

BD03305號　妙法蓮華經卷七　（26–13）

世尊我亦為擁護讀誦受持法華經者說陀
羅尼若此法師得是陀羅尼若夜叉若羅剎
若富單那若吉蔗若鳩槃茶若餓鬼等伺求
其短无能得便即於佛前而說呪曰
痤誓螺反隷一摩訶痤隷二郁枳三目枳四阿隷
五阿羅婆第六涅隷第七涅隷多婆第八伊
緻猪履反柅九韋緻柅十旨緻柅十一涅隷墀柅
十二涅梨墀婆底十三
世尊是陀羅尼神呪恒河沙等諸佛所說亦
皆隨喜若有侵毀此法師者則為侵毀是諸
佛已尒時毗沙門天王護世者白佛言世尊
我亦為愍念衆生擁護此法師故說是陀羅
尼即說呪曰
阿梨一那梨二㝹那梨三阿那盧四那履五
拘那履六
世尊以是神呪擁護法師我亦自當擁護持
是經者令百由旬内无諸衰患尒時持國天
王在此會中與千万億那由他乾闥婆衆恭
敬圍繞前詣佛所合掌白佛言世尊我亦以
陀羅尼神呪擁護持法華經即說呪曰
阿伽祢一伽祢二瞿利三乾陀利四栴陀利
五摩蹬耆六常求利七浮樓莎柅八頞底九
世尊是陀羅尼神呪四十二億諸佛所說若
有侵毀此法師者則為侵毀是諸佛已尒時
有羅剎女等一名藍婆二名毗藍婆三名曲

BD03305號　妙法蓮華經卷七　（26–14）

阿伽祢一伽祢二瞿利三乾陁利四旃陁利
五摩蹬耆六常求利七浮樓莎柅八頞底九
世尊是陁羅尼神呪四十二億諸佛所說若
有侵毀此法師者則為侵毀是諸佛已尒時
有羅剎女等一名藍婆二名毗藍婆三名曲
齒四名華齒五名黑齒六名多髮七名无猒
足八名持瓔珞九名睪帝十名奪一切衆生
精氣是十羅剎女與鬼子母并其子及眷屬
俱詣佛所同聲白佛言世尊我等亦欲擁護
讀誦受持法華經者除其衰患若有伺求法
師短者令不得便即於佛前而說呪曰
伊提履一伊提泯二伊提履三阿提履四伊提
履五泥履六泥履七泥履八泥履九泥履十樓
醯十一樓醯十二樓醯十三樓醯十四多醯十五多醯十六多醯
十七兜醯十八兜醯十九
寧上我頭上莫惱於法師若夜叉若羅剎若餓
鬼若富單那若吉蔗若毗陁羅若揵䭾若烏
摩勒伽若阿䟦摩羅若夜叉吉蔗若人吉
蔗若熱病若一日若二日若三日若四日若
至七日若常熱病若男形若女形若童男形
若童女形乃至夢中亦復莫惱即於佛前而
說偈言
若不順我呪　惱亂說法者　頭破作七分　如阿梨樹枝
如煞父母罪　亦如壓油殃　斗秤欺誑人　調達破僧罪
犯此法師者　當獲如是殃
諸羅剎女說此偈已白佛言世尊我等亦當

BD03305號　妙法蓮華經卷七

(26–15)

如煞父母罪　亦如壓油殃　斗秤欺誑人　調達破僧罪
犯此法師者　當獲如是殃
諸羅剎女說此偈已白佛言世尊我等亦當
身自擁護受持讀誦脩行是經者令得安隱
離諸衰患消衆毒藥佛告諸羅剎女善哉善
哉汝等但能擁護受持法華名者福不可量
何況擁護具足受持供養經卷華香瓔珞末
香塗香燒香幡蓋伎樂然種種燈穌燈油燈
諸香油燈蘇摩那華油燈瞻蔔華油燈婆師
迦華油燈優鉢羅華油燈如是等百千種供
養者睪帝汝等及眷屬應當擁護如是法
師說是陁羅尼品時六万八千人得无生法忍
妙法蓮華經妙莊嚴王本事品第二十七
尒時佛告諸大衆乃往古世過无量无邊不
可思議阿僧祇劫有佛名雲雷音宿王華智
多陁阿伽度阿羅呵三藐三佛陁國名光明
莊嚴劫名憙見彼佛法中有王名妙莊嚴其
王夫人名曰淨德有二子一名淨藏二名淨
眼是二子有大神力福德智慧久脩菩薩所
行之道所謂檀波羅蜜尸羅波羅蜜羼提波
羅蜜毗梨耶波羅蜜禪波羅蜜般若波羅蜜
方便波羅蜜慈悲喜捨乃至三十七助道法
皆悉明了通達又得菩薩淨三昧日星宿三
昧淨光三昧淨色三昧淨照明三昧長莊嚴
三昧大威德藏三昧於此三昧亦悉通達尒時

BD03305號　妙法蓮華經卷七

(26–16)

備悉明了通達又得菩薩淨三昧日星宿三
昧淨光三昧淨色三昧淨照明三昧長莊嚴
三昧大威德藏三昧於此三昧亦悉通達尒時
彼佛欲引導妙莊嚴王及愍念衆生故說是
法華經時淨藏淨眼二子到其母所合十指
爪掌白言願母往詣雲雷音宿王華智佛
所我等亦當侍從親近供養礼拜所以者何
此佛於一切天人衆中說法華經宜應聽受
母告子言汝父信受外道深著婆羅門法汝
等應往白父與共俱去淨藏淨眼合十爪指
掌白母我等是法王子而生此邪見家母告
子言汝等當憂念汝父為現神變若得見者
心必清淨或聽我等往至佛所於是二子念
其父故踊在虛空高七多羅樹現種種神變
於虛空中行住坐卧身上出水身下出火身下
出水身上出火或現大身滿虛空中而復現
小小復現大於空中滅忽然在地入地如
水履水如地現如是等種種神變令其父王
心淨信解時父見子神力如是心大歡喜得
未曾有合掌向子言汝等師為是誰誰之弟
子二子白言大王彼雲雷音宿王華智佛今
在七寶菩提樹下法座上坐於一切世間天
人衆中廣說法華經是我等師我是弟子父
語子言我今亦欲見汝等師可共俱往於是
二子從空中下到其母所合掌白母父王今

BD03305號　妙法蓮華經卷七　（26–17）

在七寶菩提樹下法座上坐於一切世間天
人衆中廣說法華經是我等師我是弟子父
語子言我今亦欲見汝等師可共俱往於是
二子從空中下到其母所合掌白母父王今
已信解堪任發阿耨多羅三藐三菩提心我
等為父已作佛事願母見聽於彼佛所出家
脩道尒時二子欲重宣其意以偈白母
願母放我等　出家作沙門　諸佛甚難值　我等隨佛學
如優曇波羅　值佛復難是　脫諸難亦難　願聽我出家
母即告言聽汝出家所以者何佛難值故於
是二子白父母言善哉父母願時往詣雲雷
音宿王華智佛所親近供養所以者何佛難
得值如優曇波羅華又如一眼之龜值浮木
孔而我等宿福深厚生值佛法是故父母當
聽我等令得出家所以者何諸佛難值時亦
難遇彼時妙莊嚴王後宮八万四千人皆悉
堪任受持是法華經淨眼菩薩於法華三昧
久已通達淨藏菩薩已於无量百千万億劫
通達離諸惡趣三昧欲令一切衆生離諸惡
趣故其王夫人得諸佛習三昧能知諸佛秘
密之藏二子如是以方便力善化其父令心信
解好樂佛法於是妙莊嚴王與羣臣眷屬俱
淨德夫人與後宮采女眷屬俱其王二子與
四万二千人俱一時共詣佛所到已頭面礼
足繞佛三帀却住一面尒時彼佛為王說

BD03305號　妙法蓮華經卷七　（26–18）

四万二千人俱一時共詣佛所到已頭面礼
足繞佛三帀却住一面尒時彼佛為王說
法示教利喜王大歡悅尒時妙莊嚴王及其
夫人解頸真珠瓔珞價直百千以散佛上於
虛空中化成四柱寶臺臺中有大寶床敷
百千万天衣其上有佛結加趺坐放大光明尒
時妙莊嚴王作是念佛身希有端嚴殊特成
就第一微妙之色時雲雷音宿王華智佛告
四衆言汝等見是妙莊嚴王於我前合掌立
不此王於我法中作比丘精勤脩習助佛道
法當得作佛号娑羅樹王國名大光劫名大
高王其娑羅樹王佛有无量菩薩衆及无量
聲聞其國平正功德如是其王即時以國付弟
與夫人二子并諸眷屬於佛法中出家脩
道王出家已於八万四千歲常勤精進脩行
妙法華經過是已後得一切淨功德莊嚴三
昧即昇虛空高七多羅樹而白佛言世尊此
我二子已作佛事以神通變化轉我邪心令得
安住於佛法中得見世尊此二子者是我善
知識為欲發起宿世善根饒益我故來生我
家尒時雲雷音宿王華智佛告妙莊嚴王
言如是如是如汝所言若善男子善女人種善
根故世世得善知識其善知識能作佛事
示教利喜令入阿耨多羅三藐三菩提大王
當知善知識者是大因緣所謂化導令得見

言如是如是如汝所言若善男子善女人種善
根故世世得善知識其善知識能作佛事
示教利喜令入阿耨多羅三藐三菩提大王
當知善知識者是大因緣所謂化導令得見
佛發阿耨多羅三藐三菩提心大王汝見此二子不
此二子已曾供養六十五百千万億那由他恒
河沙諸佛親近恭敬於諸佛所受持法華
經慜念邪見衆生令住正見妙莊嚴王即
從虛空中下而白佛言世尊如來甚希
有以功德智慧故頂上肉髻光明顯照其眼
長廣而紺青色眉間豪相白如珂月齒白齊
密常有光明脣色赤好如頻婆果尒時妙莊
嚴王讚歎佛如是等无量百千万億功德已
於如來前一心合掌復白佛言世尊未曾有
也如來之法具足成就不可思議微妙功德
教戒所行安隱快善我從今日不復自隨心
行不生邪見憍慢瞋恚諸惡之心說是語已
礼佛而出佛告大衆於意云何妙莊嚴王豈
異人乎今華德菩薩是其淨德夫人今佛前
光照莊嚴相菩薩是哀愍妙莊嚴王及諸眷
屬故於彼中生其二子者今藥王菩薩藥上
菩薩是是藥王藥上菩薩成就如此諸大功
德已於无量百千万億諸佛所植衆德本成
就不可思議諸善功德若有人識是二菩薩
名字者一切世間諸天人民亦應礼拜佛說
是妙莊嚴王本事品時八万四千人遠塵離

就不可思議諸善功德若有人識是二菩薩
名字者一切世間諸天人民亦應礼拜佛說
是妙莊嚴王本事品時八万四千人遠塵離
垢於諸法中得法眼淨
妙法蓮華經普賢菩薩勸發品第二十八
尒時普賢菩薩以自在神通威德名聞與大
菩薩无量无邊不可稱數從東方來所經諸
國普皆震動雨寶蓮華作无量百千万億種
種伎樂又與无數諸天龍夜叉乾闥婆阿脩
羅迦樓羅緊那羅摩睺羅人非人等大衆圍
繞各現威德神通之力到娑婆世界耆闍
崛山中頭礼釋迦牟尼佛右繞七帀白佛
言世尊我於寶威德上王佛國遙聞此娑婆
世界說法華經與无量无邊百千万億諸菩
薩衆共來聽受唯願世尊當為說之若善男
子善女人於如來滅後云何能得是法華經
佛告普賢菩薩若善男善女人成就四法
於如來滅後當得是法華經一者為諸佛
護念二者植衆德本三者入正定聚四者發
救一切衆生之心善男子善女人如是成就四
法於如來滅後必得是經尒時普賢菩薩白
佛言世尊於後五百歲濁惡世中其有受持
是經典者我當守護除其衰患令得安隱使
无伺求得其便者若魔若魔子若魔女若魔
民若為魔所著者若夜叉若羅剎若鳩槃荼

BD03305 號　妙法蓮華經卷七　（26–21）

佛言世尊於後五百歲濁惡世中其有受持
是經典者我當守護除其衰患令得安隱使
无伺求得其便者若魔若魔子若魔女若魔
民若為魔所著者若夜叉若羅剎若鳩槃荼
若毗舍闍若吉蔗若冨單那若韋陁羅等諸
惱人者皆不得便是人若行若立讀誦此經
我尒時乘六牙白象王與大菩薩衆俱詣其
所而自現身供養守護安慰其心亦為供養
法華經故是人若坐思惟此經尒時我復乘
白象王現其人前其人若於法華經有所忘
失一句一偈我當教之與共讀誦還令通利
尒時受持讀誦法華經者得見我身甚大歡
喜轉復精進以見我故即得三昧及陁羅尼
名為旋陁羅尼百千万億旋陁羅尼法音方
便陁羅尼得如是等陁羅尼世尊若後世後
五百歲濁惡世中比丘比丘尼優婆塞優婆
夷求索者受持者讀誦者書寫者欲脩習是
法華經於三七日中應一心精進滿三七日已
我當乘六牙白象與无量菩薩而自圍繞
以一切衆生所憙見身現其人前而為說法
示教利喜亦復與其陁羅尼呪得是陁羅尼
故无有非人能破壞者亦不為女人之所惑
亂我身亦自常護是人唯願世尊聽我說此
陁羅尼即於佛前而說呪曰
阿檀地途賣反一　檀陁婆地二　檀陁婆帝三　檀陁鳩

BD03305 號　妙法蓮華經卷七　（26–22）

亂我身亦自當護是人唯願世尊聽我說此
陁羅尼即於佛前而說呪曰
阿檀地（途賣反）一檀陁婆地二檀陁婆帝三檀陁鳩
舍隸四檀陁脩陁隸五脩陁隸六脩陁羅婆底
七佛䭾波羶禰八薩婆陁羅尼阿婆多尼九薩婆
婆沙阿婆多尼十脩阿婆多尼十一僧伽婆履叉
尼十二僧伽涅伽陁尼十三阿僧祇十四僧伽波伽地十五
帝隸阿惰僧伽兜略（盧遮反）阿羅帝波羅帝十六薩
婆僧伽三摩地伽蘭地十七薩婆達磨脩波利剎
帝十八薩婆薩埵樓䭾憍舍略阿㝹伽地十九辛阿毗
吉利地帝二十
世尊若有菩薩得聞是陁羅尼者當知普賢
神通之力若法華經行閻浮提有受持者應
作此念皆是普賢威神之力若有受持讀誦
正憶念解其義趣如說脩行當知是人行普
賢行於无量无邊諸佛所深種善根為諸如
來手摩其頭若但書寫是人命終當生忉利
天上是時八万四千天女作衆伎樂而來迎
之其人即著七寶冠於婇女中娛樂快樂何
況受持讀誦正憶念解其義趣如說脩行若
有人受持讀誦解其義趣是人命終為千佛
授手令不恐怖不墮惡趣即往兜率天上弥
勒菩薩所弥勒菩薩有三十二相大菩薩衆
所共圍繞有百千万億天女眷屬而於中生

BD03305號　妙法蓮華經卷七

（26–23）

有人受持讀誦解其義趣是人命終為千佛
授手令不恐怖不墮惡趣即往兜率天上弥
勒菩薩所弥勒菩薩有三十二相大菩薩衆
所共圍繞有百千万億天女眷屬而於中生
有如是等功德利益是故智者應當一心自
書若使人書受持讀誦正憶念如說脩行
世尊我今以神通力守護是經於如來滅後閻
浮提內廣令流布使不斷絕尒時釋迦牟尼
佛讚言善哉善哉普賢汝能護助是經令多
所衆生安樂利益汝已成就不可思議功德
深大慈悲從久遠來發阿耨多羅三藐三菩
提意而能作是神通之願守護是經我當以
神通力守護能受持普賢菩薩名者普賢若
有受持讀誦正憶念脩習書寫是法華經者
當知是人則見釋迦牟尼佛如從佛口聞此
經典當知是人供養釋迦牟尼佛當知是人
佛讚善哉當知是人為釋迦牟尼佛手摩
其頭當知是人為釋迦牟尼佛衣之所覆如
是之人不復貪著世樂不好外道經書手筆亦
復不憙親近其人及諸惡者若屠兒若畜猪
羊雞狗若獵師若衒賣女色是人心意質直
有正憶念有福德力是人不為三毒所惱亦
不為嫉妬我慢邪慢增上慢所惱是人少欲
知足能脩普賢之行普賢若如來滅後後五
百歲若有人見受持讀誦法華經者應作是

BD03305號　妙法蓮華經卷七

（26–24）

有正憶念有福德力是人不為三毒所惱亦
不為嫉妬我慢邪慢增上慢所惱是人少欲
知足能脩普賢之行普賢若如來滅後後五
百歲若有人見受持讀誦法華經者應作是
念此人不久當詣道場破諸魔眾得阿耨多
羅三藐三菩提轉法輪擊法鼓吹法螺雨法
雨當坐天人大眾中師子法座上普賢若於
後世受持讀誦是經典者是人不復貪著衣
服臥具飲食資生之物所願不虛亦於現世
得其福報若有人輕毀之言汝狂人耳空作
是行終无所獲如是罪報當世世无眼若有
供養讚歎之者當於今世得現果報若復見
受持是經者出其過惡若實若不實此人現
世得白癩病若輕咲之者當世世牙齒踈缺
醜脣平鼻手脚繚戾眼目角睞身體臭穢惡
瘡膿血水腹短氣諸惡重病是故普賢若有
受持是經典者當起遠迎當如敬佛說是普
賢勸發品時恒河沙等无量无邊菩薩得百
千億旋陀羅尼三千大千世界微塵等諸菩
薩具普賢道佛說是經時普賢等諸菩薩舍
利弗等諸聲聞及諸天龍人非人等一切大會
皆大歡喜受持佛語作礼而去

妙法蓮華經卷第七

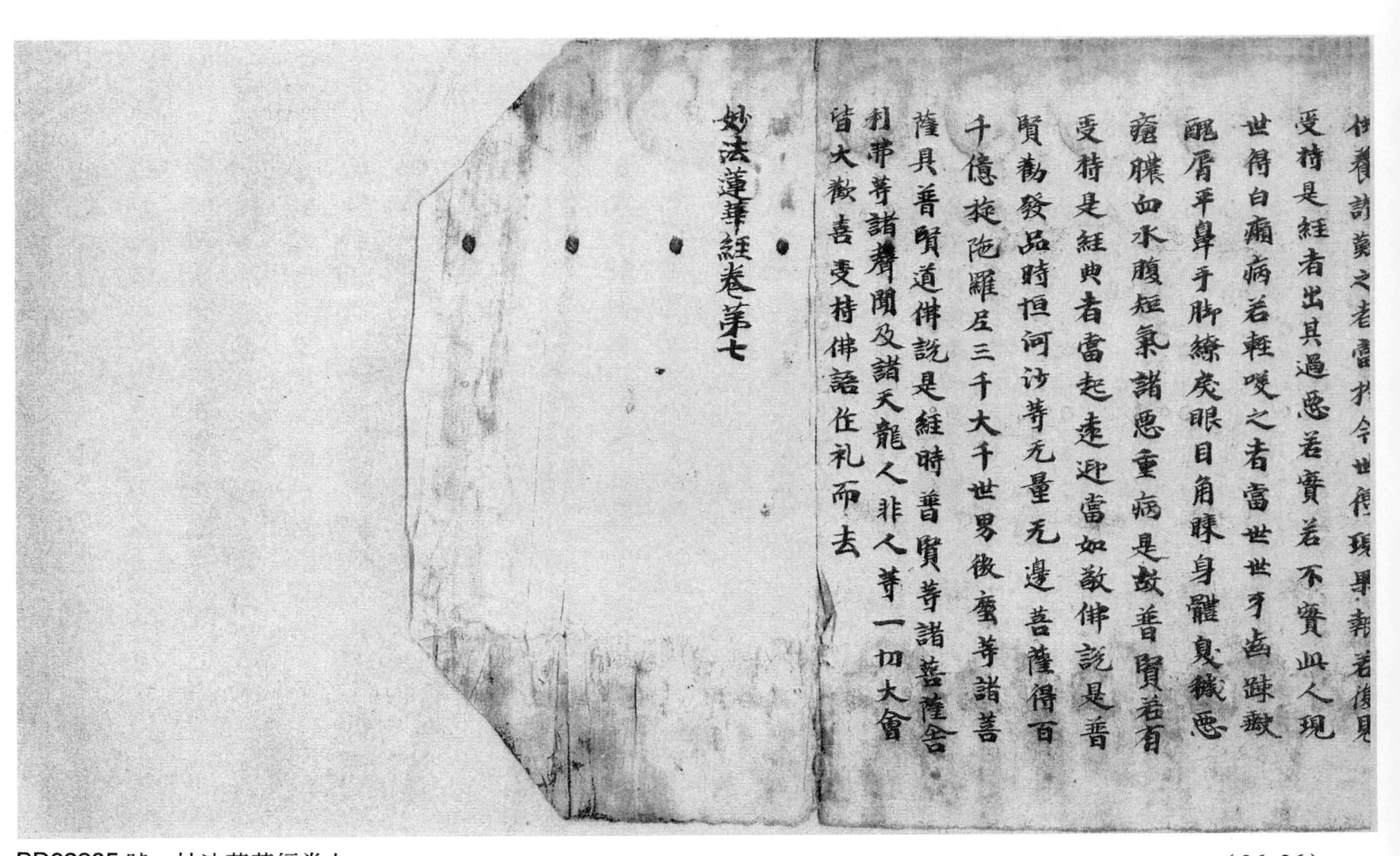

BD03305號　妙法蓮華經卷七　　（26–25）

供養讚歎之者當於今世得現果報若復見
受持是經者出其過惡若實若不實此人現
世得白癩病若輕咲之者當世世牙齒踈缺
醜脣平鼻手脚繚戾眼目角睞身體臭穢惡
瘡膿血水腹短氣諸惡重病是故普賢若有
受持是經典者當起遠迎當如敬佛說是普
賢勸發品時恒河沙等无量无邊菩薩得百
千億旋陀羅尼三千大千世界微塵等諸菩
薩具普賢道佛說是經時普賢等諸菩薩舍
利弗等諸聲聞及諸天龍人非人等一切大會
皆大歡喜受持佛語作礼而去

妙法蓮華經卷第七

BD03305號　妙法蓮華經卷七　　（26–26）

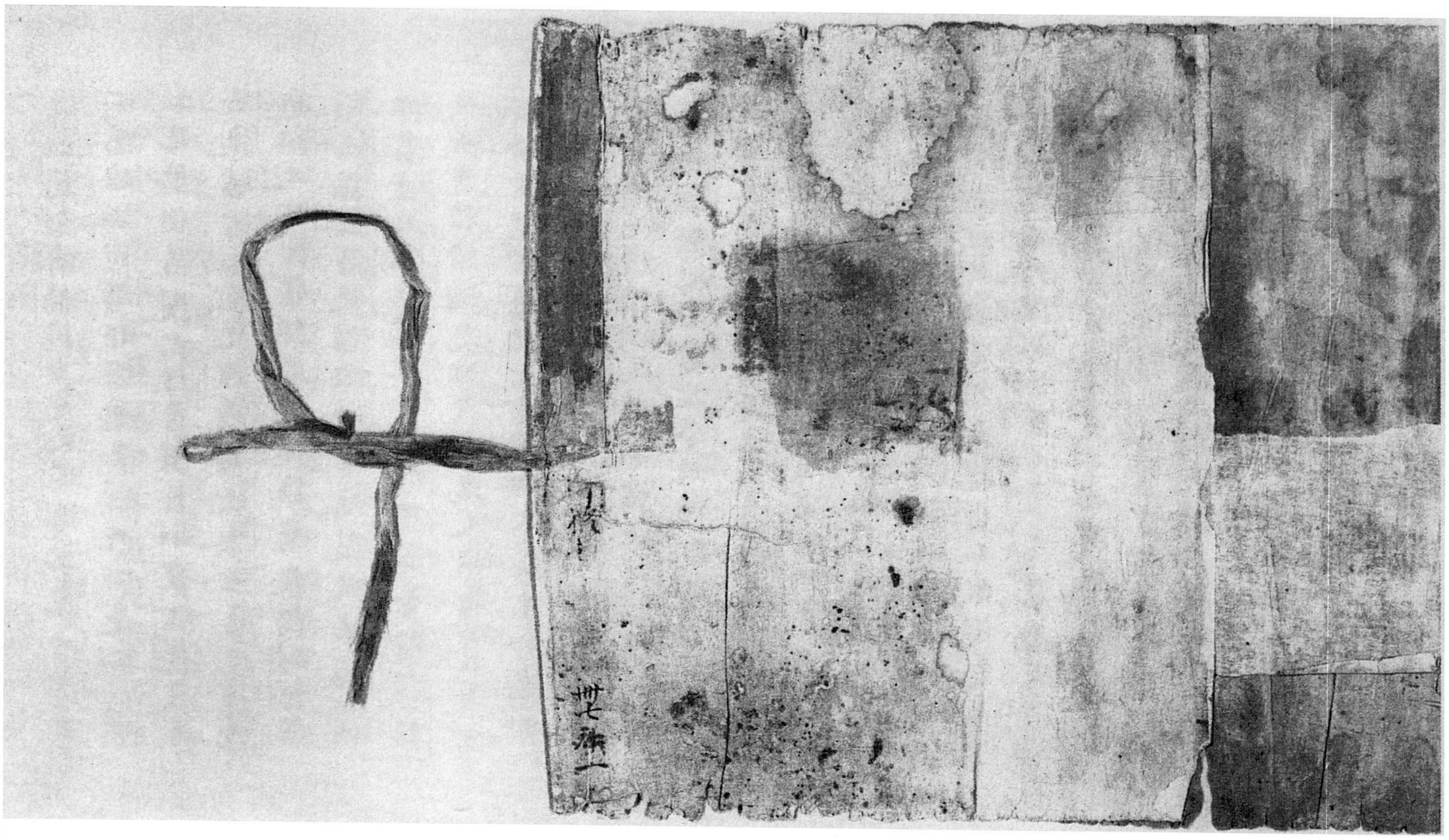

BD03306 號背　灌頂章句拔除過罪生死得度經護首

（1–1）

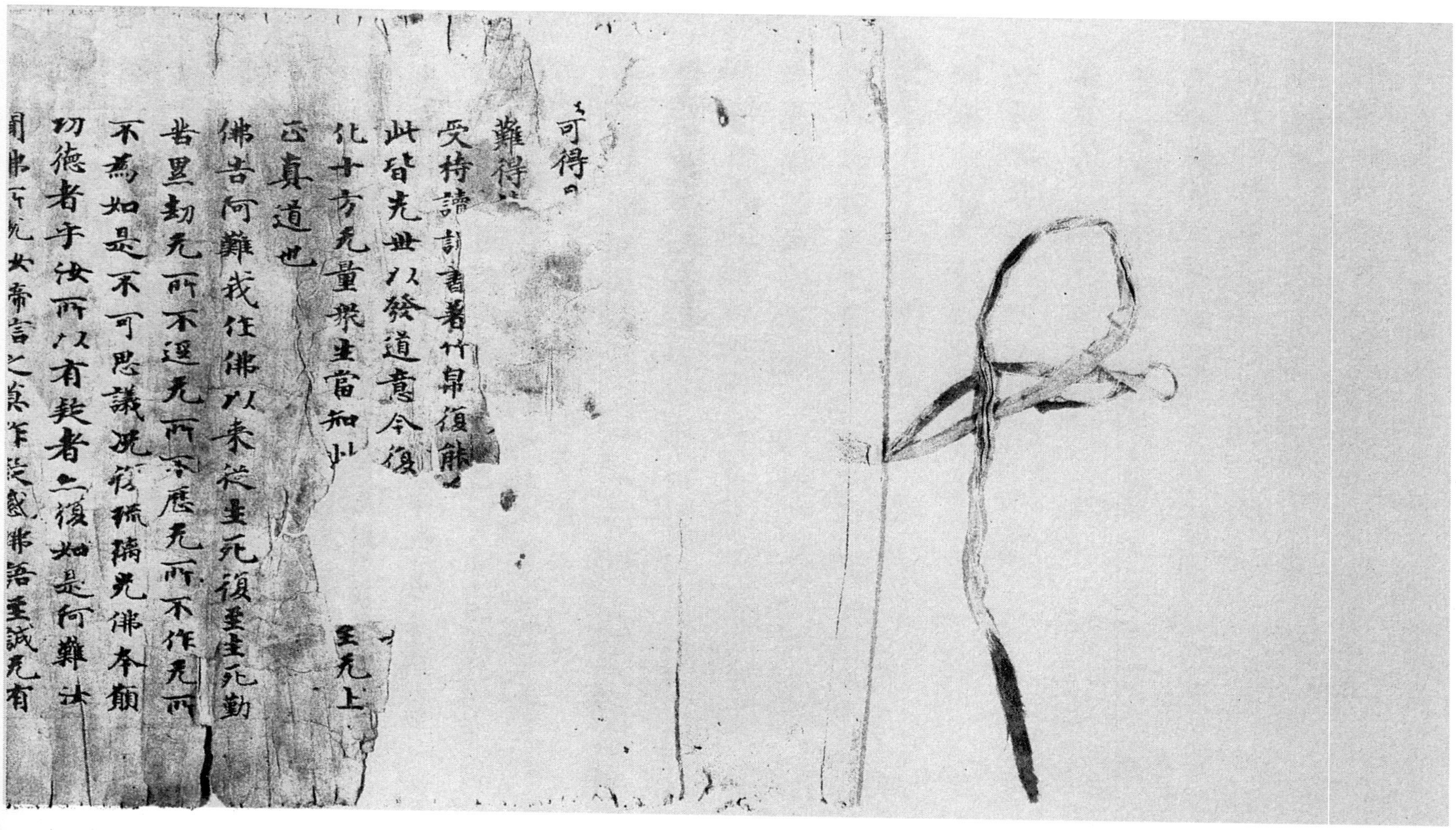

可得
難得
受持諷誦書著竹帛復能
此皆先世以發道意今復
化十方无量衆生當知此
正真道也
佛告阿難我從佛以來從生死復生生死勤
苦累劫无所不逕无所不歷无所不作无所
不爲如是不可思議況藥師瑠璃光佛本願
功德者乎汝所以有疑者亦復如是阿難汝
生无上

BD03306 號　灌頂章句拔除過罪生死得度經

（6–1）

告累劫无所不還无所不歷无所不作无所
不爲如是不可思議况復琉璃光佛本願
功德者乎汝所以有疑者亦復如是阿難汝
聞佛所說汝諦信之莫作疑惑佛語至誠无有
虛爲二无二言佛爲信者施不爲疑者說也
阿難汝莫作小疑以毁大乘之業汝却後亦
當發摩訶衍心莫以小道毁汝功德也阿難
言唯唯天中天我從今日以去无復亦心唯
佛自當知我心耳
佛語阿難此經能照諸天宮宅若三灾起時
中有天人發心念此琉璃光佛本願功德經
者皆得離於彼處之難是經能除水涸不
調是經能除他方逆賊悖令斷滅四方夷狄各
還正治不相嬈惱國土交通人民歡喜是經
能除穀貴飢凍是經能滅惡星變怪是經
能除疫毒之病是經能救三惡道業地獄餓
鬼畜生等苦若人得聞此經典者无不解脫
厄難者也
爾時衆中有一菩薩名曰救脫從坐而起整
理衣服叉手合掌而白佛言我等今日聞佛
世尊演說過東方恒河沙世界有佛号琉璃
光一切衆會靡不歡喜救脫菩薩復白佛
言若族姓男女其有危厄著床痛惱无救護
者我今當勸請諸衆僧七日七夜齋戒一心

BD03306 號　灌頂章句拔除過罪生死得度經　（6–2）

世尊演說過東方恒河沙世界有佛号琉璃
光一切衆會靡不歡喜救脫菩薩復白佛
言若族姓男女其有危厄著床痛惱无救護
者我今當勸請諸衆僧七日七夜齋戒一心
受持八禁六時行道四十九遍讀是經典勸
然七層之燈亦勸懸五色續命神幡阿難問
救脫菩薩言續命幡燈法則云何救脫菩薩
語阿難言神幡五色四十九尺燈亦復尒七
層之燈一層七燈燈知車輪若遭厄難閉在
牢獄枷鎖著身亦應造立五色神幡燈然四
十九燈應放雜類衆生至四十九可得過度
危厄之難不爲諸橫惡鬼所持
救脫菩薩語阿難言若天王大臣及諸輔相
王子妃主宮中婇女若爲病苦所惱亦應造
立五色繒幡然燈續明放諸生命散雜色華
燒衆名香王當放赦屈厄之人徒鎖解脫王
得其福天下太平雨澤以時人民歡喜惡龍
攝毒无病苦者四方夷狄不生逆害國土通
洞慈心相向无諸怨害四海歌詠稱王之德
乘此福祿在意所生見佛聞法信受教誨從
是福報至无上道阿難又問救脫菩薩言命
可續也救脫菩薩答阿難言我聞世尊說有
諸橫勸造幡蓋令其脩福又言阿難昔沙祢
救蟻以脩福故盡其壽命不更苦患身體
安寧福德力强使之然也阿難因復問救脫
菩薩言橫有幾種世尊說言橫乃无數略而

BD03306 號　灌頂章句拔除過罪生死得度經　（6–3）

救蝶以脩福故盡其壽命不更苦患身體
安寧福德力強使之然也阿難因復問救脫
菩薩言橫有幾種世尊說言橫乃無數略而
說之大橫有九一者橫病二者橫有口舌三
者橫遭縣官四者身羸無福又持戒不完橫
為鬼神之所得便五者橫為劫賊之所剝脫
六者橫為水火焚漂七者橫為雜類禽獸所
噉八者橫為怨讎符書厭禱邪神牽引未得
其福但受其殃先亡牽引之名橫死九者有病
不治又不脩福湯藥不慎針灸失度不值良
醫為病所困於是滅亡又信世間妖孽之師
為作恐動寒熱言語妄發禍福所犯者多心
不自正不能自定卜問覓禍殺諸狗牛羊種
種衆生解奏神明呼諸邪妖魍魎鬼神請乞
福祚欲望長生終不能得愚癡迷惑信邪倒
見死入地獄展轉其中無解脫時是名九橫
救脫菩薩語阿難言其世間人痿黃之病困
篤著床求生不得求死不得考楚萬端此病
人者或其前世造作惡業罪過所招殃咎所
引故使然也救脫菩薩語阿難閻羅王者主
領世間名籍之記若人為惡作諸非法無孝
順心造作五逆破滅三寶無君臣法又有衆
生不持五戒不信正法設有受者多所毀犯
於是地下鬼神及伺候者奏上五官五官料
簡除死定生或注錄精神未判是非若已定

BD03306 號　灌頂章句拔除過罪生死得度經　（6–4）

於是地下鬼神及伺候者奏上五官五官料
簡除死定生或注錄精神未判是非若已定
者奏上閻羅閻羅監察隨罪輕重考而治之
世間痿黃之病困篤不死一絕一生猶其罪福
未得料簡錄其精神在彼王所或七日五二七
日乃至七七日名籍定者放其精神還其身
中如從夢中見其善惡其人若明了者信驗
罪福是故我今勸諸四輩造續命神幡然四
十九燈放諸生命以此幡燈放生功德拔彼
精神令得度脫令世後世不遭厄難
救脫菩薩語阿難言如來世尊說是經典咸
神功德利益不少坐中諸鬼神有十二神王
從坐而起往到佛所胡跪合掌白佛言我等
十二鬼神在所作護若城邑聚落空閑林中
若四輩弟子誦持此經令所結願無求不得
阿難問言其名云何為我說之救脫菩薩言
灌頂章句其名如是
神名金毗羅　神名和耆羅　神名彌佉羅　神名安陀羅
神名摩尼羅　神名宋林羅　神名因持羅　神名波耶羅
神名摩休羅　神名真陀羅　神名照頭羅　神名毗伽羅
救脫菩薩語阿難言此諸鬼神別有七千以
為眷屬皆悉叉手低頭聽佛世尊說是藥師
琉璃光如來本願功德莫不一時捨鬼神形
得受人身長得度脫無衆惱患若人急厄
難之日當以五色縷結其名字得如願已然後

BD03306 號　灌頂章句拔除過罪生死得度經　（6–5）

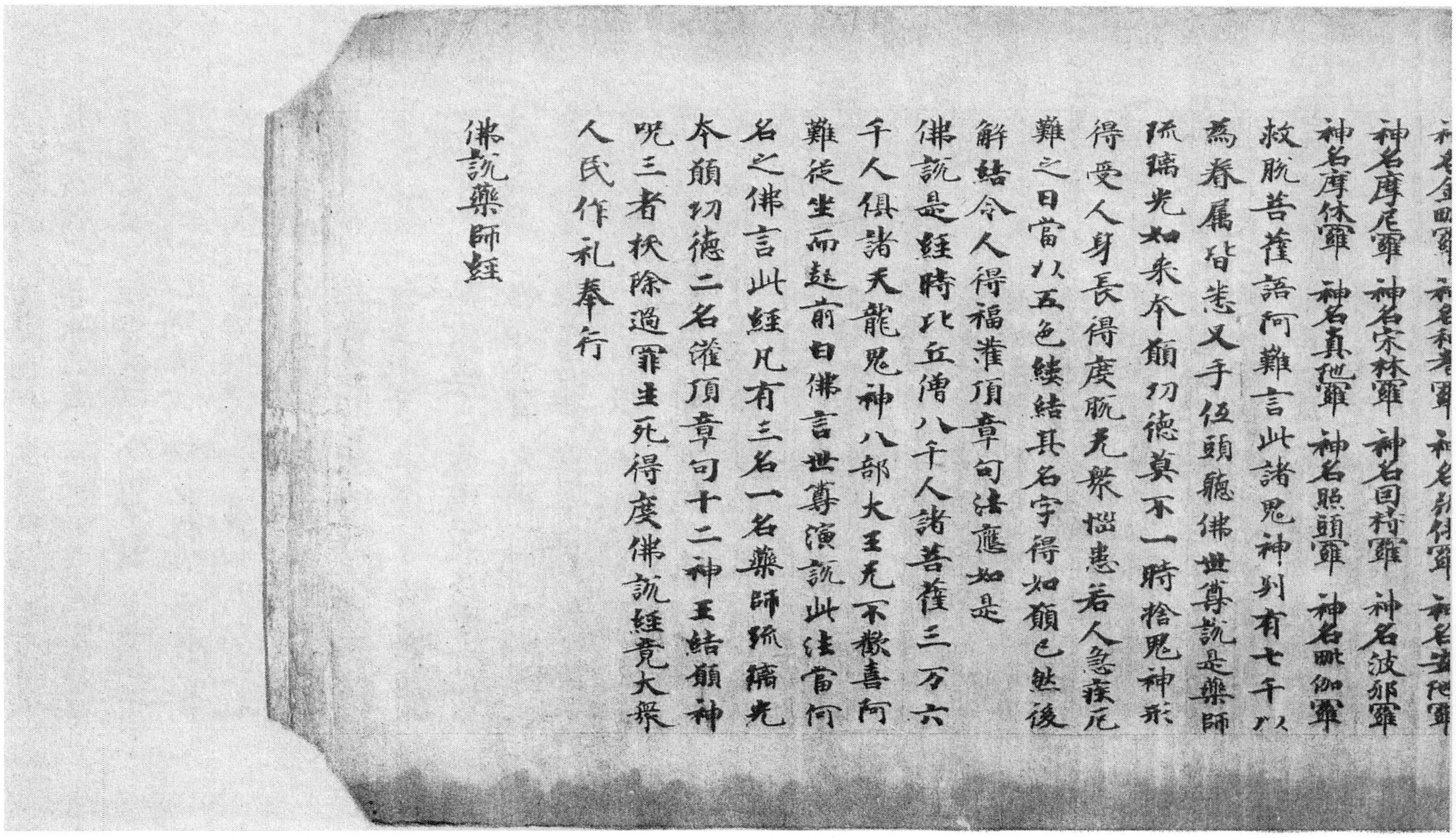
神名金毗羅 神名和耆羅 神名弥佉羅 神名安陁羅
神名摩尼羅 神名宋林羅 神名因持羅 神名波耶羅
神名摩休羅 神名真陁羅 神名照頭羅 神名毗伽羅
救脫菩薩語阿難言此諸鬼神別有七千以
為眷屬皆悉叉手低頭聽佛世尊說是藥師
琉璃光如來本願功德莫不一時捨鬼神形
得受人身長得度脫无衆惱患若人急疾厄
難之日當以五色縷結其名字得如願已然後
解結令人得福灌頂章句法應如是
佛說是經時比丘僧八千人諸菩薩三万六
千人俱諸天龍鬼神八部大王无不歡喜阿
難從坐而起前白佛言世尊演說此法當何
名之佛言此經凡有三名一名藥師琉璃光
本願功德二名灌頂章句十二神王結願神
呪三者拔除過罪生死得度佛說經竟大衆
人民作礼奉行
佛說藥師經

BD03306號　灌頂章句拔除過罪生死得度經　（6–6）

已者
即為說一切種智
如來隨宜說法能信能受所乚丅
尊隨宜說法難解難知尒時世尊欲重宣此
義而說偈言
破有法王　出現世間　隨衆生欲　種種說法
如來尊重　智慧深遠　久嘿斯要　不務速說
有智若聞　則能信解　无智疑悔　則為永失
是故迦葉　隨力為說　以種種緣　令得正見
迦葉當知　譬如大雲　起於世間　遍覆一切
慧雲含潤　電光晃曜　雷聲遠震　令衆悅豫
日光掩蔽　地上清涼　靉靆垂布　如可承攬
其雨普等　四方俱下　流澍无量　率土充洽
山川險谷　幽邃所生　卉木藥草　大小諸樹
百穀苗稼　甘蔗蒲桃　雨之所潤　无不豐足
乾地普洽　藥木並茂　其雲所出　一味之水
草木叢林　隨分受潤　一切諸樹　上中下等
稱其大小　各得生長　根莖枝葉　華菓光色
一雨所及　皆得鮮澤　如其體相　性分大小

BD03307號　妙法蓮華經卷三　（14–1）

百穀苗稼 甘蔗蒲桃 雨之所潤 无不豐足
乾地普洽 藥木並茂 其雲所出 一味之水
草木叢林 隨分受潤 一切諸樹 上中下等
稱其大小 各得生長 根莖枝葉 華果光色
一雨所及 皆得鮮澤 如其體相 性分大小
所潤是一 而各滋茂 佛亦如是 出現於世
譬如大雲 普覆一切 既出于世 為諸衆生
分別演說 諸法之實 大聖世尊 於諸天人
一切衆中 而宣是言 我為如來 兩足之尊
出于世間 猶如大雲 充潤一切 枯槁衆生
皆令離苦 得安隱樂 世間之樂 及涅槃樂
諸天人衆 一心善聽 皆應到此 覲无上尊
我為世尊 无能及者 安隱衆生 故現於世
為大衆說 甘露淨法 其法一味 解脫涅槃
以一妙音 演暢斯義 常為大乘 而作因緣
我觀一切 普皆平等 无有彼此 愛憎之心
我无貪著 亦无限礙 恒為一切 平等說法
如為一人 衆多亦然 常演說法 曾无他事
去來坐立 終不疲猒 充足世間 如雨普潤
貴賤上下 持戒毀戒 威儀具足 及不具足
正見邪見 利根鈍根 等雨法雨 而无懈惓
一切衆生 聞我法者 隨力所受 住於諸地
或處人天 轉輪聖王 釋梵諸王 是小藥草
知无漏法 能得涅槃 起六神通 及得三明
獨處山林 常行禪定 得緣覺證 是中藥草
求世尊處 我當作佛 行精進定 是上藥草

BD03307號 妙法蓮華經卷三

(14–2)

或處人天 轉輪聖王 釋梵諸王 是小藥草
知无漏法 能得涅槃 起六神通 及得三明
獨處山林 常行禪定 得緣覺證 是中藥草
求世尊處 我當作佛 行精進定 是上藥草
又諸佛子 專心佛道 常行慈悲 自知作佛
決定无疑 是名小樹 安住神通 轉不退輪
度无量億 百千衆生 如是菩薩 名為大樹
佛平等說 如一味雨 隨衆生性 所受不同
如彼草木 所稟各異 佛以此喻 方便開示
種種言辭 演說一法 於佛智慧 如海一渧
我雨法雨 充滿世間 一味之法 隨力脩行
如彼叢林 藥草諸樹 隨其大小 漸增茂好
諸佛之法 常以一味 令諸世間 普得具足
漸次脩行 皆得道果 聲聞緣覺 處於山林
住最後身 聞法得果 是名藥草 各得增長
若諸菩薩 智慧堅固 了達三界 求最上乘
是名小樹 而得增長 復有住禪 得神通力
聞諸法空 心大歡喜 放无數光 度諸衆生
是名大樹 而得增長 如是迦葉 佛所說法
譬如大雲 以一味雨 潤於人華 各得成實
迦葉當知 以諸因緣 種種譬喻 開示佛道
是我方便 諸佛亦然 今為汝等 說最實事
諸聲聞衆 皆非滅度 汝等所行 是菩薩道
漸漸脩學 悉當成佛

妙法蓮華經授記品第六

尒時世尊說是偈已告諸大衆唱如是言我

BD03307號 妙法蓮華經卷三

(14–3)

諸聲聞衆　皆非滅度　汝等所行　是菩薩道
漸漸脩學　悉當成佛
妙法蓮華經授記品第六
尒時世尊說是偈已告諸大衆唱如是言我
此弟子摩訶迦葉於未來世當得奉覲三百
万億諸佛世尊供養恭敬尊重讚歎廣宣諸
佛无量大法於㝡後身得成為佛名曰光明
如來應供正遍知明行足善逝世間解无上
士調御丈夫天人師佛世尊國名光德劫名
大莊嚴佛壽十二小劫正法住世二十小劫
像法亦住二十小劫國界嚴飾无諸穢惡凡
礫荊棘便利不淨其土平正无有高下坑坎
埠阜瑠璃為地寶樹行列黃金為繩以界道
側散諸寶華周遍清淨其國菩薩无量千億
諸聲聞衆亦復无數无有魔事雖有魔及
魔民皆護佛法尒時世尊欲重宣此義而說
偈言
告諸比丘　我以佛眼　見是迦葉　於未來世
過无數劫　當得作佛　而於來世　供養奉覲
三百万億　諸佛世尊　為佛智慧　淨脩梵行
供養㝡上　二足尊已　脩習一切　无上之慧
於㝡後身　得成為佛　其土清淨　瑠璃為地
多諸寶樹　行列道側　金繩界道　見者歡喜
常出好香　散衆名華　種種奇妙　以為莊嚴
其地平正　无有丘坑　諸菩薩衆　不可稱計
其心調柔　逮大神通　奉持諸佛　大乘經典

BD03307號　妙法蓮華經卷三　（14–4）

多諸寶樹　行列道側　金繩界道　見者歡喜
常出好香　散衆名華　種種奇妙　以為莊嚴
其地平正　无有丘坑　諸菩薩衆　不可稱計
其心調柔　逮大神通　奉持諸佛　大乘經典
諸聲聞衆　无漏後身　法王之子　亦不可計
乃以天眼　不能數知　其佛當壽　十二小劫
正法住世　二十小劫　像法亦住　二十小劫
光明世尊　其事如是
尒時大目揵連須菩提摩訶迦旃延等皆悉
悚慄一心合掌瞻仰世尊目不暫捨即共同
聲而說偈言
大雄猛世尊　諸釋之法王　哀愍我等故　而賜佛音聲
若知我深心　見為授記者　如以甘露灑　除熱得清涼
如從飢國來　忽遇大王饍　心猶懷疑懼　未敢即便食
若復得王教　然後乃敢食　我等亦如是　每惟小乘過
不知當云何　得佛无上慧　雖聞佛音聲　言我等作佛
心尚懷憂懼　如未敢便食　若蒙佛授記　尒乃快安樂
大雄猛世尊　常欲安世間　願賜我等記　如飢須教食
尒時世尊知諸大弟子心之所念告諸比丘
是須菩提於當來世奉覲三百万億那由他
佛供養恭敬尊重讚歎常脩梵行具菩薩
道於㝡後身得成為佛号曰名相如來應供正
遍知明行足善逝世間解无上士調御丈夫
天人師佛世尊劫名有寶國名寶生其土平
正頗梨為地寶樹莊嚴无諸丘坑沙礫荊棘
便利之穢寶華覆地周遍清淨其土人民皆

BD03307號　妙法蓮華經卷三　（14–5）

[illegible]
遍知明行足善逝世間解无上士調御丈夫
天人師佛世尊劫名有寶國名寶生其土平
正頗梨為地寶樹莊嚴无諸丘坑沙礫荊棘
便利之穢寶華覆地周遍清淨其土人民皆
處寶臺珎妙樓閣聲聞弟子无量无邊筭數
譬喻所不能知諸菩薩眾无數千万億那由
他佛壽十二小劫正法住世二十小劫像法
亦住二十小劫其佛常處虛空為眾說法度
脫无量菩薩及聲聞眾尒時世尊欲重宣此
義而說偈言
諸比丘眾　今告汝等　皆當一心　聽我所說
我大弟子　須菩提者　當得作佛　号曰名相
當供无數　万億諸佛　隨佛所行　漸具大道
最後身得　三十二相　端正殊妙　猶如寶山
其佛國土　嚴淨第一　眾生見者　无不愛樂
佛於其中　度无量眾　其佛法中　多諸菩薩
皆悉利根　轉不退輪　彼國常以　菩薩莊嚴
諸聲聞眾　不可稱數　皆得三明　具六神通
住八解脫　有大威德　其佛說法　現於无量
神通變化　不可思議　諸天人民　數如恒沙
皆共合掌　聽受佛語　其佛當壽　十二小劫
正法住世　二十小劫　像法亦住　二十小劫
尒時世尊復告諸比丘眾我今語汝是大迦
旃延於當來世以諸供具供養奉事八千億
佛恭敬尊重諸佛滅後各起塔廟高千由旬
[illegible]

BD03307 號　妙法蓮華經卷三

（14–6）

[illegible]
尒時世尊復告諸比丘眾我今語汝是大迦
旃延於當來世以諸供具供養奉事八千億
佛恭敬尊重諸佛滅後各起塔廟高千由旬
縱廣正等五百由旬以金銀瑠璃車𤦲馬瑙
真珠玫瑰七寶合成眾華瓔珞塗香末香燒
香繒蓋幢幡供養塔廟過是已後當復供養
二万億佛亦復如是供養是諸佛已具菩薩
道當得作佛号曰閻浮那提金光如來應供
正遍知明行足善逝世間解无上士調御丈
夫天人師佛世尊其土平正頗梨為地寶樹
莊嚴黃金為繩以界道側妙華覆地周遍清
淨見者歡喜无四惡道地獄餓鬼畜生阿脩
羅道多有天人諸聲聞眾及諸菩薩无量万
億莊嚴其國佛壽十二小劫正法住世二十
小劫像法亦住二十小劫尒時世尊欲重宣
此義而說偈言
諸比丘眾　皆一心聽　如我所說　真實无異
是迦旃延　當以種種　妙好供具　供養諸佛
諸佛滅後　起七寶塔　亦以華香　供養舍利
其最後身　得佛智慧　成等正覺　國土清淨
度脫无量　万億眾生　皆為十方　之所供養
佛之光明　无能勝者　其佛号曰　閻浮金光
菩薩聲聞　斷一切有　无量无數　莊嚴其國
尒時世尊復告大眾我今語汝是大目揵連
當以種種供具供養八千諸佛恭敬尊重諸
[illegible]

BD03307 號　妙法蓮華經卷三

（14–7）

佛之光明 无能勝者 其佛号曰 閻浮金光
菩薩聲聞 斷一切有 无量无數 莊嚴其國
尒時世尊復告大衆我今語汝是大目揵連
當以種種供具供養八千諸佛恭敬尊重諸
佛滅後各起塔廟高千由[illegible]
由旬以金銀瑠[illegible]璖馬[illegible]
合成衆華[illegible]蓋幢幡以
用供養過是已後當復供養二百万億諸佛
亦復如是當得成佛号曰多摩羅跋栴檀香
如來應供正遍知明行足善逝世間解无上
士調御丈夫天人師佛世尊劫名喜滿國名
意樂其土平正頗梨為[illegible]
華周遍清淨[illegible]
其數无量[illegible]十四[illegible]住世四十
小劫像法亦住四十小劫尒時世尊欲重宣
此義而説偈言
我此弟子 大目揵連 捨是身已 得見八千
二百万億 諸佛世尊 為佛道故 供養恭敬
於諸佛所 常脩梵行 於无量劫 奉持佛法
諸佛滅後 起七[illegible]
而以供養 [illegible]已
於意樂國 而得作佛 [illegible]栴檀之香
其佛壽命 二十四劫 常為天人 演説佛道
聲聞无量 如恒河沙 三明六通 有大威德
菩薩无數 志固精進 於佛智慧 皆不退轉
佛滅度後 正法當住 四十小劫 像法亦尒

BD03307號　妙法蓮華經卷三　（14–8）

其佛壽命 二十四劫 [illegible]演説佛道
聲聞无量 如恒河沙 三明六通 有大威德
菩薩无數 志固精進 於佛智慧 皆不退轉
佛滅度後 正法當住 四十小劫 像法亦尒
我諸弟子 威德具足 其數五[illegible] [illegible]記
於未來世 咸[illegible]
吾今當説 汝[illegible]
妙法蓮華經化城喻品第七
佛告諸比丘乃往過去无量无邊不可思議
阿僧祇劫尒時有佛名大通智勝如來應供
正遍知明行足善逝世間解无上士調御丈
夫天人師佛世尊其國名好成劫名大相諸
比丘彼佛滅度[illegible]
千世界所有地[illegible]以為墨過於
東方千國土乃下一[illegible]過千國
土復下一點如是展轉盡地種墨於汝等意
云何是諸國土若筭師若筭師弟子能得邊
際知其數不不也世尊諸比丘是人所經國
土若點不點盡末為塵一塵一劫彼佛滅度
已來復過是數无量无[illegible]可僧祇
劫我以如來知見[illegible]
尒時世尊欲[illegible]此義而説[illegible]
我念過去世 无量无邊劫 有佛兩[illegible] 名大通智勝
如人以力磨 三千大千土 盡此諸地種 皆悉以為墨
過於千國土 乃下一塵點 如是展轉點 盡此諸塵墨
如是諸國土 點與不點等 復盡末為塵 一塵為一劫
此[illegible]塵數 其劫復過是 彼佛滅度來 如是无量劫

BD03307號　妙法蓮華經卷三　（14–9）

如人以力磨　三千大千土　盡此諸地種　皆悉以為墨
過於千國土　乃下一塵點　如是展轉點　盡此諸塵墨
如是諸國土　點與不點等　復盡末為塵　一塵為一劫
此諸微塵數　其劫復過是　彼佛滅度來　如是无量劫
如來无礙智　知彼佛滅度　及聲聞菩薩　如見今滅度
諸比丘當知　佛智淨微妙　无漏无所礙　通達无量劫
佛告諸比丘大通智勝佛壽五百四十万億
那由他劫其佛本坐道場破魔軍已垂得阿
耨多羅三藐三菩提而諸佛法不現在前如
是一小劫乃至十小劫結加趺坐身心不動
而諸佛法猶不在前尒時忉利諸天先為彼
佛於菩提樹下敷師子座高一由旬佛於此
座當得阿耨多羅三藐三菩提適坐此座時
諸梵天王雨衆天華面百由旬香風時來吹
去萎華更雨新者如是不絶滿十小劫供養
於佛乃至滅度常雨此華四王諸天為供養
佛常擊天鼓其餘諸天作天伎樂滿十小劫
至于滅度亦復如是諸比丘大通智勝佛過
十小劫諸佛之法乃現在前成阿耨多羅三
藐三菩提其佛未出家時有十六子其第一
者名曰智積諸子各有種種珍異玩好之具
聞父得成阿耨多羅三藐三菩提皆捨所珍
往詣佛所諸母涕泣而隨送之其祖轉聖
王與一百大臣及餘百千万億人民皆共圍
繞隨至道場咸欲親近大通智勝如來供養
恭敬尊重讚歎到已頭面礼足繞佛畢一心

BD03307號　妙法蓮華經卷三　（14–10）

往詣佛所諸母涕泣而隨送之其祖轉聖
王與一百大臣及餘百千万億人民皆共圍
繞隨至道場咸欲親近大通智勝如來供養
恭敬尊重讚歎到已頭面礼足繞佛畢一心
合掌瞻仰世尊以偈頌曰
大威德世尊　為度衆生故　於无量億歲　尒乃得成佛
諸願已具足　善哉吉无上　世尊甚希有　一坐十小劫
身體及手足　靜然安不動　其心常憺怕　未曾有散亂
究竟永寂滅　安住无漏法　今者見世尊　安隱成佛道
我等得善利　稱慶大歡喜　衆生常苦惱　盲瞑无導師
不識苦盡道　不知求解脫　長夜增惡趣　減損諸天衆
從瞑入於瞑　永不聞佛名　今佛得最上　安隱无漏法
我等及天人　為得最大利　是故咸稽首　歸命无上尊
尒時十六王子偈讚佛已勸請世尊轉於法
輪咸作是言世尊說法多所安隱憐愍饒益
諸天人民重說偈言
世雄无等倫　百福自莊嚴　得无上智慧　願為世間說
度脫於我等　及諸衆生類　為分別顯示　令得是智慧
若我等得佛　衆生亦復然　世尊知衆生　深心之所念
亦知所行道　又知智慧力　欲樂及脩福　宿命所行業
世尊悉知已　當轉无上輪
佛告諸比丘大通智勝佛得阿耨多羅三藐
三菩提時十方各五百万億諸佛世界六種
震動其國中間幽冥之處日月威光所不能
照而皆大明其中衆生各得相見咸作是言
此中云何忽生衆生又其國界諸天宮殿乃

BD03307號　妙法蓮華經卷三　（14–11）

震動其國中間幽冥之處日月威
照而皆大明其中衆生各得相見咸作是言
此中云何忽生衆生又其國界諸天宮殿乃
至梵宮六種震動大光普照遍滿世界勝諸
天光尒時東方五百万億諸國土中梵天宮
殿光明照曜倍於常明諸梵天王各作是念
今者宮殿光明昔所未有以何因緣而現此
相是時諸梵天王即各相詣共議此事而彼
衆中有一大梵天王
說偈言
我等諸宮殿　光明昔　　共求之
為大德天生　為佛出世間　而此大光明　遍照於十方
尒時五百万億國土諸梵天王與宮殿俱各
以衣裓盛諸天華共詣西方推尋是相見大
通智勝如來處于道場菩提樹下坐師子座
諸天龍王乾闥婆緊那羅摩睺羅伽人非人
等恭敬圍繞及見十六王子請佛轉法輪
時諸梵天王頭面
而散佛上其所散華如須彌山并以供養佛
菩提樹其菩提樹高十由旬華供養已各以
宮殿奉上彼佛而作是言唯見哀愍饒益我
等所獻宮殿願垂納處時諸梵天王即於佛
前一心同聲以偈頌曰
世尊甚希有　難可得值遇　具无量功德　能救護一切
天人之大師　哀愍於世間　十方諸衆生　普皆蒙饒益
我等所從來　五百万億國　捨深禪定樂　為供養佛故

BD03307號　妙法蓮華經卷三　（14–12）

前一心同聲以偈頌曰
世尊甚希有　難可得值遇　具无量功德　能救護一切
天人之大師　哀愍於世間　十方諸衆生　普皆蒙饒益
我等所從來　五百万億國　捨深禪定樂　為供養佛故
我等先世福　宮殿甚嚴飾　今以奉世尊　唯願哀納受
尒時諸梵天王偈讚佛已各作是言唯願
世尊轉於法輪度脫衆生開涅槃道時諸梵天
王一心同聲而說偈言
世雄兩足尊　唯願演說法　以大慈悲力　度苦惱衆生
尒時大通智勝如來默然許之又諸比丘東
南方五百万億國土諸大梵王各自見宮殿
光明照曜昔所未有歡喜踊躍生希有心即
各相詣共議此事時彼衆中有一大梵天王
名曰大悲為諸梵衆而說偈言
是事何因緣　而現如此相　我等諸宮殿　光明昔未有
為大德天生　為佛出世間　未曾見此相　當共一心求
過千万億土　尋光共推之　多是佛出世　度脫苦衆生
尒時五百万億諸梵天王與宮殿俱各以衣
裓盛諸天華共詣西北方推尋是相見大通
智勝如來處于道場菩提樹下坐師子座諸
天龍王乾闥婆緊那羅摩睺羅伽人非人等
恭敬圍繞及見十六王子請佛轉法輪時諸
梵天王頭面禮佛繞百千帀即以天華而散
佛上所散之華如須彌山并以供養佛菩提
樹華供養已各以宮殿奉上彼佛而作是言
唯見哀愍饒益我等所獻宮殿願垂納處尒
時諸梵天王即於佛前一心同聲以偈頌曰

BD03307號　妙法蓮華經卷三　（14–13）

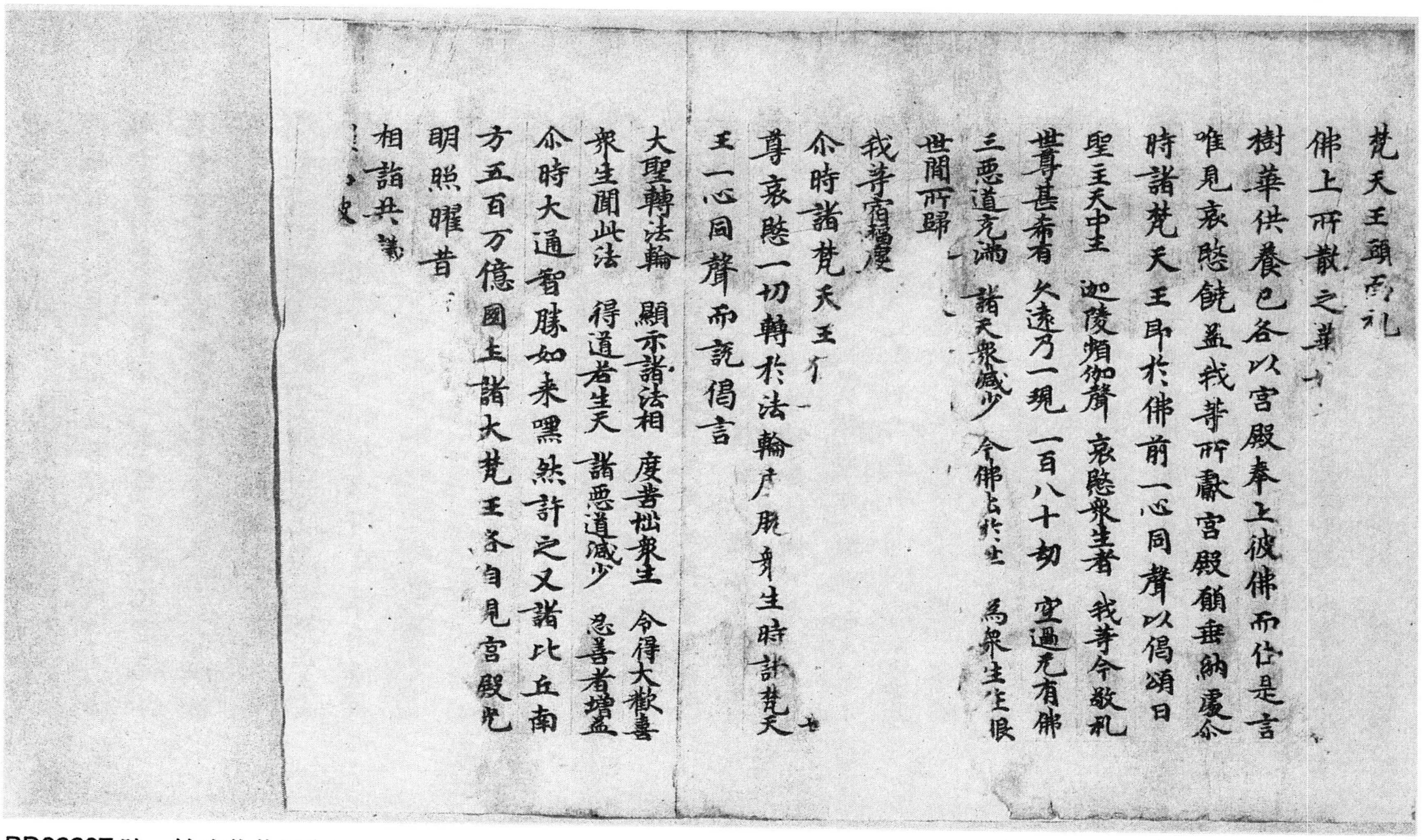
梵天王頭面礼
佛上所散之華
樹華供養已各以宮殿奉上彼佛而作是言
唯見哀愍饒益我等所獻宮殿願垂納處尒
時諸梵天王即於佛前一心同聲以偈頌曰
聖主天中王　迦陵頻伽聲　哀愍衆生者　我等今敬礼
世尊甚希有　久遠乃一現　一百八十劫　空過无有佛
三惡道充滿　諸天衆減少　今佛出於世　為衆生作眼
世間所歸
我等宿福慶
尒時諸梵天王
尊哀愍一切轉於法輪度脫衆生時諸梵天
王一心同聲而說偈言
大聖轉法輪　顯示諸法相　度苦惱衆生　令得大歡喜
衆生聞此法　得道若生天　諸惡道減少　忍善者增益
尒時大通智勝如來默然許之又諸比丘南
方五百万億國土諸大梵王各自見宮殿光
明照曜昔
相詣共議

BD03307號　妙法蓮華經卷三

（14–14）

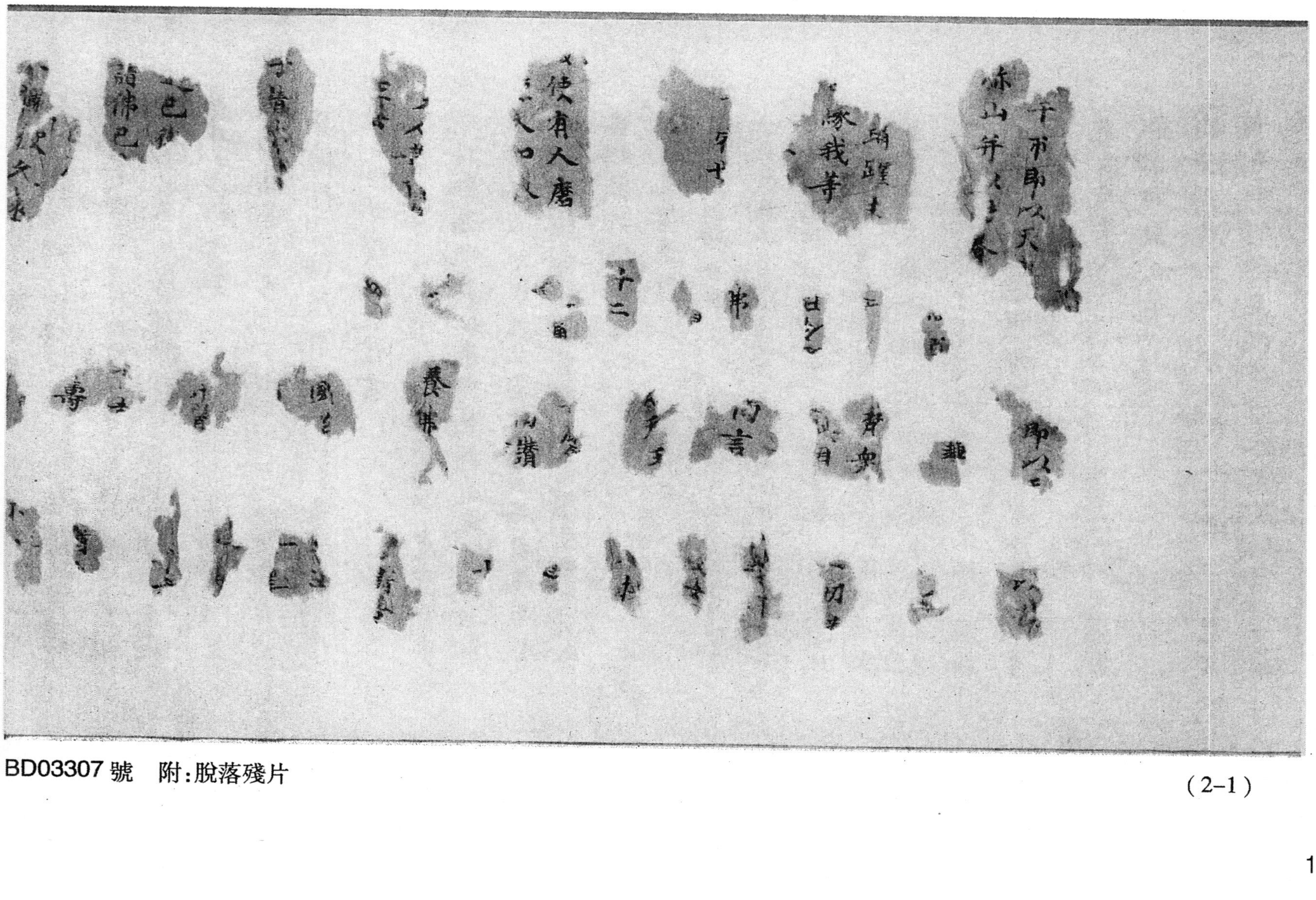

BD03307號　附：脱落殘片

（2–1）

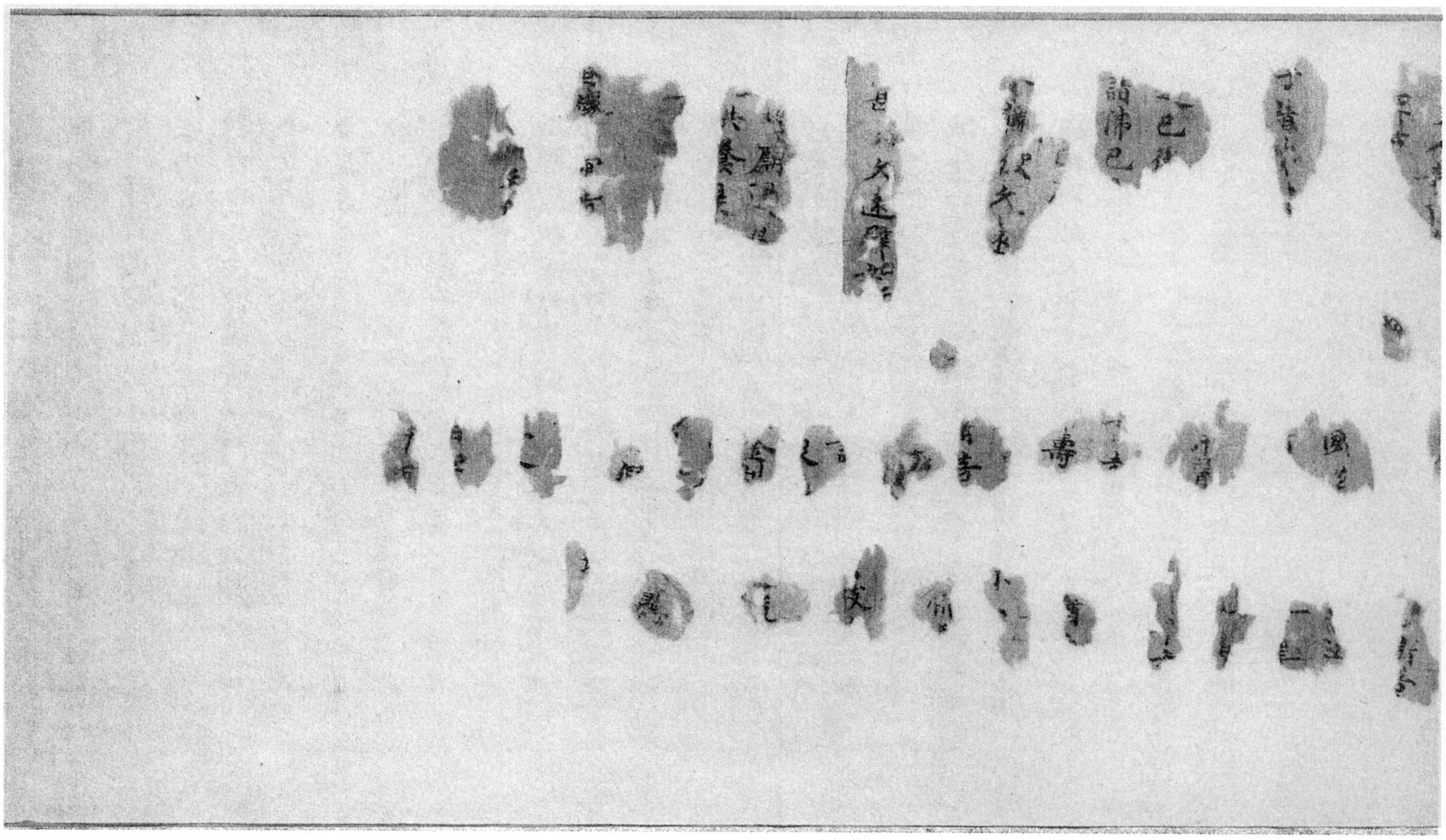

BD03307號　附：脫落殘片　（2-2）

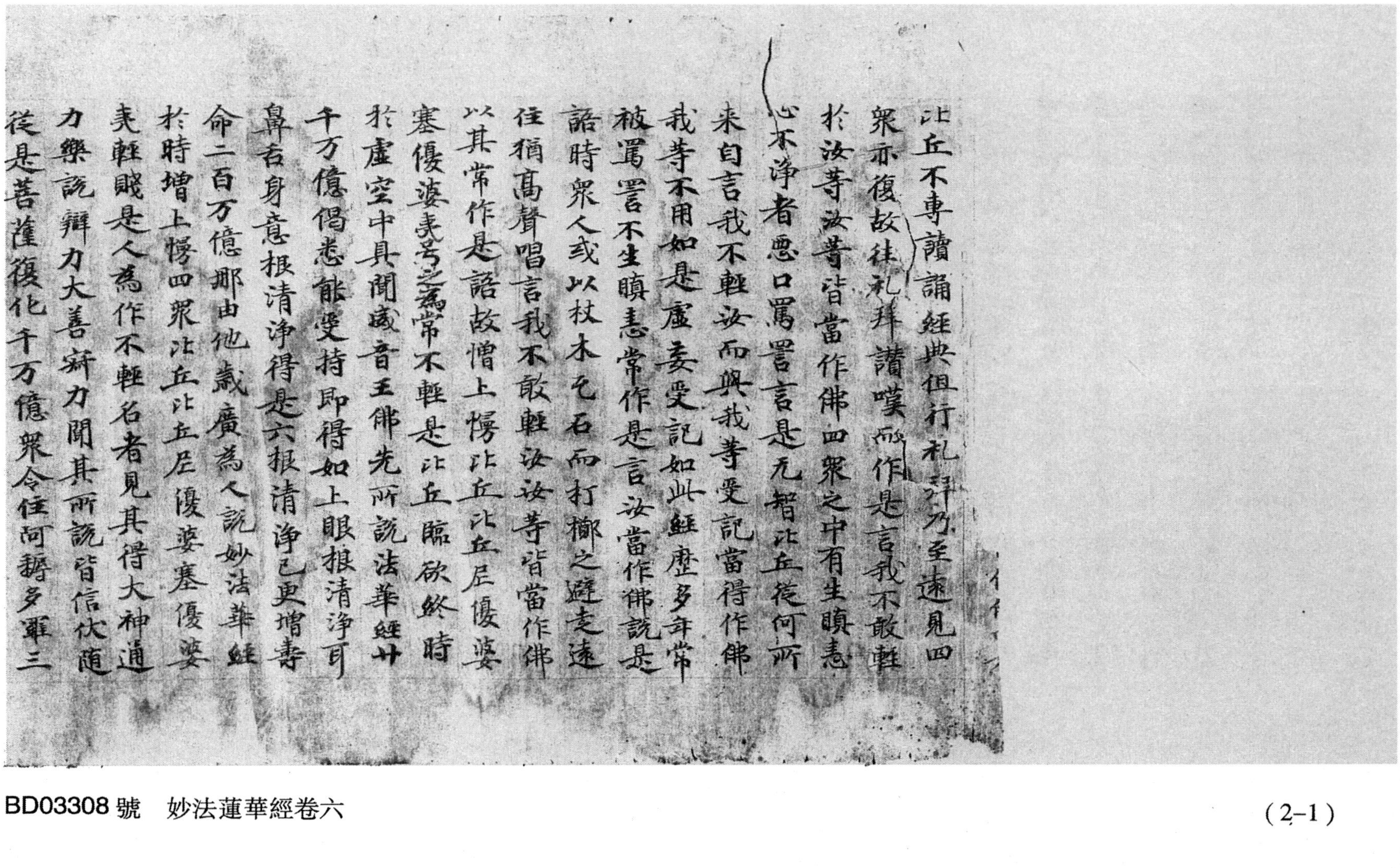

比丘不專讀誦經典但行礼拜乃至遠見四
衆亦復故往礼拜讚歎而作是言我不敢輕
於汝等汝等皆當作佛四衆之中有生瞋恚
心不淨者惡口罵詈言是无智比丘從何所
来自言我不輕汝而與我等受記當得作佛
我等不用如是虛妄受記如此經歷多年常
被罵詈不生瞋恚常作是言汝當作佛說是
語時衆人或以杖木瓦石而打擲之避走遠
住猶高聲唱言我不敢輕汝汝等皆當作佛
以其常作是語故增上慢比丘比丘尼優婆
塞優婆夷號之為常不輕是比丘臨欲終時
於虛空中具聞威音王佛先所說法華經廿
千万億偈悉能受持即得如上眼根清淨耳
鼻舌身意根清淨得是六根清淨已更增壽
命二百万億那由他歲廣為人說妙法華經
於時增上慢四衆比丘比丘尼優婆塞優婆
夷輕賤是人為作不輕名者見其得大神通
力樂說辯力大善寂力聞其所說皆信伏隨
從是菩薩復化千万億衆令住阿耨多羅三

BD03308號　妙法蓮華經卷六　（2-1）

語時衆人或以杖木瓦石而打擲之避走遠
住猶高聲唱言我不敢輕汝汝等皆當作佛
以其常作是語故增上慢比丘比丘尼優婆
塞優婆夷号之爲常不輕是比丘臨欲終時
於虛空中具聞威音王佛先所說法華經廿
千万億偈悉能受持即得如上眼根清淨耳
鼻舌身意根清淨得是六根清淨已更增壽
命二百万億那由他歲廣爲人說妙法華經
於時增上慢四衆比丘比丘尼優婆塞優婆
夷輕賤是人爲作不輕名者見其得大神通
力樂說辯力大善寂力聞其所說皆信伏隨
從是菩薩復化千万億衆令住阿耨多羅三
藐三菩提命終之後得值二千億佛皆号日
月燈明於其法中說是法華經以是因緣復
值二千億佛皆同号雲自在燈王於此諸佛法
中受持讀誦爲諸四衆說此經典故得是常
眼清淨耳鼻舌身意諸根清淨於四衆中說
法心无所畏得大勢是常不輕菩薩摩訶薩
供養如是若干諸佛恭敬尊重讚歎種諸善
根於後復值千万億佛亦於諸佛法中說是
經典功德成就當得作佛得大勢於意云何

BD03308 號　妙法蓮華經卷六

（2–2）

一人号曰求名貪著利養雖復讀誦衆
經而不通利多所忘失故号求名是人亦以
種諸善根因緣故得值無量百千萬億諸佛
供養恭敬尊重讚嘆彌勒當知尒時妙光菩
薩豈異人乎我身是也求名菩薩汝身是也
今見此瑞與本無異是故惟忖今日如來當
說大乘經名妙法蓮華教菩薩法佛所護念
尒時文殊師利於大衆中欲重宣此義而說
偈言
我念過去世　無量無數劫　有佛人中尊　号日月燈明
世尊演說法　度無量衆生　無數億菩薩　令入佛智慧
佛未出家時　所生八王子　見大聖出家　亦隨脩梵行
時佛說大乘　經名无量義　於諸大衆中　而爲廣分別
佛說此經已　即於法座上　跏趺坐三昧　名無量義處
天雨曼陁華　天鼓自然鳴　諸天龍鬼神　供養人中尊
一切諸佛土　即時大震動　佛放眉間光　現諸希有事
此光照東方　萬八千佛土　示一切衆生　生死業報處

BD03309 號　妙法蓮華經卷一

（15–1）

佛說此經已　即於法座上　加趺坐三昧　名無量義處
天雨曼陀華　天鼓自然鳴　諸天龍鬼神　供養人中尊
一切諸佛土　即時大震動　佛放眉間光　現諸希有事
此光照東方　萬八千佛土　示一切眾生　生死業報處
有見諸佛土　以眾寶莊嚴　琉璃頗梨色　斯由佛光照
及見諸天人　龍神夜叉眾　乾闥緊那羅　各供養其佛
又見諸如來　自然成佛道　身色如金山　端嚴甚微妙
如淨琉璃中　內現真金像　世尊在大眾　敷演深法義
一一諸佛土　聲聞眾無數　因佛光所照　悉見彼大眾
或有諸比丘　在於山林中　精進持淨戒　猶如護明珠
又見諸菩薩　行施忍辱等　其數如恒沙　斯由佛光照
又見諸菩薩　深入諸禪定　身心寂不動　以求無上道
又見諸菩薩　知法寂滅相　各於其國土　說法求佛道
爾時四部眾　見𡆠𠥱燈佛　現大神通力　其心皆歡喜
各各自相問　是事何因緣　天人所奉尊　適從三昧起
讚妙光菩薩　汝為世間眼　一切所歸信　能奉持法藏
如我所說法　唯汝能證知　世尊既讚歎　令妙光歡喜
說是法華經　滿六十小劫　不起於此座　所說上妙法
是妙光法師　悉皆能受持　佛說是法華　令眾歡喜已
尋即於是𡆠　告於天人眾　諸法實相義　已為汝等說
我今於中夜　當入於涅槃　汝一心精進　當離於放逸
諸佛甚難值　億劫時一遇　世尊諸子等　聞佛入涅槃
各各懷悲惱　佛滅一何速　聖主法之王　安慰無量眾
我若滅度時　汝等勿憂怖　是德藏菩薩　於無漏實相
心已得通達　其次當作佛　號曰為淨身　亦度無量眾

我今於中夜　當入於涅槃　汝一心精進　當離於放逸
諸佛甚難值　億劫時一遇　世尊諸子等　聞佛入涅槃
各各懷悲惱　佛滅一何速　聖主法之王　安慰無量眾
我若滅度時　汝等勿憂怖　是德藏菩薩　於無漏實相
心已得通達　其次當作佛　號曰為淨身　亦度無量眾
佛此夜滅度　如薪盡火滅　分布諸舍利　而起無量塔
比丘比丘尼　其數如恒沙　倍復加精進　以求無上道
是妙光法師　奉持佛法藏　八十小劫中　廣宣法華經
是諸八王子　妙光所開化　堅固無上道　當見無數佛
供養諸佛已　隨順行大道　相繼得成佛　轉次而授記
最後天中天　號曰然燈佛　諸仙之導師　度脫無量眾
是妙光法師　時有一弟子　心常懷懈怠　貪著於名利
求名利無厭　多遊族姓家　棄捨所習誦　廢忘不通利
以是因緣故　號之為求名　亦行眾善業　得見無數佛
供養於諸佛　隨順行大道　具六波羅蜜　今見釋師子
其後當作佛　號名曰彌勒　廣度諸眾生　其數無有量
彼佛滅度後　懈怠者汝是　妙光法師者　今則我身是
我見燈明佛　本光瑞如此　以是知今佛　欲說法華經
今相如本瑞　是諸佛方便　今佛放光明　助發實相義
諸人今當知　合掌一心待　佛當雨法雨　充足求道者
諸求三乘人　若有疑悔者　佛當為除斷　令盡無有餘

妙法蓮華經方便品第二

爾時世尊從三昧安詳而起告舍利弗諸佛
智慧甚深無量其智慧門難解難入一切
聲聞辟支佛所不能知所以者何佛曾親近百
千萬億無數諸佛盡行諸佛無量道法勇猛

尒時世尊從三昧安詳而起告舍利弗諸佛
智慧甚深無量其智慧門難解難入一切聲
聞辟支佛所不能知所以者何佛曾親近百
千萬億無數諸佛盡行諸佛無量道法勇猛
精進名稱普聞成就甚深未曾有法隨宜所
說意趣難解舍利弗吾從成佛已來種種因
緣種種譬喻廣演言教無數方便引導衆生
令離諸著所以者何如來方便知見波羅蜜
皆已具足舍利弗如來知見廣大深遠無量
無礙力無所畏禪定解脫三昧深入無際成
就一切未曾有法舍利弗如來能種種分別
巧說諸法言辭柔軟悅可衆心舍利弗取要
言之无量无邊未曾有法佛悉成就止舍利
弗不須復說所以者何佛所成就第一希有
難解之法唯佛與佛乃能究盡諸法實相所
謂諸法如是相如是性如是體如是力如是
作如是因如是緣如是果如是報如是本末
究竟等尒時世尊欲重宣此義而說偈言
世雄不可量　諸天及世人　一切衆生類　無能知佛者
佛力無所畏　解脫諸三昧　及佛諸餘法　無能測量者
本從無數佛　具足行諸道　甚深微妙法　難見難可了
於無量億劫　行此諸道已　道場得成果　我已悉知見
如是大果報　種種性相義　我及十方佛　乃能知是事
是法不可示　言辭相寂滅　諸餘衆生類　無有能得解
除諸菩薩衆　信力堅固者　諸佛弟子衆　曾供養諸佛
一切漏已盡　住是最後身　如是諸人等　其力所不堪

於無量億劫　行此諸道已　道場得成果　我已悉知見
如是大果報　種種性相義　我及十方佛　乃能知是事
是法不可示　言辭相寂滅　諸餘衆生類　無有能得解
除諸菩薩衆　信力堅固者　諸佛弟子衆　曾供養諸佛
一切漏已盡　住是最後身　如是諸人等　其力所不堪
假使滿世間　皆如舍利弗　盡思共度量　不能測佛智
正使滿十方　皆如舍利弗　及餘諸弟子　亦滿十方刹
盡思共度量　亦復不能知　辟支佛利智　無漏最後身
亦滿十方界　其數如竹林　斯等共一心　於億無量劫
欲思佛實智　莫能知少分　新發意菩薩　供養無數佛
了達諸義趣　又能善說法　如稻麻竹葦　充滿十方刹
一心以妙智　於恒河沙劫　咸皆共思量　不能知佛智
不退諸菩薩　其數如恒沙　一心共思求　亦復不能知
又告舍利弗　無漏不思議　甚深微妙法　我今已具得
唯我知是相　十方佛亦然　舍利弗當知　諸佛語無異
於佛所說法　當生大信力　世尊法久後　要當說真實
告諸聲聞衆　及求緣覺乘　我令脫苦縛　逮得涅槃者
佛以方便力　示以三乘教　衆生處處著　引之令得出
尒時大衆中有諸聲聞漏盡阿羅漢阿若憍
陳如等千二百人及發聲聞辟支佛心比丘
比丘尼優婆塞優婆夷各作是念今者世尊
何故慇懃稱歎方便而作是言佛所得法甚
深難解有所言說意趣難知一切聲聞辟支
佛所不能及佛說一解脫義我等亦得此法
到於涅槃而今不知是義所趣尒時舍利弗
知四衆心疑自亦未了而白佛言世尊何因

法難解 有所言說意趣難知 一切聲聞辟支
佛所不能及佛說一解脫義我等亦得此法
到於涅槃而今不知是義所趣尒時舍利弗
知四衆心疑自亦未了而白佛言世尊何因
何緣慇懃稱歎諸佛第一方便甚深微妙難
解之法我自昔來未曾從佛聞如是說今者
四衆咸皆有疑唯願世尊敷演斯事世尊何
故慇懃稱歎甚深微妙難解之法尒時舍利
弗欲重宣此義而說偈言
慧日大聖尊 久乃說是法 自說得如是 力無畏三昧
禪定解脫等 不可思議法 道場所得法 無能發問者
我意難可測 亦無能問者 無問而自說 稱歎所行道
智慧甚微妙 諸佛之所得 無漏諸羅漢 及求涅槃者
今皆墮疑網 佛何故說是 其求緣覺者 比丘比丘尼
諸天龍鬼神 及乾闥婆等 相視懷猶豫 瞻仰兩足尊
是事為云何 願佛為解說 於諸聲聞衆 佛說我第一
我今自於智 疑惑不能了 為是究竟法 為是所行道
佛口所生子 合掌瞻仰待 願出微妙音 時為如實說
諸天龍神等 其數如恒沙 求佛諸菩薩 大數有八萬
又諸萬億國 轉輪聖王至 合掌以敬心 欲聞具足道
尒時佛告舍利弗止止不須復說若說是事
一切世間諸天及人皆當驚疑舍利弗重白
佛言世尊唯願說之唯願說之所以者何是
會無數百千萬億阿僧祇衆生曾見諸佛諸
根猛利智慧明了聞佛所說則能敬信尒時
舍利弗欲重宣此義而說偈言

BD03309號　妙法蓮華經卷一　（15–6）

佛言世尊唯願說之唯願說之所以者何是
會無數百千萬億阿僧祇衆生曾見諸佛諸
根猛利智慧明了聞佛所說則能敬信尒時
舍利弗欲重宣此義而說偈言
法王無上尊 唯說願勿慮 是會無量衆 有能敬信者
佛復止舍利弗若說是事一切世間天人阿
脩羅皆當驚疑增上慢比丘將墜於大坑尒
時世尊重說偈言
止止不須說 我法妙難思 諸增上慢者 聞必不敬信
尒時舍利弗重白佛言世尊唯願說之唯願
說之今此會中如我等比百千萬億世世已
曾從佛受化如此人等必能敬信長夜安隱
多所饒益尒時舍利弗欲重宣此義而說偈
言
無上兩足尊 願說第一法 我為佛長子 唯垂分別說
是會無量衆 能敬信此法 佛已曾世世 教化如是等
皆一心合掌 欲聽受佛語 我等千二百 及餘求佛者
願為此衆故 唯垂分別說 是等聞此法 則生大歡喜
尒時世尊告舍利弗汝已慇懃三請豈得不
說汝今諦聽善思念之吾當為汝分別解說
說此語時會中有比丘比丘尼優婆塞優婆
夷五千人等即從座起禮佛而退所以者何
此輩罪根深重及增上慢未得謂得未證謂
證有如此失是以不住世尊嘿然而不制止
尒時佛告舍利弗我今此衆無復枝葉純有
貞實舍利弗如是增上慢人退亦佳矣汝

BD03309號　妙法蓮華經卷一　（15–7）

此輩罪根深重及增上慢未得謂得未證謂
證有如此失是以不住世尊默然而不制止
尒時佛告舍利弗我今此衆無復枝葉純有
貞實舍利弗如是增上慢人退亦佳矣汝今
善聽當爲汝說舍利弗言唯然世尊願樂欲
聞佛告舍利弗如是妙法諸佛如来時乃說
之如優曇鉢華時一現耳舍利弗汝等當信
佛之所說言不虛妄舍利弗諸佛隨宜說法
意趣難解所以者何我以無數方便種種因
緣譬喻言辭演說諸法是法非思量分別之
所能解唯有諸佛乃能知之所以者何諸佛
世尊唯以一大事因緣故出現於世舍利弗
云何名諸佛世尊唯以一大事因緣故出現
於世諸佛世尊欲令衆生開佛知見使得清
淨故出現於世欲示衆生佛之知見故出現
於世欲令衆生悟佛知見故出現於世欲令
衆生入佛知見道故出現於世舍利弗是爲
諸佛以一大事因緣故出現於世佛告舍利
弗諸佛如来但教化菩薩諸有所作常爲一
事唯以佛之知見示悟衆生舍利弗如来但
以一佛乘故爲衆生說法無有餘乘若二若
三舍利弗一切十方諸佛法亦如是舍利弗
過去諸佛以無量無數方便種種因緣譬喻
言辭而爲衆生演說諸法是法皆爲一佛乘
故是諸衆生從諸佛聞法究竟皆得一切種

三舍利弗一切十方諸佛法亦如是舍利弗
過去諸佛以無量無數方便種種因緣譬喻
言辭而爲衆生演說諸法是法皆爲一佛乘
故是諸衆生從諸佛聞法究竟皆得一切種
智舍利弗未来諸佛當出於世亦以無量無
數方便種種因緣譬喻言辭而爲衆生演說
諸法是法皆爲一佛乘故是諸衆生從佛聞
法究竟皆得一切種智舍利弗現在十方無
量百千萬億佛土中諸佛世尊多所饒益安
樂衆生是諸佛亦以無量無數方便種種因
緣譬喻言辭而爲衆生演說諸法是法皆爲
一佛乘故是諸衆生從佛聞法究竟皆得一
切種智舍利弗是諸佛但教化菩薩欲以佛
之知見示衆生故欲以佛之知見悟衆生故
欲令衆生入佛之知見故舍利弗我今亦復
如是知諸衆生有種種欲深心所著隨其本
性以種種因緣譬喻言辭方便力故而爲說
法舍利弗如此皆爲得一佛乘一切種智故
舍利弗十方世界中尚無二乘何況有三舍
利弗諸佛出於五濁惡世所謂劫濁煩惱濁
衆生濁見濁命濁如是舍利弗劫濁亂時衆
生垢重慳貪嫉妬成就諸不善根故諸佛以
方便力於一佛乘分別說三舍利弗若我弟
自謂阿羅漢辟支佛者不聞不知諸佛如来
但教化菩薩事此非佛弟子非阿羅漢非辟
支佛又舍利弗是諸比丘比丘尼自謂已得

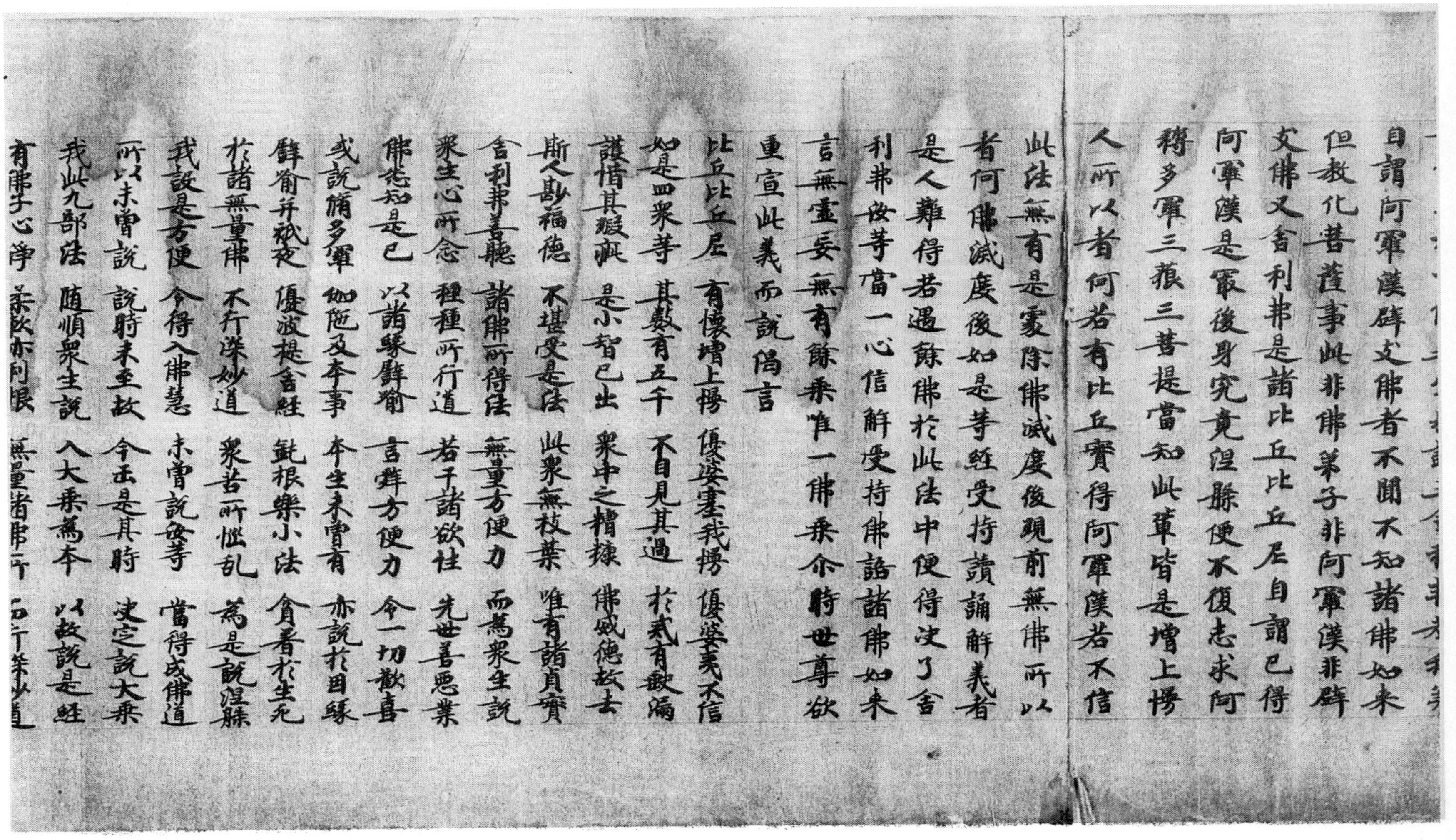
自謂阿羅漢辟支佛者不聞不知諸佛如來
但教化菩薩事此非佛弟子非阿羅漢非辟
支佛又舍利弗是諸比丘比丘尼自謂已得
阿羅漢是最後身究竟涅槃便不復志求阿
耨多羅三藐三菩提當知此輩皆是增上慢
人所以者何若有比丘實得阿羅漢若不信
此法無有是處除佛滅度後現前無佛所以
者何佛滅度後如是等經受持讀誦解義者
是人難得若遇餘佛於此法中便得決了舍
利弗汝等當一心信解受持佛語諸佛如來
言無虛妄無有餘乘唯一佛乘尒時世尊欲
重宣此義而說偈言
比丘比丘尼　有懷增上慢　優婆塞我慢　優婆夷不信
如是四眾等　其數有五千　不自見其過　於戒有缺漏
護惜其瑕疵　是小智已出　眾中之糟糠　佛威德故去
斯人尠福德　不堪受是法　此眾無枝葉　唯有諸貞實
舍利弗善聽　諸佛所得法　無量方便力　而為眾生說
眾生心所念　種種所行道　若干諸欲性　先世善惡業
佛悉知是已　以諸緣譬喻　言辭方便力　令一切歡喜
或說修多羅　伽陀及本事　本生未曾有　亦說於因緣
譬喻并祇夜　優波提舍經　鈍根樂小法　貪著於生死
於諸無量佛　不行深妙道　眾苦所惱亂　為是說涅槃
我設是方便　令得入佛慧　未曾說汝等　當得成佛道
所以未曾說　說時未至故　今正是其時　決定說大乘
我此九部法　隨順眾生說　入大乘為本　以故說是經
有佛子心淨　柔軟亦利根　無量諸佛所　而行深妙道

BD03309 號　妙法蓮華經卷一　（15–10）

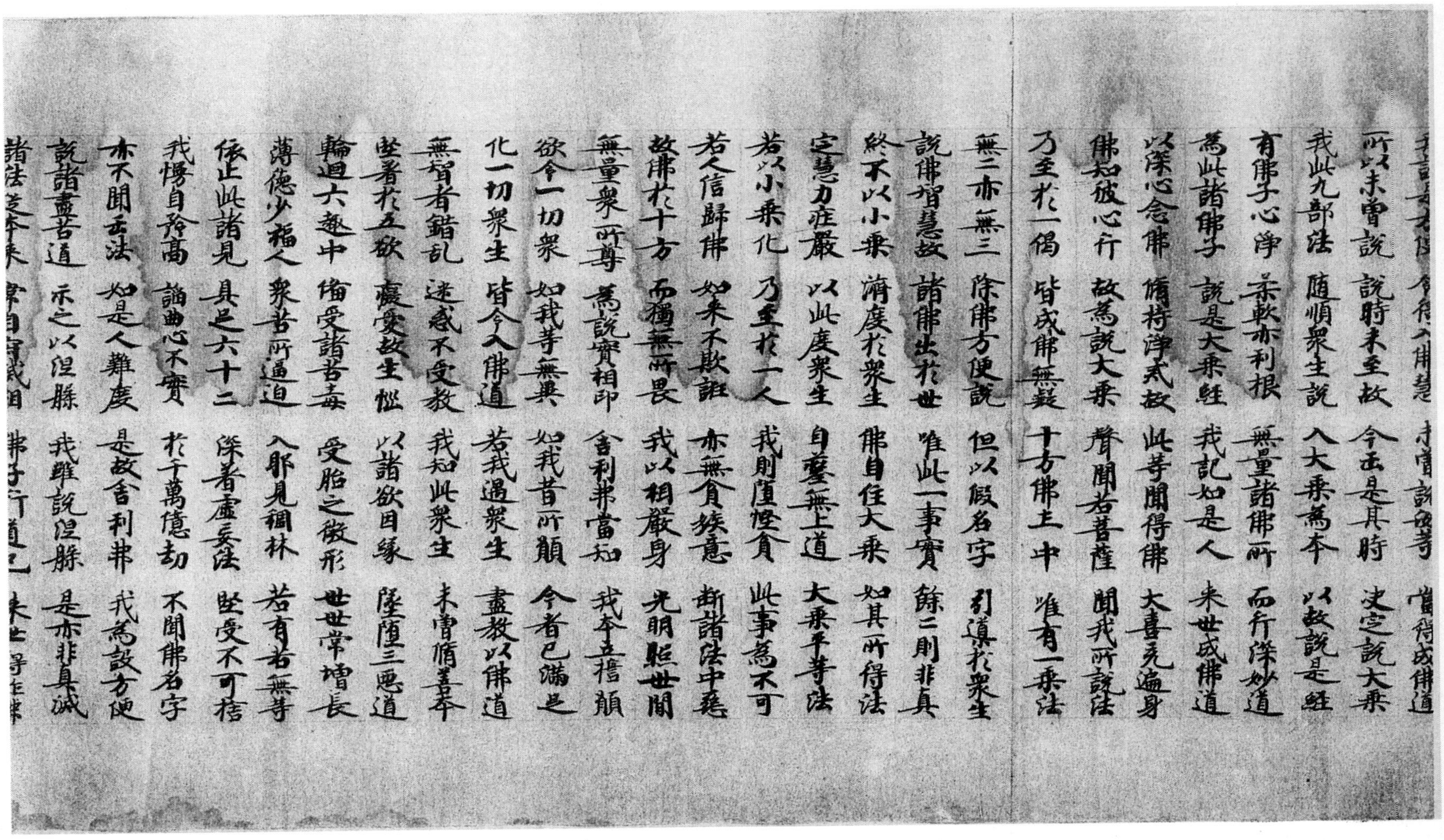
未曾說汝等　當得成佛道
所以未曾說　說時未至故　今正是其時　決定說大乘
我此九部法　隨順眾生說　入大乘為本　以故說是經
有佛子心淨　柔軟亦利根　無量諸佛所　而行深妙道
為此諸佛子　說是大乘經　我記如是人　來世成佛道
以深心念佛　修持淨戒故　此等聞得佛　大喜充遍身
佛知彼心行　故為說大乘　聲聞若菩薩　聞我所說法
乃至於一偈　皆成佛無疑　十方佛土中　唯有一乘法
無二亦無三　除佛方便說　但以假名字　引導於眾生
說佛智慧故　諸佛出於世　唯此一事實　餘二則非真
終不以小乘　濟度於眾生　佛自住大乘　如其所得法
定慧力莊嚴　以此度眾生　自證無上道　大乘平等法
若以小乘化　乃至於一人　我則墮慳貪　此事為不可
若人信歸佛　如來不欺誑　亦無貪嫉意　斷諸法中惡
故佛於十方　而獨無所畏　我以相嚴身　光明照世間
無量眾所尊　為說實相印　舍利弗當知　我本立誓願
欲令一切眾　如我等無異　如我昔所願　今者已滿足
化一切眾生　皆令入佛道　若我遇眾生　盡教以佛道
無智者錯亂　迷惑不受教　我知此眾生　未曾修善本
堅著於五欲　癡愛故生惱　以諸欲因緣　墜墮三惡道
輪迴六趣中　備受諸苦毒　受胎之微形　世世常增長
薄德少福人　眾苦所逼迫　入邪見稠林　若有若無等
依止此諸見　具足六十二　深著虛妄法　堅受不可捨
我慢自矜高　諂曲心不實　於千萬億劫　不聞佛名字
亦不聞正法　如是人難度　是故舍利弗　我為設方便
說諸盡苦道　示之以涅槃　我雖說涅槃　是亦非真滅
諸法從本來　常自寂滅相　佛子行道已　來世得作佛

BD03309 號　妙法蓮華經卷一　（15–11）

亦不聞正法　如是人難度　是故舍利弗　我為設方便
說諸盡苦道　示之以涅槃　我雖說涅槃　是亦非真滅
諸法從本來　常自寂滅相　佛子行道已　來世得作佛
我有方便力　開示三乘法　一切諸世尊　皆說一乘道
今此諸大眾　皆應除疑惑　諸佛語無異　唯一無二乘
過去無數劫　無量滅度佛　百千萬億種　其數不可量
如是諸世尊　種種緣譬喻　無數方便力　演說諸法相
是諸世尊等　皆說一乘法　化無量眾生　令入於佛道
又諸大聖主　知一切世間　而人羣生類　深心之所欲
更以異方便　助顯第一義　若有眾生類　值諸過去佛
若聞法布施　或持戒忍辱　精進禪智等　種種脩福慧
如是諸人等　皆已成佛道　諸佛滅度已　若人善軟心
如是諸眾生　皆已成佛道　諸佛滅度已　供養舍利者
起萬億種塔　金銀及頗梨　車𤦲與馬瑙　玫瑰琉璃珠
清淨廣嚴飾　莊挍於諸塔　或有起石廟　栴檀及沉水
木櫁并餘材　甎瓦泥土等　若於曠野中　積土成佛廟
乃至童子戲　聚沙為佛塔　如是諸人等　皆已成佛道
若人為佛故　建立諸形像　刻雕成眾相　皆已成佛道
或以七寶成　鍮鉐赤白銅　白鑞及鉛錫　鐵木及與泥
或以膠漆布　嚴飾作佛像　如是諸人等　皆已成佛道
采畫作佛像　百福莊嚴相　自作若使人　皆已成佛道
乃至童子戲　若草木及筆　或以指爪甲　而畫作佛像
如是諸人等　漸漸積功德　具足大悲心　皆已成佛道
但化諸菩薩　度脫無量眾　若人於塔廟　寶像及畫像
以華香幡蓋　敬心而供養　若使人作樂　擊鼓吹角貝
簫笛琴箜篌　琵琶鐃銅鈸　如是眾妙音　盡持以供養

BD03309號　妙法蓮華經卷一

（15–12）

但化諸菩薩　度脫無量眾　若人於塔廟　寶像及畫像
以華香幡蓋　敬心而供養　若使人作樂　擊鼓吹角貝
簫笛琴箜篌　琵琶鐃銅鈸　如是眾妙音　盡持以供養
或以歡喜心　歌唄頌佛德　乃至一小音　皆已成佛道
若人散亂心　乃至以一華　供養於畫像　漸見無數佛
或有人礼拜　或復但合掌　乃至舉一手　或復小低頭
以此供養像　漸見無量佛　自成無上道　廣度無數眾
入無餘涅槃　如薪盡火滅　若人散亂心　入於塔廟中
一稱南無佛　皆已成佛道　於諸過去佛　在世或滅後
若有聞是法　皆已成佛道　未來諸世尊　其數無有量
是諸如來等　亦方便說法　一切諸如來　以無量方便
度脫諸眾生　入佛無漏智　若有聞法者　無一不成佛
諸佛本誓願　我所行佛道　普欲令眾生　亦同得此道
未來世諸佛　雖說百千億　無數諸法門　其實為一乘
諸佛兩足尊　知法常無性　佛種從緣起　是故說一乘
是法住法位　世間相常住　於道場知已　導師方便說
而人所供養　現在十方佛　其數如恒沙　出現於世間
安隱眾生故　亦說如是法　知第一寂滅　以方便力故
雖示種種道　其實為佛乘　知眾生諸行　深心之所念
過去所習業　欲性精進力　及諸根利鈍　以種種因緣
譬喻亦言辭　隨應方便說　今我亦如是　安隱眾生故
以種種法門　宣示於佛道　我以智慧力　知眾生性欲
方便說諸法　皆令得歡喜　舍利弗當知　我以佛眼觀
見六道眾生　貧窮無福慧　入生死險道　相續苦不斷
深著於五欲　如犛牛愛尾　以貪愛自蔽　盲瞑無所見
不求大勢佛　及與斷苦法　深入諸邪見　以苦欲捨苦

BD03309號　妙法蓮華經卷一

（15–13）

見六道衆生　貧窮無福慧　入生死險道　相續苦不斷
深著於五欲　如犛牛愛尾　以貪愛自蔽　盲瞑無所見
不求大勢佛　及與斷苦法　深入諸邪見　以苦欲捨苦
為是衆生故　而起大悲心　我始坐道場　觀樹亦經行
於三七日中　思惟如是事　我所得智慧　微妙最第一
衆生諸根鈍　著樂癡所盲　如斯之等類　云何而可度
爾時諸梵王　及諸天帝釋　護世四天王　及大自在天
并餘諸天衆　眷屬百千萬　恭敬合掌禮　請我轉法輪
我即自思惟　若但讚佛乘　衆生沒在苦　不能信是法
破法不信故　墜於三惡道　我寧不說法　疾入於涅槃
尋念過去佛　所行方便力　我今所得道　亦應說三乘
作是思惟時　十方佛皆現　梵音慰喻我　善哉釋迦文
第一之導師　得是無上法　隨諸一切佛　而用方便力
我等亦皆得　最妙第一法　為諸衆生類　分別說三乘
少智樂小法　不自信作佛　是故以方便　分別說諸果
雖復說三乘　但為教菩薩　舍利弗當知　我聞聖師子
深淨微妙音　稱南無諸佛　復作如是念　我出濁惡世
如諸佛所說　我亦隨順行　思惟是事已　即趣波羅柰
諸法寂滅相　不可以言宣　以方便力故　為五比丘說
是名轉法輪　便有涅槃音　及以阿羅漢　法僧差別名
從久遠劫來　讚示涅槃法　生死苦永盡　我常如是說
舍利弗當知　我見佛子等　志求佛道者　無量千萬億
咸以恭敬心　皆來至佛所　曾從諸佛聞　方便所說法
我即作是念　如來所以出　為說佛慧故　今正是其時
舍利弗當知　鈍根小智人　著相憍慢者　不能信是法
今我喜無畏　於諸菩薩中　正直捨方便　但說無上道

BD03309號　妙法蓮華經卷一　（15–14）

咸以恭敬心　皆來至佛所　曾從諸佛聞　方便所說法
我即作是念　如來所以出　為說佛慧故　今正是其時
舍利弗當知　鈍根小智人　著相憍慢者　不能信是法
今我喜無畏　於諸菩薩中　正直捨方便　但說無上道
菩薩聞是法　疑網皆已除　千二百羅漢　悉亦當作佛
如三世諸佛　說法之儀式　我今亦如是　說無分別法
諸佛興出世　懸遠值遇難　正使出于世　說是法復難
無量無數劫　聞是法亦難　能聽是法者　斯人亦復難
譬如優曇華　一切皆愛樂　天人所希有　時時乃一出
聞法歡喜讚　乃至發一言　則為已供養　一切三世佛
是人甚希有　過於優曇華　汝等勿有疑　我為諸法王
普告諸大衆　但以一乘道　教化諸菩薩　無聲聞弟子
汝等舍利弗　聲聞及菩薩　當知是妙法　諸佛之祕要
以五濁惡世　但樂著諸欲　如是等衆生　終不求佛道
當來世惡人　聞佛說一乘　迷惑不信受　破法墮惡道
有慚愧清淨　志求佛道者　當為如是等　廣讚一乘道
舍利弗當知　諸佛法如是　以萬億方便　隨宜而說法
其不習學者　不能曉了此　汝等既已知　諸佛世之師
隨宜方便事　無復諸疑惑　心生大歡喜　自知當作佛

妙法蓮華經卷第一

BD03309號　妙法蓮華經卷一　（15–15）

善根

種一者内二者外佛性非内非外以是義故
佛性不斷復有二種一者有漏二者无漏佛
性非有漏非无漏是故不斷復有二種一者
常二者无常佛性非常非无常是故不斷若
是斷者則應還得若不還得則名不斷若斷
已得名一闡提犯四重者亦是不定若決定
者犯四重禁終不能得阿耨多羅三藐三菩
提謗方等經亦復不定若決定者謗正法人
終不能得阿耨多羅三藐三菩提作五逆罪
亦復不定若決定者五逆之人終不能得阿
耨多羅三藐三菩提色與色相二俱不定香
味觸相生相至无明相陰入界相廿五有相四
生乃至一切諸法皆亦不定善男子譬如幻
師在大衆中化作四兵車歩象馬作諸瓔珞
嚴身之具城邑聚落山林樹木泉池河井而
彼衆中有諸小兒无有智慧者見之時悉以
爲實其中智人知其虛誑以幻力故惑人眼
目善男子一切凡夫乃至聲聞辟支佛等於
一切法見有定相亦復如是諸佛菩薩於一
切法不見定相善男子譬如小兒於盛夏月
見熱時炎謂之爲水有智之人於此熱炎終
不生於實水之想但是虛炎誑人眼目非實

爲實其中智人知其虛誑以幻力故惑人眼
目善男子一切凡夫乃至聲聞辟支佛等於
一切法見有定相亦復如是諸佛菩薩於一
切法不見定相善男子譬如小兒於盛夏月
見熱時炎謂之爲水有智之人於此熱炎終
不生於實水之想但是虛炎誑人眼目非實
是水一切凡夫聲聞緣覺見一切法亦復如
是悉謂是實諸佛菩薩於一切法不見定相
善男子譬如山澗因聲有響小兒聞之謂是
實聲有智之人解无定實但有聲相誑於耳
識善男子一切凡夫聲聞緣覺於一切法亦
復如是見有定相諸菩薩等解了諸法悉无
定相見无常相空寂等相无生滅相以是故
菩薩摩訶薩見一切法是无常相善男子亦
有定相云何爲定常樂我淨在何處耶所謂
涅槃善男子須陁洹果亦復不定不決定故
逕八万劫得阿耨多羅三藐三菩提心斯陁
含果亦復不定不決定故逕六万劫得阿耨
多羅三藐三菩提心阿那含果亦復不定不
決定故逕四万劫得阿耨多羅三藐三菩提
心阿羅漢果亦復不定不決定故逕二万劫
得阿耨多羅三藐三菩提心辟支佛道亦復
不定不決定故逕十千劫得阿耨多羅三藐
三菩提心善男子如來今於拘尸那城娑羅
雙樹閒示現猗卧師子之牀欲入涅槃令諸
未得阿羅漢果衆弟子等及諸力士生大憂
悲亦令天人阿脩羅乾闥婆迦樓羅緊那羅
摩睺羅伽等大設供養欲使諸人以千端疊
纒裹其身七寶爲棺盛滿香油積諸香木以

[illegible]
昔亦令天人阿脩羅乾闥婆迦樓羅緊那羅
摩睺羅伽等大設供養欲使諸人以千端疊
纏裹其身七寶為棺盛滿香油積諸香木以
火焚之唯除二端不可得燒一者襯身二最
在外為諸眾生分散舍利以為八分一切所
有聲聞弟子咸言如來入於涅槃當知如來
亦不畢竟入於涅槃何以故如來常住不變
易故以是義故如來涅槃亦復不定善男子
當知如來亦復不定如來非天何以故有四
種天一者世間天二者生天三者淨天四者
義天世間天者如諸國王生天者從四天王
乃至非有想非无想天淨天者從須陁洹至
辟支佛義天者十住菩薩摩訶薩等以何義
故十住菩薩名為義天以能善解諸法義故
云何為義見一切法是空義故善男子如來
非王亦非四天乃至非有想非无想天從須
陁洹至辟支佛十住菩薩以是義故如來非
天然諸眾生亦復稱佛為天中天是故如來
非天非非天非人非非人非鬼非非鬼非地
獄畜生餓鬼非非地獄畜生餓鬼非眾生非
非眾生非法非非法非色非非色非長非非
長非短非非短非相非非相非心非非心非
有漏非无漏非有為非无為非常非无常非
幻非非幻非名非非名非定非非定非有非
无非說非非說非如來非不如來以是義故
如來不定善男子何故如來不名世天世天
即是諸王如來久於无量劫中已捨王位是
故非王非非王者如來生於迦毗羅城淨飯

BD03310號　大般涅槃經（北本　異卷）卷二〇　（19-3）

幻非非幻非名非非名非定非非定非有非
无非說非非說非如來非不如來以是義故
如來不定善男子何故如來不名世天世天
即是諸王如來久於无量劫中已捨王位是
故非王非非王者如來生於迦毗羅城淨飯
王家是故非非王非生天者如來久已離諸
有故是故非生天非非生天何以故昇兜率
天下閻浮提故是故如來非非生天亦非淨
天何以故如來非是須陁洹乃至非辟支佛
是故如來非是淨天非非淨天何以故世間
八法所不能染猶如蓮華不受塵水是故如
來非非淨天亦非義天何以故如來非是十
住菩薩故是故如來非義天也非非義天何
以故如來常脩十八空義故是故如來非非
義天如來非人何以故如來久於无量劫中
離人有故是故非人亦非非人何以故生於
迦毗羅城故是故非非人如來非鬼何以故
不害一切諸眾生故是故非鬼亦非非鬼何
以故亦以鬼像化眾生故是故非非鬼如來
亦非地獄畜生餓鬼何以故如來久離諸惡
業故是故非地獄畜生餓鬼亦非非地獄畜
生餓鬼如來亦復現受三惡諸趣之身化眾
生故是故非非地獄畜生餓鬼亦非眾生何
以故久已遠離眾生性故是故如來非眾生
亦非非眾生何以故或時演說眾生相故是
故如來非非眾生如來非法何以故諸法各
各有別異相如來不尒唯有一相是故非法
亦非非法何以故如來法界故是故非非法
[illegible]

BD03310號　大般涅槃經（北本　異卷）卷二〇　（19-4）

以故久已遠離衆生性故是故如來非衆生
亦非非衆生何以故或時演説衆生相故是
故如來非非衆生如來非法何以故諸法各
各有別異相如來不尒唯有一相是故非法
亦非非法何以故如來法界故是故非非法
如來非色何以故十色入所不攝故是故非
色亦非非色何以故身有三十二相八十種
好故是故非非色如來非長何以故斷諸色
故是故非長亦非非長何以故一切世間无
有能見頂髻相故是故非非長如來非短何
以故久已遠離憍慢結故是故非短亦非非
短何以故爲瞿師長者示三尺身故是故非
非短如來非相何以故久已遠離諸相相故
是故非相亦非非相何以故善知諸相故是
故非非相如來非心何以故虛空相故是故
非心亦非非心何以故有十力心法故亦能
知他衆生心故是故非非心如來非有爲何
以故常樂我淨故是故非有爲亦非无爲何
以故有來去坐卧亦現涅槃故是故非无爲
如來非常何以故身有分故是故非常云何
非常以有知故常法无知猶如虛空如來有
知是故非常云何非常有言説故常法无言
亦如虛空如來有言是故无常有姓氏故名
曰无常无姓之法乃名爲常虛空常故无有
姓氏如來有姓姓瞿曇氏是故无常有父母
故名曰无常无父母者乃名曰常虛空常故
无有父母佛有父母是故无常有四威儀名
曰无常无四威儀乃名曰常虛空常故无四

BD03310號　大般涅槃經（北本　異卷）卷二〇

（19–5）

曰无常无四威儀乃名曰常虛空常故无四
威儀佛有四儀是故无常常住之法无有方
所虛空常故无有方所如來出在東天竺地
住舍婆提或王舍城是故无常以是義故如
來非常亦非非常何以故生永斷故有生之
法名曰无常无生之法乃名爲常如來无生
是故爲常常法无姓有姓之法名曰无常如
來无生无姓无生无姓故常有常之法遍一
切處猶如虛空无處不有如來亦尒遍一切
處是故爲常无常之法或言此有或言彼无
如來不尒不可説言是處有彼處无是故爲
常无常之法有時是有有時爲无如來不尒
常時是有有時是无是故爲常常住之法无
名无色虛空常故无名无色如來亦尒无名
无色是故爲常常住之法无因无果虛空常
故无因无果如來亦尒无因无果是故爲常
常作之法三世不攝如來亦尒三世不攝是
故爲常如來非幻何以故永斷一切虛誑心
故是故非幻亦非非幻何以故如來或時分
此一身爲无量身无量之身復爲一身山壁
直過无有鄣㝵履水如地入地如水行空如
地身出烟炎如大火聚雲雷震動其聲可畏
或爲城邑聚落舍宅山川樹木或作大身或
作小身男身女身童男女身是故如來亦非
非幻如來非定何以故如來於此拘尸那城
娑羅雙樹閒示現入於般涅槃是故非定
亦非非定何以故常樂我淨故是故如來亦

BD03310號　大般涅槃經（北本　異卷）卷二〇

（19–6）

非以如来非定何以故如来於山拘尸那城
娑羅雙樹間示現入於般涅槃故是故非定
亦非非定何以故常樂我淨故是故如来亦
非非定如来非有漏何以故斷三漏故故非
有漏三漏者欲界一切煩惱除无明是名欲
漏色无色界一切煩惱除无明是名有漏三
界无明名无明漏如来永斷是故非漏復次
一切凡夫不見有漏云何凡夫不見有漏一
切凡夫於未来世悉有疑心未来世中當得
身耶不得身耶過去世中身本有耶為本无
邪現在世中是身有邪是身无邪若有我者
是色邪非色邪色非色邪非色非非色邪想
邪非想耶想非想邪非想非非想邪是身屬
他邪不屬他邪屬不屬邪非屬非不屬邪有
命无身邪有身无命邪有身有命耶无身无
命邪身之與命有常邪无常邪常无常邪非
常非无常耶身之與命自在作邪時節作邪
无因作邪世性作邪微塵作邪法非法作邪
士夫作耶煩惱作邪父母作邪我住心邪住
眼中邪遍滿身中耶從何来邪去何至邪誰
生邪誰死邪我於過去是婆羅門姓邪是刹
利姓邪是毗舍姓邪是首陁羅姓邪當於未
来得何姓邪我此身者過去之時是男身邪
是女身邪畜生身邪若我煞生當有罪邪當
无罪邪乃至飲酒當有罪邪當无罪邪我自
作邪為他作邪我受報邪身受報邪如是疑
見无量煩惱覆衆生心因是疑見生六種心
決定有我決定无我我見我我見无我无我
見我我作我受我知是名邪見如来永拔如

无罪邪乃至飲酒當有罪邪當无罪邪我自
作邪為他作邪我受報邪身受報邪如是疑
見无量煩惱覆衆生心因是疑見生六種心
決定有我決定无我我見我我見无我无我
見我我作我受我知是名邪見如来永拔如
是无量見漏根本是故非漏善男子菩薩摩
訶薩於大涅槃脩聖行者亦得永斷如是諸
漏諸佛如来常脩聖行是故无漏善男子凡
夫不能善攝五根則有三漏為惡所牽至不
善處善男子譬如惡馬其性佷戾能令乘者
至險惡處不能善攝此五根者亦復如是令
人遠離涅槃善道至諸惡處譬如惡象心未
調順有人乘之不隨意去遠離城邑至空曠
處不能善攝此五根者亦復如是將人遠離
涅槃城邑至於生死曠野之處善男子譬如
佞臣教王作惡五根佞臣亦復如是常教衆
生造无量惡善男子譬如惡子不受師長父
母教勑則无惡不造不調五根亦復如是不
受師長善言教勑无惡不造善男子凡夫之
人不攝五根常為地獄畜生餓鬼之所賊害
亦如怨盜害及善人善男子凡夫之人不攝
五根馳騁五塵譬如牧牛不善守護犯人苗
稼凡夫之人不攝五根常在諸有多受苦惱
善男子菩薩摩訶薩脩大涅槃行聖行時常
能善調守攝五根怖畏貪欲瞋恚愚癡憍慢
嫉妬為得一切諸善法故善男子若能善守
此五根者則能攝心若能攝心則攝五根譬如
有人擁護於王則護國土護國土者則護於

善男子菩薩摩訶薩脩大涅槃行聖行時常
能善調守攝五根怖畏貪欲瞋恚愚癡憍慢
嫉妬為得一切諸善法故善男子若能善守
此五根者則能攝心若能攝心則攝五根譬如
有人擁護於王則護國土護國土者則護於
王菩薩摩訶薩亦復如是若得聞是大涅槃
經則得智慧得智慧故則得專念五根若散
念則能止何以故是念慧故善男子如善牧
者設牛東西噉他苗稼則便遮止不令犯暴
菩薩摩訶薩亦復如是念慧因緣故守攝五
根不令馳騁菩薩摩訶薩有念慧者不見我
相不見我所相不見眾生及所受用見一切
法同法性相生於土石瓦礫之相譬如屋舍
從眾緣生无有定性見諸眾生四大五陰之
所成立推无定性无定性故菩薩於中不生
貪著一切凡夫見有眾生故起煩惱菩薩摩
訶薩脩大涅槃有念慧故於諸眾生不生貪
著復次菩薩摩訶薩脩大涅槃經者不著眾
生相作種種法相善男子譬如畫師以眾雜
采畫作眾像若男若女若牛若馬凡夫无知
見之則生男女等相畫師了知无有男女菩
薩摩訶薩亦復如是於法異相觀於一相終
不生於眾生之相何以故有念慧故菩薩摩
訶薩脩大涅槃或時觀見端正女人終不生
於貪著之心何以故善觀相故善男子菩薩
摩訶薩知五欲法无有歡樂不得暫停如犬
齧枯骨如人持火逆風而行如篋毒虵夢中
所得路邊菓樹多人所擲亦如段肉眾鳥競
逐如水上泡畫水之迹如織經盡如囚趣市

BD03310號　大般涅槃經（北本　異卷）卷二〇　（19–9）

摩訶薩知五欲法无有歡樂不得暫停如犬
齧枯骨如人持火逆風而行如篋毒虵夢中
所得路邊菓樹多人所擲亦如段肉眾鳥競
逐如水上泡畫水之迹如織經盡如囚趣市
猶如假借勢不得久觀欲如是多諸過惡
復次菩薩摩訶薩觀諸眾生為色香味觸因
緣故從昔无數无量劫來常受苦惱一一眾
生一劫之中所積身骨如王舍城毗富羅山
所飲乳汁如四海水身所出血復多於是父
母兄弟妻子眷屬命終哭泣所出目淚多四
大海盡地草木斬以為籌以數父母亦不能
盡无量劫來或在地獄畜生餓鬼所受行苦
不可稱計丸此大地猶如棗等易可窮極生
死无量不可得盡菩薩摩訶薩如是深觀一
切眾生欲因緣故受苦无量菩薩以是生死
行苦故不失念慧善男子譬如世間有諸大
眾滿卅五里王勑一臣持一油鉢經由中過
莫令傾覆若棄一渧當斷汝命復遣一人拔
刀在後隨而怖之臣受王教盡心堅持經歷
尒所大眾之中雖見可意五邪欲等心常念
言我若放逸著彼邪欲當棄所持命不全濟
是人以是怖因緣故乃至不棄一渧之油菩
薩摩訶薩亦復如是於生死中不失念慧以
不失故雖見五欲心不貪著若見淨色不生
色相唯觀苦相乃至識相亦復如是不作生
相不作滅相不作因相觀和合相菩薩尒時
五根清淨根清淨故護根戒具一切凡夫五
根不淨不能善持名曰根漏菩薩永斷是故
无漏如來拔出永斷根本是故非漏

BD03310號　大般涅槃經（北本　異卷）卷二〇　（19–10）

相不作滅相不作因相觀和合相菩薩尒時
五根清淨根清淨故護根戒具一切凡夫五
根不淨不能善持名曰根漏菩薩永斷是故
无漏如來拔出永断根本是故非漏

復次善男子復有離漏菩薩摩訶薩欲為无
上甘露佛果故離於惡漏云何為離若能脩
行大涅槃經書寫受持讀誦解說思惟其義
是名為離何以故善男子我都不見十二部
經能離惡漏如此方等大涅槃經善男子譬
如良師教諸弟子諸弟子中有受教者心不
造惡菩薩摩訶薩脩大涅槃微妙經典亦復
如是心不造惡善男子譬如世間有善呪術
若有一聞却後廿年不為一切毒藥所中虵
不能螫若有誦者乃至命盡无有衆惡善男
子是大涅槃亦復如是若有衆生一經耳者
却後七劫不墮惡道若有書寫讀誦解說思
惟其義必得阿耨多羅三藐三菩提淨見佛
性如彼聖王得甘露味善男子是大涅槃有
如是等无量功德

善男子若有人能書寫是經讀誦解說為他
敷演思惟其義當知是人真我弟子善受我
教是我所見我之所念是人諦知我不涅槃
隨如是人所住之處若城邑聚落山林曠野
房舍田宅樓閣殿堂我亦在中常住不移我
於是人常作受施或作比丘比丘尼優婆塞
優婆夷婆羅門梵志貧窮乞人云何當令是
人得知如來受其所施之物善男子是人或
於夜卧夢中夢見佛像或見諸天沙門之像

BD03310號　大般涅槃經（北本　異卷）卷二〇　（19–11）

於是人常作受施或作比丘比丘尼優婆塞
優婆夷婆羅門梵志貧窮乞人云何當令是
人得知如來受其所施之物善男子是人或
於夜卧夢中夢見佛像或見諸天沙門之像
國主聖王師子王像蓮華形像優曇華像或
見大山或大海水或見日月或見白象及白
馬像或見父母得華得菓金銀瑠璃頗梨等
寶五種牛味尒時當知即是如來受其所施
寤已喜樂尋得種種所須之物心不念惡樂
脩善法善男子是大涅槃悉能成就如是无
量阿僧祇等不可思議无邊功德善男子汝
今應當信受我語若有善男子善女人欲見
我者欲恭敬我欲同法性而見於我欲得空
定欲見實相欲得脩集首楞嚴定師子王定
欲破八魔八魔者所謂四魔无常无樂无我
无淨欲得人中天上樂者見有受持大涅槃
經書寫讀誦為他解說思惟義者當往親近
依附諮受供養恭敬尊重讚嘆為洗手足布
置牀廗四事供給令无所乏若從遠來應十
由延路次奉迎為是經故所重之物應以奉
獻若其无者應自賣身何以故是經難遇過
優曇華

善男子我念過去无量无邊那由他劫尒時
世界名曰娑婆有佛世尊号釋迦牟尼如來
應供正遍知明行足善逝世間解无上士調
御丈夫天人師佛世尊為諸大衆宣說如是
大涅槃經我於尒時從善友所轉聞彼佛當
為大衆說大涅槃我聞是已其心歡喜欲設
供養居貧无物欲自賣身薄福不售即欲還

BD03310號　大般涅槃經（北本　異卷）卷二〇　（19–12）

應供正遍知明行足善逝世間解无上士調
御丈夫天人師佛世尊為諸大衆宣說如是
大涅槃經我於尒時從善友所轉聞彼佛當
為大衆說大涅槃經我聞是已其心歡喜欲設
供養居貧无物欲自賣身薄福不售即欲還
家路見一人而便語言吾欲賣身君能買不
其人荅言我家作業人无堪者汝設能為我
當買汝我即問言有何作業人无能堪其人
荅言吾有悪病良醫處藥當應日服人肉三
兩卿若能以身肉三兩日日見給便當與汝
金錢五枚我時聞已心中歡喜我復語言汝
與我錢惠我七日須我事訖便還相就其人
荅言七日不可審能尒者當許一日善男子
我於尒時即取其錢還至佛所頭面礼足盡
其所有而以奉獻然後誠心聽受是經我時
闇鈍雖得聞經唯能受持一偈文句
如來證涅槃　永斷於生死　若能至心聽　常得无量樂
受是偈已即便還至彼病人家善男子我時
雖復日日與三兩肉以念偈因緣故不以為
痛日日不廢足滿一月善男子以是因緣其
病得差我身平復亦无瘡瘢我時見身具足
完具即發阿耨多羅三藐三菩提心一偈之
力尚能如是何況具足受持讀誦我見此經
有如是利復倍發心願於未來成得佛道字
釋迦牟尼善男子以是一偈因緣力故令我
今日於大衆中為諸天人具足宣說善男子
以是因緣是大涅槃不可思議成就无量无
邊功德乃是諸佛如來甚深秘密之藏以是
義故能受持者斷離悪漏所謂悪者悪馬悪

BD03310號　大般涅槃經（北本　異卷）卷二〇　（19–13）

今日於大衆中為諸天人具足宣說善男子
以是因緣是大涅槃不可思議成就无量无
邊功德乃是諸佛如來甚深秘密之藏以是
義故能受持者斷離悪漏所謂悪者悪馬悪
馬悪牛悪狗毒蛇住處悪刺土地懸崖險岸
暴水洄洑悪人悪國悪城悪舍悪知識等如
是等輩若作漏因菩薩即離若不能作則不
遠離若增有漏則便離之若不增長則不遠
離若作悪法則便離之若能作善則不遠離
云何為離不持刀仗常以正慧方便而遠離
之是故名為正慧遠離為生善法則離悪法
菩薩摩訶薩自觀其身如病如瘡如癰如怨
如箭入體是大苦聚悉是一切善悪根本是
身雖復不淨如是菩薩猶故瞻視將養何以
故非為貪身為善法故為於涅槃不為生死
為常樂我淨不為无常无我樂淨為菩提道
不為有道為於一乘不為三乘為卅二相八十
種好微妙之身不為乃至非有想非无想身
為法輪王不為轉輪王善男子菩薩摩訶薩
常當護身何以故若不護身命則不全命若
不全則不能得書寫是經受持讀誦為他廣
說思惟其義是故菩薩應善護身以是義故
菩薩得離一切悪漏善男子如欲度水善護
舩栰臨路之人善護良馬田夫種殖善護糞
穢如為差毒善護毒蛇如人為財護旃陁羅
為壞賊故養護健將亦如寒人愛護於火如
癩病者求於毒藥菩薩摩訶薩亦復如是雖
見是身无量不淨具足充滿為欲受持大涅

BD03310號　大般涅槃經（北本　異卷）卷二〇　（19–14）

識如爲羗毒善護毒虵如人爲財護旃陁羅
爲壞賊故養護健將亦如寒人愛護於火如
癩病者求於毒藥菩薩摩訶薩亦復如是雖
見是身无量不淨具足充滿爲欲受持大涅
槃經故猶好將護不令之少
菩薩摩訶薩觀於惡象及惡知識等无有二
何以故俱壞身故菩薩摩訶薩於惡象等心
无怨怖於惡知識生畏懼心何以故是惡象
等唯能壞身不能壞心惡知識者二俱壞故
是惡象等唯壞一身惡知識者壞无量善身
无量善心是惡象等唯能破壞不淨臭身惡
知識者能壞淨身及以淨心是惡象等能壞
肉身惡知識者壞於法身爲惡象煞不至三
趣爲惡友煞必至三趣是惡象等但爲身怨
惡知識者爲善法怨是故菩薩常當遠離諸
惡知識如是等漏凡夫不離是故生漏菩薩
離之則不生漏菩薩如是尚无有漏況於如
來是故非漏
云何親近漏一切凡夫受取衣食卧具醫藥
爲身心樂求如是物造種種惡不知過患輪
迴三趣是故名漏菩薩摩訶薩見如是過則
便遠離若須衣時即便受取不爲身故但爲
於法不長憍慢心常卑下不爲嚴飾但爲羞
耻鄣諸寒暑惡風惡雨惡虫蚊䖟蚤虱蝮蠍
雖受飲食心无貪著不爲身故常爲正法不
爲膚體但爲衆生不爲憍慢爲身力故不爲
怨害爲治飢瘡雖得上味心无貪著受取房
舍亦復如是貪慢之結不令居心爲菩提舍

耻鄣諸寒暑惡風惡雨惡虫蚊䖟蚤虱蝮蠍
雖受飲食心无貪著不爲身故常爲正法不
爲膚體但爲衆生不爲憍慢爲身力故不爲
怨害爲治飢瘡雖得上味心无貪著受取房
舍亦復如是貪慢之結不令居心爲菩提舍
遮心結賊鄣惡風雨故受屋舍求醫藥者心
无貪慢但爲正法不爲壽命爲常命故善男
子如人病瘡爲蘓麨塗以衣裹之爲出膿血
蘓麨塗傅爲瘡愈故以藥坌之爲惡風故在
深屋中菩薩摩訶薩亦復如是觀身是瘡故
以衣覆爲九孔漏求索飲食爲惡風而受取
房舍爲四毒蛇求覓醫藥菩薩受取四種供
養爲菩提道非爲壽命何以故菩薩摩訶薩
作是思惟我若不受是四供養身則摩滅不
得堅牢若不堅牢則不忍苦若不忍苦則不
能得脩集善法若能忍苦則得脩集无量善
法我若不能堪忍衆苦則於苦受生瞋恚心
於樂受中生貪著心若求樂不得則生无明
是故凡夫於四供養生於有漏菩薩摩訶薩
能深觀察不生於漏是故菩薩名爲无漏云
何如來當名有漏是故如來不名有漏
復次善男子一切凡夫雖善護身心猶故生
於三種惡覺以是因緣雖斷煩惱得生非想
非非想處猶故還墮三惡道中善男子譬如
有人度於大海垂至彼岸沒水而死凡夫之
人亦復如是垂盡三有還墮三塗何以故无
善覺故何等善覺所謂六念處凡夫之人善
心羸劣不善熾盛善心羸故慧心薄少慧心
薄故增長諸漏菩薩摩訶薩慧眼清淨見三

人亦復如是無盡三有還墮三塗何以故无
善覺故何等善覺所謂六念處凡夫之人善
心羸劣不善熾盛善心羸故慧心薄少慧心
薄故增長諸漏菩薩摩訶薩慧眼清淨見三
覺過知是三覺有種種患常與衆生作三乘
怨三覺因緣乃令无量凡夫衆生不見佛性
无量劫中生顛倒心謂佛世尊无常樂我唯
有一淨如來畢竟入於涅槃一切衆生无常
无樂无我无淨顛倒心故言有常樂我淨實无
三乘顛倒心故言有三乘一實之道真實
不虛顛倒心故言无一實是三惡覺常為諸
佛及諸菩薩之所呵責是三惡覺常害於我
或亦害他有是三覺一切諸惡常來隨從是
三覺者即為三縛連綴衆生无邊生死菩薩
摩訶薩常作如是觀察三覺菩薩或時有因
緣故應生欲覺黑然不受譬如端正淨潔之
人不受一切穢汙不淨如熱鐵丸人无受者
如婆羅門性不受牛肉如飽滿人不受惡食
如轉輪王不與一切旃陀羅等同生一牀菩
薩摩訶薩惡賤三覺不受不味復如是何以
故菩薩思惟衆生知我是良福田我當云
何受是惡法若受惡覺則不任為衆生福田
我自不言是良福田衆生見相便言我是我
今若起如是惡覺則為欺誑一切衆生我於
往昔以欺誑故无量劫中流轉生死墮三惡
道我若惡心受人信施一切天人及五通仙
悉當證知而見呵責我若惡覺受人信施或
令施主果報減少或空无報我若惡心受檀

BD03310 號　大般涅槃經（北本　異卷）卷二〇　（19–17）

往昔以欺誑故无量劫中流轉生死墮三惡
道我若惡心受人信施一切天人及五通仙
悉當證知而見呵責我若惡覺受人信施或
令施主果報減少或空无報我若惡心受檀
越施則與施主而為冤怨一切施主恒於我
所起赤子想我當云何欺誑於彼而生怨想
何以故或令施主不得果報或少果故我常
自稱為出家人夫出家者不應起惡若起惡
者則非出家出家之人身口相應若不相應
則非出家我棄父母兄弟妻子眷屬知識出
家脩道正是脩集諸善覺時非是脩集不善
覺時譬如有人入海求寶不取真珠直取水
精亦如有人棄妙音樂遊戲糞穢如捨寶女
愛念婢使如棄金器而用凡盂如棄甘露服
食毒藥如捨親舊賢善良醫及從怨憎求藥
自療我亦如是捨離大師如來世尊甘露法
味而服魔怨種種惡覺人身難得如優曇華
我今已得如來難值過優曇華我今已值清
淨法寶難得見聞我今已聞猶如盲龜值浮
木孔人命不停過於山水今日雖存明亦難
保云何縱心令住惡法壯色不停猶如奔馬
云何恃怙而生憍慢猶如惡鬼伺求人過四
大惡鬼亦復如是常來伺求我之過失云何
當令惡覺發起譬如朽宅垂崩之屋我命亦
尒云何起惡我名沙門沙門之人名覺善覺
我今乃起不善之覺云何當得名為沙門我
名出家出家之人名脩善道我今行惡云何
當得名為出家我今名為真婆羅門婆羅

BD03310 號　大般涅槃經（北本　異卷）卷二〇　（19–18）

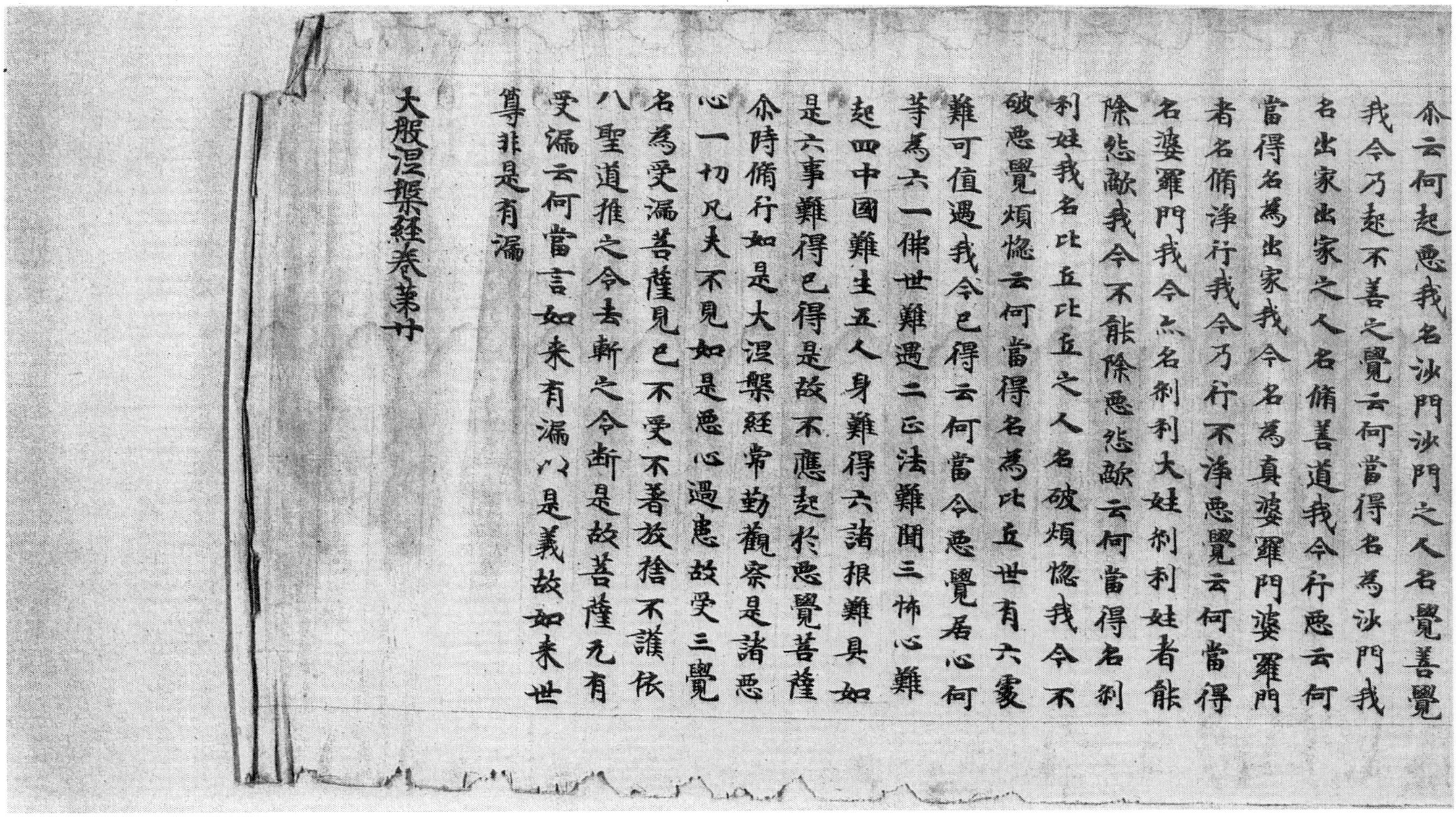
尒云何起惡我名沙門沙門之人名覺善覺
我今乃起不善之覺云何當得名為沙門我
名出家出家之人名脩善道我今行惡云何
當得名為出家我今名為真婆羅門婆羅門
者名脩淨行我今乃行不淨惡覺云何當得
名婆羅門我今亦名刹利刹利姓者能
除怨敵我今不能除惡怨敵云何當得名刹
利姓我名比丘比丘之人名破煩惱我今不
破惡覺煩惱云何當得名為比丘世有六處
難可值遇我今已得云何當令惡覺居心何
等為六一佛世難遇二正法難聞三怖心難
起四中國難生五人身難得六諸根難具如
是六事難得已得是故不應起於惡覺菩薩
尒時脩行如是大涅槃經常勤觀察是諸惡
心一切凡夫不見如是惡心過患故受三覺
名為受漏菩薩見已不受不著放捨不護依
八聖道推之令去斬之令斷是故菩薩无有
受漏云何當言如來有漏以是義故如來世
尊非是有漏
大般涅槃經卷第廿

BD03310 號　大般涅槃經（北本　異卷）卷二〇　（19–19）

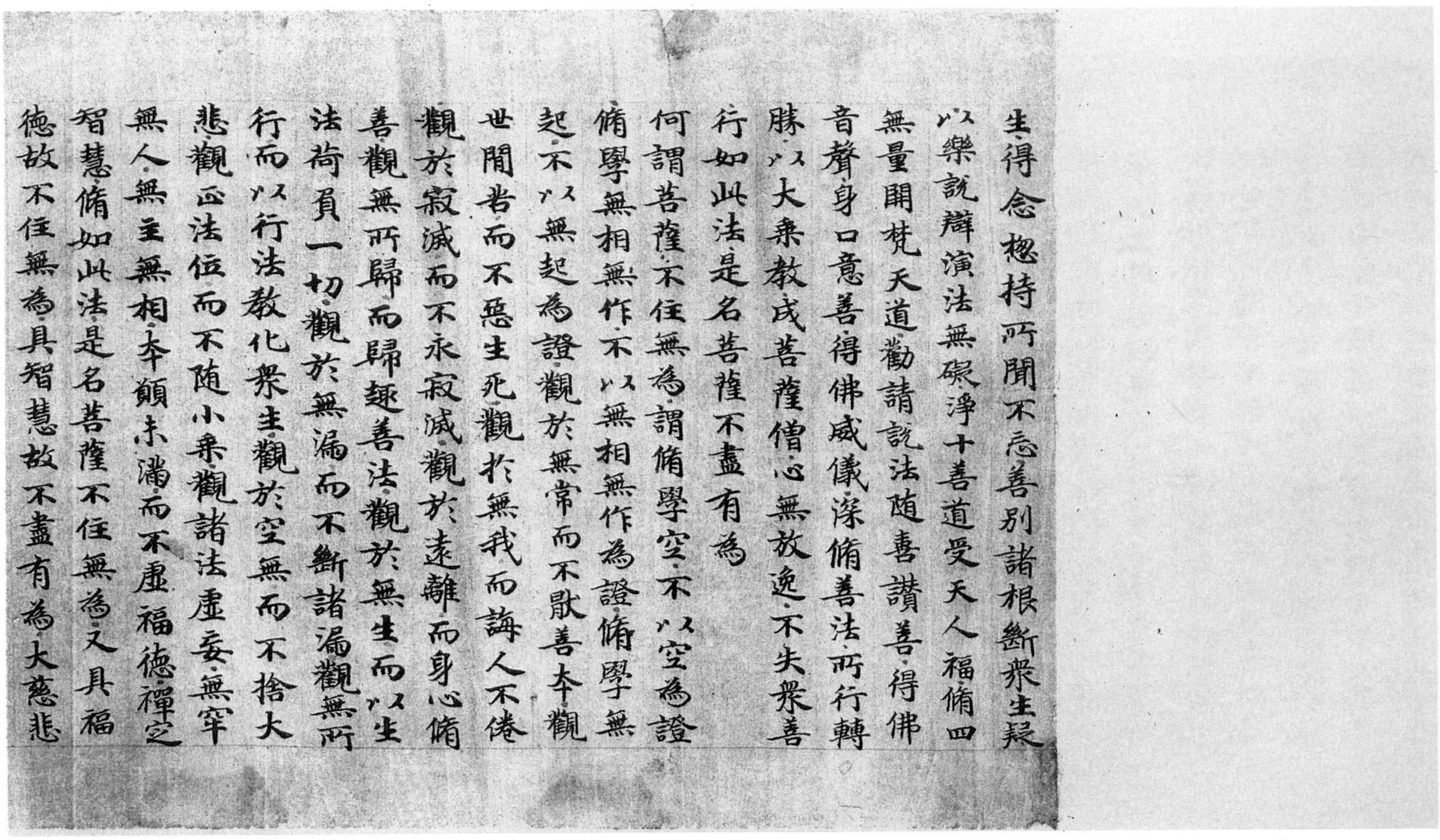
生得念總持所聞不忘善別諸根斷衆生疑
以樂說辯演法無礙淨十善道受天人福脩四
無量開梵天道勸請說法隨喜讚善得佛
音聲身口意善得佛威儀深脩善法所行轉
勝以大乘教成菩薩僧心無放逸不失衆善
行如此法是名菩薩不盡有為
何謂菩薩不住無為謂脩學空不以空為證
脩學無相無作不以無相無作為證脩學無
起不以無起為證觀於無常而不猒善本觀
世間苦而不惡生死觀於無我而誨人不倦
觀於寂滅而不永寂滅觀於遠離而身心脩
善觀無所歸而歸趣善法觀於無生而以生
法荷負一切觀於無漏而不斷諸漏觀無所
行而以行法教化衆生觀於空無而不捨大
悲觀正法位而不隨小乘觀諸法虛妄無牢
無人無主無相本願未滿而不虛福德禪定
智慧脩如此法是名菩薩不住無為又具福
德故不住無為具智慧故不盡有為大慈悲

BD03311 號　維摩詰所說經卷下　（12–1）

無人無主無相夲願未滿而不虛福德禪定
智慧脩如此法是名菩薩不住無為又具福
德故不住無為具智慧故不盡有為大慈悲
故不住無為滿夲願故不盡有為集法藥故
不住無為随授藥故不盡有為知衆生病故
不住無為滅衆生病故不盡有為諸正士菩
薩已脩此法不盡有為不住無為是名盡無
盡解脫法門汝等當學尒時彼諸菩薩聞
說是法皆大歡喜以衆妙華若干種色若干
種香散徧三千大千世界供養於佛及此經
法并諸菩薩已稽首佛足歎未曾有言釋迦
牟尼佛乃能於此善行方便言已忽然不現
還到彼國

維摩詰經見阿閦佛品第十二

尒時世尊問維摩詰汝欲見如来為以何等
觀如来乎維摩詰言如自觀身實相觀佛亦
然我觀如来前際不来後際不去今則不住
不觀色不觀色如不觀色性不觀受想行識
不觀識如不觀識性非四大起同於虛空六
入無積眼耳鼻舌身心已過不在三界三垢
已離順三脫門三明與無明等不一相不異相
不自相不他相非無相非取相不此岸不彼
岸不中流而化衆生觀於寂滅亦不永滅不
此不彼不以此不以彼不可以智知不可以
識識無晦無明無名無相無強無弱非淨非

不自相不他相非無相非取相不此岸不彼
岸不中流而化衆生觀於寂滅亦不永滅不
此不彼不以此不以彼不可以智知不可以
識識無晦無明無名無相無強無弱非淨非
穢不在方不離方非有為非無為無示無說
不施不慳不戒不犯不忍不恚不進不怠不
定不亂不智不愚不誠不欺不来不去不出
不入一切言語道斷非福田非不福田非應
供養非不應供養非取非捨非相非無相同
真際等法性不可稱不可量過諸稱量非大
非小非見非聞非覺非知離衆結縛等諸智
同衆生於諸法無分別一切無失無濁無惱
無作無起無生無滅無畏無憂無喜無猒無
貪無著無已有無當有無今有不可以一切
言說分別顯示世尊如来身為若此作如是
觀以斯觀者名為正觀若他觀者名為邪觀
尒時舍利弗問維摩詰汝於何沒而来生此
維摩詰言汝所得法有沒生乎舍利弗言無
沒生也若諸法無沒生相云何問言汝於何
沒而来生此於意云何譬如幻師幻作男女
寧沒生耶舍利弗言無沒生也汝豈不聞佛
說諸法如幻相乎荅曰如是若一切法如幻
相者云何問言汝於何沒而来生此舍利弗
沒者為虛誑法壞敗之相生者為虛誑法相
續之相菩薩雖沒不盡善夲雖生不長諸惡
是時佛告舍利弗有國名妙喜佛号無動是

相者云何問言汝於何沒而来生此舍利弗
沒者為虛誑法壞敗之相生者為虛誑法相
續之相菩薩雖沒不盡善本雖生不長諸惡
是時佛告舍利弗有國名妙喜佛号無動是
維摩詰於彼國沒而来生此舍利弗言未曾
有也世尊是人乃能捨清淨土而来樂此多
怒害處維摩詰語舍利弗於意云何日光出
時與冥合乎答曰不也日光出時則無衆冥
維摩詰言夫日何故行閻浮提答曰欲以明
照為之除冥維摩詰言菩薩如是雖生不淨
佛土為化衆生不與愚闇而共合也但滅衆
生煩惱闇耳
是時大衆渴仰欲見妙喜世界無動如来及
其菩薩聲聞之衆佛知一切衆會所念告維
摩詰言善男子為此衆會現妙喜國無動如
来及諸菩薩聲聞之衆衆皆欲見於是維摩
詰心念吾當不起于座接妙喜國鐵圍山川
溪谷江河大海泉源須彌諸山及日月星宿
天龍鬼神梵天等宮并諸菩薩聲聞之衆城
邑聚落男女大小乃至無動如来及菩提樹
諸妙蓮華能於十方作佛事者三道寶階從
閻浮提至忉利天以此寶階諸天来下悉為
礼敬無動如来聽受經法閻浮提人亦登其階
上昇忉利見彼諸天妙喜世界成就如是無
量功德上至阿迦貳吒天下至水際以右手

礼敬無動如来聽受經法閻浮提人亦登其階
上昇忉利見彼諸天妙喜世界成就如是無
量功德上至阿迦貳吒天下至水際以右手
斷取如陶家輪入此世界猶持華鬘示一切
衆作是念已入於三昧現神通力以其右手
斷取妙喜世界置於此土彼得神通菩薩
及聲聞衆并餘天人俱發聲言唯然世尊誰
取我去願見救護無動佛言非我所為是維
摩詰神力所作其餘未得神通者不覺不知
己之所往妙喜世界雖入此土而不增減於
是世界亦不迫隘如本無異
尒時釋迦牟尼佛告諸大衆汝等且觀妙喜
世界無動如来其國嚴飾菩薩行淨弟子清
白皆曰唯然已見佛言若菩薩欲得如是清
淨佛土當學無動如来所行之道現此妙喜
國時娑婆世界十四那由他人發阿耨多羅
三藐三菩提心皆願生於妙喜佛土釋迦牟
尼佛即記之曰當生彼國時妙喜世界於此
國土所應饒益其事訖已還復本處舉衆
皆見佛告舍利弗汝見此妙喜世界及無動佛
不唯然已見世尊願使一切衆生得清淨土如
無動佛獲神通力如維摩詰世尊我等快得
善利得見是人親近供養其諸衆生若今現
在若佛滅後聞此經者亦得善利況復聞已
信解受持讀誦解說如法脩行若有手得是
經典者便為已得法寶之藏若有讀誦解釋

無動佛獲神通力如維摩詰世尊我等快得
善利得見是人親近供養其諸衆生若今現
在若佛滅後聞此經者亦得善利況復聞已
信解受持讀誦解說如法脩行若有手得是
經典者便為已得法寶之藏若有讀誦解釋
其義如說脩行則為諸佛之所護念其有供
養如是人者當知則為供養於佛其有書持
此經卷者當知其室則有如來若聞是經能
隨喜者斯人則為取一切智若能信解此經
乃至一四句偈為他說者當知此人即是受
阿耨多羅三藐三菩提記
維摩詰經法供養品第十三
尒時釋提桓因於大衆中白佛言世尊我雖
從佛及文殊師利聞百千經未曾聞此不可
思議自在神通決定實相經典如我解佛所
說義趣若有衆生聞是經法信解受持讀誦
之者必得是法不疑何況如說脩行斯人則
為閉諸惡趣開諸善門常為諸佛之所護念
降伏外學摧滅魔怨脩治菩提安處道場履
踐如來所行之跡世尊若有受持讀誦如說
脩行者我當與諸眷屬供養給事所在聚落
城邑山林曠野有是經處我亦與諸眷屬聽
受法故共到其所其未信者當令生信其已
信者當為作護佛言善哉善哉天帝如汝所
說吾助尒喜此經廣說過去未來現在諸佛

BD03311 號　維摩詰所說經卷下

(12–6)

受法故共到其所其未信者當令生信其已
信者當為作護佛言善哉善哉天帝如汝所
說吾助尒喜此經廣說過去未來現在諸佛
不可思議阿耨多羅三藐三菩提是故天帝
若善男子善女人受持讀誦供養是經者則
為供養去來今佛
天帝正使三千大千世界如來滿中譬如甘
蔗竹葦稻麻叢林若有善男子善女人或一
劫或減一劫恭敬尊重讚歎供養奉諸所安
至諸佛滅後以一一全身舍利起七寶塔縱
廣一四天下高至梵天表剎莊嚴以一切華
香瓔珞幢幡伎樂微妙第一若一劫若減一
劫而供養之天帝於意云何其人殖福寧為
多不釋提桓因言多矣世尊彼之福德若以
百千億劫說不能盡佛告天帝當知是善男
子善女人聞是不可思議解脫經典信解受
持讀誦脩行福多於彼所以者何諸佛菩提
皆從是生菩提之相不可限量以是因緣福
不可量
佛告天帝過去無量阿僧祇劫時世有佛号
曰藥王如來應供正徧知明行足善逝世間
解無上士調御丈夫天人師佛世尊世界曰
大莊嚴劫曰莊嚴佛壽廿小劫其聲聞僧三十
六億那由他菩薩僧有十二億天帝是時有
轉輪聖王名曰寶蓋七寶具足主四天下王

BD03311 號　維摩詰所說經卷下

(12–7)

解無上士調御丈夫天人師佛世尊世界曰大莊嚴劫曰莊嚴佛壽卅小劫其聲聞僧三十六億那由他菩薩僧有十二億天帝是時有轉輪聖王名曰寶蓋七寶具足主四天下王有千子端正勇健能伏怨敵尒時寶蓋與其眷屬供養藥王如来施諸所安至滿五劫過五劫已告其千子汝等亦當如我以深心供養於佛於是千子受父王命供養藥王如来復滿五劫一切施安其王一子名曰月蓋獨坐思惟寧有供養殊過此者以佛神力空中有天曰善男子法之供養勝諸供養即問何謂法之供養天曰汝可往問藥王如来當為汝廣說法之供養即時月蓋王子行詣藥王如来稽首佛足却住一面白佛言世尊諸供養中法供養勝云何為法供養

佛言善男子法供養者諸佛所說深經一切世間難信難受微妙難見清淨無染非但分别思惟之所能解菩薩法藏所攝陁羅尼印印之至不退轉成就六度善分別義順菩提法衆經之上入大慈悲離衆魔事及諸邪見順因緣法無我無人無衆生無壽命空無相無作無起能令衆生坐於道場而轉法輪諸天龍神乹闥婆等所共歎譽能令衆生入佛法藏攝諸賢聖一切智慧說衆菩薩所行之道依於諸法實相之義明宣無常苦空無我寂滅能救一切毀禁衆生諸魔外道及貪著者

BD03311號　維摩詰所說經卷下　（12–8）

龍神乹闥婆等所共歎譽能令衆生入佛法藏攝諸賢聖一切智慧說衆菩薩所行之道依於諸法實相之義明宣無常苦空無我寂滅能救一切毀禁衆生諸魔外道及貪著者能使怖畏諸佛賢聖所共稱歎背生死苦示涅槃樂十方三世諸佛所說若聞如是等經信解受持讀誦以方便力為諸衆生分別解說顯示分明守護法故是名法之供養又於諸法如說脩行隨順十二因緣離諸邪見得無生忍決定無我無有衆生而於因緣果報無違無諍離諸我所依於義不依語依於智不依識依了義經不依不了義經依於法不依人隨順法相無所入無所歸無明畢竟滅故諸行亦畢竟滅乃至生畢竟滅故老死亦畢竟滅作如是觀十二因緣無有盡相不復起見是名最上法之供養

佛告天帝王子月蓋從藥王佛聞如是法得柔順忍即解寶衣嚴身之具以供養佛白佛言世尊如来滅後我當行法供養守護正法願以威神加哀建立令我得降魔怨脩菩薩行佛知其深心所念而記之曰汝於末後守護法城天帝時王子月蓋見法清淨聞佛授記以信出家脩集善法精進不久得五神通通菩薩道得陁羅尼無斷辯才於佛滅後以其所得神通揔持辯才之力滿十小劫藥王如来所轉法輪隨而分布月蓋比丘以守護法

BD03311號　維摩詰所說經卷下　（12–9）

通菩薩道得陁羅尼無斷辯才於佛滅後以
其所得神通揔持辯才之力滿十小劫藥王如
来所轉法輪隨而分布月盖比丘以守護法
勤行精進即於此身化百万億人於阿耨多
羅三藐三菩提立不退轉十四那由他人深
發聲聞辟支佛心無量衆生得生天上天
帝時王寶盖豈異人乎今現得佛号寶焰如
来其王千子即賢劫中千佛是也從迦羅鳩
孫䭾為始得佛冣後如来号曰樓至月盖比
丘則我身是如是天帝當知此要以法供養
於諸供養為上為冣第一無比是故天帝當
以法之供養供養於佛

維摩詰經囑累品第十四

於是佛告弥勒菩薩言弥勒我今以是無量
億阿僧祇劫所集阿耨多羅三藐三菩提法
付囑於汝如是輩經於佛滅後末世之中汝等
當以神力廣宣流布於閻浮提無令斷絶所
以者何未来世中當有善男子善女人及天
龍鬼神乹闥婆羅刹等發阿耨多羅三藐三
菩提心樂于大法若使不聞如是等經則失
善利如此輩人聞是等經必多信樂發希有
心當以頂受隨諸衆生所應得利而為廣說
弥勒當知菩薩有二相何謂為二一者好於
雜句文飾之事二者不畏深義如實能入若
好雜句文飾事者當知是為新學菩薩若
於如是無染無著甚深經典無有恐畏能入

BD03311 號　維摩詰所說經卷下

(12–10)

心當以頂受隨諸衆生所應得利而為廣說
弥勒當知菩薩有二相何謂為二一者好於
雜句文飾之事二者不畏深義如實能入若
好雜句文飾事者當知是為新學菩薩若
於如是無染無著甚深經典無有恐畏能入
其中聞已心淨受持讀誦如說脩行當知是
為久脩道行
弥勒復有二法名新學者不能決定於甚深
法何等為二一者所未聞深經聞之驚怖生
疑不能隨順毀謗不信而作是言我初不聞
從何所来二者若有護持解說如是深經者
不肯親近供養恭敬或時於中說其過惡有
此二法當知是新學菩薩為自毀傷不能於
深法中調伏其心弥勒復有二法菩薩雖信
解深法猶自毀傷而不能得無生法忍何等
為二一者輕慢新學菩薩而不教誨二者雖
解深法而取相分別是為二法
弥勒菩薩聞說是已白佛言世尊未曾有也
如佛所說我當遠離如斯之惡奉持如来無
數阿僧祇劫所集阿耨多羅三藐三菩提法
若未来世善男子善女人求大乘者當令手
得如是等經與其念力使受持讀誦為他廣
說世尊若後末世有能受持讀誦為他說者
當知是弥勒神力之所建立佛言善哉善哉
弥勒如汝所說佛助尒喜於是一切菩薩合
掌白佛我等亦於如来滅後十方國土廣宣

BD03311 號　維摩詰所說經卷下

(12–11)

說也異若後末世有能受持讀誦為他說者
當知是弥勒神力之所建立佛言善哉善哉
弥勒如汝所說佛助尒喜於是一切菩薩合
掌白佛我等亦於如来滅後十方國土廣宣
流布阿耨多羅三藐三菩提復當開導諸說
法者令得是經
尒時四天王白佛言世尊在在處處城邑聚
落山林曠野有是經卷讀誦解說者我當
率諸官屬為聽法故往詣其所擁護其人面
百由旬令無伺求得其便者是時佛告阿難
受持是經廣宣流布阿難言唯我已受持要
者世尊當何名斯經佛言阿難是經名為維
摩詰所說亦名不可思議解脫法門如是受
持佛說是經已長者維摩詰文殊師利舍利
弗阿難等及諸天人阿脩羅一切大衆聞佛
所說皆大歡喜

維摩詰經卷下

BD03311號　維摩詰所說經卷下　（12–12）

尒時常不輕菩薩豈異人乎則我身是若我
於宿世不受持讀誦此經為他人說者不能疾
得阿耨多羅三藐三菩提我於先佛所受持
讀誦此經為人說故疾得阿耨多羅三藐三
菩提得大勢彼時四衆比丘比丘尼優婆塞
優婆夷以瞋恚意輕賤我故二百億劫常不
值佛不聞法不見僧千劫於阿鼻地獄受大
苦惱畢是罪已復遇常不輕菩薩教化阿耨
多羅三藐三菩提得大勢於汝意云何尒時
四衆常輕是菩薩者豈異人乎今此會中颰
陁婆羅等五百菩薩師子月等五百比丘尼
思佛等五百優婆塞皆於阿耨多羅三藐三
菩提不退轉者是得大勢當知是法華經大
饒益諸菩薩摩訶薩能令至於阿耨多羅
三藐三菩提是故諸菩薩摩訶薩於如来滅
後常應受持讀誦解說書寫是經尒時世尊
欲重宣此義而說偈言
過去有佛　号威音王　神智无量　將導一切
天人龍神　所共供養　是佛滅後　法欲盡時
有一菩薩　名常不輕　時諸四衆　計著於法
不輕菩薩　往到其所　而語之言　我不輕汝

BD03312號、妙法蓮華經（八卷本）卷七　（19–1）

欲重宣此義而說偈言

過去有佛 号威音王 神智无量 將導一切
天人龍神 所共供養 是佛滅後 法欲盡時
有一菩薩 名常不輕 時諸四衆 計著於法
不輕菩薩 往到其所 而語之言 我不輕汝
汝等行道 皆當作佛 諸人聞已 輕毀罵詈
不輕菩薩 能忍受之 其罪畢已 臨命終時
得聞此經 六根清淨 神通力故 增益壽命
復為諸人 廣說是經 諸著法衆 皆蒙菩薩
教化成就 令住佛道 不輕命終 值无數佛
說是經故 得无量福 漸具功德 疾成佛道
彼時不輕 則我身是 時四部衆 著法之者
聞不輕言 汝當作佛 以是因緣 值无數佛
此會菩薩 五百之衆 并及四部 清信士女
今於我前 聽法者是 我於前世 勸是諸人
聽受斯經 第一之法 開示教人 令住涅槃
世世受持 如是經典 億億万劫 至不可議
時乃得聞 是法華經 億億万劫 至不可議
諸佛世尊 時說是經 是故行者 於佛滅後
聞如是經 勿生疑惑 應當一心 廣說此經
世世值佛 疾成佛道

妙法蓮華經如來神力品第廿一

尒時千世界微塵等菩薩摩訶薩從地踊出者皆於佛前一心合掌瞻仰尊顏而白佛言世尊我等於佛滅後世尊分身所在國土滅度之處當廣說此經所以者何我等亦自欲得是真淨大法受持讀誦解說書寫而供養之尒時世尊於文殊師利等无量百千万億

者皆於佛前一心合掌瞻仰尊顏而白佛言世尊我等於佛滅後世尊分身所在國土滅度之處當廣說此經所以者何我等亦自欲得是真淨大法受持讀誦解說書寫而供養之尒時世尊於文殊師利等无量百千万億舊住娑婆世界菩薩摩訶薩及諸比丘比丘尼優婆塞優婆夷天龍夜叉乾闥婆阿脩羅迦樓羅緊那羅摩睺羅伽人非人等一切衆前現大神力出廣長舌上至梵世一切毛孔放於无量无數色光皆悉遍照十方世界衆寶樹下師子座上諸佛亦復如是出廣長舌放无量光釋迦牟尼佛及寶樹下諸佛現神力時滿百千歲然後還攝舌相一時謦欬俱共彈指是二音聲遍至十方諸佛世界地皆六種震動其中衆生天龍夜叉乾闥婆阿脩羅迦樓羅緊那羅摩睺羅伽人非人等以佛神力故皆見此娑婆世界无量无邊百千万億衆寶樹下師子座上諸佛及見釋迦牟尼佛共多寶如來在寶塔中坐師子座又見无量无邊百千万億菩薩摩訶薩及諸四衆恭敬圍遶釋迦牟尼佛既見是已皆大歡喜得未曾有即時諸天於虛空中高聲唱言過此无量无邊百千万億阿僧祇世界有國名娑婆是中有佛名釋迦牟尼今為諸菩薩摩訶薩說大乘經名妙法蓮華教菩薩法佛所護念汝等當深心隨喜亦當禮拜供養釋迦牟尼佛彼諸衆生聞虛空中聲已合掌向娑婆

薩說大乘經名妙法蓮華教菩薩法佛所護
念汝等當深心隨喜亦當礼拜供養釋迦牟
尼佛彼諸衆生聞虛空中聲已合掌向娑婆
世界作如是言南无釋迦牟尼佛南无釋迦
牟尼佛以種種華香瓔珞幡蓋及諸嚴身之
具珎寶妙物皆共遥散娑婆世界所散諸物
從十方来譬如雲集變成寶帳遍覆此間諸
佛之上于時十方世界通達无㝵如一佛土
尒時佛告上行等菩薩大衆諸佛神力如是
无量无邊不可思議若我以是神力於无量
无邊百千万億阿僧祇劫為囑累故說此經
功德猶不能盡以要言之如来一切所有之
法如来一切自在神力如来一切祕要之藏
如来一切甚深之事皆於此經宣示顯說是
故汝等於如来滅後應一心受持讀誦解說
書寫如說脩行所在國土若有受持讀誦解
說書寫如說脩行若經卷所住之處若於園
中若於林中若於樹下若於僧坊若白衣舍
若在殿堂若山谷曠野是中皆應起塔供養
所以者何當知是處即是道場諸佛於此得
阿耨多羅三藐三菩提諸佛於此轉于法輪
諸佛於此而般涅槃尒時世尊欲重宣此義
而說偈言
諸佛救世者　住於大神通　為悅衆生故　現无量神力
舌相至梵天　身放无數光　為求佛道者　現此希有事
諸佛謦欬聲　及彈指之聲　周聞十方國　地皆六種動
以佛滅度後　能持是經故　諸佛皆歡喜　現无量神力

BD03312號　妙法蓮華經（八卷本）卷七　（19–4）

諸佛救世者　住於大神通　為悅衆生故　現无量神力
舌相至梵天　身放无數光　為求佛道者　現此希有事
諸佛謦欬聲　及彈指之聲　周聞十方國　地皆六種動
以佛滅度後　能持是經故　諸佛皆歡喜　現无量神力
囑累是經故　讚美受持者　於无量劫中　猶故不能盡
是人之功德　无邊无有窮　如十方虛空　不可得邊際
能持是經者　則為已見我　亦見多寶佛　及諸分身者
又見我今日　教化諸菩薩　能持是經者　令我及分身
滅度多寶佛　一切皆歡喜　十方現在佛　并過去未来
亦見亦供養　亦令得歡喜　諸佛坐道場　所得祕要法
能持是經者　不久亦當得　能持是經者　於諸法之義
名字及言辭　樂說无窮盡　如風於空中　一切无鄣㝵
於如来滅後　知佛所說經　因緣及次第　隨義如實說
如日月光明　能除諸幽冥　斯人行世間　能滅衆生闇
教无量菩薩　畢竟住一乘　是故有智者　聞此功德利
於我滅度後　應受持斯經　是人於佛道　決定无有疑
妙法蓮華經囑累品第廿二
尒時釋迦牟尼佛從法座起現大神力以右
手摩无量菩薩摩訶薩頂而作是言我於无
量百千万億阿僧祇劫脩集是難得阿耨多
羅三藐三菩提法今以付囑汝等汝等應當
一心流布此法廣令增益如是三摩諸菩薩
摩訶薩頂而作是言我於无量百千万億阿
僧祇劫脩集是難得阿耨多羅三藐三菩提
法今以付囑汝等汝等當受持讀誦廣宣
此法令一切衆生普得聞知所以者何如来有
大慈悲无諸慳悋亦无所畏能與衆生佛之

BD03312號　妙法蓮華經（八卷本）卷七　（19–5）

僧祇劫脩集是難得耨多羅三藐三菩提
法今以付囑汝等汝等當受持讀誦廣宣
此法令一切衆生普得聞知所以者何如来有
大慈悲无諸慳悋亦无所畏能與衆生佛之
智慧如来智慧自然智慧如来是一切衆生
之大施主汝等亦應隨學如来之法勿生慳
悋於未来世若有善男子善女人信如来智
慧者當為演說此法華經使得聞知為令其
人得佛慧故若有衆生不信受者當於如来
餘深法中示教利喜汝等若能如是則為已
報諸佛之恩時諸菩薩摩訶薩聞佛作是說
已皆大歡喜遍滿其身益加恭敬曲躬低頭
合掌向佛俱發聲言如世尊勑當具奉行唯
然世尊願不有慮時諸菩薩摩訶薩衆如是
三反俱發聲言如世尊勑當具奉行唯然世
尊願不有慮尒時釋迦牟尼佛令十方来諸
分身佛各還本土而作是言諸佛各隨所安
多寶佛塔還可如故說是語時十方无量分
身諸佛坐寶樹下師子坐上者及多寶佛并
上行等无邊阿僧祇菩薩大衆舍利弗等聲
聞四衆及一切世間天人阿脩羅等聞佛所說
皆大歡喜

妙法蓮華經藥王菩薩本事品第廿三

尒時宿王華菩薩白佛言世尊藥王菩薩云
何遊於娑婆世界世尊是藥王菩薩有若干
百千万億那由他難行苦行善哉世尊願少
解說諸天龍神夜叉乹闥婆阿脩羅迦樓羅

BD03312號　妙法蓮華經（八卷本）卷七

（19–6）

尒時宿王華菩薩白佛言世尊藥王菩薩云
何遊於娑婆世界世尊是藥王菩薩有若干
百千万億那由他難行苦行善哉世尊願少
解說諸天龍神夜叉乹闥婆阿脩羅迦樓羅
緊那羅摩睺羅伽人非人等又他國土諸来
菩薩及此聲聞衆聞皆歡喜尒時佛告宿王
華菩薩乃往過去无量恒河沙劫有佛号日
月淨明德如来應供正遍知明行足善逝世
間解无上士調御丈夫天人師佛世尊其佛
有八十億大菩薩摩訶薩七十二恒河沙大
聲聞衆佛壽四万二千劫菩薩壽命亦等彼
國无有女人地獄餓鬼畜生阿脩羅等及以
諸難地平如掌瑠璃所成寶樹莊嚴寶帳覆
上垂寶華幡寶瓶香爐周遍國界七寶為臺
一樹一臺其樹去臺盡一箭道此諸寶樹皆
有菩薩聲聞而坐其下諸寶臺上各有百億
諸天作天伎樂歌嘆於佛以為供養尒時彼
佛為一切衆生憙見菩薩及衆菩薩諸聲聞
衆說法華經是一切衆生憙見菩薩樂集苦
行於日月淨明德佛法中精進經行一心求
佛滿万二千歲已得現一切色身三昧得此
三昧已心大歡喜即作念言我得現一切色
身三昧皆是得聞法華經力我今當供養日
月淨明德佛及法華經即時入是三昧於虚
空中雨曼陁羅華摩訶曼陁羅華細末堅
黑栴檀滿虚空中如雲而下又雨海此岸栴檀
之香此香六銖價直娑婆世界以供養佛作

BD03312號　妙法蓮華經（八卷本）卷七

（19–7）

月淨明德佛及法華經即時入是三昧於虛
空中雨曼陁羅華摩訶曼陁羅華細末堅
黑栴檀滿虛空中如雲而下又雨海此岸栴檀
之香此香六銖價直娑婆世界以供養佛作
是供養已從三昧起而自念言我雖以神力
供養於佛不如以身供養即服諸香栴檀薰
陸兜樓婆畢力迦沉水膠香又飲瞻蔔諸華
香油滿千二百歲已香油塗身於日月淨明
德佛前以天寶衣而自纏身灌諸香油以神
通願力而自燃身光明遍照八十億恒河沙
世界其中諸佛同時讚言善哉善哉善男子
是真精進是名真法供養如來若以華香瓔
珞燒香末香塗香天繒幡蓋及海此岸栴檀
之香如是等種種諸物供養所不能及假使
國城妻子布施亦所不及善男子是名第一之施
於諸施中最尊最上以法供養諸如來故作
是語已而各嘿然其身大燃千二百歲過是
已後其身乃盡一切衆生憙見菩薩作如是
法供養已命終之後復生日月淨明德佛國
中於淨德王家結加趺坐忽然化生即為其
父而說偈言
大王今當知　我經行彼處　即時得一切　現諸身三昧
勤行大精進　捨所愛之身
說是偈已而白父言日月淨明德佛今故現
在我先供養佛已得解一切衆生語言陁羅
尼復聞是法華經八百千万億那由他甄迦
羅頻婆羅阿閦婆等偈大王我今當還供養
此佛白已即坐七寶之臺上昇虛空高七多

說是偈已而白父言日月淨明德佛今故現
在我先供養佛已得解一切衆生語言陁羅
尼復聞是法華經八百千万億那由他甄迦
羅頻婆羅阿閦婆等偈大王我今當還供養
此佛白已即坐七寶之臺上昇虛空高七多
羅樹往到佛所頭面礼足合十指爪以偈讚
佛
容顏甚奇妙　光明照十方　我適曾供養　今復還親覲
尒時一切衆生憙見菩薩說是偈已而白佛
言世尊世尊猶故在世尒時日月淨明德佛
告一切衆生憙見菩薩善男子我涅槃時到
滅盡時至汝可安施牀坐我於今夜當般涅
槃又勑一切衆生憙見菩薩善男子我以佛
法囑累於汝及諸菩薩大弟子并阿耨多羅
三藐三菩提法亦以三千大千七寶世界諸
寶樹寶臺及給侍諸天悉付於汝我滅度
後所有舍利亦付囑汝當令流布廣設供養
應起若干千塔如是日月淨明德佛勑一切衆
生憙見菩薩已於夜後分入於涅槃尒時一
切衆生憙見菩薩見佛滅度悲感懊惱戀慕
於佛即以海此岸栴檀為𧂐供養佛身而以
燒之大滅已後收取舍利作八万四千寶瓶
以起八万四千塔高三世界表刹莊嚴垂諸
幡蓋懸衆寶鈴尒時一切衆生憙見菩薩復
自念言我雖作是供養心猶未足我今當更
供養舍利便語諸菩薩大弟子及天龍夜叉
等一切大衆汝等當一心念我今供養日月
淨明德佛舍利作是語已即於八万四千塔

自念言我雖作是供養心猶未足我今當更
供養舍利便語諸菩薩大弟子及天龍夜叉
等一切大眾汝等當一心念我今供養日月
淨明德佛舍利作是語已即於八万四千塔
前然百福莊嚴臂七万二千歲而以供養令
无數求聲聞眾无量阿僧祇人發阿耨多
羅三藐三菩提心皆使得住現一切色身三昧
尒時諸菩薩天人阿脩羅等見其无臂憂惱
悲哀而作是言此一切眾生憙見菩薩是我
等師教化我者而今燒臂身不具足于時一
切眾生憙見菩薩於大眾中立此誓言我捨
兩臂必當得佛金色之身若實不虛令我兩
臂還復如故作是誓已自然還復由斯菩薩
福德智慧淳厚所致當尒之時三千大千世
界六種震動天雨寶華一切人天得未曾有
佛告宿王華菩薩於汝意云何一切眾生憙
見菩薩豈異人乎今藥王菩薩是也其所捨
身布施如是无量百千万億那由他數宿王華
若有發心欲得阿耨多羅三藐三菩提者能
然手指乃至足一指供養佛塔勝以國城妻
子及三千大千國土山林河池諸珎寶物而
供養者若復有人以七寶滿三千大千世界
供養於佛及大菩薩辟支佛阿羅漢是人所
得功德不如受持此法華經乃至一四句偈
其福最多宿王華譬如一切川流江河諸水
之中海為第一此法華經亦復如是於諸如
來所說經中最為深大又如土山黑山小鐵
圍山大鐵圍山及十寶山眾山之中須弥山

BD03312號　妙法蓮華經（八卷本）卷七

（19–10）

得功德不如受持此法華經乃至一四句偈
其福最多宿王華譬如一切川流江河諸水
之中海為第一此法華經亦復如是於諸如
來所說經中最為深大又如土山黑山小鐵
圍山大鐵圍山及十寶山眾山之中須弥山
最為第一此法華經亦復如是於諸經中最
為其上又如眾星之中月天子最為第一此法
華經亦復如是於千万億種諸經法中最為
照明又如日天子能除諸闇此經亦復如是能
破一切不善之闇又如諸小王中轉輪聖王
最為第一此經亦復如是於眾經中最為
其尊又如帝釋於卅三天中王此經亦復如
是諸經中王又如大梵天王一切眾生之父
此經亦復如是一切賢聖學无學及發菩薩
心者之父又如一切凡夫人中須陁洹斯陁
含阿那含阿羅漢辟支佛為第一此經亦復
如是一切如來所說若菩薩所說若聲聞所
說諸經法中最為第一有能受持是經典者
亦復如是於一切眾生中亦為第一一切聲
聞辟支佛中菩薩為第一此經亦復如是於
一切諸經法中最為第一如佛為諸法王此
經亦復如是諸經中王宿王華此經能救一
切眾生者此經能令一切眾生離諸苦惱此
經能大饒益一切眾生充滿其願如清涼池
能滿一切諸渴乏者如寒者得火如裸者得
衣如商人得主如子得母如渡得船如病得
醫如闇得燈如貧得寶如民得王如賈客得

BD03312號　妙法蓮華經（八卷本）卷七

（19–11）

能満一切諸渇乏者如寒者得火如裸者得
衣如商人得主如子得母如渡得舡如病得
醫如闇得燈如貧得寶如民得王如賈客得
海如炬除闇此法華經亦復如是能令衆生
離一切苦一切病痛能解一切生死之縛若
人得聞此法華經若自書若使人書所得功
德以佛智慧籌量多少不得其邊若書是經
卷華香瓔珞燒香末香塗香幡蓋衣服種種
之燈蘇燈油燈諸香油燈瞻蔔油燈須曼油
燈波羅羅油燈波利師迦油燈那婆摩利油
燈供養所得功德亦復无量宿王華若有人
聞是藥王菩薩本事品者亦得无量无邊功
德若有女人聞是藥王菩薩本事品能受持
者盡是女身後不復受若如来滅後後五百
歲中若有女人聞是經典如說脩行於此命
終即往安樂世界阿弥陁佛大菩薩衆圍繞
住處生蓮華中寶坐之上不復為貪欲所惱
亦復不為瞋恚愚癡所惱亦復不為憍慢嫉
妬諸垢所惱得菩薩神通无生法忍得是忍
已眼根清淨以是清淨眼根見七百万二千
億那由他恒河沙等諸佛如来是時諸佛遥
共讃言善哉善哉善男子汝能於釋迦牟尼
佛法中受持讀誦思惟是經為他人說所得
福德无量无邊火不能焚水不能漂汝之功
德千佛共說不能令盡汝今已能破諸魔賊
壞生死軍諸餘怨敵皆悉摧滅善男子百千
諸佛以神通力共守護汝於一切世間天人

BD03312號　妙法蓮華經（八卷本）卷七　（19–12）

福德无量无邊火不能焚水不能漂汝之功
德千佛共說不能令盡汝今已能破諸魔賊
壞生死軍諸餘怨敵皆悉摧滅善男子百千
諸佛以神通力共守護汝於一切世間天人
之中无如汝者唯除如来其諸聲聞辟支佛
乃至菩薩智慧禪定无有與汝等者宿王華
此菩薩成就如是功德智慧之力若有人聞
是藥王菩薩本事品能隨喜讃善者是人現
世口中常出青蓮華香身毛孔中常出牛頭
栴檀香所得功德如上所說是故宿王華以
此藥王菩薩本事品囑累於汝我滅度後後
五百歲中廣宣流布於閻浮提无令斷絶惡
魔魔民諸天龍夜叉鳩槃荼等得其便也宿
王華汝當以神通之力守護是經所以者何
此經則為閻浮提人病之良藥若人有病得
聞是經病即消滅不老不死宿王華汝若見
有受持是經者應以青蓮華盛滿末香供散
其上散已作是念言此人不久必當取草坐
於道場破諸魔軍當吹法蠡擊大法鼓度脫
一切衆生老病死海是故求佛道者見有受
持是經典人應當如是生恭敬心說是藥王
菩薩本事品時八万四千菩薩得解一切衆
生語言陁羅尼多寶如来於寶塔中讃宿王
華菩薩言善哉善哉宿王華汝成就不可思
議功德乃能問釋迦牟尼佛如是之事利益
无量一切衆生

妙法蓮華經妙音菩薩品第廿四

BD03312號　妙法蓮華經（八卷本）卷七　（19–13）

菩薩本事品時八万四千菩薩得解一切衆
生語言陁羅尼多寶如来於寶塔中讚宿王
華菩薩言善哉善哉宿王華汝成就不可思
議功德乃能問釋迦牟尼佛如是之事利益
无量一切衆生
妙法蓮華經妙音菩薩品第廿四
尒時釋迦牟尼佛放大人相肉髻光明及放
眉間白毫相光遍照東方百八万億那由他
恒河沙等諸佛世界過是數已有世界名淨
光莊嚴其國有佛号淨華宿王智如来應供
正遍知明行足善逝世間解无上士調御丈
夫天人師佛世尊為无量无邊菩薩大衆恭
敬圍繞而為說法釋迦牟尼佛白毫光明遍
照其國尒時一切淨光莊嚴國中有一菩薩
名曰妙音久已殖衆德本供養親近无量百
千万億諸佛而悉成就甚深智慧得妙幢相
三昧法華三昧淨德三昧宿王戲三昧无緣
三昧智印三昧解一切衆生語言三昧集一
切功德三昧清淨三昧神通遊戲三昧慧炬
三昧莊嚴王三昧淨光明三昧淨藏三昧不
共三昧日旋三昧得如是等百千万億恒河
沙等諸大三昧釋迦牟尼佛光照其身即白
淨華宿王智佛言世尊我當往詣娑婆世界
礼拜親近供養釋迦牟尼佛及見文殊師利
法王子菩薩藥王菩薩勇施菩薩宿王華菩
薩上行意菩薩莊嚴王菩薩藥上菩薩尒時
淨華宿王智佛告妙音菩薩汝往莫輕彼國
生下劣想善男子彼娑婆世界高下不平土石

BD03312號　妙法蓮華經（八卷本）卷七

（19–14）

礼拜親近供養釋迦牟尼佛及見文殊師利
法王子菩薩藥王菩薩勇施菩薩宿王華菩
薩上行意菩薩莊嚴王菩薩藥上菩薩尒時
淨華宿王智佛告妙音菩薩汝往莫輕彼國
生下劣想善男子彼娑婆世界高下不平土石
諸山穢惡充滿佛身卑小諸菩薩衆其形亦
小而汝身四万二千由旬我身六百八十万
由旬汝身第一端政百千万福光明殊妙是
故汝往莫輕彼國若佛菩薩及國土生下劣
想妙音菩薩白其佛言世尊我今詣娑婆世
界皆是如来之力如来神通遊戲如来功德
智慧莊嚴於是妙音菩薩不起于坐身不動
搖而入三昧以三昧力於耆闍崛山去法坐不
遠作八万四千衆寶蓮華閻浮檀金為
莖白銀為葉金剛為鬚甄叔迦寶以為其臺
尒時文殊師利法王子見是蓮華而白佛言
世尊是何因緣先現此瑞有若干千万蓮華
閻浮檀金為莖白銀為葉金剛為鬚甄叔迦
寶以為其臺尒時釋迦牟尼佛告文殊師利
是妙音菩薩摩訶薩欲從淨華宿王智佛國與
八万四千菩薩圍遶而来至此娑婆世界供
養親近礼拜於我亦欲供養聽法華經文殊
師利白佛言世尊是菩薩種何善本脩何功
德而能有是大神通力行何三昧願為我等
說是三昧名字我等亦欲懃脩行之行此三
昧乃能見是菩薩色相大小威儀進止唯願
世尊以神通力彼菩薩来令我得見尒時釋

BD03312號　妙法蓮華經（八卷本）卷七

（19–15）

師利白佛言世尊是菩薩種何善本脩何功
德而能有是大神通力行何三昧願為我等
說是三昧名字我等亦欲懃脩行之行此三
昧乃能見是菩薩色相大小威儀進止唯願
世尊以神通力彼菩薩来令我得見尒時釋
迦牟尼佛告文殊師利此久滅度多寶如来
當為汝等而現其相時多寶佛告彼菩薩善
男子来文殊師利法王子欲見汝身于時妙
音菩薩於彼國沒與八万四千菩薩俱共發
来所逕諸國六種震動皆悉雨於七寶蓮華
百千天樂不鼓自鳴是菩薩目如廣大青蓮
華葉正使和合百千万月其面貌端政復過
於此身真金色无量百千功德莊嚴威德熾
盛光明照耀諸相具足如那羅延堅固之身
入七寶臺上昇虛空去地七多羅樹諸菩薩
衆恭敬圍遶而来詣此娑婆世界耆闍崛山
到已下七寶臺以價直百千瓔珞持至釋迦
牟尼佛所頭面礼足奉上瓔珞而白佛言世
尊淨華宿王智佛問訊世尊少病少惱起居
輕利安樂行不四大調和不世事可忍不衆
生易度不无多貪欲瞋恚愚癡嫉妬慳慢不
无不孝父母不敬沙門邪見不善心不攝五
情不世尊衆生能降伏諸魔怨不久滅度多
寶如来在七寶塔中来聽法不又問訊多寶
如来安隱少惱堪忍久住不世尊我今欲見
多寶佛身唯願世尊示我令見尒時釋迦牟
尼佛語多寶佛是妙音菩薩欲得相見時多
寶佛告妙音言善哉善哉汝能為供養釋迦

BD03312號　妙法蓮華經（八卷本）卷七　（19–16）

如来安隱少惱堪忍久住不世尊我今欲見
多寶佛身唯願世尊示我令見尒時釋迦牟
尼佛語多寶佛是妙音菩薩欲得相見時多
寶佛告妙音言善哉善哉汝能為供養釋迦
牟尼佛及聽法華經并見文殊師利等故来
至此尒時華德菩薩白佛言世尊是妙音菩
薩種何善根脩何功德有是神力佛告華德
菩薩過去有佛名雲雷音王多陁阿伽度阿
羅訶三藐三佛陁國名現一切世間劫名憙
見妙音菩薩於万二千歳以十万種伎樂供
養雲雷音王佛并奉上八万四千七寶鉢以
是因緣果報今生淨華宿王智佛所有是神
力華德於汝意云何尒時雲雷音王佛所妙
音菩薩伎樂供養奉上寶器者豈異人乎今
此妙音菩薩摩訶薩是華德是妙音菩薩已
曾供養親近无量諸佛久殖德本又值恒河
沙等百千万億那由他佛華德汝但見妙音
菩薩其身在此而是菩薩現種種身處處為
諸衆生說是經典或現梵王身或現帝釋身
或現自在天身或現大自在天身或現天大
將軍身或現毗沙門天王身或現轉輪聖王
身或現諸小王身或現長者身或現居士身
或現宰官身或現婆羅門身或現比丘比丘
尼優婆塞優婆夷身或現長者居士婦女身或
現宰官婦女身或現婆羅門婦女身或現童
男童女身或現天龍夜叉乹闥婆阿脩羅迦
樓羅緊那羅摩睺羅伽人非人等身而說是

BD03312號　妙法蓮華經（八卷本）卷七　（19–17）

或現宰官身或現婆羅門身或現比丘比丘
尼優婆塞優婆夷身或現長者居士婦女身或
現宰官婦女身或現婆羅門婦女身或現童
男童女身或現天龍夜叉乾闥婆阿脩羅迦
樓羅緊那羅摩睺羅伽人非人等身而說是
經諸有地獄餓鬼畜生及衆難處皆能救濟
乃至於王後宮變為女身而說是經華德是
妙音菩薩能救護娑婆世界諸衆生者是妙
音菩薩如是種種變化現身在此娑婆國
土為諸衆生說是經典於神通變化智慧无所
損減是菩薩以若干智慧光明照娑婆世界
令一切衆生各得所知於十方恒河沙世界中
亦復如是若應以聲聞形得度者現聲聞形
而為說法應以辟支佛形得度者現辟支佛
形而為說法應以菩薩形得度者現菩薩形
而為說法應以佛形得度者即現佛形而為
說法如是種種隨所應度者而為現形乃至
應以滅度而得度者示現滅度華德妙音菩
薩摩訶薩成就大神通智慧之力其事如是尒
時華德菩薩白佛言世尊是妙音菩薩深種
善根世尊是菩薩住何三昧而能如是在所
變現度脫衆生佛告華德菩薩善男子其三
昧名現一切色身妙音菩薩住是三昧中能
如是饒益无量衆生說是妙音菩薩品時與
妙音菩薩俱来者八万四千人皆得現一切
色身三昧此娑婆世界无量菩薩亦得是三
昧及陁羅尼尒時妙音菩薩摩訶薩供養釋
迦牟尼佛及多寶佛塔已還歸本土所逕諸

BD03312 號　妙法蓮華經（八卷本）卷七

（19–18）

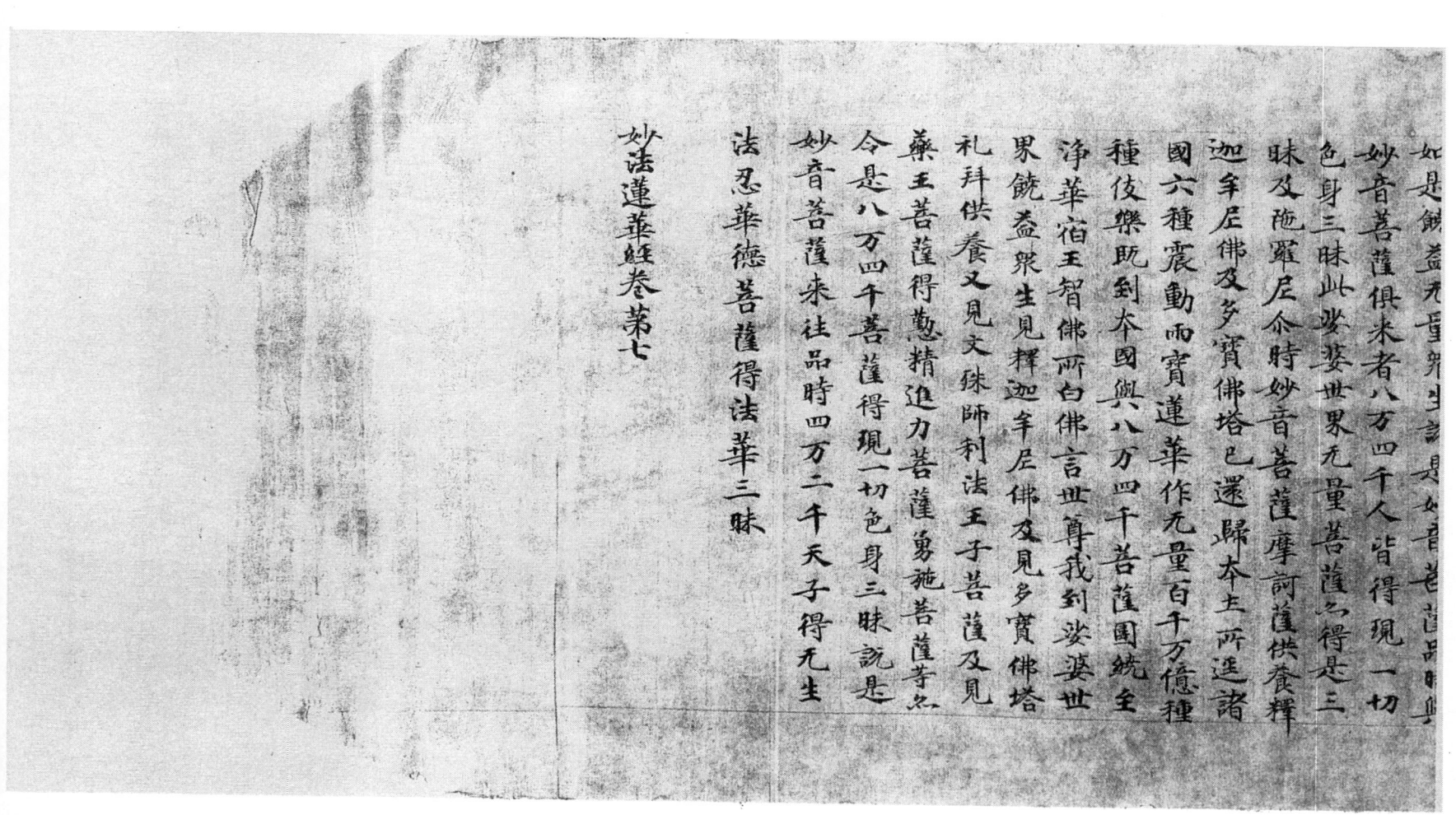

如是饒益无量衆生說是妙音菩薩品時與
妙音菩薩俱来者八万四千人皆得現一切
色身三昧此娑婆世界无量菩薩亦得是三
昧及陁羅尼尒時妙音菩薩摩訶薩供養釋
迦牟尼佛及多寶佛塔已還歸本土所逕諸
國六種震動雨寶蓮華作无量百千万億種
種伎樂既到本國與八万四千菩薩圍繞至
淨華宿王智佛所白佛言世尊我到娑婆世
界饒益衆生見釋迦牟尼佛及見多寶佛塔
礼拜供養又見文殊師利法王子菩薩及見
藥王菩薩得勤精進力菩薩勇施菩薩等亦
令是八万四千菩薩得現一切色身三昧說是
妙音菩薩来往品時四万二千天子得无生
法忍華德菩薩得法華三昧

妙法蓮華經卷第七

BD03312 號　妙法蓮華經（八卷本）卷七

（19–19）

南无聲光明人勝佛　南无地華光明自在佛
南无踰光明人勝佛　南无香蓋光明自在佛
南无永光明人勝佛　南无成就義佛
南无畏王佛　南无不動佛
南无觀世自在佛　南无无量命佛
南无尼弥佛　南无炎弥留佛
南无金剛佛
從此以上六千五百佛十二部經一切賢聖
南无初出日然燈月華寶波頭摩金光明身
盧舍那放无㝵寶光明照十方世界王佛
南无降伏龍佛　南无善調心佛
南无寶聚佛　南无火首佛
南无炎積佛　南无一切光明佛
南无日光佛　南无不可思議佛
南无无邊精進佛　南无无邊思惟佛
南无金色華佛　南无善香香佛
南无淨行佛　南无无漏佛
南无无邊智佛　南无賢身佛

BD03313 號　佛名經（十六卷本）卷八　（12–1）

南无炎積佛　南无一切光明佛
南无日光佛　南无不可思議佛
南无无邊精進佛　南无无邊思惟佛
南无金色華佛　南无善香香佛
南无淨行佛　南无无漏佛
南无无邊智佛　南无賢身佛
南无賢佛　南无見佛
南无无邊威德佛　南无次佛
南无堅安隱佛　南无沙羅佛
南无得名佛　南无波頭摩勝佛
南无稱蓮華佛　南无華佛
南无莊嚴佛　南无奮迅佛
南无善見佛　南无善敵對佛
南无善護世佛　南无无邊威德佛
南无第一勝佛　南无善行佛
南无无量威德佛　南无妙勝佛
南无勝供養佛　南无火奮迅智聲自在稱
南无電光佛　南无照一切佛
南无不可思議佛　南无无量色佛
南无无量光佛　南无善光華敷身佛
南无須弥山波頭摩勝王佛　南无求名發聲脩行佛
南无一切寶摩尼王放光明佛　南无无垢炎稱成就王佛
南无香寶光明佛　南无離諸煩惱佛
南无善知佛　南无善見佛
南无寶山莊嚴佛　南无慈行佛

BD03313 號　佛名經（十六卷本）卷八　（12–2）

南无一切寶摩尼金光佛 南无无垢炎稱成就王佛
南无香寶光明佛 南无離諸煩惱佛
南无善知佛 南无善見佛
南无寶山莊嚴佛 南无慈行佛
南无閻浮檀幢佛 南无无邊智佛
南无无量威德佛 南无大稱佛
南无寶稱佛 南无火光明佛
南无電照光明佛 南无一切種照佛
南无不可量佛 南无日光佛
南无月照佛 南无功德海佛
南无具足功德佛 南无上行佛
南无无畏佛 南无師子幢佛
南无帝釋幢佛 南无火幢佛
南无善眼佛 南无莊嚴王佛
南无放光明光佛 南无无邊光佛
南无妙光佛 南无普護增上佛
南无雲自在佛 南无自在憶佛
南无日登佛 南无寂佛
南无善生佛 南无无邊不可思議威德佛
南无普眼佛 南无波頭摩上佛
南无妙去佛 南无月起佛
南无燈佛 南无不敗足身佛
南无彌留幢佛 南无寶幢佛
南无炎聚佛 南无自在幢佛
南无寶火佛 南无旃檀香佛

BD03313 號　佛名經（十六卷本）卷八　（12–3）

南无燈佛 南无不敗足身佛
南无彌留幢佛 南无寶幢佛
南无炎聚佛 南无自在幢佛
南无寶火佛 南无旃檀香佛
南无不定光明波頭摩敷身佛
南无邊稱功德光明佛
從此以上六千六百佛十二部經一切賢聖
南无奮迅當色佛 南无无量光明佛
南无快光明波頭摩敷身佛 南无出須彌山波頭摩上佛
南无星宿劫二万同名光作佛 南无二万同名盧舍那佛
南无二万同名釋迦牟尼佛
南无同名帝釋日大白星宿无量百千万不可數佛
南无无垢光明佛 南无功德寶光明佛
南无精進力成就佛 南无清淨光佛
南无解脫一切縛佛 南无波頭摩藏勝佛
南无得无障礙力解脫佛 南无不怯弱十方稱香佛
南无盧舍那光明佛 南无寶聚佛
南无法幢懸佛 南无破一切闇瞪佛
南无普光明莊嚴照作佛 南无光明作佛
南无火炎佛 南无无邊行功德佛
南无法功德雲燈燈佛 南无然燈炬王佛
南无破一切衆生闇勝佛 南无妙見佛
南无妙勝佛 南无妙聞佛
南无山峯佛 南无金聖佛

BD03313 號　佛名經（十六卷本）卷八　（12–4）

南无法功德寳焰燈佛　南无然燈炬王佛
南无破一切衆生闇勝佛　南无妙見佛
南无妙勝佛　南无妙聞佛
南无山峯佛　南无金聖佛
南无飲甘露佛　南无无量光明佛
南无難頭佛　南无无邊毗尼勝王佛
南无電光照明羅網佛　南无成就无量功德佛
南无无量樂說境界佛　南无智勝放光明佛
南无降伏電日月住光佛　南无普句素摩奮迅功德積佛
南无功德王光佛　南无善月佛
南无光莊嚴王佛　南无賒捨施難頭佛
南无福德光佛　南无普光上勝山王佛
南无善住摩尼山王佛　南无斷一切煩惱佛
南无釋迦牟尼佛　南无破碎金剛堅固佛
南无寶熾佛　南无龍自在王佛
南无勇猛仙佛　南无寶月佛
南无離垢佛　南无无垢佛
南无勇猛得佛　南无淨佛
南无梵得佛　南无婆樓那天佛
南无婆樓那天佛　南无賢勝佛
南无旃檀勝佛　南无力士佛
南无歡喜威德勝佛　南无光明勝佛
南无无憂勝佛　南无句素摩勝佛
南无波頭摩樹提奮迅通佛　南无財勝佛
南无念勝佛　南无善説名勝佛

BD03313號　佛名經（十六卷本）卷八　（12–5）

南无歡喜威德勝佛　南无光明勝佛
南无无憂勝佛　南无句素摩勝佛
南无波頭摩樹提奮迅通佛　南无財勝佛
南无念勝佛　南无善説名勝佛
南无因陁羅雞頭幢佛　南无步勝佛
南无善覺步勝佛　南无善步去佛
南无普照莊嚴勝佛　南无寶華步佛
南无寶波頭摩善住山自在王佛
南无光明幢火衆生莊嚴光王佛
南无妙平等法界智起聲佛
南无廣福德普光明照佛　南无普照大雁羅網盧舍那佛
南无盧舍那華眼光佛　南无寂勝大師子意佛
南无[illegible]盧那王佛　南无常无垢功德遍至稱佛
南无日華勝王佛　南无法自在智幢佛
南无廣善无垢威德聲佛　南无根本勝善道師佛
南无智力佛　南无弥樓威德佛
南无願清淨月光佛

從此以上六千七百佛十二部經一切賢聖

南无法海願出聲光佛　南无寶功德相莊嚴住光佛
南无妙聲地主天佛　南无勝進彌去佛
南无見衆生歡喜佛　南无不動深光明盧舍集慧佛
南无普放光明不可思議王佛
南无不等妙功德威德佛　南无速光明梵眼佛
南无解脫精進日光明佛　南无普法身覺慧佛

BD03313號　佛名經（十六卷本）卷八　（12–6）

南无見般生歡喜佛 南无不動深光明盧舍那佛
南无普放光明不可思議王佛
南无不等妙功德威德佛 南无速光明梵眼佛
南无解脫精進日光明佛 南无普法身覺慧佛
南无普門照一切衆生門見佛 南无迦那迦无垢光明日炎雲佛
南无因陁羅光明幢佛 南无一切地處无垢月佛
南无覺見虛空平等相佛 南无十方廣應雲幢佛
南无平等不平等盧舍那佛 南无害心悲解脫空王佛
南无成就一切義須弥佛 南无不空步照見佛
南无妙吼勝佛 南无第一自在通王佛
南无不可思議功德盧舍那妙月佛
南无可信力幢佛 南无法界樹聲智慧佛
南无波頭摩光長善辟佛 南无不退功德海光佛
南无普生妙一切智通佛 南无師子光无量力智佛
南无見一切法清淨勝智佛 南无遠離一切憂惱佛
南无自在妙威德佛 南无金華火光佛
南无觀法界奮迅佛 南无然樹潔那羅王佛
南无然香燈佛 南无應王佛
南无如来功德普間見佛 南无一切法普奮迅王佛
南无廣化自在佛 南无法界解脫光明不可思議意佛
南无如来无垢光佛 次礼十二部尊經大藏法輪
南无惟羅菩薩經 南无五十校計經
南无爲身反復經 南无惟留經
南无五陰事經 南无雜阿含丹章經
南无慧明經 南无五母子經

南无如来无垢光佛 次礼十二部尊經大藏法輪
南无惟羅菩薩經 南无五十校計經
南无爲身反復經 南无惟留經
南无五陰事經 南无雜阿含丹章經
南无慧明經 南无五母子經
南无發意决疑經 南无慧上菩薩經
南无慧上菩薩經 南无五福施經
南无五十緣身行經 南无墮落憂塞經
南无賢者手力法行經 南无五蓋疑失行經
南无菩相經 南无賢首夫人經
南无五百偈經 南无坏喻經
南无內藏大方等經 南无五觀經
南无淨行經 南无內藏百品經
南无佛併父弟調達經 南无仁賢糸士經
南无難提迦羅越經 南无如是有諸比丘經
次礼十方諸大菩薩
南无普賢菩薩 南无文殊師利菩薩
南无无垢稱菩薩 南无地藏菩薩
南无虛空藏菩薩 南无觀世音菩薩
南无大勢菩薩 南无香鳥菩薩
南无大香鳥菩薩 南无藥王菩薩
南无藥上菩薩 南无金剛藏菩薩
南无解脫月菩薩 南无弥勒菩薩
南无奮迅菩薩 南无所發菩薩
南无陁羅尼自在王菩薩 南无堅意菩薩

南无大香象菩薩　南无藥王菩薩
南无藥上菩薩　南无金剛藏菩薩
南无解脫月菩薩　南无弥勒菩薩
南无奮迅菩薩　南无所發菩薩
南无陀羅尼自在王菩薩　南无堅意菩薩
南无无盡意菩薩　歸命如是等无量无邊菩薩
南无東方九十億百千万同名梵惠菩薩
南无南方九十億百千万同名不隣陀羅菩薩
南无西方九十九億百千万同名大功德菩薩
南无北方九十九億百千万同名大藥王菩薩
從此以上六千八百佛十二部經一切賢聖
歸命如是等十方世界无量无邊諸大菩薩
次礼聲聞緣覺一切賢聖
南无毗離耶辟支佛　南无俱薩羅辟支佛
南无波藪陀羅辟支佛　南无无妻淨心辟支佛
南无寶无垢辟支佛　南无福德辟支佛
南无黑辟支佛　南无唯黑辟支佛
南无直福德辟支佛　南无識辟支佛
歸命如是等十方无量无邊辟支佛
礼三寶已次復懺悔
夫論懺悔者本是改往脩来滅惡興善人之
居世誰能无過學人失念尚煩惱羅漢結
習動身口業豈况凡夫而當无過但智者先覺
便能改悔愚者覆藏遂使滋蔓所以積習
長夜曉悟无期若能慚愧發露懺悔者豈唯

BD03313號　佛名經（十六卷本）卷八　（12-9）

居世誰能无過學人失念尚煩惱羅漢結
習動身口業豈况凡夫而當无過但智者先覺
便能改悔愚者覆藏遂使滋蔓所以積習
長夜曉悟无期若能慚愧發露懺悔者豈唯
正是滅罪而已亦復增長无量功德樹立如来
涅槃妙果若欲行此法者先當外肅形儀瞻奉
尊像内起敬意緣於相法懇切至到生二種心
何等為二一者自念我此形命難可常保一朝
散壞不知此身何時可復若復不值諸佛賢
聖忽遭逢惡友造衆罪業復應落深坑嶮
趣二者自念我此生中雖得值遇如来正法為
佛弟子之法紹繼聖種淨身口意業善
法自居而今我等公自作惡而復覆藏言他不
知謂彼不見隱匿在心傲然无愧此實天下愚
惑之甚即今現有十方諸佛諸大地菩薩諸
天神仙何曾不以清淨天眼見於我等所作罪
惡又復幽顯靈祇注記罪福纖豪无差夫論作
罪之人命終之後牛頭獄卒錄其精神在閻羅王
所辯竅是非當尒之時一切怨對皆来證據各
言汝先屠裂我身炮煑蒸炙或言汝先剝
奪於我一切財寶離我眷屬我於者始得汝便
于時現前證據可得敢諱唯應甘心分受宿
殃如經所明地獄之中不枉治人若其平素所作
衆罪心自忘失者是其生時造惡之處一切諸
相皆現在前各言汝昔在於我邊作如是罪

BD03313號　佛名經（十六卷本）卷八　（12-10）

奪於我一切財寶離我眷属我於者始得汝便
于時現前證據可得敢諱唯應甘心分受宿
殃如經所明地獄之中不枉治人若其平素所作
衆罪心自忘失者是其生時造惡之處一切諸
相皆現在前各言汝昔在於我邊作如是罪
今何得諱是爲作罪无藏隱處於是閻魔羅
王切齒呵責將付地獄歷劫窮年求出莫由此
事不遠不関他人正是我身自作自受雖父子至
親一旦對至无代受者衆等相与及其形休體
无衆疾各自努力与性命競大怖至時悔无所
及是故弟子至心歸依於佛
南无東方敬疑淨光佛　南无南方无憂功德佛
南无西方華嚴神通佛　南无北方月殿清淨佛
南无東南方敬一切闇佛　南无西南方大衰觀衆佛
南无西北方香氣嚴光明佛　南无東北方无量功德海佛
南无下方斷一切疑佛　南无上方離一切憂佛
如是十方盡虛空界一切三寶
弟子等從无始以來至於今日積聚无明障蔽
心目隨順煩惱性造三業罪或耽染愛著起於
貪欲煩惱或復瞋恚忿怒懷害煩惱或惛情瞪
瞢不了煩惱或我慢自高輕傲煩惱疑惑正道猶
豫煩惱謗无因果邪見煩惱不識緣假著我煩
惱迷於三世執斷常煩惱朋狎惡法起見取煩惱
僻禀邪師造或取煩惱乃至一切四執橫計煩惱
今日至誠皆悉懺悔　又復无始以來至於今日……

BD03313號　佛名經（十六卷本）卷八　（12-11）

无衆疾各自努力与性命競大怖至時悔无所
及是故弟子至心歸依於佛
南无東方敬疑淨光佛　南无南方无憂功德佛
南无西方華嚴神通佛　南无北方月殿清淨佛
南无東南方敬一切闇佛　南无西南方大衰觀衆佛
南无西北方香氣嚴光明佛　南无東北方无量功德海佛
南无下方斷一切疑佛　南无上方離一切憂佛
如是十方盡虛空界一切三寶
弟子等從无始以來至於今日積聚无明障蔽
心目隨順煩惱性造三業罪或耽染愛著起於
貪欲煩惱或復瞋恚忿怒懷害煩惱或惛情瞪
瞢不了煩惱或我慢自高輕傲煩惱疑惑正道猶
豫煩惱謗无因果邪見煩惱不識緣假著我煩
惱迷於三世執斷常煩惱朋狎惡法起見取煩惱
僻禀邪師造或取煩惱乃至一切四執橫計煩惱
今日至誠皆悉懺悔　又復无始以來至於今日守
惜堅著起慳恡煩惱[illegible]怠惰緩縱不勤煩惱情慮
躁動覺觀煩惱觸境迷惑无知解煩惱隨世八風
生彼或煩惱諂曲面譽不直心煩惱橫强難觸不調

BD03313號　佛名經（十六卷本）卷八　（12-12）

BD03313 號背　勘記　　（1–1）

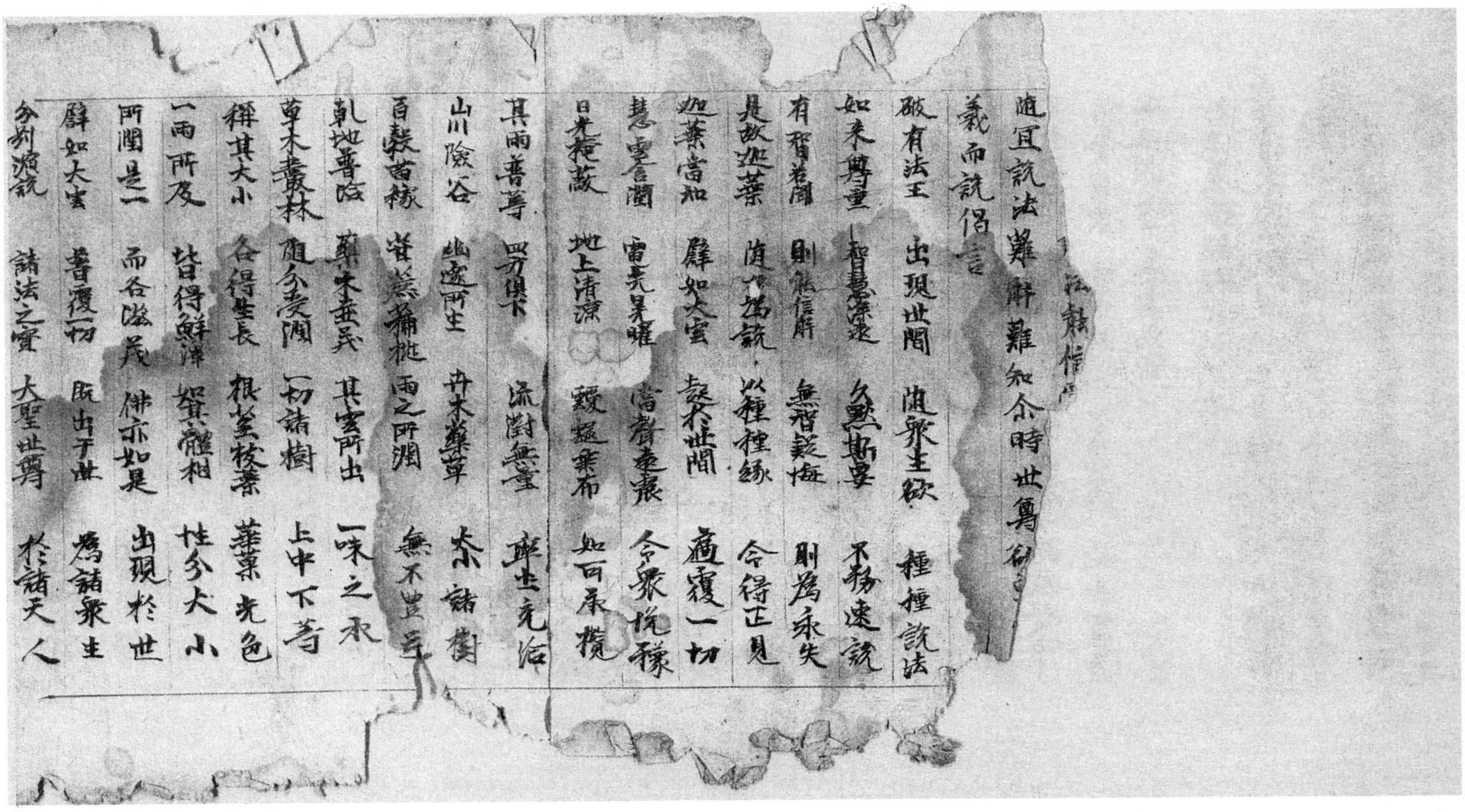

能信

隨宜說法難解難知尒時世尊欲

義而說偈言

破有法王　出現世間　隨眾生欲　種種說法

如來尊重　智慧深遠　久默斯要　不務速說

有智若聞　則能信解　無智疑悔　則為永失

是故迦葉　隨力為說　以種種緣　令得正見

迦葉當知　譬如大雲　起於世間　遍覆一切

慧雲含潤　電光晃曜　雷聲遠震　令眾悅豫

日光掩蔽　地上清涼　靉靆垂布　如可承攬

其雨普等　四方俱下　流澍無量　率土充洽

山川險谷　幽邃所生　卉木藥草　大小諸樹

百穀苗稼　甘蔗蒲萄　雨之所潤　無不豐足

乾地普洽　藥木並茂　其雲所出　一味之水

草木叢林　隨分受潤　一切諸樹　上中下等

稱其大小　各得生長　根莖枝葉　華菓光色

一雨所及　皆得鮮澤　如其體相　性分大小

所潤是一　而各滋茂　佛亦如是　出現於世

譬如大雲　普覆一切　既出于世　為諸眾生

分別演說　諸法之實　大聖世尊　於諸天人

BD03314 號　妙法蓮華經卷三　　（24–1）

稱其大小　各得生長　根莖枝葉　華菓光色
一雨所及　皆得鮮澤　如其體相　性分大小
所潤是一　而各滋茂　佛亦如是　出現於世
譬如大雲　普覆一切　既出于世　為諸衆生
分別演說　諸法之實　大聖世尊　於諸天人
一切衆中　而宣是言　我為如來　兩足之尊
出于世間　猶如大雲　充潤一切　枯槁衆生
皆令離苦　得安隱樂　世間之樂　及涅槃樂
諸天人衆　一心善聽　皆應到此　覲無上尊
我為世尊　無能及者　安隱衆生　故現於世
為大衆說　甘露淨法　其法一味　解脫涅槃
以一妙音　演暢斯義　常為大乘　而作因緣
我觀一切　普皆平等　無有彼此　愛憎之心
我無貪著　亦無限礙　恒為一切　平等說法
如為一人　衆多亦然　常演說法　曾無他事
去來坐立　終不疲猒　充足世間　如雨普潤
貴賤上下　持戒毀戒　威儀具足　及不具足
正見邪見　利根鈍根　等雨法雨　而無懈惓
一切衆生　聞我法者　隨力所受　住於諸地
或處人天　轉輪聖王　釋梵諸王　是小藥草
知無漏法　能得涅槃　起六神通　及得三明
獨處山林　常行禪定　得緣覺證　是中藥草
求世尊處　我當作佛　行精進定　是上藥草
又諸佛子　專心佛道　常行慈悲　自知作佛
決定無疑　是名小樹　安住神通　轉不退輪
度無量億　百千衆生　如是菩薩　名為大樹

BD03314 號　妙法蓮華經卷三　（24–2）

求世尊處　我當作佛　行精進定　是上藥草
又諸佛子　專心佛道　常行慈悲　自知作佛
決定無疑　是名小樹　安住神通　轉不退輪
度無量億　百千衆生　如是菩薩　名為大樹
佛平等說　如一味雨　隨衆生性　所受不同
如彼草木　所稟各異　佛以此喻　方便開示
種種言詞　演說一法　於佛智慧　如海一渧
我雨法雨　充滿世間　一味之法　隨力修行
如彼叢林　藥草諸樹　隨其大小　漸增茂好
諸佛之法　常以一味　令諸世間　普得具足
漸次修行　皆得道果　聲聞緣覺　處於山林
住最後身　聞法得果　是名藥草　各得增長
若諸菩薩　智慧堅固　了達三界　求最上乘
是名小樹　而得增長　復有住禪　得神通力
聞諸法空　心大歡喜　放無數光　度諸衆生
是名大樹　而得增長　如是迦葉　佛所說法
譬如大雲　以一味雨　潤於人華　各得成實
迦葉當知　以諸因緣　種種譬喻　開示佛道
是我方便　諸佛亦然　今為汝等　說最實事
諸聲聞衆　皆非滅度　汝等所行　是菩薩道
漸漸修學　悉當成佛

妙法蓮華經授記品第六

尒時世尊說是偈已　告諸大衆　唱如是言
我此弟子摩訶迦葉　於未來世　當得奉覲三
百億諸佛世尊　供養恭敬　尊重讚歎　廣宣諸
佛無量大法　於最後身　得成為佛　名曰光

BD03314 號　妙法蓮華經卷三　（24–3）

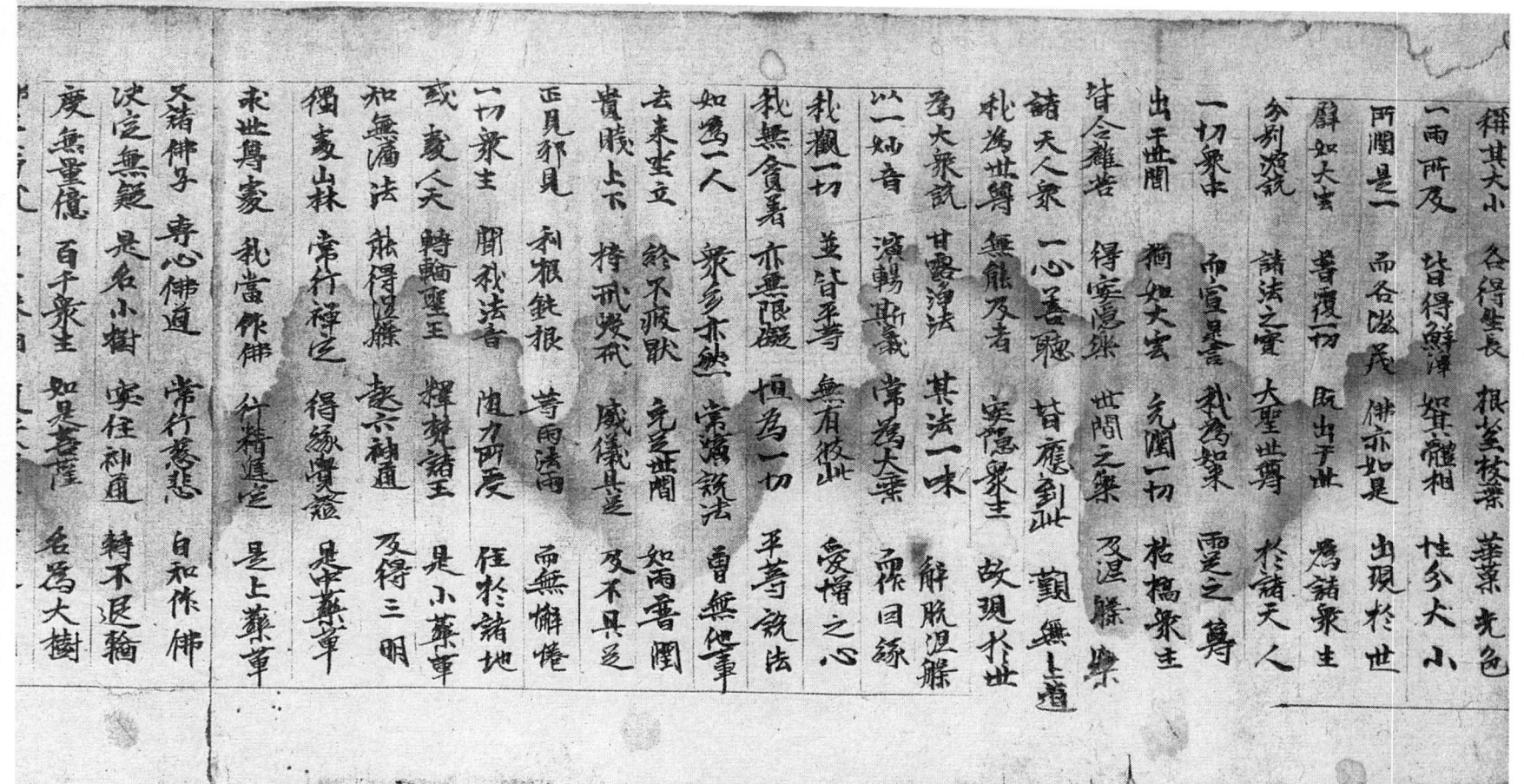

尒時世尊說是偈已告諸大衆唱如是言
我此弟子摩訶迦葉於未來世當得奉覲三
百億諸佛世尊供養恭敬尊重讚歎廣宣諸
佛無量大法於最後身得成為佛名曰光
明如來應供正遍知明行足善逝世間解無
上調御丈夫天人師佛世尊國名光德劫名
大莊嚴佛壽十二小劫正法住二十小劫像
法亦住二十小劫國界嚴飾無諸穢惡瓦
礫荊棘便利不淨其土平正無有高下坑坎
堆阜瑠璃為地寶樹行列黃金為繩以界道
側散諸寶華周遍清淨其國菩薩無量千
億諸聲聞衆亦復無數無有魔事雖有
魔及魔民皆護佛法尒時世尊欲重宣此
義而說偈言
告諸比丘　我以佛眼　見是迦葉　於未來世
過無數劫　當得作佛　而於來世　供養奉覲
三百万億　諸佛世尊　為佛智慧　淨脩梵行
供養最上　二足尊已　脩習一切　無上之慧
於最後身　得成為佛　其土清淨　瑠璃為地
多諸寶樹　行列道側　金繩界道　見者歡喜
常出好香　散衆名華　種種奇妙　以為莊嚴
其地平正　無有丘坑　諸菩薩衆　不可稱計
其心調柔　逮大神通　奉持諸佛　大乘經典
諸聲聞衆　無漏後身　法王之子　亦不可計
乃以天眼　不能數知　其佛當壽　十二小劫
正法住世　二十小劫　像法亦住　十二小劫

BD03314號　妙法蓮華經卷三　（24–4）

其心調柔　逮大神通　奉持諸佛　大乘經典
諸聲聞衆　無漏後身　法王之子　亦不可計
乃以天眼　不能數知　其佛當壽　十二小劫
正法住世　二十小劫　像法亦住　十二小劫
光明世尊　其事如是
尒時大目揵連須菩提摩訶迦旃延等皆
悉悚慄一心合掌瞻仰世尊目不暫捨即共
同聲而說偈言
大雄猛世尊　諸釋之法王　哀愍我等故　而賜佛音聲
若知我深心　見為授記者　如以甘露灑　除熱得清涼
如從飢國來　忽遇大王饍　心猶懷疑懼　未敢即便食
若復得王教　然後乃敢食　我等亦如是　每惟小乘過
不知當云何　得佛無上慧　雖聞佛音聲　言我等作佛
心尚懷憂懼　如未敢便食　若蒙佛授記　尒乃快安樂
大雄猛世尊　常欲安世間　願賜我等記　如飢須教食
尒時世尊知諸大弟子心之所念告諸比丘
是須菩提於當來世奉覲三百万億那由他
佛供養恭敬尊重讚歎常脩梵行具菩
薩道於最後身得成為佛号曰名相如來應
供正遍知明行足善逝世間解無上士調御丈
夫天人師佛世尊劫名有寶國名寶生其土平
正頗梨為地寶樹莊嚴無諸丘坑沙礫荊
棘便利之穢寶華覆地周遍清淨其土人
民皆處寶臺珍妙樓閣聲聞弟子無量無
邊筭數譬喻所不能知諸菩薩衆無數千万
億那由他佛壽十二小劫正法住世二十小劫像法亦
住二十小劫其佛常處虛空為衆說法

BD03314號　妙法蓮華經卷三　（24–5）

棘便利之穢寶華覆地周遍清淨其土人
民皆處寶臺珎妙樓閣聲聞弟子無量無
邊筭數譬喻所不能知諸菩薩衆無數千万
億那由他佛壽十二小劫正法住世二十小劫像法亦
住二十小劫其佛常處虛空為衆說法度脫
無量菩薩及聲聞衆尒時世尊欲重宣此
義而說偈言
諸比丘衆　今告汝等　皆當一心　聽我所說
我大弟子　須菩提者　當得作佛　号曰名相
當供無數　万億諸佛　隨佛所行　漸具大道
最後身得　三十二相　端正姝妙　猶如寶山
其佛國土　嚴淨第一　衆生見者　無不愛樂
佛於其中　度無量衆　其佛法中　多諸菩薩
皆悉利根　轉不退輪　彼國常以　菩薩莊嚴
諸聲聞衆　不可稱數　皆得三明　具六神通
住八解脫　有大威德　其佛說法　現於無量
神通變化　不可思議　諸天人民　數如恒沙
皆共合掌　聽受佛語　其佛當壽　十二小劫
正法住世　二十小劫　像法亦住　二十小劫
尒時世尊復告諸比丘衆我今語汝是大迦
旃延於當來世以諸供具供養奉事八千
億佛恭敬尊重諸佛滅後各起塔廟高千
由旬縱廣正等五百由旬以金銀琉璃車璖馬瑙真
珠玫瑰七寶合成衆華瓔珞塗香末香燒
香繒蓋幢幡供養塔廟過是已後當復供
養二万億佛亦復如是供養是諸佛已具菩

BD03314號　妙法蓮華經卷三

（24-6）

由旬縱廣正等五百由旬以金銀琉璃車璖馬瑙真
珠玫瑰七寶合成衆華瓔珞塗香末香燒
香繒蓋幢幡供養塔廟過是已後當復供
養二万億佛亦復如是供養是諸佛已具菩
薩道當得作佛号曰閻浮那提金光如來應供
正遍知明行足善逝世間解無上士調御丈
夫天人師佛世尊其土平正頗梨為地寶樹
莊嚴黃金為繩以界道側妙華覆地周遍清
淨見者歡喜無四惡道地獄餓鬼畜生阿脩
羅道多有天人諸聲聞衆及諸菩薩無量
万億莊嚴其國佛壽十二小劫正法住世二十
小劫像法亦住二十小劫尒時世尊欲重宣
此義而說偈言
諸比丘衆　皆一心聽　如我所說　真實無異
是迦旃延　當以種種　妙好供具　供養諸佛
諸佛滅後　起七寶塔　亦以華香　供養舍利
其最後身　得佛智慧　成等正覺　國土清淨
度脫無量　万億衆生　皆為十方　之所供養
佛之光明　無能勝者　其佛号曰　閻浮金光
菩薩聲聞　斷一切有　無量無數　莊嚴其國
尒時世尊復告大衆我今語汝是大目揵連
當以種種供具供養八千諸佛恭敬尊重
諸佛滅後各起塔廟高千由旬縱廣正等
五百由旬以金銀琉璃車璖馬瑙真珠玫瑰七
寶合成衆華瓔珞塗香末香燒香繒蓋幢幡
以用供養過是已後當復供養二百万億諸佛

BD03314號　妙法蓮華經卷三

（24-7）

諸佛滅後各起塔廟高千由旬縱廣正等
五百由旬以金銀琉璃車𤦲馬瑙真珠玫瑰七
寶合成衆華瓔珞塗香末香燒香繒蓋幢幡
以用供養過是已後當復供養二百万億諸佛
亦復如是當得成佛号曰多摩羅跋栴檀香
如來應供正遍知明行足善逝世間解無上
士調御丈夫天人師佛世尊劫名喜滿國名
意樂其土平正頗梨爲地寶樹莊嚴散真
珠華周遍清淨見者歡喜多諸天人菩薩
聲聞其數無量佛壽二十四小劫正法住世四
十小劫像法亦住四十小劫尒時世尊欲重宣
此義而說偈言
我此弟子　大目揵連　捨是身已　得見八千
二百万億　諸佛世尊　爲佛道故　供養恭敬
於諸佛所　常修梵行　於無量劫　奉持佛法
諸佛滅後　起七寶塔　長表金刹　華香伎樂
而以供養　諸佛塔廟　漸漸具足　菩薩道已
於意樂國　而得作佛　号多摩羅　栴檀之香
其佛壽命　二十四劫　常爲天人　演說佛道
聲聞無量　如恒河沙　三明六通　有大威德
菩薩無數　志固精進　於佛智慧　皆不退轉
佛滅度後　正法當住　四十小劫　像法亦尒
我諸弟子　威德具足　其數五百　皆當授記
於未來世　咸得成佛　我及汝等　宿世因緣
吾今當說　汝等善聽
妙法蓮華經化城喻品第七
佛告諸比丘乃往過去無量無邊不可思議

我諸[illegible]
於未來世　咸得成佛　我及汝等　宿世因緣
吾今當說　汝等善聽
妙法蓮華經化城喻品第七
佛告諸比丘乃往過去無量無邊不可思議
阿僧祇劫尒時有佛名大通智勝如來應
供正遍知明行足善逝世間解無上士調御丈
夫天人師佛世尊其國名好成劫名大相諸
比丘彼佛滅度已來甚大久遠譬如三千大
千世界所有地種假使有人磨以爲墨過於
東方千國土乃下一點大如微塵又過千國
土復下一點如是展轉盡地種墨於汝等意
云何是諸國土若算師若算師弟子能得
邊際知其數不不也世尊諸比丘是人所經國
土若點不點盡末爲塵一塵一劫彼佛滅度
已來復過是數無量無邊百千万億阿僧
祇劫我以如來知見力故觀彼久遠猶若今日
尒時世尊欲重宣此義而說偈言
我念過去世　無量無邊劫　有佛兩足尊　名大通智勝
如人以力磨　三千大千土　盡此諸地種　皆悉以爲墨
過於千國土　乃下一塵點　如是展轉點　盡此諸塵墨
如是諸國土　點與不點等　復盡末爲塵　一塵爲一劫
此諸微塵數　其劫復過是　彼佛滅度來　如是無量劫
如來無礙智　知彼佛滅度　及聲聞菩薩　如見今滅度
諸比丘當知　佛智淨微妙　無漏無所礙　通達無量劫
佛告諸比丘大通智勝佛壽五百四十万億那
由他劫其佛本坐道場破魔軍已垂得阿

如來無礙智　知彼佛滅度　及聲聞菩薩　如見今滅度
諸比丘當知　佛智淨微妙　無漏無所礙　通達無量劫
佛告諸比丘大通智勝佛壽五百四十万億那
由他劫其佛本坐道場破魔軍已垂得阿
耨多羅三藐三菩提而諸佛法不現在前如
是一小劫乃至十小劫結跏趺坐身心不動
而諸佛法猶不在前尓時忉利諸天先為彼
佛於菩提樹下敷師子座高一由旬佛於此
座當得阿耨多羅三藐三菩提適坐此座時
諸梵天王雨衆天華面百由旬香風時來吹
去萎華更雨新者如是不絕滿十小劫供
養於佛乃至滅度常雨此華四王諸天為
供養佛常擊天鼓其餘諸天作天伎樂
滿十小劫至于滅度亦復如是諸比丘大通智勝佛
過十小劫諸佛之法乃現在前成阿耨多羅
三藐三菩提其佛未出家時有十六子其第一
者名曰智積諸子各有種種珍異玩好之
具聞父得成阿耨多羅三藐三菩提皆捨所
珍往詣佛所諸母涕泣而隨送之其祖轉輪聖
王與一百大臣及餘百千万億人民皆共圍
繞隨至道場咸欲親近大通智勝如來供養
恭敬尊重讚歎到已頭面礼足繞佛畢已一
心合掌瞻仰世尊以偈頌曰
大威德世尊　為度衆生故　於無量億歲　尓乃得成佛
諸願已具足　善哉吉無上　世尊甚希有　一坐十小劫

繞隨至道場咸欲親近大通智勝如來供養
恭敬尊重讚歎到已頭面礼足繞佛畢已一
心合掌瞻仰世尊以偈頌曰
大威德世尊　為度衆生故　於無量億歲　尓乃得成佛
諸願已具足　善哉吉無上　世尊甚希有　一坐十小劫
身體及手足　靜然安不動　其心常惔怕　未曾有散亂
究竟永寂滅　安住無漏法　今者見世尊　安隱成佛道
我等得善利　稱慶大歡喜　衆生常苦惱　盲瞑無導師
不識苦盡道　不知求解脫　長夜增惡趣　減損諸天衆
從瞑入於瞑　永不聞佛名　今佛得最上　安隱無漏法
我等及天人　為得最大利　是故咸稽首　歸命無上尊
尓時十六王子偈讚佛已勸請世尊轉於法
輪咸作是言世尊說法多所安隱憐愍饒益
諸天人民重說偈言
世雄無等倫　百福自莊嚴　得無上智慧　願為世間說
度脫於我等　及諸衆生類　為分別顯示　令得是智慧
若我等得佛　衆生亦復然　世尊知衆生　深心之所念
亦知所行道　又知智慧力　欲樂及修福　宿命所行業
世尊悉知已　當轉無上輪
佛告諸比丘大通智勝佛得阿耨多羅三藐
三菩提時十方各五百万億諸佛世界六種
震動其國中間幽瞑之處日月威光所不能
照而皆大明其中衆生各得相見咸作是言
此中云何忽生衆生又其國界諸天宮殿乃
至梵宮六種震動大光普照遍世界勝諸
天光尓時東方五百万億諸國土中梵天宮殿

照而皆大明其中衆生各得相見咸作是言
此中云何忽生衆生又其國界諸天宮殿乃
至梵宮六種震動大光普照遍世界勝諸
天光尒時東方五百万億諸國土中梵天宮殿
光明照曜倍於常明諸梵天王各作是念今
者宮殿光明昔所未有以何因緣而現此相
是時諸梵天王即各相詣共議此事而彼
衆中有一大梵天王名救一切為諸梵天衆
而說偈言
我等諸宮殿　光明昔未有　此是何因緣　宜各共求之
為大德天生　為佛出世間　而此大光明　遍照於十方
尒時五百万億國土諸梵天王與宮殿俱各
以衣裓盛諸天華共詣西方推尋是相見大
通智勝如來處于道場菩提樹下坐師子
座諸天龍王乾闥婆緊那羅摩睺羅伽人
非人等恭敬圍繞及見十六王子請佛轉法輪即
時諸梵天王頭面礼佛繞百千帀即以天華
而散佛上其所散華如須弥山并以供養佛
菩提樹其菩提樹高十由旬華供養已各以宮
殿奉上彼佛而作是言唯見哀愍饒益我
等所獻宮殿願垂納處時諸梵天王即於佛
前一心同聲以偈頌曰
世尊甚希有　難可得值遇　具無量功德　能救護一切
天人之大師　哀愍於世間　十方諸衆生　普皆蒙饒益
我等所從來　五百万億國　捨深禪定樂　為供養佛故
尒時諸梵天王偈讚佛已各作是言唯願世
尊轉於法輪度脫衆生開涅槃道時諸梵天

BD03314號　妙法蓮華經卷三　（24–12）

世尊甚希有　難可得值遇　具無量功德　能救護一切
天人之大師　哀愍於世間　十方諸衆生　普皆蒙饒益
我等所從來　五百万億國　捨深禪定樂　為供養佛故
尒時諸梵天王偈讚佛已各作是言唯願世
尊轉於法輪度脫衆生開涅槃道時諸梵天
王一心同聲而說偈言
世雄兩足尊　唯願演說法　以大慈悲力　度苦惱衆生
尒時大通智勝如來嘿然許之又諸比丘東
南方五百万億國土諸大梵王各自見宮殿
光明照曜昔所未有歡喜踊躍生希有心即
各相詣共議此事而彼衆中有一大梵天王
名曰大悲為諸梵而說偈言
是事何因緣　而現如此相　我等諸宮殿　光明昔未有
為大德天生　為佛出世間　未曾見此相　當共一心求
過千万億土　尋光共推之　多是佛出世　度脫苦衆生
尒時五百万億諸梵天王與宮殿俱各以衣
裓盛諸天華共詣西北方推尋是相見大通
智勝如來處于道場菩提樹下坐師子座諸
天龍王乾闥婆緊那羅摩睺羅伽人非人等
恭敬圍繞及見十六王子請佛轉法輪時諸
梵天王頭面礼佛繞百千帀即以天華而散
佛上所散之華如須弥山并以供養佛菩提
樹華供養已各以宮殿奉上彼佛而作是言
唯見哀愍饒益我等所獻宮殿願垂納處
時諸梵王天即於佛前一心同聲以偈頌曰
聖主天中王　迦陵頻伽聲　哀愍衆生者　我等今敬礼

BD03314號　妙法蓮華經卷三　（24–13）

樹華供養已各以宮殿奉上彼佛而作是言
唯見哀愍饒益我等所獻宮殿願垂納處
時諸梵天王即於佛前一心同聲以偈頌曰
聖主天中王　迦陵頻伽聲　哀愍眾生者　我等今敬禮
世尊甚希有　久遠乃一現　一百八十劫　空過無有佛
三惡道充滿　諸天眾減少　今佛出於世　為眾生作眼
世間所歸趣　救護於一切　為眾生之父　哀愍饒益者
我等宿福慶　今得值世尊
尒時諸梵天王偈讚佛已各作是言唯願世
尊哀愍一切轉於法輪度脫眾生時諸梵
天王一心同聲而說偈言
大聖轉法輪　顯示諸法相　度苦惱眾生　令得大歡喜
眾生聞此法　得道若生天　諸惡道減少　忍善者增益
尒時大通智勝如來嘿然許之又諸比丘南
方五百万億國土諸大梵王各自見宮殿光
明照曜昔所未有歡喜踊躍生希有心即
各相詣共議此事以何因緣我等宮殿有此光
曜而彼眾中有一大梵天王名曰妙法為諸梵
眾而說偈言
我等諸宮殿　光明甚威曜　此非無因緣　是相宜求之
過於百千劫　未曾有是相　為大德天生　為佛出世間
尒時五百万億諸梵天王與宮殿俱各以衣
裓盛諸天華共詣北方推尋是相見大通
智勝如來處于道場菩提樹下坐師子座諸
天龍王乾闥婆緊那羅摩睺羅伽人非人等恭
敬圍繞及見十六王子請佛轉法輪時諸梵

BD03314號　妙法蓮華經卷三

（24–14）

尒時五百万億諸梵天王與宮殿俱各以衣
裓盛諸天華共詣北方推尋是相見大通
智勝如來處于道場菩提樹下坐師子座諸
天龍王乾闥婆緊那羅摩睺羅伽人非人等恭
敬圍繞及見十六王子請佛轉法輪時諸梵
天王頭面禮佛繞百千帀即以天華而散佛上
所散之華如須弥山并以供養佛菩提樹華
供養已各以宮殿奉上彼佛而作是言唯見
哀愍饒益我等所獻宮殿願垂納處尒時
諸梵天王即於佛前一心同聲以偈頌曰
世尊甚難見　破諸煩惱者　過百三十劫　今乃得一見
諸飢渴眾生　以法雨充滿　昔所未曾覩　無量智慧者
如優曇波羅　今日乃值遇　我等諸宮殿　蒙光故嚴飾
世尊大慈愍　唯願垂納受
尒時諸梵天王偈讚佛已各作是言唯願世尊
轉於法輪令一切世間諸天魔梵沙門婆羅
門皆獲安隱而得度脫時諸梵天王一心
同聲以偈頌曰
唯願天人尊　轉無上法輪　擊于大法鼓　而吹大法螺
普雨大法雨　度無量眾生　我等咸歸請　當演深遠音
尒時大通智勝如來嘿然許之西南方乃至
下方亦復如是尒時上方五百万億國土諸大
梵王皆悉自覩所止宮殿光明威曜昔所
未有歡喜踊躍生希有心即各相詣共議此
事以何因緣我等宮殿有斯光明而彼眾中
有一大梵天王名曰尸棄為諸梵眾而說
偈言

BD03314號　妙法蓮華經卷三

（24–15）

梵王皆悉自覩所止宮殿光明威曜昔所
未有歡喜踊躍生希有心即各相詣共議此
事以何因緣我等宮殿有斯光明而彼衆中
有一大梵天王名曰尸棄為諸梵衆而說
偈言
今以何因緣　我等諸宮殿　威德光曜明　嚴飾未曾有
如是之妙相　昔所未聞見　為大德天生　為佛出世間
尒時五百万億諸梵天王與宮殿俱各以衣
裓盛諸天華共詣下方推尋是相見大通智
勝如來處于道場菩提樹下坐師子座諸天
龍王乾闥婆緊那羅摩睺羅伽人非人等
恭敬圍繞及見十六王子請佛轉法輪時諸梵
天王頭面禮佛繞百千帀即以天華而散佛
上所散之華如須弥山并以供養佛菩提樹
華供養已各以宮殿奉上彼佛而作是言唯
見哀愍饒益我等所獻宮殿願垂納受時
諸梵天王即於佛前一心同聲以偈頌曰
善哉見諸佛　救世之聖尊　能於三界獄　勉出諸衆生
普智天人尊　哀愍群萌類　能開甘露門　廣度於一切
於昔無量劫　空過無有佛　世尊未出時　十方常暗瞑
三惡道增長　阿修羅亦盛　諸天衆轉減　死多墮惡道
不從佛聞法　常行不善事　色力及智慧　斯等皆減少
罪業因緣故　失樂及樂想　住於邪見法　不識善儀則
不蒙佛所化　常墮於惡道　佛為世間眼　久遠時乃出
哀愍諸衆生　故現於世間　超出成正覺　我等甚欣慶
及餘一切衆　喜歎未曾有　我等諸宮殿　蒙光故嚴飾
今以奉世尊　唯垂哀納受　願以此功德　普及於一切

BD03314號　妙法蓮華經卷三　（24–16）

不蒙佛所化　常墮於惡道　佛為世間眼　久遠時乃出
哀愍諸衆生　故現於世間　超出成正覺　我等甚欣慶
及餘一切衆　喜歎未曾有　我等諸宮殿　蒙光故嚴飾
今以奉世尊　唯垂哀納受　願以此功德　普及於一切
我等與衆生　皆共成佛道
尒時五百万億諸梵天王偈讚佛已各白佛
言唯願世尊轉於法輪多所安隱多所度脫
時諸梵天王而說偈言
世尊轉法輪　擊甘露法鼓　度苦惱衆生　開示涅槃道
唯願受我請　以大微妙音　哀愍而敷演　無量劫習法
尒時大通智勝如來受十方諸梵天王及十
六王子請即時三轉十二行法輪若沙門婆羅
門若天魔梵及餘世間所不能轉謂是苦
是苦集是苦滅是苦滅道及廣說十二因緣
法無明緣行行緣識識緣名色名色緣六入
六入緣觸觸緣受受緣愛愛緣取取緣有有
緣生生緣老死憂悲苦惱無明滅則行滅行滅
則識滅識滅則名色滅名色滅則六入滅六入
滅則觸滅觸滅則受滅受滅則愛滅愛滅
則取滅取滅則有滅有滅則生滅生滅則老死
憂悲苦惱滅佛於天人大衆之中說是法
法時六百万億那由他人以不受一切法故而
於諸漏心得解脫皆得深妙禪定三明六通
具八解脫第二第三第四說法時千万億恒
河沙那由他等衆生亦以不受一切法故而
於諸漏心得解脫從是已後諸聲聞衆無

BD03314號　妙法蓮華經卷三　（24–17）

法時六百万億那由他人以不受一切法故而
於諸漏心得解脫皆得深妙禪定三明六通
具八解脫第二第三第四說法時千万億恒
河沙那由他等衆生亦以不受一切法故而
於諸漏心得解脫從是已後諸聲聞衆無
量無邊不可稱數尒時十六王子皆以童子
出家而為沙弥諸根通利智慧明了已曾供
養百千万億諸佛淨脩梵行求阿耨多羅三
藐三菩提俱白佛言世尊是諸無量千万億
大德聲聞皆已成就世尊亦當為我等說阿
耨多羅三藐三菩提法我等聞已皆共脩學
世尊我等志願如來知見深心所念佛自證
知尒時轉輪聖王所將衆中八万億人見十
六王子出家亦求出家王即聽許尒時彼佛
受沙弥請過二万劫已乃於四衆之中說是
大乘經名妙法蓮華教菩薩法佛所護念
說是經已十六沙弥為阿耨多羅三藐三菩
提故皆共受持諷誦通利說是經時十六菩薩
沙弥皆悉信受聲聞衆中亦有信解其餘衆
生千万億種皆生疑惑佛說是經於八千劫
未曾休廢說此經已即入靜室住於禪定八
万四千劫是時十六菩薩沙弥知佛入室寂然
禪定各昇法座亦於八万四千劫為四部衆
廣說分別妙法華經一一皆度六百万億那
由他恒河沙等衆生示教利喜令發阿耨多
羅三藐三菩提心大通智勝佛過八万四千

BD03314 號　妙法蓮華經卷三

（24–18）

廣說分別妙法華經一一皆度六百万億那
由他恒河沙等衆生示教利喜令發阿耨多
羅三藐三菩提心大通智勝佛過八万四千
劫已從三昧起往詣法座安詳而坐普告
大衆是十六菩薩沙弥甚為希有諸根通利
智慧明了已曾供養無量千万億數諸佛於
諸佛所常脩梵行受持佛智開示衆生令
入其中汝等皆當數數親近而供養之所以者
何聲聞辟支佛及諸菩薩能信是十六菩
薩所說經法受持不毀者是人皆當得阿耨
多羅三藐三菩提如來之慧佛告諸比丘是十
六菩薩常樂說是妙法蓮華經一一菩薩所
化六百万億那由他恒河沙等衆生世世所生
與菩薩俱從其聞法悉皆信解以此因緣
得值四万億諸佛世尊于今不盡諸比丘
我今語汝彼佛弟子十六沙弥今皆得阿耨
多羅三藐三菩提於十方國土現在說法有
無量百千万億菩薩聲聞以為眷屬其二沙
弥東方作佛一名阿閦在歡喜國二名須弥
頂東南方二佛一名師子音二名師子相南
方二佛一名虛空住二名常滅西南方二佛
一名帝相二名梵相西方二佛一名阿弥陁
二名度一切世間苦惱西北方二佛一名多摩羅
跋栴檀香神通二名須弥相北方二佛一
名雲自在二名雲自在王東北方佛名壞一
切世間怖畏第十六我釋迦牟尼佛於娑婆

BD03314 號　妙法蓮華經卷三

（24–19）

二名梵相西方二佛一名阿弥陀
二名度一切世間苦惱西北方二佛一名多摩羅
跋旃檀香神通二名須弥相北方二佛一
名雲自在二名雲自在王東北方佛名壞一
切世間怖畏第十六我釋迦牟尼佛於娑婆
國土成阿耨多羅三藐三菩提諸比丘我等
為沙弥時各各教化無量百千億恒河沙等
衆生從我聞法為阿耨多羅三藐三菩提此諸
衆生于今有住聲聞地者我常教化阿耨
多羅三藐三菩提是諸人等應以是法
漸入佛道所以者何如來智慧難信難解
尒時所化無量恒河沙等衆生者汝等諸
比丘及我滅度後未來世中聲聞弟子是也
我滅度後復有弟子不聞是經不知不覺菩薩
所行自於所得功德生滅度想當入涅槃我於
餘國作佛更有異名是人雖生滅度之想入
於涅槃而於彼土求佛智慧得聞是經唯
以佛乘而得滅度更無餘乘除諸如來方便
說法諸比丘若如來自知涅槃時到衆又清淨
信解堅固了達空法深入禪定便集諸菩薩
及聲聞衆為說是經世間無有二乘而得滅
度唯一佛乘得滅度耳比丘當知如來方便
深入衆生之性知其志樂小法深著五欲為
是等故說於涅槃是人若聞則便信受譬
如五百由旬險難惡道曠絕無人怖畏之處
若有多衆欲過此道至珍寶處有一導師聰
慧明達

BD03314 號　妙法蓮華經卷三　（24–20）

深入衆生之性知其志樂小法深著五欲為
是等故說於涅槃是人若聞則便信受譬
如五百由旬險難惡道曠絕無人怖畏之處
若有多衆欲過此道至珍寶處有一導師聰
慧明達善知險道通塞之相將導衆人欲過
此難所將人衆中路懈退白導師言我等疲
極而復怖畏不能復進前路猶遠今欲退還
導師多諸方便而作是念此等可愍云何捨大
珍寶而欲退還作是念已以方便力於險道
中過三百由旬化作一城告衆人言汝等勿怖
莫得退還今此大城可於中止隨意所作
若入是城快得安隱若能前至寶所亦可得
去是時疲極之衆心大歡喜歎未曾有我
等今者免斯惡道快得安隱於是衆人前入
化城生已度想生安隱想尒時導師知此人衆
既得止息無復疲惓即滅化城語衆人言汝
等去來寶處在近向者大城我所化作為止
息耳諸比丘如來亦復如是今為汝等作大
導師知諸生死煩惱惡道險難長遠應去
應度若衆生但聞一佛乘者則不欲見佛不
欲親近便作是念佛道長遠久受勤苦乃可
得成佛知是心怯弱下劣以方便力而於中道
為止息故說二涅槃若衆生住於二地如來
尒時即便為說汝等所作未辦汝所住地近於
佛慧當觀察籌量所得涅槃非真實也
但是如來方便之力於一佛乘分別說三如彼導
師為止息故化作大城既知息已而告之言

BD03314 號　妙法蓮華經卷三　（24–21）

佛慧當觀察籌量所得涅槃非真實也
但是如來方便之力於一佛乘分別說三如彼導
師為止息故化作大城既知息已而告之言
寶處在近此城非實我化作耳尒時世尊欲
重宣此義而說偈言
大通智勝佛　十劫坐道場　佛法不現前　不得成佛道
諸天龍神王　阿修羅眾等　常雨於天華　以供養彼佛
諸天擊天鼓　并作眾伎樂　香風吹萎華　更雨新好者
過十小劫已　乃得成佛道　諸天及世人　心皆懷踊躍
彼佛十六子　皆與其眷屬　千万億圍繞　俱行至佛所
頭面禮佛足　而請轉法輪　聖師子法雨　充我及一切
世尊甚難值　久遠時一現　為覺悟群生　震動於一切
東方諸世界　五百万億國　梵宮殿光曜　昔所未曾有
諸梵見此相　尋來至佛所　散華以供養　并奉上宮殿
請佛轉法輪　以偈而讚歎　佛知時未至　受請默然坐
三方及四維　上下亦復尒　散華奉宮殿　請佛轉法輪
世尊甚難值　願以大慈悲　廣開甘露門　轉無上法輪
無量慧世尊　受彼眾人請　為宣種種法　四諦十二緣
無明至老死　皆從生緣有　如是眾過患　汝等應當知
宣暢是法時　六百万億姟　得盡諸苦際　皆成阿羅漢
第二說法時　千万恒沙眾　於諸法不受　亦得阿羅漢
從是後得道　其數無有量　万億劫筭數　不能得其邊
時十六王子　出家作沙彌　皆共請彼佛　演說大乘法
我等及營從　皆當成佛道　願得如世尊　慧眼第一淨
佛知童子心　宿世之所行　以無量因緣　種種諸譬喻
說六波羅蜜　及諸神通事　分別真實法　菩薩所行道

BD03314號　妙法蓮華經卷三

（24–22）

我等及營從　皆當成佛道　願得如世尊　慧眼第一淨
佛知童子心　宿世之所行　以無量因緣　種種諸譬喻
說六波羅蜜　及諸神通事　分別真實法　菩薩所行道
說是法華經　如恒河沙偈　彼佛說經已　靜室入禪定
一心一處坐　八万四千劫　是諸沙彌等　知佛禪未出
為無量億眾　說佛無上慧　各各坐法座　說是大乘經
於佛宴寂後　宣揚助法化　一一沙彌等　所度諸眾生
有六百万億　恒河沙等眾　彼佛滅度後　是諸聞法者
在在諸佛土　常與師俱生　是十六沙彌　具足行佛道
今現在十方　各得成正覺　尒時聞法者　各在諸佛所
其有住聲聞　漸教以佛道　我在十六數　曾亦為汝說
是故以方便　引汝趣佛慧　以是本因緣　今說法華經
令汝入佛道　慎勿懷驚懼　譬如險惡道　迥絕多毒獸
又復無水草　人所怖畏處　無數千万眾　欲過此險道
其路甚曠遠　經五百由旬　時有一導師　強識有智慧
明了心決定　在險濟眾難　眾人皆疲倦　而白導師言
我等今頓乏　於此欲退還　導師作是念　此輩甚可愍
如何欲退還　而失大珎寶　尋時思方便　當設神通力
化作大城郭　莊嚴諸舍宅　周帀有園林　渠流及浴池
重門高樓閣　男女皆充滿　即作是化已　慰眾言勿懼
汝等入此城　各可隨所樂　諸人既入城　心皆大歡喜
皆生安隱想　自謂已得度　導師知息已　集眾而告言
汝等當前進　此是化城耳　我見汝疲極　中路欲退還
故以方便力　權化作此城　汝今勤精進　當共至寶所
我亦復如是　為一切導師　見諸求道者　中路而懈廢
不能度生死　煩惱諸險道　故以方便力　為息說涅槃

BD03314號　妙法蓮華經卷三

（24–23）

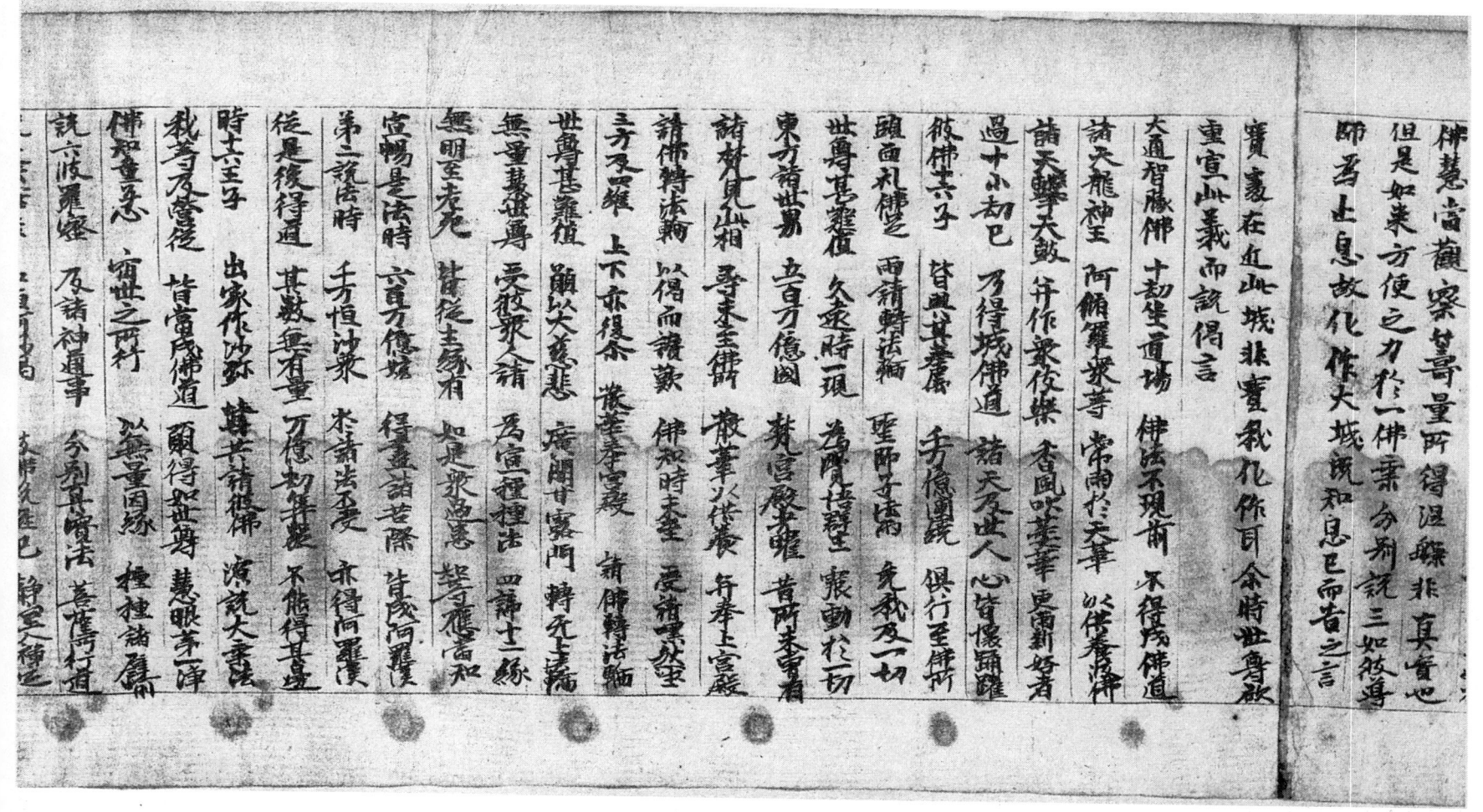

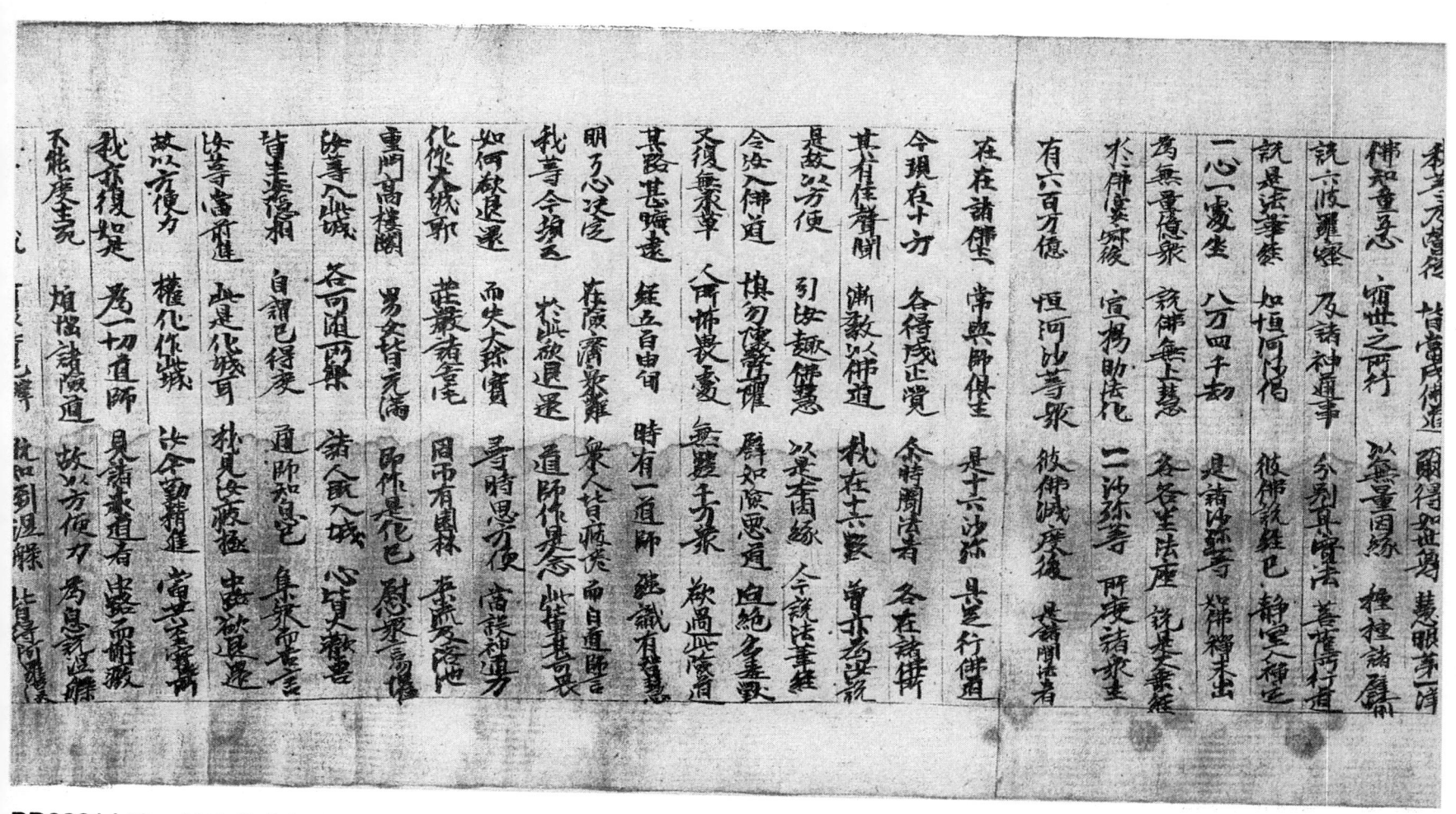

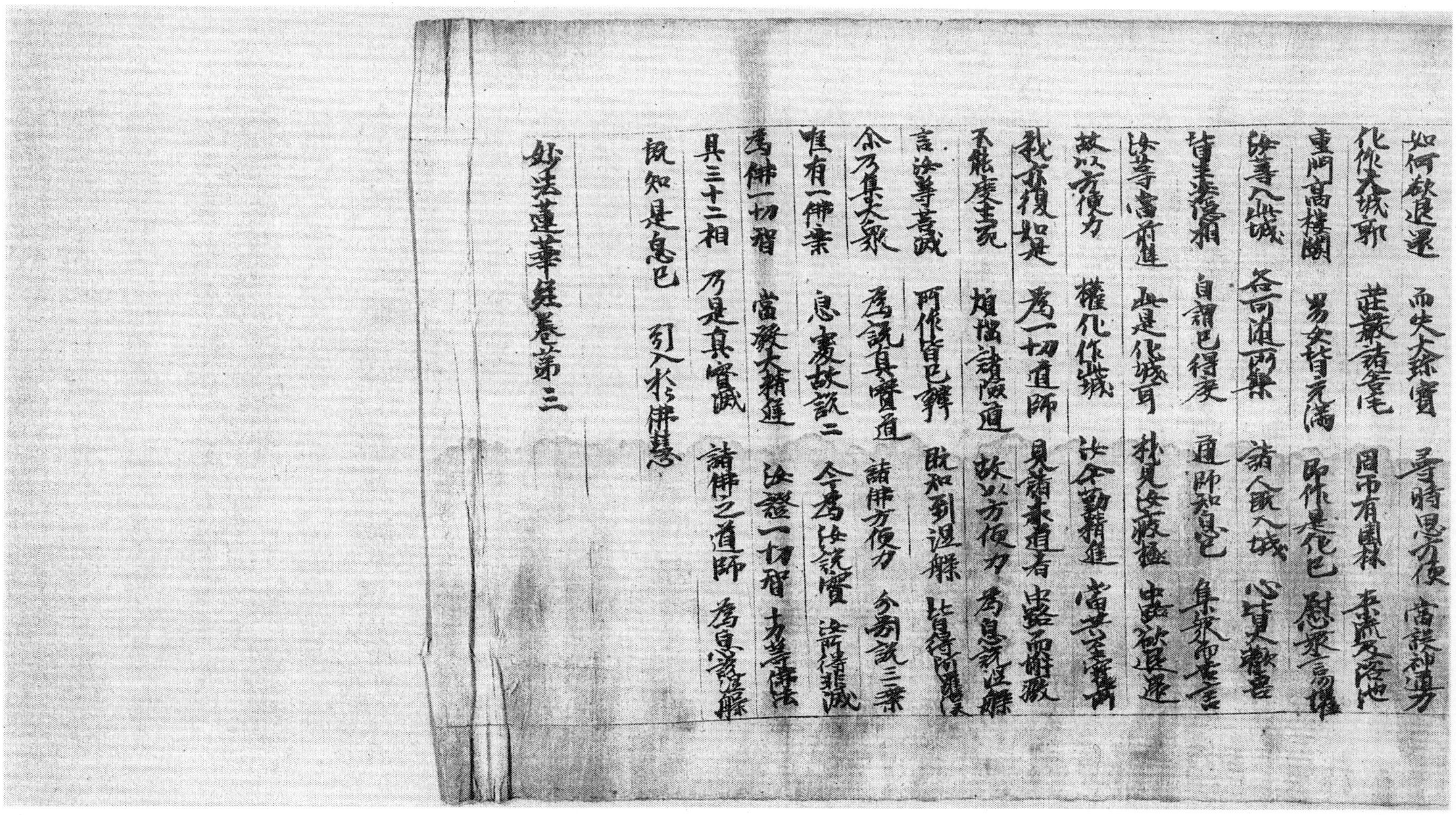
如何欲退還　而失大珎寶　尋時思方便　當設神通力
化作大城郭　莊嚴諸舍宅　周帀有園林　渠流及浴池
重門高樓閣　男女皆充滿　即作是化已　慰衆言勿懼
汝等入此城　各可隨所樂　諸人既入城　心皆大歡喜
皆生安隱想　自謂已得度　導師知息已　集衆而告言
汝等當前進　此是化城耳　我見汝疲極　中路欲退還
故以方便力　權化作此城　汝今勤精進　當共至寶所
我亦復如是　為一切導師　見諸求道者　中路而懈廢
不能度生死　煩惱諸險道　故以方便力　為息說涅槃
言汝等苦滅　所作皆已辦　既知到涅槃　皆得阿羅漢
尒乃集大衆　為說真實法　諸佛方便力　分別說三乘
唯有一佛乘　息處故說二　今為汝說實　汝所得非滅
為佛一切智　當發大精進　汝證一切智　十力等佛法
具三十二相　乃是真實滅　諸佛之導師　為息說涅槃
既知是息已　引入於佛慧

妙法蓮華經卷第三

BD03314 號　妙法蓮華經卷三　（24–24）

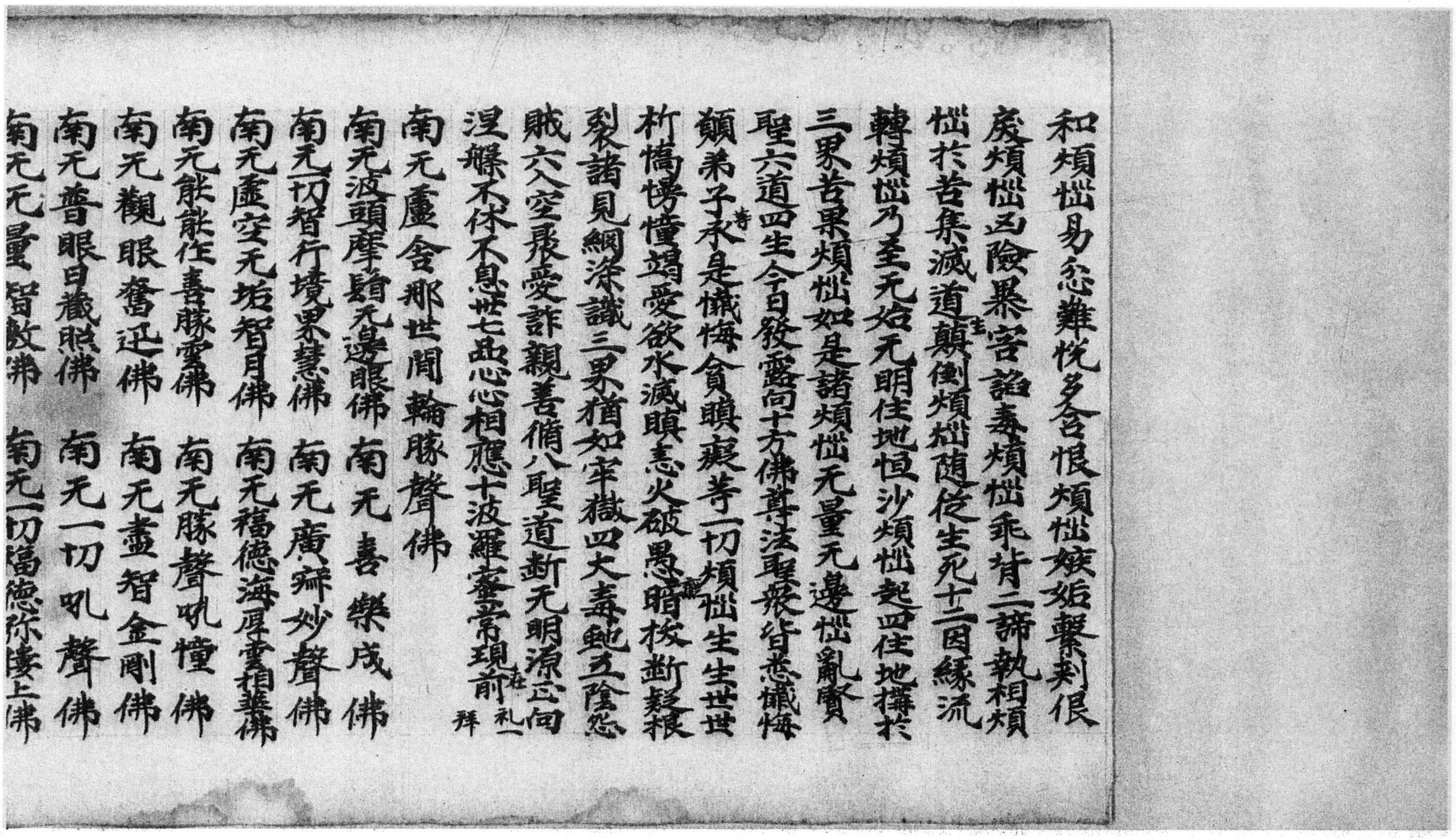
和煩惱易忿難悅多含恨煩惱嫉妬繫刺佷
戾煩惱凶險暴害諂毒煩惱乖背二諦執相煩
惱於苦集滅道顛倒煩惱隨從生死十二因緣流
轉煩惱乃至无始无明住地恒沙煩惱起四住地構於
三界苦果煩惱如是諸煩惱无量无邊惱亂賢
聖六道四生今日發露向十方佛尊法聖衆皆悉懺悔
願弟子等承是懺悔貪瞋癡等一切煩惱生生世世
折憍慢幢竭愛欲水滅瞋恚火破愚癡闇拔斷疑根
裂諸見網深識三界猶如牢獄四大毒蛇五陰怨
賊六入空聚愛詐親善修八聖道斷无明源正向
涅槃不休不息卅七品心相應十波羅蜜常現前　在礼一拜
南无盧舍那世間輪勝聲佛
南无波頭摩勝无邊眼佛　南无喜樂成佛
南无一切智行境界慧佛　南无廣稱妙聲佛
南无虛空无垢智月佛　南无福德海厚雲相善佛
南无能作善勝雲佛　南无勝聲吼幢佛
南无觀眼奮迅佛　南无盡智金剛佛
南无普眼日藏照佛　南无一切吼聲佛
南无无量智敵佛　南无一切福德彌樓上佛

BD03315 號　佛名經（十六卷本）卷八　（14–1）

南无一切智行境界慧佛　南无廣稱妙聲佛
南无虛空无垢智月佛　南无福德海厚雲相華佛
南无能能作善勝雲佛　南无勝聲吼幢佛
南无觀眼奮迅佛　南无盡智金剛佛
南无普眼日藏照佛　南无一切吼聲佛
南无无量智數佛　南无一切福德弥樓上佛
南无根日威德佛　南无滿光明身光佛
南无地第一相華佛　南无雲无畏見佛
南无平等言語雜顯佛　南无寶然燈王佛
南无堅精進奮迅成就義心佛
南无普照觀稱佛　南无慈光明稱勝佛
南无福德稱上勝佛　南无念一切衆生稱勝佛
南无須弥步稱勝佛　南无畢慚愧稱上勝佛
南无教化一切世間佛　南无離一切憂佛
南无離一切難佛　南无離一切世間佛
南无能轉台佛　南无轉女佛
南无轉男女降伏佛　南无佛華勝上王佛
南无不空說名佛　南无善慧法通王佛
南无十方廣功德稱天盡檠佛　南无愛大智見不空聞名佛
南无无量力智勝佛　南无成就梵功德佛
南无香爲佛　南无金剛密迹佛
南无善轉成就義佛　南无盧舍那化勝威德佛
南无常功德然燈王慧佛　南无到諸疑彼岸月佛
南无到法界光量慧佛　南无然燈勝光明佛
南无法界日光明佛　南无无邊无中劫德海轉法

南无善轉成就義佛　南无盧舍那化勝威德佛
南无常功德然燈王慧佛　南无到諸疑彼岸月佛
南无到法界光量慧佛　南无然燈勝光明佛
南无法界日光明佛　南无无邊无中劫德海轉法聲佛
南无日不可思議智見佛　南无寶勝光明威德王佛
南无盡功德妙莊嚴佛　南无不可量力普吼佛
南无普眼滿足然燈佛　南无勝功德炬佛
南无大龍聲佛　南无波頭摩師子坐奮迅齊佛
南无智聚覺光佛　南无住持地善威德王佛
南无善住法然燈王佛　南无不空見生善住佛
南无放身炎幢佛　南无清淨衆生行佛
南无一切德雲普光明佛　南无數華相月智佛
南无第一光明金庭燎佛　南无觀一切法海无差別光明佛
南无化日佛　南无寶蓋勝盧舍那佛
南无善思惟佛　南无精進堅慧佛
南无數華心波頭摩佛　南无清淨眼佛
從此以上六千九百佛十二部經一切賢聖
南无月光自在佛　南无无盡法海寶幢佛
南无金剛波頭摩勝佛　南无廣俱蘇摩住佛
南无人自在幢佛　南无一切智輪照盧舍那佛
南无龍稱无量功德佛　南无寶功德鏡光佛
南无一切力莊嚴慧佛　南无寶須弥山佛
南无一切行光明勝佛　南无一切波羅蜜海佛
南无寶炎西門幢佛　南无成就一切願光明佛
南无自身一切世界佛　南无光明羅網勝佛

南无一切行光明勝佛 南无一切波羅蜜海佛
南无寶炎西門幢佛 南无成就一切願光明佛
南无廣得一切法齊佛 南无光明羅網勝佛
南无寶山幢佛 南无无邊中智海義佛
南无清淨一切義功德幢佛 南无一切通昔王佛
南无无障㝵一切法界盧舍那佛 南无勝三昧精進慧佛
南无无㝵法界然燈佛 南无无㝵法界須弥幢勝王佛
南无菩提分俱蘇摩住王佛 南无得世間功德大海佛
南无寶師子力佛 南无普智海王佛
南无波頭摩善化幢佛 南无无盡光明普門聲佛
南无普功德雲勝威勝佛 南无勝慧海佛
南无智月華雲佛 南无香光威德佛
南无普門見无障㝵清淨佛 南无不可降伏法自在慧佛
南无波頭摩光明敷佛 南无大精進善智慧佛
南无堅王幢佛 南无不可降伏妙威德佛
南无精進德佛 南无一切德勝心王佛
南无善成就无邊功德王佛 南无斷諸疑廣善眼佛
南无妙功德勝慧佛 南无過諸光明勝明佛
南无須弥山然燈佛 南无无盡化善雲佛
南无无量光明化佛 南无日智梵行佛
南无師子眼炎雲佛 南无大海天炎門佛
南无覺佛 南无智勝佛
南无无量味大聖佛 南无无垢速雲聞佛
南无淌法界盧舍那佛 南无金色華佛
南无大功德華敷无垢佛 南无照勝威德王佛

BD03315號　佛名經（十六卷本）卷八　（14–4）

南无日之明炎雲佛 南无大法天炎門佛
南无覺佛 南无智勝佛
南无无量味大聖佛 南无无垢速雲聞佛
南无淌法界盧舍那佛 南无金色華佛
南无大功德華敷无垢佛 南无照勝威德王佛
南无不住眼无垢佛 南无无㝵莊嚴佛
南无轉燈輪幢佛 南无智差別佛
南无一切佛 南无法界輪佛
南无寶勝王佛 南无无邊光明智輪幢佛
南无著智幢佛 南无師子佛
南无月智佛 南无照佛
南无常放普光明舌功德海王佛
南无无邊光明法界莊嚴王佛
南无長臂佛 南无高佛
南无无垢地平等光明世界普照十方光明聲吼盧
空盧舍那佛
南无清淨華池莊嚴世界普門見妙光明佛
南无无邊功德住持世界无邊功德普光佛
南无弥留勝然燈世界普光明盧空鏡像佛
南无一切妙聲善愛聞世界喜樂見華火佛
南无妙聲莊嚴世界寶須弥山燈佛
南无一切寶色莊嚴光明照世界善化法界聲幢佛
南无香藏金剛莊嚴世界金剛光明電聲吼佛
南无炎聲世界不可降伏力月佛
南无寶波頭摩間錯莊嚴无垢世界法城慧吼聲佛

BD03315號　佛名經（十六卷本）卷八　（14–5）

南无一切寶色莊嚴光明照世界善化法界聲幢佛
南无香藏金剛莊嚴世界金剛光明電聲吼佛
南无炎聲世界不可降伏力月佛
南无寶波頭摩間錯莊嚴无垢世界法城慧吼聲佛
南无能與樂世界十方世界廣稱名智燈佛
南无手无垢善无垢羅網世界師子光明滿足功德大佛 海
南无妙華幢照世界大智數華光明佛
南无无量莊嚴間錯世界高智種種佛光明佛
南无无邊莊嚴世界普滿法界幢眼佛
南无寶蓋普光莊嚴世界妙慧上首佛
南无鬚王世界住月光明幢佛
南无无垢藏莊嚴世界善覺梵威德佛
南无寶光明身世界一佛種力虛空然燈佛
南无寶道瓔珞成就世界一切諸波羅蜜相大 海藏 德佛
南无輪座普蓋世界斷一切著喜住佛
南无寶鬚妙幢世界大稱廣功吼照佛
南无不可思議莊嚴普莊嚴光明世界无差
別智光明功德海佛
南无无盡光明撑幢世界无邊法界无垢光明佛
從此以上七千佛十二部經一切賢聖
南无放寶炎華世界清淨寶鏡像佛
南无威德炎藏世界无障㝵奮迅光明吼佛
南无寶輪平等光莊嚴世界普寶光明佛
南无旃檀樹鬚幢世界清淨一切念无疑光明佛

南无放寶炎華世界清淨寶鏡像佛
南无威德炎藏世界无障㝵奮迅光明吼佛
南无寶輪平等光莊嚴世界普寶光明佛
南无旃檀樹鬚幢世界清淨一切念无疑光明佛
南无佛國土色輪善脩莊嚴世界廣喜見光明智佛 慧
南无微細光明莊嚴照世界法界奮迅善觀佛
南无无邊色形相世界无鄣㝵智成就佛
南无普炎雲火然世界不退轉法輪吼佛
南无種種寶莊嚴清淨輪世界清色相威德佛
南无究竟善脩世界无障㝵日眼佛
南无善住堅固金剛生成就世界過法界智身光明佛
南无十方莊嚴无障㝵世界寶廣炬佛
南无差別色光明世界普光明華雲王佛
南无寶門種種幢世界普見妙功德光明佛
南无摩尼頂住鬚光明世界普十方聲雲佛
南无自在摩尼金剛藏世界智勝須彌王佛
南无摩尼衣生成就勝世界放光明功德寶莊嚴佛
南无華憂波羅莊嚴世界普智幢聲王佛
南无寶莊嚴種種藏世界一切法无畏然燈佛
南无香勝无垢光明世界普喜速勝王佛
南无日幢樂藏世界普門智盧舍那吼佛
南无香莊嚴杖藏世界无量功德光明佛
南无寶師子火光明世界法界電光明佛
南无相杖照世界无障㝵功德稱解脫光王佛
南无功德成就光明照世界清淨无垢然燈佛

南无香莊嚴杖藏世界无量功德光明佛
南无寶師子火明光世界法界電光明佛
南无相杖照世界导功德稱解脫光王佛
南无功德成就光明眼世界清淨无垢然燈佛
南无種種香華勝莊嚴世界師子光明勝光佛
南无寶莊嚴平等光明世界廣光明智勝幢佛
南无種種光明鬘杖世界金光明无量力自成就佛
南无放光句素摩沉淪世界香光明喜力堅固佛
南无光明清淨種種住世界光明力堅固佛
南无光明清淨種種住世界普光明火自在幢佛
南无句素㳟多炎輪莊嚴世界喜海疾功德稱自在王佛
南无壞成就威德世界廣稱智海幢佛
南无放聲吼世界相光明月佛
南无金剛幢世界一切法海勝王佛
南无无量功德莊嚴世界无量眾生德法住佛
南无光明照世界梵自在勝佛
南无生无垢光明世界妙法界勝吼佛
南无種種光明照然燈世界不可燒力光明幢佛
南无照平等光明世界无垢功德日眼佛
南无寶住莊嚴世界无障导智普照十方佛
南无无塵世界无量勝行幢佛
南无清淨光明世界法界虛空平等光明眼佛
南无寶藏波浪勝成就世界功德相雲威德佛
南无宮殿莊嚴幢世界盧舍那勝頂光明佛

南无无塵世界无量勝行幢佛
南无清淨光明世界法界虛空平等光明眼佛
南无寶藏波浪勝成就世界功德相雲威德佛
南无宮殿莊嚴幢世界盧舍那勝頂光明佛
南无顯勝藏世界一切法无邊海慧佛
南无善化香勝世界相法化普光佛
南无杖地色光世界眷屬盧舍那佛
南无善住數世界法行喜无盡慧佛
南无勝福德威德輪世界无垢清淨普光明佛
南无摩尼寶波頭摩莊嚴世界清淨眼花勝佛
南无炎地成就世界无量力成就慧佛

次礼十二部經大藏法輪

南无維摩詰解經　南无旃陁調弗經
南无佛說道有比丘經　南无本起經
南无旃檀經　南无佛寶三昧經
南无丹卅三相經　南无目連游諸國經
南无佛在拘薩國經　南无理家難經
南无佛在憂墮國經　南无佛譪過經
南无文殊師利淨律經　南无欲從本相有經
南无甯耳經　南无分陁羅利經
南无大忍辱經　南无佛摩登伽經
南无自在三菩薩經　南无分別六情三失蓋經
南无佛說法通王經　南无智心經
南无八德經　南无大道地經
南无殘俞經　南无八十種子經

南无自在王菩薩經　南无分別六情三尖盡經
南无佛説法通王經　南无智心經
南无八德經　南无大道地經
南无城喻經　南无八十種好經
南无大珎寶積惟日經　南无觀豫經
次礼十方諸大菩薩
南无善意菩薩　南无善眼菩薩
南无世間菩薩　南无尸毗王菩薩
南无一切勝菩薩　南无知大地菩薩
南无大藥菩薩　南无鳩舍菩薩
南无阿離念弥菩薩　南无頂生菩薩
南无喜見菩薩　南无鬱多羅菩薩
南无薩和檀菩薩　南无長壽王菩薩
南无羼提菩薩　南无華藍菩薩
南无睒菩薩　南无月蓋菩薩
從此以上七千二百佛十二部經一切賢聖
南无明首菩薩　南无法首菩薩
南无成利菩薩　南无弥勒菩薩
南无復金剛藏菩薩　南无金剛首菩薩
南无无垢藏菩薩　南无无垢稱菩薩
南无除疑菩薩　南无无垢德菩薩
南无網明菩薩　南无无量明菩薩
次礼聲聞緣覺一切賢聖
南无香辟支佛　南无有香辟支佛
南无見人飛騰辟支佛　南无可波羅辟支佛

BD03315號　佛名經（十六卷本）卷八
（14-10）

南无網明菩薩　南无无量明菩薩
次礼聲聞緣覺一切賢聖
南无香辟支佛　南无有香辟支佛
南无見人飛騰辟支佛　南无可波羅辟支佛
南无秦摩利辟支佛　南无月淨辟支佛
南无善智辟支佛　南无循隨羅辟支佛
南无善法辟支佛　南无應求辟支佛
南无騎求辟支佛　南无大勢辟支佛
歸命如是等十方盡虛空界諸大辟支佛衆等相
与即今身心寂靜无諂无障正是生善滅惡之時
復應各起四種觀行以為滅罪作前方便何等為
四一者觀於因緣二者觀於果報三者觀我自身四者
觀如來身　第一觀因緣者知我此罪藉以无明
不善思惟无正觀力不識其過遠離善友諸佛菩
薩隨逐魔道行邪嶮逕如魚吞鉤不知其患如蠶
作繭自縈自縛如蛾赴火自燒自爛以是因緣不能自出
第二觀於果報者所有諸惡不善之業三世流轉苦
果无窮沉溺无邊巨夜大海為諸煩惱羅刹所食未來
生死冥然无崖設使報得轉輪聖王王四天下飛行
自在七寶具足命終之後不勉惡趣四空果報三界尊
極福盡還作牛領中虫況復其餘無福德者復懈
怠不勤懺悔此亦譬如抱石沉淵求出良難
第三觀我自身雖有正因靈覺之性而為煩惱
黑闇叢林之所覆蔽无了因力不能得顯我今
應當發起勝心破裂无明顛倒重障斷滅生死虛

BD03315號　佛名經（十六卷本）卷八
（14-11）

念不堪懺悔此亦靡……如枯石沉……求出良難
苐三觀我自身雖有正因靈覺之性而爲煩惱
黑闇叢林之所覆蔽无了因力不能得顯我今
應當發起勝心破裂无明顛倒重障斷滅生死虛
偽苦因顯發如来大明覺慧建立无上涅槃妙果
苐四觀如来身无爲寂照離四句絶百非衆德具
足湛然常住雖復方便入於滅度慈悲救接未
曾蹔捨生如是心可謂滅罪之良津除障之要
行是故弟子今日至到稽首歸依於佛
南无東方勝藏珠光佛　南无南方寶積示現佛
南无西方法界智燈佛　南无北方寂勝降伏佛
南无東南方龍自在王佛　南无西南方轉一切生死佛
南无西北方无邊自在佛　南无東北方无邊功德月佛
南无下方満智神通佛　南无上方一切勝王佛
如是等十方盡虛空界一切三寶
弟子等无始以来至於今日長養煩惱日深日厚
日滋日茂覆蓋慧眼令无所見斷障衆善不得
相續起障不得見佛不聞正法不值聖僧煩惱起障
不見過去未来一切世間善惡業行之煩惱障受
人天尊貴之煩惱障生色界定福樂
之煩惱不得自在神通飛騰隱顯遍至十方諸佛
淨土聽法之煩惱障學安那般那數息不淨觀
諸煩惱障學慈悲喜捨因緣煩惱障學七方便
三觀義煩惱障學四念處煖頂忍煩惱障學
聞思脩苐一法煩惱障學空平等中道解煩惱障

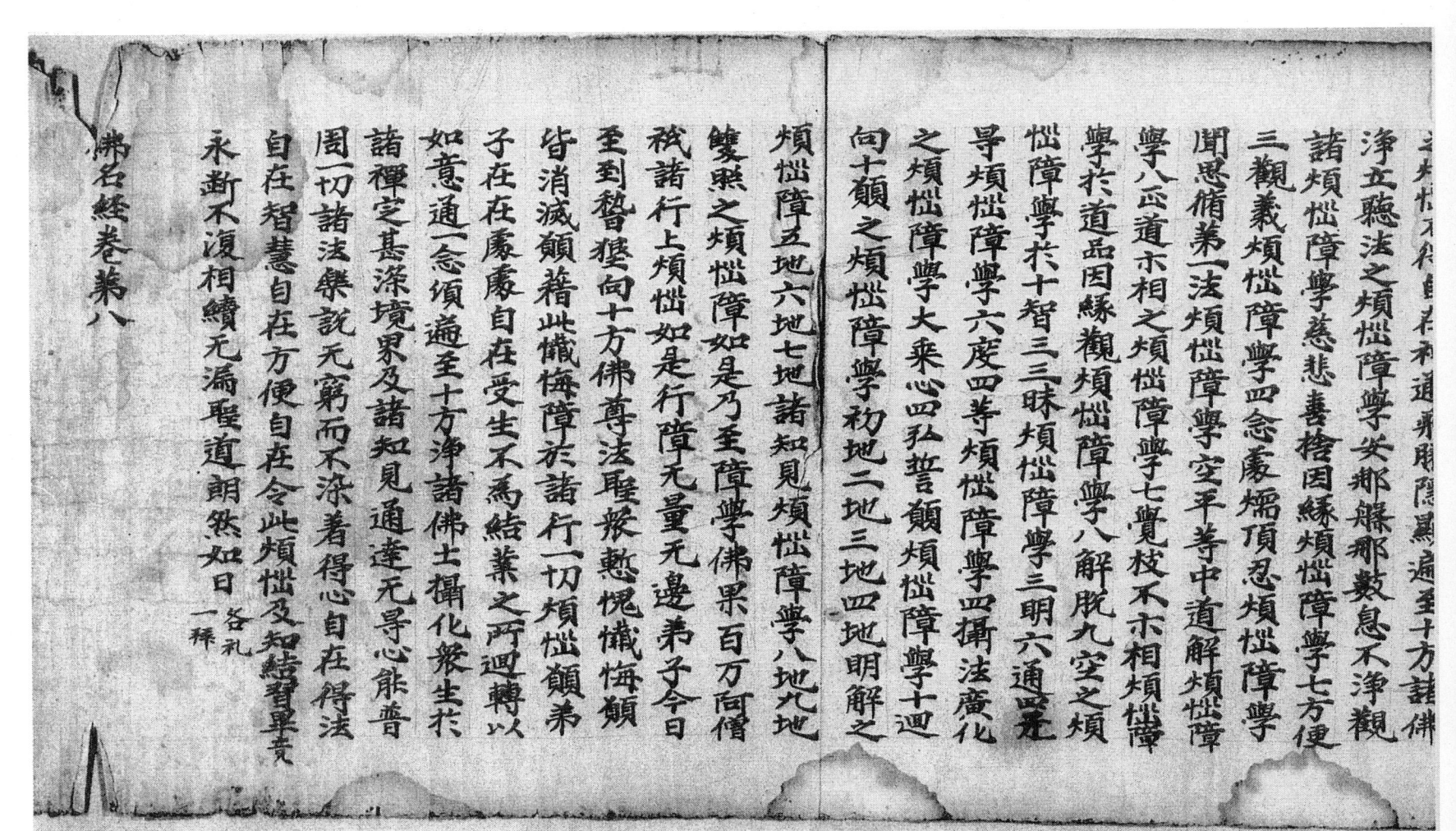

BD03315 號　佛名經（十六卷本）卷八　（14–12）

之煩惱不得自在神通飛騰隱顯遍至十方諸佛
淨土聽法之煩惱障學安那般那數息不淨觀
諸煩惱障學慈悲喜捨因緣煩惱障學七方便
三觀義煩惱障學四念處煖頂忍煩惱障學
聞思脩苐一法煩惱障學空平等中道解煩惱障
學八正道示相之煩惱障學七覺枝不示相煩惱障
學於道品因緣觀煩惱障學八解脫九空之煩
惱障學於十智三三昧煩惱障學三明六通四无
导煩惱障學六度四等煩惱障學四攝法廣化
之煩惱障學大乘心四弘誓願煩惱障學十迴
向十願之煩惱障學初地二地三地四地明解之
煩惱障五地六地七地諸知見煩惱障學八地九地
雙照之煩惱障如是乃至障學佛果百万阿僧
祇諸行上煩惱如是行障无量无邊弟子今日
至到稽顙向十方佛尊法聖衆慚愧懺悔願
皆消滅願藉此懺悔障於諸行一切煩惱願弟
子在在處處自在受生不爲結業之所迴轉以
如意通一念須遍至十方淨諸佛土攝化衆生於
諸禪定甚深境界及諸知見通達无导心能普
周一切諸法樂說无窮而不染着得心自在得法
自在智慧自在方便自在令此煩惱及知結習畢竟
永斷不復相續无漏聖道朗然如日　各礼一拜

佛名經卷苐八

BD03315 號　佛名經（十六卷本）卷八　（14–13）

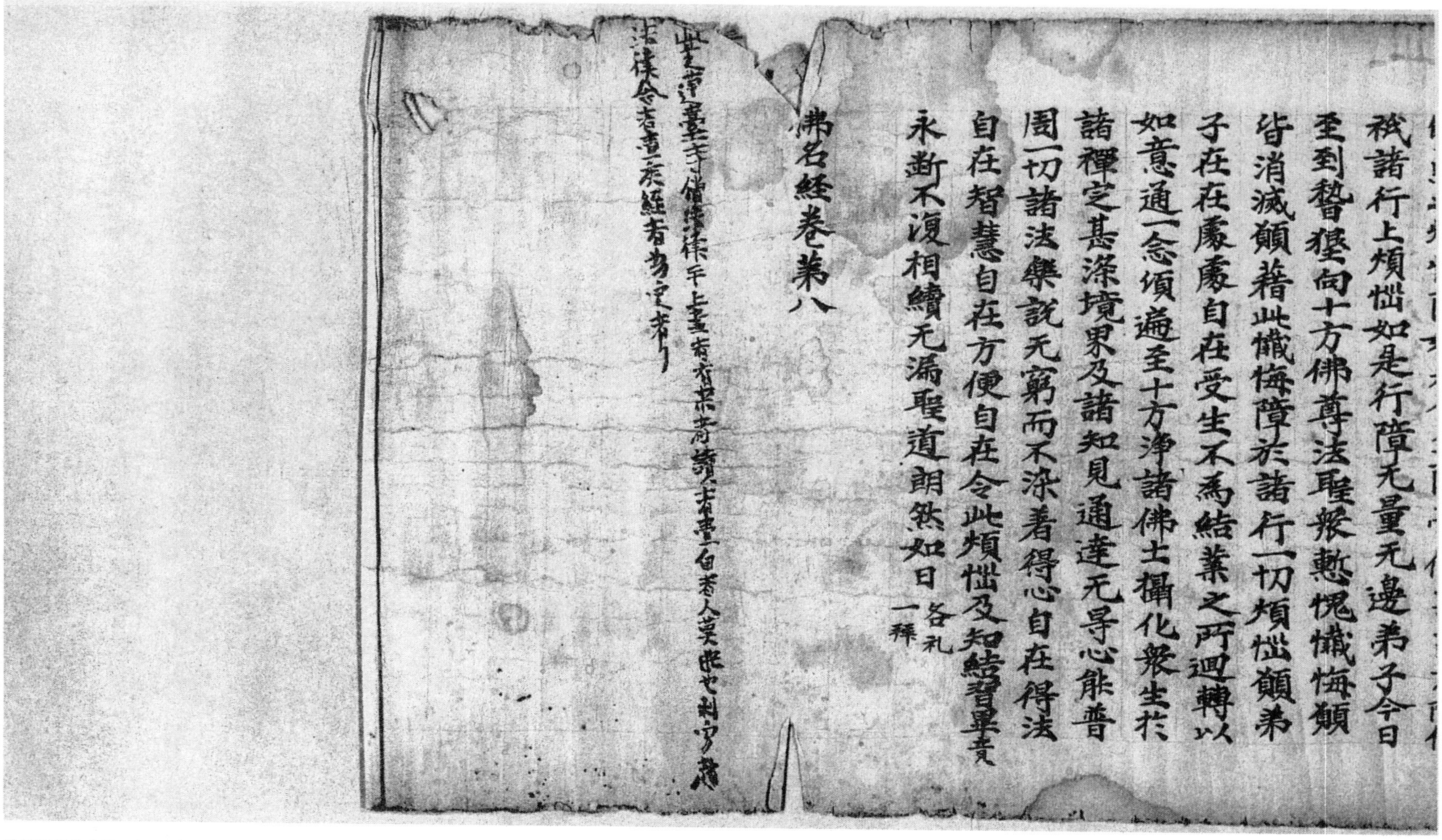

BD03315號　佛名經（十六卷本）卷八　（14–14）

BD03315號背　題記　（1–1）

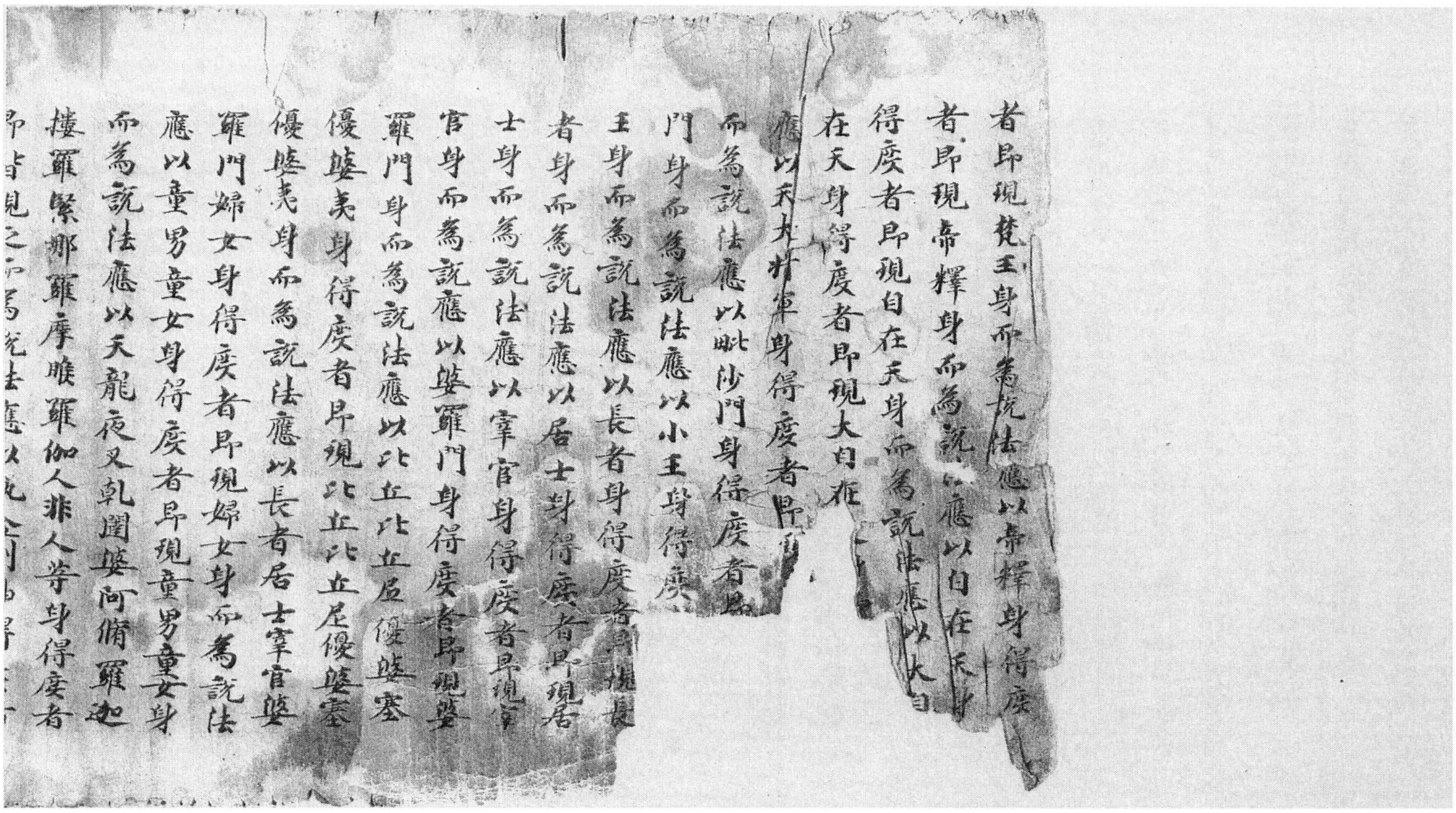
者即現梵王身而爲說法應以帝釋身得度
者即現帝釋身而爲說法應以自在天身
得度者即現自在天身而爲說法應以大自
在天身得度者即現大自在
應以天大將軍身得度者即現
而爲說法應以毗沙門身得度者即
門身而爲說法應以小王身得度
王身而爲說法應以長者身得度者即現長
者身而爲說法應以居士身得度者即現居
士身而爲說法應以宰官身得度者即現宰
官身而爲說法應以婆羅門身得度者即現婆
羅門身而爲說法應以比丘比丘尼優婆塞
優婆夷身得度者即現比丘比丘尼優婆塞
優婆夷身而爲說法應以長者居士宰官婆
羅門婦女身得度者即現婦女身而爲說法
應以童男童女身得度者即現童男童女身
而爲說法應以天龍夜叉乾闥婆阿脩羅迦
樓羅緊那羅摩睺羅伽人非人等身得度者
即皆現之而爲說法應以執金剛

BD03316號　妙法蓮華經卷七　（6–1）

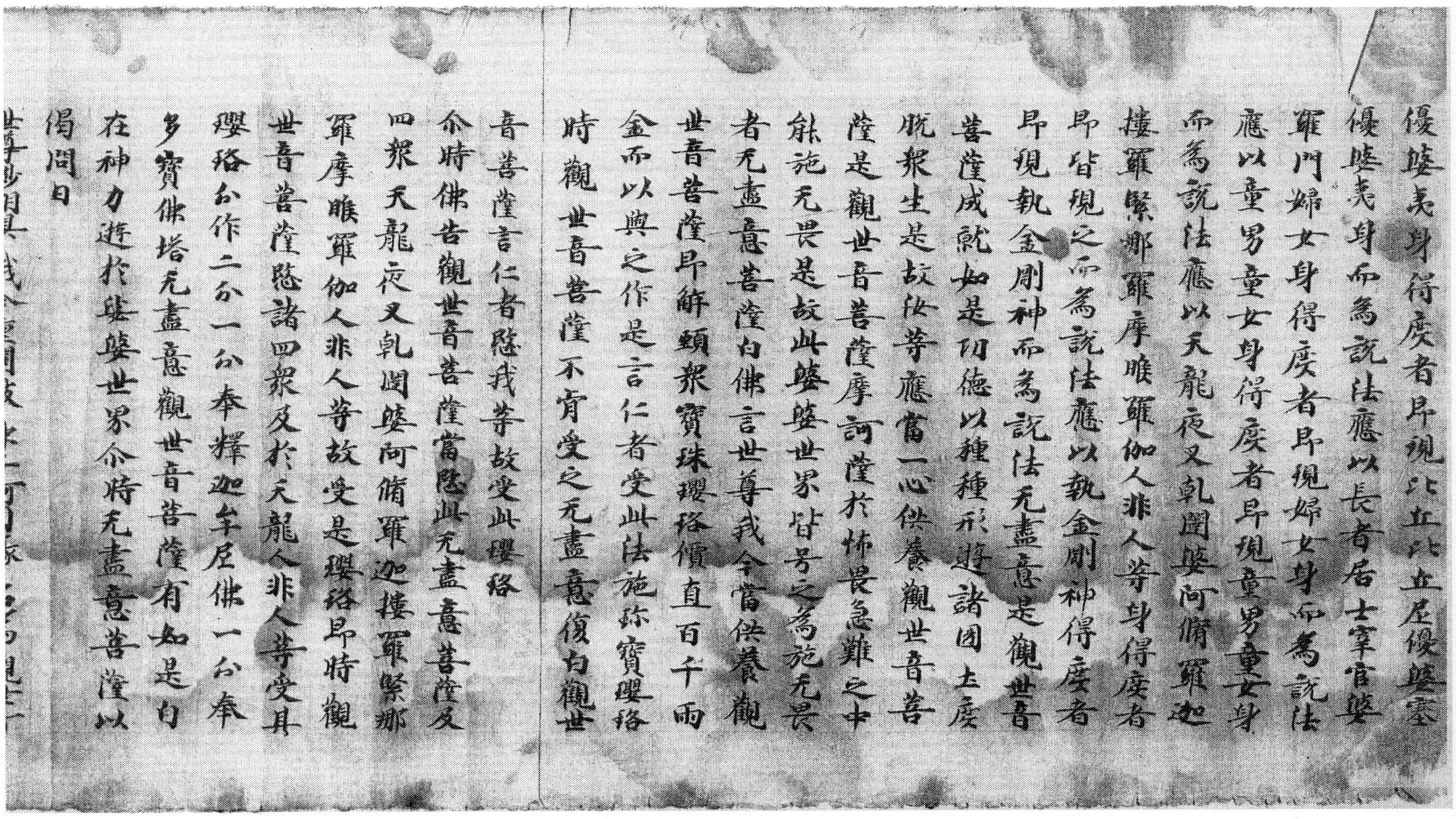
優婆夷身得度者即現比丘比丘尼優婆塞
優婆夷身而爲說法應以長者居士宰官婆
羅門婦女身得度者即現婦女身而爲說法
應以童男童女身得度者即現童男童女身
而爲說法應以天龍夜叉乾闥婆阿脩羅迦
樓羅緊那羅摩睺羅伽人非人等身得度者
即皆現之而爲說法應以執金剛神得度者
即現執金剛神而爲說法无盡意是觀世音
菩薩成就如是功德以種種形遊諸國土度
脫衆生是故汝等應當一心供養觀世音菩
薩是觀世音菩薩摩訶薩於怖畏急難之中
能施无畏是故此娑婆世界皆号之爲施无畏
者无盡意菩薩白佛言世尊我今當供養觀
世音菩薩即解頸衆寶珠瓔珞價直百千兩
金而以與之作是言仁者受此法施珎寶瓔珞
時觀世音菩薩不肯受之无盡意復白觀世
音菩薩言仁者愍我等故受此瓔珞
尒時佛告觀世音菩薩當愍此无盡意菩薩及
四衆天龍夜叉乾闥婆阿脩羅迦樓羅緊那
羅摩睺羅伽人非人等故受是瓔珞即時觀
世音菩薩愍諸四衆及於天龍人非人等受其
瓔珞分作二分一分奉釋迦牟尼佛一分奉
多寶佛塔无盡意觀世音菩薩有如是自
在神力遊於娑婆世界尒時无盡意菩薩以
偈問曰
世尊妙相具我今重問彼佛子何因緣名爲觀世

BD03316號　妙法蓮華經卷七　（6–2）

瓔珞分作二分一分奉釋迦牟尼佛一分奉
多寶佛塔无盡意觀世音菩薩有如是自
在神力遊於娑婆世界尒時无盡意菩薩以
偈問曰
世尊妙相具 我今重問彼 佛子何因緣 名為觀世音
具足妙相尊 偈荅无盡意 汝聽觀音行 善應諸方所
弘誓深如海 歷劫不思議 侍多千億佛 發大清淨願
我為汝略說 聞名及見身 心念不空過 能滅諸有苦
假使興害意 推落大火坑 念彼觀音力 火坑變成池
或漂流巨海 龍魚諸鬼難 念彼觀音力 波浪不能沒
或在須弥峯 為人所推墮 念彼觀音力 如日虛空住
或被惡人逐 墮落金剛山 念彼觀音力 不能損一毛
或值怨賊遶 各執刀加害 念彼觀音力 咸即起慈心
或遭王難苦 臨刑欲壽終 念彼觀音力 刀尋段段壞
或囚禁枷鎖 手足被杻械 念彼觀音力 釋然得解脫
呪咀諸毒藥 所欲害身者 念彼觀音力 還著於本人
或遇惡羅剎 毒龍諸鬼等 念彼觀音力 時悉不敢害
若惡獸圍遶 利牙爪可怖 念彼觀音力 疾走无邊方
蚖蛇及蝮蝎 氣毒烟火然 念彼觀音力 尋聲自迴去
雲雷鼓掣電 降雹澍大雨 念彼觀音力 應時得消散
眾生被困厄 无量苦逼身 觀音妙智力 能救世間苦
具足神通力 廣脩智方便 十方諸國土 无剎不現身
種種諸惡趣 地獄鬼畜生 生老病死苦 以漸悉令滅
真觀清淨觀 廣大智慧觀 悲觀及慈觀 常願常瞻仰
無垢清淨光 慧日破諸暗 能伏灾風火 普明照世間

種種諸惡趣 地獄鬼畜生 生老病死苦 以漸悉令滅
真觀清淨觀 廣大智慧觀 悲觀及慈觀 常願常瞻仰
無垢清淨光 慧日破諸暗 能伏灾風火 普明照世間
悲體戒雷震 慈意妙大雲 澍甘露法雨 滅除煩惱焰
諍訟經官處 怖畏軍陣中 念彼觀音力 眾怨悉退散
妙音觀世音 梵音海潮音 勝彼世間音 是故須常念
念念勿生疑 觀世音淨聖 於苦惱死厄 能為作依怙
具一切功德 慈眼視眾生 福聚海无量 是故應頂禮
尒時持地菩薩即從座起前白佛言世尊若
有眾生聞是觀世音菩薩品自在之業普門
示現神通力者當知是人功德不少佛說是
普門品時眾中八万四千眾生皆發无等等
阿耨多羅三藐三菩提心
妙法蓮華經陀羅尼品第廿六
尒時藥王菩薩即從座起偏袒右肩合掌向
佛而白佛言世尊若有善男子善女人有能受
持法華經者若讀誦通利若有書寫經卷
得幾所福佛告藥王若有善男子善女人供養
八百万億那由他恒河沙等諸佛於汝意云何
其所得福寧為多不甚多世尊佛言若善男
子善女人能於是經乃至受持一四句偈讀誦
解義如說脩行功德甚多尒時藥王菩薩
白佛言世尊我今當與說法者陀羅尼呪以
守護之即說呪曰
安尒一 曼尒二 摩祢三 摩摩祢四 旨隸五 遮梨

白佛言世尊我今當與說法者陁羅尼呪以
守護之即說呪曰
安尒一 曼尒二 摩祢三 摩摩祢四 旨隸五 遮梨
第六 賒咩七音羊鳥反 賒履因雄反 多瑋八 羶輸干反帝九 目帝
十 目多履十一 娑履十二 阿瑋娑履十三 桑履十四
娑履十五 叉裔十六 阿叉裔十七 阿耆膩十八 羶帝
十九 賒履廿 陁羅尼廿一 阿盧伽婆娑蘇奈反 簸蔗毗叉
膩廿二 祢毗剃廿三 阿便哆都餓反 邏祢履剃廿四 阿亶哆波
隸輸地廿五 漚究隸廿六 牟究隸廿七 阿羅隸廿八 波
羅隸廿九 首迦差卅音初几反 阿三摩三履卅一 佛馱毗
吉利袠帝卅二 達摩波利差猜離反帝卅三 僧伽涅
瞿沙祢卅四 婆舍婆舍輸地卅五 曼哆邏卅六 曼
哆邏叉夜卅七 郵樓哆卅八 郵樓哆憍舍略卅九
者盧蔗反 惡叉邏卌 惡叉冶多冶卌一 阿婆盧卌二 阿
摩若音荏蔗反 那多夜卌三
世尊是陁羅尼神呪六十二億恒河沙等諸
佛所說若有侵毀此法師者則為侵毀是諸
佛已時釋迦牟尼佛讚藥王菩薩言善哉善
哉藥王汝愍念擁護此法師故說是陁羅尼
於諸衆生多所饒益
尒時勇施菩薩白佛言世尊我亦為擁護讀
誦受持法華經者說陁羅尼若此法師得是
陁羅尼若夜叉若羅剎若富單那若吉蔗若
鳩槃荼若餓鬼等伺求其短无能得便即於
佛前而說呪曰

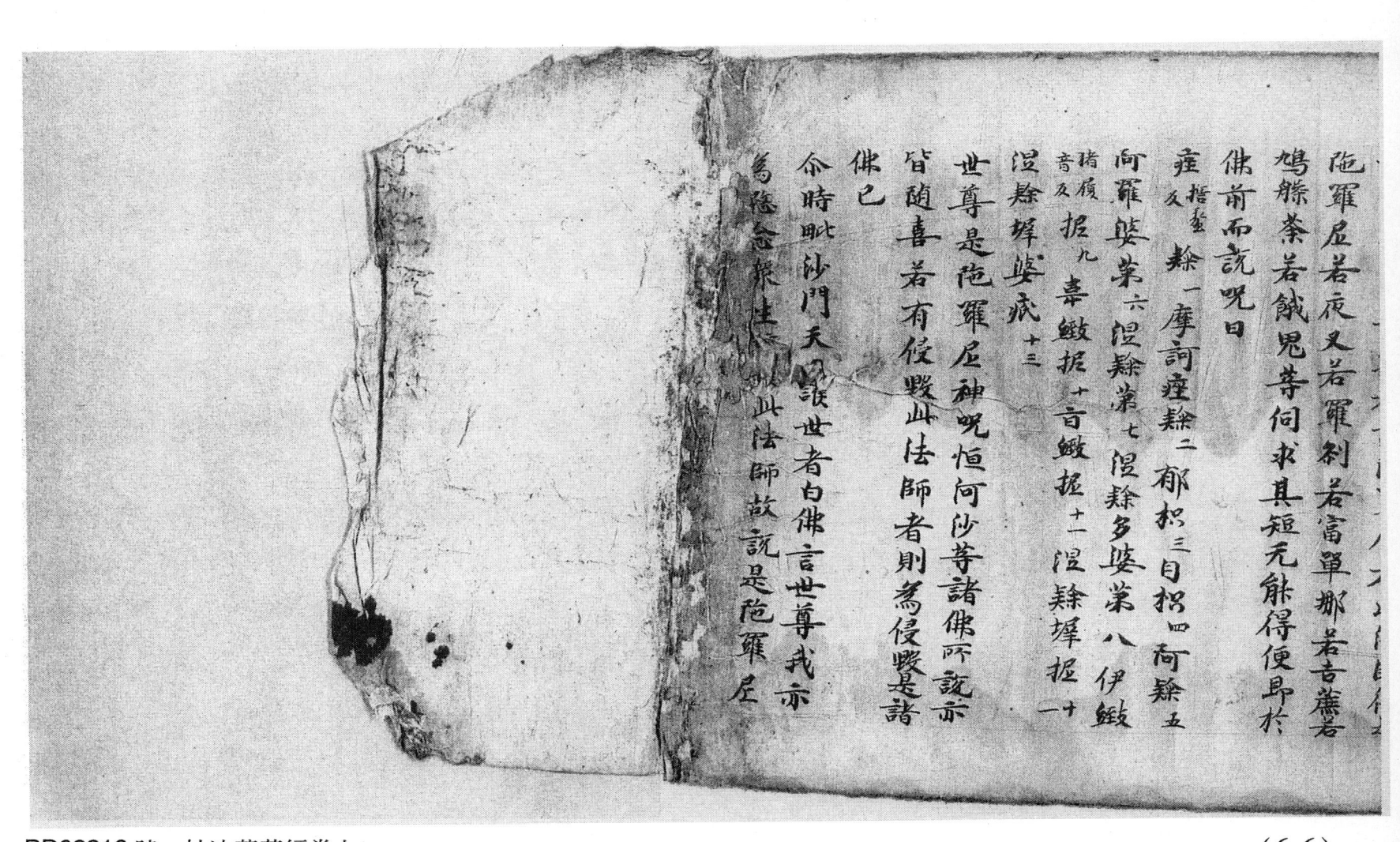

BD03316號　妙法蓮華經卷七　（6–5）

陁羅尼若夜叉若羅剎若富單那若吉蔗若
鳩槃荼若餓鬼等伺求其短无能得便即於
佛前而說呪曰
痤指蚉反隸一 摩訶痤隸二 郁枳三 目枳四 阿隸五
阿羅婆第六 涅隸第七 涅隸多婆第八 伊緻
猪履反音 抳九 韋緻抳十 旨緻抳十一 涅隸墀抳十
涅隸墀婆底十三
世尊是陁羅尼神呪恒河沙等諸佛所說亦
皆隨喜若有侵毀此法師者則為侵毀是諸
佛已
尒時毗沙門天王護世者白佛言世尊我亦
為愍念衆生擁護此法師故說是陁羅尼

BD03316號　妙法蓮華經卷七　（6–6）

南无金色形佛　南无可樂色佛
南无瞻婆加色佛　南无能與樂佛
南无能與眼佛　南无難勝佛
南无難降伏佛　南无斷諸惡佛
南无難量佛　南无難成佛
南无俱蘇摩成佛　南无甘露成佛
南无寶成就佛　南无功德成就佛
南无日成就佛　南无華成就佛
南无成就樂有佛　南无成就功德佛
南无大勝佛　南无妙佛
南无无垢佛　南无離諸障佛
南无婆樓那佛　南无婆樓那天佛
南无勇猛仙佛　南无精進仙佛
南无无垢仙佛　南无金剛仙佛
南无觀眼佛　南无无障礙佛
南无住虛空佛　南无住清淨佛
南无善住清淨功德寶佛　南无善跡佛
南无善思義佛　南无善化佛
南无善愛佛　南无善眼佛
南无善親佛　南无善行佛
[illegible]

BD03317號　佛名經（十二卷本）卷一

（2–1）

南无成就樂有佛　南无成就功德佛
南无大勝佛　南无妙佛
南无无垢佛　南无離諸障佛
南无婆樓那佛　南无婆樓那天佛
南无勇猛仙佛　南无精進仙佛
南无无垢仙佛　南无金剛仙佛
南无觀眼佛　南无无障礙佛
南无住虛空佛　南无住清淨佛
南无善住清淨功德寶佛　南无善跡佛
南无善思義佛　南无善化佛
南无善愛佛　南无善眼佛
南无善親佛　南无善行佛
南无善生佛　南无善華佛
南无善香佛 七百　南无善聲佛
南无普聲佛　南无善光佛
南无善山佛　南无功德山佛
南无寶山佛　南无智山佛
南无勝山佛　南无上山佛
南无光明莊嚴佛　南无大光明莊嚴佛
南无清淨莊嚴佛　南无波頭摩莊嚴佛

BD03317號　佛名經（十二卷本）卷一

（2–2）

菩薩聲聞衆　正法及像法
壽命劫多少　皆如上所說　迦葉汝已知　五百自在者
餘諸聲聞衆　亦當復如是　其不在此會　汝當為宣說
尒時五百阿羅漢於佛前得受記已歡喜踊
躍即從座起到於佛前頭面礼足悔過自責
世尊我等常作是念自謂已得究竟滅度今
乃知之如无智者所以者何我等應得如來
智慧而便自以小智為足世尊譬如有人至親
友家醉酒而卧是時親友官事當行以无價
寶珠繫其衣裏與之而去其人醉卧都不覺
知起已遊行到於他國為衣食故勤力求索
甚大艱難若少有所得便以為足於後親友
會遇見之而作是言咄哉丈夫何為衣食乃
至如是我昔欲令汝得安樂五欲自恣於某
年日月以无價寶珠繫汝衣裏今故現在而
汝不知勤苦憂惱以求自活甚為癡也汝今
可以此寶貿易所須常可如意无所乏短佛
亦如是為菩薩時教化我等令發一切智心
而尋廢忘不知不覺既得阿羅漢道自謂
滅度資生艱難得少為足一切智願猶在不
失今者世尊覺悟我等作如是言諸比丘汝

BD03318號　妙法蓮華經卷四　（27–1）

亦如是為菩薩時教化我等令發一切智心
而尋廢忘不知不覺既得阿羅漢道自謂
滅度資生艱難得少為足一切智願猶在不
失今者世尊覺悟我等作如是言諸比丘汝
等所得非究竟滅我久令汝等種佛善根以
方便故示涅槃相而汝謂為實得滅度世尊
我今乃知實是菩薩得受阿耨多羅三藐三
菩提記以是因緣甚大歡喜得未曾有尒時
阿若憍陳如等欲重宣此義而說偈言
我等聞无上　安隱授記聲　歡喜未曾有　礼无量智佛
今於世尊前　自悔諸過咎　於无量佛寶　得少涅槃分
如无智愚人　便自以為足　譬如貧窮人　往至親友家
其家甚大富　具設諸餚饍　以无價寶珠　繫著內衣裏
嘿與而捨去　時卧不覺知　是人既已起　遊行詣他國
求衣食自濟　資生甚艱難　得少便為足　更不願好者
不覺內衣裏　有无價寶珠　與珠之親友　後見此貧人
苦切責之已　示以所繫珠　貧人見此珠　其心大歡喜
富有諸財物　五欲而自恣　我等亦如是　世尊於長夜
常愍見教化　令種无上願　我等无智故　不覺亦不知
得少涅槃分　自足不求餘　今佛覺悟我　言非實滅度
得佛无上慧　尒乃為真滅　我今從佛聞　授記莊嚴事
及轉次受記　身心遍歡喜
妙法蓮華經授學无學人記品第九
尒時阿難羅睺羅而作是念我等每自思惟
設得受記不亦快乎即從座起到於佛前頭
面礼足俱白佛言世尊我等於此亦應有分

BD03318號　妙法蓮華經卷四　（27–2）

妙法蓮華經授學无學人記品第九
尒時阿難羅睺羅而作是念我等每自思惟
設得受記不亦快乎即從座起到於佛前頭
面礼足俱白佛言世尊我等於此亦應有分
唯有如来我等所歸又我等為一切世間天
人阿脩羅所見知識阿難常為侍者護持法
藏羅睺羅是佛之子若佛見授阿耨多羅三
藐三菩提記者我願既滿衆望亦足尒時學
无學聲聞弟子二千人皆從座起偏袒右肩
到於佛前一心合掌瞻仰世尊如阿難羅睺
羅所願住立一面尒時佛告阿難汝於来世當
得作佛号山海慧自在通王如来應供正遍知
明行足善逝世間解无上士調御丈夫天人師佛
世尊當供養六十二億諸佛護持法藏然
後得阿耨多羅三藐三菩提教化二十千万
億恒河沙諸菩薩等令成阿耨多羅三藐三
菩提國名常立勝幡其土清淨瑠璃為地劫
名妙音遍滿其佛壽命无量千万億阿僧
祇劫若人於千万億无量阿僧祇劫中算
數挍計不能得知正法住世倍於壽命像法
住世復倍正法阿難是山海慧自在通王佛為
十方无量千万億恒河沙等諸佛如来所共
讃歎稱其功德尒時世尊欲重宣此義而說
偈言
我今僧中說　阿難持法者　當供養諸佛　然後成正覺

BD03318號　妙法蓮華經卷四

（27–3）

十方无量千万億恒河沙等諸佛如来所共
讃歎稱其功德尒時世尊欲重宣此義而說
偈言
我今僧中說　阿難持法者　當供養諸佛　然後成正覺
号曰山海慧　自在通王佛　其國土清淨　名常立勝幡
教化諸菩薩　其數如恒沙　佛有大威德　名聞滿十方
壽命无有量　以愍衆生故　正法倍壽命　像法復倍是
如恒河沙等　无數諸衆生　於此佛法中　種佛道因緣
尒時會中新發意菩薩八千人咸作是念我
等尚不聞諸大菩薩得如是記有何因緣而
諸聲聞得如是決尒時世尊知諸菩薩心之
所念而告之曰諸善男子我與阿難等於空
王佛所同時發阿耨多羅三藐三菩提心阿
難常樂多聞我常勤精進是故我已得成阿
耨多羅三藐三菩提而阿難護持我法亦護
將来諸佛法藏教化成就諸菩薩衆其本願
如是故獲斯記阿難面於佛前自聞授記及
國土莊嚴所願具足心大歡喜得未曾有即
時憶念過去无量千万億諸佛法藏通達无
礙如今所聞亦識本願尒時阿難而說偈言
世尊甚希有　令我念過去　无量諸佛法　如今日所聞
我今无復疑　安住於佛道　方便為侍者　護持諸佛法
尒時佛告羅睺羅汝於来世當得作佛号蹈
七寶華如来應供正遍知明行足善逝世間
解无上士調御丈夫天人師佛世尊當供養
十世界微塵等數諸佛如来常為諸佛而作

BD03318號　妙法蓮華經卷四

（27–4）

尒時佛告羅睺羅汝於来世當得作佛号蹈
七寶華如来應供正遍知明行足善逝世間
解无上士調御丈夫天人師佛世尊當供養
十世界微塵等數諸佛如来常為諸佛而作
長子猶如今也是蹈七寶華佛國土莊嚴壽
命劫數所化弟子正法像法亦如山海慧自
在通王如来无異亦為此佛而作長子過是
已後當得阿耨多羅三藐三菩提尒時世尊
欲重宣此義而說偈言
我為太子時　羅睺為長子　我今成佛道　受法為法子
於未来世中　見无量億佛　皆為其長子　一心求佛道
羅睺羅密行　唯我能知之　現為我長子　以示諸衆生
无量億千万　功德不可數　安住於佛法　以求无上道
尒時世尊見學无學二千人其意柔軟寂
然清淨一心觀佛佛告阿難汝見是學无學
二千人不唯然已見阿難是諸人等當供養
五十世界微塵數諸佛如来恭敬尊重護持法
藏末後同時於十方國各得成佛皆同一号
名曰寶相如来應供正遍知明行足善逝世間
解无上士調御丈夫天人師佛世尊壽命一
劫國土莊嚴聲聞菩薩正法像法皆悉同等
尒時世尊欲重宣此義而說偈言
是二千聲聞　今於我前住　悉皆與受記　未来當成佛
所供養諸佛　如上說塵數　護持其法藏　後當成正覺
各於十方國　悉同一名号　俱時坐道場　以證无上慧
皆名為寶相　國土及弟子　正法與像法　悉等无有異

BD03318號　妙法蓮華經卷四　（27–5）

是二千聲聞　今於我前住　悉皆與受記　未来當成佛
所供養諸佛　如上說塵數　護持其法藏　後當成正覺
各於十方國　悉同一名号　俱時坐道場　以證无上慧
皆名為寶相　國土及弟子　正法與像法　悉等无有異
咸以諸神通　度十方衆生　名聞普周遍　漸入於涅槃
尒時學无學二千人聞佛授記歡喜踊躍
而說偈言
世尊慧燈明　我聞授記音　心歡喜充滿　如甘露見灌
妙法蓮華經法師品第十
尒時世尊因藥王菩薩告八万大士藥王汝
見是大衆中无量諸天龍王夜叉乾闥婆阿
脩羅迦樓羅緊那羅摩睺羅伽人與非人及
比丘比丘尼優婆塞優婆夷求聲聞者求辟
支佛者求佛道者如是等類咸於佛前聞妙
法華經一偈一句乃至一念隨喜者我皆與
受記當得阿耨多羅三藐三菩提佛告藥王
又如来滅度之後若有人聞妙法華經乃至
一偈一句一念隨喜者我亦與受阿耨多羅
三藐三菩提記若復有人受持讀誦解說書
寫妙法華經乃至一偈於此經卷敬視如
佛種種供養華香瓔珞末香塗香燒香
繒蓋幢幡衣服伎樂乃至合掌恭敬藥王
當知是諸人等已曾供養十万億佛於諸佛
所成就大願愍衆生故生此人間藥王若有人
問何等衆生於未来世當得作佛應示是諸
人等於未来世必得作佛何以故若善男子善

BD03318號　妙法蓮華經卷四　（27–6）

所成就大願愍衆生故生此人間藥王若有人
問何等衆生於未來世當得作佛應示是諸
人等於未來世必得作佛何以故若善男子善
女人於法華經乃至一句受持讀誦解說書寫
種種供養經卷華香瓔珞末香塗香燒香繒
蓋幢幡衣服伎樂合掌恭敬是人一切世間所
應瞻奉應以如來供養而供養之當知此人是
大菩薩成就阿耨多羅三藐三菩提哀愍衆
生願生此間廣演分別妙法華經何況盡能
受持種種供養者藥王當知是人自捨清淨
業報於我滅度後愍衆生故生於惡世廣
演此經若是善男子善女人我滅度後能竊
為一人說法華經乃至一句當知是人則如
來使如來所遣行如來事何況於大衆中
廣為人說藥王若有惡人以不善心於一劫
中現於佛前常毀罵佛其罪尚輕若人以一
惡言毀呰在家出家讀誦法華經者其罪甚
重藥王其有讀誦法華經者當知是人以佛
莊嚴而自莊嚴則為如來肩所荷擔其所至方
應隨向礼一心合掌恭敬供養尊重讚歎華
香瓔珞末香塗香燒香繒蓋幢幡衣服餚饌
作諸伎樂人中上供而供養之應持天寶而
以散之天上寶聚應以奉獻所以者何是人歡
喜說法須臾聞之即得究竟阿耨多羅三藐
三菩提故尒時世尊欲重宣此義而說偈言

BD03318號　妙法蓮華經卷四

（27–7）

作諸伎樂人中上供而供養之應持天寶而
以散之天上寶聚應以奉獻所以者何是人歡
喜說法須臾聞之即得究竟阿耨多羅三藐
三菩提故尒時世尊欲重宣此義而說偈言
若欲住佛道　成就自然智　常當勤供養　受持法華者
其有欲疾得　一切種智慧　當受持是經　并供養持者
若有能受持　妙法華經者　當知佛所使　愍念諸衆生
諸有能受持　妙法華經者　捨於清淨土　愍衆故生此
當知如是人　自在所欲生　能於此惡世　廣說無上法
應以天華香　及天寶衣服　天上妙寶聚　供養說法者
吾滅後惡世　能持是經者　當合掌礼敬　如供養世尊
上饌衆甘美　及種種衣服　供養是佛子　兾得須臾聞
若能於後世　受持是經者　我遣在人中　行於如來事
若於一劫中　常懷不善心　作色而罵佛　獲無量重罪
其有讀誦持　是法華經者　須臾加惡言　其罪復過彼
有人求佛道　而於一劫中　合掌在我前　以無數偈讚
由是讚佛故　得無量功德　歎美持經者　其福復過彼
於八十億劫　以最妙色聲　及與香味觸　供養持經者
如是供養已　若得須臾聞　則應自欣慶　我今獲大利
藥王今告汝　我所說諸經　而於此經中　法華最第一
尒時佛復告藥王菩薩摩訶薩我所說經
典无量千万億已說今說當說而於其中此法
華經最為難信難解藥王此經是諸佛秘
要之藏不可分布妄授與人諸佛世尊之所
守護從昔已來未曾顯說而此經者如來現

BD03318號　妙法蓮華經卷四

（27–8）

典无量千万億已說今說當說而於其中此法
華經冣為難信難解藥王此經是諸佛秘
要之藏不可分布妄授與人諸佛世尊之所
守護從昔已來未曾顯說而此經者如來現
在猶多怨嫉況滅度後藥王當知如來滅後其
能書持讀誦供養為他人說者如來則為以
衣覆之又為他方現在諸佛之所護念是人有
大信力及志願力諸善根力當知是人與如
來共宿則為如來手摩其頭藥王在在處處
若說若讀若誦若書若經卷所住之處皆應
起七寶塔極令高廣嚴飾不須復安舍利所
以者何此中已有如來全身此塔應以一切華
香瓔珞繒蓋幢幡伎樂歌頌供養恭敬尊重
讚歎若有人得見此塔礼拜供養當知是諸
人等皆近阿耨多羅三藐三菩提藥王多有人
在家出家行菩薩道若不能得見聞讀誦書持
供養是法華經者當知是人未善行菩薩道
若有得聞是經典者乃能善行菩薩之道其
有衆生求佛道者若見若聞是法華經聞已
信解受持者當知是人得近阿耨多羅三藐
三菩提藥王譬如有人渴乏須水於彼高原
穿鑿求之猶見乾土知水尚遠施功不已轉
見濕土遂漸至泥其心決定知水必近菩薩
亦復如是若未聞未解未能修習是法華經
當知是人去阿耨多羅三藐三菩提尚遠若

BD03318號　妙法蓮華經卷四　（27–9）

穿鑿求之猶見乾土知水尚遠施功不已轉
見濕土遂漸至泥其心決定知水必近菩薩
亦復如是若未聞未解未能修習是法華經
當知是人去阿耨多羅三藐三菩提尚遠若
得聞解思惟修習必知得近阿耨多羅三藐
三菩提所以者何一切菩薩阿耨多羅三藐
三菩提皆屬此經此經開方便門示真實相
是法華經藏深固幽遠无人能到今佛教化
成就菩薩而為開示藥王若有菩薩聞是法
華經驚疑怖畏當知是為新發意菩薩若聲
聞人聞是經驚疑怖畏當知是為增上慢者
藥王若有善男子善女人如來滅後欲為四衆
說是法華經者云何應說是善男子善女人入
如來室著如來衣坐如來座尒乃應為四衆
廣說斯經如來室者一切衆生中大慈悲心
是如來衣者柔和忍辱心是如來座者一
切法空是安住是中然後以不懈怠心為諸
菩薩及四衆廣說是法華經藥王我於餘
國遣化人為其集聽法衆亦遣化比丘比丘
尼優婆塞優婆夷聽其說法是諸化人聞法
信受隨順不逆若說法者在空閑處我時廣
遣天龍鬼神乾闥婆阿修羅等聽其說法我
雖在異國時時令說法者得見我身若於此
經忘失句逗我還為說令得具足尒時世尊
欲重宣此義而說偈言
欲捨諸懈怠　應當聽此經　是經難得聞　信受者亦難

BD03318號　妙法蓮華經卷四　（27–10）

若忘失句逗我還為說令得具足尒時世尊
欲重宣此義而說偈言
欲捨諸懈怠　應當聽此經　是經難得聞　信受者亦難
如人渴須水　穿鑿於高原　猶見乾燥土　知去水尚遠
漸見濕土泥　決定知近水　藥王汝當知　如是諸人等
不聞法華經　去佛智甚遠　若聞是深經　決了聲聞法
是諸經之王　聞已諦思惟　當知此人等　近於佛智慧
若人說此經　應入如來室　著於如來衣　而坐如來座
處眾無所畏　廣為分別說　大慈悲為室　柔和忍辱衣
諸法空為座　處此為說法　若說此經時　有人惡口罵
加刀杖瓦石　念佛故應忍　我千万億土　現淨堅固身
於無量億劫　為眾生說法　若我滅度後　能說此經者
我遣化四眾　比丘比丘尼　及清信士女　供養於法師
引導諸眾生　集之令聽法　若人欲加惡　刀杖及瓦石
則遣變化人　為之作衛護　若說法之人　獨在空閑處
寂寞無人聲　讀誦此經典　我尒時為現　清淨光明身
若忘失章句　為說令通利　若人具是德　或為四眾說
空處讀誦經　皆得見我身　若人在空閑　我遣天龍王
夜叉鬼神等　為作聽法眾　是人樂說法　分別無罣礙
諸佛護念故　能令大眾喜　若親近法師　速得菩薩道
隨順是師學　得見恒沙佛
妙法蓮華經見寶塔品第十一
尒時佛前有七寶塔高五百由旬縱廣二百
五十由旬從地踊出住在空中種種寶物而
莊校之五千欄楯龕室千万無數幢幡以為
嚴飾垂寶瓔珞寶鈴万億而懸其上四面皆

莊校之五千欄楯龕室千万無數幢幡以為
嚴飾垂寶瓔珞寶鈴万億而懸其上四面皆
出多摩羅跋栴檀之香充遍世界其諸幡蓋
以金銀瑠璃車璖馬瑙真珠玫瑰七寶合成
高至四天王宮三十三天雨天曼陀羅華供
養寶塔餘諸天龍夜叉乾闥婆阿脩羅迦樓
羅緊那羅摩睺羅伽人非人等千万億眾
以一切華香瓔珞幡蓋伎樂供養寶塔恭敬
尊重讚歎尒時寶塔中出大音聲歎言善
哉善哉釋迦牟尼世尊能以平等大慧教菩薩
法佛所護念妙法華經為大眾說如是如是釋
迦牟尼世尊如所說者皆是真實尒時四眾
見大寶塔住在空中又聞塔中所出音聲皆
得法喜怪未曾有從座而起恭敬合掌却
住一面尒時有菩薩摩訶薩名大樂說知
一切世間天人阿脩羅等心之所疑而白佛言世
尊以何因緣有此寶塔從地踊出又於其中發
是音聲尒時佛告大樂說菩薩此寶塔中有
如來全身乃往過去東方無量千万億阿僧祇
世界國名寶淨彼中有佛號曰多寶其佛
行菩薩道時作大誓願若我成佛滅度之
後於十方國土有說法華經處我之塔廟為
聽是經故踊現其前為作證明讚言善哉
彼佛成道已臨滅度時於天人大眾中告諸比
丘我滅度後欲供養我全身者應起一大塔

後於十方國土有說法華經處我之塔廟為
聽是經故踊現其前為作證明讚言善哉
彼佛成道已臨滅度時於天人大眾中告諸比
丘我滅度後欲供養我全身者應起一大塔
其佛以神通願力十方世界在在處處若有
說法華經者彼之寶塔皆踊出其前全身在
於塔中讚言善哉善哉大樂說今多寶如來
塔聞說法華經故從地踊出讚言善哉善哉
是時大樂說菩薩以如來神力故白佛言世尊
我等願欲見此佛身佛告大樂說菩薩摩訶
薩是多寶佛有深重願若我寶塔為聽是法
華經故出於諸佛前時其有欲以我身示四
眾者彼佛分身諸佛在於十方世界說法盡
還集一處然後我身乃出現耳大樂說我分
身諸佛在於十方世界說法者今應當集大
樂說白佛言世尊我等亦願欲見世尊分身諸
佛礼拜供養尒時佛放白毫一光即見東方
五百万億那由他恒河沙等國土諸佛彼諸國
土皆以頗梨為地寶樹寶衣以為莊嚴无數千
万億菩薩充滿其中遍張寶幔寶網羅上彼
國諸佛以大妙音而說諸法及見无量千万億
菩薩遍滿諸國為眾說法南西北方四維上
下白毫相光所照之處亦復如是尒時十方諸
佛各告眾菩薩言善男子我今應往娑婆
世界釋迦牟尼佛所并供養多寶如來寶如
來寶塔時娑婆世界即變清淨琉璃為地寶

BD03318號　妙法蓮華經卷四　（27–13）

下白毫相光所照之處亦復如是尒時十方諸
佛各告眾菩薩言善男子我今應往娑婆
世界釋迦牟尼佛所并供養多寶如來寶如
來寶塔時娑婆世界即變清淨琉璃為地寶
樹莊嚴黃金為繩以界八道无諸聚落村營
城邑大海江河山川林藪燒大寶香曼陀羅
華遍布其地以寶網幔羅覆其上懸諸寶
鈴唯留此會眾移諸天人置於他土是時諸
佛各將一大菩薩以為侍者至娑婆世界各
到寶樹下一一寶樹高五百由旬枝葉華菓
次第莊嚴諸寶樹下皆有師子之座高五百
由旬亦以大寶而挍飾之尒時諸佛各於此座
結加趺坐如是展轉遍滿三千大千世界而於
釋迦牟尼佛一方所分之身猶故未盡時釋
迦牟尼佛欲容受所分身諸佛故八方各更
變二百万億那由他國皆令清淨无有地獄
餓鬼畜生及阿脩羅又移諸天人置於他土
所化之國亦以琉璃為地寶樹莊嚴樹高五
百由旬枝葉華菓次第嚴飾樹下皆有寶師
子座高五百由旬種種諸寶以為莊挍亦无
大海江河及目真鄰陀山摩訶目真鄰陀山
鐵圍山大鐵圍山須弥山等諸山王通為一佛
國土寶地平正寶交露幔遍覆其上懸諸幡
蓋燒大寶香諸天寶華遍布其地尒時釋迦
牟尼佛為諸佛當來坐故復於八方各更變

BD03318號　妙法蓮華經卷四　（27–14）

鐵圍山大鐵圍山須弥山等諸山王通為一佛
國土寶地平正寶交露幔遍覆其上懸諸幡
蓋焼大寶香諸天寶華遍布其地尒時釋迦
牟尼佛為諸佛當来坐故復於八方各更變
二百万億那由他國皆令清淨无有地獄餓鬼
畜生及阿脩羅又移諸天人置於他土所化之
國亦以琉璃為地寶樹莊嚴樹高五百由旬
枝葉華菓次苐莊嚴樹下皆有寶師子座
高五由旬亦以大寶而校餝之亦无大海江河
及目真鄰陁山摩訶目真鄰陁山鐵圍山大
鐵圍山須弥山等諸山王通為一佛國土寶地
平正寶交露幔遍覆其上懸諸幡蓋焼大寶
香諸天寶華遍布其地尒時東方釋迦牟尼
所分之身百千万億那由他恒河沙等國土中
諸佛各各説法来集於此如是次苐十方諸
佛皆悉来集坐於八方尒時一一方四百万
億那由他國土諸佛如来遍滿其中是時諸
佛各在寶樹下坐師子座皆遣侍者問訊
釋迦牟尼佛各賫寶華滿掬而告之言善
男子汝往詣耆闍崛山釋迦牟尼佛所如我
辞曰少病少惱氣力安樂及菩薩聲聞衆悉
安隱不以此寶華散佛供養而作是言彼某甲
佛與欲開此寶塔諸佛遣使亦復如是尒時
釋迦牟尼佛見所分身佛悉已来集各各坐於
師子之座皆聞諸佛與欲同開寶塔即從座起
住虛空中一切四衆起立合掌一心觀佛於是

佛與欲開此寶塔諸佛遣使亦復如是尒時
釋迦牟尼佛見所分身佛悉已来集各各坐於
師子之座皆聞諸佛與欲同開寶塔即從座起
住虛空中一切四衆起立合掌一心觀佛於是
釋迦牟尼佛以右指開七寶塔戶出大音聲
如却關鑰開大城門即時一切衆會皆見
多寶如来於寶塔中坐師子座全身不散
如入禪定又聞其言善哉善哉釋迦牟尼
佛快説是法華經我為聽是經故而来至此
尒時四衆等見過去无量千万億劫滅度佛
説如是言歎未曾有以天寶華聚散多寶佛
及釋迦牟尼佛上尒時多寶佛於寶塔中分半
座與釋迦牟尼佛而作是言釋迦牟尼佛可
就此座即時釋迦牟尼佛入其塔中坐其
半座結跏趺坐尒時大衆見二如来在七寶
塔中師子座上結跏趺坐各作是念佛座高
遠唯願如来以神通力令我等輩俱處虛
空即時釋迦牟尼佛以神通力接諸大衆
皆在虛空以大音聲普告四衆誰能於此
娑婆國土廣説妙法華經今正是時如来不
久當入涅槃佛欲以此妙法華經付囑有
在尒時世尊欲重宣此義而説偈言
聖主世尊　雖久滅度　在寶塔中　尚為法来
諸人云何　不勤為法　此佛滅度　无央數劫
處處聽法　以難遇故　彼佛本願　我滅度後

久當入涅槃佛欲以此妙法華經付囑有在
尒時世尊欲重宣此義而說偈言
聖主世尊 雖久滅度 在寶塔中 尚為法來
諸人云何 不勤為法 此佛滅度 无央數劫
處處聽法 以難遇故 彼佛本願 我滅度後
在在所往 常為聽法 又我分身 无量諸佛
如恒沙等 來欲聽法 及見滅度 多寶如來
各捨妙土 及弟子眾 天人龍神 諸供養事
令法久住 故來至此 為坐諸佛 以神通力
移无量眾 令國清淨 諸佛各各 詣寶樹下
如清淨池 蓮華莊嚴 其寶樹下 諸師子座
佛坐其上 光明嚴飾 如夜闇中 然大炬火
身出妙香 遍十方國 眾生蒙薰 喜不自勝
譬如大風 吹小樹枝 以是方便 令法久住
告諸大眾 我滅度後 誰能護持 讀說斯經
今於佛前 自說誓言 其多寶佛 雖久滅度
以大誓願 而師子吼 多寶如來 及與我身
所集化佛 當知此意 諸佛子等 誰能護法
當發大願 令得久住 其有能護 此經法者
則為供養 我及多寶 此多寶佛 處於寶塔
常遊十方 為是經故 亦復供養 諸來化佛
莊嚴光飾 諸世界者 若說此經 則為見我
多寶如來 及諸化佛 諸善男子 各諦思惟
此為難事 宜發大願 諸餘經典 數如恒沙
雖說此等 未足為難 若接須弥 擲置他方
无數佛土 亦未為難 若以足指 動大千界

BD03318號　妙法蓮華經卷四　（27–17）

此為難事 宜發大願 諸餘經典 數如恒沙
雖說此等 未足為難 若接須弥 擲置他方
无數佛土 亦未為難 若以足指 動大千界
遠擲他國 亦未為難 若立有頂 為眾演說
无量餘經 亦未為難 若佛滅後 於惡世中
能說此經 是則為難 假使有人 手把虛空
而以遊行 亦未為難 於我滅後 若自書持
若使人書 是則為難 若以大地 置足甲上
昇於梵天 亦未為難 佛滅度後 於惡世中
暫讀此經 是則為難 假使劫燒 擔負乾草
入中不燒 亦未為難 我滅度後 若持此經
為一人說 是則為難 若持八万 四千法藏
十二部經 為人演說 令諸聽者 得六神通
雖能如是 亦未為難 於我滅後 聽受此經
問其義趣 是則為難 若人說法 令千万億
无量无數 恒沙眾生 得阿羅漢 具六神通
雖有是益 亦未為難 於我滅後 若能奉持
如斯經典 是則為難 我為佛道 於无量土
從始至今 廣說諸經 而於其中 此經第一
若有能持 則持佛身 諸善男子 於我滅後
誰能護持 讀誦此經 今於佛前 自說誓言
此經難持 若暫持者 我則歡喜 諸佛亦然
如是之人 諸佛所歎 是則勇猛 是則精進
是名持戒 行頭陀者 則為疾得 无上佛道
能於來世 讀持此經 是真佛子 住淳善地

BD03318號　妙法蓮華經卷四　（27–18）

如是之人 諸佛所歎 是則勇猛 是則精進
是名持戒 行頭陁者 則為疾得 无上佛道
能於來世 讀持此經 是真佛子 住淳善地
佛滅度後 能解其義 是諸天人 世間之眼
於恐畏世 能須臾說 一切天人 皆應供養

妙法蓮華經提婆達多品第十二

尒時佛告諸菩薩及天人四衆吾於過去无
量劫中求法華經无有懈惓於多劫中常作
國王發願求於无上菩提心不退轉為欲滿
足六波羅蜜勤行布施心无悋惜象馬七珎
國城妻子奴婢僕從頭目髓腦身肉手足不
惜軀命時世人民壽命无量為於法故捐捨
國位委政太子擊鼓宣令四方求法誰能為
我說大乘者吾當終身供給走使時有仙
人來白王言我有大乘名妙法華經若不違我
當為宣說王聞仙言歡喜踊躍即隨仙人供
給所須採菓汲水拾薪設食乃至以身而為
床座身心无惓于時奉事經於千歲為於
法故精勤給侍令无所乏尒時世尊欲重宣
此義而說偈言
我念過去劫 為求大法故 雖作世國王 不貪五欲樂
搥鍾告四方 誰有大法者 若為我解說 身當為奴僕
時有阿私仙 來白於大王 我有微妙法 世間所希有
若能脩行者 吾當為汝說 時王聞仙言 心生大喜悅
即便隨仙人 供給於所須 採薪及菓蓏 隨時恭敬與

BD03318號 妙法蓮華經卷四

（27–19）

時有阿私仙 來白於大王 我有微妙法 世間所希有
若能脩行者 吾當為汝說 時王聞仙言 心生大喜悅
即便隨仙人 供給於所須 採薪及菓蓏 隨時恭敬與
情存妙法故 身心无懈惓 普為諸衆生 勤求於大法
亦不為己身 及以五欲樂 故為大國王 勤求獲此法
遂致得成佛 今故為汝說
佛告諸比丘尒時王者則我身是時仙人者
今提婆達多是由提婆達多善知識故令我
具足六波羅蜜慈悲喜捨三十二相八十種
好紫磨金色十力四无所畏四攝法十八不共
神通道力成等正覺廣度衆生皆因提婆達
多善知識故告諸四衆提婆達多却後過无
量劫當得成佛号曰天王如來應供正遍知
明行足善逝世間解无上士調御丈夫天人
師佛世尊世界名天道時天王佛住世二十
中劫廣為衆生說於妙法恒河沙衆生得阿
羅漢果无量衆生發緣覺心恒河沙衆生
發无上道心得无生忍至不退轉時天王佛
般涅槃後正法住世二十中劫全身舍利起
七寶塔高六十由旬縱廣四十由旬諸天人
民悉以雜華末香燒香塗香衣服瓔珞幢幡
寶蓋伎樂歌頌礼拜供養七寶妙塔无量衆
生得阿羅漢果无量衆生悟辟支佛不可思
議衆生發菩提心至不退轉佛告諸比丘未
來世中若有善男子善女人聞妙法華經提
婆達多品淨心信敬不生疑惑者不墮地獄

BD03318號 妙法蓮華經卷四

（27–20）

生得阿羅漢果无量衆生發辟支佛不可思
議衆生發菩提心至不退轉佛告諸比丘未
來世中若有善男子善女人聞妙法華經提
婆達多品淨心信敬不生疑惑者不墮地獄
餓鬼畜生生十方佛前所生之處常聞此經
若生人天中受勝妙樂若在佛前蓮華化生
於時下方多寶世尊所從菩薩名曰智積白
多寶佛當還本土釋迦牟尼佛告智積曰
善男子且待須臾此有菩薩名文殊師利可
與相見論說妙法可還本土尒時文殊師利坐
千葉蓮華大如車輪俱來菩薩亦坐寶華從
於大海娑竭羅龍宮自然踊出住虛空中
詣靈鷲山從蓮華下至於佛所頭面敬禮二世
尊足修敬已畢往智積所共相慰問却坐一
面智積菩薩問文殊師利仁往龍宮所化衆
生其數幾何文殊師利言其數无量不可稱計
非口所宣非心所測且待須臾自當有證所言
未竟无數菩薩坐寶蓮華從海踊出詣靈鷲
山住在虛空此諸菩薩皆是文殊師利之所
化度具菩薩行皆共論說六波羅蜜本聲聞
人在虛空中說聲聞行今皆修行大乘空義
文殊師利謂智積曰於海教化其事如是尒
時智積菩薩以偈讚曰
大智德勇健　化度无量衆　今此諸大會　及我皆已見
演暢實相義　開闡一乘法　廣度諸群生　令速成菩提
文殊師利言我於海中唯常宣說妙法華經

BD03318號　妙法蓮華經卷四　（27–21）

時智積菩薩以偈讚曰
大智德勇健　化度无量衆　今此諸大會　及我皆已見
演暢實相義　開闡一乘法　廣度諸群生　令速成菩提
文殊師利言我於海中唯常宣說妙法華經
智積問文殊師利言此經甚深微妙諸經中
寶世所希有頗有衆生勤加精進修行此經
速得佛不文殊師利言有娑竭羅龍王女年
始八歲智慧利根善知衆生諸根行業得
陁羅尼諸佛所說甚深秘藏悉能受持深入
禪定了達諸法於剎那頃發菩提心得不退轉
辯才无礙慈念衆生猶如赤子功德具足心念
口演微妙廣大慈悲仁讓志意和雅能至菩
提智積菩薩言我見釋迦如來於无量劫
難行苦行積功累德求菩提道未曾止息
觀三千大千世界乃至无有如芥子許非是菩
薩捨身命處為衆生故然後乃得成菩提
道不信此女於須臾頃便成正覺言論未訖
時龍王女忽現於前頭面礼敬却住一面以
偈讚曰
深達罪福相　遍照於十方　微妙淨法身　具相三十二
以八十種好　用莊嚴法身　天人所戴仰　龍神咸恭敬
一切衆生類　无不宗奉者　又聞成菩提　唯佛當證知
我闡大乘教　度脫苦衆生
時舍利弗語龍女言汝謂不久得无上道是
事難信所以者何女身垢穢非是法器云何
能得无上菩提佛道懸曠經无量劫勤苦積

BD03318號　妙法蓮華經卷四　（27–22）

我闡大乘教　度脫苦衆生
時舍利弗語龍女言汝謂不久得无上道是
事難信所以者何女身垢穢非是法器云何
能得无上菩提佛道懸曠經无量劫勤苦積
行具脩諸度然後乃成又女人身猶有五障
一者不得作梵天王二者帝釋三者魔王四
者轉輪聖王五者佛身云何女身速得成佛
尒時龍女有一寶珠價直三千大千世界持
以上佛佛即受之龍女謂智積菩薩尊者舍
利弗言我獻寶珠世尊納受是事疾不荅言
甚疾女言以汝神力觀我成佛復速於此當
時衆會皆見龍女忽然之間變成男子具菩
薩行即往南方无垢世界坐寶蓮華成等正
覺三十二相八十種好普爲十方一切衆生
演說妙法尒時娑婆世界菩薩聲聞天龍八
部人與非人皆遥見彼龍女成佛普爲時會
人天說法心大歡喜悉遥敬禮无量衆生聞
法解悟得不退轉无量衆生得受道記无垢
世界六反震動娑婆世界三千衆生住不退
地三千衆生發菩提心而得受記智積菩薩
及舍利弗一切衆會嘿然信受

妙法蓮華經勸持品第十三

尒時藥王菩薩摩訶薩及大樂說菩薩摩訶
薩與二万菩薩眷屬俱皆於佛前作是誓言
唯願世尊不以爲慮我等於佛滅後當奉持
讀誦說此經典後惡世衆生善根轉少多增

BD03318 號　妙法蓮華經卷四

（27–23）

妙法蓮華經勸持品第十三

尒時藥王菩薩摩訶薩及大樂說菩薩摩訶
薩與二万菩薩眷屬俱皆於佛前作是誓言
唯願世尊不以爲慮我等於佛滅後當奉持
讀誦說此經典後惡世衆生善根轉少多增
上慢貪利供養增不善根遠離解脫雖難可
教化我等當起大忍力讀誦此經持說書寫
種種供養不惜身命尒時衆中五百阿羅漢
得受記者白佛言世尊我等亦自誓願於異
國土廣說此經復有學无學八千人得受記
者從座而起合掌向佛作是誓言世尊我等
亦當於他國土廣說此經所以者何是娑婆
國中人多弊惡懷增上慢功德淺薄瞋濁諂
曲心不實故尒時佛姨母摩訶波闍波提比
丘尼與學无學比丘尼六千人俱從座而起
一心合掌瞻仰尊顏目不暫捨於時世尊告
憍曇彌何故憂色而視如來汝心將无謂我
不說汝名授阿耨多羅三藐三菩提記耶憍
曇彌我先揔說一切聲聞皆已授記今汝欲
知記者將來之世當於六万八千億諸佛法
中爲大法師及六千學无學比丘尼俱爲法
師汝如是漸漸具菩薩道當得作佛号一切
衆生喜見如來應供正遍知明行足善逝世
間解无上士調御丈夫天人師佛世尊憍曇
彌是一切衆生喜見佛及六千菩薩轉次授
記得阿耨多羅三藐三菩提尒時羅睺羅母

BD03318 號　妙法蓮華經卷四

（27–24）

衆生喜見如來應供正遍知明行足善逝世
間解无上士調御丈夫天人師佛世尊憍曇
弥是一切衆生喜見佛及六千菩薩轉次授
記得阿耨多羅三藐三菩提尒時羅睺羅母
耶輸陁羅比丘尼作是念世尊於授記中獨
不説我名佛告耶輸陁羅汝於來世百千万
億諸佛法中脩菩薩行為大法師漸具佛道
於善國中當得作佛号具足千万光明如來
應供正遍知明行足善逝世間解无上士調御
丈夫天人師佛世尊佛壽无量阿僧祇劫尒
時摩訶波闍波提比丘尼及耶輸陁羅比丘尼
并其眷屬皆大歡喜得未曾有即於佛前而
説偈言
世尊導師　安隱天人　我等聞記　心安具足
諸比丘尼説是偈已白佛言世尊我等亦能
於他方國土廣宣此經尒時世尊視八十万億
那由他諸菩薩摩訶薩是諸菩薩皆是阿惟
越致轉不退法輪得諸陁羅尼即從座起至
於佛前一心合掌而作是念若世尊告勅我
等持説此經者當如佛教廣宣斯法復作
是念佛今嘿然不見告勅我當云何時諸菩
薩敬順佛意并欲自滿本願便於佛前作師
子吼而發誓言世尊我等於如來滅後周
旋往反十方世界能令衆生書寫此經受持
讀誦解説其義如法脩行正憶念皆是佛之威
力唯願世尊在於他方遥見守護即時諸菩

BD03318號　妙法蓮華經卷四　（27–25）

是念佛今嘿然不見告勅我當云何時諸菩
薩敬順佛意并欲自滿本願便於佛前作師
子吼而發誓言世尊我等於如來滅後周
旋往反十方世界能令衆生書寫此經受持
讀誦解説其義如法脩行正憶念皆是佛之威
力唯願世尊在於他方遥見守護即時諸菩
薩倶同發聲而説偈言
唯願不為慮　於佛滅度後　恐怖惡世中　我等當廣説
有諸无智人　惡口罵詈等　及加刀杖者　我等皆當忍
惡世中比丘　耶智心諂曲　未得謂為得　我慢心充滿
或有阿練若　納衣在空閑　自謂行真道　輕賤人間者
貪著利養故　與白衣説法　為世所恭敬　如六通羅漢
是人懷惡心　常念世俗事　假名阿練若　好出我等過
而作如是言　此諸比丘等　為貪利養故　説外道論議
自作此經典　誑惑世間人　為求名聞故　分別於是經
常在大衆中　欲毀我等故　向國王大臣　婆羅門居士
及餘比丘衆　誹謗説我惡　謂是耶見人　説外道論議
我等敬佛故　悉忍是諸惡　為斯所輕言　汝等皆是佛
如此輕慢言　皆當忍受之　濁劫惡世中　多有諸恐怖
惡鬼入其身　罵詈毀辱我　我等敬信佛　當著忍辱鎧
為説是經故　忍此諸難事　我不愛身命　但惜无上道
我等於來世　護持佛所囑　世尊自當知　濁世惡比丘
不知佛方便　隨宜所説法　惡口而顰蹙　數數見擯出
遠離於塔寺　如是等衆惡　念佛告勅故　皆當忍是事
諸聚落城邑　其有求法者　我皆到其所　説佛所囑法
我是世尊使　處衆无所畏　我當善説法　願佛安隱住

BD03318號　妙法蓮華經卷四　（27–26）

而作如是言　此諸比丘等　為貪利養故　說外道論議
自作此經典　誑惑世間人　為求名聞故　分別於是經
常在大衆中　欲毀我等故　向國王大臣　婆羅門居士
及餘比丘衆　誹謗說我惡　謂是邪見人　說外道論議
我等敬佛故　悉忍是諸惡　為斯所輕言　汝等皆是佛
如此輕慢言　皆當忍受之　濁劫惡世中　多有諸恐怖
惡鬼入其身　罵詈毀辱我　我等敬信佛　當著忍辱鎧
為說是經故　忍此諸難事　我不愛身命　但惜无上道
我等於來世　護持佛所囑　世尊自當知　濁世惡比丘
不知佛方便　隨宜所說法　惡口而顰蹙　數數見擯出
遠離於塔寺　如是等衆惡　念佛告勑故　皆當忍是事
諸聚落城邑　其有求法者　我皆到其所　說佛所囑法
我是世尊使　處衆无所畏　我當善說法　願佛安隱住
我於世尊前　諸來十方佛　發如是誓言　佛自知我心

妙法蓮華經卷第四

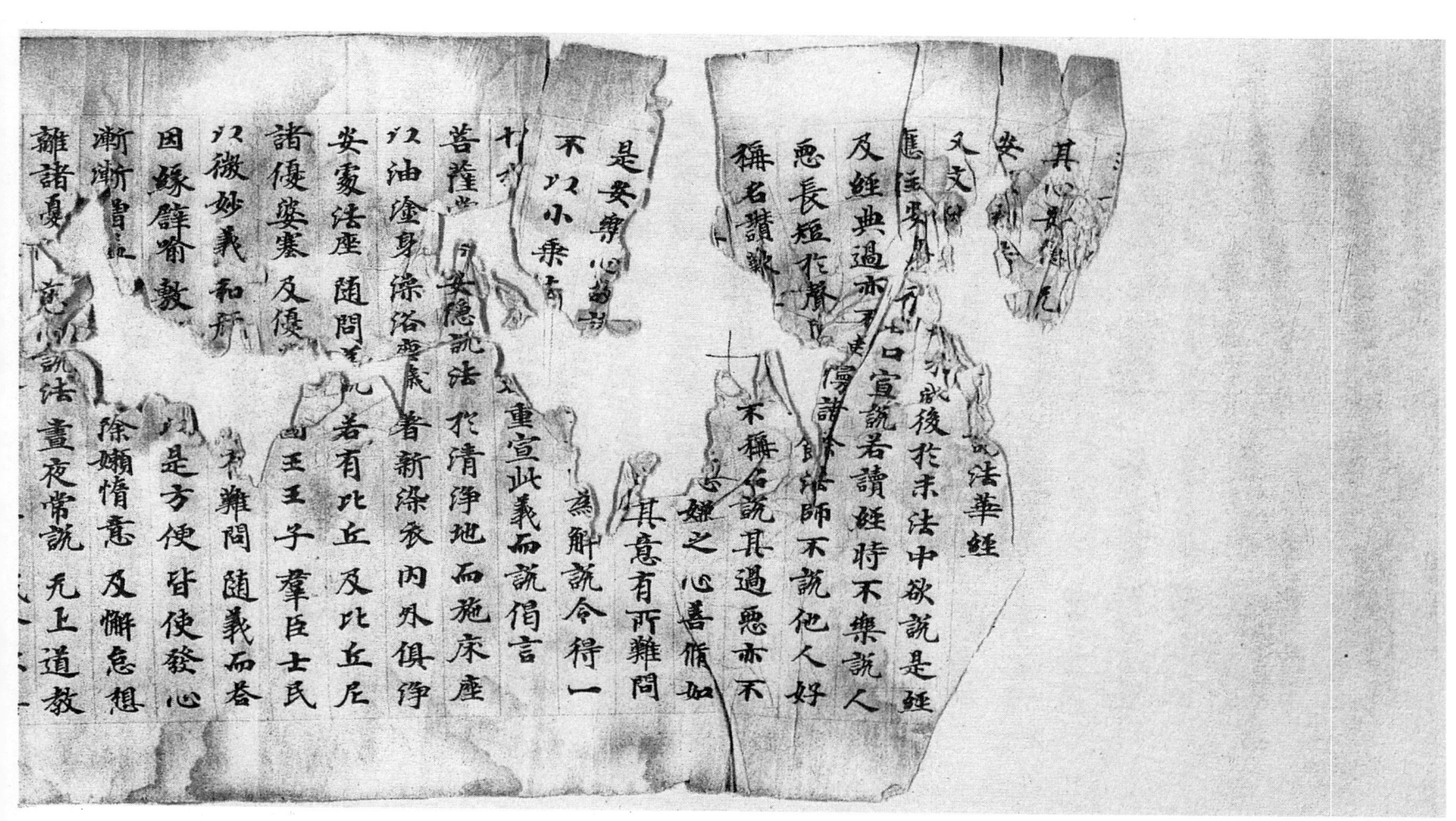

BD03318號　妙法蓮華經卷四

（27–27）

其心安
安　說法華經
又文　滅後於末法中欲說是經
應住安　若口宣說若讀經時不樂說人
及經典過亦不　輕慢諸餘法師不說他人好
惡長短於聲　不稱名說其過惡亦不
稱名讚歎　嫌之心善修如
是安樂心故　其意有所難問
不以小乘　為解說令得一
切　重宣此義而說偈言
菩薩常　安隱說法　於清淨地　而施床座
以油塗身　澡浴塵穢　著新淨衣　內外俱淨
安處法座　隨問為說　若有比丘　及比丘尼
諸優婆塞　及優婆　國王王子　群臣士民
以微妙義　和顏　若有難問　隨義而答
因緣譬喻　敷　以是方便　皆使發心
漸漸增益　除懶惰意　及懈怠想
離諸憂　慈心說法　晝夜常說　无上道教

BD03319號　妙法蓮華經卷五

（8–1）

以微妙義　和顏□□　□□難問　隨義而荅
因緣譬喻　敷□□□　以是方便　皆使發心
漸漸曽益□□□□　除嬾惰意　及懈怠想
離諸憂□　□心說法　晝夜常說　无上道教
以諸因緣　无量譬喻　開示衆生　咸令歡喜
衣服卧具　飲食醫藥　而於其中　无所悕望
但一心念　說法因緣　願成佛道　令衆亦尒
是則大利　安樂□□　□滅度後　若有比丘
能演說斯　妙法□□　□无嫉恚　諸惱障礙
亦无憂愁　及罵□□　又无怖畏　加刀杖等
亦无擯出　安住忍故　智者如是　善脩其心
能住安樂　如我上說　其人功德　千万億劫
筭數譬喻　說不能盡
又文殊師利菩薩摩訶薩於後末世法欲滅
時受持讀誦斯經典者无懷嫉妬諂誑之心
亦勿輕罵學佛□□　其長短若比丘比丘
尼優婆塞優婆夷求聲聞者求辟支佛者求
菩薩道者无得惱之令其疑悔語其人言汝
等去道甚遠終不能得一切種智所以者何
汝是放逸之人於道懈怠故又亦不應戲論
諸法有所諍競當於一切衆生起大悲想於
諸如來起慈父想於諸菩薩起大師想於十
方諸大菩薩常應□□恭敬礼拜於一切衆
生平等說法以順法故不多不少乃至深愛
法者亦不為多說文殊師利是菩薩摩訶薩

BD03319號　妙法蓮華經卷五　（8–2）

諸如來起慈父想於諸菩薩起大師想於十
方諸大菩薩常應深心恭敬礼拜於一切衆
生平等說法以順法故不多不少乃至深愛
法者亦不為多說文殊師利是菩薩摩訶薩
於後末世法欲滅時有成就是第三安樂行
者說是法時无能惱亂得好同學共讀誦是
經亦得大衆而來聽受聽已能持持已能誦
誦已能說說已能書若使人書供養經卷恭
敬尊重讚歎尒時世尊欲重宣此義而說偈言
若欲說是經　當捨嫉恚慢　諂誑耶偽心　常脩質直行
不輕蔑於人　亦不戲論法　不令他疑悔　云汝不得佛
是佛子說法　常柔和能忍　慈悲於一切　不生懈怠心
十方大菩薩　愍衆故行道　應生恭敬心　是則我大師
於諸佛世尊　生无上父想　破於憍慢心　說法无障礙
第三法如是　智者應守護　一心安樂行　无量衆所敬
又文殊師利菩薩摩訶薩於後末世法欲滅
時有持法華經者於在家出家人中生大慈
心於非菩薩人中生大悲心應作是念如是
之人則為大失如來方便隨宜說法不聞不
知不覺不問不信不解其人雖不問不信不
解是經我得阿耨多羅三藐三菩提時隨在
何地以神通力智慧力引之令得住是法中
文殊師利是菩薩摩訶薩於如來滅後有成
就此第四法者□□法時无有過失常為比

BD03319號　妙法蓮華經卷五　（8–3）

解是經我得阿耨多羅三藐三菩提時隨在
何地以神通力智慧力引之令得住是法中
文殊師利是菩薩摩訶薩於如來滅後有成
就此第四法者說是法時无有過失常為比
丘比丘尼優婆塞優婆夷國王王子大臣人
民婆羅門居士等供養恭敬尊重讚歎虛空
諸天為聽法故亦常隨侍若在聚落城邑空
閑林中有人來欲難問者諸天晝夜常為法
故而衛護之能令聽者皆得歡喜所以者何
此經是一切過去未來現在諸佛神力所護
故文殊師利是法華經於无量國中乃至名
字不可得聞何況得見受持讀誦文殊師利
譬如強力轉輪聖王欲以威勢降伏諸國而
諸小王不順其命時轉輪王起種種兵而往
討伐王見兵衆戰有功者即大歡喜隨功賞
賜或與田宅聚落城邑或與衣服嚴身之具
或與種種珍寶金銀琉璃車𤦲馬瑙珊瑚虎
珀象馬車乘奴婢人民唯髻中明珠不以與
之所以者何獨王頂上有此一珠若以與之
王諸眷屬必大驚怪文殊師利如來亦復如
是以禪定智慧力得法國土王於三界而諸
魔王不肯順伏如來賢聖諸將與之共戰其
有功者心亦歡喜於四衆中為說諸經令其
心悅賜以禪定解脫无漏根力諸法之財又
復賜與涅槃之城言得滅度引導其心令皆

BD03319號　妙法蓮華經卷五

（8–4）

魔王不肯順伏如來賢聖諸將與之共戰其
有功者心亦歡喜於四衆中為說諸經令其
心悅賜以禪定解脫无漏根力諸法之財又
復賜與涅槃之城言得滅度引導其心令皆
歡喜而不為說是法華經文殊師利如轉輪
王見諸兵衆有大功者心甚歡喜以此難信
之珠久在髻中不妄與人而今與之如來亦
復如是於三界中為大法王以法教化一切
衆生見賢聖軍與五陰魔煩惱魔死魔共戰
有大功勳滅三毒出三界破魔網尒時如來
亦大歡喜此法華經能令衆生至一切智一
切世間多怨難信先所未說而今說之文殊
師利此法華經是諸如來第一之說於諸說
中最為甚深末後賜與如彼強力之王久護
明珠今乃與之文殊師利此法華經諸佛如
來秘密之藏於諸經中最在其上長夜守護
不妄宣說始於今日乃與汝等而敷演之尒
時世尊欲重宣此義而說偈言
常行忍辱　哀愍一切　乃能演說　佛所讚經
後末世時　持此經者　於家出家　及非菩薩
應生慈悲　斯等不聞　不信是經　則為大失
我得佛道　以諸方便　為說此法　令住其中
譬如強力　轉輪之王　兵戰有功　賞賜諸物
象馬車乘　嚴身之具　及諸田宅　聚落城邑
或與衣服　種種珍寶　奴婢財物　歡喜賜與

BD03319號　妙法蓮華經卷五

（8–5）

我得佛道　以諸方便　為說此法　令住其中
譬如強力　轉輪之王　兵戰有功　賞賜諸物
象馬車乘　嚴身之具　及諸田宅　聚落城邑
或與衣服　種種珍寶　奴婢財物　歡喜賜與
如有勇健　能為難事　王解髻中　明珠賜之
如來亦尒　為諸法王　忍辱大力　智慧寶藏
以大慈悲　如法化世　見一切人　受諸苦惱
欲求解脫　與諸魔戰　為是眾生　說種種法
以大方便　說此諸經　既知眾生　得其力已
末後乃為　說是法華　如王解髻　明珠與之
此經為尊　眾經中上　我常守護　不妄開示
今正是時　為汝等說　我滅度後　求佛道者
欲得安隱　演說斯經　應當親近　如是四法
讀是經者　常无憂惱　又无病痛　顏色鮮白
不生貧窮　卑賤醜陋　眾生樂見　如慕賢聖
天諸童子　以為給使　刀杖不加　毒不能害
若人惡罵　口則閉塞　遊行无畏　如師子王
智慧光明　如日之照　若於夢中　但見妙事
見諸如來　坐師子座　諸比丘眾　圍繞說法
又見龍神　阿脩羅等　數如恒沙　恭敬合掌
自見其身　而為說法　又見諸佛　身相金色
放无量光　照於一切　以梵音聲　演說諸法
佛為四眾　說无上法　見身處中　合掌讚佛
聞法歡喜　而為供養　得陀羅尼　證不退智
佛知其心　深入佛道　即為受記　成最正覺

BD03319號　妙法蓮華經卷五　（8-6）

放无量光　照於一切　以梵音聲　演說諸法
佛為四眾　說无上法　見身處中　合掌讚佛
聞法歡喜　而為供養　得陀羅尼　證不退智
佛知其心　深入佛道　即為授記　成最正覺
汝善男子　當於來世　得无量智　佛之大道
國土嚴淨　廣大无比　亦有四眾　合掌聽法
又見自身　在山林中　脩習善法　證諸實相
深入禪定　見十方佛
諸佛身金色　百福相莊嚴　聞法為人說　常有是好夢
又夢作國王　捨宮殿眷屬　及上妙五欲　行詣於道場
在菩提樹下　而處師子座　求道過七日　得諸佛之智
成无上道已　起而轉法輪　為四眾說法　經千万億劫
說无漏妙法　度无量眾生　後當入涅槃　如烟盡燈滅
若後惡世中　說是第一法　是人得大利　如上諸功德

妙法蓮華經從地踊出品第十五

尒時他方國土諸來菩薩摩訶薩過八恒河
沙數於大眾中起立合掌作礼而白佛言世尊
若聽我等於佛滅後在此娑婆世界勤加精
進護持讀誦書寫供養是經典者當於此土
而廣說之尒時佛告諸菩薩摩訶薩眾止善
男子不須汝等護持此經所以者何我娑婆
世界自有六万恒河沙等菩薩摩訶薩一一
菩薩各有六万恒河沙眷屬是諸人等能於
我滅後護持讀誦廣說此經佛說是時娑婆
世界三千大千國土地皆震裂而於其中有

BD03319號　妙法蓮華經卷五　（8-7）

男子不須汝等護持此經所以者何我娑婆
世界自有六万恒河沙等菩薩摩訶薩一一
菩薩各有六万恒河沙眷屬是諸人等能於
我滅後護持讀誦廣說此經佛說是時娑婆
世界三千大千國土地皆震裂而於其中有
无量千万億菩薩摩訶薩同時踊出是諸菩
薩身皆金色三十二相无量光明先盡在此
娑婆世界之下此界虛空中住是諸菩薩聞
釋迦牟尼佛所說音聲從下發來一一菩薩
皆是大衆唱導之首各將六万恒河沙眷屬
況將五万四万三万二万一万恒河沙等眷
屬者況復乃至一恒河沙半恒河沙四分之
一乃至千万億那由他分之一況復千万億
那由他眷屬況復億万眷屬況復千万百万
乃至一万況復一千一百乃至一十況復將
五四三二一弟子者況復單己樂遠離行如
是等比无量无邊筭數譬喻所不能知是諸
菩薩從地出已各詣虛空七寶妙塔多寶如
來釋迦牟尼佛所到已向二世尊頭面礼足
及至諸寶樹下師子座上佛所亦皆作礼右
繞三帀合掌恭敬以諸菩薩種種讚法而以
讚歎住一面欣樂瞻仰於二世尊是諸菩

BD03319號　妙法蓮華經卷五　（8–8）

南无功德……
南无滿月佛
南无月輪清淨佛　南无日月佛
南无月慧佛　南无无垢慧佛
南无深慧佛　南无式慧佛
南无難勝慧佛　南无阿僧祇劫脩習慧佛
南无无量功德莊嚴行佛　南无无量功德莊嚴佛
南无離劫佛　南无勝功德王莊嚴威德王劫佛
南无自在藏劫佛　南无弥留劫佛
南无須弥留劫佛　南无不可說劫佛
南无金光明色光上佛　南无龍奔上佛
南无愛上佛　南无庬上佛
南无法上佛　南无金剛上佛
南无威德上佛　南无无垢上佛
南无龍奔上佛　南无寶上佛
南无勝寶上佛　南无莎梨羅上佛
南无天上佛　南无波頭摩上佛
南无香上佛　南无放香佛
南无樂香佛　南无香蓋逵佛
南无香鳥蓋逆佛　南无香鳥佛
南无大香鳥佛　南无多羅放香佛

BD03320號　佛名經（十二卷本　異卷）卷二　（25–1）

南无[illegible]寶上佛　南无[illegible]上佛
南无天上佛　南无波頭摩上佛
南无香上佛　南无放香佛
南无藥香佛　南无香蓋逆佛
南无香鳥蓋逆佛　南无香鳥佛
南无大香鳥佛　南无多羅跋香佛
南无戒香佛　南无无邊香佛
南无普遍香佛　南无薰香佛
南无多伽羅香佛　南无旃檀香佛
南无旁陁羅香佛　南无波頭摩香佛
南无波頭摩手佛　南无波頭眼佛
南无波頭摩莊嚴佛　南无波頭摩起佛
南无波頭摩勝佛　南无月勝佛
南无身勝佛　南无驚怖勝佛
南无驕勝雲佛　南无功德成就雲佛
南无寶雲佛　南无功德雲佛
南无雲護佛　南无普護佛
南无聖護佛 千　南无功德護佛
南无普遍護佛　南无精進護佛
南无精進喜佛　南无上喜佛
南无寶喜佛　南无師子喜佛
南无龍喜佛　南无寶喜佛
南无寶智佛　南无喜去佛
南无善知寂靜去佛　南无大勢佛
南无甘露勢佛　南无金剛杵勢佛
南无无垢處勢佛　南无不動處勢佛
南无過三界處勢佛　南无三昧處勢佛
南无迎處勢佛　南无不動處勢佛

BD03320號　佛名經（十二卷本　異卷）卷二　（25-2）

南[illegible]
南无甘露勢佛　南无金剛杵勢佛
南无无垢處勢佛　南无不動處勢佛
南无過三界處勢佛　南无三昧處勢佛
南无迎處勢佛　南无不動處勢佛
南无高去佛　南无寂滅去佛
南无師子奮迅去佛　南无善步去佛
南无无盡慧佛　南无海慧佛
南无住慧佛　南无勝慧佛
南无滅諸惡慧佛　南无寂靜慧佛
南无脩行慧佛　南无蜜慧佛
南无堅慧佛　南无善清淨慧佛
南无大慧佛　南无普慧佛
南无无邊慧佛　南无威德慧佛
南无世慧佛　南无上慧佛
南无妙慧佛　南无快慧佛
南无无觀慧佛　南无稱慧佛
南无廣慧佛　南无旃檀滿慧佛
南无金剛慧佛　南无清淨慧佛
南无覺慧佛　南无法慧佛
南无師子慧佛　南无庫慧佛
南无苦慧佛　南无寶慧佛
南无勝慧佛　南无勝積佛
南无勇猛積佛　南无般若積佛
南无樂說積佛　南无香積佛
南无寶積佛　南无寶髻佛
南无功德髻佛　南无天髻佛
南无[illegible]髻佛　南无大髻佛

BD03320號　佛名經（十二卷本　異卷）卷二　（25-3）

南无樂說精佛　南无香精佛
南无寶積佛　南无寶語佛
南无功德語佛　南无天語佛
南无龍語佛　南无大語佛
南无弥留聚佛　南无大聚佛
南无火炎聚佛　南无寶聚佛
南无寶手佛　南无寶手柔濡佛
南无寶印手佛　南无寶光明蘊逆思惟佛
南无寶火達遠佛　南无寶天佛
南无寶勝佛　南无寶高佛
南无寶堅佛　南无寶波頭摩佛
南无寶念佛　南无寶力佛
南无寶山佛　南无寶炎佛
南无寶火達遠佛　南无寶照佛
南无放照佛　南无遠光華佛
南无妙說佛　南无月說佛
南无金剛說佛　南无寶說佛
南无寶杖佛　南无无量寶杖佛
南无无垢杖佛　南无无邊杖佛
南无法杖佛　南无寶幢佛
南无均寶幢佛　一千一百　南无摩尼幢佛
南无金幢佛　南无蘊逆王佛
南无增上大成就王佛　南无增上勇猛佛
南无勇施佛　南无智施佛
南无燃燈佛　南无燃燈火佛
南无淨燃燈佛　南无功德燃燈佛
南无福德燃燈佛　南无寶燃燈佛

BD03320號　佛名經（十二卷本　異卷）卷二　（25–4）

南无增上大成就王佛　南无增上勇猛佛
南无勇施佛　南无智施佛
南无燃燈佛　南无燃燈火佛
南无淨燃燈佛　南无功德燃燈佛
南无福德燃燈佛　南无寶燃燈佛
南无大燃燈佛　南无无邊燃燈佛
南无火燃燈佛　南无普燃燈佛
南无月燃燈佛　南无日燃燈佛
南无日月燃燈佛　南无雲聲燃燈佛
南无大海燃燈佛　南无忍辱輪燃燈佛
南无世燃燈佛　南无光明遍照十方燃燈佛
南无照諸趣燃燈佛　南无破諸闇燃燈佛
南无一切世間成就燃燈佛　南无俱蘇摩見佛
南无不散佛　南无散華佛
南无不散華佛　南无放光明佛
南无千光明佛　南无六十光佛
南无觀光明佛　南无无鄣㝵光明佛
南无放光明佛　南无无邊光明佛
南无波頭摩光明佛　南无福德光明佛
南无智光明佛　南无月光明佛
南无日光明佛　南无无㝵光明佛
南无蘊逆恭敬稱佛　南无无比佛
南无功德稱佛　南无寶稱佛
南无无垢稱佛　南无无垢德佛
南无堅德佛　南无无憂德佛
南无勇猛德佛　南无華德佛

BD03320號　佛名經（十二卷本　異卷）卷二　（25–5）

南无无垢稱佛　南无无垢德佛
南无堅德佛　南无无憂德佛
南无勇猛德佛　南无華德佛
南无歡喜德佛　南无龍德佛
南无切德渴佛　南无供養佛
南无清淨聲佛　南无淨妙聲佛
南无出淨聲佛　南无普智輪光聲佛
南无大聲佛　南无雲勝聲佛
南无安隱聲佛　南无樂聲佛
南无妙歡聲佛　南无天聲佛
南无月聲佛　南无日聲佛
南无師子聲佛　南无波頭摩聲佛
南无福德聲佛　南无金剛聲佛
南无自在聲佛　南无慧聲佛
南无妙聲佛　南无選擇聲佛
南无甘露聲佛　南无淨幢佛
南无金剛幢佛　南无法幢佛
南无住持法佛　南无樂法佛
南无護法佛　南无量无竭佛
南无法蓋迮佛　南无法界華佛
南无護法眼佛　南无燃法庭燎佛
南无法自在佛　南无人自在佛
南无切德自在佛　南无聲自在佛
南无世自在佛　南无觀世自在佛
南无无量自在佛　一千一百　南无意住持佛
南无地住持佛　一千一百　南无尼弥住持佛
南无器住持佛　南无切德住持佛

南无世自在佛　南无觀世自在佛
南无无量自在佛　一千一百　南无意住持佛
南无地住持佛　一千一百　南无尼弥住持佛
南无器住持佛　南无切德性住持佛
南无勝色佛　南无轉發起佛
南无一切觀形示佛　南无發一切无猒足行佛
南无發成就佛　南无善護佛
南无善思惟佛　南无善壽佛
南无善處佛　南无普釋佛
南无甘露切德佛　南无善眼佛
南无師子仙佛　南无佛眼佛
南无合聚佛　南无智勇佛
南无善住佛　南无寶行佛
南无師子手佛　南无海佛
南无善思惟佛　南无稱佛
南无住慈佛　南无善夜摩佛
南无善行佛　南无善切德佛
南无善色佛　南无善識佛
南无善色佛　南无善識佛
南无善心佛　南无善光佛
南无師子月佛　南无不可勝佛
南无不可勝无畏佛　南无无量佛
南无速与佛　南无不動心佛
南无應稱佛　南无應不怯弱聲佛
南无不猒足藏佛　南无不盡佛
南无不可動佛　南无名无畏佛
南无名自在護世間佛　南无名龍自在聲佛

南无應穲佛　南无應不怯弱眉佛
南无不歇乏藏佛　南无不盡佛
南无不可動佛　南无名无畏佛
南无名自在護世間佛　南无名龍自在聲佛
南无名法行廣慧佛　南无名妙勝自在相通稱佛
南无名妙勝自勝佛　南无名樂法奮迅佛
南无名法界莊嚴佛　南无名大乘莊嚴佛
南无名寂靜王佛　南无名解脫行佛
南无名大海彌留起王佛　南无名合衆那羅延王佛
南无名散壞堅魔輪佛　南无名精進根寶王佛
南无名佛法波頭摩佛　南无名得佛眼分陁利佛
南无名隨前覺覺佛　南无名平等作佛
南无名初發心念遠離一切驚怖无煩惱起
切德佛
南无名金剛奮迅佛　南无名寶像光明奮迅佛
南无名破壞魔輪佛　南无名初發心成不退勝輪佛
南无名寶幢起无畏光明佛　南无名教化菩薩佛
南无名初發心念斷疑斷煩惱佛
南无名光明破闇起三昧王佛
是諸佛如来名十方世界衆生无眼者誦必
得眼
十千同名星宿佛南无一切星宿佛如来三
十千同名釋迦牟尼佛南无一切釋迦牟尼
如来
二億同名拘隣佛南无一切拘隣如来十八
億同名寶法勝決定佛南无一切寶法勝決
定如来

如来
二億同名拘隣佛南无一切拘隣如来十八
億同名寶法勝決定佛南无一切寶法勝決
定如来
十八億同名日月燈佛南无一切日月燈如
来
一千五百同名大威德佛南无一切大威德
如来
千五百同名日佛南无一切日如来
四万四千同名面佛南无一切面如来万千
同名堅固自在佛南无一切堅固自在如来
八千同名普護佛南无一切普護如来千八
百同名舍摩他佛南无舍摩他如来
劫名善眼彼劫中有七十二那由他如来成
佛我悉歸命彼諸如来
劫名善見彼劫中有七十二億如来成佛我
悉歸命彼諸如来
劫名淨讚歎彼劫中有一万八千如来成佛
我悉歸命彼諸如来
劫名善行彼劫中有三万二千如来成佛我
悉歸命彼諸如来
劫名莊嚴彼劫中有八万四千如来成佛我
悉歸命彼諸如来
南无現在住十方世界不捨命說法諸佛所
謂安樂世界中阿弥陁如来為上首樂世界
中阿閦如来為上首袈裟幢世界中碎金剛
堅如来為上首不退輪吼世界中清淨光彼

南无現在住十方世界不捨命說法諸佛可
謂安樂世界中阿弥陁如来為上首樂世界
中阿閦如来為上首袈裟幢世界中碎金剛
堅如来為上首不退輪吼世界中清淨光彼
頭摩華身如来為上首无垢世界中法幢如
来為上首善燈世界中師子如来為上首善
住世界中盧舍那藏為上首難過世界中切
德華身如来為上首莊嚴世界中一切通光
明如来為上首鏡輪光明世界中月智慧如
来為上首華勝世界中波頭摩勝如来為上
首波頭摩勝世界中賢勝如来為上首不瞬
世界中普賢如来為上首普賢世界中自在
王如来為上首不可勝世界中成就一切義
如来為上首娑婆世界中釋迦牟尼如来為
上首善說勝如来為上首自在幢王如来為
上首作大光如来為上首无畏觀如来為上
首
如是等上首諸佛我以身業口業意業遍滿
十方一時礼拜讚歎供養所謂彼佛所說法
甚深境界不可量境界不可思議境界无量
境界等我悉以身業口業意業遍滿十方礼
拜讚歎供養所謂彼佛世界中不退菩薩僧
不退聲聞僧我悉以身業口業意業遍滿十
方頭面礼足讚歎供養
南无名降伏魔人自在佛　南无名降伏貪自在佛
南无名降伏眼自在佛　南无名降伏癡自在佛
南无名降伏怒自在佛　南无名降伏見自在佛

南无名降伏魔人自在佛　南无名降伏貪自在佛
南无名降伏眼自在佛　南无名降伏癡自在佛
南无名降伏怒自在佛　南无名降伏見自在佛
南无名降伏諸觸自在佛　南无名了達法自在佛
南无名得神通自在稱佛　南无名得勝業自在稱佛
南无名起施自在稱佛　南无名起清淨戒自在稱佛
南无名起忍辱人自在稱佛　南无名起精進自在稱佛
南无名起禪人自在稱佛　南无名福德清淨光明自在佛
南无名起陁羅尼自在稱佛　南无高勝如来
南无光明勝如来　南无大勝如来
南无散香上勝如来　南无多寶勝如来
南无月上勝如来　南无賢上勝如来
南无波頭摩上勝如来　南无无量上勝如来
南无波頭摩上勝如来　南无三昧手勝如来
南无大海深勝如来　南无善說名勝如来
南无阿僧祇精進住勝如来　南无樂說一切法莊嚴勝如来
南无寶輪威德上勝如来　南无日輪上光明勝如来
南无无量慚愧金色上勝如来
南无切德海瑠璃金山金色光明勝如来
南无寶華普照勝如来　南无无邊切德无垢勝如来
南无起多羅王勝如来　南无樹王吼勝如来
南无法海潮勝如来　南无智清淨切德勝如来
南无樂劫火勝如来　南无不可思議光明勝如来
南无寶月光明勝如来　南无寶賢幢勝如来
南无寶成就勝如来　南无寶集勝如来
南无成就義勝如来　南无盡逹勝如来
南无不空勝如来　南无間勝如来

南无寶月光明勝如来　南无寶賢幢勝如来
南无寶成就勝如来　南无寶集勝如来
南无成就義勝如来　南无奮迅勝如来
南无不空勝如来　南无聞勝如来
南无海勝如来　南无住持勝如来
南无善行勝如来　南无龍勝如来
南无波頭摩勝如来　南无福德勝如来
南无智勝如来　南无妙勝如来
南无賢勝如来　南无勝賢勝如来
南无栴檀勝如来　南无勝栴檀勝如来
南无无量光明如来　南无幢勝如来
南无勝幢勝如来　南无无憂勝如来
南无離一切憂勝如来　南无寶杖如来
南无善寶杖如来　南无勾穎摩勝如来
南无華勝如来　南无三奮迅勝如来
南无樹提勝如来　南无火勝如来
南无廣功德勝如来　南无衆勝如来
南无普光世界普華无畏王如来
南无清淨光世界積清淨增長勝上王如来
南无普蓋世界名均寶莊嚴如来彼如来授
羅網光菩薩阿耨多羅三藐三菩提記
南无一寶髻世界名无量寶境界如来彼如
来授不空奮迅境界菩薩阿耨多羅三藐三
菩提記
南无相威德王世界名无量聲如来彼如来
授名即發心轉法輪菩薩阿耨多羅三藐三
菩提記

菩提記
南无相威德王世界名无量聲如来彼如来
授名即發心轉法輪菩薩阿耨多羅三藐三
菩提記
南无名稱世界名須弥留聚集如来彼如来
授名光明輪勝威德菩薩阿耨多羅三藐三
菩提記
南无善住世界名虛空舜如来彼如来授名
月菩薩阿耨多羅三藐三菩提記
南无地輪世界名稱力王如来彼如来授名
智稱菩薩阿耨多羅三藐三菩提記
南无月起光世界名放光明如来彼如来授
名光明輪菩薩阿耨多羅三藐三菩提記
南无染深幢世界名離染深如来彼如来授
名无量寶發起菩薩阿耨多羅三藐三菩提
記
南无波頭摩華世界名種種華勝成就如来
彼如来授名无量精進菩薩阿耨多羅三藐
三菩提記
南无一蓋世界名遠離諸怖毛豎如来彼如
来授名羅網光明菩薩阿耨多羅三藐三菩
提記
南无種種幢世界名須弥留聚如来彼如来
授名勝菩薩阿耨多羅三藐三菩提記
南无普光世界名无鄣导眼如来彼如来授
名智勝菩薩阿耨多羅三藐三菩提記
南无賢世界名栴檀屋如来彼如来授名智

南无普光世界名无鄣㝵眼如来彼如来授

名智勝菩薩阿耨多羅三藐三菩提記

南无賢世界名㮋檀屋如来彼如来授名智

功德幢菩薩阿耨多羅三藐三菩提記

南无賢慧世界名合聚如来彼如来授名妙

智菩薩阿耨多羅三藐三菩提記

南无寶首世界名羅網光明如来彼如来授

名智功德菩薩阿耨多羅三藐三菩提記

南无安樂首世界名寶蓮華勝如来彼如来

授名波頭摩勝功德菩薩阿耨多羅三藐三

菩提記

南无稱世界名智華寶光明勝如来彼如来

授第一莊嚴菩薩阿耨多羅三藐三菩提記

南无賢辟世界名起賢光明如来彼如来授

名寶光明菩薩阿耨多羅三藐三菩提記

南无无畏世界名藏嚴一怖畏如来彼如来

授名无畏菩薩阿耨多羅三藐三菩提記

南无弥留幢世界名弥留序如来彼如来授

名合聚菩薩阿耨多羅三藐三菩提記

南无遠離一切憂惱鄣㝵世界名无畏王如

来彼如来授名多聲菩薩阿耨多羅三藐三

菩提記

南无法世界名作法如来彼如来授名智作

菩薩阿耨多羅三藐三菩提記

南无善住世界名百一十光明如来彼如来

授名勝光明菩薩阿耨多羅三藐三菩提記

南无光明世界名千上光明如来彼如来

菩薩阿耨多羅三藐三菩提記

南无善住世界名百一十光明如来彼如来

授名勝光明菩薩阿耨多羅三藐三菩提記

南无光明世界名千上光明如来彼如来

授名普光明菩薩阿耨多羅三藐三菩提記

南无多伽羅世界名智光明如来彼如来授

名善眼菩薩阿耨多羅三藐三菩提記

南无香世界名寶勝光明如来彼如来授名

无量光明菩薩阿耨多羅三藐三菩提記

南无光明首世界名无量光明如来彼如来

授名藥王菩薩阿耨多羅三藐三菩提記

南无光明首世界名无量光明如来彼如来

授名藥王菩薩阿耨多羅三藐三菩提記

南无上首賢世界名无鄣㝵聲如来彼如来

授名淨聲聲菩薩阿耨多羅三藐三菩提記

南无法世界名羅網光如来彼如来授名勝

菩薩阿耨多羅三藐三菩提記

南无賢入世界名寶智慧如来彼如来授名

智香菩薩阿耨多羅三藐三菩提記

南无憂鉢羅世界名无量勝如来彼如来授

名曇无竭菩薩阿耨多羅三藐三菩提記

南无清淨世界名无量莊嚴如来彼如来授

名寶莊嚴菩薩阿耨多羅三藐三菩提記

南无覺注世界名憂鉢羅勝如来彼如来授

名波頭摩勝菩薩阿耨多羅三藐三菩提記

南无波頭摩注世界名智住如来彼如来授

南无覺注世界名憂鉢羅勝如来彼如来授
名波頭摩勝菩薩阿耨多羅三藐三菩提記
南无波頭摩勝注世界名智住如来彼如来授
名寶滿足菩薩阿耨多羅三藐三菩提記
南无智力世界名釋迦牟尼如来彼如来授
名寶牟尼菩薩阿耨多羅三藐三菩提記
南无十方稱世界名智稱如来彼如来授名
无邊精進菩薩阿耨多羅三藐三菩提記
南无善世界名堅自在王如来彼如来授名
寶堅菩薩阿耨多羅三藐三菩提記
南无月世界名寶莎羅如来彼如来授名普
香菩薩阿耨多羅三藐三菩提記
南无娑婆世界名大勝如来彼如来授名大
勝天王菩薩阿耨多羅三藐三菩提記
南无一蓋世界名寶輪如来彼如来授名星
宿勝菩薩阿耨多羅三藐三菩提記
南无過一切憂鄣㝵世界名不空說如来彼
如来授名不空說菩薩阿耨多羅三藐三菩
提記
南无遠離憂惚世界名功德成就如来彼如
来授名无邊勝威德菩薩阿耨多羅三藐三
菩提記
南无寂靜世界名名稱王如来彼如来授名
名勇德菩薩阿耨多羅三藐三菩提記
南无不空見世界名不空奮迅如来彼如来
授名不空發行菩薩阿耨多羅三藐三菩提

BD03320號　佛名經（十二卷本　異卷）卷二　（25–16）

南无寂靜世界名名稱王如来彼如来授名
名勇德菩薩阿耨多羅三藐三菩提記
南无不空見世界名不空奮迅如来彼如来
授名不空發行菩薩阿耨多羅三藐三菩提
記
南无香世界名香光明如来彼如来授名寶
藏菩薩阿耨多羅三藐三菩提記
南无无量吼聲世界名无鄣㝵聲如来彼如
来授名无分別發行菩薩阿耨多羅三藐三
菩提記
南无月輪光明世界名稱力王如来彼如来
授名智稱菩薩阿耨多羅三藐三菩提記
南无寶輪世界名寶上勝如来彼如来授名
大導師菩薩阿耨多羅三藐三菩提記
南无寶輪世界名善眼如来彼如来授名樂
行菩薩阿耨多羅三藐三菩提記
南无法世界名波頭摩勝如来彼如来授名
大法菩薩阿耨多羅三藐三菩提記
南无名須弥項上王如来彼如来授名智力
菩薩阿耨多羅三藐三菩提記
南无名波頭摩勝如来彼如来授名勝德菩
薩阿耨多羅三藐三菩提記
南无陁羅尼輪世界名香光明如来彼如来
授名陁羅尼自在王菩薩阿耨多羅三藐三
菩提記
南无金光明世界名十方稱發如来彼如来
授名智稱發行菩薩阿耨多羅三藐三菩提

BD03320號　佛名經（十二卷本　異卷）卷二　（25–17）

授名陁羅尼自在王菩薩阿耨多羅三藐三
菩提記
南无金光明世界名十方稱發如来彼如来
授名智稱發行菩薩阿耨多羅三藐三菩提
記
南无智起世界名普清淨増上雲聲王如来
彼如来授名星宿王菩薩阿耨多羅三藐三
菩提記
南无常光明世界名无量光明如来彼如来
授名大光明菩薩阿耨多羅三藐三菩提記
南无燃燈世界名无量智成如来彼如来授
名功德王光明菩薩阿耨多羅三藐三菩提
記
南无燃燈作世界名无量種奮迅如来彼如
来授名无鄣㝵發菩薩阿耨多羅三藐三菩
提記
南无種種幢世界名上首如来彼如来授名
那羅延菩薩阿耨多羅三藐三菩提記
南无十方稱世界名佛華成就勝如来彼如
来授名无歡奮迅菩薩阿耨多羅三藐三菩
提記
南无金剛住世界名佛華増上王如来彼如
来授名寶火菩薩阿耨多羅三藐三菩提記
南无栴檀窟世界寶形如来彼如来授名觀
世音菩薩阿耨多羅三藐三菩提記
南无藥王世界名不空說如来彼如来授名
不空發行菩薩阿耨多羅三藐三菩提記

BD03320號　佛名經（十二卷本　異卷）卷二　　（25–18）

世音菩薩阿耨多羅三藐三菩提記
南无藥王世界名不空說如来彼如来授名
不空發行菩薩阿耨多羅三藐三菩提記
南无藥王勝上世界名无邊功德精進發如
来彼如来授名不受式攝受菩薩阿耨多羅
三藐三菩提記
南无普莊嚴世界名發心生莊嚴
南无普莊嚴世界名發心生莊嚴一切衆生
心如来彼如来授名佛華手菩薩阿耨多羅
三藐三菩提記
南无普蓋世界名蓋騰如来彼如来授名寶
行菩薩阿耨多羅三藐三菩提記
南无華上光明世界名日輪威德王如来彼
如来授名善住菩薩阿耨多羅三藐三菩提
記
南无善莊嚴世界名衆生光明如来彼如来
授寶面菩薩阿耨多羅三藐三菩提記
南无賢世界名无畏如来彼如来授名不驚
怖菩薩阿耨多羅三藐三菩提記
南无波頭摩世界名波頭摩勝光明如来彼
如来授名智爲菩薩阿耨多羅三藐三菩提
記
南无憂鉢羅世界名智憂鉢勝如来彼如来
授名无境界行菩薩阿耨多羅三藐三菩提
記
南无寶上世界名寶作如来彼如来授法作
菩薩阿耨多羅三藐三菩提記

BD03320號　佛名經（十二卷本　異卷）卷二　　（25–19）

授名无境界行菩薩阿耨多羅三藐三菩提
記
南无寶上世界名寶作如来彼如来授法作
菩薩阿耨多羅三藐三菩提記
南无月世界名无量願如来彼如来授名散
華菩薩阿耨多羅三藐三菩提記
南无善住世界名寶聚如来彼如来授名藥
王菩薩阿耨多羅三藐三菩提記
南无香光明世界名莎羅自在王如来彼如
来授名勝慧菩薩阿耨多羅三藐三菩提記
南无華首世界名寶光明如来彼如来授名
日德菩薩阿耨多羅三藐三菩提記
南无普山世界名寶山如来彼如来授名火
德菩薩阿耨多羅三藐三菩提記
南无憂盖入世界名上首如来彼如来授名
上莊嚴菩薩阿耨多羅三藐三菩提記
南无无憂世界名發无邊功德如来彼如来
授名不觀菩薩阿耨多羅三藐三菩提記
南无一切功德住世界名善上首如来彼如
来授名普堅菩薩阿耨多羅三藐三菩提記
南无寶光明世界名須弥光明如来彼如来
授名善住菩薩阿耨多羅三藐三菩提記
南无一切功德住世界名无量境界如来彼
如来授名藥菩薩阿耨多羅三藐三菩提記
南无莊嚴菩提世界名高妙去如来彼如来
授名思益勝慧菩薩阿耨多羅三藐三菩提
記

BD03320號　佛名經(十二卷本　異卷)卷二　(25–20)

如来授名藥菩薩阿耨多羅三藐三菩提記
南无莊嚴菩提世界名高妙去如来彼如来
授名思益勝慧菩薩阿耨多羅三藐三菩提
記
南无无垢世界名寶華成就功德如来彼如
来授名得勝慧菩薩阿耨多羅三藐三菩提
記
南无雲世界名寶廷如来彼如来授名自在
觀菩薩阿耨多羅三藐三菩提記
南无華網覆世界名一切發衆生信發心如
来彼如来授名勝慧菩薩阿耨多羅三藐三
菩提記
南无星宿行世界名樂星宿起如来彼如来
授名憂菩薩阿耨多羅三藐三菩提記
南无寶華世界名勝衆如来彼如来授名妙
勝菩薩阿耨多羅三藐三菩提記
南无无量主世界名无量華如来彼如来授
名香爲菩薩阿耨多羅三藐三菩提記
南无華世界名寶勝如来彼如来授名遠離
諸有菩薩阿耨多羅三藐三菩提記
南无種種幢世界名月勝功德如来彼如来
授名斷一切諸難菩薩阿耨多羅三藐三菩
提記
南无可樂世界名即發心轉法輪如来彼如
来授名不退轉輪菩薩阿耨多羅三藐三菩
提記
南无无畏世界名十方稱名如来彼如来授

BD03320號　佛名經(十二卷本　異卷)卷二　(25–21)

南无可樂世界名即發心轉法輪如来彼如
来授名不退轉輪菩薩阿耨多羅三藐三菩
提記
南无无畏世界名十方稱名如来彼如来授
名智稱菩薩阿耨多羅三藐三菩提記
南无自在世界名迦陵伽如来　南无安樂世界日輪燈明如来
南无无畏世界寶勝如来　南无成就世界智廷如来
南无純樂世界功德王住如来　南无盡行華世界无鄣㝵眼如来
南无金剛輪世界无畏如来　南无起世界智積如来
南无善清淨世界无觀相發行如来
南无普光明世界光明輪威德王勝如来
南无高幢世界因慧如来　南无德世一界那羅延如来
南无无垢世界无垢幢如来　南无遠離一切憂鄣世界安隱如来
南无賢世界遠離諸煩惱如来　南无一切安樂清淨慧如来
南无无量功德具足世界善思惟發如来
南无平等平等世界降伏諸怨如来
南无无畏世界憂波羅勝如来　南无十方光明世界勝力王如来
南无如是等无量无邊如来
南无常光明世界无量光明雲香弥留如来
南无常莊嚴世界降伏男女如来　南无沉水香世界上勝香如来
南无常莊嚴世界種種華如来　南无香蓋世界无邊智如来
南无栴檀香世界寶上王如来　南无香世界弥留如来
南无普善世界知見一切衆生信如来
南无不可量世界无邊聲如来
南无佛華莊嚴世界智功德勝如来
南无善住世界不動步如来　歸命如是等无量无邊如来應知
南无華世界无鄣㝵吼聲如来　南无月世界普寶藏如来

BD03320號　佛名經（十二卷本　異卷）卷二　（25–22）

南无佛華莊嚴世界智功德勝如来
南无善住世界不動步如来　歸命如是等无量无邊如来應知
南无華世界无鄣㝵吼聲如来　南无月世界普寶藏如来
南无堅住世界迦葉如来　南无普波頭摩世界觀一切境界鏡如来
南无栴檀世界上首如来　南无寶世界成就義如来
南无有月世界成就勝如来　南无无鄣㝵世界名稱如来
南无安樂世界斷一切疑如来
歸命如是等无量无邊佛應知
南无主王世界智勝如来　南无種種成就世界功德微如来
南无種種華世界星宿王如来　南无廣世界无量幢如来
南无普畏世界月如来　南无難脩世界羅脩光明如来
南无无鷲怖世界淨聲如来　南无可樂世界積寶勝如来
南无離觀世界一切法无所發如来　南无常精進世界不斷一切衆生發行如来
歸命如是等无量无邊如来應知言應知者
欲使知更有略不出盡故言應知
南无常歡喜世界无量難廷如来　南无普鏡世界達一切法如来
南无普照世界普見一切法如来　南无无垢世界智起光如来
南无一切功德成就世界成就无邊勝功德
如来
南无怖憂鉢羅世界波頭摩勝如来
南无波頭摩怖世界十方勝如来
南无華怖世界華成就如来　南无天世界堅固衆生如来
南无光明世界智光明如来
歸命如是等无量无邊如来應知
南无安樂調世界脩智如来　南无安樂世界遠離胎如来
南无无除世界明王如来　南无雲世界斷一切煩惱如来
南无普色世界无邊智稱如来　南无堅固世界栴檀屋勝如来

BD03320號　佛名經（十二卷本　異卷）卷二　（25–23）

南无安樂調世界備智如来　南无安樂世界遠離胎如来
南无无滦世界明王如来　南无雲世界斷一切煩惱如来
南无普色世界无邉智稱如来　南无堅固世界摘檀尼勝如来
南无无比切德世界成就无比勝佛華如来
南无寶世界善住力王如来　南无十方上首世界起月光如来
南无龍王世界上首如来
歸命如是等无量无邉如来應知
南无善住世界善高聚如来　南无无怖畏世界作稱如来
南无愛香世界斷諸難如来
南无成就一切功德善住世界稱親如来
南无成就一切勢力善住世界稱堅固如来
南无憂慧世界遠離諸憂如来
南无稱世界起波頭摩功德如来
南无華俱蘇摩住世界善散華幢如来
南无十方名稱世界放光明普至如来
南无十方上首世界名稱眼如来
歸命如是等无量无邉如来應知
南无炎慧世界放炎如来　南无吼世界十方稱名如来
无光明世界自在弥留如来　南无寶光明世界寶光明如来
南无常歡喜世界炎熾如来　南无育世界[illegible]如来
南无畏世界放光明輪如来　南无常驍世界衆寂勝如来
南无波頭摩王世界无盡勝如来　南无普吼世界妙鼓聲如来
歸命如是等无量无邉如来應知
南无无畏世界普勝如来　南无十方名稱世界智稱如来
南无地世界山王如来
南无地切德世界波頭摩輪境界勝王如来
无[illegible]

BD03320號　佛名經（十二卷本　異卷）卷二

（25–24）

南无成就一切功德善住世界稱親如来
南无成就一切勢力善住世界稱堅固如来
南无憂慧世界遠離諸憂如来
南无稱世界起波頭摩功德如来
南无華俱蘇摩住世界善散華幢如来
南无十方名稱世界放光明普至如来
南无十方上首世界名稱眼如来
歸命如是等无量无邉如来應知
南无炎慧世界放炎如来　南无吼世界十方稱名如来
无光明世界自在弥留如来　南无寶光明世界寶光明如来
南无常歡喜世界炎熾如来　南无育世界[illegible]如来
南无畏世界放光明輪如来　南无常驍世界衆寂勝如来
南无波頭摩王世界无盡勝如来　南无普吼世界妙鼓聲如来
歸命如是等无量无邉如来應知
南无无畏世界普勝如来　南无十方名稱世界智稱如来
南无地世界山王如来
南无地切德世界波頭摩輪境界勝王如来
无[illegible]

BD03320號　佛名經（十二卷本　異卷）卷二

（25–25）

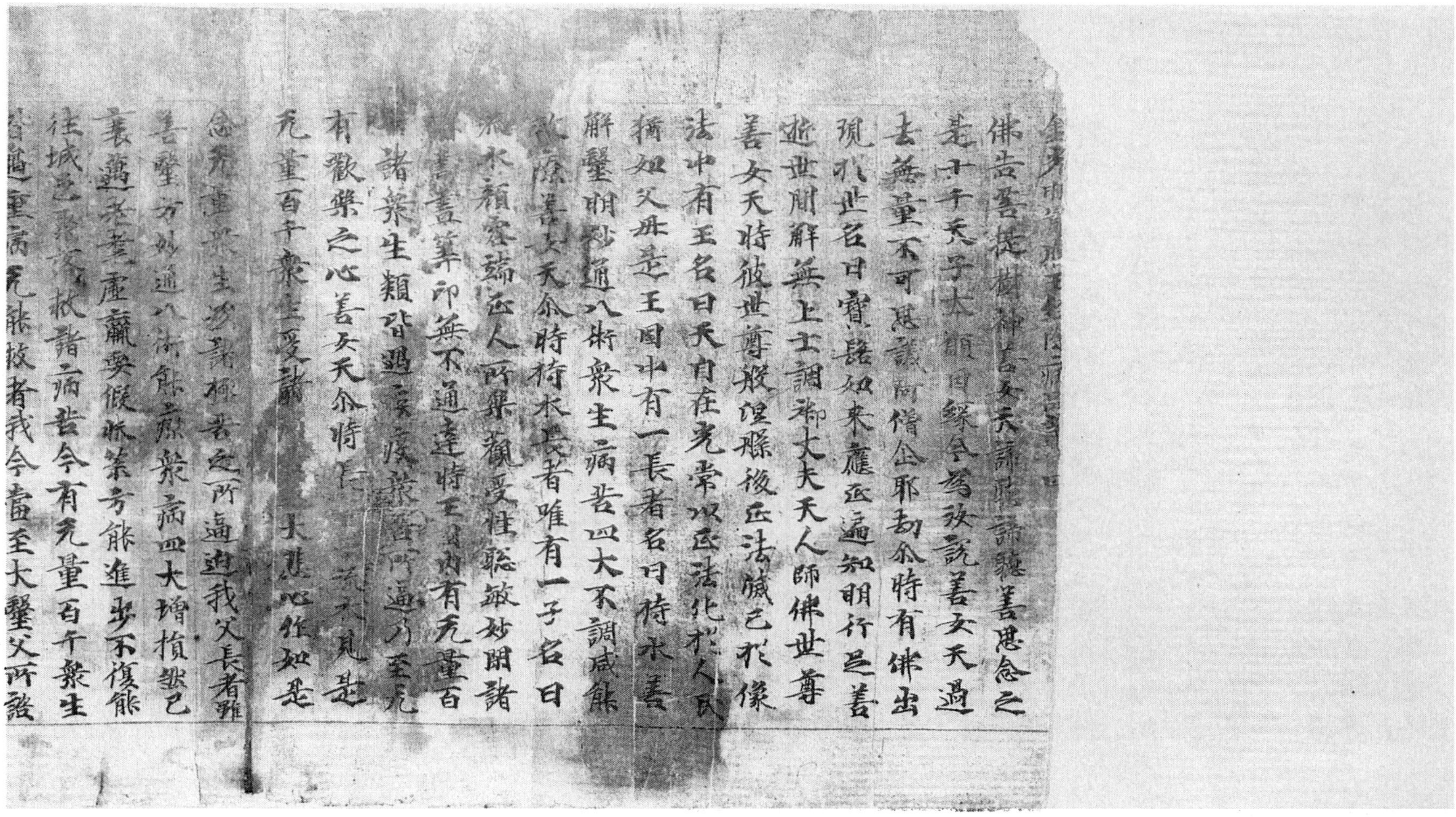

金光明最勝王經除病品
佛告菩提樹神善女天諦聽諦聽善思念之
是十千天子大願因緣今為汝說善女天過
去無量不可思議阿僧企耶劫尒時有佛出
現於世名曰寶髻如來應正遍知明行足善
逝世間解無上士調御丈夫天人師佛世尊
善女天時彼世尊般涅槃後正法滅已於像
法中有王名曰天自在光常以正法化於人民
猶如父母是王國中有一長者名曰持水善
解醫明妙通八術衆生病苦四大不調咸能
救療善女天尒時持水長者唯有一子名曰
流水顏容端正人所樂觀受性聰敏妙閑諸
論書畫算印無不通達時王國內有无量百
千諸衆生類皆遇疫疾衆苦所逼乃至无
有歡樂之心善女天尒時長者子流水見是
无量百千衆生受諸病苦起大悲心作如是
念无量衆生為諸極苦之所逼迫我父長者雖
善醫方妙通八術能療衆病四大增損然已
衰邁老耄虛羸要假扶策方能進步不復能
往城邑聚落救諸病苦今有无量百千衆生
皆遇重病无能救者我今當至大醫父所諮

BD03321號　金光明最勝王經卷九　（2–1）

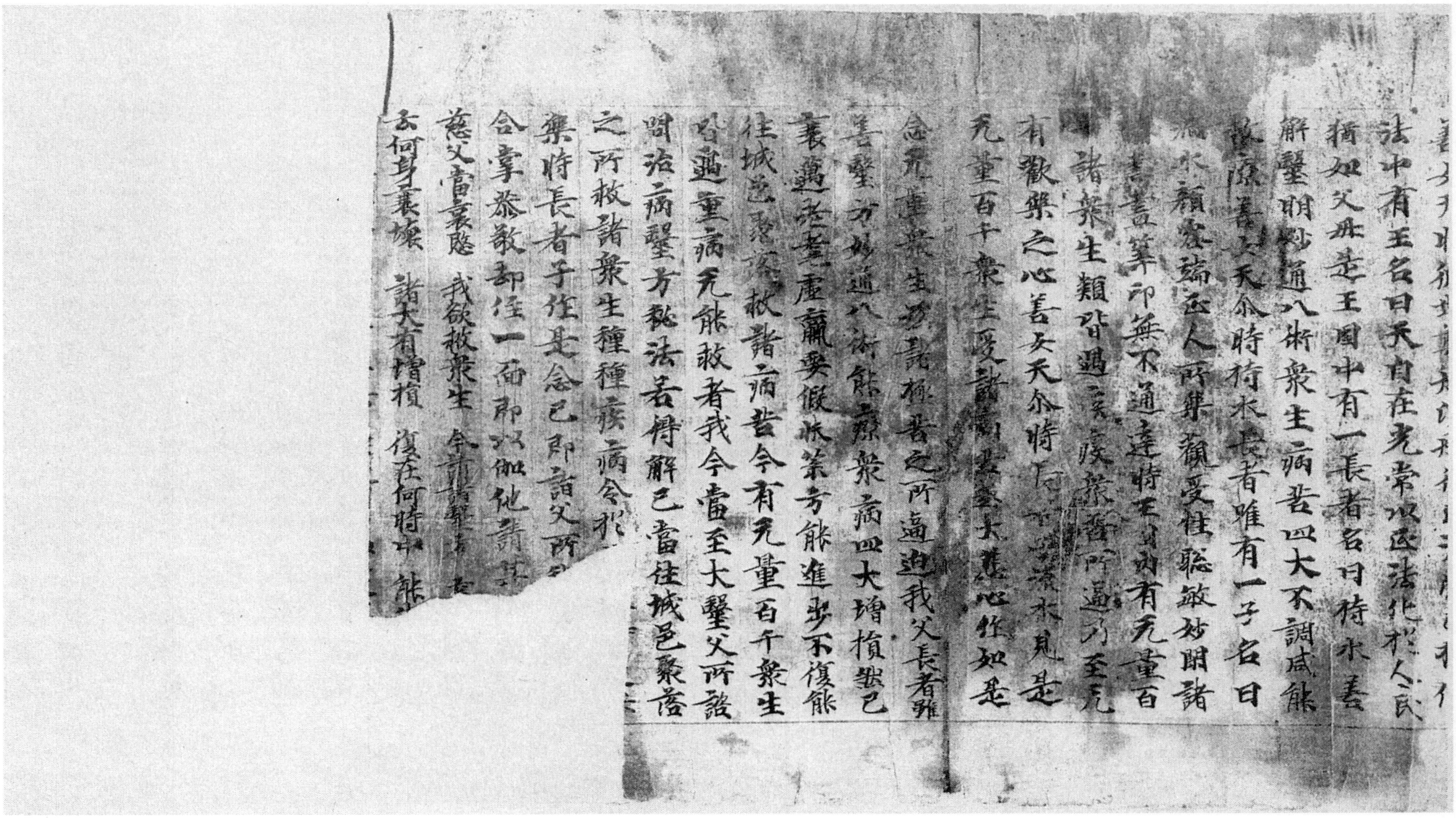

善女天時彼世尊……
法中有王名曰天自在光常以正法化於人民
猶如父母是王國中有一長者名曰持水善
解醫明妙通八術衆生病苦四大不調咸能
救療善女天尒時持水長者唯有一子名曰
流水顏容端正人所樂觀受性聰敏妙閑諸
論書畫算印無不通達時王國內有无量百
千諸衆生類皆遇疫疾衆苦所逼乃至无
有歡樂之心善女天尒時長者子流水見是
无量百千衆生受諸病苦起大悲心作如是
念无量衆生為諸極苦之所逼迫我父長者雖
善醫方妙通八術能療衆病四大增損然已
衰邁老耄虛羸要假扶策方能進步不復能
往城邑聚落救諸病苦今有无量百千衆生
皆遇重病无能救者我今當至大醫父所諮
問治病醫方秘法若得解已當往城邑聚落
之所救諸衆生種種疾病令於
衆時長者子作是念已即詣父所
合掌恭敬却住一面即以伽他請其
慈父當哀愍　我欲救衆生　今請諸醫
云何身衰壞　諸大有增損　復在何時中　能

BD03321號　金光明最勝王經卷九　（2–2）

於是釋迦牟尼佛以右指開七寶塔户出大
音聲如却關鑰開大城門即時一切衆會皆
見多寶如来於寶塔中坐師子座全身不散
如入禪定又聞其言善哉善哉釋迦牟尼佛
快說是法華經我為聽是經故而来至此尒
時四衆等見過去无量千万億劫滅度佛說
如是言歎未曾有以天寶華聚散多寶佛及
釋迦牟尼佛上尒時多寶佛於寶塔中分半
座與釋迦牟尼佛而作是言釋迦牟尼佛可
就此座即時釋迦牟尼佛入其塔中坐其半
座結加趺坐尒時大衆見二如来在七寶塔
中師子座上結加趺坐各作是念佛座高遠
唯願如来以神通力令我等輩俱處虚空即
時釋迦牟尼佛以神通力接諸大衆皆在虚
空以大音聲普告四衆誰能於此娑婆國土
廣說妙法華經今正是時如来不久當入涅
槃佛欲以此妙法華經付囑有在尒時世尊
欲重宣此義而說偈言
聖主世尊 雖久滅度 在寶塔中 尚為法来
諸人云何 不勤為法 此佛滅度 无鞅數劫

BD03322 號　妙法蓮華經卷四

（11–1）

廣說妙法華經今正是時如来不久當入涅
槃佛欲以此妙法華經付囑有在尒時世尊
欲重宣此義而說偈言
聖主世尊 雖久滅度 在寶塔中 尚為法来
諸人云何 不勤為法 此佛滅度 无鞅數劫
處處聽法 以難遇故 彼佛本願 我滅度後
在在所往 常為聽法 又我分身 无量諸佛
如恒沙等 来欲聽法 及見滅度 多寶如来
各捨妙土 及弟子衆 天人龍神 諸供養事
令法久住 故来至此 為坐諸佛 以神通力
移无量衆 令國清淨 諸佛各各 詣寶樹下
如清淨池 蓮華莊嚴 其寶樹下 諸師子座
佛坐其上 光明嚴飾 如夜闇中 然大炬火
身出妙香 遍十方國 衆生蒙薰 喜不自勝
譬如大風 吹小樹枝 以是方便 令法久住
告諸大衆 我滅度後 誰能護持 讀說斯經
今於佛前 自說誓言 其多寶佛 雖久滅度
以大誓願 而師子吼 多寶如来 及與我身
所集化佛 當知此意 諸佛子等 誰能護法
當發大願 令得久住 其有能護 此經法者
則為供養 我及多寶 此多寶佛 處於寶塔
常遊十方 為是經故 亦復供養 諸来化佛
莊嚴光飾 諸世界者 若說此經 則為見我
多寶如来 及諸化佛 諸善男子 各諦思惟
此為難事 宜發大願 諸餘經典 數如恒沙
雖說此等 未足為難 若接須弥 擲置他方

BD03322 號　妙法蓮華經卷四

（11–2）

多寶如來及諸化佛 諸善男子 各諦思惟
此為難事 宜發大願 諸餘經典 數如恒沙
雖說此等 未足為難 若接須彌 擲置他方
无數佛土 亦未為難 若以足指 動大千界
遠擲他國 亦未為難 若立有頂 為衆演說
无量餘經 亦未為難 若佛滅後 於惡世中
能說此經 是則為難 假使有人 手把虛空
而以遊行 亦未為難 於我滅後 若自書持
若使人書 是則為難 若以大地 置足甲上
昇於梵天 亦未為難 佛滅度後 於惡世中
暫讀此經 是則為難 假使劫燒 擔負乾草
入中不燒 亦未為難 我滅度後 若持此經
為一人說 是則為難 若持八万 四千法藏
十二部經 為人演說 令諸聽者 得六神通
雖能如是 亦未為難 於我滅後 聽受此經
問其義趣 是則為難 若人說法 令千万億
无量无數 恒沙衆生 得阿羅漢 具六神通
雖有是益 亦未為難 於我滅後 若能奉持
如斯經典 是則為難 我為佛道 於无量土
從始至今 廣說諸經 而於其中 此經第一
若有能持 則持佛身 諸善男子 於我滅後
誰能受持 讀誦此經 今於佛前 自說誓言
此經難持 若暫持者 我則歡喜 諸佛亦然
如是之人 諸佛所歎 是則勇猛 是則精進
是名持戒 行頭陀者 則為疾得 无上佛道
能於來世 讀持此經 是真佛子 住淳善地
佛滅度後 能解其義 是諸天人 世間之眼

BD03322號　妙法蓮華經卷四　（11-3）

如是之人 諸佛所歎 是則勇猛 是則精進
是名持戒 行頭陀者 則為疾得 无上佛道
能於來世 讀持此經 是真佛子 住淳善地
佛滅度後 能解其義 是諸天人 世間之眼
於恐畏世 能須臾說 一切天人 皆應供養

妙法蓮華經提婆達多品第十二

尒時佛告諸菩薩及天人四衆 吾於過去无
量劫中求法華經无有懈惓 於多劫中常作
國王發願求於无上菩提 心不退轉 為欲滿
足六波羅蜜 勤行布施 心无悋惜 象馬七珎
國城妻子 奴婢僕從 頭目髓腦 身肉手足 不
惜軀命 時世人民壽命无量 為於法故 捐捨
國位 委政太子 擊鼓宣令 四方求法 誰能為
我說大乘者 吾當終身供給走使 時有仙人
來白王言 我有大乘 名妙法華經 若不違我 當
為宣說 王聞仙言 歡喜踊躍 即隨仙人 供給
所須 採菓汲水 拾薪設食 乃至以身而為床
座 身心无惓 于時奉事 經於千歲 為於法故
精勤給侍 令无所乏 尒時世尊欲重宣此義
而說偈言
我念過去劫 為求大法故 雖作世國王 不貪五欲樂
搥鍾告四方 誰有大法者 若為我解說 身當為奴僕
時有阿私仙 來白於大王 我有微妙法 世間所希有
若能修行者 吾當為汝說 時王聞仙言 心生大喜悅
即便隨仙人 供給於所須 採薪及菓蓏 隨時恭敬與
情存妙法故 身心无懈惓 普為諸衆生 勤求於大法

BD03322號　妙法蓮華經卷四　（11-4）

時有阿私仙　来白於大王　我有微妙法　世間所希有
若能脩行者　吾當為汝説　時王聞仙言　心生大喜悦
即便隨仙人　供給於所須　採薪及菓蓏　隨時恭敬與
情存妙法故　身心无懈惓　普為諸衆生　勤求於大法
亦不為己身　及以五欲樂　故為大國王　勤求獲此法
遂致得成佛　今故為汝説
佛告諸比丘尒時王者則我身是時仙人者
今提婆達多是由提婆達多善知識故令我
具足六波羅蜜慈悲喜捨三十二相八十種
好紫磨金色十力四无所畏四攝法十八不
共神通道力成等正覺廣度衆生皆因提婆
達多善知識故告諸四衆提婆達多却後過
无量劫當得成佛号曰天王如来應供正遍
知明行足善逝世間解无上士調御丈夫天
人師佛世尊世界名天道時天王佛住世二
十中劫廣為衆生説於妙法恒河沙衆生得
阿羅漢果无量衆生發緣覺心恒河沙衆生
發无上道心得无生忍至不退轉時天王佛
般涅槃後正法住世二十中劫全身舍利起
七寶塔高六十由旬縱廣四十由旬諸天人
民悉以雜華末香燒香塗香衣服瓔珞幢幡
寶蓋伎樂歌頌礼拜供養七寶妙塔无量衆
生得阿羅漢果无量衆生悟辟支佛不可思議
衆生發菩提心至不退轉佛告諸比丘未来
世中若有善男子善女人聞妙法華經提婆
達多品淨心信敬不生疑惑者不墮地獄餓
鬼畜生生十方佛前所生之處常聞此經若

BD03322號　妙法蓮華經卷四

（11-5）

衆生發菩提心至不退轉佛告諸比丘未来
世中若有善男子善女人聞妙法華經提婆
達多品淨心信敬不生疑惑者不墮地獄餓
鬼畜生生十方佛前所生之處常聞此經若
生人天中受勝妙樂若在佛前蓮華化生於
時下方多寶世尊所從菩薩名曰智積白多
寶佛當還本土釋迦牟尼佛告智積曰善男
子且待須臾此有菩薩名文殊師利可與相
見論説妙法可還本土尒時文殊師利坐千
葉蓮華大如車輪俱来菩薩亦坐寶華從於
大海娑竭龍宮自然踊出住虛空中詣靈鷲
山從蓮華下至於佛所頭面敬礼二世尊足
脩敬已畢往智積所共相慰問却坐一面智
積菩薩問文殊師利仁往龍宮所化衆生其
數幾何文殊師利言其數无量不可稱計非
口所宣非心所測且待須臾自當有證所言
未竟无數菩薩坐寶蓮華從海踊出詣靈鷲
山住在虛空此諸菩薩皆是文殊師利之所
化度具菩薩行皆共論説六波羅蜜本聲聞
人在虛空中説聲聞行今皆脩行大乘空義
文殊師利謂智積曰於海教化其事如是尒
時智積菩薩以偈讚曰
大智德勇健　化度无量衆　今此諸大會　及我皆已見
演暢實相義　開闡一乘法　廣度諸羣生　令速成菩提
文殊師利言我於海中唯常宣説妙法華經
智積問文殊師利言此經甚深微妙諸經中

BD03322號　妙法蓮華經卷四

（11-6）

文殊師利言我於海中唯常宣說妙法華經
智積問文殊師利言此經甚深微妙諸經中
寶世所希有頗有衆生勤加精進脩行此經
速得佛不文殊師利言有娑竭羅龍王女年
始八歲智慧利根善知衆生諸根行業得陁
羅尼諸佛所說甚深秘藏悉能受持深入禪
定了達諸法於剎那頃發菩提心得不退轉
辯才无礙慈念衆生猶如赤子功德具足心
念口演微妙廣大慈悲仁讓志意和雅能至
菩提智積菩薩言我見釋迦如來於无量劫
難行苦行積功累德求菩薩道未曾止息觀
三千大千世界乃至无有如芥子許非是菩
薩捨身命處為衆生故然後乃得成菩提道
不信此女於須臾頃便成正覺言論未訖時
龍王女忽現於前頭面礼敬却住一面以偈
讚曰
深達罪福相 遍照於十方 微妙淨法身 具相三十二
以八十種好 用莊嚴法身 天人所戴仰 龍神咸恭敬
一切衆生類 无不宗奉者 又聞成菩提 唯佛當證知
我闡大乘教 度脫苦衆生
時舍利弗語龍女言汝謂不久得无上道是
事難信所以者何女身垢穢非是法器云何
能得无上菩提佛道懸曠經无量劫勤苦積
行具脩諸度然後乃成又女人身猶有五障
一者不得作梵天王二者帝釋三者魔王四
者轉輪聖王五者佛身云何女身速得成佛

BD03322 號　妙法蓮華經卷四　（11–7）

行具脩諸度然後乃成又女人身猶有五障
一者不得作梵天王二者帝釋三者魔王四
者轉輪聖王五者佛身云何女身速得成佛
尒時龍女有一寶珠價直三千大千世界持
以上佛佛即受之龍女謂智積菩薩尊者舍
利弗言我獻寶珠世尊納受是事疾不答言
甚疾女言以汝神力觀我成佛復速於此當
時衆會皆見龍女忽然之間變成男子具菩
薩行即往南方无垢世界坐寶蓮華成等正
覺三十二相八十種好普為十方一切衆生
演說妙法尒時娑婆世界菩薩聲聞天龍八
部人與非人皆遙見彼龍女成佛普為時會
人天說法心大歡喜悉遙敬礼无量衆生聞
法解悟得不退轉无量衆生得受道記无垢
世界六反震動娑婆世界三千衆生住不退
地三千衆生發菩提心而得受記智積菩薩
及舍利弗一切衆會嘿然信受
妙法蓮華經持品第十三
尒時藥王菩薩摩訶薩及大樂說菩薩摩訶
薩與二万菩薩眷屬俱皆於佛前作是誓言
唯願世尊不以為慮我等於佛滅後當奉持
讀誦說此經典後惡世衆生善根轉少多增
上慢貪利供養增不善根遠離解脫雖難可
教化我等當起大忍力讀誦此經持說書寫
種種供養不惜身命尒時衆中五百阿羅漢
得受記者白佛言世尊我等亦自誓願於異

BD03322 號　妙法蓮華經卷四　（11–8）

上慢貪利供養增不善根遠離解脫雖難可
教化我等當起大忍力讀誦此經持說書寫
種種供養不惜身命尒時衆中五百阿羅漢
得受記者白佛言世尊我等亦自誓願於異
國土廣說此經復有學无學八千人得受記
者從座而起合掌向佛作是誓言世尊我等
亦當於他國土廣說此經所以者何是娑婆
國中人多弊惡懷增上慢功德淺薄瞋濁諂
曲心不實故尒時佛姨母摩訶波闍波提比
丘尼與學无學比丘尼六千人俱從座而起
一心合掌瞻仰尊顏目不暫捨於時世尊告
憍曇彌何故憂色而視如來汝心將无謂我
不說汝名授阿耨多羅三藐三菩提記耶憍
曇彌我先惣說一切聲聞皆已授記今汝欲
知記者將來之世當於六万八千億諸佛法
中為大法師及六千學无學比丘尼俱為法
師汝如是漸漸具菩薩道當得作佛号一切
衆生喜見如來應供正遍知明行足善逝世
間解无上士調御丈夫天人師佛世尊憍曇
彌是一切衆生喜見佛及六千菩薩轉次授
記得阿耨多羅三藐三菩提尒時羅睺羅母
耶輸陁羅比丘尼作是念世尊於授記中獨
不說我名佛告耶輸陁羅汝於來世百万億
諸佛法中脩菩薩行為大法師漸具佛道於
善國中當得作佛号具足千万光相如來應
供正遍知明行足善逝世間解无上士調御
丈夫天人師佛世尊佛壽无量阿僧祇劫尒

BD03322號　妙法蓮華經卷四

（11–9）

諸佛法中脩菩薩行為大法師漸具佛道於
善國中當得作佛号具足千万光相如來應
供正遍知明行足善逝世間解无上士調御
丈夫天人師佛世尊佛壽无量阿僧祇劫尒
時摩訶波闍波提比丘尼及耶輸陁羅比丘
尼并其眷屬皆大歡喜得未曾有即於佛前
而說偈言
世尊導師　安隱天人　我等聞記　心安具足
諸比丘尼說是偈已白佛言世尊我等亦能
於他方國土廣宣此經尒時世尊視八十万
億那由他諸菩薩摩訶薩是諸菩薩皆是阿
惟越致轉不退法輪得諸陁羅尼即從座起
至於佛前一心合掌而作是念若世尊告勑
我等持說此經者當如佛教廣宣斯法復作
是念佛今嘿然不見告勑我當云何時諸菩
薩敬順佛意并欲自滿本願便於佛前作師
子吼而發誓言世尊我等於如來滅後周旋
往反十方世界能令衆生書寫此經受持讀
誦解說其義如法脩行正憶念皆是佛之威
力唯願世尊在於他方遥見守護即時諸菩
薩俱同發聲而說偈言
唯願不為慮　於佛滅度後　恐怖惡世中　我等當廣說
有諸无智人　惡口罵詈等　及加刀杖者　我等皆當忍
惡世中比丘　邪智心諂曲　未得謂為得　我慢心充滿
或有阿練行　納衣在空閑　自謂行真道　輕賤人間者
貪著利養故　與白衣說法　為世所恭敬　如六通羅漢
是人懷惡心　常念世俗事　假名阿練若　好出我等過

BD03322號　妙法蓮華經卷四

（11–10）

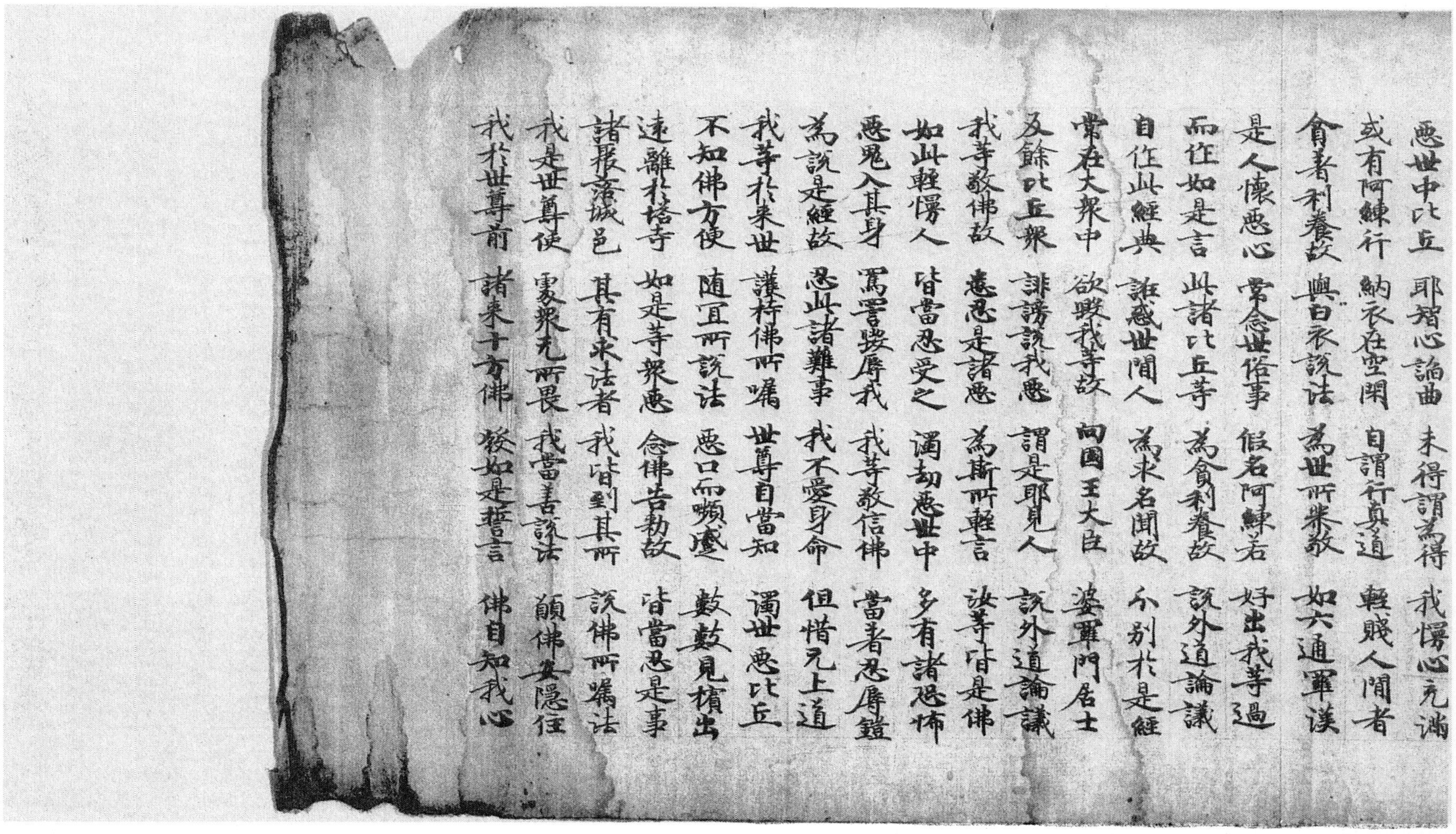

惡世中比丘　邪智心諂曲　未得謂為得　我慢心充滿
或有阿練若　納衣在空閑　自謂行真道　輕賤人間者
貪著利養故　與白衣說法　為世所恭敬　如六通羅漢
是人懷惡心　常念世俗事　假名阿練若　好出我等過
而作如是言　此諸比丘等　為貪利養故　說外道論議
自作此經典　誑惑世間人　為求名聞故　分別於是經
常在大眾中　欲毀我等故　向國王大臣　婆羅門居士
及餘比丘眾　誹謗說我惡　謂是邪見人　說外道論議
我等敬佛故　悉忍是諸惡　為斯所輕言　汝等皆是佛
如此輕慢言　皆當忍受之　濁劫惡世中　多有諸恐怖
惡鬼入其身　罵詈毀辱我　我等敬信佛　當著忍辱鎧
為說是經故　忍此諸難事　我不愛身命　但惜无上道
我等於來世　護持佛所囑　世尊自當知　濁世惡比丘
不知佛方便　隨宜所說法　惡口而顰蹙　數數見擯出
遠離於塔寺　如是等眾惡　念佛告勅故　皆當忍是事
諸聚落城邑　其有求法者　我皆到其所　說佛所囑法
我是世尊使　處眾无所畏　我當善說法　願佛安隱住
我於世尊前　諸來十方佛　發如是誓言　佛自知我心

BD03322 號　妙法蓮華經卷四　（11–11）

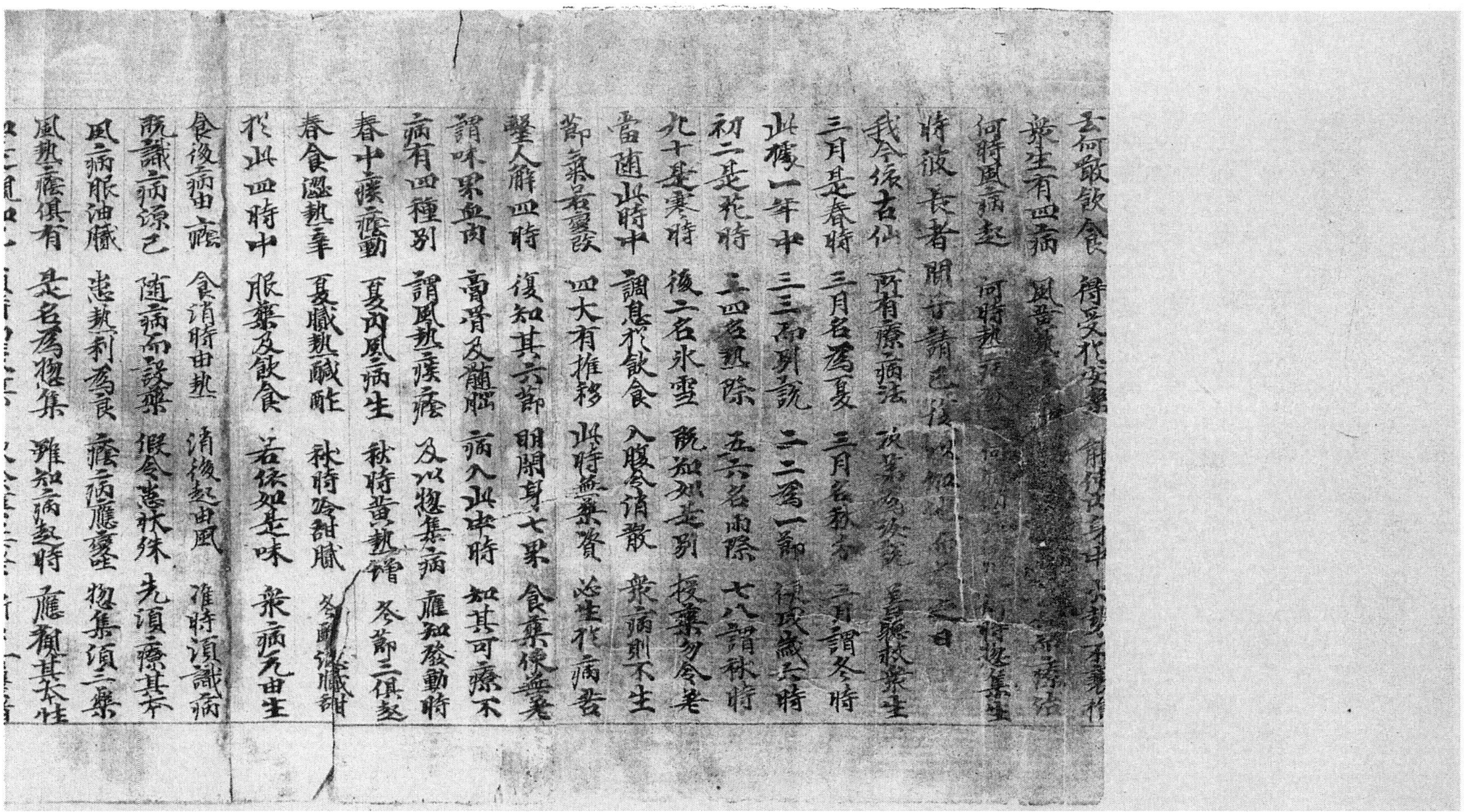

云何敢飲食　得受於安樂　能使[illegible]　[illegible]
眾生有四病　風黃[illegible]　[illegible]　[illegible]療法
何時風病起　何時熱[illegible]　[illegible]　何時總集生
時彼長者聞子請已　復[illegible]而答之曰
我今依古仙　所有療病法　次第為汝說　善聽救眾生
三月是春時　三月名為夏　三月名秋分　三月謂冬時
此據一年中　三三而別說　二二為一節　便成歲六時
初二是花時　三四名熱際　五六名雨際　七八謂秋時
九十是寒時　後二名冰雪　既知如是別　授藥勿令差
當隨此時中　調息於飲食　入腹令消散　眾病則不生
節氣若變改　四大有推移　此時無藥資　必生於病苦
醫人解四時　復知其六節　明閑身七界　食藥使無差
謂味界血肉　膏骨及髓腦　病入此中時　知其可療不
病有四種別　謂風熱痰癊　及以總集病　應知發動時
春中痰癊動　夏內風病生　秋時黃熱增　冬節三俱起
春食澀熱辛　夏膩熱鹹醋　秋時冷甜膩　冬酸澀膩甜
於此四時中　服藥及飲食　若依如是味　眾病無由生
食後病由癊　食消時由熱　消後起由風　准時須識病
既識病源已　隨病而設藥　假令患狀殊　先須療其本
風病服油膩　患熱利為良　癊病應變吐　總集須三藥
風熱癊俱有　是名為總集　雖知病起時　應觀其本性
[illegible]

BD03323 號　金光明最勝王經卷九　（3–1）

於此四時中　服藥及飲食　若依如是味　衆病無由生
食後病由癊　食消時由熱　消後起由風　准時須識病
既識病源已　隨病而設藥　假令患狀殊　先須療其本
風病服油膩　患熱利為良　癊病應變吐　總集須三藥
風熱癊俱有　是名為總集　雖知病起時　應觀其本性
如是觀知已　順時而授藥　飲食藥無差　斯名善醫者
復應知八術　總攝諸醫方　於此若明閑　可療衆生病
謂針刺傷破　身疾并鬼神　惡毒及孩童　延年增氣力
先觀彼形色　語言及性行　然後問其夢　知風熱癊殊
乾瘦少頭髮　其心無定住　多語夢飛行　斯人是風性
少年生白髮　多汗及多瞋　聡明夢見火　斯人是熱性
心定身平整　慮審頭津膩　夢見水白物　是癊性應知
總集性俱有　或二或具三　隨有一偏增　應知是其性
既知本性已　准病而授藥　驗其無死相　方名可救人
諸根倒取境　尊醫人起慢　親友生瞋恚　是死相應知
左眼白色變　舌黑鼻梁欹　耳輪與舊殊　下脣垂向下
訶梨勒一種　具足有六味　能除一切病　無忌藥中王
又三果三辛　諸藥中易得　沙糖蜜蘇乳　此能療衆病
自餘諸藥物　隨病可增加　先起慈愍心　莫規於財利
我已為汝說　療疾中要事　以此救衆生　當獲無邊果
善女天尒時長者子流水親問其父八術之要
四大增損時節不同餌藥方法既善了知自忖
堪能救療衆病即便遍至城邑聚落所在之
處隨有百千万億病苦衆生皆至其所善
言慰喻作如是語我是醫人我是醫人善知
方藥今為汝等療治衆病悉令除愈善女天
尒時衆人聞長者子善言慰喻許為治病時
有無量百千衆生遇極重病聞是語已身心

BD03323號　金光明最勝王經卷九

(3–2)

方藥今為汝等療治衆病悉令除愈善女天
尒時衆人聞長者子善言慰喻許為治病時
有無量百千衆生遇極重病聞是語已身心
踊躍得未曾有以此因緣所有病苦悉得蠲
除氣力充實平復如本善女天尒時復有
无量百千衆生病苦深重難療治者即共往
詣長者子所重請醫療時長者子即以妙藥
令服皆蒙除差善女天是長者子於此國內百
千万億衆生病苦悉得除差
金光明最勝王經長者子流水品第廿五
尒時佛告菩提樹神善女天尒時長者子流於
往昔時在天自在光王國內療諸衆生所有
病苦令得平復受安隱樂時諸衆生以病
除故多脩福業廣行惠施以自歡娛即共往
詣長者子所咸生尊敬作如是言善哉善哉
大長者子善能滋長福德之事增益我等安
隱壽命仁今實是大力醫王慈悲菩薩妙
閑醫藥善療衆生無量病苦如是稱歎周遍
城邑善女天時長者子妻名水肩藏有其二
子一名水滿二名水藏是時流水將其二子漸
次遊行城邑聚落過空澤中深險之處見諸
禽獸犲狼狐玃鵰鷲之屬食血肉者皆悉奔
飛一向而去時長者子作如是念此諸禽獸
何因緣故一向飛走我當隨後暫往觀之即
便隨去見有大池名曰野生其水將盡於其
池中多有衆魚流水見已生

BD03323號　金光明最勝王經卷九

(3–3)

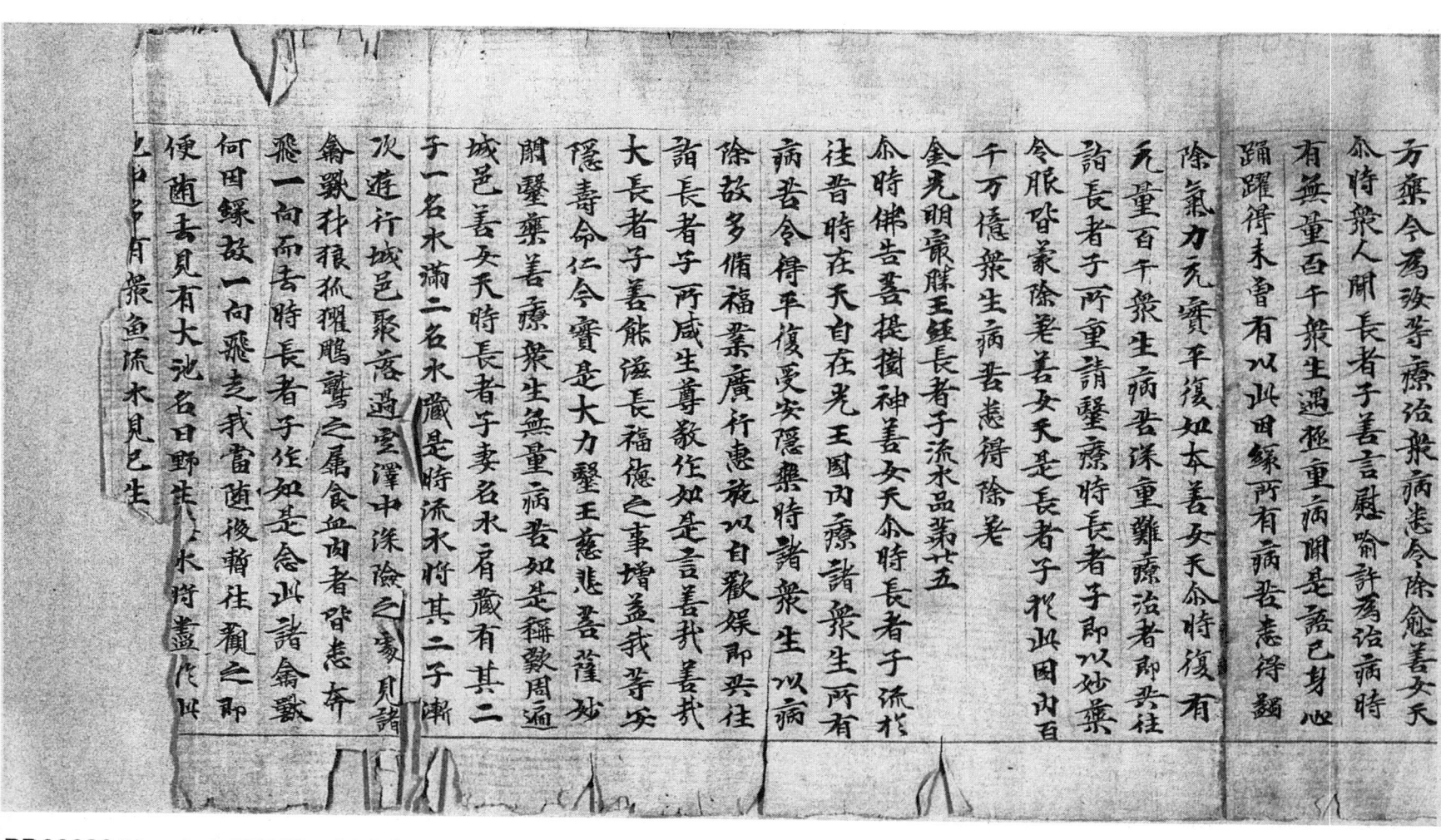

菩薩行在於生死不為汙行住於涅槃不永
滅度是菩薩行非凡夫行非賢聖行是菩薩
行非垢行非淨行是菩薩行雖過魔行而現
降伏衆魔是菩薩行求一切智无非時求是
菩薩行雖觀諸法不生而不入正位是菩薩
行雖觀十二緣起而入諸邪見是菩薩行雖
攝一切衆生而不愛著是菩薩行雖樂遠離
而不依身心盡是菩薩行雖行三界而不壞法
性是菩薩行雖行於空而殖衆德本是菩
薩行雖行无相而度衆生是菩薩行雖行无
作而現受身是菩薩行雖行无起而起一切善
行是菩薩行雖行六波羅蜜而遍知衆生
心心數法是菩薩行雖行六通而不盡漏是
菩薩行雖行四无量心而不貪著生於梵世
是菩薩行雖行禪定解脫三昧而不隨禪生
是菩薩行雖行四念處而不永離身受心法
是菩薩行雖行四正勤而不捨身心精進是
菩薩行雖行四如意足而得自在神通是菩
薩行雖行五根而分別衆生諸根利鈍是菩

BD03324 號 A　維摩詰所說經卷中　（22–1）

是菩薩行雖行禪定解脫三昧而不隨禪生
是菩薩行雖行四念處而不永離身受心法
是菩薩行雖行四正勤而不捨身心精進是
菩薩行雖行四如意足而得自在神通是菩
薩行雖行五根而分別衆生諸根利鈍是菩
薩行雖行五力而樂求佛十力是菩薩行雖
行七覺分而分別佛之智慧是菩薩行雖行
八正道而樂行无量佛道是菩薩行雖行止
觀助道之法而不畢竟墮於寂滅是菩薩行
雖行諸法不生不滅而以相好莊嚴其身是
菩薩行雖現聲聞辟支佛威儀而不捨佛法
是菩薩行雖隨諸法究竟淨相而隨所應為
現其身是菩薩行雖觀諸佛國土永寂如空
而現種種清淨佛土是菩薩行雖得佛道轉
于法輪入於涅槃而不捨於菩薩之道是菩
薩行說是語時文殊師利所將大衆其中八
千天子皆發阿耨多羅三藐三菩提心
不思議品第六
尒時舍利弗見此室中无有牀坐作是念斯
諸菩薩大弟子衆當於何坐長者維摩詰知
其意語舍利弗言云何仁者為法來耶求牀
坐耶舍利弗言我為法來非為牀坐維摩詰
言唯舍利弗夫求法者不貪軀命何況牀坐
夫求法者非有色受想行識之求非有界入
之求非有欲色无色之求唯舍利弗夫求法
者不著佛求不著法求不著衆求夫求法者
无見苦求无斷集求无造盡證脩道之求所
以者何法无戲論若言我當見苦斷集證滅

BD03324 號 A　維摩詰所說經卷中　（22–2）

夫求法者非有色受想行識之求非有
之求非有欲色无色之求作舍利弗夫求法
者不著佛求不著法求不著衆求夫求法者
无見苦求无斷集求无造盡證脩道之求所
以者何法无戲論若言我當見苦斷集證滅
脩道是則戲論非求法也唯舍利弗法名寂
滅若行生滅是求生滅非求法也法名无染
若染於法乃至涅槃是則染著非求法也法
无行處若行於法是則行處非求法也法无
取捨若取捨法是則取捨非求法也法无處
所若著處所是則著處非求法也法名无相
若隨相識是則求相非求法也法不可住若
住於法是則住法非求法也法不可見聞覺
知若行見聞覺知是則見聞覺知非求法也
法名无為若行有為是求有為非求法也是
故舍利弗若求法者於一切法應无所求說是
語時五百天子於諸法中得法眼淨
尒時長者維摩詰問文殊師利仁者遊於无量
千萬億阿僧祇國何等佛土有好上妙功德成就
師子之座文殊師利言居士東方度卅六
恒河沙國有世界名須弥相其佛號須弥燈
王今現在彼佛身長八萬四千由旬其師子
座高八萬四千由旬嚴飾第一於是長者維
摩詰現神通力即時彼佛遣三萬二千師子
座高廣嚴淨來入維摩詰室諸菩薩大弟
子釋梵四天王等昔所未見其室廣博悉皆苞
容三萬二千師子座无所妨礙於毗耶離城

BD03324號A 維摩詰所說經卷中

(22–3)

摩詰現神通力即時彼佛遣三萬二千師子
座高廣嚴淨來入維摩詰室諸菩薩大弟
子釋梵四天王等昔所未見其室廣博悉皆苞
容三萬二千師子座无所妨礙於毗耶離城
及閻浮提四天下亦不迫迮悉見如故尒時
維摩詰語文殊師利就師子座與諸菩薩
上人俱坐當自立身如彼座像其得神通菩薩
即自變形為四萬二千由旬坐師子座諸新發
意菩薩及大弟子皆不能昇尒時維摩詰語
舍利弗就師子座舍利弗言居士此座高廣
吾不能昇維摩詰言唯舍利弗為須弥燈王
如來作礼乃可得坐於是新發意菩薩及大
弟子即為須弥燈王如來作礼便得坐師子
座舍利弗言居士未曾有也如是小室乃容
受此高廣之座於毗耶離城无所妨礙又於
閻浮提聚落城邑及四天下諸天龍王鬼神
宮殿亦不迫迮維摩詰言唯舍利弗諸佛菩
薩有解脫名不可思議若菩薩住是解脫者
以須弥之高廣內芥子中无所增減須弥山
王本相如故而四天王忉利諸天不覺不知
己之所入唯應度者乃見須弥入芥子中是
名不可思議解脫法門又以四大海水入一
毛孔不嬈魚鼈黿鼉水性之屬而彼大海本
相如故諸龍鬼神阿脩羅等不覺不知己之
所入於此衆生亦无所嬈又舍利弗住不可思
議解脫菩薩斷取三千大千世界如陶家輪
著右掌中擲過恒河沙世界之外其中衆

BD03324號A 維摩詰所說經卷中

(22–4)

相如故諸龍鬼神阿脩羅等不覺不知己之
所入於此衆生亦无所嬈又舍利弗住不可思
議解脫菩薩斷取三千大千世界如陶家輪
著右掌中擲過恒河沙世界之外其中衆
生不覺不知己之所往又復還置本處都不
使人有往來想而此世界本相如故又舍利
弗或有衆生樂久住世而可度者菩薩即演
七日以為一劫令彼衆生謂之一劫或有衆
生不樂久住而可度者菩薩即促一劫以為
七日令彼衆生謂之七日又舍利弗住不可
思議解脫菩薩以一切佛土嚴飾之事集在
一國示於衆生又菩薩以一佛土衆生置之
右掌飛到十方遍示一切而不動本處又舍
利弗十方衆生供養諸佛之具菩薩於一毛
孔皆令得見又十方國土所有日月星宿於
一毛孔普使見之又舍利弗十方世界所有
諸風菩薩悉能吸著口中而身无損外諸樹
木亦不摧折又十方世界劫盡燒時以一切
火內於腹中火事如故而不為害又於下方
過恒河沙等諸佛世界取一佛土舉著上方
過恒河沙无數世界如持針鋒舉一棗葉而
无所嬈又舍利弗住不可思議解脫菩薩能
以神通現作佛身或現辟支佛身或現聲聞
身或現帝釋身或現梵王身或現世主身
或現輪王身又十方世界所有衆聲上中下
音皆能變之令作佛聲演出无常苦空无
我之音及十方諸佛所說種種之法皆於其

BD03324 號 A　維摩詰所說經卷中　（22–5）

身或現帝釋身或現梵王身或現世主身
或現輪王身又十方世界所有衆聲上中下
音皆能變之令作佛聲演出无常苦空无
我之音及十方諸佛所說種種之法皆於其
中普令得聞舍利弗我今略說菩薩不可思
議解脫之力若廣說者窮劫不盡是時大迦葉
聞說菩薩不可思議解脫法門歎未曾有謂
舍利弗譬如有人於盲者前現衆色像非彼
所見一切聲聞聞是不可思議解脫法門不
能解了為若此也智者聞是其誰不發阿
耨多羅三藐三菩提心我等何為永絕其根
於此大乘已如敗種一切聲聞聞是不可思議
解脫法門皆應號泣聲震三千大千世界一
切菩薩應大欣慶頂受此法若有菩薩信
解不可思議解脫門者一切魔衆无如之何
大迦葉說是語時三萬二千天子皆發阿耨多
羅三藐三菩提心
尒時維摩詰語大迦葉仁者十方无量阿僧
祇世界中作魔王者多是住不可思議解脫
菩薩以方便力教化衆生現作魔王又迦葉
十方无量菩薩或有人從乞手足耳鼻頭
目髓腦血肉皮骨聚落城邑妻子奴婢象馬
車乘金銀瑠璃車渠馬瑙珊瑚虎魄真珠珂貝
衣服飲食如此乞者多是住不可思議解脫
菩薩以方便力而往試之令其堅固所以者
何住不可思議解脫菩薩有威德力故行逼

BD03324 號 A　維摩詰所說經卷中　（22–6）

衣服飲食如此乞者多是住不可思議解脫
菩薩以方便力而往試之令其堅固所以者
何住不可思議解脫菩薩有威德力故行逼
迫示諸衆生如是難事凡夫下劣无有力勢
不能如是逼迫菩薩譬如龍象蹴踏非驢所
堪是名住不可思議解脫菩薩智慧方便之
門

觀衆生品苐七

尒時文殊師利問維摩詰言菩薩云何觀於
衆生維摩詰言譬如幻師見所幻人菩薩觀
衆生爲若此如智者見水中月如鏡中見其
面像如熱時焰如呼聲響如空中雲如水聚
沫如水上泡如芭蕉堅如電久住如苐五大
如苐六陰如苐七情如十三入如十九界菩薩
觀衆生爲若此如无色界色如燋穀牙如須
陁洹身見如阿那含入胎如阿羅漢三毒
如得忍菩薩貪恚毀禁如佛煩惱習如盲者
見色如入滅定出入息如空中鳥跡如石女兒
如化人煩惱如夢所見已寤如滅度者受身
如无烟之火菩薩觀衆生爲若此文殊師
利言若菩薩作是觀者云何行慈維摩詰言
菩薩作是觀已自念我當爲衆生說如斯法
是即真實慈也行寂滅慈无所生故行不熱
慈无煩惱故行等之慈等三世故行无諍慈
无所起故行不二慈内外不合故行不壞慈
畢竟盡故行堅固慈心无毀故行清淨慈諸
法性淨故行无邊慈如虛空故行阿羅漢慈

慈无煩惱故行等之慈等三世故行无諍
无所起故行不二慈内外不合故行不壞慈
畢竟盡故行堅固慈心无毀故行清淨慈諸
法性淨故行无邊慈如虛空故行阿羅漢慈
破結賊故行菩薩慈安衆生故行如來慈得
如相故行佛之慈覺衆生故行自然慈无因
得故行菩提慈等一味故行无比慈斷諸愛
故行大悲慈導以大乘故行无厭慈觀空无
我故行法施慈无遺惜故行持戒慈化毀禁
故行忍辱慈護彼我故行精進慈荷負衆生
故行禪定慈不受味故行智慧慈无不知時故
行方便慈一切示現故行无隱慈直心清淨
故行深心慈无雜行故行无誑慈不虛假故行
安樂慈令得佛樂故菩薩之慈爲若此也
文殊師利又問何謂爲悲答曰菩薩所作功
德皆與一切衆生共之何謂爲喜答曰有所
饒益歡喜无悔何謂爲捨答曰所作福祐
无所悕望文殊師利又問生死有畏菩薩當
何所依維摩詰言菩薩於生死畏中當依如
來功德之力文殊師利又問菩薩欲依如來功
德之力當於何住答曰菩薩欲依如來功
德力者當住度脫一切衆生又問欲度衆生
當何所除答曰欲度衆生除其煩惱又問欲
除煩惱當何所行答曰當行正念又問云何
行於正念答曰當行不生不滅又問何法不
生何法不滅答曰不善不生善法不滅又問善
不善孰爲本答曰身爲本又問身孰爲本
又問欲貪孰爲本答曰虛妄

當何所除答曰欲度衆生除其煩惱又問欲
除煩惱當何所行答曰當行正念又問云何
行於正念答曰當行不生不滅又問何法不
生何法不滅答曰不善不生善法不滅又問善
不善孰為本答曰身為本又問身孰為本
答曰欲貪為本又問欲貪孰為本答曰虛妄
分別為本又問虛妄分別孰為本答曰顛倒
想為本又問顛倒想孰為本答曰无住為本
又問无住孰為本答曰无住則无本文殊師
利從无住本立一切法
時維摩詰室有一天女見諸大人聞所說法
便現其身即以天華散諸菩薩大弟子上華
至諸菩薩即皆墮落至大弟子便著不墮一
切弟子神力去華不能令去尒時天問舍利
弗何故去華答曰此華不如法是以去之天
曰勿謂此華為不如法所以者何是華无所
分別仁者自生分別想耳若於佛法出家有
所分別為不如法若无所分別是則如法觀
諸菩薩華不著者以斷一切分別想故辟如
人畏時非人得其便如是弟子畏生死故色
聲香味觸得其便已離畏者一切五欲无能
為也結習未盡華著身耳結習盡者華不著
也舍利弗言天止此室其已久如答曰我止
此室如耆年解脫舍利弗言止此久邪天
曰耆年解脫亦何如久舍利弗嘿然不答天曰
如何耆舊大智而嘿答曰解脫者无所言說
故吾於是不知所云天曰言說文字皆解脫

BD03324號A　維摩詰所說經卷中　（22–9）

曰耆年解脫亦何如久舍利弗嘿然不答天曰
如何耆舊大智而嘿答曰解脫者无所言說
故吾於是不知所云天曰言說文字皆解脫
相所以者何解脫者不內不外不在兩間文
字亦不內不外不在兩間是故舍利弗无離
文字說解脫也所以者何一切諸法是解脫
相舍利弗言不復以離婬怒癡為解脫乎天
曰佛為增上慢人說離婬怒癡為解脫耳若
无增上慢者佛說婬怒癡性即是解脫舍利
弗言善哉善哉天女汝何所得以何為證辯
乃如是天曰我无得无證故辯如是所以者何
若有得有證者則於佛法為增上慢舍利
弗問天汝於三乘為何志求天曰以聲聞法
化衆生故我為聲聞以因緣法化衆生故我
為辟支佛以大悲法化衆生故我為大乘舍
利弗如人入瞻蔔林唯嗅瞻蔔不嗅餘香如
是若入此室但聞佛功德之香不樂聞聲聞
辟支佛功德香也舍利弗其有釋梵四天王
諸天龍鬼神等入此室者聞斯上人講說正
法皆樂佛功德之香發心而出舍利弗吾止
此室十有二年初不聞說聲聞辟支佛法但
聞菩薩大慈大悲不可思議諸佛之法舍利
弗此室常現八未曾有難得之法何等為八
此室常以金色光照晝夜无異不以日月所照
為明是一未曾有難得之法此室入者不為
諸垢之所惱也是為二未曾有難得之法此
室常有釋梵四天王他方菩薩來會不絕

BD03324號A　維摩詰所說經卷中　（22–10）

諸垢之所惱也是為二未曾有難得之法此
室常有釋梵四天王他方菩薩來會不絕
是為三未曾有難得之法此室常說六波羅蜜
不退轉法是為四未曾有難得之法此室
常作天人第一之樂絃出无量法化之聲是
為五未曾有難得之法此室有四大藏眾
寶積滿周窮濟乏求得无盡是為六未曾有難
得之法此室釋迦牟尼佛阿弥陀佛阿閦佛
寶德寶焰寶月寶嚴難勝師子響一切利成
如是等十方无量諸佛是上人念時即皆為
來廣說諸佛秘要法藏說已還去是為七未
曾有難得之法此室一切諸天嚴飾宮殿諸
佛淨土皆於中現是為八未曾有難得之法
舍利弗此室常現八未曾有難得之法誰有
見斯不思議事而復樂於聲聞法乎
舍利弗言汝何以不轉女身天曰我從十二
年來求女人相了不可得當何所轉譬如
幻師化作幻女若有人問何以不轉女身是
人為正問不舍利弗言不也幻无定相當何所
轉天曰一切諸法亦復如是无有定相云何
乃問不轉女身即時天女以神通力變舍利
弗令如天女天自化身如舍利弗而問言何
以不轉女身舍利弗以天女像而答言我今
不知何轉而變為女身天曰舍利弗若能轉
此女身則一切女人亦當能轉如舍利弗非
女而現女身一切女人亦復如是雖現女身

BD03324號A　維摩詰所說經卷中

(22–11)

以不轉女身舍利弗以天女像而答言我今
不知何轉而變為女身天曰舍利弗若能轉
此女身則一切女人亦當能轉如舍利弗非
女而現女身一切女人亦復如是雖現女身
而非女也是故佛說一切諸法非男非女即
時天女還攝神力舍利弗身還復如故天問
舍利弗女身色相今何所在舍利弗言女身
色相无在无不在天曰一切諸法亦復如是
无在无不在夫无在无不在者佛所說也
舍利弗問天汝於此沒當生何所天曰佛化
所生吾如彼生曰佛化所生非沒生也天曰眾
生猶然无沒生也舍利弗問天汝久如當
得阿耨多羅三藐三菩提天曰如舍利弗還
為凡夫我乃當成阿耨多羅三藐三菩提舍
利弗言我作凡夫无有是處天曰我得阿耨
多羅三藐三菩提亦无是處所以者何菩提
无住處是故无有得者舍利弗言今諸佛得
阿耨多羅三藐三菩提已得當得如恒
河沙皆謂何乎天曰皆以世俗文字數故說
有三世非謂菩提有去來今天曰舍利弗汝
得阿羅漢道耶曰无所得故而得天曰諸佛
菩薩亦復如是无所得故而得爾時維摩詰
語舍利弗是天女曾已供養九十二億佛已
能遊戲菩薩神通所願具足得无生忍住不
退轉以本願故隨意能現教化眾生
佛道品第八
爾時文殊師利問維摩詰言菩薩云何通達

BD03324號A　維摩詰所說經卷中

(22–12)

諸舍利弗是天女曾已供養九十二億佛
能遊戲菩薩神通所願具足得无生忍住不
退轉以本願故隨意能現教化衆生

佛道品第八

尒時文殊師利問維摩詰言菩薩云何通達
佛道維摩詰言若菩薩行於非道是為通
達佛道又問云何菩薩行於非道荅曰若菩薩
行五无間而无惱恚至于地獄无諸罪垢至
于畜生无有无明憍慢等過至于餓鬼而具
足功德行色无色界道不以為勝示行貪欲
離諸染著示行瞋恚於諸衆生无有恚閡
示行愚癡而以智慧調伏其心示行慳貪而捨
內外所有不惜身命示行毀禁而安住淨戒乃
至小罪猶懷大懼示行瞋恚而常慈忍示
行懈怠而勤修功德示行亂意而常念定示
行愚癡而通達世間出世間慧示行諂偽而
善方便隨諸經義示行憍慢而於衆生猶
如橋梁示行諸煩惱而心常清淨示入於魔而
順佛智慧不隨他教示入聲聞而為衆生說
未聞法示入辟支佛而成就大悲教化衆生
示入貧窮而有寶手功德无盡示入形殘而
具諸相好以自莊嚴示入下賤而生佛種姓
中具諸功德示入羸劣醜陋而得那羅延身
一切衆生之所樂見示入老病而永斷病
根超越死畏示有資生而恒觀无常實无
所貪示有妻妾婇女而常遠離五欲淤泥現於
訥鈍而成就辯才總持无失示入邪濟而以
正濟度諸衆生現遍入諸道而斷其因緣現

一切衆生之所樂見示入老病而永斷病
根超越死畏示有資生而恒觀无常實无
所貪示有妻妾婇女而常遠離五欲淤泥現於
訥鈍而成就辯才總持无失示入邪濟而以
正濟度諸衆生現遍入諸道而斷其因緣現
於涅槃而不斷生死文殊師利菩薩能如是
行於非道是為通達佛道
於是維摩詰問文殊師利何等為如來種文
殊師利言有身為種无明有愛為種貪恚癡
為種四顛倒為種五蓋為種六入為種七識
處為種八邪法為種九惱處為種十不善道
為種以要言之六十二見及一切煩惱皆是佛
種曰何謂也荅曰若見无為入正位者不能
復發阿耨多羅三藐三菩提心譬如高原
陸地不生蓮華卑濕淤泥乃生此華如是見
无為法入正位者終不復能生於佛法煩惱
泥中乃有衆生起佛法耳又如殖種於空終
不得生糞壤之地乃能滋茂如是入无為正位
者不生佛法起於我見如須弥山猶能發于
阿耨多羅三藐三菩提心生佛法矣是故
當知一切煩惱為如來種譬如不下巨海不
能得无價寶珠如是不入煩惱大海則不能
得一切智寶
尒時大迦葉歎言善哉善哉文殊師利快說
此語誠如所言塵勞之疇為如來種我等今
者不復堪任發阿耨多羅三藐三菩提心乃
至五无間罪猶能發意生於佛法而今我等
永不能發譬如根敗之士其於五欲不能復

得一切智寶
尒時大迦葉嘆言善哉善哉文殊師利快說
此語誠如所言塵勞之疇為如來種我等今
者不復堪任發阿耨多羅三藐三菩提心乃
至五无間罪猶能發意生於佛法而今我等
永不能發譬如根敗之士其於五欲不能復
利如是聲聞諸結斷者於佛法中无所復益
永不志願是故文殊師利凡夫於佛法有反
復而聲聞无也所以者何凡夫聞法佛法能起
无上道心不斷三寶正使聲聞終身聞佛法
力无畏等永不能發无上道意
尒時會中有菩薩名普現色身問維摩詰言
居士父母妻子親戚眷屬吏民知識悉為是
誰奴婢僮僕象馬車乘皆何所在於是維摩
詰以偈答曰
智度菩薩母　方便以為父　一切衆導師　无不由是生
法喜以為妻　慈悲心為女　善心誠實男　畢竟空寂舍
弟子衆塵勞　隨意之所轉　道品善知識　由是成正覺
諸度法等侶　四攝為伎女　歌詠誦法言　以此為音樂
摠持之園苑　无漏法林樹　覺意淨妙華　解脫智慧果
八解之浴池　定水湛然滿　布以七淨華　浴此无垢人
象馬五通馳　大乘以為車　調御以一心　遊於八正路
相具以嚴容　衆好飾其姿　慚愧之上服　深心為華鬘
富有七財寶　教授以滋息　如所說脩行　迴向為大利
四禪為牀坐　從於淨命生　多聞增智慧　以為自覺音
甘露法之食　解脫味為漿　淨心以澡浴　戒品為塗香
摧滅煩惱賊　勇健无能踰　降伏四種魔　勝幡建道場
雖知无起滅　……

BD03324號A　維摩詰所說經卷中　（22–15）

四禪……
甘露法之食　解脫味為漿　淨心以澡浴　戒品為塗香
摧滅煩惱賊　勇健无能踰　降伏四種魔　勝幡建道場
雖知无起滅　示彼故有生　悉現諸國土　如日无不見
供養於十方　无量億如來　諸佛及己身　无有分別想
雖知諸佛國　及與衆生空　而常脩淨土　教化於群生
諸有衆生類　形聲及威儀　无畏力菩薩　一時能盡現
覺知衆魔事　而示隨其行　以善方便智　隨意皆能現
或示老病死　成就諸群生　了知如幻化　通達无有礙
或現劫盡燒　天地皆洞然　衆人有常想　照令知无常
无數億衆生　俱來請菩薩　一時到其舍　化令向佛道
經書禁呪術　工巧諸伎藝　盡現行此事　饒益諸群生
世間衆道法　悉於中出家　因以解人惑　而不墮邪見
或作日月天　梵王世界主　或時作地水　或復作風火
劫中有疾疫　現作諸藥草　若有服之者　除病消衆毒
劫中有飢饉　現身作飲食　先救彼飢渴　却以法語人
劫中有刀兵　為之起慈悲　化彼諸衆生　令住无諍地
若有大戰陣　立之以等力　菩薩現威勢　降伏使和安
一切國土中　諸有地獄處　輙往到于彼　勉濟其苦惱
一切國土中　畜生相食噉　皆現生於彼　為之作利益
示受於五欲　亦復現行禪　令魔心憒亂　不能得其便
火中生蓮華　是可謂希有　在欲而行禪　希有亦如是
或現作婬女　引諸好色者　先以欲鉤牽　後令入佛智
或為邑中主　或作商人導　國師及大臣　以祐利衆生
諸有貧窮者　現作无盡藏　因以勸導之　令發菩提心
我心憍慢者　現為大力士　消伏諸貢高　令住无上道
其有恐懼衆　居前而慰安　先施以无畏　後令發道心
或現離婬欲　為五通仙人　開導諸群生　令住戒忍慈

BD03324號A　維摩詰所說經卷中　（22–16）

諸有貧窮者　現作无盡藏　因以勸導之　令發菩提心
我心憍慢者　現為大力士　消伏諸貢高　令住佛上道
其有恐懼衆　居前而慰安　先施以无畏　後令發道心
或現離婬欲　為五通仙人　開導諸群生　令住戒忍慈
見須供事者　現為作僮僕　既悅可其意　乃發以道心
隨彼之所須　得入於佛道　以善方便力　皆能給足之
如是道无量　所行无有崖　智慧无邊際　度脫无數衆
假令一切佛　於无數億劫　讚嘆其功德　猶尚不能盡
誰聞如是法　不發菩提心　除彼不肖人　癡冥无智者

入不二法門品第九

尒時維摩詰謂衆菩薩言諸仁者云何菩薩
入不二法門各隨所樂說之會中有菩薩名
法自在說言諸仁者生滅為二法本不生今
則无滅得此无生法忍是為入不二法門
德守菩薩曰我我所為二因有我故便有我
所若无有我則无我所是為入不二法門
不眴菩薩曰受不受為二若法不受則不可得
以不可得故无取无捨无作无行是為入不
二法門
德頂菩薩曰垢淨為二見垢實性則无淨相
順於滅相是為入不二法門
善宿菩薩曰是動是念為二不動則无念无
念則无分別通達此者是為入不二法門
善眼菩薩曰一相无相為二若知一相即是无
相亦不取无相入於平等是為入不二法
門
妙臂菩薩曰菩薩心聲聞心為二觀心相空如

念則无分別通達此者是為入不二法門
善眼菩薩曰一相无相為二若知一相即是无
相亦不取无相入於平等是為入不二法
門
妙臂菩薩曰菩薩心聲聞心為二觀心相空如
幻化者无菩薩心无聲聞心是為入不二法
門
弗沙菩薩曰善不善為二若不起善不善入
无相際而通達者是為入不二法門
師子菩薩曰罪福為二若達罪性則與福无
異以金剛慧決了此相无縛无解者是為入
不二法門
師子意菩薩曰有漏无漏為二若得諸法等
則不起漏不漏想不著於相亦不住无相是
為入不二法門
淨解菩薩曰有為无為為二若離一切數則
心如虛空以清淨慧无所礙者是為入不二
法門
那羅延菩薩曰世間出世間為二世間性空
即是出世間於其中不入不出不溢不散是
為入不二法門
善意菩薩曰生死涅槃為二若見生死性則
无生死无縛无解不然不滅如是解者是為
入不二法門
現見菩薩曰盡不盡為二法若究竟盡若不
盡皆是无盡相无盡相即是空空則无有盡
不盡相如是入者是為入不二法門

入不二法門
現見菩薩曰盡不盡為二法若究竟盡若不
盡皆是无盡相无盡相即是空空則无有盡
不盡相如是入者是為入不二法門
普守菩薩曰我无我為二我尚不可得非我
何可得見我實性者不復起二是為入不二
法門
電天菩薩曰明无明為二无明實性即是明
明亦不可取離一切數於其中平等无二者
是為入不二法門
喜見菩薩曰色色空為二色即是空非色滅
空色性自空如是受想行識識空為二識即
是空非識滅空識性自空於其中而通達者
是為入不二法門
明相菩薩曰四種異空種異為二四種性即
是空種性如前際後際空故中際亦空若能
如是知諸種性者是為入不二法門
妙意菩薩曰眼色為二若知眼性於色不貪不
恚不癡是名寂滅如是耳聲鼻香舌味身
觸意法為二若知意性於法不貪不恚不癡
是名寂滅安住其中是為入不二法門
無盡意菩薩曰布施迴向一切智為二布施
性即是迴向一切智性如是持戒忍辱精進
禪定智慧迴向一切智為二智慧性即是迴
向一切智性於其中入一相者是為入不二
法門

禪定智慧迴向一切智為二智慧性即是迴
向一切智性於其中入一相者是為入不二
法門
深慧菩薩曰是空是無相是無作為二空即
無相無相即無作若空無相無作則無心意
識於一解脫門即是三解脫門者是為入不
二法門
寂根菩薩曰佛法眾為二佛即是法法即是
眾是三寶皆無為相與虛空等一切法亦尒
能隨此行者是為入不二法門
心无閡菩薩曰身身滅為二身即是身滅所
以者何見身實相不起見身及見滅身身
與滅身无二无分別於其中不驚不懼者是
為入不二法門
上善菩薩曰身口意善為二是三業皆无作相
身无作相即口无作相口无作相即意无
作相是三業无作相即一切法无作相能如
是隨无作慧者是為入不二法門
福田菩薩曰福行罪行不動行為二三行實
性即是空空則无福行无罪行无不動行
此三行而不起者是為入不二法門
華嚴菩薩曰從我起二為二見我實相者不
起二法若不住二法則无有識无所識者是為
入不二法門
德藏菩薩曰有所得相為二若无所得則无
取捨无取捨者是為入不二法門
月上菩薩曰闇與明為二无闇无明則无有

入不二法門
德藏菩薩曰有所得相爲二若无所得則无
取捨无取捨者是爲入不二法門
月上菩薩曰闇與明爲二无闇无明則无有
二所以者何如入滅受想定无闇无明一切法
相亦復如是於其中平等入者是爲入不二
法門
寶印手菩薩曰樂涅槃不樂世間爲二若不
樂涅槃不猒世間則无有二所以者何若有
縛則有解若本无縛其誰求解无縛无解則
无樂猒是爲入不二法門
珠頂王菩薩曰正道邪道爲二住正道者則
不分別是邪是正離此二者是爲入不二法
門
樂實菩薩曰實不實爲二實見者尚不見實
何況非實所以者何非肉眼所見慧眼乃能
見而此慧眼无見无不見是爲入不二法門如
是諸菩薩各各說已問文殊師利何等是菩
薩入不二法門
文殊師利曰如我意者於一切法无言无說无
示无識離諸問荅是爲入不二法門
於是文殊師利問維摩詰我等各自說已仁
者當說何等爲是菩薩入不二法門
時維摩詰嘿然无言文殊師利嘆曰善哉善
哉乃至无有文字語言是真入不二法門
說是入不二法門時於此衆中五千菩薩皆

BD03324 號 A　維摩詰所說經卷中　（22–21）

示无識離諸問荅是爲入不二法門
於是文殊師利問維摩詰我等各自說已仁
者當說何等爲是菩薩入不二法門
時維摩詰嘿然无言文殊師利嘆曰善哉善
哉乃至无有文字語言是真入不二法門
說是入不二法門時於此衆中五千菩薩皆
入不二法門得无生法忍

維摩詰經卷中

BD03324 號 A　維摩詰所說經卷中　（22–22）

人稱觀世音菩
羅刹之難以是因
板害稱觀世音
段壞而得解脫
羅刹欲來

BD03324 號 B　妙法蓮華經卷七

（1–1）

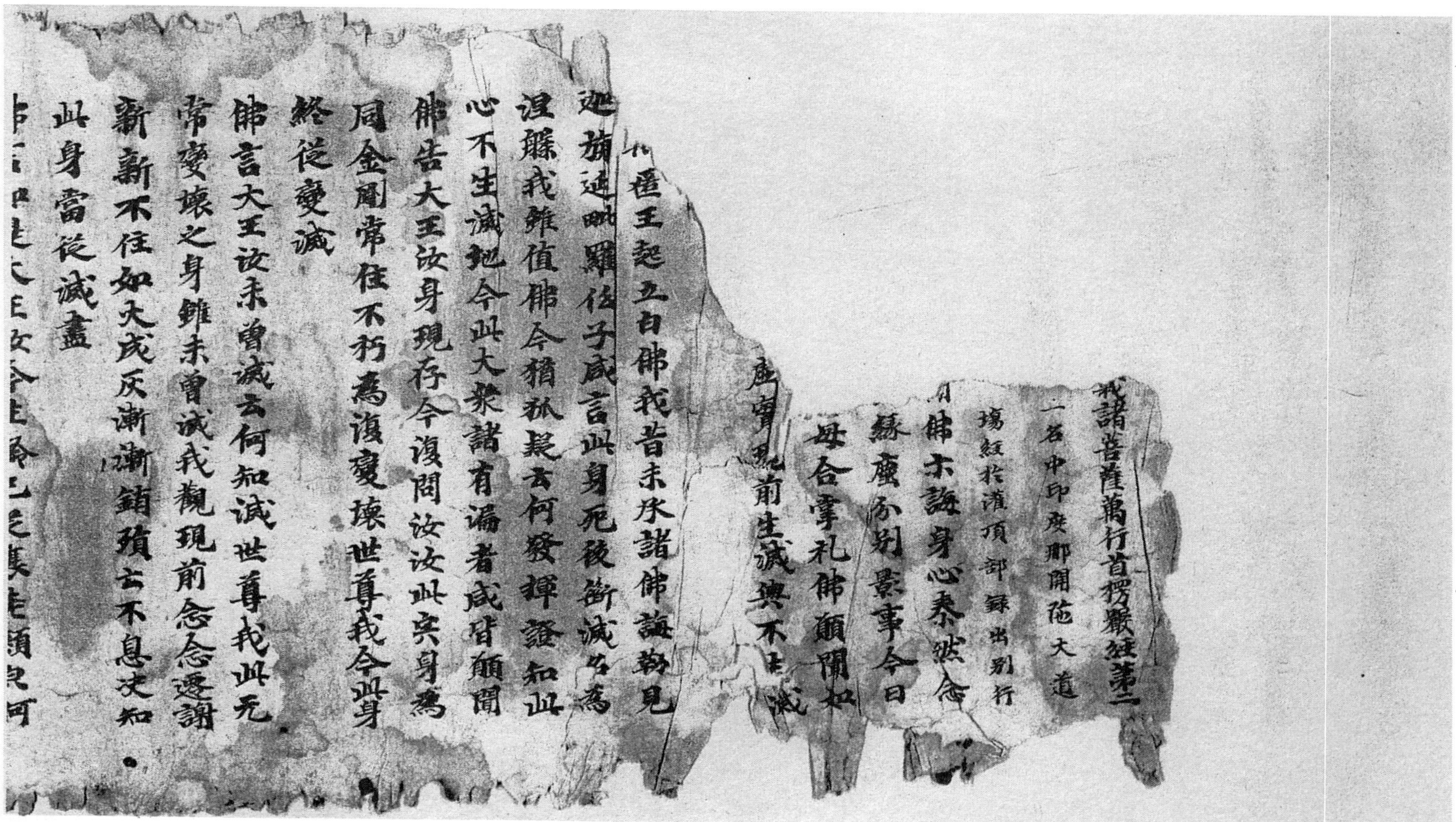
義諸菩薩萬行首楞嚴經第二
一名中印度那爛陀大道
場經於灌頂部錄出別行
佛示誨身心泰然念
緣塵分別影事今日
母合掌禮佛願聞如
座曾現前生滅與不生滅
匿王起立白佛我昔未承諸佛誨勅見
迦旃延毗羅胝子咸言此身死後斷滅名為
涅槃我雖值佛今猶狐疑云何發揮證知此
心不生滅地令此大眾諸有漏者咸皆願聞
佛告大王汝身現存今復問汝汝此肉身為
同金剛常住不朽為復變壞世尊我今此身
終從變滅
佛言大王汝未曾滅云何知滅世尊我此無
常變壞之身雖未曾滅我觀現前念念遷謝
新新不住如火成灰漸漸銷殞殞亡不息決知
此身當從滅盡

BD03325 號　大佛頂如來密因修證了義諸菩薩萬行首楞嚴經卷二

（20–1）

新新不住如火成灰漸漸銷殞亡不息決知
此身當從滅盡
佛言如是大王汝今生齡已從衰老顏皃何
如童子之時世尊我昔孩孺膚腠潤澤年至
長成血氣充滿而今頹齡迫於衰耄形色枯
悴精神昏昧髮白面皺逮將不久如何見
比充盛之時
佛言大王汝之形容應不頓朽王言世尊
變化密移我誠不覺寒暑遷流漸至於此何
故我年二十雖号年少顏皃已老初十年時
卅之年又衰廿于今六十又過于二觀五十時
宛然強壯世尊我見密移雖此殂落其間流
易且限十年若復令我微細思惟其變寧唯
一紀二紀實為年變豈唯年變亦兼月化
何直月化兼又日遷沉思諦觀剎那剎那念
念之間不得停住故知我身終從變滅
佛言大王汝見變化遷改不停悟知汝滅亦
於滅時知汝身中有不滅耶波斯匿王合掌白
佛我實不知佛言我今示汝不生滅性大王
汝年幾時見恒河水王言我生三歲慈母
携我謁耆婆天神經過此流尔時即知是恒河
水佛言大王如汝所說二十之時衰於十歲乃至
至六十日月歲時念念遷變則汝三歲見此

BD03325號　大佛頂如來密因修證了義諸菩薩萬行首楞嚴經卷二　（20–2）

携我謁耆婆天神經過此流尔時即知是恒河
水佛言大王如汝所說二十之時衰於十歲乃至
至六十日月歲時念念遷變則汝三歲見此
河時至年十三其水云何王言如三歲時宛
然无異乃至于今年六十二亦无有異佛言
汝今自傷髮白面皺其面必定皺於童年則
汝今時觀此恒河與昔童時觀河之見有童
耄不王言不也世尊佛言大王汝面雖皺而
此見精性未曾皺皺者為變不皺非變變者
受滅彼不變者元无生滅云何於中受汝生死
而猶引彼末伽梨等都言此身死後全滅王
聞是言信知身後捨生趣生與諸大衆踊
躍歡喜得未曾有
阿難即從座起礼佛合掌長跪白佛世尊
若此見聞必不生滅云何世尊名我等輩遺
失真性顛倒行事願興慈悲洗我塵垢
即時如來垂金色臂輪手下指示阿難言汝
今見我母陀羅手為正為倒阿難言世間衆
生以此為倒而我不知誰正誰倒佛告阿難
若世間人以此為倒即世間人將何為正阿難
言如來豎臂兜羅綿手上指於空則名為正
佛即豎臂告阿難言若此顛倒首尾相換諸
世間人一倍瞻視則知汝身與諸如來清淨
法身比類發明如來之身名正遍知汝等之身

BD03325號　大佛頂如來密因修證了義諸菩薩萬行首楞嚴經卷二　（20–3）

言如來豎臂兜羅綿手上指於空則名為正
佛即豎臂告阿難言若此顛倒首尾相換諸
世間人一倍瞻視則知汝身與諸如來清淨
法身比類發明如來之身名正遍知汝等之身
號性顛倒隨汝諦觀汝身佛身稱顛倒者
字何處號為顛倒
于時阿難與諸大眾瞪瞢瞻佛目精不瞬不
知身心顛倒所在佛興慈悲哀愍阿難及諸
大眾發海潮音遍告同會諸善男子我常說
言色心諸緣及心所使諸所緣法唯心所現
汝身汝心皆是妙明真精妙心中所現物云
何汝等遺失本妙圓妙明心寶明妙性認悟
中迷晦昧為空空晦暗中結暗為色色雜妄
想想相為身聚緣內搖趣外奔逸昏擾擾相
以為心性一迷為心決定惑為色身之內不
知色身外洎山河虛空大地咸是妙明真心
中物譬如澄清百千大海棄之唯認一浮漚
體目為全潮窮盡瀛渤汝等即是迷中倍人
如我垂手等無差別如來說為可憐愍者
阿難承佛悲救深誨垂泣叉手而白佛言我
雖承佛如是妙音悟妙明心元所圓滿常住
心地而我悟佛現說法音現以緣心允所瞻
仰徒獲此心未敢認為本元心地願佛哀愍宣
示圓音拔我疑根歸無上道
佛告阿難汝等尚以緣心聽法此法亦緣非得

心地而我悟佛現說法音現以緣心允所瞻
仰徒獲此心未敢認為本元心地願佛哀愍宣
示圓音拔我疑根歸無上道
佛告阿難汝等尚以緣心聽法此法亦緣非得
法性如人以手指月示人彼人因指當應看
月若復觀指以為月體此人豈唯亡失月輪亦
亡其指何以故以所標指為明月故豈唯亡指
亦復不識明之與暗何以故即以指體為月明
性明暗二性無所了故汝亦如是若以分別我
說法音為汝心者此心自應離分別音有分
別性譬如有客寄宿旅亭暫止便去終不
常住而掌亭人都無所去名為亭主此亦如
是若真汝心則無所去云何離聲無分別
性斯則豈唯聲分別心分別我容離諸色
相無分別性如是乃至分別都無非色非
空拘舍離等昧為冥諦離諸法緣無分
別性則汝心性各有所還云何為主
阿難言若我心性各有所還則如來說妙明
元心云何無還唯垂哀愍為我宣說
精明心如第二月非是月影汝應諦聽今當
示汝無所還地阿難此大講堂洞開東方日
輪升天則有明耀中夜黑月雲霧晦暝則復
昏暗戶牖之隙則復見通牆宇之間則復觀
擁分別之處則復見緣頑虛之中遍是空性
鬱𡋯之象則紆昏塵澄霽斂氛又觀清淨

示汝无所還地阿難此大講堂洞開東方日
輪昇天則有明耀中夜黑月雲霧晦暝則復
昏暗戶牖之隙則復見通墻宇之間則復觀
壅分別之處則復見緣頑虛之中遍是空性
欝𡋯之象則紆昏塵澄霽斂氛又觀清淨
阿難汝咸看此諸變化相吾今各還本所因
處云何本因阿難此諸變化明還日輪何以故
无日不明明因屬日是故還日暗還黑月通
還戶牖壅還墻宇緣還分別頑虛還空欝𡋯
還塵清明還霽則諸世間一切所有不出斯
類汝見八種見精明性當欲誰還何以故若
還於明則不明時无復見暗雖明暗等種種
差別見无差別諸可還者自然非汝不汝還者
非汝而誰則知汝心本妙明淨汝自迷悶喪本
受輪於生死中常被漂溺是故如來名可憐愍
阿難言我雖識此見性无還云何得知是我真性
佛告阿難吾今問汝今汝未得无漏清淨承
佛神力見於初禪得无障礙而阿那律見閻
浮提如觀掌中菴摩羅菓諸菩薩等見百
千界十方如來窮盡微塵清淨國土无所不矚
衆生洞視不過分寸阿難且吾與汝觀四天
王所住宮殿中間遍覽水陸空行雖有昏明
種種形像无非前塵分別留礙汝應於此分別
自他今吾將汝擇於見中誰是我體誰為物象

BD03325 號　大佛頂如來密因修證了義諸菩薩萬行首楞嚴經卷二　（20–6）

衆生洞視不過分寸阿難且吾與汝觀四天
王所住宮殿中間遍覽水陸空行雖有昏明
種種形像无非前塵分別留礙汝應於此分別
自他今吾將汝擇於見中誰是我體誰為物象
阿難極汝見源從日月宮是物非汝至七金山
周遍諦觀雖種種光亦物非汝漸漸更觀雲
騰鳥飛風動塵起樹木山川草芥人畜咸物
非汝阿難是諸近遠諸有物性雖復差殊同
汝見精清淨所矚則諸物類自有差別見性无
殊此精妙明誠汝見性若見是物則汝亦可
見吾之見若同見者名為見吾吾不見時
何不見吾不見之處若見不見自然非彼
不見之相若不見吾不見之地自然非物云
何非汝又則汝今見物之時汝既見物物亦
見汝體性紛雜則汝與我并諸世間不成安
立阿難若汝見時是汝非我見性周遍非汝
而誰云何自疑汝之真性性汝不真取我求實
阿難白佛言世尊若此見性必我非餘我與
如來觀四天王勝藏寶居日月宮此見周
遍娑婆國退歸精舍秖見伽藍清心戶堂
但瞻簷廡世尊此見如是其體本來周
遍一界今在室中唯滿一室為為復此
見縮大為小為當墻宇夾令斷絕我今
不知斯義所在願垂弘慈為我敷演
佛告阿難一切世間大小內外諸所事業各

BD03325 號　大佛頂如來密因修證了義諸菩薩萬行首楞嚴經卷二　（20–7）

遍一界今在室中唯滿一室為為復此
見縮大為小為當墻宇夾令斷絕我今
不知斯義所在願垂弘慈為我敷演
佛告阿難一切世間大小內外諸所事業各
屬前塵不應說言見有舒縮譬如方器中
見方空吾復問汝此方器中所見方空為復
定方為不定方若定方者別安圓器空應不圓
若不定者在方器中應无方空汝言不知斯
義所在義性如是云何為在阿難若復欲令
入无方圓但除器方空體无方不應說言更
除虛空方相所在若如汝問入室之時縮見
令小仰觀日時汝豈挽見齊於日面若築墻
宇能夾見斷穿為小竇寧无竇跡是義不
然一切眾生從无始來迷己為物失於本心為
物所轉故於是中觀大觀小若能轉物則同
如來身心圓明不動道場於一毛端遍能含
受十方國土
阿難白佛言世尊若此見精必我妙性令此
妙性見在我前見必我真我今身心復是何
物而今身心分別有實彼見无別分辨我身
若實我心令我今見見性實我而身非我何
殊如來先所難言物能見我唯垂大慈開發
未悟
佛告阿難今汝所言見在汝前是義非實

BD03325號　大佛頂如來密因修證了義諸菩薩萬行首楞嚴經卷二　（20–8）

殊如來先所難言物能見我唯垂大慈開發
未悟
佛告阿難今汝所言見在汝前是義非實
若實汝前汝實見者則此見精既有方所非
无指示且今與汝坐祇林遍觀林渠及與殿堂
上至日月前對恒河汝今於我師子座前舉
手指陳是種種相陰者是林明者是日礙
者是壁通者是空如是乃至草樹纖毫大小
雖殊但可有形无不指著若必其見現在汝
前汝應以手確實指陳何者是見阿難當
知若空是見既已成見何者是空若物是見
既已是見何者為物汝可微細披剝萬象析
出精明淨妙見元指陳示我同彼諸物分明
无惑
阿難言我今於此重閣講堂遠泊恒河上觀
日月舉手所指縱目所觀指皆是物无是見者
世尊如佛所說況我有漏初學聲聞乃至菩
薩亦不能於萬物象前剖出精見離一切物
別有自性佛言如是如是
佛復告阿難如汝所言无有精見離一切物
別有自性則汝所指是物之中无是見者今
復告汝汝與如來坐祇陀林更觀林苑乃至
日月種種象殊必无見精受汝所指汝又發
明此諸物中何者非見阿難言我實遍見此
祇陀林不知是中何者非見何以故若樹非

BD03325號　大佛頂如來密因修證了義諸菩薩萬行首楞嚴經卷二　（20–9）

日月種種象殊必无見精受汝所指汝又發
明此諸物中何者非見阿難言我實遍見此
祇陁林不知是中何者非見何以故若樹非
見云何見樹若樹即見復云何樹如是乃至
若空非見云何爲空若空即見復云何空我
又思惟是万象中微細發明无非見者佛言
如是如是
於是大衆非无學者聞佛此言茫然不知是
義終始一時惶悚失其所守如來知其䰟慮
變慴心生憐愍安慰阿難及諸大衆諸善男
子无上法王是真實語如所如說不誑不妄
非末伽梨四種不死矯亂論議汝諦思惟无
忝哀慕
是時文殊師利法王子愍諸四衆在大衆中
即從座起頂礼佛足合掌恭敬而白佛言世
尊此諸大衆不悟如來發明二種精見色空
是非是義世尊若此前緣色空等象若是
見者應有所指若非見者應无所矚而今不
知是義所歸故有驚怖非是疇昔善根輕尠
唯願如來慈發明此諸物象與此見精元是
何物於其中間无是非是
佛告文殊及諸大衆十方如來及大菩薩於
其自住三摩地中見與見緣并所想相如虛
空花本无所有此見及緣元是菩提妙淨明

BD03325號　大佛頂如來密因修證了義諸菩薩萬行首楞嚴經卷二　（20–10）

佛告文殊及諸大衆十方如來及大菩薩於
其自住三摩地中見與見緣并所想相如虛
空花本无所有此見及緣元是菩提妙淨明
體云何於中有是非是文殊吾今問汝如汝
文殊更有文殊是文殊者爲无文殊如是世
尊我真文殊无是文殊何以故若有是者則
二文殊然我今日非无文殊於中實无是非二
種佛言此相見妙明與諸空塵亦復如是本
是妙明无上菩提淨圓真心妄爲色空及與
聞見如第二月誰爲是月又誰非月文殊但
一月真中間自无是月非月是以汝今觀見
與塵種種發明名爲妄想不能於中出是非
是由是精真妙覺明性故能令汝出指非指
阿難白佛言世尊誠如法王所說覺緣遍十
方界湛然常住性非生滅與先梵志娑毗迦
羅所談冥諦及投灰等諸外道種說有真我
遍滿十方有何差別世尊亦曾於楞伽山爲
大慧等敷演斯義彼外道等常說自然我
說因緣非彼境界我今觀此覺性自然非生非
滅遠離一切虛妄顛倒似非因緣與彼自然云
何開示不入群邪獲真實心妙覺明性
佛告阿難我今如是開示方便真實告汝汝
猶未悟惑爲自然阿難若必自然自須甄明有
自然體汝且觀此妙明見中以何爲自此見
爲復以明爲自以暗爲自以空爲自以塞爲自

BD03325號　大佛頂如來密因修證了義諸菩薩萬行首楞嚴經卷二　（20–11）

佛告阿難我今如是開示方便真實告汝
汝猶未悟惑為自然阿難若必自然自須甄明有
自然體汝且觀此妙明見中以何為自此見
為復以明為自以暗為自以空為自以塞為自
阿難若明為自應不見暗若復以空為自體
者應不見塞如是乃至諸暗等相以為自者
則於明時見性斷滅云何見明
阿難言必此妙見性非自然我今發明是因
緣生心猶未明諮詢如來是義云何合因緣
性佛言汝言因緣吾復問汝汝今同見見性
現前此見為復因明有見因暗有見因空有
見因塞有見阿難若因明有應不見暗如因
暗有應不見明如是乃至因空因塞同於明暗
復次阿難此見又復緣明有見緣暗有見緣空
有見緣塞有見阿難若緣空有應不見塞若
緣塞有應不見空如是乃至緣明緣暗同於
空塞當知如是精覺妙明非因非緣亦非
自然无非不自然无非不非无是非是離一切
相即一切法汝今云何於中措心以諸世間戲
論名相而得分別如以手掌撮摩虛空秖益
自勞虛空云何隨汝執捉
阿難白佛言世尊必覺性非因非緣世尊云
何常與比丘宣說見性具四種緣所謂因空
因明因心因眼是義云何

BD03325號　大佛頂如來密因修證了義諸菩薩萬行首楞嚴經卷二　（20–12）

阿難白佛言世尊必覺性非因非緣世尊云
何常與比丘宣說見性具四種緣所謂因空
因明因心因眼是義云何
佛言阿難我說世間諸因緣相非第一義阿
難吾復問汝諸世間人說我能見云何名見
云何不見阿難言世人因於日月燈光見種
種相名之為見若復无此三種光明則不能
見阿難若无明時名不見者應不見暗若必
見暗此但无明云何无見阿難若在暗時不
見明故名為不見今在明時不見暗相還名
不見如是二相俱名不見若復二相自相陵奪
非汝見性於中暫无如是則知二俱名見云何
不見是故阿難汝今當知見明之時見非是
明見暗之時見非是暗見空之時見非是空
見塞之時見非是塞四義成就汝復應知見
見之時見非是見見猶離見見不能及云何
復說因緣自然及和合相汝等聲聞狹劣
无識不能通達清淨實相吾今誨汝當善
思惟无得疲怠妙菩提路
阿難白佛言世尊如佛世尊為我等輩宣
說因緣及與自然諸和合相與不和合心猶未
開而今更聞見見非見重增迷悶伏願弘慈
施大慧目開示我等覺心明淨作是語已
悲淚頂禮承受聖旨
尒時世尊憐愍阿難及諸大眾將欲敷演大

BD03325號　大佛頂如來密因修證了義諸菩薩萬行首楞嚴經卷二　（20–13）

開而今更聞見見非見重增迷悶伏願弘慈
施大慧目開示我等覺心明淨作是語已
悲淚頂禮承受聖旨
尒時世尊憐愍阿難及諸大衆將欲敷演大
陁羅尼諸三摩提妙修行路告阿難言汝
雖強記但益多聞於奢摩他微密觀照心猶
未了汝今諦聽吾當為汝分別開示亦令
將來諸有漏者獲菩提果阿難一切衆生
輪迴世間由二顛倒分別見妄當處發生當
業輪轉云何二見一者衆生別業妄見二者
衆生同分妄見
云何名為別業妄見阿難如世間人目有眚
赤夜見燈光別有圓影五色重疊於意云何
此夜燈明所現圓光為是燈色為當見色阿
難此若燈色則非眚人何不同見而此圓影
唯眚之觀若是見色色已成色則彼眚人
圓影者名為何等復次阿難若此圓影離燈
別有則合傍觀屏帳几筵有圓影出離見別
有應非眼矚云何眚人目見圓影是故當知
色實在燈見病為影影見俱眚見眚非病終不
應言是燈是見於是中有非燈非見如第
二月非體非影何以故第二之觀捏所成故諸
有智者不應說言此捏根元是形非形離見
非見此亦如是目眚所成今欲名誰是燈是
見何況分別非燈非見

BD03325號　大佛頂如來密因修證了義諸菩薩萬行首楞嚴經卷二　（20–14）

二月非體非影何以故第二之觀捏所成故諸
有智者不應說言此捏根元是形非形離見
非見此亦如是目眚所成今欲名誰是燈是
見何況分別非燈非見
云何名為同分妄見阿難此閻浮提除大海
水中間平陸有三千洲正中大洲東西括量
大國凡有二千三百其餘小洲在諸海中
其間或有三兩百國或一或二至于卌卅五十
阿難若復此中有一小洲秖有兩國唯一國
人同感惡緣則彼小洲當土衆生覩諸一切
不祥境界或見二日或見兩月其中乃至暈
適珮玦彗孛飛流負耳虹蜺種種惡相但此
國見彼國衆生本所不見亦復不聞阿難吾
今為汝以此二事進退合明阿難如彼衆生別
業妄見矚燈光中所現圓影雖現似境終彼見
者目眚所成眚即見勞非色所造然見眚者
終無見咎例汝今日以目觀見山河國土及
諸衆生皆是無始見病所成見與見緣似現
前境元我覺明見所緣眚覺見即眚本覺
明心覺緣非眚覺所覺眚覺非眚中此實見見
云何復名覺聞知見是故汝今見我及汝并諸
世間十類衆生皆即見眚非見眚者彼見真
精性非眚者故不名見阿難如彼衆生同分妄
見例彼妄見別業一人一病目人同彼一國彼
見圓影眚妄所生此衆同分所現不祥同

BD03325號　大佛頂如來密因修證了義諸菩薩萬行首楞嚴經卷二　（20–15）

精性非眚者故不名見阿難如彼眾生同分妄
見例彼妄見別業一人一病目人同彼一國彼
見圓影眚妄所生此眾同分所現不祥同
見業中瘴惡所起俱是無始見妄所生例閻
浮提三千洲中兼四大海娑婆世界并洎
十方諸有漏國及諸眾生同是覺明無漏妙
心見聞覺知虛妄病緣和合妄生和合妄死若
能遠離諸和合緣及不和合則復滅除諸生死
因圓滿菩提不生滅性清淨本心本覺常住
阿難汝雖先悟本覺妙明性非因緣非自然性
而猶未明如是覺元非和合生及不和合阿難
吾今復以前塵問汝汝今猶以一切世間妄
想和合諸因緣性而自疑惑證菩提心和合起
者則汝今者妙淨見精為與明和為與闇
和為與通和為與塞和若明和者且汝觀明
當明現前何處雜見見相可辯雜何形像
若非見者云何見明若即見者云何見見必
見圓滿何處和明若明圓滿不合見和見必
異明雜則失彼性明名字雜失明性和明非
義彼暗與通及諸群塞亦復如是
復次阿難又汝今者妙淨見精為與明合為
與暗合為與通合為與塞合若明合者至於
暗時明相已滅此見即不與諸暗合云何見暗
若見暗時不與暗合與明合者應非見明既

與暗合為與通合為與塞合若明合者至於
暗時明相已滅此見即不與諸暗合云何見暗
若見暗時不與暗合與明合者應非見明既
不見明云何明合了明非暗彼暗與通及諸
群塞亦復如是
阿難白佛言世尊如我思惟此妙覺元與諸
緣塵及心念慮非和合耶佛言汝今又言覺
非和合吾復問汝此妙見精非和合者為非
明和為非暗和為非通和為非塞和若非明
和則見與明必有邊畔汝且諦觀何處是明
何處是見在見在明自何為畔阿難若明際
中必無見者則不相及自不知其明相所在畔
云何成彼暗與通及諸群塞亦復如是
又妙見精非和合者為非明合為非暗合為
非通合為非塞合若非明合則見與明性相
乖猶如見與明了不相觸見且不知明相所
在云何甄明合非合理彼暗與通及諸群塞
亦復如是
阿難汝猶未明一切浮塵諸幻化相當處出
生隨處滅盡幻妄稱相其性真為妙覺明體
如是乃至五陰六入從十二處至十八界因緣
和合虛妄有生因緣別離虛妄名滅殊不能
知生滅去來本如來藏常住妙明不動周圓
妙真如性性真常中求於去來迷悟死生了無

和合虛妄有生因緣別離虛妄名滅殊不能
知生滅去來本如來藏常住妙明不動周圓
妙真如性性真常中求於去來迷悟死生了無
所得
阿難云何五陰本如來藏妙真如性阿難譬如
有人以清淨目觀晴明空唯一精虛迥無所
有其人無故不動目睛瞪以發勞則於虛空
別見狂花復有一切狂亂非相色陰當知亦
如是阿難是諸狂花從空來非從目出如是
阿難若空來者既從空來還從空入若有出
入即非虛空空若非空自不容其花相起
滅如阿難體不容阿難若目出者既從目出
還從目入即此花性從見出故當合有見若
有見者去既花空旋合見眼若無見者出既
翳空旋當翳眼又見花時目應無翳云何
晴空號清明眼是故當知色陰虛妄本非因
緣非自然性
阿難譬如有人手足宴安百骸調適忽如
妄生性無違順其人無故以二手掌於空相
摩於二手中妄生澀滑冷熱諸相受陰當知
亦復如是阿難是諸幻觸不從空來不從掌出
如是阿難若空來者既能觸掌何不觸身
不應虛空選擇來觸若從掌出應非待合
又掌出故合則掌知離即觸入臂腕骨髓應

BD03325號　大佛頂如來密因修證了義諸菩薩萬行首楞嚴經卷二　（20–18）

不應虛空選擇來觸若從掌出應非待合
又掌出故合則掌知離即觸入臂腕骨髓應
亦覺知入時蹤跡必有覺心知出知入自有一物
身中往來何待合知要名為觸是故當知受
陰虛妄本非因緣非自然性
阿難譬如有人談說酢梅口中水出思蹋懸
崖足心酸澀想陰當知亦復如是阿難如是
酢說不從梅生非從口入如是阿難若梅生
者梅合自談何待人說若從口入自合口聞
何須待耳若獨耳聞此水何不耳中而出想
蹋懸崖與說相類是故當知想陰虛妄本非
因緣非自然性
阿難譬如暴流波浪相續前際後際不相逾越
行陰當知亦復如是阿難如是流性不因空生
不因水有亦非水性非離空水如是阿難若
因空生則諸十方無盡虛空成無盡流世
界自然俱受淪溺若因水有則此暴流性應
非水有所有相今應現在若即水性則澄清
時應非水體若離空水空非有外水外無流
是故當知行陰虛妄本非因緣非自然性阿
難譬如有人取頻伽瓶塞其兩孔滿中擎空
千里遠行用餉他國識陰當知亦復如是阿難
如是虛空非彼方來非此方入如是阿難若
彼方來則本瓶中既貯空去於本瓶地應少

BD03325號　大佛頂如來密因修證了義諸菩薩萬行首楞嚴經卷二　（20–19）

行陰當知亦復如是阿難如是流性不因空生
不因水有亦非水性非離空水如是阿難若
因空生則諸十方無盡虛空成無盡流世
界自然俱受淪溺若因水有則此暴流性應
非水有所有相今應現在若即水性則澄清
時應非水體若離空水空非有外水外無流
是故當知行陰虛妄本非因緣非自然性阿
難譬如有人取頻伽瓶塞其兩孔滿中擎空
千里遠行用餉他國識陰當知亦如是阿難
如是虛空非彼方來非此方入如是阿難若
彼方來則本瓶中既貯空去於本瓶地應少
虛空若此方入開孔倒瓶應見空出是故當
知識陰虛妄本非因緣非自然性

大佛頂萬行首楞嚴經卷第二

BD03325 號　大佛頂如來密因修證了義諸菩薩萬行首楞嚴經卷二　（20–20）

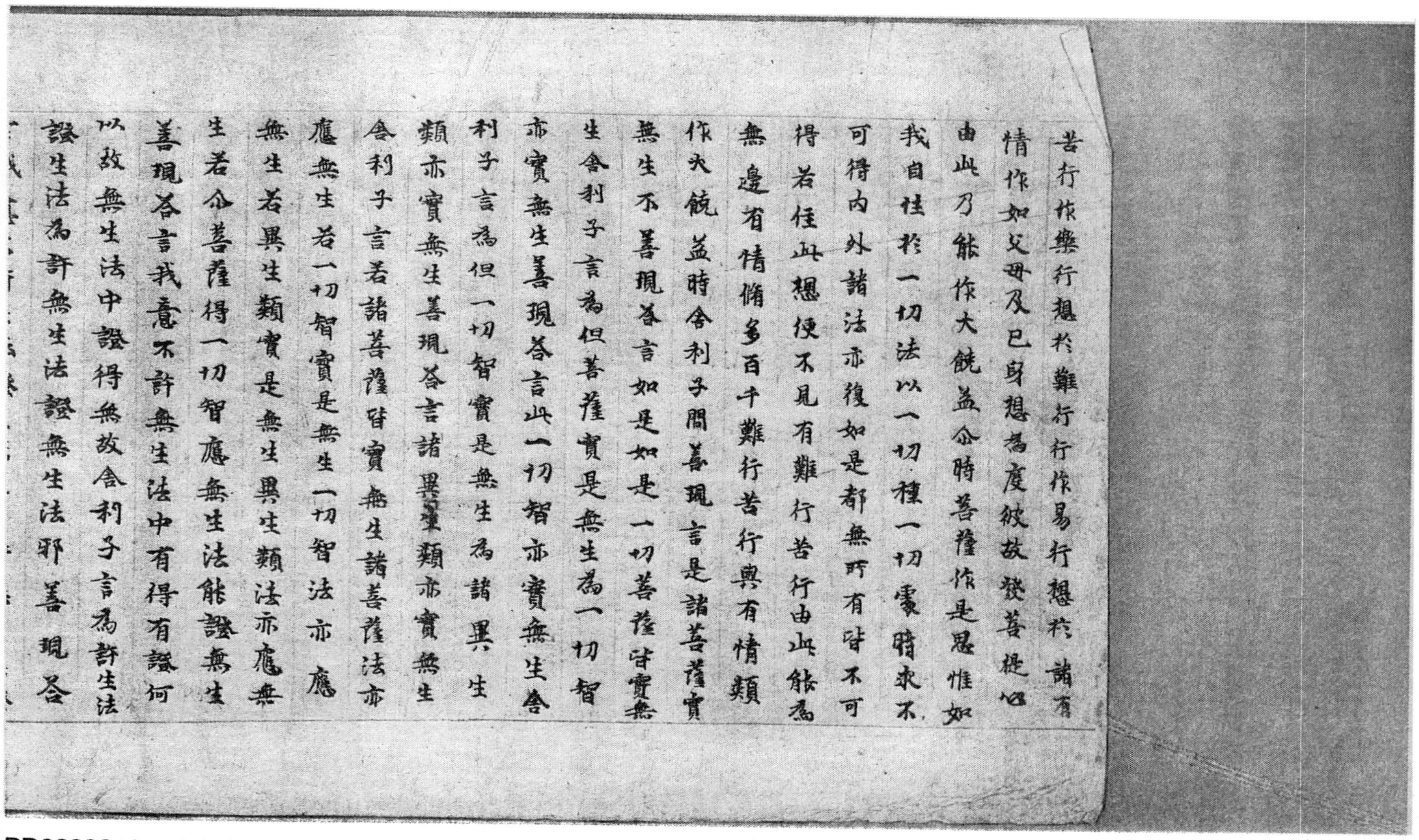
苦行依樂行想於難行行作易行想於諸有
情作如父母及己身想為度彼故發菩提心
由此乃能作大饒益爾時菩薩作是思惟如
我自性於一切法以一切種一切處時求不
可得內外諸法亦復如是都無所有皆不可
得若住此想便不見有難行苦行由此能為
無邊有情備多百千難行苦行與有情類
作大饒益時舍利子問善現言是諸菩薩實
無生不善現答言如是如是一切菩薩皆實無
生舍利子言為但菩薩實是無生為一切智
亦實無生善現答言此一切智亦實無生舍
利子言為但一切智實是無生為諸異生
類亦實無生善現答言諸異生類亦實無生
舍利子言若諸菩薩皆實無生諸菩薩法亦
應無生若一切智實是無生一切智法亦應
無生若異生類實是無生異生類法亦應無
生若爾菩薩得一切智應無生法能證無生
善現答言我意不許無生法中有得有證何
以故無生法中證得無故舍利子言為許生法
證生法為許無生法證無生法耶善現答

BD03326 號　大般若波羅蜜多經卷五五六　（12–1）

生若尒菩薩得一切智應無生法能證無生
善現荅言我意不許無生法中有得有證何
以故無生法中證得無故舍利子言為許生法
證生法為許無生法證無生法耶善現荅
言我意不許生法證生法亦不許無生法證
無生法舍利子言為許生法證無生法為許
無生法證生法耶善現荅言我意不許生法
證無生法亦不許無生法證生法舍利子言
若如是者應無得證善現荅言雖有得證而
非實有舍利子言為許未生法生為許已生
法生耶善現荅言我意不許未生法生亦不
許已生法生舍利子言為許生生為許不生生
耶善現荅言我意不許生生亦不許不生
生舍利子言仁者於所說無生法樂辯說無
生相耶善現荅言我於所說無生法亦不樂
辯說無生相舍利子言於無生法起無生言
此無生言亦無生不善現荅言於無生法起
無生言此法及言俱無生義而隨世俗說無
生相時舍利子讚善現言說法人中仁為第
一除佛世尊無能及者所以者何隨所問詰
種種法門皆能酬荅善現報言諸佛弟子於
一切法無依著者法尒皆能隨所問詰一一
酬荅自在無畏所以者何以一切法無所依故
時舍利子謂善現言善哉善哉若諸菩薩
能作如是隨問而荅為由何等波羅蜜多威
力所辯善現報言此是般若波羅蜜多威力

一切法無依著者法尒皆能隨所問詰一一
酬荅自在無畏所以者何以一切法無所依故
時舍利子謂善現言善哉善哉若諸菩薩
能作如是隨問而荅為由何等波羅蜜多威
力所辯善現報言此是般若波羅蜜多威力
所辯所以者何說一切法無所依止要由般
若波羅蜜多達一切法無所依故舍利子若
菩薩摩訶薩聞如是語心不迷悶亦無疑惑
當知是菩薩能住如是住恒不捨離亦常不
離大悲作意時舍利子謂善現言若諸菩薩
隨如是住恒不捨離亦常不離如是作意者
則一切有情應是菩薩所以者何以一切有情
亦於此住及此住意常不捨離般若大悲
性平等故則諸菩薩與諸有情應無差別善
現報曰善哉善哉雖似難我而成我義何以
故舍利子一切有情無自性故當知如是住
及住意亦無自性一切有情性遠離故當知
如是住及作意性亦遠離一切有情無覺知
故當知如是住及作意亦無覺知由此因緣
是諸菩薩於如是住及此作意常不捨離
與諸有情亦無差別若諸菩薩能如是
知無所滯礙是行般若波羅蜜多我意欲
令一切菩薩以此作意行深般若波羅蜜多
第五分天帝品第二
尒時天帝釋與四万天子俱來集會護世四
天王與二万天子俱來集會索訶界主大梵
天王與万梵衆俱來集會復有五千淨居天

令一切菩薩以此作意行深般若波羅蜜多
第五分天帝品第二
尒時天帝釋與四万天子俱來集會護世四
天王與二万天子俱來集會索訶界主大梵
天王與万梵衆俱來集會復有五千淨居天
衆俱來集會是諸天衆業果身光對佛威光
皆悉不現時天帝釋白善現言今有無量諸
天子等欲聞大德宣示般若波羅蜜多唯願
大德哀愍為說云何菩薩應住般若波羅蜜
多尒時善現告帝釋言吾承佛力為諸天衆
宣示般若波羅蜜多如諸菩薩所應安住汝
諸天等未發無上菩提心者今皆應發諸有
已入聲聞獨覺正性離生不復能發大菩提
心何以故憍尸迦彼於生死有限礙故其中
若有能發無上正等覺心我亦隨喜何以故
憍尸迦諸有勝人應求勝法我終不礙他勝
善品尒時世尊讚善現曰善哉善哉汝今善
能勸諸菩薩具壽善現便白佛言我既知恩
云何不報謂過去佛及諸弟子教諸菩薩種種
法要方便趣入波羅蜜多如來尒時亦於中
學今證無上正等菩提轉妙法輪饒益我等
故我今者應隨佛教攝受護念此諸菩薩令
疾證得無上菩提轉妙法輪利樂一切是則
名為報彼恩德尒時善現語帝釋言汝等諸
天皆應諦聽當為汝說諸菩薩衆於深般
若波羅蜜多所應住相憍尸迦諸菩薩衆

BD03326號　大般若波羅蜜多經卷五五六　（12–4）

疾證得無上菩提轉妙法輪利樂一切是則
名為報彼恩德尒時善現語帝釋言汝等諸
天皆應諦聽當為汝說諸菩薩衆於深般
若波羅蜜多所應住相憍尸迦諸菩薩衆
大誓莊嚴發趣大乘應以空相住般若波羅
蜜多不應住色亦不應住受想行識不應住
預流果亦不應住一來不還阿羅漢果獨覺
菩提不應住此是色亦不應住此是受想行識
不應住此是預流果亦不應住此是一來不
還阿羅漢果獨覺菩提不應住色受想行識
若常若無常若樂若苦若我若無我若淨若
不淨若空若不空不應住預流果乃至獨覺
菩提皆是無為所顯是真福田應受供養不
應住預流果極七返有必入涅槃不應住一
來果未至究竟一來此間定盡衆苦不應住
不還果住彼滅度不復還來不應住阿羅漢
果今世定入無餘涅槃不應住獨覺果超聲
聞地不至佛地而般涅槃不應住佛無為所顯
是真福田應受供養超諸聲聞獨覺等地利
樂無量無數有情令入無餘般涅槃果假使
一切有情界盡亦入無餘般涅槃界時舍利
子作是念言若尒菩薩當云何住尒時善現
如舍利子心之所念便謂之曰於意云何如
來之心為何所住時舍利子語善現言如來
之心都無所住以無所住故名如來謂不住
有為界亦不住無為界亦非不住善現報言

BD03326號　大般若波羅蜜多經卷五五六　（12–5）

來之心為何所住時舍利子語善現言如來
之心都無所住以無所住故名如來謂不住
有為界亦不住無為界亦非不住善現報言
菩薩亦尒如諸如來於一切法心無所住亦
非不住謂諸菩薩於深般若波羅蜜多以無
所得而為方便應如是住應如是學尒時衆
中有諸天子竊作是念諸藥叉等言詞呪句
種種差別雖復隱密而我等輩猶可了知大
德善現於深般若波羅蜜多雖以種種言詞
顯示而我等輩竟不能解具壽善現知諸天
子心之所念便告彼言我於此中無說無示
汝亦不聞當何所解時諸天子復作是念尊
者善現於此義中欲令易解而轉深細難可
測量具壽善現知彼天子心之所念復告之
言諸有欲證欲住預流一來不還阿羅漢果
獨覺菩提諸佛無上正等菩提要依此忍乃
能證住時諸天子作是念言大德善現於今
欲為何等有情說何等法具壽善現知諸天
子心之所念而告彼言吾今欲為如幻有情說
如幻法彼於所說無聞無解無所證故時
諸天子復作是念為聽法者及法如幻為餘
有情預流果等亦皆如幻善現知彼心之所
念便告之言餘有情類若預流果若一來果
若不還果若阿羅漢果若獨覺菩提若佛無
上正等菩提亦皆如幻時諸天子問善現言
豈諸如來應正等覺所證無上正等菩提亦

BD03326號　大般若波羅蜜多經卷五五六　（12–6）

若不還果若阿羅漢果若獨覺菩提若佛無
上正等菩提亦皆如幻時諸天子問善現言
豈諸如來應正等覺所證無上正等菩提亦
皆如幻善現答言如是如是乃至涅槃亦復
如幻時諸天子問善現言豈可涅槃亦復如
幻善現答言設更有法勝涅槃者亦復如幻
何況涅槃何以故諸天子幻與有情及一切
法乃至涅槃無二無別皆不可得不可說故
時舍利子執大藏滿慈子大飲光等問慶喜
言所說般若波羅蜜多如是甚深誰能信受
慶喜答言有不退轉諸菩薩衆於此所說甚
深般若波羅蜜多能深信受復有無量具足
正見補特伽羅及願圓滿諸阿羅漢於此所
說甚深般若波羅蜜多亦能信受尒時善現
作如是言如是所說甚深般若波羅蜜多無
能信受所以者何此中無法可顯可示故信
受者亦不可得
時天帝釋作是念言尊者善現雨大法雨我
應化作微妙香花奉散供養作是念已即便
化作微妙香花散善現上尒時善現作是念
言今所散花於諸天處未曾見有是花微妙
定非水陸草木所生應是諸天從心化出時
天帝釋既知善現心之所念謂善現言此所
散花實非水陸草木所生亦非諸天從心化
出以所散花無生性故具壽善現語帝釋言
此花不生便無花性時天帝釋作是念言尊

BD03326號　大般若波羅蜜多經卷五五六　（12–7）

天帝釋既如善現心之所念謂善現言此所
散花實非水陸草木所生亦非諸天從心化
出以所散花無生性故具壽善現語帝釋言
此花不生便無花性時天帝釋作是念言尊
者善現覺慧深廣不壞假名而説實義作是
念已白善現言如是如是誠如尊教諸菩薩
衆於諸法中應隨尊者所説而學尒時善現
語帝釋言如是如是如汝所説諸菩薩衆於
諸法中皆應隨我所説而學憍尸迦諸菩薩
衆隨我所説於深般若波羅蜜多如是學時
不依預流果學不依一來不還阿羅漢果學
不依獨覺菩提學若不依此諸地而學便學
諸佛一切智智若學諸佛一切智智則學無
量無邊佛法若學無量無邊佛法則不學色
受想行識有增有減若不學色受想行識有
增有減則不學色受想行識有取有捨若不
學色受想行識有取有捨則不學一切法有可
攝受及可滅壞若不學一切法有可攝　受
及可滅壞則不學一切智智有可攝受及可
滅壞諸菩薩衆如是學時名為真學一切智
智速能證得一切智智時舍利子問善現言
若諸菩薩不學一切智智有可攝受及可
滅壞是諸菩薩如是學時名為真學一切智智
速能證得一切智智耶善現荅言如是如是
以無所得為方便故尒時天帝釋問舍利子
言菩薩所學甚深般若波羅蜜多當於何求

速能證得一切智智耶善現荅言如是如是
以無所得為方便故尒時天帝釋問舍利子
言菩薩所學甚深般若波羅蜜多當於何求
舍利子言菩薩所學甚深般若波羅蜜多當
於善現所説中求時天帝釋問善現言是誰
神力為依持故令舍利子作如是説善現荅
言如來神力為依持故令舍利子作如是説
天帝釋言復誰神力為依持故尊者能説甚
深般若波羅蜜多善現報言如來神力為依
持故令我能説甚深般若波羅蜜多憍尸迦
於何求者憍尸迦菩薩所學甚深般若波羅
蜜多不應即色求不應離色求不應即受想
行識求不應離受想行識求何以故色非般
若波羅蜜多亦非離色別有般若波羅蜜多
受想行識非般若波羅蜜多亦非離受想行
識別有般若波羅蜜多時天帝釋白善現言
甚深般若波羅蜜多是大波羅蜜多無量
波羅蜜多是無邊波羅蜜多善現報言如是
如是何以故憍尸迦色無邊故當知般若波
羅蜜多亦無邊受想行識無邊故當知般若

滅壞諸菩薩衆如是學時名為真學一切智
智速能證得一切智智時舍利子問善現

滅壞諸菩薩衆如是學時名為真學一切智
智速能證得一切智智時舍利子問善現
言若諸菩薩不學一切智智有可攝受及可
滅壞是諸菩薩如是學時名為真學一切智智
速能證得一切智智耶善現荅言如是如是
以無所得為方便故尒時天帝釋問舍利子
言菩薩所學甚深般若波羅蜜多當於何求
舍利子言菩薩所學甚深般若波羅蜜多當
於善現所說中求時天帝釋問善現言是誰
神力為依持故令舍利子作如是說善現荅
言如來神力為依持故令舍利子作如是說
天帝釋言復誰神力為依持故尊者能說
甚深般若波羅蜜多善現報言如來神力為依
持故令我能說甚深般若波羅蜜多憍尸迦
汝之所問菩薩所學甚深般若波羅蜜多當
於何求者憍尸迦菩薩所學甚深般若波羅
蜜多不應即色求不應離色求不應即受想
行識求不應離受想行識求何以故色非般
若波羅蜜多亦非離色別有般若波羅蜜多
受想行識非般若波羅蜜多亦非離受想行
識別有般若波羅蜜多時天帝釋白善現言
甚深般若波羅蜜多是大波羅蜜多是無量
波羅蜜多是無邊波羅蜜多善現報言如是
如是何以故憍尸迦色無邊故當知般若波
羅蜜多亦無邊受想行識無邊故當知般若
波羅蜜多亦無邊復次憍尸迦所緣無邊故

如是何以故憍尸迦色無邊故當知般若波
羅蜜多亦無邊受想行識無邊故當知般若
波羅蜜多亦無邊復次憍尸迦所緣無邊故
當知般若波羅蜜多亦無邊憍尸迦云何所
緣無邊故當知般若波羅蜜多亦無邊謂一
切法前中後際皆不可得說為無邊法無邊故
所緣無邊由此般若波羅蜜多亦說無邊復
次憍尸迦一切法無邊故當知般若波羅蜜
多亦無邊憍尸迦云何一切法無邊故當知
般若波羅蜜多亦無邊謂一切法邊不可得
所以者何色乃至識前中後邊皆不可得由
此般若波羅蜜多前中後邊亦不可得故說
無邊復次憍尸迦有情無邊故當知般若波
羅蜜多亦無邊憍尸迦云何有情無邊故當
知般若波羅蜜多亦無邊憍尸迦非有情類
其數甚多計算其邊不可得故說為無邊天
帝釋言為何義故作如是說善現荅言我今
問汝隨汝意荅於意云何言有情者何法增
語天帝釋言言有情者非法增語但是假立
客名所攝無事名所攝無緣名所攝善現復
告天帝釋言於意云何此中頗有真實有情
可顯示不天帝釋言不也大德善現告言無
實有情可顯示故說為無邊憍尸迦於意云
何假使如來應正等覺經如殑伽沙數大劫
以無邊音說有情類無量名字此中頗有真
實有情有生滅不天帝釋言不也大德何以
故以[illegible]

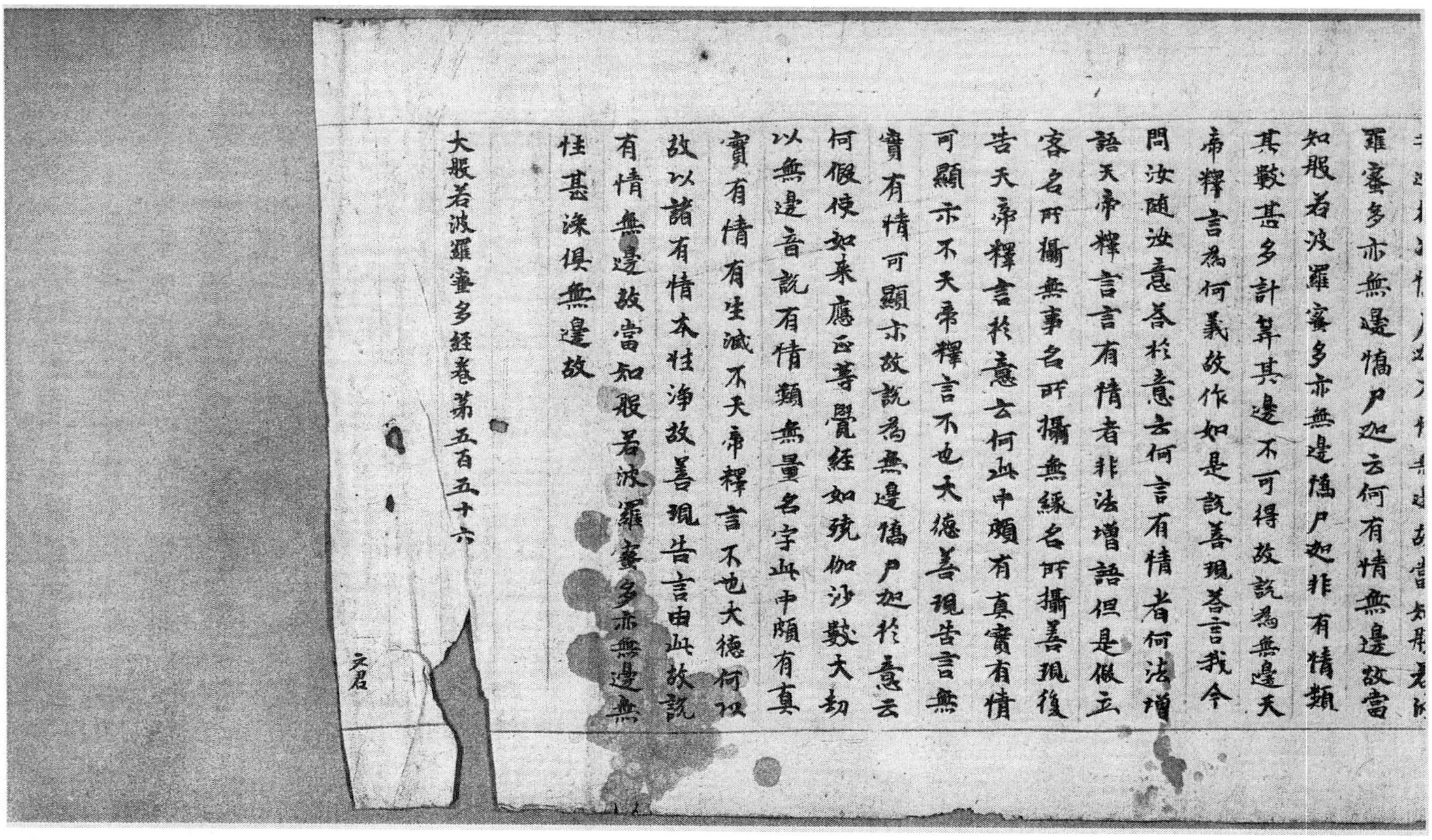
羅蜜多亦無邊憍尸迦云何有情無邊故當
知般若波羅蜜多亦無邊憍尸迦非有情類
其數甚多計算其邊不可得故說為無邊天
帝釋言為何義故作如是說善現荅言我今
問汝隨汝意荅於意云何言有情者何法增
語天帝釋言言有情者非法增語但是假立
客名所攝無事名所攝無緣名所攝善現復
告天帝釋言於意云何此中頗有真實有情
可顯示不天帝釋言不也大德善現告言無
實有情可顯示故說為無邊憍尸迦於意云
何假使如來應正等覺經如殑伽沙數大劫
以無邊音說有情類無量名字此中頗有真
實有情有生滅不天帝釋言不也大德何以
故以諸有情本性淨故善現告言由此故說
有情無邊故當知般若波羅蜜多亦無邊無
性甚深俱無邊故

大般若波羅蜜多經卷第五百五十六

文君

BD03326 號　大般若波羅蜜多經卷五五六　（12–12）

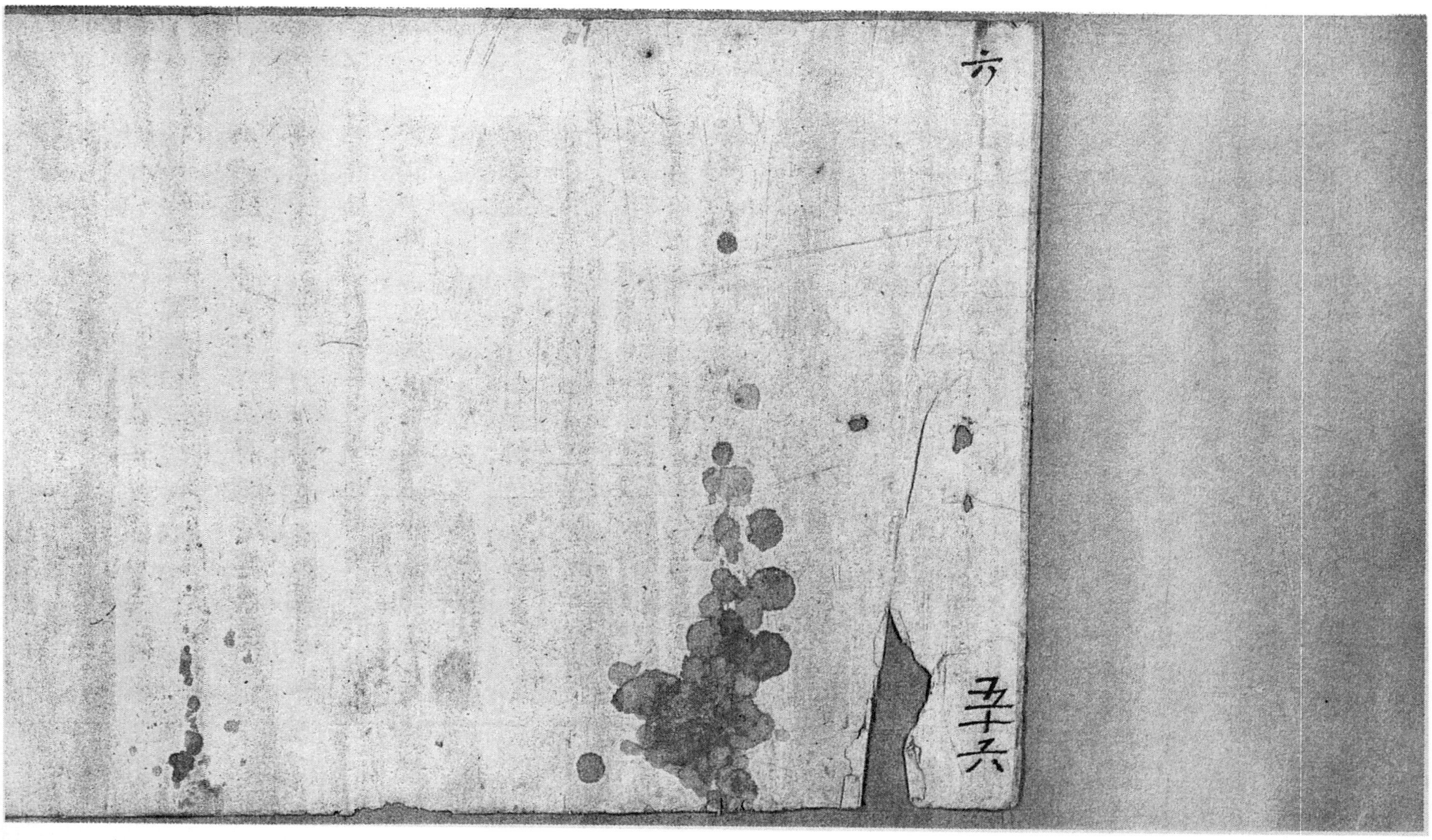

BD03326 號背　勘記　（1–1）

解脫
切智智清淨若清淨貳乃至般若波羅蜜多
清淨若無願解脫門清淨無二無二分無別無
斷故善現一切智智清淨故內空清淨內空
清淨故無願解脫門清淨何以故若一切智
智清淨若內空清淨若無願解脫門清淨無
二無二分無別無斷故一切智智清淨故外
空內外空空空大空勝義空有為空無為空
畢竟空無際空散空無變異空本性空自相
空共相空一切法空不可得空無性空自性
空無性自性空清淨外空乃至無性自性空
清淨故無願解脫門清淨何以故若一切智
智清淨若外空乃至無性自性空清淨若無
願解脫門清淨無二無二分無別無斷故善
現一切智智清淨故真如清淨真如清淨故無
願解脫門清淨何以故若一切智智清淨若
真如清淨若無願解脫門清淨無二無二分
無別無斷故一切智智清淨故法界法性不
虛妄性不變異性平等性離生性法定法住
實際虛空界不思議界清淨法界乃至不思
議界清淨故無願解脫門清淨何以故若一

BD03327號　大般若波羅蜜多經卷二七三　（19–1）

願解脫門清淨何以故若一切智智清淨若
真如清淨若無願解脫門清淨無二無二分
無別無斷故一切智智清淨故法界法性不
虛妄性不變異性平等性離生性法定法住
實際虛空界不思議界清淨法界乃至不思
議界清淨故無願解脫門清淨何以故若一
切智智清淨若法界乃至不思議界清淨若
無願解脫門清淨無二無二分無別無斷故
善現一切智智清淨故苦聖諦清淨苦聖諦
清淨故無願解脫門清淨何以故若一切智智
清淨若苦聖諦清淨若無願解脫門清淨無
二無二分無別無斷故一切智智清淨故集
滅道聖諦清淨集滅道聖諦清淨故無願
解脫門清淨何以故若一切智智清淨若集滅
道聖諦清淨若無願解脫門清淨無二無
二分無別無斷故善現一切智智清淨故四靜
慮清淨四靜慮清淨故無願解脫門清淨何
以故若一切智智清淨若四靜慮清淨若無
願解脫門清淨無二無二分無別無斷故一
切智智清淨故四無量四無色定清淨四無
量四無色定清淨故無願解脫門清淨何
以故若一切智智清淨若四無量四無色定
清淨若無願解脫門清淨無二無二分無別
無斷故善現一切智智清淨故八解脫清淨
八解脫清淨故無願解脫門清淨何以故若
一切智智清淨若八解脫清淨若無願解脫
門清淨無二無二分無別無斷故一切智智
清淨故八勝處九次第定十遍處清淨八勝

BD03327號　大般若波羅蜜多經卷二七三　（19–2）

無斷故善現一切智智清淨故八解脫清淨
八解脫清淨故無願解脫門清淨何以故若
一切智智清淨若八解脫清淨若無願解脫
門清淨無二無二分無別無斷故一切智智
清淨故八勝處九次第定十遍處清淨八勝
處九次第定十遍處清淨故無願解脫門
清淨何以故若一切智智清淨若八勝處九
次第定十遍處清淨若無願解脫門清淨無
二無二分無別無斷故善現一切智智清淨
故四念住清淨四念住清淨故無願解脫門
清淨何以故若一切智智清淨若四念住清
淨若無願解脫門清淨無二無二分無別無
斷故一切智智清淨故四正斷四神足五根五
力七等覺支八聖道支清淨四正斷乃至
八聖道支清淨故無願解脫門清淨何以故
若一切智智清淨若四正斷乃至八聖道支清
淨若無願解脫門清淨無二無二分無別無
斷故善現一切智智清淨故空解脫門清淨
空解脫門清淨故無願解脫門清淨何以故
若一切智智清淨若空解脫門清淨若無願
解脫門清淨無二無二分無別無斷故一切
智智清淨故無相解脫門清淨無相解脫
門清淨故無願解脫門清淨何以故若一切智
智清淨若無相解脫門清淨若無願解脫門
清淨無二無二分無別無斷故善現一切智智
清淨故菩薩十地清淨菩薩十地清淨故
無願解脫門清淨何以故若一切智智清淨

BD03327 號　大般若波羅蜜多經卷二七三　　　　（19–3）

智清淨若無相解脫門清淨若無願解脫門
清淨無二無二分無別無斷故善現一切智智
清淨故菩薩十地清淨菩薩十地清淨故
無願解脫門清淨何以故若一切智智清淨
若菩薩十地清淨若無願解脫門清淨無二
無二分無別無斷故善現一切智智清淨故
五眼清淨五眼清淨故無願解脫門清淨何
以故若一切智智清淨若五眼清淨若無願
解脫門清淨無二無二分無別無斷故一
切智智清淨故六神通清淨六神通清淨故
無願解脫門清淨何以故若一切智智清淨
若六神通清淨若無願解脫門清淨無二
無二分無別無斷故善現一切智智清淨故
佛十力清淨佛十力清淨故無願解脫門清
淨何以故若一切智智清淨若佛十力清淨
若無願解脫門清淨無二無二不無別無斷
故一切智智清淨故四無所畏四無礙解大慈
大悲大喜大捨十八佛不共法清淨四無所
畏乃至十八佛不共法清淨故無願解脫門
清淨何以故若一切智智清淨若四無所畏
乃至十八佛不共法清淨若無願解脫門清
清無二無二分無別無斷故善現一切智智
清淨故無忘失法清淨無忘失法清淨故無
願解脫門清淨何以故若一切智智清淨若
無忘失法清淨若無願解脫門清淨無二
無二分無別無斷故一切智智清淨故恒住
捨性清淨恒住捨性清淨故無願解脫門清
淨何以故若一切智智清淨若恒住捨性清

BD03327 號　大般若波羅蜜多經卷二七三　　　　（19–4）

無忘失法清淨若無願解脫門清淨無二
無二分無別無斷故一切智智清淨故恒住
捨性清淨恒住捨性清淨故無願解脫門清
淨何以故若一切智智清淨若恒住捨性清
淨若無願解脫門清淨無二無二分無別無
斷故善現一切智智清淨故一切智清淨一
切智清淨故無願解脫門清淨何以故若一
切智智清淨若一切智清淨若無願解脫門
清淨無二無二分無別無斷故一切智智清
淨故道相智一切相智清淨道相智一切相
智清淨故無願解脫門清淨何以故若一切
智智清淨若道相智一切相智清淨若無願解
脫門清淨無二無二分無別無斷故善現一切
智智清淨故一切陀羅尼門清淨一切陀羅
尼門清淨故無願解脫門清淨何以故若
一切智智清淨若一切陀羅尼門清淨若無
願解脫門清淨無二無二分無別無斷故一
切智智清淨故一切三摩地門清淨一切三
摩地門清淨故無願解脫門清淨何以故若
一切智智清淨若一切三摩地門清淨若無
願解脫門清淨無二無二分無別無斷故
善現一切智智清淨故預流果清淨預流果
清淨故無願解脫門清淨何以故若一切智
智清淨若預流果清淨若無願解脫門清淨
無二無二分無別無斷故一切智智清淨故
一來不還阿羅漢果清淨一來不還阿羅漢
果清淨故無願解脫門淨清何以故若一切

BD03327號　大般若波羅蜜多經卷二七三　（19–5）

無二無二分無別無斷故一切智智清淨故
一來不還阿羅漢果清淨一來不還阿羅漢
果清淨故無願解脫門淨清何以故若一切
智智清淨若一來不還阿羅漢果清淨若無
願解脫門清淨無二無二分無別無斷故善
現一切智智清淨故獨覺菩提清淨獨覺菩
提清淨故無願解脫門清淨何以故若一
切智智清淨若獨覺菩提清淨若無願解脫
門清淨無二無二分無別無斷故善現一切
智智清淨故一切菩薩摩訶薩行清淨一切
菩薩摩訶薩行清淨故無願解脫門淨何
以故若一切智智清淨若一切菩薩摩訶薩
行清淨若無願解脫門清淨無二無二分
無別無斷故善現一切智智清淨故諸佛無
上正等菩提清淨諸佛無上正等菩提清淨
故無願解脫門清淨何以故若一切智智清
淨若諸佛無上正等菩提清淨若無願解
脫門清淨無二無二分無別無斷故
復次善現一切智智清淨故色清淨色清淨
故菩薩十地清淨何以故若一切智智清淨
若色清淨若菩薩十地清淨無二無二分無
別無斷故一切智智清淨故受想行識清淨
受想行識清淨故菩薩十地清淨何以故若
一切智智清淨若受想行識清淨若菩薩
十地清淨無二無二分無別無斷故善現一切
智智清淨故眼處清淨眼處清淨故菩薩
十地清淨何以故若一切智智清淨若眼處清

BD03327號　大般若波羅蜜多經卷二七三　（19–6）

一切智智清淨若受想行識清淨若菩薩
十地清淨無二無二分無別無斷故善現一切
智智清淨故眼處清淨眼處清淨菩薩
十地清淨何以故若一切智智清淨若眼處清
淨若菩薩十地清淨無二無二分無別無斷
故一切智智清淨故耳鼻舌身意處清淨耳
鼻舌身意處清淨故菩薩十地清淨何以故
若一切智智清淨若耳鼻舌身意處清淨若
菩薩十地清淨無二無二分無別無斷故善
現一切智智清淨故色處清淨色處清淨故
菩薩十地清淨何以故若一切智智清淨若
色處清淨若菩薩十地清淨無二無二分無
別無斷故一切智智清淨故聲香味觸法處
清淨聲香味觸法處清淨故菩薩十地清淨
何以故若一切智智清淨若聲香味觸法處
清淨若菩薩十地清淨無二無二分無別無
斷故善現一切智智清淨故眼界清淨眼界
清淨故菩薩十地清淨何以故若一切智智
清淨若眼界清淨若菩薩十地清淨無二無
二分無別無斷故一切智智清淨故色界眼識
界及眼觸眼觸為緣所生諸受清淨色界
乃至眼觸為緣所生諸受清淨故菩薩十地
清淨何以故若一切智智清淨若色界乃至
眼觸為緣所生諸受清淨若菩薩十地清
淨無二無二分無別無斷故善現一切智智
清淨故耳界清淨耳界清淨故菩薩十地清
淨何以故若一切智智清淨若耳界清淨若
菩薩十地清淨無二無二分無別無斷故一

淨無二無二分無別無斷故善現一切智智
清淨故耳界清淨耳界清淨故菩薩十地清
淨何以故若一切智智清淨若耳界清淨若
菩薩十地清淨無二無二分無別無斷故一
切智智清淨故聲界耳識界及耳觸耳觸為
緣所生諸受清淨聲界乃至耳觸為緣所
生諸受清淨故菩薩十地清淨何以故若一切
智智清淨若聲界乃至耳觸為緣所生諸受
清淨若菩薩十地清淨無二無二分無別無
斷善現一切智智清淨故鼻界清淨鼻界清
淨故菩薩十地清淨何以故若一切智智清
淨若鼻界清淨若菩薩十地清淨無二無二
分無別無斷故一切智智清淨故香界鼻識
界及鼻觸鼻觸為緣所生諸受清淨香界
乃至鼻觸為所生受清淨故菩薩十地清
淨何以故若一切智智清淨若香界乃至
鼻觸為緣所生諸受清淨若菩薩十地清淨
無二無二分無別無斷故善現一切智清
淨故舌界清淨舌界清淨故菩薩十地清淨
何以故若一切智智清淨若舌清淨若菩
薩十地清淨無二無二分無別無斷故一切
智智清淨故味界舌識界及舌觸舌觸為緣
所生諸受清淨味界乃至舌觸為緣所生諸
受清淨故菩薩十地清何以故若一切智智
清淨若味界乃至舌觸為緣所生諸受清
淨若菩薩十地清淨無二無二分無別無斷
故善現一切智智清淨故身界清淨身界清

至舌觸為緣所生諸
受清淨故菩薩十地清淨何以故若一切智智
清淨若味界乃至舌觸為緣所生諸受清
淨若菩薩十地清淨無二無二分無別無斷
故善現一切智智清淨故身界清淨身界清
故菩薩十地清淨何以故若一切智智清淨
若身界清淨若菩薩地清淨二無無二分
無別無斷故一切智智清淨故觸界身識界
及身觸身觸為緣所生諸受清淨觸界乃至
身觸為緣所生諸受清淨故菩薩十地清淨
何以故若一切智智清淨若觸界乃至身觸
為緣所生諸受清淨若菩薩十地清淨無
二無二分無別無斷故善現一切智智清淨故
意界清淨意清淨故菩薩十地清淨何以
故若一切智智清淨若意界清淨若菩薩十
地清淨無二無二分無別無斷故一切智智
清淨故法界意識界及意觸意觸為緣所生
諸受清淨法界乃至意觸為緣所生諸受
清淨故菩薩十地清淨何以故若一切智智清
淨若法界乃至意觸為緣所生諸受清淨若
菩薩十地清淨無二無二無別無斷故善
現一切智智清淨故地界清淨地界清淨故
菩薩十地清淨何以故若一切智智清淨若
地界清淨若菩薩十地清淨無二無二分無
別無斷故一切智智清淨故水火風空識界
清淨水大風空識界清淨故菩薩十地清淨
何以故若一切智智清淨若水火風空識界
清淨若菩薩十地清淨無二無二分無別無

地界清淨若菩薩十地清淨無二無二分無
別無斷故一切智智清淨故水火風空識界
清淨水大風空識界清淨故菩薩十地清淨
何以故若一切智智清淨若水火風空識界
清淨若菩薩十地清淨無二無二分無別無
斷故善現一切智智清淨故無明清淨無明
清淨故菩薩十地清淨何以故若一切智智
清淨若無明清淨若菩薩十地清淨無二無
二分無別無斷故一切智智清淨故行識名
色六處觸受愛取有生老死愁歎苦憂惱清
淨行乃至老死愁歎苦憂惱清淨故菩薩十
地清淨何以故若一切智智清淨若行乃至
老死愁歎苦憂惱清淨若菩薩十地清淨無
二無二分無別無斷故
善現一切智智清淨故布施波羅蜜多清淨
布施波羅蜜多清淨故菩薩十地清淨何以
故若一切智智清淨若布施波羅蜜多清淨
若菩薩十地清淨無二無二分無別無斷故
一切智智清淨故淨戒安忍精進靜慮般若
波羅蜜多清淨淨戒乃至般若波羅蜜多
清淨故菩薩十地清淨何以故若一切智智清
淨若淨戒乃至般若波羅蜜多清淨若菩薩
十地清淨無二無二分無別無斷故善現一
切智智清淨故內空清淨內空清淨故菩薩
十地清淨何以故若一切智智清淨若內空
清淨若菩薩十地清淨無二無二分無別無
斷故一切智智清淨故外空內外空空空大
空勝義空有為空無為空畢竟空無際空散

十地清淨何以故若一切智智清淨若內空
清淨若菩薩十地清淨無二無二分無別無
斷故一切智智清淨故外空內外空空空大
空勝義空有為空無為空畢竟空無際空散
空無變異空本性空自相空共相空一切法空
不可得空無性空自性空無性自性空清淨
外空乃至無性自性空清淨故菩薩十地清
淨何以故若一切智智清淨若外空乃至無
性自性空清淨若菩薩十地清淨二無二
分無別無斷故善現一切智智清淨故真如
清淨真如清淨故菩薩十地清淨何以故若
一切智智清淨若真如清淨若菩薩十地清
淨無二無二分無別無斷故一切智智清淨
故法界法性不虛妄性不變異性平等性離
生性法定法住實際虛空界不思議界清淨
法界乃至不思議界清淨故菩薩十地清淨
何以故若一切智智清淨若法界乃至不思
議界清淨若菩薩十地清淨無二無二分無
別無斷故善現一切智智清淨故苦聖諦清
淨苦聖諦清淨故菩薩十地清淨何以故若
一切智智清淨若苦聖諦清淨若菩薩十地
清淨無二無二分無別無斷故一切智智清
淨故集滅道聖諦清淨集滅道聖諦清淨故
菩薩十地清淨何以故若一切智智清淨若
集滅道聖諦清淨若菩薩十地清淨無二無
二分無別無斷故善現一切智智清淨故四
靜慮清淨四靜慮清淨故菩薩十地清淨何

BD03327號　大般若波羅蜜多經卷二七三

(19–11)

菩薩十地清淨何以故若一切智智清淨若
集滅道聖諦清淨若菩薩十地清淨無二無
二分無別無斷故善現一切智智清淨故四
靜慮清淨四靜慮清淨故菩薩十地清淨何
以故若一切智智清淨若四靜慮清淨若菩
薩十地清淨無二無二分無別無斷故一切
智智清淨故四無量四無色定清淨四無量
四無色定清淨故菩薩十地清淨何以故
若一切智智清淨若四無量四無色定清
淨若菩薩十地清淨無二無二分無別無斷
故善現一切智智清淨故八解脫清淨八解
脫清淨故菩薩十地清淨何以故若一切智
智清淨若八解脫清淨若菩薩十切清淨無
二無二分無別無斷故一切智智清淨故八
勝處九次第定十遍處清淨八勝處九次第
定十遍處清淨故菩薩十地清淨何以故若一
切智智清淨若八勝處九次第定十遍處
清淨若菩薩十地清淨無二無二分無別無
斷故善現一切智智清淨故四念住清淨四
念住清淨故菩薩十地清淨何以故若一切智
智智清淨若四念住清淨若菩薩十地清淨
無二無二分無別無斷故一切智智清淨故
四正斷四神足五根五力七等覺支八聖道
支清淨四正斷乃至八聖道支清淨故菩薩
十地清淨何以故若一切智智清淨若四正
斷乃至八聖道支清淨若菩薩十地清淨無
二無二分無別無斷故善現一切智智清淨
故空解脫門清淨空解脫門清淨故菩薩十

BD03327號　大般若波羅蜜多經卷二七三

(19–12)

支清淨四正斷乃至八聖道支清淨故菩薩
十地清淨何以故若一切智智清淨若四正
斷乃至八聖道支清淨若菩薩十地清淨無
二無二分無別無斷故善現一切智智清淨
故空解脫門清淨空解脫門清淨故菩薩十
地清淨何以故若一切智智清淨若空解脫
門清淨若菩薩十地清淨無二無二分無別
無斷故一切智智清淨故無相無願解脫門
清淨無相無願解脫門清淨故菩薩十地清
淨何以故若一切智智清淨若無相無願解
脫門清淨若菩薩十地清淨無二無二分無
別無斷故
善現一切智智清淨故五眼清淨五眼清淨
故菩薩十地清淨何以故若一切智智清淨
若五眼清淨若菩薩十地清淨無二無二分
無別無斷故一切智智清淨故六神通清淨
六神通清淨故菩薩十地清淨何以故若一
切智智清淨若六神通清淨若菩薩十地
清淨無二無二分無別無斷故善現一切
智智清淨故佛十力清淨佛十力清淨故菩
薩十地清淨何以故若一切智智清淨若佛
十力清淨若菩薩十地清淨無二無二分無
無別無斷故一切智智清淨故四無所畏四
無礙解大慈大悲大喜大捨十八佛不共法
清淨四無所畏乃至十八佛不共法清淨故菩
薩十地清淨何以故若一切智智清淨若四
無所畏乃至十八佛不共法清淨若菩薩十
地清淨無二無二分無別無斷故善現一切

BD03327號　大般若波羅蜜多經卷二七三　（19–13）

清淨四無所畏乃至十八佛不共法清淨故菩
薩十地清淨何以故若一切智智清淨若四
無所畏乃至十八佛不共法清淨若菩薩十
地清淨無二無二分無別無斷故善現一切
智智清淨故無忘失法清淨無忘失法清淨
故菩薩十地清淨何以故若一切智智清淨
若無忘失法清淨若菩薩十地清淨無二無
二分無別無斷故一切智智清淨故恒住捨
性清淨恒住捨性清淨故菩薩十地清淨何
以故若一切智智清淨若恒住捨性清淨若
菩薩十地清淨無二無二分無別無斷故善
現一切智智清淨故一切智清淨一切智清
淨故菩薩十地清淨何以故若一切智智清
淨若一切智清淨若菩薩十地清淨無二無
二分無別無斷故一切智智清淨故道相智
一切相智清淨道相智一切相智清淨故菩
薩十地清淨何以故若一切智智清淨若道
相智一切相智清淨若菩薩十地清淨無二
無二分無別無斷故善現一切智智清淨故
一切陀羅尼門清淨一切陀羅尼門清淨故
菩薩十地清淨何以故若一切智智清淨若
一切陀羅尼門清淨若菩薩十地清淨無二
無二分無別無斷故一切智智清淨故一切
三摩地門清淨一切三摩地門清淨故菩薩
十地清淨何以故若一切智智清淨若一切
三摩地門清淨若菩薩十地清淨無二無二
分無別無斷故

BD03327號　大般若波羅蜜多經卷二七三　（19–14）

三摩地門清淨一切三摩地門清淨故菩薩
十地清淨何以故若一切智智清淨若一切
三摩地門清淨若菩薩十地清淨無二無二
分無別無斷故
善現一切智智清淨故預流果清淨預流果
清淨故菩薩十地清淨何以故若一切智智
清淨若預流果清淨若菩薩地清淨無二
無二分無別無斷故一切智智清淨故一來
不還阿羅漢果清淨一來不還阿羅漢果清
淨故菩薩十地清淨何以故若一切智智清淨
淨若一來不還阿羅漢果清淨若菩薩十地清
清淨無二無二分無別無斷故善現一切智智
智清淨故獨覺菩提清淨獨覺菩提清淨故
菩薩十地清淨何以故若一切智智清淨若
獨覺菩提清淨若菩薩十地清淨無二無二
分無別無斷故善現一切智智清淨故一切
菩薩摩訶薩行清淨一切菩薩摩訶薩行清
淨故菩薩十地清淨何以故若一切智智清
淨若一切菩薩摩訶薩行清若菩薩十地清
清淨無二無二分無別斷故善現一切智智
智清淨故諸佛無上正等菩提清淨諸佛無
上正等菩提清淨故菩薩十地清淨何以故
若一切智智清淨若諸佛無上正等菩提清
淨若菩薩十地清淨無二無二分無別無斷
故
復次善現一切智智清淨故色清淨色清淨
故五眼清淨何以故若一切智智清淨若色

BD03327 號　大般若波羅蜜多經卷二七三

（19–15）

故
復次善現一切智智清淨故色清淨色清淨
故五眼清淨何以故若一切智智清淨若色
清淨若五眼清淨無二無二分無別無斷故
一切智智清淨故受想行識清淨受想行識
清淨故五眼清淨何以故若一切智智清淨
若受想行識清淨若五眼清淨無二無二分
無別無斷故善現一切智智清淨故眼處清
淨眼處清淨故五眼清淨何以故若一切智
智清淨若眼處清淨若五眼清淨無二無二
分無別無斷故一切智智清淨故耳鼻舌身
意處清淨耳鼻舌身意處清淨故五眼清淨
何以故若一切智智清淨若耳鼻舌身意處
清淨若五眼清淨無二無二分無別無斷故
善現一切智智清淨故色處清淨色處清淨
故五眼清淨何以故若一切智智清淨若色處
清淨若五眼清淨無二無二分無別無斷
故一切智智清淨故聲香味觸法處清淨聲
香味觸法處清淨故五眼清淨何以故若一
切智智清淨若聲香味觸法處清淨若五眼
清淨無二無二分無別無斷故善現一切智智
清淨故眼界清淨眼界清淨故五眼清淨何
以故若一切智智清淨若眼界清淨若五
眼清淨無二無二分無別斷故一切智智清
淨故色界眼識界及眼觸眼觸為緣所生諸
受清淨色界乃至眼觸為緣所生諸受清淨
故五眼清淨何以故若一切智智清淨若色界

BD03327 號　大般若波羅蜜多經卷二七三

（19–16）

淨故色界眼識界及眼觸眼觸為緣所生諸
受清淨色界乃至眼觸為緣所生諸受清淨
故五眼清淨何以故若一切智智清淨若色界
乃至眼觸為緣所生諸受清淨若五眼清淨
無二無二分無別無斷故善現一切智智清
淨故耳界清淨耳界清淨故五眼清淨何以
故若一切智智清淨若耳界清淨若五眼
清淨無二無二分無別無斷故一切智智清
淨故聲界耳識界及耳觸耳觸為緣所生諸
受清淨聲界乃至耳觸為緣所生諸受清淨
故五眼清淨何以故若一切智智清淨若
聲界乃至耳觸為緣所生諸受清淨若五眼
清淨無二無二分無別無斷故善現一切智
智清淨故鼻界清淨鼻界清淨故五眼清淨
何以故若一切智智清淨若鼻界清淨若五
眼清淨無二無二分無別無斷故一切智智
清淨故香界鼻識界及鼻觸鼻觸為緣所生諸
受清淨香界乃至鼻觸為緣所生諸受清淨
故五眼清淨何以故若一切智智清淨若香界
界乃至鼻觸為緣所生諸受清淨若五眼清
淨無二無二分無別無斷故善現一切智智
清淨故舌界清淨舌界清淨故五眼清淨何
以故若一切智智清淨若舌界清淨若五眼
清淨無二無二分無別無斷故一切智智清
淨故味界舌識界及舌觸舌觸為緣所生諸
受清淨味界乃至舌觸為緣所生諸受清淨
故五眼清淨何以故若一切智智清淨若味

BD03327號　大般若波羅蜜多經卷二七三　（19–17）

清淨無二無二分無別無斷故一切智智清
淨故味界舌識界及舌觸舌觸為緣所生諸
受清淨味界乃至舌觸為緣所生諸受清淨
故五眼清淨何以故若一切智智清淨若味
界乃至舌觸為緣所生諸受清淨若五眼
清淨無二無二分無別無斷故善現一切智
智清淨故身界清淨身界清淨故五眼清淨
何以故若一切智智清淨若身界清淨若五
眼清淨無二無二分無別無斷故一切智智
清淨故觸界身識界及身觸身觸為緣所
生諸受清淨觸界乃至身觸為緣所生諸受
清淨故五眼清淨何以故若一切智智清淨若
觸界乃至身觸為緣所生諸受清淨若五眼
清淨無二無二分無別無斷故善現一切智
智清淨故意界清淨意界清淨故五眼清淨
何以故若一切智智清淨若意界清淨若五
眼清淨無二無二分無別無斷故一切智智
清淨故法界意識界及意觸意觸為緣所生
諸受清淨法界乃至意觸為緣所生諸受清
淨故五眼清淨何以故若一切智智清淨若
法界乃至意觸為緣所生諸受清淨若五眼
清淨無二無二分無別無斷故善現一切智智
清淨故地界清淨地界清淨故五眼清淨何
以故若一切智智清淨若地界清淨若五眼
清淨無二無二分無別無斷故一切智智清
淨故水火風空識界清淨水火風空界清
淨故五眼清淨何以故若一切智智清淨若
水火風空識界清淨若五眼清淨無二無二
分無別無斷故

BD03327號　大般若波羅蜜多經卷二七三　（19–18）

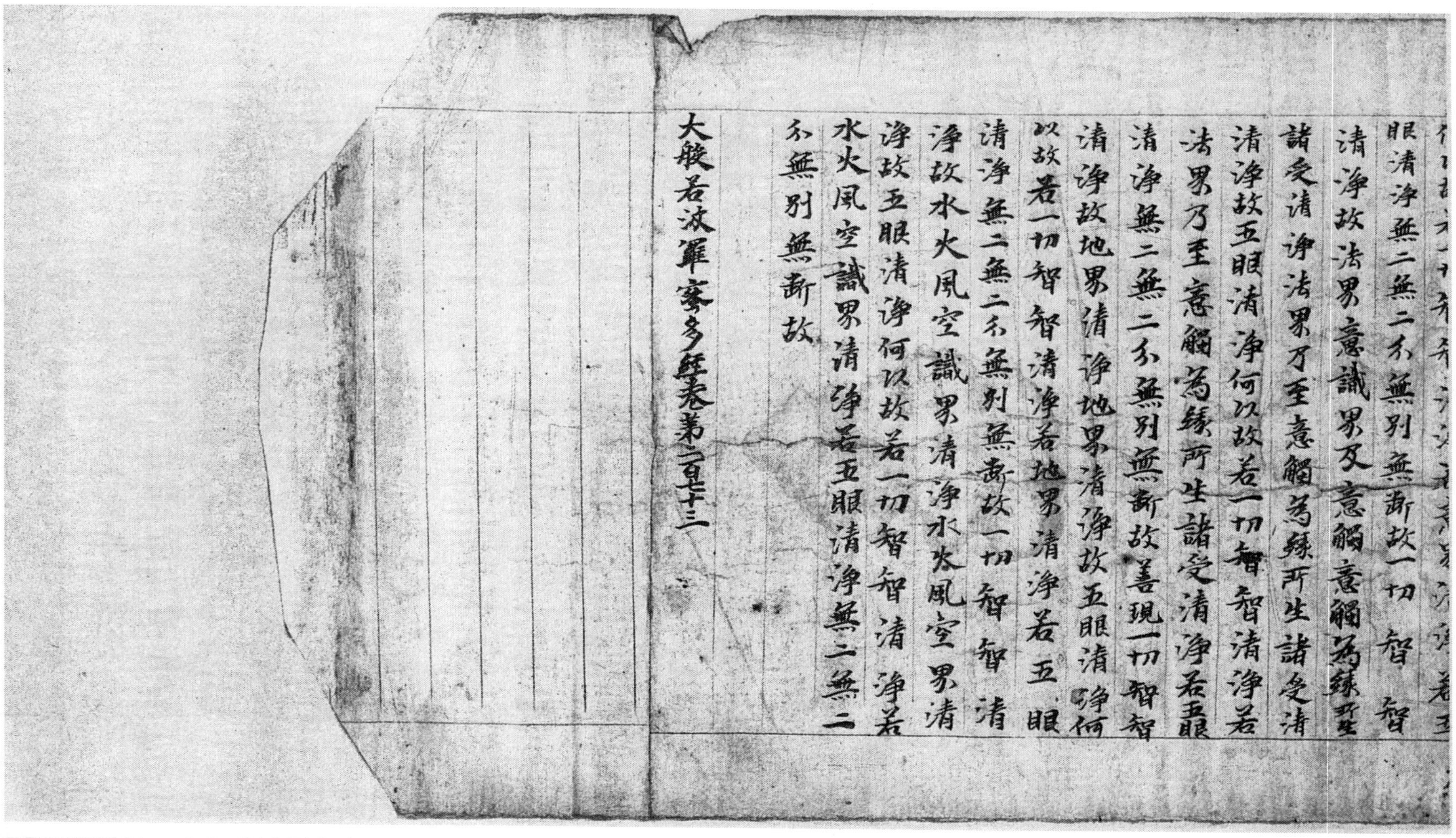

眼清淨無二無二分無別無斷故一切智智
清淨故法界意識界及意觸意觸爲緣所生
諸受清淨法界乃至意觸爲緣所生諸受清
清淨故五眼清淨何以故若一切智智清淨若
法界乃至意觸爲緣所生諸受清淨若五眼
清淨無二無二分無別無斷故善現一切智智
清淨故地界清淨地界清淨故五眼清淨何
以故若一切智智清淨若地界清淨若五眼
清淨無二無二分無別無斷故一切智智清
淨故水火風空識界清淨水火風空界清
淨故五眼清淨何以故若一切智智清淨若
水火風空識界清淨若五眼清淨無二無二
分無別無斷故

大般若波羅蜜多經卷第二百七十三

BD03327號　大般若波羅蜜多經卷二七三　（19–19）

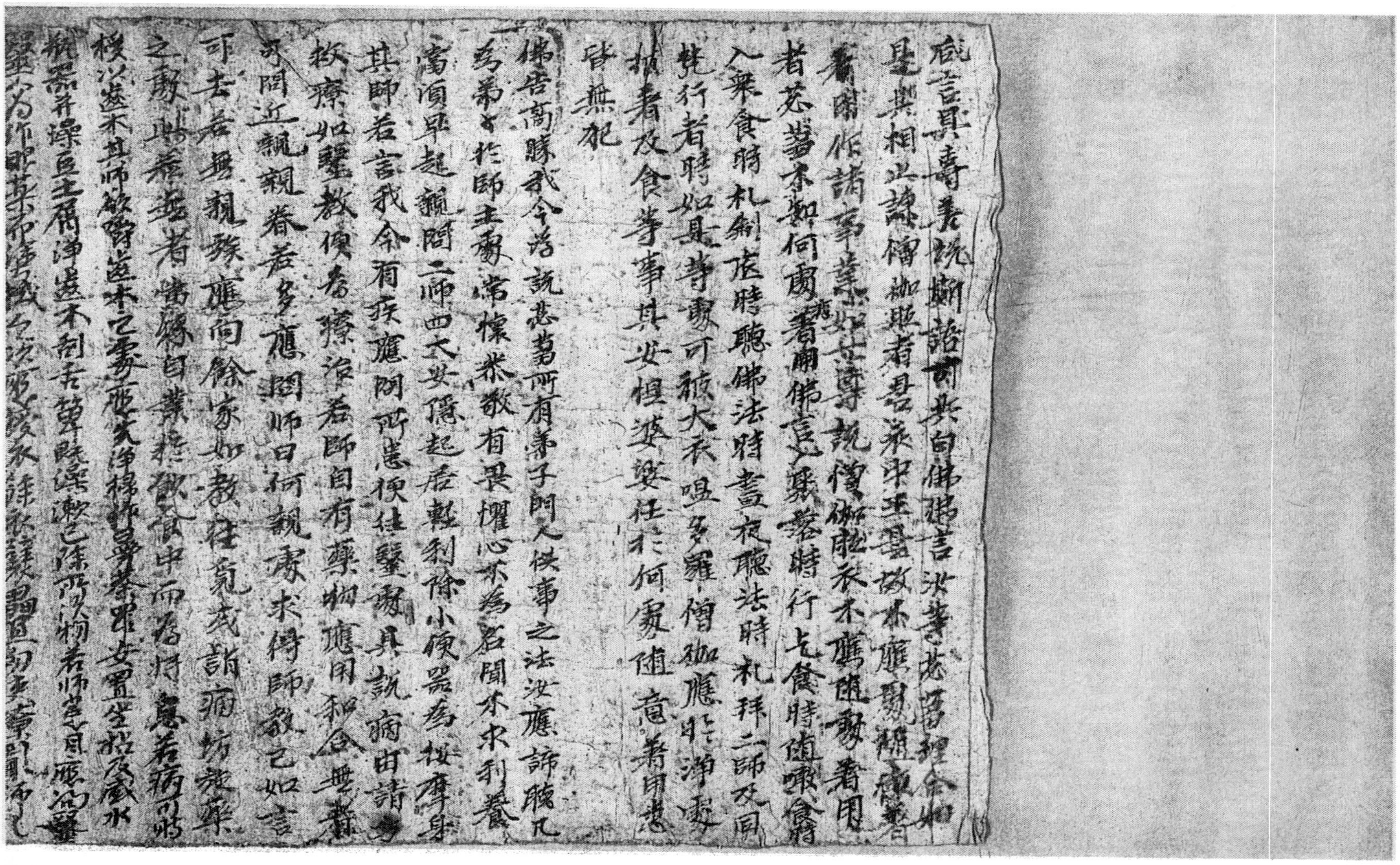

底言具壽善說斷諍訖共白佛佛言汝等苾芻理合如
是與相止諍僧伽聽者是衆和合故不應默然隨意
看開作諸事業如世尊說僧伽胝衣不應隨處著用
者苾芻不知何處著用佛言入聚落時行乞食時隨喜食
入衆食時禮制底時聽佛法時晝夜聽法時禮拜二師及同
梵行者時如是等處可被大衣嗢多羅僧伽應於淨處
披著及食等事其安怛婆娑隨何處隨意著用者
皆無犯
佛告鄔波離我今為說苾芻所有弟子門人侍事之法汝應諦聽凡
為弟子於師主處常懷恭敬有畏懼心不為名聞不求利養
當須早起親問二師四大安隱起居輕利除小便器為按摩身
其師若言我今有疾應問所患便往醫處具說病由請
救療如醫教便為療治若師自有藥物應用和合無者
可問近親親眷若多應問師曰何親處求得師教已如言
可去若無親眷應向餘家如教往覓或詣病坊投藥
之處此若無者當緣自業於飲食中而為持急若病可時
楊枝澡豆未其師欲嚼齒木[illegible]
[illegible]
[illegible]

BD03328號　根本說一切有部毗奈耶雜事鈔（擬）　（2–1）

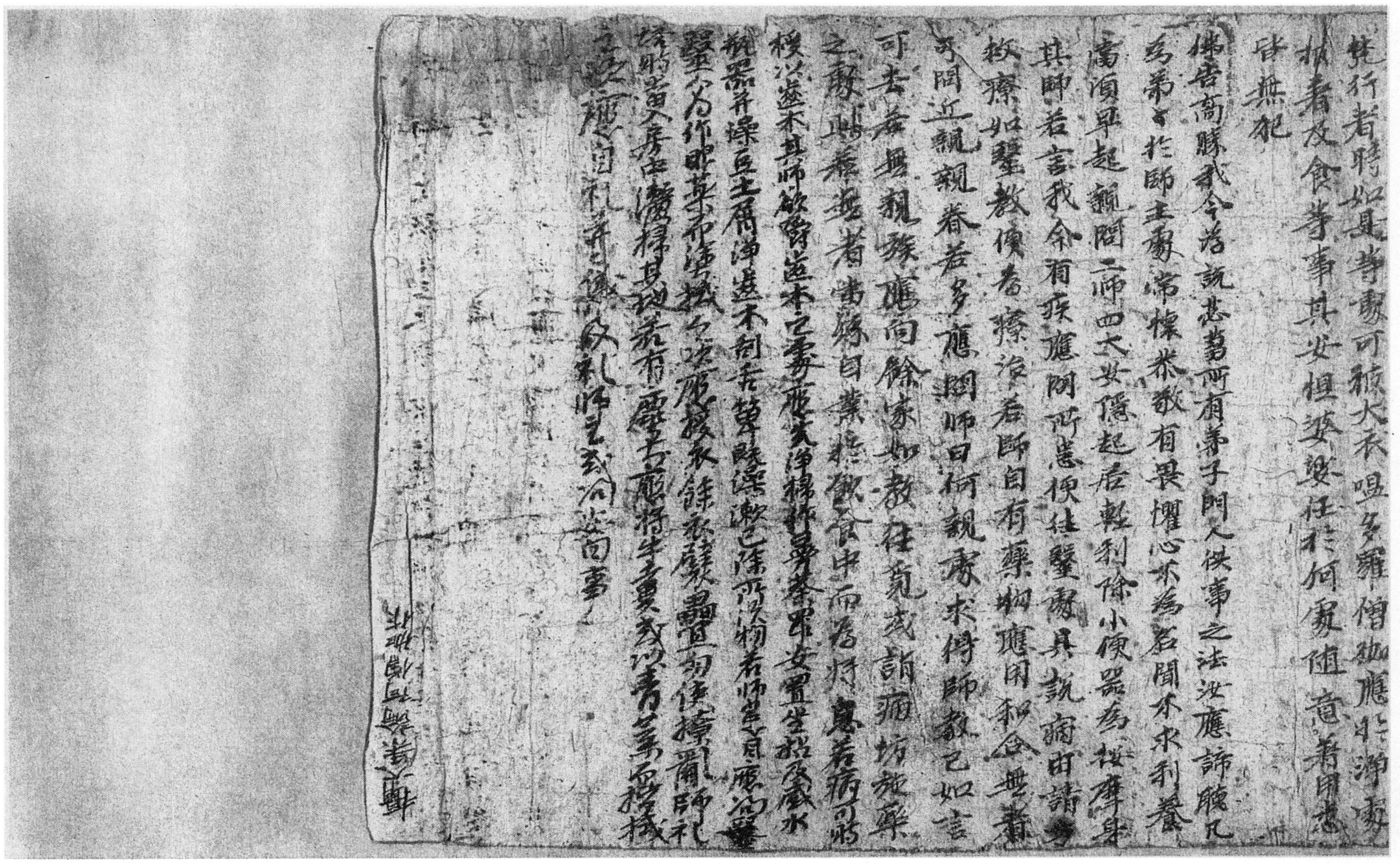

BD03328 號　根本說一切有部毗奈耶雜事鈔（擬）　（2–2）

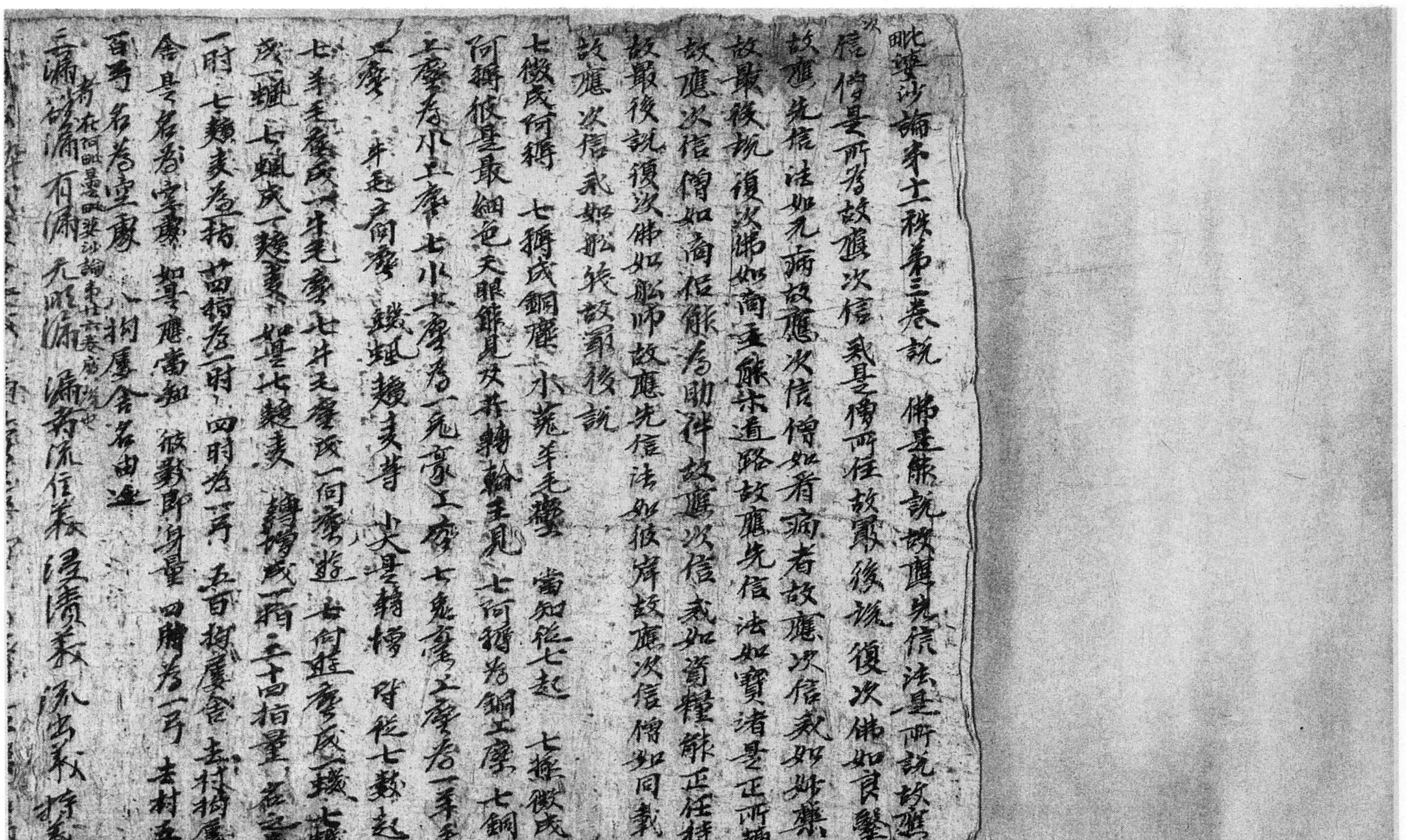

BD03328 號背　有部論律雜鈔（擬）　（2–1）

故最後說領次佛如船師故應先信法如彼岸故應次信僧如同載
故應次信我如船筏故最後說
七微成阿耨　七阿耨成銅塵　當知從七起　七極微成一
阿耨彼是最細色天眼能見及菩薩轉輪王見　七阿耨為銅上塵　七銅
上塵為水上塵　七水上塵為一兔毫上塵　七兔毫上塵為一羊毛
上塵　羊毛上塵何塵　隟遊塵麦等　少丈是轉增　皆從七數起
七羊毛塵成一牛毛塵　七牛毛塵成一向遊塵　七向遊塵成一蟣　七蟣
成一虱　七虱成一穬麦　穬麦七穬麦　[illegible]二十四指量　[illegible]
一肘　七穬麦為指　[illegible]指為一肘　四肘為一弓　五百弓為俱盧舍　去村俱盧
舍是名為空處　如是應當知　彼數即身量　四肘為一弓　去村五
百弓名為空處　一拘盧舍名由延 [illegible]
三漏　欲漏有漏无明漏　漏者流住義　漏漬義　流出義　持義
不內[illegible]義　於覺義　漏名阿羅婆　[illegible]
[illegible]
[illegible]
時諸苾芻每於寺內[illegible]僧伽胝[illegible]
[illegible]
[illegible]
為如世尊說僧伽胝者[illegible]

BD03328 號背　有部論律雜鈔（擬）

（2–2）

是菩薩入不二法門文殊師利曰如我意者於一切法无言无說无示无識離諸
問荅是為入不二法門於是文殊師利問維摩詰言我等各自說已仁者當
說何等是菩薩入不二法門時維摩詰默然无言文殊師利歎言善哉善哉
乃至无有文字語言是真入不二法門說是入不二法門品時於此衆中五千菩
薩皆入不二法門得无生法忍　維摩詰經卷第二
香積佛品第十　卷下
於是舍利弗心念日時欲至此諸菩薩當於何食時維摩詰知其意而語言佛
說八解脫仁者受行豈雜欲食而聞法乎若欲食者且待須臾當令汝得未曾
有食時維摩詰即入三昧以神通力示諸大衆上方界分過卌二恒河沙佛土有
名衆香佛号香積今現在其國香氣比於十方諸佛世界人天之香最為第一彼土
无有聲聞辟支佛名唯有清淨大菩薩衆佛為說法其界一切皆以香作樓閣經行
香地花園皆香其食香氣周流十方无量世界時彼佛與諸菩薩方共坐食有諸天
子皆号香嚴悉發阿耨多羅三藐三菩提心供養彼佛及諸菩薩此諸大衆莫不
目見時維摩詰問衆菩薩言諸仁者誰能致彼佛飯以文殊師利威神力故咸
皆默然維摩詰言仁者此諸大衆无乃可恥文殊師利曰如佛所言勿輕未學於
是維摩詰不起于坐居衆會前化作菩薩相好光明威德殊勝蔽於衆
會而告之曰汝往上方界分度如卌二恒河沙佛土有國名衆香佛号香積
與諸菩薩方共坐食汝往到彼如我辭曰維摩詰稽首世尊足下致敬无量問
訊起居少病少惱氣力安不願得世尊所食之餘當於娑婆世界施作佛事令此
樂小法者得弘大道亦使如來名聲普聞時化菩薩即於會前昇于上方擧衆
皆見其去到衆香界礼彼佛足又聞其言維摩詰稽首世尊足下致敬无量問
訊起居少病少惱氣力安不願得世尊所食之餘欲於娑婆世界施作佛事使
此樂小法者得弘大道亦使如來名聲普聞彼諸大士見化菩薩歎未曾有今此
上人從何所來娑婆世界為在何許云何名為樂小法者即以問佛佛告之曰下方
度如卌二恒河沙佛土有世界名娑婆佛号釋迦牟尼今現在於五濁惡世為
樂小法衆生敷演道教彼有菩薩名維摩詰住不可思議解脫為諸菩薩說
法故遣化來稱揚我名并讚此土令彼菩薩增益功德彼菩薩言其人何如乃

BD03329 號 1　維摩詰所說經卷中
BD03329 號 2　維摩詰所說經卷下

（10–1）

樂小法者得知大道亦使如來名聲普聞時化菩薩即於會前昇於上方舉衆
皆見其去到衆香界礼彼佛足又聞其言維摩詰稽首世尊足下致敬无量問
訊起居少病少惱氣力安不願得世尊所食之餘欲於娑婆世界施作佛事使
此樂小法者得知大道亦使如來名聲普聞彼諸大士見化菩薩歎未曾有今此
上人從何所來娑婆世界爲在何許云何名爲樂小法者即以問佛佛告之曰下方
度如卌二恒河沙佛土有世界名娑婆佛号釋迦牟尼今現在於五濁惡世爲
樂小法衆生敷演道教彼有菩薩名維摩詰住不可思議解脫爲諸菩薩說
法故遣化來稱揚我名并讚此土令彼菩薩增益功德彼菩薩言其人何如乃
作是化德力无畏神足若斯佛言甚大一切十方皆遣化往施作佛事饒益衆
生於是香積如來以衆香鉢盛滿香飯與化菩薩時彼九百万菩薩俱發聲言
我欲詣娑婆世界供養釋迦牟尼佛并欲見維摩詰等諸菩薩衆佛言可往
攝汝身香无令彼諸衆生起惑着心又當捨汝本形勿使彼國求菩薩者而
自鄙耻又汝於彼莫懷輕賤而作閡想所以者何十方國土皆如虛空又諸佛
爲欲化諸樂小法者不盡現其清淨土耳時化菩薩既受鉢飯與彼九百万菩
薩俱承佛威神及維摩詰力於彼世界忽然不現須臾之間至維摩詰舍維
摩詰即化作九百万師子之座嚴好如前諸菩薩皆坐其上化菩薩以滿鉢香飯
與維摩詰飯香普熏毗耶離城及三千大千世界時毗耶離婆羅門居士等聞
是香氣身意快然歎未曾有於是長者主月蓋從八万四千人來入維摩詰舍見其
室中菩薩甚多諸師子座高廣嚴好皆大歡喜礼衆菩薩及大弟子却住一面諸
地神虛空神及色界諸天聞此香氣亦皆來入維摩詰舍時維摩詰語舍利弗
等諸大聲聞仁者可食如來甘露味飯大悲所熏无以限意食之使不消也有異
聲聞念是飯少而此大衆人人當食化菩薩曰勿以聲聞小德小智稱量如來无量
福慧四海有竭此飯无盡使一切人食揣若須弥乃至一劫猶不能盡所以者何无盡
戒定慧解脫解脫知見功德具足者所食之餘終不可盡於是鉢飯悉飽衆會猶
故不賜其諸菩薩聲聞天人食此飯者身安快樂譬如一切樂莊嚴國諸菩薩也
又諸毛孔皆出妙香亦如衆香國土諸樹之香尒時維摩詰問衆香菩薩香積如
來以何說法彼菩薩曰我土如來无文字說但以衆香令諸天人得入律行菩薩
各各坐香樹下聞斯妙香即獲一切德藏三昧得是三昧者菩薩所有功德皆悉
具足彼諸菩薩問維摩詰今世尊釋迦牟尼以何說法維摩詰言此土衆生剛
強難化故佛爲說剛強之語以調伏之言是地獄是畜生是餓鬼是語難處是愚
人生處是身邪行是身邪行報是口邪行是口邪行報是意邪行是意邪
行報是煞生是煞生報是不與取是不與取報是邪婬是邪婬報是妄語是
妄語報是兩舌是兩舌報是惡口是惡口報是无義語是无義語報是貪嫉是
貪嫉報是瞋惱是瞋惱報是邪見是邪見報是慳恡是慳恡報是毀戒
是毀戒報是瞋恚是瞋恚報是懈怠是懈怠報是乱意是乱意報是愚

BD03329 號 2　維摩詰所說經卷下　（10–2）

強難化故佛爲說剛強之語以調伏之言是地獄是畜生是餓鬼是語難處是愚
人生處是身邪行是身邪行報是口邪行是口邪行報是意邪行是意邪
行報是煞生是煞生報是不與取是不與取報是邪婬是邪婬報是妄語是
妄語報是兩舌是兩舌報是惡口是惡口報是无義語是无義語報是貪嫉是
貪嫉報是瞋惱是瞋惱報是邪見是邪見報是慳恡是慳恡報是毀戒
是毀戒報是瞋恚是瞋恚報是懈怠是懈怠報是乱意是乱意報是愚
癡是愚癡報是結戒是持戒是犯戒是應作是不應作是鄣閡是不鄣閡是
得罪是離罪是淨是垢是有漏是无漏是邪道是正道是有爲是无爲是
世間是涅槃以難化之人心如猨猴故以若干種法制御其心乃可調伏譬如象
馬𢤱悷不調加諸楚毒乃至徹骨然後調伏如是剛強難化衆生故以一切苦切
之言乃可入律彼諸菩薩聞說是已皆曰未曾有也如世尊釋迦牟尼佛隱其
无量自在之力乃以貧所樂法度脫衆生斯諸菩薩亦能勞謙以无量大悲生
是佛土維摩詰言此土菩薩於諸衆生大悲堅固誠如所言然其一世饒益衆
生多於彼國百千劫行所以者何此娑婆世界有十事善法諸餘淨土之所无
有何等爲十以布施攝貧窮以淨戒攝毀禁以忍辱攝瞋恚以精進攝懈怠
以禪定攝乱意以智慧攝愚癡說除難法度八難者以大乘法度樂小乘者以諸善
根濟无德者常以四攝成就衆生是爲十彼菩薩曰菩薩成就幾法於此世界行
无瘡疣生于淨土維摩詰言菩薩成就八法於此世界行无瘡疣生于淨土何
等爲八饒益衆生而不望報代一切衆生受諸苦惱所作功德盡以施之等心衆
生謙下无㝵於諸菩薩視之如佛所未聞經聞之不疑不與聲聞而相違背不嫉彼
供不高己利而於其中調伏其心常省己過不訟彼短恒以一心求諸功德是爲八
維摩詰文殊師利於大衆中說是法時百千天人皆發阿耨多羅三藐三菩提心
千菩薩得无生法忍

菩薩行品第十一

是時佛說法於菴羅樹園其地忽
然廣博嚴事一切衆會皆作金色阿難白佛言世尊以何因緣有此瑞應是處忽
然廣博嚴事一切衆會皆作金色佛告阿難是維摩詰文殊師利與諸大衆
恭敬圍遶發意欲來故先爲此瑞應於是維摩詰語文殊師利可共見佛與
諸菩薩礼事供養文殊師利言善哉行矣今正是時維摩詰即以神力持諸
大衆并師子座置於右掌往詣佛所到已著地稽首佛足右遶七匝一心合掌
在一面立其諸菩薩即皆避坐稽首佛足亦遶七匝於一面立諸大弟子釋梵四
天王等亦皆避坐稽首佛足在一面立於是世尊如法慰問諸菩薩已各令復
坐即皆受教衆坐已定佛語舍利弗汝見菩薩大士自在神力之所爲乎唯
然已見汝意云何世尊我覩其爲不可思議非意所圖非度所測尒時阿難
白佛言世尊今所聞香自昔未有是爲何香佛告阿難是彼菩薩毛孔之香
於是舍利弗語阿難言我等毛孔亦出是香阿難言此所從來曰是長者

BD03329 號 2　維摩詰所說經卷下　（10–3）

天王等亦皆避坐稽首佛足在一面立於是世尊如法慰問諸菩薩已各令復
坐即皆受教衆坐已定佛語舍利弗汝見菩薩大士自在神力之所為乎唯
然已見汝意云何世尊我覩其為不可思議非意所圖非度所測尒時阿難
白佛言世尊今所聞香自昔未有是為何香佛告阿難是彼菩薩毛孔之香
於是舍利弗語阿難言我等毛孔亦出是香阿難言此所從來曰是長者
維摩詰從衆香國取佛餘飯於舍食者一切毛孔皆香若此阿難問維摩
詰是香氣住當久如維摩詰言至此飯消曰此飯久如當消曰此飯勢力至于
七日然後乃消又阿難若聲聞人未入正位食此飯者得入正位然後乃消已入正
位食此飯者得心解脫然後乃消若未發大乘意食此飯者至發意乃消已發
意食此飯者得无生忍然後乃消已得无生忍食此飯者至一生補處然後乃
消譬如有藥名曰上味其有服者身諸毒滅然後乃消此飯如是滅除一切諸煩惱
毒然後乃消阿難白佛言未曾有也世尊如此香飯能作佛事佛言如是阿難或有
佛土以佛光明而作佛事有以諸菩薩而作佛事有以佛所化人而作佛事有以菩
提樹而作佛事有以佛衣服臥具而作佛事有以飯食而作佛事有以園林臺
觀而作佛事有以卅二相八十隨形好而作佛事有以佛身而作佛事有以虛空而作佛
事衆生應以此緣得入律行有以夢幻影響鏡中像水中月熱時炎如是等喻而
作佛事有以音聲語言文字而作佛事或有清淨佛土寂漠无言无說无示
无識无作无為而作佛事如是阿難諸佛威儀進止諸所施為无非佛事阿難
有此四魔八万四千諸煩惱門而諸衆生為之疲勞諸佛即以此法而作佛事
是名入一切諸佛法門菩薩入此門者若見一切淨妙佛土不以為喜不貪不高若
見一切不淨佛土不以為憂不㝵不沒但於諸佛生清淨心歡喜恭敬未曾有也
諸佛如來功德平等為教化衆生故而現佛土不同阿難汝見諸佛國土地有
若干而虛空无若干也如是見諸佛色身有若干耳其无㝵慧无若干也阿難諸
佛色身威相種性戒定智慧解脫解脫知見力无所畏不共之法大慈大悲威
儀所行及其壽命說法教化成就衆生淨佛國土具諸佛法悉皆同等是故
名為三藐三佛陀名為多陁阿伽度名為佛陀阿難若我廣說此三句義汝以
劫壽不能盡受正使三千大千世界滿中衆生皆如阿難多聞第一得念總持
此諸人等以劫之壽亦不能受如是阿難諸佛阿耨多羅三藐三菩提无有限
量智慧辯才不可思議阿難白佛言我從今已後不敢自謂以為多聞佛告阿難
勿起退意所以者何我說汝於聲聞中為最多聞非謂菩薩且止阿難其有智
者不應限度諸菩薩也一切海淵尚可測量菩薩禪定智慧總持辯才一切功德不
可量也阿難汝等捨置菩薩所行是維摩詰一時所現神通之力一切聲聞辟支佛
於百千劫盡力變化所不能及尒時衆香世界菩薩來者合掌白佛言世尊我
等初見此土生下劣想今自悔責捨離是心所以者何諸佛方便不可思議為度

BD03329 號 2　維摩詰所說經卷下

（10–4）

勿起退意所以者何我說汝於聲聞中為最多聞非謂菩薩且止阿難其有智
者不應限度諸菩薩也一切海淵尚可測量菩薩禪定智慧總持辯才一切功德不
可量也阿難汝等捨置菩薩所行是維摩詰一時所現神通之力一切聲聞辟支佛
於百千劫盡力變化所不能及尒時衆香世界菩薩來者合掌白佛言世尊我
等初見此土生下劣想今自悔責捨離是心所以者何諸佛方便不可思議為度
衆生故隨其應現佛國異唯然世尊願賜少法還於彼土當念如來佛告諸菩
薩有盡无盡解脫法門汝等當學何謂為盡謂有為法何謂无盡謂无為法
如菩薩者不盡有為不住无為何謂不盡有為謂不離大慈不捨大悲深發一切智心
而不忽忘教化衆生終不猒惓於四攝法常念順行護持正法不惜軀命種諸善
根无有疲猒志常安住方便迴向求法不懈說法无悋勤供養諸佛不畏生死而无所
畏於諸榮辱心无憂喜不輕未學敬學如佛墮煩惱者令發正念於遠離樂不以為
貴不著己樂慶於彼樂在諸禪定如地獄想於生死中如園觀想見來求者為善師
想捨諸所有具一切智想見毀戒人起救護想諸波羅蜜為父母想道品之法為
眷屬想發行善根无有齊限以諸淨國嚴飾之事成己佛土行不限施具足
相好除一切惡淨身口意生死无數劫意而有勇聞佛无量德志而不惓以智
慧劒破煩惱賊出陰界入荷負衆生永使解脫以大精進摧伏魔軍常求无
念實相智慧行少欲知足而不捨世法不壞威儀而能隨俗起神通慧引
導衆生得念總持所聞不忘善別諸根斷衆生疑以樂說辯演法无閡淨十
善道受天人福脩四无量開梵天道勸請說法隨喜讚善得佛音聲身口意
善道受天人福脩四无量開梵天道得佛威儀深脩善法所行轉勝以大乘教成
菩薩僧心无放逸不失衆善行如此法是名菩薩不盡有為何謂菩薩不住无為謂脩
學空不以空為證脩學无相无作不以无相无作為證脩學无起不以无起為證觀於无
常而不猒善本觀世間苦而不惡生死觀於无我而誨人不惓觀於寂滅而不永寂
滅觀於遠離而身心脩善觀无所歸而歸趣善法觀於无生而以生法荷負一切觀
於无漏而不斷諸漏觀无所行而以行法教化衆生觀於空无而不捨大悲觀正法
位而不隨小乘觀諸法虛妄无牢无人无主无相本願未滿而不虛福德禪定
智慧脩如此法是名菩薩不住无為又具福德故不住无為具智慧故不盡有為
大慈大悲故不住无為滿本願故不盡有為集法藥故不住无為隨授藥故不盡有
為知衆生病故不住无為滅衆生病故不盡有為諸正士菩薩已脩此法不盡有
為不住无為是名盡无盡解脫法門汝等當學尒時彼諸菩薩聞說是法皆
大歡喜以衆妙華若干種色若干種香散遍三千大千世界供養於佛及此經
法并諸菩薩已稽首佛足歎未曾有言釋迦牟尼佛乃能於此善行方便
言已忽然不現還到彼國
見阿閦佛品第十二　尒時世尊問維摩詰汝欲見
如來為以何等觀如來乎維摩詰言如自觀身實相觀佛亦然我觀如來前際不來

BD03329 號 2　維摩詰所說經卷下

（10–5）

為不住无為是名盡无盡解脫法門汝等當學尒時彼諸菩薩聞說是法皆
大歡喜以衆妙華若干種色若干種香散遍三千大千世界供養於佛及此經
法并諸菩薩已稽首佛足歎未曾有言釋迦牟尼佛乃能於此善行方便
言已忽然不現還到彼國　見阿閦佛品第十二　尒時世尊問維摩詰汝欲見
如來為以何等觀如來乎維摩詰言如自觀身實相觀佛亦然我觀如來前際不來
後際不去今則不住不觀色不觀色如不觀色性不觀受想行識不觀識如不
觀識性非四大起同於虛空六入无積眼耳鼻舌身心已過不在三界三垢已
離順三脫門三明與无明等不一相不異相不自相不他相非无相非取相不此岸
不彼岸不中流而教化衆生觀於寂滅亦不永滅不此不彼不以此不以彼不可以
智知不可以識識无晦无明无名无相无強无弱非淨非穢不在方不離方非有為
非无為无示无說不施不慳不戒不犯不忍不恚不進不怠不定不亂不智不愚
不誠不欺不來不去不出不入一切言語道斷非福田非不福田非應供非不應供
養非取非捨非有相非无相同真際等法性不可稱不可量過諸稱量非大非小
非見非聞非覺非知離衆結縛等諸智同衆生於諸法无分別一切无失无濁
无惱无作无起无生无滅无畏无憂无喜无猒无著无已有无當有无今有不可以一
切言說分別顯示世尊如來身為若此作如是觀以斯觀者名為正觀若他觀
者名為耶觀尒時舍利弗問維摩詰汝於何沒而來生此維摩詰言汝所得法有
沒生乎舍利弗言无沒生也若諸法无沒生相云何問言汝於何沒而來生此於
意云何譬如幻師幻作男女寧有沒生耶舍利弗言无沒生也汝豈不聞佛說
諸法如幻相乎荅曰如是若一切法如幻相者云何問言汝於何沒而來生此舍
利弗沒者為虛誑法敗壞之相生者為虛誑法相續之相菩薩雖沒不盡善本
雖生不長諸惡是時佛告舍利弗有國名妙喜佛号无動是維摩詰於彼國沒而
來生此舍利弗言未曾有也世尊是人乃能捨清淨土而來樂此多怒害處維
摩詰語舍利弗於意云何日光出時與冥合乎荅曰不也日光出時則无衆冥
維摩詰言夫日何故行閻浮提荅曰欲以明照為之除冥維摩詰言菩薩如是雖
生不淨佛土為化衆生不與愚闇而共合也但滅衆生煩惱闇耳
是時大衆渴仰欲見妙喜世界不動如來及其菩薩聲聞之衆佛知一切衆會所
念告維摩詰言善男子為此衆會現妙喜國不動如來及諸菩薩聲聞之衆衆皆欲
見於是維摩詰心念吾當不起于座接妙喜國鐵圍山川溪谷江河大海泉源須彌
諸山及日月星宿天龍鬼神梵天等宮并諸菩薩聲聞之衆城邑聚落男女大小
乃至无動如來及菩提樹諸妙蓮華能於十方作佛事者三道寶階從閻浮提
至忉利天以此寶階諸天來下悉為礼敬无動如來聽受經法閻浮提人亦登其
階上昇忉利見彼諸天妙喜世界成就如是无量功德上至阿迦膩吒天下至水際

BD03329 號 2　維摩詰所說經卷下　（10–6）

見於是維摩詰心念吾當不起于座接妙喜國鐵圍山川溪谷江河大海泉源須彌
諸山及日月星宿天龍鬼神梵天等宮并諸菩薩聲聞之衆城邑聚落男女大小
乃至无動如來及菩提樹諸妙蓮華能於十方作佛事者三道寶階從閻浮提
至忉利天以此寶階諸天來下悉為礼敬无動如來聽受經法閻浮提人亦登其
階上昇忉利見彼諸天妙喜世界成就如是无量功德上至阿迦膩吒天下至水際
以右手斷取如陶家輪入此世界猶持華鬘示一切衆作是念已入於三昧現神通力以其
右手斷取妙喜世界置於此土彼得神通菩薩及聲聞衆并餘天人俱發聲言唯
然世尊誰取我去願見救護无動佛言非我所為是維摩詰神力所作其餘未得
神通者不覺不知已之所往妙喜世界雖入此土而不增減於是世界亦不迫隘如
本无異　尒時釋迦牟尼佛告諸大衆汝等且觀妙喜世界无動如來其國嚴
飾菩薩行淨弟子清白皆曰唯然已見佛言若菩薩欲得如是清淨佛土當學
无動如來所行之道現此妙喜國時娑婆世界十四那由他人發阿耨多羅三藐三菩
提心皆願生於妙喜佛土釋迦牟尼佛即記之曰當生彼國時妙喜世界於此國
土所應饒益其事訖已還復本處舉衆皆見佛告舍利弗汝見此妙喜世界及
无動佛不唯然已見世尊願使一切衆生得清淨土如无動佛獲神通力如維摩
詰世尊我等快得善利得見是人親近供養其諸衆生若今現在若佛滅
後聞此經者亦得善利況復聞已信解受持讀誦解說如法脩行若有手得是
經典者便為已得法寶之藏若有讀誦解釋其義如說脩行則為諸佛之所護念
其有供養如是人者當知則為供養於佛其有書持此經卷者當知其室則有
如來若聞是經能隨喜者斯人則為取一切智若能信解此經乃至一四句偈為他
說者當知此人即是受阿耨多羅三藐三菩提記　法供養品第十三
尒時釋提桓因於大衆中白佛言世尊我雖從佛及文殊師利聞百千經未曾聞
此不可思議自在神通決定實相經典如我解佛所說義趣若有衆生聞是經
法信解受持讀誦之者必得是法不疑何況如說脩行斯人則為閉衆惡趣開諸
善門常為諸佛之所護念降伏外學摧滅魔怨脩治菩提安處道場履踐如
來所行之跡世尊若有受持讀誦如說脩行者我當與諸眷屬供養給事所
在聚落城邑山林曠野有是經處我亦與諸眷屬聽受法故共到其所其未
信者當令生信其已信者當為作護佛言善哉善哉天帝如汝所說吾助汝
喜此經廣說過去未來現在諸佛不可思議阿耨多羅三藐三菩提是故天帝
若善男子善女人受持讀誦供養是經者則為供養去來今佛天帝正使三千
大千世界如來滿中譬如甘蔗竹葦稻麻叢林若有善男子善女人或以一劫或
減一劫恭敬尊重讚歎供養奉諸所安至諸佛滅後以一一全身舍利起七寶
塔縱廣一四天下高至梵天表刹莊嚴以一切華香瓔珞幢幡伎樂微妙第一若

BD03329 號 2　維摩詰所說經卷下　（10–7）

喜此經廣說過去未來現在諸佛不可思議阿耨多羅三藐三菩提是故天帝
若善男子善女人受持讀誦供養是經者則為供養去來今佛天帝正使三千
大千世界如來滿中譬如甘蔗竹葦稻麻叢林若有善男子善女人或一劫或
減一劫恭敬尊重讚歎供養奉諸所安至諸佛滅後以一一全身舍利起七寶
塔縱廣一四天下高至梵天表剎莊嚴以一切華香瓔珞幢幡伎樂微妙第一若
一劫若減一劫而供養之於天帝意云何其人殖福寧為多不釋提桓因言多矣
世尊彼之福德若以百千億劫說不能盡佛告天帝當知是善男子善女人
聞是不思議解脫經典信解受持讀誦修行福多於彼所以者何諸佛菩提皆
從是生菩提之相不可限量以是因緣福不可量佛告天帝過去无量阿僧祇劫
時世有佛號曰藥王如來應供正遍知明行足善逝世間解无上士調御丈夫
天人師佛世尊世界曰大莊嚴劫曰莊嚴佛壽廿小劫其聲聞僧卅六億那由他
僧有十二億天帝是時有轉輪聖王名曰寶蓋七寶具足主四天下王有千子
端正勇健能伏怨敵爾時寶蓋與其眷屬供養藥王如來施諸所安至滿
五劫過五劫已告其千子汝等亦當如我以深心供養於佛於是千子受父王命
供養藥王如來復滿五劫一切施安其王一子名曰月蓋獨坐思惟寧有供養殊
過此者以佛神力空中有天曰善男子法之供養勝諸供養即問何謂法之供養
天曰汝可往問藥王如來當廣為汝說法之供養即時月蓋王子行詣藥王如
來稽首佛足卻住一面白佛言世尊諸供養中法供養勝云何為法供養佛言善
男子法供養者謂諸佛所說深經一切世間難信難受微妙難見清淨无染非
但分別思惟之所能得菩薩法藏所攝陀羅尼印印之至不退轉成就六度善分
別義順菩提法眾經之上入大慈悲離眾魔事及諸邪見順因緣法无我无
人无眾生无壽命空无相无作无起能令眾生坐於道場而轉法輪諸天龍神
乾闥婆等所共歎譽能令眾生入佛法藏攝諸賢聖一切智慧說眾菩
薩所行之道依於諸法實相之義明宣无常苦空无我寂滅之法能救一
切毀禁眾生諸魔外道及貪著者能使怖畏諸佛賢聖所共稱歎背生死
苦示涅槃樂十方三世諸佛所說若聞如是等經信解受持讀誦以方便力為
諸眾生分別解說顯示分明守護法故是名法之供養又於諸法如說修行隨
順十二因緣離諸邪見得无生忍決定无我无有眾生而於因緣果報无違无
諍離諸我所依於義不依語依於智不依識依了義經不依不了義經依於
法不依人隨順法相无所入无所歸无明畢竟滅故諸行亦畢竟滅乃至生
畢竟滅故老死亦畢竟滅作如是觀十二因緣无有盡相不復起見是名最
上法之供養　佛告天帝王子月蓋從藥王佛聞如是法得柔順忍即解
寶衣嚴身之具以供養佛白佛言世尊如來滅後我當行法供養守護正法

BD03329 號 2　維摩詰所說經卷下　（10–8）

諍離諸我所依於義不依語依於智不依識依了義經不依不了義經依於
法不依人隨順法相无所入无所歸无明畢竟滅故諸行亦畢竟滅乃至生
畢竟滅故老死亦畢竟滅作如是觀十二因緣无有盡相不復起見是名最
上法之供養　佛告天帝王子月蓋從藥王佛聞如是法得柔順忍即解
寶衣嚴身之具以供養佛白佛言世尊如來滅後我當行法供養守護正法
願以威神加哀建立令我得降魔怨修菩薩行佛知其深心所念而記之曰汝於
末後守護法城天帝時王子月蓋見法清淨聞佛授記以信出家修集善
法精進不久得五神通逮菩薩道得陀羅尼无斷辯才於佛滅後以其所得神通
總持辯才之力滿十小劫藥王如來所轉法輪隨而分布月蓋比丘以護持法勤行
精進即於此身化百万億人於阿耨多羅三藐三菩提立不退轉十四那由他人
深發聲聞辟支佛心无量眾生得生天上天帝時王寶蓋豈異人乎今現得佛
號寶炎如來其王千子即賢劫中千佛是也從迦羅鳩孫馱為始得佛最後
如來號曰樓至月蓋比丘則我身是也如是天帝當知此要以法供養於諸供
養為上為最第一无比是故天帝當以法之供養供養於佛　囑累品第十四
於是佛告彌勒菩薩言彌勒我今以无量億阿僧祇劫所集阿耨多羅三藐三菩
提法付囑於汝如是輩經於佛滅後末世之中汝等當以神力廣宣流布
於閻浮提无令斷絕所以者何未來世中當有善男子善女人及天龍鬼神乾
闥婆羅剎等發阿耨多羅三藐三菩提心樂于大法若使不聞如是等經則
失善利如此輩人聞是等經必多信樂發希有心當以頂受隨諸眾生所應得
利而為廣說彌勒當知菩薩有二相何謂為二一者好於雜句文飾之事二者不
畏深義如實能入若好雜句文飾事者當知是為新學菩薩若於如是无
染无著甚深經典无有恐畏能入其中聞已心淨受持讀誦如說修行當知是
為久修道行彌勒復有二法名新學者不能決定於甚深法何等為二一者所未
聞深經聞之驚怖生疑不能隨順毀謗不信而作是言我初不聞從何所來二者
若有護持解說如是深經者不肯親近供養恭敬或時於中說其過惡有此
二法當知是新學菩薩為自毀傷不能於深法中調伏其心彌勒復有二
法菩薩雖信解深法猶自毀傷而不能得无生法忍何等為二一者輕慢新
學菩薩而不教誨二者雖解深法而取相分別是為二法彌勒菩薩聞說
是已白佛言世尊未曾有也如佛所說我當遠離如斯之惡奉持如來无
數阿僧祇劫所集阿耨多羅三藐三菩提法若未來世善男子善女人求大乘
者當令手得如是等經與其念力使受持讀誦為他廣說世尊若後末
世有能受持讀誦為他說者當知是彌勒神力之建立佛言善哉善哉
彌勒如汝所說佛助汝喜於是一切菩薩合掌白佛我等亦於如來滅後十方國

BD03329 號 2　維摩詰所說經卷下　（10–9）

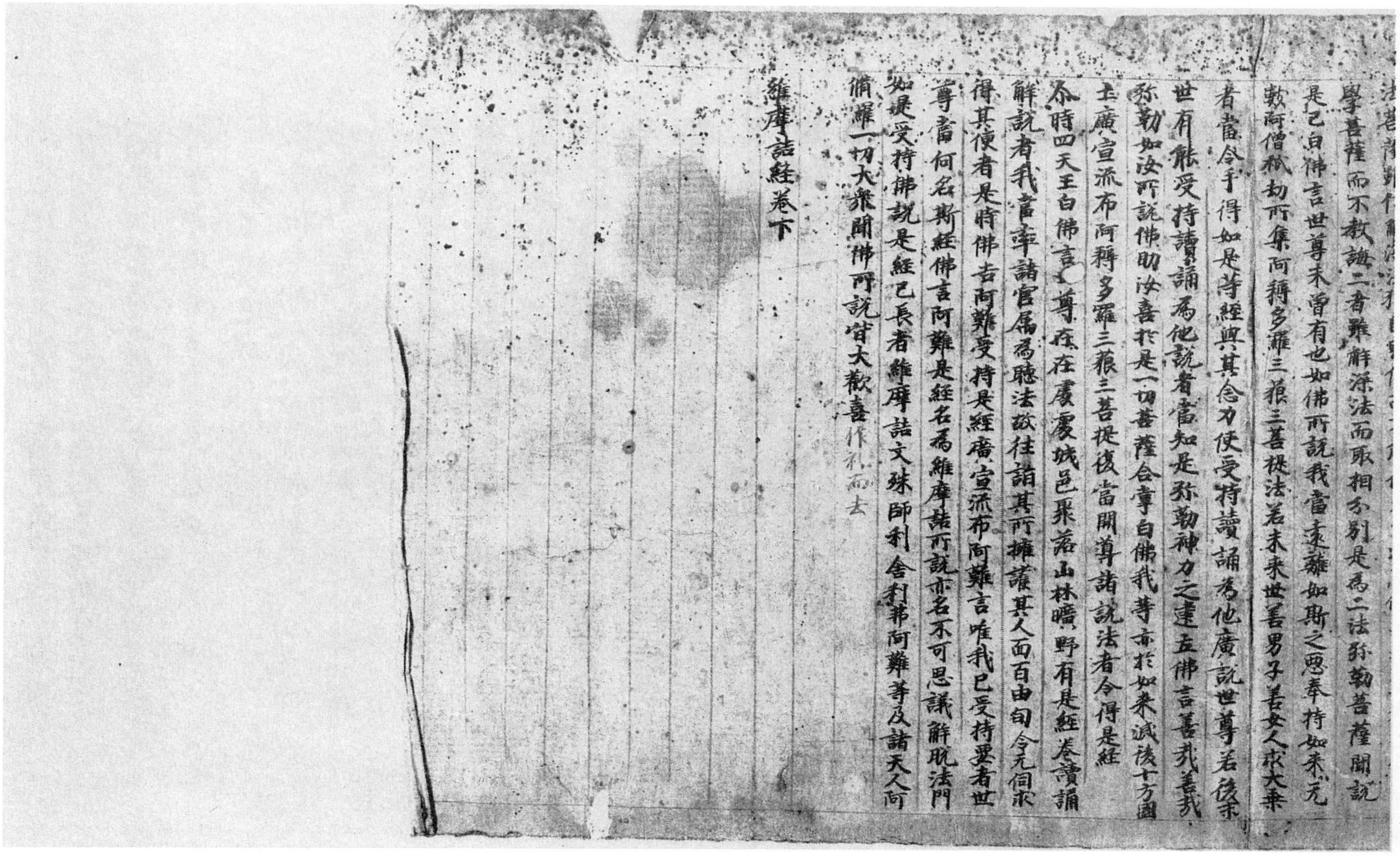
[illegible]
學菩薩而不敬誨二者雖解深法而取相分別是爲二法弥勒菩薩聞說
是已白佛言世尊未曾有也如佛所說我當遠離如斯之惡奉持如來无
數阿僧祇劫所集阿耨多羅三藐三菩提法若未來世善男子善女人求大乘
者當令手得如是等經與其念力使受持讀誦爲他廣說世尊若後末
世有能受持讀誦爲他說者當知是弥勒神力之建立佛言善哉善哉
弥勒如汝所說佛助汝喜於是一切菩薩合掌白佛我等亦於如來滅後十方國
土廣宣流布阿耨多羅三藐三菩提復當開導諸說法者令得是經
尒時四天王白佛言世尊在在處處城邑聚落山林曠野有是經卷讀誦
解說者我當率諸官屬爲聽法故往詣其所擁護其人面百由旬令无伺求
得其便者是時佛告阿難受持是經廣宣流布阿難言唯我已受持要者世
尊當何名斯經佛言阿難是經名爲維摩詰所說亦名不可思議解脫法門
如是受持佛說是經已長者維摩詰文殊師利舍利弗阿難等及諸天人阿
脩羅一切大衆聞佛所說皆大歡喜作礼而去
維摩詰經卷下

BD03329 號 2　維摩詰所說經卷下　（10–10）

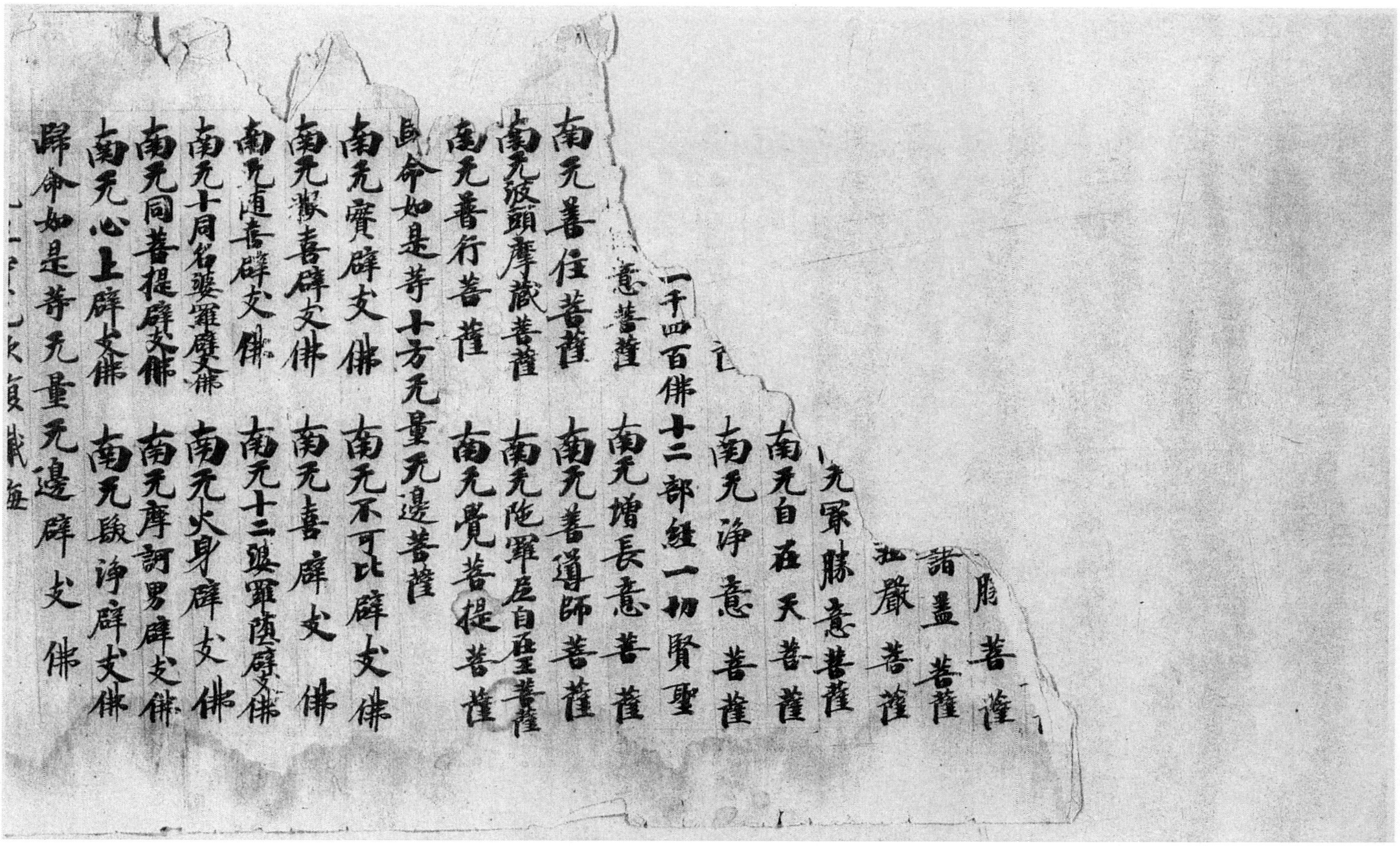
[illegible]勝菩薩
[illegible]諸蓋菩薩
[illegible]莊嚴菩薩
[illegible]无衆勝意菩薩
南无自在天菩薩
南无淨意菩薩
一千四百佛十二部經一切賢聖
[illegible]意菩薩　南无增長意菩薩
南无善住菩薩　南无善導師菩薩
南无跋頭摩藏菩薩　南无陀羅尼自在王菩薩
南无善行菩薩　南无覺菩提菩薩
歸命如是等十方无量无邊菩薩
南无寶辟支佛　南无不可比辟支佛
南无歡喜辟支佛　南无喜辟支佛
南无道喜辟支佛　南无十二波羅蜜辟支佛
南无十月名婆羅辟支佛　南无火身辟支佛
南无同菩提辟支佛　南无摩訶男辟支佛
南无心上辟支佛　南无驗淨辟支佛
歸命如是等无量无邊辟支佛
[illegible]

BD03330 號　佛名經（十六卷本）卷二　（21–1）

南无十同名婆羅摩文佛　南无大身辟支佛
南无同菩提辟支佛　南无摩訶男辟支佛
南无心上辟支佛　南无驗淨辟支佛
歸命如是等无量无邊辟支佛
礼三寶已次復懺悔
衆等相与即令我身心寂靜无諂无障
也是生善滅惡之時復應各起四種觀行
以爲滅罪作前方便何等爲四一者觀於
因緣二者觀於果報三者觀我自身四者
觀如來身
第一觀因緣者知我此罪藉以无明不善
思惟无正觀力不識其過遠離善友諸佛
菩薩随逐魔道行邪險逕如魚吞鉤不知
其患如蠶作繭自縈自縛如蛾赴火自燒
自爛以是因緣不能自出
第二觀於果報者所有諸惡不善之業
三世流轉苦果无窮沉溺无邊巨夜大海
爲諸煩惱羅剎所食未來生死冥然无
崖設使報得轉輪聖王王四天下飛行
自在七寶具足命終之後不免惡趣四
空果報三界尊極福盡還作牛領中虫
况復其餘无福德者而復懈怠不勤懺
悔此亦譬如抱石沉淵求出良難
第三觀我自身雖有正因靈覺之性而爲
煩惱黑闇叢林之所覆蔽无了因力不能
得顯我今應當發起勝心破裂无明顛倒

BD03330號　佛名經（十六卷本）卷二　（21–2）

悔此亦譬如抱石沉淵求出良難
第三觀我自身雖有正因靈覺之性而爲
煩惱黑闇叢林之所覆蔽无了因力不能
得顯我今應當發起勝心破裂无明顛倒
重障斷滅生死虛僞苦因顯發如來大明
覺慧建立无上涅槃妙果
第四觀如來者无爲寂照離四句絶百非衆
德具足湛然常住雖復方便入於滅度慈
悲救接未曾蹔捨生如是心可謂滅罪
之良津除障之要行是故弟子今日至
誠歸依佛
南无東方勝藏珠光佛
南无南方寶積示現佛
南无西方法界智燈佛
南无北方衆勝降伏佛
南无東南方龍自在王佛
南无西南方轉一切生死佛
南无西北方无邊智自在佛
南无東北方无邊功德月佛
南无下方海智神通佛　南无上方一切勝王佛
如是十方盡虛空界一切三寶
弟子等无始以來至於今日長養煩惱
日深日厚日滋日茂覆蓋慧眼令无所
見斷除衆善不得相續起障不得見佛
不聞正法不值聖僧煩惱起障不見過去

BD03330號　佛名經（十六卷本）卷二　（21–3）

弟子等无始以來至於今日長養煩惱
日深日厚日滋日茂覆蓋慧眼令无所
見斷除衆善不得相續起障不得見佛
不聞正法不值聖僧煩惱起障不見過去
未來一切世間善惡業行煩惱障受人尊貴
之煩惱障生色无色界禪定福樂之煩惱
障不得自在神通飛騰隱顯遍至十方諸佛
淨土聽法之煩惱障學安那般那數息不
淨觀諸煩惱障學慈悲喜捨因緣煩惱障
學七方便三觀義煩惱障學四念處煖頂
忍煩惱障學聞思脩等一法煩惱障學聖
平等中道解煩惱障學八正道示相之
煩惱障學七覺支不示相煩惱障學於
道品因緣觀煩惱障學八解脫九空之煩
惱障學於十智王三昧煩惱障學三明六
通四无礙煩惱障學六度四等煩惱障學
四攝法廣化之煩惱障學大乘心四弘誓願
十願之煩惱障初地二地四地明解之煩
惱障五地六地七地諸知見煩惱障學八
地九地十地雙照之煩惱障如是乃至障
學佛果百万阿僧秖諸行上煩惱如是行
障无量无邊弟子今日至到稽顙向十方
佛尊法聖衆慙愧懺悔願皆消滅
願藉此懺悔障於諸行一切煩惱願弟子
在在處處自在受生不爲結業之所迴轉

BD03330號　佛名經（十六卷本）卷二　（21–4）

佛尊法聖衆慙愧懺悔願皆消滅
願藉此懺悔障於諸行一切煩惱願弟子
在在處處自在受生不爲結業之所迴轉
以如意通於一念頃遍至十方淨諸佛土
攝化衆生於諸禪定甚深境界及諸知
見通達无礙心能普同一切諸法樂說无窮
而不染著得心自在得法自在智慧自在
方便自在令此煩惱及无知結習畢竟永
斷不復相續无漏聖道朗然如日　礼一拜
南无安隱聲佛　南无樂聲佛
南无妙鼓聲佛　南无天聲佛
南无月聲佛　南无日聲佛
南无師子聲佛　南无波頭摩聲佛
南无福德聲佛　南无金剛聲佛
南无自在聲佛　南无慧聲佛
南无妙聲佛　南无選擇聲佛
南无甘露聲佛　南无淨幢佛
南无金剛幢佛　南无法幢佛
南无住持法佛　南无樂法佛
南无讚法佛　南无曇无竭佛
南无法奮迅佛　南无法界華佛
南无讚法眼佛　南无然法庭燎佛
南无法自在佛　南无人自在佛
南无世自在佛　南无觀世自在佛
南无无量自在佛　南无意住持佛

BD03330號　佛名經（十六卷本）卷二　（21–5）

南无法自在佛　南无人自在佛
南无世自在佛　南无觀世自在佛
南无无量自在佛　南无意住持佛
南无地住持佛　南无居彌持佛
南无器住持佛　南无功德住住持佛
南无勝色佛　南无轉發起佛
南无一切觀形示佛　南无一切无猒足行佛
南无發成就佛　南无善讃佛
南无善思惟佛　南无善喜佛
南无善愛佛　南无善禪佛
南无甘露功德佛　南无善眼佛
南无師子化佛　南无佛眼佛
南无合聚佛　南无疾智勇佛
南无善住佛　南无賁行佛
南无師子手佛　南无海滿佛
南无善思惟佛　南无稱王佛
南无住慈佛　南无善夜摩佛
南无善行佛　南无善功德佛
南无善色佛　南无善識佛
南无善心佛　南无善光佛
從此以上一千五百佛十二部經一切賢聖
南无師子月佛　南无不可勝佛
南无不可勝无畏佛　南无无量佛
南无速與佛　南无不動心佛
南无應稱佛　南无應不怯弱聲佛
南无不厭足藏佛　南无不盡佛

南无速與佛　南无不動心佛
南无應稱佛　南无應不怯弱聲佛
南无不厭足藏佛　南无不盡佛
南无不可動佛　南无名无畏佛
南无名自在讃世間佛
南无名龍自在聲佛
南无名法行廣慧佛
南无名妙勝自在相通稱佛
南无名法界莊嚴佛　南无名大乘莊嚴佛
南无名身静聲佛　南无解脱行佛
南无大海彌留起王佛　南无合聚那羅延王佛
南无散壞堅魔輪佛　南无精進根寶王佛
南无佛法波頭摩佛　南无得佛眼示毗利佛
南无隨前覺佛　南无平等作佛
南无名和發心念遠離一切驚怖无煩
惱起功德佛　南无教化菩薩佛
南无金剛釜奮迅佛
南无名寶像光明釜奮迅佛
南无破壞魔輪佛
南无初發心成就不退勝輪佛
南无寶善起无畏光明佛
南无初發心念斷疑煩惱佛
南无名光明破闇起三昧王佛
善男子善女人若有得聞是諸佛名者
永離業障不墮惡道若有眼者誦此
㝵眼

南无名光明破闇起三昧王佛
善男子善女人若有得聞是諸佛名者
永離業障不墮惡道若无眼者誦此
得眼
南无十千同名星宿佛　南无一切同名星宿佛
南无三十千同名釋迦牟尼佛
南无一切同名釋迦牟尼佛
南无二億同名拘隣佛
南无一切同名拘隣佛
南无十八億同名實語決定佛
南无一切同名實語決定佛
南无十八億同名日月燈佛
南无一切同名日月燈佛
南无千五百同名大威德佛
南无一切同名大威德佛
南无千五百同名日佛
南无一切同名日佛
南无四万四千同名面佛
南无一切同名面佛
南无万千同名堅固自在佛
南无一切同名堅固佛
南无万八千同名普護佛
南无一切同名普護佛
南无千八百同名舍摩他佛
南无一切同名舍摩他佛
劫名善眼彼劫中有七十二那由他如

BD03330號　佛名經（十六卷本）卷二　（21–8）

南无千八百同名舍摩他佛
南无一切同名舍摩他佛
劫名善眼彼劫中有七十二那由他如
來成佛我悉歸命彼諸如來
劫名善見彼劫中有七十二億如來成
佛我悉歸命彼諸如來
劫名淨讚嘆彼劫中有一万八千如來成
佛我悉歸命彼諸如來
劫名善行彼劫中有三万二千如來成
佛我悉歸命彼諸如來
劫名莊嚴彼劫中有八万四千如來成佛
我悉歸命彼諸如來
南无現在十方世界不捨命說諸法佛
所謂安樂世界中阿弥陀佛為上首
南无樂世界中阿閦佛如來為上首
南无袈裟幢世界中碎金剛佛為上首
南无不退輪吼世界中清淨光波頭摩
花身如來為上首
南无无垢世界中法幢如來為上首
南无善燈世界中師子如來為上首
南无善住世界中盧舍那藏為上首
南无難過世界中功德花身如來為上首
南无莊嚴慧世界中一切通光明佛為上首
南无鏡輪光明世界中月智慧佛為上首
南无花勝世界中波頭摩勝如來為上首
南无波頭摩勝世界賢勝如來為上首

BD03330號　佛名經（十六卷本）卷二　（21–9）

南无難過世界中功德花身如來為上首
南无莊嚴慧世界中一切通光明佛為上首
南无鏡輪光明世界中月智慧佛為上首
南无花勝世界中波頭摩勝如來為上首
南无波頭摩勝世界賢勝如來為上首
南无不瞬世界中普賢如來為上首
南无普賢世界中自在王如來為上首
南无不可勝世界中成就一切義如來為上首
南无娑婆世界釋迦牟尼佛為上首
南无善說佛　南无自在憧王佛
南无作火光佛　南无无畏觀佛
如是等上首諸佛我以身口業業意遍
滿十方一時礼拜讚歎供養彼諸如來
所淨境界不可量境界不可思議境界
无量境界等我悉以身口意業遍滿十方
礼拜讚歎供養彼佛世界中不退菩薩僧
不退聲聞僧我悉以身口意業遍滿十方
頭面礼足讚歎供養
南无降伏魔合自在佛　南无降伏貪自在佛
南无降伏瞋自在佛　南无降伏自在佛
南无降伏怒自在佛　南无降伏見自在佛
南无降伏諸戲自在佛　南无了達法自在佛
南无得神通自在稱佛　南无得勝業自在稱佛
南无起施自在稱佛　南无起清淨戒自在稱佛
南无起忍辱人自在稱佛
南无起精進人自在稱佛

BD03330 號　佛名經（十六卷本）卷二　（21-10）

南无得神通自在稱佛　南无得勝業自在稱佛
南无起施自在稱佛　南无起清淨戒自在稱佛
南无起忍辱人自在稱佛
南无起精進人自在稱佛
從此以上一千六百佛十二部經一切賢聖
南无起禪那人自在稱佛
南无福德清淨光明自在佛
南无起陀羅尼自在稱佛
南无高勝佛　南无光明勝佛
南无大勝佛
南无散香上佛　南无多寶勝佛
南无月上勝佛　南无賢上勝佛
南无摩上勝佛　南无无量上勝佛
南无波頭摩上勝佛　南无三昧手上勝佛
南无善說名稱佛　南无大海深勝佛
南无阿僧祇精進住勝佛
南无樂說一切法莊嚴勝佛
南无寶輪威德上勝佛
南无日輪上光明勝佛
南无无量慚愧金色上勝佛
南无功德海琉璃金山金色光明勝佛
南无寶花普照勝佛　南无起无邊功德佛
南无起多羅王勝佛　南无樹王吼勝佛
南无法海潮勝佛　南无智清淨功德勝佛
南无樂劫火勝佛　南无不可思議光明勝佛
南无寶月光明勝佛　南无寶賢憧勝佛

BD03330 號　佛名經（十六卷本）卷二　（21-11）

南无法海潮勝佛　南无智海潮功德勝佛
南无樂劫火勝佛　南无不可思議光明勝佛
南无寶月光明勝佛　南无寶賢幢勝佛
南无成就義勝佛　南无寶成就勝佛
南无寶集勝佛　南无奮迅勝佛
南无不空勝佛　南无聞勝佛
南无海勝佛　南无住持勝佛
南无善行勝佛　南无龍勝佛
南无波頭摩勝佛　南无福德勝佛
南无智勝佛　南无妙勝佛
南无賢勝佛　南无勝賢勝佛
南无栴檀勝佛　南无勝栴檀勝佛
南无无量光明佛　南无幢勝佛
南无勝幢勝佛　南无无憂勝佛
南无離一切憂勝佛　南无寶杖如來
南无善寶杖如來　南无拘蘇摩勝佛
南无花勝佛
南无三昧奮迅勝佛　南无樹提勝佛
南无火勝佛　南无廣功德勝佛
南无衆勝佛
南无清淨光世界有佛号積清淨增
長勝上王佛
南无普光世界普花无畏王如來
南无普蓋世界名均寶莊如來彼如來
授羅因光菩薩阿耨多羅三藐三菩提記
南无一寶語世界名无量寶境界如來彼

BD03330號　佛名經（十六卷本）卷二　（21–12）

南无普光世界普花无畏王如來
南无普蓋世界名均寶莊如來彼如來
授羅因光菩薩阿耨多羅三藐三菩提記
南无一寶語世界名无量寶境界如來彼
如來授不空奮迅境界菩薩阿耨多羅
三藐三菩提記
南无相威德王世界名无量聲如來彼如
來授即發心轉法輪菩薩阿耨多羅三藐
三菩提記
南无名稱世界名須弥留聚集如來彼
如來授光明輪勝威德菩薩阿耨多羅三
藐三菩授記
南无善住世界名虛空寂如來彼如來
授月光菩薩阿耨多羅三藐三菩提記
南无地輪世界稱力王如來彼如來授智
稱菩薩阿耨多羅三藐三菩提記
南无月起光世界放光明如來彼如來授
光明輪菩薩阿耨多羅三藐三菩提
南无袈裟幢世界名袈裟如來彼如來授无
寶發菩薩阿耨多羅三藐三菩提記
南无波頭摩花世界種種花勝成就如
來彼如來授名无量精進菩薩阿耨多羅
三藐三菩提記
南无一蓋世界名遠離諸怖毛竪如來彼
如來授羅因光明菩薩阿耨多羅三藐
三菩提記

BD03330號　佛名經（十六卷本）卷二　（21–13）

稱彼如來授名无量精進菩薩阿耨多羅
三藐三菩提記
南无一蓋世界名遠離諸怖毛竪如來彼
如來授羅网光明菩薩阿耨多羅三藐
三菩提記
南无種種幢世界名須弥留聚如來彼
如來授大勝菩薩阿耨多羅三藐三菩
提記
南无普光世界名无障礙眼如來彼如
來授名智勝菩薩阿耨多羅三藐三
菩提記
南无贒世界名踊樓屋如來授名智功德
幢菩薩阿耨多羅三藐三菩提記
南无贒慧世界名合聚如來彼如來授名
妙智菩薩阿耨多羅三藐三菩提記
南无寶普世界名羅网光明如來彼如來授
名智功德菩薩阿耨多羅三藐三菩提
記
南无安樂普世界名寶蓮華勝如來彼如
來授名波頭摩勝功德菩薩阿耨多羅三
藐三菩提記
南无稱世界名智花寶光明勝如來彼
如來授第一珎嚴菩薩阿耨多羅三藐三
菩提記
南无贒辟世界名趣贒光明如來彼如來
授名寶光明菩薩阿耨多羅三藐三菩提

BD03330號　佛名經（十六卷本）卷二　（21–14）

如來授第一珎嚴菩薩阿耨多羅三藐三
菩提記
南无贒辟世界名趣贒光明如來彼如來
授名寶光明菩薩阿耨多羅三藐三菩提
記
南无无畏世界名滅散一切怖畏如來彼
如來授名畏菩薩阿耨多羅三藐三菩
提記
南无弥留幢世界名弥留厚如來彼如來
授合聚菩薩阿耨多羅三藐三菩提
南无遠離一切煩惱障礙世界名无畏王如
來彼如來授名聲菩薩阿耨多羅三藐
三菩提
南无法世界名作法如來彼如來授名智
作菩薩阿耨多羅三藐三菩提
南无善住世界名百一十光明如來彼如
來授名勝光明菩薩阿耨多羅三藐三菩
提
南无共光明世界名千上光明如來彼如
來授名普光明菩薩阿耨多羅三藐三
菩提
南无多伽羅世界名智光明如來彼如來
授名善眼菩薩阿耨多羅三藐三菩提
南无香世界名寶勝光明如來彼如來授
名无量光明菩薩阿耨多羅三藐三菩提
次礼十二部尊經大藏法輪

BD03330號　佛名經（十六卷本）卷二　（21–15）

南无多伽羅世界名智光明如來彼如來
授名善眼菩薩阿耨多羅三藐三菩提
南无香世界名寶勝光明如來彼如來授
名无量光明菩薩阿耨多羅三藐三菩提
次礼十二部尊經大藏法輪
南无首楞嚴經　南无菩薩夢經
南无菩薩神通變化經　南无法界體性經
南无密藏經　南无般身經
從此以上一千七百佛十二部經一切賢聖
南无起日月經　南无中本起經
南无无量壽經　南无百論經
南无實孫經　南无善王皇帝經
南无發菩提心經　南无次罪福經
南无大乘方便經　南无法句經
南无密迹王經　南无虛空藏經
南无辟支佛像經　南无淨業障經
南无溫室洗浴經　南无太子讚經
南无睒經　南无光瑞經
南无法句譬喻經　南无衆要阿毗曇經
南无三受經　南无三乘无當經
惣礼十方諸大菩薩
南无妙光菩薩　南无无邊光菩薩
南无无量明菩薩　南无勇力菩薩
南无普賢菩薩　南无勇智菩薩
南无度難菩薩　南无濟菩薩
南无開化菩薩　南无淨智菩薩

BD03330號　佛名經（十六卷本）卷二　（21-16）

南无无量明菩薩　南无勇力菩薩
南无普賢菩薩　南无勇智菩薩
南无度難菩薩　南无濟菩薩
南无開化菩薩　南无淨智菩薩
南无安神菩薩　南无專通菩薩
南无无邊光菩薩　南无金剛慧菩薩
南无寶首菩薩　南无調慧菩薩
南无法藏菩薩　南无龍樹菩薩
南无淨藏菩薩　南无淨眼菩薩
南无大勢至菩薩　南无童真菩薩
南无成道菩薩　南无度難菩薩
南无弥陁羅菩薩
復次應稱辟支佛名
南无見人飛騰辟支佛　南无可波羅辟支佛
南无泰摩利辟支佛　南无月淨辟支佛
南无善智辟支佛　南无脩陁羅辟支佛
南无善法辟支佛　南无應求辟支佛
南无聽求辟支佛　南无大勢辟支佛
南无脩不著辟支佛　南无難捨辟支佛
歸命如是等无量无邊辟支佛
礼三寶已次復懺悔
弟子等略懺煩惱障竟今當次第懺
悔業障夫業障能莊飾世趣在在處處
是以思惟求離世解脫所以六道果報種
種不同形類各異當知皆是業力所作所以
佛十力中業力甚深凡夫之人多於此中好起

BD03330號　佛名經（十六卷本）卷二　（21-17）

弟子等略懺煩惱障竟今當次第懺
悔業障夫業障能莊飾世趣在在處處
是以思惟求離世解脫所以六道果報種
種不同形類各異當知皆是業力所作所以
佛十力中業力甚深凡夫之人多於此中好起
疑惑何以故今現見世間行善之人觸向轗
軻為惡之者是事諧偶謂言天下善惡
无有如此計者皆是不能深達業理何以
故今經中說言有三種業何等為三一者
現報二者生報三者後報現報業者現
在作善作惡現身受報生報業者此生
作善作惡來生受報後報業者或是過
去无量生中作善作惡或於此生中受或
在未來无量生中方受其報向者行惡
之人現在見好此是過去生報後報善業
熟故所以現在有此樂果豈關現在作
諸惡業而得好報行善之人現在見苦者
是過去生中生報後報惡業熟故現在善
根力弱不能排遣是故得此苦報豈關現
在行善而招惡報何以知然現在見世間為
善之者為人所讚歎人所尊重故知未來必招
樂果過去既有如此惡業所以諸佛菩薩教
令親近善行共行懺悔善知識者於得道
中則為全利是故弟子等今日至誠歸依
佛
南无東方无量離垢 佛

樂果過去既有如此惡業所以諸佛菩薩教
令親近善行共行懺悔善知識者於得道
中則為全利是故弟子等今日至誠歸依
佛
南无東方无量離垢 佛
南无南方樹根花 王佛
南无西方蓮華自在佛
南无北方金剛能破佛
南无東南方憂擅叢林佛
南无西南方金海自在王佛
南无西北方无邊法自在王佛
南无東北方无礙香象王佛
南无下方无礙慧幢 佛
南无上方甘露 上王佛
如是十方盡虛空界一切三寶
弟子等无始以來至於今日積惡如恒
沙造罪滿天地捨身與受身不覺亦不知或
作五逆深厚濁纏无間罪業或造一闡提
斷善根業輕誣佛語謗方等業破滅三
寶毀正法業不信罪福起十惡業迷真
返正癡惑之業不孝二親反戾之業輕慢師
長无禮敬業朋友不信不義或作四重六
重八重障聖道業毀犯五戒破八齋業五逆
七聚多歎犯業優婆塞戒輕重垢業或菩
薩戒不能清淨如說行業前後方便汙梵行
業月无六齋懈怠之業年三長齋不常脩
業三千威儀不如法業八万律儀微細罪

七聚多缺犯業優婆塞戒輕重垢業或菩
薩戒不能清淨如説行業前後方便汙梵行
業月无六齋懈怠之業年三長齋不常脩
業三千威儀不如法業八万律儀微細罪
業不脩身戒心慧之業春秋八王造種罪
業行十六種惡律儀業於諸衆生无慈
傷業不矜不念无矜慈業不救不濟无
救護業心懷嫉妬无度彼業於怨親境
不平等業耽荒五欲不厭離業或因衣食園
林池沼生逸業或以盛年放恣情欲造衆
罪業或善有漏迴向三有障出世業如是等
業无量无邊今日發露向十方佛尊法聖
衆皆悉懺悔
願弟子等承是懺悔无閒等罪諸業所
生福善願生生世世滅五逆罪除一闡提
惑如是輕重諸罪從今以去乃至道場誓
不更犯恒習出世清淨善法精持律行
守護威儀如渡海者愛惜浮囊六度四
等常標行首戒定慧品轉得增明速
成如來卅二相八十種好十力无畏大悲
三念常樂妙智八自在我 礼一拜

佛名經卷第二

BD03330號　佛名經（十六卷本）卷二　（21–20）

不更犯恒習出世清淨善法精持律行
守護威儀如渡海者愛惜浮囊六度四
等常標行首戒定慧品轉得增明速
成如來卅二相八十種好十力无畏大悲
三念常樂妙智八自在我 礼一拜

佛名經卷第二

BD03330號　佛名經（十六卷本）卷二　（21–21）

以汝
葉菩薩
當有老病
夫愚人不知老
病死等過患是故貪愛生死二法復次迦葉
如婆羅門幼稚童子為飢所逼見人糞中有
菴羅果即便取之有智見已訶責之言汝婆
羅門種性清淨何故取是糞中穢果童子聞
已赧然有愧即荅之言我實不食為欲洗淨
還棄捨之智者聞言汝大愚癡若還棄者本
不應取善男子菩薩摩訶薩亦復如是於此
生分不受不捨如彼智者呵責童子凡夫之人
欣生惡死如彼童子取果還棄復次迦葉譬
如四衢道頭有人器盛滿食色香味具而欲
賣之有人遠來飢虛羸乏見其飯食色香味
具即指之言此是何物食主荅言此是上食
色香味具若食此食得色得力能除飢渴得
見諸天唯有一患所謂命終是人聞已即作
是念我今不用色力見天亦不用死即作是
言食是食已若命終者汝今何用於此賣之

BD03331號　大般涅槃經（北本　異卷）卷一二　　（14–1）

色香味具若食此食得色得力能除飢渴得
見諸天唯有一患所謂命終是人聞已即作
是念我今不用色力見天亦不用死即作是
言食是食已若命終者汝今何用於此賣之
食主荅言有智之人終不肯買唯有愚人不
知是事多與我價貪而食之善男子菩薩摩
訶薩亦復如是不願生天得色得力見於諸
天何以故以其不免諸苦惱故凡夫愚癡隨
有生處皆悉貪受以其不見老病死故復次
善男子譬如毒樹根亦能殺莖亦能殺皮花
果實悉亦能殺善男子廿五有受生之處所
受五陰亦復如是一切能殺復次迦葉譬如
糞穢多少俱臭善男子生亦如是設壽八万
下至十歲俱亦受苦復次迦葉譬如崄坑上
有草覆於彼岸邊多有甘露若有食者壽天
千年永除諸病安隱快樂凡夫愚人貪其味
故不知其下有大深坑即前欲取不覺脚跌
墮坑而死智者知已捨離遠去善男子菩薩
摩訶薩亦復如是尚不欲受天上妙食況復
人中凡夫之人乃於地獄吞噉鐵丸況復人
天上妙餚饍而能不食迦葉以如是喻及餘
无量无邊譬喻當知是生實為大苦迦葉是
名菩薩摩訶薩住於大乘大涅槃經觀於生
苦迦葉云何菩薩摩訶薩於是大乘大涅槃
經觀於老苦老苦者能為欬逆上氣能壞勇
力憶念進持盛年快樂憍慢貢高安隱自恣

BD03331號　大般涅槃經（北本　異卷）卷一二　　（14–2）

名菩薩摩訶薩住於大乘大涅槃經觀於生
苦迦葉云何菩薩摩訶薩於是大乘大涅槃
經觀於老苦老者能為欬逆上氣能壞勇
力憶念進持盛年快樂憍慢貢高安隱自恣
能作背僂懈怠嬾惰為他所輕迦葉譬如池
水蓮華滿中開敷鮮榮甚可愛樂值天降雹
悉皆破壞善男子老亦如是悉能破壞盛壯
好色復次迦葉譬如國王有一智臣善知兵
法有敵國王抗逆不順王遣此臣往討伐之
即便擒獲將來詣王老亦如是擒獲壯色將
付死王復次迦葉譬如折軸无所復用老亦
如是无所復用復次迦葉如大富家多有財
寶金銀瑠璃珊瑚虎珀車璩馬瑙有諸惡賊
若入其家即能劫奪悉令空盡善男子盛年
好色亦復如是常為老賊之所劫奪復次迦
葉譬如貧人貪着上饍細耎衣裳雖復希望
而不能得善男子老亦如是雖有貪心欲受
富樂五欲自恣而不能得復次迦葉如陸地
龜心常念水善男子人亦如是既為衰老之
所乾枯心常憶念壯時所受五欲之樂復次
迦葉猶如秋月所有蓮華皆為一切之所樂
見及其萎黃人所惡賤善男子盛年壯色亦
復如是悉為一切之所愛樂及其老至衆所
惡賤復次迦葉譬如甘蔗既被押已滓无復
味善男子壯年盛色亦復如是既被老壓无
三種味一出家味二讀誦味三坐禪味復次

復如是悉為一切之所愛樂及其老至衆所
惡賤復次迦葉譬如甘蔗既被押已滓无復
味善男子壯年盛色亦復如是既被老壓无
三種味一出家味二讀誦味三坐禪味復次
迦葉譬如滿月夜多光明晝則不尒善男子
人亦如是壯則端嚴形貌瓌瑋老則衰羸形
神枯悴復次迦葉譬如有王常以政法治於
國土直實无曲慈悲好施時為敵國之所破
壞流離逃逆遂至他土他土人民見已生於
憐愍之心咸作是言大王往日正法治國不
枉万姓如何一旦流離至此善男子人亦如
是既為衰老所壞敗已常讚壯時所行事業
復次迦葉譬如燈炷唯賴膏油膏油既盡勢
不久停善男子人亦如是唯賴壯膏壯膏既
盡衰老之炷何得久停復次迦葉譬如枯河
不能利益人及非人飛鳥走獸善男子人亦
如是為老所枯不能利益一切作業復次迦
葉譬如河岸臨峻之樹若遇暴風必當顛墮
善男子人亦如是臨老嶮岸死風既至熱不
得住復次迦葉如車軸折不任重載善男子
老亦如是不能諮受一切善法復次迦葉譬
如嬰兒為人所輕善男子老亦如是常為一
切之所輕毀迦葉以是等喻及餘无量无邊
譬喻當知是老實為大苦迦葉是名菩薩摩
訶薩脩行大乘大涅槃經觀於老苦迦葉云
何菩薩摩訶薩脩行大乘大涅槃經觀於病

譬喻當知是老實為大苦迦葉是名菩薩摩
訶薩修行大乘大涅槃經觀於老苦迦葉云
何菩薩摩訶薩修行大乘大涅槃經觀於病
苦所謂病者能壞一切安隱樂事譬如雹雨
傷壞穀苗復次迦葉如人有怨心常憂愁而
懷恐怖善男子一切衆生亦復如是常畏病
苦心懷愁憂復次迦葉譬如有人形貌端正
為王夫人欲心所愛遣信逼突與共交通時
王捕得即時使人挑其一目截其一耳斷一
手足是人尒時形容改異人所惡賤善男子
人亦如是雖復身體耳目具足既為病苦所
纏逼已則為衆人之所惡賤復次迦葉如芭
蕉樹竹葦蘆騾有子則死善男子人亦如是
有病則死復次迦葉如轉輪王主兵大臣常
在前導王隨後行亦如魚王蟻王螺王牛王
商主在前行時如是諸衆悉皆隨從无捨離
者善男子死轉輪王亦復如是常隨病臣不
相捨離魚蟻蠡牛商主病王亦復如是常為
死衆之所隨逐迦葉病因緣者所謂苦惱愁
憂悲歎身心不安或為怨賊之所逼害破壞
浮囊發撤橋梁亦能劫奪正念根本復能破
壞盛壯好色力勢安樂除捨慙愧能為身心
燋熱燒然以是等喻及餘无量无邊譬喻當
知病苦是為大苦迦葉是名菩薩摩訶薩修
行大乘大涅槃經觀於病苦迦葉云何菩薩
摩訶薩修行大乘大涅槃經觀於死苦所謂
[illegible]

BD03331 號　大般涅槃經（北本　異卷）卷一二　（14–5）

燋熱燒然以是等喻及餘无量无邊譬喻當
知病苦是為大苦迦葉是名菩薩摩訶薩修
行大乘大涅槃經觀於病苦迦葉云何菩薩
摩訶薩修行大乘大涅槃經觀於死苦所謂
死者能燒滅故迦葉如火災起能燒一切唯
除二禪力不至故善男子死火亦尒能燒一
切唯除菩薩住於大乘大般涅槃勢不及故
復次迦葉如水災起一切漂沒唯除三禪力
不至故善男子死水亦尒漂沒一切唯除菩
薩住於大乘大般涅槃復次迦葉如風災起
能吹一切悉令散滅唯除四禪力不至故善
男子死風亦尒悉能吹滅一切所有唯除菩
薩住於大乘大般涅槃迦葉菩薩白佛言世
尊彼第四禪以何因緣風不能吹水不能漂
火不能燒佛告迦葉善男子彼第四禪內外
過患一切无故善男子初禪過患內有覺觀
外有火災二禪過患內有歡喜外有水災三
禪過患內有喘息外有風災善男子彼第四
禪內外過患一切俱无是故諸災不能及之
善男子菩薩摩訶薩亦復如是安住大乘大
般涅槃內外過患一切皆盡是故死王不能
及之復次善男子如金翅鳥能噉能消一切
龍魚金銀等寶唯除金剛不能令消善男子
死金翅鳥亦復如是能噉能消一切衆生唯
不能消住於大乘大般涅槃菩薩摩訶薩復
次迦葉譬如河岸所有草木大水暴張悉隨
[illegible]

BD03331 號　大般涅槃經（北本　異卷）卷一二　（14–6）

龍魚金銀等寶唯除金剛不能令消善男子
死金翅鳥亦復如是能噉能消一切衆生唯
不能消住於大乘大般涅槃善薩摩訶薩復
次迦葉譬如河岸所有草木大水暴漲悉隨
濁流入於大海唯除楊柳以其耎故善男子
一切衆生亦復如是悉皆隨流入于死海唯除
善薩住於大乘大般涅槃復次迦葉如那羅
延悉能摧伏一切力士唯除大風何以故以
无礙故善男子死那羅延亦復如是悉能摧
伏一切衆生唯除善薩住於大乘大般涅槃
何以故以无礙故復次迦葉譬如有人於怨
憎中詐現親善常相追逐如影隨形伺求其
便而欲殺之彼怨謹慎堅牢自備故使是人
不能得殺善男子死怨亦尒常伺衆生而欲
殺之唯不能殺住於大乘大般涅槃善薩摩
訶薩何以故以是善薩不放逸故復次迦葉
譬如平降金剛暴雨悉壞藥木諸樹山林土
沙凡石金銀瑠璃一切之物唯不能壞金剛
真寶善男子金剛死雨亦復如是悉能破壞
一切衆生唯除金剛善薩住於大乘大般涅
槃復次迦葉如金翅鳥能噉諸龍唯不能噉
受三歸者善男子死金翅鳥亦復如是能噉
一切无量衆生唯除善薩住三空者何謂三
空空无相願復次迦葉如摩羅那毒蛇凡所
蝎螫雖有良呪上妙好藥无如之何唯阿謁
多星呪能令除愈善男子死毒所螫亦復如
是一切醫方无如之何唯除善薩住於大乘

空空无相願復次迦葉如摩羅那毒蛇凡所
蝎螫雖有良呪上妙好藥无如之何唯阿謁
多星呪能令除愈善男子死毒所螫亦復如
是一切醫方无如之何唯除善薩住於大乘
大涅槃呪復次迦葉譬如有人為王所瞋其
人若能以耎善語貢上財寶便可得脫善男
子死王不尒雖以耎語錢財珎寶而貢上之
亦不得脫善男子夫死者於嶮難處无有資
糧去處懸遠而无伴侶晝夜常行不知邊際
深邃幽闇无有燈明入无門户而有處所雖
无痛處不可療治往无遮止到不得脫无所
破壞見者愁毒非是惡色而令人怖敷在身
邊不可覺知迦葉以是等喻及餘无量无邊
譬喻當知是死真為大苦迦葉是名善薩摩
訶薩脩行大乘大涅槃經觀於死苦迦葉云
何善薩摩訶薩住於大乘大涅槃經觀愛別
離苦愛別離苦能為一切衆苦根本如說
曰愛生憂　曰愛生怖　若離於愛　何憂何怖
愛曰緣故則生憂苦以憂苦故則令衆生生
於衰老愛別離苦所謂命終善男子以別離
故能生種種微細諸苦今當為汝分別顯示
善男子過去之世人壽无量時世有王名為
善住其王尒時為童子身太子治事及登王
位各八万四千歲時王頂上生一肉皰其皰
柔耎如兜羅綿細耎劫貝漸漸增長不以為
患足滿十月皰即開剖生一童子其形端正

善住其王尒時為童子身太子治事及登王
位各八万四千歲時王頂上生一肉皰其皰
柔耎如兜羅綿細耎劫貝漸漸增長不以為
患足滿十月皰即開剖生一童子其形端正
奇異少雙色象分明人中第一父王歡喜字
之頂生時善住王曰以國事委付頂生棄捨
宮殿妻子眷屬入山學道滿八万四千歲尒
時頂生於十五日處在高樓沐浴受齋即於
東方有金輪寶其輪千輻轂輞具足非工匠
造自然成就而來應之頂生大王即作是念
我昔曾聞五通仙說若刹利王於十五日處
在高樓沐浴受齋若有金輪千輻不減轂輞
具足非工匠造自然成就而來應者當知是
王即當得作轉輪聖帝復作是念我今當試
即以左手擎此輪寶右執香爐右膝著地而
發誓言是金輪寶若實不虛應如過去轉輪
聖王所行道去作是誓已是金輪寶飛昇虛
空遍十方已還來住在頂生左手尒時頂生
心生歡喜踊躍无量復作是言我今定當作
轉輪聖王其後不久復有象寶狀貌端嚴如
白蓮華七支拄地頂生見已復作是念我昔
曾聞五通仙說若轉輪王於十五日處在高
樓沐浴受齋若有象寶狀貌端嚴如白蓮華
七枝拄地而來應者當知是王即是聖王復
作是念我今當試即擎香爐右膝著地而發
誓言是白象寶若實不虛應如過去轉輪聖

BD03331號　大般涅槃經（北本　異卷）卷一二　（14–9）

七枝拄地而來應者當知是王即是聖王復
作是念我今當試即擎香爐右膝著地而發
誓言是白象寶若實不虛應如過去轉輪聖
王所行道去作是誓已是白象寶從旦至夕
周遍八方盡大海際還住本處尒時頂生心
大歡喜踊躍无量復作是言我今定是轉輪
聖王其後不久次有馬寶其色紺琰髦尾金
色頂生見已復作是念我昔曾聞五通仙說
若轉輪王於十五日處在高樓沐浴受齋若
有馬寶其色紺琰髦尾金色而來應者當知
是王即是聖王復作是念我今當試即執香
爐右膝著地而發誓言是紺馬寶若實不虛
應如過去轉輪聖王所行道去作是誓已是
紺馬寶從旦至夕周遍八方盡大海際還住
本處尒時頂生心大歡喜踊躍无量復作是
言我今定是轉輪聖王其後不久復有女寶
形容端正微妙第一不長不短不白不黑身
諸毛孔出栴檀香口氣香潔如青蓮華其目
遠視見一由旬耳聞鼻齅亦復如是其舌廣
大出能覆面形色細薄如赤銅葉心聰叡哲
有大智慧於諸衆生常有耎語是女以手觸
王衣時即知王身安樂病患亦知王心所緣
之處尒時頂生復作是念若有女人能知王
心即是女寶其後不久於王宮內自然而有
寶摩尼珠純青瑠璃大如人髀能於闇中照
一由旬若天降雨渧如車軸是珠力能作蓋

BD03331號　大般涅槃經（北本　異卷）卷一二　（14–10）

心即是女寶其後不久於王宮內自然而有
寶摩尼珠純青瑠璃大如人脛能於闇中照
一由旬若天降雨渧如車軸是珠力能作蓋
遍覆是一由旬遮此大雨不令下過尒時頂
生復作是念若轉輪王得是寶珠必是聖王
其後不久有主藏臣自然而出多饒財寶臣
富无量庫藏盈溢无所乏少報得眼根力能
徹見一切地中所有伏藏隨王所念皆能辦
之尒時頂生復欲試之即共乘舩入於大海
告藏臣言我今欲得珍異之寶藏臣聞已即
以兩手撓大海水時十指頭出十寶藏以奉
聖王而白王言大王所須隨意用之其餘在
者當沒大海尒時頂生心大歡喜踊躍无量
復作念言我今定是轉輪聖王其後不久有
主兵臣自然而出勇健猛略策謀第一善知
四兵若任鬪者則現聖王若不任者退不令
見未摧伏者能令摧伏已摧伏者力能守護
尒時頂生復作是念若轉輪王得是兵寶當
知定是轉輪聖王尒時頂生轉輪聖帝告諸
大臣汝等當知此閻浮提安隱豐樂然我今
已七寶成就千子具足更何所為諸臣答言
唯然大王東弗婆提猶未歸德王應往討尒
時聖王與其七寶一切營從飛空而往東弗
婆提彼土人民歡喜歸化復告大臣我閻浮
提及弗婆提安隱豐樂人民熾盛悉來歸化
七寶成就千子具足復何所為諸臣答言唯

BD03331號　大般涅槃經（北本　異卷）卷一二　（14–11）

時聖王與其七寶一切營從飛空而往東弗
婆提彼土人民歡喜歸化復告大臣我閻浮
提及弗婆提安隱豐樂人民熾盛悉來歸化
七寶成就千子具足復何所為諸臣答言唯
然大王西瞿陁尼猶未歸德尒時聖王復與
七寶一切營從飛空而往西瞿陁尼王既至
彼彼土人民亦復歸伏復告大臣我閻浮提
及弗婆提此瞿陁尼安隱豐樂人民熾盛咸
以歸化七寶成就千子具足復何所為諸臣
答言唯然大王北欝單越猶未歸化尒時聖
王復與七寶一切營從飛空而往北欝單越
王既至彼彼土人民歡喜歸德復告大臣我
四天下安隱豐樂人民熾盛咸以歸德七寶
成就千子具足更何所為諸臣答言唯然聖
王三十三天壽命極長安隱快樂彼天身形
端嚴无比所居宮殿牀榻卧具悉是七寶自
恃天福未來歸化今可往討令其摧伏尒時
聖王復與七寶一切營從飛騰虛空上忉利
天見有一樹其色青綠聖王見已即問大臣
此是何色大臣答言此是波利質多羅樹忉
利諸天夏三月日常於其下娛樂受樂復見
白色猶如白雲復問大臣彼是何色大臣答
言是善法堂忉利諸天常集其中論人天事
於是天主釋提桓因知頂生王已來在外即
出迎逢見已執手昇善法堂分座而坐彼時
二王形容相貌等无差別唯有視眴為別異

BD03331號　大般涅槃經（北本　異卷）卷一二　（14–12）

言是善法堂忉利諸天常集其中論人天事
於是天主釋提桓因知頂生王已來在外即
出迎逆見已執手昇善法堂分座而坐彼時
二王形容相貌等无差別唯有視眴為別異
耳是時聖王即生念言我今寧可退彼天主
即住其中為天王不善男子尒時帝釋受持
讀誦大乘經典開示分別為他演說唯於深
義未盡通達以是讀誦受持分別為他廣說
因緣力故有大威德善男子而是頂生於此
帝釋生惡心已即便墮落還閻浮提與所愛
念人天離別生大苦惱復遇惡病即便命終
尒時帝釋迦葉佛是轉輪聖王則我身是善
男子當知如是愛別離者極為大苦善男子
菩薩摩訶薩尚憶過去如是等輩愛別離苦
何況菩薩住於大乘大涅槃經而當不觀現
在之世愛別離苦善男子云何菩薩摩訶薩
脩行大乘大涅槃經觀怨憎會苦善男子是
菩薩摩訶薩觀於地獄畜生餓鬼人中天上
皆有如是怨憎會苦譬如人觀牢獄繫閉枷
鎖杻械以為大苦菩薩摩訶薩亦復如是觀
於五道一切受生悉是怨憎合會大苦復次
善男子譬如有人常畏怨家加鎖杻械捨離
父母妻子眷屬珎寶產業而遠逃避善男子
菩薩摩訶薩亦復如是畏怖生死具足脩行
六波羅蜜入於涅槃迦葉是名菩薩摩訶薩
脩行大乘大般涅槃觀怨憎會苦善男子云

BD03331號　大般涅槃經（北本　異卷）卷一二　（14–13）

何況菩薩住於大乘大涅槃經而當不觀現
在之世愛別離苦善男子云何菩薩摩訶薩
脩行大乘大涅槃經觀怨憎會苦善男子是
菩薩摩訶薩觀於地獄畜生餓鬼人中天上
皆有如是怨憎會苦譬如人觀牢獄繫閉枷
鎖杻械以為大苦菩薩摩訶薩亦復如是觀
於五道一切受生悉是怨憎合會大苦復次
善男子譬如有人常畏怨家加鎖杻械捨離
父母妻子眷屬珎寶產業而遠逃避善男子
菩薩摩訶薩亦復如是畏怖生死具足脩行
六波羅蜜入於涅槃迦葉是名菩薩摩訶薩
脩行大乘大般涅槃觀怨憎會苦善男子云
何菩薩脩行大乘大般涅槃觀求不得苦求
者一切盡求求者有二種一求善法二求
不善法善法未得苦惡法未離苦是則略說
五盛陰苦迦葉是名苦諦

大般涅槃經卷第十二

BD03331號　大般涅槃經（北本　異卷）卷一二　（14–14）

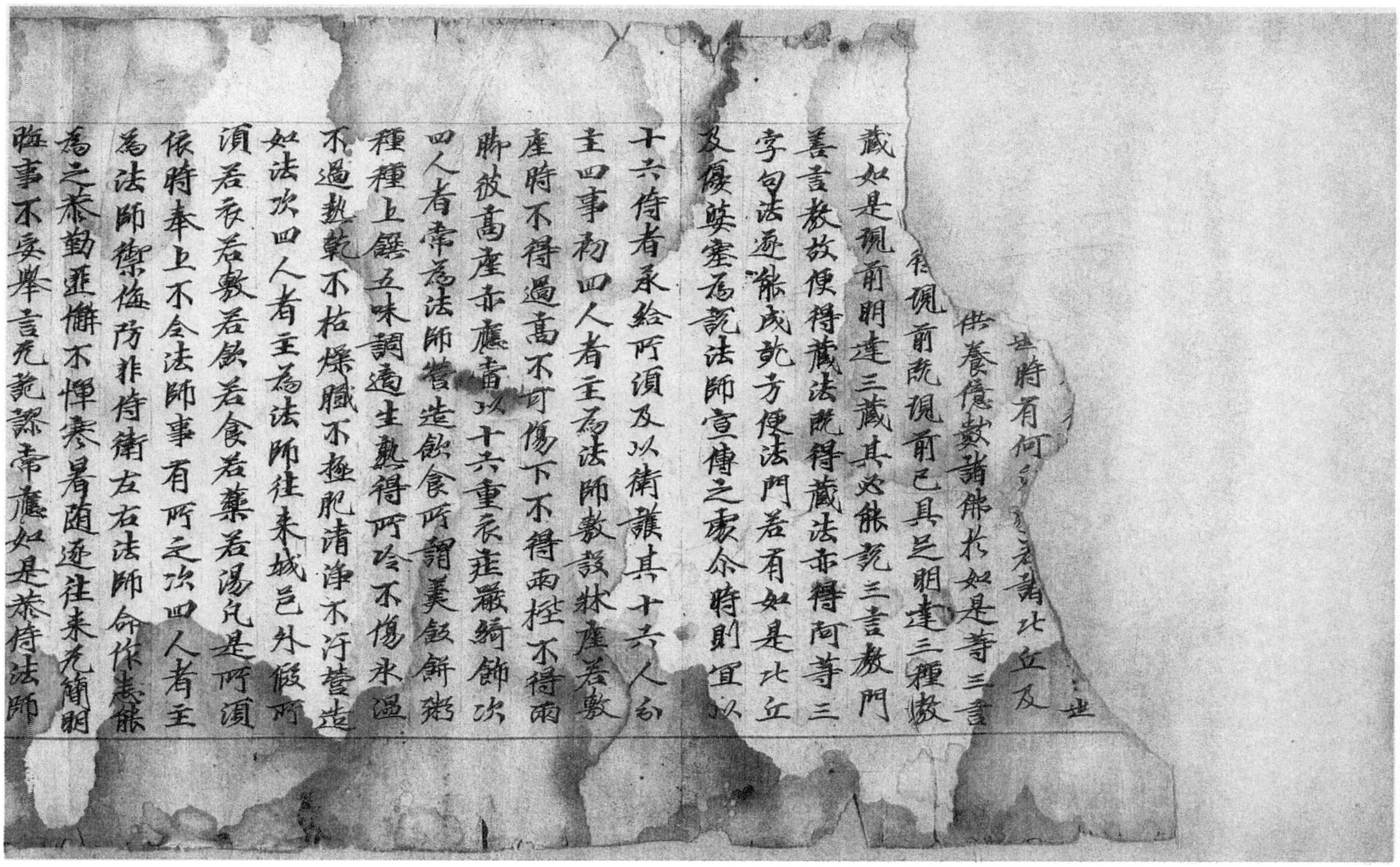

世時有何□□若諸比丘及
供養億數諸佛於如是等三言
往現前說現前已具足明達三種教
藏如是現前明達三藏其必能說三言教門
善言教故便得藏法既得藏法亦得阿等三
字句法迹能成就方便法門若有如是比丘
及優婆塞爲說法師宣傳之處尒時則宜以
十六侍者承給所須及以衛護其十六人分
主四事初四人者主爲法師敷設林座若敷
座時不得過高不可傷下不得雨拄不得雨
時彼高座亦應當以十六重衣莊嚴綺飾次
四人者常爲法師營造飲食所謂美飯餅粥
種種上饌五味調適生熟得所冷不傷氷溫
不過熱乾不枯燥膩不極肥清淨不汙營造
如法次四人者主爲法師往來城邑外假所
須若衣若敷若飲若食若藥若湯凡是所須
依時奉上不令法師事有所乏次四人者主
爲法師禦侮防非侍衛左右法師命作悉能
爲之恭勤匪懈不憚寒暑隨逐往來无簡明
晦事不妄舉言无詭謬常應如是恭侍法師

BD03332 號　大法炬陀羅尼經卷一三　（17–1）

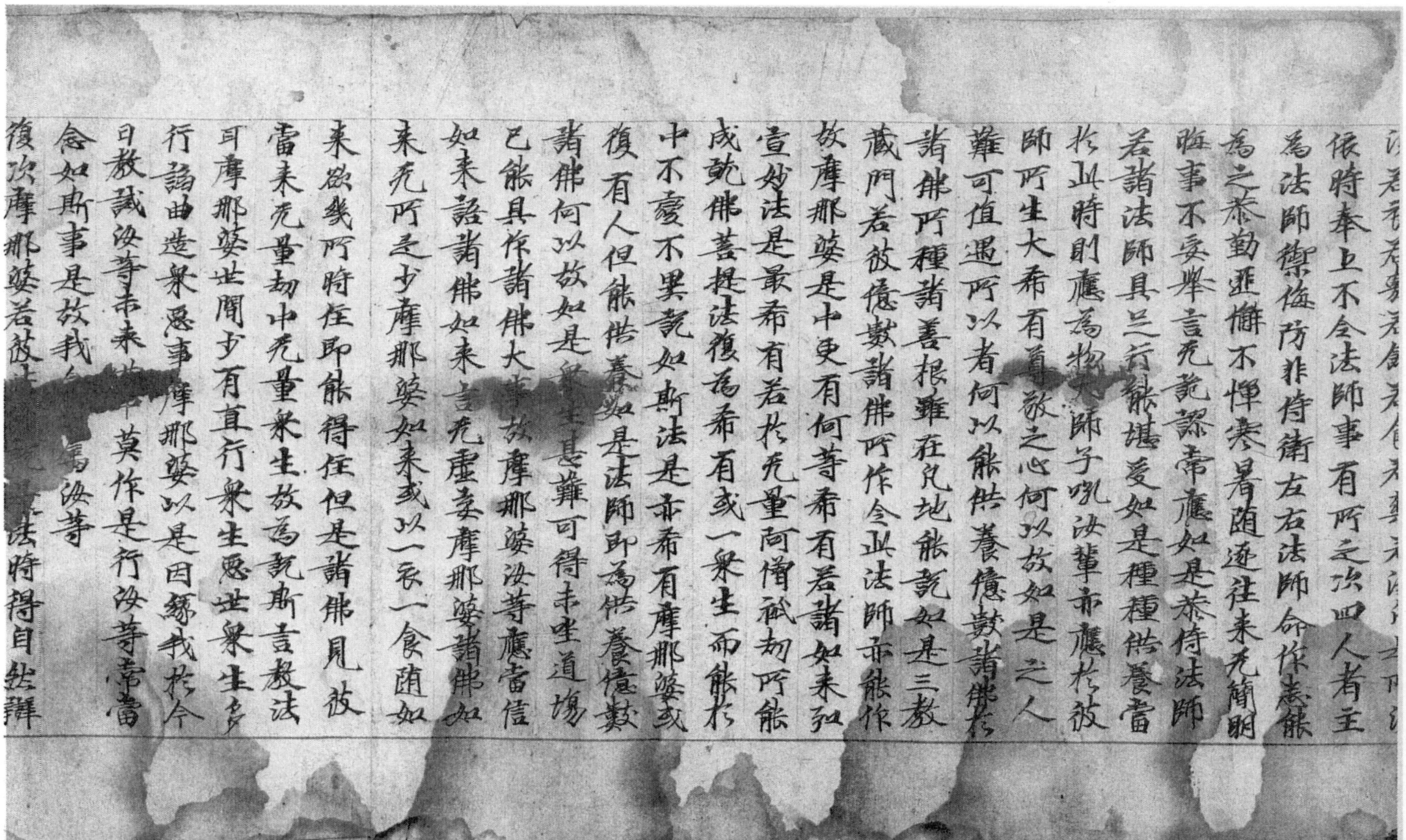

□若衣若敷若飲若食若□若湯□□□□
依時奉上不令法師事有所乏次四人者主
爲法師禦侮防非侍衛左右法師命作悉能
爲之恭勤匪懈不憚寒暑隨逐往來无簡明
晦事不妄舉言无詭謬常應如是恭侍法師
若諸法師具足行能堪受如是種種供養當
於此時則應爲物大師子吼汝輩亦應於彼
師所生大希有尊敬之心何以故如是之人
難可值遇所以者何以能供養億數諸佛於
諸佛所種諸善根雖在凡地能說如是三教
藏門若彼億數諸佛所作令此法師亦能作
故摩那婆是中更有何等希有若諸如來弘
宣妙法是最希有若於无量阿僧祇劫所能
成就佛菩提法復爲希有或一衆生而能於
中不憂不畏說如斯法是亦希有摩那婆或
復有人但能供養如是法師即爲供養億數
諸佛何以故如是□□甚難可得未坐道場
已能具作諸佛大事故摩那婆汝等應當信
如來語諸佛如來言无虛妄摩那婆諸佛如
來无所乏少摩那婆如來或以一衣一食隨如
來欲幾所時住即能得住但是諸佛見彼
當來无量劫中无量衆生故爲說斯言教法
耳摩那婆世間少有直行衆生惡世衆生多
行諂曲造衆惡事摩那婆以是因緣我於今
日教誡汝等未來□□莫作是行汝等常當
念如斯事是故我□□爲汝等
復次摩那婆若彼□□□法時得自然辯

BD03332 號　大法炬陀羅尼經卷一三　（17–2）

行諂曲造衆惡事摩那婆以是因緣我於今
日教誡汝等未來[illegible]莫作是行汝等常當
念如斯事是故我今[illegible]爲汝等
復次摩那婆若彼[illegible]法時得自然辯
无有斷絶摩那婆如[illegible]那婆達多龍王不放
四惱得大神通出四大河流注四海隨餘須
處皆得受用摩那婆又如阿那婆達多龍王
除四種惱放大水東如是摩那婆彼諸法師離
離四種亂意之事得正定意以慈愍心爲大
衆說深法義時所有樂法諸衆生等悉皆
无邊他佛察中樂法衆生聞此法已亦皆通
達如法脩行於彼法師說法之時有五種鄣
何等爲五有羅察女名曰愛欲爲欲亂彼
法師故處虛空中以諸異言令法師或若彼
法師心迷亂者應當一心專念彼呪於說法
處常須安置如來形象莫令癈闕亦勿斷絶
種種香花彼女見已即自迷沒乃至說此三
言教訖令彼法師及聽誦者皆得明了无有
鄣礙
尒時須夜摩菩薩白放光佛言世尊所言藏
義我今欲聞云何名藏藏有何相何故言藏
佛言摩那婆此如來藏名爲无意云何此藏
名无意也摩那婆有人出世具足大力彼自
思念我力能令如此大地除諸山石乃至亦
令无有塵土是人念已即取鈇钁加功掊掘
乃至盡形地勢无損如是次第設令一切衆

BD03332號　大法炬陀羅尼經卷一三　（17–3）

佛言摩那婆此如來藏名爲无意云何此藏
名无意也摩那婆有人出世具足大力彼自
思念我力能令如此大地除諸山石乃至亦
令无有塵土是人念已即取鈇钁加功掊掘
乃至盡形地勢无損如是次第設令一切衆
生皆盡形命於此大地終无能損大地界者
如是摩那婆此如來藏其義亦尒假使一切
衆生及阿羅漢辟支佛等終不能盡摩那婆
所言藏者其義如是具足圓滿无有減少假
使一切衆生及諸聲聞辟支佛等咸取此藏
分散開示亦无減損故名爲藏如此藏者本
義无滅何有天人世間能盡咸也摩那婆假
有因緣一切水界可令消竭世間風輪可使
不動一切日月可令減光一切〇宿可令黑
暗而如來藏終无有變不減不盡故名爲藏
摩那婆此言教藏有無量種方便業門具足
成就我說少分汝應受持
尒時須夜摩菩薩復白佛言世尊此三言教
所有方便應當得者我等樂聞佛言摩那婆
如是人天非人非天三種言教法藏門中初
一言教名曰空門第二言教即无相門第三
言教是无願門摩那婆今此三種言教方便
業藏法門皆當可得須夜摩言世尊所言人
天非人非天三種言教即是空无相願三法
門者是中云何能令三種和合相應佛言摩
那婆汝今問我云何可令和合相應者是謂

BD03332號　大法炬陀羅尼經卷一三　（17–4）

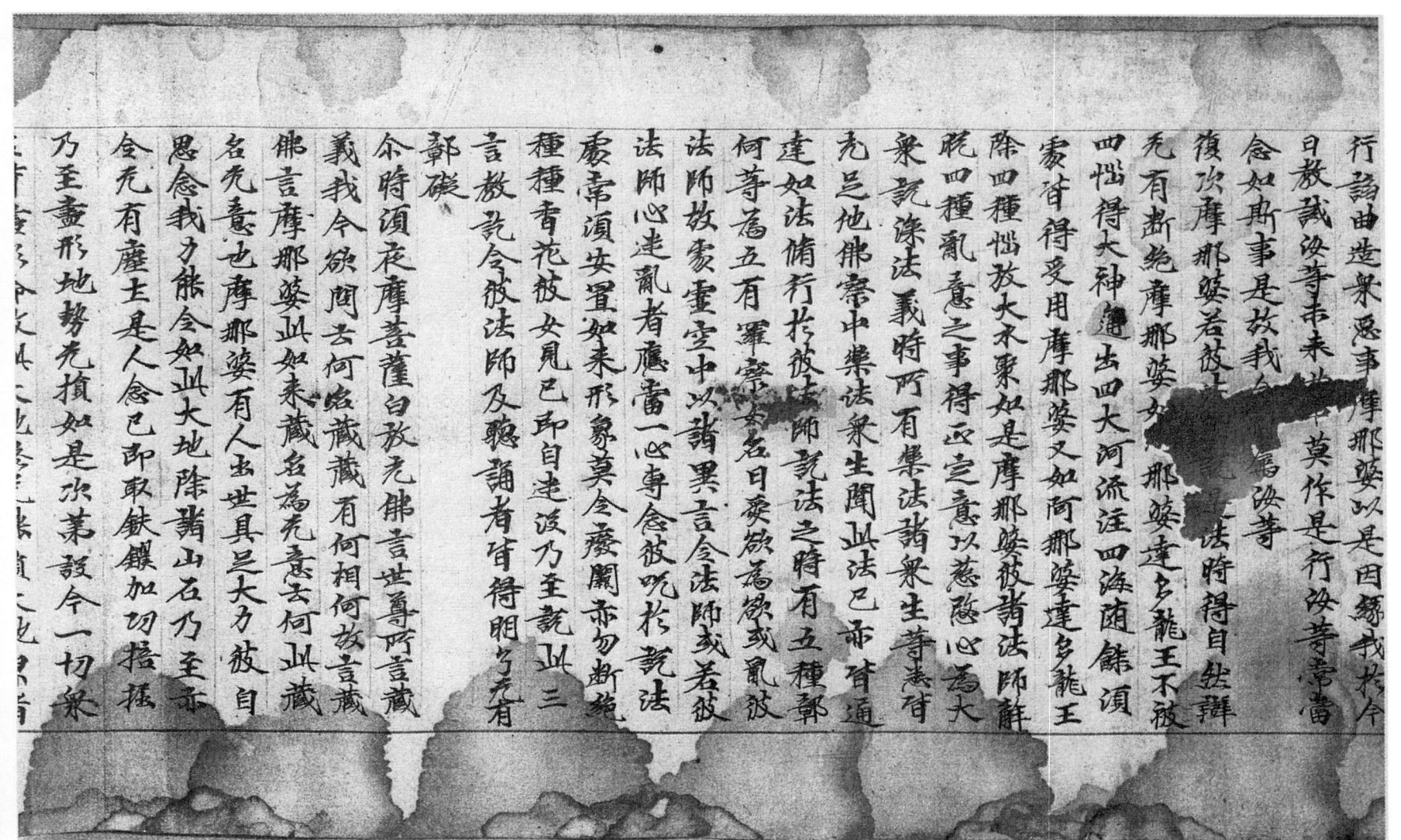

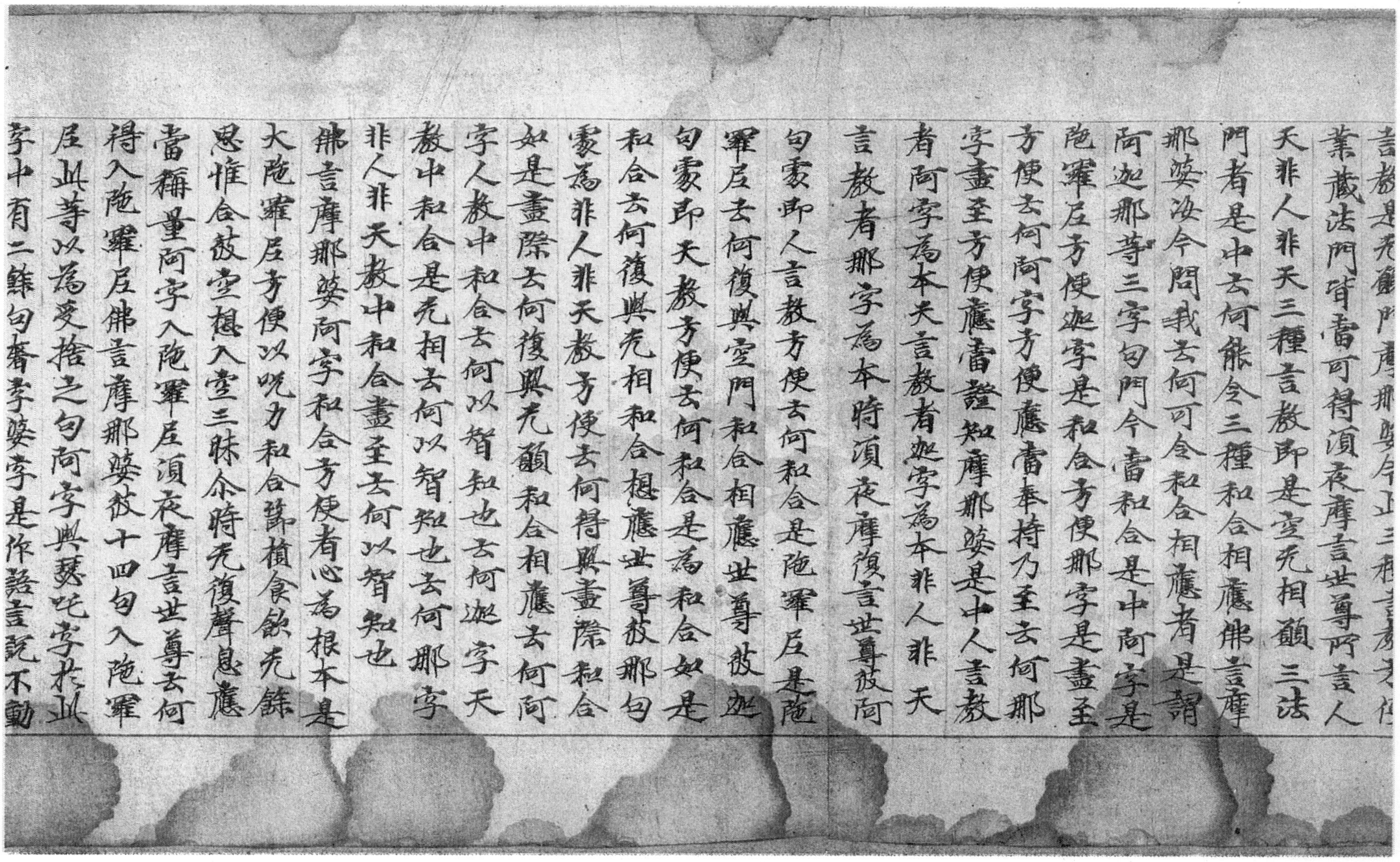
言教是无礙門摩那婆今正三種言教无住
業藏法門皆當可得須夜摩言世尊所言人
天非人非天三種言教即是空无相願三法
門者是中云何能令三種和合相應佛言摩
那婆汝今問我云何可令和合相應者是謂
阿迦那等三字句門令當和合是中阿字是
陀羅尼方便迦字是和合方便那字是盡至
方便云何阿字方便應當奉持乃至云何那
字盡至方便應當證知摩那婆是中人言教
者阿字為本天言教者迦字為本非人非天
言教者那字為本時須夜摩復言世尊彼阿
句處即人言教方便云何和合是陀羅尼是陀
羅尼云何復與空門和合相應世尊彼迦
句處即天教方便云何和合是為和合如是
和合云何復與无相和合想應世尊彼那句
處為非人非天教方便云何得與盡際和合
如是盡際云何復與无願和合相應云何阿
字人教中和合云何以智知也云何迦字天
教中和合是无相云何以智知也云何那字
非人非天教中和合盡至云何以智知也
佛言摩那婆阿字和合方便者心為根本是
大陀羅尼方便以呪力和合諸横食飲无餘
思惟合故空想入空三昧介時无復聲息應
當稱量阿字入陀羅尼須夜摩言世尊云何
得入陀羅尼佛言摩那婆故十四句入陀羅
尼此等以為受捨之句阿字與瑟吒字於此
字中有二餘句奢字婆字是作語言說不動

BD03332號　大法炬陀羅尼經卷一三　　（17–5）

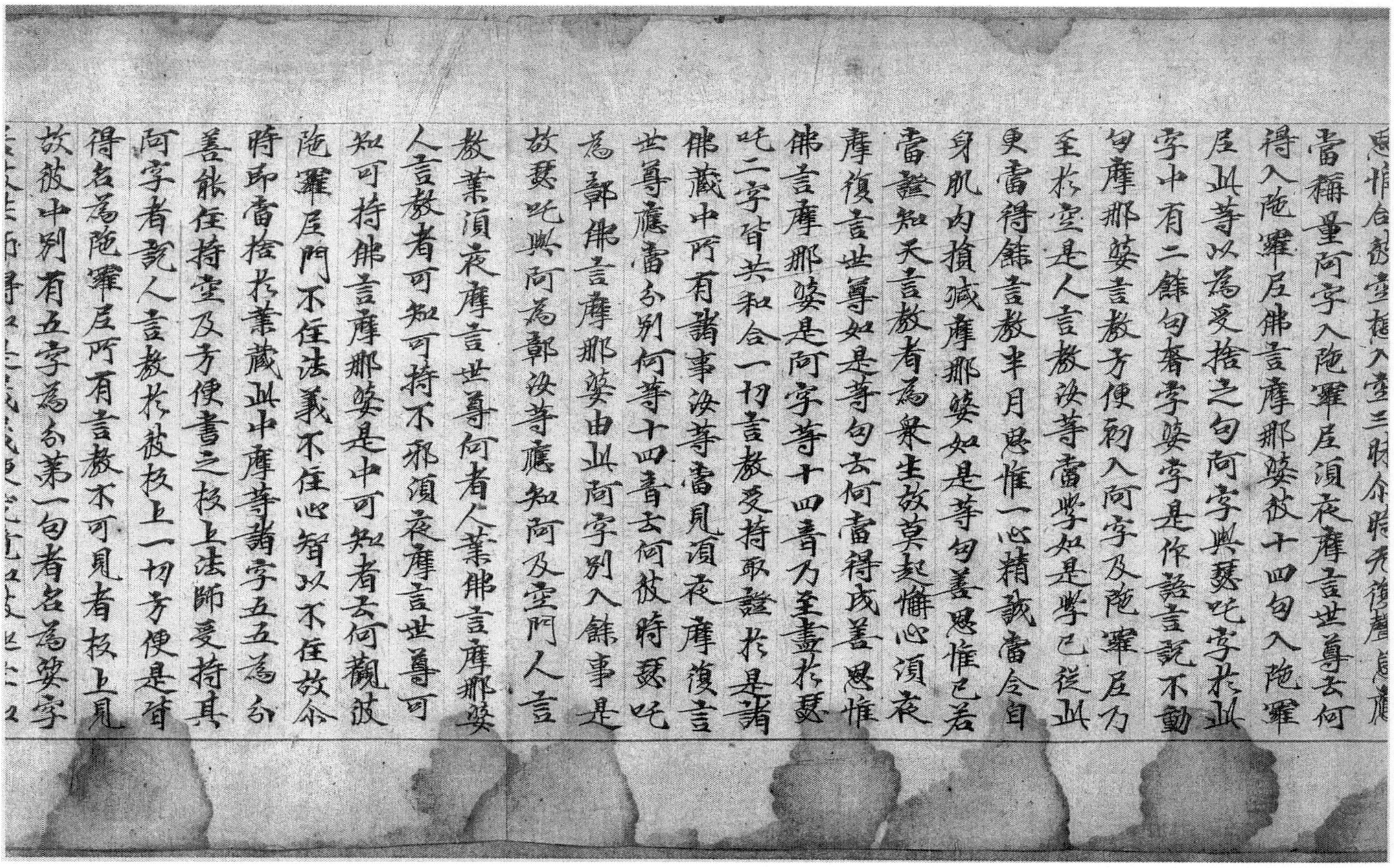
思惟合故空想入空三昧介時无復聲息應
當稱量阿字入陀羅尼須夜摩言世尊云何
得入陀羅尼佛言摩那婆故十四句入陀羅
尼此等以為受捨之句阿字與瑟吒字於此
字中有二餘句奢字婆字是作語言說不動
句摩那婆言教方便初入阿字及陀羅尼乃
至於空是人言教汝等當學如是學已從此
更當得餘言教半月思惟一心精誠當令自
身肌肉損減摩那婆如是等句善思惟已若
當證知天言教者為衆生故莫起懈心須夜
摩復言世尊如是等句云何當得成善思惟
佛言摩那婆是阿字等十四音乃至盡於瑟
吒二字皆共和合一切言教受持取證於是諸
佛藏中所有諸事汝等當見須夜摩復言
世尊應當分別何等十四音云何彼時瑟吒
為鄣佛言摩那婆由此阿字別入餘事是
故瑟吒與阿為鄣汝等應知阿及空門人言
教業須夜摩言世尊何者人業佛言摩那婆
人言教者可知可持不邪須夜摩言世尊可
知可持佛言摩那婆是中可知者云何觀彼
陀羅尼門不住法義不住心智以不住故介
時即當捨於業藏此中摩等諸字五五為分
善能住持空及方便書之枝上法師受持其
阿字者說人言教於彼枝上一切方便是皆
得名為陀羅尼所有言教不可見者枝上見
故彼中別有五字為分第一句者名為婆字
[illegible]

BD03332號　大法炬陀羅尼經卷一三　　（17–6）

善能住持空及方便書之於上法師受持其
阿字者說人言教於彼板上一切方便是皆
得名爲陀羅尼所有言教不可見者板上見
故彼中別有五字爲句第一句者名爲娑字
若彼法師得如是義義便究竟如彼迦字和
合祭祀諸天教者不入此義云何不入如迦
爲第一有廿一字字爲一句如那爲初首有七
字爲句三教方便如是受持此三言教阿迦
那等彼義不斷能作和合若能和合即能
方便言阿字者是說也言那字者說非我
也須夜摩言是中阿我義復云何佛言阿字
我者須入乃知須夜摩言如是阿字云何當
入佛言如前喻說如彼幻師以種種機關現
諸幻事汝等當知應如是入須夜摩言世尊
彼阿字門復有何義佛言摩那娑彼阿即是
最初教門應善受持勿令散失文復阿者光
相光明非實解脫諸句和合用乃相應如羅
烏網衆縷和合相應繫縛當如是持須夜摩
言世尊彼第三句那字門者是義云何佛言
摩那娑如彼阿岸不動不流那字如是當善
受持應用呪法莫令斷絕若受法人欲行呪
法令不斷者彼諸法師欲說法時斂容端坐
先誦呪曰

怛絰他　阿迦那　阿迦男迦那　迦那迦
那那迦　迦迦那迦　阿迦迦那迦　迦那阿迦那
迦迦那　娑鼻綏帝　夜他娑鼻綏帝　夜他伽伽那
多他娑鼻綏帝　多他迦舍　那迦舍

BD03332號　大法炬陀羅尼經卷一三　（17–7）

怛絰他　阿迦那　阿迦男迦那　迦那迦
那那迦　迦迦那迦　阿迦迦那迦　迦那阿迦那
迦迦那　娑鼻綏帝　夜他娑鼻綏帝　夜他伽伽那
多他娑鼻綏帝　多他迦舍　那迦舍
那迦舍　迦迦舍

法師尒時眷屬圍繞即得成此加護方便護
方便故令彼法師心不動亂說法不斷滅除
欲執須夜摩言世尊云何欲執佛告摩那娑
所言欲執猶爲向時羅剎女名放光信心就
聞說法聲歎音聲即與充軍諸羅剎女圍繞
而來彼作是念若使斯人說法教化必定當
斷我等資須永不復得花香祭祀亦不得彼
飲食衆具乃至不得驚怖恐動何緣更得棄
他媿娓彼懷如是媢妬之心於說法時作諸
鄣礙種種方便迷惑法師摩那娑汝等當知
如是法師未誦呪時或被擾亂既誦呪已不
可傾動摩那娑如是法師因以呪力護方便
故即得說此第一言教諸羅剎女不復更能
爲作留難然彼聽衆亦當諮問法師如何致
是迷惑法師尒時若覺察者大衆復當諮問
法師諸有所須一切供奉若不覺者當應如
是道受法師今者速須一心觀察是陀羅尼
甚深法句既能觀已則得覺了十六侍者常
當如是承事法師滿足六月誦呪所須盡皆
備與无令乏少斷絕呪業摩那娑爲令衆生
發智根故勿以懈情擾亂法師若於法師所

BD03332號　大法炬陀羅尼經卷一三　（17–8）

當如是求事法師滿足六月誦呪所須盡皆
備與无令乏少斷絕呪業摩那婆為令衆生
發智根故勿以懈惰擾亂法師若於法師所
須之時或為鄣礙闕減供奉是人則與一切
衆生為法鄣礙
復次摩那婆今我衆中有諸比丘勇猛精進
聲聞滿盡行阿羅漢所作已辦具大神通是中
最勝有二上人一名為須二名龍德是等比
丘作神通時即能取彼四大海水安置掌
中又能持此三千大千世界大地一切所有草
木叢林及以諸山若須弥山若鐵圍山大鐵
圍山等是中所有若人若天若畜生所攝為
馬駝騾驢牛狗等若諸龍夜叉乾闥婆阿
脩羅迦樓羅緊那羅摩睺羅伽人非人等如
是一切皆内口中隨所欲去任意而行所應
作已還從口出其間衆生都不覺知己之所
處出入往來乃至无有娆害驚恐又以三千
大千世界一切魔王及諸魔衆盡内腹中往
來如本能是龍德比丘所獲希有神通力无
畏等假令无量无邊劫中欲說少分終不能
盡是故如來入涅槃後如此世間无有威德
大勢力時一切惡魔及諸外道不可降伏法
師尒時應明試告彼諸檀越及受法人汝今
當能護持是法及以我身一切聽法及受持
者不彼人應答我今定當守護是法及以法
師并受持者乃至告彼十六侍人汝為法師

師尒時應明試告彼諸檀越及受法人汝今
當能護持是法及以我身一切聽法及受持
者不彼人應答我今定當守護是法及以法
師并受持者乃至告彼十六侍人汝為法師
辦諸供調如前所許勿令違異何以故若无
護法是時法師設欲施造諸利益事皆不得
行若有諸人守護法師復令所須得无儉乏
是人所得功德善根吾今為汝說其少分摩
那婆譬如阿耨達池及四大海所有水聚搃
置一所若復有人手掬此水東方過恒沙河
等世界之外始下一掬如是次第所有阿耨
達池及四大海彼諸水聚一一皆悉掬置掌
中展轉東行擲過恒沙世界皆令竭盡南西
北方亦復如是摩那婆彼諸世界所說名字
一一名字皆分別如尒許世界彼諸世界滿
置七寶上至有頂如是衆寶盡皆持用奉佛
及僧過恒沙劫皆具三種淨心惠施如是布
施所得功德持以比前守護是法及護法師
功德多少百分不及一千分不及一百千分
不及一百千億分不及一如是乃至過彼筭數
譬喻亦不及一何以故摩那婆以彼法師能
成佛事是故護法及護法師獲得如是无量
功德摩那婆我今為是人言教故說阿字門
如是次第入於法義須夜摩復言世尊所言
義者其事云何佛言摩那婆汝等於此言教
義藏所得多少隨分受持若汝受持此陀羅
是方便門皆悉棄下決當得成就可愛成就

成佛事是故護法及護法師獲得如是无量
功德摩那婆我今為是人言教故說何字門
如是次第入於法義須夜摩復言世尊所言
義者其事云何佛言摩那婆汝等於此言教
義藏所得多少隨分受持若汝受持此陁羅
尼方便門者汝等不久當得成就何處成就
謂虛空行處云何成就如是无量如虛空等
言教中故摩那婆以是因緣如來世尊若見
衆生有信根器堪受法教捨而不說或時來
問復不為解如是如來則為不善摩那婆有
諸衆生聞說如是三種方便言教之時初无
識解不覺不知終不分別如來所說然佛世
尊住於大慈觀无量劫為衆生說摩那婆是
諸衆生聞法不受雖得人身而常愚苦臨終
之際若受後生更增重惱是故汝等常應說
法摩那婆辟如有人於盲者前多設燈燭而
盲不用如失心者裸露而行終无慚恥雖施
衣服彼无受心如是摩那婆彼諸癡惑愚癡
衆生聞說不受亦復如是時彼世尊以偈頌曰
如狂者持蓋　若聾設燈輪　裸形擁衆寶　彼愚夫亦尒
摩那婆是故汝等常應思惟如是法門何以
故摩那婆此佛菩提甚深微妙終不可以淺
智能知所以者何我今現在說如是法彼諸
衆生尚不能受我滅度後云何能入難入法
中摩那婆是故汝等於彼智中常當精勤勿
捨重任汝等既知此法藏已當應一心枯　竭盈

BD03332號　大法炬陀羅尼經卷一三

（17–11）

衆生尚不能受我滅度後云何能入難入法
中摩那婆是故汝等於彼智中常當精勤勿
捨重任汝等既知此法藏已當應一心枯　竭盈
实持是難入三種言教方便葉藏於此三
句阿迦那等語義不斷不捨身葉不亂諸根
常發勇猛大精進力護持開示如來藏已常
應念作如是等事
尒時彼諸菩薩復白教光佛言世尊如來曾
記諸佛世尊凡所演說无有覆藏然則如來
壽命半劫法住一切世尊劫盡燒時如是等
法當住何處世尊諸脩多羅不現之時正法
當滅如來正法當去何滅佛言摩那婆汝今
莫問如斯之事但念受持如是言教何難時
須夜摩菩薩白彼佛言世尊此三言教根本
不斷十二句者世尊先已為一句門少分開
亦辟如有人作如是言我今獨有如是身力
如是腳力能速疾行我先跨躡須弥山頂然
後當步此大地邊彼人尒時將發已宅復作
是念令我不久盡東方邊如其達者恣意極
觀如是念已即復前行計其途路亦不過有
數拘盧舍便已告之欲進不堪彼先自言文
節壯健能速疾行如是諸力非但損盡乃更
破傷何以故彼愚癡人雖曾耳聽東西南北
諸方之名然未思量地无邊際妄生是意步
地發山是故始行二拘盧舍而彼身足皆已
傷損何能遍達一洲邊也世尊我亦如是然

BD03332號　大法炬陀羅尼經卷一三

（17–12）

諸方之名然未思量地无邊際妄生是意步
地發山是故始行二拘盧舍而彼身足皆已
傷損何能遍達一洲邊也世尊我亦如是然
今於此无量无邊无有限齊修多羅中一句
文義高不堪受況復能盡諸佛如來應供正
遍覺大智境界如世尊爲我等說東方无邊
一切世界如是南西北方四維上下乃至十方
无邊世界如來如是一念悉知又彼諸世界
其中所有一切衆生一切心行一切發心一
切思惟前後无窮乃至所經劫數多少如
來如是一念悉知又彼一切五道衆生於中
所有如是業緣如是果報如如來說无有變
異於一念中如來悉知以是因緣我問斯義
世尊諸菩薩等无有諸功德事而不知者世
尊我等覺知如如是義故所以諮問世尊我等
既覺如是義已不捨諮言世尊我等不捨斯諮
言故大集勝論如法成就世尊應於如是
教藏法門開示我等我等亦當如教體知世
尒時彼无如來讚彼須夜摩菩薩摩訶薩言
善哉善哉摩那婆汝有如是大深淨心巧方
便行今日乃能慈意問我而實能作方便譬
喩善發斯問如如來心雖然摩那婆汝等應
當精勤學此所謂問如來事何以故如來境
界難可得知諸天世人所不能問所以者何
摩那婆世間无有薄福衆生不種善根而能
値遇諸如來者如來世尊亦不爲是无福衆

當精勤學此所謂問如來事何以故如來境
界難可得知諸天世人所不能問所以者何
摩那婆世間无有薄福衆生不種善根而能
値遇諸如來者如來世尊亦不爲是无福衆
生宣揚法義如來於彼亦不出世摩那婆汝
等前在奈大王國立於樹下入定七日彼時
汝等所因發心專脩精進得生此忍摩那婆
汝因是句得不退忍由此忍故得受佛記汝於
當來必定成佛号曰如來應供正遍覺摩那
婆豈彼諸天世人有能知此深智業也唯
是如來應正遍覺之所知耳摩那婆所有十
二句解釋義者斯亦可以一句說盡世間无
能唯除諸佛如是之事誰當信知亦唯諸佛
汝等於是甚非境界況復餘人是中如來依
他說法而令餘人知已脩行摩那婆諸佛世
尊凡所演法令如說行云何名爲如說行也
於是法中讀誦受持脩行作業禪定覺知諸
功德等餘法句中本所不知而今悉知摩那
婆所言名句者謂彼語言從他得聞聞已脩
得然後證知摩那婆如彼諸樹根不可得如
根莖亦不可得葉亦不可得花亦不可得果
亦不可得彼根葉等不可得故當知一切皆
不可得既不可得云何可說摩那婆此處微妙
難解難知若知是根是莖及花果等則可
言說若不知根求是葉等則不可得摩那婆
是中唯一假想可得摩那婆如是一切汝等當

不可得說不可得云何可說摩那婆此處微妙
難解難知若知是根是莖及花果等則可
言說若不知根求是葉等則不可得摩那婆
是中唯一假想可得摩那婆如是一切汝等當
知無敢世間作第一義相如來要當為聲
聞人說煮行業如來復當更為他說如是等
法摩那婆汝等應於如來所聞當如是聞如
來所見當如是見乃至得證當如是得亦如
是證摩那婆如其彼樹有可得者彼根彼莖
乃至花果皆亦可得若使彼樹不可得者根
莖花果云何可得如是摩那婆若彼一切法
中諸助道法以名字故是可得者乃至涅槃
亦皆可得若彼助法不可得者如是涅槃云
何可得摩那婆於彼十二句中我為汝等已
數宣說今多人眾少分聞解摩那婆於意云
何彼持呪人云何得名持呪人須夜摩言世
尊我知持呪人日何因緣故得持呪名世尊
以能持呪故名為持呪人日持何等呪得名
持呪世尊持此二呪故名持呪云何二呪所謂
謂一者瞿梨呪(隋言獸惡)二者揵陀利呪(隋言耆香)三
者摩登祇呪(隋言作惡業)世尊持此三呪故名持呪
佛復問言摩那婆於意云何彼持呪師經幾
所時能成業也須夜摩言世尊經十二年業
方得成世尊言十二年業得成者謂於業中
得巧妙故佛復問言彼作如是事業成已得
何等利須夜摩言世尊彼命終已墮於地獄

BD03332號　大法炬陀羅尼經卷一三　(17-15)

所時能成業也須夜摩言世尊經十二年業
方得成世尊言十二年業得成者謂於業中
得巧妙故佛復問言彼作如是事業成已得
何等利須夜摩言世尊彼命終已墮於地獄
畜生餓鬼及閻摩界何以故以為世間作諸
惡業无有正見常行殺害劫盜他財邪婬放
逸飲酒妄語及餘惡業語是智人所不為者
而便放作摩那婆若人樂行如是邪法乃至
一句呪者當知是人不解我法摩那婆汝觀
是人十二年中唯造地獄畜生餓鬼諸魔王
等一切惡業摩那婆汝應觀是世間盲人於
黑暗中往來輪轉摩那婆是人所為應得善
處以於我法隨有作處不得正信不能正行
故此人若能正信行者則得上生摩那婆是
持呪人但為識嗌屎尿聚故十二年中受彼
嚴熾无益苦已捨身即生大地獄中摩那婆
汝於是中應念成就諸如來智欲求一切諸
佛慧者應當成就諸佛正法摩那婆如有二
人一為清虛三日不食腹中飢虛一為貪嗜
三日之中口手不住食過滿腹摩那婆於意
云何如是二人後若食時何者最美須夜摩
言世尊飢者獨美佛言如是如是摩那婆如
來世尊善知時宜凡所宣說无有妄也要觀
眾生諸根調柔易堪受法然後隨順為其開
演而成熟之如彼食已增加色力安隱身心
无所患苦若有眾生聞佛說法多起異網述

BD03332號　大法炬陀羅尼經卷一三　(17-16)

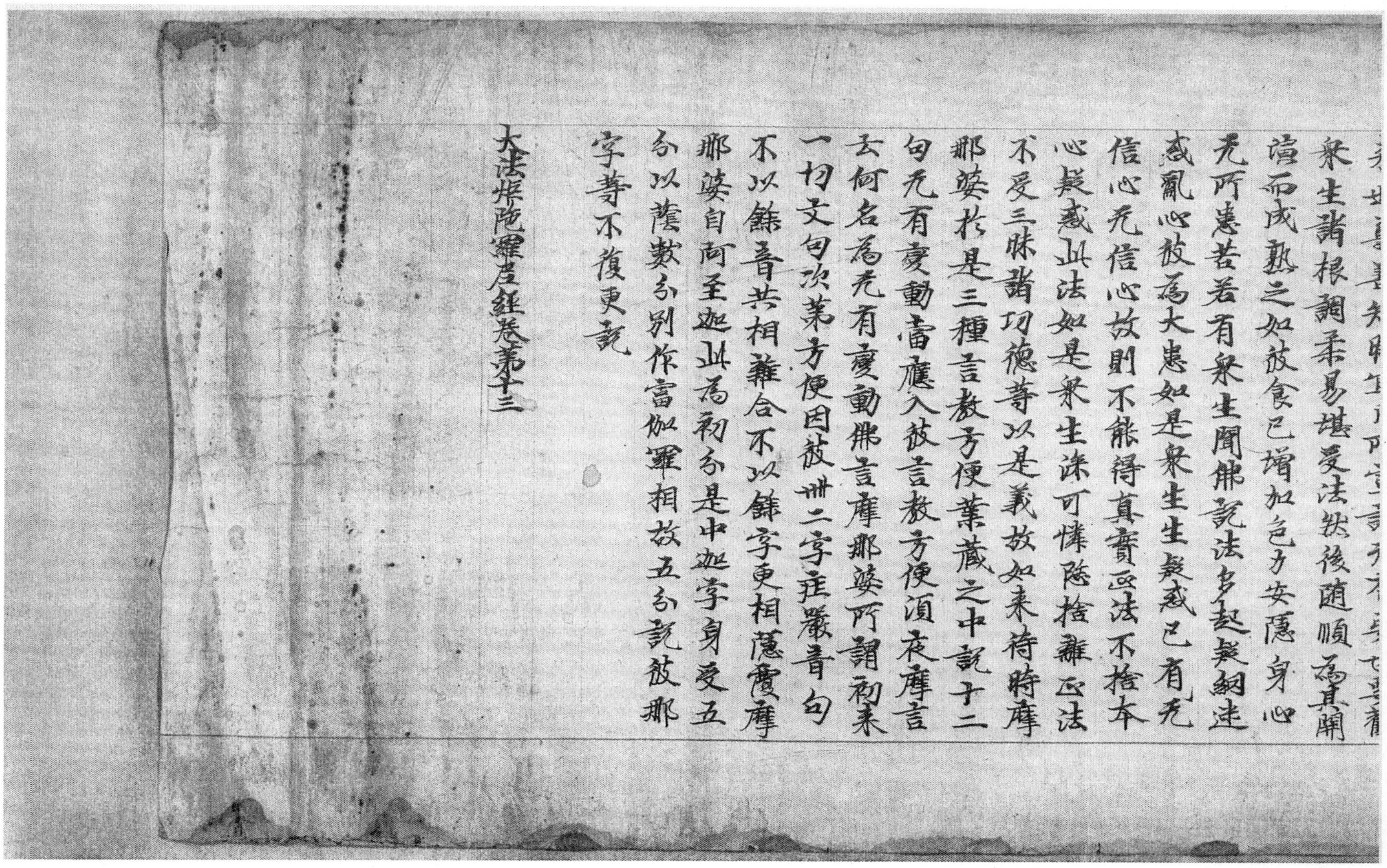
衆生諸根調柔易堪受法然後隨順爲其開
演而成熟之如彼食已增加色力安隱身心
无所患苦若有衆生聞佛說法多起疑網迷
惑亂心故爲大患如是衆生生疑惑已有无
信心无信心故則不能得真實正法不捨本
心疑惑此法如是衆生深可憐愍捨離正法
不受三昧諸功德等以是義故如來待時摩
那婆於是三種言教方便藏之中說十二
句无有變動當應入彼言教方便須夜摩言
云何名爲无有變動佛言摩那婆所謂初來
一切文句次第方便因彼卌二字莊嚴章句
不以餘音共相雜合不以餘字更相隱覆摩
那婆自阿至迦此爲初分是中迦字身受五
分以薩數分別作富伽羅相故五分說彼那
字等不復更說
大法炬陀羅尼經卷第十三

BD03332 號　大法炬陀羅尼經卷一三　（17–17）

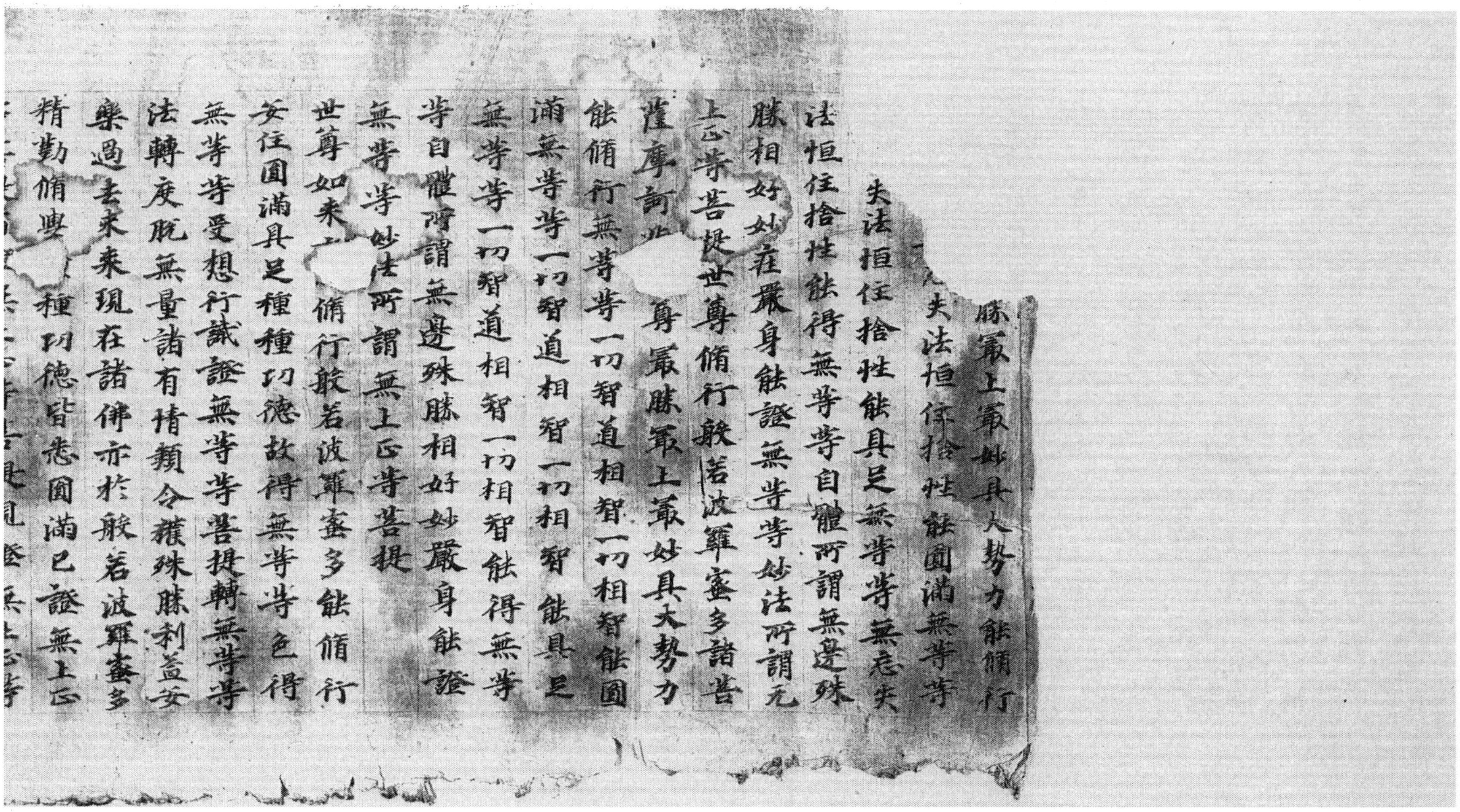
勝最上最妙具大勢力能脩行
失法恒住捨性能圓滿無等等
失法恒住捨性能具足無等等無忘失
法恒住捨性能得無等等自體所謂無邊殊
勝相好妙莊嚴身能證無等等妙法所謂无
上正等菩提世尊脩行般若波羅蜜多諸菩
薩摩訶薩
尊最勝最上最妙具大勢力
能脩行無等等一切智道相智一切相智能圓
滿無等等一切智道相智一切相智能具足
無等等一切智道相智一切相智能得無等
等自體所謂無邊殊勝相好妙嚴身能證
無等等妙法所謂無上正等菩提
世尊如來
脩行般若波羅蜜多能脩行
安住圓滿具足種種功德故得無等等色得
無等等受想行識證無等等菩提轉無等等
法轉度脫無量諸有情類令獲殊勝利益安
樂過去未來現在諸佛亦於般若波羅蜜多
精勤脩學
種功德皆悉圓滿已證無上正

BD03333 號　大般若波羅蜜多經卷一〇　（15–1）

無等等受想行識證無等等菩提轉無等等
法轉度脫無量諸有情類令獲殊勝利益安
樂過去未來現在諸佛亦於般若波羅蜜多
精勤脩學種種功德皆悉圓滿已證無上正
等菩提當證無上正等菩提現證無上正等
菩提轉妙法輪度無量衆令獲殊勝利益安
樂是故世尊若菩薩摩訶薩欲於一切法度
至彼岸者當學般若波羅蜜多世尊脩行般
若波羅蜜多諸菩薩摩訶薩一切世間若天
若人阿素洛等皆應供養恭敬尊重讚歎守
護令於般若波羅蜜多精進脩行無障無礙
尒時世尊告諸聲聞及諸菩薩摩訶薩等
言如是如是如汝所說脩行般若波羅蜜多諸
菩薩摩訶薩一切世間若天若人阿素洛等
皆應供養恭敬尊重讚歎守護令於般若波
羅蜜多精進脩行無障無礙何以故由此菩
薩摩訶薩故世間得有人天出現所謂剎帝
利大族婆羅門大族長者大族居士大族若
轉輪王若四大王衆天三十三天夜摩天覩
史多天樂變化天他化自在天若梵衆天梵
輔天梵會天大梵天若光天少光天無量光
天極光淨天若淨天少淨天無量淨天遍淨
天若廣天少廣天無量廣天廣果天若無想
有情天若無繁天無熱天善現天善見天色
究竟天若空無邊處天識無邊處天無所
有處天非想非非想處天出現於世由此菩薩
摩訶薩故得有預流一來不還阿羅漢獨覺

BD03333號　大般若波羅蜜多經卷一〇　（15–2）

有情天若無繁天無熱天善現天善見天色
究竟天若空無邊處天識無邊處天無所
有處天非想非非想處天出現於世由此菩薩
摩訶薩故得有預流一來不還阿羅漢獨覺
菩薩摩訶薩及諸如來應正等覺出現於
世由此菩薩摩訶薩故世間得有三寶出現
興諸有情作大饒益由此菩薩摩訶薩故世
間得有種種資生樂具出現所謂飲食衣服
卧具房舍燈明末尼真珠瑠璃螺貝璧玉珊瑚
金銀等寶出現於世以要言之一切世間天
等樂及涅槃樂無不皆由如是菩薩摩訶
有所以者何是菩薩摩訶薩自正脩行布施
淨戒安忍精進靜慮般若波羅蜜多亦教
他脩行自正安住內空外空內外空空空大空
勝義空有為空無為空畢竟空無際空散
空無變異空本性空自相空共相空一切法
空不可得空無性空自性空無性自性空亦教
他安住自安住真如法界法性不虛妄性不
變異性平等性離生性法定法住實際
虛空界不思議界亦教他安住自正脩行四
念住四正斷四神足五根五力七等覺支八
聖道支亦教他脩行自正安住苦集滅道
聖諦亦教他安住自正脩行四靜慮四無量
四無色定亦教他脩行自正脩行八解脫八勝
處九次第定十遍處亦脩他脩行自正脩行
空無相無願解脫門亦教他脩行自正脩行

BD03333號　大般若波羅蜜多經卷一〇　（15–3）

聖諦亦教他安住自正修行四靜慮

四無色定亦教他修行自正修行八解脫八勝
處九次第定十遍處亦修他修行自正修行
空無相無願解脫門亦教他修行自正修行
陀羅尼門三摩地門亦教他修行自正修行
諸菩薩地亦教他修行自正修行五眼六神通
亦教他修行自正修行佛十力四無所畏四無
礙解大慈大悲大喜大捨十八佛不共法亦
教他修行自正修行無忘失法恒住捨性亦
教他修行自正修行一切智道相智一切相
智亦教他修行是故由此修行般若波羅
蜜多諸菩薩摩訶薩一切有情皆得殊勝
利益安樂

初分現舌相品第六

爾時世尊現廣長舌相遍覆三千大千世界
復從舌相出無量無數種種色光普照十方
殑伽沙等諸佛世界是時東方殑伽沙等諸
佛土中各有無量無數菩薩摩訶薩覩斯
光已各詣其佛頂禮恭敬白言世尊是誰神力
復以何緣而有此瑞時彼諸佛各告菩薩摩
訶薩言善男子於此西方有佛世界名曰堪
忍佛號釋迦牟尼如來應正等覺明行圓滿
善逝世間解無上丈夫調御士天人師佛薄
伽梵今為菩薩摩訶薩眾說大般若波羅
蜜多現廣長舌相遍覆三千大千世界復從
舌相出無量無數種種色光普照十方殑伽沙
等諸佛世界今所見光即是彼佛舌相所現

BD03333號　大般若波羅蜜多經卷一〇　（15–4）

伽梵今為菩薩摩訶薩眾說大般若波羅
蜜多現廣長舌相遍覆三千大千世界復從
舌相出無量無數種種色光普照十方殑伽沙
等諸佛世界今所見光即是彼佛舌相所現
時諸菩薩摩訶薩聞是事已歡喜踊躍各
白佛言我等欲往堪忍世界覲禮供養釋迦
牟尼佛及諸菩薩摩訶薩眾并諸般若波羅
蜜多唯願世尊哀愍聽許時彼諸佛各各告
言今正是時隨汝意往一一佛土無量無數菩
薩摩訶薩眾各禮佛足右繞七迊辭持無量
寶幢幡蓋香鬘瓔珞金銀等華奏諸種種
上妙伎樂經須臾間至此佛所供養恭敬尊
重讚歎頂禮佛足卻住一面
爾時南方殑伽沙等諸佛土中各有無量無
數菩薩摩訶薩覩斯光已各詣其佛頂禮
恭敬白言世尊是誰神力復以何緣而有此瑞時
彼諸佛各告菩薩摩訶薩言善男子於此北
方有佛世界名曰堪忍佛號釋迦牟尼如來
應正等覺明行圓滿善逝世間解無上丈夫
調御士天人師佛薄伽梵今為菩薩摩訶薩
眾說大般若波羅蜜多現廣長舌相遍覆
三千大千世界復從舌相出無量無數種種色
光普照十方殑伽沙等諸佛世界今所見光即
是彼佛舌相所現時諸菩薩摩訶薩聞是事
已歡喜踊躍各白佛言我等欲往堪忍世界
覲禮供養釋迦牟尼佛及諸菩薩摩訶

BD03333號　大般若波羅蜜多經卷一〇　（15–5）

是彼佛舌相所現時諸菩薩摩訶薩聞是事
已歡喜踊躍各白佛言我等欲往堪忍世界
觀礼供養釋迦牟尼佛及諸菩薩摩訶
薩衆并聽般若波羅蜜多唯願世尊哀慈
聽許時彼諸佛各各告言今正是時隨汝意
往一一佛土無量無數菩薩摩訶薩衆各礼
佛足右繞七迊嚴持無量寶幢幡蓋香瓔
珞金銀等華奏擊種種上妙伎樂經須臾間
至此佛所供養恭敬尊重讚歎頂礼佛足却
住一面
尒時西方殑伽沙等諸佛土中各有無量無
數菩薩摩訶薩覩斯光已各詣其佛頂礼恭
敬白言世尊是誰神力復以何緣而有此瑞
時彼諸佛各告菩薩摩訶薩言善男子於此
東方有佛世界名曰堪忍佛号釋迦牟尼如
来應正等覺明行圓滿善逝世間解無上丈
夫調御士天人師佛薄伽梵今為菩薩摩訶
薩衆說大般若波羅蜜多現廣長舌相遍
覆三千大千世界復從舌相出无量无數種
種色光普照十方殑伽沙等諸佛世界今所見
光即是彼佛舌相所現時諸菩薩摩訶薩聞
是事已歡喜踊躍各白佛言我等欲往堪忍
世界觀礼供養釋迦牟尼佛及諸菩薩摩
訶薩衆并聽般若波羅蜜多唯願世尊哀慈
聽許時彼諸佛各各告言今正是時隨汝意
往一一佛土无量无數菩薩摩訶薩衆各礼

BD03333號　大般若波羅蜜多經卷一〇　（15–6）

是事已歡喜踊躍各白佛言我等欲往堪忍
世界觀礼供養釋迦牟尼佛及諸菩薩摩
訶薩衆并聽般若波羅蜜多唯願世尊哀慈
聽許時彼諸佛各各告言今正是時隨汝意
往一一佛土无量无數菩薩摩訶薩衆各礼
佛足右繞七迊嚴持无量寶幢幡蓋香瓔
瓔珞金銀等華奏擊種種上妙伎樂經須臾
間至此佛所供養恭敬尊重讚歎頂礼佛足
却住一面
尒時北方殑伽沙等諸佛土中各有無量無
數菩薩摩訶薩覩斯光已各詣其佛頂礼
恭敬白言世尊是誰神力復以何緣而有此瑞
時彼諸佛各告菩薩摩訶薩言善男子於此
南方有佛世界名曰堪忍佛号釋迦牟尼如
来應正等覺明行圓滿善逝世間解無上
丈夫調御士天人師佛薄伽梵今為菩薩摩
訶薩衆說大般若波羅蜜多現廣長舌相
遍覆三千大千世界復從舌相出無量無數種
種色光普照十方殑伽沙等諸佛世界今所見
光即是彼佛舌相所現時諸菩薩摩訶薩
聞是事已歡喜踊躍各白佛言我等欲往堪
忍世界觀礼供養釋迦牟尼佛及諸菩薩摩
訶薩衆并聽般若波羅蜜多唯願世尊哀慈
聽許時彼諸佛各各告言今正是時隨汝意
往一一佛土無量無數菩薩摩訶薩衆各礼
佛足右繞七迊嚴持無量寶幢幡蓋香瓔

BD03333號　大般若波羅蜜多經卷一〇　（15–7）

訶薩衆并聽般若波羅蜜多唯願世尊哀愍
聽許時彼諸佛各各告言今正是時隨汝意
往一一佛土無量無數菩薩摩訶薩衆各礼
佛足右繞七匝嚴持無量寶幢幡蓋香鬘
瓔珞金銀等華奏擊種種上妙伎樂經須臾
間至此佛所供養恭敬尊重讃歎頂礼佛足
却住一面
尒時東北方殑伽沙等諸佛土中各有無量無
數菩薩摩訶薩覩斯光已各詣其佛頂礼恭
敬白言世尊是誰神力復以何緣而有此瑞時
彼諸佛各告菩薩摩訶薩言善男子於此西
南方有佛世界名曰堪忍佛号釋迦牟尼如來
應正等覺明行圓滿善逝世間解無上丈夫
調御士天人師佛薄伽梵今為菩薩摩訶薩衆
說大般若波羅蜜多現廣長舌相遍覆三千
大千世界復從舌相出無量無數種種色光
普照十方殑伽沙等諸佛世界令所見光即
是彼佛舌相所現時諸菩薩摩訶薩聞是
事已歡喜踊躍各白佛言我等欲往堪忍世
界觀礼供養釋迦牟尼佛及諸菩薩摩訶
薩衆并聽般若波羅蜜多唯願世尊哀愍
聽許時彼諸佛各各告言今正是時隨汝意
往一一佛土無量無數菩薩摩訶薩衆各礼
佛足右繞七匝嚴持無量寶幢幡蓋香鬘
瓔珞金銀等華奏擊種種上妙伎樂經須臾
間至此佛所供養恭敬尊重讃歎頂礼佛足
却住一面

BD03333 號　大般若波羅蜜多經卷一〇　（15-8）

往一一佛土無量無數菩薩摩訶薩衆各礼
佛足右繞七匝嚴持無量寶幢幡蓋香鬘
瓔珞金銀等華奏擊種種上妙伎樂經須臾
間至此佛所供養恭敬尊重讃歎頂礼佛足
却住一面
尒時東南方殑伽沙等諸佛土中各有無量無
數菩薩摩訶薩覩斯光已各詣其佛頂礼恭
敬白言世尊是誰神力復以何緣而有此瑞
時彼諸佛各告菩薩摩訶薩言善男子於此
西北方有佛世界名曰堪忍佛号釋迦牟尼如
來應正等覺明行圓滿善逝世間解無上
丈夫調御士天人師佛薄伽梵今為菩薩摩
訶薩衆說大般若波羅蜜多現廣長舌相遍
覆三千大千世界復從舌相出無量無數種
種色光普照十方殑伽沙等諸佛世界令所見
光即是彼佛舌相所現時諸菩薩摩訶薩聞
是事已歡喜踊躍各白佛言我等欲往堪忍
世界觀礼供養釋迦牟尼佛及諸菩薩摩訶
薩衆并聽般若波羅蜜多唯願世尊哀愍聽
許時彼諸佛各各告言今正是時隨汝意往一
一佛土無量無數菩薩摩訶薩衆各礼佛足
右繞七匝嚴持無量寶幢幡蓋香鬘瓔珞金
銀等華奏擊種種上妙伎樂經須臾間至此
佛所供養恭敬尊重讃歎頂礼佛足却住一面
尒時西南方殑伽沙等諸佛土中各有無量無
數菩薩摩訶薩覩斯光已各詣其佛頂礼恭

BD03333 號　大般若波羅蜜多經卷一〇　（15-9）

銀等華奏擊種種上妙伎樂經須臾間至此
佛所供養恭敬尊重讚歎頂礼佛足却住一面
尒時西南方殑伽沙等諸佛土中各有無量無
數菩薩摩訶薩覩斯光已各詣其佛頂礼恭
敬白言世尊是誰神力復以何緣而有此瑞時
彼諸佛各告菩薩摩訶薩言善男子於此東
北方有佛世界名曰堪忍佛号釋迦牟尼如來
應正等覺明行圓滿善逝世間解無上丈夫
調御士天人師佛薄伽梵今為菩薩摩訶薩
衆說大般若波羅蜜多現廣長舌相遍覆
三千大千世界復從舌相出無量無數種種
色光普照十方殑伽沙等諸佛世界今所見
光即是彼佛舌相所現時諸菩薩摩訶薩
聞是事已歡喜踊躍各白佛言我等欲往
堪忍世界覲礼供養釋迦牟尼佛及諸菩薩
摩訶薩衆并聽般若波羅蜜多唯願世尊哀
慜聽許時彼諸佛各各告言今正是時隨汝意
往一一佛土無量無數菩薩摩訶薩衆各礼佛
足右繞七帀嚴持無量寶幢幡蓋香鬘瓔珞
金銀等華奏擊種種上妙伎樂經須臾間至
此佛所供養恭敬尊重讚歎頂礼佛足却住
一面
尒時西北方殑伽沙等諸佛土中各有無量無
數菩薩摩訶薩覩斯光已各詣其佛頂礼恭
敬白言世尊是誰神力復以何緣而有此瑞時
彼諸佛各告菩薩摩訶薩言善男子於此東

BD03333號　大般若波羅蜜多經卷一〇　（15–10）

尒時西北方殑伽沙等諸佛土中各有無量無
數菩薩摩訶薩覩斯光已各詣其佛頂礼恭
敬白言世尊是誰神力復以何緣而有此瑞時
彼諸佛各告菩薩摩訶薩言善男子於此東
南方有佛世界名曰堪忍佛号釋迦牟尼如來
應正等覺明行圓滿善逝世間解無上丈夫
調御士天人師佛薄伽梵今為菩薩摩訶薩
衆說大般若波羅蜜多現廣長舌相遍覆
三千大千世界復從舌相出無量無數種種
色光普照十方殑伽沙等諸佛世界今所見
光即是彼佛舌相所現時諸菩薩摩訶薩聞
是事已歡喜踊躍各白佛言我等欲往堪忍
世界覲礼供養釋迦牟尼佛及諸菩薩摩
訶薩衆并聽般若波羅蜜多唯願世尊哀
慜聽許時彼諸佛各各告言今正是時隨汝
意往一一佛土無量無數菩薩摩訶薩衆各
礼佛足右繞七帀嚴持無量寶幢幡蓋香鬘
瓔珞金銀等華奏擊種種上妙伎樂經須臾
間至此佛所供養恭敬尊重讚歎頂礼佛足
却住一面
尒時下方殑伽沙等諸佛土中各有無量無
數菩薩摩訶薩覩斯光已各詣其佛頂礼恭
敬白言世尊是誰神力復以何緣而有此瑞
時彼諸佛各告菩薩摩訶薩言善男子於此
上方有佛世界名曰堪忍佛号釋迦牟尼如
來應正等覺明行圓滿善逝世間解無上丈

BD03333號　大般若波羅蜜多經卷一〇　（15–11）

時彼諸佛各告菩薩摩訶薩言善男子於此
上方有佛世界名曰堪忍佛号釋迦牟尼如
来應正等覺明行圓滿善逝世間解無上丈
夫調御士天人師佛薄伽梵今為菩薩摩訶
薩衆說大般若波羅蜜多現廣長舌相遍覆
三千大千世界復從舌相出無量無數種種
色光普照十方殑伽沙等諸佛世界令所見
光即是彼佛舌相所現時諸菩薩摩訶薩
聞是事已歡喜踊躍各白佛言我等欲往堪
忍世間觀礼供養釋迦牟尼佛及諸菩薩摩
訶薩衆并聽般若波羅蜜多唯願世尊哀愍
聽許時彼諸佛各各告言今正是時隨汝意
往一一佛土無量無數菩薩摩訶薩衆各礼
佛足右繞七帀嚴持無量寶幢幡蓋香鬘瓔
珞金銀等華奏擊種種上妙伎樂經須臾間
至此佛所供養恭敬尊重讚歎頂礼佛足却
住一面
尒時上方殑伽沙等諸佛土中各有無量無
數菩薩摩訶薩覩斯光已詣其佛頂礼恭
敬白言世尊是誰神力復以何緣而有此瑞
時彼諸佛各告菩薩摩訶薩言善男子於此
下方有佛世界名曰堪忍佛号釋迦牟尼如
来應正等覺明行圓滿善逝世間解無上丈
夫調御士天人師佛薄伽梵今為菩薩摩訶
薩衆說大般若波羅蜜多現廣長舌相遍覆
三千大千世界復從舌相出無量無數種種色

BD03333號　大般若波羅蜜多經卷一〇　（15-12）

来應正等覺明行圓滿善逝世間解無上丈
夫調御士天人師佛薄伽梵今為菩薩摩訶
薩衆說大般若波羅蜜多現廣長舌相遍覆
三千大千世界復從舌相出無量無數種種色
光普照十方殑伽沙等諸佛世界令所見光
即是彼佛舌相所現時諸菩薩摩訶薩聞是事
已歡喜踊躍各白佛言我等欲往堪忍世界
觀礼供養釋迦牟尼佛及諸菩薩摩訶薩
衆并聽般若波羅蜜多唯願世尊哀愍聽許
時彼諸佛各各告言今正是時汝意往一一
佛土無量無數菩薩摩訶薩衆各礼佛足右
繞七帀嚴持無量寶幢幡蓋香鬘瓔珞金
銀等華奏擊種種上妙伎樂經須臾間至此
佛所供養恭敬尊重讚歎頂礼佛足却住
一面
尒時四大王衆天乃至他化自在天梵衆天乃
至色究竟天各持無量種種香鬘所謂塗
香末香燒香樹香葉香諸雜和香悅意華
鬘生類華鬘龍錢華鬘并無量種衆雜花
鬘及持無量種種天華嗢鉢羅華鉢特摩
華俱某陁華奔荼利華微妙音華大微妙
音華及餘無量種種天華来至佛所供養恭
敬尊重讚歎頂礼佛足却住一面
尒時十方諸来菩薩摩訶薩衆及餘無量欲
色界天所獻種種寶幢幡蓋珎妙瓔珞種種
香華以佛神力上踊雲中合成臺蓋遍覆三

BD03333號　大般若波羅蜜多經卷一〇　（15-13）

音華及餘無量種種天華來至佛所供養恭
敬尊重讚歎頂禮佛足却住一面
尒時十方諸來菩薩摩訶薩衆及餘無量欲
色界天所獻種種寶幢幡蓋珎妙瓔珞種種
香華以佛神力上踴雲中合成臺蓋遍覆三
千大千佛之土臺頂四角各有寶幢臺蓋寶
幢垂瓔珞縣幡妙綵珎異華鬘種種莊嚴甚
可愛樂時此會中有百千俱胝那庾多有情
皆從座起合掌恭敬而白佛言世尊我等未
來願得作佛相好威德如今世尊國土莊嚴
聲聞菩薩天人衆會所轉法輪並如今佛尒
時世尊知其心願已於諸法悟無生忍了達一
切不生不滅無作無為即便微笑面門復出
種種色光尊者阿難即從座起合掌恭敬白
言世尊何因何緣現此微笑佛告阿難是從
座起百千俱胝那庾多衆已於諸法悟无生
忍於當來世經六十八俱胝大劫脩菩薩行
華積劫中當得作佛皆同一号謂覺分華
如來應正等覺明行圓滿善逝世間解無上
大丈夫調御士天人師佛薄伽梵

大般若波羅蜜多經卷第十

BD03333號　大般若波羅蜜多經卷一〇　（15–14）

聲聞菩薩天人衆會所轉法輪並如今佛尒
時世尊知其心願已於諸法悟無生忍了達一
切不生不滅無作無為即便微笑面門復出
種種色光尊者阿難即從座起合掌恭敬白
言世尊何因何緣現此微笑佛告阿難是從
座起百千俱胝那庾多衆已於諸法悟无生
忍於當來世經六十八俱胝大劫脩菩薩行
華積劫中當得作佛皆同一号謂覺分華
如來應正等覺明行圓滿善逝世間解無上
大丈夫調御士天人師佛薄伽梵

大般若波羅蜜多經卷第十

BD03333號　大般若波羅蜜多經卷一〇　（15–15）

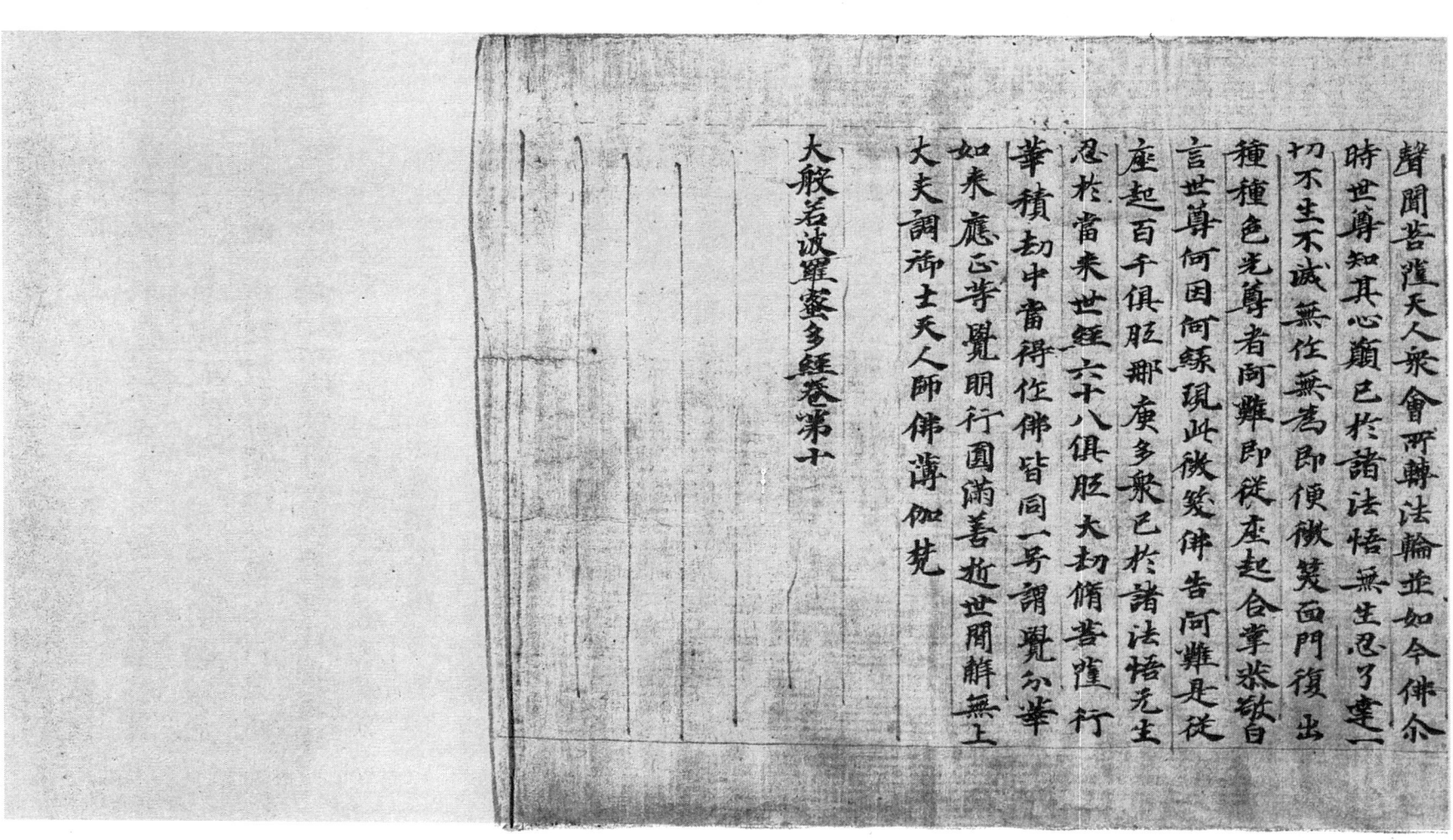

无量壽經一卷
如是我聞一時佛在舍衛國祇樹給孤獨園与大比丘无量衆俱
尒時佛告文殊師利童子上方有世界名无邊功德彼世界有佛号
智壽无量決定威德王如来无上正等阿羅訶三藐三佛陁施佛事
廣説法要佛告文殊利師諦聽堪忍世界衆生壽命短促唯滿百年
其間多有夭横中夭若有衆生聞是佛名讃歎功德於此法門若自書

BD03334號　無量壽宗要經(異甲本)　　(7–1)

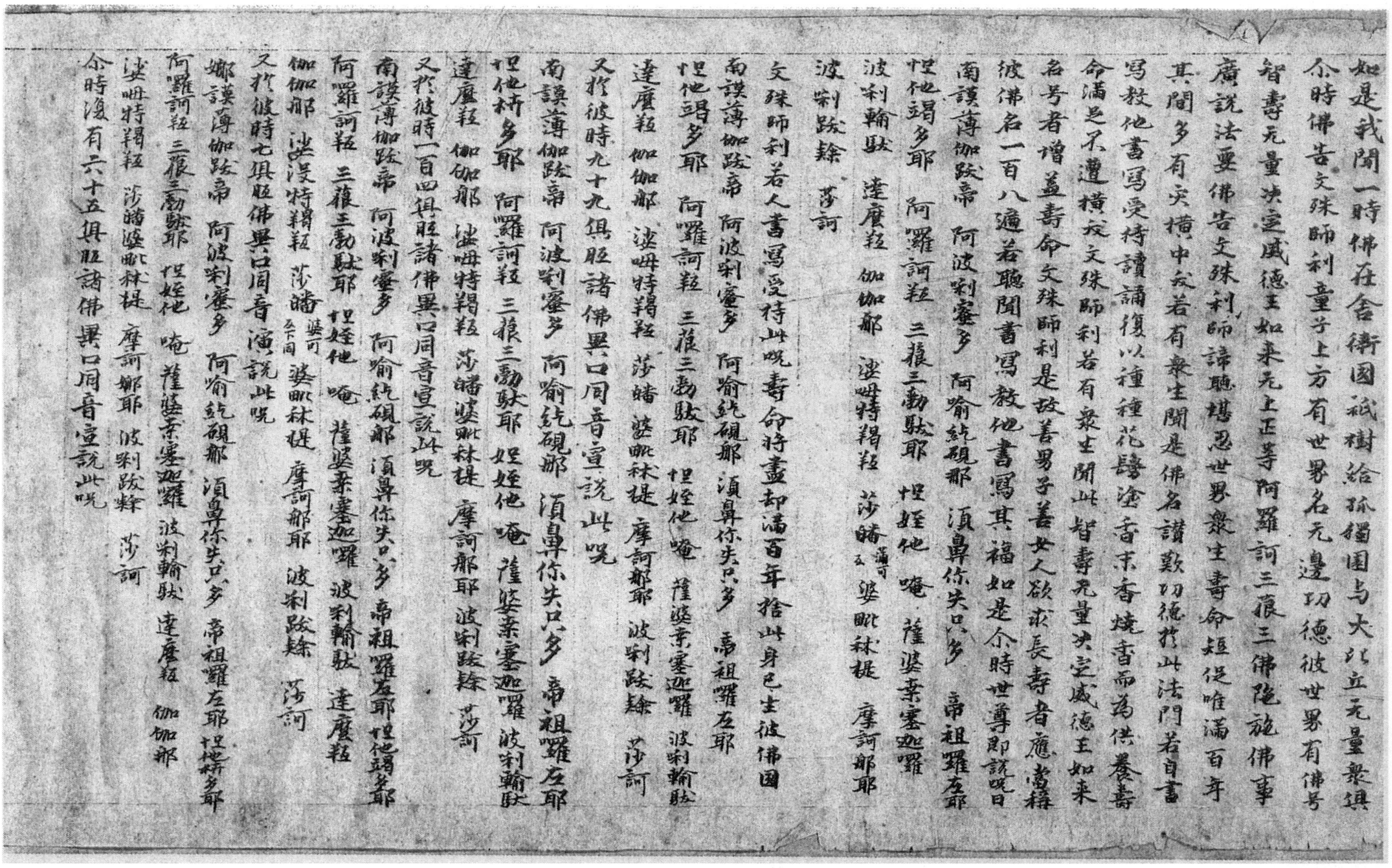
如是我聞一時佛在舍衛國祇樹給孤獨園与大比丘无量衆俱
尒時佛告文殊師利童子上方有世界名无邊功德彼世界有佛号
智壽无量決定威德王如来无上正等阿羅訶三藐三佛陁施佛事
廣説法要佛告文殊利師諦聽堪忍世界衆生壽命短促唯滿百年
其間多有夭横中夭若有衆生聞是佛名讃歎功德於此法門若自書
寫教他書寫受持讀誦復以種種花鬘塗香末香燒香而為供養壽
命滿足不遭横夭文殊師利若有衆生聞此智壽无量決定威德王如来
名号者增益壽命文殊師利是故善男子善女人欲求長壽者應當稱
彼佛名一百八遍若聽聞書寫教他書寫其福如是尒時世尊即說呪曰
南謨薄伽跋帝　阿波唎蜜多　阿喻紇硯那　須鼻你失只多　帝祖羅左耶
怛他竭多耶　阿囉訶羝　三藐三勃䭾耶　怛姪他　唵　薩婆桑塞迦囉
波唎輸䭾　達磨羝　伽伽那　娑呣特竭羝　莎䏲　婆毗秣提　摩訶那耶
波唎䟦綵　莎訶
文殊師利若人書寫受持此呪壽命將盡却滿百年捨此身已生彼佛國
南謨薄伽跋帝　阿波唎蜜多　阿喻紇硯那　須鼻你失只多　帝祖囉左耶
怛他竭多耶　阿囉訶羝　三藐三勃䭾耶　怛姪他唵　薩婆桑塞迦囉　波唎輸䭾
達磨羝　伽伽那　娑呣特竭羝　莎䏲　婆毗秣提　摩訶那耶　波唎䟦綵　莎訶
又於彼時九十九俱胝諸佛異口同音宣說此呪
南謨薄伽跋帝　阿波唎蜜多　阿喻紇硯那　須鼻你失只多　帝祖羅左耶
怛他竭多耶　阿囉訶羝　三藐三勃䭾耶　怛姪他　唵　薩婆桑塞迦囉　波唎輸䭾
達磨羝　伽伽那　娑呣特竭羝　莎䏲婆毗秣提　摩訶那耶　波唎䟦綵　莎訶
又於彼時一百四俱胝諸佛異口同音宣說此呪
南謨薄伽跋帝　阿波唎蜜多　阿喻紇硯那　須鼻你失只多　帝祖羅左耶　怛他竭多耶
阿羅訶羝　三藐三勃䭾耶　怛姪他　唵　薩婆桑塞迦囉　波唎輸䭾　達磨羝
伽伽那　娑呣特竭羝　莎䏲　婆毗秣提　摩訶那耶　波唎䟦綵　莎訶
又於彼時七俱胝佛異口同音演說此呪
南謨薄伽跋帝　阿波唎蜜多　阿喻紇硯那　須鼻你失只多　帝祖羅左耶　怛他竭多耶
阿羅訶羝　三藐三勃䭾耶　怛姪他　唵　薩婆桑塞迦囉　波唎輸䭾　達磨羝　伽伽那
娑呣特竭羝　莎䏲婆毗秣提　摩訶那耶　波唎䟦綵　莎訶
尒時復有六十五俱胝諸佛異口同音宣說此呪

BD03334號　無量壽宗要經(異甲本)　　(7–2)

阿羅訶耶 三藐三勃陀耶 怛姪他 唵 薩婆桑塞迦羅 波唎輸馱 達摩耶 伽伽那
娑毋特羯耶 莎嚩婆毗林提 摩訶那耶 波唎跋縛 莎訶
爾時復有六十五俱胝諸佛異口同音宣說此呪
又於彼時五十五俱胝諸佛異口同音演說此呪
又於彼時四十五俱胝諸佛異口同音宣說此呪
又於彼時三十六俱胝諸佛異口同音演說此呪
又於彼時二十五俱胝諸佛異口同音宣說此呪
又於彼時百俱胝殑伽沙諸佛異口同音演說此无量壽陁羅尼
若有衆生書寫此經及教他書寫壽命將盡增滿百年
若有衆生書寫此經不墮地獄餓鬼傍生閻羅王界及八難中所生之處常得宿命

BD03334號　無量壽宗要經（異甲本）　（7–3）

若有衆生書寫此經不墮地獄餓鬼傍生閻羅王界及八難中所生之處常得宿命
又於彼時教他書寫此无量壽陁羅尼即同書寫四十百千億法藏
若自書寫教他書此陁羅尼即同書寫八万四千法門建立塔廟
若教他書寫此陁羅尼滅除五无間業
若教他書寫此陁羅尼罪如須弥即當殄滅
若教他書寫此陁羅尼諸魔眷屬夜叉羅刹伺求其短不能得便
若教他書寫此陁羅尼臨命終時得值九十九俱胝諸佛現前讚歎摩頂授記
從一佛國至一佛國決定得生勿懷疑惑

BD03334號　無量壽宗要經（異甲本）　（7–4）

若教他書寫此陀羅尼臨命終時得值九十九俱胝諸佛現前讚歎摩頂授記
從一佛國至一佛國決定得生勿懷疑惑
若教他書寫此陀羅尼四大天王常隨衛護
若教他書寫此陀羅尼必定往生極樂世界
所在地方書寫此陀羅尼法寶是處即成塔廟應當作礼圍繞或
生傍生鳥獸之中聞此陀羅尼者必得无上菩提
若教他書寫此无量壽陀羅尼決定不受女人之身
若復有人於此法門能施一錢即等三千大千世界滿中七寶持用布施
若復有人供養此陀羅尼即同供養一切諸法

BD03334號　無量壽宗要經（異甲本）　（7–5）

若復有人供養此陀羅尼即同供養一切諸法
若復有人以七寶供養七佛所謂毗婆尸式棄毗舍俱留孫俱那含牟尼
迦葉釋迦文所得功德尚有限量受持此呪福不可量
若復有人以妙高山等七寶持用布施其所獲福猶可限量受持此呪福不可量
假使四大海水可知滴數此陀羅尼福不可量
若教他書寫此陀羅尼恭敬供養即同供養十方諸佛

以施之力佛超勝　施力能生人師子　欲入慈悲聚落時　殊勝施力普皆聞
以戒之力佛超勝　戒力能生人師子　欲入慈悲聚落時　殊勝戒力普皆聞
以忍之力佛超勝　忍力能生人師子　欲入慈悲聚落時　殊勝忍力普皆聞
以勤之力佛超勝　勤力能生人師子　欲入慈悲聚落時　殊勝勤力普皆聞
以定之力佛超勝　定力能生人師子　欲入慈悲聚落時　殊勝定力普皆聞
以慧之力佛超勝　慧力能生人師子　欲入慈悲聚落時　殊勝慧力普皆聞

BD03334號　無量壽宗要經（異甲本）　（7–6）

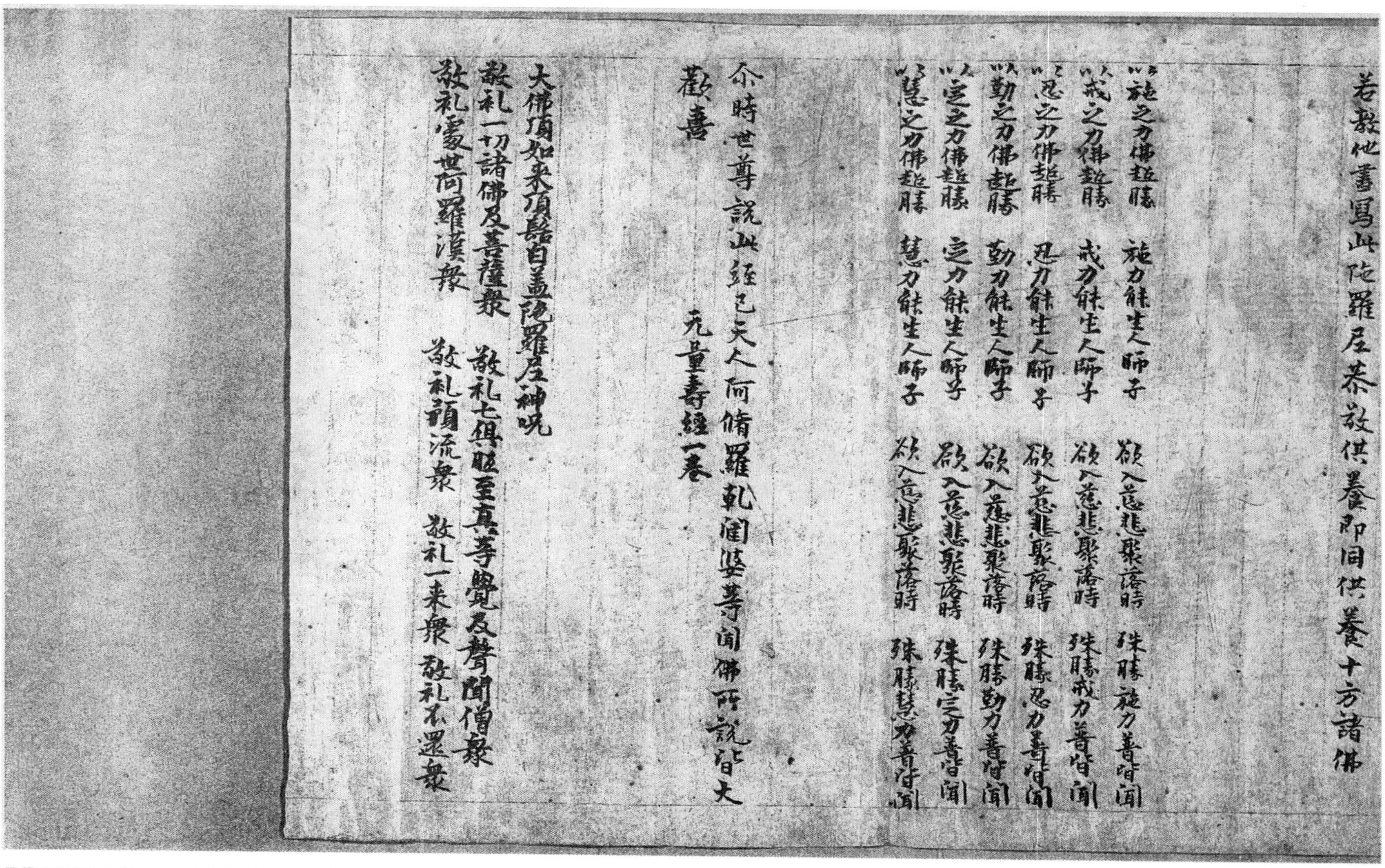

若教他書寫此陀羅尼恭敬供養即同供養十方諸佛
以施之力佛超勝　施力能生人師子　欲入慈悲聚落時　殊勝施力普皆聞
以戒之力佛超勝　戒力能生人師子　欲入慈悲聚落時　殊勝戒力普皆聞
以忍之力佛超勝　忍力能生人師子　欲入慈悲聚落時　殊勝忍力普皆聞
以勤之力佛超勝　勤力能生人師子　欲入慈悲聚落時　殊勝勤力普皆聞
以定之力佛超勝　定力能生人師子　欲入慈悲聚落時　殊勝定力普皆聞
以慧之力佛超勝　慧力能生人師子　欲入慈悲聚落時　殊勝慧力普皆聞
尒時世尊說此經已天人阿脩羅乾闥婆等聞佛所說皆大
歡喜
无量壽經一卷
大佛頂如來頂髻白蓋陀羅尼神呪
敬礼一切諸佛及菩薩衆　敬礼七俱胝正等覺及聲聞僧衆
敬礼世間阿羅漢衆　敬礼預流衆　敬礼一來衆　敬礼不還衆

BD03334 號　無量壽宗要經（異甲本）　（7–7）

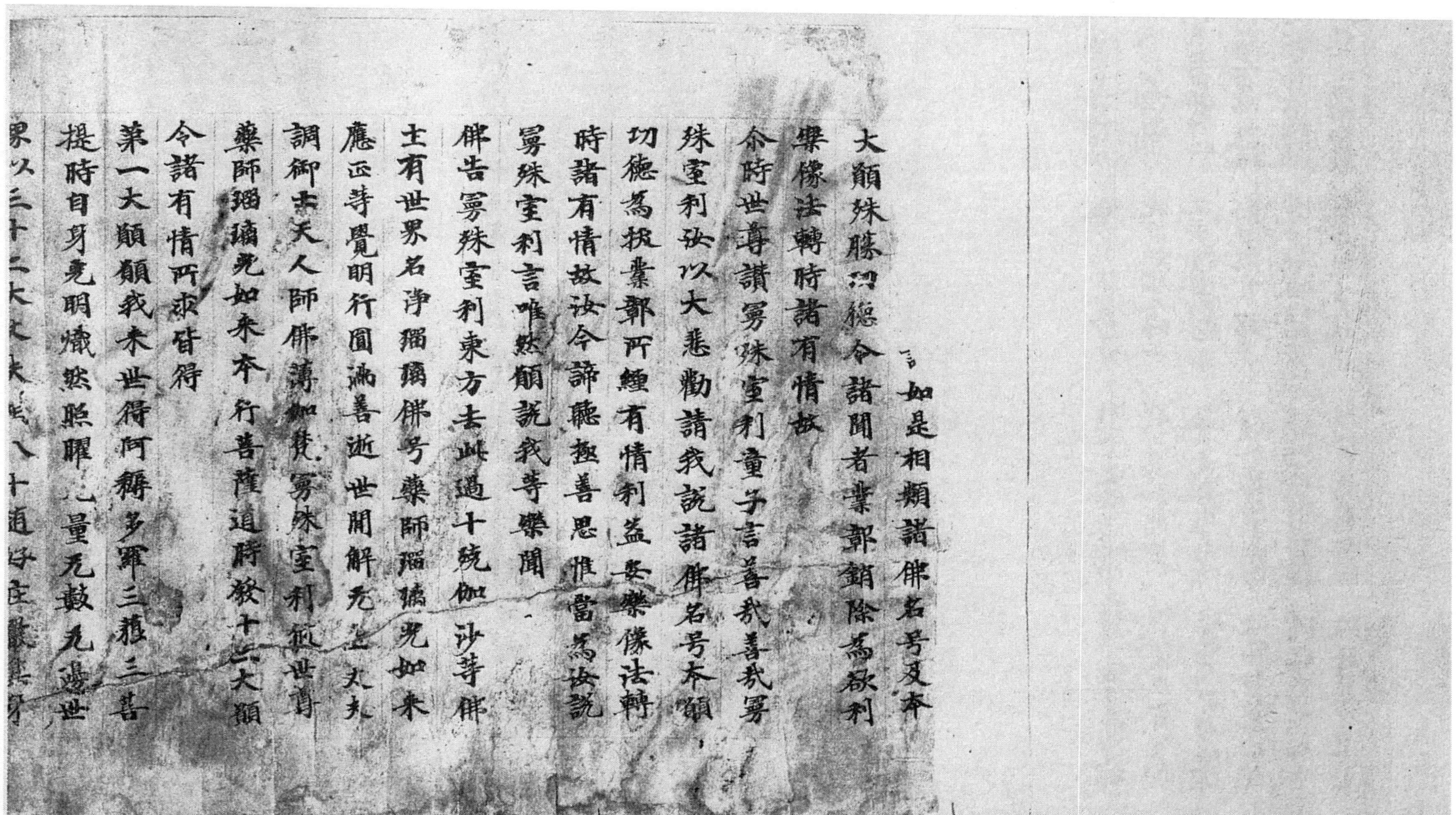

言　如是相類諸佛名号及本
大願殊勝功德令諸聞者業鄣銷除爲欲利
樂像法轉時諸有情故
尒時世尊讃曼殊室利童子言善哉善哉曼
殊室利汝以大悲勸請我說諸佛名号本願
功德爲拔業鄣所纏有情利益安樂像法轉
時諸有情故汝今諦聽極善思惟當爲汝說
曼殊室利言唯然願說我等樂聞
佛告曼殊室利東方去此過十殑伽沙等佛
土有世界名淨瑠璃佛号藥師瑠璃光如來
應正等覺明行圓滿善逝世間解无上丈夫
調御士天人師佛薄伽梵曼殊室利彼世尊
藥師瑠璃光如來本行菩薩道時發十二大願
令諸有情所求皆得
第一大願願我來世得阿耨多羅三藐三菩
提時自身光明熾然照耀无量无數无邊世
界以三十二大丈夫相八十隨好莊嚴其身

BD03335 號　藥師琉璃光如來本願功德經　（15–1）

藥師瑠璃光如來本行菩薩道時發十二大願
令諸有情所求皆得
第一大願願我來世得阿耨多羅三藐三菩
提時自身光明熾然照耀無量無數无邊世
界以三十二大丈夫相八十隨好莊嚴其身
令一切有情如我无異
第二大願願我來世得菩提時身如瑠璃內
外明徹淨无瑕穢光明廣大功德巍巍身善
安住燄網莊嚴過於日月幽冥衆生悉蒙開
曉隨意所趣作諸事業
第三大願願我來世得菩提時以无量无邊
智慧方便令諸有情皆得无盡所受用物莫
令衆生有所乏少
第四大願願我來世得菩提時若諸有情行
邪道者悉令安住菩提道中若行聲聞獨覺
乘者皆以大乘而安立之
第五大願願我來世得菩提時若有无量无
邊有情於我法中脩行梵行一切皆令得不
缺戒具三聚戒設有毀犯聞我名已還得清
淨不墮惡趣
第六大願願我來世得菩提時若諸有情其
身下劣諸根不具醜陋頑愚盲聾瘖瘂攣躄
背僂白癩顛狂種種病苦聞我名已一切皆
得端政黠慧諸根完具无諸疾苦
第七大願願我來世得菩提時若諸有情衆
[illegible]

BD03335號　藥師琉璃光如來本願功德經　（15–2）

背僂白癩顛狂種種病苦聞我名已一切皆
得端政黠慧諸根完具无諸疾苦
第七大願願我來世得菩提時若諸有情衆
病逼切无救无歸无醫无藥无親无家貧窮
多苦我之名号一經其耳衆病悉除身心安
樂家屬資具悉皆豐足乃至證得无上菩提
第八大願願我來世得菩提時若有女人為
女百惡之所逼惱極生厭離願捨女身聞我
名已一切皆得轉女成男具丈夫相乃至證
得无上菩提
第九大願願我來世得菩提時令諸有情出
魔羂網解脫一切外道纏縛若墮種種惡見
稠林皆當引攝置於正見漸令脩習諸菩薩
行速證无上正等菩提
第十大願願我來世得菩提時若諸有情王
法所縲縛錄鞭撻繫閉牢獄或當刑戮及餘
无量灾難陵辱悲愁煎迫身心受苦若聞我
名以我福德威神力故皆得解脫一切憂苦
第十一大願願我來世得菩提時若諸有情
飢渴所惱為求食故造諸惡業得聞我名專
念受持我當先以上妙飲食飽足其身後以
法味畢竟安樂而建立之
第十二大願願我來世得菩提時若諸有情
貧无衣服蚊虻寒熱晝夜逼惱若聞我名專
念受持如其所好即得種種上妙衣服亦得

BD03335號　藥師琉璃光如來本願功德經　（15–3）

苐十二大願願我來世得菩提時若諸有情
貧无衣服蚊䖟寒熱晝夜逼惱若聞我名專
念受持如其所好即得種種上妙衣服亦得
一切寶莊嚴具華鬘塗香鼓樂衆伎隨心所
翫皆令滿足
曼殊室利是為彼世尊藥師瑠璃光如來應
正等覺行菩薩道時所發十二微妙上願
復次曼殊室利彼世尊藥師瑠璃光如來行
菩薩道時所發大願及彼佛土功德莊嚴我
若一劫若一劫餘説不能盡然彼佛土一向
清淨无有女人亦无惡趣及苦音聲瑠璃為
地金繩界道城闕宮閣軒窓羅網皆七寶成
亦如西方極樂世界功德莊嚴等无差別於
其國中有二菩薩摩訶薩一名日光遍照二
名月光遍照是彼无量无數菩薩衆之上首
悉能持彼世尊藥師瑠璃光如來正法寶藏
是故曼殊室利諸有信心善男子善女人等
應當願生彼佛世界
尒時世尊復告曼殊室利童子言曼殊室利
有諸衆生不識善惡唯懷貪悋不知布施及
施果報愚癡无智闕於信根多聚財寶勤加
守護見乞者來其心不喜設不獲已而行施
時如割身肉深生痛惜復有无量慳貪有情
積集資財於其自身尚不受用何況能與父
母妻子奴婢作使及來乞者彼諸有情從此

守護見乞者來其心不喜設不獲已而行施
時如割身肉深生痛惜復有无量慳貪有情
積集資財於其自身尚不受用何況能與父
母妻子奴婢作使及來乞者彼諸有情從此
命終生餓鬼界或傍生趣由昔人間曾得暫
聞藥師瑠璃光如來名故今在惡趣暫得憶
念彼如來名即於念時從彼處沒還生人中
得宿命念畏惡趣苦不樂欲樂好行惠施讃
歎施者一切所有悉无貪惜漸次尚能以頭
目手足血肉身分施來求者况餘財物
復次曼殊室利若諸有情雖於如來受諸學
處而破尸羅有雖不破尸羅而破軌則有於
尸羅軌則雖得不壞然毀正見有雖不毀正
見而棄多聞於佛所説契經深義不能解了
有雖多聞而增上慢由增上慢覆蔽心故自
是非他嫌謗正法為魔伴黨如是愚人自行
耶見復令无量俱胝有情墮大險坑此諸有
情應於地獄傍生鬼趣流轉无窮若得聞此
藥師瑠璃光如來名号便捨惡行脩諸善法
不墮惡趣設有不能捨諸惡行脩行善法墮
惡趣者以彼如來本願威力令其現前暫聞
名号從彼命終還生人趣得正見精進善調
意樂便能捨家趣於非家如來法中受持學
處无有毀犯正見多聞解甚深義離增上慢
不謗正法不為魔伴漸次脩行諸菩薩行速
得圓滿

意樂便能捨家趣於非家如來法中受持學
處无有毀犯正見多聞解甚深義離增上慢
不謗正法不為魔伴漸次脩行諸菩薩行速
得圓滿
復次曼殊室利若諸有情慳貪嫉妬自讚毀
他當墮三惡趣中无量千歲受諸劇苦受劇
苦已從彼命終還生人間作牛馬駝驢恒被
鞭撻飢渴逼惱又常負重隨路而行或得為
人生居下賤作人奴婢受他駈役恒不自在
若昔人中曾聞世尊藥師瑠璃光如來名号
由此善因今復憶念至心歸依以佛神力衆
苦解脫諸根聰利智慧多聞恒求勝法常遇
善友永斷魔羂破无明殼竭煩惱河解脫一
切生老病死憂悲苦惱
復次曼殊室利若諸有情好喜乖離更相鬪
訟惱亂自他以身語意造作增長種種惡業
展轉常為不饒益事互相謀害告召山林樹
塚等神殺諸衆生取其血宍祭祀藥叉羅刹
婆等書怨人名作其形像以惡呪術而呪咀
之厭媚蠱道呪起屍鬼令斷彼命及壞其身
是諸有情若得聞此藥師瑠璃光如來名号
彼諸惡事悉不能害一切展轉皆起慈心利
益安樂无損惱意及嫌恨心各各歡悅於自
所受生於喜足不相侵陵互為饒益
復次曼殊室利若有四衆苾芻苾芻尼鄔波

BD03335 號　藥師琉璃光如來本願功德經　（15–6）

益安樂无損惱意及嫌恨心各各歡悅於自
所受生於喜足不相侵陵互為饒益
復次曼殊室利若有四衆苾芻苾芻尼鄔波
索迦鄔波斯迦及餘淨信善男子善女人等
有能受持八分齋戒或經一年或復三月受
持學處以此善根願生西方極樂世界无量
壽佛所聽聞正法而未定者若聞世尊藥師
瑠璃光如來名号臨命終時有八菩薩乘神
通來示其道路即於彼界種種雜色衆寶華
中自然化生或有因此生於天上雖生天中
而本善根亦未窮盡不復更生諸餘惡趣天
上壽盡還生人間或為輪王統攝四洲威德
自在安立无量百千有情於十善道或生刹
帝利婆羅門居士大家多饒財寶倉庫盈溢
形相端嚴眷屬具足聰明智慧勇健威猛如
大力士若是女人得聞世尊藥師瑠璃光如
來名号至心受持於後不復更受女身
尒時曼殊室利童子白佛言世尊我當誓於
像法轉時以種種方便令諸淨信善男子善
女人等得聞世尊藥師瑠璃光如來名号乃
至睡中亦以佛名覺悟其耳世尊若於此經
受持讀誦或復為他演說開示若自書若使
人書恭敬尊重以種種華香塗香抹香燒香
花鬘瓔珞幡蓋伎樂而為供養以五色綵作
囊盛之掃灑淨處敷設高座而用安處尒時

BD03335 號　藥師琉璃光如來本願功德經　（15–7）

受持讀誦或復爲他演說開示若自書若使
人書恭敬尊重以種種華香塗香粖香燒香
花鬘瓔珞幡蓋伎樂而爲供養以五色綵作
囊盛之掃灑淨處敷設高座而用安處尒時
四大天王與其眷屬及餘无量百千天衆皆
詣其所供養守護世尊若此經寶流行之處
有能受持以彼世尊藥師瑠璃光如來本願
功德及聞名号當知是處无復横死亦復不
爲諸惡鬼神奪其精氣設已奪者還得如故
身心安樂
佛告曼殊室利如是如是如汝所說曼殊室
利若有淨信善男子善女人等欲供養彼世
尊藥師瑠璃光如來者應先造立彼佛形像
敷清淨座而安處之散種種華燒種種香以
種種幢幡莊嚴其處七日七夜受八分齋戒
食清淨食澡浴香潔著新淨衣應生无垢濁
心无怒害心於一切有情起利益安樂慈悲
喜捨平等之心鼓樂歌讚右遶佛像復應念
彼如來本願功德讀誦此經思惟其義演說
開示隨所樂願一切皆遂求長壽得長壽求
冨饒得冨饒求官位得官位求男女得男女
若復有人忽得惡夢見諸惡相或恠鳥來集
或於住處百恠出現此人若以衆妙資具恭
敬供養彼世尊藥師瑠璃光如來者惡夢惡
相諸不吉祥皆悉隱沒不能爲患或有水火

BD03335號　藥師琉璃光如來本願功德經　（15-8）

若復有人忽得惡夢見諸惡相或恠鳥來集
或於住處百恠出現此人若以衆妙資具恭
敬供養彼世尊藥師瑠璃光如來者惡夢惡
相諸不吉祥皆悉隱沒不能爲患或有水火
刀毒懸嶮惡象師子虎狼熊羆毒虵惡蠍蜈
蚣蚰蜒蚊虻等怖若能至心憶念彼佛恭敬
供養一切怖畏皆得解脫若他國侵擾盜賊
反亂憶念恭敬彼如來者亦皆解脫
復次曼殊室利若有淨信善男子善女人等
乃至盡形不事餘天唯當一心歸佛法僧受
持禁戒若五戒十戒菩薩四百戒苾芻二百
五十戒苾芻尼五百戒於所受中或有毀犯
怖墮惡趣若能專念彼佛名号恭敬供養者
必定不受三惡趣生或有女人臨當産時受
於極苦若能至心稱名禮讚恭敬供養彼如
來者衆苦皆除所生之子身分具足形色端正
見者歡喜利根聰明安隱少病无有非人奪
其精氣
尒時世尊告阿難言如我稱揚彼佛世尊藥
師瑠璃光如來所有功德此是諸佛甚深行
處難可解了汝爲信不阿難白言大德世尊
我於如來所說契經不生疑惑所以者何一
切如來身語意業无不清淨世尊此日月輪可
令墮落妙高山王可使傾動諸佛所言无有
異也世尊有諸衆生信根不具聞說諸佛甚

BD03335號　藥師琉璃光如來本願功德經　（15-9）

切如來身語意業无不清淨世尊此日月輪可
令墮落妙高山王可使傾動諸佛所言无有
異也世尊有諸衆生信根不具聞說諸佛甚
深行處作是思惟云何但念藥師瑠璃光如
來一佛名号便獲尒所功德勝利由此不信
返生誹謗彼於長夜失大利樂墮諸惡趣流
轉无窮佛告阿難是諸有情若聞世尊藥師
瑠璃光如來名号至心受持不生疑惑墮惡
趣者无有是處阿難此是諸佛甚深所行難
可信解汝今能受當知皆是如來威力阿難
一切聲聞獨覺及未登地諸菩薩等皆悉不
能如實信解唯除一生所繫菩薩阿難人身
難得於三寶中信敬尊重亦難可得得聞世
尊藥師瑠璃光如來名号復難於是阿難彼藥
師瑠璃光如來无量菩薩行无量巧方便无
量廣大願我若一劫若一劫餘而廣說者劫
可速盡彼佛行願善巧方便无有盡也尒時
衆中有一菩薩摩訶薩名曰救脫即從座起
偏袒一肩右膝著地曲躬合掌而白佛言大
德世尊像法轉時有諸衆生爲種種患之所
困厄長病羸瘦不能飲食喉脣乾燥見諸方
暗死相現前父母親屬朋友知識啼泣圍遶
然彼自身臥在本處見琰魔使引其神識至
于琰魔法王之前然諸有情有俱生神隨其
所作若罪若福皆具書之盡持授與琰魔法

然彼自身臥在本處見琰魔使引其神識至
于琰魔法王之前然諸有情有俱生神隨其
所作若罪若福皆具書之盡持授與琰魔法
王尒時彼王推問其人筭計所作隨其罪福
而處斷之時彼病人親屬知識若能爲彼歸
依世尊藥師瑠璃光如來請諸衆僧轉讀此
經然七層之燈懸五色續命神幡或有是處
神識得還如在夢中明了自見或經七日或
二十一日或三十五日或四十九日彼識還
時如從夢覺皆自憶知善不善業所得果報
由自證見業果報故乃至命難亦不造作諸
惡之業是故淨信善男子善女人等皆應受
持藥師瑠璃光如來名号隨力所能恭敬供
養
尒時阿難問救脫菩薩曰善男子應云何恭
敬供養彼世尊藥師瑠璃光如來續命幡燈
復云何造救脫菩薩言大德若有病人欲脫
病苦當爲其人七日七夜受持八分齋戒應
以飲食及餘資具隨力所辦供養苾蒭僧晝
夜六時礼拜供養彼世尊藥師瑠璃光如來
讀誦此經四十九遍然四十九燈造彼如來
形像七軀一一像前各置七燈一一燈量大
如車輪乃至四十九日光明不絕造五色綵
幡長四十九搩手應放雜類衆生至四十九
可得過度危厄之難不爲諸橫惡鬼所持復

如車輪乃至四十九日光明不絕造五色綵
幡長四十九搩手應放雜類眾生至四十九
可得過度危厄之難不為諸橫惡鬼所持復
次阿難若刹帝利灌頂王等災難起時所謂
人眾疾疫難他國侵逼難自界叛逆難星宿
變怪難日月薄蝕難非時風雨難過時不雨
難彼刹帝利灌頂王等爾時應於一切有情
起慈悲心赦諸繫閉依前所說供養之法供
養彼世尊藥師瑠璃光如來由此善根及彼
如來本願力故令其國界即得安隱風雨順
時穀稼成熟一切有情无病歡樂於其國中
无有暴惡藥叉等神惱有情者一切惡相皆
即隱沒而刹帝利灌頂王等壽命色力无病
自在皆得增益阿難若帝后妃主儲君王子
大臣輔相中宮綵女百官黎庶為病所苦及
餘厄難亦應造立五色神幡然燈續明放諸
生命散雜色華燒眾名香病得除愈眾難解脫
爾時阿難問救脫菩薩言善男子云何已盡
之命而可增益救脫菩薩言大德汝豈不聞
如來說有九橫死耶是故勸造續命幡燈脩
諸福德以脩福故盡其壽命不經苦患阿難
問言九橫云何救脫菩薩言若諸有情得病
雖輕然无醫藥及看病者設復遇醫授以非
藥實不應死而便橫死又信世間邪魔外道
妖孼之師妄說禍福便生恐動心不自正卜

BD03335號　藥師琉璃光如來本願功德經

（15–12）

諸福德以脩福故盡其壽命不經苦患阿難
問言九橫云何救脫菩薩言若諸有情得病
雖輕然无醫藥及看病者設復遇醫授以非
藥實不應死而便橫死又信世間邪魔外道
妖孼之師妄說禍福便生恐動心不自正卜
問覓禍殺種種眾生解奏神明呼諸魍魎請
乞福祐欲冀延年終不能得愚癡迷惑信邪
倒見遂令橫死入於地獄无有出期是名初
橫二者橫被王法之所誅戮三者畋獵嬉戲
耽婬嗜酒放逸无度橫為非人奪其精氣四
者橫為火焚五者橫為水溺六者橫為種種
惡獸所噉七者橫墮山崖八者橫為毒藥厭
禱呪咀起屍鬼等之所中害九者飢渴所困
不得飲食而便橫死是為如來略說橫死有
此九種其餘復有无量諸橫難可具說
復次阿難彼琰魔王主領世間名籍之記若
諸有情不孝五逆破辱三寶壞君臣法毀於
信戒琰魔法王隨罪輕重考而罰之是故我
今勸諸有情然燈造幡放生脩福令度苦厄
不遭眾難
爾時眾中有十二藥叉大將俱在會坐所謂
宮毗羅大將　伐折羅大將　迷企羅大將　安底羅大將
頞你羅大將　珊底羅大將　因達羅大將　波夷羅大將
摩虎羅大將　真達羅大將　招杜羅大將　毗羯羅大將
此十二藥叉大將一一各有七千藥叉以為
眷屬同時舉聲白佛言世尊我等今者蒙佛

BD03335號　藥師琉璃光如來本願功德經

（15–13）

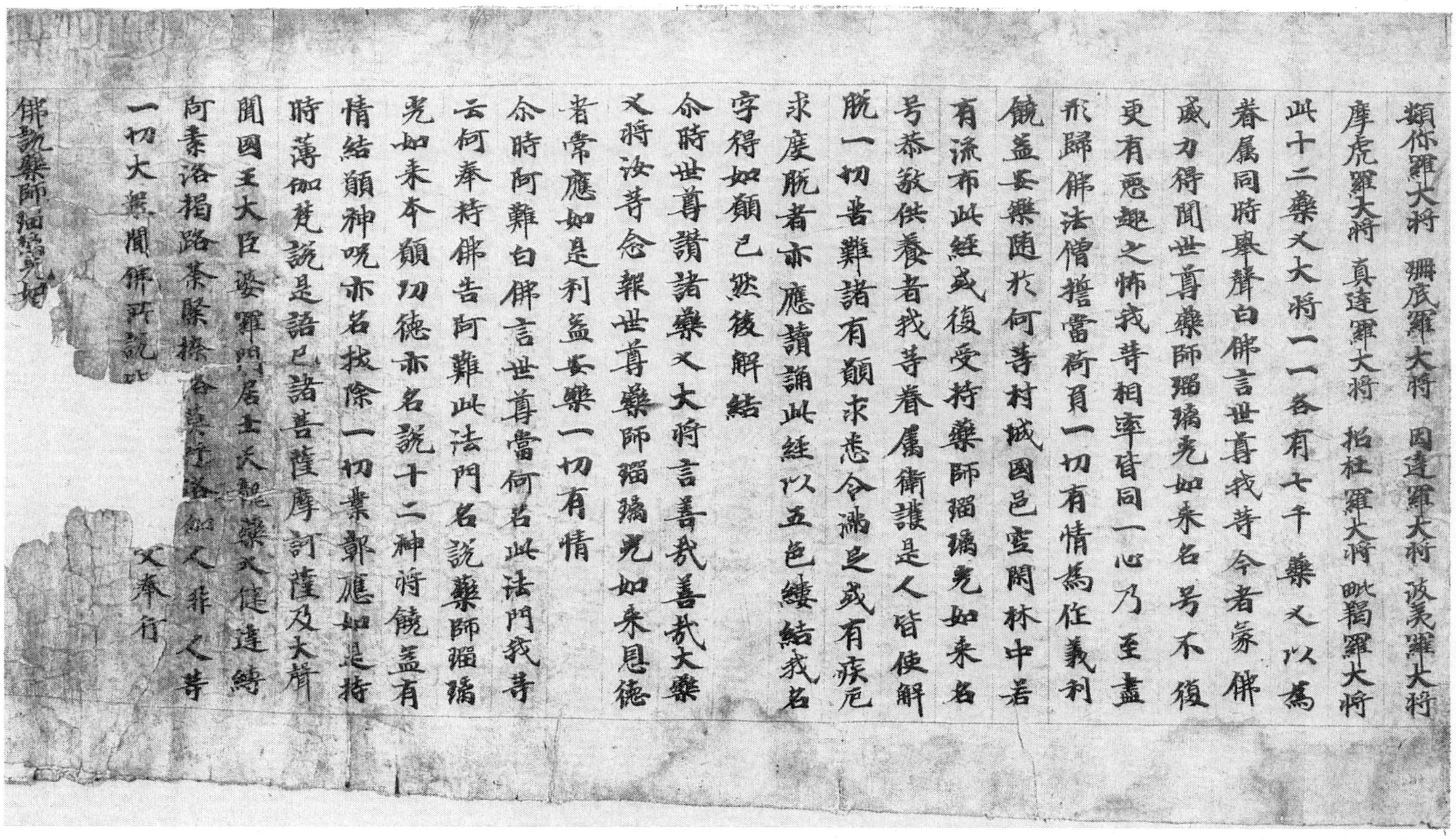
頞你羅大將　珊底羅大將　因達羅大將　波夷羅大將
摩虎羅大將　真達羅大將　招杜羅大將　毗羯羅大將
此十二藥叉大將一一各有七千藥叉以為
眷屬同時舉聲白佛言世尊我等今者蒙佛
威力得聞世尊藥師瑠璃光如來名号不復
更有惡趣之怖我等相率皆同一心乃至盡
形歸佛法僧誓當荷負一切有情為作義利
饒益安樂隨於何等村城國邑空閑林中若
有流布此經或復受持藥師瑠璃光如來名
号恭敬供養者我等眷屬衛護是人皆使解
脫一切苦難諸有願求悉令滿足或有疾厄
求度脫者亦應讀誦此經以五色縷結我名
字得如願已然後解結
尒時世尊讃諸藥叉大將言善哉善哉大藥
叉將汝等念報世尊藥師瑠璃光如來恩德
者常應如是利益安樂一切有情
尒時阿難白佛言世尊當何名此法門我等
云何奉持佛告阿難此法門名說藥師瑠璃
光如來本願功德亦名說十二神將饒益有
情結願神呪亦名拔除一切業鄣應如是持
時薄伽梵說是語已諸菩薩摩訶薩及大聲
聞國王大臣婆羅門居士天龍藥叉揵達縛
阿素洛揭路荼緊捺洛莫呼洛伽人非人等
一切大衆聞佛所說……受奉行
佛說藥師瑠璃光如

BD03335 號　藥師琉璃光如來本願功德經　（15–14）

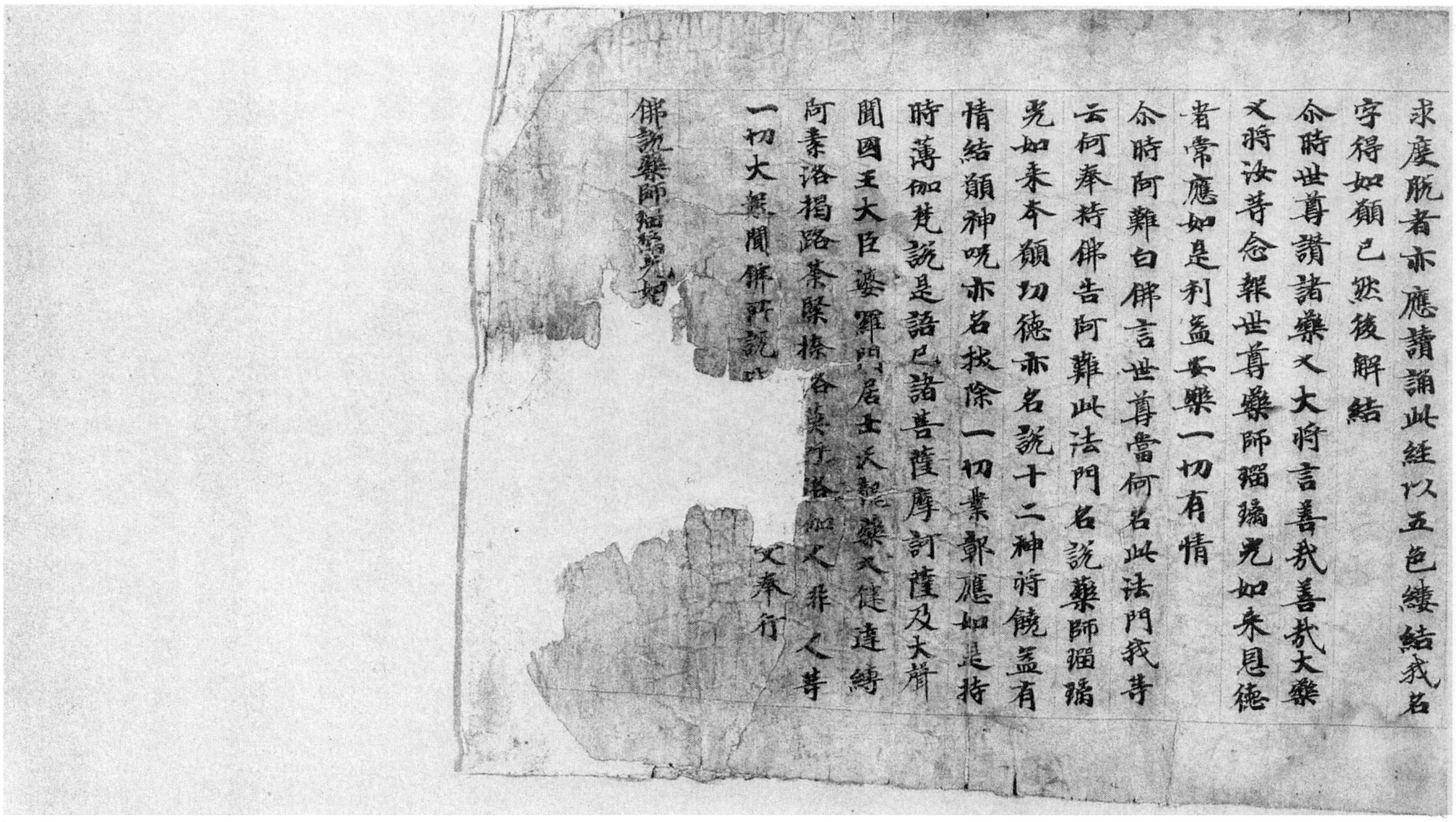
求度脫者亦應讀誦此經以五色縷結我名
字得如願已然後解結
尒時世尊讃諸藥叉大將言善哉善哉大藥
叉將汝等念報世尊藥師瑠璃光如來恩德
者常應如是利益安樂一切有情
尒時阿難白佛言世尊當何名此法門我等
云何奉持佛告阿難此法門名說藥師瑠璃
光如來本願功德亦名說十二神將饒益有
情結願神呪亦名拔除一切業鄣應如是持
時薄伽梵說是語已諸菩薩摩訶薩及大聲
聞國王大臣婆羅門居士天龍藥叉揵達縛
阿素洛揭路荼緊捺洛莫呼洛伽人非人等
一切大衆聞佛所說……受奉行
佛說藥師瑠璃光如

BD03335 號　藥師琉璃光如來本願功德經　（15–15）

處為諸人衆說是經王若一喻一品一
緣一如來名一菩薩名一四句頌或復一句
諸衆生說是經典乃至首題名字世尊隨
諸衆生所住之處其地悉皆沃壤肥濃過於
餘處凡是土地所生之物悉得增長滋茂廣
大令諸衆生受於快樂多饒財寶好行惠施
心常堅固深信三寶作是語已尒時世尊告
堅牢地神曰若有衆生聞是金光明最勝經
王乃至一句命終之後當得往生三十三天
及餘天處若有衆生為欲供養是經王故莊
嚴宅宇乃至張一傘蓋懸一繒
六天之上如念受生七寶妙宮
各自然有七千天女共相娛樂
思議殊勝之樂作是語已尒時
佛言世尊以是因緣若有四衆
說是法時我當晝夜擁護
於座所頂戴其足世尊如
已於百千佛所種善根者於
滅是諸衆生聽斯經者於未
俱胝那庾多劫天上人中常受
佛速成阿耨多羅三藐三菩提

BD03336 號　金光明最勝王經卷八　（6–1）

說是法時我當晝夜擁護
於座所頂戴其足世尊如
已於百千佛所種善根者於
滅是諸衆生聽斯經者於未
俱胝那庾多劫天上人中常受
佛速成阿耨多羅三藐三菩提
死之苦尒時堅牢地神白佛言
呪能利人天安樂一切若有男子
四衆欲得親見我真身者應當
羅尼隨其所願皆悉遂心所謂資
藏及求神通長年妙藥并療衆病降
制諸異論當持淨室安置道場洗浴
著鮮潔衣踞草座上於有舍利尊像之前或
有舍利制底之所燒香散花飲食供養於白
月八日布灑星合即可誦此請召之呪
怛姪他 只里 只里 主嚕 主嚕 句嚕 句嚕
拘柱拘柱 覩柱覩柱 縛訶 上 縛訶
伐捨 伐捨 莎訶
世尊此之神呪若有四衆誦一百八遍請召
於我我為是人即來赴請又復世尊若有衆
生欲得見我現身共語者亦應如前安置法
式誦此神呪
怛姪他 頞祈泥 頞力剎泥 室戶達哩
訶訶 呬呬 盧嚕 伐麗 莎訶
世尊若人持此呪時應誦一百八遍并誦前
呪我必現身隨其所願悉得成就終不虛然
若欲誦此呪時先誦護身呪曰
怛姪他 你室里 末捨羯撥捺撥矩撥

BD03336 號　金光明最勝王經卷八　（6–2）

世尊若人持此呪時應誦一百八遍并誦前
呪我必現身隨其所願悉得成就終不虛然
若欲誦此呪時先誦護身呪曰
怛姪他 你室里 末捨羯徵 捺徵 矩徵
勳地 勳地 儸 座徵 婢徵 矩句徵
佉婆上 只里 莎訶
世尊誦此呪時取五色綫誦呪二十一遍作
二十一結繫在左臂肘後即便護身无有所
懼若有至心誦此呪者所求必遂我不妄語
我以佛法僧寶而為要契證知是實
尒時世尊告地神曰善哉善哉汝能以是實
語神呪護此經王及說法者以是因緣令汝
獲得无量福報
金光明最勝王經僧慎尒耶藥叉大將品第十九
尒時僧慎尒耶藥叉大將并與二十八部藥
叉諸神於大衆中皆從座起偏袒右肩右膝
著地合掌向佛白言世尊此金光明最勝經
王若現在世及未來世所在宣揚流布之處
若於城邑聚落山澤空林或王宮殿或僧住
處世尊我僧慎尒耶藥叉大將并與二十八
部藥叉諸神俱詣其所各自隱形隨處擁護
彼說法師令離衰惱常受安樂及聽法者若
男若女童男童女於此經中乃至受持一四
句頌或持一句或此經王首題名号及此經
中一如來名一菩薩名發心稱念恭敬供養
者我當救護攝受令无灾橫離苦得樂世尊
何故我名正了知此之因緣是佛親證我知
諸法我曉一切法隨所有一切法如所有一
法諸法種類體性差別世尊如是諸法我能

BD03336 號　金光明最勝王經卷八　（6–3）

句頌或持一句或此經王首題名号及此經
中一如來名一菩薩名發心稱念恭敬供養
者我當救護攝受令无灾橫離苦得樂世尊
何故我名正了知此之因緣是佛親證我知
諸法我曉一切法隨所有一切法如所有一
法諸法種類體性差別世尊如是諸法我能
了知我有難思智光我有難思智炬我有難
思智行我有難思智聚我有難思智境而能
通達世尊如我於一切法正知正曉正覺能
正觀察世尊以是因緣我藥叉大將名正了
知以是義故我能令彼說法之師言詞辯了
具足莊嚴亦令精氣從毛孔入身力充足威
光勇健難思智光皆得成就得正憶念无有
退屈增益彼身令无衰減諸根安樂常生歡
喜以是因緣為彼有情已於百千佛所殖諸
善根修福業者於贍部洲廣宣流布不速隱
沒彼諸有情聞是經已得不可思議大智光
明及以无量福智之聚於未來世當受无量
俱胝那庾多劫不可思量人天勝樂常与諸
佛共相值遇速證无上正等菩提閻羅之界
三塗極苦不復經過
尒時正了知藥叉大將白佛言世尊我有陀
羅尼今對佛前親自陳說為欲饒益憐愍諸
有情故即說呪曰
南謨佛陀引也　南謨達摩也
南謨僧伽引也　南謨跋囉䶬合文摩也
南謨因達囉也　南謨析咄喃
莫喝囉闍喃　怛姪他 呬里 呬里
弭里 弭里瞿里　莫訶瞿里 健陀里

BD03336 號　金光明最勝王經卷八　（6–4）

南謨佛陀引 也 南謨達摩 也
南謨僧伽引 也 南謨跋囉鉗飲摩 也
南謨因達囉 也 南謨折咄喃
莫曷囉闍 喃 怛姪他 四里 四里
弭里弭里瞿 里 里 莫訶瞿里健陀里
莫訶健陀 里 達羅弭 雉
莫訶達羅弭 雉 畢叅曲勸踞 第去
訶訶訶訶 訶 四四四四 四
呼呼呼呼 呼 漢魯曇謎 瞿曇謎
者者者者 者 只只只只 主主主主
頞叅攞漿之 鉢攞 尸揭囉上 尸揭囉
嗢底 慧 佗 四 薄伽梵僧慎尔耶
莎訶

若復有人於此明呪能受持者我當給与資
生樂具飲食衣服花果珎異或求男女童男
童女金銀珎寶諸瓔珞具我皆供給隨所顧
求令无闕乏此之明呪有大威力若誦呪時
我當速至其所令无障礙隨意成就若持此
呪時應知其法先畫一鋪僧慎尔耶藥叉形
像高四五尺手執鉾鑹於此像前作四方壇
安四滿缾蜜水或沙糖水塗香末香燒香及
諸花鬘又於壇前作地火爐中安炭火以蘇
摩芥子燒於爐中口誦前呪一百八遍一遍
一燒乃至我藥叉大將自來現身問呪人曰尒
何所須意所求者即以事荅我即隨言於
所求事皆令滿足或須金銀及諸伏藏或欲
神仙乘空而去或求天眼通或知他心事於
一切有情隨意自在令斷煩惱速得解脫皆得
成就

BD03336 號　金光明最勝王經卷八

（6–5）

生樂具飲食衣服花果珎異或求男女童男
童女金銀珎寶諸瓔珞具我皆供給隨所顧
求令无闕乏此之明呪有大威力若誦呪時
我當速至其所令无障礙隨意成就若持此
呪時應知其法先畫一鋪僧慎尔耶藥叉形
像高四五尺手執鉾鑹於此像前作四方壇
安四滿缾蜜水或沙糖水塗香末香燒香及
諸花鬘又於壇前作地火爐中安炭火以蘇
摩芥子燒於爐中口誦前呪一百八遍一遍
一燒乃至我藥叉大將自來現身問呪人曰尒
何所須意所求者即以事荅我即隨言於
所求事皆令滿足或須金銀及諸伏藏或欲
神仙乘空而去或求天眼通或知他心事於
一切有情隨意自在令斷煩惱速得解脫皆得
成就
尒時世尊告正了知藥叉大將曰善哉善哉
汝能如是利益一切衆生說此神呪擁護正
法福利无邊

金光明最勝王經王法正論品第廿

尒時此大地神女名曰堅牢於大衆中從座
而起頂礼佛足合掌恭敬白佛言世尊於諸
國中為人王者若无正法不能治國安養衆
生及以自身長居勝位唯願世尊慈悲哀
愍當為我說王法正論治國之要令諸人王

BD03336 號　金光明最勝王經卷八

（6–6）

十二門論品目 十二
十二門論品目

BD03336號背　雜寫　　　（1–1）

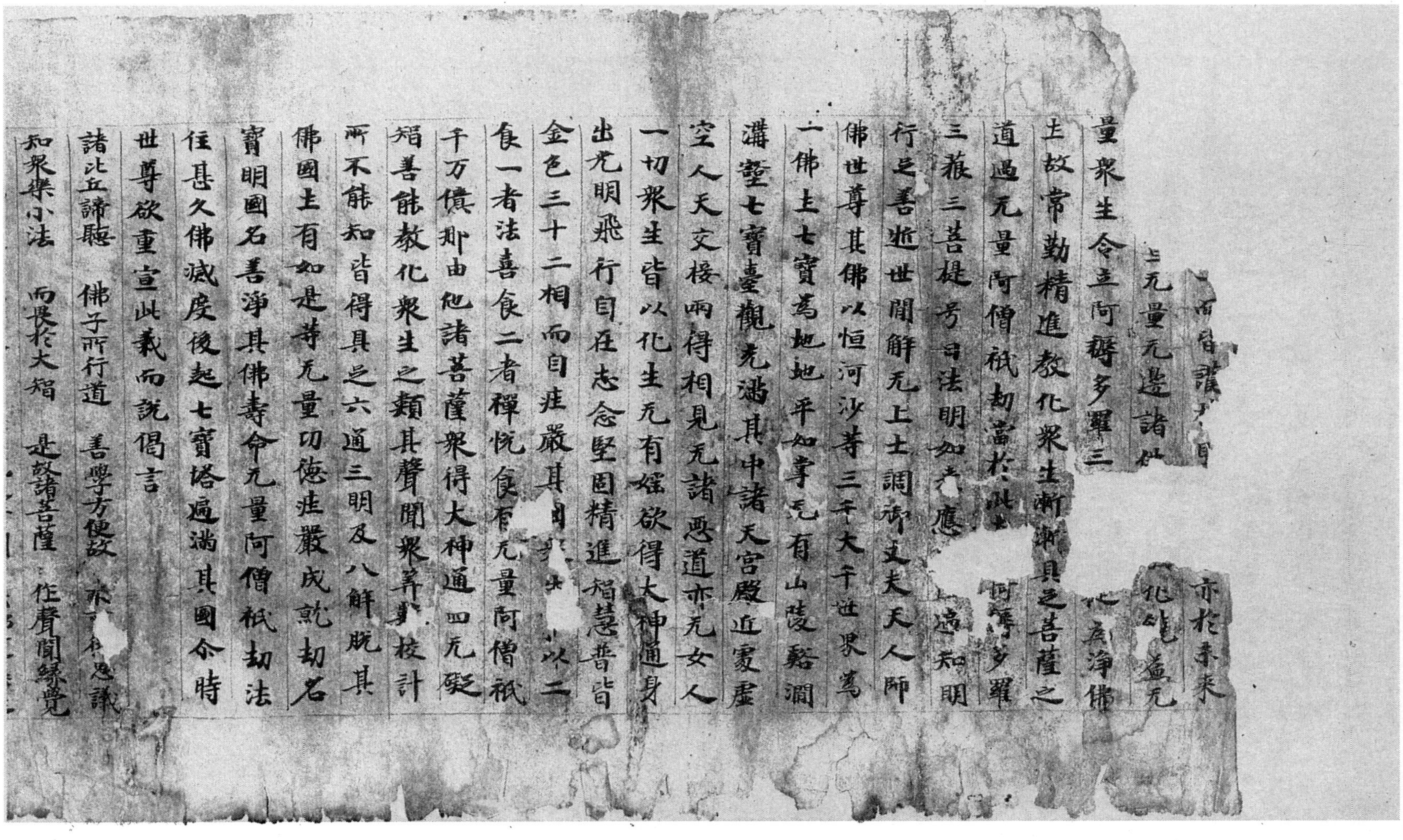
而皆讚……亦於未來
上无量无邊諸佛……化饒益无
量衆生令立阿耨多羅三……淨佛
土故常勤精進教化衆生漸漸具足菩薩之
道過无量阿僧祇劫當於此……阿耨多羅
三藐三菩提号曰法明如來應□遍知明
行足善逝世間解无上士調御丈夫天人師
佛世尊其佛以恒河沙等三千大千世界爲
一佛土七寶爲地地平如掌无有山陵谿澗
溝壑七寶臺觀充滿其中諸天宮殿近處虛
空人天交接兩得相見无諸惡道亦无女人
一切衆生皆以化生无有婬欲得大神通身
出光明飛行自在志念堅固精進智慧普皆
金色三十二相而自莊嚴其國衆生常以二
食一者法喜食二者禪悅食有无量阿僧祇
千万億那由他諸菩薩衆得大神通四无礙
智善能教化衆生之類其聲聞衆筭數校計
所不能知皆得具足六通三明及八解脫其
佛國土有如是等无量功德莊嚴成就劫名
寶明國名善淨其佛壽命无量阿僧祇劫法
住甚久佛滅度後起七寶塔遍滿其國尒時
世尊欲重宣此義而說偈言
諸比丘諦聽　佛子所行道　善學方便故　不可思議
知衆樂小法　而畏於大智　是故諸菩薩　作聲聞緣覺

BD03337號　妙法蓮華經卷四　　　（9–1）

出无明飛行自在志念堅固精進智慧普皆
金色三十二相而自莊嚴其國衆生常以二
食一者法喜食二者禪悅食有无量阿僧祇
千万億那由他諸菩薩衆得大神通四无礙
智善能教化衆生之類其聲聞衆筭數校計
所不能知皆得具足六通三明及八解脫其
佛國土有如是等无量功德莊嚴成就劫名
寶明國名善淨其佛壽命无量阿僧祇劫法
住甚久佛滅度後起七寶塔遍滿其國尒時
世尊欲重宣此義而說偈言
諸比丘諦聽　佛子所行道　善學方便故　不可得思議
知衆樂小法　而畏於大智　是故諸菩薩　作聲聞緣覺
以无數方便　化諸衆生類　自說是聲聞　去佛道甚遠
度脫无量衆　皆悉得成就　雖小欲懈怠　漸當令作佛
內祕菩薩行　外現是聲聞　少欲厭生死　實自淨佛土
示衆有三毒　又現邪見相　我弟子如是　方便度衆生
若我具足說　種種現化事　衆生聞是者　心則懷疑惑
今此富樓那　於昔千億佛　勤脩所行道　宣護諸佛法
為求无上慧　而於諸佛所　現居弟子上　多聞有智慧
所說无所畏　能令衆歡喜　未曾有疲惓　而以助佛事
已度大神通　具四无礙智　知衆根利鈍　常說清淨法
演暢如是義　教諸千億衆　令住大乘法　而自淨佛土
未來亦供養　无量无數佛　護助宣正法　亦自淨佛土
常以諸方便　說法无所畏　度不可計衆　成就一切智
供養諸如來　護持法寶藏　其後當作佛　号名曰法明
其國名善淨　七寶所合成　劫名為寶明　菩薩衆甚多
其數无量億　皆度大神通　威德力具足　充滿其國土
聲聞亦无數　三明八解脫　得四无礙智　以是等為僧

BD03337號　妙法蓮華經卷四

（9–2）

演暢如是義　教諸千億衆　令住大乘法　而自淨佛土
未來亦供養　无量无數佛　護助宣正法　亦自淨佛土
常以諸方便　說法无所畏　度不可計衆　成就一切智
供養諸如來　護持法寶藏　其後當作佛　号名曰法明
其國名善淨　七寶所合成　劫名為寶明　菩薩衆甚多
其數无量億　皆度大神通　威德力具足　充滿其國土
聲聞亦无數　三明八解脫　得四无礙智　以是等為僧
其國諸衆生　婬欲皆已斷　純一變化生　具相莊嚴身
法喜禪悅食　更无餘食想　无有諸女人　亦无諸惡道
富樓那比丘　功德悉成滿　當得斯淨土　賢聖衆甚多
如是无量事　我今但略說
尒時千二百阿羅漢心自在者作是念我等
歡喜得未曾有若世尊各見授記如餘大弟
子者不亦快乎佛知此等心之所念告摩訶
迦葉是千二百阿羅漢我今當現前次苐與
受阿耨多羅三藐三菩提記於此衆中我大
弟子憍陳如比丘當供養六万二千億佛然
後得成為佛号曰普明如來應供正遍知明
行足善逝世間解无上士調御丈夫天人師
佛世尊其五百阿羅漢優樓頻螺迦葉伽耶
迦葉那提迦葉迦留陀夷優陀夷阿㝹樓馱
離婆多劫賓那薄拘羅周陀莎伽陀等皆當
得阿耨多羅三藐三菩提盡同一号名曰普
明尒時世尊欲重宣此義而說偈言
憍陳如比丘　當見无量佛　過阿僧祇劫　乃成等正覺
常放大光明　具足諸神通　名聞遍十方　一切之所敬
常說无上道　故号為普明　其國土清淨　菩薩皆勇猛

BD03337號　妙法蓮華經卷四

（9–3）

得阿耨多羅三藐三菩提皆同一號名曰普
明尒時世尊欲重宣此義而說偈
憍陳如比丘　當見无量佛　過阿僧祇劫　乃成等正覺
常放大光明　具足諸神通　名聞遍十方　一切之所敬
常說无上道　故号為普明　其國土清淨　菩薩皆勇猛
咸昇妙樓閣　遊諸十方國　以无上供具　奉獻於諸佛
作是供養已　心懷大歡喜　須臾還本國　有如是神力
佛壽六万劫　正法住倍壽　像法復倍是　法滅天人憂
其五百比丘　次第當作佛　同号曰普明　轉次而授記
我滅度之後　某甲當作佛　其所化世間　亦如我今日
國土之嚴淨　及諸神通力　菩薩聲聞眾　正法及像法
壽命劫多少　皆如上所說　迦葉汝已知　五百自在者
餘諸聲聞眾　亦當復如是　其不在此會　汝當為宣說
尒時五百阿羅漢於佛前得受記已歡喜踊
躍即從座起到於佛前頭面礼足悔過自責
世尊我等常作是念自謂已得究竟滅度今
乃知之如无智者所以者何我等應得如來
智慧而便自以小智為足世尊譬如有人至
親友家醉酒而臥是時親友官事當行以无
價寶珠繫其衣裏與之而去其人醉臥都不
覺知起已遊行到於他國為衣食故勤力求
索甚大艱難若少有所得便以為足於後親
友會遇見之而作是言咄哉丈夫何為衣食
乃至如是我昔欲令汝得安樂五欲自恣於
某年日月以无價寶珠繫汝衣裏今故現在
而汝不知勤苦憂惱以求自活甚為癡也汝
今可以此寶貿易所須常可如意无所乏短

BD03337 號　妙法蓮華經卷四　（9–4）

友會遇見之而作是言咄哉丈夫何為衣食
乃至如是我昔欲令汝得安樂五欲自恣於
某年日月以无價寶珠繫汝衣裏今故現在
而汝不知勤苦憂惱以求自活甚為癡也汝
今可以此寶貿易所須常可如意无所乏短
佛亦如是為菩薩時教化我等令發一切智
心而尋廢忘不知不覺既得阿羅漢道自謂
滅度資生艱難得少為足一切智願猶在不
失今者世尊覺悟我等作如是言諸比丘汝
等所得非究竟滅我久令汝等種佛善根以
方便故示涅槃相而汝謂為實得滅度世尊
我今乃知實是菩薩得受阿耨多羅三藐三
菩提記以是因緣甚大歡喜得未曾有尒時
阿若憍陳如等欲重宣此義而說偈言
我等聞无上　安隱授記聲　歡喜未曾有　礼无量智佛
今於世尊前　自悔諸過咎　於无量佛寶　得少涅槃分
如无智愚人　便自以為足　譬如貧窮人　往至親友家
其家甚大富　具設諸餚饍　以无價寶珠　繫著內衣裏
嘿與而捨去　時臥不覺知　是人既已起　遊行詣他國
求衣食自濟　資生甚艱難　得少便為足　更不願好者
不覺內衣裏　有无價寶珠　與珠之親友　後見此貧人
苦切責之已　示以所繫珠　貧人見此珠　其心大歡喜
富有諸財物　五欲而自恣　我等亦如是　世尊於長夜
常愍見教化　令種无上願　我等无智故　不覺亦不知
得少涅槃分　自足不求餘　今佛覺悟我　言非實滅度
得佛无上慧　尒乃為真滅　我今從佛聞　受記莊嚴事
及轉次受決　身心遍歡喜

BD03337 號　妙法蓮華經卷四　（9–5）

皆切責之已　示以所繫珠　貧人見此珠　其心大歡喜
富有諸財物　五欲而自恣　我等亦如是　世尊於長夜
常愍見教化　令種无上頋　我等无智故　不覺亦不知
得少涅槃分　自足不求餘　今佛覺悟我　言非實滅度
得佛无上慧　尒乃爲真滅　我今從佛聞　受記莊嚴事
及轉次受決　身心遍歡喜
妙法蓮華經授學无學人記品第九
尒時阿難羅睺羅而作是念我等每自思惟
設得授記不亦快乎即從座起到於佛前頭
面礼足俱白佛言世尊我等於此亦應有分
唯有如来我等所歸又我等爲一切世間天
人阿脩羅所見知識阿難常爲侍者護持法
藏羅睺羅是佛之子若佛見授阿耨多羅三
藐三菩提記者我頋既滿衆望亦足尒時學
无學聲聞弟子二千人皆從座起偏袒右肩
到於佛前一心合掌瞻仰世尊如阿難羅睺
羅所頋住立一面尒時佛告阿難汝於来世
當得作佛号山海慧自在通王如来應供正
遍知明行足善逝世間解无上士調御丈夫
天人師佛世尊當供養六十二億諸佛護持
法藏然後得阿耨多羅三藐三菩提教化二
十千万億恒河沙諸菩薩等令成阿耨多羅
三藐三菩提國名常立勝幡其土清淨瑠璃
爲地劫名妙音遍滿其佛壽命无量千万億
阿僧祇劫若人於千万億无量阿僧祇劫中
筭數校計不能得知正法住世倍於壽命像

三藐三菩提國名常立勝幡其土清淨瑠璃
爲地劫名妙音遍滿其佛壽命无量千万億
阿僧祇劫若人於千万億无量阿僧祇劫中
筭數校計不能得知正法住世倍於壽命像
法住世復倍正法阿難是山海慧自在通王
佛爲十方无量千万億恒河沙等諸佛如来
所共讃歎稱其功德尒時世尊欲重宣此義
而說偈言
我今僧中說　阿難持法者　當供養諸佛　然後成正覺
号曰山海慧　自在通王佛　其國土清淨　名常立勝幡
教化諸菩薩　其數如恒沙　佛有大威德　名聞滿十方
壽命无有量　以愍衆生故　正法倍壽命　像法復倍是
如恒河沙等　无數諸衆生　於此佛法中　種佛道因緣
尒時會中新發意菩薩八千人咸作是念我
等尚不聞諸大菩薩得如是記有何因緣而
諸聲聞得如是決尒時世尊知諸菩薩心之
所念而告之曰諸善男子我與阿難等於空
王佛所同時發阿耨多羅三藐三菩提心阿
難常樂多聞我常勤精進是故我已得成阿
耨多羅三藐三菩提而阿難護持我法亦護
將来諸佛法藏教化成就諸菩薩衆其本頋
如是故獲斯記阿難面於佛前自聞受記及
國土莊嚴所頋具足心大歡喜得未曾有即
時憶念過去无量千万億諸佛法藏通達无
㝵如今所聞亦識本頋尒時阿難而說偈言

王佛所同時發阿耨多羅三藐三菩提心阿
難常樂多聞我常勤精進是故我已得成阿
耨多羅三藐三菩提而阿難護持我法亦護
將來諸佛法藏教化成就諸菩薩衆其本願
如是故獲斯記阿難面於佛前自聞受記及
國土莊嚴所願具足心大歡喜得未曾有即
時憶念過去无量千万億諸佛法藏通達无
礙如今所聞亦識本願尒時阿難而說偈言
世尊甚希有　令我念過去　无量諸佛法　如今日所聞
我今无復疑　安住於佛道　方便爲侍者　護持諸佛法
尒時佛告羅睺羅汝於來世當得作佛号蹈
七寶華如來應供正遍知明行足善逝世間
解无上士調御丈夫天人師佛世尊當供養
十世界微塵等數諸佛如來常爲諸佛而作
長子猶如今也是蹈七寶華佛國土莊嚴壽
命劫數所化弟子正法像法亦如山海慧自
在通王如來无異亦爲此佛而作長子過是
已後當得阿耨多羅三藐三菩提尒時世尊
欲重宣此義而說偈言
我爲太子時　羅睺爲長子　我今成佛道　受法爲法子
於未來世中　見无量億佛　皆爲其長子　一心求佛道
羅睺羅密行　唯我能知之　現爲我長子　以示諸衆生
无量億千万　功德不可數　安住於佛法　以求无上道
尒時世尊見學无學二千人其意柔軟寂然
清淨一心觀佛佛告阿難汝見是學无學二
千　唯　千當供養

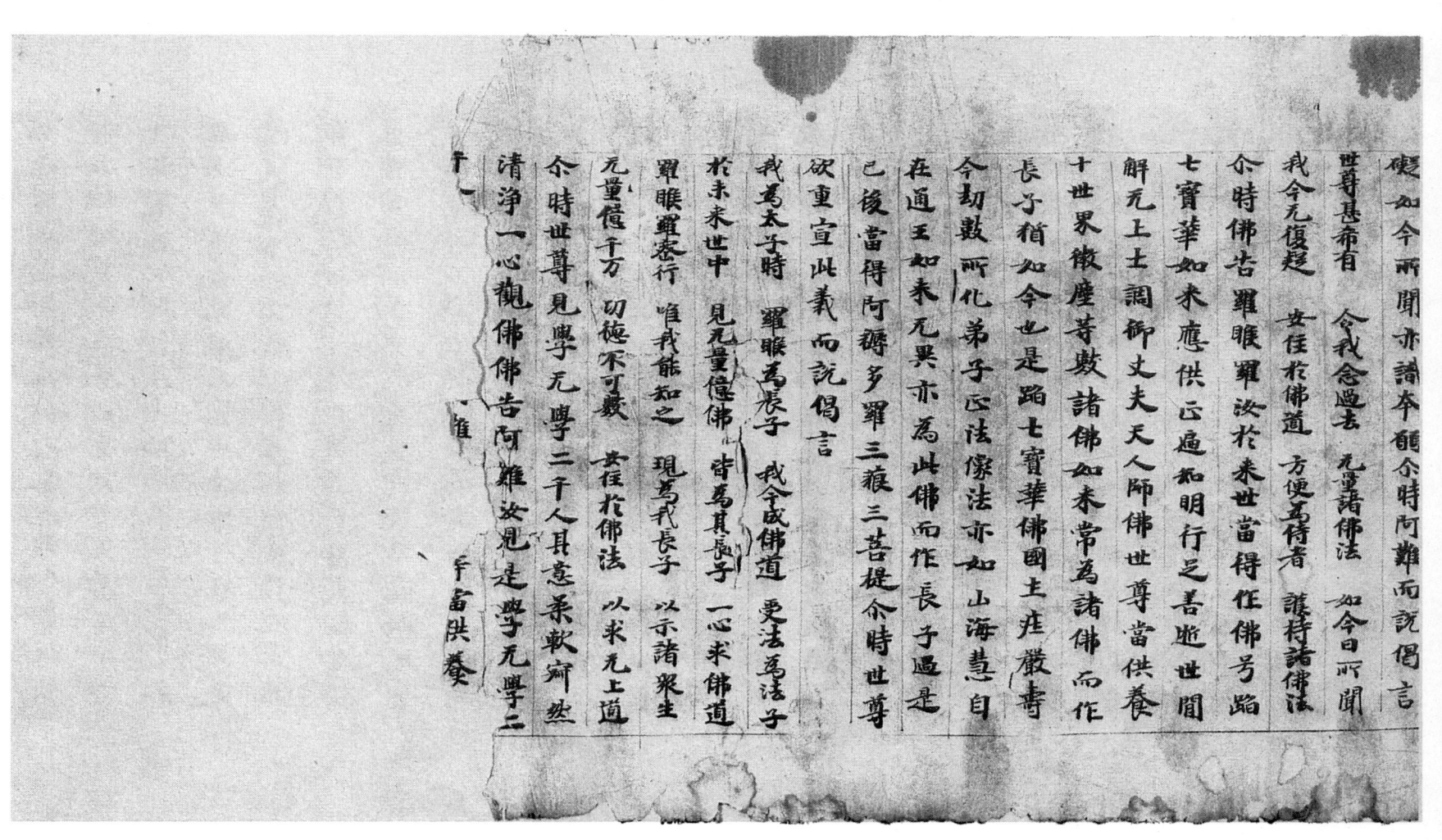

BD03337號　妙法蓮華經卷四　（9–8）

礙如今所聞亦識本願尒時阿難而說偈言
世尊甚希有　令我念過去　无量諸佛法　如今日所聞
我今无復疑　安住於佛道　方便爲侍者　護持諸佛法
尒時佛告羅睺羅汝於來世當得作佛号蹈
七寶華如來應供正遍知明行足善逝世間
解无上士調御丈夫天人師佛世尊當供養
十世界微塵等數諸佛如來常爲諸佛而作
長子猶如今也是蹈七寶華佛國土莊嚴壽
命劫數所化弟子正法像法亦如山海慧自
在通王如來无異亦爲此佛而作長子過是
已後當得阿耨多羅三藐三菩提尒時世尊
欲重宣此義而說偈言
我爲太子時　羅睺爲長子　我今成佛道　受法爲法子
於未來世中　見无量億佛　皆爲其長子　一心求佛道
羅睺羅密行　唯我能知之　現爲我長子　以示諸衆生
无量億千万　功德不可數　安住於佛法　以求无上道
尒時世尊見學无學二千人其意柔軟寂然
清淨一心觀佛佛告阿難汝見是學无學二
千　唯　千當供養

BD03337號　妙法蓮華經卷四　（9–9）

而供養
百千万億
訶薩及諸比丘比丘
叉乾闥婆阿脩羅
迦樓羅緊　人非人等一切衆
前現大神力時　梵世一切毛孔
放於无量无數色光皆悉遍炤十方世界衆
寶樹下師子座上諸佛亦復如是出廣長舌
放无量光釋迦牟尼佛及寶樹下諸佛現神
力時滿百千歲然後還攝舌相一時謦咳俱
共彈指是二音聲遍至十方諸佛世界地皆
六種震動其中衆生天龍夜叉乾闥婆阿脩
羅迦樓羅緊那羅摩睺羅伽人非人等以佛
神力故皆見此娑婆世界无量无邊百千万
億衆寶樹下師子座上諸佛及見釋迦牟尼
佛共多寶如来在寶塔中坐師子座又見无
量无邊百千万億菩薩摩訶薩及諸四衆恭

BD03338號　妙法蓮華經（十卷本）卷九　（21-1）

羅迦樓羅緊那羅摩睺羅伽人非人等以佛
神力故皆見此娑婆世界无量无邊百千万
億衆寶樹下師子座上諸佛及見釋迦牟尼
佛共多寶如来在寶塔中坐師子座又見无
量无邊百千万億菩薩摩訶薩及諸四衆恭
敬圍繞釋迦牟尼佛既見是已皆大歡喜得
未曾有即時諸天於虚空中唱言過此无量
无邊百千万億阿僧祇世界有國名娑婆是
中有佛名釋迦牟尼今為諸菩薩摩訶薩說
大乘經名妙法蓮華教菩薩法佛所護念汝
等當深心隨喜亦當礼拜供養釋迦牟尼佛
彼諸衆生聞虚空中聲已合掌向娑婆世界
作如是言南无釋迦牟尼佛南无釋迦牟尼
佛以種種華香瓔珞幡蓋及諸嚴身之具珎
寶妙物皆共遙散娑婆世界所散諸物從十
方来譬如雲集變成寶帳遍覆此間諸佛之
上于時十方世界通達无㝵如一佛國
尒時佛告上行等菩薩大衆諸佛神力如是
无量无邊不可思議若我以是神力於无量
无邊百千万億阿僧祇劫為囑累故說此經
功德猶不能盡以要言之如来一切所有之
法如来一切自在神力如来一切秘要之藏
如来一切甚深之事皆於此經宣示顯說是

BD03338號　妙法蓮華經（十卷本）卷九　（21-2）

无邊百千万億阿僧祇劫為囑累故說此經
功德猶不能盡以要言之如来一切所有之
法如来一切自在神力如来一切秘要之藏
如来一切甚深之事皆於此經宣示顯說是
故汝等於如来滅後應一心受持讀誦解說
書寫如說脩行所在國土若有受持讀誦解
說書寫如說脩行若經卷所住之處若於園
中若於林中若於樹下若於僧房若白衣舍
若在殿堂若山谷曠野是中皆應起塔供養
所以者何當知是處即是道場諸佛於此得
阿耨多羅三藐三菩提諸佛於此轉于法輪
諸佛於此而般涅槃尒時世尊欲重宣此義
而說偈言
諸佛救世者　住於大神通　為悅衆生故　現无量神力
舌相至梵天　身放无數光　為求佛道者　現此希有事
諸佛謦欬聲　及彈指之聲　周聞十方國　地皆六種動
以佛滅度後　能持是經者　諸佛皆歡喜　現无量神力
囑累是經故　讃美受持者　於无量劫中　猶故不能盡
是人之功德　无邊无有窮　如十方虚空　不可得邊際
能持是經者　則為已見我　亦見多寶佛　及諸分身者
又見我今日　教化諸菩薩
能持是經者　令我及分身　滅度多寶佛　一切皆歡喜
十方現在佛　并過去未来　亦見亦供養　亦令得歡喜
諸佛坐道場　所得秘要法　能持是經者　不久亦當得

BD03338號　妙法蓮華經（十卷本）卷九　（21–3）

又見我今日　教化諸菩薩
能持是經者　令我及分身　滅度多寶佛　一切皆歡喜
十方現在佛　并過去未来　亦見亦供養　亦令得歡喜
諸佛坐道場　所得秘要法　能持是經者　不久亦當得
能持是經者　於諸法之義　名字及言辭　樂說无窮盡
如風於空中　一切无鄣㝵　於如来滅後　知佛所說經
因緣及次第　隨義如實說　如日月光明　能除諸幽冥
斯人行世間　能滅衆生闇　教无量菩薩　畢竟住一乘
是故有智者　聞此功德利　於我滅度後　應受持斯經
是人於佛道　决定无有疑
妙法蓮華經囑累品第廿二
尒時釋迦牟尼佛從法坐起現大神力以右
手摩无量菩薩摩訶薩頂而作是言我於无
量百千万億阿僧祇劫脩集是難得阿耨多
羅三藐三菩提法今以付囑汝等汝等應當
一心流布此法廣令增益如是三摩諸菩薩
摩訶薩頂而作是言我於无量百千万億阿
僧祇劫脩集是難得阿耨多羅三藐三菩提
法今以付囑汝等汝等當受持讀誦廣宣此
法令一切衆生普得聞知所以者何如来有
大慈悲无諸慳悋亦无所畏能與衆生佛之
智慧如来智慧自然智慧如来是一切衆生
之大施主汝等亦應隨學如来之法勿生慳
悋於未来世若有善男子善女人信如来智

BD03338號　妙法蓮華經（十卷本）卷九　（21–4）

法令一切衆生普得聞知所以者何如来有
大慈悲无諸慳悋亦无所畏能與衆生佛之
智慧如来智慧自然智慧如来是一切衆生
之大施主汝等亦應隨學如来之法勿生慳
悋於未来世若有善男子善女人信如来智
慧者當為演說此法華經使得聞知為令其
人得佛慧故若有衆生不信受者當於如来
餘深法中示教利喜汝等若能如是則為已
報諸佛之恩時諸菩薩摩訶薩聞佛住是說
已皆大歡喜遍滿其身益加恭敬曲躬低頭
合掌向佛俱發聲言如世尊勑當具奉行唯
然世尊願不有慮諸菩薩摩訶薩衆如是三
反俱發聲言如世尊勑當具奉行唯然世尊
願不有慮尒時釋迦牟尼佛令十方来諸分
身佛各還本土而作是言諸佛各隨所安多
寶佛塔還可如故說是語時十方无量分身
諸佛坐寶樹下師子座上者及多寶佛并上
行等无邊阿僧祇菩薩大衆舍利弗等聲聞
四衆及一切世間天人阿脩羅等聞佛所說
皆大歡喜
妙法蓮華經藥王菩薩本事品第廿三
尒時宿王華菩薩白佛言世尊藥王菩薩云
何遊於娑婆世界世尊是藥王菩薩有若干

BD03338號　妙法蓮華經（十卷本）卷九　（21-5）

皆大歡喜
妙法蓮華經藥王菩薩本事品第廿三
尒時宿王華菩薩白佛言世尊藥王菩薩云
何遊於娑婆世界世尊是藥王菩薩有若干
百千万億那由他難行苦行善哉世尊願少
解說諸天龍神夜叉乾闥婆阿脩羅迦樓羅
緊那羅摩睺羅伽人非人等又他國土諸来
菩薩及此聲聞衆聞皆歡喜尒時佛告宿王
華菩薩乃往過去无量恒河沙劫有佛号日
月淨明德如来應供正遍知明行足善逝世
間解无上士調御丈夫天人師佛世尊其佛
有八十億大菩薩摩訶薩七十二恒河沙大
聲聞佛壽四万二千劫菩薩壽命亦等彼國
无有女人地獄餓鬼畜生阿脩羅等及以諸
難地平如掌瑠璃所成寶樹莊嚴寶帳覆上
垂寶華幡寶瓶香爐周遍國界七寶為臺一
樹一臺其樹去臺盡一箭道此諸寶樹皆有
菩薩聲聞而坐其下諸寶臺上各有百億諸
天作天伎樂歌歎於佛以為供養尒時彼佛
為一切衆生喜見菩薩及衆菩薩諸聲聞衆
說法華經是一切衆生喜見菩薩樂集苦行
於日月淨明德佛法中精進經行一心求佛
滿万二千歲已得現一切色身三昧得此三
昧已心大歡喜即作念言我得現一切色

BD03338號　妙法蓮華經（十卷本）卷九　（21-6）

說法華經是一切衆生喜見菩薩樂集苦行
於日月淨明德佛法中精進經行一心求佛
滿万二千歲已得現一切色身三昧得此三
昧已心大歡喜即作念言我得現一切色身
三昧皆是得聞法華經力我今當供養日月
淨明德佛及法華經即時入是三昧於虛空
中雨曼陁羅華摩訶曼陁羅華細末堅黑旃
檀滿虛空中如雲而下又雨海此岸栴檀之香
此香六銖價直娑婆世界以供養佛是
供養已從三昧起而自念言我雖以神力
供養於佛不如以身供養即服諸香栴檀薰
陸兜樓婆畢力迦沉水膠香又飲瞻蔔諸華
香油滿千二百歲已香油塗身於日月淨明
德佛前以天寶衣而自纏身灌諸香油以神
通力願而自然身光明遍照八十億恒河沙
世界其中諸佛同時讚言善哉善哉善男子
是真精進是名真法供養如來若以華香瓔
珞燒香末香天繒幡蓋及海此岸栴檀之香
如是等種種諸物供養所不能及假使國城
妻子布施亦所不及善男子是名第一之施
於諸施中最尊最上以法供養諸如來故作
是語已而各嘿然其身火然千二百歲過是
已後其身乃盡一切衆生喜見菩薩作如是
法供養已命終之後復生日月淨明德佛國

是語已而各嘿然其身火然千二百歲過是
已後其身乃盡一切衆生喜見菩薩作如是
法供養已命終之後復生日月淨明德佛國
中於淨德王家結跏趺坐忽然化生即為其
父而說偈言
大王今當知　我經行彼處　即時行一切　現諸身三昧
勤行大精進　捨所愛之身
說是偈已而白父言日月淨明德佛今故現
在我先供養佛已得解一切衆生語言陁羅
尼復聞是法華經八百千万億那由他甄迦
羅頻婆羅阿閦婆等偈大王我今當還供養
此佛白已即坐七寶之臺上昇虛空高七多
羅樹往到佛所頭面礼足合十指爪以偈讚
佛
容顏甚奇妙　光明照十方　我適曾供養　今復還親覲
尒時一切衆生喜見菩薩說是偈已而白佛
言世尊世尊猶故在世尒時日月淨明德佛
告一切衆生喜見菩薩善男子我涅槃時到
滅盡時至汝可安施牀座我於今夜當般涅
槃又勑一切衆生喜見菩薩善男子我以佛
法囑累於汝及諸菩薩大弟子并阿耨多羅
三藐三菩提法亦以三千大千七寶世界諸
寶樹寶臺及給侍諸天悉付於汝我滅度後

法囑累於汝及諸菩薩大弟子并阿耨多羅
三藐三菩提法亦以三千大千七寶世界諸
寶樹寶臺及給侍諸天悉付於汝我滅度後
所有舍利亦付囑汝當令流布廣設供養應
起若干千塔如是日月淨明德佛勅一切衆
生喜見菩薩已於後夜入於涅槃尒時一
切衆生喜見菩薩見佛滅度悲感懊惱戀慕
於佛即以海此岸栴檀為積供養佛身而以
燒之火滅已後收取舍利作八万四千寶瓶
以起八万四千塔高三世界表刹莊嚴垂諸
幡蓋懸衆寶鈴尒時一切衆生喜見菩薩復
自念言我雖作是供養心猶未足我今當更
供養舍利便語諸菩薩大弟子及天龍夜叉
等一切大衆汝等當一心念我今供養日月
淨明德佛舍利作是語已即於八万四千塔
前燃百福莊嚴臂七万二千歲而以供養令
无數求聲聞衆无量阿僧祇人發阿耨多羅
三藐三菩提皆使得住現一切色身三昧尒
時諸菩薩天人阿脩羅等見其无臂憂惱悲
哀而作是言此一切衆生喜見菩薩是我等
師教化我者而今然臂身不具足于時一切
衆生喜見菩薩於大衆中立此誓言我捨兩
臂必當得佛金色之身若實不虛令我兩臂
還復如故作是誓已自然還復由斯菩薩福

BD03338號　妙法蓮華經（十卷本）卷九　（21-9）

師教化我者而今然臂身不具足于時一切
衆生喜見菩薩於大衆中立此誓言我捨兩
臂必當得佛金色之身若實不虛令我兩臂
還復如故作是誓已自然還復由斯菩薩福
德智慧淳厚所致當尒之時三千大千世界
六種震動天雨寶華一切天人得未曾有佛
告宿王華菩薩於汝意云何一切衆生喜見
菩薩豈異人乎今藥王菩薩是也其所捨身
布施如是无量百千万億那由他數宿王華
若有發心欲得阿耨多羅三藐三菩提者能
然手指乃至足一指供養佛塔勝以國城妻
子及三千大千國土山林河池諸珎寶物而
供養者若復有人以七寶滿三千大千世界
供養於佛及大菩薩辟支佛阿羅漢是人所
得功德不如受持此法華經乃至一四句偈
其福最多宿王華譬如一切川流江河諸水
之中海為第一此法華經亦復如是於諸如
來所說經中最為深大又如土山黑山小鐵
圍山大鐵圍山及十寶山衆山之中須彌山
為第一此法華經亦復如是於諸經中最為
其上又如衆星之中月天子最為第一此法
華經亦復如是於千万億種諸經法中最為
炤明又如日天子能除諸闇此經亦復如是

BD03338號　妙法蓮華經（十卷本）卷九　（21-10）

為第一此法華經亦復如是於諸經中冣為
其上又如衆星之中月天子冣為第一此法
華經亦復如是於千万億種諸經法中冣為
炤明又如日天子能除諸闇此經亦復如是
能破一切不善之闇又如諸小王中轉輪聖
王冣為第一此經亦復如是於衆經中冣為
其尊又如帝釋於三十三天中王此經亦復
如是諸經中王又如大梵天王一切衆生之
父此經亦復如是一切賢聖學无學及發菩
薩心者之父又如一切凡夫人中須陁洹斯
陁含阿那含阿羅漢辟支佛為第一此經亦
復如是一切如來所說若菩薩所說若聲聞
所說諸經法中冣為第一有能受持是經典
者亦復如是於一切衆生中亦為第一一切
聲聞辟支佛中菩薩為第一此經亦復如是
於一切諸經法中冣為第一如佛為諸法王
此經亦復如是諸經中王宿王華此經能救
一切衆生者此經能令一切衆生離諸苦惱
此經能大饒益一切衆生充滿其願如清涼
池能滿一切諸渴乏者如寒者得火如裸者
得衣如商人得主如子得母如渡得舩如病
得醫如闇得燈如貧得寶如民得王如賈客
得海如炬除闇此法華經亦復如是能令衆

BD03338號　妙法蓮華經（十卷本）卷九　（21–11）

池能滿一切諸渴乏者如寒者得火如裸者
得衣如商人得主如子得母如渡得舩如病
得醫如闇得燈如貧得寶如民得王如賈客
得海如炬除闇此法華經亦復如是能令衆
生離一切苦一切病痛能解一切生死之縛
若人得聞此法華經若自書若使人書所得
功德以佛智慧籌量多少不得其邊若書是
經卷華香瓔珞燒香末香塗香幡蓋衣服種
種之燈蘇燈油燈諸香油燈瞻蔔油燈須蔓
油燈波羅羅油燈婆利師迦油燈那婆摩利
油燈供養所得功德亦復无量宿王華若有
人聞是藥王菩薩本事品者亦得无量无邊
功德若有女人聞是藥王菩薩本事品能受
持者盡是女身後不復受若如來滅後後五
百歲中若有女人聞是經典如說脩行於此
命終即往安樂世界阿弥陁佛大菩薩衆圍
繞住處生蓮華中寶座之上不復為貪欲所
惱亦復不為瞋恚愚癡所惱亦復不為憍慢
嫉妬諸垢所惱得菩薩神通无生法忍得是
忍已眼根清淨以是清淨眼根見七百万二
千億那由他恒河沙等諸佛如來是時諸佛
遥共讃言善哉善哉善男子汝能於釋迦牟
尼佛法中受持讀誦思惟是經為他人說所
得福德无量无邊火不能燒水不能漂汝之

BD03338號　妙法蓮華經（十卷本）卷九　（21–12）

千億那由他恒河沙等諸佛如來是時諸佛
遙共讚言善哉善哉善男子汝能於釋迦牟
尼佛法中受持讀誦思惟是經為他人說所
得福德无量无邊火不能燒水不能漂汝之
功德千佛共說不能令盡汝今已能破諸魔
賊壞生死軍諸餘怨敵皆悉摧滅善男子百
千諸佛以神通力共守護汝於一切世間天
人之中无如汝者唯除如來其諸聲聞辟支
佛乃至菩薩智慧禪定无有與汝等者宿王
華此菩薩成就如是功德智慧之力若有人
聞是藥王菩薩本事品能隨喜讚善者是人
現世口中常出青蓮華香身毛孔中常出牛
頭栴檀香所得功德如上所說是故宿王華
以此藥王菩薩本事品囑累於汝我滅度後
後五百歲中廣宣流布於閻浮提无令斷絶惡
魔魔民諸天龍夜叉鳩槃荼等得其便也宿
王華汝當以神通之力守護是經所以者何
此經則為閻浮提人病之良藥若人有病得
聞是經病即消滅不老不死宿王華汝若見
有受持是經者應以青蓮華盛滿末香供散
其上散已作是念言此人不久必當取草坐
於道場破諸魔軍當吹法螺擊大法鼓度脫
一切衆生老病死海是故求佛道者見有受

BD03338號　妙法蓮華經（十卷本）卷九　（21–13）

有受持是經者應以青蓮華盛滿末香供散
其上散已作是念言此人不久必當取草坐
於道場破諸魔軍當吹法螺擊大法鼓度脫
一切衆生老病死海是故求佛道者見有受
持是經典人應當如是生恭敬心說是藥王
菩薩本事品時八万四千菩薩得解一切衆
生語言陁羅尼多寶如來於寶塔中讚宿王
華菩薩言善哉善哉宿王華汝成就不可思
議功德乃能問釋迦牟尼佛如此之事利益
无量一切衆生

妙法蓮華經妙音菩薩品第廿四

尒時釋迦牟尼佛放大人相肉髻光明及放
眉間白毫相光遍照東方百八万億那由他
恒河沙等諸佛世界過是數已有世界名淨
光莊嚴其國有佛号淨華宿王智如來應供
正遍知明行足善逝世間解无上士調御丈
夫天人師佛世尊為无量无邊菩薩大衆恭
敬圍繞而為說法釋迦牟尼佛白毫光明遍
照其國尒時一切淨光莊嚴國中有一菩薩
名曰妙音久已殖衆德本供養親近无量百
千万億諸佛而悉成就甚深智慧得妙幢相
三昧法華三昧淨德三昧宿王戲三昧无緣
三昧智印三昧解一切衆生語言三昧集一

BD03338號　妙法蓮華經（十卷本）卷九　（21–14）

千万億諸佛而悉成就甚深智慧得妙幢相
三昧法華三昧淨德三昧宿王戲三昧无緣
三昧智印三昧解一切衆生語言三昧集一
切功德三昧清淨三昧神通遊戲三昧慧炬
三昧莊嚴王三昧淨光明三昧淨藏三昧不
共三昧日旋三昧得如是等百千万億恒河
沙等諸大三昧釋迦牟尼佛光炤其身即白
淨華宿王智佛言世尊我當往詣娑婆世界
礼拜親近供養釋迦牟尼佛及見文殊師利
法王子菩薩藥王菩薩勇施菩薩宿王華菩
薩上行意菩薩莊嚴王菩薩藥上菩薩尒時
淨華宿王智佛告妙音菩薩汝莫輕彼國生
下劣想善男子彼娑婆世界高下不平土石
諸山穢惡充滿佛身卑小諸菩薩衆其形亦
小而汝身四万二千由旬我身六百八十万
由旬汝身第一端政百千万福光明殊妙是
故汝往莫輕彼國若佛菩薩及國土生下劣
想妙音菩薩白其佛言世尊我今詣娑婆世
界皆是如来之力如来神通遊戲如来功德
智慧莊嚴於是妙音菩薩不起于座身不動
搖而入三昧以三昧力於耆闍崛山去法座不
遠化作八万四千衆寶蓮華閻浮檀金為莖
白銀為葉金剛為鬚甄叔迦寶以為其臺尒

BD03338號　妙法蓮華經（十卷本）卷九　（21–15）

搖而入三昧以三昧力於耆闍崛山去法座不
遠化作八万四千衆寶蓮華閻浮檀金為莖
白銀為葉金剛為鬚甄叔迦寶以為其臺尒
時文殊師利法王子見是蓮華而白佛言世
尊是何因緣先現此瑞有若干千万蓮華閻
浮檀金為莖白銀為葉金剛為鬚甄叔迦寶
以為其臺尒時釋迦牟尼佛告文殊師利是
妙音菩薩摩訶薩欲從淨華宿王智佛國與
八万四千菩薩圍繞而来至此娑婆世界供
養親近礼拜於我亦欲供養聽法華經文殊
師利白佛言世尊是菩薩種何善本脩何功
德而能有是大神通力行何三昧願為我等
說是三昧名字我等亦欲勤脩行之行此三
昧乃能見是菩薩色相大小威儀進止唯願
世尊以神通力彼菩薩来令我得見尒時釋
迦牟尼佛告文殊師利此久滅度多寶如来
當為汝等而現其相時多寶佛告彼菩薩善
男子来文殊師利法王子欲見汝身于時妙
音菩薩於彼國沒與八万四千菩薩俱共發
来所經諸國六種震動皆悉雨於七寶蓮華
百千天樂不鼓自鳴是菩薩目如廣大青蓮
華葉正使和合百千万月其面貌端政復過
於此身真金色无量百千功德莊嚴威德熾

BD03338號　妙法蓮華經（十卷本）卷九　（21–16）

來所逕諸國六種震動皆悉雨於七寶蓮華
百千天樂天鼓自鳴是菩薩目如廣大青蓮
華葉正使和合百千万月其面貌端政復過
於此身真金色无量百千功德莊嚴威德熾
盛光明照曜諸相具足如那羅延堅固之身
入七寶臺上昇虛空去地七多羅樹諸菩薩
衆恭敬圍繞而來詣此娑婆世界耆闍崛山
到已下七寶臺以價直百千瓔珞持至釋迦
牟尼佛所頭面礼足奉上瓔珞而白佛言世
尊淨華宿王智佛問訊世尊少病少惱起居
輕利安樂行不四大調和不世事可忍不衆
生易度不无多貪欲瞋恚愚癡嫉妬慳慢不
无不孝父母不敬沙門耶見不善心不攝五
情不世尊衆生能降伏諸魔怨不久滅度多
寶如來在七寶塔中來聽法不又問訊多寶
如來安隱少惱堪忍久住不世尊我今欲見
多寶佛身唯願世尊示我令見尒時釋迦牟
尼佛語多寶佛是妙音菩薩欲得相見時多
寶佛告妙音言善哉善哉汝能為供養釋迦
牟尼佛及聽法華經并見文殊師利等故來
至此尒時華德菩薩白佛言世尊是妙音菩
薩種何善根脩何功德有是神力佛告華德
菩薩過去有佛名雲雷音王多陁阿伽度阿
羅訶三藐三佛陁國名現一切世間劫名喜

BD03338號　妙法蓮華經（十卷本）卷九　（21–17）

至此尒時華德菩薩白佛言世尊是妙音菩
薩種何善根脩何功德有是神力佛告華德
菩薩過去有佛名雲雷音王多陁阿伽度阿
羅訶三藐三佛陁國名現一切世間劫名喜
見妙音菩薩於万二千歲以十万種伎樂供
養雲雷音王佛并奉上八万四千七寶鉢以
是因緣果報今生淨華宿王智佛國有是神
力華德於汝意云何尒時雲雷音王佛所妙
音菩薩伎樂供養奉上寶器者豈異人乎今
此妙音菩薩摩訶薩是華德是妙音菩薩已
曾供養親近无量諸佛久殖德本又值恒河
沙等百千万億那由他佛華德汝但見妙音
菩薩其身在此而是菩薩現種種身處處為
諸衆生說是經典或現梵王身或現帝釋身
或現自在天身或現大自在天身或現天大
將軍身或現毗沙門天王身或現轉輪聖王
身或現諸小王身或現長者身或現居士身
或現宰官身或現婆羅門身或現比丘比丘尼
優婆塞優婆夷身或現長者居士婦女身或
現宰官婦女身或現婆羅門婦女身或現童
男童女身或現天龍夜叉乾闥婆阿脩羅迦
樓羅緊那羅摩睺羅伽人非人等身而說是
經諸有地獄餓鬼畜生及衆難處皆能救濟

BD03338號　妙法蓮華經（十卷本）卷九　（21–18）

現宰官婦女身或現婆羅門婦女身或現童
男童女身或現天龍夜叉乾闥婆阿脩羅迦
樓羅緊那羅摩睺羅伽人非人等身而說是
經諸有地獄餓鬼畜生及衆難處皆能救濟
乃至於王後宮變為女人而說是經華德是
妙音菩薩能救護娑婆世界諸衆生者是妙
音菩薩如是種種變化現身在此娑婆國土
為諸衆生說是經典於神通變化智慧无所
損減是菩薩以若干智慧明照娑婆世界令
一切衆生各得所知於十方恒河沙世界中
亦復如是若應以聲聞形得度者現聲聞形
而為說法應以辟支佛形得度者現辟支佛
形而為說法應以菩薩形得度者現菩薩形
而為說法應以佛形得度者即現佛形而為
說法如是種種隨所應度而為現形乃至
應以滅度而得度者亦現滅度華德妙音菩
薩摩訶薩成就大神通智慧之力其事如是
尒時華德菩薩白佛言世尊是妙音菩薩深
種善根世尊是菩薩住何三昧而能如是在
所變現度脫衆生佛告華德菩薩善男子其
三昧名現一切色身妙音菩薩住是三昧中
能如是饒益无量衆生說是妙音菩薩品時
與妙音菩薩俱來者八万四千人皆得現一
切色身三昧此娑婆世界无量菩薩亦得是

BD03338號　妙法蓮華經（十卷本）卷九　（21–19）

尒時華德菩薩白佛言世尊是妙音菩薩深
種善根世尊是菩薩住何三昧而能如是在
所變現度脫衆生佛告華德菩薩善男子其
三昧名現一切色身妙音菩薩住是三昧中
能如是饒益无量衆生說是妙音菩薩品時
與妙音菩薩俱來者八万四千人皆得現一
切色身三昧此娑婆世界无量菩薩亦得是
三昧及陁羅尼尒時妙音菩薩摩訶薩供養
釋迦牟尼佛及多寶佛塔已還歸本土所逕
諸國六種震動雨寶蓮華作百千万億種種
伎樂既到本國與八万四千菩薩圍繞至淨
華宿王智佛所白佛言世尊我到娑婆世界
饒益衆生見釋迦牟尼佛及見多寶佛塔礼
拜供養又見文殊師利法王子及見藥王菩
薩得勤精進力菩薩勇施菩薩等亦令是八
万四千菩薩得現一切色身三昧說是妙音
菩薩來往品時四万二千天子得无生法忍
華德菩薩得法華三昧

妙法蓮華經卷第九

BD03338號　妙法蓮華經（十卷本）卷九　（21–20）

伎樂既到本國與八万四千菩薩圍繞至淨
華宿王智佛所白佛言世尊我到娑婆世界
饒益衆生見釋迦牟尼佛及見多寶佛塔礼
拜供養又見文殊師利法王子及見藥王菩
薩得勤精進力菩薩勇施菩薩等亦令是八
万四千菩薩得現一切色身三昧說是妙音
菩薩来往品時四万二千天子得无生法忍
華德菩薩得法華三昧
妙法蓮華經卷第九

BD03338號　妙法蓮華經（十卷本）卷九

（21–21）

蘊能現[illegible]如是五蘊
故若從因緣生者為已生
不生故生若已生生者何用因緣若
生者不可得生何以故未生諸法即是
無名無相非挍量譬喻之所能及非是
緣之所生故善女天譬如鼓聲依木依皮
及捊手等故得出聲如是鼓聲過去亦空未
來亦空現在亦空何以故是鼓音聲不從木
生不從皮生及捊手生不於三世生是則不
生若不可生則不可滅若不可滅無所從來
若無所從來亦無所去若無所去則非常非
斷若非常非斷則不一不異何以故此若是
一則不異法界若如是者凡夫之人應見真
諦得於無上安樂涅槃既不如是故知不一
若言異者一切諸佛菩薩行相即是執著未
得解脫煩惱繫縛即不證阿耨多羅三藐三
菩提何以故一切聖人於行非行同真實性
是故不異故知五蘊非有非無不從因緣生
[illegible]

BD03339號　金光明最勝王經卷五

（10–1）

若言異者一切諸佛菩薩行相即是執著未
得解脫煩惱繫縛即不證阿耨多羅三藐三
菩提何以故一切聖人於行非行同真實性
是故不異故知五蘊非有非無不從因緣生
非無因緣生是聖所知非餘境故亦非言說
之所能及無名無相無因無緣亦無譬喻始
終寂靜本來自空是故五蘊能現法界善女
天若善男子善女人欲求阿耨多羅三藐三
菩提異真異俗難可思量於凡聖境體非一
異不捨於俗不離於真依於法界行菩提行
尒時世尊作是語已時善女天踊躍歡喜即
從座起偏袒右肩右膝著地合掌恭敬一心
頂禮而白佛言世尊如上所說菩提正行我
今當學是時索訶世界主大梵天王於大衆
中問如意寶光耀善女天曰此菩提行難可
修行汝今云何於菩提行而得自在尒時善
女天荅梵王曰大梵王如佛所說實是甚深
一切異生不解其義是聖境界微妙難知若
使我今依於此法得安樂住是實語者願令
一切五濁惡世無量無數無邊衆生皆得金
色卅二相非男非女坐寶蓮花受無量樂雨
天妙花諸天音樂不鼓自鳴一切供養皆悉
具足時善女天說是語已一切五濁惡世所
有衆生皆悉金色具大人相非男非女坐寶
蓮花受無量樂猶如他化自在天宮無諸惡
道寶樹行列七寶蓮花遍滿世界又雨七寶
上妙天花作天伎樂如意寶光耀善女天即

BD03339號　金光明最勝王經卷五　（10–2）

天妙花諸天音樂不鼓自鳴一切供養皆悉
具足時善女天說是語已一切五濁惡世所
有衆生皆悉金色具大人相非男非女坐寶
蓮花受無量樂猶如他化自在天宮無諸惡
道寶樹行列七寶蓮花遍滿世界又雨七寶
上妙天花作天伎樂如意寶光耀善女天即
轉女身作梵天身時大梵王問如意寶光耀
菩薩言仁者如何行菩提行荅言梵王若水
中月行菩提行我亦行菩提行若夢中行菩
提行我亦行菩提行若陽焰行菩提行我亦
行菩提行若谷響行菩提行我亦行菩提行
時大梵王聞此說已白菩薩言仁依何義而
說此語荅言梵王無有一法是實相者但由
因緣而得成故梵王言若如是者諸凡夫人
皆悉應得阿耨多羅三藐三菩提荅言仁以
何意而作是說愚癡人異智慧人異菩提異
非菩提異解脫異非解脫異梵王如是諸法
平等無異於此法界真如不異無有中間而
可執著無增無減梵王譬如幻師及幻弟子
善解幻術於四衢道取諸沙土草木葉等聚
在一處作諸幻術使人覩見象衆馬衆車兵
等衆七寶之聚種種倉庫若有衆生愚癡無
智不能思惟不知幻本若見若聞作是思惟
我所見聞象馬等衆此是實有餘皆虛妄於
後更不審察思惟有智之人則不如是了於
幻本若見若聞作如是念如我所見象馬等
衆非是真實唯有幻事惑人眼目妄謂象等

BD03339號　金光明最勝王經卷五　（10–3）

我所見聞烏馬等衆此是實有餘皆虗妄於
後更不審察思惟有智之人則不如是了於
幻本若見若聞作如是念如我所見烏馬等
衆非是真實唯有幻事惑人眼目妄謂烏等
及諸倉庫有名無實如我見聞不執為實後
時思惟知其虗妄是故智者了一切法皆無
實體但隨世俗如見如聞表宣其事思惟諦
理則不如是復由假說顯實義故梵王愚癡
異生未得出世聖慧之眼未知一切諸法真
如不可說故是諸凡愚若見若聞行非行法
如是思惟便生執着謂以為實於第一義不
能了知諸法真如是不可說是諸聖人若見
若聞行非行法隨其力能不生執着以為實
有了知一切無實行法無實非行法但妄思
量行非行相唯有名字無有實體是諸聖人
隨世俗說為欲令他知真實義如是梵王是
諸聖人以聖智見了法真如不可說故行非行
法亦復如是令他證知故說種種世俗名言
時大梵王問如意寶光耀菩薩言有幾衆生
能解如是甚深正法荅言梵王有衆幻人心
心數法能解如是甚深正法梵王曰此幻化
人體是非有此之心數從何而生荅曰若知
法界不有不無如是衆生能解深義
尒時梵王白佛言世尊是如意寶光耀菩薩
不可思議通達如是甚深之義佛言如是如
是梵王如汝所言此如意寶光耀已教汝等

尒時梵王白佛言世尊是如意寶光耀菩薩
不可思議通達如是甚深之義佛言如是如
是梵王如汝所言此如意寶光耀已教汝等
發心修學無生忍法是時大梵天王與諸梵
衆從座而起偏袒右肩合掌恭敬頂礼如意
寶光耀菩薩足作如是言希有希有我等今
日幸遇大士得聞正法
尒時世尊告梵王言是如意寶光耀於未來
世當得作佛号寶燄吉祥藏如來應正遍知
明行圓滿善逝世間解無上士調御丈夫天
人師佛世尊說是品時有三千億菩薩於阿
耨多羅三藐三菩提得不退轉八千億天子
無量無數國王臣民遠塵離垢得法眼淨
尒時會中有五十億苾蒭行菩薩行欲退菩
提心聞如意寶光耀菩薩說是法時皆得堅
固不可思議滿足上願更復發起菩提之心
各自脫衣供養菩薩重發無上勝進之心作
如是願願令我等功德善根悉皆不退迴向
阿耨多羅三藐三菩提梵王是諸苾蒭依此
功德如說修行過九十大劫當得解悟出離
生死尒時世尊即為授記汝諸苾蒭過卅阿
僧祇劫當得作佛劫名難勝光王國名無垢
光同時皆得阿耨多羅三藐三菩提皆同一
号名願莊嚴閒飾王十号具足梵王是金光
明微妙經典若正聞持有大威力假使有人
於百千大劫行六波羅蜜無有方便若有善

号名頞莊嚴聞飾王十号具足梵王是金光
明微妙經典若正聞持有大威力假使有人
於百千大劫行六波羅蜜無有方便若有善
男子善女人書寫如是金光明經半月半月
專心讀誦是功德聚於前功德百分不及一
乃至筭數譬喻所不能及梵王是故我今令
汝修學憶念受持為他廣說何以故我於往
昔行菩薩道時猶如勇士入於戰陣不惜身
命流通如是微妙經王受持讀誦為他解說
梵王譬如轉輪聖王若王在世七寶不滅王
若命終所有七寶自然滅盡梵王是金光明
微妙經王若現在世無上法寶悉皆不滅若
無是經隨處隱沒是故應當於此經王專心
聽聞受持讀誦為他解說勸令書寫行精進
波羅蜜不惜身命不憚疲勞功德中勝我諸
弟子應當如是精勤修學
尒時大梵天王與無量梵衆帝釋四王及諸
藥叉俱從座起偏袒右肩右膝著地合掌恭
敬而白佛言世尊我等皆頞守護流通是金
光明微妙經典及說法師若有諸難我當除
遣令具衆善色力充足辯才無礙身意泰然
時會聽者皆受安樂所在國土若有飢饉怨
賊非人為惱害者我等天衆皆為擁護使其
人民安隱豐樂無諸枉橫皆是我等天衆之
力若有供養是經典者我等亦當恭敬供養
如佛不異

BD03339號　金光明最勝王經卷五　（10-6）

人民安隱豐樂無諸枉橫皆是我等天衆之
力若有供養是經典者我等亦當恭敬供養
如佛不異
尒時佛告大梵天王及諸梵衆乃至四王諸
藥叉等善哉善哉汝等得聞甚深妙法復能
於此微妙經王發心擁護及持經者當獲無
邊殊勝之福速成無上正等菩提時梵王等
聞佛語已歡喜頂受
金光明冣勝王經四天王觀察人天品第十一
尒時多聞天王持國天王增長天王廣目天
王俱從座起偏袒右肩右膝着地合掌向佛
礼佛足已白言世尊是金光明冣勝王經一
切諸佛常念觀察一切菩薩之所恭敬一切
天龍常所供養及諸天衆常生歡喜一切護
世稱揚讚歎聲聞獨覺皆共受持悉能明照
諸天宮殿能與一切衆生殊勝安樂止息地
獄餓鬼傍生諸趣苦惱一切怖畏悉能除殄
所有怨敵尋即退散飢饉惡時能令豐稔疾
疫病苦皆令蠲愈一切灾變百千苦惱咸悉
消滅世尊是金光明冣勝王經能為如是安
隱利樂饒益我等唯頞世尊於大衆中廣為
宣說我等四王并諸眷屬聞此甘露無上法
味氣力充實增益威光精進勇猛神通倍勝
世尊我等四王修行正法常說正法以法化
世我等令彼天龍藥叉健闥婆阿蘇羅揭路
荼俱槃荼緊那羅莫呼羅伽及諸人王常以
正法而化於世遮去諸惡所有鬼神吸人精

BD03339號　金光明最勝王經卷五　（10-7）

味氣力充實增益威光精進勇猛神通倍勝
世尊我等四王修行正法常說正法以法化
世我等令彼天龍藥叉揵闥婆阿蘇羅揭路
荼俱槃荼緊那羅莫呼羅伽及諸人王常以
正法而化於世遮去諸惡所有鬼神吸人精
氣無慈悲者悉令遠去世尊我等四王與二
十八部藥叉大將并與無量百千藥叉以淨
天眼過於世人觀察擁護此贍部洲世尊以
此因緣我等諸王名護世者又復於此洲中
若有國王被他怨賊常來侵擾及多飢饉疾
疫流行無量百千災厄之事世尊我等四王
於此金光明最勝王經恭敬供養若有苾芻
法師受持讀誦我等四王共往覺悟勸請其
人時彼法師由我神通覺悟力故往彼國界
廣宣流布是金光明微妙經典由經力故令
彼無量百千衰惱災厄之事悉皆除遣世尊
若諸人王於其國內有持是經苾芻法師至
彼國時當知此經亦至其國世尊時彼國王
應往法師處聽其所說聞已歡喜於彼法師
恭敬供養深心擁護令無憂惱演說此經利
益一切世尊以是緣故我等四王皆共一心
護是人王及國人民令離災患常得安隱世
尊若有苾芻苾芻尼鄔波索迦鄔波斯迦持
是經者時彼人王隨其所須供給供養令無
之少我等四王令彼國主及以國人悉皆安
隱遠離災患世尊若有受持讀誦是經典者
人王於此供養恭敬尊重讚歎我等當令彼

BD03339號　金光明最勝王經卷五　（10–8）

是經者時彼人王隨其所須供給供養令無
之少我等四王令彼國主及以國人悉皆安
隱遠離災患世尊若有受持讀誦是經典者
人王於此供養恭敬尊重讚歎我等當令彼
王於諸王中恭敬尊重最為第一諸餘國王
共所稱歎大衆聞已歡喜受持

金光明最勝王經卷第五

奕 盈益　齅 許救　窒 丁結　稔 任甚

大周長安三年歲次癸卯十月己未朔四日壬戌三藏法師義淨
奉 制於長安西明寺新譯并綴文正字
翻經沙門婆羅門三藏寶思惟證梵義
翻經沙門婆羅門尸利末多讀梵文
翻經沙門七寶臺上座法寶證義
翻經沙門荊州玉泉寺弘景證義
翻經沙門大福先寺寺主法明證義
翻經沙門崇先寺神英證義
翻經沙門大興善寺伏禮證文
翻經沙門大福先寺上座波崙筆受
翻經沙門清禪寺寺主德感證義
翻經沙門大周西寺仁亮證義
翻經沙門大總持寺上坐大儀證義
翻經沙門大周西寺寺主法藏證義
翻經沙門佛授記寺都維那惠表筆受
翻經沙門大福先寺都維那慈訓證義
請翻經沙門天宮寺明曉

BD03339號　金光明最勝王經卷五　（10–9）

翻經沙門大興善寺[illegible]
翻經沙門大福先寺上座波崙筆受
翻經沙門清禪寺寺主德感證義
翻經沙門大周西寺仁亮證義
翻經沙門大揔持寺上坐大儀證義
翻經沙門大周西寺寺主法藏證義
翻經沙門佛授記寺都維那惠表筆受
翻經沙門大福先寺都維那慧訓證義
請翻經沙門天宫寺明曉
轉經沙門北庭龍興寺都維那法海
玄達勘定

BD03339 號　金光明最勝王經卷五　（10–10）

金光明最勝王經序品第一　三藏法師義淨奉　制譯
如是我聞。一時薄伽梵在王舍城鷲峯山頂，
於最清淨甚深法界，諸佛之境，如來所居，
與大苾芻衆九万八千人俱，皆是阿羅漢，能善
調伏，如大象王，諸漏已除，無復煩惱，心善解脫，
慧善解脫，所作已畢，捨諸重擔，逮得己利，
盡諸有結，得大自在，住清淨戒，善巧方便，智慧
莊嚴，證八解脫，已到彼岸。其名曰：具壽阿若
憍陳如、具壽阿說侍多、具壽婆澁波、具壽
摩訶那摩、具壽婆帝利迦、大迦攝波、優
樓頻螺迦攝波、伽耶迦攝波、那提迦攝波、舍利子、大
目乾連，唯阿難陀住於學地。如是等諸大
聲聞，各於晡時從定而起，往詣佛所，頂禮
佛足，右繞三帀，退坐一面。
復有菩薩摩訶薩百千万億人俱，有大威德，
如大龍王，名稱普聞，衆所知識，施戒清淨，常
樂奉持，忍行精勤，經無量劫，超諸靜慮，繫
念現前，開闡慧門，善修方便，自在游戲，獲妙神
通，逮得惣持，辯才無盡，斷諸煩惱，累染皆亡，不
久當成一切種智，降魔軍衆，而擊法鼓，制諸外
道，令起淨心，轉妙法輪，度人天衆，十方佛土，悉已

BD03340 號　金光明最勝王經卷一　（2–1）

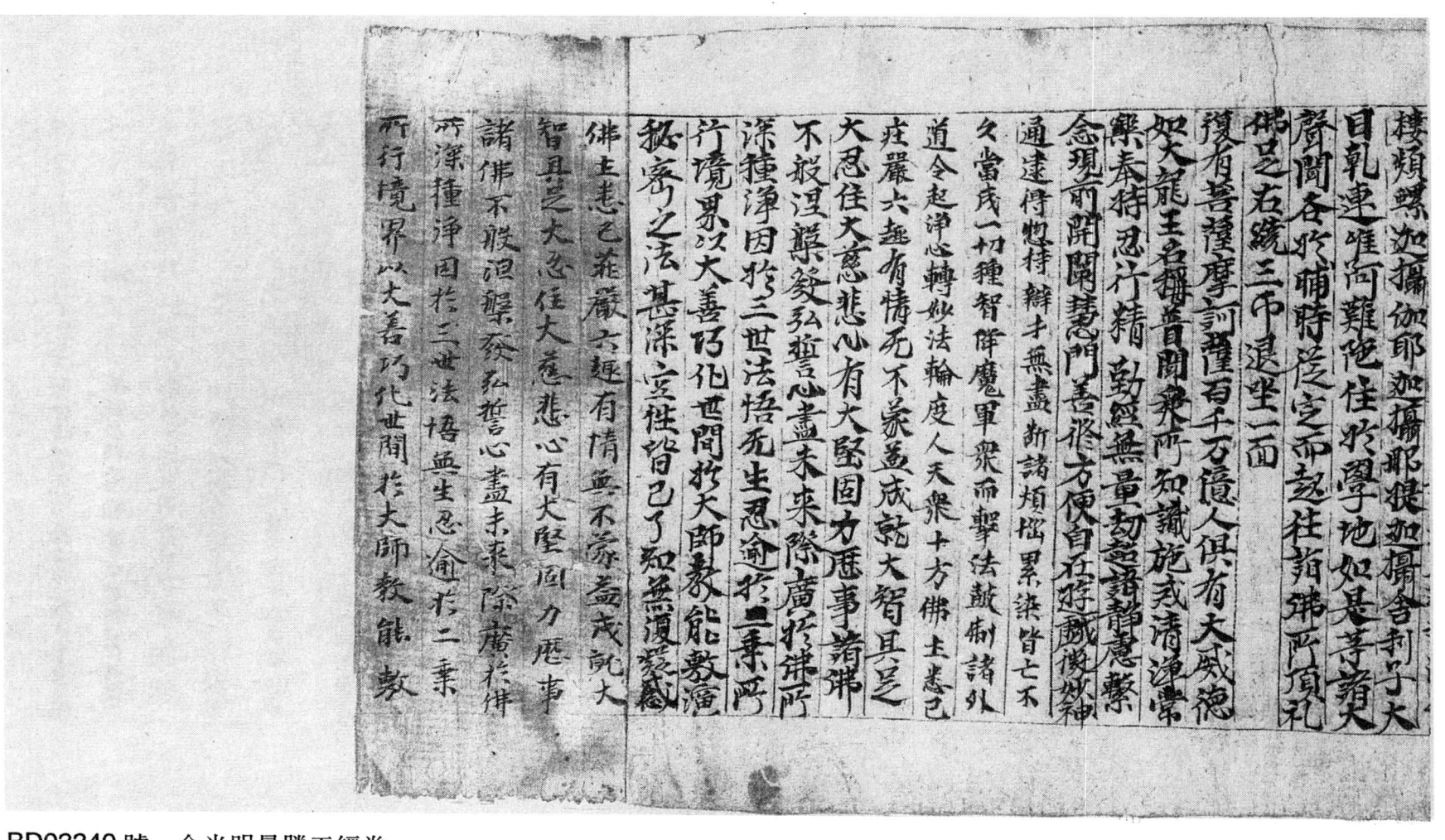

樓頻螺迦攝伽耶迦攝那提迦攝舍利子大
目乾連唯除阿難陀住於學地如是等諸大
聲聞各於晡時從定而起往詣佛所頂禮
佛足右遶三匝退坐一面
復有菩薩摩訶薩百千萬億人俱有大威德
如大龍王名稱普聞眾所知識施戒清淨常
樂奉持忍行精勤經無量劫超諸靜慮繫
念現前開闡慧門善修方便自在遊戲獲妙神
通逮得總持辯才無盡斷諸煩惱累染皆亡不
久當成一切種智降魔軍眾而擊法鼓制諸外
道令起淨心轉妙法輪度人天眾十方佛土悉已
莊嚴六趣有情無不蒙益成就大智具足
大忍住大慈悲心有大堅固力歷事諸佛
不般涅槃發弘誓心盡未來際廣於佛所
深種淨因於三世法悟無生忍逾於二乘所
行境界以大善巧化世間於大師教能數演
秘密之法甚深空性皆已了知無復疑惑
佛土悉已莊嚴六趣有情無不蒙益成就大
智具足大忍住大慈悲心有大堅固力歷事
諸佛不般涅槃發弘誓心盡未來際廣於佛
所深種淨因於三世法悟無生忍逾於二乘
所行境界以大善巧化世間於大師教能數

BD03340號　金光明最勝王經卷一

（2–2）

金光明最勝王經一卷

金光明最

BD03340號背　勘記

（1–1）

BD03341 號　無量壽宗要經　　　　（3–1）

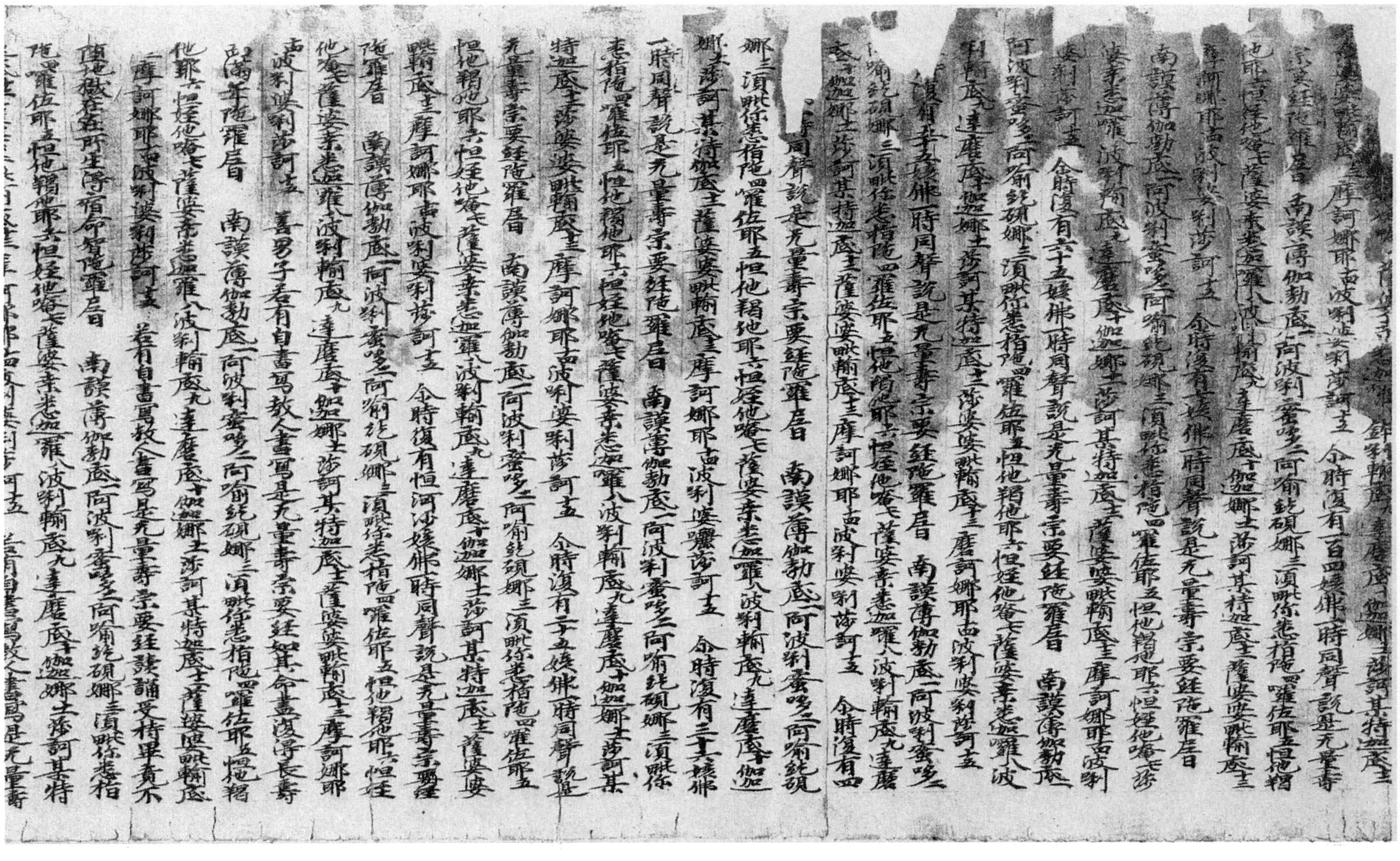

BD03341 號　無量壽宗要經　　　　（3–2）

[illegible]同聲說是无量壽宗要經陁羅尼曰　南謨薄伽勃底一阿波唎蜜哆二阿喻紇硯
娜三須毗你悉指陁四囉佐耶五怛他羯他耶六怛姪他唵七薩婆桑悉迦囉八波唎輸底九達磨底十伽伽
娜十一莎訶某特伽底十二薩婆婆毗輸底十三摩訶娜耶十四波唎婆唎莎訶十五　尒時復有三十六姟佛
一時同聲說是无量壽宗要經陁羅尼曰　南謨薄伽勃底一阿波唎蜜哆二阿喻紇硯娜三須毗你
悉指陁四囉佐耶五怛他羯他耶六怛姪他唵七薩婆桑悉迦囉八波唎輸底九達磨底十伽伽娜十一莎訶某
特伽底十二薩婆婆毗輸底十三摩訶娜耶十四波唎婆唎莎訶十五　尒時復有二十五姟佛一時同聲說是
无量壽宗要經陁羅尼曰　南謨薄伽勃底一阿波唎蜜哆二阿喻紇硯娜三須毗你悉指陁四囉佐耶五
怛他羯他耶六怛姪他唵七薩婆桑悉迦囉八波唎輸底九達磨底十伽伽娜十一莎訶某特伽底十二薩婆婆
毗輸底十三摩訶娜耶十四波唎婆唎莎訶十五　尒時復有恒河沙姟佛一時同聲說是无量壽宗要經
陁羅尼曰　南謨薄伽勃底一阿波唎蜜哆二阿喻紇硯娜三須毗你悉指陁四囉佐耶五怛他羯他耶六怛姪
他唵七薩婆桑悉迦囉八波唎輸底九達磨底十伽伽娜十一莎訶某特伽底十二薩婆婆毗輸底十三摩訶娜耶
十四波唎婆唎莎訶十五　善男子若有自書寫教人書寫是无量壽宗要經知其命盡復得長壽
[illegible]滿年陁羅尼曰　南謨薄伽勃底一阿波唎蜜哆二阿喻紇硯娜三須毗你悉指陁四囉佐耶五怛他羯
他耶六怛姪他唵七薩婆桑悉迦囉八波唎輸底九達磨底十伽伽娜十一莎訶某特伽底十二薩婆婆毗輸底
十三摩訶娜耶十四波唎婆唎莎訶十五　若有自書寫教人書寫是无量壽宗要經讀誦受持畢竟不
墮地獄在在所生得宿命智陁羅尼曰　南謨薄伽勃底一阿波唎蜜哆二阿喻紇硯娜三須毗你悉指
陁四囉佐耶五怛他羯他耶六怛姪他唵七薩婆桑悉迦囉八波唎輸底九達磨底十伽伽娜十一莎訶某特
伽底十二薩婆婆毗輸底十三摩訶娜耶十四波唎婆唎莎訶十五　若有自書寫教人書寫是无量壽
宗要經受持讀誦[illegible]一切法[illegible]陁羅尼曰　南謨薄伽勃底一阿波唎蜜哆二阿

BD03341 號　無量壽宗要經　(3–3)

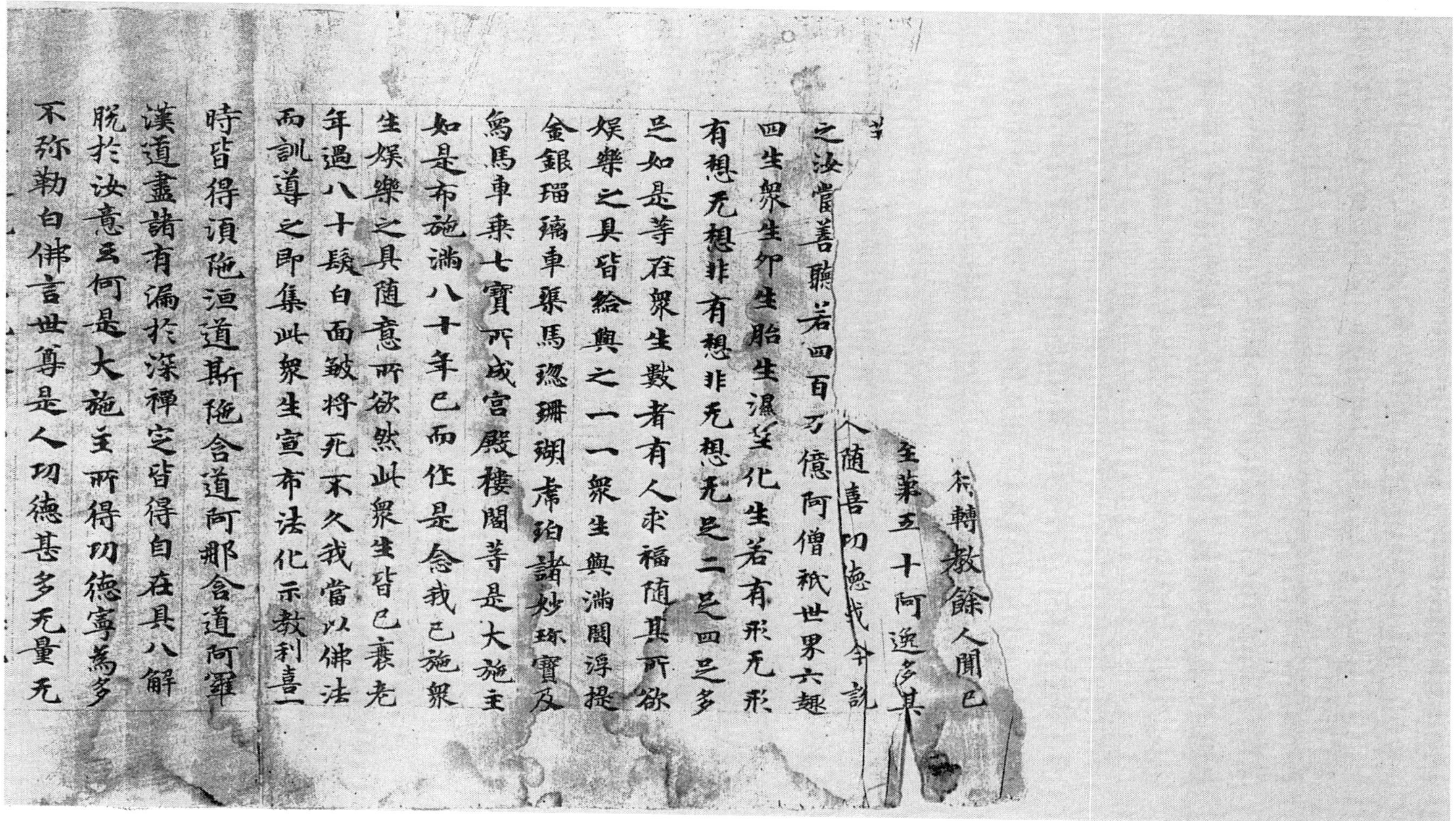

[illegible]轉教餘人聞已
至第五十阿逸多其
人隨喜功德我今說
之汝當善聽若四百万億阿僧祇世界六趣
四生衆生卵生胎生濕生化生若有形无形
有想无想非有想非无想无足二足四足多
足如是等在衆生數者有人求福隨其所欲
娛樂之具皆給與之一一衆生與滿閻浮提
金銀琉璃車𤦲馬瑙珊瑚虎珀諸妙珎寶及
象馬車乘七寶所成宮殿樓閣等是大施主
如是布施滿八十年已而作是念我已施衆
生娛樂之具隨意所欲然此衆生皆已衰老
年過八十髮白面皺將死不久我當以佛法
而訓導之即集此衆生宣布法化示教利喜一
時皆得須陁洹道斯陁含道阿那含道阿羅
漢道盡諸有漏於深禪定皆得自在具八解
脫於汝意云何是大施主所得功德寧為多
不彌勒白佛言世尊是人功德甚多无量无

BD03342 號　妙法蓮華經（八卷本）卷六　(12–1)

時皆得須陀洹道斯陀含道阿那含道阿羅
漢道盡諸有漏於深禪定皆得自在具八解
脫於汝意云何是大施主所得功德寧為多
不彌勒白佛言世尊是人功德甚多无量无
邊若是施主但施衆生一切樂具功德无量
何況令得阿羅漢果佛告彌勒我今分明語
汝是人以一切樂具施於四百万億阿僧祇
世界六趣衆生又令得阿羅漢果所得功德
不如是第五十人聞法華經一偈隨喜功德
百分千分百千万億分不及其一乃至筭數
譬喻所不能知阿逸多如是第五十人展轉
聞法華經隨喜功德尚无量无邊阿僧祇何
況㝡初於會中聞而隨喜者其福復勝无量
无邊阿僧祇不可得比又阿逸多若人為是
經故往詣僧坊若坐若立須臾聽受緣是功
德轉身所生得好上妙象馬車乘珎寶輦轝
及乘天宮若復有人於講法處坐更有人來
勸令坐聽若分座令坐是人功德轉身得帝
釋坐處若梵王坐處若轉輪聖王所坐之處
阿逸多若復有人語餘人言有經名法華可
共往聽即受其教乃至須臾間聞是人功德
轉身得與陁羅尼菩薩共生一處利根智慧
百千万世終不瘖瘂口氣不臭舌常无病口
亦无病齒不垢黑不黃不踈亦不缺落不差
不曲脣不下垂亦不褰縮不麁澁不瘡緊亦
不缺壞亦不喎斜不厚不大亦不黧黑无諸

BD03342號　妙法蓮華經（八卷本）卷六　（12–2）

百千万世終不瘖瘂口氣不臭舌常无病口
亦无病齒不垢黑不黃不踈亦不缺落不差
不曲脣不下垂亦不褰縮不麁澁不瘡緊亦
不缺壞亦不喎斜不厚不大亦不黧黑无諸
可惡鼻不匾㔸亦不曲戾面色不黑亦不狹
長亦不窪曲无有一切不可喜相脣舌牙齒
悉皆嚴好鼻脩高直面貌圓滿眉高而長額
廣平正人相具足世世所生見佛聞法信受
教誨阿逸多汝且觀是勸於一人令往聽法
功德如此何況一心聽說讀誦而於大衆為
人分別如說脩行尒時世尊欲重宣此義而
說偈言

若人於法會　得聞是經典　乃至於一偈　隨喜為他說
如是展轉教　至于第五十　㝡後人獲福　今當分別之
如有大施主　供給无量衆　具滿八十歲　隨意之所欲
見彼衰老相　髮白而面皺　齒踈形枯竭　念其死不久
我今應當教　令得於道果　即為方便說　涅槃真實法
世皆不牢固　如水沫泡焰　汝等咸應當　疾生猒離心
諸人聞是法　皆得阿羅漢　具足六神通　三明八解脫
㝡後第五十　聞一偈隨喜　是人福勝彼　不可為譬喻
如是展轉聞　其福尚无量　何況於法會　初聞隨喜者
若有勸一人　將引聽法華　言此經深妙　千万劫難遇
即受教往聽　乃至須臾聞　斯人之福報　今當分別說
世世无口患　齒不踈黃黑　脣不厚褰缺　无有可惡相
舌不乾黑短　鼻高脩且直　額廣而平正　面目悉端嚴
為人所喜見　口氣无臭穢　優鉢華之香　常從其口出

BD03342號　妙法蓮華經（八卷本）卷六　（12–3）

世世无口患　齒不踈黃黑　脣不厚褰缺　无有可惡相
舌不乾黑短　鼻高脩且直　額廣而平正　面目悉端嚴
為人所憙見　口氣无臭穢　優鉢華之香　常從其口出
若故詣僧坊　欲聽法華經　須臾聞歡喜　今當說其福
後生天人中　得妙象馬車　珍寶之輦輿　及乘天宮殿
若於講法處　勸人坐聽經　是福因緣得　釋梵轉輪座
何況一心聽　解說其義趣　如說而脩行　其福不可限

妙法蓮華經法師功德品第十九

尒時佛告常精進菩薩摩訶薩若善男子善女人受持是法華經若讀若誦若解說若書寫是人當得八百眼功德千二百耳功德八百鼻功德千二百舌功德八百身功德千二百意功德以是功德莊嚴六根皆令清淨是善男子善女人父母所生清淨肉眼見於三千大千世界內外所有山林河海下至阿鼻地獄上至有頂亦見其中一切衆生及業因緣果報生處悉見悉知尒時世尊欲重宣此義而說偈言

若於大衆中　以无所畏心　說是法華經　汝聽其功德
是人得八百　功德殊勝眼　以是莊嚴故　其目甚清淨
父母所生眼　悉見三千界　內外弥樓山　須弥及鐵圍
并諸餘山林　大海江河水　下至阿鼻獄　上至有頂處
其中諸衆生　一切皆悉見　雖未得天眼　肉眼力如是

復次常精進若善男子善女人受持此經若讀若誦若解說若書寫得千二百耳功德以是清淨耳聞三千大千世界下至阿鼻地獄

復次常精進若善男子善女人受持此經若讀若誦若解說若書寫得千二百耳功德以是清淨耳聞三千大千世界下至阿鼻地獄上至有頂其中內外種種語言音聲象聲馬聲牛聲車聲啼哭聲愁歎聲螺聲鼓聲鍾聲鈴聲咲聲語聲男聲女聲童子聲童女聲法聲非法聲苦聲樂聲凡夫聲聖人聲喜聲不喜聲天聲龍聲夜叉聲乾闥婆聲阿脩羅聲迦樓羅聲緊那羅聲摩睺羅伽聲火聲水聲風聲地獄聲畜生聲餓鬼聲比丘聲比丘尼聲聲聞聲辟支佛聲菩薩聲佛聲以要言之三千大千世界中一切內外所有諸聲雖未得天耳以父母所生清淨常耳皆悉聞知如是分別種種音聲而不壞耳根尒時世尊欲重宣此義而說偈言

父母所生耳　清淨无濁穢　以此常耳聞　三千世界聲
象馬車牛聲　鍾鈴螺鼓聲　琴瑟箜篌聲　簫笛之音聲
清淨好歌聲　聽之而不著　无數種人聲　聞悉能解了
又聞諸天聲　微妙之歌音　及聞男女聲　童男童女聲
山川險谷中　迦陵頻伽聲　命命等諸鳥　悉聞其音聲
地獄衆苦痛　種種楚毒聲　餓鬼飢渴逼　求索飲食聲
諸阿脩羅等　居在大海邊　自共語言時　出于大音聲
如是說法者　安住於此間　遙聞是衆聲　而不壞耳根
十方世界中　禽獸鳴相呼　其說法之人　於此悉聞之
其諸梵天上　光音及遍淨　乃至有頂天　言語之音聲

十方世界中　禽獸鳴相呼　其說法之人　於此悉聞之
其諸梵天上　光音及遍淨　乃至有頂天　言語之音聲
法師住於此　悉皆得聞之　一切比丘衆　及諸比丘尼
若讀誦經典　若為他人說　法師住於此　悉皆得聞之
復有諸菩薩　讀誦於經法　若為他人說　撰集解其義
如是諸音聲　悉皆得聞之　諸佛大聖尊　教化衆生者
於諸大衆中　演說微妙法　持此法華者　悉皆得聞之
三千大千界　內外諸音聲　下至阿鼻獄　上至有頂天
皆聞其音聲　而不壞耳根　其耳聰利故　悉能分別知
持是法華者　雖未得天耳　但用所生耳　功德已如是
復次常精進，若善男子善女人受持是經，若
讀若誦若解說若書寫，成就八百鼻功德。以
是清淨鼻根，聞於三千大千世界上下內外
種種諸香：須曼那華香、闍提華香、末利華香、
瞻蔔華香、波羅羅華香、赤蓮華香、青蓮華香、白
蓮華香、華樹香、菓樹香、栴檀香、沉水香、多
摩羅跋香、多伽羅香，及千萬種和香，若末若
丸若塗香，持是經者，於此間住，悉能分別。又
復別知衆生之香：象香、馬香、牛羊等香、男香、
女香、童子香、童女香，及草木叢林香，若近若
遠所有諸香，悉皆得聞，分別不錯。持是經者
雖住於此，亦聞天上諸天之香：波利質多羅、
拘鞞陀羅樹香，及曼陀羅華香、摩訶曼陀羅
華香、曼殊沙華香、摩訶曼殊沙華香、栴檀、沉
水、種種末香、諸雜華香，如是等天香和合所
出之香，无不聞知。又聞諸天身香釋提桓因

BD03342號　妙法蓮華經（八卷本）卷六　（12–6）

華香、曼殊沙華香、摩訶曼殊沙華香、栴檀、沉
水、種種末香、諸雜華香，如是等天香和合所
出之香，无不聞知。又聞諸天身香：釋提桓因
在勝殿上五欲娛樂嬉戲時香，若在妙法堂
上為忉利諸天說法時香，若於諸園遊戲時
香，及餘天等男女身香，皆悉遙聞。如是展轉
乃至梵世，上至有頂諸天身香，亦皆聞之。并
聞諸天所燒之香，及聲聞香、辟支佛香、菩
薩香、諸佛身香，亦皆遙聞，知其所在。雖聞此
香，然於鼻根不壞不錯，若欲分別為他人說，
憶念不謬。尒時世尊欲重宣此義而說偈言：
是人鼻清淨　於此世界中　若香若臭物　種種悉聞知
須曼那闍提　多摩羅栴檀　沉水及桂香　種種華菓香
及知衆生香　男子女人香　說法者遠住　聞香知所在
大勢轉輪王　小轉輪及子　群臣諸宮人　聞香知所在
身所著珎寶　及地中寶藏　轉輪王寶女　聞香知所在
諸人嚴身具　衣服及瓔珞　種種所塗香　聞則知其身
諸天若行坐　遊戲及神變　持是法華者　聞香悉能知
諸樹華菓實　及蘇油香氣　持經者住此　悉知其所在
諸山深嶮處　栴檀樹華敷　衆生在中者　聞香皆能知
鐵圍山大海　地中諸衆生　持經者聞香　悉知其所在
阿脩羅男女　及其諸眷屬　鬪諍遊戲時　聞香皆能知
曠野險隘處　師子象虎狼　野牛水牛等　聞香知所在
若有懷妊者　未辯其男女　无根及非人　聞香悉能知
以聞香力故　知其初懷妊　成就不成就　安樂產福子

BD03342號　妙法蓮華經（八卷本）卷六　（12–7）

曠野險隘處 師子象虎狼 野牛水牛等 聞香知所在
若有懷任者 未辯其男女 无根及非人 聞香悉能知
以聞香力故 知其初懷任 成就不成就 安樂產福子
以聞香力故 知男女所念 染欲癡恚心 亦知脩善者
地中衆伏藏 金銀諸珎寶 銅器之所盛 聞香悉能知
種種諸瓔珞 无能識其價 聞香知貴賤 出處及所在
天上諸華等 曼陁曼殊沙 波利質多樹 聞香悉能知
天上諸宮殿 上中下差別 衆寶華莊嚴 聞香悉能知
天園林勝殿 諸觀妙法堂 在中而娛樂 聞香悉能知
諸天若聽法 或受五欲時 來往行坐卧 聞香悉能知
天女所著衣 好華香莊嚴 周旋遊戲時 聞香悉能知
如是展轉上 乃至於梵世 入禪出禪者 聞香悉能知
光音遍淨天 乃至于有頂 初生及退沒 聞香悉能知
諸比丘衆等 於法常精進 若坐若經行 及讀誦經法
或在林樹下 專精而坐禪 持經者聞香 悉知其所在
菩薩志堅固 坐禪若讀誦 或為人說法 聞香悉能知
在在方世尊 一切所恭敬 愍衆而說法 聞香悉能知
衆生在佛前 聞經皆歡喜 如法而脩行 聞香悉能知
雖未得菩薩 无漏法生鼻 而是持經者 先得此鼻相

復次常精進若善男子善女人受持是經若讀若誦若解說若書寫得千二百舌功德若好若醜若美不美及諸苦澁物在其舌根皆變成上味如天甘露无不美者若以舌根於大衆中有所演說出深妙聲能入其心皆令歡喜快樂又諸天子天女釋梵諸天聞是深妙音聲有所演說言論

BD03342 號　妙法蓮華經（八卷本）卷六　（12–8）

好若醜若美不美及諸苦澁物在其舌根皆變成上味如天甘露无不美者若以舌根於大衆中有所演說出深妙聲能入其心皆令歡喜快樂又諸天子天女釋梵諸天聞是深妙音聲有所演說言論次第皆悉來聽及諸龍龍女夜叉夜叉女乾闥婆乾闥婆女阿脩羅阿脩羅女迦樓羅迦樓羅女緊那羅緊那羅女摩睺羅伽摩睺羅伽女為聽法故皆來親近恭敬供養及比丘比丘尼優婆塞優婆夷國王王子羣臣眷屬小轉輪王大轉輪王七寶千子內外眷屬乘其宮殿俱來聽法以是菩薩善說法故婆羅門居士國內人民盡其形壽隨侍供養又諸聲聞辟支佛菩薩諸佛常樂見之是人所在方面諸佛皆向其處說法悉能受持一切佛法又能出於深妙法音尒時世尊欲重宣此義而說偈言

是人舌根淨 終不受惡味 其有所食噉 悉皆成甘露
以清淨妙音 於大衆說法 以諸因緣喻 引導衆生心
聞者皆歡喜 設諸上供養 諸天龍夜叉 及阿脩羅等
皆以恭敬心 而共來聽法 是說法之人 若欲以妙音
遍滿三千界 隨意即能至 大小轉輪王 及千子眷屬
合掌恭敬心 常來聽受法 諸天龍夜叉 羅刹毗舍闍
亦以歡喜心 常樂來供養 梵天王魔王 自在大自在
如是諸天衆 常來至其所 諸佛及弟子 聞其說法音
常念而守護 或時為現身

復次常精進若善男子善女人受持是經若

BD03342 號　妙法蓮華經（八卷本）卷六　（12–9）

亦以歡喜心　常樂來供養　梵天王魔王　自在大自在
如是諸天衆　常來至其所　諸佛及弟子　聞其說法音
常念而守護　或時為現身
復次常精進若善男子善女人受持是經若
讀若誦若解說若書寫得八百身功德得清
淨身如淨瑠璃衆生憙見其身淨故三千大
千世界衆生生時死時上下好醜生善處惡
處悉於中現及鐵圍山大鐵圍山弥樓山摩
訶弥樓山等諸山及其中衆生悉於中現下
至阿鼻地獄上至有頂所有及衆生悉於中
現若聲聞辟支佛菩薩諸佛說法皆於身中
現其色像尒時世尊欲重宣此義而說偈言
若持法華者　其身甚清淨　如彼淨瑠璃　衆生皆憙見
又如淨明鏡　悉見諸色像　菩薩於淨身　皆見世所有
唯獨自明了　餘人所不見　三千世界中　一切諸羣萌
天人阿脩羅　地獄鬼畜生　如是諸色像　皆於身中現
諸天等宮殿　乃至於有頂　鐵圍及弥樓　摩訶弥樓山
諸大海水等　皆於身中現　諸佛及聲聞　佛子菩薩等
若獨若在衆　說法悉皆現　雖未得无漏　法性之妙身
以清淨常體　一切於中現
復次常精進若善男子善女人如來滅後受
持是經若讀若誦若解說若書寫得千二百
意功德以是清淨意根乃至聞一偈一句通
達无量无邊之義解是義已能演說一句一
偈至於一月四月乃至一歲諸所說法隨其
義趣皆與實相不相違背若說俗間經書治

BD03342號　妙法蓮華經（八卷本）卷六　（12–10）

意功德以是清淨意根乃至聞一偈一句通
達无量无邊之義解是義已能演說一句一
偈至於一月四月乃至一歲諸所說法隨其
義趣皆與實相不相違背若說俗間經書治
世語言資生業等皆順正法三千大千世界六
趣衆生心之所行心所動作心所戲論皆
悉知之雖未得无漏智慧而其意根清淨如
此是人有所思惟籌量言說皆是佛法无不
真實亦是先佛經中所說尒時世尊欲重宣
此義而說偈言
是人意清淨　明利无穢濁　以此妙意根　知上中下法
乃至聞一偈　通達无量義　次第如法說　月四月至歲
是世界內外　一切諸衆生　若天龍及人　夜叉鬼神等
其在六趣中　所念若干種　持法華之報　一時皆悉知
十方无數佛　百福莊嚴相　為衆生說法　悉聞能受持
思惟无量義　說法亦无量　終始不忘錯　以持法華故
悉知諸法相　隨義識次第　達名字語言　如所知演說
此人有所說　皆是先佛法　以演此法故　於衆无所畏
持法華經者　意根淨若斯　雖未得无漏　先有如是相
是人持此經　安住希有地　為一切衆生　歡喜而愛敬
能以千万種　善巧之語言　分別而說法　持法華經故

妙法蓮華經卷第六

BD03342號　妙法蓮華經（八卷本）卷六　（12–11）

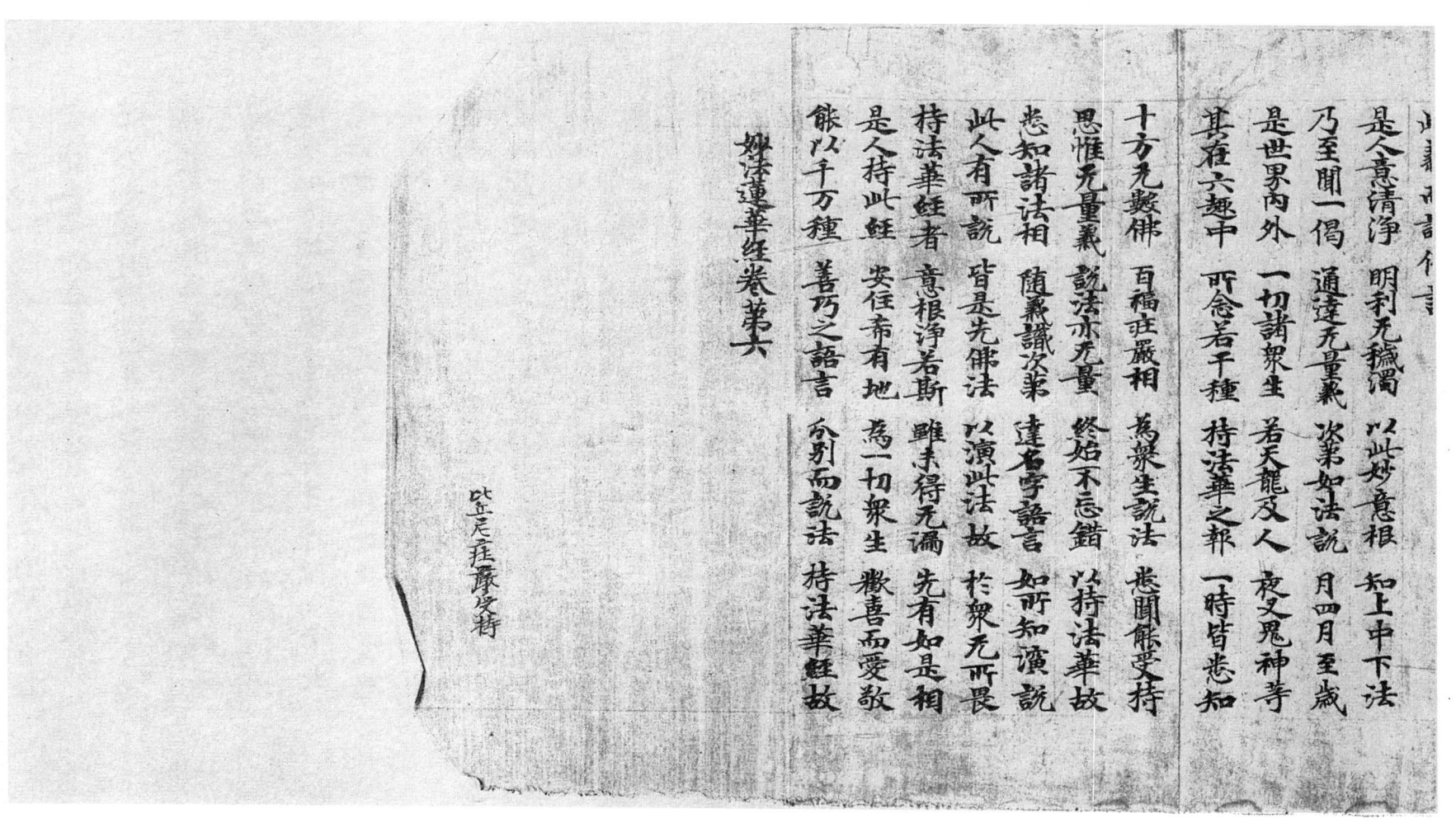

此義而說偈言
是人意清淨　明利无穢濁　以此妙意根　知上中下法
乃至聞一偈　通達无量義　次第如法說　月四月至歲
是世界內外　一切諸衆生　若天龍及人　夜叉鬼神等
其在六趣中　所念若干種　持法華之報　一時皆悉知
十方无數佛　百福莊嚴相　為衆生說法　悉聞能受持
思惟无量義　說法亦无量　終始不忘錯　以持法華故
悉知諸法相　隨義識次第　達名字語言　如所知演說
此人有所說　皆是先佛法　以演此法故　於衆无所畏
持法華經者　意根淨若斯　雖未得无漏　先有如是相
是人持此經　安住希有地　為一切衆生　歡喜而愛敬
能以千万種　善巧之語言　分別而說法　持法華經故

妙法蓮華經卷第六

苾尼莊嚴受持

BD03342號　妙法蓮華經（八卷本）卷六　（12–12）

佛頂尊勝陀羅尼經
佛頂尊勝陀羅尼經者婆羅門僧佛
儀鳳元年從西國來至此土到五臺
五體投地向山頂禮曰如來滅後衆聖
唯有大士文殊師利於此山中汲引倉生教
諸菩薩波利所恨生逢八難不覩聖容遠涉
流沙故來敬謁伏乞大慈大悲普覆令見尊
儀言已悲泣雨淚向山頂礼礼已舉頭忽見
一老人從山中出來遂作婆羅門語謂僧曰
法師情存慕道追訪聖蹤不憚劬勞遠尋遺
跡然漢地衆生多造罪業出家之輩亦多犯
戒律唯有佛頂尊勝陀羅尼經能滅除惡業
未知法師頗將此經來不僧曰貧道直來礼
謁不將經來老人曰既不將經空來何益縱
見文殊亦何必識師
流傳漢土即是遍奉
幽明報諸佛恩也師
師文殊師利菩薩所
遂裁抑悲淚至心敬礼舉頭之頃忽不見
人其僧驚愕倍更虔心繫念傾誠迴還西國
取佛頂尊勝陀羅尼經至永淳二年迴至西

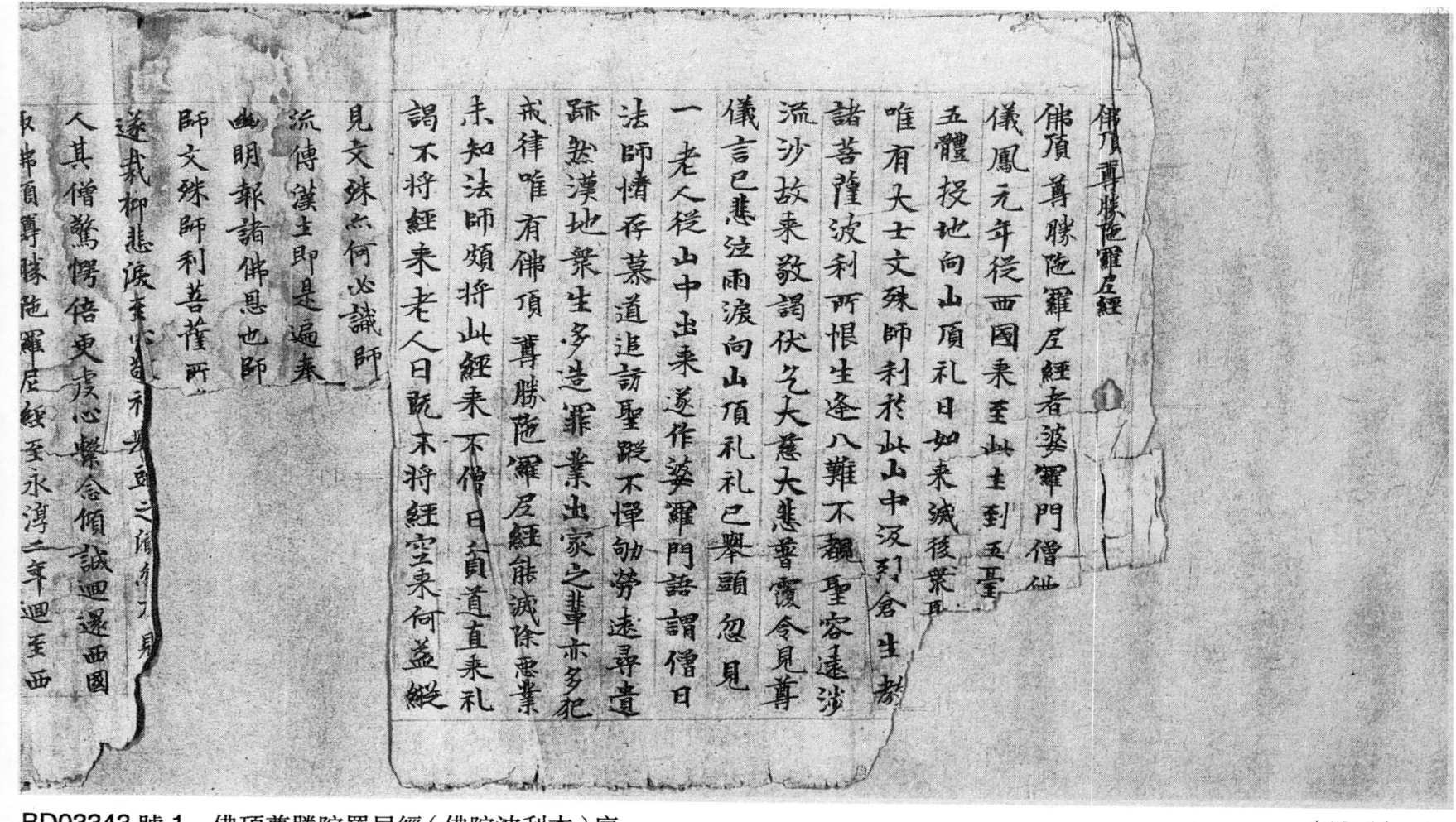

BD03343號 1　佛頂尊勝陀羅尼經（佛陀波利本）序　（12–1）

幽明報諸佛恩也願
師文殊師利菩薩所
遂栽抑悲淚至心[illegible]
人其僧驚愕倍更虔心繫念傾誠迴還西國
取佛頂尊勝陁羅尼經至永淳二年迴至西
京具以上事聞奏　大帝大帝遂將其本入
內請日照三藏法師及　勅司賓寺典客令
杜行顗等共譯此經施僧絹三十疋其經本
禁在內不出其僧悲泣奏曰貧道捐軀委
命遠取經來情望普濟群生救拔苦難不以
財寶為念不以名利關懷請還經本流行庶望
含靈同益　帝遂留翻得之經還僧梵本其
僧得梵本將向西明寺訪得善梵語漢僧
順貞奏共翻譯　帝隨其請僧遂對諸大德
共貞翻譯訖僧將梵本向五臺山一入山於
今不出今前後所翻兩本並流行代小小語
有不同者幸勿怪焉至垂拱三年定覺寺寺
主僧志靜因停在神都魏國東寺親見日照
三藏法師問其逗留一如上說志靜遂就三
藏法師諮受神咒法師於是口宣梵音經二
七日句句委授具足梵音一無差失仍更取
舊翻梵本勘校所有脫錯悉皆改定其咒
初注云最後別翻者是也其咒句稍異於杜
令所翻者其新咒改定不錯并注其音訖後
有學者幸詳此焉至永昌元年八月於大敬

BD03343 號 1　佛頂尊勝陀羅尼經（佛陀波利本）序　（12–2）

初注云最後別翻者是也其咒句稍異於杜
令所翻者其新咒改定不錯并注其音訖後
有學者幸詳此焉至永昌元年八月於大敬
愛寺見西明寺上座澄法師問其逗留亦如
前說其翻經僧順貞見在西明寺此經救
拔幽顯最不思議恐學者不知故具錄委曲
以傳未悟

佛頂尊勝陁羅尼經　罽賓沙門佛陁波利奉　詔譯

如是我聞一時薄伽梵在室羅筏住誓多林
給孤獨園與大苾芻眾千二百五十人俱又
與諸大菩薩僧萬二千人俱爾時三十三天
於善法堂會有一天子名曰善住與諸大天
遊於園觀又與大天受勝尊貴與諸天女前
後圍繞歡喜遊戲種種音樂共相娛樂受諸
快樂爾時善住天子即於夜分聞有聲言善
住天子却後七日命將欲盡命終之後生贍
部洲受七返畜生身即受地獄苦從地獄出
希得人身生於貧賤家處於母胎即無兩
目爾時善住天子聞此聲已即大驚怖身毛
皆豎愁憂不樂速疾往詣天帝釋所悲啼號
哭惶怖無計頂禮帝釋二足尊已白帝釋言
聽我所說我與諸天女共相圍繞受諸快樂
聞有聲言善住天子却後七日命將欲盡命
終之後生贍部洲七返受畜生身受七身已
即墮諸地獄從地獄出希得人身生貧賤家

BD03343 號 1　佛頂尊勝陀羅尼經（佛陀波利本）序　（12–3）
BD03343 號 2　佛頂尊勝陀羅尼經（佛陀波利本）

聞有聲言善住天子却後七日命將欲盡命
終之後生贍部洲七返受畜生身受七身已
即墮諸地獄從地獄出希得人身生貧賤家
而無兩目天帝云何令我得免斯苦
尒時帝釋聞善住天子語已甚大驚愕即
自思惟此善住天子受何七返惡道之身尒
時帝釋須臾靜住入定諦觀即見善住當受
七反惡道之身所謂猪狗野干獼猴蟒虵烏鷲
等身食諸穢惡不淨之物尒時帝釋觀見善
住天子當墮七返惡道之身極助苦惱痛割
於心諦思無計何所歸依唯有如來應正等
覺令其善住得免斯苦
尒時帝釋即於此日初夜分時以種種花鬘
塗香末香以妙天衣莊嚴執持往詣誓多林
園於世尊所到已頂礼佛足右繞七匝即於
佛前廣大供養佛前胡跪而白佛言世尊
善住天子云何當受七返畜生惡道之身具
如上說
尒時如来頂上放種種光遍滿十方一切世界
已其光還来繞佛三匝從佛口入佛便微咲
告帝釋言天帝有陁羅尼名為如来佛頂尊
勝能淨一切惡道能淨除一切生死苦惱
又能淨除諸地獄閻羅王界畜生之苦又破
一切地獄能迴向善道天帝此佛頂尊勝陁
羅尼若有人聞一經於耳先世所造一切地
獄惡業皆悉消滅當得清淨之身隨所生

BD03343 號 2　佛頂尊勝陀羅尼經（佛陀波利本）　（12–4）

一切地獄能迴向善道天帝此佛頂尊勝陁
羅尼若有人聞一經於耳先世所造一切地
獄惡業皆悉消滅當得清淨之身隨所生
處憶持不忘從一佛剎至一佛剎從一天界至
一天界遍歷三十三天所生之處憶持不忘
天帝若人命欲將終須臾憶念此陁羅尼還
得增壽得身口意淨身無苦痛隨其福利隨
處安隱一切如来之所觀視一切天神恒常
侍衛為人所敬惡障消滅一切菩薩同心
覆護天帝若人能須臾讀誦此陁羅尼者此
人所有一切地獄畜生閻羅王界餓鬼之苦
破壞消滅無有遺餘諸佛剎土及諸天宮一
切菩薩所住之門無有障礙隨意遊入
尒時帝釋白佛言世尊唯願如来為衆生說
增益壽命之法尒時世尊知帝釋意心之所
念樂聞佛說是陁羅尼法即說呪曰
那謨薄伽跋帝一啼㘑路迦鉢囉底毗失瑟吒
引折法反不同耶二勃陁引耶三薄伽䟦帝四怛姪他
五唵六引毗輸馱耶七娑摩三漫多皤婆娑
八娑破羅拏揭底伽訶那娑婆引皤輸地九
阿鼻詵者蘇揭多伐折時設反下同那阿蜜㗚多
毗曬罽十取罽字呼聲嘍阿引訶羅阿訶羅十一阿
引瑜散陁引羅尼十二輸馱耶輸馱耶十三伽
伽那毗輸輸律反不同提十四烏瑟尼沙毗逝耶輸提
十五娑訶娑羅喝囉濕弭珊珠地帝十六薩
引婆怛他揭多地瑟吒引那頞地瑟恥帝慕

BD03343 號 2　佛頂尊勝陀羅尼經（佛陀波利本）　（12–5）

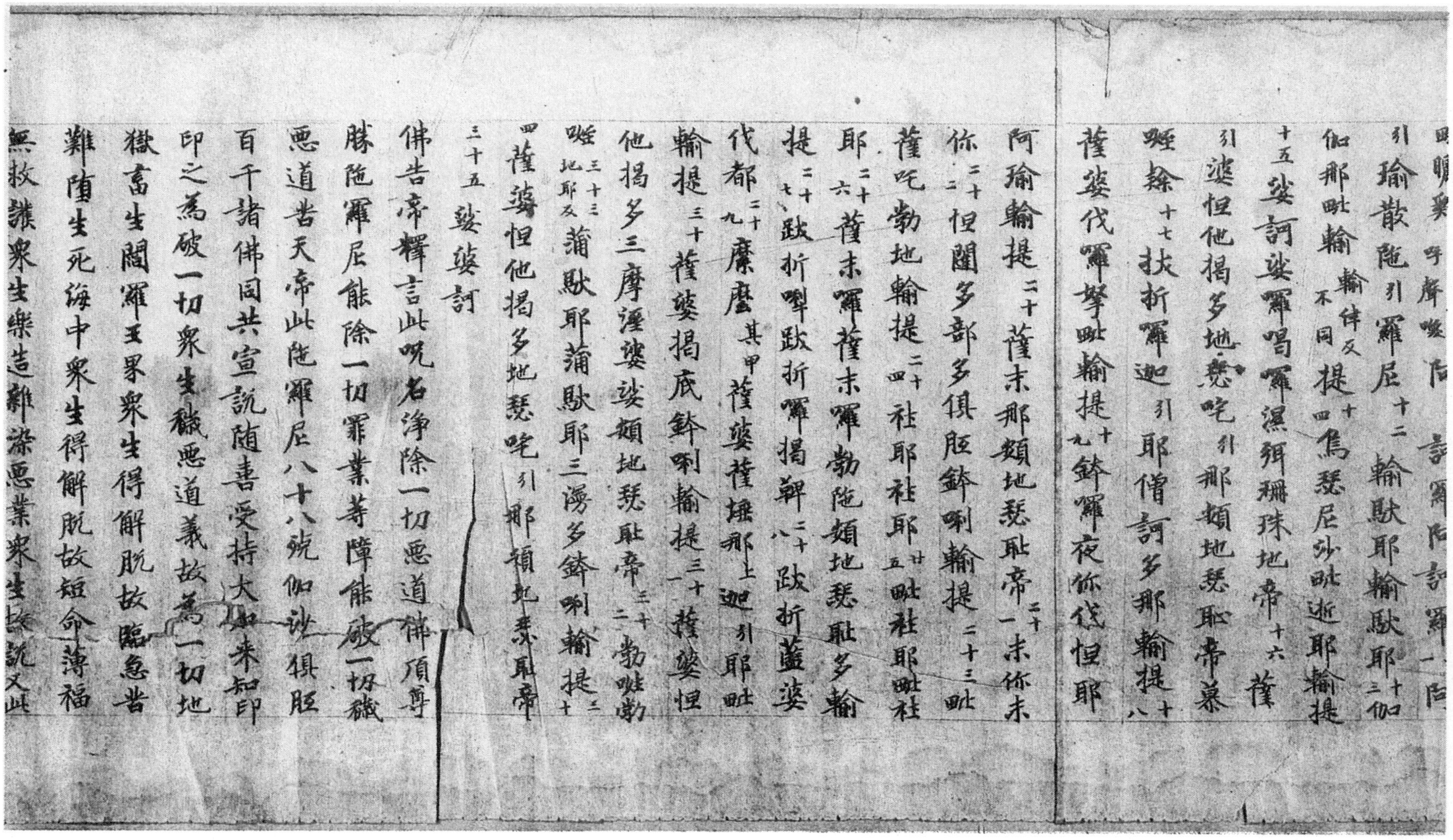

嚕嚩呼摩嚕陁訶羅陁訶羅一陁
引瑜散陁引羅尼十二輪馱耶輪馱耶十三伽
伽耶毗輪輪伴反不同提十四烏瑟尼沙毗逝耶輪提
十五娑訶娑囉喝囉濕弭珊珠地帝十六薩
引婆怛他揭多地瑟咤引那頻地瑟恥帝慕
嚂餘十七扶折囉迦引耶僧訶多那輪提十八
薩婆伐囉拏毗輪提十九鉢囉夜你伐怛耶
阿瑜輪提二十薩末那頻地瑟恥帝二十一末你末
你二十二怛闥多部多俱胝鉢唎輪提二十三毗
薩吒勃地輪提二十四社耶社耶二十五毗社耶毗社
耶二十六薩末囉薩末囉勃陁頻地瑟恥多輪
提二十七跋折唎跋折囉揭鞞二十八跋折藍婆
伐都二十九廢麼其甲薩婆薩埵那上迦引耶毗
輪提三十薩婆揭底鉢唎輪提三十一薩婆怛
他揭多三摩溼婆娑頻地瑟恥帝三十二勃嘀勃
嚂三十三地耶反蒲馱耶蒲馱耶三漫多鉢唎輪提三十
四薩婆怛他揭多地瑟咤引那頻地瑟恥帝
三十五娑婆訶
佛告帝釋言此呪名淨除一切惡道佛頂尊
勝陁羅尼能除一切罪業等障能破一切穢
惡道苦天帝此陁羅尼八十八殑伽沙俱胝
百千諸佛同共宣說隨喜受持大如來知印
印之為破一切衆生穢惡道義故為一切地
獄畜生閻羅王界衆生得解脫故臨急苦
難墮生死海中衆生得解脫故短命薄福
無救護衆生樂造雜染惡業衆生故說又此

BD03343號2　佛頂尊勝陀羅尼經（佛陀波利本）　（12–6）

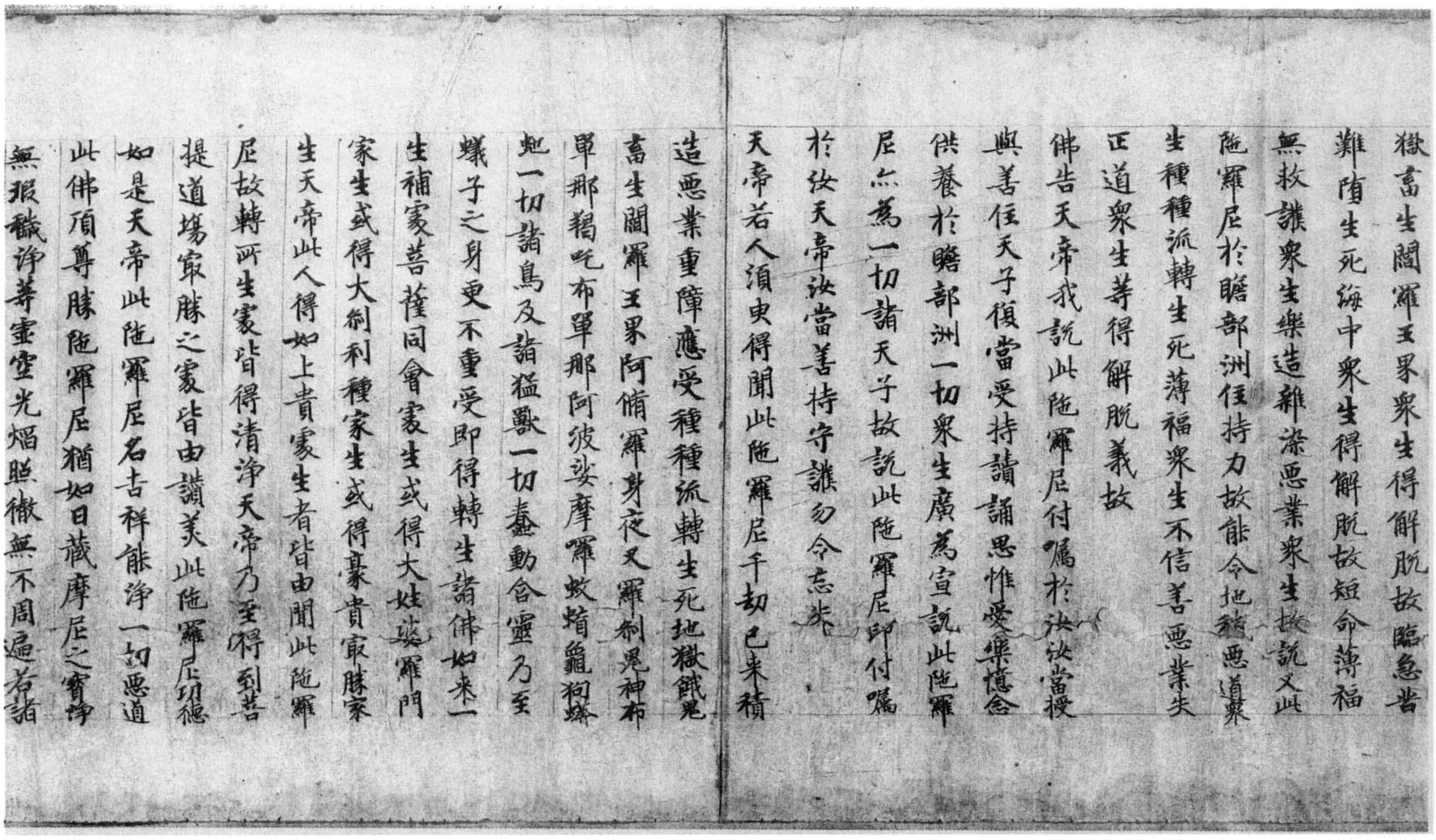

獄畜生閻羅王界衆生得解脫故臨急苦
難墮生死海中衆生得解脫故短命薄福
無救護衆生樂造雜染惡業衆生故說又此
陁羅尼於贍部洲住持力故能令地獄惡道衆
生種種流轉生死薄福衆生不信善惡業失
正道衆生等得解脫義故
佛告天帝我說此陁羅尼付囑於汝汝當授
與善住天子復當受持讀誦思惟愛樂憶念
供養於贍部洲一切衆生廣為宣說此陁羅
尼亦為一切諸天子故說此陁羅尼即付囑
於汝天帝汝當善持守護勿令忘失
天帝若人須臾得聞此陁羅尼千劫已來積
造惡業重障應受種種流轉生死地獄餓鬼
畜生閻羅王界阿脩羅身夜叉羅剎鬼神布
單那羯吒布單那阿波娑摩囉蚊蝱龜狗蟒
虵一切諸鳥及諸猛獸一切蠢動含靈乃至
蟻子之身更不重受即得轉生諸佛如來一
生補處菩薩同會處生或得大姓婆羅門
家生或得大剎利種家生或得豪貴最勝家
生天帝此人得如上貴處生者皆由聞此陁羅
尼故轉所生處皆得清淨天帝乃至得到菩
提道場最勝之處皆由讚美此陁羅尼功德
如是天帝此陁羅尼名吉祥能淨一切惡道
此佛頂尊勝陁羅尼猶如日藏摩尼之寶淨
無瑕穢淨等虛空光焰照徹無不周遍若諸

BD03343號2　佛頂尊勝陀羅尼經（佛陀波利本）　（12–7）

此佛頂尊勝陁羅尼猶如日藏摩尼之寶淨
無瑕穢淨等虛空光焰照徹無不周遍若諸
衆生持此陁羅尼亦復如是亦如閻浮檀金
明淨柔軟令人喜見不爲穢惡之所染著天
帝若有衆生持此陁羅尼亦復如是乘斯善
淨得生善道天帝此陁羅尼所在之處若能
書寫流通受持讀誦聽聞供養能如是者
一切惡道皆得清淨一切地獄苦悉皆消滅
佛告天帝若人能書寫此陁羅尼安高幢
上或安高山或安樓上乃至安置窣堵波中
天帝若有苾蒭苾蒭尼優婆塞優婆夷族
姓男族姓女於幢等上或見或與相近其影
映身或風吹陁羅尼上幢等上塵落在身上
天帝彼諸衆生所有罪業應墮惡道地獄
畜生閻羅王界餓鬼阿脩羅身惡道之苦皆
悉不受亦不爲罪垢染汙天帝此等衆生爲
一切諸佛之所授記皆得不退轉於阿耨多羅
三藐三菩提天帝何況更以多諸供具花鬘塗
香末香寶幢幡蓋等衣服瓔珞作諸莊嚴於
四衢道造窣堵波安置陁羅尼合掌恭敬旋
繞行道歸依禮拜天帝彼人能如是供養者
名摩訶薩埵真是佛子持法棟梁又是如來
全身舍利窣堵波塔尒時閻摩羅法王於時
夜分來詣佛所到已以種種天衣妙花塗香

BD03343號2　佛頂尊勝陀羅尼經（佛陀波利本）　（12-8）

繞行道歸依禮拜天帝彼人能如是供養者
名摩訶薩埵真是佛子持法棟梁又是如來
全身舍利窣堵波塔尒時閻摩羅法王於時
夜分來詣佛所到已以種種天衣妙花塗香
莊嚴供養佛已繞佛七迊頂禮佛足而作是
言我聞如來演說讚持大力陁羅尼故來
修學若有受持讀誦是陁羅尼者我常隨
逐守護不令持者墮於地獄以彼隨順如來言
教而護念之
尒時護世四天大王繞佛三迊白佛言世尊
唯願如來爲我廣說持陁羅尼法尒時佛
告四天王汝今諦聽我當爲汝宣說受持此
陁羅尼法亦爲短命諸衆生說當先洗浴著
新淨衣白月圓滿十五日時持齋誦此陁羅
尼滿其千遍令短命衆生還得增壽永離
病苦一切業障悉皆消滅一切地獄諸苦亦
得解脫諸飛鳥畜生含靈之類聞此陁羅
尼一經於耳盡此一身更不復受
佛言若人遇大惡病聞陁羅尼即得永離
一切諸病亦得消滅應墮惡道亦得除斷
即得往生極樂世界從此已後更不受胞胎
之身所生之處蓮花化生一切生處憶持不
忘常識宿命佛言若人先造一切極重罪業
遂即命終乘斯惡業應墮地獄或墮畜生
閻羅王界或墮餓鬼乃至墮大阿鼻地獄或

BD03343號2　佛頂尊勝陀羅尼經（佛陀波利本）　（12-9）

遂即命終乘斯悪業應墮地獄或隨畜生
閻羅王界或墮餓鬼乃至墮大阿鼻地獄或
生水中或生禽獸異類之身取其亡者隨身
分骨以土一把誦此陁羅尼二十一遍散亡
者骨上即得生天佛言若人能日日誦此陁
羅尼二十一遍應消一切世間廣大供養捨
身往生極樂世界若常誦念得大涅槃復增
壽命受勝快樂捨此身已即得往生種種
微妙諸佛剎土常與諸佛俱會一處一切如
來恒爲演說微妙之義一切世尊即授其記
身光照曜一切佛剎
佛言若誦此陁羅尼法於其佛前先取淨
土作壇隨其大小方四角作以種種草花散
於壇上燒衆名香右膝著地胡跪心常念佛
作慕陁羅尼印屈其頭指以大母指押合掌
當其心上誦此陁羅尼一百八遍訖於其壇
中如雲王雨華能遍供養八十八俱胝殑伽沙
那庾多百千諸佛彼佛世尊咸共讚言善
哉希有真是佛子即得無障礙智三昧得大
菩提心莊嚴三昧持此陁羅尼法應如是
佛言天帝我以此方便一切衆生應墮地獄
道令得解脫一切悪道亦得清淨復令持者
增益壽命天帝汝去將我此陁羅尼授與
善住天子滿其七日汝與善住俱來見我
尒時天帝於世尊所受此陁羅尼法奉持

BD03343號 2　佛頂尊勝陀羅尼經（佛陀波利本）　（12–10）

增益壽命天帝汝去將我此陁羅尼授與
善住天子滿其七日汝與善住俱來見我
尒時天帝於世尊所受此陁羅尼法奉持
還於本天授與善住天子尒時善住天子受
此陁羅尼已滿六日六夜依法受持一切願滿
應受一切悪道等苦即得解脫住菩提道
增壽無量甚大歡喜高聲歎言希有如來
希有妙法希有明驗甚爲難得令我解脫
尒時帝釋至第七日與善住天子將諸天衆
嚴持花鬘塗香末香寶幢幡蓋天衣瓔珞
微妙莊嚴往詣佛所設大供養以妙天衣
及諸纓絡供養世尊遶百千匝於佛前立
踊躍歡喜坐而聽法
尒時世尊舒金色臂摩善住天子頂而爲
說法授菩提記佛言此經名淨一切悪道
佛頂尊勝陁羅尼汝當受持尒時大衆
聞法歡喜信受奉行
佛頂尊勝陁羅尼經一卷

BD03343號 2　佛頂尊勝陀羅尼經（佛陀波利本）　（12–11）

佛頂尊勝陀羅尼法當受持尒時大衆
聞法歡喜信受奉行

佛頂尊勝陀羅尼經一卷

BD03343 號 2　佛頂尊勝陀羅尼經（佛陀波利本）　（12–12）

如來無礙智　知彼佛滅度　及聲聞菩薩　如見今滅度
諸比丘當知　佛智淨微妙　無漏無所㝵　通達無量劫
佛告諸比丘大通智勝佛壽五百四十万億那
由他劫其佛本坐道場破魔軍已垂得阿耨
多羅三藐三菩提而諸佛法不現在前如是
一小劫乃至十小劫結加趺坐身心不動而
諸佛法猶不在前尒時忉利諸天先爲彼佛
於菩提樹下敷師子坐高一由旬佛於此座
當得阿耨多羅三藐三菩提適坐此座時諸
梵天王雨衆天華面百由旬香風時來吹去
萎華更雨新者如是不絕滿十小劫供養於
佛乃至滅度常雨此華四王諸天爲供養佛
常擊天鼓其餘諸天作天伎樂滿十小劫至
于滅度亦復如是諸比丘大通智勝佛過十
小劫諸佛之法乃現在前成阿耨多羅三藐
三菩提其佛未出家時有十六子其第一者
名曰智積諸子各有種種珍異玩好之具聞
父得成阿耨多羅三藐三菩提皆捨所珍往
詣佛所諸母涕泣而隨送之其祖轉輪聖王

BD03344 號　妙法蓮華經卷三　（15–1）

三菩提其佛未出家時有十六子其第一者
名曰智積諸子各有種種珍異玩好之具聞
父得成阿耨多羅三藐三菩提皆捨所珍往
詣佛所諸母涕泣而隨送之其祖轉輪聖王
與一百大臣及餘百千万億人民皆共圍繞
隨至道場咸欲親近大通智勝如來供養恭
敬尊重讚歎到已頭面礼足遶佛畢已一心
合掌瞻仰世尊以偈頌曰

大威德世尊　為度衆生故　於無量億歲　尒乃得成佛
諸願已具足　善哉吉無上
世尊甚希有　一坐十小劫　身體及手足　靜然安不動
其心常惔怕　未曾有散亂　究竟永寂滅　安住無漏法
今者見世尊　安隱成佛道　我等得善利　稱慶大歡喜
衆生常苦惱　盲瞑無導師　不識苦盡道　不知求解脫
長夜增惡趣　減損諸天衆　從冥入於冥　永不聞佛名
今佛得最上　安隱無漏道　我等及天人　為得最大利
是故咸稽首　歸命無上尊

尒時十六王子偈讚佛已勸請世尊轉於法
輪咸作是言世尊說法多所安隱憐愍饒益
諸天人民重說偈言

世雄無等倫　百福自莊嚴　得無上智慧　願為世間說
度脫於我等　及諸衆生類　為分別顯示　令得是智慧
若我等得佛　衆生亦復然
世尊知衆生　深心之所念　亦知所行道　又知智慧力
欲樂及脩福　宿命所行業　世尊悉知已　當轉無上輪

BD03344號　妙法蓮華經卷三　(15–2)

度脫於我等　及諸衆生類　為分別顯示　令得是智慧
若我等得佛　衆生亦復然
世尊知衆生　深心之所念　亦知所行道　又知智慧力
欲樂及脩福　宿命所行業　世尊悉知已　當轉無上輪

佛告諸比丘大通智勝佛得阿耨多羅三藐
三菩提時十方各五百万億諸佛世界六種
震動其國中間幽冥之處日月威光所不能
照而皆大明其中衆生各得相見咸作是言
此中云何忽生衆生又其國界諸天宮殿乃
至梵宮六種震動大光普照遍滿世界勝諸
天光尒時東方五百万億諸國土中梵天宮
殿光明照曜倍於常明諸梵天王各作是念
今者宮殿光明昔所未有以何因緣而現此
相是時諸梵天王即各相詣共議此事時彼
衆中有一大梵天王名救一切為諸梵衆而
說偈言

我等諸宮殿　光明昔未有　此是何因緣　宜各共求之
為大德天生　為佛出世間　而此大光明　遍照於十方

尒時五百万億國土諸梵天王與宮殿俱各
以衣裓盛諸天華共詣西方推尋是相見大
通智勝如來處于道場菩提樹下坐師子座
諸天龍王乾闥婆緊那羅摩睺羅伽人非人
等恭敬圍遶及見十六王子請佛轉法輪即
時諸梵天王頭面礼佛遶百千帀即以天華
而散佛上其所散華如須彌山并以供養佛

BD03344號　妙法蓮華經卷三　(15–3)

等恭敬圍遶及見十六王子請佛轉法輪即
時諸梵天王頭面礼佛遶百千帀即以天華
而散佛上其所散華如須弥山并以供養佛
菩提樹其菩提樹高十由旬華供養已各以
宮殿奉上彼佛而作是言唯見哀愍饒益我
等所獻宮殿願垂納受時諸梵天王即於佛
前一心同聲以偈頌曰
世尊甚希有　難可得值遇　具无量功德　能救護一切
天人之大師　哀愍於世間　十方諸衆生　普皆蒙饒益
我等所從來　五百万億國　捨深禪定樂　為供養佛故
我等先世福　宮殿甚嚴飾　今以奉世尊　唯願哀納受
尒時諸梵天王偈讚佛已各作是言唯願世
尊轉於法輪度脫衆生開涅槃道時諸梵天
王一心同聲而說偈言
世雄兩足尊　唯願演說法　以大慈悲力　度苦惱衆生
尒時大通智勝如來嘿然許之又諸比丘東
南方五百万億國土諸梵天王各自見宮殿
光明照曜昔所未有歡喜踊躍生希有心即
各相詣共議此事而彼衆中有一大梵天王
名曰大悲為諸梵衆而說偈言
是事何因緣　而現如此相　我等諸宮殿　光明昔未有
為大德天生　為佛出世間　未曾見此相　當共一心求
過千万億土　尋光共推之　多是佛出世　度脫苦衆生
尒時五百万億諸梵天王與宮殿俱各以衣
裓盛諸天華共詣西北方推尋是相見大通

BD03344號　妙法蓮華經卷三

(15–4)

過千万億土　尋光共推之　多是佛出世　度脫苦衆生
尒時五百万億諸梵天王與宮殿俱各以衣
裓盛諸天華共詣西北方推尋是相見大通
智勝如來處于道場菩提樹下坐師子座諸
天龍王乾闥婆緊那羅摩睺羅伽人非人等
恭敬圍繞及見十六王子請佛轉法輪時諸
梵天王頭面礼佛遶百千帀即以天華而散
佛上所散之華如須弥山并以供養佛菩提
樹華供養已各以宮殿奉上彼佛而作是言
唯見哀愍饒益我等所獻宮殿願垂納處尒
時諸梵天王即於佛前一心同聲以偈頌曰
聖主天中天　迦陵頻伽聲　哀愍衆生者　我等今敬礼
世尊甚希有　久遠乃一現　一百八十劫　空過無有佛
三惡道充滿　諸天衆減少　今佛出於世　為衆生作眼
世間所歸趣　救護於一切　為衆生之父　哀愍饒益者
我等宿福慶　今得值世尊
尒時諸梵天王偈讚佛已各作是言唯願世
尊哀愍一切轉於法輪度脫衆生時諸梵天
王一心同聲而說偈言
大聖轉法輪　顯示諸法相　度苦惱衆生　令得大歡喜
衆生聞是法　得道若生天　諸惡道減少　忍善者增益
尒時大通智勝如來嘿然許之又諸比丘南
方五百万億國土諸梵天王各自見宮殿光
明照曜昔所未有歡喜踊躍生希有心即各
相詣共議此事以何因緣我等宮殿有此光

BD03344號　妙法蓮華經卷三

(15–5)

介時大通智勝如來嘿然許之又諸比丘南
方五百万億國土諸梵天王各自見宮殿光
明照曜昔所未有歡喜踊躍生希有心即各
相詣共議此事以何因緣我等宮殿有此光
曜而彼衆中有一大梵天王名曰妙法為諸
梵衆而說偈言
我等諸宮殿　光明甚威曜　此非無因緣　是相宜求之
過於百千劫　未曾見是相　為大德天生　為佛出世間
介時五百万億諸梵天王與宮殿俱各以衣
裓盛諸天華共詣北方推尋是相見大通智
勝如來處于道場菩提樹下坐師子座諸天
龍王乾闥婆緊那羅摩睺羅伽人非人等恭
敬圍遶及見十六王子請佛轉法輪時諸梵
天王頭面礼佛遶百千帀即以天華而散佛
上所散之華如須弥山并以供養佛菩提樹
華供養已各以宮殿奉上彼佛而作是言唯
見哀愍饒益我等所獻宮殿願垂納處介時
諸梵天王即於佛前一心同聲以偈頌曰
世尊甚難見　破諸煩惱者　過百三十劫　今乃得一見
諸飢渴衆生　以法雨充滿　昔所未曾覩　無量智慧者
如優曇鉢羅　今日乃值遇
我等諸宮殿　蒙光故嚴飾　世尊大慈悲　唯願垂納之
介時諸梵天王偈讚佛已各作是言唯願世
尊轉於法輪令一切世間諸天魔梵沙門婆
羅門皆獲安隱而得度脫時諸梵天王一心

BD03344 號　妙法蓮華經卷三　（15–6）

介時諸梵天王偈讚佛已各作是言唯願世
尊轉於法輪令一切世間諸天魔梵沙門婆
羅門皆獲安隱而得度脫時諸梵天王一心
同聲以偈頌曰
唯願天人尊　轉無上法輪　擊于大法鼓　而吹大法螺
普雨大法雨　度無量衆生　我等咸歸請　當演深遠音
介時大通智勝如來嘿然許之西南方乃至
上方復如是
介時上方五百万億國土諸梵天王皆悉自
覩所止宮殿光明威曜昔所未有歡喜踊躍
生希有心即各相詣共議此事以何因緣我
等宮殿有斯光明時彼衆中有一大梵天王
名曰尸棄為諸梵衆而說偈言
今以何因緣　我等諸宮殿　威德光明曜　嚴飾未曾有
如是之妙相　昔所未聞見　為大德天生　為佛出世間
介時五百万億諸梵天王與宮殿俱各以衣
裓盛諸天華共詣下方推尋此相見大通智
勝如來處于道場菩提樹下坐師子座諸天
龍王乾闥婆緊那羅摩睺羅伽人非人等恭
敬圍繞及見十六王子請佛轉法輪時諸梵
天王頭面礼佛遶百千迊即以天華而散佛
上所散之華如須弥山并以供養佛菩提樹
華供養已各以宮殿奉上彼佛而作是言唯
見哀愍饒益我等所獻宮殿願垂納處時諸
梵天王即於佛前一心同聲以偈頌曰

BD03344 號　妙法蓮華經卷三　（15–7）

華供養已各以宮殿奉上彼佛而作是言唯
見哀愍饒益我等所獻宮殿願垂納受時諸
梵天王即於佛前一心同聲以偈頌曰
善哉見諸佛 救世之聖尊 能於三界獄 勉出諸衆生
普智天人尊 哀愍群萌類 能開甘露門 廣度於一切
於昔无量劫 空過无有佛 世尊未出時 十方常闇冥
三惡道增長 阿脩羅亦盛 諸天衆轉減 死多墮惡道
不從佛聞法 常行不善事 色力及智慧 斯等皆減少
罪業因緣故 失樂及樂想
住於邪見法 不識善儀則 不蒙佛所化 常墮於惡道
佛爲世間眼 久遠時乃出 哀愍諸衆生 故現於世間
超出成正覺 我等甚欣慶 及餘一切衆 喜歎未曾有
我等諸宮殿 蒙光故嚴飾 今以奉世尊 唯垂哀納受
願以此功德 普及於一切 我等與衆生 皆共成佛道
尒時五百万億諸梵天王偈讚佛已各白佛
言唯願世尊轉於法輪多所安隱多所度脫
時諸梵天王而說偈言
世尊轉法輪 擊甘露法鼓 度苦惱衆生 開示涅槃道
唯願受我請 以大微妙音 哀愍而敷演 無量劫集法
尒時大通智勝如來受十方諸梵天王及十
六王子請即時三轉十二行法輪若沙門婆
羅門若天魔梵及餘世間所不能轉謂是苦
是苦集是苦滅是苦滅道及廣說十二因緣
法無明緣行行緣識識緣名色名色緣六入
六入緣觸觸緣受受緣愛愛緣取取緣有有

BD03344號　妙法蓮華經卷三　（15-8）

是苦集是苦滅是苦滅道及廣說十二因緣
法無明緣行行緣識識緣名色名色緣六入
六入緣觸觸緣受受緣愛愛緣取取緣有有
緣生生緣老死憂悲苦惱無明滅則行滅行
滅則識滅識滅則名色滅名色滅則六入滅
六入滅則觸滅觸滅則受滅受滅則愛滅愛
滅則取滅取滅則有滅有滅則生滅生滅則
老死憂悲苦惱滅佛於天人大衆之中說是
法時六百万億那由他人以不受一切法故
而於諸漏心得解脫皆得深妙禪定三明六
通具八解脫第二第三第四說法時千万億
恒河沙那由他等衆生亦以不受一切法故
而於諸漏心得解脫從是已後諸聲聞衆无量
无邊不可稱數尒時十六王子皆以童子出
家而爲沙弥諸根通利智慧明了已曾供養
百千万億諸佛淨脩梵行求阿耨多羅三藐
三菩提俱白佛言世尊是諸無量千万億大
德聲聞皆已成就世尊亦當爲我等說阿耨
多羅三藐三菩提法我等聞已皆共脩學世
尊我等志願如來知見深心所念佛自證知
尒時轉輪聖王所將衆中八万億人見十六
王子出家亦求出家王即聽許尒時彼佛受
沙弥請過二万劫已乃於四衆之中說是大
乘經名妙法蓮華教菩薩法佛所護念說是
經已十六沙弥爲阿耨多羅三藐三菩提故

BD03344號　妙法蓮華經卷三　（15-9）

沙弥請過二万劫已乃於四衆之中說是大
乘經名妙法蓮華教菩薩法佛所護念說是
經已十六沙弥為阿耨多羅三藐三菩提故
皆共受持諷誦通利說是經時十六菩薩沙
弥悉皆信受聲聞衆中亦有信解其餘衆生
千万億種皆生疑惑佛說是經於八千劫
未曾休廢說此經已即入靜室住於禪定八
万四千劫是時十六菩薩沙弥知佛入室寂
然禪定各昇法座亦於八万四千劫為四部
衆廣說分別妙法華經一一皆度六百万億
那由他恒河沙等衆生示教利喜令發阿耨
多羅三藐三菩提心大通智勝佛過八万四
千劫已從三昧起往詣法座安詳而坐普告
大衆是十六菩薩沙弥甚為希有諸根通利
智慧明了已曾供養無量千万億數諸佛於
諸佛所常脩梵行受持佛智開示衆生令入
其中汝等皆當數數親近而供養之所以者
何若聲聞辟支佛及諸菩薩能信是十六菩
薩所說經法受持不毀者是人皆當得阿耨
多羅三藐三菩提如来之慧佛告諸比丘是
十六菩薩常樂說是妙法華經一一菩薩所
化六百万億那由他恒河沙等衆生世世所
生與菩薩俱從其聞法悉皆信解以此因緣
得值四万億諸佛世尊于今不盡諸比丘我
今語汝彼佛弟子十六沙弥今皆得阿耨多

BD03344號　妙法蓮華經卷三　（15–10）

化六百万億那由他恒河沙等衆生世世所
生與菩薩俱從其聞法悉皆信解以此因緣
得值四万億諸佛世尊于今不盡諸比丘我
今語汝彼佛弟子十六沙弥今皆得阿耨多
羅三藐三菩提於十方國土現在說法有無
量百千万億菩薩聲聞以為眷屬其二沙弥
東方作佛一名阿閦在歡喜國二名須弥頂
東南方二佛一名師子音二名師子相南方
二佛一名虛空住二名常滅西南方二佛一
名帝相二名梵相西方二佛一名阿弥陁二
名度一切世間苦惱西北方二佛一名多摩
羅跋栴檀香神通二名須弥相北方二佛一
名雲自在二名雲自在王東北方佛名壞一
切世間怖畏第十六我釋迦牟尼佛於娑
婆國土成阿耨多羅三藐三菩提諸比丘我
等為沙弥時各各教化無量百千万億恒河
沙等衆生從我聞法為阿耨多羅三藐三菩
提此諸衆生于今有住聲聞地者我常教化
阿耨多羅三藐三菩提是諸人等應以是法
漸入佛道所以者何如来智慧難信難解尒
時所化無量恒河沙等衆生者汝等諸比丘
及我滅度後未来世中聲聞弟子是也我滅
度後復有弟子不聞是經不知不覺菩薩所
行自於所得功德生滅度想當入涅槃我於
餘國作佛更有異名是人雖生滅度之想入
於彼土求佛智慧得聞是經

BD03344號　妙法蓮華經卷三　（15–11）

時所化無量恒河沙等衆生者汝等諸比丘
及我滅度後未來世中聲聞弟子是也我滅
度後復有弟子不聞是經不知不覺菩薩所
行自於所得功德生滅度想當入涅槃我於
餘國作佛更有異名是人雖生滅度之想入
於涅槃而於彼土求佛智慧得聞是經唯以
佛乘而得滅度更無餘乘除諸如來方便說
法諸比丘若如來自知涅槃時到衆又清淨
信解堅固了達空法深入禪定便集諸菩薩
及聲聞衆為說是經世間無有二乘而得滅
度唯一佛乘得滅度耳比丘當知如來方便
深入衆生之性知其志樂小法深著五欲為
是等故說於涅槃是人若聞則便信受譬如
五百由旬險難惡道曠絕無人怖畏之處若
有多衆欲過此道至珍寶處有一導師聰慧
明達善知險道通塞之相將導衆人欲過此
難所將人衆中路懈退白導師言我等疲極
而復怖畏不能復進前路猶遠今欲退還導
師多諸方便而作是念此等可愍云何捨大
珍寶而欲退還作是念已以方便力於險道
中過三百由旬化作一城告衆人言汝等勿
怖莫得退還今是大城可於中止隨意所作
若入是城快得安隱若能前至寶所亦可得
去是時疲極之衆心大歡喜歎未曾有我等
今者免斯惡道快得安隱於是衆人前入化

BD03344號　妙法蓮華經卷三

（15–12）

若入是城快得安隱若能前至寶所亦可得
去是時疲極之衆心大歡喜歎未曾有我等
今者免斯惡道快得安隱於是衆人前入化
城生已度想生安隱想爾時導師知此人衆
既得止息無復疲惓即滅化城語衆人言汝
等去來寶處在近向者大城我所化作為止
息耳諸比丘如來亦復如是今為汝等作大
導師知諸生死煩惱惡道險難長遠應去應
度若衆生但聞一佛乘者則不欲見佛不欲
親近便作是念佛道長遠久受勤苦乃可得
成佛知是心怯弱下劣以方便力而於中道
為止息故說二涅槃若衆生住於二地如來
爾時即便為說汝等所作未辦汝所住地近
於佛慧當觀察籌量所得涅槃非真實也
但是如來方便之力於一佛乘分別說三如彼
導師為止息故化作大城既知息已而告之
言寶處在近此城非實我化作耳爾時世尊
欲重宣此義而說偈言
大通智勝佛　十劫坐道場　佛法不現前　不得成佛道
諸天神龍王　阿修羅衆等　常雨於天華　以供養彼佛
諸天擊天鼓　并作衆伎樂　香風吹萎華　更雨新好者
過十小劫已　乃得成佛道　諸天及世人　心皆懷踊躍
彼佛十六子　皆與其眷屬　千萬億圍遶　俱行至佛所
頭面禮佛足　而請轉法輪　聖師子法雨　充我及一切
世尊甚難值　久遠時一現　為覺悟群生　震動於一切

BD03344號　妙法蓮華經卷三

（15–13）

彼佛十六子 皆與其眷屬 千万億圍遶 俱行至佛所
頭面礼佛足 而請轉法輪 聖師子法雨 充我及一切
世尊甚難值 久遠時一見 為覺悟群生 震動於一切
東方諸世界 五百万億國 梵宮殿光曜 昔所未曾有
諸梵見此相 尋來至佛所 散華以供養 并奉上宮殿
請佛轉法輪 以偈而讚歎 佛知時未至 受請嘿然坐
三方及四維 上下亦復尒 散華奉宮殿 請佛轉法輪
世尊甚難值 願以大慈悲 廣開甘露門 轉無上法輪
無量慧世尊 受彼衆人請 為宣種種法 四諦十二緣
無明至老死 皆從生緣有 如是衆過患 汝等應當知
宣暢是法時 六百万億姟 得盡諸苦際 皆成阿羅漢
第二說法時 千万恒沙衆 於諸法不受 亦得阿羅漢
從是後得道 其數無有量 万億劫筭數 不能得其邊
時十六王子 出家作沙弥 皆共請彼佛 演說大乘經
我等及營從 皆當成佛道 願得如世尊 慧眼第一淨
佛知童子心 宿世之所行 以無量因緣 種種諸譬喻
說六波羅蜜 及諸神通事 分別真實法 菩薩所行道
說是法華經 如恒河沙偈 彼佛說經已 靜室入禪定
一心一處坐 八万四千劫
是諸沙弥等 知佛禪未出 為無量億衆 說佛無上慧
各各坐法坐 說是大乘經 於佛宴寂後 宣揚助法化
一一沙弥等 所度諸衆生 有六百万億 恒河沙等衆
彼佛滅度後 是諸聞法者 在在諸佛土 常與師俱生
是十六沙弥 具足行佛道 今現在十方 各得成正覺
尒時聞法者 各在諸佛所 其有住聲聞 漸教以佛道
我在十六數 曾亦為汝說 是故以方便 引汝趣佛慧

BD03344號 妙法蓮華經卷三 （15–14）

一心一處坐 八万四千劫
是諸沙弥等 知佛禪未出 為無量億衆 說佛無上慧
各各坐法坐 說是大乘經 於佛宴寂後 宣揚助法化
一一沙弥等 所度諸衆生 有六百万億 恒河沙等衆
彼佛滅度後 是諸聞法者 在在諸佛土 常與師俱生
是十六沙弥 具足行佛道 今現在十方 各得成正覺
尒時聞法者 各在諸佛所 其有住聲聞 漸教以佛道
我在十六數 曾亦為汝說 是故以方便 引汝趣佛慧
以是本因緣 今說法華經 令汝入佛道 慎勿懷驚懼
譬如險惡道 迥絕多毒獸 又復無水草 人所怖畏處
無數千万衆 欲過此險道 其路甚曠遠 逕五百由旬
時有一導師 彊識有智慧 明了心決定 在險濟衆難
衆人皆疲惓 而白導師言 我等今頓乏 於此欲退還
導師作是念 此輩甚可愍 如何欲退還 而失大珎寶
尋時思方便 當設神通力 化作大城郭 莊嚴諸舍宅
周匝有園林 渠流及浴池 重門高樓閣 男女皆充滿
即作是化已 慰衆言勿懼 汝等入此城 各可隨所樂
諸人既入城 心皆大歡喜 皆生安隱想 自謂已得度
導師知息已 集衆而告言 汝等當前進 此是化城耳
我見汝疲極 中道欲退還 故以方便力 權化作此城

BD03344號 妙法蓮華經卷三 （15–15）

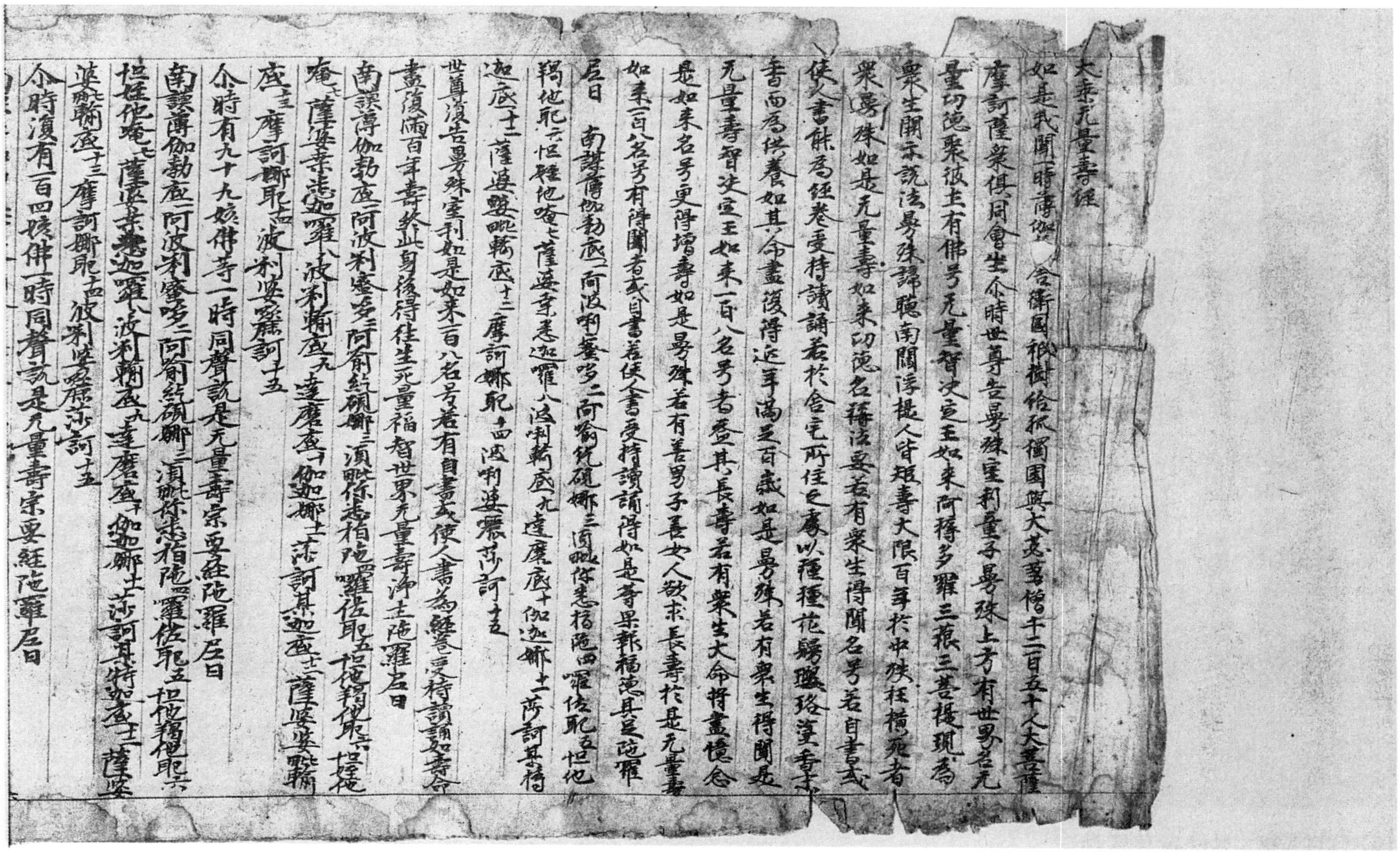

大乘无量壽經
如是我聞一時薄伽梵在舍衛國祇樹給孤獨園與大苾芻僧千二百五十人大菩薩
摩訶薩衆俱同會坐尒時世尊告曼殊室利童子曼殊上方有世界名无
量功德聚彼土有佛号无量智決定王如來阿羅訶三藐三菩提現為
衆生開示說法曼殊諦聽南閻浮提人皆短壽大限百年於中夭枉橫死者
衆曼殊如是无量壽如來功德名稱法要若有衆生得聞名号若自書或
使人書能為經卷受持讀誦若於舍宅所住之處以種種花鬘瓔珞塗香末
香而為供養如其命盡復得延年滿足百歲如是曼殊若有衆生得聞是
无量壽智決定王如來一百八名号者益其長壽若有衆生大命將盡憶念
是如來名号更得增壽如是曼殊若有善男子善女人欲求長壽於是无量壽
如來一百八名号有得聞者或自書若使人書受持讀誦得如是等果報福德具足陁羅
尼曰　南謨薄伽勃底一阿波唎蜜哆二阿喻紇硯娜三須毗你悉指陁四囉佐耶五怛他
羯他耶六怛姪他唵七薩婆桑悉迦囉八波唎輸底九達磨底十伽迦娜十一莎訶莫揭
迦底十二薩婆婆毗輸底十三摩訶娜耶十四波唎婆囉莎訶十五
世尊復告曼殊室利如是如來一百八名号若有自書或使人書為經卷受持讀誦如壽命
盡復滿百年壽終此身後得往生无量福智世界无量壽淨土陁羅尼曰
南謨薄伽勃底一阿波唎蜜哆二阿喻紇硯娜三須毗你悉指陁四囉佐耶五怛他羯他耶六怛姪
他唵七薩婆桑悉迦囉八波唎輸底九達磨底十伽迦娜十一莎訶莫揭迦底十二薩婆婆毗輸
底十三摩訶娜耶十四波唎婆囉莎訶十五
尒時有九十九姟佛等一時同聲說是无量壽宗要經陁羅尼曰
南謨薄伽勃底一阿波唎蜜哆二阿喻紇硯娜三須毗你悉指陁四囉佐耶五怛他羯他耶六
怛姪他唵七薩婆桑悉迦囉八波唎輸底九達磨底十伽迦娜十一莎訶莫揭迦底十二薩婆
婆毗輸底十三摩訶娜耶十四波唎婆囉莎訶十五
尒時復有一百四姟佛一時同聲說是无量壽宗要經陁羅尼曰

BD03345 號　無量壽宗要經　（6–1）

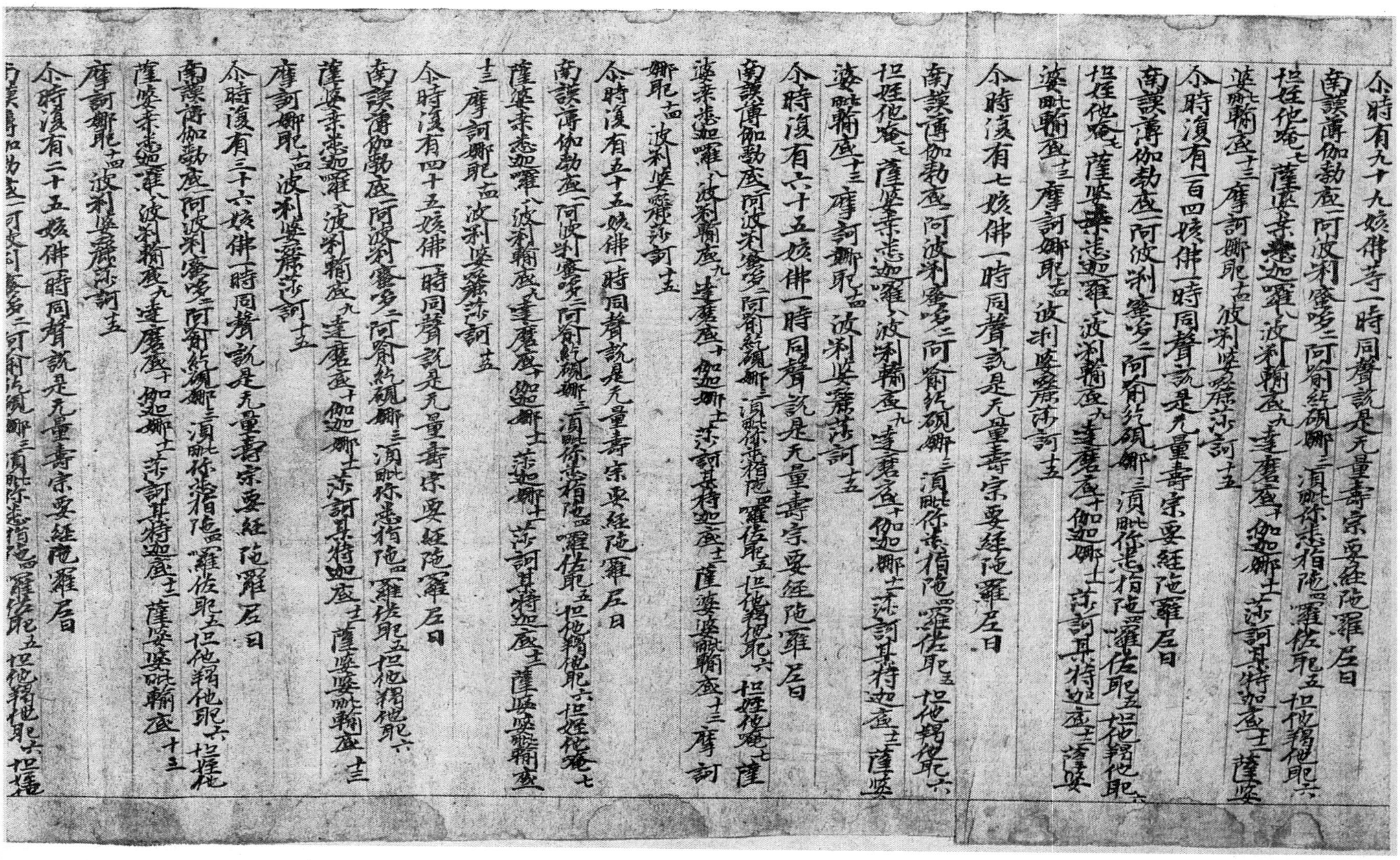

尒時有九十九姟佛等一時同聲說是无量壽宗要經陁羅尼曰
南謨薄伽勃底一阿波唎蜜哆二阿喻紇硯娜三須毗你悉指陁四囉佐耶五怛他羯他耶六
怛姪他唵七薩婆桑悉迦囉八波唎輸底九達磨底十伽迦娜十一莎訶莫揭迦底十二薩婆
婆毗輸底十三摩訶娜耶十四波唎婆囉莎訶十五
尒時復有一百四姟佛一時同聲說是无量壽宗要經陁羅尼曰
南謨薄伽勃底一阿波唎蜜哆二阿喻紇硯娜三須毗你悉指陁四囉佐耶五怛他羯他耶六
怛姪他唵七薩婆桑悉迦囉八波唎輸底九達磨底十伽迦娜十一莎訶莫揭迦底十二薩婆
婆毗輸底十三摩訶娜耶十四波唎婆囉莎訶十五
尒時復有七姟佛一時同聲說是无量壽宗要經陁羅尼曰
南謨薄伽勃底一阿波唎蜜哆二阿喻紇硯娜三須毗你悉指陁四囉佐耶五怛他羯他耶六
怛姪他唵七薩婆桑悉迦囉八波唎輸底九達磨底十伽迦娜十一莎訶莫揭迦底十二薩婆
婆毗輸底十三摩訶娜耶十四波唎婆囉莎訶十五
尒時復有六十五姟佛一時同聲說是无量壽宗要經陁羅尼曰
南謨薄伽勃底一阿波唎蜜哆二阿喻紇硯娜三須毗你悉指陁四囉佐耶五怛他羯他耶六怛姪他唵七薩
婆桑悉迦囉八波唎輸底九達磨底十伽迦娜十一莎訶莫揭迦底十二薩婆婆毗輸底十三摩訶
娜耶十四波唎婆囉莎訶十五
尒時復有五十五姟佛一時同聲說是无量壽宗要經陁羅尼曰
南謨薄伽勃底一阿波唎蜜哆二阿喻紇硯娜三須毗你悉指陁四囉佐耶五怛他羯他耶六怛姪他唵七
薩婆桑悉迦囉八波唎輸底九達磨底十伽迦娜十一莎訶莫揭迦底十二薩婆婆毗輸底
十三摩訶娜耶十四波唎婆囉莎訶十五
尒時復有四十五姟佛一時同聲說是无量壽宗要經陁羅尼曰
南謨薄伽勃底一阿波唎蜜哆二阿喻紇硯娜三須毗你悉指陁四囉佐耶五怛他羯他耶六
薩婆桑悉迦囉八波唎輸底九達磨底十伽迦娜十一莎訶莫揭迦底十二薩婆婆毗輸底十三
摩訶娜耶十四波唎婆囉莎訶十五
尒時復有三十六姟佛一時同聲說是无量壽宗要經陁羅尼曰
南謨薄伽勃底一阿波唎蜜哆二阿喻紇硯娜三須毗你悉指陁四囉佐耶五怛他羯他耶六怛姪他
薩婆桑悉迦囉八波唎輸底九達磨底十伽迦娜十一莎訶莫揭迦底十二薩婆婆毗輸底十三
摩訶娜耶十四波唎婆囉莎訶十五
尒時復有二十五姟佛一時同聲說是无量壽宗要經陁羅尼曰
南謨薄伽勃底一阿波唎蜜哆二阿喻紇硯娜三須毗你悉指陁四囉佐耶五怛他羯他耶六怛姪

BD03345 號　無量壽宗要經　（6–2）

薩婆桑悉迦囉八波唎輸底九達磨底十伽伽娜十一莎訶其特迦底十二薩婆婆毗輸底十三
摩訶娜耶十四波唎婆囉莎訶十五
尒時復有二十五姟佛一時同聲説是无量壽宗要經陁羅尼
南謨薄伽勃底一阿波唎蜜多二阿喻紇硯娜三須毗你悉指陀四囉佐耶五怛他羯他耶六怛姪
薩婆桑悉迦囉八波唎輸底九達磨底十伽伽娜十一莎訶其特迦底十二薩婆婆毗輸底十三
摩訶娜耶十四波唎婆囉莎訶十五
尒時復有恒河沙姟佛一時同聲説是无量壽宗要經陁羅尼曰
南謨薄伽勃底一阿波唎蜜多二阿喻紇硯娜三須毗你悉指陀四囉佐耶五怛他羯他耶六怛姪他唵七
薩婆桑悉迦囉八波唎輸底九達磨底十伽伽娜十一莎訶其特迦底十二薩婆婆毗輸底十三
摩訶娜耶十四波唎婆囉莎訶十五
善男子若有自書寫教人書寫是无量壽宗要經如其命盡復得長壽滿年陁羅
尼曰 南謨薄伽勃底一阿波唎蜜多二阿喻紇硯娜三須毗你悉指陀四羅佐耶五怛他羯他耶六
怛姪他唵七 薩婆桑悉迦囉八波唎輸底九達磨底十伽伽娜十一薩訶其特迦底十二薩婆
婆毗輸底十三 摩訶娜耶十四波唎婆囉莎訶十五
若有自書寫教人書寫是无量壽宗要經讀誦受持畢竟不墮地獄在在所生得宿
智陁羅尼曰 南謨薄伽勃底一阿波唎蜜多二阿喻紇硯娜三須毗你悉指陀四囉佐耶五怛他羯他耶六
怛姪他唵七 薩婆桑悉迦囉八波唎輸底九達磨底十伽伽娜十一莎訶其特迦底十二薩婆婆毗輸
底十三 摩訶娜耶十四 波唎婆囉莎訶十五
若有自書寫教人書寫是无量壽宗要經受持讀誦如同書寫八万四千一切經典陁羅尼
南謨薄伽勃底一阿波唎蜜多二阿喻紇硯娜三須毗你悉指陀四囉佐耶五怛他羯他耶六怛姪他唵
薩婆桑悉迦囉八波唎輸底九達磨底十伽伽娜十一莎訶其特迦底十二薩婆婆毗輸底十三
摩訶娜耶十四波唎婆囉莎訶十五
若有自書寫教人書寫是无量壽宗要經即是書寫八万四千部建立塔廟陁羅尼曰
南謨薄伽勃底一阿波唎蜜多二阿喻紇硯娜三須毗你悉指陀四羅佐耶五怛他羯他耶六怛姪他唵
薩婆桑悉迦囉八波唎輸底九達磨底十伽伽娜十一莎訶其特迦底十二薩婆婆毗輸底十三
摩訶娜耶十四波唎婆囉莎訶十五
南謨薄伽勃底一阿波唎蜜多二阿喻紇硯娜三須毗你悉指陀四囉佐耶五怛他羯他耶六怛姪他唵
薩婆桑悉迦囉八波唎輸底九達磨底十伽伽娜十一莎訶其特迦底十二薩婆婆毗輸底十三
摩訶娜耶十四波唎婆囉莎訶十五

BD03345 號　無量壽宗要經　（6–3）

摩訶娜耶十四 波唎婆囉莎訶十五
南謨薄伽勃底一阿波唎蜜多二阿喻紇硯娜三須毗你悉指陀四囉佐耶五怛他羯他耶六怛姪他
薩婆桑悉迦囉八波唎輸底九達磨底十伽伽娜十一莎訶其特迦底十二薩婆婆毗輸底十三
摩訶娜耶十四波唎婆囉莎訶十五
若有自書寫教人書寫是无量壽宗要經受持讀誦設有重罪猶如須弥盡能除滅陁羅尼
南謨薄伽勃底一阿波唎蜜多二阿喻紇硯娜三須毗你悉指陀四囉佐耶五怛他羯他耶六怛姪他唵七
薩婆桑悉迦囉八波唎輸底九達磨底十伽伽娜十一莎訶其特迦底十二薩婆婆毗輸底十三
摩訶娜耶十四波唎婆囉莎訶十五
若有自書寫教人書寫是无量壽宗要經受持讀誦若魔魔之眷屬夜叉羅刹不得其
便終无枉死陁羅尼 南謨薄伽勃底一阿波唎蜜多二阿喻紇硯娜三須毗你悉指陀四羅佐耶
怛他羯他耶五怛姪他唵七 薩婆桑悉迦囉八波唎輸底九達磨底十伽伽娜十一伽伽娜十一莎
訶其特迦底十二 薩婆婆毗輸底十三 摩訶娜耶十四 波唎婆囉莎訶十五
若有自書寫教人書寫是无量壽宗要經受持讀誦當命終者將有九十九姟佛現
其人前豪千佛授手能遊一切佛刹莫於此經生於疑惑陁羅尼
南謨薄伽勃底一阿波唎蜜多二阿喻紇硯娜三須毗你悉指陀四囉佐耶五怛他羯他耶六怛提
唵七 薩婆桑悉迦囉八波唎輸底九達磨底十伽伽娜十一莎訶其特迦底十二薩婆婆毗輸底
十三 摩訶娜耶十四 波唎婆囉莎訶十五
若有自書寫教人書寫是无量壽宗要經受持讀誦常得四天大王隨其衛護陁羅
尼曰 南謨薄伽勃底一阿波唎蜜多二阿喻紇硯娜三須毗你悉指陀四囉佐耶五怛他羯他耶六怛姪他
薩婆桑悉迦囉八波唎輸底九達磨底十伽伽娜十一莎訶其特迦底十二薩婆婆毗輸底十三
摩訶娜耶十四 波唎婆囉莎訶十五
若有自書寫教人書寫是无量壽宗要經受持讀誦當得往生西方極樂世界阿弥陀淨土
陁羅尼曰 南謨薄伽勃底一阿波唎蜜多二阿喻紇硯娜三須毗你悉指陀四囉佐耶五怛他羯
他耶六怛姪他唵七 薩婆桑悉迦囉八波唎輸底九達磨底十伽伽娜十一莎訶其特迦底十二
薩婆婆毗輸底十三 摩訶娜耶十四 波唎婆囉莎訶十五
若有方所自書寫使人書寫是无量壽經典之處則為是塔皆應恭敬作礼若是畜
生或為鳥獸得聞是經如是等類皆當不久得成一切種智陁羅尼曰
南謨薄伽勃底一阿波唎蜜多二阿喻紇硯娜三須毗你悉指陀四囉佐耶五怛他羯他耶六怛提
唵七 薩婆桑悉迦囉八波唎輸底九達磨底十伽伽娜十一莎訶其特迦底十二薩婆婆毗輸
底十三 摩訶娜耶十四 波唎婆囉莎訶十五

BD03345 號　無量壽宗要經　（6–4）

……陀羅尼曰
南謨薄伽勃底一阿波利蜜多二阿哷喻紇硯那三須毗你悉指陀四囉佐耶五怛他羯他耶六怛姪
他唵七薩婆桑悉迦羅八波利輸底九達磨底十伽迦那十一莎訶其特迦底十二薩婆婆毗輸
底十三摩訶那耶十四波利婆羅莎訶十五
若有於是无量壽經自書寫若使人書寫畢竟不受女人之身陀羅尼曰
南謨薄伽勃底一阿波利蜜多二阿哷喻紇硯那三須毗你悉指陀四囉佐耶五怛他羯他耶六怛姪
他唵七薩婆桑悉迦羅八波利輸底九達磨底十伽迦那十一莎訶其特迦底十二薩婆婆毗
輸底十三摩訶那耶十四波利婆羅莎訶十五
若有能於是經少分能惠施者等於三千大千世界滿中七寶布施陀羅尼曰
南謨薄伽勃底一阿波利蜜多二阿哷喻紇硯那三須毗你悉指陀四囉佐耶五怛他羯他耶六怛
姪他唵七薩婆桑悉迦羅八波利輸底九達磨底十伽迦那十一莎訶其特迦底十二薩婆
婆毗輸底十三摩訶那耶十四波利婆利莎訶十五
若有能供養是經者則是供養一切諸經等无有異陀羅尼曰
南謨薄伽勃底一阿波利蜜多二阿哷喻紇硯那三須毗你悉指陀四囉佐耶五怛他羯他耶六
怛姪他唵七薩婆桑悉迦羅八波利輸底九達磨底十伽迦那十一莎訶其特迦底十二薩婆婆
毗輸底十三摩訶那耶十四波利婆羅莎訶十五
如是毗婆尸佛尸弃佛毗舍浮佛俱留孫佛俱那含牟尼佛迦葉佛釋迦牟尼佛若有
人以七寶供養如是七佛其福有限書寫受持是无量壽經典所有功德不可限量陀
羅尼曰 南謨薄伽勃底一阿波利蜜多二阿哷喻紇硯那三須毗你悉指陀四囉佐耶五怛他羯
他耶六怛姪他唵七薩婆桑悉迦羅八波利輸底九達磨底十伽迦那十一莎訶其特迦底十二
薩婆婆毗輸底十三摩訶那耶十四波利婆羅莎訶十五
若有七寶等於須弥以用布施其福上能知其限量是无量壽經典其福不可知數
陀羅尼曰 南謨薄伽勃底一阿波利蜜多二阿哷喻紇硯那三須毗你悉指陀四囉佐耶五怛他羯
他耶六怛姪他唵七薩婆桑悉迦羅八波利輸底九達磨底十伽迦那十一莎訶其特迦底十二薩
婆婆毗輸底十三摩訶那耶十四波利婆羅莎訶十五
如是四大海水可知滴數是无量壽經典所生果報不可數量陀羅尼曰
南謨薄伽勃底一阿波利蜜多二阿哷喻紇硯那三須毗你悉指陀四囉佐耶五怛他羯他耶六怛姪他唵
薩婆桑悉迦羅八波利輸底九達磨底十伽迦那十一莎訶其特迦底十二薩婆婆毗輸底十三
摩訶那耶十四波利婆羅莎訶十五
若有人自書寫使人書寫是无量壽經典之能讀持供養即如恭敬供養一切十方佛土一[illegible]

BD03345號　無量壽宗要經

（6–5）

如是四大海水可知滴數是无量壽經典所生果報不可數量陀羅尼曰
南謨薄伽勃底一阿波利蜜多二阿哷喻紇硯那三須毗你悉指陀四囉佐耶五怛他羯他耶六怛姪他唵
薩婆桑悉迦羅八波利輸底九達磨底十伽迦那十一莎訶其特迦底十二薩婆婆毗輸底十三
摩訶那耶十四波利婆羅莎訶十五
若有人自書寫使人書寫是无量壽經典之能讀持供養即如恭敬供養一切十方佛土一[illegible]
无有別異陀羅尼曰 南謨薄伽勃底一阿波利蜜多二阿哷喻紇硯那三須毗你悉指陀四囉佐耶五
怛他羯他耶六怛姪他唵七薩婆桑悉迦羅八波利輸底九達磨底十伽迦那十一莎訶其特迦底十二
薩婆婆毗輸底十三摩訶那耶十四波利婆羅莎訶十五
布施力能成正覺　悟布施力人師子　布施力能聲普聞　慈悲隨漸家能入
持戒力能成正覺　悟持戒力人師子　持戒力能聲普聞　慈悲隨漸家能入
忍辱力能成正覺　悟忍辱力人師子　忍辱力能聲普聞　慈悲隨漸家能入
精進力能成正覺　悟精進力人師子　精進力能聲普聞　慈悲隨漸家能入
禪定力能成正覺　悟禪定力人師子　禪定力能聲普聞　慈悲隨漸家能入
智慧力能成正覺　悟智慧力人師子　智慧力能聲普聞　慈悲隨漸家能入
尒時如來說是經已一切世間天人阿脩羅揵闥婆等聞佛所說皆大歡喜
信受奉行

佛說无量壽宗要經

BD03345號　無量壽宗要經

（6–6）

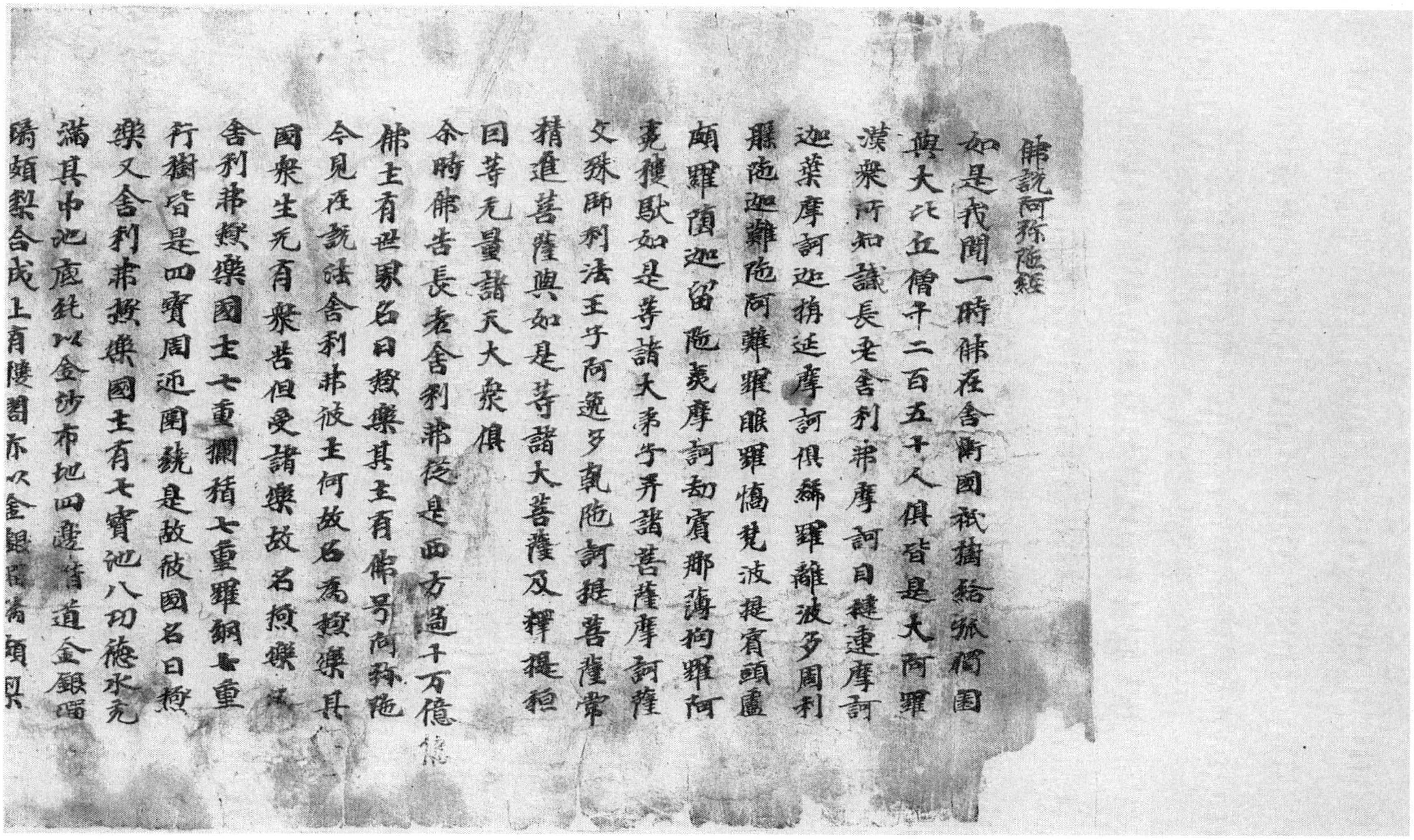
佛說阿弥陀經
如是我聞一時佛在舍衛國祇樹給孤獨園
與大比丘僧千二百五十人俱皆是大阿羅
漢衆所知識長老舍利弗摩訶目揵連摩訶
迦葉摩訶迦栴延摩訶俱絺羅離波多周利
槃陀迦難陀阿難陀羅睺羅憍梵波提賓頭盧
頗羅墮迦留陀夷摩訶劫賓那薄拘羅阿
㝹樓馱如是等諸大弟子并諸菩薩摩訶薩
文殊師利法王子阿逸多菩薩乾陀訶提菩薩常
精進菩薩與如是等諸大菩薩及釋提桓
因等无量諸天大衆俱
尒時佛告長老舍利弗從是西方過十万億佛
佛土有世界名曰極樂其土有佛号阿弥陀
今現在說法舍利弗彼土何故名為極樂其
國衆生无有衆苦但受諸樂故名極樂又
舍利弗極樂國土七重欄楯七重羅網七重
行樹皆是四寶周匝圍繞是故彼國名曰極
樂又舍利弗極樂國土有七寶池八功德水充
滿其中池底純以金沙布地四邊皆道金銀瑠
璃頗梨合成上有樓閣亦以金銀瑠璃頗梨

BD03346 號　阿彌陀經　（6–1）

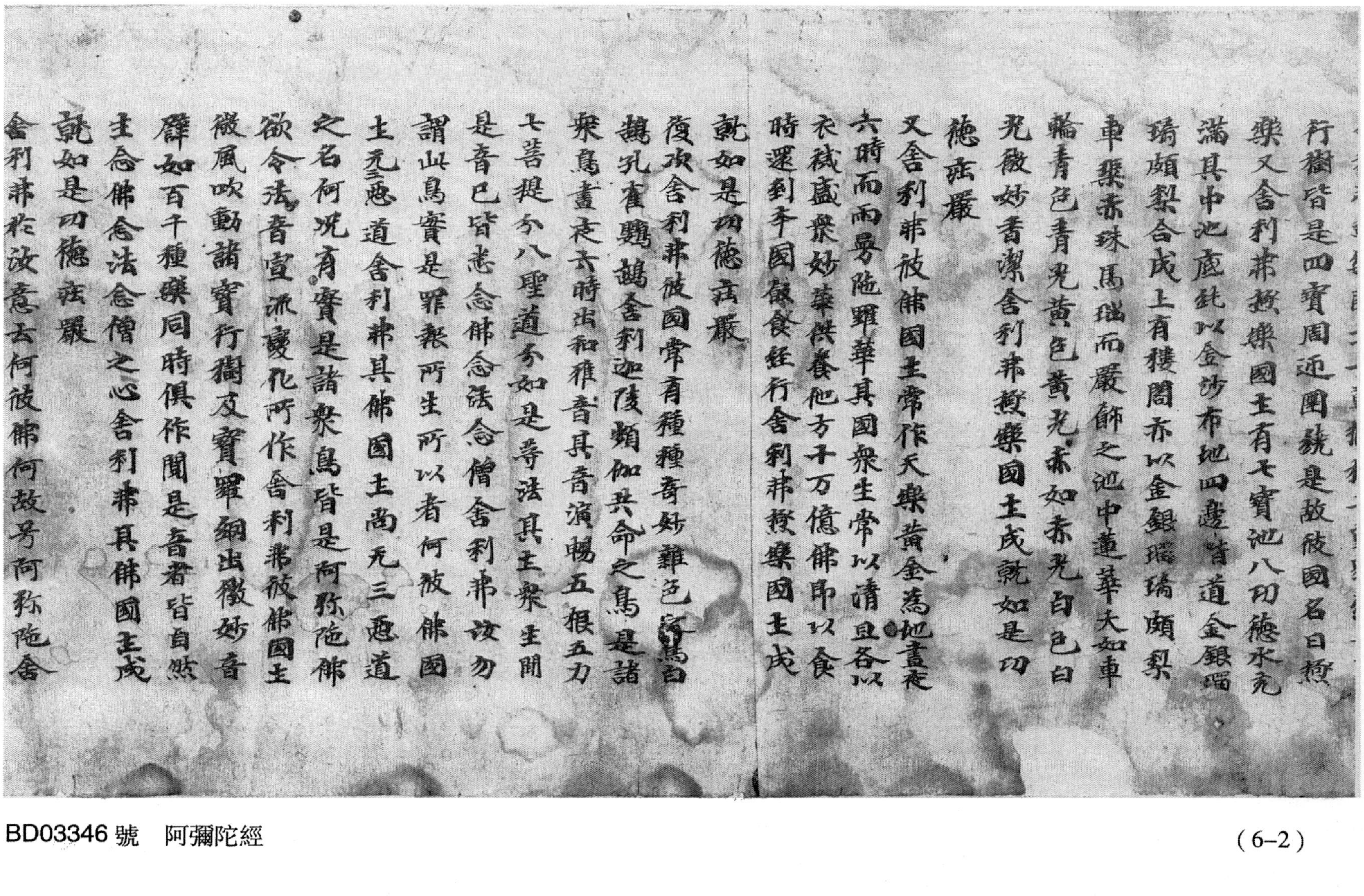
行樹皆是四寶周匝圍繞是故彼國名曰極
樂又舍利弗極樂國土有七寶池八功德水充
滿其中池底純以金沙布地四邊皆道金銀瑠
璃頗梨合成上有樓閣亦以金銀瑠璃頗梨
車渠赤珠馬瑙而嚴飾之池中蓮華大如車
輪青色青光黃色黃光赤色赤光白色白
光微妙香潔舍利弗極樂國土成就如是功
德莊嚴
又舍利弗彼佛國土常作天樂黃金為地晝夜
六時而雨曼陀羅華其國衆生常以清旦各以
衣裓盛衆妙華供養他方十万億佛即以食
時還到本國飯食經行舍利弗極樂國土成
就如是功德莊嚴
復次舍利弗彼國常有種種奇妙雜色之鳥白
鶴孔雀鸚鵡舍利迦陵頻伽共命之鳥是諸
衆鳥晝夜六時出和雅音其音演暢五根五力
七菩提分八聖道分如是等法其土衆生聞
是音已皆悉念佛念法念僧舍利弗汝勿
謂此鳥實是罪報所生所以者何彼佛國
土无三惡道舍利弗其佛國土尚无三惡道
之名何況有實是諸衆鳥皆是阿弥陀佛
欲令法音宣流變化所作舍利弗彼佛國土
微風吹動諸寶行樹及寶羅網出微妙音
譬如百千種樂同時俱作聞是音者皆自然
生念佛念法念僧之心舍利弗其佛國土成
就如是功德莊嚴
舍利弗於汝意云何彼佛何故号阿弥陀舍

BD03346 號　阿彌陀經　（6–2）

譬如百千種樂同時俱作聞是音者皆自然
生念佛念法念僧之心舍利弗其佛國土成
就如是功德莊嚴
舍利弗於汝意云何彼佛何故号阿弥陁舍
利弗彼佛光明无量照十方國无所障礙是
故号為阿弥陁又舍利弗彼佛壽命及其人
民无量无邊阿僧祇劫故名阿弥陁舍利弗
阿弥陁佛成佛已來於今十劫又舍利弗彼
佛有无量无邊聲聞弟子皆阿羅漢非是
筭數之所能知諸菩薩亦如是舍利弗彼佛
國土成就如是功德莊嚴
又舍利弗極樂國土衆生生者皆是阿鞞跋
致其中多有一生補處其數甚多非是筭數
所能知之但可以无量无邊阿僧祇劫說舍
利弗衆生聞者應當發願願生彼國所以者
何得與如是諸上善人俱會一處舍利弗不可
以少善根福德因緣得生彼國舍利弗若有
善男子善女人聞說阿弥陁佛執持名号若
一日若二日若三日若四日若五日若六日
若七日一心不亂其人臨命終時阿弥陁佛
與諸聖衆現在其前是人終時心不顛倒即
得往生阿弥陁佛極樂國土舍利弗我見是
利故說此言若有衆生聞是說者應當發願生
彼國土
舍利弗如我今者讚嘆阿弥陁佛不可思議功
德東方亦有阿閦鞞佛須弥相佛大須弥佛

彼國土
舍利弗如我今者讚嘆阿弥陁佛不可思議功
德東方亦有阿閦鞞佛須弥相佛大須弥佛
須弥光佛妙音佛如是等恒河沙數諸佛各
於其國出廣長舌相遍覆三千大千世界說
誠實言汝等衆生當信是稱讚不可思議
功德一切諸佛所護念經
舍利弗南方世界有日月燈佛名聞光佛大
焰肩佛須弥燈佛无量精進佛如是等恒河
沙數諸佛各於其國出廣長舌相遍覆三千
大千世界說誠實言汝等衆生當信是稱讚
不可思議功德一切諸佛所護念經
舍利弗西方世界有无量壽佛无量相佛无量
幢佛大光佛大明佛寶相佛淨光佛如是等恒
河沙數諸佛各於其國出廣長舌相遍覆三
千大千世界說誠實言汝等衆生當信是稱讚
不可思議功德一切諸佛所護念經
舍利弗北方世界有焰肩佛最勝音佛難沮佛
日生佛網明佛如是等恒河沙數諸佛各於其
國出廣長舌相遍覆三千大千世界說誠實言
汝等衆生當信是稱讚不可思議功德一切諸
佛所護念經
舍利弗下方世界有師子佛名聞佛名光佛達
摩佛法幢佛持法佛如是等恒河沙數諸佛
各於其國出廣長舌相遍覆三千大千世界
說誠實言汝等衆生當信是稱讚不可思議

摩佛法幢佛持法佛如是等恒河沙數諸佛
各於其國出廣長舌相遍覆三千大千世界
說誠實言汝等衆生當信是稱讚不可思議
功德一切諸佛所護念經
舍利弗上方世界有梵音佛宿王佛香上佛
香光佛大焰肩佛雜色寶華嚴身佛娑
羅樹王佛寶華德佛見一切義佛如須彌山
佛如是等恒河沙數諸佛各於其國出廣長
舌相遍覆三千大千世界說誠實言汝等衆
生當信是稱讚不可思議功德一切諸佛所
護念經
舍利弗於汝意云何何故名一切諸佛所護
念經舍利弗若有善男子善女人聞是諸佛
所說名及經名者是諸善男子善女人皆為
一切諸佛共所護念皆得不退轉於阿耨多羅
三藐三菩提是故舍利弗汝等皆當信受我
語及諸佛所說舍利弗若有人已發願今發
願當發願欲生阿弥陁佛國者是諸人等
皆得不退轉於阿耨多羅三藐三菩提於彼
國土若已生若今生若當生是故舍利弗諸
善男子善女人若有信者應當發願生彼國
土舍利弗如我今者稱讚諸佛不可思議功德
彼諸佛等亦稱說我不可思議功德而作是言
釋迦牟尼佛能為甚難希有之事能於娑婆國
土五濁惡世劫濁見濁煩惱濁衆生濁命濁中
得阿耨多羅三藐三菩提為諸衆生說是一切
世間難信之法舍利弗當知我於五濁惡世行

BD03346號 阿彌陀經 （6–5）

善男子善女人若有信者應當發願生彼國
土舍利弗如我今者稱讚諸佛不可思議功德
彼諸佛等亦稱說我不可思議功德而作是言
釋迦牟尼佛能為甚難希有之事能於娑婆國
土五濁惡世劫濁見濁煩惱濁衆生濁命濁中
得阿耨多羅三藐三菩提為諸衆生說是一切
世間難信之法舍利弗當知我於五濁惡世行
此難得阿耨多羅三藐三菩提為一切世間說
此難信之法是為甚難佛說此經已舍利
弗及諸比丘一切世間天人阿脩羅等聞佛
所說歡喜信受作礼而去

佛說阿弥陁經

BD03346號 阿彌陀經 （6–6）

著 録 凡 例

本目録採用條目式著録法。諸條目意義如下：

1.1 著録編號。用漢語拼音首字“BD”表示，意為“北京圖書館藏敦煌遺書”，簡稱“北敦號”。文獻寫在背面者，標註為“背”。一件遺書上抄有多個文獻者，用數字1、2、3等標示小號。一號中包括幾件遺書，且遺書形態各自獨立者，用字母A、B、C等區別。

1.2 著録分類號。本條記目録暫不分類，該項空缺。

1.3 著録文獻的名稱、卷本、卷次。

1.4 著録千字文編號。

1.5 著録縮微膠卷號。

2.1 著録遺書的總體數據。包括長度、寬度、紙數、正面抄寫總行數與每行字數、背面抄寫總行數與每行字數。如該遺書首尾有殘破，則對殘破部分單獨度量，用加號加在總長度上。凡屬這種情況，長度用括弧標註。

2.2 著録每紙數據。包括每紙長度及抄寫行數或界欄數。

2.3 著録遺書的外觀。包括：（1）裝幀形式。（2）首尾存況。（3）護首、軸、軸頭、天竿、縹帶，經名是書寫還是貼簽，有無經名號，扉頁、扉畫。（4）卷面殘破情況及其位置。（5）尾部情況。（6）有無附加物（蟲繭、油污、線繩及其他）。（7）有無裱補及其年代。（8）界欄。（9）修整。（10）其他需要交待的問題。

2.4 著録一件遺書抄寫多個文獻的情況。

3.1 著録文獻首部文字與對照本核對的結果。

3.2 著録文獻尾部文字與對照本核對的結果。

3.3 著録録文。

3.4 著録對文獻的説明。

4.1 著録文獻首題。

4.2 著録文獻尾題。

5 著録本文獻與對照本的不同之處。

6.1 著録本遺書首部可與另一遺書綴接的編號。

6.2 著録本遺書尾部可與另一遺書綴接的編號。

7.1 著録題記、題名、勘記等。

7.2 著録印章。

7.3 著録雜寫。

7.4 著録護首及扉頁的內容。

8 著録年代。

9.1 著録字體。如有武周新字、合體字、避諱字等，予以説明。

9.2 著録卷面二次加工的情況。包括句讀、點標、科分、間隔號、行間加行、行間加字、硃筆、墨塗、倒乙、刪除、兑廢等。

10 著録敦煌遺書發現後，近現代人所加內容，裝裱、題記、印章等。

11 備註。著録揭裱互見、圖版本出處及其他需要説明的問題。

上述諸條，有則著録，無則空缺。

為避文繁，上述著録中出現的各種參考、對照文獻，暫且不列版本説明。全目結束時，將統一編制本條記目録出現的各種參考書目。

本條記目録為農曆年份標註其公曆紀年時，未進行歲頭年末之換算，請讀者使用時注意自行換算。

條　記　目　錄

BD03273—BD03346

1.1　BD03273 號
1.3　妙法蓮華經卷二
1.4　致 073
1.5　105:4747
2.1　(9.4 +918.7) ×26.2 厘米；21 紙；499 行，行 17 字。
2.2　01：08.4，03；　02：1 +44.8，25；　03：45.9，25；
04：45.9，25；　05：45.6，25；　06：46.2，25；
07：46.1，25；　08：46.1，25；　09：46.2，25；
10：46.0，25；　11：45.9，25；　12：46.0，25；
13：46.1，25；　14：46.1，25；　15：45.9，25；
16：46.0，25；　17：46.2，25；　18：46.0，25；
19：46.0，25；　20：46.0，25；　21：45.7，21。
2.3　卷軸裝。首殘尾全。第 7 紙末端有殘損。有烏絲欄。
3.1　首 4 行下殘→大正 262，9/12A16 ~21。
3.2　尾全→9/19A12。
4.2　妙法蓮華經卷第二（尾）。
7.1　尾紙背有題記："庚辰年八月七日，程自手書記。"
8　860 年（?）。歸義軍時期寫本。
9.1　楷書。
11　圖版：《敦煌寶藏》，86/227B ~240B。

1.1　BD03274 號
1.3　小乘三科
1.4　致 074
1.5　342:8395
2.1　(3.5 +90) ×30 厘米；2 紙；39 行，行 20 餘字。
2.2　01：3.5 +46，24；　02：44.0，15。
2.3　卷軸裝。首殘尾全。首紙上邊有破裂。
3.4　說明：
本文獻首尾均全。未為歷代大藏經所收。
4.1　小乘三課（科）（首）。
4.2　小乘三科竟（尾）。
8　9 ~10 世紀。歸義軍時期寫本。
9.1　行楷。
9.2　有行間校加字。
11　圖版：《敦煌寶藏》，110/187B ~188B。

1.1　BD03275 號
1.3　金光明最勝王經卷八
1.4　致 075
1.5　083:1876
2.1　73.7 ×25 厘米；2 紙；43 行，行 17 字。
2.2　01：38.7，20；　02：35.0，23。
2.3　卷軸裝。首全尾脫。有簡易護首，係用卷端餘空做成。背有古代裱補。有烏絲欄。
3.1　首全→大正 665，16/437C16。
3.2　尾殘→16/438B14。
4.1　金光明最勝王經大辯才天女品之餘，八，三藏法師義 / 淨奉制譯（首）。
8　9 ~10 世紀。歸義軍時期寫本。
9.1　楷書。
9.2　有行間校加字。
11　圖版：《敦煌寶藏》，70/463B ~464A。

1.1　BD03276 號
1.3　無量壽宗要經
1.4　致 076
1.5　275:8012
2.1　(7.5 +133.5) ×31 厘米；4 紙；86 行，行 30 餘字。
2.2　01：7.5 +2，5；　02：44.0，30；　03：44.0，30；
04：43.5，21。
2.3　卷軸裝。首殘尾全。第 2 紙上下邊有殘缺和橫向破裂，第 3 紙下邊有殘缺。背有古代裱補。有烏絲欄。
3.1　首 5 行上下殘→大正 936，19/83A15 ~22。
3.2　尾全→19/84C29。
4.2　佛說無量壽宗要經（尾）。

7.1 尾紙有題名“曹興朝”。
8 8~9世紀。吐蕃統治時期寫本。
9.1 行楷。
11 圖版：《敦煌寶藏》，108/513A~514B。

1.1 BD03277號1
1.3 大寶積經（兌廢稿）卷七八
1.4 致077
1.5 377:8493
2.1 （69.3+7）×25.5厘米；2紙；正面40行，行17字。背面9行，行字不等。
2.2 01：47.8，25； 02：21.5+7，16。
2.3 卷軸裝。首脫尾殘。本件由廢卷、殘卷拼接而成。第2紙有殘洞，背有雜寫9行。首紙尾有空行，經文未抄全。有烏絲欄。
2.4 本遺書包括2個文獻：（一）《大寶積經》（兌廢稿）卷七八，25行，今編為BD03277號1。（二）《大寶積經》（兌廢稿）卷一〇三，15行，今編為BD03277號2。
3.1 首殘→大正310，11/443C12。
3.2 尾缺→11/444A9。
7.3 尾部上方墨書“十”字。
8 8世紀。唐寫本。
9.1 楷書。
9.2 卷中有墨書大字“兌”。
11 圖版：《敦煌寶藏》，110/453B~455A。

1.1 BD03277號2
1.3 大寶積經（兌廢稿）卷一〇三
1.4 致077
1.5 377:8493
2.4 本遺書由2個文獻組成，本號為第2個，15行。首行被前1紙粘蓋，現二紙相接處部分已開脫。餘參見BD03277號1之第2項、第11項。
3.1 首殘→大正310，11/580B19。
3.2 尾3行下殘→11/580C3~4。
7.3 首第2行下有2個“工”字。背有佛經經名及經文雜寫9行，不錄文。
8 7~8世紀。唐寫本。
9.1 楷書。

1.1 BD03278號
1.3 金剛般若波羅蜜經
1.4 致078
1.5 094:3581
2.1 （11.5+516.9）×27厘米；13紙；301行，行17字。
2.2 01：11.5+24.2，21； 02：47.0，27； 03：46.5，27；
04：46.7，27； 05：47.0，27； 06：47.0，27；
07：15.5，09； 08：46.5，27； 09：47.0，27；
10：46.5，27； 11：46.5，27； 12：46.5，27；
13：10.0，01。
2.3 卷軸裝。首殘尾全。首紙脫落1殘片，已綴接。第2紙右下角殘，接縫多有開裂，有等距離黴斑、黴爛。背有古代裱補。有燕尾。已修整。
3.1 首7行上下殘→大正235，8/748C24~749A2。
3.2 尾全→8/752C3。
4.2 金剛般若波羅蜜經（尾）。
8 9~10世紀。歸義軍時期寫本。
9.1 楷書。
9.2 有行間校加字。有硃筆加行
11 圖版：《敦煌寶藏》，78/642B~649B。

1.1 BD03279號
1.3 大般若波羅蜜多經卷二九四
1.4 致079
1.5 084:2805
2.1 49.2×25厘米；1紙；28行，行17字。
2.3 卷軸裝。首尾均脫。卷面有殘洞，有橫向破裂，上下邊有殘破。背有古代裱補。有烏絲欄。
3.1 首殘→大正220，6/496A1。
3.2 尾殘→6/496A29。
8 8~9世紀。吐蕃統治時期寫本。
9.1 楷書。
11 圖版：《敦煌寶藏》，75/158B~159A。

1.1 BD03280號1
1.3 無量壽宗要經
1.4 致080
1.5 275:8159
2.1 （28+226.5+7）×31.5厘米；6紙；180行，行30餘字。
2.2 01：28+12，28； 02：44.0，30； 03：44.0，30；
04：44.0，31； 05：44.0，30； 06：38.5+7，31。
2.3 卷軸裝。首殘尾全。有烏絲欄。已修整。
2.4 本遺書包括2個文獻：（一）《無量壽宗要經》，120行，今編為BD03280號1。（二）《無量壽宗要經》，60行，今編為BD03280號2。
3.1 首20行上下殘→大正936，19/82A5~B13。。
3.2 尾全→19/84C29。
4.2 佛說無量壽宗要經（尾）。
8 8~9世紀。吐蕃統治時期寫本。
9.1 楷書。
11 圖版：《敦煌寶藏》，109/162A~165A。

1.1 BD03280號2
1.3 無量壽宗要經

1.4　致 080
1.5　275:8159
2.4　本遺書由 2 個文獻組成，本號為第 2 個，抄寫在背面，60 行。餘參見 BD03280 號 1 之第 2 項、第 11 項。
3.1　首全→大正 936，19/82A3。。
3.2　尾 4 行中下殘→19/83B7～13。
4.1　大乘無量壽經（首）。
8　8～9 世紀。吐蕃統治時期寫本。
9.1　楷書。
9.2　有倒乙。

1.1　BD03281 號
1.3　大佛頂如來密因修證了義諸菩薩萬行首楞嚴經卷一〇
1.4　致 081
1.5　237:7428
2.1　(21.5＋541)×25.9 厘米；13 紙；310 行，行 17 字。
2.2　01：12.8，07；　02：8.7＋39，27；　03：48.0，27；
　04：48.0，27；　05：48.1，27；　06：47.4，27；
　07：47.4，27；　08：47.4，27；　09：47.5，27；
　10：47.4，27；　11：47.5，27；　12：47.3，27；
　13：26.0，06。
2.3　卷軸裝。首殘尾全。首紙脫落 1 殘片，文可綴接；第 2 紙前方有橫裂。有燕尾。有烏絲欄。
3.1　首 12 行下殘→大正 945，19/151C14～26。
3.2　尾全→19/155B4。
4.2　大佛頂萬行首楞嚴經卷第十（尾）。
8　8～9 世紀。吐蕃統治時期寫本。
9.1　楷書。
9.2　有行間校加字。
11　圖版：《敦煌寶藏》，106/231B～238B。

1.1　BD03282 號
1.3　無垢淨光大陀羅尼經鈔
1.4　致 082
1.5　236:7383
2.1　(1.9＋75.9)×29.5 厘米；2 紙；19 行，行 17～24 字。
2.2　01：1.9＋31.1，8；　02：44.8，11。
2.3　卷軸裝。首殘尾斷。首紙殘破。卷面有等距離黴爛殘洞。有折疊欄。已修整。
3.4　說明：
　本號抄寫《無垢淨光大陀羅尼經》中的三條陀羅尼。依次如下：
　（一）自心印陀羅尼法
　　首全→大正 1024，19/719C26；
　　尾全→19/720A6。
　　有首題“無垢淨光自心印陀羅尼”。
　（二）無垢淨光陀羅尼
　　首全→大正 1024，19/718B5；
　　尾全→19/718B15。
　　有首題“無垢淨光陀羅尼”。
　（三）相輪樑中陀羅尼
　　首全→大正 1024，19/719A9；
　　尾全→19/719A16。
　　有首題“相輪樑中陀羅尼”。
8　9～10 世紀。歸義軍時期寫本。
9.1　楷書。
11　圖版：《敦煌寶藏》，105/662A～B。

1.1　BD03283 號
1.3　金剛般若波羅蜜經
1.4　致 083
1.5　094:3590
2.1　(1.8＋543.3)×26 厘米；12 紙；293 行，行 17 字。
2.2　01：1.8＋26，15；　02：50.4，28；　03：50.5，28；
　04：50.5，28；　05：50.2，28；　06：50.5，28；
　07：50.7，28；　08：50.4，28；　09：50.6，28；
　10：50.5，28；　11：50.0，26；　12：13.0，拖尾。
2.3　卷軸裝。首殘尾全。經黃紙。首紙有橫裂及殘洞，第 3 紙有殘損，第 7 紙有破裂。有燕尾。有烏絲欄。已修整。
3.1　首行上下殘→大正 235，8/749A2～3。
3.2　尾全→8/752C2。
4.2　金剛波若經一卷（尾）。
8　7～8 世紀。唐寫本。
9.1　楷書。
11　圖版：《敦煌寶藏》，79/21B～28B。

1.1　BD03284 號
1.3　大般若波羅蜜多經（兌廢稿）卷一三〇
1.4　致 084
1.5　084:2352
2.1　(42.5＋1.6)×27 厘米；1 紙；26 行，行 17 字。
2.3　卷軸裝。首脫尾殘。卷面有多處殘洞，上邊下邊殘缺。卷尾蟲蛀嚴重。尾有餘空。有烏絲欄。
3.1　首殘→大正 220，5/709C7。
3.2　尾殘→5/710A3。
8　8～9 世紀。吐蕃統治時期寫本。
9.1　楷書。
9.2　上邊有 1 “兌” 字。
11　圖版：《敦煌寶藏》，73/57B14。

1.1　BD03285 號
1.3　大般若波羅蜜多經卷一二八
1.4　致 085
1.5　084:2349

2.1　44×28.3 厘米；1 紙；26 行，行 17 字。
2.3　卷軸裝。首尾均脱。有殘洞。尾有餘空。有烏絲欄。
3.1　首殘→大正 220，5/701C25。
3.2　尾缺→5/702A20。
8　8~9 世紀。吐蕃統治時期寫本。
9.1　楷書。
11　圖版：《敦煌寶藏》，73/46B。

1.1　BD03286 號
1.3　惠達和上頓悟大乘秘密心契禪門法
1.4　致 086
1.5　323:8375
2.1　50×29.5 厘米；1 紙；12 行，行字不等。
2.3　卷軸裝。首全尾缺。有殘洞。卷尾有餘空。有折疊欄。
3.4　説明：
本文獻首尾均全。未為歷代大藏經所收。
4.1　惠達和上頓悟大乘秘蜜（密）心契禪門法（首）。
8　9~10 世紀。歸義軍時期寫本。
9.1　楷書。
11　圖版：《敦煌寶藏》，110/98B。

1.1　BD03287 號
1.3　四分律删繁補缺行事鈔卷下
1.4　致 087
1.5　166:7023
2.1　(32+1614.5)×27.8 厘米；40 紙；990 行，行字不等。
2.2　01：32+6，28；　02：39.5，28；　03：39.5，29；
04：39.5，28；　05：39.5，28；　06：39.5，28；
07：39.5，28；　08：39.5，30；　09：39.5，30；
10：39.5，30；　11：39.0，30；　12：39.0，30；
13：24.5，18；　14：39.0，29；　15：39.5，26；
16：39.5，27；　17：39.5，29；　18：39.5，29；
19：39.5，29；　20：39.5，26；　21：39.5，25；
22：39.5，25；　23：39.5，23；　24：39.5，29；
25：39.0，25；　26：39.5，26；　27：50.0，21；
28：50.0，22；　29：50.0，21；　30：50.0，20；
31：50.0，20；　32：50.0，18；　33：50.0，20；
34：50.0，20；　35：50.0，19；　36：36.0，20；
37：38.0，21；　38：38.5，21；　39：38.0，21；
40：37.5，14。
2.3　卷軸裝。首殘尾全。首紙脱落，卷面有殘裂，第 37、38 紙接縫脱開。第 15 至 23 紙有烏絲欄，其後各紙為折疊欄。
3.1　首 5 行上下殘→大正 1804，40/141C6~13。
3.2　尾全→40/156C25。
4.2　四分律删繁補闕行事鈔卷下之下（尾）。
7.2　卷尾有陽文墨印“淨土寺藏經”，1.8×6.4 厘米。
8　9~10 世紀。歸義軍時期寫本。
9.1　楷書。
9.2　有行間校加字。有倒乙符號。
11　圖版：《敦煌寶藏》，103/488B~507B。

1.1　BD03288 號
1.3　妙法蓮華經（八卷本）卷四
1.4　致 088
1.5　105:5316
2.1　(11+615.5)×25.5 厘米；14 紙；371 行，行 17 字。
2.2　01：11+28，24；　02：47.2，28；　03：47.2，28；
04：47.2，28；　05：45.0，28；　06：47.4，28；
07：47.2，28；　08：47.2，28；　09：47.3，28；
10：47.3，28；　11：47.0，28；　12：47.5，28；
13：47.0，28；　14：23.0，11。
2.3　卷軸裝。首殘尾全。卷首殘缺破損嚴重，卷面有殘破、多黴斑，接縫處有開裂。有烏絲欄。已修整。
3.1　首 5 行上下殘→大正 262，9/29A24~B2。
3.2　尾全→9/34B22。
4.2　妙法蓮華經卷第四（尾）。
5　與《大正藏》本對照，分卷不同。為八卷本。
8　9~10 世紀。歸義軍時期寫本。
9.1　楷書。
11　圖版：《敦煌寶藏》，90/615B~624A。

1.1　BD03289 號
1.3　佛名經（二十卷本）卷一七
1.4　致 089
1.5　062:0593
2.1　(5.5+869.5)×25.8 厘米；19 紙；509 行，行 19 字。
2.2　01：5.5+34.5，25；　02：46.5，28；　03：46.7，28；
04：47.3，28；　05：47.5，28；　06：47.3，28；
07：47.3，28；　08：47.5，28；　09：47.5，23；
10：47.3，28；　11：47.5，28；　12：47.4，28；
13：47.5，28；　14：47.5，28；　15：47.2，28；
16：47.0，28；　17：47.0，28；　18：47.0，28；
19：32.0，13。
2.3　卷軸裝。首殘尾全。經黄紙。首紙中下部殘缺，卷面有殘洞，接縫有開裂，卷尾殘破。有燕尾。有烏絲欄。已修整。
3.1　首 4 行中下殘→斯 02312 號第 30 行~第 32 行。
3.2　尾全→斯 02312 號第 541 行。
4.2　佛説佛名經卷第十七（尾）。
7.1　卷尾下部有題記“沙門法瓊禮”。下邊有佛名計數。
8　7~8 世紀。唐寫本。
9.1　楷書。
11　從該號上揭下古代裱補紙 1 塊，今編爲 BD16018 號。
圖版：《敦煌寶藏》，60/196B~208B。

1.1　BD03290 號
1.3　金剛般若波羅蜜經
1.4　致 090
1.5　094:3709
2.1　(11.5+473.3)×26.5 厘米；11 紙；280 行，行 17 字。
2.2　01：11.5+35.3，28；　02：47.5，28；　03：47.5，28；
04：47.2，29；　05：47.3，28；　06：47.2，28；
07：47.5，28；　08：47.3，28；　09：47.3，28；
10：47.2，27；　11：12.0，拖尾。
2.3　卷軸裝。首殘尾全。打紙。卷面有污斑。首紙上邊殘裂，卷面有殘裂，第 11 紙有殘洞。背有古代裱補。有燕尾。有烏絲欄。拖尾與前各紙紙質不同。
3.1　首 7 行下殘→大正 235，8/749A17～25。
3.2　尾全→8/752C3。
4.2　金剛般若波羅蜜經（尾）。
8　7～8 世紀。唐寫本。
9.1　楷書。
11　圖版：《敦煌寶藏》，79/630B～636B。

1.1　BD03291 號
1.3　大般若波羅蜜多經卷五六九
1.4　致 091
1.5　084:3360
2.1　(5.2+40.1)×26 厘米；1 紙；25 行，行 17 字。
2.3　卷軸裝。首殘尾脫。卷端有破裂殘損。有烏絲欄。
3.1　首行中殘→大正 220，7/936C5～6。
3.2　尾殘→7/937A2。
4.1　第六分法性品第六，三藏法師玄奘奉詔譯（首）。
7.1　卷背有卷次勘記“五百六十九”、“五十七（本文獻所屬袟次）”、“欠尾”等字。
8　8～9 世紀。吐蕃統治時期寫本。
9.1　楷書。
11　圖版：《敦煌寶藏》，77/373A。

1.1　BD03292 號
1.3　般若波羅蜜多心經
1.4　致 092
1.5　102:4470
2.1　(3+26)×24.2 厘米；1 紙；16 行，行 17 字。
2.3　卷軸裝。首殘尾全。卷端下部有破裂，紙張變色。背有古代裱補。有上下邊欄。
3.1　首 2 行中殘→大正 251，8/848C8～9。
3.2　尾全→8/848C24。
4.2　般若多心經（尾）。
8　8～9 世紀。吐蕃統治時期寫本。
9.1　楷書。
11　圖版：《敦煌寶藏》，83/305A。

1.1　BD03293 號
1.3　金剛般若波羅蜜經
1.4　致 093
1.5　094:4337
2.1　132.5×26.5 厘米；4 紙；75 行，行 17 字。
2.2　01：18.5，11；　02：43.0，25；　03：45.0，26；
04：26.0，13。
2.3　卷軸裝。首殘尾全。有烏絲欄。
3.1　首殘→大正 235，8/751C6。
3.2　尾全→8/752C3。
4.2　金剛般若波羅蜜經（尾）。
5　與《大正藏》本對照，本卷經文無冥司偈，文見大正 8/751C16～19。
8　7～8 世紀。唐寫本。
9.1　楷書。
11　圖版：《敦煌寶藏》，83/10B～12A。

1.1　BD03294 號
1.3　大般若波羅蜜多經卷三四三
1.4　致 094
1.5　084:2925
2.1　(42+743.8)×25.5 厘米；17 紙；446 行，行 17 字。
2.2　01：4.2+29.6，21；　02：46.8，28；　03：46.3，28；
04：46.3，28；　05：46.3，28；　06：46.3，28；
07：46.4，28；　08：46.5，28；　09：46.3，28；
10：46.3，28；　11：45.6，28；　12：46.2，28；
13：46.4，28；　14：46.4，28；　15：46.5，28；
16：46.6，28；　17：18.0，05。
2.3　卷軸裝。首殘尾全。卷首有等距殘缺，接縫處有開裂，上邊略有殘缺。背有鳥糞污漬。背有古代裱補。有燕尾。有烏絲欄。
3.1　首 3 行上下殘→大正 220，6/759C28～760A1。
3.2　尾全→6/765A7。
4.2　大般若波羅蜜多經卷第三百卌三（尾）。
8　8～9 世紀。吐蕃統治時期寫本。
9.1　楷書。
11　圖版：《敦煌寶藏》，75/489B～499A。

1.1　BD03295 號
1.3　妙法蓮華經卷七
1.4　致 095
1.5　105:6069
2.1　(12.5+471.5)×26 厘米；12 紙；285 行，行 17 字。
2.2　01：10.5，06；　02：2+43，27；　03：46.0，28；
04：46.5，28；　05：46.0，28；　06：46.5，28；
07：46.0，28；　08：45.0，27；　09：46.5，28；
10：46.5，28；　11：45.5，27；　12：14.0，02。

2.3　卷軸裝。首殘尾全。經黃打紙，研光上蠟。卷首殘破嚴重。背有古代裱補。有燕尾。有烏絲欄。
3.1　首7行中下殘→大正262，9/58B11～18。
3.2　尾全→9/62B1。
4.2　妙法蓮華經卷第七（尾）。
8　7～8世紀。唐寫本。
9.1　楷書。
11　圖版：《敦煌寶藏》，96/494B～501A。

1.1　BD03296號
1.3　小抄
1.4　致096
1.5　178:7097
2.1　(11.5+226.5)×26.2厘米；7紙；141行，行23字。
2.2　01：11.5+8.5，12；　02：39.5，24；　03：39.5，25；
04：40.0，25；　05：40.0，25；　06：38.0，23；
07：21.0，07。
2.3　卷軸裝。首殘尾缺。卷首殘缺。尾有蟲繭。有烏絲欄。
3.1　首7行上下殘→《敦煌出土律典〈略抄〉の研究》（二），第89頁第2行～第4行。
3.2　尾全→《敦煌出土律典〈略抄〉の研究》（二），第100頁第8行。
3.4　説明：
本文獻形態複雜，本號是《略抄》的一個節略本，未將全文抄完，且行文的有些部分重新組織過。
8　9～10世紀。歸義軍時期寫本。
9.1　楷書。
11　圖版：《敦煌寶藏》，104/148A～151A。

1.1　BD03297號
1.3　金剛般若波羅蜜經
1.4　致097
1.5　094:3770
2.1　(27.5+450)×26.3厘米；11紙；275行，行17字。
2.2　01：27.5+14.5，25；　02：46.5，28；　03：47.0，28；
04：47.0，28；　05：47.0，28；　06：47.0，28；
07：47.0，28；　08：47.0，28；　09：47.0，28；
10：47.0，28；　11：13.0，燕尾。
2.3　卷軸裝。首殘尾全。經黃打紙。卷首殘破嚴重。尾有蟲繭。有燕尾。背有鳥糞污漬。有烏絲欄。
3.1　首16行下殘→大正235，8/749A21～B9。
3.2　尾全→8/752C2。
8　7～8世紀。唐寫本。
9.1　楷書。
11　圖版：《敦煌寶藏》，80/259A～265B。

1.1　BD03298號
1.3　佛性海藏智慧解脱破心相經卷下
1.4　致098
1.5　461:8694
2.1　406.9×26厘米；9紙；229行，行17字。
2.2　01：49.8，28；　02：49.8，28；　03：49.8，28；
04：49.8，28；　05：49.8，28；　06：49.8，28；
07：49.8，28；　08：49.8，28；　09：08.5，05。
2.3　卷軸裝。首脱尾殘。麻紙，未入潢。接縫多有開裂。有烏絲欄。
3.1　首殘→大正2885，85/1399A7。
3.2　尾全→85/1401C8。
8　8世紀。唐寫本。
9.1　楷書。
11　圖版：《敦煌寶藏》，111/205A～211A。

1.1　BD03299號
1.3　大佛頂如來密因修證了義諸菩薩萬行首楞嚴經卷五
1.4　致099
1.5　237:7407
2.1　(553+9.2)×27.3厘米；13紙；318行，行17字。
2.2　01：18.1，10；　02：48.7，28；　03：48.8，28；
04：48.7，28；　05：48.7，28；　06：48.7，28；
07：48.7，28；　08：48.6，28；　09：48.6，28；
10：48.6，28；　11：48.6，28；　12：48.2，27；
13：09.2，01。
2.3　卷軸裝。首尾均殘。前2紙有等距離殘洞，卷尾殘破嚴重。尾有蟲繭。有烏絲欄。
3.1　首殘→大正945，19/124B28。
3.2　尾全→19/128B7。
4.2　大佛頂萬行首楞嚴經卷第五（尾）。
8　9～10世紀。歸義軍時期寫本。
9.1　楷書。
11　圖版：《敦煌寶藏》，106/101A～108A。

1.1　BD03300號
1.3　佛名經（十六卷本）卷一一
1.4　致100
1.5　063:0720
2.1　(3+328.5+6)×32厘米；8紙；193行，行23字。
2.2　01：3+10，7；　02：46.7，27；　03：46.8，27；
04：46.8，27；　05：46.6，27；　06：46.8，27；
07：46.8，27；　08：38+6，24。
2.3　卷軸裝。首尾殘。卷面有殘破。有烏絲欄。
3.1　首1行上中殘→《七寺古逸經典研究叢書》，3/539頁第24行。
3.2　尾2行上中殘→《七寺古逸經典研究叢書》，3/556頁235行。

5　本文獻前 16 行與七寺本之第 24～43 行大致相同，16～19 行無出處。第 20 行以後與七寺本相同。
8　9～10 世紀。歸義軍時期寫本。
9.1　楷書。
11　圖版：《敦煌寶藏》，61/526A～529B。

1.1　BD03301 號
1.3　金剛般若波羅蜜經
1.4　雨 001
1.5　094:3547
2.1　（5+508.9）×26.2 厘米；12 紙；305 行，行 19 字。
2.2　01：5+38，23；　02：43.0，25；　03：43.2，26；
04：43.1，25；　05：43.0，25；　06：43.4，28；
07：42.8，27；　08：43.2，28；　09：43.0，27；
10：43.2，28；　11：43.0，28；　12：40.0，15。
2.3　卷軸裝。首殘尾全。第 2 紙有殘洞，接縫處有開裂。背有古代裱補。有燕尾。有烏絲欄。已修整。
3.1　首行上殘→大正 235，8/748C20。
3.2　尾全→8/752C3。
4.2　金剛般若波羅蜜經（尾）。
7.3　裱補紙上有雜寫“社司轉帖”。
8　9～10 世紀。歸義軍時期寫本。
9.1　楷書。
11　圖版：《敦煌寶藏》，78/472A～478B。

1.1　BD03302 號
1.3　大般若波羅蜜多經卷一五五
1.4　雨 002
1.5　084:2407
2.1　（3.8+537.1）×26.1 厘米；12 紙；316 行，行 17 字。
2.2　01：3.8+31.7，21；　02：46.5，28；　03：46.5，28；
04：46.5，28；　05：46.5，28；　06：46.2，28；
07：46.7，28；　08：46.5，28；　09：46.5，28；
10：46.7，28；　11：46.5，28；　12：40.3，15。
2.3　卷軸裝。首殘尾全。卷首多有殘洞。有烏絲欄。
3.1　首 2 行下殘→大正 220，5/837A7～8。
3.2　尾全→5/840C4。
4.2　大般若波羅蜜多經卷第一百五十五（尾）。
7.1　卷尾背有勘記“一百五十五（本文獻卷次）、十六袟（本文獻所屬袟次）”。
8　8～9 世紀。吐蕃統治時期寫本。
9.1　楷書。
11　圖版：《敦煌寶藏》，73/186B～193B。

1.1　BD03303 號
1.3　金剛般若波羅蜜經
1.4　雨 003
1.5　094:3957
2.1　（9.8+411）×26 厘米；9 紙；230 行，行 17 字。
2.2　01：9.8+34.6，26；　02：49.4，28；　03：49.3，28；
04：49.2，28；　05：49.6，28；　06：48.9，28；
07：49.5，28；　08：49.5，28；　09：31.0，08。
2.3　卷軸裝。首殘尾全。首紙上方有破裂。有烏絲欄。
3.1　首 6 行下殘→大正 235，8/749C20～26。
3.2　尾全→8/752C3。
4.2　金剛般若波羅蜜經（尾）。
8　9～10 世紀。歸義軍時期寫本。
9.1　楷書。
9.2　有行間校加字。第 8 紙首 3 行兑廢，上有“兑三行”3 字，下有墨筆記號，從第 4 行起重抄。
11　圖版：《敦煌寶藏》，81/322A～327A。

1.1　BD03304 號
1.3　金剛般若波羅蜜經
1.4　雨 004
1.5　094:4265
2.1　（2.5+165.3）×25.4 厘米；4 紙；102 行，行 17 字。
2.2　01：2.5+37.5，24；　02：45.7，28；　03：45.5，28；
04：36.6，22。
2.3　卷軸裝。首尾均殘。麻紙。接縫處有殘破。有烏絲欄。
3.1　首殘→大正 235，8/751A27。
3.2　尾 2 行上殘→8/752B26～29。
8　7～8 世紀。唐寫本。
9.1　楷書。
11　圖版：《敦煌寶藏》，82/544A～546B。

1.1　BD03305 號
1.3　妙法蓮華經卷七
1.4　雨 005
1.5　105:5870
2.1　（25+927.9）×26 厘米；20 紙；530 行，行 17 字。
2.2　01：25+22，27；　02：49.0，28；　03：49.3，28；
04：49.5，29；　05：50.0，28；　06：49.6，28；
07：49.7，28；　08：49.6，27；　09：49.7，28；
10：49.5，28；　11：49.6，28；　12：49.5，28；
13：49.5，28；　14：49.7，28；　15：49.5，28；
16：49.8，28；　17：49.5，27；　18：49.7，28；
19：49.2，28；　20：14.0，01。
2.3　卷軸裝。首殘尾全。全卷有多處破裂及殘洞，脫落 1 塊殘片，可綴接。有等距離黴爛。有燕尾。
3.1　首 14 行中下殘→大正 262，9/55A12～28。
3.2　尾全→9/62B1。
4.1　妙法蓮華經妙音菩□…□（首）。
4.2　妙法蓮華經卷第七（尾）。

8　9～10 世紀。歸義軍時期寫本。

9.1　楷書。

11　圖版：《敦煌寶藏》，95/462A～474B。

1.1　BD03306 號

1.3　灌頂章句拔除過罪生死得度經

1.4　雨 006

1.5　250:7522

2.1　207×26 厘米；4 紙；107 行，行 17 字。

2.2　01：56.6，27；　02：50.3，28；　03：50.0，28；
　　04：50.1，24。

2.3　卷軸裝。首殘尾全。經黄打紙。有護首，係後補。護首有竹質天竿及淺棕色綢縹帶，有紺青紙經名簽，經名模糊不清。各紙接縫處有開裂。護首背有古代裱補。有烏絲欄。

3.1　首 5 行中下殘→大正 1331，21/535A8～13。

3.2　尾全→21/536B5。

4.2　佛說藥師經（尾）。

7.4　護首經名模糊不清。有寺院題名“修（敦煌靈修寺簡稱）”。另有勘記“卌七袟，一”，從勘記及本號卷首殘況，可知該護首並非本號原有，乃後配。

8　7～8 世紀。唐寫本。

9.1　楷書。

11　圖版：《敦煌寶藏》，106/567B～570A。

1.1　BD03307 號

1.3　妙法蓮華經卷三

1.4　雨 007

1.5　105:6160

2.1　（5+511+4）×26 厘米；12 紙；298 行，行 17 字。

2.2　01：5+16，12；　02：49.0，28；　03：49.0，28；
　　04：49.0，28；　05：49.0，28；　06：49.0，28；
　　07：49.0，28；　08：48.5，28；　09：48.5，28；
　　10：48.5，28；　11：48.5，28；　12：7+4，06。

2.3　卷軸裝。首尾均殘。通卷殘破嚴重。有烏絲欄。已修整。脱落 62 塊糟朽嚴重之殘片，無法綴接，粘貼在附紙上。

3.1　首 3 行下殘→大正 262，9/19C5～8。

3.2　尾 2 行中下殘→9/24A4～5。

8　7～8 世紀。唐寫本。

9.1　楷書。

11　圖版：《敦煌寶藏》，97/152B～160A。

1.1　BD03308 號

1.3　妙法蓮華經卷六

1.4　雨 008

1.5　105:5815

2.1　46×24.5 厘米；1 紙；28 行，行 17 字。

2.3　卷軸裝。首尾均脱。經黄打紙，研光上蠟。上邊有破裂。有烏絲欄。

3.1　首殘→大正 262，9/50C21。

3.2　尾殘→9/51A21。

8　7～8 世紀。唐寫本。

9.1　楷書。

9.2　有刮改。

11　圖版：《敦煌寶藏》，95/226A～B。

1.1　BD03309 號

1.3　妙法蓮華經卷一

1.4　雨 009

1.5　105:4580

2.1　（4.1+556.7）×26.3 厘米；14 紙；320 行，行 17 字。

2.2　01：4.1+38.2，24；　02：42.2，24；　03：42.1，24；
　　04：42.2，24；　05：42.2，24；　06：42.3，24；
　　07：42.1，24；　08：42.3，24；　09：42.3，24；
　　10：41.0，24；　11：40.9，24；　12：39.1，23；
　　13：41.2，24；　14：18.6，09。

2.3　卷軸裝。首殘尾全。經黄打紙，研光上蠟。背面有古代裱補。有烏絲欄。

3.1　首 2 行殘→大正 262，9/4B11～13。

3.2　尾全→9/10B21。

4.2　妙法蓮華經卷第一（尾）。

8　7～8 世紀。唐寫本。

9.1　楷書。有武周新字“日”、“月”、“天”、“正”、“聖”、“國”、“授”、“証”，均使用周遍。

11　圖版：《敦煌寶藏》，84/598B～605B。

1.1　BD03310 號

1.3　大般涅槃經（北本　異卷）卷二〇

1.4　雨 010

1.5　115:6422

2.1　（3.5+717.5）×25.4 厘米；16 紙；450 行，行 17 字。

2.2　01：3.5+30，21；　02：46.0，29；　03：46.0，29；
　　04：46.0，29；　05：46.0，29；　06：46.0，29；
　　07：46.0，29；　08：46.0，29；　09：46.0，29；
　　10：46.0，29；　11：46.0，29；　12：46.0，29；
　　13：46.0，29；　14：46.0，29；　15：46.0，29；
　　16：43.5，23。

2.3　卷軸裝。首殘尾全。首紙殘缺，第 2 紙下部破損，第 5 紙上部破裂。有烏絲欄。

3.1　首 2 行上下殘→大正 374，12/493C27～28。

3.2　尾全→12/499A20。

4.2　大般涅槃經卷第廿（尾）。

5　與《大正藏》本對照，分卷不同。經文相當於《大正藏》卷二十二光明遍照高貴德王菩薩品第十之二至卷二十三光明遍照高貴德王菩薩品第十之三。與其餘諸藏分卷亦均不同。

8　6～7 世紀。隋寫本。
9.1　楷書。
11　圖版：《敦煌寶藏》，99/114B～124A。

1.1　BD03311 號
1.3　維摩詰所說經卷下
1.4　雨 011
1.5　070:1265
2.1　444.5×25 厘米；11 紙；249 行，行 17 字。
2.2　01：42.0，24；　02：42.0，24；　03：42.0，24；
04：42.0，24；　05：42.0，24；　06：42.0，24；
07：42.0，24；　08：42.0，24；　09：42.0，24；
10：42.0，24；　11：24.5，09。
2.3　卷軸裝。首脱尾全。經黄打紙，研光上蠟。卷面略殘。背有古代裱補。有烏絲欄。
3.1　首殘→大正 475，14/554B26。
3.2　尾全→14/557B26。
4.2　維摩詰經卷下（尾）。
8　7～8 世紀。唐寫本。
9.1　楷書。
9.2　有硃筆斷句。
11　圖版：《敦煌寶藏》，66/358A～363B。

1.1　BD03312 號
1.3　妙法蓮華經（八卷本）卷七
1.4　雨 012
1.5　105:5785
2.1　711.2×25 厘米；17 紙；422 行，行 17 字。
2.2　01：46.5，28；　02：46.0，28；　03：46.0，28；
04：46.3，28；　05：46.2，28；　06：46.0，28；
07：46.1，28；　08：46.2，28；　09：46.3，28；
10：46.3，28；　11：46.2，28；　12：46.3，28；
13：46.1，28；　14：46.2，28；　15：46.0，28；
16：07.0，02；　17：11.5，燕尾。
2.3　卷軸裝。首脱尾全。經黄打紙，研光上蠟。上邊有破裂。尾有蟲繭。有燕尾。
有烏絲欄。
3.1　首殘→大正 262，9/51A21。
3.2　尾全→9/56C1。
4.2　妙法蓮華經卷第七（尾）。
5　與《大正藏》本對照，分卷不同。本號相當於《大正藏》本經卷第六常不輕菩薩品第二十起至卷第七妙音菩薩品第二十四。為八卷本。
8　7～8 世紀。唐寫本。
9.1　楷書。
9.2　有刮改。
11　圖版：《敦煌寶藏》，95/79B～89A。

1.1　BD03313 號
1.3　佛名經（十六卷本）卷八
1.4　雨 013
1.5　063:0687
2.1　410.6×26 厘米；8 紙；224 行，行 18 字。
2.2　01：51.5，28；　02：51.3，28；　03：51.3，28；
04：51.3，28；　05：51.3，28；　06：51.3，28；
07：51.3，28；　08：51.3，28。
2.3　卷軸裝。首尾均脱。經黄紙。卷前部油污嚴重。有烏絲欄。
3.1　首殘→《七寺古逸經典研究叢書》，3/第 385 頁第 77 行。
3.2　尾殘→《七寺古逸經典研究叢書》，3/第 405 頁第 326 行。
6.2　尾→BD03315 號。
7.1　卷首背上方有卷次勘記"八"。
8　9～10 世紀。歸義軍時期寫本。
9.1　楷書。
9.2　有行間加行。有校加字。
11　圖版：《敦煌寶藏》，61/270B～275B。

1.1　BD03314 號
1.3　妙法蓮華經卷三
1.4　雨 014
1.5　105:5017
2.1　（2.3+874.4）×24.8 厘米；19 紙；510 行，行 17 字。
2.2　01：2.3+14.1，9；　02：48.0，28；　03：47.9，28；
04：47.7，28；　05：47.9，28；　06：47.9，28；
07：47.9，28；　08：48.0，28；　09：47.8，28；
10：48.0，28；　11：47.8，28；　12：47.8，28；
13：47.9，28；　14：47.8，28；　15：47.9，28；
16：47.7，28；　17：47.7，28；　18：47.3，28；
19：47.3，25。
2.3　卷軸裝。首殘尾全。首紙有 2 殘洞，前 2 紙上下邊有殘損，通卷下部有水漬。有烏絲欄。
3.1　首行下殘→大正 262，9/19C8～9。
3.2　尾全→9/27B9。
4.2　妙法蓮華經卷第三（尾）。
8　9～10 世紀。歸義軍時期寫本。
9.1　楷書。
9.2　有行間校加字。
11　圖版：《敦煌寶藏》，88/151A～164A。

1.1　BD03315 號
1.3　佛名經（十六卷本）卷八
1.4　雨 015
1.5　063:0690
2.1　499.8×26 厘米；10 紙；266 行，行 17 字。
2.2　01：51.5，28；　02：51.3，28；　03：51.5，28；
04：51.5，28；　05：51.3，28；　06：51.3，28；

07：51.3，28；　08：51.3，28；　09：51.3，28；
10：37.5，14。
2.3　卷軸裝。首脫尾全。經黄紙。接縫處有開裂，尾紙有破裂。有烏絲欄。
3.1　首殘→《七寺古逸經典研究叢書》，3/第405頁第326行。
3.2　尾全→《七寺古逸經典研究叢書》，3/第427頁第614行。
4.2　佛名經卷第八（尾）。
6.1　首→BD03313號。
7.1　卷尾有題記："此是蓮台寺僧法律二十［歲］上書者，有來者、讀者、壹自（白?）者，人莫◇也。判家趙/法律念者，壹袟（?）經者，為定者了。/"尾紙背有"此是法律趙家如（?）壹本《佛命（名）》"。
8　9～10世紀。歸義軍時期寫本。
9.1　楷書。
11　圖版：《敦煌寶藏》，61/291A～298B。

1.1　BD03316號
1.3　妙法蓮華經卷七
1.4　雨016
1.5　105:5958
2.1　（15+195）×25.5厘米；5紙；111行，行17字。
2.2　01：15+35，28；　02：49.5，28；　03：49.5，28；
04：49.0，27；　05：12.0，燕尾。
2.3　卷軸裝。首殘尾斷。經黄紙。首紙上邊有破裂，第3紙中間有橫裂，卷面有蟲繭。背有古代裱補，紙上有字，粘向内，難以辨認。有燕尾。有烏絲欄。
3.1　首8行中下殘→大正262，9/57A27～B7。
3.2　尾殘→9/59A9。
8　7～8世紀。唐寫本。
9.1　楷書。
11　圖版：《敦煌寶藏》，96/208B～211A。

1.1　BD03317號
1.3　佛名經（十二卷本）卷一
1.4　雨017
1.5　061:0546
2.1　48.5×25.5厘米；1紙；28行，行13字。
2.3　卷軸裝。首殘尾脱。經黄打紙。有烏絲欄。
3.1　首殘→大正440，14/118A15。
3.2　尾殘→14/118B7。
8　7～8世紀。唐寫本。
9.1　楷書。
11　圖版：《敦煌寶藏》，60/5A～5B。

1.1　BD03318號
1.3　妙法蓮華經卷四
1.4　雨018
1.5　105:5234
2.1　（2+983.3）×26厘米；21紙；566行，行17字。
2.2　01：2+32.5，20；　02：49.2，28；　03：49.0，28；
04：48.7，28；　05：49.2，28；　06：49.2，28；
07：49.4，28；　08：48.7，28；　09：49.2，29；
10：49.0，28；　11：49.0，28；　12：49.3，28；
13：49.0，28；　14：48.8，28；　15：48.7，28；
16：48.7，28；　17：48.8，28；　18：48.7，28；
19：49.0，28；　20：49.2，28；　21：20.0，14。
2.3　卷軸裝。首殘尾全。首紙有殘洞，3紙上開裂，9紙下開裂。有烏絲欄。
3.1　首1行上中殘→262，9/28C25。
3.2　尾全→9/37A2。
4.2　妙法蓮華經卷第四（尾）。
8　9～10世紀。歸義軍時期寫本。
9.1　楷書。
9.2　有行間加行。
11　圖版：《敦煌寶藏》，90/155A～169A。

1.1　BD03319號
1.3　妙法蓮華經卷五
1.4　雨019
1.5　105:5494
2.1　（6+282.2）×25.3厘米；6紙；160行，行17字。
2.2　01：6+30，20；　02：50.7，28；　03：50.5，28；
04：50.5，28；　05：50.5，28；　06：50.0，28。
2.3　卷軸裝。首尾均殘。經黄紙。通卷上部殘破嚴重。有烏絲欄。
3.1　首3行中下殘→大正262，9/37C26～29。
3.2　尾2行中殘→9/40A16～17。
8　7～8世紀。唐寫本。
9.1　楷書。
11　圖版：《敦煌寶藏》，92/553A～557A。

1.1　BD03320號
1.3　佛名經（十二卷本　異卷）卷二
1.4　雨020
1.5　063:0827
2.1　（5+909.7+1）×25.5厘米；19紙；551行，行17字。
2.2　01：5+37.5，26；　02：49.5，30；　03：49.8，30；
04：49.8，30；　05：49.8，30；　06：50.0，30；
07：50.0，30；　08：50.3，30；　09：50.0，30；
10：50.0，30；　11：50.2，30；　12：50.0，29；
13：49.8，30；　14：50.0，30；　15：50.0，30；
16：50.0，30；　17：49.0，30；　18：49.0，30；
19：25+1，16。
2.3　卷軸裝。首尾均殘。卷面多殘破。有烏絲欄。已修整。

3.1　首 3 行中下殘→大正 440，14/119B6。
3.2　尾 1 行下殘→14/126B4。
5　本文獻相當於十二卷本《佛名經》（大正 440 號）卷一後半部分及卷二前半部分，文字略有參差，不分卷。與已知其他諸藏本十二卷本《佛名經》均不類。在此暫按十二卷本異本卷二處理。
8　5～6 世紀。南北朝寫本。
9.1　隸楷。
11　圖版：《敦煌寶藏》，62/585B，僅首部一拍。

1.1　BD03321 號
1.3　金光明最勝王經卷九
1.4　雨 021
1.5　083:1948
2.1　（34.5＋8）×25.4 厘米；2 紙；26 行，行 17 字。
2.2　01：25.0，15；　02：9.5＋8，11。
2.3　卷軸裝。首尾均斷。卷尾下部殘缺。有烏絲欄。已修整。
3.1　首殘→大正 665，16/447B21。
3.2　尾 5 行下殘→16/447C15～22。
4.1　金光明最勝王經除病品第廿四（首）。
8　8～9 世紀。吐蕃統治時期寫本。
9.1　楷書。
11　圖版：《敦煌寶藏》，71/80A。

1.1　BD03322 號
1.3　妙法蓮華經卷四
1.4　雨 022
1.5　105:5363
2.1　411.8×26.1 厘米；9 紙；252 行，行 17 字。
2.2　01：47.6，28；　02：47.6，28；　03：47.5，28；
04：47.6，28；　05：47.5，28；　06：47.5，28；
07：47.4，28；　08：47.5，28；　09：31.6，28。
2.3　卷軸裝。首殘尾全。經黃打紙。首紙有殘洞，有橫向破裂。有烏絲欄。
3.1　首殘→大正 262，9/33B26。
3.2　尾全→9/37A1。
8　7～8 世紀。唐寫本。
9.1　楷書。
11　圖版：《敦煌寶藏》，91/185A～191A。

1.1　BD03323 號
1.3　金光明最勝王經卷九
1.4　雨 023
1.5　083:1941
2.1　（103.5＋3.5）×25.5 厘米；3 紙；67 行，行 17 字。
2.2　01：27.0，17；　02：45.0，28；　03：31.5＋3.5，22。
2.3　卷軸裝。首斷尾殘。卷面殘破，脫落 2 塊殘片。有烏絲欄。
3.1　首殘→大正 665，16/447C23。
3.2　尾殘→16/449A9～10。
8　8～9 世紀。吐蕃統治時期寫本。
9.1　楷書。
11　圖版：《敦煌寶藏》，71/61A～62A。

1.1　BD03324 號 A
1.3　維摩詰所說經卷中
1.4　雨 024
1.5　070:1075
2.1　820.5×26.5 厘米；18 紙；479 行，行 17 字。
2.2　01：46.5，28；　02：46.5，28；　03：46.5，28；
04：46.5，28；　05：47.0，28；　06：46.5，28；
07：47.0，28；　08：47.0，28；　09：47.0，28；
10：47.0，28；　11：47.0，28；　12：47.0，28；
13：47.0，28；　14：47.0，28；　15：47.0，28；
16：47.0，28；　17：47.0，28；　18：24.0，03。
2.3　卷軸裝。首脫尾全。首紙下邊破裂。有燕尾。有烏絲欄。
3.1　首殘→大正 475，14/545B27。
3.2　尾全→14/551C27。
4.2　維摩詰經卷中（尾）。
8　8～9 世紀。吐蕃統治時期寫本。
9.1　楷書。
11　圖版：《敦煌寶藏》，65/83A～94B。

1.1　BD03324 號 B
1.3　妙法蓮華經卷七
1.4　雨 024
1.5　070:1075
2.1　9×11 厘米；1 紙；5 行，行 17 字。
2.3　卷軸裝。首尾均殘。通卷上殘，卷面殘裂變色。有烏絲欄。
3.1　首殘→大正 262，9/56C14。
3.2　尾殘→9/56C18。
8　8～9 世紀。吐蕃統治時期寫本。
9.1　楷書。

1.1　BD03325 號
1.3　大佛頂如來密因修證了義諸菩薩萬行首楞嚴經卷二
1.4　雨 025
1.5　237:7392
2.1　（17.2＋723.5）×25.7 厘米；17 紙；399 行，行 17 字。
2.2　01：17.2＋25.2，22；　02：44.1，24；　03：43.9，24；
04：43.8，24；　05：43.6，24；　06：44.2，24；
07：43.8，24；　08：44.1，24；　09：44.2，24；
10：43.9，24；　11：44.0，24；　12：44.1，24；
13：44.1，24；　14：44.2，24；　15：44.1，24；
16：43.9，24；　17：38.3，17。

2.3　卷軸裝。首殘尾全。有烏絲欄。
3.1　首 8 行上殘→大正 945，19/110A11 ~ 21。
3.2　尾全→19/114C13。
4.1　［大佛頂如來密因修證了］義諸菩薩萬行首楞嚴經第二，/一名中印度那開（蘭）陀大道/場經，於灌頂部錄出別行/（首）。
4.2　大佛頂萬行首楞嚴經卷第二（尾）。
8　7 ~ 8 世紀。唐寫本。
9.1　楷書。
9.2　有行間校加字。
11　圖版：《敦煌寶藏》，106/37B ~ 47A。

1.1　BD03326 號
1.3　大般若波羅蜜多經卷五五六
1.4　雨 026
1.5　084:3344
2.1　433.4 × 26.4 厘米；9 紙；246 行，行 17 字。
2.2　01：48.3，28；　02：48.1，28；　03：48.1，28；
04：48.1，28；　05：48.1，28；　06：48.1，28；
07：48.1，24；　08：48.0，28；　09：48.5，26。
2.3　卷軸裝。首脫尾全。尾紙下有殘損。第 7 紙兌廢，所抄經文相當於 7/871B20 ~ C16。有烏絲欄。
3.1　首殘→大正 220，7/869B25。
3.2　尾全→7/872A14。
4.2　大般若波羅蜜多經卷第五百五十六（尾）。
7.1　卷尾後有題名“文君”。卷尾背有 2 處勘記：上邊為“六（本文獻袟內卷次）”，下邊為“五十六（本文獻所屬袟次）”。
8　8 ~ 9 世紀。吐蕃統治時期寫本。
9.1　楷書。
9.2　第 7 紙上邊有 1 “兌” 字。
11　圖版：《敦煌寶藏》，77/314A ~ 319B。

1.1　BD03327 號
1.3　大般若波羅蜜多經卷二七三
1.4　雨 027
1.5　084:2738
2.1　（1.8 + 692）× 25.9 厘米；17 紙；419 行，行 17 字。
2.2　01：01.8，01；　02：45.4，28；　03：45.3，27；
04：45.4，28；　05：45.2，28；　06：45.5，28；
07：45.4，28；　08：45.4，28；　09：45.2，28；
10：45.3，28；　11：45.2，28；　12：45.4，28；
13：45.3，28；　14：45.3，28；　15：45.5，28；
16：45.0，27；　17：12.2，拖尾。
2.3　卷軸裝。首殘尾全。第 4 紙下邊殘破，第 14 紙有殘洞。有燕尾。有烏絲欄。
3.1　首行上下殘→大正 220，6/382A1。
3.2　尾全→6/386C14。
4.2　大般若波羅蜜多經卷第二百七十三（尾）。
8　8 ~ 9 世紀。吐蕃統治時期寫本。
9.1　楷書。
11　圖版：《敦煌寶藏》，74/586B ~ 595A。

1.1　BD03328 號
1.3　根本說一切有部毗奈耶雜事鈔（擬）
1.4　雨 028
1.5　172:7079
2.1　42 × 30.4 厘米；1 紙；正面 22 行，行 25 字。背面 24 行，行字不等。
2.3　卷軸裝。首尾均脫。
2.4　本遺書包括 2 個文獻：（一）《根本說一切有部毗奈耶雜事鈔》（擬），22 行，抄寫在正面，今編為 BD03328 號。（二）《有部論律雜鈔》（擬），24 行，抄寫在背面，今編為 BD03328 號背。
3.4　說明：
本文獻抄寫《根本說一切有部毗奈耶雜事》兩段，情況如下：
①1 ~ 8 行，大正 1451，24/377B28 ~ C8（屬卷卅四）。
②9 ~ 21 行，大正 1451，24/382A1 ~ 19（屬卷卅五）。
7.3　卷末有經名、作者雜寫：“《攝大乘論》，阿僧伽作。”方向與正文相反。
8　9 ~ 10 世紀。歸義軍時期寫本。
9.1　楷書。
9.2　有間隔號。
11　圖版：《敦煌寶藏》，104/95A ~ B。

1.1　BD03328 號背
1.3　有部論律雜鈔（擬）
1.4　雨 028
1.5　223:7317
2.4　本遺書由 2 個文獻組成，本號為第 2 個，抄寫在背面，24 行。餘參見 BD03328 號之第 2 項、第 11 項。
3.4　說明：
本文獻爲對印度佛教說一切有部論典與律藏的雜抄，情況如下：
①1 ~ 7 行，《阿毗達磨大毗婆沙論》卷一〇三：
首題：毗婆沙論第十一秩第三卷說。
其餘參見：大正 1545，27/535A3 ~ 13。
②8 ~ 16 行，《雜阿毗曇心論》卷二：
A、大正 1552，28/886C25 ~ 887A13。
B、大正 1552，28/887A15。
③17 ~ 19 行，《阿毗曇毗婆沙論》卷廿六：
A、大正 1546，28/189A18。
B、大正 1546，28/189C5 ~ 8。
C、大正 1546，28/189C23 ~ 26。
④20 行，釋文：“歌利王者，阿毗曇毗婆沙論之惡行王，

七曜經迦蘭漂□”。

⑤21～24行，《根本說一切有部毗奈耶雜事》：

大正1451，24/377B23～28。

8　9～10世紀。歸義軍時期寫本。

9.1　楷書。

9.2　有行間加行。有間隔號。

11　圖版：《敦煌寶藏》，104/95B。

1.1　BD03329號1

1.3　維摩詰所說經卷中

1.4　雨029

1.5　070:1202

2.1　358.5×28.1厘米；9紙；259行，行30字。

2.2　01：43.0，33；　02：43.0，33；　03：41.5，31；

04：43.0，33；　05：43.0，32；　06：43.0，32；

07：43.0，31；　08：31.0，23；　09：28.0，11。

2.3　卷軸裝。首脫尾全。卷面有殘裂，接縫有開裂，尾有蟲繭2處。首紙脫落1殘片，文可綴接。有烏絲欄。

2.4　本遺書包括2個文獻：（一）《維摩詰所説經》卷中，5行，今編為BD03329號1。（二）《維摩詰所説經》卷下，255行，今編為BD03329號2。

3.1　首殘→大正475，14/551C16。

3.2　尾全→14/551C27。

4.2　維摩詰經卷第二（尾）。

8　8～9世紀。吐蕃統治時期寫本。

9.1　楷書。

9.2　有硃、墨筆行間校加字。

11　圖版：《敦煌寶藏》，65/656A～660A。

1.1　BD03329號2

1.3　維摩詰所說經卷下

1.4　雨029

1.5　070:1202

2.4　本遺書由2個文獻組成，本號為第2個，255行。餘參見BD03329號1之第2項、第11項。

3.1　首全→大正475，14/552A3。

3.2　尾全→14/557B26。

4.1　香積佛品第十，卷下（首）。

4.2　維摩詰經卷下（尾）。

5　與《大正藏》本對照，本卷尾部“皆大歡喜”下多硃筆增加的“作禮而去”1句。

8　8～9世紀。吐蕃統治時期寫本。

9.1　楷書。

11　圖版：《敦煌寶藏》，65/656A～660A。

1.1　BD03330號

1.3　佛名經（十六卷本）卷二

1.4　雨030

1.5　063:0601

2.1　（15+755）×27.3厘米；20紙；432行，行15字。

2.2　01：15+24.5，22；　02：41.5，24；　03：41.5，24；

04：41.5，24；　05：41.5，24；　06：41.5，24；

07：41.0，24；　08：41.5，24；　09：41.5，24；

10：41.2，24；　11：41.2，24；　12：41.2，24；

13：41.2，24；　14：41.2，24；　15：41.2，24；

16：41.2，24；　17：41.2，24；　18：41.2，24；

19：06.2，02；　20：22.0，拖尾。

2.3　卷軸裝。首殘尾全。首紙殘缺，第2、3紙上下部殘損，接縫處有開裂，尾有蟲繭及蟲蛀殘洞。有烏絲欄。

3.1　首8行上中殘→《七寺古逸經典研究叢書》，3/第82頁第246行～第83頁253行；

3.2　尾全→《七寺古逸經典研究叢書》，3/第113頁第648行。

4.2　佛名經卷第二（尾）。

8　8世紀。唐寫本。

9.1　楷書。

11　圖版：《敦煌寶藏》，60/261B～271A。

1.1　BD03331號

1.3　大般涅槃經（北本　異卷）卷一二

1.4　雨031

1.5　115:6353

2.1　（11+490.3）×25.9厘米；11紙；293行，行17字。

2.2　01：11+36.5，28；　02：47.5，28；　03：47.5，28；

04：47.5，28；　05：47.5，28；　06：47.7，28；

07：47.7，28；　08：47.5，28；　09：47.7，28；

10：47.7，28；　11：25.5，13。

2.3　卷軸裝。首殘尾全。經黄紙。有烏絲欄。

3.1　首4行上殘→大正374，12/435C22～25。

3.2　尾全→12/439B4。

4.2　大般涅槃經卷第十二（尾）。

5　與《大正藏》本對照，分卷不同。經文相當於《大正藏》本卷十二聖行品第七之二的一部分。與其餘諸藏分卷亦均不同。

8　7～8世紀。唐寫本。

9.1　楷書。

11　圖版：《敦煌寶藏》，98/363B～370B。

1.1　BD03332號

1.3　大法炬陀羅尼經卷一三

1.4　雨032

1.5　251:7528

2.1　（9+628.1）×27.6厘米；14紙；365行，行17字。

2.2　01：9+6.9，8；　02：47.7，28；　03：47.7，28；

04：47.7，28；　05：47.9，28；　06：47.8，28；

07：47.8，28；　08：47.8，28；　09：47.8，28；

10：47.9，28；　11：47.8，28；　12：47.8，28；
13：47.8，28；　14：47.7，21。
2.3　卷軸裝。首殘尾全。首紙下有破裂殘損。有烏絲欄。
3.1　首4行上殘→大正1340，21/716C13～16。
3.2　尾全→21/721A3。
4.2　大法炬陀羅尼經卷第十三（尾）。
8　8～9世紀。吐蕃統治時期寫本。
9.1　楷書。
11　圖版：《敦煌寶藏》，106/581B～590A。

1.1　BD03333號
1.3　大般若波羅蜜多經卷一〇
1.4　雨033
1.5　082:2035
2.1　（5.5+519.9）×25.7厘米；11紙；301行，行17字。
2.2　01：5.5+42.3，28；　02：47.8，28；　03：47.8，28；
04：47.8，28；　05：47.8，28；　06：47.8，28；
07：48.0，28；　08：47.8，28；　09：47.8，28；
10：47.6，28；　11：47.4，21。
2.3　卷軸裝。首脫尾全。卷面有等距火灼殘洞，接縫處有開裂。有烏絲欄。
3.1　首3行上殘→大正220，5/52C10～12。
3.2　尾全→5/56A22。
4.2　大般若波羅蜜多經卷第十（尾）。
8　9～10世紀。歸義軍時期寫本。
9.1　楷書。
9.2　有行間校加字。有刮改。
11　圖版：《敦煌寶藏》，71/439A～445B。

1.1　BD03334號
1.3　無量壽宗要經（異甲本）
1.4　雨034
1.5　275:7789
2.1　231×29.5厘米；6紙；68行，行20餘字。
2.2　01：13.0，素紙；　02：49.5，31；　03：49.0，09；
04：50.0，10；　05：50.0，13；　06：19.5，05。
2.3　卷軸裝。首尾均全。首紙上邊有殘缺。有烏絲欄。
3.1　首全→《敦煌佛教の研究》，第617頁第3行。
3.2　尾全→《敦煌佛教の研究》，第622頁第2行。
4.1　無量壽經一卷（首）。
4.2　無量壽經一卷（尾）。
7.3　第6紙末抄寫《大佛頂如來頂髻白蓋陀羅尼神咒》，但只寫首題及敬禮文，共計3行即放棄，故作為經文雜寫著錄。
8　8～9世紀。吐蕃統治時期寫本。
9.1　行楷。
11　圖版：《敦煌寶藏》，107/613A～615B。

1.1　BD03335號
1.3　藥師琉璃光如來本願功德經
1.4　雨035
1.5　030:0257
2.1　（1.5+517+9.5）×25.6厘米；11紙；296行，行17字。
2.2　01：1.5+31.5，19；　02：50.0，28；　03：50.0，28；
04：50.0，28；　05：50.0，28；　06：50.0，28；
07：50.0，28；　08：49.0，28；　09：50.0，28；
10：48.0，28；　11：38.5+9.5，25。
2.3　卷軸裝。首尾均殘。經黃打紙。卷面有殘裂，接縫處有開裂，卷尾殘缺嚴重。有燕尾。背有古代裱補。有烏絲欄。已修整。
3.1　首行上殘→大正450，14/404C22。
3.2　尾2行中下殘→14/408B24～25。
4.2　佛說藥師瑠璃光如□…□（尾）。
8　7～8世紀。唐寫本。
9.1　楷書。
11　圖版：《敦煌寶藏》，57/471B～478A。

1.1　BD03336號
1.3　金光明最勝王經卷八
1.4　雨036
1.5　083:1887
2.1　（3.5+190.7）×28厘米；5紙；124行，行17字。
2.2　01：3.5+40.5，28；　02：45.2，29；　03：45.3，29；
04：45.5，29；　05：14.2，09。
2.3　卷軸裝。首尾均殘。卷首下部殘缺嚴重。有烏絲欄。
3.1　首2行下殘→大正665，16/440B27～29。
3.2　尾殘→16/442A20。
6.2　尾→BD04971號。
7.3　卷背有雜寫"《十二門論》品目"等2行。
8　8～9世紀。吐蕃統治時期寫本。
9.1　楷書。
11　圖版：《敦煌寶藏》，70/490A～492B。

1.1　BD03337號
1.3　妙法蓮華經卷四
1.4　雨037
1.5　105:5267
2.1　（8+257.1+3.5）×25.5厘米；6紙；162行，行17字。
2.2　01：8+36.2，28；　02：45.9，28；　03：46.2，28；
04：46.4，27；　05：46.4，27；　06：32.5+3.5，24。
2.3　卷軸裝。首尾均殘。首紙嚴重殘損，5、6紙接縫處脫開。有烏絲欄。
3.1　首5行上下殘→大正262，9/27C14～20；
3.2　尾2行中下殘→9/30B5～7。
8　7～8世紀。唐寫本。

9.1 楷書。
11 圖版:《敦煌寶藏》, 90/432B~436B。

1.1 BD03338 號
1.3 妙法蓮華經(十卷本)卷九
1.4 雨 038
1.5 105:5821
2.1 (17.5+728.7)×26 厘米;18 紙;381 行,行 17 字。
2.2 01:17.5+11.5,15; 02:42.2,22; 03:42.2,22;
04:42.2,22; 05:42.2,21; 06:42.2,22;
07:42.2,22; 08:42.2,22; 09:42.2,22;
10:42.2,22; 11:42.2,22; 12:42.2,22;
13:42.2,22; 14:42.2,22; 15:42.2,22;
16:42.2,22; 17:42.2,22; 18:42.0,15。
2.3 卷軸裝。首殘尾全。接縫處有開裂。有燕尾。有烏絲欄。
3.1 首 9 行上中殘→大正 262,9/51C14~22。
3.2 尾全→9/56C1。
4.2 妙法蓮華經卷第九(尾)。
5 與《大正藏》本對照,分卷不同。本卷相當於《大正藏》本妙法蓮華經卷第六如來神力品第二十一起至卷第七妙音菩薩品第二十四。為十卷本。
8 7 世紀。唐寫本。
9.1 楷書。
11 圖版:《敦煌寶藏》, 95/249A~259A。

1.1 BD03339 號
1.3 金光明最勝王經卷五
1.4 雨 039
1.5 083:1751
2.1 (9.8+340.2)×263 厘米;8 紙;199 行,行 17 字。
2.2 01:9.8+36.9,28; 02:47.2,28; 03:47.5,28;
04:47.3,28; 05:47.2,28; 06:47.1,28;
07:47.0,27; 08:20.0,04。
2.3 卷軸裝。首殘尾全。卷首破裂嚴重。有燕尾。有烏絲欄。已修整。
3.1 首 6 行上殘→大正 665,16/425A24~29。
3.2 尾全→16/427B13。
4.2 金光明最勝王經卷第五(尾)。
5 尾附音義。
7.1 尾有譯場列位:
大周長安三年歲次癸卯十月己未朔四日壬戌玄(三)藏義淨/
奉制於長安西明寺新譯並綴文正字/
翻經沙門婆羅門三藏寶思惟證梵義/
翻經沙門婆羅門尸利末多讀梵文/
翻經沙門七寶臺上坐(座)法寶證義/
翻經沙門荊州玉泉寺弘景證義/
翻經沙門大福先寺寺主法明證義/
翻經沙門崇先寺神英證義/
翻經沙門大興善寺伏(復)禮證文/
翻經沙門大福先寺上座波崙筆受/
翻經沙門清禪寺寺主德感證義/
翻經沙門大周西寺仁亮證義/
翻經沙門大總持寺上坐(座)大儀證義/
翻經沙門大周西寺寺主法藏證義/
翻經沙門佛授記寺都維那惠表筆受/
翻經沙門大福先都維那慈訓證義/
請翻經沙門天宮寺明曉/
轉經沙門北庭龍興寺都維那法海/
弘建勘定/
8 8 世紀。唐寫本。
9.1 楷書。
11 圖版:《敦煌寶藏》, 69/594A~598B。

1.1 BD03340 號
1.3 金光明最勝王經卷一
1.4 雨 040
1.5 083:1464
2.1 50×26 厘米;2 紙;32 行,行 17 字。
2.2 01:41.8;27 02:08.2,05。
2.3 卷軸裝。首全尾斷。第 2 紙橫向破裂,又與前 1 紙紙質不同。有烏絲欄。已修整。
3.1 首全→大正 665,16/403A3。
3.2 尾殘→16/403B5。
4.1 金光明最勝王經序品第一,三藏法師義淨奉制譯(首)。
7.1 首紙背有勘記"金光明最勝王經一卷"。又有"金光明最"1 行,方向相反。
8 9~10 世紀。歸義軍時期寫本。
9.1 楷書。
11 圖版:《敦煌寶藏》, 68/8A~9A。

1.1 BD03341 號
1.3 無量壽宗要經
1.4 雨 041
1.5 275:8160
2.1 (19+54+4.5)×31.5 厘米;2 紙;50 行,行 30 餘字。
2.2 01:19+26,29; 02:28+4.5,21。
2.3 卷軸裝。首尾均殘。通卷上部殘破嚴重。有烏絲欄。已修整。
3.1 首 12 行中上殘→大正 936,19/82A6~29。
3.2 尾 3 行中下殘→19/83B3~8。
8 8~9 世紀。吐蕃統治時期寫本。
9.1 行楷。
11 圖版:《敦煌寶藏》, 109/165B~166A。

12　從該件背揭下古代裱補紙 2 塊，今編爲 BD16269 號、BD16270 號。

1.1　BD03342 號
1.3　妙法蓮華經（八卷本）卷六
1.4　雨 042
1.5　105:5692
2.1　(6+422.2)×25.5 厘米；11 紙；239 行，行 17 字。
2.2　01：6+17.5，14；　02：42.2，24；　03：42.0，24；
04：42.4，24；　05：42.3，24；　06：42.2，24；
07：42.1，23；　08：42.2，24；　09：42.2，24；
10：42.1，24；　11：25.0，09。
2.3　卷軸裝。首殘尾全。首紙中部橫向破裂。有燕尾。有烏絲欄。
3.1　首 3 行上殘→大正 262，9/46C3～5。
3.2　尾全→9/50B22。
4.2　妙法蓮華經卷第六（尾）。
5　與《大正藏》本相比，本號分卷不同，相當於《大正藏》本第十八品與第十九品。為八卷本。
7.1　尾有題記“比丘尼莊嚴受持”。
8　8 世紀。唐寫本。
9.1　楷書。
9.2　有刮改。
11　圖版：《敦煌寶藏》，94/311B～317B。

1.1　BD03343 號 1
1.3　佛頂尊勝陀羅尼經（佛陀波利本）序
1.4　雨 043
1.5　229:7324
2.1　(7+437.7)×25.7 厘米；10 紙；233 行，行 17 字。
2.2　01：7+16.6，14；　02：21.7，12；　03：50.2，28；
04：49.7，29；　05：50.2，28；　06：50.1，28；
07：49.8，28；　08：49.7，28；　09：49.9，28；
10：49.8，10。
2.3　卷軸裝。首殘尾全。卷首有殘破殘缺，卷中下邊殘破。有烏絲欄。
2.4　本遺書包括 2 個文獻：(一)《佛頂尊勝陀羅尼經（佛陀波利本）序》，45 行，今編為 BD03343 號 1。(二)《佛頂尊勝陀羅尼經》（佛陀波利本），188 行，今編為 BD03343 號 2。
3.1　首 4 行下殘→大正 967，19/349B2～7。
3.2　尾全→19/349C19。
4.1　佛頂尊勝陀羅尼經（首）。
8　7～8 世紀。唐寫本。
9.1　楷書。
11　圖版：《敦煌寶藏》，105/472A～477B。

1.1　BD03343 號 2
1.3　佛頂尊勝陀羅尼經（佛陀波利本）
1.4　雨 043
1.5　229:7324
2.4　本遺書由 2 個文獻組成，本號為第 2 個，抄寫在背面，188 行。餘參見 BD03343 號 1 之第 2 項、第 11 項。
3.1　首 4 行下殘→大正 967，19/349C23。
3.2　尾全→19/352A26。
4.1　佛頂尊勝陀羅尼經，罽賓沙門佛陀波利奉詔譯（首）。
4.2　佛頂尊勝陀羅尼經一卷（尾）。
5　咒語與《大正藏》本不同，略相當於所附的宋本，參見 19/352A27～B23。
8　7～8 世紀。唐寫本。
9.1　楷書。

1.1　BD03344 號
1.3　妙法蓮華經卷三
1.4　雨 044
1.5　105:5133
2.1　555.6×26.2 厘米；13 紙；312 行，行 17 字。
2.2　01：43.0，24；　02：43.0，24；　03：42.7，24；
04：42.9，24；　05：42.9，24；　06：42.9，24；
07：42.9，24；　08：42.9，24；　09：42.5，24；
10：42.6，24；　11：42.5，24；　12：42.4，24；
13：42.4，24。
2.3　卷軸裝。首尾均脫。接縫處有開裂，10、11 紙接縫處脫開。有烏絲欄。
3.1　首殘→大正 262，9/22B15。
3.2　尾殘→9/27A21。
8　7～8 世紀。唐寫本。
9.1　楷書。
11　圖版：《敦煌寶藏》，89/127A～136B。

1.1　BD03345 號
1.3　無量壽宗要經
1.4　雨 045
1.5　275:7790
2.1　220×30.5 厘米；5 紙；138 行，行 30 餘字。
2.2　01：44.0，28；　02：44.0，29；　03：44.0，29；
04：44.0，29；　05：44.0，23。
2.3　卷軸裝。首尾均全。首紙上邊殘損，中間有橫向破裂。有烏絲欄。
3.1　首全→大正 936，19/82A3。
3.2　尾全→19/84C29。
4.1　大乘無量壽經（首）。
4.2　佛說無量壽宗要經（尾）。
8　8～9 世紀。吐蕃統治時期寫本。
9.1　楷書。

9.2 有行間校加字。
11 圖版：《敦煌寶藏》，107/616A～618B。

1.1 BD03346 號
1.3 阿彌陀經
1.4 雨 046
1.5 014:0119
2.1 213.9×27.1 厘米；5 紙；117 行，行 17 字。
2.2 01：47.0，28； 02：48.5，29； 03：48.5，28；
04：48.3，28； 05：21.6，04。
2.3 卷軸裝。首尾均全。首紙有碎裂破損，卷中有殘洞。已修整。
3.1 首全→大正 366，12/346B25。
3.2 尾全→12/348A29。
4.1 佛說阿彌陀經（首）。
4.2 佛說阿彌陀經（尾）。
8 7～8 世紀。唐寫本。
9.1 楷書。
9.2 下邊有校改字。
11 圖版：《敦煌寶藏》，56/573B～576B。

新舊編號對照表

一、千字文號與北敦號、縮微膠卷號對照表

千字文號	北敦號	縮微膠卷號
致 073	BD03273 號	105：4747
致 074	BD03274 號	342：8395
致 075	BD03275 號	083：1876
致 076	BD03276 號	275：8012
致 077	BD03277 號 1	377：8493
致 077	BD03277 號 2	377：8493
致 078	BD03278 號	094：3581
致 079	BD03279 號	084：2805
致 080	BD03280 號 1	275：8159
致 080	BD03280 號 2	275：8159
致 081	BD03281 號	237：7428
致 082	BD03282 號	236：7383
致 083	BD03283 號	094：3590
致 084	BD03284 號	084：2352
致 085	BD03285 號	084：2349
致 086	BD03286 號	323：8375
致 087	BD03287 號	166：7023
致 088	BD03288 號	105：5316
致 089	BD03289 號	062：0593
致 090	BD03290 號	094：3709
致 091	BD03291 號	084：3360
致 092	BD03292 號	102：4470
致 093	BD03293 號	094：4337
致 094	BD03294 號	084：2925
致 095	BD03295 號	105：6069
致 096	BD03296 號	178：7097
致 097	BD03297 號	094：3770
致 098	BD03298 號	461：8694
致 099	BD03299 號	237：7407
致 100	BD03300 號	063：0720
雨 001	BD03301 號	094：3547
雨 002	BD03302 號	084：2407
雨 003	BD03303 號	094：3957
雨 004	BD03304 號	094：4265

千字文號	北敦號	縮微膠卷號
雨 005	BD03305 號	105：5870
雨 006	BD03306 號	250：7522
雨 007	BD03307 號	105：6160
雨 008	BD03308 號	105：5815
雨 009	BD03309 號	105：4580
雨 010	BD03310 號	115：6422
雨 011	BD03311 號	070：1265
雨 012	BD03312 號	105：5785
雨 013	BD03313 號	063：0687
雨 014	BD03314 號	105：5017
雨 015	BD03315 號	063：0690
雨 016	BD03316 號	105：5958
雨 017	BD03317 號	061：0546
雨 018	BD03318 號	105：5234
雨 019	BD03319 號	105：5494
雨 020	BD03320 號	063：0827
雨 021	BD03321 號	083：1948
雨 022	BD03322 號	105：5363
雨 023	BD03323 號	083：1941
雨 024	BD03324 號 A	070：1075
雨 024	BD03324 號 B	070：1075
雨 025	BD03325 號	237：7392
雨 026	BD03326 號	084：3344
雨 027	BD03327 號	084：2738
雨 028	BD03328 號	172：7079
雨 028	BD03328 號背	223：7317
雨 029	BD03329 號 1	070：1202
雨 029	BD03329 號 2	070：1202
雨 030	BD03330 號	063：0601
雨 031	BD03331 號	115：6353
雨 032	BD03332 號	251：7528
雨 033	BD03333 號	082：2035
雨 034	BD03334 號	275：7789
雨 035	BD03335 號	030：0257

雨 036	BD03336 號	083：1887	雨 042	BD03342 號	105：5692
雨 037	BD03337 號	105：5267	雨 043	BD03343 號 1	229：7324
雨 038	BD03338 號	105：5821	雨 043	BD03343 號 2	229：7324
雨 039	BD03339 號	083：1751	雨 044	BD03344 號	105：5133
雨 040	BD03340 號	083：1464	雨 045	BD03345 號	275：7790
雨 041	BD03341 號	275：8160	雨 046	BD03346 號	014：0119

二、縮微膠卷號與北敦號、千字文號對照表

縮微膠卷號	北敦號	千字文號	縮微膠卷號	北敦號	千字文號
014：0119	BD03346 號	雨 046	094：4265	BD03304 號	雨 004
030：0257	BD03335 號	雨 035	094：4337	BD03293 號	致 093
061：0546	BD03317 號	雨 017	102：4470	BD03292 號	致 092
062：0593	BD03289 號	致 089	105：4580	BD03309 號	雨 009
063：0601	BD03330 號	雨 030	105：4747	BD03273 號	致 073
063：0687	BD03313 號	雨 013	105：5017	BD03314 號	雨 014
063：0690	BD03315 號	雨 015	105：5133	BD03344 號	雨 044
063：0720	BD03300 號	致 100	105：5234	BD03318 號	雨 018
063：0827	BD03320 號	雨 020	105：5267	BD03337 號	雨 037
070：1075	BD03324 號 A	雨 024	105：5316	BD03288 號	致 088
070：1075	BD03324 號 B	雨 024	105：5363	BD03322 號	雨 022
070：1202	BD03329 號 1	雨 029	105：5494	BD03319 號	雨 019
070：1202	BD03329 號 2	雨 029	105：5692	BD03342 號	雨 042
070：1265	BD03311 號	雨 011	105：5785	BD03312 號	雨 012
082：2035	BD03333 號	雨 033	105：5815	BD03308 號	雨 008
083：1464	BD03340 號	雨 040	105：5821	BD03338 號	雨 038
083：1751	BD03339 號	雨 039	105：5870	BD03305 號	雨 005
083：1876	BD03275 號	致 075	105：5958	BD03316 號	雨 016
083：1887	BD03336 號	雨 036	105：6069	BD03295 號	致 095
083：1941	BD03323 號	雨 023	105：6160	BD03307 號	雨 007
083：1948	BD03321 號	雨 021	115：6353	BD03331 號	雨 031
084：2349	BD03285 號	致 085	115：6422	BD03310 號	雨 010
084：2352	BD03284 號	致 084	166：7023	BD03287 號	致 087
084：2407	BD03302 號	雨 002	172：7079	BD03328 號	雨 028
084：2738	BD03327 號	雨 027	178：7097	BD03296 號	致 096
084：2805	BD03279 號	致 079	223：7317	BD03328 號背	雨 028
084：2925	BD03294 號	致 094	229：7324	BD03343 號 1	雨 043
084：3344	BD03326 號	雨 026	229：7324	BD03343 號 2	雨 043
084：3360	BD03291 號	致 091	236：7383	BD03282 號	致 082
094：3547	BD03301 號	雨 001	237：7392	BD03325 號	雨 025
094：3581	BD03278 號	致 078	237：7407	BD03299 號	致 099
094：3590	BD03283 號	致 083	237：7428	BD03281 號	致 081
094：3709	BD03290 號	致 090	250：7522	BD03306 號	雨 006
094：3770	BD03297 號	致 097	251：7528	BD03332 號	雨 032
094：3957	BD03303 號	雨 003	275：7789	BD03334 號	雨 034

275：7790	BD03345 號	雨 045	323：8375	BD03286 號	致 086
275：8012	BD03276 號	致 076	342：8395	BD03274 號	致 074
275：8159	BD03280 號 1	致 080	377：8493	BD03277 號 1	致 077
275：8159	BD03280 號 2	致 080	377：8493	BD03277 號 2	致 077
275：8160	BD03341 號	雨 041	461：8694	BD03298 號	致 098